建设工程优秀项目管理实例精选

2018

（上册）

北京市建筑业联合会建造师分会 编写

中国建筑工业出版社

图书在版编目（CIP）数据

建设工程优秀项目管理实例精选 2018 北京市建筑业联合会建造师分会编写. —北京：中国建筑工业出版社，2018.9

ISBN 978-7-112-22505-7

Ⅰ.①建… Ⅱ.①北… Ⅲ.①基本建设项目-工程项目管理-案例-世界 Ⅳ.①F284

中国版本图书馆 CIP 数据核字（2018）第 175892 号

责任编辑：赵晓菲 张智芊
责任校对：党 蕾

建设工程优秀项目管理实例精选 2018
北京市建筑业联合会建造师分会 编写
*
中国建筑工业出版社出版、发行（北京海淀三里河路 9 号）
各地新华书店、建筑书店经销
北京红光制版公司制版
北京京华铭诚工贸有限公司印刷
*
开本：880×1230 毫米 1/16 印张：73½ 字数：2274 千字
2018 年 10 月第一版 2018 年 10 月第一次印刷
定价：**160.00** 元（上、下册）
ISBN 978-7-112-22505-7
（32583）

版权所有 翻印必究
如有印装质量问题，可寄本社退换
（邮政编码 100037）

编写委员会

主任委员：栾德成

副主任委员：冯 义　杜 冰　刘国柱

编　　委：（按姓氏笔画排序）

　　　　　李廷树　杨 煜　张晓葵　郑晏文

　　　　　曹建东　崔宏涛　程波浪

统　　筹：姜婉婷　曲秀峰　卢昱弟

前　言

在广大企业一以贯之的大力支持和积极参与下，2018年4月，我会顺利举办了"北京市第九届建设工程项目管理成果发布会"。

令人十分欣慰，本届会议发布交流了117项工程项目管理成果，创造了历年参加发布交流数量的新纪录。这些成果，不仅类型丰富，选题内容广泛，创新点多，而且有一批项目管理成果社会影响大、国民关注度高。今年的项目管理成果涉及科技创新、绿色环保、节能减排、工程质量等多个领域，亮点突出，各具特色，展示了北京项目管理的总体水平。经专家委员会评审，117项项目管理成果中，有42项被评为Ⅰ类成果，46项被评为Ⅱ类成果，29项被评为Ⅲ类成果。

这些优秀的项目管理成果，具有珍贵的推广价值和借鉴作用。我们将这些成果汇编成册，出版发行，推荐给广大项目管理工作者，供大家参考学习。

《建设工程优秀项目管理实例精选2018》的编写过程中，得到全体作者、企业和专家的大力支持，在此一并致以崇高的敬意和衷心的感谢。因水平所限，本书一定存在不足之处，敬请广大读者不吝赐教，我们虚心接受。

《建设工程优秀项目管理实例精选2018》
编写委员会

图 1　北京市第九届建设工程项目管理成果发布会现场

图 2　发布会现场评审专家进行提问和点评

图3 北京建筑大学大兴新校区体育馆工程项目总工石华现场发布项目管理成果

图4 北京市建筑业联合会副会长兼秘书长冯义等出席项目管理成果发布会

目 录

上 册

科学协调　创新引领　智慧建造北京城市副中心标志性工程
　　——北京城建集团北京城市副中心行政办公区 A1 工程 ………………………………………… 1
精细管理　再续传奇　打造北京 CBD 新天际线
　　——中建一局集团建设发展有限公司中国国际贸易中心三期 B 阶段工程 …………………… 12
全力打造"四大工程"勇于承担社会责任
　　——北京城建集团北京新机场航站楼工程 …………………………………………………… 30
坚持创新引领　智慧建造遵义凤新快线工程
　　——北京城建设计发展集团股份有限公司遵义市凤新快线建设工程 ………………………… 43
应用 BIM 技术　修复千佛阁　传承古建精髓
　　——北京城建亚泰集团公司千佛阁修复工程项目 …………………………………………… 55
技术创新铸造精品工程　精细管理筑梦百年名校
　　——中建一局集团建设发展有限公司天津海河教育园区南开学校建设工程项目 …………… 65
技术攻关　四载寒暑扬铁军精神　绿色施工　首都大地树苏中丰碑
　　——江苏省苏中建设集团股份有限公司奥体南区 2 号地 B 座商业办公楼项目 ……………… 76
信息化助推项目　精细化管理、筑就精品棚改工程
　　——中建一局集团第三建筑有限公司湖光壹号项目 ………………………………………… 87
精细化管理　打造汽车厂房强电配电精品工程
　　——中建一局集团安装工程有限公司华晨宝马大东工厂强电及控制系统工程 ……………… 95
技术重心管理　成本全程管控
　　——中建一局集团建设发展有限公司霞光里 5 号、6 号商业金融工程项目 ………………… 104
技术先行　绿色助力　科技保障　实现高品质精细化项目管理
　　——中国建筑第八工程局有限公司北京化工大学体育馆项目 ……………………………… 125
以"专业　可信赖"的企业品格　完美履约中国超级厂房
　　——中国建筑一局（集团）有限公司合肥京东方第 10.5 代薄膜晶体管液晶显示器件
　　（TFT-LCD）项目 …………………………………………………………………………… 134
加强新技术应用　铸造体育馆精品工程
　　——中建一局集团建设发展有限公司华熙 LIVE·重庆鱼洞（巴南区体育中心综合整治）
　　项目-体育馆工程 ……………………………………………………………………………… 139
强化总包管理　实现项目履约　创建精品工程
　　——中国建筑第八工程局有限公司军博展览大楼加固改造工程 …………………………… 149
提质增效筑牢发展基础　精益管理打造精品工程
　　——中建一局集团第三建筑有限公司万达·西安 one 项目商业综合体工程 ………………… 158

精细化管理　打造易地扶贫搬迁精品工程
　　——中建一局集团安装工程有限公司涞源县易地扶贫搬迁工程（县城安置片区） ………… 167

技术创新　助力全球最大晶圆代工企业落户江苏
　　——中建一局集团建设发展有限公司12吋晶圆厂与设计服务中心一期项目 ……………… 173

强化实测实量管理　助推高品质提升
　　——中国建筑第八工程局有限公司密云商务区项目 ……………………………………… 181

向塔体要效益　促完美履约
　　——中国建筑第八工程局有限公司商业办公楼（丰台区丽泽金融商务区 E-04 地块商业金融
　　　用地项目） ……………………………………………………………………………… 188

秉承"创优、创新、人性化"管理理念　确保杰出团队再延续
　　——中建一局集团建设发展有限公司北京新机场安置房项目（榆垡组团）6 标段（4 片区 0211、
　　　0212 地块）工程项目 …………………………………………………………………… 197

注重安全文明施工　助力打造安置房精品工程
　　——中国机械工业建设集团有限公司山东烟台港搬迁安置小区项目 …………………… 202

提前策划　锐意创新　打造南塔精品工程
　　——中建一局集团建设发展有限公司平安金融中心南塔项目 …………………………… 228

创新铝合金模板体系　精心建设北京城市副中心安置房工程
　　——北京城建集团有限责任公司通州区棚户区改造 A 区后北营安置房项目（一标段）工程 ……… 251

创新科技手段　打造绿色　精品"中国名片"
　　——北京建工集团有限责任公司北京雁栖湖国际会展中心项目 ………………………… 268

科学筹划　创新引领　智慧建造北京轨道交通燕房线工程
　　——北京城建轨道交通建设工程有限公司通北京燕房线工程 02 合同段项目 …………… 279

攻坚克难　统筹管理　创新引领智慧建造北京城市副中心市政综合管廊工程
　　——北京城建集团北京城市副中心行政办公区启动区综合管廊七标段项目 …………… 290

责任心　执行力　创新力机电模块化预制全生命周期管理精品工程
　　——中建一局集团建设发展有限公司 Z15 中国尊高区空调项目 ………………………… 303

绿色智慧铸精品　七彩工程树标杆
　　——中建一局集团建设发展有限公司达实大厦改扩建项目施工总承包工程 …………… 308

首创北京小盾构水务管道施工方法　智慧引领建设海绵城市工程
　　——北京城建集团土木工程总承包部马家堡西路等三条管线工程项目 ………………… 317

科技创新双优化　助推提质增效
　　——中建一局集团第二建筑有限公司绿色印刷包装产业技术科研楼工程项目 ………… 328

利用科技创新　探索项目管理新可能
　　——中建三局集团有限公司泰康健康管理研究中心项目 ………………………………… 336

超大型智能化厂房总承包综合管理研究
　　——中建一局集团第三建筑有限公司京东亚洲一号青岛物流园项目 …………………… 345

精心策划　攻坚克难　聚力建设天津奥体中心钢桁架油漆涂装工程
　　——北京城建精工钢结构工程有限公司天津市奥林匹克中心体育场钢桁架油漆涂装翻新工程 …… 353

基于 WBS 法项目管理创新实施
　　——中城投集团第五工程局有限公司北京药品检验所工程 ……………………………… 372

技术先行　优势集成　打造强势履约团队　缔造标杆工程
　　——中建一局集团第五建筑有限公司清华附中凯文国际学校项目 ……………………… 385

创新驱动　科技攻关　精心绿化国际会都
　　——北京金都园林绿化有限责任公司北京雁栖岛"国际高峰论坛"项目园林景观提升改造工程 … 398

快轨精品　优质总包服务　助推柔性屏建设
　　——中建一局集团建设发展有限公司成都京东方第6代LTPSA/MOLED生产线项目 …………… 411

限额总价＋奖金模式下优化和深化设计管理实践
　　——中建一局集团建设发展有限公司北京CBD核心区Z13地块商业金融项目……………………… 423

优化方案　精心管理　确保施工安全　降本增效
　　——中国建筑股份有限公司奥南四号地项目 ……………………………………………………… 435

精细管控　服务创效　品精装 condo
　　——北京市建筑工程装饰集团有限公司东山公寓精装工程项目 ………………………………… 442

修复文物建筑　重现故宫宝蕴楼风貌
　　——北京怀建集团有限公司故宫宝蕴楼修缮工程 ………………………………………………… 453

精心策划样板　创建行业楷模
　　——中建八局第一建设有限公司亚林西公共租赁住房项目 ……………………………………… 461

下　　册

打造创新型项目团队　助推精细化过程管控
　　——中国建筑第八工程局有限公司北京雅昌印刷文化发展基地建设项目 ……………………… 467

践行新时代　创新技术管理　打造绿色工程
　　——江苏省苏中建设集团股份有限公司华润中心悦府一期2号楼、3号楼、5号楼及一期
　　　地下车库（二）工程项目 ……………………………………………………………………… 471

创新管理模式　助力供气北京
　　——北京兴油工程项目管理有限公司大唐煤制天然气管道北京段（古北口-高丽营）
　　　工程PMC项目 …………………………………………………………………………………… 481

科学筹划　技术先行　保障地铁暗挖马头门进洞安全管理
　　——北京住总集团有限责任公司地铁6号线西延03标土建工程 ………………………………… 489

抓进度　重质量　建高科技厂房精品工程
　　——中建一局集团建设发展有限公司福州第8.5代新型半导体显示器件生产线机电
　　　B标段项目 ………………………………………………………………………………………… 498

攻坚克难　优美环境保阅兵　精打细算　良好收益报企业
　　——北京市花木有限公司昌平区西部地区环境整治工程（1标）项目 ………………………… 505

提高科技服务　增值项目管理
　　——中建八局第二建设有限公司北京五里坨保障房项目 ………………………………………… 513

精益建设体育馆　为建大实现标志　精心管控项目部　为住总再创佳绩
　　——北京住总集团有限责任公司北京建筑大学大兴新校区体育馆项目 ………………………… 522

计划　策划　科学化　打造精品工程
　　——北京住总集团有限责任公司中国民用航空局清算中心业务用房项目 ……………………… 534

强化总承包管理　实现合作共赢
　　——中国建筑一局（集团）有限公司启迪协信科技园1栋、2栋、3栋项目 …………………… 541

重策划　抓创新　筑精品
　　——中建一局集团建设发展有限公司腾讯滨海大厦工程项目 …………………………………… 553

协同配合　创新思维　提质增效筑精品住宅
　　——中建一局集团第五建筑有限公司 X1 号住宅楼等 11 项（宝苑住宅小区）和 X7 号
　　住宅楼等 25 项（长乐住宅小区）工程 ………………………………………………… 562

夯实基础管理工作　提升工程施工品质
　　——中建八局首开华润城白盆窑项目 …………………………………………………… 568

世界首例　工艺创新　精细管理　铸造精品
　　——中铁十六局集团第四有限公司贵州省老干部活动设施改扩建项目 ……………… 573

精细管理　总包管理与服务　共赢创效
　　——中国建筑一局（集团）有限公司亚新科天纬燃油共轨喷射系统项目 …………… 582

精益求精　打造优质工程
　　——中国机械工业建设集团有限公司烟台工贸技师学院新校区 1 号、2 号、3 号宿舍楼工程 ……… 592

重细节　严管控　精心打造装配式住宅工程
　　——中国建筑一局（集团）有限公司西北旺新村 C2 地块棚户区改造安置房项目一标段项目 …… 605

精细化管理　塑精品工程　建好首都医科大学附属北京天坛医院
　　——北京住总集团有限责任公司首都医科大学附属北京天坛医院迁建工程二标段项目 ……… 612

弘扬工匠精神　创建精品工程
　　——北京城建亚泰建设集团有限公司金隅·观澜时代国际花园小区项目 ………………… 617

抓管理　提质量　筑精品　重服务
　　——北京建工四建工程建设有限公司 S—24 地块 1 号办公、商业楼等 2 项项目 ……… 626

践行可持续发展理念　做好雁栖湖景观绿化工程
　　——北京市花木公司雁栖湖生态发展示范区及周边环境提升景观工程 ………………… 636

紧随技术潮流　亦不忘初心
　　——北京市设备安装工程集团有限公司苏州国际财富广场工程 ………………………… 643

事前策划　源头控制　全员管理　保小米移动互联网产业园项目顺利交工
　　——中建八局第一建设有限公司小米移动互联网产业园项目 …………………………… 648

履约为先　协作共赢　铸就精品工程
　　——中建八局第一建设有限公司北京师范大学新校区项目 ……………………………… 652

精细管理　技术创新　打造沈阳金廊 5A 级商务区
　　——中建一局集团建设发展有限公司沈阳嘉里中心 T2 办公楼项目 …………………… 658

注品控　创国优
　　——中国建筑一局（集团）有限公司连云港经济技术开发区金融大厦项目 …………… 667

加强材料控制　降低项目成本
　　——北京建工四建工程建设有限公司新华航空食品配套用房项目 ……………………… 689

迎难而上　创新优化　完美履约
　　——中建一局集团建设发展有限公司杭州理想银泰城项目 ……………………………… 696

抓质量　保安全　建造法官满意的精品工程
　　——北京住总集团有限责任公司北京市第二中级人民法院审判业务用房改扩建工程 ……… 706

互联网＋创新管理　以人为本共筑精品
　　——中铁建工集团有限公司北京分公司 1 号办公楼 A 座等 6 项工程 …………………… 714

可视化精细管理　科技创新助力优质工程
　　——江苏省苏中建设集团股份有限公司华润橡树湾三期工程 …………………………… 726

坚持安全管理　加强绿色施工　创建国家示范工地
　　——江苏省苏中建设集团股份有限公司包头市呼得木林大街1号、2号街坊棚户区改造项目 ········· 735

精心策划促生产　提质增效强履约
　　——中建一局集团第三建筑有限公司碧桂园·翡翠湾工程 ··· 747

强化施工责任　精细过程管理　创建精品工程
　　——北京城建亚泰集团公司门头沟上悦居项目 ··· 752

科学策划筑精品　精细管理创效益
　　——北京城建亚泰公司北京朝阳区清河营村住宅及配套（2号地）4号楼工程项目 ············· 764

精细化管理　铸造精品工程
　　——中建一局集团安装工程有限公司三亚晋合艾迪逊酒店综合机电工程 ·························· 775

绿色理念　施工标准化　建精品工程
　　——江苏省苏中建设集团股份有限公司东营市恒大黄河生态城5号楼工程 ······················· 786

突破传统管理模式　锁定成本盈利目标
　　——中建一局集团第三建筑有限公司大连春柳公园工程项目 ··· 808

让绿色施工由内而外绽放
　　——中国建筑第八工程局延庆县大榆树镇YQ10-0400-0001等地块安置房建设项目 ··········· 813

做好前期预控　注重过程管理建设好潮白河畔一站式国际生活场工程
　　——北京城建远东集团公司京贸金融商务中心（北区）项目 ··· 819

过程控制保质量　深化设计促施工
　　——中国机械工业建设集团有限公司奇瑞捷豹路虎汽车有限公司年产13万辆乘用车
　　　　项目—发动机车间项目 ··· 827

坚持技术引领　精细管控过程　铸造精品工程
　　——北京城建远东建设投资集团有限公司教学综合楼等4项工程项目 ····························· 833

创建以"技术管理"为核心的大商务体系
　　——中建一局集团第五建筑有限公司即墨商都项目 ·· 841

攻坚克难　打造一流项目　开拓创新　铸就精品工程
　　——中国建筑第八工程局有限公司华都中心项目 ··· 849

提高管理　强化质量意识　建百姓满意用房
　　——北京建工集团北京建工四建工程建设有限公司石榴庄自住房项目 ···························· 853

精细管理　绿色施工　降本增效
　　——北京六建集团有限责任公司北京市通州区宋庄镇二类居住及商业金融用地项目 ········· 861

精细管理保质量　策划引航创效益
　　——北京建工集团有限责任公司酒仙桥语言文化中心项目部 ·· 867

合理策划　精心部署　打造新机场精品工程
　　——北京市机械施工有限公司新机场工程项目 ··· 872

周密策划保工期　铸造优质商品房
　　——北京建工四建工程建设有限公司海航豪庭项目A12地块项目 ·································· 880

坚持科技创新　建设好优质工程
　　——北京城建轨道交通建设工程有限公司北京海淀区玉渊潭乡F1F2混合用地项目 ·········· 893

管理标准化　过程铸精品
　　——北京韩建集团有限公司石景山区老古城综合改造C地块项目 ·································· 906

精心管理　建设好涿州-房山供热工程
　　——北京城建远东建设投资集团有限公司涿州-房山供热工程输热主干线规划一路-良常
　　　　路段 DN1200 供热管网工程 ·· 918

以样板引路为起点　把控重难点加强工期风险化解
　　——中建三局集团有限公司嘉德艺术中心综合楼项目 ·· 926

精心策划　动态管理　推动绿色安全施工标准化
　　——江苏省建筑工程集团有限公司北京矿冶研究总院科研楼工程 ······························ 935

以人为本优质服务　打造英雄城新地标
　　——中铁十六局集团第四工程有限公司建军雕塑广场（雕塑制作安装和广场土建及附属工程） ··· 943

构建和谐大环境　倡导绿色新气象
　　——江苏省苏中建设集团股份有限公司北京恒大翡翠华庭项目工程 0501 地块项目 ············ 951

做行业转型升级先锋，全过程总承包完美履约
　　——中建一局集团第三建筑有限公司华为武汉研发生产项目（一期）北区标段项目 ·········· 967

方案精选多策划　提高服务促发展
　　——北京建工四建工程建设有限公司 1 号绿隔产业用房（社区服务楼）等 3 项（王四营乡
　　　　社区服务楼项目）工程 ·· 970

精心策划　科技引领建造好河北怀来新媒体大数据园钢结构工程
　　——北京城建精工钢结构工程有限公司怀来新媒体大数据产业园一期钢结构工程项目 ······· 979

加强绿色施工　构筑和谐社会
　　——江苏省苏中建设集团股份有限公司青岛鲁商蓝岸新城 2 号地块商住工程项目 ············ 986

精细管理　降本增效
　　——北京六建集团有限责任公司房山区拱辰街道办事处及长阳镇 09-03-12 地块 C2 商业
　　　　金融项目 ··· 992

加强过程管控　建设加固改造精品工程
　　——北京住总第四开发建设有限公司杰宝购物中心改造工程 ·· 999

突出重点　协调创新　总包管理助力生态特色小镇建设
　　——中国建筑第八工程局有限公司河北怀来官厅公共艺术小镇改造工程 ····················· 1011

亚投行三机抬吊 50m 超长钢筋笼整体起吊施工技术创效
　　——北京市机械施工有限公司亚洲基础设施投资银行总部 A 标段桩基础工程 ············ 1019

绿色施工铸精品　提质增效促发展
　　——北京建工四建工程建设有限公司北京国瑞中心项目 ··· 1032

攻坚克难　精心施工　科学管理　打造精品工程
　　——北京怀建集团有限公司 5 号住宅楼（商品房）等 10 项（朝阳区高井 2 号地保障性
　　　　住房用地）项目 ·· 1043

以精细的履约管理打造精品住宅
　　——中建一局集团第三建筑有限公司北京经济技术开发区河西区 X87R1 地块二类居住
　　　　（配建公共租赁住房）项目二标段工程 ··· 1052

抓细节　注实施　保大局　创精品工程
　　——江苏省苏中建设集团股份有限公司北京市恒大翡翠华庭 0201、0301、0401 地块工程 ········ 1055

科技是第一生产力推进全国最大场地修复精品工程
　　——北京建工环境修复股份有限公司广钢白鹤地块污染土壤修复项目 ···························· 1066

严格管理·精益求精——铸造北京建工精品工程
　　——北京建工四建工程建设有限公司国兴城二期 A14 地块项目 ………………………… 1074

细致管理创精品　规范施工树丰碑
　　——北京建工集团有限责任公司总承包部长丰星辰园一标段工程 ………………………… 1088

精细化过程管理　建邮政综合服务中心精品工程
　　——北京怀建集团有限公司孙村组团邮政综合服务中心项目 ……………………………… 1093

精心策划　严格管控　铸造精品工程
　　——江苏省苏中建设集团股份有限公司 1 号仓库等 17 项（华北总部物流仓储项目）工程 ……… 1103

挺进世界屋脊　为高原发展助力
　　——中国机械工业建设集团有限公司第一工程事业部西藏自治区自然科学博物馆一标段项目 ……… 1114

工期保履约　经济创效益　开拓市场展望未来
　　——北京建工集团有限责任公司承建第四届广西（北海）园林园艺博览会主园区建设项目—主
　　　场馆、天天演艺岛服务建筑、主标识塔等钢结构工程项目 ………………………………… 1149

科学协调　创新引领
智慧建造北京城市副中心标志性工程
——北京城建集团北京城市副中心行政办公区 A1 工程

宁卫东　胡宪章　王首娟　苟金瑞　褚炳锋　赵炳陶

【摘　要】北京城市副中心行政办公区 A1 工程是"京津冀一体化"的标志性工程。北京城建集团北京城市副中心 A1 项目部秉承"创新、激情、诚信、担当、感恩"价值理念，坚持"协同发展、引领发展、共同发展"发展目标，以"工期零延误、质量零缺陷、安全零事故、环保零超标、廉政零风险"为工作主线，以策划布局、协调统一、管控到位为抓手，以科技创新和过程精细化管理为支撑，创优增效为检验的管控思路，充分发挥总包引领作用，凝心聚力攻坚克难，高标准、高质量推动工程建设，优质高效地实现了工程智慧建造和精细化管理。

【关键词】协调统一；科技创新；智慧建造；精品工程

一、项目成果背景

1. 工程概况

北京城市副中心行政办公区 A1 工程总建筑面积约 31.5 万 m^2，地下 2 层，地上分为中院和东西院三部分，中楼地上最高 11 层，东西院最高 7 层，地上共 15 个单体建筑构成。副中心 A1 工程是"京津冀一体化"的标志性工程，质量目标为"长城杯金奖""鲁班奖"（图 1）。

图 1　工程效果图

"聚焦通州战略，打造功能完备的城市副中心"是首都科学发展的一个重大战略决策。建设副中心就要坚持世界眼光、国际标准、中国特色、高点定位，以创造历史、追求艺术的精神进行北京城市副中心的规划设计建设，构建蓝绿交织、清新明亮、水城共融、多组团集约紧凑发展的生态城市布局（表 1）。

表1 主要参建单位

建设单位	北京城市副中心行政办公区工程建设办公室
管理公司	北京北控建设发展有限公司
设计单位	北京市建筑设计研究院有限公司
监理单位	北京双圆工程咨询监理有限公司
施工单位	北京城建集团有限责任公司
质量监督单位	北京市建设工程安全质量监督总站

2. 项目团队介绍

北京城建集团多次荣获国家级奖项。小组骨干成员涵盖各部门的专业人才，参加过国家体育馆、国家大剧院、首都机场T3航站楼等重点工程建设，具有丰富的施工管理经验，为攻坚克难奠定了坚实的基础（图2）。

图2 项目全家福

项目部管理人员104人，平均年龄34岁；其中：一级注册建造师15人，注册安全工程师5人，具有教授级高工1人，高级职称15人，中级职称31人，主要管理岗位均为大中专以上学历（图3）。

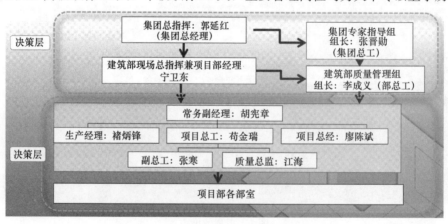

图3 直线式和矩阵式相结合的组织架构

3. 选题理由

（1）政治性强、关注度高。本工程为北京市重点工程，领导及媒体关注度高，社会影响大。

（2）质量目标高。工程的质量目标为确保北京市"长城杯金质奖"，确保绿色建筑三星认证，争创建筑工程"鲁班奖"，工程质量标准高。

（3）工期非常紧张。工程建筑面积达315000m²，定额工期是979天，合同工期692天，实际控制工期481天，工期被压缩约498天。同时本工程经历两个冬期、两个雨期，有效施工工期短。

（4）地下室超长混凝土结构防裂难度大。工程中楼地下二层东西向长294.6m，南北向最宽处为160.4m；东西院东西长97.4m，南北宽185.5m。超长结构混凝土裂缝控制难度大（图4）。

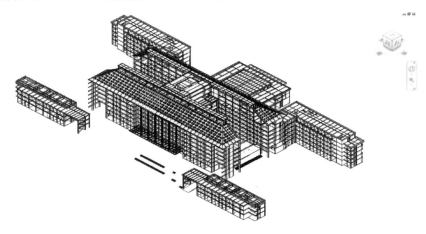

图4 中院地上结构BIM模型

（5）地下室防水工程量大，防漏是施工质量控制重点。工程地下防水面积约9.8万m²（不含地下室顶板），桩头约3800个，防水质量控制难度大。

（6）单层面积大，测量精度要求高。本工程地下室单层面积约8万m²，东西长584.8m，南北宽185.5m，占地面积大、单层面积大、测量精度要求非常高。

（7）斜弧屋面施工难度大。工程斜弧屋面造型独特、体量庞大。针对斜弧屋面结构特点，总结为"3超3大1其他"；东西向超长160.5m，最大支撑高度40.5m，最大超限梁截面600mm×1100mm；最大倾角41°；屋面面积6300m²；构件最大悬挑长度4.3m；斜弧屋面结构全部在冬施期间施工（图5）。

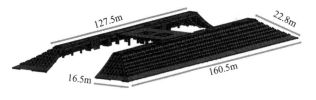

图5 斜弧屋面结构BIM模型

（8）机电专业齐全，管线排布难度大，预留预埋多，总承包管理、协调难度大。

（9）绿色安全施工标准高。本工程的绿色安全施工管理目标为确保获得北京市"绿色安全样板"工地，"全国建筑业绿色施工示范工程"。绿色施工标准高、总包管理难度大。

4. 实施时间

（1）时间节点

2016年9月20日现场导改及土护降施工完成，正式启动开工；

2016年8月20日第一根桩基施工，2016年9月25日桩基施工完成；

2016年9月10日第一块基础底板浇筑，2016年11月20日地下结构全面出±0.00；

2016年10月2日第一段地上结构浇筑，2017年1月25日结构封顶；

建造施工管理实施时间：2016年6月～2018年6月。

（2）施工内容

60天完成1570根工程桩、1300根护坡桩、17万方土方开挖施工；

45天完成3万m³肥槽防水及回填施工；

94天完成32万m²主体结构施工；

102 天完成 5 万 m^3 加气块二次结构施工；

158 天完成 24 万 m^2 玻璃＋石材幕墙外装；

90 天完成 57 部室内电梯安装调试；

7 个月完成 4.3 亿造价机电安装。

二、项目管理及创新特点

1. 项目管理重难点

（1）管理重点

1）针对工程重要性，全员、全面更新质量管控意识，以高度政治责任感管理质量。

2）采取组织、技术、经济等措施，发扬工匠精神，严格按"长城杯""鲁班奖"标准进行过程质量控制，保证质量零缺陷，确保质量目标实现。

3）积极应用先进的技术、标准、材料、工艺，在保证质量的同时，实现绿色施工、创建绿色建筑，达到节能环保的目标。

（2）管理难点

1）工程政治性强、质量创优目标高。

① 以城建集团为依托，发挥集团资源优势，建立集团指导、公司监控、项目实施的质量管理体系。保证市政府重点工程质量目标实现，并实现过程质量精品。

② 坚持高标准、严要求，以鲁班奖标准为质量控制目标。

2）单层面积大，质量管理点多面广。

① 增加质量管理人员，确保质量监管不留死角。

② 分区域管理、实行质量责任制。

3）施工人员多，操作水平参差不齐。

① 严格执行岗位技能工程进场培训、考核制度。

② 择优选择与集团战略合作，信誉好、实力强的劳务。

③ 加强技术交底、实体样板交底等工作，提高参施人员质量意识和操作水平。

4）工期紧张，质量管理人员工作强度巨大。

① 配置足够数量的质量管理人员（结构施工分四个区，每个区 3 名工长、2 名质检、2 名技术）。

② 分岗位对质量管理人员进行培训，提高其业务水平和质量管理水平。

2. 创新特点

（1）总包履约理念创新

作为工程施工总承包，针对不同阶段确立相应的管理理念；

在结构施工阶段由项目经理亲自拟定，提出执行"高、快、严、实、前、新"六字方针；

在装饰装修阶段，提出"管控到位、协调统一、引领创优"十二字方针；强化总承包管理履约理念，秉承"工匠精神"，实现高标准履约，以创造历史、追求艺术的态度，高标准、高质量的建设好千年之城。

（2）管理体系和职能划分创新

1）地基与基础、结构施工阶段坚持"栋号长负责制"，稳抓前锋作业面，确保安全、进度、质量协同推进。

2）装饰装修阶段，策划实施"责任工程师小组团网格管理"，高标准要求，多方位协调，协同资源，统一标准，高效调配。

3）针对幕墙施工阶段：每天近 400 个动火点，实现了"总包条件验收和第三方巡逻督查"。通过从"棋子"到"棋局"缜密策划和布局，保证工程平稳、良性的推进。

4）管理体系及办法创新，确立成熟高效的总承包综合管理模式。

结合本工程特点，创新了直线式和矩阵式相结合的组织架构；同时，在运用先进技术手段的同时，结合先进管理办法，形成"关键工序验收制""首段首件验收制""实体样板制""双挂牌制"及"技能工种培训制"等24项切实可行并行之有效的管理制度。

（3）技术应用创新

1) BIM 应用创新：以 A1 工程为载体，依托总部 BIM 中心与广联达公司建立 BIM 工作室，在前期场地布置、机电管线综合排布、复杂节点方案模拟交底、VR 技术、钢结构深化等方面得到了更深一步的应用。

BIM5D 平台端、手机端、WEB 端三端连通，实现了运用 BIM5D 平台对现场安全、进度、质量等方面的全方位管控。

2) 智慧建造应用创新：构建了智慧建造管理平台，集成涵盖项目播报、环境监测、进度管理、质量安全管理、施工方案模拟、劳务管理、视频监控七大板块的智慧管理平台。A1 工程获得三项北京市科委立项课题，获得全国 BIM 应用模范基地、北京地区 BIM 应用示范基地称号。

3) 技术手段应用：引进数控自动化钢筋加工机械、高精度卫星差分定位技术、塔吊监控及防触碰系统、全过程视频监控系统、临设烟感和消防水自动控制系统。

（4）绿色施工创新

1) 绿色施工管理贯穿 A1 工程施工全过程。施工现场临时道路采用钢板路，增加周转次数，降低材料消耗，办公区采用透水砖，透水性好，环保性好，路面不积水，门口设置空气质量实时监测显示（图6）。

图 6 办公区及钢板路实体效果

2) 现场安全防护采用盘扣式脚手架配合定型式钢板网安全防护系统，Q345B 低碳合金结构钢，强度高；使用寿命高，寿命 10~15 年，各杆件受力明确，用量少，重量轻，组装灵活，节约大量劳动力，也减小了作业人员的劳动强度。与传统普通钢管脚手架相比，节约工期 50%，人工费用降低 30%，用钢量降低 50%，同时降低了运输成本。本工程使用盘扣 4500t，钢板网 8 万 m²（图7）。

图 7 定型式防护实体效果

3) 新能源利用技术：生活区采用空气能热水器，办公区使用太阳能热水器，路灯为太阳能路灯。实现节水设备（设施）配制率100％；安全设施、临建设施采用定型化、工具化、标准化进行防护，其重复使用率达100％（图8）。

图8　生活区空气能及路灯实体效果

（5）安全管理创新

A1工程在安全施工管理上，拟实施以"组织措施为先锋，管理措施为向导，技术措施为主力，经济措施为后盾"的管理措施体系。

成立了北京市城市副中心工程安全体验培训中心，人员进场100％进行体验式安全培训，合格发证后方能入场。同时，实现了可视化安防监控系统、群塔远程安全监控系统、劳务实名制一卡通系统等，打造智慧化工地（图9）。

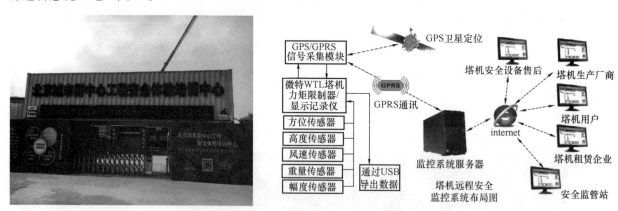

图9　安全体验培训中心及塔基远程监控系统

三、项目管理分析、策划和实施

1. 管理问题分析

北京城市副中心建设不但要搞好总体规划，加强主要功能区块、主要景观、主要建筑物的设计，体现城市精神、展现城市特色、提升城市魅力。根据设计和合同文件要求，结合本工程重要性以及集团公司对该项目的战略定位，为实现如期圆满完成建设任务，针对本工程的重点和难点，项目团队在平面布局、工艺优化、施工组织上详细分析，超前考虑，提前解决。

经分析，本工程项目管理问题主要贯穿于科技创新、施工组织优化、质量创优以及安全管理。要解决这些问题，必须针对问题作出策划和实施。

2. 管理措施策划实施

（1）目标策划——超前项目策划，实现管理有的放矢。缜密策划布局是工程成败的关键。项目部针对不同的施工阶段特点，结合现场实际，以问题需求为导向，以管理有效性为破题的关键，大到履约策划、安全策划、质量策划、创优策划、成本策划、三区平面布置策划，小到办会、影像策划，均做了推演、论证，形成策划方案，并在实施中注重检验、修正。

针对结构与装修转型期，安全、环保、平面布置作为重点关注点；针对内装分包队伍多、多栋号同时施工，策划实施责任工程师小组团网格管理，提出"协调统一、引领创优"管理思路。

针对幕墙施工每天近400个动火点，实现了总包条件验收和第三方巡逻督查。通过从"棋子"到"棋局"缜密策划和布局，保证工程平稳、良性的推进。

形成"关键工序验收制""首段首件验收制""实体样板制""双挂牌制"及"技能工种培训制"等24项切实可行、行之有效的管理制度（表2）。

项目管理制度　　　　表2

序号	制度名称	序号	制度名称	序号	制度名称
1	全面质量管理	9	三检及交接检制度	17	考察制度
2	执行"高、快、严、实、前、新"六字方针	10	质量联检制度	18	技能工种培训、考核制度
3	多级质量检查制度	11	挂牌制	19	重要材料标识制度
4	质量管理人员培训制度	12	质量分析会制度	20	质量评分制
5	技术工种培训考核制度	13	质量奖罚制度	21	样板引路制
6	质量一票否决制	14	材料进场检验制度	22	旁站制度
7	关键工序验收制度	15	复试不合格材料直接退场制度	23	拆模申请制
8	首段（首件）验收制度	16	重要材料留存制度	24	质量管理追责制度

（2）施工组织优化——强化施工管控，注重诚信履约。项目部将各节点如期履约作为第一要务，本项目采取了相应的组织措施、管理措施、经济措施和技术措施，实现刻成次工期动态管理，高效的完成进度管理的各项任务，实现了进度总目标。通过8000多位同仁上下同心，昼夜奋战，92天完成32万m^2主体结构施工；45天完成30000m^2肥槽防水、回填施工；102天完成50000m^3加气块二次结构施工；158天完成24万m^2玻璃＋石材框架幕墙外装；90天完成57部室内电梯安装调试；7个月完成4.3亿元机电安装；在春节前完成30万m^2室内装修任务。同时，75天完成1.89万m^2能源站主体封顶，60天完成涵盖1570根工程桩、1300根护坡桩、17万土方的3.77万m^2主体结构施工。如期实现结构、二次结构、幕墙、人防、室内电梯的验收，为工程整体竣工创造了有利条件。

（3）科技创新——技术支撑强劲有力，科技创新增效凸显。技术引领成为工程优质高效完成的重要因素。2017年，A1项目部共编制、审核、审批方案360份，涉及危大工程多达48项，组织专家论证36次。坚持首段首件验收制度，发挥样板的示范作用，土建、机电、幕墙、装饰装修、市政首段首件验收256项次，工艺样板验收28次。

BIM技术应用落地生花，产学研卓有成效。项目部投入280万元，配备工作站36台，与总部BIM中心、广联达共同建立BIM工作室，以A1工程为载体，有效促进总部BIM中心迅速成长壮大。在场地布置、图纸会审、机电管线综合排布、复杂节点方案模拟交底、绿色施工、安全防护、机电支吊架计算、二次结构排砖、预留洞深化出图、二维码技术、数字化加工、VR技术、钢结构深化出图等方面得到广泛深入应用（图10）。

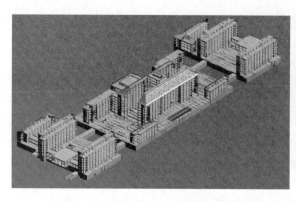
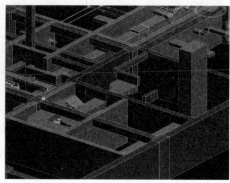

图10　BIM结构模型及机电管线碰撞模拟

同时基于智慧建造，集成涵盖项目播报、环境监测、进度管理、质量安全管理、施工方案模拟、劳务管理、视频监控七大板块的智慧管理平台（图11~图14）。

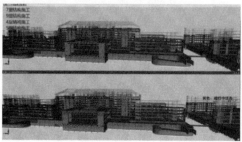

图11　智慧化平台

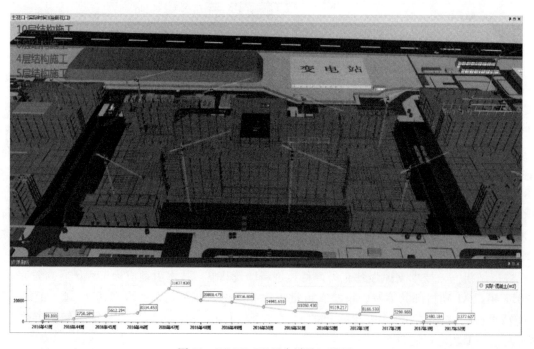

图12　BIM 5D PC平台端施工模拟

（4）安全管理手段丰富，保驾护航得力。安全管理作为第一责任。坚持"职责划分清晰、安全体系建设到位、责任制落实到位、安全风险管控到位、巡查监控到位"一清晰四到位安全管理指导思想，严格落实执行集团"强十条"，采用人防和技防相结合，确保工程零事故。

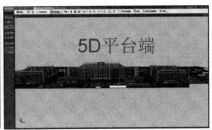

图 13　三端关系

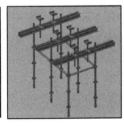

图 14　BIM 技术三维可视化交底

1）建立完善、清晰的安全生产、绿色施工管理保证体系。成立以总包项目经理为主任的安全生产、绿色施工领导委员会。

推行责任工程师负责制。建立结构、幕墙、装修、机电、市政责任工程师，责任工程师为分项目安全主要责任人。

按建筑功能划分为主楼、东裙楼、西裙楼三个区，总包项目经理、常务副经理、生产经理每人领导一个功能区。每个区建立以责任工程师为具体主责，领导本区技术、质检、安全管理人员，统筹协调本区管理。

总包成立安全生产、绿色施工监督主控部门——安全保卫部，并按指挥部 10 号文规定配齐专职管理人员。

各专业（劳务）分包配备专职安全员、兼职安全员（班组长兼任）、专业兼职管理员，组成本单位安全管理组，纳入总包统一管理。

形成责任到位、管理成网，纵向到底（班组）、横向到边（相关部门）的网络安全管理体系。

2）安全任务、管理职能分工明确、安全责任落实到位。

分级管理（总、分包）。

分线垂直负责（总、分包安全、消防、临电、机械、交通运输、场容卫生、生活区对口系统）。

安委会综合互动协调。

3）安全管理工作流程清晰、顺畅。

安全生产对口负责的次序：施工班组→分包工长→分包经理→总包责任工程师→总包区域责任领导→总包经理。

安全监督程序：分包安全员为点监控分包施工班组人员，对分包项目经理负责；总包安全责任工程师为点（对班组人员）、面（对总包责任工程师）监控，对总包区域责任领导负责。总包区域责任领导对总包项目经理负责。

4）推行安全生产目标管理责任制。

总包区域责任领导、责任工程师签订安全管理目标责任状；

专业（劳务）分包单位承包合同书上明确安全生产管理目标；

建立严格竞赛评比、考核制度，强化奖惩；

做到安全生产目标层层分解，纵向到底（班组），横向到边（相关部门）。

5）完善结合工程实际、行之有效的安全规章制度

根据工程特点和国家、相关行业系统规范、基建办的要求，研究、汇编工程施工现场"安全管理、绿色施工实施手册"（涵盖安全、消防保卫、环保、机械、临电、交通运输、文明施工等诸项内容），作为具体指导本工程安全生产、绿色施工管理的纲领性规范文件。

6）贯彻"基于规范标准，高于规范标准"的管理准则，夯实安全教育和过程控制两个基础，抓好安全防护、临时用电、施工机械、文明施工、消防保卫、环境保护六条工作主线，执行"五到位"控制策略。

7）推行"三结合""三不能"制度。

8）形成程序、简约化管理流程。

9）动态与静态相结合的平面布置。

（5）党建工作严实推进，良好氛围得以实现。"两学一做"常态化。开展了"让党旗在副中心工地飘扬，党性在施工一线闪光"、手抄党章、倾听十九大报告和宣讲等系列活动，在施工作业面建立了"党员责任区"，充分发挥"一个党员就是一面旗帜"的作用。宣传报道强势有力。项目部贯彻集团文化引领的战略，以北京电视台、北京日报、广播电台、千龙网等主流媒体为依托，聚焦工程，宣传典型人物，真正实现了报纸有文、电台有声、电视有影的良好态势。全年，A1项目在各大媒体的新闻报道已达200多篇。

群团建设有声有色。根据工期节点，开展"大干100天，确保主体结构封顶"、通州工匠技术大比武、"竣工决战誓师动员"等劳动竞赛活动，振奋士气，鼓舞斗志。建设高标准、舒适健康、标准化、智能化的"职工之家"，丰富职工及务工人员的业余生活，增强职工的凝聚力、向心力。注重廉政建设。将内控体系与廉政建设有机结合，坚持"三重一大"集体决策制度，通过反腐倡廉专题教育、廉政答卷等再教育，使每名党员懂规矩、守纪律、明底线，形成"风清气正"的工作氛围。

四、管理效果评价

1. 质量效果

本工程获得结构长城杯金质奖，QC成果连创佳绩。《提高弧形斜屋面混凝土成型质量》《提高超大体量结构冬施混凝土早期强度》两项QC成果，先后获得北京市优秀质量管理小组一等奖、中国建筑业协会一等奖、中国施工企业管理协会一等奖，项目部被授予全国优秀质量管理小组，创造集团QC成果的顶峰。

2. 技术成果

科技创新成果丰硕。基于盘扣＋钢板网新型外防护架防护体系，研究应用了《一种构件式安全网防护系统》和《一种钢板安全网防护系统》。基于快速提升混凝土灌注桩超长钢筋笼注浆管的安装速度，研究应用了《一种钢筋笼梭形穿管器》。三项技术应用均获国家实用新型专利。

以A1工程BIM应用为背景，分别与指挥部、北建院、清华大学联合承揽了《建筑设计信息物理交互系统示范应用》《基于BIM＋的城市副中心智慧建造研究》《基于BIM＋的城市副中心智慧建造标准》三项北京市科委立项课题。A1工程获得全国BIM应用模范基地、北京地区BIM应用示范基地称号。在副中心工程办组织的15家参施单位智慧建造大比武中获得了初赛第一名和复赛第二名，获得最终决赛二等奖。

3. 安全文明施工及绿色施工成果

本工程通过全国建筑业绿色施工示范工程过程验收，获得95.84的高分。利用定制应用隐患排查治理平台—手机APP做到隐患随手拍、随时消；利用BIM协同云平台＋高清数字摄像机＋数字传输＋电脑客户端/手机APP，实现视频画面远程查看安全、消防设施和劳务管理；与市消防局研究应用工程管理消防信息管理系统（FMS），并已申报北京市"科技创新奖"。

全年七次获得指挥部月安全检查评比第一名，在指挥部和消防局组织的消防技能大比武中初赛、决赛均获第一。先后有 13 人获得指挥部"安全管理标兵"荣誉称号，消防主管张道广荣获国家公安部消防局"全民消防我代言活动"消防使者称号。

4. 团队荣誉

项目团队有 2 名同志获得北京榜样，1 名同志推荐为北京市三八红旗手，项目经理宁卫东同志获得全国住房城乡建设系统劳模、首都劳动奖章，褚炳锋突击队获得北京市优秀青年突击队标杆，项目党支部获得建筑部先进基层党组织，项目部"职工之家"被评为集团"先进职工之家"示范单位。

5. 社会效益

1）集团战略落地有力，提升市场竞争优势。一是践行了引领发展、共同发展。A1 工程从土护降到机电安装、室内装修均刻意选择集团成员企业参与施工，先后 11 家成员企业投身于 A1 工程大兵团作战中。二是实现与产业链其他板块协同发展。园林绿化集团参与城市副中心园林景观施工任务，城建物业承揽市委大楼物业管理服务，充分展现了集团实力，提升了市场竞争能力，实现集团企业间的共生、共赢、共荣。

2）注重二次经营，提高自我营销能力。把客户培养成长期合作的客户也为二次经营。以 A1 工程施工良好的口碑，先后从指挥部、华清投资、北京市政市容委、北投集团获得了能源站、管廊、园区市政、夜景照明等四项新签合同。

五、结束语

北京城市副中心行政办公区 A1 工程作为"京津冀一体化的标志性工程"，受到各级领导的高度重视。A1 项目团队通过做好"管控到位、协调统一、引领创优"，充分发挥总包服务和引领作用，运用先进技术手段和科学管理办法，有的放矢，攻坚克难，取得了丰硕的管理成果。项目团队秉承城建集团"铁军精神"和"国匠精神"，A1 项目培养出一大批技术过硬、作风优良的专业技术人才，实现工程精细化质量管控，取得良好社会效益，在北京城市副中心树立起一面旗帜，体现出北京城建集团作为大型国有企业的社会责任，为后续承揽类似重点工程总承包管理工作奠定了坚实的基础。

精细管理 再续传奇 打造北京CBD新天际线

——中建一局集团建设发展有限公司中国国际贸易中心三期B阶段工程

翟海涛 刘卫未 刘 芳 常奇峰 任常保

【摘 要】 中国国际贸易中心三期B阶段工程,是市、区政府关注的重点工程。工程体量大、结构复杂、专业领域广泛、质量标准高、施工工期紧张,对总承包单位的综合管理能力和专业施工能力有很高的要求,施工企业本着"实施总承包管理,全面为业主服务"的原则和目的,始终以"完美履约"为宗旨,严格执行《建设工程项目管理规范》,以项目文化建设为依托,强调团队协作能力,不断提高管理水平,提升自主技术创新能力,充分发挥总承包职责和项目员工的优势、积极性,创造最大价值,最终实现项目与企业内部,与业主、分包之间的共赢,出色完成国贸3B这一重点工程。

【关键词】 总承包全面管理;技术创新;质量保证

一、项目概况

1. 工程概况

如表1所示。

工程概况表　　　　　　　　　　　　　　　表1

建设单位	中国国际贸易中心股份有限公司
建筑设计	香港王董国际有限公司
结构设计	奥雅纳工程咨询有限公司 中冶京诚工程技术有限公司
勘察单位	北京市勘察设计研究院有限公司
监理单位	北京兴电国际工程管理有限公司
施工总承包单位	中建一局集团建设发展有限公司

(1) 建筑功能划分

中国国际贸易中心三期B阶段工程分为四个子项工程:3BN主塔楼、3BN酒店裙楼、3BS商业裙楼和地下室。其中3BN主塔楼地上共59层,高295.6m,为超高层公共建筑,性质为办公、酒店综合体;3BN酒店裙楼地上共5层,高36m;3BS商业裙楼地上共7层,高48m;地下室共4层,为停车库、设备房及战时人防区等,B1层局部为商业。整个工程总用地面积19456m²,总建筑面积达22.3万m²。中国国际贸易中心三期B阶段工程建筑群是集商业、住宅、酒店、商务、餐饮馆、文娱活动等,并满足未来一定阶段机动车停车需求的多功能建筑。

(2) 主体结构工程

塔楼采用组合框架-核心筒结构体系，设有两道伸臂桁架和一道带状桁架加强层。外围框架柱为钢骨混凝土柱，核心筒设有钢骨的混凝土墙。核心筒内的楼盖以及核心筒与外框架之间的楼盖均采用钢梁＋钢筋桁架楼承板组合楼板。

酒店裙楼采用钢框架结构，裙房与主塔楼之间用钢梁连接，商业裙楼采用钢筋混凝土框架结构，有两座连桥与周围建筑相连，地下室为钢筋混凝土框架-剪力墙结构。

基础形式均为桩-筏板基础，塔楼基础厚度最大为 3.4m，裙楼基础厚度为 0.9m。

（3）机电设计概况

空调采暖及通风系统：本工程管道系统包括空调冷冻及冷却水输配系统、采暖热水输配系统、冰蓄冷系统。户内采用 VRV 空调，楼梯间采用加压送风系统。

给排水工程：本工程设给水排水（污水、雨水分流）系统。

消防工程：本工程设消火栓系统、自动喷淋系统、火灾自动报警系统，均设有七氟丙烷气体灭火设施。本工程消防广播兼顾背景音乐，在模拟报警试验时，主机收到报警信号通过值班人员手动关闭背景音乐，开启消防广播，通知报警层及相邻上下层人员进行疏散。

强电工程：本工程的供电方式为双电源供电、内设 10/0.4kV 变配电系统，低压为 TN-S，内有动力、照明及应急供电等系统。设有防雷及接地系统、等电位系统，防雷设计为 3 类。

弱电工程：包含综合布线系统、无线对讲系统、背景音乐及紧急广播系统、保安报警系统、门禁系统、监控系统、可视对讲系统、楼宇自控系统。

2. 选题理由

本工程为北京市 CBD 标志性建筑，为北京市第三高楼（含在建），建筑外形仿佛一根拔地而起的翠竹，外形新颖、结构复杂、具有工程建设标准高、施工场地紧张、交叉作业多、工期紧、参见单位多等特点，同时具有地理位置特殊及政治影响，此外，中国国际贸易中心三期 B 阶段工程是包材料、包施工、包质量、包安全、包文明施工、包交付验收的总承包工程，总承包的管理对整个工程的顺利竣工有着至关重要的作用，需要总承包单位深入学习、多方探讨，利用自身过硬的技术实力及管理水平迎击高水平业主的高精尖工程及苛刻要求，为后续 300m 高同类型超高层建筑提供宝贵的经验（图1）。

图 1　中国国际贸易中心三期 B 阶段工程与一期、二期、三期 A 整体实拍照片

3. 实施时间

本工程自 2013 年 8 月 30 日进场开工，至 2017 年 4 月 10 日顺利通过五方竣工验收。具体实施时间如表 2 所示。

实施时间表	表 2
总实施时间	2013 年 8 月 30 日～2017 年 4 月 10 日
分段实施时间	
项目总体管理策划	2013 年 7 月～2013 年 8 月
管理措施实施	2013 年 9 月～2017 年 3 月
过程检查	2013 年 9 月～截止到竣工的全过程
取得成效	2013 年 10 月～2017 年 4 月

二、项目部概况

针对本工程遇到的新技术、新工艺、新问题，项目部成立了以项目经理为组长的管理团队。

图 2　工程人员

项目部成立于 2013 年 8 月，管理人员高峰期为 84 人，平均年龄 34 岁；其中研究生以上学历 5 人，大学本科及以上学历 72 人，工程师以上职称的管理人员 48 人；高级工程师 3 人，下设工程部、技术部、机电部、钢结构部、商务部、质量部、安全部、物资部、办公室八部一室（图 2）。

三、项目管理重难点及创新特点

1. 管理重难点

（1）场地周边环境复杂，塔吊布置限制大

本工程位于中国北京市朝阳区建国门外大街 1 号，东侧为东三环路，南侧为国贸二期主塔楼，西侧南段为国贸饭店，西侧中部为国贸三期 A 阶段国贸商城，西侧北段为数码 01 大厦，北侧为光华路。景茂街在地块中部贯通。紧邻中央电视台及国贸桥，周边环境异常复杂，建筑众多，对塔吊布置限制较大。

（2）施工体量大，人员众多，垂直运输效率要求高

超高层建筑施工中的垂直运输对于工程的顺利实施至关重要。本工程施工期间专业众多，工序复杂，高峰期施工人员达 1000 多人，各种材料和设备运输量非常大，垂直运输的组织将直接影响到整个工程的施工进度，而且随着高度逐渐增加，垂直运输效率逐渐下降，稍有组织不善就会因为人员上不去而出现窝工的问题。

（3）紧邻超高层，地下环境复杂，对深基坑设计和施工提出了更高要求

基坑南侧紧邻国贸二座，且基坑开挖深度超过国贸二座的底板，国贸二座为钢筋混凝土核心筒＋钢框架体系，基础为利用天然地基的箱型基础，对变形极为敏感，支护设计需考虑基坑对国贸二座的影响。工程地处北京市繁华区域，在以往的工程建设过程中已完成大量雨水、污水、燃气等管线，大大增加了基坑开挖难度及管理难度。

（4）塔楼超高、环境复杂多变，测量受自然、施工影响较大

塔楼高达 295.6m，外界环境（日照、风、温度等）复杂多变；大型设备（塔吊）运转、混凝土楼板施工对结构的晃动；钢结构框架的柔性大，结构的柔性摆动等都会对控制点的向上引测精度造成影

响。外界环境对传递方式的优化选择、测量设备的选型、基准点精度复核提出了更高的要求。

（5）基础底板厚度大，如何保证混凝土的浇筑质量是本工程的技术难点

塔楼区域核心筒范围底板厚度3.4m，其他区域为3.0m/2.9m，如何进行配合比调试，组织混凝土浇筑，确保不出现裂缝及控制水化热产生的温差，满足规范要求是最大难点。混凝土组织供应及交通管理难度也不小。

（6）塔楼超高，混凝土泵送施工对泵送设备和泵管性能的要求高

混凝土浇筑总高度约265m，强度等级高（C60/C50），采用一泵到顶的技术，对泵送设备和泵管性能要求相当高。随着楼层高度的增加，泵管内滞留的混凝土越多，泵管清洗难度大，管理难度随之增大。

（7）工程体量大，节点复杂，钢结构深化设计内容多，安装难度大

本工程主体钢结构用钢量达3.1万吨，钢构件9000余支，伸臂桁架、异形塔冠等节点复杂，且所有土建结构的连接及预留均需要钢结构深化设计阶段提前进行考虑，给深化设计和安装施工带来很大难度。

（8）核心筒施工高度高，平面及尺寸变化大，与钢结构交叉作业多，核心筒模板施工难度大

为有效缩短主楼结构施工周期，本工程核心筒剪力墙选用爬模施工，而核心筒的壁厚、平面形状及平面定位尺寸沿竖向均有较大变化。选择何种爬模体系、如何处理爬模和核心筒外塔吊、核心筒内临时施工电梯、超高压泵管、布料机及上层钢结构之间的关系等都将是本工程施工控制的重点。

（9）场地周边为国贸商务区，同时紧邻东三环路，人员流动密集，如何防止高空施工坠物对周边人员造成伤害

场地四周均为市政主干道，车流密集。人员安全防护极为重要。为避免高处施工对车流、人流产生的影响，根据安全规范要求，将对塔吊覆盖范围内的建构筑物等进行全方位防护。

（10）工程体量大、周期长，施工分包及材料种类多，绿色施工管理是工程管理重点

本工程结构主体、机电、装修及外墙的材料种类繁多且施工周期相对较长，所需收集的资料、文件类别较多，给绿色施工方案的编制和计划的实施带来较大难度。各分包施工内容差异性大，插入施工时间不同，如何系统全面的管理各个分包是本工程总承包绿色施工管理的重点。

2. 管理策划及创新

（1）管理目标

如表3所示。

管理目标表　　　　　　　　　　　　　　　　　表3

1	质量目标	确保获得"北京市建筑工程结构长城杯"，争创"鲁班奖"
2	工程安全文明	确保荣获"北京市绿色安全工地"称号
3	新技术应用	确保获"北京市建筑业新技术应用示范工程"
4	成本目标	确保完成公司核定的收益指标
5	绿色施工	确保获"住房城乡建设部绿色施工科技示范工程"
6	培养青年业务骨干	"创精品工程，展示一流管理水平"

（2）管理创新特点

1）为实现景茂街提前通车，3BS商城景茂街部分钢结构采用大跨度钢桁架整体拼装、逆序提升施工技术

桁架拼装借助于履带式起重机，由低层到高层，依次在地面上将结构进行拼装、焊接完毕。而后利用液压提升设备，由高层向低层，依次将结构提升就位。逆序拼装、整体提升的施工工艺，成功解决了

场地狭小状态下多层大跨度重型钢结构的安装方法。采用此整体提升方法，具有减少资源投入、提高施工效率、降低施工风险和节约施工成本等优点。经项目最终统计分析工期节省约30%，成本节省约40%。该施工技术对类似大跨度钢结构施工具有指导和借鉴意义。

2) 主塔楼核心筒封闭结构下轻型钢结构半自动自爬升施工技术

核心筒内部设计有钢梁、钢楼梯等水平钢结构。根据结构形式，设计液压爬升吊装机构体系，该体系由爬升系统、吊装系统和运料平台部分组成。其中，爬升系统负责将整个机构随着施工进度向上爬升；吊装系统可以将核心筒内钢构件吊至任意位置；而运料平台则用于钢构件的卸料和转运到核心筒内。通过上述设计，使得核心筒内水平结构可与竖向结构同时施工，提高了施工效率，节约了成本，降低了施工风险。

3) "目标管理、精品策划、过程监控、阶段考核、持续改进"

通过施工工艺、工序组织、施工技术、方案设计、物资的控制与施工管理等几个方面，对本工程的施工进度控制进行多角度、全方位的立体交叉式的管理。有效的运用"过程精品""目标管理、精品策划、过程监控、阶段考核、持续改进"的理论，本着"验评分离、强化验收、完善手段、过程控制"的思想，坚持方案先行，样板引入，各项检查制度并行进行质量管理。以"安全第一、预防为主、以人为本、科学管理"的理念进行安全多点管控。

4) 新技术应用推广，提高自主创新能力

项目部十分注重科技创新管理，成立了以公司总工程师、技术中心经理和项目经理、项目总工程师为核心的新技术推广应用领导小组和实施小组，抽调技术骨干，提供专项资金，制定技术创新目标策划与管理，加强过程监督与策划，大力开展各项新技术推广、培训活动。积极推广住建部发布的建筑业10项新技术中的10大项47小项。除此之外，结合项目特点推广运用6项创新技术及11项关键技术。

5) 充分发挥总承包管理"大管家"职责

为做好本工程的总包管理协调，项目部坚持正确的管理理念，本着"实施总承包管理，全面为业主服务"的原则和目的，在项目实施过程中贯彻"以最终用户为导向，全寿命周期管理"的管理理念，秉持着"谦虚的谨慎的做人，主动的超前的做事"管理理念，将所有分包商形成一个利益共同体，所有分包商提供一整套优质、高效的工程建造共享资源服务体系，并建立一套强有力的深化设计、进度、质量、安全、信息管理协调机制。

6) 项目每月印发《新竹》小报，加强项目文化建设，租金云攻坚文化交流，使全员实时了解项目、公司甚至整个建筑行业状况，做到与时俱进（图3）。

图3 《新竹》小报

7) 通过公司OA系统、QQ、微信、钉钉、发展小E等软件建立群组，基本实现无纸化办公，提高工作效率。利用云建造软件记录每日安全、质量问题，及时联动、整改，整改效果及时反馈上级，提高工作效率（图4~图6）。

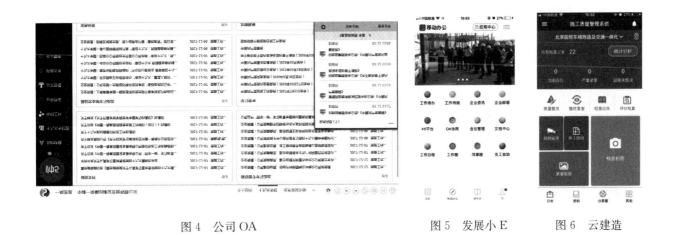

| 图 4 公司 OA | 图 5 发展小 E | 图 6 云建造 |

四、项目管理分析、策划和实施

1. 项目管理分析与策划

（1）建立项目管理体系与职能划分

本工程本着科学管理、精干高效、结构合理的原则，配备在超高层总承包管理中均具有丰富的施工经验、服务态度良好、勤奋实干的工程技术和管理人员组成项目管理体系，并充分结合以 FIDIC 合同条件为基础的国际工程承包的管理机制，通过建立科学的项目管理制度，完善质量、技术、计划、成本和合约方面的管理程序，使整个工程的实施处于总承包商强有力的控制之下。总承包项目部为矩阵式组织结构，以科学的管理和组织，推广应用先进的科技成果，以强有力的技术手段，确保施工顺利进行。

（2）质量管理措施

1）制定质量管理制度，定期检查质量管理情况，以制度促进质量；

2）定期组织质量培训活动，提升管理人员的质量管理意识；

3）严格执行质量例会制度、质量会诊制度、质量讲评制度，积极发现问题，并有效地解决问题；

4）通过挂牌制、样板制、会诊制、成品保护制、专人负责制等管理制度，全面掌控工程进度及质量。

（3）安全管理措施

1）在施工中，始终贯彻"安全第一、预防为主"的安全生产工作方针，并以严格的奖惩措施来促进安全管理；

2）认真执行国务院、住建部、北京市及与建筑施工企业安全生产管理相关的各项规定，把安全生产工作纳入施工组织设计和施工管理计划，使安全生产工作与生产任务紧密结合；

3）强化安全生产管理，通过组织落实、责任到人、定期检查、认真整改，杜绝死亡事故，确保无重大工伤事故；

4）加强超高层建筑施工阶段，尤其是装修阶段的消防工作，为工程顺利完工提供可靠的保障。

（4）文明施工管理措施

1）深入广泛开展文明施工管理、创建文明工地达标活动的教育，提高全员文明施工积极性、主动性；

2）把现场划分为若干责任区进行管理，明确责任单位、总包和劳务队伍责任人，并挂牌明示；

3）定期（每周一次）、不定期（阶段性抽查）由生产经理组织相关部门参加文明施工检查，并评定、汇总、建档，查出的问题立项、整改，落实责任人、整改期限。

4）采取多种形式的竞赛，对文明施工做出贡献的人员、单位给予奖励；对违反文明施工规定，给项目造成损失或损害公司声誉的人员、单位给予处罚。

(5) 绿色施工管理措施

成立绿色施工管理实施小组,明确各自的绿色施工管理职责,并建立教育制度、责任区制度、挂牌制度、定期检查制度、奖罚制度等一系列绿色施工管理制度,采取绿色施工管理措施,确保通过住房城乡住建部绿色施工科技示范工程验收。

选派公司内LEED管理经验最为丰富的管理人员作为LEED认证专员,与业主和顾问积极有效的配合从体系管理、分包管理、材料管理、资料管理各方面入手负责整个项目的LEED认证管理工作,争取通过美国绿色建筑协会LEED金级认证。

(6) 工程施工质量管理

从工程招投标、图纸会审、新技术应用、施工组织方案确定、技术交底、样板确定、过程控制、质量检查验收每一个环节入手,扎实做好技术准备,全面提升施工组织、方案、交底的针对性、指导性及可操作性,做到施工组织、方案要通过公司、项目进行精心策划后实施,做到工长、班组长及操作人员经过技术交底后进行施工。

1) 本工程2013年8月30日开工,在施工过程中严格按照设计图纸、洽商,按照国家有关法律、法规,按照国家、行业和地方有关施工质量验收规范、技术标准以及施工程序施工。

2) 在工程施工前根据本工程特点、难点和具体施工条件,认真编制施工组织设计,各分部、分项工程均编制了施工方案和技术交底。

3) 重要的施工项目如基坑工程、大体积混凝土、爬模施工方案、高支模施工方案等均进行了专家论证。

2. 项目管理实施

(1) 质量管理措施

1) 建立完善的质量管理网络、完善的质量管理制度,完善项目经理部质量责任制,分界质量目标,按照创优的具体质量要求进行层层分解,把质量责任从项目两道落实到基层。

2) 建立以项目经理为组长的质量管理体系,制定各项完善齐全的项目质量管理制度,并向项目各部分下发、统一交底(表4)。

质量管理表 表4

序号	质量管理制度名称	序号	质量管理制度名称
1	质量管理目标分解制度	18	施工图纸会审制度
2	设计交底制度	19	图纸深化协调会签制度
3	深化设计交底制度	20	重大原材料、设备跟踪制度
4	原材料、设备、构配件进场验收制度	21	质量阶段性目标及整体目标奖罚制度
5	工艺交底制度	22	工序协调制度
6	质量控制点策划制度	23	施工组织设计/施工方案审批制度
7	施工机械设备状态检查制度	24	测量及计量器具性能精度检查制度
8	质量通病防治专项措施	25	施工环境保证制度
9	样板引路制度	26	工序交接验收见证制度
10	特种作业人员持证上岗制度	27	工程质量三检、多检及联检制度
11	每周质量大检查制度	28	工程例会的质量讲评制度
12	质量月度评比制度	29	质量奖惩制度
13	质量培训制度	30	质量月活动制度
14	质量资料管理制度	31	成品保护制度
15	不合格追溯及处理制度	32	质量信息统计与反馈机制
16	质量回访保修制度	33	取样送检制度
17	工程创优管理制度	34	实测实量制度

3）五项工程项目质量工作制度

① 三检制度

为了加强工程工程质量控制和质量验收管理，提高一次验收合格率，降低质量成本，保证工程质量，本工程严格遵守自检、专检、交接检三检制度。确保工序质量可追溯性，促进了各工序施工班组之间对彼此的施工质量的监督，大幅度降低了维修和返工的概率。现场施工员全程监控，专业质量员随机抽检保证质量要求。

② 工程质量例会制度

建立例会制度：每周一下午召开工程例会，找出进度偏差并分析偏差的原因，研究解决措施，每日召开各专业碰头会，及时解决生产协调中的问题，不定期召开专题会，及时解决影响进度的重大问题。

建立现场协调会制度：每周召开一次现场协调会，通过现场协调会的形式和业主、监理单位、设计单位、劳务队伍、专业承包商、独立承包商一起到现场解决施工中存在的各种问题，加强相互间的沟通，提高工作效率，确保进度计划有效实施。

通过项目质量例会使参与工程质量管理的各方人员对施工现场的质量状态，在有效的时间内进行沟通，并及时发现和解决施工中的存在的问题和隐患，制定切实可行的预防和纠正方案（图7）。

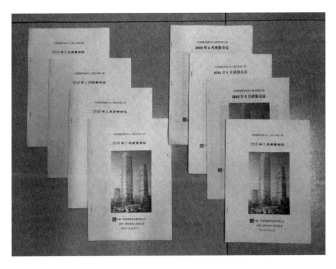
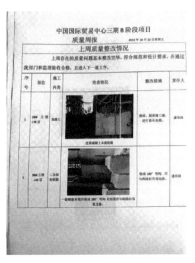

图7 质量周报

③ 实测实量制度

为保证本工程的质量目标的顺利取得，本项目在施工过程中全部实行实测实量进行质量验收，对超出规范的部分采取针对性的整改措施。如对于垂直度及平整度有偏差的部位，偏差较大的部位采取钢钎进行剔凿细毛并用靠尺进行检查，直到合格为止，注意保护层厚度。对于偏差较小的部位，进行细部磨光机进行打磨。

④ 样板引路

工程质量样板引路是工程施工质量管理的一种行之有效的做法，鉴于当前建筑施工一线作业人员大多来自农村富余劳动力，文化程度和职业技能不高的现状，本工程推行工程质量样板引路这一做法，使之成为施工项目质量管理的一项措施，有利于加强对工程施工重要工序、关键环节的质量控制，消除工程质量通病，提高工程质量的整体水平。

坚决落实样板引路制度，工序样板必须经过施工单位、监理单位、建设单位三方共同验收后，签署样板验收记录，相应的工序方可施工。现场样板设立在主楼五层（图8）。

⑤ 奖罚制度

分包单位对工程质量认真负责，分期、分阶段、分部位，达到预期质量目标给予奖励。质量达不到预期目标，或者经上级部门检查工程质量不合格，给工程带来不良影响的给予处罚。

图8 样板实例

4）质量技术培训与技能考核

组织质量技术培训，提高供热施工质量。机电层伸臂桁架焊接为100mm超厚钢板焊接，提前进行焊工理论考试及焊工操作考试，选拔优秀焊工进行焊接操作，保证焊接质量（图9～图12）。

图9 焊工理论考试　　　　　　　　图10 焊工操作考试

（2）安全管理措施

1）建立三级安全保证体系。项目部成立专门的安全领导小组，工地设立安全监督小组，班组设置安全员，形成健全的三级安全保证体系。负责工地日常的安全工作，定期组织安全检查。

2）健全安全生产责任制、安全生产管理制度。明确各管理人员、施工人员和生产工人在本工程中的安全责任。总包与分包签订了安全文明施工、治安消防保卫协议书，并与结构施工单位签订了塔吊使用安全协议书、临时用电安全协议等；实行了安全抵押金制度。

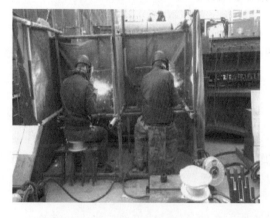

图11 焊接工艺评定　　　　　　　　图12 焊接工艺评定试件

3）强化安全教育。坚持"三级安全教育"，规范"三级安全交底"制度，施工中坚持"班组安全活动"制度。

4）改善施工劳动条件。积极改进施工工艺和操作方法，改善劳动环境条件、减轻劳动强度，消除危险因素。

5）实行人身安全保障。所有施工人员参与人身安全保险。

6）加强施工安全监控。及时反馈检测信息，进行科学的信息化施工，确保施工安全（包括地面建筑物、道路、地下管线安全、气象信息等）。

7）文明施工方面，主要采取以下措施：建立教育制度、建立文明施工责任区制度、建立文明施工定期检查制度、建立文明施工奖罚制度（图13～图15）。

图13　安全通道

图14　塔吊防护

图15　周一安全教育

（3）绿色施工管理

成立绿色施工管理实施小组，明确各岗位绿色施工管理职责，项目负责人为第一责任人，项目部成员全员参与，公司对绿色施工的策划、实施进行指导和监督，保障绿色施工的顺利实施。

1）绿色施工管理制度

① 教育制度

深入广泛开展绿色施工管理工地达标活动的教育，提高全员绿色施工积极性、主动性，为创建绿色施工达标工地提高思想认识，使职工养成绿色施工意识。

制定具体的教育措施，在每周一的安全文明施工教育大会上，由行政部总结上周绿色施工管理存在的问题，并安排下周的主要工作。

② 责任区制度

现场划分为若干责任区进行管理，明确责任单位、总包和劳务队伍责任人，挂牌明示。

③ 挂牌制度

在施工区、办公区、生活区设置明显的"节水、节能、节约材料"等标识，并按规定设置安全警示标志。

④ 定期检查制度

定期（每周一次）、不定期（阶段性抽查）由现场经理组织相关部门参加绿色施工检查，并评定、汇总、建档，查出的问题立项、整改，落实责任人、整改期限。

⑤ 奖罚制度

采取多种形式的竞赛，对绿色施工做出贡献的人员、单位给予奖励；对违反绿色施工规定，给项目造成损失或损害公司声誉的人员、单位给予处罚。

2）绿色施工措施

① 施工现场设置绿色施工标牌，场内设置节能、绿色、环保宣传标语，于醒目位置设环保标识，重点突出和宣传环境保护及绿色施工的重要性，使全体员工逐步树立节约、环保的意识（图16、图17）。

图16 绿色施工宣传

图17 安全通道内宣传

② 钢筋接头采用直螺纹机械连接，减少焊接产生废气对大气的污染。

③ 在大底板施工时，使用溜槽浇筑，有效降低噪声，又节约了泵送费用，一举两得。

④ 就地取材：主要材料使用北京本地或者500km以内地区，减少远距离运输增加的费用。如：水泥、木材、钢筋、石材、砌块、各种钢制门等。

⑤ 方柱使用大钢模，圆柱使用玻璃钢柱模，重复利用次数远远大于木模，节约木材。

⑥ 盘扣式支架作为模板支撑架，较目前常用的扣件式或碗扣式钢管支架而言，承载力大，总用量省；安全性高；搭拆效率高；管理便捷，无小散件。

⑦ 临边防护采用公司推行的标准化防护栏，可周转使用，安装方便、美观大方。

⑧ 商业裙楼（3BS）南侧紧邻国贸二座，利用二座原有护坡桩做本工程的护坡桩，取消底部微桩及锚索施工，施工成本及施工难度均大大降低。

⑨ 现场施工养护采用塑料薄膜养护方法，由于塑料薄膜保水性好，不需要原本的每小时洒水养护，节约用水。

⑩ 办公区、生活区、施工现场用电量均分开计量，在办公区、生活区、施工现场分别安装单独电表，建立用电台账。使用LED环保灯具。

（4）技术创新管理

实际应用新技术涉及了10项新技术中的10大项合计49个子项。除此之外，结合项目特点推广运用6项创新技术及11项关键技术。

1）建筑业10项新技术应用情况

如表5所示。

建筑业10项新技术应用情况　　　　表5

技术类型	详细类别		应用部位及数量
1. 地基基础和地下空间工程技术（3）	1.1	灌注桩后注浆	工程桩，约1200t
	1.6	复合土钉墙支护技术	嘉里通道基坑支护，约1000m²
	1.8	工具式组合内支撑技术	S4段基坑拐角处支护
2. 混凝土技术（5）	2.1	高耐久性混凝土	框架柱、核心筒采用C60/C50高耐久性混凝土，主楼梁板采用C40高耐久性混凝土，地下室底板采用C50P8抗渗混凝土，地下室外墙顶板采用C40P8抗渗混凝土，7.5万m³
	2.3	自密实混凝土技术	V型/Y型柱转换处，200m³
	2.4	轻骨料混凝土	地下室及屋面回填层，0.2万m³
	2.6	混凝土裂缝控制技术	底板大体积混凝土，7000m³
	2.7	超高泵送混凝土技术	主塔楼梁板墙柱混凝土，约5.2万m³

续表

技术类型	详细类别	应用部位及数量
3. 钢筋及预应力技术（5）	3.1 高强钢筋应用技术	HRB500钢筋、HRB400钢筋31250t
	3.2 钢筋焊接网应用技术	底板面层钢筋300t
	3.3 大直径钢筋直螺纹连接技术	直径≥20mm钢筋采用直螺纹连接技术2万t
	3.7 建筑用成型钢筋制品加工与配送	现场90%钢筋采用外加工2.9万t
	3.8 钢筋机械锚固技术	钢骨结构部分梁柱节点
4. 模板及脚手架技术（4）	4.4 组拼式大模板技术	核心筒采用爬模模板选用大钢模，约1万m²
	4.5 液压爬升模板技术	
	4.10 盘销式钢管脚手架及支撑架技术	3BS地下室梁、楼板约5万m²
	4.11 附着升降脚手架技术	塔楼外防护架约300m²
5. 钢结构技术（6）	5.1 深化设计技术	钢结构深化设计3.1万t
	5.2 厚钢板焊接技术	主楼伸臂桁架100mm厚钢板焊接 焊缝长度约80m
	5.4 钢结构与大型设备计算机控制整体顶升与提升安装施工技术	景茂街桁架吊装，每层250t
	5.5 钢与混凝土组合结构技术	钢管混凝土柱、型钢混凝土柱、型钢混凝土梁
	5.7 高强度钢材应用技术	伸臂桁架采用Q390GJD高强度钢材，2560t
	5.9 模块式钢结构桁架组装、吊装技术	桁架层吊装（4层每层250t） 核心筒内钢楼梯吊装（130部楼梯）
6. 机电安装工程技术（7）	6.1 管线综合布置技术	整体，约150km长管线
	6.2 金属矩形风管薄钢板法兰连接技术	风管安装约20km
	6.3 变风量空调技术	办公区、商业区约50个空调机房
	6.5 大管道闭式循环冲洗技术	整体
	6.7 管道工厂化预制技术	整体
	6.8 超高层高压垂吊式电缆敷设技术	主塔楼强电井约5km长
	6.9 预分支电缆施工技术	电缆安装
7. 绿色施工技术（7）	7.1 基坑施工封闭降水技术	基坑支护及止水帷幕
	7.2 施工过程水回收利用技术	基坑支护用水、混凝土养护、洒水降尘等
	7.3 预拌砂浆技术	室内隔墙砌筑、地砖粘贴约280t
	7.5 粘贴式外墙外保温隔热系统施工技术	裙楼地上外墙3500m²
	7.8 工业废渣及（空心）砌块应用技术	大孔混凝土空心砌块2814m³
	7.9 铝合金窗断桥技术	外装修铝合金幕墙约5000m²
	7.12 建筑外遮阳技术	玻璃幕墙约45520m²
8. 防水技术（2）	8.4 遇水膨胀止水胶施工技术	地下室施工缝约1500m
	8.7 聚氨酯防水涂料施工技术	室内卫生间地面防水、塔冠防水约8500m²
9. 抗震加固与监测技术（5）	9.1 消能减震技术	3A连桥抗震支座4个
	9.2 建筑隔震技术	L6 L27 L43设备浮动基础约500m²
	9.3 混凝土结构粘贴碳纤维、粘钢和外包钢加固技术	1号汽车坡道洞口改造加固
	9.7 深基坑施工监测技术	基坑周边
	9.8 结构安全性监测（控）技术	整体结构

续表

技术类型	详细类别	应用部位及数量
10. 信息化应用技术（3）	10.1 虚拟仿真施工技术	BIM 技术应用约 60 台电脑
	10.4 工程量自动计算技术	工程量计算采用图形算量软件约 60 台电脑
	10.6 建设工程资源计划管理技术	工程资源管控约 60 台电脑

2）6 项创新技术

① 基准点激光竖向传递自动精密光栅捕捉技术

基准传递测量一般采用外控法，但外控法要求建筑周边必须开阔，通视条件好。本工程四周被国贸饭店、国贸商城、数码 01 大厦、国际贸易中心二座等建筑包围，无外控法测量条件，且建筑高达 295.6m，高空临边作业安全风险大，必须采用内控法测量。内控法测量不受恶劣天气和夜间作业的制约，作业速度快，但国内仪器设备制造技术与国外有较大差距，测量精度难保证。

项目组创造性的提出不同液体双光楔自动补偿器，有效解决了传统重力、机械补偿技术中无法克服的摩擦力影响；通过激光环栅、十字线光斑中心数字化识别技术，使投测精度达到二十万分之一。

② 核心筒、外框架同芯度高精度控制测量技术

本工程是典型的超高层建筑，结构体系采用外框劲性柱＋钢筋混凝土核心筒的形式。核心筒与外框施工进度不同，核心筒与外框的同芯度需要通过测量保证。超高层建筑对垂直偏差特别敏感，结构竖向偏差直接影响工程受力。同时电梯井道的垂直度影响到后期高速电梯的安装。因此，施工质量需求对核心筒、外框架的同芯度控制测量精度提出了很高的要求。

在建筑施工现场的复杂环境和诸多不利条件下，在核心筒施工时应在核心筒四角立面墙体上安装专业测量装置，有效解决了超高建筑高空无作业面的问题，并使用"超高层钢柱测量校正基座"来进行控制点的精密传递，核心筒及外框架的同芯度得以保证。

③ 超厚钢板焊接关键技术

本工程所使用钢板最厚达 100mm，材质 Q390GJD-Z35，焊接质量控制较困难。焊接前仔细检查焊缝坡口，并除去焊口周边油污、锈等避免影响焊缝质量。焊前做好防风、预热措施。焊接时工艺参数按照编制的指导书进行，按照箱型对称焊模型简化实际焊接节点，采用多层多道焊接工艺和背部清根工艺进行焊接，焊接后立即保温。冷却到环境温度后进行焊缝外观质量检验，焊接完成 24h 后进行焊缝无损检测。

④ 封闭结构下轻型钢结构半自动自爬升施工技术

本工程核心筒竖向墙体内外全部采用液压爬模体系施工，水平结构滞后于竖向结构施工。核心筒内的钢楼梯及钢梁的安装由于爬模平台的封闭而无法借助塔吊进行吊装。为此，本工程特设计一套吊装机构，用于核心筒内部钢楼梯及钢梁的安装。该系统利用液压爬模原理，跟随工程进度单独爬升（图18、图19）。

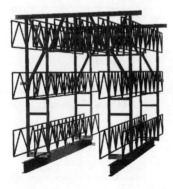

图 18 单梁吊架在轨道中间时总体 Mises 应力等值线

图 19 吊装系统安装

⑤ 大跨度钢桁架整体拼装、逆序提升施工技术

景茂街上部结构体系为钢结构，钢桁架体量大、共四层每层约250T，安装时间紧张，中间部分桁架采用整体提升。整体提升方案实际施工工期78天。整体提升方案实际工期比传统高空安装方案节省26天（图20~图22）。

图20 L6层待拼装状态

图21 L6层整体提升完毕

⑥ 巨型钢骨柱铝合金模板施工技术

铝合金模板体系因其高强轻质、浇筑完成后混凝土表面观感极佳且操作方便、临边作业强度小、建筑垃圾少等特性，是作为竖向柱混凝土模板的不错选择。为更好的适应本工程外框柱截面尺寸多变的特点，对铝合金模板体系进行专门设计，使其可以适应不同截面矩形柱，且施工工艺简单、缩短工期、节约成本（图23、图24）。

3）11项关键技术

① 超高层垂直运输规划及研究

（超高层大型塔吊选型和布置）（电梯分段安装施工技术）。

图22 L4层整体提升完毕

② 紧邻已有建筑复杂地下环境深基坑综合施工技术

（紧邻超高层的狭长基坑综合施工技术）（城市中心区复杂环境下超深管廊明暗挖相结合施工技术）。

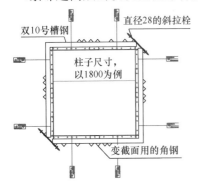

图23 铝合金模板体系安装图示意

图24 现场铝模板拼装的柱模

③ 超高层结构竖向构件应力应变监测技术

④ 混凝土综合施工技术

（超高层建筑大体积混凝土底板连续无缝浇筑施工技术）（超高层混凝土泵送施工技术）（超高层建筑楼板抗裂混凝土技术）。

⑤ 钢结构综合施工技术

（钢结构深化设计）（超高复杂钢结构安装施工技术）（大空间网架施工技术）（塔冠复杂异形钢结构施工技术）。

⑥ 超高层液压爬模施工技术

⑦ 主塔楼幕墙安装施工技术

⑧ 超高层建筑压缩变形竖向补偿技术

⑨ 超高层施工安全防护综合技术

⑩ BIM施工全过程应用技术

⑪ 超高层绿色施工综合技术

五、项目管理效果评价

1. 质量成果

如图25～图27所示。

2. 安全文明及绿色施工成果

如图28、图29所示。

3. 技术成果

（1）基准点激光竖向传递自动精密光栅捕捉技术

1）实用新型专利：一种强制对中装置；

2）"中国最大国际贸易中心（北京国贸）精密工程"测绘科技进步奖一等奖。

（2）核心筒、外框架同芯度高精度控制测量技术

1）实用新型专利：超高层建筑核心筒模板定位测量控制装置；

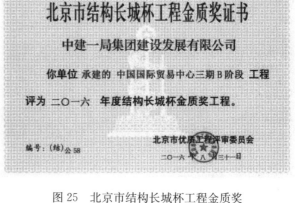

图25 北京市结构长城杯工程金质奖

2）"中国最大国际贸易中心（北京国贸）精密工程"测绘科技进步奖一等奖。

（3）超厚钢板焊接关键技术

集团级工法：伸臂桁架大间隙、超厚钢板焊接施工工法。

图26 中国钢结构金奖

图27 全国QC小组二等奖

 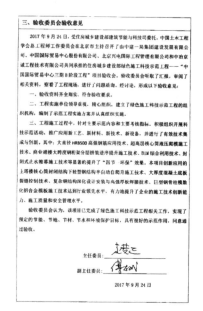

图 28　2015 年度北京市绿色安全工地　　图 29　住房城乡建设部绿色施工科技示范工程

（4）封闭结构下轻型钢结构半自动自爬升施工技术

1）实用新型专利：一种封闭结构下轻型钢结构半自动自爬升吊装机构；

2）集团级工法：封闭结构下轻型钢结构半自动自爬升施工工法；

3）论文：《超高层核心筒内水平钢结构吊装技术研究》。

（5）大跨度钢桁架整体拼装、逆序提升施工技术

1）集团级工法：大跨度多层重型钢桁架整体拼装逆序提升施工工法；

2）论文：大面积桁架整体拼装、逆序提升施工技术研究，获中国建筑 2017 技术交流会优秀论文二等奖。

（6）超高层垂直运输规划及研究

1）《不同地质条件下塔吊基础的设计与施工》获中建一局集团科学技术奖三等奖；

2）《国贸三期超高层塔吊施工关键技术》获公司课题三等奖。

（7）紧邻已有建筑复杂地下环境深基坑综合施工技术

1）集团级工法：城市中心区复杂环境下超深管廊明暗挖相结合施工工法；

2）论文：紧邻地铁复杂地下环境深基坑工程综合技术。

（8）混凝土综合施工技术

1）发明专利：一种混凝土超高压输送泵管水气联洗装置及方法；

2）国家级工法：超高层建筑大体积混凝土底板连续无缝浇筑施工工法；

3）论文：高层建筑楼板混凝土抗裂性能试验研究。

（9）北京市建筑业新技术应用示范工程

4. 经济效益

通过推广应用"四新"技术，提高了工效，加快了施工进度，节省了材料，减少了施工设备、机具和人员的投入，节约了劳动力成本和管理成本，科技进步创造直接效益 1190 万元（表 6）。

27

经济效益表 表6

项目名称	推广面	推广数量	作用			经济效益（万元）
			提高质量	降低消耗	提高效益	
中国国际贸易中心三期B阶段工程	超高层大型塔吊选型和布置	2台塔吊	✓	✓	✓	349
	电梯分段施工技术	2部电梯	✓	✓	✓	30.8
	紧邻超高层的狭长基坑综合施工技术			✓	✓	239
	钢结构深化设计	3.1万 t	✓	✓	✓	150
	封闭结构下轻型钢结构半自动自爬升施工技术		✓		✓	80
	大跨度钢桁架逆序拼装、整体提升施工技术		✓	✓	✓	70
	巨型钢骨柱铝合金模板施工技术	4.7万 m²	✓	✓	✓	100
	玻璃钢圆柱模板施工技术	0.3万 m²	✓		✓	10
	超高层混凝土泵送施工技术		✓		✓	38.15
	核心筒楼板独立支撑施工技术	0.6万 m²	✓	✓	✓	23
	BIM施工全过程应用技术		✓	✓		100
经济效益合计：1190万						

5. 社会影响

如图30～图35所示。

图30 北京市总工会关爱公益活动国贸三期B项目
劳动者登上中华人民共和国政府网

图31 首都建设者举行《空中婚礼》
多家媒体报道

图32 "首都最美建设者"评选揭晓多家媒体报道

图33 北京市总工会举办首都国企开放日多家媒体报道

图 34 多家媒体报道国贸三期 B 工程竣工

图 35 北京卫视对国贸建设人物故事进行专题报道

六、工程创优体会

伴随着时代的进步,业主方对施工管理水平要求越来越高,施工总承包单位在建设工程项目中"大管家"的责任越来越重,建筑工程项目施工管理的创新对建筑施工企业的生存与发展起着越来重要的作用,细致入微的管理和科学技术创新才可以更好地体现工程管理水平,项目部作为企业的派出机构是企业的分公司,是企业的缩影,代表着企业的形象,体现着企业的实力,是企业在市场的触点,是企业获得经济效益和社会效益的源泉,因此项目施工管理的有效运作是建筑施工企业的生命,唯有不断创新、不断提高管理水平,才能使生命之树常青。

新竹高于旧竹枝,全凭老干为扶持,明年再有新生者,十丈龙孙绕凤池。郑板桥的一首《新竹》,恰如其分地反映出了国贸团队的传承文化正是靠着一代又一代发展人、国贸人的默默奉献和薪火相传,才铸造出了这 110 万 m^2 的全球建筑面积最大的贸易中心,新一代的发展人将继续肩负使命,不负重托,脚踏实地地将"专业可信赖"的企业品格和"谦虚的谨慎的做人,主动的超前的做事"的理念永远传承。

全力打造"四大工程"勇于承担社会责任

——北京城建集团北京新机场航站楼工程

李建华　段先军　赵海川　段　捷　李婷婷　宋正亮

【摘　要】 北京新机场是国家重点工程、北京市"十二五"时期重大基础设施发展规划1号工程和民航"十二五"重点工程。2017年2月23日，习近平总书记在视察新机场时提出，北京新机场是首都的重大标志性工程，是国家发展一个新的动力源，必须全力打造精品工程、样板工程、平安工程、廉洁工程。项目部以高度的责任感和使命感，坚持技术创新和管理创新，确保了新机场建设严格按照"四大工程"的总体要求稳步推进，经过5000余名员工昼夜奋战，主航站楼于2017年12月29日提前2天实现功能性封顶封围。

【关键词】 项目管理；重点工程；社会责任

一、项目成果背景

1. 工程概况

北京新机场是国家重点工程、北京市"十二五"时期重大基础设施发展规划1号工程和民航"十二五"重点工程，也是特大型国际国内航空枢纽和京津冀协同发展的重要交通枢纽，建好本机场具有重要的政治经济和社会发展意义。

北京新机场位于北京市大兴区、河北省廊坊市广阳区之间，分别距天安门46公里、首都机场67公里、廊坊市城区26公里、雄安新区55公里。北京城建集团施工总承包航站楼及综合换乘中心（核心区）工程，建筑面积60万m^2，中标价63.9亿元，2016年3月15日开工，计划2019年7月15日交付使用，总工期1218天（40个月）。航站楼地下二层，地上局部五层，造型新颖、功能先进、结构复杂。航站楼核心区屋顶屋盖钢结构投影面积18万m^2，设计以8根间距200m的C形柱、12根塔柱支撑起中心区屋顶，8根C形柱中间可以完整装下整个"水立方"。轨道站台与航站楼一体化、双层出发车道边、国内进出港旅客混流等创新布局和设计在打造国内领先、国际一流的绿色机场的同时，也使得施工难度大大增加（表1）。

主要参建单位　　表1

建设单位	北京新机场建设指挥部
设计单位	北京市建筑设计研究院有限公司
监理单位	北京华城建设监理有限责任公司
施工单位	北京城建集团有限责任公司
监督单位	北京市建设工程安全质量监督总站

2. 选题理由

本工程为国家重点工程，以及特大型的国际国内航空枢纽和京津冀协同发展的重要交通枢纽，社会影响力大、关注度高。主航站楼作为新机场工程施工中的最大标段，项目部在施工过程中集成世界一流技术，全力打造"四大工程"，引领行业样板，实现了"进度零延误、质量零缺陷、安全零伤亡、环保零超标、消防零冒烟",有力保障新机场建设稳步推进。在工程顺利推进的同时,认真实施的人文关怀,积极承担的各项重大活动、接待的各界观摩调研也向社会展示了日新月异的施工技术及井井有条的施工场面,传播了工建行业的良好形象。

3. 实施时间

2016年3月15日±0以下结构工程开工,2016年9月15日地下结构封顶(比计划提前15天)。

2016年8月10日地上混凝土结构开始施工,2017年1月19日混凝土结构封顶(比计划提前12天)。

2016年5月18日地上钢结构开始施工,2017年12月29日率先提前2天实现功能性封顶封围。

项目综合管理实施时间:2016年3月至2019年7月(图1~图4)。

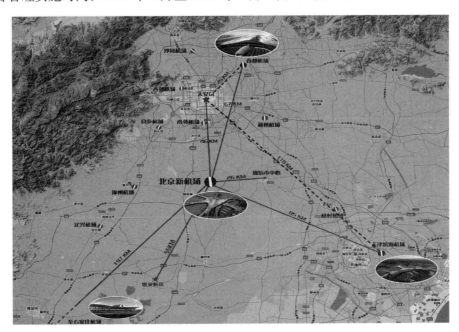

图1 工程位置图

图2 航站楼效果图

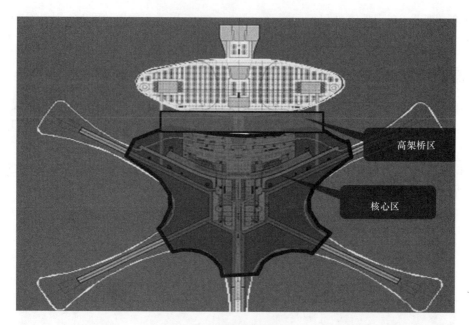

图 3　合同施工范围

图 4　工程实景图

二、项目管理目标及重难点

1. 管理目标

如表 2 所示。

管理目标表　　　　　　　　　　　　　　　　表 2

履行社会责任目标	圆满完成中央部委、北京市、业主有关"施工现场承办会议、检查视察、指令性活动"工作，助推行业发展
	圆满完成各级行业协会、各省市区相关方、全国及国际企业同行来现场检查、观摩、学习、交流活动
	真情关心庞大的农民工施工队伍生活，营造和睦的施工生产环境
	认真贯彻"创新、协调、绿色、开放、共享"发展理念，打造"精品工程、样板工程、平安工程、廉洁工程"
质量管理目标	北京市结构长城杯金奖、建筑长城杯金奖，中国钢结构金奖，争创中国建筑工程鲁班奖

续表

科技创新目标	中国土木工程詹天佑大奖、全国建筑业新技术应用示范工程、北京市科技进步奖、国家科技进步奖
绿色文明施工安全管理目标	北京市绿色安全样板工地、全国AAA级安全文明标准化工地、全国建筑业绿色施工示范工程,住房和城乡住建部绿色施工科技示范工程

2. 管理重点

通过科学的项目管理策划,探索和发展新型的总承包管理模式,大力推广应用绿色环保和新技术新工艺,实现管理人本化、项目实施标准化、施工组织专业化、管理手段信息化、资源管理集约化、日常管理精细化。

3. 管理难点

(1) 本工程属国家重点工程,社会关注度高、政治敏锐性强、管理水平和标准要求高。

(2) 新机场航站楼是一个功能复合、连接紧密、高度整合的交通枢纽建筑综合体,多项指标在国内首屈一指,施工难度大、管理难度大。

(3) 合同范围除弱电工程和专用系统工程外,均由总承包单位组织实施,对总承包的管理和协调能力要求高。

4. 工程难点

(1) 超长、超宽混凝土结构为保证中心区屋面及支撑结构的完整,以及功能区的完整,航站楼中心区混凝土楼板(513m×411m)不设任何变形缝,是国内最大的单块混凝土楼板,施工部署及质量管理难度大。

(2) 航站楼下部设有高铁和地铁车站,且高铁需要高速通过,过站高铁不减速穿越航站楼属于世界性难题。

(3) 航站楼下部高铁通过,涉及减震、隔震问题,因此针对中心区采用隔震技术,在±0.000楼板下设置1152套隔震支座,加大结构施工难度。隔震系统将上下混凝土结构分开,节点处理非常复杂。

(4) 由于隔震层的存在,C形柱、筒柱、幕墙柱不能直接生根于基础上,采用大量的劲性结构转换梁,结构形式复杂多样,安装难度大。

(5) 核心区屋盖钢网架为放射型的不规则自由曲面,投影面积达18万m²,钢结构重量达4万多吨,屋盖顶点标高约50m,最大起伏高差约30m,悬挑最大为47m,施工难度大。

(6) 共106个管道系统,后期机电设计施工图过程调整量大。机电工程深化设计所涉专业众多,各系统覆盖面广,交互点多,协同工作量大(图5、图6)。

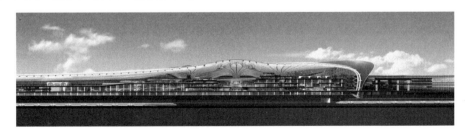

图5 航站楼剖面图

三、承担社会责任分析、策划和实施

1. 承担社会责任分析、策划

(1) 承担社会责任分析

1) 作为国家新的动力源的重点工程,北京新机场肩负着重要的政治责任、社会责任和经济责任。据可行性研究报告预测,北京地区航空客运需求量2020年为1.4亿人次,2025年为1.7亿人次,2040

图 6 不规则曲面钢网架

年为 2.35 亿人次,首都机场已没有空间承担如此巨大的航空出行需求量。持续旺盛的航空运输需求与机场保障能力之间的矛盾越来越突出,北京新机场的建设迫在眉睫。新机场主航站楼工程为北京新机场工程中的最大标段,肩负着重要的历史使命。

2) 2017 年 2 月 23 日,习近平总书记在视察新机场时提出,北京新机场是首都的重大标志性工程,是国家发展一个新的动力源,必须全力打造精品工程、样板工程、平安工程、廉洁工程。要求每个项目、每个工程都要实行最严格的施工管理,确保高标准、高质量,要努力集成世界上最先进的管理技术和经验。全力打造"四大工程"势在必行。

3) 自开工以来,工程进展受到各级领导及社会各界的关注。中央部委、北京市、河北省等各级领导纷纷到航站楼核心区调研、检查指导工作,各级行业协会、各省市区相关方、全国及国际企业同行多次到项目观摩、学习及交流。

4) 北京新机场主航站楼作为新机场最大标段,最高峰期时工人近 8000 人。庞大的工人集群,必须做好全方位的后勤保障工作,营造良好的施工生产及生活环境。

(2) 社会责任策划

项目部高擎习总书记指示旗帜,坚守"创新、协调、绿色、开放、共享"五大发展理念,全力以赴打造"四大工程",集成建设世界一流样板工程。

为更好地做好各级调研、交流,项目形成了完善的接待流程,确保各级调研、各界交流活动在航站楼顺利举行。

与此同时,项目以物业部、工会联合会、妇女之家三大组织,全方位保障参建员工施工生产安全。

2. 承担社会责任具体措施

全力以赴打造"四大工程",集成建设一流样板工程

1) 精品工程,打造梦想

项目部坚守国匠品质,落实首善标准,严把原料采购和进场关,实行原材料进场检验制、工序三检制、挂牌制、首件样板制等质量管理制度,确保工程质量始终处于受控状态。从 11000 余根工程桩到 18 万 m^2 的屋面网架焊接,从防水、砌筑等分项工程到资料收集、材料设备送检复试,工程质量的各个环节、各个工序交验一次通过率均达到 100%。

2) 样板工程,引领行业

项目努力集成世界上最先进的管理技术和经验,创造世界先进水平,达成国际水准。面对地下高铁穿行带来的震动难题,在层间设计安装了 1152 套隔震支座,隔震层规模创世界之最;面对超大平面结

构施工材料运输难题,修建1100m长的两座钢栈桥、使用16台小火车来回运输材料,施工方法开国内先河;面对面积达18万m²、用钢量达4万多吨的不规则自由曲面空间网架钢结构,项目创新采用计算机控制液压同步分块提升技术、测量机器人、三维扫描仪等先进设备和技术,成功攻破这一难题;面对新一轮科技革命和技术变革,项目以BIM技术全程引领施工。集成协同办公OA系统、工程资料管理PKPM系统、BIM5D管理系统、塔吊监控及防触碰系统、可视化安防监控系统、劳务实名制一卡通系统的智慧化管理平台,推动信息化、互联网、大数据与施工管理深度融合,实现智慧建造,引领行业前行(图7、图8)。

图7 钢栈桥应用

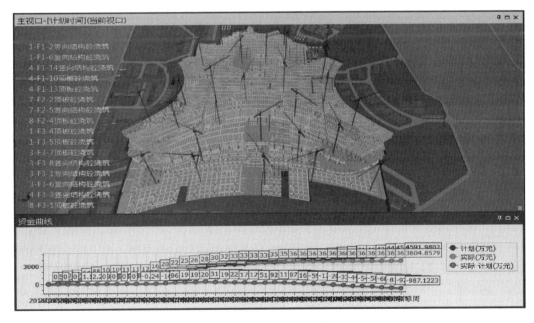

图8 BIM5D施工进度管理

3)平安工程,和谐为本

项目坚持以人为本,在安全上精细深入,防患于未然。建立了从进场身份证录入、三级安全教育、体验式教育、专职安全培训及定期轮训的全员、全系统、全覆盖安全教育培训体制。施工现场严格落实安全条块管理及安全条件验收办法、安全隐患排查制度,实施量化管理有效控制风险源,建立共享安全平台以及人人抓安全、全员管安全的管理体系。自开工以来,工程无一安全事故发生(图9~图12)。

图9　工人安全体验教育

图10　临时消防站

图11　安全知识竞赛

图12　消防演练

4）廉洁工程，树立丰碑

项目以廉洁教育为重要抓手，开展廉政教育和讲党课活动；制定了项目《合格党员行为规范》及《合格党支部建设规范》，与所有领导班子成员及区域负责人签订《廉政建设承诺书》，与各区域、分包单位签订《党风廉政建设责任书》《维稳责任书》，建立党风廉政建设领导小组，设立举报箱和意见箱，发放《阳光监督卡》等一系列措施，工程做到施工公开、采购公开、验收公开、监督公开。推进"阳光工程"，实施"效能监察"，使得工程自开工至今没有发生一起违纪违法的贪腐事件。

3. 始终贯彻执行"绿色理念"，切实履行环境保护职责

绿色施工管理贯穿新机场航站楼施工全过程。施工现场，覆盖防尘网达53万 m^2，绿化面积达3万 m^2。项目部在工人生活区安装日处理水量达 $600m^3$ 以上的污水处理一体化设备，在无害化处理生活污水的同时将水资源二次利用；采用空气源热泵系统代替传统的制冷制热空调，大大减少能源的浪费和空气污染；将基础桩头剔凿后通过机械破碎及筛分，用于制作再生混凝土或结构周边肥槽回填；组建的施工环境智能监测系统，实时监测施工场界噪声、扬尘情况，并对超标项进行重点防治；购置多功能一体化清扫车、雾炮车，不间断对施工现场洒水及清扫，打造绿色工地（图13~图17）。

4. 三大组织落实"人文关怀"，细抓服务贴心保障职工

新机场航站楼工程周期长，最高峰时有近8000名工人同时施工。项目成立工会联合会、妇女之家，设立物业部，全心全意做好后勤保障，服务施工一线。

2016年5月18日，项目部成立了全国建筑行业规模最大、规格最高的基层工会组织——新机场航站楼项目工会联合会。截至目前，累计入会人员12000余人。联合会按照统一规划、分步实施、软硬件到位、服务员工的指导思想，建起48栋宿舍。管理人员及工人均统一配备床铺、被褥、衣柜、鞋柜、

图 13　污水处理系统

图 14　自动清扫车　　　　　　　　　　　图 15　雾炮车

图 16　绿色工地　　　　　　　　　　　图 17　干净整洁的施工现场

碗柜、桌椅、床上"三件套"等，可直接拎包入住。宿舍内中央空调 24 小时运行、区内 WIFI 全覆盖。工人生活区 4 家专业餐饮公司入驻，饭菜味美可口、物美价廉。职工之家内，活动室、健身房、标准篮球场、图书室等设施完善，工人生活区内，浴室、工人夜校、医务室、图书室、员工超市、理发室、洗衣房、开水房、乒乓球台、电视机等设施齐全。同时，在施工现场搭建了工人休息棚，安装了热水器供工人饮水，高温天气熬制免费绿豆汤供工人饮用，做好职工贴心人。

项目创新实行物业化管理模式，成立物业部，配备专职人员"全天候"管理工人生活区，为工人们提供贴心、热心、满意周到的服务。生活区及办公区配备 70 余名环卫保洁人员每天清扫与消毒，提供干净的居住环境；办公区、生活区、施工现场配备 156 名保安，14 个大门 24 小时轮岗，工人生活区配备 32 名保安 24 小时巡查，保证生活区安全。

在市、区妇联的支持和帮助下，项目成立了"妇女之家"，选举产生项目妇女之家主任并建立组织机构，开展了女性专题讲座及义诊、"三八"节日慰问、职业技能培训等活动，为500余名参建女工提供服务。

具有特色的健步走、"手牵手"职工家属进工地已连续举办两届，组织两次献爱心捐款活动，传递爱心，帮困扶贫。各项健康义诊、普法教育、健康大讲堂、交通安全培训、节日晚会、摄影比赛、篮球赛、羽毛球赛、升旗仪式、电影放映、博物馆参观、重温入党誓词等文体活动已举办70余次。开工以来，中华全国总工会、中国海员建设工会、北京市总工会等各级慰问达10余次（图18～图29）。

图18 工人食堂

图19 环境优美的办公区

图20 党员参观抗战纪念馆并宣誓

图21 组织工人观看教育影片

图22 组织劳动竞赛

图23 组织健步走活动

图24 组织"手牵手"观摩活动

图25 "奋斗杯"篮球联赛

图26 健康义诊

图27 摄影家为职工赠送"工作照"

图28 帮助工人购买回家火车票

图29 书法家为职工赠送春联

5. 承担各类参观调研活动,传播工建行业良好形象

工程的顺利推进,得到了各级领导及社会各界的关注。据不完全统计,自开工以来,已接待各级领导、社会各界人士参观832批次,总数人达2.4万人。其中,接待中共中央政治局常委(十八届、十九届)4人、中共中央政治局委员(十八届、十九届)8人、副部级以上领导共计69人次。

国内外一线媒体高度关注,中央电视台、美国美联社、英国路透社、俄罗斯通讯社等媒体现场报道,现场采访报道累计30余次。2017年10月8日,由中央电视台联合国内31家电视台现场直播的"喜迎十九大特别节目——还看今朝"栏目压轴戏《北京篇》在央视新闻频道播出。其中,在主航站楼现场直播的6分钟收视率瞬间攀升至第一名。16日,在"十九大"新闻中心(中宣部新闻局)的组织下，包含美国美联社、英国路透社、俄罗斯通讯社等在内的47家媒体74名境外记者（含港澳台）来到新机场参观采访，实地感受了中国基础设施建设的实力与成就。

中央部委及地方政府多次在主航站楼施工现场部署重大活动，各级政府及社会各界纷纷组织到新机场主航站楼观摩学习、举行座谈及党日活动。2017年4月26日，由全国总工会、中央电视台联合举办的"中国梦·劳动美"——2017年庆祝"五一"国际劳动节心连心特别节目航站楼核心区施工现场录制。全国五一劳动奖和全国工人先锋号获奖代表、新机场建设者等2000余人一同观看演出。项目部在舞台搭建、施工安全及后勤保障方面积极配合，有力保证了节目顺利录制。在中华全国总工会办公厅发来的《感谢信》中，特地向集团在节目录制中给予的鼎力支持深表谢意，并在信中特别感谢了新机场主航站楼项目部对此次活动所作出的重要贡献。

中国建筑钢结构分会及钢结构专家委员会在项目召开"北京新机场项目钢结构设计与施工现场专家（京津冀）观摩会"，北京市国资委在项目召开"北京市国资委国有企业创新型人才队伍建设调研座谈会"。来自政府机构、5家国际组织、全球20个国家和地区的23家国际机场、13家国内重要机场以及21家中外航空公司组成的100余名全球友好机场总裁论坛参会代表参观航站楼核心区，称赞航站楼的施工建设为"机场建设奇迹"。在第16届中国国际工程项目管理峰会暨纪念国务院推广"鲁布革"工程管理经验30周年会议结束后，中国建筑业协会组织来自各地建筑企业协会、各集团公司的近400名代表到新机场航站楼施工现场及项目办公区、生活区参观。参观者对航站楼高标准的工程管理、干净整洁的施工现场以及精益求精的施工质量表示出了极大赞赏，并高度评价了企业的人文关怀。

外交部、中纪委、国资委、光明日报社支部生活社等单位纷纷与项目党总支进行党建对标交流。市发改委、市规委、市国资委、大兴区政府、东城区组织部、中国电影博物馆、画家协会等各级职能部门、社会团体到主航站楼施工现场举办党日活动30余次（图30～图34）。

图30 "中国梦·劳动美"节目现场录制

图31 40余家境内外媒体采访　　　　图32 中国建筑钢结构分会专家调研新机场

图 33　部分媒体报道

图 34　各类党日活动

四、管理效果及评价

2017年2月23日，习近平总书记视察新机场航站楼，两次称赞现场管理"井井有条"。《人民日报》及《新闻联播》在报道中称："北京新机场主航站楼为解决工程技术领域的世界性难题提供了'中国方案'、贡献了'中国智慧'"。项目部也收到了中国建筑业协会工程项目管理专业委员会颁发的锦旗，并被北京市建筑业联合会评为"北京市建筑企业优秀项目经理部"。

工程各方面在全国、北京市、指挥部及集团公司等评比中均取得令人满意的成绩。截至目前，已获得各类奖项50余项。工程获评"2017年全国建筑业安全标准化工地""全国建筑业创新技术应用示范工程""北京市绿色安全样板工地"，高分通过"全国建筑业绿色施工示范工程"过程验收，并被指定为全国绿色施工达标竞赛活动的观摩工程；BIM应用获"中国建设行业信息化最佳应用实践项目"、第六届"龙图杯"全国BIM大赛一等奖；两项QC成果分别获2017年度全国工程建设优秀质量管理小组活动优秀成果一等奖、二等奖，四项QC成果获"北京市工程建设优秀质量管理小组一等奖"；党建管理成果获"全国建设工程优秀项目管理成果一等奖""北京市建设工程优秀项目管理成果一等奖"。项目部被评为"中国工程建设安全质量标准化先进单位""北京新机场建设安全保卫工作先进单位"，成为智慧工地产业联盟会员单位。党总支被集团公司党委评为"示范党支部"，团支部被集团公司团委评为"先进基层团组织""职工之家"被集团公司评为"先进职工小家"。项目部连续两年荣获集团工程总承包部重点工程劳动竞赛综合第一名。

多项经验成果在全国大会上作经验交流，已参加全国建筑业技术应用暨优秀论文经验交流会、全国建筑业绿色建筑与绿色施工示范工程创新技术经验交流会、第二十届京台科技论坛、第四届建筑科技创新发展论坛、新型智慧城市（城市治理）暨建筑业大数据创新应用交流大会。

在工程顺利推进的同时，也涌现出了一大批优秀的建设人才。其中，李建华被中国建筑业协会评为"具有突出贡献的全国优秀项目经理"，段先军当选为北京市第十二次党代会党代表（表3）。

关键节点计划及完成时间表　　表3

序号	施工项目	计划结束时间	实际完成时间	不可抗拒因素影响	提前天数
1	防水及基础底板	2016年6月25日	2016年6月21日		4
2	深区地下结构	2016年9月30日	2016年9月15日	7·20特大暴雨	15
3	地上混凝土主体结构	2017年1月31日	2017年1月19日	雾霾停工	12
4	钢结构封顶	2017年6月30日	2017年6月30日	高温多雨	如期完成
5	功能性封顶封围	2017年12月31日	2017年12月29日	寒冷冰冻	2

五、结束语

在科学技术日新月异发展的今天，中国重大基础设施建设在呈现奇迹的同时，切实履行社会责任的紧迫性也日益显现。项目部在新机场建设过程中以"创新、激情、诚信、担当、感恩"为核心价值理念，集成最先进施工技术，优化管理手段，落实人文关怀，展现行业风采，充分体现了大型国有企业在重大民生工程中的担当与责任。2018年，是贯彻落实党的十九大精神的开局之年，也是新机场建成通航之前的最后一个完整的关键之年，项目部将不忘初心，牢记使命，深入贯彻落实习总书记"四大工程"重要指示，全力以赴打赢新机场建设通航的攻坚战。

坚持创新引领 智慧建造遵义凤新快线工程
——北京城建设计发展集团股份有限公司遵义市凤新快线建设工程

夏秀江　李承祥　王　彦　张洪剑　李　超

【摘　要】 PPP模式随着近年来国家的大力推行,管理模式日益完善,政府对PPP项目的审查也随之严格。遵义凤新快线项目工程是贵州省首例市政PPP工程,得到贵州省的特别关注,本工程是目前全国最大的市政钢桁架桥,桥梁钢结构用钢量达六万余吨,桥型曲线复杂、结构杆件多、加工及安装精度要求高、连接点全部采用栓孔连接。我单位采用的"三层级管理"模式容易辨清管理角色、明确管理职权。项目团队通过各项管理创新措施,解决现场布局、施工组织、多工种协作等管理难点,实现项目精细化管理,为以后同类工程的施工管理积累了丰富的经验。

【关键词】 PPP项目；钢结构桥梁；精细化；管理创新

一、项目成果背景

1. 工程背景

根据国家财政部2017年6月份统计全国入库项目投资额达16.4万亿,可见PPP模式在我国工程项目市场中正高速发展。

遵义凤新快线项目的建设单位为贵州京建投资建设有限公司,贵州京建投资建设有限公司(以下简称项目公司)是由政府授权的政府出资方遵义市新区建投集团和中标的社会资本方北京城建设计发展集团股份有限公司共同组建。施工单位为中标的社会资本方北京城建设计发展集团股份有限公司,具体关系如图1所示,表1所示。

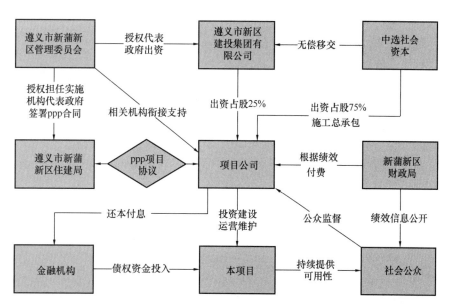

图1　PPP项目政府方与社会资本方关系图

2. 项目背景

项目运作方式为DBFOT，即设计优化-建设-融资-运营-移交。回报机制为政府付费，分为可用性服务费和运维绩效服务费。合同期限为12年，分建设期和运营期，建设期两年，运营期10年。

3. 工程概况

本工程位于贵州省遵义市红花岗区。起点在凤凰山市公交公司，终点在东联线以东唐家湾隧道口，呈东西走向，分别上跨中华路、内环路、内沙路、外环路、川黔铁路、东联线，全长1865m。

桥梁主体结构为钢桁架与钢箱梁，结构形式多样，简支钢箱梁、连续钢箱梁、单层钢桁架及双层钢桁架，钢桁架桥中设置人行系统，全线钢桥长2.1公里，宽度30～50m，高度12～24m。其中第三标段桥梁分别为主线高架桥50m简支钢箱梁＋6跨80余m的钢桁架＋45m钢箱梁＋80m连续钢箱梁，主线共长681.5m；三座平行匝道，328m的连续钢箱梁。桥面均采用浇筑式沥青混凝土铺装、设计时速为60公里每小时。全线桥梁桥墩除19号为柱式墩外，其余均为盖梁柱式墩，主线钢桁架桥墩均为2m×2.2m矩形截面，钢箱及匝道桥墩均为1.6m×1.6m矩形截面；桥墩基础均为承台桩基础、桩基为钻孔灌注桩，桩径为1.5m和2m两种，桥台均为重力式桥台，承台桩基础及扩大基础。

本标段范围内道路全长561.5m，根据新区整体规划要求，本道路规划路幅宽度为6.5m（人行道）＋3m（侧分带）＋11m（车行道）＋3m（中央绿化带）＋11m（车行道）＋3m（侧分带）＋6.5m（人行道）＝44m（图2～图5）。

项目基本情况 表1

工程名称	遵义市凤新快线建设项目
建设单位	贵州京建投资建设有限公司
设计单位	贵阳建筑勘察设计有限公司
监理单位	贵州航天工程建设监理有限责任公司
质量监督单位	遵义市质量技术监督局
总承包单位	北京城建设计发展集团股份有限公司
桥梁结构形式	钢桁架和钢箱梁
工期	2016年1月1日至2017年12月31日

图2 三标段效果图

图 3 三标段实景图

图 4 三标段实景图

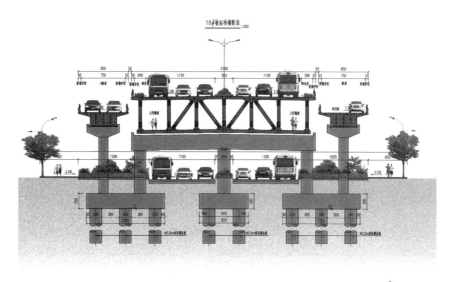

图 5 结构断面图

45

4. 项目团队简介

公司常设机构投资建设管理部，对本项目进行条线管理工作。根据项目的特点，公司选派项目管理经验丰富并具有相应从业资格的管理人员成立项目公司管理团队，组织架构完善，各部门建章立制全面，规范化运作（图6、图7）。

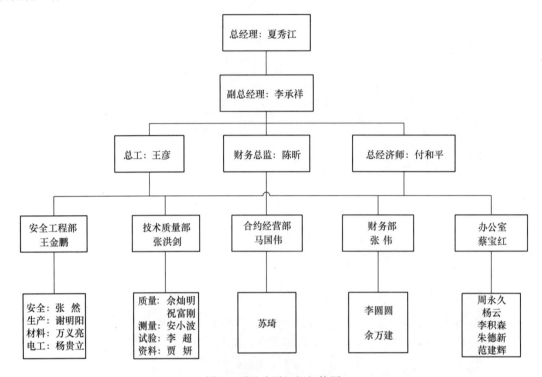

图6　项目公司组织机构图

图7　各部门编制管理制度

根据要求选派富有经验的优秀团队组建项目部，并挑选优秀的施工队伍成立项目施工分部，贯彻

"三层级管理",管理体系健全,管理人员达110人,其中高工8人,工程师27人,经济师6人,一级建造师10人(图8)。

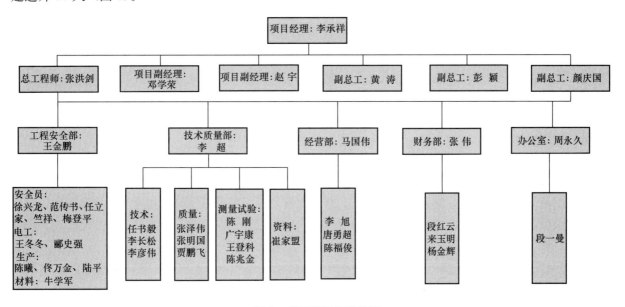

图8 项目部组织机构图

5. 选题理由

遵义凤新快线PPP项目钢结构桥梁、土石方、道路、综合管廊、涵洞、格构梁及围护桩护坡、电梯扶梯等工程种类多,涉及多项新技术、新工艺,对科技创新、安全质量控制、施工组织等综合管理能力提出重大考验。其中钢结构桥梁作为目前国内体量最大的市政钢桥工程,施工过程中的技术管理及质量管理是本工程的重难点。

本工程施工单位较多,作为PPP项目较为以往模式的管理方法有所变动,既是建设单位又是施工单位的双重管理角色,对管理模式存在的问题进行解决完善,对以后同模式施工管理做出良好的示范作用。

二、项目管理及创新特点

1. 管理重难点

(1)建立高效的项目管理体系。首先建立适合本项目特点的"一图、一表、一计划"的项目运行体系。

一图指的是组织机构网络图,由于PPP项目的管理结构更为复杂,对各层级之间的管理方式的要求更加严格,因此需要精细合理的架构图来支撑保障项目的正常运转,项目公司、项目部及项目分部各级的架构和它们之间人员的衔接尤为重要。

一表指的是项目投资控制计划表,从项目投资目标的确定、投资的分解及调整、资金使用计划、资金拨付及使用等环节对投资进行全过程跟踪控制,严格按照最终批复的项目总投资概算及单项概算对项目投资进行分解并控制,保证项目投资管理目标的实现。

一计划指的是进度总控计划,将项目管理目标及工期目标论证并编制总控进度计划,以全过程、全员参与为原则,并用以指导各专项工作计划(前期手续、招标、出图等)的编制以及对施工过程中工期要求的控制。

(2)管理新模式,PPP项目在推进过程中的难点并不是技术上的,需要政府方与社会资本方关于传统项目管理思维上的转变。PPP项目需成立项目管理公司,项目公司是由政府代表方与社会资本方共同投资组建,社会资本方占绝对控股权。从施工建设角度来说,社会资本方扮演着建设单位和施工单位两个角色。既要行使建设单位对参建单位进行监督的职责,也要做好施工单位对施工现场质量把控并接受监督的职责,同时作为项目公司,自然要接受政府方的监管,如此一来,怎样扮演好两个角色,怎样协调各参建方沟通问题,怎样做好承上启下的管理工作,怎样使政府方改变以往对总承包管理思维的转变,就是本项目在管理模式上的难点之处。

(3)施工现场拆迁及协调难度大。征地拆迁工作由政府进行组织协调,根据现场踏勘,拆迁内容涉及民宅、商业街、门面房、酒店、过街天桥等,难度较大,因此工程征地进度直接影响本标段能否按时开工、能否按计划顺利实施,因此拆迁工作十分重要,是本工程的施工重点。

(4)施工上的难点体现过程中管理的重要性。本标段工程的施工难点主要在于三个施工项目,钢结构安装、上跨铁路拖拉施工以及桥面铺装新工艺浇筑式沥青混凝土。

1)钢结构安装:三标段钢结构桥梁全长 682m,共 10 跨,单跨最长为 85m,主体结构用钢量达 2.2 万吨,分为钢桁架及钢箱梁两种结构形式。桁架采用高强螺栓连接,杆件多样,结构复杂,节点较多,高拴用量多达 6 万多套。钢箱为一箱多室,熔透焊接,桥面板采用气保焊和埋弧焊焊接方法,对焊接工艺要求极高,第三方进行超声波、磁粉及射线探伤的同时,采取第四方检测对第三方检测结果再抽查,提高工程质量(图 9)。

图 9 钢桁架及连接点栓接

安装施工主要集中在夏秋两季。夏季气温高,桥面板温度可达 80℃,施工降效明显;当地降雨量较大,雨季施工措施多、成本高、施工难度大。施工作业前临时支架需求量多,高空作业对安全防护要求极为严格。专人驻场监督,是因为杆件加工的精准度是保质保量的第一步,安装过程中,由于最大杆件外形尺寸大,最重吊段达到 15t,钢梁架设施工场地空间狭小,线路周边,地基不平整,汽车吊站位困难,吊装难度高。周边施工作业队伍多,对安装施工干扰大。除桥面板采用焊接外均采取高拴连接,杆件之间定位、连接精度要求高;并且多桁架结构,安装时容易累计误差,会造成杆件安装孔群错位,杆件无法顺利安装,精度控制质量是保证桥位安装的重点。

2)上跨铁路拖拉施工。本段箱梁受上跨铁路影响,需采用拖拉施工技术,将长 50m 重 800 余吨的钢箱梁拖拉 50m 至铁路上方。桥梁上跨铁路处桥面与铁路轨面高差为 12.5m,桥梁梁底至铁路轨面高差为 10.804m。拖拉施工的效果图及存在的难点如图 10 所示。

① 本孔钢梁是跨越川黔铁路,需采用拖拉施工工法。且在既有线边施工受铁路部门的施工规范规定,需请点方可施工,每天只有 90min,且给点的时间间隔长则 7 天,短则 3 天,不能连续作业,使得起重设备停滞。

② 在川黔铁路下穿的箱涵正上方,为了减少箱涵集中荷载过大,本钢梁拼装支架、拖拉滑道及导梁等临时设施的用钢量达到 1048t。由于场地狭小,且与土建交叉施工,使得 42 组支架多次倒运。

③ 场地窄小,无存梁位,需在运梁车上存放,而且吊装高度超过 24m,需采用 260T 等大型汽车吊机,使得施工费用比正常施工增大很多。

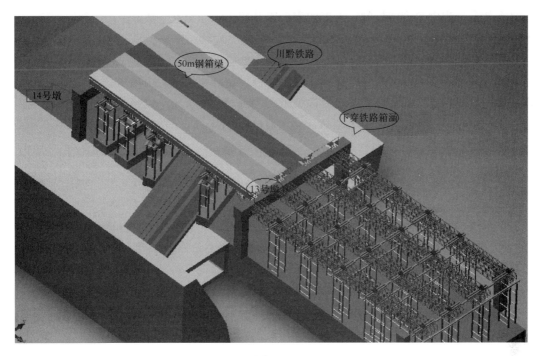

图 10 拖拉施工三维图

④ 拖拉到位后，梁下的拖拉滑道拆除需采用搭设拆除支架辅以人工拆除的方法，16 组支架材料损耗。

⑤ 拖拉施工的所有辅助设施均需进行设计验算，并由第三方进行检测，投入较大，确定结构施工达到设计要求。

3）浇筑式沥青混凝土。钢桥面铺装施工主要工序顺序为：钢板喷砂除锈→喷砂除锈后，滚涂防腐底漆→防腐底漆干固后，喷涂第一层甲基丙烯酸树脂防水层→第一层防水层干固后（约 60min），喷涂第二层甲基丙烯酸树脂防水层→第二层防水层干固后（约 60min），滚涂粘结剂→摊铺浇筑式沥青混合料→摊铺 SMA（图 11）。

图 11 浇筑式除锈摊铺工艺

摊铺前的施工工艺对各参数的把控是尤为重要的，除锈以及防水施工是本项目的关键工序。抛丸除锈的环境要求基体温度高于露点 3℃ 以上，相对湿度≤85%，作业队伍监控的同时，我们技术人员也要随时使用专用设备进行检测，并检查表面无焊瘤、飞溅物、针孔、飞边和毛刺等，否则必须通过打磨加以清除，锋利的边角必须处理到半径 2mm 以上的圆角。防水层的施工则要保证工作面干燥、洁净、无油污、无异物、无灰尘，基体温度高于露点 3℃ 以上，环境温度 −10℃～50℃，相对湿度≤85%，并保证它的湿膜厚度。摊铺施工则要首先保证配合比，其次合理运输，确保混合料的加温搅拌，摊铺达到最优状态，最后就是过程中厚度的控制，人工的配合以及碎石撒布至完工成型。

2. 创新特点

（1）管理模式创新：建立"一图、一表、一计划"的管理体系，改善"三层级管理"体系，明确各层管理体系的管理职责，同时实现多段面同时施工和分段精细化管理；由项目公司副总经理李承祥组织并制定各层级履约管理办法，强调"明确目标、组织协调、全面策划、监督服务"的履约理念，高度重视责任落实。并推行"一、三、七"工作制，分别对应部门内部、部门之间及对外工作的解决落实时间，提高工作效率。

（2）质量监督创新：为更好达到施工质量管理目标，本项目由项目公司引入第四方检测，监督第三方检测成果的真实性，并根据质量处罚管理办法，抽查结果中出现不合格现象，将对施工单位及第三方检测单位一同进行处罚，确保施工质量。

（3）设计理念创新：本标段主体钢桥用钢量庞大，结构形式复杂，对设计图纸组织相关单位进行严格审图，并让设计单位参与上会提出建议，对通过后的建议进行修改，并合理优化，加强关键部位设计，以提升钢结构整体质量和使用寿命。

（4）过程监督管理创新：施工过程中，项目经理组织质量检查领导小组，采取定期及不定期的现场检查，并要求现场发现问题，现场落实到人，通过奖罚制度，做到有奖有罚，奖罚分明，激励各分部加强现场的自身管理情况，确保各项目标得以实现。

（5）技术质量创新和应用：

1）项目部明确了科技管理目标、在保证质量和工期的情况下，积极应用住建部"十项新技术（2017）"中的 8 个大项 26 个子项；

2）成立 QC 活动小组，积极开展 QC 活动，有针对性的解决 MMA 涂料铺装的均匀度、钢桥面伸缩装置检测仪的研制、提高钢桥面防腐底漆铺装合格率及等多项现场及管理问题进行攻关，促进科技创新的开展；

3）针对全自动伸缩装置监测仪、适用于桁架桥附属结构安装的滑轮小车系统等施工内容，进行技术攻关，并将成果进行总结、转化，申报实用新型专利。

在施工中始终注重通过科技创新带动项目管理水平，同时结合工程实际进行科技总结和创新。

三、项目管理分析、策划和实施

1. 管理分析

（1）我公司作为社会资本方，既是投资建设者，也是施工管理者，当然还包括建设期完成后的运营维护者。一个优秀的管理者，要清楚明确自身的位置角色，在 PPP 模式的项目中，资本方在建设期将同时承担建设单位和施工单位双重角色，这将意味着资本方在管理过程中不可避免地会出现模糊地带，所以在管理体系上必须将两层管理体系分开，加上为更好促进施工进度而成立的项目分部，就是所说的三层级管理体系。

（2）在 PPP 模式当中，社会资本方负责设计、投融资、建设、运营和移交，社会资本方投资收益是在保质保量的前提下，降低成本，所以建设期就尤为重要，它的施工质量将直接影响运营期的成本。加强过程中的质量控制以提高工程的整体质量是项目投资成败的关键，因此在施工过程中可以通过增加少量建设期成本来提升工程整体质量，最终实现降低运营成本。

（3）本工程一方面考虑当地气候多雨的特点，一方面考虑施工范围内特殊地段要及时进行优化设计，避免工期延误，最重要的是影响施工进度的拆迁工作。整体项目多断面同时施工，需要合理的组织协调才能确保工期内顺利完成各项施工任务。

（4）项目涉及土石方及钢结构、道路综通、综合管廊、涵洞、照明亮化和给水排水等多项工程，其中钢结构工程多家单位同时施工，交叉作业，且施工体量大，必须采用强有力的质量管控措施才能确保工程质量。

（5）拆迁的顺利进行、合理的施工组织、严谨的优化设计、高效的沟通协调、准确的方案交底加上优秀的管理团队，在本项目的施工过程中都是不可或缺的，所有工作完美实施是本项目实现工期目标和经营目标的关键。

2. 管理策划和实施

根据本项目的管理难点和对项目的管理分析，我公司在项目管理方面做出了如下策划和创新实施：

（1）管理目标策划（表2）。

管理目标计划　　　　　　　　　　　　　　　　　　　　　　　表2

项目	管理目标
工程质量目标	确保获得北京市竣工长城杯金杯、贵州黄果树杯、中国钢结构金奖；争创国家优质工程
工程进度目标	2017年12月完成全线通车
安全文明目标	零事故率，确保贵州省安全文明施工样板工地，争创国家AAA安全文明施工示范工程
环保管理目标	创建绿色工地，噪声、扬尘、遗撒达到国家环保标准
经营管理目标	合同履约率100%，达到或超过集团考核指标，收款及时不亏损
科技管理目标	确保"贵州省新技术应用示范工程"，争创"全国创新技术应用示范工程"，争创"全国QC活动小组一等奖"
总体管理目标	创PPP项目管理模式典范

（2）完善"三层级管理"体系。在管理体系设置上，建立三层级管理体系，将建设单位管理和施工单位管理分开设置，同时考虑到施工内容多、结构形式复杂、工期紧等特点，将施工单位管理又划分为总承包管理（以下简称项目部）和项目分部管理两级，如图12所示。

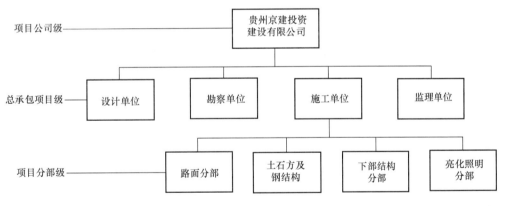

图12　三层级管理体系

项目公司级是由社会资本方安排经验丰富的综合管理人员与遵义市政府出资方的新蒲新区建投集团部分人员共同成立贵州京建投资建设有限公司，作为本项目的建设单位，履行建设单位职能，负责与当地相关部门协调，并对设计、勘察、监理、施工等进行综合管理监督。

总承包级为我单位按照投标承诺，安排具有丰富施工管理经验的相关人员成立遵义凤新快线工程项目部，作为本项目的施工单位，履行施工单位职能，按照内部总承包模式管理各项目分部，并接受项目公司、政府质量监督部门及监理单位的监督管理。

项目分部级是我单位考虑到工程体量较大，为实现全线同步施工并达到精细化管理目标而设定的项目分部，项目分部接受项目部的管理和监督，进行具体的施工管理。

（3）建立完善规章制度及管理办法。项目公司和项目部建立健全了各项管理制度及安全质量保证体系。从制度层面对各管理层级以及专业分包进行约束，通过红头文件形式，严格按照制度进行管理。公司组织项目部和分部的全体人员进行宣贯和学习，要求在施工过程中严格执行各项管理制度做到"横向到边、纵向到底"，全员参与。通过本社会资本方《合同管理办法》《预、结算管理办法》《工程项目施工"两制"管理办法》，结合木工程具体情况制定相应的实施细则，规范项目工程造价和成本管理工作。

（4）样板引路与强化质量管理。

① 按照PDCA循环方法开展QC活动，有针对性的解决改善施工问题以及创新型课题的研究，积极参加相关的培训，并且组织全员共同学习；

② 坚持样板引路，不断加强与设计单位、相关领域权威专家的沟通，通过专家论证会确定施工方案，在施工过程中因地制宜进行调整，使用最恰当的施工方案和保障措施进行项目施工；

③ 积极开展"质量月"活动，对钢构厂的加工过程、项目现场安装过程等方面存在的质量风险及相关薄弱环节，全方位地制定缩小差距的措施并组织实施，引导和动员全体员工增强质量意识，积极参与质量工作；

④ 施行质量管理五项制度，严格落实现场"实测实量制"、坚持项目"样板制"、明确实施"质量奖罚制"、积极实行"质量例会制"、严格实行"质量三检制"；

⑤ 采纳合理优化设计与加强关键部位质量。为了满足工期要求，避免材料的浪费，降低建设期及运营期的施工成本，我单位根据现场实际情况，在关键部位进行了优化设计。其中包括钢桥下弦杆优化、桥面板优化及高边坡优化，用以增加桥梁和边坡的整体质量寿命，建设期增加少量成本降低运营期维修成本；150m大跨径钢结构，从用料来说，增加单杆件截面积，势必增加整体用钢量，从安全角度说，因上跨城市主干道，施工过程中安全隐患较多，因此优化设计改为80m+70m钢结构形式；花台坡高边坡位置，为缩短工期并满足政府要求，多家设计单位进行优化设计方案编制，将原有桁架设计改为双层框构桥，既满足工期又满足行车功能使用；

⑥ 创新技术方案——上跨铁路钢箱梁拖拉施工。本段钢箱梁上跨川黔铁路，钢箱梁用钢量860余吨，拖拉距离50m。施工过程除本工程的参建单位参与，还需要铁路部门相关单位的大力配合。拖拉施工主要分为三个节点安排：

a. 12~13号墩之间共6排支架，利用25t吊机进行临时支架的制作安装工作，支架拼装完成并检测合格后，采用130t吊机安装贝雷梁结构及架梁附属结构。

b. 钢梁分段运至施工现场后，采用大吨位吊车将钢梁吊装节段吊装到现场搭设的临时架上进行拼装作业。

c. 钢箱梁拼装焊接完成后，安装拖拉支架系统及拖拉设备，然后进行钢箱梁试拖拉工作，钢箱梁经过试拖拉后，依据试拖拉过程采集的相关数据，分五次将钢箱梁拖拉过川黔铁路，调整位置，落梁至设计标高，拆除拖拉支架系统。

与各单位良好的沟通协调，施工质量进度的把控，到位的安全防护，准确的监控数据是拖拉施工成功与否的关键。

⑦ 积极推广《建筑业10项新技术》。根据项目特点和现场实际情况，积极推广应用《建筑业10项新技术》，本工程前后共应用新技术8大项26子项，其中高强钢筋应用、高性能钢材、钢结构深化设计、钢结构滑移施工、结构无损性拆除等技术预估节省成本三千余万元，已于2018年3月完成新技术应用编制工作；

⑧ 搭建信息化管理平台。本工程在建设期融入信息化管理理念，为运营期的信息化管理搭建平台。照明工程采用当前先进的城市照明智控管理云平台软件，该软件能无缝地集成电力线载波通信和无线通信技术，实现远程单灯控制、调光节能、故障检测、电缆防盗和智慧管理等功能，与工程沿线LED灯形成完美结合，可提高管理节能效率40%，日常维护费用节省50%以上。以及针对上跨铁路拖拉施工使用的安心云端，施工过程、拖拉过程对支撑体系采集应力、荷载、位移等数据，反馈云端进行实时监控，做到及时有效的纠偏。

⑨ 安全管理。

a. 项目经理为首的安全生产领导小组,有组织地开展安全生产活动。每月进行安全联合大检查,做到奖罚评比、落实激励;

b. 制定各项安全管理制度,如安全检查及隐患排查制度、安全教育培训制度、安全文明施工管理制度等、安全物资和防护用品使用管理制度。

c. 现场办公区和施工现场摄像头全覆盖,实时监控,可实现实时查看,调取监控视频,保障办公区财产安全,避免施工现场可能出现的安全问题。

⑩ 绿色施工。工程施工组织严格按照公司标准化要求实施,积极落实"四节一环保"绿色施工原则。

a. 节水措施。施工现场机具、设备、车辆冲洗用水设置循环用水装置;

b. 节能措施。钢结构是绿色建筑的首要构架之一,在节约能源和资源方面具有其他材料不可比拟的优势;办公区、施工现场使用节能型灯具,机具选择功率与负载相匹配施工机械设备,避免大功率施工机械设备低负载长时间运行。

c. 节材措施。墩柱盖梁等施工采用定型钢模,安全防护采用定型化防护;施工过程中要求精确定料,合理下料,不浪费。

d. 节地措施。临时平面布置合理,提高土地利用率,规划施工便道;施工现场物料堆放紧凑,减少土地占用。

e. 环境保护。施工现场临时堆放的土方采取覆盖,对裸露的场地采取硬化或绿化措施;设置洗车设备,做到施工车辆100%冲洗;建筑垃圾分类收集并回收利用;夜间焊接采取挡光措施,规划现场照明设施。

3. 过程检查控制及方法应用

(1) 常规控制管理。

1) 项目质量检查严格实行"三检制",坚持自检、互检、交接检制度;质量控制实行一票否决制度,不合格施工工序必须进行返工。

2) 安全管理采用分区管理责任制,并为管理人员配备工作记录仪,能够记录巡视内容和跟踪整改情况,利用信息化手段监控现场的安全动态形势。

3) 组织专人与钢结构厂家对接,确保每月对各厂家进行考察,确保加工质量与进度。

4) 进度管理实行项目分部责任制,将工期目标在横向上分解到各项目分部,在纵向上分解到月计划、周计划,每周召开生产调度会,对实际进度与计划进度进行比较分析,并积极采取有效措施进行纠偏。

(2) 引入第四方检测,监督检测成果真实性,确保施工质量。为提高钢桥面焊接质量,在项目建设期我单位就高度重视质量管理,对全线所有焊缝检测内容采用第三方检测,检测合格后选择贵州省属检测单位作为第四方检测单位,对第三方检测单位出具的检测结果进行抽查复检,进而监督第三方检测单位的检测工作保证工程实体质量。

(3) 技术管控与成本管控。定期召开技术系统例会,总结阶段工作,部署下步安排,保证责任到人。组织技术交流学习活动,提升管理人员技术水平。项目实施过程中,项目部分解成本控制责任,在前期策划、深化设计、材料比较、施工方案优化等方面进行落实,并进行专项考核,严格控制资金使用,降低施工成本,分阶段定期召开成本分析会。

(4) 采用建模软件进行计算。钢结构施工过程中,对关键节点部位,采用迈达斯 Civel 建模系统对其进行受力验算,能够迅速、准确地完成结构的分析和设计,用以与设计单位组织论证分析,得出最合理安全的施工方案。

(5) 信息化平台简化管理。为提高管理效率,本项目借用科学的统计观念和处理方法,同时借用信息化平台简化管理流程。本工程采用视频监控系统对施工现场关键工序进行实时监控;采用公司OA管理系统,进行项目的方案审批、合同审批、财务与资金管理和项目进度计划管理。

项目建成,对桥梁进行成桥荷载试验,建立桥梁健康检测以及桥梁检测系统,采集反馈数据,应用BIM技术,建立模型,在后期运营中随时对桥梁的使用情况进行监控,实时管理。

四、管理效果评价

1. 目标完成情况

(1) 工期管理目标:按照政府下达的工期指令,完成阶段性竣工通车。

(2) 质量管理目标:本项目第三标段验收合格率100%,已经被评为"贵州省建筑工程优质质量结构工程杯"、"北京市市政基础设施长城杯奖"、"中国建筑工程钢结构金奖"。

(3) 安全管理目标:工程事故率为零,已通过贵州省专家评审,被评为"贵州省建筑安全文明施工样板工地"。

(4) 环保管理目标:噪声、扬尘、遗撒、三废(废气、废水、废渣)排放达到国家环保标准,在省市各种环保检查中,未出现过不达标情况。

(5) 荣获北京市工程建设QC小组活动优秀成果及全国市政工程建设优秀质量管理小组奖项。

(6) 取得"一种浅埋式多向变位伸缩装置"实用新型一项,专利号ZL 201621059914.6。

2. 社会效益

随着我集团通过高效的PPP管理模式、标准化的施工质量管控、将本工程打造成惠民惠城的优质工程,遵义市委领导等各级党政领导多次对凤新快线进行视察调研,并大力支持推进拆迁工作的进程。贵州省、遵义市多家媒体实时跟进凤新快线的建设情况,人民网评价"运用世界先进工艺 保证施工进度",遵义日报评价"向遵义人民交一份满意的答卷"。

五、结束语

经过项目团队的共同努力,通过科学有效的管理措施和手段,现阶段顺利完成了凤新快线第三标段的施工任务,保证了施工过程的安全生产,又针对性的对工程难点、技术创新进行专题攻克,并取得了较为满意的管理成果,以及良好的社会经济效益,维护了社会资本方的品牌形象。在PPP模式项目管理上持续创新,在实践中积累了经验,为我集团在建设领域多元化发展道路上做出了新成绩。

应用 BIM 技术　修复千佛阁　传承古建精髓

——北京城建亚泰集团公司千佛阁修复工程项目

赵　坤　崔　晨　刘建生　王叶红　白　钰

【摘　要】BIM 技术在建筑工程的整个施工过程中都有所应用，它渗透了整个建筑工程的全生命周期。BIM 技术的应用节省了整个建筑工程的施工周期，同时有效地节约了建筑工程所需要投入的资金，避免了在建筑工程的施工过程当中每一个阶段因信息不流通导致的错误施工情况。同时文保建筑是建筑类型中唯一没有生命终结的建筑，应用 BIM 技术能够保存古建筑数据，解决信息断层等问题，为下次古建筑修缮、构件替换提供完整的数据支持。

【关键词】BIM 技术；技艺传承；古建修复

一、成果背景及要求

1. 工程概况

北京市门头沟戒台寺始建于隋代开皇年间（公元 581～600 年），建有全国最大的佛教戒坛，可授佛门最高戒律——菩萨戒，故有"天下第一坛""选佛场"之称，现属国家重点文物保护单位。

千佛阁位于大雄宝殿后面的台基之上，原寺内最重要的建筑物，建于辽咸雍年间（1065～1075 年）明嘉靖二十五年（1550 年）重建，三重檐楼阁式木结构建筑，内因供奉 1680 尊木雕佛像而闻名于世。1965 年落架保护，"文革"期间修建计划搁置。此次施工恢复三重檐楼阁式木结构建筑，高 23.77m、宽 23.4m、进深 26.5m，建筑面积 975m^2，是古建筑中最高等级的"大五脊庑殿式"建筑。

千佛阁工程应用 BIM 技术，将工程构件放样信息及时录入数据库，施工现场根据 BIM 模型依据，进行构件加工结合 BIM 模型对工程质量进度信息进行整合与传递，这样可以将施工工匠和管理人员从二维到三维转换理解中解脱出来，集中精力进行工程质量（古建筑形体）进度的策划，实现工程预判管理（图 1、图 2）。

图 1　千佛阁原貌

图 2　千佛阁彩画效果图

2. 成果背景

1975 年美国提出 BIM 理念发展以来，我国 2002 年开始在设计、咨询、科研院校推广，近几年

BIM 技术在建造领域广泛应用。古建筑与土建、市政工程的 BIM 技术应用有本质区别，古建筑（文保建筑）是建筑中没有生命终结的建筑类型，它只有在生病时进行维修（通常 30～50 年进行一次器官替换），基于这样的条件，我们需要使用 BIM 技术为它做套古建筑 DNA 基因，（BIM 技术属于数据时代制造阶段，在之前有数据收集整理等阶段，在之后有数据应用等阶段）方便我们在各个层面应用这些数据对古建筑管理。

3. 项目团队概况

项目 BIM 团队管理小组共 10 名成员，由公司总工程师担任总协调，古建专业技术负责人担任组长，组员包括公司副总工程师、技术质量部 BIM 主管、项目经理、项目技术主管、项目技术员等。组员均参加过 BIM 知识培训，共有 2 名组员取得持有由中国图学学会颁发的"全国 BIM 等级考试一级证书"，及由中国人力资源社会保障部颁发的"BIM 建模师"岗位能力证书。

4. 管理目标

如表 1 所示。

管理目标分项表　　　　　　　　　　　　　　　　　　　　　表 1

工　期	2013 年 7 月开工，竣工日期为 2015 年 12 月
工程质量目标	北京市竣工长城杯
安全生产	无死亡事故
工期目标	满足合同要求
经营目标	无亏损

二、选题理由

1. 华北地区最后一批文物复建工程

2013 年 8 月国家文物局发布《世界文化遗产申报工作规程（试行）》（简称规程）进一步规范世界文化遗产申报工作，要求遗址保护与展示不支持、不提倡复建历史上已毁损无存的文物古迹。《规程》发布后，各地区复建工程基本停止批复，所以可以说千佛阁修复工程为最后一批大规模、大体量的复建工程。

2. 该项文物历史意义重大

北京市门头沟戒台寺是中国北方保存辽代文物最多、最完整的寺院，而千佛阁是戒台寺中轴线上主殿，建筑形式为重檐庑殿形式。复建之后千佛阁将弥补戒台寺中轴线上没有主殿的缺憾，对恢复戒台寺的历史原貌及研究北京地区辽、金时期历史文化具有重要的意义。

3. 工程规制高、体量大，复建难度大

北京市门头沟戒台寺建筑千佛阁宽 21m，进深 24m，为三重檐楼阁式木结构建筑，其殿顶采用了古建筑中最高等级的"大五脊庑殿式"，阁楼高 30 余 m。庑殿建筑是中国建筑中的最高形制，在等级森严的封建社会，这种建筑形式常用于宫殿、庙坛一类皇家建筑，是中轴线上主要建筑最常采取的形式。且庑殿建筑实际上已经成为皇权、神权等国家最高统治权利的象征，成为皇家建筑中独有的一种建筑形式。庑殿建筑的这种特殊政治地位决定了它用材硕大、体量雄伟、装饰华贵富丽，复建高文物价值、艺术价值工程对项目团队极具挑战。BIM 技术首次在文物古建筑工程应用，通过本项目的施工补充古建基因库的空白。

三、实施时间

如表 2 所示。

项目管理实施时间表	表 2
实施时间	2013 年 07 月~2015 年 12 月
分阶段实施时间表	
BIM 管理策划	2013 年 07 月~2013 年 10 月
管理管理措施实施	2013 年 10 月~2015 年 07 月
取得成效	2015 年 12 月

四、管理及创新特点

1. 管理难点及重点

(1) 建立模型提高参施人员工艺技能和空间思维能力。千佛阁内部构件涉及藻井、斗拱、天花、隔扇等多种复杂形式的木构件，且各种构件榫卯形式不一，极为复杂；如此复杂的做法，难以仅凭二维图纸来直接转成三维模型，而且由于古建的木作是可以分解的各个榫卯构件，这就要求建模人员需要把每个构件分解到最小，然后从各个角度来解析制作工艺，最后将所有的小构建拼接而成整体建筑。这就需要建模的操作人员对古建的操作工艺及模数极为熟悉。

(2) 本项目是首次在古建筑施工中的全面推广和应用 BIM 技术，对后续古建工程的推广和应用具有指导意义。

2. 创新特点

(1) 首次根据大量项目数据信息建立古建 BIM 基因库，使数据在项目全寿命周期的应用系统化、规范化、多元化。

(2) 项目全过程首次基于古建筑基因数据项目级应用流程，实现衍生式设计。

(3) 将点云技术与虚拟现实技术应用到复建项目中，精确再现设计原型与施工工艺，降低节点技术交底难度。

五、管理分析、策划和实施

1. 总体策划和实施

(1) 项目组织管理策划。在项目实施前期与项目经理部一起成立 BIM 固定工作站，组建 BIM 团队，制定工作计划，划分工作责任。并制定相应的制度，以保证工作的实施。

(2) 项目组织实施。应用 BIM 技术，将工程构件放样信息及时录入数据库，施工现场根据 BIM 模型数据信息进行构件加工，结合 BIM 模型和软件实施协同管理，对工程质量、进度信息进行整合与传递，将施工工匠和管理人员从二维思考转换到三维理解中来，集中精力进行工程质量（古建筑形体等）与进度的策划，实现工程预判管理。

(3) 实施流程

1) 数据收集

① 文字图像资料。

② 数据资料。

③ 文字图像和数据资料整理。

2) 数据组建

① 古建筑 BIM 构件族制作。通过对每一个古建筑细胞（构件）制作设计，满足这个细胞在工程中需要的数据（设计单位要方案和施工图，施工单位的放样和量化管理，和其他软硬件配合需要的数据），这个细胞制作设计非常重要，项目深度完全取决于对细胞（构件）设计；

② 古建筑BIM模型搭建；
③ 古建筑施工工艺模型；
④ 古建筑现场施工进度、安全、材料、造价的管控。
3）BIM技术应用路线图如图3所示。

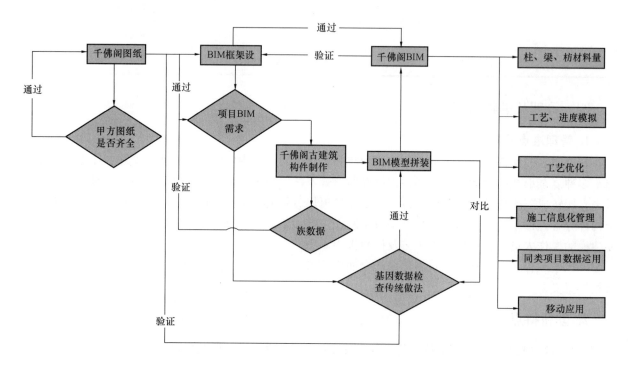

图3 BIM技术应用路线图

2. 技术管理分析、策划和实施

（1）技术管理分析

通过BIM技术软件对方案及管件节点施工工艺有针对想的进行三维可视化交底。使复杂的节点更清晰、直观的展现在操作工人眼前；突破传统工艺口口相传的局限，使得现场操作人员人人心中有底，以保证施工过程重点、难点顺利实施。

（2）实施与策划

BIM数据制造过程

族的制作

古建筑BIM模型族在建造阶段分为买料、制作、安装三个步骤，在制作族模型的过程中要考虑其在三个阶段的不同形态，使得可以通过修改族参数适用于各个阶段。

以制作柱族为例：

A. 柱子的用料可分为加荒料（买料）、下料和实际用料，在制作族的过程中，需首先考虑材料的用途，再进行族的制作。

B. 在柱族建模过程中，需要画出下料与实际用料，而买料参数可用实际用料×木材用料系数计算得出。

C. 设买料、下料、实际用料的平面面积为 a、b、c，高为 h_1、h_2、h_3，得出买料体积为 $(a \times h_1)$ m^3，下料体积为 $(b \times h_2)$ m^3，实际用料为 $(c \times h_3)$ m^3。

通过族参数，将数字信息应用在工程的各个阶段，方便统计与管理项目的进程，避免了传统做法带来的信息不明晰而出现偏差，大大降低了错误率；通过对每一个古建筑细胞（构件）进行制作设计，提供其在工程中需用的数据信息。

图 4 族制作架构图，图 5 族制作放样图，图 6 族制作模型所示。

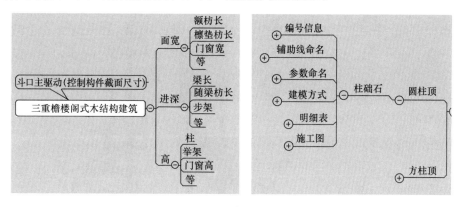

图 4 族制作架构图

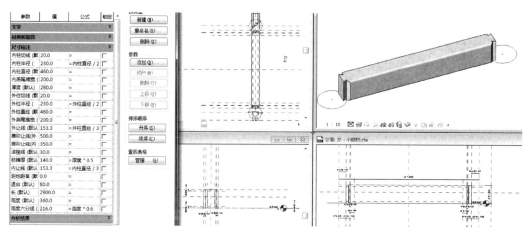

图 5 族制作放样图

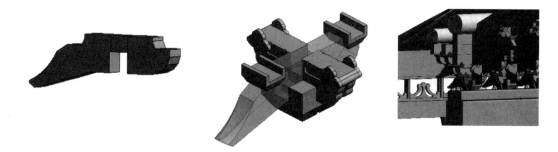

图 6 族制作模型

（3）模型拼装

古建筑 BIM 模型拼装，需要对建筑重要错落部位层面设置标高，方便 BIM 模型搭建和后期修改。本工程标高设计主要有：台基、上身、屋面三大块，每一块标高都需要详细设计，如上身拼装标高设计分为：穿插枋、高柱头高、平板枋高，通过这个标高设计可以很好参数化控制尺寸。

依据古建筑施工经验对容易出现修改或更换构件位置进行控制，如五踩斗拱换成三踩，控制标高定在平板枋，檩就需要再定另一个标高，不能放在平板枋高，这样设置后即使换五踩为三踩或者别的构件样式，只需要挪动檩标高和替换构件就可以调整完成。

图 7 模型标高设置，图 8 工艺模型所示。

对构件三维模型的属性等参数，为避免在 BIM 项目中重复添加信息，本项目将 Microsoft SQL 数

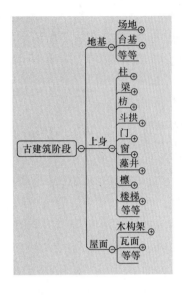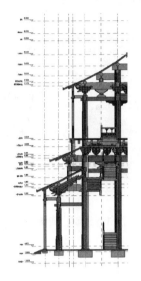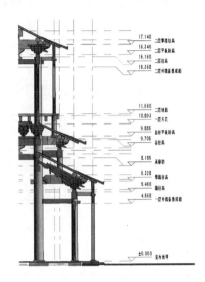

图7 模型标高设置

图8 工艺模型

据库应用于施工过程数据管理中，同时使用IFC格式做数据转换，解决不同数据的使用要求。

3. 质量管理分析、策划和实施

（1）质量管理分析

千佛阁内部构件涉及藻井、斗拱、天花、隔扇等多种复杂形式的木构件，种类达500多种；构件拼装步骤繁琐，工序复杂，通过BIM技术，实现材料放样与预安装，以实现质量的把控。以满足达到"北京市竣工长城杯金奖"的技术质量管理过程要求。

（2）策划与实施

为保证质量（古建筑形体）构件形体（榫卯放样）控制，通过BIM建模，把当时参与拆卸千佛阁老工匠组织到一起，把老工匠说的回忆与图纸相结合建成BIM模型和构件形体榫卯样式匹配起来，通过老照片拍摄角度和BIM模型进行对比，解决了设计冲突，发现楼梯斗拱碰头，天花藻井高度和横木碰撞，四根中柱到顶等技术质量问题，实现精准预制加工放样，保证了工程质量。

模型搭建，实现科学提料、构件放样加工

① 具体流程

进口木材编号分类→木材选购进修→大木作构件加工→大木件构件加工（图9）。

② 木材用料情况（表3）。

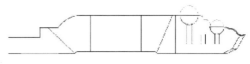

图 9 构件放样图

木材用料情况表 表 3

木料用材情况明细比对表

序号	木材名称	产地	使用部位	估算材料用量（m^3）	BIM统计用量（m^3）
1	铁红木	南非	里围金柱、角科斗拱、柱头科斗拱	289	256
2	红松	俄罗斯	平身科斗拱 木装修	820	806
3	花旗松	北美	檐柱 金柱 梁枋	785	765
4	杉木	中国	椽子	300	290
5	合计			2470	2408

③ 榫卯拼插，体现隐蔽节点（图10）。

④ 碰撞检查，避免返工

受二维图纸局限，通过模型构件族的制作及搭建，发现图纸设计缺陷共24处，主要解决以下问题：

A. 校核了平立剖面不相符轴线尺寸。

B. 更正了受力构件檩标高错误（图11）。

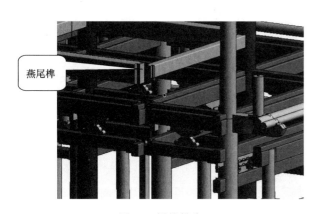
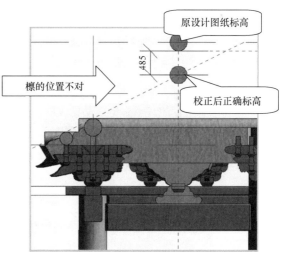

图 10 梁柱榫卯　　图 11 构件檩标高图

C. 修正了楼梯处斗拱设计不合理。原设计图纸为整攒斗拱，模型虚拟漫游中发现，会影响人无碍上下通行，应改为半攒（图12）。

D. 保证角柱（掰生、收分）的开榫槽位置的精准。角柱开榫位置复杂，以往工人全凭经验，实际操作过程中，难免出现计算错误，现场安装时才能发现问题。

E. 发现枋子的榫头和围护墙碰撞问题。转角处枋子如应用传统规矩榫头，将和维护墙体发生碰撞，模型中需改变榫头加工方式（图13）。

图 12 楼梯处斗拱

图 13 角柱图

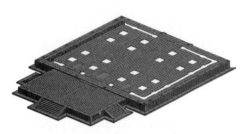

图 14 基础工程-台明

⑤ 定位精准,砌筑规矩。利用 BIM 软件精确定位基础台明位置,根基基础位置推出相应构件的位置。并应用到实体进行精确放线,根据三维模型确定出柱、梁、枋等构架的相对空间坐标,应用全站仪等数字化一起进行精确放线。确保构件安装,准确无误。如图 14 基础工程-台明,图 15 主体工程-大木,图 16 主体工程-斗拱。

⑥ 预排布,确定最佳屋面、墙体砌筑方案;保证墙体干摆砌筑严丝合缝;保证屋面排布合理,排水通畅。古建筑的屋面囊度,以往均靠老师傅的经验进行放线。通过 BIM 的定位控制,更加精确的对屋面排水曲线及脊件的进行定位排布。如图 17 墙体砌筑,图 18 屋面工程-瓦面和脊。

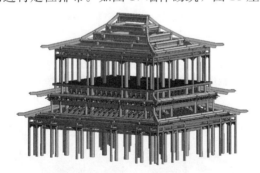

图 15 主体工程-大木

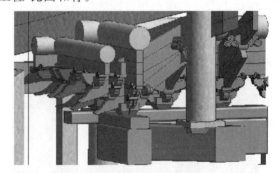

图 16 主体工程-斗拱

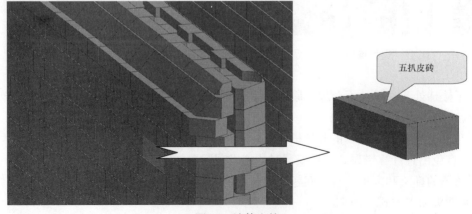

图 17 墙体砌筑

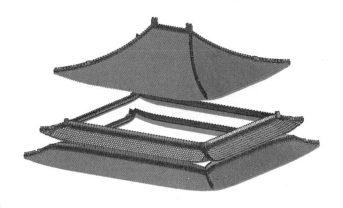

图 18 屋面工程-瓦面和脊

4. 安全管理分析、策划和实施

（1）安全管理分析

利用 BIM 技术进行现场平面布置，并提前在模型中需要防护的地方，提前布设安全防护。提前设置好大木吊装及最佳脚手架搭设方案。

（2）安全管理实施

建立古建特色的符合规范的参数化安全防护族，根据现场的施工进度安排，提前在模型中需要防护的地方布设安全防护措施。

脚手架搭建安排古建筑脚手架分为大木脚手架、瓦面脚手架、油漆彩画脚手架，通过定制制作 BIM 古建筑脚手架，合理管理使用脚手架和安排脚手架搭建时间，脚手架设备进场时间，并且解决大木吊装安装方式。

现场的安全布置随着现场的施工变化而变化，因此可以在模型上提前进行预判分析，避免对后续施工环节造成影响，便于施工现场及时进行调整。如图 19 为脚手架搭建。

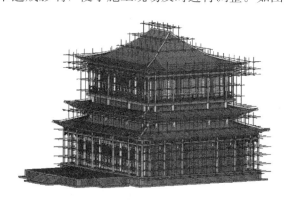

图 19 脚手架搭建

5. 进度管理分析、策划和实施

使用 BIM 数据模型，通过三维扫描控制、全过程数据管理、施工模拟进行进度计划合理安排，对机械设备、材料进场顺序、施工场地布置、施工人员、容易出现质量返工的部位等在施工中容易出现进度安排问题的方面进行合理计划、优化改进。

将进度计划于三维模型的核心构件关联形成 4D 模型，实现进度的可视化管理。在施工过程中由技术人员将构件使劲完成时间进行录入，实现进度计划与现场实际情况双方对比的可视化模拟，高效分析影响进度滞后因素，为采取补救措施提供数据支持。

六、管理效果评价

1. 经济社会效益

(1) 应用 BIM 技术节约了木材消耗、施工机械损耗,整个施工过程绿色环保。传承和发扬了传统技艺,延续了古建筑的生命,社会效益显著。BIM 技术采用云储存、云计算等先进的计算机技术与互联网+相结合,为用户提供直观的管理平台和永不丢失的数据保存,有效地提高管理水平和降低管理成本。

(2) BIM 模型中的信息记录,为后期的文物修缮提供了历史依据。通过 BIM 模型中的信息中记载的材质、规格及现场破损情况来确定修缮方案。如图 20 所示。

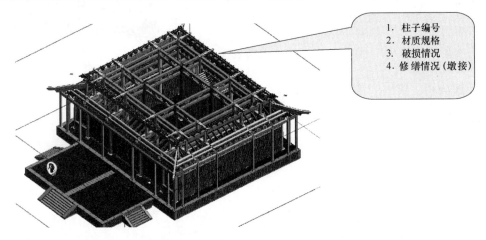

图 20 后期文物修缮节点体现

(3) 实现了预制加工,相比估算下料节约了木材约 18 万元,减少了加工工人 10 名,缩短了加工周期 50 天;通过工序模拟,保证了施工质量,及时调整进度安排,提前了工期 20 天,减少了施工人员 15 人,节约工程造价 8 万元;共节约了工程造价 26 万元。本项目盈利了 650 万元。

2. 管理效果

(1) 2014 年戒台寺千佛阁修复工程获得北京市结构长城杯金奖(图 21)。

(2) 2016 年戒台寺千佛阁修复工程北京市建筑长城杯金奖(图 22)。

图 21 结构长城杯金奖　　　　图 22 建筑长城杯金奖

结束语:文保建筑是建筑类型中唯一没有生命终结的建筑。项目团队通过应用 BIM 技术保存古建筑数据,解决信息断层等问题,为古建筑修缮、构件替换提供完整的数据支持。我们通过努力制作一套完整的古建筑基因数据,为越来越少的老构件提供新陈代谢,传承古建筑文化艺术,积累的古建经验为今后项目团队承揽类似工程打下坚实基础。

技术创新铸造精品工程 精细管理筑梦百年名校
——中建一局集团建设发展有限公司天津海河教育园区南开学校建设工程项目

关跃建 林志松 张 凯 卢芳龙 陈 雷 孙勇智

【摘 要】 天津海河教育园区南开学校建设工程项目是对 100 多年前老南开中学的异地还原，新建南开学校保留了 90% 的老南开中学元素，现场采用大量圆弧及异形清水混凝土、清水砖，来实现老南开中学外檐效果。清水混凝土一次性成活且不可修补，施工周期短，工程所有施工内容都属于总承包范围，施工专业多，施工难度大，技术质量要求高。项目通过模块化小组管理模式、精耕细作的管理方法、技术创新的管理手段，我们以"专业·可信赖"的企业品格，坚持过程中的"国家优质工程奖"，扬百年名校精神，筑时代工程典范。样板先行，施工过程中以深化图纸对现场施工进行把控，精细的深化设计与施工方案管理，建一所学校，立一座丰碑。对工程负责，对未来祖国花朵负责，过程中严格把控工程质量关，原材料进场关，确保工程质量，给孩子们一个健康舒适的学习环境，一个健康成长的伊甸园。

【关键词】 百年名校；精细化管理；模块化小组管理；技术创新；深化设计；精品工程

一、项目成果背景

1. 成果背景

百年历史名校天津市南开中学是天津市教委直属、全国重点中学。该校百年来培养了以杰出校友周恩来总理为代表的一大批党和国家的领导人、科学家、教育家、文学家、艺术家等具有深远的社会效益。

本工程为天津市南开中学的分校，是天津市政府领导亲自批复的重点项目。同时该工程建筑外檐完全参考南开中学老建筑的外檐风格（图1），采用清水混凝土与清水砖砌筑来实现其外貌，能更好地融

图1 工程效果图

合整个海河教育园区建筑外檐的风格。外檐清水砖、清水混凝土节点复杂，业主质量要求高，坚持"国家优质工程奖"。技术创新，以精细化管理为手段，秉承弘扬百年历史名校的"南开"精神，缔造"百年精品工程"。

2. 工程概况

天津海河教育园区南开学校建设工程主要包括实验行政楼、教学楼A、教学楼B、风雨操场、食堂、宿舍、运动场看台、锅炉房、门卫共九个单位工程。风雨操场和食堂地下一层（含夹层），其基坑深度5.9m，支护采用钻孔灌注桩作为支护桩＋双轴水泥土搅拌桩止水帷幕，各一道混凝土内支撑。地基均采用钢筋混凝土钻孔灌注桩，基础为食堂和风雨操场为桩承台＋筏板基础，其余单体桩基上设置承台、承台梁。其中宿舍为剪力墙结构，门卫为砖混结构，其余均为框架结构。总建筑面积46418.34m^2（地上37797.39m^2；地下8620.95m^2）。单体最大高度20.08m。工程造价30246万元。质量目标为确保天津市建设工程"金奖海河杯"，争创"国家优质工程奖"。

3. 选题理由

本工程是天津市重点工程，且为两任总理的母校的分校，社会影响力极大；新建南开学校外檐建筑风格传承了老南开中学的元素与南开中学一脉相承，进行了异地还原；同时也是南开学校"允公允能，日新月异"南开精神的传承，教育意义非凡。本工程外檐采用清水砖清水混凝土，现场存在大量圆弧及异形清水混凝土构件，清水混凝土一次性成活且不可修补，技术质量要求高。本工程合同规定质量目标是"金奖海河杯"，争创"国家优质工程奖"，业主要求的"国家优质工程奖"。以技术管理为主线，技术创新为手段，实施技术经济分析；样板先行，实施过程中以深化图纸对现场施工进行把控，深化设计和施工方案，实行精细化管理，模块化小组式管理模式。将技术管理深入到每一道施工工序中，每一个细节中（卫生间墙顶地通缝排版、外檐清水砖全立面排版、吊顶全面排版等），使得项目工期目标、质量目标、经济目标得以充分实现。

4. 项目实施时间

本工程于2015年12月20日正式开工，2017年7月15日顺利竣工验收，2017年9月1日学校正式开学（表1）。

项目实施时间　　　　　　　　　　　　　　　　　　　　　　　　　　　　表1

实施时间	2015年12月20日～2017年7月15日
分阶段实施时间表	
管理策划	2015年12月～根据各节点工期不断调整
管理措施实施	2015年12月～2017年7月
过程检查	2015年12月～工程竣工全过程
取得成效	各阶段性节点～2017年7月

二、项目管理及创新特点

1. 项目管理重点与难点

（1）清水砖与外檐清水混凝土造型复杂，一次性成活且不可进行修补

本工程各单体建筑外檐完全参考南开中学外檐古典欧式建筑风格，保留了90%的老南开中学元素，是对100多年前老南开中学的异地还原，造型复杂。外檐均为清水砖墙（240mm、370mm砖墙）与清水混凝土组合施工，施工外围还存在外露的大体量古典欧式建筑清水混凝土三次结构。清水混凝土浇筑与清水砖墙砌筑交替进行施工，多工种多工序交叉。清水混凝土构件，清水混凝土周期短，并且外檐清水混凝土一次成活且不可进行修补。施工管理难度大。工期紧，任务重，根据合同工期要求，三个月内完成200万块清水砖砌筑及3200m^{3}清水混凝土浇筑施工。对施工管理、施工人员操作工艺、工程材料质量都有着较高的要求。外檐节点复杂，需要严谨细致的深化图纸作为现场指导施工的依据。项目专门

成立以技术为主导的外檐清水砖清水混凝土模块管理小组。专人专职，谁出图纸谁负责图纸深化与明确、样板施工编制外檐整体施工工艺流程及验收标准。

(2) 总承包技术管理难度大，各专业深化设计量大

本项目属于综合公共建筑，包括土建、钢结构、装修、机电、市政绿化、运动场等所有施工内容均在合同范围内，是真正意义的施工总承包工程，总包管理任务繁重。工程涉及专业多，外檐清水砌筑与清水混凝土、二次结构预制块套砌排版、陶瓦坡屋面挂瓦条排版、外排雨水深化、室内吊顶排版、水磨石地面排版（校徽）外墙内保温等均需要进行二次深化设计，技术管理难度大。深化设计出图管理计划直接关系到工程进度目标，深化设计图纸质量，决定现场施工质量管理目标和工期目标的实现。

(3) 室内装饰装修工程标准高

室内二次结构砌筑均采用页岩空心砖砌筑，机电预埋管线及线盒与砌筑同时进行，预埋时必须位置准确无误，严禁后剔凿，砌筑过程中用页岩空心砖配合机电进行切砖套砌机电管线的工作，同时构造柱、抱框柱、窗台板、窗过梁均需在结构施工期间预留，需提前进行二次结构构造柱深化，施工时要求精度高。

坚持过程中的"优质工程奖"，一次成活不可修复管理理念，深化图纸渗透到每一项分部分项工程中，指导现场施工。每项工程都需要进行排版深化，保证施工质量。例如外墙内保温纸面石膏板防开裂全立面排版、清水混凝土楼面与路面刻痕排版、卫生间墙顶地对缝排版、水磨石地面全楼层排版、吊顶全楼层排版、静电地板排版。每项工程的深化图纸不仅是节点深化，需精细化到每一个施工过程中，例如楼面大面积采用彩色嵌铜条的水磨石地面，其施工工艺、施工顺序、施工期间对其他工序造成的影响、产生的污染和成品保护工作、打磨时间等整体策划。

(4) 本工期紧、工艺复杂、工序交叉配合多

2015年12月20日开工建设，确保2017年7月15日竣工验收，保证2017年9月学校开学正常投入使用。工期十分紧张，期间经历两个冬季施工周期。外檐清水混凝土及清水砌筑与二次结构、外墙内保温与水磨石地面施工几乎同时进行，施工劳动力组织难度大。主体结构施工工期短，为后续外檐清水砖墙与清水混凝土施工、装饰、机电、室外工程施工争取施工时间，短时间内需要组织大量劳动力进行施工。

机电与土建交叉配合工作多，需提前策划，提前深化，所有问题在技术层面上进行解决，然后以技术牵头，下发技术指导书安排工作任务，总包管理任务繁重。同时工程单体多，且各单体功能不同，清水砖、清水混凝土、装修材料、水磨石地面、操场跑道等各项材料资源需求繁杂，总包管理采购任务异常艰巨。

2. 项目管理创新特点

(1) 项目精细化管理

1) 实践过程精细化管理

按照系统优化的总体思路，强化全过程精细化施工管理，将管理技术创新，围绕着图纸深化、样板先行、质量控制、目标控制等施工管理过程的关键环节。严格遵守"方案先行，样板引路；多施工节点、多方案、多样板施工对比"样板施工管理制度，待样板确认后，方可进行大面积施工。整体进行策划，筛选出整个项目关键线路上质量控制要点与难点。样板施工，明确各工序标准、各工序施工工艺、施工方法及施工注意事项，对图纸进行全面深化，与设计协调、综合优化工作。

2) 精耕细作精细化管理

本工程为南开学校分校，外檐效果参考古老的南开中学古典欧式风格，清水砖与清水混凝土节点复杂，造型多样。为了保证外檐清水砖、清水混凝土外露效果，一次成活不可修复；外檐清水砖正式施工前必须对外檐整面墙体进行清水砖排布，调整窗大小或位置以及外檐造型尺寸，施工时完全按照最终确定的外檐清水排砖图进行施工，精确度控制在毫米单位，细致到每一块清水砖上、每一个混凝土节点上。

3）全方位精细化管理

以技术为主导，在技术方案与图纸深化阶段对工程各因素实施全施工过程的严格精细化的管理，形成 PDCA 环式管理链。施工过程中精细化管理不是简单关注某一个工序细节，片面的注意某一道工序的具体量化，而是在逐步完善项目技术精细化的管理指导现场施工，利用技术创新、精细的图纸深化、多样板施工对比等关键环节为主要控制点。强调的不是某一个施工环节的精细化，而是所有环节的共同作用的结果，抓住精细管理化的精髓就是各种每项工程工艺流程的细化、标准化、量化。按照"木桶理论"，任何一个要素的短缺都会使整个施工管理系统失去优势，只有各施工管理环节、各施工工艺流程在精细化到一种均衡时，精细化管理才能发挥其最佳效应。

（2）深化图纸指导现场施工

针对项目特点，为了减少工作量，更便于现场管理，依据业主对本工程的整体理念思想，对图纸进行全面深化，与设计协调、综合优化工作。最终就只以每个点位的深化图纸对照现场施工进行把控。深化设计图纸管理内容不仅包括具体尺寸、做法，还包括具体的质量要求、尺寸偏差、控制点等，施工过程中所有要求均在深化图纸中体现，确保能够真正指导施工。

1）严谨的技术管程序，明确工程实施依据的规范标准、工程质量保证措施、工程实施提交资料、现场小样制作产品抽样送样复试。

2）策划设计与采购、施工、运营和各专业技术接口关系，并明确深化设计指导现场管理程序，采取以下措施：

① 进场施工前组织各分包单位施工技术人员通过走访调查天津市海河教育园区内的"青年学院""商务学院"等相似工程外檐施工质量缺陷，总结施工中出现质量问题及控制要点，并通过 BIM 模型再给单位施工技术人员以本工程更直观的认识。

② 项目团队年轻化，对清水混凝土施工与清水砖砌筑施工经验缺乏，技术为主导，方案先行，样板引路。小组化管理，责任明确谁写方案谁现场指导样板；谁负责样板施工谁负责集思广益总结施工经验，选定施工工艺，发现问题及时讨论及时纠正，同时明确统一的质量验收标准。完成与主业单位关于施工材料样品封样；核算施工材料并协调物资部关于订货与采购；记录施工工效为工程部提供人机料进出场计划的准确理论依据。

③ 能更好协调各种专业各部门有序施工，施工图深化设计至关重要，详细深化图纸能更好地解决施工中工序之间矛盾、各专业交叉施工的矛盾。通过制定深化设计管理详细出图实施计划，定期召开组织协调会及时有效解决各专业遇到问题，以图纸深化专业核定单形式更好避免施工过程中各专业工序交叉返工现象。

④ 制定本工程项目实施规划与项目策划书，再分节点、分阶段编制深化设计出图计划、样板实施计划、年度技术管理工作计划及实施纲要、季度技术管理工作计划及实施纲要等精细化管理计划书。

三、项目管理分析、策划和实施

1. 项目管理分析与策划

（1）组织管理流程精细化，模块化小组管理模式，技术为核心，管理目标明确，责任与目标分解，责任到组，责任到人。

（2）技术牵头小组模块化管理制度确立

各模块以技术为主导，各模块以项目经理为组长统筹谋划，以项目总工、机电经理为总调度师协调各模块技术深化及资源整合，科学分工、各显专长，各模块分工目标明确，做到术业有专攻。谁出方案谁负责，定期召开组织协调会，先在技术层面解决施工矛盾，各相关专业会签图纸深化核定单，下发技术作业指导书。各模块内以技术指导书为准则指导现场各专业劳务分包进行施工，无指导书不施工。

（3）技术先行，样板引路，稳扎稳打落实到实处

明确各模块各专业图纸深化设计重要策划要点所有施工前进行样板施工，选择节点复杂涉及专业多

施工内容，结合现场实际及工序安排在样板区和实体施工部位进行样板施工。根据施工总控计划先后实施了外檐清水砖清水混凝土样板、水磨石样板、外墙内保温样板（石膏板嵌缝防开裂样板）、二次结构墙体预制块布置样板、清水围墙样板、吊顶排版及吊顶内机电管线排布样板、清水混凝土路面刻痕、陶瓦坡屋面样板。通过样板施工中总结出各部位施工注意事项（其中包括工艺施工顺序、施工工艺要求、施工注意事项、施工材料备料、施工工效）为编制施工计划提供有力证据，为正式施工前提供前期风险控制点及控制措施提供理论依据，具体如图2所示。

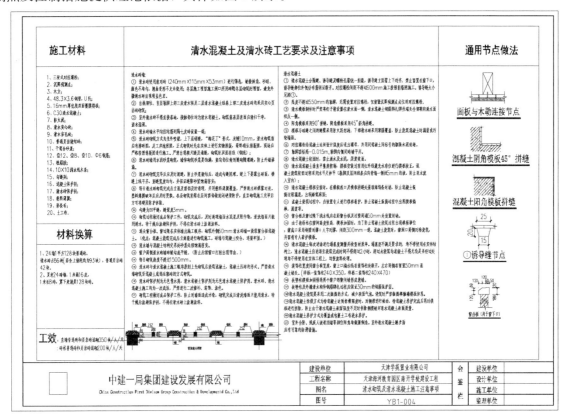

图2 清水混凝土及清水砖工艺要求及注意事项

（4）深化设计的精细化，图纸深化精细到每一道施工工序

深化图纸，提前策划，全面统筹，精益求精，将施工问题解决在技术深化阶段。例如：沉降观测点为避免沉降观测点安装时对清水混凝土造成破坏，改进沉降观测点形式，结合清水模板体系中的三段式螺栓进行安装螺母预埋（图3），即兼顾外檐清水混凝土一次成活不可修复的立面效果又满足沉降观测点布置的规范要求安装方便，本工程所有沉降观测点一天全部安装完成，节约工期。

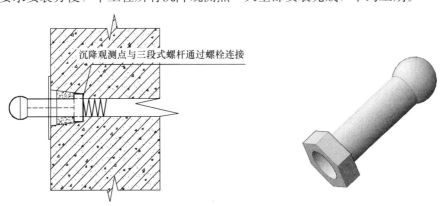

图3 创新沉降观测点安装形式

2. 项目实施

（1）组织管理实施

建立了以建设单位为主导，设计、监理、总包、分包各单位相互联动、相互监控的管理体系，建立由项目经理领导，由总工程师策划、组织实施模块化管理小组，现场经理和质量总监中间控制，区域和专业责任工程师检查监督的管理系统，形成项目经理部、分承包单位和施工作业班组的质量管理网络，明确分工。

工期紧，总承包管理任务重；专业分包单位数量众多，机电与土建交叉配合工作多；本工程单体多，且各单体功能不同，组织管理难度大。将施工任务整体分解，化整为零。本着"术业有专攻"的思想进行模块化小组式管理，以小组为单位牵头成立外檐施工模块（外露清水混凝土构件钢筋预留甩筋深化、外檐清水砖全立面拍砖深化、外檐清水混凝土连廊BIM建模）、内檐装饰装修模块（二次结构构造柱、抱框柱、窗台板、窗过梁甩筋深化、墙体预制块排版深化、水磨石地面排版深化、吊顶排版深化、外墙内保温排版深化、屋面防水及挂瓦条排版深化）、室外工程模块（市政清水混凝土路面刻痕排版深化、清水混凝土围墙深化）、机电安装工程模块（配合土建各模块施工交叉作业区域深化、管线综合排布深化）四个模块施工技术管理小组。项目部提出模块化管理施工，项目部制定施工管理总方针是技术管理为主线，所有施工内容需提前在技术层面上进行解决，然后以技术牵头，下发技术指导书安排工作任务。

（2）质量管理实施

在正式施工前，由技术部牵头，对各项工程进行深化设计，严格落实样板施工制度，通过样板施工明确工艺标准，深化图纸指导现场施工，更便于现场质量控制，出现质量偏差也能更快更容易找到偏差原因且存在一定共性，更好采取措施解决问题。同时也更需要图纸严谨合理性，避免出现大范围风险，要定时进行质量排查，检查施工过程中是否与施工方案与深化图相符，发现问题及时纠偏，严格把关施工过程中质量控制点，重点把控施工技术交底与工序控制，落实"三检"制度做好隐蔽验收工作，及时发现施工过程质量问题，每周定期召开质量例会，对发现质量问题，分解到每一道施工工序检查验收中去，集中讨论反馈至技术部做好施工质量偏差控制，早发现，早处理。

借助网络平台实现移动终端办公，提高工作效率，逐渐形成"互联网+"项目质量管理。同时外檐清水混凝土施工以及外檐清水砌筑的复杂性，其施工质量都有着较高的要求，为此项目成立了青年突击队，突击队成员同时还组建成南开学校QC管理小组，加强项目质量管理。定期召开培训会，过程中消除施工问题。精耕细作的精细化质量管理，同时自始至终以"国家优质工程"质量标准进行施工。

（3）进度控制实施

项目实施过程中尽量做到精细化管理，主要体现在计划编制精细化、深化设计和施工方案精细化、材料计划及进出场精细化，责任落实到人，当天任务当天完成。对于进度，把总控计划分解成内部大计划、月计划、周计划、日计划，计划的内容落实到每栋单体负责的工长，严格实行日计划内容，发现问题及时纠偏。借助网络图分析出关键线路，以技术部为主导，明确各分部分项工程技术控制要点，严格控制各道工序实施时间，无返工，一次性成活，保质保量完成施工任务。

（4）技术管理实施

技术为指导，实施过程中以深化图纸对现场施工进行把控，所有问题在技术层面解决，深化设计和施工方案实行精细化管理，确保能够真正指导施工。坚持落实"技术先行，样板引路"的思想制度。

1）明确技术管理目标，根据模块化分组，各小组成员任务分工清楚，责任到人。根据各自模块施工内容，明确各模块施工深化图纸出图计划，样板施工计划；定期召开施工组织协调会，根据施工合同工期要求，倒排工期。

2）深化图纸指导现场施工，需要二次设计工作量极大，如外檐清水砌筑排砖图、外檐清水构件预留甩筋、二次结构构造柱甩筋深化、细部模板支设图、机电综合布线与精装修等（图4）。以模块施工技术管理小组形式进行任务分解，谁负责谁细化。因清水砖砌筑经验欠缺，通过样板施工熟悉人工工效及时与商务部门沟通为后期提供实际依据。尽可能地将问题都解决在图纸深化和样板施工阶段，管理精细化避免施工过程中返工与资源浪费。特别是外檐施工，为了保证外檐清水砖、清水混凝土外露效果，外檐清水砖正式施工前必须对外檐整面墙体进行清水砖排布，调整窗大小或位置以及外檐造型尺寸，施工时完全按照最终确定的外檐清水排砖图进行施工，精确度控制在毫米单位以内。进场所有清水砖进行挑砖经测量，发现清水砖宽度和厚度均无偏差，仅长度方向存在偏差，为了便于筛选，自制筛砖器。非标准砖（七分头等）量好所需尺寸，需在后台砖加工棚进行统一切割、加工，运至施工作业面，确保非标准清水砖尺寸精准。

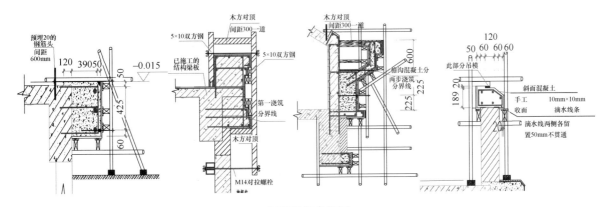

细部模板支设图

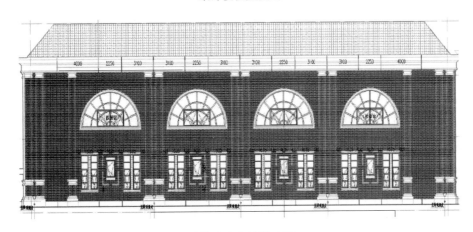

外檐清水砌筑排砖图

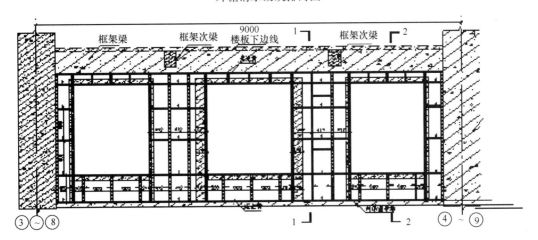

外内保温龙骨排版深化图

图4 排版深化图（一）

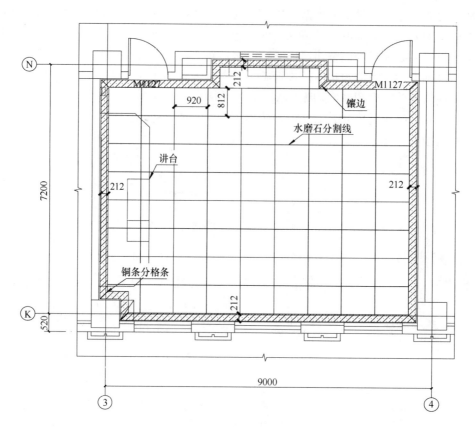

水磨石地面排版深化图

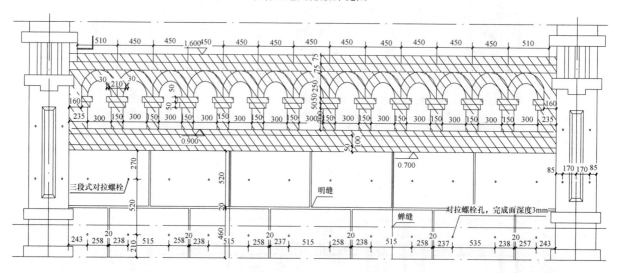

清水围墙排版深化图

图4 排版深化图（二）

3）本工程坚持落实"技术先行，样板引路"的思想制度，最终确定样板施工。

工程项目样板制度的实施，更好解决外檐为清水装饰砖墙饰面的施工经验与资源匮乏。首先根据业主对本工程的整体理念思想，对图纸进行全面深化，与设计协调、综合优化工作，贯彻执行方案交底，再以深化图进行1：1实体和非实体样板施工（图5），总结问题、经验，再深化调整方案。正式工程实施过程中以最终深化图纸对现场施工进行把控，深化设计和施工方案实行精细化管理，确保能够真正指导施工。加强对工程施工重要工序、关键环节的质量控制，消除工程质量通病，提高了工程质量的整体水平。

通过样板施工,明确施工工艺与施工注意事项。样板施工完成后及时总结明确施工工艺与验收标准,过程质量控制以此为标准,进行标准化施工。更好进行过程控制与管理,施工过程中出现问题也能更好更及时地采取措施进行有效纠偏。

图 5 样板模型及样板实景图

4)精细化管理深入到每道工序中,将图纸深化细致到能指导现场施工,更好更有效进行标准化施工。

业主要求二次结构圈梁、构。造柱钢筋需在结构施工期间全部预留,因此结构施工期间将完成所有构造柱的平面定位及圈梁的立面定位。定位放线,工人拿着图纸就能找到预留筋位置。室内二次砌筑均采用空心砖,而教室黑板无法固定在空心砖上,二结构砌筑施工前将黑板固定点位深化替换为混凝土块。提前与黑板厂家沟通黑板固定点(图 6),将深化图纸指导现场施工落实到全专业中,所有机电管线禁止后开槽,全部采用套砌施工,更好避免了后开槽墙体抹灰开裂质量缺陷。技术部负责前期图纸深化,并协调设计院与业主进行图纸洽商与变更确定,贯彻执行方案交底,深化设计和施工方案实行精细化管理,确保能够真正指导施工。编制施工方案 70 余篇,工程洽商、变更 580 余条,技术质量作业指导书 350 余份,外檐清水砌筑和清水混凝土深化图 150 余份(包括外檐清水混凝土预留甩筋、勒脚深化图、外檐清水砌筑全立面排砖图等),外檐门窗深化图 150 余份,外墙内保温深化设计图纸 600 余份,水磨石地面排版深化设计图 45 余份,吊顶平面排版深化设计图 45 余份,卫生间"墙顶地"对缝排版深化设计 40 余份,钢质门和防火门深化设计图 70 余份。

5)前期深化图纸在技术层面解决施工问题,详细深化图纸指导现场施工。

现场施工是一个系统工程,前期策划避免不了不周全的考虑。采用 PDCA 循环作为全面质量管理体系运转的基本方法是必要的,施工现场提供大量数据资料,并综合运用模块化小组管理模式、使得我们现场深化图纸指导现场施工更加条理化、系统化、图像化、科学化。特别是在卫生间墙顶地排版深化中,先按"墙顶地"对缝的原则进行排版图纸深化,然后进行现场放线套方测量。为满足卫生间洁具位置合理,排水顺畅,需重新调整深化图纸。不断调整循环改进,深化图纸指导现场施工最终实现排水顺畅,卫生间防水层闭水试验合格,使用至今无渗漏。

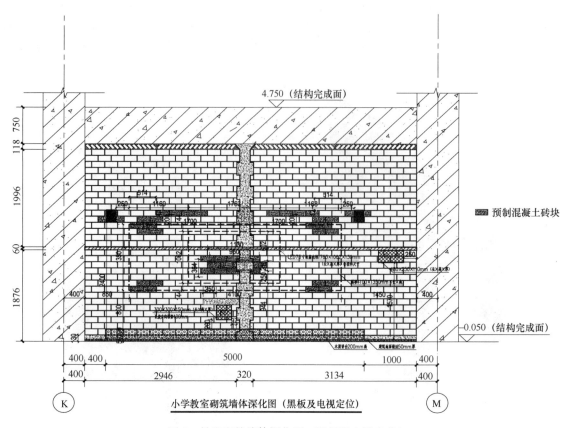

图 6 教室砌筑墙体深化图（黑板及电视定位）

四、项目实施效果

项目全面统筹策划，施工计划先行，样板引路，专人专岗，模块化管理，明确任务分配与责任目标，风险管理把正面事件影响概率扩展到最大，在项目实施的全过程中，深化图纸指导现场施工，本工程各阶段验收一次性通过，未发生一起安全与质量事故。清水砖清水混凝土一次性成活且无修补，未出现过工序交叉造成拆改与返工现象，节约成本，为顺利竣工奠定基础。最终如期交付学校，学校如期开学。

1. 社会效益

作为具有百年历史的名校天津市南开中学的分校，其中该校百年来培养了以杰出校友周恩来总理为代表的一大批党和国家的领导者、科学家、教育家、文学家、艺术家等，传承"允公允能，日新月异"老南开精神。天津市政府领导亲自批复该项目，社会影响力大。

2. 经济效益

同时工程结构复杂、施工难度较大，通过本工程施工，加强各项新技术的推广应用，保证工期、保障质量。通过对新技术的应用，节省了人工的支出，降低工程造价、提高了经济效益，促进现场管理水平迈上一个新台阶。本工程应用了《建筑业10项新技术（2010版）》中9大项、23小项。通过技术上管理创新与新技术应用，拟推广应用预期技术效益320万元，合理化建议、技术创新效益260万元，其他技术进步效益150万元，综合经济效益730万元，科技进步效益率2.4%。

3. 工期目标

本工程单体多、分包单位多，建筑外檐完全参考南开中学老建筑的外檐风格，采用清水混凝土和清水砌筑来实现其外貌，外檐节点复杂，施工难度大，项目通过模块化小组管理模式，样板先行，实施过程中以深化图纸对现场施工进行把控，深化设计和施工方案实行精细化管理，使得项目工程进度完美履约，保证学校顺利开学。期间，在业主节点工期考核中业主单位对项目整体效果高度认可，对此阶段性成果予以 20 万现金奖励。

4. 安全施工

项目部与公司签订安全生产责任状，接受公司安全保障部的监督与检查；同时，建立项目安全生产责任制，明确各级部门职责，责任落实到人；另外，要求所有进场施工的分包单位签订安全生产协议书，明确分包安全职责，约束其履行安全施工的责任。实行周一安全例会制、周安全联合检查制，做到时时讲安全，时时做安全将安全制度落到实处，奖罚分明。安全标准化建设演变成项目履约水平最直观的形象代言。在强化安全底线管理的基础上，不断推进项目标准化和智能化的建设。荣获了中国建筑业协会 2017 年度建设工程项目施工安全生产标准化建设工地。

最终项目获得了：

（1）天津市"市级文明工地"。

（2）通过中建一局集团建设发展有限公司 SA8000 社会责任体系外审。

（3）中建一局集团省级观摩考察样板工地。

（4）中国建筑 CI 示范工程。

（5）天津市建设工程"金奖海河杯"。

（6）荣获 2016 年度中建一局集团建设发展有限公司杰出团队。

（7）中建一局集团建设发展有限公司南开学校 QC 管理小组的"提高外檐清水砖墙饰面观感合格率"课题，获 2017 年度北京市工程建设优秀质量管理小组一等奖、中国建筑业协会 2017 年度全国工程建设质量管理小组活动优秀成果一等奖、中国施工企业管理协会 2017 年度全国工程建设质量管理小组一等奖。

（8）荣获了中国建筑业协会 2017 年度建设工程项目施工安全生产标准化建设工地。

（9）《古典欧式建筑清水混凝土施工工法》《现浇无机水磨石施工工法》获得中建一局集团建设发展有限公司工法。

（10）《天津海河教育园区南开学校建设工程施工组织设计》荣获 2017 年度中建一局集团建设发展有限公司优秀施工组织设计二等奖，《外檐清水砖、清水混凝土施工方案》荣获 2017 年度中建一局集团建设发展有限公司优秀施工方案一等奖，《外墙内保温专项施工方案》荣获 2017 年度中建一局集团建设发展有限公司优秀施工方案三等奖。

5. 结束语

项目通过模块化小组管理模式，样板先行，实施过程中以深化图纸对现场施工进行把控，深化设计和施工方案实行精细化管理，使得项目工程进度完美履约，保证学校顺利开学，得到业主、海河教育园区管委会及天津市南开学校理事会好评。清水砖清水混凝土施工技术、外墙内保温施工技术等深化图纸指导现场施工技术管理成果，全公司技术管理进行现场经验交流，在公司各项目中推广交流学习，并持续改进。

技术攻关　四载寒暑扬铁军精神
绿色施工　首都大地树苏中丰碑
——江苏省苏中建设集团股份有限公司奥体南区 2 号地 B 座商业办公楼项目

郭金宏　于海峰　马德生　张泽沛　韩　伟　张　泽

【摘　要】 奥体南区 2 号 B 座商业办公楼项目位于北京奥体文化商务区东部，东临安定路，西临规划奥体南区四号路，北接规划奥体南区一号路，南至规划奥体南区二号路，是北京市重点工程，与鸟巢、水立方等北京市地标遥相呼应，错落有致，总建筑规模 122151.1m²。本工程为框架核心筒结构，建筑高度为 147.15m，建筑最高点 157.15m，核心筒为剪力墙结构，核心筒体以外由 16 根钢管混凝土柱通过钢梁与核心筒连成一体，楼板为钢筋桁架楼承板与混凝土体系，结构复杂，具有一定的难度。项目部坚持"技术创新，方案先行，绿色施工，质量第一"的原则，成功完成了工程的建设任务，实现了工程的绿色建造，在经济效益和社会效益上取得了巨大的成果。

【关键词】 技术攻关；绿色施工；科技创新；质量创优

一、项目成果背景

1. 工程概况

（1）奥体南区 2 号 B 座商业办公楼项目位于北京奥体文化商务区东部，地理位置特殊（图 1）。总建筑约 122151.1m²，地下 5 层，地上 31 层，建筑高度 157.15m，钢筋混凝土剪力墙结构。核心筒体外由 16 根钢筋管柱与核心筒共同连成一体的钢结构。建筑整体效果如图 2 所示。

图 1　本工程地理位置

图 2　工程效果图

(2) 主要参建单位如表 1 所示。

主要参建单位情况表　　　　　　　　　　　　　　　　　表 1

序号	参建单位	单位名称
1	建设单位	北京天圆祥泰置业有限公司
2	设计单位	北京维拓时代建筑设计有限公司
3	监理单位	北京兴电国际工程管理有限公司
4	勘察单位	中国京冶工程技术有限公司
5	施工总承包单位	江苏省苏中建设集团股份有限公司

(3) 项目管理情况

项目组织机构如图 3 所示。

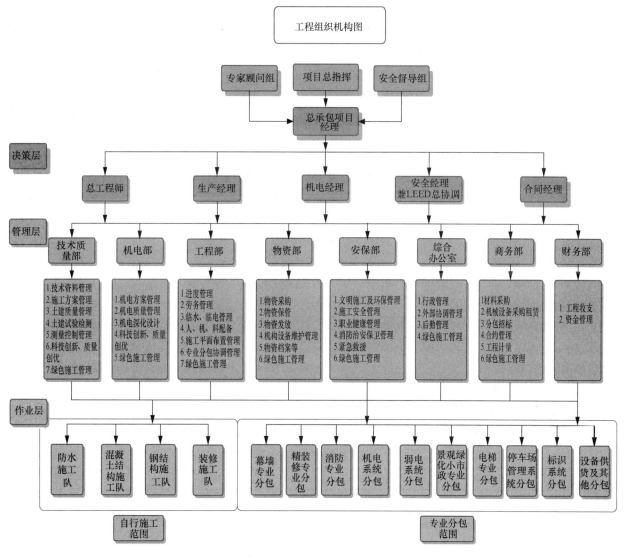

图 3　项目组织机构图

2. 选题理由

(1) 本工程是北京市重点工程，地理位置特殊，要求与鸟巢、水立方等北京市地标建筑相呼应，具有较高的社会要求和社会影响力，关注度高；

(2) 施工难度大。本工程为超高层建筑，且结构形式复杂，施工任务重，具有一定的难度，考验项目部的技术攻坚能力；

(3) 质量目标要求高。本工程力创北京市结构长城杯，确保"国优金奖"争创"鲁班奖"，这对项

目的管理提出了巨大的挑战;

(4) 绿色施工要求高。本工程响应时代趋势,积极实施绿色施工,确保噪声、扬尘、三废达到国家环保标准,减少环境污染,争创全国绿色施工示范工程。

3. 实施时间

A座商业办公楼等五项(奥体南区2号地B座商业办公楼)二标段B座商业办公楼于2013年11月10日开工,于2017年10月25日竣工。

二、项目管理及创新点

1. 管理难点及重点

(1) 管理难点

1) 本工程为超高层建筑,建筑高度为147.15m,建筑最高点157.15m,同时结构复杂,具有一定的施工难度,需要相应的技术支撑。

2) 本工程地处北京奥体文化商务区东部,周边环境及交通情况比较复杂,同时为满足民众生活情况,对绿色施工提出了很大的要求。

3) 本工程应用了大量的新技术、新材料、新工艺,部分工艺还需经由专家论证,管理具有相应的难度。

(2) 管理重点

1) 由超高层建筑自身的特点,必须加强施工的精度与安全的管控。

2) 液压爬模技术具有一定的难度,需经专家论证后实施,也要保证预埋套管和预埋螺栓的精确定位,做好安全防坠措施。

3) 本工程是一栋集办公、商务、会议于一体的超高层建筑,布置复杂,在施工过程中需要充分领会设计师的意图,特别是机电安装工程,需要加强深化设计。

4) 本工程施工面积大,资源投入量大,施工场地十分狭窄,施工组织难度大。同时为了不影响周边居民的生活情况,需要加强对绿色施工方面的控制。

5) 本工程地处北京奥体文化商务区东部,周边日常车辆通行众多,施工的过程中要加强对交通方面组织。

2. 创新特点

(1) 技术管理创新特点

本工程积极响应住建部号召,适应建筑业技术迅速发展的形式,推广新技术、新材料、新工艺和新方法的应用,积极推广和应用"建筑业10项新技术",取得了良好的经济效益和社会效益(表2)。

"十项新技术"应用情况表　　　　表2

序号	新技术名称	子项目名称	使用部位	使用效果
1	地基基础和地下空间工程技术	灌注桩后注浆技术	基础	稳定安全
		高边坡防护技术	基础	稳定安全
2	钢筋与混凝土技术	混凝土裂缝控制技术	基础、地下室、主体结构	保证质量
				减少返修
		超高层泵送混凝土技术	主体结构	稳定安全
				减少返修
3	模板脚手架技术	高强钢筋应用技术(HRB400级钢筋的应用技术)	基础、地下室、主体结构	节约钢材
				降低成本
		大直径钢筋直螺纹连接技术	条形基础、筏板、梁、柱	节约钢材
				降低成本

续表

序号	新技术名称	子项目名称	使用部位	使用效果
4	装配式混凝土结构技术	液压爬升模板技术	外架	缩短工期
				降低成本
5	钢结构技术	钢结构深化设计技术	主体结构	缩短工期
				降低成本
		钢与混凝土组合结构技术	主体工程	稳定安全
				降低成本
6	机电安装工程技术	管线布置综合平衡技术	地下室、车库	减少返工
				降低成本
7	绿色施工技术	基坑施工封闭降水技术	基础底板	节能环保
				耐久安全
		施工过程水回收利用技术	地下室、车库，主体结构	节能环保
				降低成本
		预拌砂浆技术	二次结构	节能环保
				降低成本
8	防水技术与围护结构节能	防水卷材机械固定施工技术	基础底板、屋面、卫生间及多水房间	实时监控
				确保安全
		遇水膨胀止水胶施工技术	基础底板、屋面、卫生间及多水房间	实时监控
				确保质量
9	抗震、加固与监测技术	深基坑施工检测技术	深基坑监测	实时监控
				确保安全
10	信息化技术	虚拟仿真施工技术	安装工程	高效、精确
		施工现场远程监控管理工程远程验收技术	施工现场	高效、安全
		工程量自动计算技术	施工现场	高效、精确
		工程项目管理信息化实施集成应用及基础信息规范分类编码技术	施工现场	高效

(2) 绿色施工创新特点

环境保护贯穿整个工程的施工周期，根据现场实际情况，主要针对现场及周边环境的"声、光、尘"和建筑垃圾等方面进行控制保护。按照平面布置图对施工现场进行布置，封闭管理。做到绿色施工4个节约、5个100%（工地土方100%覆盖，路面100%硬化，出工地车辆100%冲洗车轮，拆除房屋的工地100%洒水降尘，暂不开发的空地100%绿化），确保环保零超标。全过程实现"绿色施工"，营造绿色建筑，做好施工过程控制，以人为本，营造舒适的生产、生活环境，最大限度减少对周围居民、交通、环境的影响。本工程采用如下创新技术：

1) 雨水回收利用技术与现场生产废水利用技术

本工程的基坑开挖深度内存在地下水，根据工程特点，项目部制定了以收集地下水及雨水回收二次利用获取水源，冲洗车辆等施工用水必须经过二次沉淀后用于洒水降尘使用。

2) 单元式幕墙技术

本工程幕墙采用单元式幕墙，由于幕墙单元组件的制作和组装都在工厂内完成，现场只需吊装，大大提高了工程产品的质量，缩短了工期，同时使建筑物更好地发挥艺术效果（图4）。

3）预拌砂浆技术

本项目砌筑砂浆、抹灰砂浆、地面砂浆等所使用的砂浆100％使用预拌砂浆，避免传统干拌砂浆造成的环境污染（图5）。

图4　单元式幕墙

图5　罐装预拌砂浆

（3）BIM技术的应用

本工程地下、地上空间部分复杂，为了提前预知施工难度，确定施工方案，做到节约环保、绿色施工，减少质量安全问题等，项目采用了BIM技术，涉及土建、钢筋、钢结构、机电安装、现场布置等方面，在深化设计、管线综合布置、虚拟施工、工程量自动计算等方面进行了应用。通过三维建模来对二维图纸进行侦错、优化塔吊和物流方案、进行机电综合管网深化设计、提高项目沟通水平和快速算量等技术，很大程度上提高了施工分技术水平和管理能力，提高工作效率，节约了施工成本。

三、项目管理分析、策划和实施

1. 管理问题分析

项目组就施工质量，安全，进度，成本等多种综合因素，结合本工程自身的特点以及创优目标，确定出本工程主要的管理问题为技术和绿色施工的具体实施，管理以及BIM技术的应用。

2. 管理目标策划

本工程确定管理目标见表3。

管理目标　表3

序号	项目	主要内容	
1	质量目标	质量标准	合格
		创优目标	确保"北京市长城杯金质奖""国家优质工程"，力争"鲁班奖"
2	工期目标	开工日期	2013年11月10日
		竣工日期	2017年10月25日
3	绿色建筑目标		达到国家绿色认证三星级认证要求
4	绿色施工管理目标		创"全国建筑业绿色施工示范工程"

3. 管理措施策划实施

通过全面分析和目标细化分解，项目部紧紧围绕本工程重、难点，科学策划、加强落实和实施，确保在有限的工期内，优质高效的铸造出一座令苏中人骄傲的精品工程，一座令业主满意的大厦。

（1）技术管理措施

1）液压爬模技术的应用

本工程二层及以上采用了液压爬升模板体系，即外墙采用液压爬升大钢模与传统组合拼装复合模板结合，电梯井和楼梯间墙体采用液压顶升井筒模和拼装复合模板结合，其他墙体及顶板均采用复合木模。液压爬模以油压为动力，通过油缸提模提杆双作用，使导轨和架体模板实现互爬，整个过程不需要塔吊配合，大大减小了模板对塔吊的依赖性，加快了施工进度。

施工难点：① 超高层施工的安全性问题；

② 核心筒沿竖向截面不断变化；

③ 爬升机构需要避免钢梁节点及钢牛腿的影响；

④ 核心筒作业需要尽量减少对塔吊的依赖；

⑤ 爬模系统自身的安全性。

经过专家论证，项目部对细部进行深化设计，编制出一套严格的施工方案，确定液压爬模的安装要点以及升模要点，具体施工工序，具体形式如图6～图9所示。

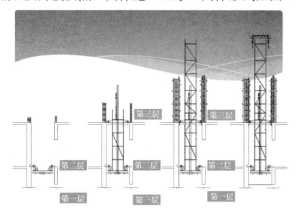

图6 筒模安装流程

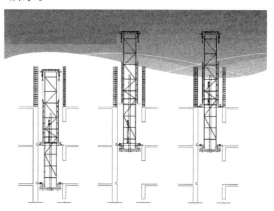

图7 筒模爬升流程

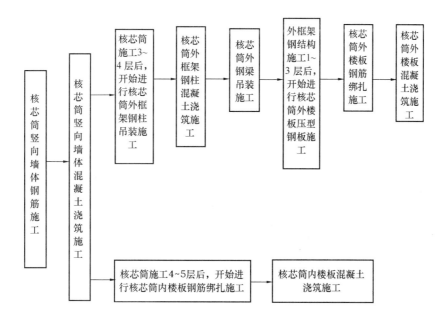

图8 施工工序

在实施过程中，根据工程实施的具体情况，项目部采取了特殊的处理措施：

① 上操作架悬臂端加固；

② 转角部位悬挑加固；

③ 22号机位固定预埋；

2）大直径钢筋直螺纹连接技术

图9 现场施工图

本工程中钢筋直径大,尤其是基础底板和核心筒的钢筋,最大直径为32mm。项目部采取对于直径超过14mm的钢筋本工程全部采用剥肋滚轧直螺纹连接,质量稳定,操作简单,节约钢材,加快了施工进度。

3)钢与混凝土组合结构技术

本工程中包括钢管混凝土结构、劲性混凝土结构和钢筋桁架楼承板等钢混组合结构,钢管混凝土结构为16根圆钢管柱自地下四层至顶层中浇筑混凝土形成钢管柱,劲性混凝土为核心筒中16根H形钢自首层至顶层浇筑在核心筒外围钢筋混凝土剪力墙中,与周围钢管柱通过H形钢梁一级焊缝加高强螺栓连接成整体,核心筒以外楼板采用TD3-90型号钢筋桁架楼承板浇筑C30混凝土与钢梁、钢柱、核心筒形成一体。

4)深基坑技术

本工程地下五层,为超深基坑,基坑深27m(最深处达到32m),基坑支护不仅花费成本,同时具有较大难度。项目部采用砖砌挡土墙加桩锚后张拉支护结构,直径800mm间距1600mm护坡桩,每隔4m左右设置长度22m的锚杆,桩间土采用20号钢丝网喷射C20混凝土,桩顶采用混凝土连梁加370mm厚砖砌挡土墙,无需内支撑,既节约成本和场地,又缩短工期。

(2)绿色施工措施

1)扬尘控制

施工现场主要道路进行硬化处理,现场内场地采用C20的混凝土浇筑,施工道路250mm厚,其余150mm厚。土方集中堆放于场外,采取覆盖措施。裸露的场地采用覆盖措施,办公室门口种植绿化带,进行美化(图10,图11)。

图10 办公区绿化带布置

图11 施工主路两侧绿化带设置

2)循环水系统

根据现场平面布置图、施工图,项目部在施工过程中建立两个水循环系统:

① 在基础阶段施工时,在地下五层设置一个20m³临时水池,建立第一个水循环系统,利用储存的地下水进行混凝土养护(图12)。

② 利用现场消防泵房30m³,建立第二个水循环系统并将第一套拆除,第二水循环系统用于路面的清洁、扬尘的控制、冲洗卫生间(图13,图14)。

3)定型化工具

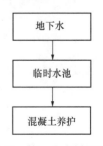

图12 第一个水循环系统

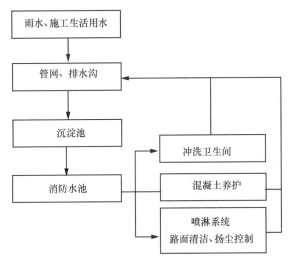

图13 第二个水循环系统

图14 排水沟

本项目部将制作定型化、工具化、标准化防护设施。在保证工程质量、工程进度的前提下,所有防护棚和临边防护均定型化、工具化、标准化,增加其周转次数和提高施工安全。定型化项目具体情况见表4。

定型化项目表　　表4

序号	定型化项目	序号	定型化项目
1	电梯井口防护门	11	防尘洒水车
2	升降机、井架楼层	12	雨水收集重复利用装置
3	楼梯扶手栏杆	13	振捣器电机支座
4	楼层临边防护栏杆	14	吊笼
5	塔吊基础围护及防坠	15	茶水亭
6	水平洞口防护	16	电梯井操作平台
7	水平洞口防护盖板	17	安全通道
8	氧气、乙炔间	18	钢筋加工棚
9	灯架	19	地沟盖板
10	配电箱	20	卸料钢平台

4)绿色施工的宣传与教育

项目部积极开展"创建绿色施工工地"的宣传教育工作,对所有施工人员进行定期的宣传教育,树立绿色施工的观念,确定"从我做起,从点滴做起"的观念,本工程对创建绿色施工工地做了大量的宣传,在施工区域采用画报、黑板报、宣传标语、友情提示等方式,在生活区各个位置设置相关宣传标语牌,时刻提醒各个管理人员,参建人员加强绿色施工意识,做好绿色施工工作。

5)建立奖罚制度

为提高员工对"创建绿色施工工地"的积极性和主动性,项目部还建立了水、电、材料节约奖励制度。

①项目部各员工、各分包认真贯彻项目部节能降耗各项指标。对浪费用水、用电、用材的单位和个人,发现一起单位罚款500元,个人罚款50元。

②对破坏节能节水设施的单位和个人,每起除照价赔偿外,分别罚款1000元和100元。

③对节能降耗提出建议的个人,成效可观的,奖励100元。

④ 对各施工阶段、生活承包区节能节水维护良好，无损坏现象的单位奖励500元。

(3) BIM技术的应用

主要实现了BIM应用点13项，见表5。

BIM应用汇总　　表5

序号	BIM应用点	序号	BIM应用点
1	发现图纸问题	8	工程资料库管理
2	碰撞检查	9	临时设施场地布置
3	工程成本控制	10	结算审计配合
4	钢筋下料复核	11	BIM团队培养
5	进度计划控制	12	综合管线优化
6	施工指导及虚拟漫游	13	机电净高碰撞检测
7	质量、安全协同管理		

运用BIM技术指导施工情况（图15）。

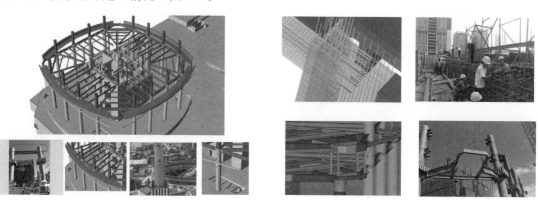

图15　BIM在施工现场中的运用

运用BIM复核材料以及管理施工进度情况（图16，图17）。

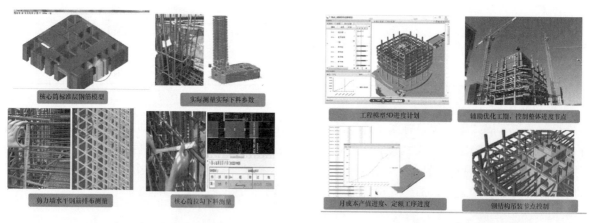

图16　运用BIM核算钢筋下料　　　　图17　运用BIM管理进度计划

(4) 安全文明施工措施

1) 建立安全、文明施工管理体系

本工程规模大、工期紧。我集团领导高度重视，将本工程列为当年集团重点工程，配备集团副总经理兼做本工程现场总指挥，对现场安全生产工作进行总体监督协调，可以调集全集团的人力、物力、财力，为本工程的安全生产提供全方位的保障和支持。现场总承包项目部项目经理为现场安全管理的第一责任人，全面负责现场安全管理工作。为了突出本工程安全管理的重要性，本项目部特设专职安全经理1人。安全经理下设现场安保部，设安保部长1人，配备专职安全员4名组成现场安保管理层。现场所有参施单位、作业队、专业分包等均需按照总包安全管理要求配备专职安全员，纳入总包安保管理体系。总包其余科室为支持部门，全员贯彻"安全第一，预防为主"的安全方针。切实抓好安保工作。

2）外立面临边防护

在高空作业中，为防止人员或材料从任何高度落下而可能造成伤害，采用密目网，护栏，高空钢丝绳及安全网系统。在2m或2m以上的地方工作时，必须有100%的防坠落保护。提供足够的防坠落保护设备和工具，包括全身式安全带、钢梁用防坠带、收缩式生命线等。防坠落保护设备在使用前，必须进行彻底地检查，损坏或存在缺陷的不允许使用。对于本工程高大空间结构，是结构施工阶段临边防护的重点。所有上述大型临边楼板上都采用红白相间钢管搭设护身栏杆，悬挂警示标志，每天派专人巡视防护栏杆稳固情况，及时维护维修，如图18所示。

图18　临边防护

3）物体打击风险管理措施

本工程周围环境复杂，塔吊覆盖了安定路、规划奥体二号路、四号路等部分区域，所以在结构施工阶段，需要对安定路靠近工地一侧人行步道、场地北侧东西走向的高压线及南侧施工现场内的木工棚和搭设架体防护措施，保证行人通行安全；同时对塔吊司机及信号工进行重点管理，塔吊吊物禁止出围墙范围。

4）安全教育及培训

项目部实行的安全教育和培训包括对新进场的工人实行上岗前的三级安全教育、变换工种时进行的安全教育、特种作业人员上岗培训、继续教育等，通过教育培训，使所有参建人员掌握"不伤害自己、不伤害别人、不被别人伤害"的安全防范能力。同时，项目部还对管理和工作人员进行培训，使之清楚自己的职责和调试流程，确保他们管理或使用的机械设备和工具，尤其是活动部件得以充分的维修和保养。对于能够导致伤害的机械设备，按照相关法规的要求，必须为其安装牢固的安全罩等隔离装置，以免活动部件对人员造成伤害。

（5）过程检查控制

1）本工程在施工过程中成立质量管理小组，针对施工过程中出现的问题积极调查，遵循PDCA循环的方式，运用各种工具、统计、分析、归纳、改进。以此提升工程质量。

2）每周就质量、安全、绿色施工召开工作例会。主要内容为分析创建活动的实施情况及创建阶段性目标完成情况，实行动态管理，发现和分析问题，及时调整工作思路和方法，改进措施，将创建工作落到实处。出席人员为：项目部全体管理人员以及分包单位相关负责人（图19）。

3）本工程为公司重点关注工程，公司在项目部实行周检、联合检的基础上加以季度检查，并将检查情况及时上传OA平台，项目部及时根据信息改正（图20）。

图19　项目部开展例会

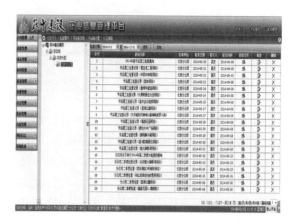

图20　OA平台信息情况

四、管理效果评价

1. 管理成果

（1）社会效益

本工程作为江苏省苏中建设集团股份有限公司重点工程，坚持"绿色施工"方针，围绕"四节一环保"有效结合工程质量、安全、进度、成本控制以及文明施工标准，成功把项目打造成为绿色施工示范工程，获得了公司以及社会各界的认可。

（2）科技效益

本工程自开工之日起共获得厨房间导墙整体现浇，超高层钢筋混凝土女儿墙钢木模板结合施工，共计2项工法；获得电梯井防护门，用于固定混凝土翻边侧模的连接组件等共计4项新型实用专利；发表了5篇论文。

（3）效益总结

通过项目全体人员四载寒暑不畏艰辛的技术攻坚，本项目按合同工期要求按时完成了工程建设任务，并于2017年10月25日一次性通过五方验收。在这一过程中，不仅锻炼出一批优秀的管理人员，还成就了苏中发展的一块里程碑，为公司的发展，企业形象的树立做出了贡献。

2. 获奖情况

（1）项目经理郭金宏被评为江苏省首届十佳杰出建造师，质量安全标准化先进个人，北京市优秀项目经理。

（2）BIM获奖情况。2014年第二届中国工程建设BIM应用大赛推广应用奖；2014年北京市工程建设BIM应用大赛三等奖；2014年上海建筑施工行业首届BIM技术应用大赛二等奖。

（3）质量获奖情况。2015年北京市结构长城杯金质奖工程。

（4）绿色施工获奖情况。2014年北京市绿色安全样板工地；第四批全国绿色施工示范工程。

（5）质量管理小组获奖情况。2015年北京市工程建设优秀质量管理小组；2015年全国工程建设QC小组活动成果二等奖；2016年全国工程建设QC小组活动成果二等奖；2016年全国工程建设QC小组活动成果二等奖；2016年全国工程建设QC小组活动成果二等奖；2016年全国质量创新大赛二等奖；2017年全国工程建设QC小组活动优秀成果。

信息化助推项目　精细化管理、筑就精品棚改工程

——中建一局集团第三建筑有限公司湖光壹号项目

曹艳军　齐国刚　卢　程　史宏刚　赵化景　李海江

【摘　要】 项目部积极探索，勇于创新，克服困难，通过策划和实践摸索出一套适合项目的管理模式——"信息化"辅助项目精细管理；商务引领、技术先行，样板指路，通过策划与高效执行相结合，对进度、质量、安全、材料运输、绿色环保等方面精细化、标准化管理，并执行落地；利用科技，简化管理过程，及时高效的下达指令，并迅速反馈，在实施过程中不断完善和创新，达到了预期的目标。

【关键词】 策划；信息化；精细化；装配式；总包管理

一、项目成果背景

1. 工程概况

1号住宅（商品房）等21项（朝阳区六公主坟棚户区改造地块住宅及配套项目）位于朝阳区望京湖光中街西K533地块。工程总建筑面积为102931.53m^2，总造价3.05亿元。分为21个单体工程，3号楼为商品房，地下4层，地上28层，标准层高2.8m，建筑面积22393.68m^2；4号楼为棚改安置房，地上28层，地下4层，标准层高2.8m，标准层（2~27层）为楼板采用预制叠合板，建筑面积28120.26m^2；5号楼为配套用房，地下1层，地上2层，建筑面积3706.65m^2；6号、7号楼均为配电室，地下均为1层，为1层，6号楼建筑面积330.36m^2，7号楼建筑面积389.64m^2；地下车库共计地下3层，建筑面积47572.94m^2；1~15号口部共计15个单体，功能为人防出入口或车库出入口；住宅高层为框架剪力墙结构，车库为框架结构。

本工程±0.000绝对高程为+39.30m。工程于2015年5月15日正式开工，2017年4月17日竣工。

2. 选题理由

随着行业竞争激烈，人们对生活品质的要求越来越高，使住宅不仅仅是满足使用功能，更要求品质和舒适度。工程紧邻小区及公园，人流量大，安全绿色施工要求高；工程工期紧，且4号楼为棚改安置房，政府及业主对工程质量要求高，标准层楼板采用装配式预制叠合板施工，施工质量控制难度大，如何通过项目精细化管理交付精品棚改工程是总包管理的核心。

综上所述，对于工期紧、环保要求高、深化任务中、装配式施工技术要求高、棚改安置房质量标准高等一系列的困难，结合项目团队以往工程经验，积极探索，勇于创新，克服困难，通过策划和实践摸索出一套适合项目的管理模式——"信息化"辅助项目精细管理，通过策划与高效执行相结合，在实施过程中不断完善和创新，筑就精品棚改工程。

3. 实施时间

如表1所示。

实施时间表　　　　表1

序号	实施阶段	时间周期
1	项目总实施时间	2015年3月~2017年11月
2	项目策划时间	2015年3月~2015年5月

续表

序号	实施阶段	时间周期
3	管理措施实施	2015年5月~2017年11月
4	过程检查	2015年5月~2017年11月

二、项目管理及创新特点

1. 管理难点及重点

（1）管理难点

根据北京市要求（京建发（2014）315号）文件要求，工程水平构件均采用预制构件，4号楼安置房工程水平构件均采用预制构件，包括预制楼梯、叠合楼板、预制阳台、预制空调板；深化量大，施工技术难点多，加工、运输、堆放、吊装等质量把控难。

（2）管理重点

1）周围小区多，绿色安全环保施工要求高；

2）专业分包多，交叉作业多，统一协调是总包管理重点；

3）图纸的发放速度较慢；机电系统种类多、标准高、安装工作量大；装修工程量大，分户验收标准高；政府停工要求多，存在一定工期风险，工期管控是重点。

4）4号安置房水平构件为装配式叠合板，需要对图纸深化设计；屋面钢结构装饰架需要专业钢结构厂家设计并配合现场施工；机电综合布线、砌筑装修排砖及外立面等需要进行二次深化设计。深化量大，合理有序深化，满足工期要求是管理重点。

5）地处朝阳区，安置房、住宅工程分户验收过程管控、交付业主、资料同步、及时归档等，工作量大且要求高是管控的重点。

2. 创新特点

（1）装配式精细化管理

自开工之前，项目部就组织人员对装配式叠合板施工、安置房工程交付标准、分户验收的等情况进行考察，结合本工程建设施工需求制定了详细的装配式施工精细化管理措施，借助PCIS装配式构件信息管理系统，将深化、排版与加工、生产、运输、堆放、安装等策划与执行紧密结合，全过程动态管控，确保预制构件生产、安装进度及材料质量。

（2）制定总承包管理规定动作（管理要素）

通过《项目管理规定动作》制定、执行，将施工各阶段（分为16项）各部门施工任务表格化、指标量化、并落实至相关责任人，将项目部内（商务、技术、质量、生产、安全、物资、财务、办公室）各部门统一协调管理，做到精细化管理划分清晰，策划目标明确；实现与公司对接条理清晰，多家分包进场严格按总包要求执行目标。

（3）质量管控

项目团队进场1个月内，编制《项目质量策划》并审批完成，项目执行质量例会制、质量奖罚制、质量三检制、质量样板制、实测实量制；质量管理过程中坚持中建一局"5.5精品工程生产线"即"目标管理→精品策划→过程控制→阶段考核→持续改进"原则确保交付精品棚改工程。

（4）绿色施工

响应北京市绿色施工的推广要求，本着社会责任及企业荣誉，项目初期制定了北京市绿色安全样板工地的目标，投入钢包木、标准化防护栏杆、定型可周转护头棚、定型大钢模、自动喷淋系统、LED灯带、USB接口、低压照明、太阳节能灯等材料，减少木材使用，增加材料周转性，实现"四节一环保"。

（5）永临结合

充分利用正式工程的管线及设备用于临时设施使用，极大程度上降低临时设施投入，同时将安装工程与主体施工穿插进行，减少二次安装时间，不占工期，具有较好的经济型，体现策划与执行的对应性，本工程正式消防管道与临时消防水结合，正式水管道与临水结合。

（6）安全体验式教育

项目设立安全体验区，使施工人员切身体会，安全重要性；体验区内有安全帽撞击、平衡木、墙体倾覆、综合架体体验、急救演示、安全带等共11个体验项目，全员进行安全体验。安全体验区是项目自己设计、自己制作，大大降低施工成本，节约材料。

综上所述，在项目管理过程中，项目部积极转变思想，以创特色、创亮点、创新工作思路为宗旨，坚持"以科技为本，加强沟通，和谐共建，协调发展"的管理方针，认真抓好项目管理工作，使得项目管理逐步向着标准化、精细化、信息化、科技化项目管理迈进，筑就精品工程。

三、项目管理分析、策划和实施

1. 管理问题分析

（1）根据北京市住房和城乡建设委员会关于在本市保障性住房中实施绿色建筑的若干指导意见［京建发（2014）315号］，响应国家号召，推行绿色施工。随着住宅产业化的高速发展，施工过程中的装配式管理显得尤为重要，特别是针对深化、排版、加工、运输、堆放、安装等一系列的管理要求尤为严格。对于新技术的应用及管理，特别是规范、执行标准、施工部署等方面与已相对成熟的现浇结构相比显得可参考、可依据的规范性资料较少，大多为试行探索阶段，这对施工管理提出了更高的标准。结合已有施工项目的考察，暴露出各工序衔接过程产生的管理问题，如不能在施工前期通过分析、策划、制定有效的措施，过程中不断检查、调整，将问题逐一解决，势必对预制构件的施工产生工期、安全、质量方面的影响。

（2）该工程位于湖光中街，周边住宅小区多，紧邻公园及京承高速入口处，扰民、施工安全、企业形象、绿色保护的方面是施工过程中需克服的关键点。不少工程案例告诉管理者，如不把周边安全措施做好，对施工进度、企业形象、绿色施工产生极大的负面影响。

（3）该工程的装配式叠合板、屋面钢结构装饰架、机电综合布线、砌筑装修排砖、外立面等需要进行二次深化设计，图纸深化量大、安置房工期紧、分户验收标准高、工作量大。合理前置深化、协调沟通确保图纸满足施工要求，为民生工程按期交付提供保障。以往工程案例深化不及时、不细致、出图晚、图纸版次多等情况导致工期滞后、返工拆改、施工依据不明确等一系列问题，归其根源就是施工管理不彻底、管理不细致、执行不到位等原因。

（4）总承包管理，众所周知，结构施工阶段、劳务队伍少、交叉作业少、施工管理相对容易，而安置房工程，从结构、砌筑、装修、外窗、户门、防火门、钢结构、外墙保温、机电、栏杆扶手细部、百叶、园林、电梯、弱电、设备等几十家分包协调管理，交叉作业，如何做到井然有序是总承包单位需要攻克的难题，为百姓按时入住提供管理保障。

该项目通过建立项目管理规定动作、推行策划先行、过程中对工期、质量、安全精细化管理，充分借助PCIS装配式构件信息管理系统、云建造质量安全管理APP、微信群、构建二维码、QQ群、OA平台等信息化措施，筑就精品棚改工程。

2. 管理措施策划实施

（1）项目目标

如表2所示。

项目目标表　　　　表2

序号	项目	工程目标
1	质量	北京市结构长城杯金质奖
2	安全	北京市绿色安全样板工地

续表

序号	项目	工程目标
3	施工现场	北京市观摩工地
4	CI	中建 CI 金奖
5	科技	北京市绿色科技示范工程

(2) 建立项目管理制度，执行规定动作

俗话说"无规矩不成方圆，无五音难正六律"，大到国家，小到企业，或者个人，想要高效地完成事项，必须有法可依，有据可循。

首先组建项目经理部，项目部领导班子由项目经理、生产经理、总工程师、商务经理、机电经理、财务经理、安全总监各 1 人组成，对项目的技术、进度、质量、安全、成本、文明施工、环境保护和消防保卫等全面负责。项目经理部下设工程部、技术部、财务部、机电部、物资部、经营部、安全部、质量部和办公室 9 个部门作为项目纵向控制的职能部门，对内全面组织、协调、管理劳务分包和专业分包等施工队伍（人员），对外做好与业主、监理等单位的协调工作。

其次明确岗位职责和职能分工，将项目部领导班子成员及 9 个相应的部门岗位职责与做成制度牌悬挂至各办公室项目位置。结合职责与职能分工，确立项目组织架构图。组织结构图如图 1 所示。

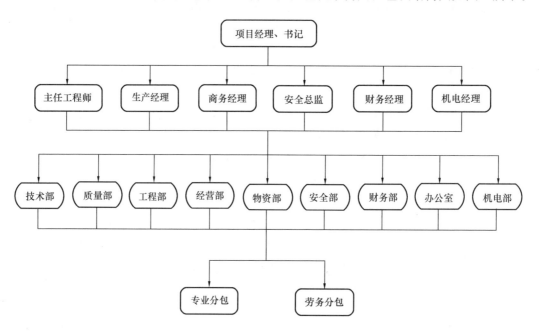

图 1 组织结构图

最后结合公司要求制定项目管理规定动作及管理要素，从工程全过程管理出发，分阶段制定执行：①项目投标、中标阶段；②项目施工合同签订阶段；③项目部进场阶段；④项目取得施工许可证阶段；⑤临建施工阶段（一级节点）；⑥土护降及塔吊安装阶段；⑦基坑验槽阶段（一级节点）；⑧地下室结构施工阶段（一级节点）；⑨预售节点、合同节点、主体完成过半阶段（一级节点）；⑩外用电梯安装、二次结构施工阶段；⑪主体结构封顶阶段（一级节点）；⑫室内初装、系统调试、精装、市政园林、人防、消防验收阶段；⑬竣工验收阶段（一级节点）；⑭工程结算阶段；⑮工程保修阶段；⑯项目管理全过程（管理要素 81 小项）；将阶段项目部各部门需要规定完成主要事项、完成时间、完成部门与公司对接系统等工作任务进行表格量化，以项目部进场阶段为例进行说明。通过规定动作（管理要素）有序高效组织项目管理工作的顺利开展，真正做到事前策划、借助科技信息化，实现项目精细化管理，筑就精品棚改工程（表 3）。

项目阶段表　　　　　　　　　　　　　　　　　　　　　　　　　　表3

三	项目部进场阶段		
序号	项目规定动作（管理要素）	时间要求	对接系统
1	编制《项目总进度计划》报业主和监理审批	进场后15天内	项目管理部
2	编制《项目模块计划》，分公司/事业部审批后报公司项目管理部	《项目总进度计划》业主审批后10天内	项目管理部
3	建立项目工期管理体系，明确具体人员及职责，制定现场生产例会制度、工期分析及预警体系	进场后一周内	项目管理部
4	项目临建队伍选定	进场后一周内，临建施工前	项目管理部
5	信息识别与沟通对接：编制《项目部信息识别表》《项目部沟通计划》	第一次监理例会前完成信息识别，例会上完成人员对接	项目管理部
6	确认现场"三通一平"情况，办理现场交接手续	进场后3天内	项目管理部
7	建立、分配人员广讯通账号和权限	根据人事任免文件一天内完成	总经理办公室
8	项目部依据人员配置和分工，经过项目班子会讨论确定相关管理岗位，报送相关审批报告	项目进场后	人力资源部
9	项目前期开办费的申请	项目部进场后	财务管理部
10	编制项目全年资金预算并进行分析	项目部进场后	资金部
11	计划成本测算（施工预算）	开工后60天内	商务管理部
12	编制《项目商务策划书》	施工合同签订或施工图纸下发后60日内	商务管理部
13	项目风险抵押金评审和缴纳	项目接到《风险抵押金缴纳评审表》后5日内完成评审；公司人力资源部下达的《风险抵押金缴纳通知》后15日内缴纳	商务管理部
14	"云筑网""OA"平台招采人员授权	进场后一周内	物资管理部 商务管理部
15	公司总工技术授权（集团公司名义工程）	进场后两周内	技术管理部
16	编制《项目主要技术方案计划表》	进场后一个月内	技术管理部
17	编制《项目新技术开发及应用计划表》	进场后一个月内	技术管理部
18	《BIM实施策划书》编制、审批	进场后两个月内	技术管理部
19	BIM模型建立（主体结构、机电管综）	进场并接到全套图纸3个月内	技术管理部
20	计量器具检定（含分包所使用设备）	进场后1个内（分包进场1个月内）	技术管理部
21	标准规范购置	进场后1个月内	技术管理部
22	施工组织设计编制、审批、交底	进场后1个月内	技术管理部
23	临电施组编制、审批	进场后两周内	技术管理部
24	季节性施工方案编制、审批、交底	进场后冬雨季前2周	技术管理部
25	编制《安全生产策划书》	项目开工后1个月内完成	安全部
26	安全责任交底书签订	项目进场后与全体管理人员签订，以后每年初重新签订	安全部
27	编制《安全生产策划书》（策划书包括安全目标的设定，安全组织机构的建立，安全管理制度的编制，安全费用投入计划的编制，危险源的识别、安全方案及管理措施的制定，应急预案的计划及演练	项目开工后1个月内完成	安全部

续表

三	项目部进场阶段		
序号	项目规定动作（管理要素）	时间要求	对接系统
28	安全责任交底书签订	项目进场后与全体管理人员签订，以后每年初重新签订	安全部
29	安全策划交底	对项目全体管理人员进行安全策划内容的交底	安全部
30	《项目质量策划》编制与审批	进场后1个月内	质量部
31	建立和运行质量信息平台	完成集团公司项目管理平台授权后	质量部
32	策划现场消防、保卫、卫生防病工作的实施计划，并将书面临建方案及相关实施（含是否选用餐饮物业公司）方案上报，保安队伍筛选，上报保安入场申请表，考察手续及入场协议	进场后15日内	行政保卫部
33	提交消防报批手续	进场后30日内	行政保卫部
34	与属地派出所完成对接工作	进场后15日内	行政保卫部
35	与属地卫生防疫主管部门完成对接	进场后30日内	行政保卫部
36	提交《CI创优工程申报表》	进场后15日内	党群工作部
37	成立党工团组织	项目部组建文件下发14天内	党群工作部
38	"廉洁文化建设进项目"工作启动	党支部成立一个月内	纪检监察部

（3）进度策划与过程控制

分析总结中标文件，项目团队进场后，深入了解建设单位具体要求，结合朝阳区建委对于环保方面的政府性文件，两会、中高考、季节施工等因素，建立模块化工期计划，随时监控，阶段性动态调整，确保各大节点按时完工。

项目针对装配式施工管理借助PCIS装配式构件信息管理系统，系统中设置如下子目：

1）工程订单信息；

2）形象进度查看；

3）安装进度计划；

4）质量信息反馈；

5）系统密码修改等通过此系统，实时动态掌握预制构件排产、加工、安装、材料质量等数据信息，为工程流水安装，按期完工提供保障。

（4）质量策划与过程控制

项目进场后一个月内完成《项目质量策划》编制与审批，确立项目质量制度：①中国建筑一局（集团）有限公司质量管理十六项强制条文；②质量管理责任制度；③质量人员资源配置；④项目部教育培训制度；⑤工程质量预警制度；⑥工程质量三检制及检查验收制度；⑦项目交底制度；⑧项目质量会议制度；⑨样板制度；⑩挂牌制；⑪问题追究制度；⑫资料管理制度；⑬月报制度；⑭QC管理制度；⑮奖惩制度；⑯实测实量制度；以实测实量为例，以长城杯为标准，编制实测实量专项方案，做好技术交底，同时及时收集整理分户验收数据，不断纠偏，确保满足长城杯验收的要求。

制定工程实体保障措施：①模板工程；②钢筋工程；③混凝土工程；④砌筑工程；⑤外立面装饰装修工程；⑥室内装饰装修；⑦给排水分项工程；⑧通风、空调工程；⑨电气工程；⑩质量通病及预防措施；⑪质量成本控制措施等方面保障措施，杜绝质量缺陷发生，筑就精品工程。

质量全过程管理中，始终坚持"目标管理→精品策划→过程控制→阶段考核→持续改进"原则，为百姓交付精品棚改工程。

(5) 安全策划与过程控制

项目进场后一个月内完成《安全生产策划书》编制与审批，确立安全管理目标，本工程杜绝较大以上级别安全事故，杜绝死亡及重伤事故，杜绝重大机械事故，创北京市绿色安全样板工地；以项目经理为组长，成立安全管理小组，明确安全生产管理职责，制定安全生产制度如下：1) 安全生产责任制；2) 安全生产培训教育制；3) 安全检查制；4) 安全专项方案管理制；5) 分包安全管理制度；6) 安全技术交底制和危险因素告知制；7) 持证上岗制；8) 设备管理制；9) 验收制；10) 安全生产奖罚制；并配套制定各分项工程安全生产措施，进场后制定应急预案编制计划，及时动态更新；编制安全生产费用投入计划。确保安全生产实施落地。

3. 方法工具应用

(1) 进度管理

针对装配式施工，我公司与预制构件厂家沟通，借助 PCIS 装配式构件信息管理系统，将加工、生产、运输、堆放、安装等工序时间数据化，实时监控，确保整体施工进度可控。

(2) 质量安全管理

项目是借助集团科技，全过程使用云建造 APP，将日常的安全、质量检查信息化、数据化，便捷高效，一目了然，第一时间掌握现场安全质量问题，及时纠偏、整改。实现动态监管，并形成周记录、月记录、年记录，可呈现完整的工程质量、安全管理数据。

(3) 项目综合协同管理

1) 公司与项目采用 OA 平台紧密联系，资源共享，有效的提升项目管理效率和管理水平，节约管理成本。

2) 项目内部员工、管理人员与劳务班组、与各参建单位建立各职能微信群、QQ 群确保沟通高效顺畅。

3) 工程体量大，资料同步采用 PKPM 北京市建筑工程资料软件，确保资料更新及时，规范管理，及时归档交付。

四、管理效果及评价

经过项目部的提前谋划、精心准备、合理组织，周密安排在以下 4 各方面实现管理目标：

1. 工期方面

定于 2017 年 11 月 10 日完工，实际完工日期 2017 年 9 月 05 日，提前 66 天完工。

2. 质量方面

荣获北京市结构长城杯金奖。

3. 绿色安全方面

荣获北京市绿色安全样板工地、中建股份 CI 金奖、一局三公司"安康杯"。

4. 科技成果方面

"2016 年全国工程建设优秀 QC 小组二等奖""2016 年北京市工程建设优秀 QC 小组一等奖"；《可周转型模板清灰口封闭板》《一种上人屋面排水口排砖定型式工具》实用型专利 2 项，《预制装配式钢筋混凝土楼梯在住宅工程中的应用》论文在施工技术刊发表，《预制装配式结构水平构件施工工法》工法 1 项。

5. 社会效益

中央电视台公益宣传片拍摄组在项目现场取景，并在央视 2 套《城市梦想》节目播出；项目为应对北京市空气重污染橙色预警防霾停工。北京市移动电视来到项目，就施工现场的扬尘、降尘措施对管理人员进行了采访。

项目始终坚持绿色施工，为项目在行业及社会获得高度认可，并获得北京市观摩工地荣誉。

项目管理过程中未发生安全、质量事故，圆满完成了项目初期设立"北京市结构长城杯金质奖""北京市绿色安全样板工地""北京市观摩工地""中建一局CI金奖""北京市绿色施工示范工程"指标。通过制定项目管理规定动作（管理要素），借助信息化等措施，精心策划、严格执行，使项目管理标准化、流程化，将扰民、绿色施工、工期紧、深化量大、装配式管理难等困难一一克服，实现完美履约，为百姓、为棚改工程、为集团及社会各界的期望交上一份满意的答卷。为公司今后棚改工程提供可借鉴项目管理模式，打造建筑业一流的精细化管理，筑就精品工程，树立中建一局"5.5精品工程生产线"的企业形象。

精细化管理　打造汽车厂房强电配电精品工程

——中建一局集团安装工程有限公司华晨宝马大东工厂强电及控制系统工程

温明禧　刘　强　王　贺　蔡立勇　马　影

【摘　要】 针对华晨宝马大东工厂强电及控制系统工程送电时间固定特点、工期紧且送电时间节点多、承包商多、交叉作业多、质量安全要求高等特点，公司组建了一支具有丰富的大型汽车厂房强电施工成功经验的管理团队来高效地完成本项目。项目部通过精心的前期策划和过程的严格控制以及采取切实可行的技术措施，充分发挥施工过程精细化管理理念，经过项目全体员工艰苦努力，克服困难，实现了本项目的高效履约、取得了良好的社会效益，树立了汽车厂房强电配电的新形象。

【关键词】 汽车厂房；强电工程；精细化管理；社会效益；过程精品

一、项目成果背景

1. 工程概况

华晨宝马大东工厂第七代新五系项目，位于辽宁省沈阳市大东区东望路东侧、沈闫线南侧，原华晨宝马汽车有限公司大东工厂北侧，建筑面积 50 万 m^2。本工程高压系统主要包括 20kV 中压供电系统、降压变压器（20kV～0.4kV）系统、中压母线系统、DC 直流系统、BMS 通信系统、应急发电系统等安装工程。

强电项目区域包括高压变电所、能源中心、冲压车间、车身车间、涂装车间、制冷站、车身中转区、门卫一、应急发电机房、外厂（图1）。

图1　华晨宝马大东工厂项目示意

2. 选题理由

华晨宝马大东工厂是中国第一家 BMW 工厂，见证了华晨宝马在中国成功发展的完整历程。宝马进入中国以来最成功、销量最大的单一车型——BMW 5 系 Li 即产自这里。大东工厂一直伴随市场发展而不断扩建，2014 年开始在东北部扩建出一座具备完整四大工艺的新工厂，并于 2017 年 5 月 19 日正式开业，生产全新一代 BMW 5 系 Li。

新大东工厂融合了宝马集团先进的生产技术，应用高标准的物流、生产和质量管理体系。新工厂前瞻应用"工业 4.0"的设计理念和智能科技，广泛使用大数据、数字模拟和物联网等具有"工业 4.0"特色的先进科技。所以对建设工期、质量及安全要求极高。高标准的建设要求需配套更加精细的施工组织与管理策划，项目部需经受巨大的考验。

3. 实施时间

如表 1 所示。

项目管理实施时间表　　　　　　　　　　　　　　　　表 1

实施时间	2014 年 7 月 15 日～2015 年 7 月 15 日
分阶段实施时间表	
管理策划	2014 年 7 月～2015 年 2 月
管理实施	2014 年 9 月～2015 年 7 月
过程检查	2014 年 9 月～2015 年 7 月
取得成效	2014 年 9 月～2015 年 7 月

二、项目管理及创新特点

1. 管理重点及难点

（1）工期进度管理难度大

强电项目除明确总送电时间外，由于涉及业主工艺部门较多，包括生产方面、物流方面，每个部门均有自己的电源时间需求。在具体的施工过程中，因强电项目所含电气设备及材料数量庞大、变电站分散在厂区各个位置又增加了很多的时间节点。由此增加了此强电项目在人员安排、材料供应和施工工序安排上的难度。

（2）深化设计技术要求高

此变电站内系统专业较多，综合管线排布较为密集，现有施工图为德方概念设计，管线冲突严重，增加了深化设计的难度。项目要结合综合图及详图设计，解决各专业管线之间的冲突，同时还要避开变电站上空工艺横梁，预留设备的吊、安装空间。

（3）变电站空间有限，设备运输及安装困难

大型工业厂房变电站空间有限，并且设备数量庞大，将大批量重量大设备运送至架空平台上及将电缆送至桥架也是一件很困难的事。

（4）高空电缆敷设难度大。

宝马大东工厂车间举架高，将大批量电缆输送至高空桥架是一件很困难的事。

（5）管型母线安装难度大

现场需要敷设近 190m 管型母线，管型母线安装要求苛刻，现场装配需要大量支撑件。

（6）BMS 通讯调试

重要设备的电流、电压以及合闸分闸状态等信息需要上传至宝马内网，此项通信工作属于宝马具有"工业 4.0"特色的先进科技，全场近 200 多台设备需要进行数据无误上传，工作难度大。

（7）质量要求严格

宝马大东工厂项目属于辽宁省重点工程，建设标准除了需满足国内规范，还需满足德国宝马公司的内部质量标准，其标准部分高于国内规范要求，质量要求极为严格。

（8）施工作业条件差，成品保护要求高

进入变电站施工时机电单位照明及采暖等施工还未完成，为保证送电时间节点要求，必须进行作业。增加了施工操作上和安全管理上的难度。因本次项目设备数量大，已到厂未安装的设备都暂时安置在主厂房内。主厂房内各家施工单位都进行大规模施工，在施工过程中要对未安装设备做好成品保护工作，保证没有灰尘、水、金属物进入到设备内。

2. 项目管理创新特点

（1）采用"自行式龙门架"解决了变电站空间有限，设备运输及安装困难的难题。

高低压配电柜的安装过程中，采用我公司自行研发的自行式龙门架安装技术。由于高低压配电室布局紧凑、空间较为偏小，无法采用大型吊装设备，在采用我公司自行研发的自行式龙门架安装技术后，不仅解决了上述安装问题，而且在安装进度上得到了有效改善，经济上节约了成本，安全上得到了控制，进度上加快了步伐，如图2所示。

图2 "自行式龙门架"运输设备

（2）施工中研制开发了"高空电缆输送装置"解决高空电缆敷设难的问题。

利用将电缆提前运输至高空可以解决垂直段电缆自身重量导致的费时费工问题。提高了高空作业人员的安全性，保证了进度及施工质量，如图3所示。

图3 "电缆输送装置"辅助作业

（3）BIM技术应用，以设计院提供的设计图纸为依据，在进行设备室内及平台排布检测时可以及时发现开门碰撞及设备相对距离是否满足规范要求，为深化设计提供了大力的技术支持，缩短了施工周期，加快了施工进度，如图4所示。

图 4　BIM 技术应用及现场图示

（4）变电站管线综合布置技术应用，组织专业的团队对施工图纸进行深化设计，将各个不同专业的管和线进行重新规划整合，结合建筑结构和管线布置集中在一起，在施工前发现并解决设计中存在的问题，通过综合管线的综合布置，避免了不必要的返工拆卸等情况的发生，提升了安装效果，保证了安装工程顺利有序实施，如图 5 所示。

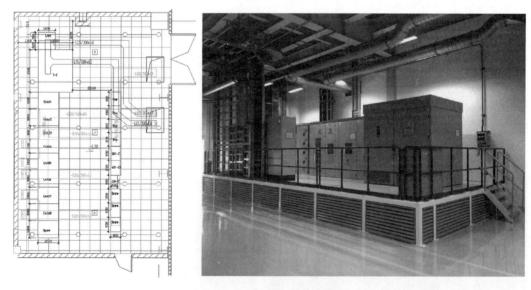

图 5　变电站管线综合布置

（5）施工中研发了干式绝缘管型母线施工工法，干式绝缘管型母线敷设是使用特制的母线夹具将其安装在母线支架上。两段干式绝缘管型母线是通过绝缘套筒保护的弯曲的软铜带进行连接的。其敷设连接方式如图 6 所示，母线架构简明，布置清晰，安装方便，供电可靠，能够满足工程的需要，工法证书见图 7。

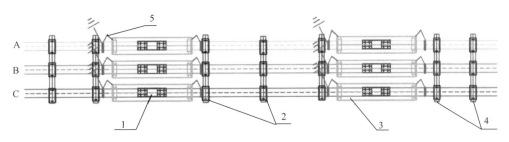

干式绝缘管型母线连接示意图（平面图）

1. 弯曲的软铜带　2. 母线夹具　3. 绝缘套筒　4. 母线支架　5. 接地线

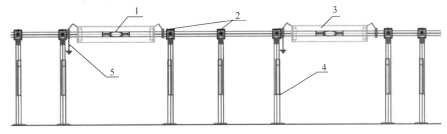

干式绝缘管型母线连接示意图（侧面图）

1. 弯曲的软铜带　2. 母线夹具　3. 绝缘套筒　4. 母线支架　5. 接地线

图6　干式绝缘管型母线敷设方式

图7　干式绝缘管型母线施工工法

三、项目管理分析、策划和实施

1. 管理问题分析和策划

（1）确定管理目标

质量目标："北京市安装工程优质奖"、"中国安装工程优质奖"。

安全目标：沈阳市安全文明标准化工地，不发生重大安全性事故。

进度目标：满足合同工期要求，保证业主送电时间节点。

（2）明确管理思路

为实现项目的各项管理目标，本项目必须以项目技术创新、精细化管理为重点。

(3) 制定管理策划

管理策划涉及组织管理、计划管理、技术管理和质量安全管理等各方面。

1) 组织管理策划，根据本项目电气专业单一化特点，我公司调配具备丰富的大型工业厂房强电建设管理经验的工程技术和管理人员组成项目管理体系。同时公司总部为项目的实施和管理提供全方位的技术支持和监督管理工作。一起对整个项目的管理进行规划，对工期管理、现场管理等进行详细的策划，明确各阶段的管理内容，使管理有据可依。

2) 计划管理策划，根据项目的合同工期和各主要送电时间节点，结合现场实际情况，制定合理的施工分区和专业工序划分，实行每个变电站施工区平行推进模式。对于高压试验需要在设备提前安置和作业面上优先考虑。在施工总体计划安排中，充分考虑以确保主变电站按时送电为主线，合理安排其他施工内容。

3) 技术管理策划，配备专业深化设计工程师扎根项目，积极开展深化设计，对于过程中发现的重、难点问题提前进行技术攻关，多进行新技术的应用并研究开发新技术。认真落实技术交底，制定切实可行的解决方案，并在施工过程中不断予以完善，通过技术手段保证工程工期要求、成本创效及安全文明施工。

4) 质量安全管理策划，建立由公司总部控制，项目部共同策划并组织实施，技术部、工程部、质量部等各部门检查和监控的管理系统，形成从公司到项目部再到各个分包队伍的质量管理网络，从组织机构上保证质量目标的实现。

我公司系统全面地考虑项目情况，建立健全完善安全生产管理制度，成立项目安全管理生产小组，将安全防护全面具体地落实到现场，切实做到"安全第一，预防为主，综合治理"。

2. 管理措施的实施

(1) 组织精细化管理

因强电项目具备电气单专业特点，我公司选派同类厂房管理经验丰富、组织协调能力强、技术过硬的专业团队组成项目管理班子负责项目的履约，科学组织、统筹安排确保工程进度。在工程前期加强与建设、设计等单位决定好材料及设备技术参数，中期做好材料及设备安装调试，后期做好送电工作，保证时刻满足业主、管理公司、监理及其他各部门的需求。

(2) 施工计划精细化管理

根据现场变电站在车间内分部，将施工区域分为高压变电所、能源中心、车身车间、冲压车间涂装车间、门卫等5个大施工区域。由于施工区域分散且工期紧、涉及的工程量大，送电时间点分散，所以组织劳务分包分成多个队伍施工平行作业，根据作业区域状态适当增减人员。作业过程中合理安排施工工序，保证工程进度。施工顺序为：架空地板下桥架及设备基础安装→地板敷设→设备安装→设备调试→系统送电（图8）。

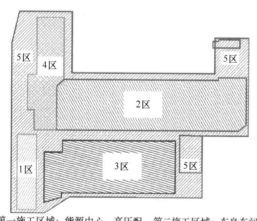

第一施工区域：能源中心、高压配电所及应急发电机房　第二施工区域：车身车间
第三施工区域：涂装车间　第四施工区域：冲压车间
第五施工区域：门卫1及外场所覆盖的区域

图8 施工分区

(3) 技术精细化管理

1) 深化设计管理，本项目成立以项目技术负责人为首的深化设计团队，配备专业深化设计工程师扎根项目，积极开展深化设计。

2) 本工程除电缆大部分施工区域在变电所内，变电所深化设计工作主要分两面，一是与建设单位概念设计、设计院联系，确定设备重要技术参数及设备应具有的特殊功能。收集好资料做好深化设计的第一手资料。二是大面积进行深化设计工作，建立变电所建筑底图、设备下方架空空间的综合管线布置图、综合管线支架详图、设备安装位置图、变电所平剖图，绘图过程中提前处理好碰撞点及交叉点，将每项施工重点做大样图，精细化到每一处细节。

3）严格落实技术交底工作，建立了完善的技术交底制度。对于关键工序的施工，技术部均提前召开技术交底会，并在施工过程中直接到现场进行技术指导。如，本项目电气高压设备调试的施工，高压调试工作难度大、精确度高，技术部会同设备供应商技术服务人员直接到现场进行技术交底和施工指导，保证工人操作正确，各项操作得当，施工速度和质量得以保证。

4）新技术的推广和应用，应用2017版《建筑业10项新技术》3大项，5小项（表2）。

建筑业10项新技术应用情况　　　　　　　　　　　　　　　　　　　　表2

序号	编号	技术名称	应用情况
1	6.9	高压垂吊式电缆敷设技术	车间高空电缆敷设
2	7.5	施工噪声控制技术	架空地板切割在封闭的木工用房
3	10.1	基于BIM的现场施工管理信息技术	利用BIM技术对机房建立用于虚拟施工和施工过程控制的施工模型
4	10.5	基于移动互联网的项目动态管理信息技术	项目管理APP
5	10.4	基于互联网的项目多方协同管理技术	项目采用协同办公平台，进行信息化管理

(4) 质量精细化管理

1）建立健全项目样板制度：将第一间具备施工条件的变电所设为样板间，每完成一道施工工序邀请业主、设计、管理公司、监理到厂进行评估检查，得到批准后组织劳务班组学习，交底劳务分包每间变电站都应做到样板间标准，拒绝返工或整改。

2）建立健全质量体系。明确各部门岗位在工程质量活动中的责任，实现质量责任的可追溯性，进行全员意识教育和培训，以提高工程质量意识和责任感。

3）建立健全质量奖惩制度，提高分包队伍的质量意识是保证施工质量的永恒主题。市场千变万化，需要时刻保持质量高度的提升意识，从而适应发展的需要。

4）建立质量例会制度，及时纠正现场发现的质量不足，每周总结上一周发现的质量问题和落实整改情况，确保工程保量保质。

(5) 进度精细化管理

1）提高项目进度编制人员的技术水平，全面精细进度计划编制。进度计划选择电气强电方面专业的技术人员进行编制，进行项目的实际考察，了解强电安装的实际施工环境，推测可能发生的制约因素。根据项目规模大小、项目复杂程度、动用人力及施工设备数量等条件进行精细的进度计划编制。

2）加强同业主、管理公司、监理及其他施工单位的沟通，实时对进度进行把控及调度。

3）每周定期组织进度协调会议，对于分包间问题及各自需要调节问题进行协调解决，对于进度问题，进行纠偏处理。

(6) 安全精细化管理

强电工程属于高压电工程，调试项目多，送电节点时间紧，各项施工内容又可能出现大量的安全隐患。为了圆满完成安全生产的任务和确保达到安全生产的目标，我公司系统全面地考虑现场施工的安全防护措施，并建立健全完善安全生产管理制度，将安全防护全面具体地落实到现场，切实做到"安全第一，预防为主，综合治理"。例如，送电过程必须标准规范，送电操作人员必须戴绝缘手套、穿绝缘鞋。监护人做好相应督导工作，送电前确认好开关位置，送电后检查设备各项状态无异常，保证送电安全。

3. 过程检查

(1) 样板化施工制度

由于项目的特殊性，施工区域为厂区各个变电站，鉴于各区域变电所施工内容的相似性，以第一间具备施工条件的变电站作为样板间，之后其他区域变电所施工均按样板标准。实现过程施工管理简易化。

（2）邀请检查

根据不同的施工阶段，项目部邀请公司、集团及当地质量监督部门相关专家进行现场检查，并对过程实施的问题进行指导。

（3）周、月度总结

定期进行生产、质量、安全的周、月度总结。对施工完成的工作进行分析，发现问题及时提出并对方案进行修改，发现的优秀施工方法会在下一阶段施工过程中积极应用。对未完成的工作进行讨论，提前预判困难。

4. 方法工具应用

（1）架空地板沿墙安装优化方法应用

变电站架空静电地板安装是 20kV 变电站安装关键工序之一。架空地板安装，常规做法是用地板支腿支撑方式，因沿墙区域地面不平高差较大及阻碍地板腿落腿的物件较多，若采用地板腿支撑费工费材料，安装进度效率低。我公司根据大量施工经验提出"架空地板沿墙安装优化方法"，采用沿墙固定角钢支撑安装。用水平仪在墙面打好平面线，预留好地板的厚度，将角钢用膨胀螺栓固定至墙面或者用焊接至平台钢框架，按此方案节省大量地板支腿。应用此项方法技术革新，提高施工效率，降低劳动强度，节省能源，节省材料，降低成本（图9）。

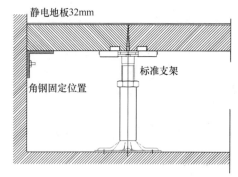

图 9 架空地板沿墙安装优化方法

（2）狭窄空间大型设备架空方法应用

变电站大部分安置在一个固定房间或者架空平台上，很少有倒链吊装点或者没有吊车吊装的空间。则将 5~6t 的设备运送至架空平台上是一件很困难的事，经现场多次试验得"狭窄空间大型设备架空方法"，使用累积木方搭建运输平台。因设备到厂均是木制包装，在拆下的包装中挑选合适规格的木方在设备下方进行搭建平台，依次逐渐抬高设备与平台同高度，之后利用滚杠推入设备平台。利用包装材料搭建平台也大大节约了运输成本同时也提高了安装效率（图10）。

四、管理效果评价

1. 管理效果

工程严格按照图纸及相关质量规范要求进行施工，保证了整体及节点工期，质量到达合格标准，通过了各次检查及验收，获得各方的一致好评。

获得 2014 年度中建一局集团安装工程有限公司"青年文明号"；

获得 2015 年华晨宝马汽车有限公司"安全工时奖"；

获得 2017 年北京市安装工程优质奖；

获得 2017~2018 年度中国安装工程优质奖（中国安装之星）第一批；

图 10　狭窄空间大型设备架空方法

2. 经济效益和社会效益

随着经济的快速发展，电力需求量在不断攀升，高压电气系统的应用也越加广泛。由于高电压的特点，高压电气施工较之常规电气施工要求更高，危险大，标准更严格，对于整个工程质量的影响至关重要。

以前的大部分工程项目高压电气系统都是 10kV 的，基本都是由当地电力公司负责完成。属于垄断行业，利润率很高，一般建筑企业只能望而却步。

沈阳华晨宝马大东工厂强电项目，我们抓住了机会，首次大规模地进行 20kV 高压变配电的施工，并取得了成功。在垄断行业中插了进去，为以后的发展提供了成功的案例，为提升公司的核心竞争力增加了一个支撑点。

技术重心管理　成本全程管控

——中建一局集团建设发展有限公司霞光里 5 号、6 号商业金融工程项目

张国庆　郑　群　冯延军　张永丰　赵鑫淼　徐甓宇

【摘　要】 本项目具有环境复杂、超深狭小基坑、三维弧形结构、异形组合结构等特征，施工组织方面具有场地小、工期短、施工专业多、交叉作业多等难点，在安全、质量、绿色文明施工、环保等各方面定位较高。在工程策划及实施阶段，项目管理部根据高超的专业技能及丰富的管理经验，结合项目实际情况，推行以技术管理为中心的"GPDCAS"管理模式，即制定目标、策划分析、方案实施、过程控制、检验调整、总结经验六个管理流程，同时加强各专业系统沟通，做到成本的全程管控，最终实现质量、安全、文明施工、进度、成本的完美履约，并在实施过程中积累大量可推广性经验，项目重视青年员工的商务与创新思维的培养，将思维活力与勇于尝试的精神凝聚成霞光文化继续传承。

【关键词】 GPDCAS 管理模式；技术管理；成本全程管控；文化传承

一、背景及选题

1. 工程项目概况

霞光里 5 号、6 号商业金融项目位于北京市朝阳区三元桥外霞光里，地块具体四至范围，东南临霞光里北一街，南接北京无线通信局用地，西北临机场高速路，北邻中国华大集成电路设计中心。项目地上 16 层，首层层高 7.5m、二层层高 6m、标准层层高 4.5m，地上建筑高度为 79.85m，地下六层，基础埋深为 29.2~29.8m，以黏土 7 层、粉质黏土 7—1 层为持力层。主要功能为高端办公楼、局部商业、地下车库及附属配套设施。主体采用框架—核心筒结构，基础底板为梁板式筏基、采用天然地基。

2. 选题理由

（1）霞光里项目作为一局发展公司重点项目，两年间陆续接待 70 余次不同业主及团体的观摩与考察活动，评价极高。

（2）本工程在质量、安全、文明施工、进度等方面均制定极高目标，最终全部实现。

（3）本工程在实施过程中践行一套高效的管理模式，项目完美履约的同时培养了一批富有创新精神、迎难而上勇于尝试的青年员工。

（4）总工期内包含三个雨季、三个冬季、三个春节，工程十分紧张。本工程工期紧迫，任务繁重。

（5）本工程基础埋深 29.2~29.8m，基坑占地面积 6018m²，属危险性较大的超深狭小基坑施工。

（6）本工程地下六层，设有四道混凝土内支撑梁。由于受内支撑拆除的影响，地下室单层结构施工与各层支撑的拆除交替进行：结构达到一定满足支撑设计要求后方可进行内支撑的拆除工作，工期较长。同时拆撑施工给结构施工和成品保护、材料运输等都带来极大困难。

3. 实施时间

项目实施时间为 2015 年 03 月 06 日，2018 年 03 月 25 日。

二、管理及创新特点

1. 工程特点

（1）建筑功能多样，功能设计及施工标准高。

（2）环境复杂，地理位置受政治活动影响大。本工程紧邻机场高速，地铁10号线三元桥C2出口，临近多个高层建筑，其中距离最近的CEC大厦14.7m，基坑边线距离围挡，最小距离1.2m，场地十分狭小。

（3）造型奇特。建筑物外轮廓为弧形，平面造型为椭圆形，整体呈纺锤体造型。

（4）基坑超深。本工程基坑整体开挖深度深达30m，是北京在施项目中最深基坑，采用地连墙＋内支撑＋锚杆的支护体系。

（5）异形组合结构，主题结构采用框架剪力墙结构，周围24根变斜率钢柱。

（6）新型双层呼吸幕墙。本工程幕墙为双层玻璃幕墙，外幕墙采用超白夹胶玻璃，规格为10mm＋1.52SGP夹层＋10mm超白玻，内幕墙采用透明中空low-e玻璃，规格为8mm＋12A＋6mm，第二面玻璃设low-e膜，外层幕墙设置可开启式的金属百叶，形成外部循环的双层幕墙系统，内外层幕墙间距840mm。

2. 技术管理工作的主要重难点分析

（1）体量大，工期紧

本工程占地面积6017.92m^2，建筑面积68085m^2。地下六层，地上十六层、地下部分建筑面积28085m^2，地上部分建筑面积40000m^2。开工日期2015年03月06日，2018年03月25日竣工验收备案。总工期内包含三个雨季、三个冬季、二个春节，工期十分紧张，任务繁重。

（2）环境十分复杂

本工程地处长安街沿线，紧邻机场高速，施工受政治活动影响大；项目紧邻地铁10号线三元桥C2出口，上下班高峰人流量大，社会影响大；临近居民小区，给夜间施工光、声控制带来困难；临近多个高层建筑，其中距离最近的CEC大厦14.7m。

（3）场地过于狭小

项目总用地9579.25m^2，其中基坑占地为6017.92m^2，代征绿地面积为3561.33m^2。工程三面紧邻建筑红线，西侧代征绿地虽可以使用，但无法实现材料运输车辆的通行，材料只能从东侧和南侧的临时入口进入，地下室施工阶段无法形成环路。基坑边线距离围挡，最小距离1.2m，场地十分狭小，给材料进场、倒运带来不便。

（4）超深基坑的支护设计与开挖

本工程基坑整体开挖深度深达30m，是北京在施项目中最深基坑。安全要求高，采用地连墙＋内支撑＋锚杆的支护体系，场地狭小、周边房屋、管线密集，同时受到五道内支撑的限制造成土方开挖难度及安全风险相当大。

在土方开挖方面，由于本工程基坑深度大，但占地面积较小，无法利用土坡道直接将土体开挖至槽底，需通过多次倒运及加长臂与汽车吊的配合进行土方的开挖，施工难度极大且工期较长。

（5）施工组织难度大

本工程地下六层，设有四道混凝土内支撑梁。由于受内支撑拆除的影响，地下室单层结构施工与各层支撑的拆除交替进行，结构达到一定强度满足支撑设计要求后才可进行内支撑的拆除工作，工期较长。同时拆撑施工给结构施工和成品保护、材料运输等都带来极大困难。且使结构施工不能连续进行，同时受组合钢骨结构施工，工效降低，工人流失问题严重。

总承包范围内施工专业多，且组合结构施工穿插步骤庞杂，施工工序一旦错乱，对工期、成本、施工人员管理等问题都会造成恶劣影响。

（6）三维弧面造型，各层斜率多变

建筑整体呈现中间粗、两端细的纺锤体造型，平、立面外轮廓均为弧形，各层边线变化不一，给定位造成困难。

同时纺锤体造型也给整体的防护体系设计带来较大困难。防护屏爬升为变斜率爬升，由仰角爬升变为俯角爬升，我司及爬架单位相关经验均不足。

（7）变斜率倾斜的组合结构，特殊节点多而复杂。

钢结构与结构组合节点复杂，局部地下、地上钢柱柱位不同，需要进行转换。特殊节点标高及配筋复杂多变，尤以转换柱节点为最。

地上部分24根外框圆柱为组合结构斜柱，且斜率逐层变化，与框架梁、板存在诸多角度，给施工放线、钢结构加工定位、节点深化带来极大困难。

（8）幕墙采用新型双曲呼吸幕墙，设计复杂，施工难度大。

本工程幕墙为双层玻璃幕墙，外幕墙采用超白夹胶玻璃，规格为10mm+1.52SGP夹层+10mm超白玻，内幕墙采用透明中空low-e玻璃，规格为8mm+12A+6mm，第二面玻璃设low-e膜，外层幕墙设置可开启式的金属百叶，形成外部循环的双层幕墙系统，内外层幕墙间距840mm。

3. 技术管理工作的策划与创新

（1）目标策划

1）质量目标：

本工程质量标准为"合格"创优目标北京市结构长城杯金杯，北京市竣工长城杯金杯，国家优质工程。

2）工期目标：

本工程计划2015年03月06日开工，2018年01月31日完成竣工验收及备案。

3）安全管理目标

认真执行北京市地方标准、地方颁布的安全管理办法及现行其他有关法律、法规、文件、规程、规范、标准等，切实落实安全管理职责，消除安全隐患，确保死亡事故为零，不发生火灾事故和恶性中毒事件。

4）绿色文明施工

获"北京市安全文明工地"称号，北京市绿色安全样板工地，北京市绿色施工示范工程。

5）BIM目标：北京市BIM示范工地

6）环境保护

满足美国LEED2009金奖认证标准要求。

7）经济效益目标：达到住建部绿色施工科技示范工程要求。

（2）管理策划

霞光里项目效仿中建一局集团"5.5精品工程生产线"质量管理模式，将其与我项目实际情况结合，具体问题具体分析，创造出适合我项目技术全程管理的一套行之有效的模式。

即以技术管理为中心的"GPDCAS"管理模式：

G（Gold制定目标）、P（Plan精心策划）、D（Do实际操作）、C（Control过程控制）、A（Action调整改进）、S（Study经验推广）

1）建立项目的管理体系与部门职能划分：分工明确，精干高效，结构合理。

2）G明确目标管理

项目开工之前，项目部根据对项目实施过程的精准预判，确定工程建设的各项目标，并形成工程建设目标动态管理制度，明确到什么阶段必须实现什么目标，并以此为基础进行项目实施策划。

3）P重难点分析与策划

项目部根据专业知识及丰富经验，预测项目在实施过程中将要遇到的技术性难题，并针对性的进行分析、总结，提出初步方案，与相关专业人员或工程人员、商务人员共同协商确定可行又经济的方案，并在项目实施过程中，根据现场实际情况进行调节完善。

人机料法环五大因素综合考虑。

全面、深入的应用BIM技术。（关键施工工序的模拟、可视化交底、应用VR平台设计协调技术、

材料用量智能统计）

4）D项目实施，从理论到实践的考验

现场管理人员在充分了解施工工序及重难点的前提下，对分包及工人进行现场交底，并在施工过程中进行全程把控，尽量减小与方案要求的偏差。同时，在施工过程中随时将现场实际遇到的困难上报技术人员进行沟通解决，以完善方案，形成经验。

5）C实施过程管控

在项目按部就班的实施过程中，对于安全、质量、进度及成本的管控。在方案交底的同时，与相关专业部门深入探讨实施过程中的安全、质量及进度控制点，并作为技术交底记录下来，作为过程控制及验收的依据。

充分利用BIM5D平台、微信群、云建造等交流平台进行过程监督与管理。

根据本行业国家标准、地方标准、企业标准，并结合项目自身特点及专业人员管理经验，制定各项安全、质量、文明施工、绿色施工管理制度，并指定专门人员逐项进行监督把控，确保责任到人。

设置工期责任师，落实大计划模块节点工期，做到对工期的实时监控，并定期总结进度加速与缓慢的原因，得出经验或教训，以此为鉴进行后续施工调整与完善。

引进高端、实用的技术应用，加强实施过程中安全、质量保障。

6）A根据过程中发现的问题对原始方案进行调整、补充或增加实施方法的更多选择，以完善方案，形成经验甚至工法，给出该方案实施的条件。

7）S总结经验，包括实施各阶段对方案的调整与补充，给所用工法列出尽可能详细的应用范围、实施条件、使用结果，分析该工法的局限性与拓展方向，以利于交流、推广。

8）思维与理念的培养——赢思汇及青年突击队的成立——年轻的组织，亮剑的劲头。

培养大商务思维，全过程成本管控。

霞光里项目30岁以下的青年员工成立霞光赢思汇及青年突击队：

赢思汇主要交流思想，保持思维活力，力争创新与尝试；突击队立足实践，攻坚克难，培养啃硬骨头的精神。

（3）技术管理创新特点

1）深入了解设计意图，综合考虑优化施工方案。

2）加强与商务、现场人员沟通，确保方案经济性好，可操作性高。

3）BIM技术的深入应用，技术部门负责模型的维护与更新，商务系统、现场系统熟悉BIM软件的使用及模型应用。

4）积极引进新技术、新工艺、新材料，并全程监督使用效果，总结经验，分析其实用性及可推广性。

5）勇于担当，积极带动各部门攻坚克难，迎难而上。注重青年员工全系统思维的培养、工匠精神的传承、思想高度的提升，使其保持思维活力，鼓励尝试与创新，营造学习机会与氛围。

三、以技术管理为中心的GPDCAS管理模式实施、检查和调整

技术管理工作主要为技术前期准备工作、图纸及问题落实工作、施工方案编制工作、施工样板制作工作、新技术新工艺推广工作、绿色施工实施工作等。通过对技术工作进行分工、计划、部署以及对实施过程的对比分析和总结，促进技术管理目标的实现。

1. GPDCAS管理模式

中建一局集团"5.5精品工程生产线"质量管理模式，是以PDCAS循环管理方法为理论基础，准确把握建筑施工行业特点，总结并发展独具特色的工程质量管理方法。具体概念是在"目标管理、精品策划、过程控制、阶段考核、持续改进"五个步骤和人力资源、劳务、物资、科技及安全5个平台作为质量管理的着眼点。中建一局也因此摘得中国政府质量领域最高奖"中国质量奖"，成为中国建设领域

唯一一家，也是第一家荣获"中国质量奖"的企业。也验证了PDCAS循环管理方法的理论正确性及与准确把握具体情况相结合的重要性。

霞光里项目也由此获得启发，以丰富的项目实施经验，通过前期对项目实施过程的精准分析，创造出属于自己的项目管理模式——以技术管理为中心的GPDCAS管理模式。G（Gold 制定目标）、P（Plan 精心策划）、D（Do 实际操作）、C（Control 过程控制）、A（Action 调整改进）、S（Study 经验推广），在每个过程，综合考虑人、机、料、法、环、测（5M1E分析法）六要素：

(1) 人（Man）：操作者对质量的认识、技术熟练程度、身体状况等，重点是人员的技能与责任心。

主要控制措施：

1) 生产人员符合岗位技能要求，经过相关培训考核。

2) 对特殊工序应明确规定特殊工序操作、检验人员应具备的专业知识和操作技能，考核合格者持证上岗。

3) 操作人员能严格遵守公司制度和严格按工艺文件操作，对工作和质量认真负责。

4) 检验人员能严格按工艺规程和检验指导书进行检验，做好检验原始记录，并按规定报送。

(2) 机器（Machine）：机器设备、测量仪器的精度和维护保养状况等，重点是机械的使用与保养。

主要控制措施：

1) 有完整的设备管理办法，包括设备的购置、流转、维护、保养、检定等均有明确规定。

2) 设备管理办法各项规定均有效实施，有设备台账、设备技能档案、维修检定计划、有相关记录，记录内容完整准确。

3) 生产设备、检验设备、工装工具、计量器具等均符合工艺规程要求，能满足工序能力要求，加工条件若随时间变化能及时采取调整和补偿，保证质量要求。

4) 生产设备、检验设备、工装工具、计量器具等处于完好状态和受控状态。

(3) 材料（Material）：材料的成分、物理性能和化学性能等，重点控制材料的质量与材质。

主要控制措施：

1) 有明确可行的物料采购、仓储、运输、质检等方面的管理制度，并严格执行。

2) 建立进料检验、入库、保管、标识、发放制度，并认真执行，严格控制质量。

3) 转入本工序的原料或半成品，必须符合技术文件的规定。

4) 所加工出的半成品、成品符合质量要求，有批次或序列号标识。

5) 对不合格品有控制办法，职责分明，能对不合格品有效隔离、标识、记录和处理。

6) 生产物料信息管理有效，质量问题可追溯。

(4) 方法（Method）：这里包括生产工艺、设备选择、操作规程等，重点控制方法的可操作性和经济性。

主要控制措施：

1) 工序流程布局科学合理，能保证产品质量满足要求。

2) 能区分关键工序、特殊工序和一般工序，有效确立工序质量控制点，对工序和控制点能标识清楚。

3) 有正规有效的生产管理办法、质量控制办法和工艺操作文件。

4) 主要工序都有操作规程或作业指导书，操作文件对人员、工装、设备、操作方法、生产环境、过程参数等提出具体的技术要求。特殊工序的工艺规程除明确工艺参数外，还应对工艺参数的控制方法、试样的制取、工作介质、设备和环境条件等作出具体的规定。

5) 工艺文件重要的过程参数和特性值经过工艺评定或工艺验证；特殊工序主要工艺参数的变更，必须经过充分试验验证或专家论证合格后方可更改文件。

6) 对每个质量控制点规定检查要点、检查方法和接收准则，并规定相关处理办法。

7) 规定并执行工艺文件的编制、评定和审批程序，以保证生产现场所使用文件的正确、完整、统一性，工艺文件处于受控状态，现场能取得现行有效版本的工艺文件。

8) 各项文件能严格执行，记录资料能及时按要求填报。

(5) 测量（Measurement）：主要指测量时采取的方法是否标准、正确，重点控制测量的仪器操作、复核及记录的准确性。

主要控制措施：

1) 确定测量任务及所要求的准确度，选择使用的、具有所需准确度和精密度能力的测试设备。

2) 定期对所有测量和试验设备进行确认、校准和调整。

3) 规定必要的校准规程。其内容包括设备类型、编号、地点、校验周期、校验方法、验收方法、验收标准，以及发生问题时应采取的措施，保存校准记录。

4) 发现测量和试验设备未处于校准状态时，立即评定以前的测量和试验结果的有效性，并记入有关文件。

(6) 环境（Environment）：工作地的温度、湿度、照明和清洁条件等，重点控制工作环境的安全、适用性，及生产环境条件控制。

主要控制措施：

1) 有生产现场环境卫生方面的管理制度。

2) 环境因素如温度、湿度、光线等符合生产技术文件要求。

3) 生产环境中有相关安全环保设备和措施，职工健康安全符合法律法规要求。

4) 生产环境保持清洁、整齐、有序，无与生产无关的杂物。可借鉴5S相关要求。

5) 材料、半成品、用具等均定置整齐存放。

6) 相关环境记录能有效填报或取得。

2. 建立项目的管理体系与部门职能划分：分工明确，精干高效，结构合理

项目管理策划，注重各部门制度、职责的建立，以及明确项目部各岗位的工作完成标准，主要有以下几条：

(1) 实行项目经理负责制，对工程行使计划、组织、指挥、协调、实施、监督六项基本职能，确保指令畅通、令行禁止、重信誉、守合同。

(2) 计划及总平面管理时设置专业进度计划管理工程师，专职负责工程进度计划的编排与检查。

(3) 总承包商的计划与总平面管理以施工进度计划协调调度为中心，实施进度计划的编制、下达、调整、更新、控制、反馈、对外协调等职能。以施工总进度控制为基础，确定各分部分项工程关键点和关键线路，逐项落实监督责任人，并以此为控制重点，每周检查落实情况，分析偏差，调整后续施工，以保证工期目标的按时实现。施工中将建立一系列现场制度，诸如工期奖罚制度、工序交接检制度、施工样板制、大型施工机械设备使用申请和调度制度、材料堆放申请制度、总平面管理制度等。

(4) 加强与业主、监理、顾问公司的合作与协调，对施工过程中出现的问题及时达成共识，积极协助业主完成材料设备的选择和招标工作，为工程顺利实施创造良好的环境和条件。

(5) 加强同各指定分包商的施工协调与合作来进行进度控制，根据工程进展及时通知指定分包商进场，并为指定分包商的施工创造良好的条件。

(6) 通过制定每周部门例会制度，加强各部门之间的沟通与交流。每周设计例会之前，技术部会提起那通知现场及商务系统总结施工或结算问题，并加以整理，待设计方及业主给出明确答复后，及时下发相关文件指导施工（图1）。

3. 工期保障措施

(1) 设置工期责任师

以项目总控计划为基础，并将其进行分解，整合成项目模块化节点工期，对项目工期进行分级管理，并落实责任人，一级节点责任人为总工或执行经理，二级节点责任人为部门经理，三级节点责任人为责任工程师。并制定相应的配套计划。

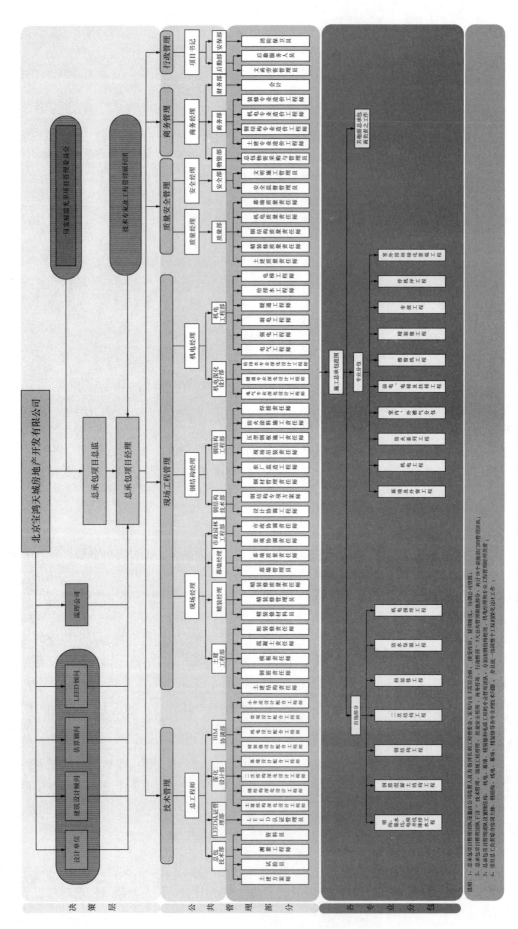

图 1 霞光里 5、6 号商业金融项目总承包工程组织机构图

(2)落实大计划模块节点工期，进度模拟、比对、纠偏

计划的监测管理，结合BIM模型链接各级时间进度，实现移动端现场实际进度形象与此时间节点BIM模型的三维全息比对，并实时上传管理平台，作为计划调整纠偏的第一手依据。

(3)技术措施保障，综合考虑人机料法环测六大因素。

1)设置支撑栈桥、外出土坡道，大大提到出土效率；

2)依靠我司成熟的施工经验、技术实力，对本项目内支撑进行优化设计，将原有的5道混凝土内支撑调整为4道，节省地下室整体工期（支撑、拆撑）2个月，减少投资1000万；

3)地连墙施工之前，我司依据深基坑施工经验，整体策划，对业主提出合理化建议，将原支护设计考虑的结构施工作业面800mm宽肥槽取消，地连墙向基坑内移，减少一副地连墙施工量，节省投资，加快工期；地下室外墙采用单侧支模施工，减少肥槽回填施工以及换撑板带施工时间，整体加快地下室结构施工工期；

4)盘扣架的应用缩短支撑体系搭设时间。一段的工作量，传统碗扣架需要20人，搭设1.5天，目前这种体系需要15人，搭设1天；竖向结构的钢筋操作架直接借用模板支撑架，缩短了每层的工期1天；

5)全面、深入的应用BIM技术。（关键施工工序的模拟、可视化交底、应用VR平台设计协调技术、材料用量智能统计）

① 对关键性施工工序进行施工模拟

图2 施工模拟

对内支撑拆除顺序进行了预先模拟，防止因施工顺序不科学造成的工期损失。确保关键施工线路上的核心筒施工率先施工（图2）。

塔吊附着顶升进行模拟，如图3所示。

图3 塔吊附着顶升模拟

② 深化设计

钢结构深化设计，如图4所示。

图4　钢结构设计

机电深化设计，如图5，图6所示。

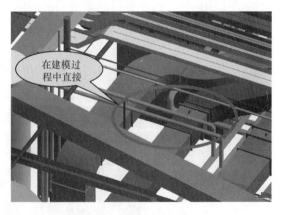

图5　施工图管线位置　　　　　图6　调整后管线位置

③ 可视化交底——变斜率圆柱施工交底如图7所示。

④ 材料用量智能统计如图8所示。

混凝土用量统计，如图9所示。

钢结构用量统计，如图10所示。

模架用量统计，如图11所示。

钢筋用量统计

⑤ 施工进度的比对、纠偏，如图12所示。

项目总结的应用点个数：

Ⅰ级：17，Ⅱ级：26，Ⅲ级：12，附加：1（VR）。

项目预计达到的目标：A级■　B级□　C级□

检查后有效的应用点个数：

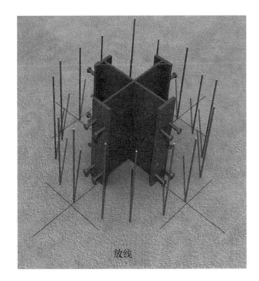

图 7 可视化交底技术

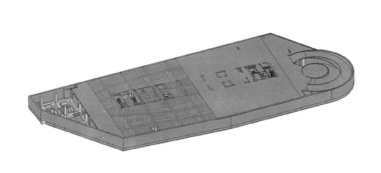
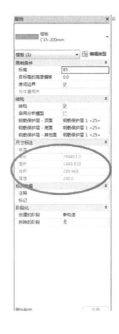

图 8 材料用量智能统计

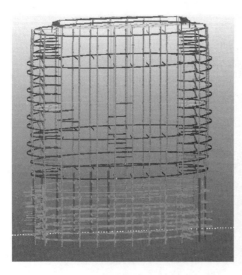

图 9 混凝土用量统计

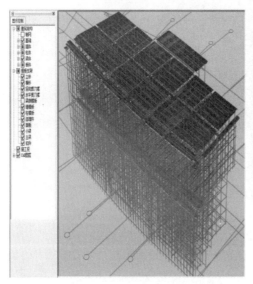 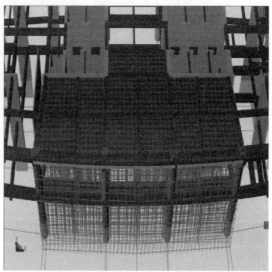

图 10 钢结构用量统计

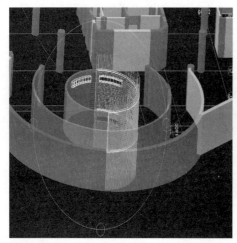

图 11 模架用量统计

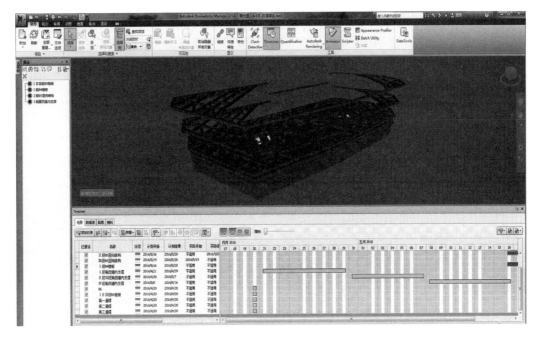

图12 钢筋用量统计

Ⅰ级：17，Ⅱ级：26，Ⅲ级：12，附加：1（VR）。

项目实际达到的水平：A级■ B级□ C级□

应用情况总结（根据工程类型对应相应的应用点表格，如表1所示为施工总承包类项目应用点评价表）。

施工总承包应用点评价表　　　　　　　　　　　　　　　　　　　　　　　　　　　　　　　　表1

应用阶段	序号	应用点内容	级别	计划应用	实际应用	应用效果说明、证明文件等
投标报价阶段	1	BIM技术投标方案	Ⅰ			
	2	投标演示	Ⅰ			
	3	投标报价策划与建议	Ⅱ			
项目策划阶段	4	BIM实施方案	Ⅰ		√	模拟施工，可在实际建造之前对工程项目的功能及可建造性等潜在问题进行预测，包括施工方法实验、施工过程模拟及施工方案优化等
	5	BIM培训	Ⅰ		√	实现项目技术、工程、商务人员全员参与BIM模型创建及维护工作，并留有培训记录及进行了考核
	6	项目级BIM模型样板文件	Ⅱ		√	项目统一进行了样板文件的创建，使得各部门合作更加顺畅
	7	模型过程审查	Ⅱ		√	土建、机电等部门对相关模型进行定期及不定期审查，确保模型质量及更新
	8	BIM模型辅助图纸会审	Ⅱ		√	在本项目已为常态
	9	编制材料计划	Ⅰ		√	钢筋、混凝土、钢结构均可按模型编制材料计划
	10	施工进度策划	Ⅰ		√	制定适应本项目的施工进度策划
	11	进度计划校核优化	Ⅱ		√	根据施工进度管理，优化材料计划

续表

应用阶段	序号	应用点内容	级别	计划应用	实际应用	应用效果说明、证明文件等
项目策划阶段	12	施工场地布置	Ⅱ		√	利用广联达场地布置软件及 revit 和 revizto 进行场地布置
	13	临建 CI 标准化	Ⅰ		√	本项目临建 CI 遵守局集团统一标准
	14	成本策划	Ⅱ		√	商务部进行成本策划
施工阶段	15	碰撞检测	Ⅰ		√	土建机电模型进行碰撞检查
	16	施工工艺/工序模拟	Ⅰ		√	进行地上斜柱、内支撑拆除等施工工艺、工序模拟，保证工程顺利进行
	17	可视化技术交底	Ⅰ		√	利用软件或者 3D 打印机进行技术交底，保证工程顺利进行
	18	施工方案编制	Ⅰ		√	应用 BIM 技术进行脚手架排布及施工验算
	19	施工方案对比分析	Ⅱ		√	三维可视化技术可以直观的将工程建筑与实际工程对比，考察理论化与实际的差距和不合理性。对施工方案进行形象化的对比分析，选择最优的施工方案
	20	深化设计	Ⅰ	○		后期将运用
	21		Ⅰ		√	找出结构不合理及施工难度过大的地点进行优化
	22		Ⅰ		√	管线排布合理，确保无碰撞
	23		Ⅰ		√	管线排布合理，确保无碰撞
	24		Ⅰ		√	管线排布合理，确保无碰撞
	25		Ⅰ		√	管线排布合理，确保无碰撞
	26		Ⅱ		√	大钢模
	27		Ⅱ		√	品茗对架体排布计算
	28		Ⅱ		√	
	29		Ⅱ		√	
	30		Ⅲ		√	
	31		Ⅲ		√	
	32	二次结构、砌体施工	Ⅱ		√	利用 BIM 5D 进行二次结构自动排砖。出二次结构深化图
	33	钢筋施工指导	Ⅱ		√	利用广联达钢筋软件进行钢筋排布及算量
	34	施工图模型过程管理	Ⅱ		√	各部门各专业将资料上传至统一云盘，进行资源共享
	35	钢结构采购、加工及安装	Ⅱ		√	参照钢结构模型，得出理论用量，做安装模拟
	36	幕墙加工及安装	Ⅱ		√	参照幕墙模型进行幕墙的安装指导
	37	装饰加工及安装	Ⅱ	○		
	38	材料精细化管理	Ⅱ		√	从模型上提取相应位置的材料用量，提取进行材料管理
	39	物料跟踪	Ⅱ		√	物资利用软件及二维码对物料进行跟踪管理
	40	工程资料管理	Ⅱ		√	统一的 Revizto 平台
	41	移动终端	Ⅱ		√	管理人员手机及 pad 端已安装质量管理软件及 VR 软件

续表

应用阶段	序号	应用点内容	级别	计划应用	实际应用	应用效果说明、证明文件等
施工阶段	42	物联网跟踪技术	Ⅲ		√	钢结构、混凝土构件上粘贴能显示身份标识的二维码
	43	3D扫描、测量	Ⅲ		√	利用放线机器人对本项目中弧形板边进行测量,保证板边精度
	44	可视化装备辅助项目协同管理	Ⅲ		√	使用VR等软件,实现模型轻量化,真实呈现虚拟建筑,项目各参与单位统一在相关平台上协同工作,及时记录和处理设计、施工问题
	45	预制化构件加工及安装	Ⅱ		√	利用钢结构模型对钢结构构件进行深化设计,导出加工图,进行加工
	46	二次开发软件	Ⅲ			
	47	垂直运输管理	Ⅱ		√	运用revit等软件对塔吊和外用电梯进行设计
	48	分包管理	Ⅱ	○		
	49	施工进度管控	Ⅱ		√	
	50	质量、安全	Ⅰ		√	质量安全管理APP进行现场问题采集,关联相关责任人,保证现场问题得到妥善解决
	51	质量、安全	Ⅱ		√	
	52	安全	Ⅰ		√	
	53		Ⅲ		√	
	54	工程结算	Ⅲ			
竣工交付阶段	55	BIM模型维护	Ⅲ			
	56	辅助竣工验收	Ⅲ			
运维阶段	57	BIM模型管理	Ⅲ			
	58	运维信息管理	Ⅲ			

另加应用点:VR平台—利用VR平台实现流畅的多方施工管理。

BIM在使用过程中存在的问题:

BIM相关模型需定期维护,需要专门人员进行,有些时候人手少,维护稍慢。

模型有些部位分割不清晰,造成一定的误差,应将模型进一步细化。

(4) 安全保障

1) 变角度液压爬升防护屏+卸料平台

根据本工程的整体造型呈现中间粗、两端细的纺锤体造型,给整体的防护体系设计带来较大困难,为满足现场实际需要,需设计成先仰爬、后俯爬的爬升方式,为适应变角度爬升的需要,架体设计分为上架体、下架体两部分。化整为零、化刚为柔。本工程卸料平台采用液压式自爬升卸料平台,与液压外防护屏综合考虑,集约化设计,在防护屏的最下面一层设置两个卸料平台;

2) 基坑变形监测系统

本工程基坑周边环境复杂,紧邻CEC大厦及联通大厦,安全要求高,基坑监测要求高,采用模块化监测+高精度北斗卫星基坑监测系统;

3) 红外线对射探测系统

基坑临边设置红外对射探测系统,对基坑临边进行实时监控。当施工人员横跨过基坑周边防护时,红外线光束会被阻断,从而引发警报。报警信号直接传至项目安全管理人员的手机APP上,管理人员可直接通过手机对基坑护栏进行有效的管理与监控;

4) 多媒体安全培训；现场设置安全体验馆；塔机工况监测信息系统；每周一安全教育会；消防培训；本工程全面实行信息化管理，综合应用手机 APP 管理平台、微信群等技术，实现设计、施工履约、后期运维全数据网络储存、处理、应用。并且逐步实现了移动端日常工作审批等，使项目管理效率大大提升。

（5）质量保障

1) 样板制度，霞光里项目在每项施工展开之前均在现场制作了实体样板，实体样板的制作与交底，不仅让分包及工人熟悉了施工工艺，有效减少了展开施工中的熟练、磨合时间，减少了因理解偏差造成的返工情况，提升了施工效率，结合可视化交底展板，更可以作为交底和验收的依据，使施工质量更有保障。

2) 超大深基坑支护体系，基坑深度达 30m，水量大，基坑采用地下连续墙＋4 道混凝土内支撑结合预应力锚杆及局部土钉墙的复合式支护形式。地连墙厚度 1m，深度 45m，共 50 幅，300 延 m；

3) 现场设置可视化交底，将每道工序的施工重难点、安全质量控制要点通过图片的方式进行展示，让分包及工人更直观的理解工艺流程及质量标准，必要时结合 BIM 立体模型对工人进行交底，使被交底人更容易理解，减少了因识图困难或空间误差导致的效率低下甚至返工现象；

4) 信息化管理（手机 APP＋微信群），利用手机 APP 及 VR 平台移动端将现场的质量安全问题上传，关联相关责任人，在限定的时间内使得问题得以解决，每天生产会上将核对问题解决情况，建立问责机制，保证现场问题百分之百及时解决，并留存记录，方便查找。

5) 项目引进天宝数字机器人放线技术，利用其快速、精准、智能、操作简便、劳动力需求少的优势，将 BIM 模型中的数据直接转化为现场的精准点位。提高了工作效率，保证了施工精度。

（6）绿色施工保障

1) 施工现场 LED 照明技术分析

项目采用了 LED 光源镝灯、和低压照明灯，以镝灯为例：LED 光源 400W 的镝灯照度相当于传统钠灯 2kW 的照度。项目共使用了 10 盏 400W LED 灯。

10 盏 LED 灯三年的电费；

10 盏×0.4kW×8 小时×365 天×3 年×0.86 元/kWh＝30134.4 元；

10 盏钠灯三年的电费；

10 盏×2kW×8 小时×365 天×0.86 元/kWh＝150672.0 元；

一盏 400W LED 灯单价为 6715 元，10 盏为 67150 元，施工过程中无维护费用。

一盏 2kW 钠灯单价为 400 元，10 盏为 4000 元，施工过程中每盏钠灯一年需要更换钠灯灯泡及人工维护费均不计。

LED 灯综合价值，30134.4 元＋67150 元＝97284.4 元；

钠灯综合价值，150672.0 元＋4000 元＝154672.0 元。

通过计算得知霞光里项目三年 LED 灯比钠灯最少节省 57387.6 元。项目三年使用 LED 灯不止可以节省五万多元，更为国家省了 4 倍的电力资源。

2) 施工现场 USB 接口充电插座应用技术

信息时代，智能手机、平板电脑等数码产品已在建筑工人中普及，在工人师傅通信、娱乐带来方便的同时却又面临一个难题——如何给这些数码产品充电。

为确保农民工用电安全，避免可能引发的安全隐患和事故风险，项目部从成立伊始，大家集思广益，决定为农民工宿舍安装 36V 的"USB 充电插座"，取代以往采用 220C 交流输入电压的"手机充电房"。USB 充电插座是从安全隔离变压器获取电源的一种插座，这种插座外观较直接冲口更美观，使用更加方便，工人只需要 USB 接口进行连接，就可以在自己的宿舍为手机、平板电脑充电。

"USB 充电插座"取代工地手机充电房，不仅满足了农民工日常安全用电的需要，而且为项目部节约了用电成本，可谓一举两得。

3）小型智能气象站

在土方施工阶段，为减少土方开发作业时对空气的污染，保证扬尘治理更科学，项目专门配备了小型气象站。气象站包含PM2.5检测仪、温湿度检测仪、风向风速仪，实时将天气、空气质量动态数据显示在LED屏，为工地降尘提供科学依据。一旦PM2.5浓度超过 $75\mu g/m^3$ 的二级良好标准上限，中控室就会报警，于是项目就会通过停止土方施工，将土方覆盖，增加工地内部洒水次数等措施，将PM2.5控制在良好标准以内。

4）核心筒墙体喷淋养护施工技术

核心筒墙体喷淋养护施工技术。传统墙体混凝土养护都是人工浇水，很多水都被蒸发掉，这就大大造成了水源的浪费。项目将养护的皮管固定在墙体上，并在皮管上扎有若干小孔，需要养护时，开启水源阀门，水经过小孔喷流而出，养护人员操作也方便，既满足了养护效果，又达到了节约用水的目的。

5）自动喷淋养护系统

为保证混凝土的养护效果，避免人工浇水养护操作者的质量意识和工作态度影响而造成的养护不到位的"通病"。项目在有条件的流水段设置了自动喷淋养护系统。系统设有时间定时器和电磁阀，通过设置养护时间，按时开启水源，再由末端的喷淋装置进行养护。即保证了养护的及时性，又节约了人工。

6）建筑施工场地循环水洗车池

工程施工中，施工车辆进出频繁，特别是土方施工期间，车辆会携带大量的泥土，如果带有泥土的车辆直接上路，将会污染城市道路路面。传统洗车池都会对现场的土方、混凝土等车辆进行冲洗，但冲洗过程比较简单，即车辆停靠在大门内侧的洗车池进行冲洗，清洗过车辆的废水直接流入施工道路的排水沟进入污水排放系统。洗车用水一般都采用自来水，施工高峰期间，冲洗用水一次消耗量很大，清水只经一次使用便成为污水，水资源利用率极低，浪费了大量水资源。项目从节约用水的角度出发，设置了循环水洗车池，洗车池的集水槽下方设有三级沉淀系统，洗车的水经过三级沉淀又重新用于冲洗车辆，使得清洗车辆的废水可以循环利用，大大节约了水资源，提高了水资源的利用率。

7）太阳能热水技术

项目采用了太阳能热水技术。太阳能热水器系统有诸多优点：①无限能源广泛存在，最低成本供应热水。只要有阳光，即可进行光热转换，一年四季均可运行。②绿色环保产品，太阳能作为一种洁净的可再生能源，具有其他能源无可比拟的优点：无环境污染，无安全隐患。③使用寿命长，主要部件真空管设计使用寿命约为十五年。④与其他能源配套使用，可实现全天候运行。⑤经济效益显著。一次性投资，长期受益是太阳能热水系统的显著特点。一般情况下，太阳能热水器可在2～4年内全部收回投资。

8）高压静电油烟净化技术

为防止油烟对周围的环境造成污染，项目在食堂安装了油烟净化器，严格控制对大气的有害气体排放。油烟由风机吸入静电油烟净化器其部分较大油雾滴、油污颗粒均流板上由于机械碰撞、阻留而被捕集当气流进入高压静电场时高压电场作用下油烟气体电离油雾荷电大部分得降解炭化；少部分微小油粒吸附电场力及气流作用下向电场正负极板运动被收集极板上，并在自身重力作用下流集油盘经排油通道排出余下微米级油雾被电场降解成二氧化碳和水终排出洁净空气。

具体四节一环保措施罗列如下：

① 环境保护

如表2所示。

环境保护情况表　　表2

序号	拟采用项目措施
1	混凝土选用搅拌站供应，采用罐车密封运输，卸完混凝土后及时清扫地面，防止扬尘
2	场内易扬尘颗粒建筑材料密闭存放

续表

序号	拟采用项目措施
3	施工现场主要道路进行硬化处理，土方集中堆放用绿网进行覆盖
4	喷淋降尘技术
5	现场设置禁止车辆鸣笛的警示牌和标语
6	选用低噪声机械设备
7	搭设隔音棚
8	光污染遮光保护措施
9	设置沉淀池、隔油池、化粪池等，保证污水经处理后排放
10	现场污水排放 PH 检测
11	对于化学品等有毒材料、油料的储存地，设置隔水层，对渗漏液收集和处理
12	生活区现场采用透水砖地面。其余使用多余混凝土进行硬化处理，全现场无裸露土壤外漏
13	施工垃圾分类，其中可再生利用的材料进行有效的回收处理，重新用于生产
14	高压静电油烟净化技术
15	小型气象站

② 节材与材料资源利用

如表 3 所示。

节材与材料利用表　　　　表 3

序号	拟采用项目措施
1	运用 BIM 技术进行碰撞检测，避免拆改
2	采用定型钢模板周转使用，圆柱模板采用定型玻璃钢模板周转使用，施工完毕后由厂家回收清理，继续用于其他工地
3	墙体和顶板、梁模板均采用木塑板，统一回收再利用

③ 节能与能源利用

如表 4 所示。

节能与能源利用表　　　　表 4

序号	拟采用项目措施
1	施工、生活、办公用电分别计量，建立台账
2	现场办公室采用敞开的办公格局，合理利用自然通风、自然采光，并设置外窗遮阳措施，减少空调使用时间
3	临时施工用房使用热工性能达标的复合墙体和屋面板，顶棚采用吊顶
4	工人生活区宿舍采用低压照明
5	太阳能路灯和太阳能警示灯
6	集热式太阳能热水器技术
7	主要用电设备采用变频技术（塔吊等）
8	塔吊照明定时控制
9	LED 照明技术
10	办公区厕所照明采用声控控制
11	张贴节能标识牌

④ 节水与水源利用

如表 5 所示。

节水与水源利用表 表5

序号	拟采用项目措施
1	现场施工用水、生活用水分别计量、建立台账
2	签订标段分包或劳务和提供时,应将节水指标纳入合同条款
3	现场办公区、生活区的生活水用水均采用节水器具,节水器具配置率达到100%
4	派遣专人每天进行临水设施,杜绝跑、冒、滴、漏等,并将检查记录形成台账
5	混凝土采用覆膜养护等节水工艺
6	混凝土定时喷淋养护技术
7	现场工人厕所冲洗水箱安装定时器
8	洗车池循环水再利用技术
9	基坑降水利用技术
10	雨水回收技术
11	张贴节水提示牌

⑤ 节地

如表6所示。

节地情况表 表6

序号	拟采用项目措施
1	运用BIM技术对现场进行合理规划,实行动态管理
2	现场临时设施使用可回收利用的活动板房,职工宿舍满足 $2m^2$/人的使用面积要求
3	施工总平面布置应在批准的临时用地范围内组织施工,并根据现场条件合理设计场内交通道路
4	钢结构构件全部在工厂加工焊接成型,构件运至现场后直接进行吊装

(7) 成本保障,全过程管控,有偏差分析及调整措施

通过前文的分析,您可以发现霞光里项目任何一项目标的制定与实现过程均有商务人员参与成本核算及分析偏差,技术人员在方案分析制定的过程、现场人员执行方案的过程、安全质量人员监督执行的过程均会考虑成本的发生与偏差情况,并随时报至商务部进行分析,再反馈至技术部进行方案调整,以使方案达到可以推广的目的。

新技术、新工艺、新材料的应用更是要不断进行成本比对与分析,以提供行业以第一手资料形成自己的专业知识,增长经验,提高竞争力。

成本分析要以项目整体运营与人员发展的广阔视角进行分析。除了通过大量计算与模拟减少了一道混凝土内支撑、取消肥槽、减少连墙及上述节水节能等措施应用能直观的看到成本减少外,还有一些存在争议的措施。如尝试"盘扣架+方钢梁+几字梁+木塑板"的模架支撑体系,表面上比常规的"碗扣架+几字梁+木方+多层板"投入要高得多,但地下地上23层结构施工下来,前者节省的人工与工期产生了巨大的效益,不仅在成本上有所回暖,且给后续施工留出近两个月的余量,使因政府活动、雾霾等不可抗力延误的工期得以追回,在强大压力下结构封顶如期完成,给业主留下可信赖的良好形象,大大强化了二次营销的效果,因此在项目整体运营来讲,这项决定是非常成功的。

但也有如木塑板的使用,在本项目的整体投入来看不如多层板。选中木塑板是因为其天然的防虫防腐防潮,周转次数高,表面平整不起皮,剩余的板材废料可以作为生产原材100%回收,同时木塑板在行业内部尝试的项目不多,经验不足,因此选择尝试使用。但由于霞光里项目是三维弧形结构,不存在标准层楼板,70%的楼板板块都是由非正交的梁及弧形边缘构成,且尺寸逐层变化,导致模板切削量极大,最终投入超出模板总控量10%。在使用过程中积累了大量经验,总结出木塑板适宜使用的情况,用于墙面支模要注意适当加密背楞间距,因木塑板的刚度相对同厚度的多层板要差一些;用于楼板则要

存在大量由正交梁及直边板面构成的标准层楼板；且建议梁底模、侧模采用定尺模板，整张模板与切削模板分开存放，避免太阳暴晒，会导致其起拱变形，在无法避免的暴晒时建议洒水冲洗、降温。以上通过尝试使用获得的宝贵经验将在下个项目实施过程中得到纯熟运用。

通过以上举例说明了霞光里项目对成本控制与分析的重视，不仅仅是为了结算时的方便，更是沉淀出很多过程控制的经验，而不是在结算时发现较大偏差再回过头去寻找出处，这样使成本一直处于可控状态，也为领导做决策提供了实时更新的确切信息。

（8）思维与理念的培养——赢思汇及青年突击队的成立

培养大商务思维，全过程成本管控。

理念：技术部不是坐在屋子里写方案画图纸，商务部不是坐在屋子里算量写报表，工程部也不只在现场看图纸、组织施工，每个人都要从项目整体运营、持续发展的角度，培养自己系统、全面的思考维度，努力提升自己的认知高度。在掌握自己所在职位的工作后，向着所在系统纵深发展，同时目光又不能局限在一个体系中，要向着项目全过程管理的宽度发展。

霞光里项目员工平均年龄33岁，30岁以下的青年员工占比70%，成立霞光赢思汇及青年突击队。

赢思汇主要交流思想，保持思维活力，力争创新与尝试。如项目伊始，需根据二维图纸建立BIM立体模型，但当时项目上只有4人在新员工培训时参与过BIM相关软件基本操作的培训，大多数人没有接触过BIM模型。对于如此新鲜的尝试与挑战，刚成立不久的赢思汇当仁不让，主动承担起建立模型的任务。于是赢思汇利用下班时间，联系公司BIM中心组织了三天的集中培训，熟悉了Revit基本操作后进行详细分工，支护结构模型、地下结构模型、地上结构模型、关键施工工序模型、钢结构模型、关键节点模型等在15天之内一一完成，并加以整合、局部调整，极大的锻炼了识图能力，又使年轻的员工对项目整体结构及重要工序做法加深了认识。面对自己的作品，赢思汇成员欣慰而亢奋，因为我们发现BIM技术应用的更多可能还有待探索，也为此专门召开会议，大家畅所欲言，畅谈BIM技术的优势与当今用于建筑行业的局限性，憧憬BIM技术的未来，一阵狂热的头脑风暴，大家很享受这个气氛。

青年突击队立足实践，攻坚克难，培养勇于啃硬骨头的精神。团队成立时共18人，涉及技术、商务、现场、行政四大系统，团队组织结构图如图13所示。

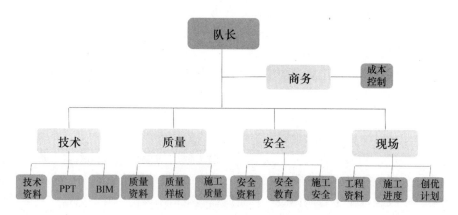

图13　团队组织结构图

由于霞光里项目各方面的目标高度定位，势必要接待诸多项目、团队、业主等观摩活动，因此观摩路线、内容、形式的策划就成为项目宣传的一大重点。青年突击队接到任务，当即召开分析会议，明确时间节点与分工，通过5次正式会议及无数次临时会议，在29天内完成了观摩方案及现场实施，协调了安全体验馆、质量样板、可视化交底、企业文化、项目文化、绿色施工技术应用、技术重难点、BIM技术应用体验馆等各项展示内容的定稿、制作及进场施工，安排4名队员全程进行讲解，分工明确，雷厉风行。此次策划与实施在局集团履约品质检查时受到领导的高度评价，并以此为蓝本，邀请我项目人员对局集团观摩活动进行策划。自观摩活动启动以来，霞光里项目已陆续接待公司不同业主、合作伙伴、公司其他团队、入职新员工、社会团体等观摩及检查活动70余次，成效显著。

四、管理效果评价

1. 技术成果

科学技术成果报告：

编号201711ZK1058 超深狭小基坑刚柔结合支护体系设计与施工综合技术 2017年11月28日。

技术论文：

圆管柱-混凝土梁连接环梁-环形牛腿串联组合节点施工技术《施工技术》2017年8月下第46套第16期。

智能测量机器人系统在弧形结构施工中的应用，BIM技术应用：

2017年，龙图杯全国BIM大赛施工组优秀奖——VR技术在霞光里项目的综合应用。

2017年，中国建设工程BIM大赛卓越工程项目一等奖。

2. 质量、安全、绿色文明施工及标准化成果

2017年，北京市结构长城杯金质奖。

2017年，中建一局集团CI示范工地。

2017年，北京市绿色安全样板工地。

2017年，北京市观摩工地。

北京市朝阳区安全生产管理协会会员单位。

2016—2017年度，中国工程建设安全质量标准化示范单位。

3. 进度成果

在进场延误、政府活动、雾霾停工等不可抗因素停工160天，三个春节及中高考降效的巨大压力下，在混凝土支撑拆除施工降效、组合结构复杂的节点施工、三维弧形结构变斜率技术难点的困难下，霞光里项目实现按时交付的完美履约，并且因此我司的专业能力之强、施工标准之高获得业主、监理的高度赞扬。

4. 经济成果

通过前期方案优化及施工过程中采取的节能节水等环保措施，最终节省成本约合合同额一个百分点。

5. 团队荣誉

2016年，中建一局集团建设发展有限公司廉洁文化示范点；

2016、2017年度，中建一局集团建设发展有限公司杰出团队。

6. 社会效益

霞光里项目通过严谨的管理与高效的实施，取得了良好的社会效益。项目在安全、质量、进度管控、绿色文明施工等各方面的高标准管理，使其在达成多有预定目标的同时，被公司视为各单位观摩、考察的重点项目，霞光里人也在70余次的接待活动中获得了大量经验，并多次交流、推广，观摩人员对霞光里项目的履约品质做出极高评价。

霞光里项目的完美履约，使业主相信了我司"专业可信赖"的企业品格，为中建一局"中国质量奖"锦上添花。

霞光里项目大胆尝试新技术、新应用，在实践过程中积累了大量经验，填补了行业内部分经验空白。并且注重青年员工思维活力及专业精神的培养，创新永远是发展不可或缺的动力，霞光里人也将积极创新、勇于尝试的精神作为霞光文化的精髓传承下去，使这个年轻团队的思维永葆活力。

7. 综合评价

以技术管理为中心的"GPDCAS"管理模式成效显著，在一个分工明确的项目部，技术系统作为

纽带和火车头，带动各系统紧密沟通，既减少了方案实施过程中因考虑不周或环境突变引发的成本失控，也加强了项目部的凝聚力，让每个人知道自己为了既定目标可以如何付出努力，看到自己的价值与成长，同时大大提升了工作效率。

成本控制贯穿始终，在目标制定、分析、实现的全过程，在人机料法环测六个方面进行全程管控，使成本始终处于可控状态。培养员工大商务思维意识，项目的健康运营与发展人人有责，塑造良好的学习氛围，努力加大思维纵深与宽度。

保持思维活力，实现业主需求，迎难而上，勇于尝试，将霞光文化继续传承与推广，不仅是每个霞光里人的本分，也是我们的社会责任。

技术先行 绿色助力 科技保障
实现高品质精细化项目管理

——中国建筑第八工程局有限公司北京化工大学体育馆项目

于景民 赵宝重 张 浩 魏飞龙 娄鹏鹏 陈亚宁

【摘 要】 北京化工大学体育馆项目是集训练馆、游泳馆、比赛馆为一体的综合性体育场馆项目。作为化工大学新校区一期建设中的标志性建筑，是同期众多项目中施工难度最大，社会关注度最高的项目，且工期、成本压力较大。通过绿色施工、技术管理以及科技创新，在保证现场质量、安全文明施工、工期要求的同时，实现了低成本竞争下的高品质管理，取得了良好的经济、社会效益。

【关键词】 绿色施工；技术先行；科技创新；低成本；高品质

一、项目成果背景

1. 成果背景

（1）社会背景：随着建筑行业的发展，建筑市场的低成本竞争成为无法回避的问题。与此同时，社会对施工单位在绿色施工、安全标准化、质量高品质等方面提出了越来越高的要求。

（2）项目背景：化工大学新校区位于北京市昌平区南口镇，总建筑面积共 100 万 m²，分三期建设。我单位承接的为一期的北京化工大学体育馆，管理目标为：建筑长城杯金杯、北京市绿色安全样板工地、绿色二星建筑。

体育馆项目为综合性体育场馆项目，工程总建筑面积 23000m²，地上四层，建筑高度 23.95m，共分为三部分：训练馆、4000 人球类比赛馆和游泳馆。

2. 选题理由

（1）理由一：体育馆项目是化工大学新校区一期建设中的标志性建筑，是同期众多项目中社会关注度较高的项目，且施工难度最大、工期紧张。

（2）理由二：体育馆项目投标总价低，成本压力较大，面临着"如何在低成本竞争压力下，实现高品质管理"的问题。

（3）我单位施工的一期的体育馆工程，与其他四家总包单位同期施工，过程竞争十分激烈。如何将本工程打造成八局的新亮点，实现以现场保市场，维护好化工大学这一优质客户，成为项目实施的重点。

3. 实施时间

项目实施计划时间表如表 1 所示。

实施时间表　　　　表 1

实施时间	2015 年 10 月～2017 年 9 月
分阶段实施时间表	
管理策划	2015 年 10 月～2015 年 11 月
管理措施实施	2015 年 11 月～2016 年 08 月
过程检查	2016 年 09 月～2017 年 08 月
取得成效	2017 年 08 月～2017 年 09 月

二、项目管理及创新特点

1. 管理重点与难点

（1）高品质——无论工程实体质量（长城杯建筑、结构金杯），还是施工现场管理方面（绿建二星、绿色安全样板），高品质要求越来越高。

（2）低成本——化工大学体育馆作为竞标工程，项目一方面要求展现非常高的现场管理水平和形象，另一方面，项目规模不大，造价不高，对商务工作来讲"开源点"比较少，利润较低。

（3）保市场——多家总包竞争，以现场保市场的，需打造特色、精品的项目名片，为后期的营销工作打下基础。

（4）总承包。一是现场施工条件差。作为新建校区，由于地处偏僻，现场存在水、电量不足、市政管线不通的问题；另一方面，体育馆功能齐全，专业复杂，专业分包近三十几家。尤其进入后期，总承包管理为重中之重。

2. 创新特点

本项目管理策划及创新点，主要有下几个方面进行：

（1）通过技术先行，带动部门联动，形成项目一体划策划。将技术工作前置，助推分供方招标、合同签订、设计管理等工作的提前开展。并通过与其他部门的联动，采用房间手册等方式，明确合同界面、组织界面、实体界面以及设计界面。

在低成本运营管理方面，通过统计大量的类似工程数据，形成不同技术条件下的万元产值用电量、用水量等相对参数，在此基础上制定本项目阶段费用指标，以便于用于过程中的费用复核。

（2）将绿色施工在诸如可周转路面、草坪、雾炮等初级应用的基础上，进行深层次应用。细化绿色施工的节点做法，将绿色施工成熟做法标准化；对于绿色施工创新应用，需在落地前对各项应用进行技术、经济指标核算，在综合考虑社会效益和经济效益的基础上，再决定是否采用，避免绿色施工的盲目跟风。

（3）科技创新作为项目发展的保障，建立了科技攻关小组，结合 BIM 二次开发和软件综合，提前解决施工生产中可能存在的问题，并形成阶段性成果总结。

（4）总承包管理方面，强化"设计管理能力、计划管控能力、采购管理能力、专业管理能力、资源整合能力"的五大能力提升，并重点对基础相对薄弱的计划管控能力、设计管理能力、专业管理能力进行夯实和创新。

三、项目管理分析、策划和实施

1. 管理问题分析

根据本工程重、难点及创优目标，综合考虑安全、进度、质量、成本等多项管理因素，确定本工程主要管理问题为 61.8m 大跨度网架安装、屋面多专业施工、工程成本控制、工程质量控制及安全文明施工等。

2. 管理目标策划

综合本工程特点及业主要求，制定本工程管理目标如表 2 所示。

本工程管理目标 表 2

序号	项目		主要内容
1	质量目标	质量标准	"北京市结构长城杯金质奖"
		创优目标	"北京市结构长城杯金质奖"
2	工期目标	开工日期	2015 年 11 月 2 日
		竣工日期	2017 年 8 月 31 日

续表

序号	项目	主要内容
3	安全文明管理目标	创北京市绿色安全文明样板工地
4	科技管理目标	创北京市新技术应用示范工程
5	绿色建筑目标	国家绿色二星级认证要求

3. 管理措施策划实施

(1) 技术先行，策划联动

1) 招标前置、技术先行

把各项招标前置，为技术先行提供条件（尤其是涉及深化设计专业）。两方面好处：充分研究讨论合同条件；确保了项目涉及近二十几个专业的深化设计，全部完成了合规性备案。

① 钢结构：对钢结构吊装方案进行整体优化（整体顶升），通过上下弦标高及支座型式调整，节省成本，扭转亏损项。

② 装饰深化：正式施工前6个月，我单位已向业主汇报并基本确定最终装饰方案。

2) 界面划分

通过合同界面与技术界面（工作界面）的核查和调整，确保总包管理和经济效益。界面划分如表3，图1，图2所示。

界面划分示意　　　　　　　　　　　　　　　　　　　　　　表3

序号	内容	划分方法
1	综合支架	项目将各单位安装管线进行综合设计和管理，并在各家扣除此部分费用，以便将各家分包纳入统一管理，节省排布空间。综合支架如图1所示
2	房间手册	项目编制了房间手册，重点确保两个方面的功能：确定装饰调整后最终做法，方便指导现场施工和验收；确定装饰与二次结构的工序界面划分，并将实际做法作为二次结构最终结算依据。项目房间手册如图2所示
3	空调电缆	空调专业电缆在清单中我单位与空调单位的重复，综合考虑双方的采购效益和工序穿插便利性，将此部分划调至专业分包
4	屋面	涉及金属屋面、钢结构、导光筒（后纳入）等7个专业，根据施工组织调整界面划分，由合同中落实

图1　综合支架

图2　项目房间手册

3) 双优化同步校核

① 方案优化：对钢结构吊装方案进行整体优化，最终由投标方案的单元吊装调整为整体顶升，节省成本。

② 设计优化：钢结构支座变滑动支座、立面自粘卷材取消除、金属屋面由镀锌钢板变更为铝镁锰

合金等，在不增加费用的同时，消除了常见的质量隐患。

4）现场费用核算与动态复核

过程中动态复核——根据清单量、检验批划分和施工部署，试验计划明确到检验批，进行预算和过程复核；对于水电费，通过与类似工程的对比，确定费用控制目标，并过程考核，及时调整。水电费过程复核如图3所示。

	单位平米非生产用水费用（元/m²）	单位平米非生产用电费用（元/m²）	单位平米非生产能耗（元/m²）
类似工程	11.2	17.3	28.5

	水费/元	电费/元	合计/元
2015年11-12月份	17984	33261	51245
2016年1-2月份	12749	21290	36317
2016年3-4月份	15336	18680	34016
2016年5-6月份	18884	20207	39091
2016年7-8月份	28325	36573	64898
2016年9-10月份	27732	29563	57295
2016年11-12月份	24763	28113	52876
2017年1-2月份	25761	18472	44233
2017年3月份	7952	9056	17008
合计	179486	215215	396979

图3 水电费过程复核

（2）绿色施工应用与创新

1）大量采用绿色施工标准化做法。本工程使用《北京市建设领域百项重点推广项目》18个项，使用2010版十项新技术17项。另外，在绿色施工方面，采用绿色施工手册中48项新技术如表4所示，绿色施工标准化如图4所示。

绿色施工技术　　　　　　表4

序号	技术名称	适用范围	序号	技术名称	适用范围
1	临时设施场地铺装混凝土路面砖技术	施工现场	25	太阳能生活热水应用技术	生活区
2	封闭式降噪混凝土泵房	施工现场	26	可移动式临时厕所	施工现场
3	施工车辆自动冲洗装置的应用	施工现场	27	可周转式钢材废料池	施工现场
4	食堂隔油池	生活区	28	BIM应用技术	项目管理
5	封闭式垃圾池	施工现场	29	推拉大门	生活区
6	干挂陶土板外幕墙施工技术	施工现场	30	临时设施、设备等可移动化节地技术	施工现场
7	盘扣式支撑架	施工现场	31	工地宿舍配电技术	生活区
8	预制装配式混凝土路面	现场/生活区	32	混凝土养护节水技术	施工现场
9	中建箱式板房应用	现场/生活区	33	新型石膏砂浆	施工现场
10	可周转工具式围墙应用技术	现场/生活区	34	手提套管的再利用	施工现场
11	定型化移动灯架应运技术	施工现场	35	喷雾式花洒防止扬尘	施工现场
12	一种链板式电梯门技术	施工现场	36	可周转洞口防护栏杆应用技术	施工现场
13	可持续周转临边防护	施工现场	37	工具式栏杆	施工现场
14	管线综合分布技术	施工现场	38	高大空间无脚手架施工技术	施工现场
15	屋面泡沫混凝土保温施工技术	施工现场	39	风管的优化节材措施	施工现场
16	雨水回收利用系统	施工现场	40	外墙混凝土养护技术	施工现场
17	自动加压供水系统	施工现场	41	现场塔吊镝灯定时控制技术	施工现场
18	无功功率补偿装置应用	施工现场	42	建筑施工中楼梯间及地下室临电照明的节电控制装置	施工现场
19	太阳能路灯节能环保技术	施工现场	43	临时设施（中建箱式板房）和安全防护标准化技术	施工现场
20	LED临时照明技术	施工现场	44	装配式施工场地硬化技术	施工现场
21	工人生活区36V低压照明	施工现场	45	临电限电器应用	施工现场
22	限电器在临电中的应用	施工现场	46	无功功率补偿装置应用	施工现场
23	项目部热水供应的节能减排	生活区	47	分体式太阳能应用	施工现场
24	太阳能光伏发电	生活区	48	可周转工具式围墙应用技术	施工现场

2）技术牵头，将拟采用的创新技术措施进行核算——包括中央空调、太阳能、泡沫厕所，不盲目

图 4 部分绿色施工标准化照片

立项,均在技术合理的前提,进行效益核算后采用。创新应用项目如图 5 所示,技术参数复核如表 5 所示,效益复核表如表 6 所示。

图 5 创新应用项目

技术参数复核　　　　　　　　　　　　　　表 5

			低温风冷热泵机组和分体空调技术参数对比			
	品牌	功率	制冷量	制热量	平方米制冷量	平方米制热量
项目使用	金万众	主机 41.3/44.4kW;室内盘管 0.06kW	129kW	165kW	108W/m²	138W/m²
以往使用	格力	1.2/2.4kW	3500W	4500W	175W/m²	225W/m²

效益复核表 表 6

成本类型	分体空调	中央空调
采购成本	1）通过以往工程来看采购一台分体空调 1.5 匹大约 2200 元/台（包括安装）； 2）空调外机护栏 240 元/个； 3）如果移机：90 元/台（本次经济性分析不考虑）； 4）充氟：240 元/台（只要移机必须充氟，本次经济性分析不考虑） 全部考虑新机总成本：2200 元/台×60 台＋240 元/个×40 个＝141600 元	1）工人生活区使用 FP-68WA 风机盘管（功率：60W/台）； 2）风机盘管按照 768 元/台考虑（实际采购成本）； 3）室外主机采用 MDHS-40 型空调机组（参数：冷/热功率 41.4/44.3kW）； 4）室外低温风冷热泵机组按照 81262 元/台考虑（实际采购成本）； 5）空调循环水泵、隔膜式气压罐、电子水处理器等费用 7658 元； 本次全部考虑新机设备采购成本：135000 元（包括所有设备机组、循环泵组、气压罐、电子水处理器）
使用成本	考虑每年按照 4 个月制冷，3 个月制热，2 年的工期计算（两个制冷两个制热周期，按照 15 小时/天考虑）。 制冷：1.2 度/小时·台×60 台×15 小时/天×1 元/度×30 天/月×4 月/年×2 年＝259200 元 制热：2.5 度/小时·台×60 台×15 小时/天×1 元/度×30 天/月×3 月/年×2 年＝405000 元 使用成本合计：259200＋405000＝664200 元	风机盘管运行： 制冷：0.06 度/小时·台×60 台×15 小时/天×1 元/度×30 天/月×4 月/年×2 年＝12960 元 制热：0.06 度/小时·台×60 台×15 小时/天×1 元/度×30 天/月×3 月/年×2 年＝9720 元 2）室外低温风冷热泵主机运行： 制冷：41.4 度/小时·台×1 台×15 小时/天×1 元/度×30 天/月×4 月/年×2 年＝149040 元 制热：44.3 度/小时·台×1 台×15 小时/天×1 元/度×30 天/月×3 月/年×2 年＝119610 元 使用成本合计：12960＋9720＋149040＋119610＝291330 元
总成本	采购成本＋安装成本＋管理成本＋使用成本＝141600＋664200＝805800 元	采购成本＋管理成本＋安装成本＋使用成本＝135000＋30000＋291330＝456330 元
总成本差	采用分体空调比中央空调成本支出高：805800－456330＝349470 元	

（3）科技创新

1）科技方面，编制科技策划，根据进度情况及实际需要，对科技目标进行分解。年度指标分解如图 6 所示。

2）BIM 技术应用如图 7 所示。

① 建立建筑模型，并对各专业模型进行整合，完成模型综合。提前避免了看台中心不符合业主要求所带来的工期延误；进行方案模拟、编制与交底。利用 BIM 模型，提取出各类实体工程量，作为施工管理及合约校核的手段；在方案编制与交底过程中，利用 BIM 模型派生剖面图、展示效果图，从而提高了方案编制准确性和交底的形象性。

② 利用对 Revit 进行了诸如数字化成果管理、模型评定等方面的二次开发，从而将建筑模型与施工资料、实测实量、质量验收整合到一起（图 8）。

（4）总承包管理

强化"设计管理能力、计划管控能力、采购管理能力、专业管理能力、资源整合能力"的五大能力提升和创新。

1）采用质量竞赛、安全之星等活动，推动专业分包的主体参与意识（图 9）。

2）实现人性化管理，并着力改善工人生活、生产条件（图 10）。

3）计划管理采用四轴逻辑关系图（图 11）与逻辑分工要点表（图 12），并根据进度计划，对召开专业分包进度协调专题会、深化设计进度专题会，形成深化设计备案等阶段资料，确保工程主线不受影响。

序号	指标项	分解项	计划完成时间	实际完成情况	责任人
1	QC	提高非固化沥青防水涂料一次验收合格率	2017.03.25	北京市一等奖	陈亚宁
2		降低单位平米非生产费用	2017.03.25	北京市一等奖	孙伟嘉
3	公司级综合及单项技术2项	大跨度网架外扩拼装、分层整体顶升施工单项技术	2017.04.30	已完成	赵宝重
4		外墙清水装饰砖施工单项技术总结	2017.04.30	已完成	赵宝重
5	公司级优秀施工方案2项	钢结构施工方案	2017.03.25	已完成	霍永敏
6		化工大学体育馆施工组织设计	2017.03.25	已完成	赵宝重
7	成果鉴定、外部开发项目验收1项	化工大学体育馆钢结构屋盖关键施工技术研究及应用	2017.03.25	修改中	赵宝重
8	专利申请3项（申报5项）	一种高承台电梯基础	2017.03.25	完成	赵宝重
9		一种大空间施工电梯拉结装置	2017.05.30	完成	孙伟嘉
10		一种简易的管件吊装工具	2017.05.30	完成	沈超
11		一种代替水表打压的可周转组合工具	2017.05.30	完成	霍永敏
12		一种金属屋面管道桥架固定支架	2017.05.30	完成	陈亚宁
13		脱开式中空双层墙体清水装饰砖施工	2017.05.30		赵宝重

图6　年度指标分解表

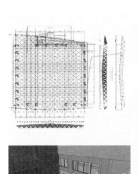

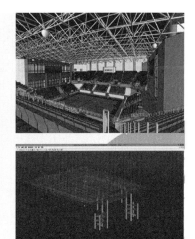

图7　BIM综合深化

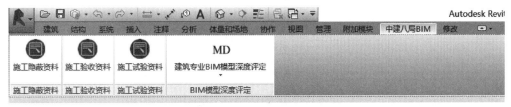

图8　基于BIM技术的二次开发

图 9 质量竞赛及安全之星评选

图 10 工人大食堂放电影及流动理发站

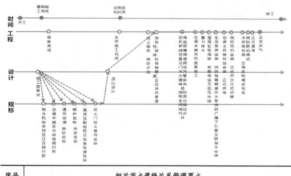

图 11 四轴逻辑关系图　　　　　图 12 专项计划（设计、物资、施工）

四、管理效果评价

1. 管理目标完成情况

（1）北京市绿色安全样板工地；

(2) 北京市建筑（结构）"长城杯"；

(3) 北京市工程建设优秀质量管理小组（一等奖，3项）；

(4) 国家级 BIM 技术奖项 2 项；

(5) 实用新型专利 5 项，省级工法一项，省级科技鉴定 2 项；

2. 社会效益

在实施过程中，不仅迎接了化工大学学校领导及教育部相关部门等各方的参观，也接受了昌平电视台对项目标准化及绿色施工进行了专题报道（图13）。同时，业主组织的对五家总包每月度评比均为第一名，得到了业主方良好的评价。为二期、三的营销工作打定了坚实的基础，打开了以现场保市场的新局面。

图 13　社会报道及观摩

以"专业 可信赖"的企业品格 完美履约中国超级厂房

——中国建筑一局（集团）有限公司合肥京东方第 10.5 代薄膜晶体管液晶显示器件（TFT-LCD）项目

赵海涛 孙江龙 李习硕 王志伟 樊 涛

【摘 要】 合肥京东方第 10.5 代薄膜晶体管液晶显示器件（TFT-LCD）项目位于安徽省合肥市新站开发区，属于开发区内地标性建筑。本项目建成后成为全球第一条 10.5 代线，刷新全球 TFT-LCD 生产线世代记录，使中国成为面板显示行业的引领者，使中国首次成为拥有最高世代液晶面板生产线的国家，引领全球面板科技进一步提升。管理团队以本项目为契机，大力体现和谐的环境意识，崇尚科学的文明风尚，以人为本的人文精神。在工程实施之前，项目部提前策划，细化目标，制定详细的管理措施，在绿色施工方面加大投入，运用创新的管理方法，圆满完成策划目标，取得了良好的效果。

【关键词】 绿色；新型；创新管理

一、成果背景

1. 社会背景

随着"改善人类居住环境，共创世界美好明天"的理念深入人心，坚持和谐的环境意识，崇尚科学的文明风尚，以人为本的人文精神，已经成为构建和谐社会、建设节约型城市不可或缺的精髓，也是贯彻落实新时代社会主义思想的具体体现。

2. 行业背景

世界显示行业曾经是日系及韩系的天下，没有中国企业的身影。京东方一马当先打破僵局，以光的速度和能量实现了历史的转变。2010 年京东方合肥第 6 代 TFT-LCD 生产线结束了中国大陆的"无液晶电视屏时代"。2011 年京东方北京第 8.5 代 TFT-LCD 生产线投产，真正实现了中国全系列液晶屏国产化。2015 年投建全球最高世代线 10.5 代线，开启全球显示领域新的里程碑。

3. 工程简介

合肥京东方第 10.5 代薄膜晶体管液晶显示器件（TFT-LCD）项目位于合肥新站综合开发区。厂区占地面积约 73.88 万 m^2；建筑物占地面积 34.75 万 m^2，建筑总面积为 128.39 万 m^2，包括 1 号建筑阵列厂房、2 号建筑成盒及彩膜厂房、3 号建筑成盒及模组厂房、4 号建筑化学品车间、5 号建筑综合动力站、6 号建筑废水处理站及其他单体建筑。TFT-LCD 生产工艺的阶段性产品主要包括 TFT Glass、CF Glass 以及 Cell Glass，最终成品是 TFT-LCD，在本工程中的工艺流向为 1 号建筑→2 号建筑→3 号建筑。此三者均为洁净厂房，对于温湿度、气压也有严格的要求，其余单体均为配套设施。

二、选题理由

合肥京东方 10.5 代线项目位于合肥市新站开发区，作为新站区地标性建筑，从开工伊始就受到政府、行业的重点关注，项目意义重大，无论是从该工程的社会影响程度角度，还是就其建筑规模大小而言，作为安徽省重点工程，其施工管理实践活动都是影响巨大的。

三、实施时间

如表 1 所示。

实施时间表　　　　　　　　　　　　　　　　　　　　　表 1

实施时间	2016 年 3 月～2017 年 12 月
分阶段实施时间表	
管理策划	2016 年 3 月～2016 年 4 月
管理措施实施	2016 年 4 月～2017 年 11 月
过程检查	2016 年 4 月～2017 年 11 月
取得成效	2016 年 4 月～2017 年 12 月

1. 国内最大单体厂房施工组织。1 号建筑 44 万 m^2，体量最大，工期最紧，单体施工和组织的每一个细节都关系到项目的成败。结构期间投入劳动力 1.2 万，总承包阶段 2.1 万人，称为历史级的劳动力投入。

2. 足以影响华东区域的资源配置。项目建设所需机械、材料、劳动力资源对华东产生"地震级"影响。

3. 合理部署塔吊安拆管理工作。项目共投入 50 台大型塔吊，在国内厂房实属首例。综合考虑塔吊资源、进场、安装、防碰撞、运行、维护、拆除工作，每个环节都涉及重大安全隐患，管理难度极大。

4. 安全管理创造奇迹。识别厂房特有的"十大危险源"及一般危险源，纵横向联动，与项目安全管理委员会形成联动。塔吊碰撞、交叉作业、夜间施工、材料吊装等控制难度大。安全投入不计成本。

5. 高标准打造厂区形象。世界级项目必须要有相应标准的厂区形象以满足各级领导的参观需求。在如此巨大的体量下，推行标准化、绿色工地、CI 等设施，费用及策划难度极大。

6. 大面积混凝土板面平整度控制。高科技洁净厂房内设备安装对平整度要求高，同时相邻建筑之间以连廊、管廊连接，对标高要求同样重要。招标文件要求，混凝土地面平整度需达到 2m/2mm，层间高差不得超过 2cm。

7. 1 号、2 号、3 号建筑必须采用悬挑式外脚手架。7 个月的结构工期，采用双排落地架无法满足部分施工要求，对市政管线、幕墙埋件、龙骨安装、材料清理都影响巨大。

8. 核心区大截面柱支设及浇筑。核心区框架柱截面最大为 1.8×1.8m，二层柱高度 13.7m，四层柱高 15～17m。采用可调式模数化散拼大钢模支设，同时采用串筒＋15m 定制振捣棒实现一次性浇筑。钢模板无对拉螺杆，形成清水混凝土。

9. 大面积密集水池防渗漏。厂房功能需求复杂，水池众多，且各类水池功能不同，因此水池不能有任何渗漏水现象，否则对业主工艺产生重大影响。项目优化模板设计，钢管做主次龙骨，穿墙螺栓减少 70%。

10. 总承包管理阶段，总承包沟通协调、安全管理工作量大。尤其是密闭空间、交叉作业、特殊气体、安防系统工程量大而复杂，管线排布复杂，预留预埋多。

四、管理策划及创新

1. 全面策划。作为国际型项目，总包有对行业、对时代的标志性建筑宣传的觉悟。因此开工伊始，以公司为主导，编制项目管理规划大纲、绿色施工样板工地实施方案和突发事件的应急预案入手，以科技创新为先导制定各项绿色施工方案和措施，明确各级管理人员相应责任，以此对施工全过程和各个关键环节进行严格控制与管理。对项目管理目标、难点、重点进行深入地分析研究，从"安全、质量、进度、成本"管理四个方面进行全面策划，以确保四大管理目标的全面实现。

2. 做好屋面超重钢梁吊装的施工技术创新。1 号、2 号、3 号建筑由于跨度大，洁净区天车荷载加大，导致屋面钢梁截面增大，钢梁最重分别达到15吨、15吨和8.5吨，对总体工程进度计划影响极大。由于塔吊吊装重量的限制，难以采用一台塔吊进行吊装，项目部通过对钢结构进行合理分解，综合使用双机抬吊、高空滑移、高空散装对接等安装技术，利用TEKLA计算软件验算工况，最终克服了安装条件的限制，在保证经济效益的前提下，安全实现了屋面钢结构吊装的进度管理目标。

3. 核心区高大板支撑体系创新。项目通过多方位调查，并进行严格商务核算，预采用从法国引进的新型盘扣架体，其纵横杆为镀锌钢管（直径60/80mm），主龙骨为L185、L150铝梁。该架体在同等承载力吨位相同的情况下，数量少20%材料，拆除时间加快近30%，较传统模架而言，可大大提升施工进度及施工成本。

五、管理措施

1. 安全管理措施。该工程安全管理措施较多，其中的重要安全措施有以下两方面：

（1）塔吊防碰撞管理。

1号、2号、3号建筑建筑内塔吊共计36台，主厂房塔吊土建结构施工处于同时期，群塔作业必不可少。因此塔吊防碰撞是项目安全管理的重点。

根据项目实际情况，项目统一管理，负责对施工现场各塔吊之间关系的指挥和协调工作。通过以往经验，总结塔吊"十不准""十不吊""塔吊五让"等内容，并悬挂于现场醒目位置。塔吊使用前，在塔吊塔顶、大臂尖、平衡臂尾部张挂红旗和设置夜间红色障碍灯，同时要做好对司机、信号工和挂钩工进行安全技术交底，其后每月进行1次。所属塔吊司机、信号工和挂钩工必须服从统一管理，接受其安全技术交底、检查和考核，持证上岗100%。当机械设备发生事故（件）时，必须及时抢救，保护好现场。与此同时，要立即上报领导和总包有关部门。各级对事故（件）的处理，要按"四不放过"原则，进行——落实。

（2）大面积高支模架体的安全措施。

该工程高支模架体近22万 m^2，预计投入4000人进行搭设，容易发生高处坠落、物体打击、架体倒塌的安全事故。因此安全管理极为重要。

针对高支模架体搭设的安全管理，我公司要求：①搭、拆模板支撑架的工作人员必须是经过考核合格的专业架子工，上岗人员应定期体检合格方可持证上岗。②搭、拆模板支撑架的工作人员做好安全技术交底及安全教育后方可上岗作业。③未经技术部门同意，任何人不得修改更变技术方案。④搭设、拆除顶架时应思想集中，团结协作，统一指挥，禁止在架子上打闹。材料、工具不得乱抛、乱扔。⑤遇六级以上大风或重雾、大雨时应停止工作，雨后架体进行验收，施工要注意防滑。

2. 绿色施工管理措施。绿色施工是该工程实现绿色建筑的一个重要环节。该工程绿色施工实践活动是贯彻落实科学发展观的具体体现，是建设节约型社会、发展循环经济的必然要求，是实现节能减排目标的重要环节。该工程严格按照住建部《绿色施工导则》和《绿色施工管理规程》组织施工。

（1）绿色施工策划。

首先确定绿色施工管理目标："安徽省建筑施工安全质量标准化示范工地"和"全国建筑业绿色施工示范工程"。策划制定绿色施工样板工地实施方案，制定全体作业人员绿色施工教育培训计划，并确定相应的费用支出计划。力图突破过去仅局限于选用环保型施工机具和实施降噪、降尘等简单措施，最大限度地实现节地、节水、节能、节材以及保护环境和施工人员健康与安全的绿色施工目标。加强教育培训，营造绿色施工氛围。

（2）绿色施工目标的分解量化。

主要对环境管理目标、节水目标、节能目标、节约用地目标、节材目标进行更细化的分解，并进行具体数量化明确。

（3）因地制宜统筹节地措施。

由于施工用地紧张，尤其是地下结构施工期间，对深基坑施工方案进行优化，减少土方开挖回填量,最大限度地减少对土壤的扰动,保护原有地质条件;在建筑周边永久性硬化场地部位设置钢筋、模板加工厂;做好材料供应计划保证合理衔接,减少临时周转区占用;充分利用已完成结构面堆放材料,并优化布置。

(4) 主要节水措施。

现场用水由总包项目部统一计划管理,并对各单位进行计量控制;设置雨水收集池,容量为400m³;现场所有水龙头全部使用节能水龙头,杜绝跑、冒、滴、漏和长流水现象;冲洗车辆、地泵等施工用水必须经过二次沉淀后用于洒水降尘使用;混凝土养护采用覆膜养护措施,减少用水蒸发,节省水源;现场设置雨水收集沟、收集并将雨水抽存在消防水池内作为养护用水;张贴节水标识,提高员工节水意识;签订分包合同时,将节水纳入条款。

(5) 全面开展的各项节能工作。

办公区、生活区夏季和冬季供暖均采用低能耗空调;夏季室内空调温度设置不得低于26℃。办公、生活用房的屋面、外墙施工时加强保温隔热系统与围护结构的节点处理,降低热桥效应。设置的施工配电系统与用电高峰基本平衡;用电均计量管理。均采用节能环保型的施工设备,合理安排工序,提高其使用效率,并按时保养、检验,确保其保持低耗、高效的状态。现场照明除低压照明外一律采用节能灯具。

(6) 各个施工环节的节材措施。

采用商品混凝土及预拌砂浆,减少扬尘的同时减少了现场临时占地,所有的钢结构构件均在工厂加工完成,节约现场施工时间的同时,节省了现场场地。

结构施工期间,对钢材、木材等原材料均集中配料加工;剩余料具分类入库,不用材料及时清退。装饰施工期间,木制品及木装饰用料、石材、玻璃等各类板材等均在工厂定制加工,不在现场加工。

大直径钢筋直螺纹连接技术,相对于绑扎及焊接,大直径钢筋连接采用直螺纹套筒一级接头具有降低成本、方便施工的特点。一级接头位置不受限制的特点可提高钢筋的利用率,控制钢筋损耗。

混凝土地面一次压光成型地面技术,对于后续装修施工要求水泥砂浆地面的区域,在结构施工过程中采用混凝土一次压光技术,表面一次性压光,能有效避免砂浆混凝土地面容易出现的起砂、空鼓、开裂等质量通病;同时也加快了施工进度。

钢结构深化设计技术,Tekla钢结构建模,分析并调整钢构之间、钢构与结构之间碰撞节点后可直接输出准确的钢结构构件加工图。

(7) 充分实施文明环保措施。

现场施工道路全面硬化,定时洒水、压尘。在路的围墙一侧设明沟排水;排水沟上盖铁篦子,并设1200mm(长)×1000mm(宽)×800mm(深)的沉淀池。

在厂区南侧主出入口设冲车池,配套设8500mm(长)×1850mm(宽)×1700mm(深)的三级沉淀池,使冲车池和沉淀池联通;并设高压泵冲洗、清洁出场车辆轮胎,清理剩余的混凝土和杂物,防止出场遗撒。

所有地泵均搭设防护、隔音棚,并设地泵的沉淀池。木工加工场均作隔音处理。

对施工现场周边裸露封土方及时进行覆盖或进行绿化,为工友们提供舒适的施工环境是总包应尽的义务。

3. 项目信息管理措施。针对总承包管理阶段,装饰、机电、弱电、洁净、外墙等包商众多,总承包沟通协调、安全管理工作量大的问题。总包项目部采用视频、网络等先进的信息管理手段辅助项目的各种管理工作,总分包各方信息的传递、交流工作变得快速有效,简便了项目信息管理工作。

六、项目管理效果评价

1. 获得2016年度"合肥市安全生产标准化示范工地"奖。
2. 获得2016年度"合肥市优质结构工程"奖。

3. 获得 2017 年度"北京市工程建设优秀质量管理小组"奖。
4. 获得 2017 年度"全国工程建设质量管理小组活动优秀成果"奖。
5. 获得 2017 年度全国"钢结构金奖工程"。

七、体会

在充分研究该工程特点的基础上，正确识别该工程的管理重点和难点，以人为本，以安全为前提，科技和管理创新并重，以绿色施工措施大幅减轻对合肥地区的环境影响，进而全面实现项目管理目标。

加强新技术应用 铸造体育馆精品工程

——中建一局集团建设发展有限公司华熙 LIVE·重庆鱼洞（巴南区体育中心综合整治）项目-体育馆工程

邓星河 唐 威 李 鸿 吕春播 朱 帝 郑小川

【摘 要】 本工程设计新颖，施工难度大，施工前项目部通过精心策划，科学部署，制定行之有效的施工计划，过程中运用新技术、新工艺，严格把控、精细化管理，按照"高效优质"方针组织工程实施，积极发掘和实施技术创新和技术创效，打造精品工程。实现项目部为业主服务、为公司创收的目标。

【关键词】 十项新技术；BIM 技术；质量管理；精品工程

一、背景及选题

1. 成果背景

华熙 LIVE·重庆鱼洞体育馆工程地处巴南区鱼洞，轨道 2 号线与 3 号线自场馆南侧插身而过。工程主要包含体育馆、热身馆及附属商业，总建筑面积约 11.6 万 m²。建成后将成为西南地区最大的体育赛事中心，承接 NBA 中国赛等国内外顶级赛事及演出。

华熙 LIVE·重庆鱼洞体育馆是继北京五棵松体育馆后，由华熙集团打造的又一个高科技大型体育场馆，作为西南地区最大的体育赛事中心，同时整个项目群是西南地区唯一的一个文化体育商业中心，具有重要的社会意义（图1）。

图1 华熙 LIVE·重庆鱼洞体育馆项目效果图

2. 工程项目概况

华熙LIVE·重庆鱼洞体育馆项目包含比赛馆、热身馆和附属商业用房。建筑面积115410m^2，其中，比赛馆观众席总数15886位，含活动3549位、悬挂看台692位。体育馆主体结构地下1层，地上6层，主体结构为现浇钢筋混凝土框架——剪力墙结构，屋盖钢结构为圆角矩形，采用双向交叉平面钢桁架结构。屋盖长126m、宽109.2m，桁架净高5.76~8.717m，面积12700m^2，重约3000t。外环桁架下弦底部设置有钢结构悬挂看台，看台共计24跨，设计理念国际领先。屋盖中部设有大型可伸缩漏斗屏，为全国首例。

主要参建单位如表1所示。

主要参建单位　　　　　　　　　　　　　　　　　　　　　　　　　　表1

建设单位	重庆华熙国信体育文化产业发展有限公司
设计单位	北京市建筑设计研究院有限公司
监理单位	重庆赛迪工程咨询有限公司
勘察单位	中国建筑西南勘察设计研究院有限公司
总承包单位	中建一局集团建设发展有限公司

3. 选题理由

本项目具有施工规模大、工期紧、有效使用场地小、施工难度大、质量要求高、安全风险大等特点，施工管理过程中唯有实现创新思维、精心策划、精细管理才能顺利完成任务，打造出又一个"时代精品"。

4. 实施时间

本工程2016年4月15日开工，2018年3月15日竣工，具体实施时间如表2所示。

分阶段实施时间表　　　　　　　　　　　　　　　　　　　　　　　　表2

实施阶段	实施时间段
管理策划	2016年3月~2016年4月
管理措施实施	2016年4月~2017年12月
过程检查验收	2016年4月~2018年3月
成果总结	2017年12月~2018年3月

二、管理及创新特点

1. 项目管理的重点与难点

（1）工期管理

本工程计划于2016年4月15日开工，至2018年3月15日竣工备案，历时700天。本工程总建筑面积115410m^2，体育馆结构造型复杂多为异形结构，施工工艺工序较多，如何实现现场高效施工是进度管理的一大难点。

（2）工程结构复杂

由于结构是大型体育场馆，主体结构复杂，包含大量弧形构件，高支模施工区域面积达7000m^2，层高10.85~18.55m，现浇看台区域面积6000m^2，钢屋盖桁架纵横交错，呈双曲面状，杆件截面多变，节点形式多样且极为复杂，跨度长向126m，短向109.2m。

（3）质量控制管理

现场施工钢结构工程的质量管控从原材采购、进场验收及保存、安装精度质量控制、连接质量控制、防腐防火质量控制、成品保护等都是质量管控的重点。

（4）安全管控难度大

本工程大跨度钢屋盖下部净空高达30m，施工过程中无法避免高空作业，且结构临边洞口较多、现场使用大型机械频繁、群塔作业管理、立体交叉作业等都是现场安全监督重点，如何有效的控制及排除现场施工的安全隐患是本工程的安全管理难点。

（5）施工技术管理

本工程钢结构施工涉及较多先进技术，如何将项目编制的施工组织设计以及各类方案，在施工过程中切实可行地落实到位，是技术管理工作的重点。

2. 管理创新特点

（1）创新优化施工技术

根据合同工期要求，项目部本着以"创新优化、高效优质"八字方针为核心，做好前期技术管理策划，保证技术先行。在经过多次策划对比分析以及征得业主单位同意后，创新性的提出大跨度屋盖钢桁架施工采用中心区域整体提升＋外环桁架整榀吊装相结合的施工方案。

中心区提升桁架重约1300t，面积5712m²，地面拼装采用汽车吊依次拼装。设置8个提升点，每个提升点设置一组提升支架和一台450吨级的液压提升器。桁架提升上下吊点通过17根直径为17.8mm的钢绞线连接，提升时8台液压提升设备同步整体提升。外环桁架区域约7000m²，36榀主桁架长度23～24m，单榀最大重量25t，吊装采用650吨履带吊整榀吊装就位（图2）。

图2 桁架整体提升就位

方案策划、制定从初期的常规方案选择，到后来摒弃单一方式的施工方案，创造性的采用组合式的方案，最大限度的满足了业主方的各项要求。此方案在施工时，可先于主体结构完工时插入施工，可保证钢屋盖桁架内、外环同时进行施工，亦可保证钢结构与土建、机电等专业施工互不制约。同时相较于常规施工方案更为安全可靠，本方案85%的作业量都将在地面操作完成，最大限度的保障了工人的人身安全以及工程施工质量。此方案相比常规的大跨度钢结构施工方案，在总工期上至少提前2个月。

（2）充分利用BIM技术

钢屋盖桁架结构形式复杂、节点众多且构件多为曲面，通过BIM技术对整个屋面进行三维建模，后对节点进行优化设计，最后到深化出图（图3、图4）。

通过BIM技术可实现并能解决桁架杆件间的碰撞校核，确定各杆件的具体安装位置，减少返工量，降低安装难度，提供工作效率和工程质量，减少材料损耗节约成本。（图5）

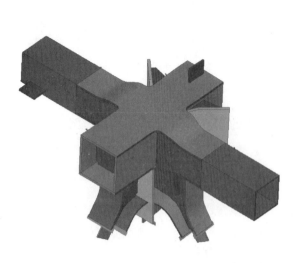

图 3　桁架上弦 BIM 模型节点

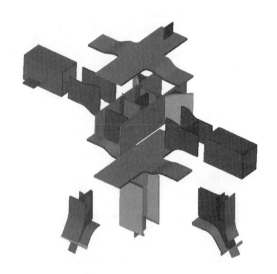

图 4　桁架上弦 BIM 模型拆分节点

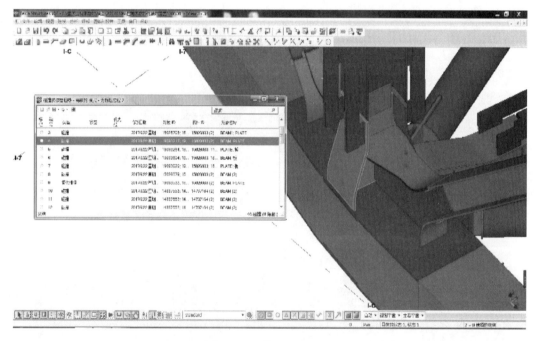

图 5　BIM 模型碰撞校核

（3）大力实现装配式建造技术

积极响应装配式建造施工技术，加快施工进度，提高安全文明施工水平。由于本工程钢结构采用中心区域液压整体提升，因下部结构无可靠的提升支点，考虑桁架下部结构众多，可预留结构较少的情况。需另行设计提升支撑架作为桁架提升的受力体系，经与设计单位和业内专家多次共同探讨研究，考虑到工程的工期紧张、结构自重大、提升高度高以及经济环保等因素，最终确定采用预制格构式承重支撑架，共需 8 组 16 个支架，支架高 43m，每个支架由 11 个标准节和 1 个转换节组成，标准节间采用高强螺栓连接。装配式格构支架技术的应用，其关键在于前期的设计计算阶段，通过有限元分析软件对支架进行整体和局部的承载力、稳定性等相关信息进行验算，对结构进行优化，根据规范要求确保足够的安全系数（图 6）。

装配式支架实现了大部分加工制作过程在工厂完成，标准化的加工生产更能够保证施工质量，节省现场工人除锈、防腐、焊接等工序，为现场施工节约了场地和时间。

（4）项目"互联网＋"技术应用

现场管理采用"互联网+"已成为建筑行业管理的主流，项目部积极落实推广中建一局集团倡导的"互联网+"新技术的应用。通过现场监控、项目内网、手机终端的互联，实现对现场质量、安全、进度的全过程跟踪管理。通过管理人员的手机终端APP，实现在过程中发现问题即时上报、落实整改、整改复查、问题核销、月终总结考核的一套具体流程，实现现场信息化监管的目标。（图7）

图6 装配式支架现场吊装

图7 手机终端质量安全管理APP

物资信息管理采用二维码技术，在项目钢结构工程中，对出厂的构件编号、尺寸、重量、安装位置等重要信息采用二维码标识。构件进场验收时，通过手机扫码功能可清晰的知道构件所有信息，真正实现了无纸化的信息技术管理。（图8）

（5）结合项目特点，积极推广应用新技术

针对项目工期紧、做法工艺复杂，工程质量要求高的特点，项目有针对性的进行施工策划和实施，策划过程中加大工程中的科技含量，积极应用住建部"十项新技术"，并进行创新，共计使用7个大项中的26项新技术，具体情况如表3所示。

图8 构件粘贴二维码

建筑业新技术应用　　　　　　　　　　　　　　　　　　表3

序号		主要应用技术项目	计划应用部位	施工阶段计划
1	钢筋与混凝土技术	自密实混凝土技术	主体育馆型钢柱、型钢梁	2016年5月～2017年6月
2		高强钢筋应用技术	主体育馆柱、梁	2016年5月～2017年6月
3		高强钢筋直螺纹连接技术	主体育馆柱、梁	2016年5月～2017年6月

续表

序号	主要应用技术项目		计划应用部位	施工阶段计划
4	模板脚手架技术	销键型脚手架及支撑架	混凝土结构施工	2016年5月~2017年5月
5		清水混凝土模板技术	框架柱、看台	2016年5月~2017年6月
6	钢结构技术	钢结构深化设计与物联网应用技术	比赛馆主体、屋盖、热盛屋盖等	2016年3月~2017年12月
7		虚拟拼装技术	比赛馆、热身馆钢屋盖	2017年5月~2017年9月
8		高效焊接技术	比赛挂钢结构焊缝	2017年2月~2017年11月
9		钢结构滑移、顶(提)升施工技术	比赛馆屋盖场心区域整体提升施工	2017年6月~2017年7月
10		钢结构防腐防火技术	比赛馆桁架防火涂料	2017年6月~2017年12月
11		钢与混凝土组合结构技术	比赛馆主体柱、梁结构	2016年12月~2017年5月
12		索结构应用技术	热身馆钢柱	2017年9月
13	机电安装工程技术	基于BIM的管线综合技术	机电深化、施工	2016年3月~2017年12月
14		薄壁金属管道新型连接安装施工技术	结构、钢结构部位风管安装	2016年12月~2017年12月
15	绿色施工技术	建筑垃圾减量化与资源化利用技术	全项目施工过程	2016年4月~2018年3月
16		施工现场太阳能、空气能利用技术	全项目施工过程	2016年4月~2018年3月
17		施工扬尘控制技术	全项目施工过程	2016年4月~2018年3月
18		施工噪声控制技术	全项目施工过程	2016年4月~2018年3月
19		工具式定型化临时设施技术	全项目施工过程	2016年4月~2018年2月
20		建筑物墙体免抹灰技术	体育馆、热身馆二次砌筑	2017年4月~2017年12月
21	防水技术与围护结构节能	防水卷材机械固定施工技术	比赛馆、热身馆屋面防水施工	2017年11月~2017年12月
22		地下工程预铺反粘防水技术	比赛馆、热身馆基础底板防火施工	2016年10月~2017年2月
23		种植屋面防水施工技术	附属楼屋面施工	2017年12月~2018年1月
24	信息化技术	基于BIM的现场施工管理信息技术	比赛馆、热身馆主体钢构、机电施工	2016年11月~2018年2月
25		基于互联网的项目多方协同管理技术	比赛馆、热身馆主体钢构、机电施工	2016年11月~2018年2月
26		基于移动互联网的项目动态管理信息技术	比赛馆、热身馆主体钢构、机电施工	2016年11月~2018年2月

三、项目管理分析、策划和实施

1. 管理问题分析

工程建筑面积115410m^2，结构形式复杂，施工工序及工艺众多，结构施工阶段钢结构屋盖施工工艺复杂，装修阶段各区域精装面积多且工艺复杂，在相对较短的工期内合理策划流水施工、质量管控及安全文明施工具有一定难度。工程为大型综合型体育场馆，具有较多高精尖的特殊工艺，要达到既定创优目标，唯有加强团队建设、建立健全各项管理制度、强化落实问题整改、深入贯彻精细化管理的核心理念，务必做到人无我有，人有我优，人优我精的工匠精神。

2. 管理措施策划实施

(1) 项目管理策划

1) 工程项目筹备前期，组织具有丰富施工经验和管理经验的项目经理，以及一批业务能力优秀的管理人员，共同组建高效、统一的管理团队。根据现场质量体系结构要素构成和项目施工管理的需要，在公司总部服务和指导下，成立由项目经理为核心，现场经理、钢结构经理及总工组织实施，技术部、质量监督部、工程管理部、钢结构工程部、安全部、物资管理部等各部门具体实施的质量保证体系，建立从项目经理部管理层、作业队伍管理层到作业班组操作层三个层次的现场质量管理职能体系，从组织机构上保证质量目标的实现。

2）建立项目质量岗位责任制和质量监督制度，明确分工职责，落实施工质量控制责任，使工程质量水平始终处于受控状态。

3）建立以专业管理和计算机管理相结合的科学化管理体制，全面推行科学化、标准化、程序化、制度化管理，以一流的管理、一流的技术、一流的施工和一流的服务以及严谨的工作作风，精心组织、精心施工，确保实现质量目标，履行对业主的承诺。

4）建立以计划先行、方案先行的技术管理制度。以施工总进度控制为基础，确定各分部分项工程关键节点和关键线路，并以此为控制重点，每月、每周进行检查落实、实施奖惩。以设计图纸及现场施工情况为基础，确定优选方案思路，提前策划编制切实可行的施工方案，确保做到交底先行、样板先行制度。

5）加强与业主、监理公司的合作与协调，施工过程中出现的问题及时有效的沟通解决，切实做到服务业主。同时加强各分包单位的协调管控工作，在为分包提供有利施工条件的同时，实现公司管理目标。

（2）组织管理措施

成立相应的技术攻关、质量QC、进度促进、安全保障等专业管理管控小组，由项目经理牵头，各骨干管理成员为组员，通过小组成员认真贯彻落实合同项目策划的各项目标方针。明确管理责任，进行职责分工，确保每一项工作有固定责任人，避免工程管理的盲点，实现对技术创新目标、质量管理目标、进度管理目标、安全管理目标的实现。

（3）总包协调管理措施

1）推行目标管理

以合同工期为依据，编制总进度计划，并在此基础上进一步优化，将总控计划目标分解为阶段目标，分层次、分项目编制年度、季度、月度计划。与分包商签订责任目标，指定分包商对责任目标编制实施计划，进一步细化到月、周、日，并分派到各班组具体落实。形成日计划推进周计划、周计划推进月计划、月计划推进季度计划的目标管理体系。

同时由总进度计划派生出材料进场计划、构件加工计划、二次深化设计计划、分包进场计划、技术保障计划等一系列计划，使进度计划管理形成层次分明、实际有效、贯彻始终的特点。

2）实行严格的质量管理制度

本工程质量管理遵循质量例会制度、质量会诊制度、质量讲评制度、每周质量例会、每月质量检查讲评、样板先行制度、三检制和检查验收制度、挂牌制度、问题追究制度、奖惩结合制度。严格的质量验收制度及质量控制制度是保证本工程质量优良的根本。

3）建立例会、协调会、专题会制度

项目每周一、三、五召开所有分包参加的生产例会，周二、周四召开专业分包协调会，通过生产会、协调会提出现场施工问题和安排落实整改。不定期召开专题会，实现预防、排除现场重大隐患问题，以及解决现场已出现的各类问题（图9）。

3. 过程检查控制

（1）技术措施

本工程从开工伊始，坚持实行技术方案原则先行的原则，从理论指导上，带有预见性的为工程质量设置了保障。针对每个工序、每个专业工种施工前进行书面技术交底，对设计做法、施工工艺、要达到的质量标准、施工中可能出现的质量问题及处理意见等做出详细的叙述和要求。在施工过程中，技术人员现场不间断地进行监督和交底，确保工程按照规范要求、设计要求及方案要求进行施工。

（2）质量措施

1）严格按照国家规范要求、设计图纸要求和施工方案要求进行质量检查、验收。

2）每批原材料进场都经专业材料管理人员检查验收，并根据规范要求进行原材进场复检，检查合格的材料采用分类挂牌存放管理。

图 9 质量专题会议

3) 过程质量管控坚持落实样板先行制度，统一施工工艺和施工技术，合理缩短工艺技术间歇时间；对上岗人员进行技术培训，增加人员的熟练度。

4) 施工过程严格实行"三检制"和检查验收制度，在施工过程中，坚持做好每道工序的质检工作，并对检查验收合格的工序做好记录。

5) 项目部每月对现场施工质量以及各分包管理水平实行质量考评，每季度实行一次季度考评，每年进行一次质量总考评。

6) 实行项目全员质量管理，组织质量检验工程师严格按照施工规范和验收标准，对分项、分部、单位工程进行质量检查评定。同时每道关键工序与隐蔽工程施工前请监理工程师现场见证、监督、检查，避免因质量问题造成的返工和工期延误问题。

(3) 绿色安全措施

项目安全施工管理实现全员全过程动态管理，项目每周一和重大节日前，定期举行全员安全例会，每周五开展安全质量联合检查。项目从开工伊始就实行全员化的安全管理模式，所有管理人员有责任有义务对现场安全问题进行发现和处理。积极推广落实四节一环保绿色施工措施，在扬尘治理、噪声控制、节能环保等方面取得来了良好效果。

4. 方法工具应用

(1) BIM 技术应用

项目成立之初便组建 BIM 小组，应用 BIM 技术推进项目技术管理水平，为质量、进度、成本管理增效。土建、钢构、机电等专业均运用不同的 BIM 软件对工程项目进行建模分析、结构优化、深化出图（图 10）。

各专业的 BIM 模型通过软件转换后实现互通，完美的解决各专业间因施工内容不同造成的结构碰撞和施工作业面拥挤等问题（图 11）。

(2) 装配式建造技术的应用

本工程钢结构施工本身即为装配式建筑，大跨度钢梁在加工厂进行加工制作，预制成理想构件后，运输至现场进行装配式安装。同时在施工过程中所用到的格构式提升支撑架也采用装配式技术，方便实用又能减少焊接带来的环境污染。本工程设计的格构式支撑架体系，安全经济，节约工期，具有很好的

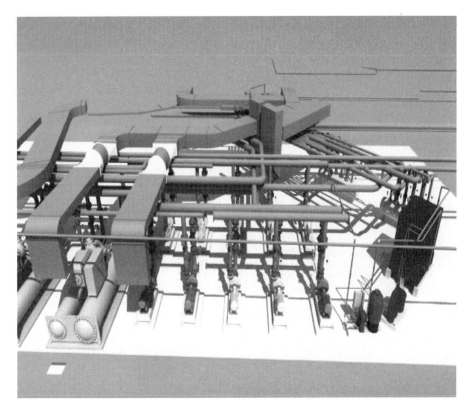

图 10 机电 BIM 管线排布

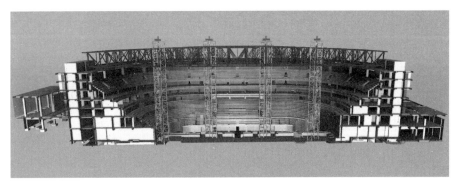

图 11 土建、钢构 BIM 模型组合分析

推广价值。为同类工程具有很好的借鉴作用。

（3）利用互联网技术

通过及时通信软件、CCTV 监控系统、"云建造"安全质量管理 APP 等现代化信息技术实现项目的全过程高效管理。

四、管理效果评价

1. 获得奖项

荣获中国钢结构金奖；

荣获重庆市三峡杯结构优质工程奖；

荣获住建部绿色施工科技示范工程；

荣获重庆市建筑业新技术应用示范工程；

荣获重庆市文明建筑工地；

荣获重庆市巴南区十佳安全文明工地；
荣获重庆市巴南区十佳质量样板工地；
荣获中建总公司CI示范工地；
荣获中建一局集团2017年度省市级观摩考察样板工地；
发表科技论文2篇。

2. 经济和社会效益

本项目位于重庆市巴南区，建成后极大地推动了巴南区的经济发展，同时为当地居民生活带来了积极影响，给社会创造了巨大的效益和影响力。项目的成果为华熙集团在体育商业方面的长期发展打下坚实基础，为其全国化的布局发展做出了重要贡献。本项目的成功再次实现了我司塑造精品工程实力，彰显专业可信赖的企业品格，圆满的履约服务为扩大公司声誉起到了积极影响。

五、结语

我们通过精心策划、优化施工、合理穿插以及灵活运用新技术、新工艺，使得本项目圆满地完成了工期、质量、安全的各项指标，达到了缩短工期、压缩成本、打造精品工程的目的，在这样的一个大型公建项目中积累了丰富的管理经验，培养出了大量优秀管理人才，扩大了公司的竞争力及影响力，为公司的后续发展起到了积极作用。

强化总包管理 实现项目履约 创建精品工程
——中国建筑第八工程局有限公司军博展览大楼加固改造工程

邵学军 任超平 樊海建 于 超 国大禹

【摘 要】 中国人民革命军事博物馆是最后一个进行改建扩建的建国十周年首都十大建筑，也是我国唯一的国家级大型综合性军事博物馆，同样也是我国重要的爱国主义教育基地。军博展览大楼加固改造工程地理位置特殊，政治意义重大，施工技术难度高，在工程实施之前，项目部运用总承包管理方法，提前策划，细化目标，制定了详细的管理措施，加强过程检查和控制，在工期、质量、技术、安全等管理中创新管理方法，圆满地实现了策划目标，取得了良好的效果。

【关键词】 总承包；绿色施工；科技创新；质量创优

一、项目成果背景

1. 工程概况

军博展览大楼加固改造工程位于北京市海淀区长安街西延长线-复兴路北侧，占地面积 97929m²，总建筑面积 15.3 万 m²，其中建筑改造 3.3 万 m²，扩建建筑 12 万 m²。扩建建筑地下两层，地上 3~4 层，檐口高度 38.25m。

结构形式为框架剪力墙结构，中央兵器大厅为钢结构屋盖，主要分为陈列展览区、文物库藏区、实验研究区、观众服务区、综合办公区、安全监控区、后勤保障区、设施设备区、地下停车区九大功能区。工程于 2014 年 6 月 4 日开工，2017 年 5 月 31 日竣工。工程效果图如图 1 所示。

图 1 工程效果图

2. 社会背景

中国人民革命军事博物馆是中国唯一的国家级大型综合性军事博物馆，是国庆十周年首都十大建筑之一。军博作为系统展示我党领导人民革命斗争历史的唯一场所，是党、国家和军队重要的宣传阵地。2012年9月，军博展览大楼加固改造工程经中央军委批准实施，按照国际一流博物馆建设标准进行建设，2017年8月1日前开放，献礼建军90周年，工程建设有高度的政治性，必须按计划、保安全、高质量完成，建设成为"鲁班奖"精品工程。

3. 选题理由

（1）该工程设计深度不足，图纸问题较多，项目发挥总包技术优势，通过加强技术管理和深化设计管理，有效的解决设计问题。

（2）使用方、代建方、设计方等参建单位数量众多，各单位的协调至关重要，对总包管理能力提出严峻考验。

（3）该工程地理位置及政治意义特殊，而且工程建设期间，部分区域正常对外开放，安全管理、文明施工、绿色建造等要求非常高，这就要求总包单位在安保、安全、文明施工、绿色施工等管理方面采取有效的管理措施，做出周密的部署。

（4）该工程质量目标要求创建"鲁班奖"，各项施工内容必须经过详细的策划，在施工管控中充分发挥总承包管理优势，统一目标，打造鲁班奖工程。

（5）现代工程建设中，这种大型的公共建筑建设项目，总承包管理变得日益重要，我们从工程开始就确定了各项管理目标，强化总包管理，实现项目履约，创建精品工程。

4. 实施时间

本工程实施时间是2014年6月～2017年7月。

二、项目管理及创新特点

1. 管理重点及难点

（1）建筑功能特殊，工程受关注度高，社会意义大：原军事博物馆为国庆10周年首都十大建筑之一。同时作为系统展示我党领导人民革命斗争历史的唯一场所，是党、国家和军队重要的宣传阵地，也是重要的爱国教育基地。改扩建工程要求2017年8月1日前开放，献礼建军90周年，工程建设有高度政治性，工程建设必须按计划、保安全、高质量完成。

（2）地理位置特殊，安全文明施工要求高：本工程所处位置特殊，正门口为长安街延长线复兴路，东侧为军委大楼，西侧为中央电视台大楼及京西宾馆等国家重要部门。本项目工程要求确保"北京市绿色施工文明安全工地"，"全国建筑业绿色施工示范工程"，文明安全目标高，管理要求高。

（3）质量标准高，确保"鲁班奖"：本项目工程要求确保获得建筑工程最高奖"鲁班奖"，建设标准要求高，无论从建筑规划、设计到施工等一系列环节，都注定要求以卓越的品质作为保证，与军事历史博物馆的地位相匹配。

（4）对分包单位管理、协调、配合和照管：本工程工程量大、场地狭小、协作单位多，各专业工种之间的穿插协作极为频繁。如何建立强有力的项目组织机构，确定最优施工组织路线，合理调配各分包施工人员，协调各协作单位的工作步伐，保证整个项目施工的顺利进行，将是确保工程竣工后能完满实现其使用功能的关键。

（5）平面规划及场内外交通运输组织：工程地处市中心，交通受限，加之本工程土方、混凝土、钢筋、钢结构等运输量巨大，所以如何组织好本工程的交通运输管理，是影响本工程施工进展的重大环节之一。因现场可利用场地十分狭窄，本工程施工场地及临时设施布置必须进行科学有序的动态布置与管理。

（6）施工技术难度大：

1) 中央兵器大厅钢屋盖安装难：中央兵器大厅钢屋盖，总用钢量为892.2t，平面尺寸136m×

64.5m，安装高度 27.96m，安装场地为-0.100 结构板，四周均为混凝土多层结构，需合理选择安装方案，既保证施工安全和质量，又减少对结构的影响。

2）高支模架施工难：-1 层、1 层、2 层、3 层，层高分别为 9.0m、8.3m、8.0m、8.0m，4 层观众服务区层高达 11.5m，高支模架在整个工程施工中需作为一个重点来控制，在保证高支模架施工安全、质量的前提下，加快施工进度。

3）超长无缝结构裂缝控制难：结构平面尺寸 214m×111m，无永久结构缝，需采取可靠的技术措施，做到超长结构混凝土施工裂缝控制。

4）实现新楼与老楼建筑风格的传承难：老楼的琉璃瓦檐口、仿石涂料墙面、蘑菇石、建筑花饰、铜门等，需采用现代工艺达到建筑风格在新楼的传承。

2. 管理创新特点

(1) 体系动态调整，专人专业专管

依据工程自身特点及承发包模式，建立随施工阶段变化调整的总承包管理体系，以工期为主线，以成本为核心，以考核为手段，以多专业协调为抓手，推行"全过程、全方位、全专业"的"三全"管理。建立总承包管理组织机构，将各专业进度控制、质量技术、安全环保、成本控制等全面纳入总承包管理体系。总承包项目管理组织机构如图 2 所示。

随工程施工进展，从公司总部调入具备专业管理能力的工程管理人员，如钢结构工程师、预应力工程师、幕墙工程师、安装工程师、深化设计工程师等，做到专业对口，管理有效。

(2) 平面动态管理，充分利用场地

由于现场场地狭小，南广场正常对外开放展览，新建、改建同时多专业同步展开，造成现场可利用场地进一步缩小，必须采用动态调整的平面布置管理，科学充分的利用有限的场地。

1）对深基坑施工方案进行优化，基坑分两期开挖，利用二期区域作为一期加工场和道路，并在二期开挖时，利用二期土方回填一期基坑肥槽。

2）利用基坑放坡位置，通过支护设计院核算，搭设可拆卸周转的物料平台，增加现场可利用场地。

3）利用中央兵器大厅位置楼面空间，在钢结构屋盖施工前，作为结构施工阶段材料加工场地和物料周转场地，在钢结构屋盖施工后，作为内装及机电加工场地，增加可利用面积约 8800m²。

(3) 获取甲方授权，加强分包管理

本工程为施工总承包项目，室内装修、建筑智能、电梯、消防等专业工程均为业主独立分包。为加强总包单位对甲方独立分包的管控能力，总包通过参与甲方招标文件的编制、分包合同条款拟定等过程，将项目管理目标、总包管理权限写入分包合同，并获取分包工程款支付审批权限，极大的加强了总包对独立分包的管控力度。

(4) 技术科技创新，克难提质增效

1）结构整体分块跳仓施工技术

本工程结构东西向长 214m，南北向 111.45m。通过采用跳仓法施工技术，取消底板、外墙、顶板及地上全部结构后浇带，克服了超长结构裂缝控制难题，有效提高了施工质量安全，并缩短了工期。

2）中央兵器大厅钢屋盖整体提升安装施工技术

中央兵器大厅钢屋盖长 136m，宽 64.5m，重量 890t，采用液压整体提升安装施工技术。钢屋盖基本构件在工厂加工完成，首层中央兵器大厅地面进行拼装，待屋盖拼装完成后利用计算机控制系统控制屋盖提升。避免了大量高空焊接操作带来的质量、安全风险，减少了对楼面结构的干扰，并有效缩短了工期。通过总结经验，形成专利 3 项，工法 1 项。

3）超大预留洞口吊模施工技术

结构施工共布置 5 台塔吊，全部位于结构内部，均穿越结构楼板，各楼层形成大量的超大预留洞口，且楼层均高达 8m 以上，传统支撑架支模施工困难。

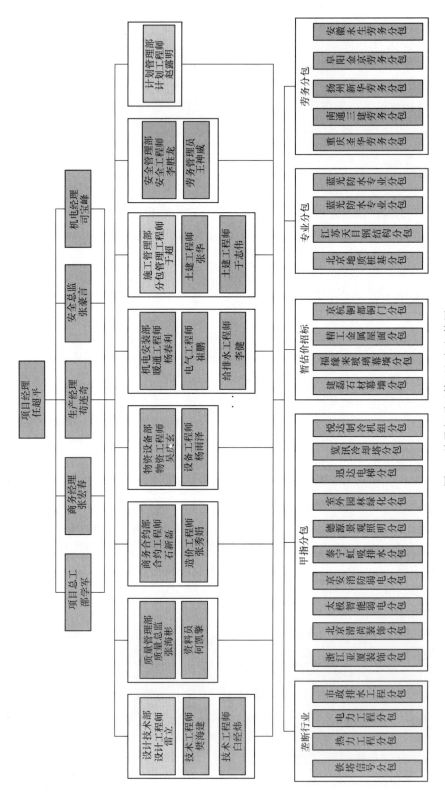

图 2 总承包项目管理组织机构图

创新采用超大预留洞口吊模施工技术，将模板做成单元模块，对洞口进行吊模施工，减少了支撑架体搭设，节约了成本，缩短了工期，减少了对其他施工作业的影响。通过总结形成专利 2 项。

4）新工艺仿旧效果，达到风格传承

通过在新建建筑中采用蘑菇石干挂施工技术、仿琉璃釉面陶板施工技术、开缝石材幕墙施工技术、超大铜门与铜花饰施工技术等，既克服旧工艺的施工局限性，又达到了旧楼建筑风格在新楼的完美传承。

三、项目管理分析、策划和实施

1. 管理问题分析

根据本工程特点和难点，综合考虑安全、进度、质量、绿色文明施工等多项管理因素，确定本工程主要管理问题为施工现场安全无事故、绿色施工"四节一环保"、文明施工无投诉、施工进度综合管理、全过程质量控制等。

2. 目标策划

综合本工程特点及管理问题分析，制定本工程各项管理目标，如表 1 所示。

本工程管理目标　　　　　　　　　　　　　　　表 1

序号	项目		主要内容
1	质量目标	质量标准	合　格
		创优目标	确保—北京市结构长城杯金质奖 确保—北京市建筑长城杯金质奖 确保—建筑工程"鲁班奖"
2	工期目标	开工日期	2014 年 6 月 4 日
		竣工日期	2017 年 5 月 31 日
3	安全文明管理目标		北京市绿色安全工地
4	科技管理目标		北京市新技术应用示范工程
5	绿色施工管理目标		北京市建筑业绿色施工示范工程 全国建筑业绿色施工示范工程

3. 实施管理

（1）工期管理

1）分层次编制施工进度计划：

总进度计划从宏观上对项目运行做纲领性文件指引，分包单位依据总进度计划编制各专业进度计划，汇总到《总进度计划（详细版）》，并按年、月、周分别编制进度计划，细化到各个工序用于指导施工。进度计划各单位盖章签字，报监理甲方审核，作为工期考核及付款依据。

2）工期管理措施

通过提前介入、协调解决、强制执行、劳动竞赛、工会活动等多种形式，加快各劳务队伍的融合。并针对各个专业配备专业协调人员，减少各专业相互影响，加快施工进度，在施工现场，每天晚上召开施工协调会，解决现场出现的问题，营造施工紧迫感，加快建设步伐。

3）计划实施

根据总进度计划及月进度计划，编制与之相对应的资源配置计划、物资计划、技术质量计划、深化设计计划、资金计划、劳务及专业分包招标计划等。

装饰装修施工阶段因装修材料种类多，编制样板实施计划，样品确认计划。

风险管理：项目实施中充分考虑 APEC 会议、两会召开、国庆、北京市重度雾霾、民扰等情况对进度影响，做好提前备料、合理调整施工工序等措施。

每周组织召开进度分析会，对进度计划进行考核与纠偏

4）加强资源保障

为了保证施工生产的顺利进行，项目首先选择与公司长期合作、有实力、资质等级高、信誉好的劳务单位和专业分包单位；施工中资金实行专款专用，给工程施工提供一个良好的资金环境，确保人、料、机等资源满足施工进度计划的要求。

全面介入甲方分包单位的招标过程，参与招标文件拟定，将总承包管理内容和项目各项管理目标写入招标文件，从源头上控制甲方分包单位素质。

（2）技术管理

1）每周召开各专业技术对接会

总承包项目技术部及时收集各专业分包图纸技术问题，汇总整体，由总包牵头每周组织召开技术对接会，根据问题情况，邀请甲方、监理、设计单位参加，共同研究解决，杜绝技术卡脖子，制约生产进度的情况。

2）主动参与设计，发挥总包优势

主动和设计院对接，解决设计图纸深度不足的问题，设计部充分起到专业分包深化设计与设计院之间的纽带作用，充分理解设计意图，完善深化设计图纸。

项目技术部与公司技术部保持良好沟通，充分发挥总包优秀技术力量，优化设计图纸，做到即便于施工，又不影响设计安全功能要求。

3）做好方案编制与审批工作

编制施工方案前，充分考虑本工程的特点，编制切实可行的施工方案。

并要求专业分包单位编制的施工方案，必须经总包审批通过后，方可上报监理，自始至终强化施工方案的审批工作，使施工方案能紧密结合工程实际，具有针对性，施工中遇到问题及时与设计沟通，在保证工程质量的前提下，优化施工方案。

（3）质量管理

建立以项目经理为首的质量管理体系，依据鲁班奖创优标准，编制了质量计划、创优策划等二十多项管理制度。定期召开技术交底会议，采用双优化降低施工难度，编制切实可行的施工方案，实行封样制度，严把材料质量关，实施质量检查制度，召开质量通报会等措施，提高工程质量，保证进度。

（4）QC 管理

成立质量 QC 小组，对质量管理重点部位及分部分项工程实行 PDCA 循环质量管理，先后成立"屋面钢桁架整体提升 QC 小组"和"超高框架柱大钢模板 QC 小组"，有效提高工程施工质量，并荣获北京市 QC 一等奖和优秀奖。

（5）样板管理

每项工序开始前先进行样板制作，待业主、监理、总包统一确认后，以合格的样板为参照，各专业队伍按照样板确定的施工顺序、施工标准、材料标准进行大面作业，从而实现了作业实体一次成优，避免了因工序穿插混乱、施工标准不统一、材料无法达到业主与设计的预期等因素造成的返工，保证了实体质量与工期进度。

（6）安全管理

建立安全管理组织机构，明确各部门安全管理职责。在安全管理人员配置上，明确各分包单位配置安全管理人员数量，统一纳入总包安全管理体系。总包安全人员 7 人，分包安全人员 12 人，执行总包安全管理制度。

（7）新技术应用管理

项目部重点应用了"建筑业 10 项新技术"中的 10 大项 34 子项，具体如表 2 所示。

新技术应用项目一览表　　　　表2

序号	新技术名称	子项	序号	新技术名称	子项
1	地基基础和地下空间工程技术	1.6 复合土钉墙支护技术	7	绿色施工技术	7.2 施工过程水回收利用技术
					7.3 预拌砂浆技术
2	混凝土技术	2.1 高耐久性混凝土			7.4 外墙自保温体系施工技术
		2.6 混凝土裂缝控制技术			7.5 粘贴式外墙外保温隔热系统施工技术
3	钢筋及预应力技术	3.1 高强钢筋应用技术			7.9 铝合金窗断桥技术
		3.3 大直径钢筋直螺纹连接技术	8	防水技术	8.7 聚氨酯防水涂料施工技术
		3.4 无粘结预应力技术	9	抗震加固与监测技术	9.3 混凝土结构粘贴碳纤维、粘钢和外包钢加固技术
		3.5 有粘结预应力技术			9.4 钢绞线网片聚合物砂浆加固技术
4	模板及脚手架技术	4.1 清水混凝土模板技术			9.7 深基坑施工监测技术
		4.4 组拼式大模板技术			9.8 结构安全性监测（控）技术
5	钢结构技术	5.1 深化设计技术	10	信息化应用技术	10.1 虚拟仿真施工技术
		5.2 厚钢板焊接技术			10.2 高精度自动测量控制技术
		5.5 钢与混凝土组合结构技术			10.3 施工现场远程监控管理及工程远程验收技术
		5.7 高强度钢材应用技术			10.4 工程量自动计算技术
6	机电安装工程技术	6.1 管线综合布置技术			10.5 工程项目管理信息化实施集成应用及基础信息规范分类编码技术
		6.4 非金属复合板风管施工技术			10.6 建设工程资源计划管理技术
		6.6 薄壁金属管道新型连接方式			10.7 项目多方协同管理信息化技术
		6.9 预分支电缆施工技术			

根据本项目的具体情况，项目部采用多项创新技术，取得了良好的应用效果：

1）超长超宽无缝结构全面分块跳仓法施工技术；
2）大跨度钢结构桁架整体提升施工技术；
3）油饰彩画施工技术；
4）圆柱面环向抹灰及氟碳漆饰面施工技术；
5）仿琉璃釉面陶板施工技术。

（8）绿色施工管理

施工中推广使用了绿色施工技术40项，产生效益约991万元，应用情况如表3所示。

绿色施工技术应用一览表　　　　表3

分类	名　称	分类	名　称
节材与材料资源利用技术	轮扣式钢管支撑架	节材与材料资源利用技术	钢结构下料优化技术
	中建箱式板房应用		基础底板垫层及屋面顶板与找平层一次成型技术
	可周转洞口、临边防护栏杆应用技术		
	高强钢筋应用技术		建筑余料重复利用
	高强高性能混凝土应用技术		样板引路一次成优
	塑料马镫施工技术		大面积地坪激光整平机应用技术
	大钢模板应用技术	节水与水资源利用技术	基坑降水利用及洗车槽循环水利用技术
	钢筋下料优化技术		节水型用水设备
	悬挑脚手架应用技术		混凝土养护节水技术
	脚手架钢跳板应用技术		

155

续表

分类	名　称	分类	名　称
节能与能源利用技术	无功功率补偿装置应用	环境保护技术	固体废弃物回收利用技术
	太阳能路灯节能环保技术		临时场地铺装混凝土路面砖技术
	LED临时照明技术		施工道路自动喷洒防尘装置
	工人生活区36V低压照明		封闭式降噪混凝土泵房
	项目部热水供应的节能减排		施工车辆自动冲洗装置的应用
	工地宿舍配电技术		土方运输防遗撒措施
节地与土地资源保护技术	可移动式临时厕所		食堂隔油池
	可周转式钢材废料池		封闭式垃圾池
其他综合技术	BIM应用技术		施工现场设置隔音墙措施

四、管理效果评价

1. 社会经济效益

本工程通过加强总承包管理，并在施工过程中积极推广新技术、新工艺和绿色施工技术，为项目创造了可观的经济效益，确保施工安全、进度、质量等各项目标实现的前提下，施工效率大幅提高，克服了北京市各种原因引起的168天停工影响，准时交付使用，并使项目成本降低约3.3%。

2. 社会关注及各方认可

军博工程建设，受到国家领导人、军委首长和社会各界人士广泛关注，按合同工期顺利完成，已于2017年5月31日完成竣工验收。在工程质量、安全文明施工、进度、分包协调等各项管理中均得到业主的一致认可和好评。

3. 领导关怀

2017年7月21日，党和国家领导人在军博参观"铭记光辉历史　开创强军伟业——庆祝中国人民解放军建军90周年主题展览"

4. 专家指导

2017年8月15日，原住建部副部长、中国建筑学会理事长宋春华，北京建筑设计研究院总建筑师、中国工程院院士马国馨，文化部机关事务管理局局长、原国家博物馆副馆长都海江，工程兵第四设计研究院结构总工程师顾渭建，清华大学建筑研究院电气总工程师徐华等中国建筑行业顶级专家，莅临军博项目检查指导，对军博工程建筑设计、施工质量给予了高度评价。

5. 使用情况

2017年7月22日，军博对外开放，高峰期单日接待参观游客超过5万人，累积接待游客超过500万人，也吸引了各大主流媒体广泛报道。

军博对外开放至今，已累计运营8个多月，在此期间各项使用功能运行正常，使用状态良好，业主十分满意。

6. 获奖情况

(1) 获2015年度"北京市绿色安全工地"；
(2) 获2016年度"北京市结构长城杯金奖"；
(3) 获2017年度"局优质工程（十佳工程）"；
(4) 获2017年度"北京市新技术应用示范工程"；
(5) 获第四批"全国建筑业绿色施工示范工程"；
(6) 获"龙图杯"第四届全国BIM大赛优秀奖；
(7) 《提高大跨度屋面钢桁架整体提升安装的合格率》和《降低超高框架柱大钢模板施工的缺陷率》

QC 活动成果分别获得北京市 2016 年优秀 QC 一等奖和优秀奖；

（8）累计发表论文 5 篇，其中《大跨度钢结构桁架液压提升施工技术》获施工专业学会优秀论文一等奖；

（9）累计获得国家专利 10 项，其中发明专利 2 项；

（10）累计完成工法 2 项，其中《大跨度钢结构桁架整体提升工法》获江苏省级工法。

提质增效筑牢发展基础　精益管理打造精品工程
——中建一局集团第三建筑有限公司万达·西安 one 项目商业综合体工程

张春山　王国元　王兴邦　徐培龙　张新伟　冯　波

【摘　要】 目前，国际经济短期回暖，国内经济持续向好，建筑行业整体保持稳定，我国投资增速放缓进入新常态。2018 年两会政府工作报告提出"发展是解决我国一切问题的基础和关键。要着力解决发展不平衡不充分问题，围绕建设现代化经济体系，坚持质量第一、效益优先，促进经济结构优化升级"，如何既保持经济持续发展，又确保质量和效益增长，是企业面临的普遍问题。工程项目作为施工企业经营管理的出发点和落脚点，项目管理水平的高低将直接决定着企业的生存与发展。在工程建设领域步入下行新常态、企业转型升级步入攻坚阶段的大背景下，项目精益管理成为不少施工企业适应新常态、把握新机遇、降本提质增效的重要手段。与此同时，由于施工企业在施任务的不确定性、管理能力的差异性、不同项目的差异性等，使得具体项目的建设过程充满复杂性与风险性。本文将结合万达·西安 one 项目商业综合体这一航母级城市综合体的建设过程，通过总结项目在提质增效、精益管理方面的优秀管理经验，分享项目在总承包管理方面的所思与所为，促进企业持续增强履约能力，成功转型升级。

【关键词】 精益管理；提质增效；精品工程

一、项目成果背景

1. 项目概况

万达·西安 one 项目作为万达集团 one 系列产品国内首开力作，坐落在西安市高新区，是一个聚合 19 万 m^2 环球 MALL、商务塔群、中央公园美宅、万达国际公寓、百变 LOFT、商业街区六大业态，五大城市功能于一身，以 170 万 m^2 中央商务生活区打造引领西安、辐射西北的航母级城市综合体。其首开区商业综合体项目，总建筑面积约 30 万 m^2，包括商业裙房、1 号乙级写字楼、2 号 LOFT 公寓及 3 号 SOHO 公寓，如图 1 所示。该项目为"总包交钥匙"工程，作为西安市地标性建筑，项目工期紧、体量大、质量要求高，分包队伍多达四十余家、交叉作业频繁，协调管理难度极大，社会影响力巨大，项目履约水平直接关乎企业的品牌与形象，这就需要高质量的项目管理来促进项目履约的顺利完成和企业品牌形象建设，提质增效、精益管理，才能铸就精品工程。

2. 选题理由

中国特色社会主义进入了新时代，我国经济发展也进入了新时代，基本特征就是我国经济已由高速增长阶段转向高质量发展阶段。追求高质量，推动高质量发展成为今后一段时期我国经济发展的根本要求。当前，企业普遍提出降本增效，精细管理的概念，而忽视了企业发展的命脉——质量。质量是企业生存发展的根本，是进入市场参与竞争的通行证，一些有远见的企业家都把当今时代看成一个质量竞争的时代，都在围绕着"质量既是挑战，又是机遇"这一主题改善经营管理，发展科学技术，培训高级管理和技术人才，不断开拓质量方面的新领域和潜在需求，努力寻找更多更好的机会，以质量求生存、以质量求发展是正确的经营之道。提质增效是当前国家对国有企业提出的一项重要的战略性任务要求，也

图 1　万达·西安 one 项目商业综合体效果图

是"十三五"期间中央企业要做好的头号任务。近年来,集团公司始终把提质增效摆在发展的关键位置。实现提质增效的关键在于精益管理,它不仅仅要求管理精细化,还要求精良化、精准化和精确化。项目部始终以精益管理的具体措施为抓手,在深化管理体系中迈出了坚实的步伐,在企业生产经营各环节、全过程的成本管控中挥出了有力的组合拳。企业管理水平的不断提高,为集团公司提高发展质量和效益,提升企业核心竞争力,提供了有力支撑和坚实保障。在打赢"提质增效"这场攻坚战中,我们要努力把精益管理成为我们的行为准则,最大程度地降低每一个环节产生的成本,提高每一个环节创造的效益。点滴的节约放置于集团将会是总体成本的显著下降,细节的精细放置于集团将会是管理水平的全面提升。抓好提质增效、精益管理,才能更好地应对严峻的市场形势,才能使我们的企业在竞争当中处于不败之地。

3. 实施时间

具体如表 1 所示。

项目实施时间表　　　　　　　　　　　　　　　　　　　　　　　　表 1

总实施时间	2016 年 01 月～2018 年 03 月
分阶段实施时间表	
管理策划阶段	2016 年 01 月～2016 年 03 月
过程实施阶段	2016 年 04 月～2017 年 11 月
复盘检查阶段	2017 年 12 月～2018 年 03 月

二、项目管理及创新特点

1. 项目管理重难点

(1) 工期紧、超体量

本工程体量较大,建筑面积约 30 万 m²,施工工期为 2016 年 3 月 1 日开工,2017 年 11 月 18 日竣工。工程跨年施工，资源组织难度大，地下四大块及地下结构施工均在雨季，地上结构均为冬季施工，所以实际有效工期少，工期非常紧张。

(2) 图纸变更频繁

万达项目首要特点就是变更频繁，图纸设计错误极多。因招商原因，图纸变更频繁，图纸变更需经过万达设计部、成本部、工程部三部门审核及三部门分管副总签字，针对万达项目紧张的工期来说，流程过于冗杂；且变更图纸正式下发前均有电子版下发，接收到电子版图之后需第一时间找出改动部位，仅结构专业就收到260余版变更图纸，且底图有时不统一，合图工作量巨大。图纸深度无法满足现场施工要求，仅是相近万达广场设计图纸的套用，设计院间不重视合图，缺少交接处及细部做法节点。

(3) 总包交钥匙挑战巨大

作为集团第一批"总包交钥匙"项目，概括说就是在项目总成本不增加的前提下由总承包商包工期、包管理、包成本，实现向业主方"交钥匙"。该工程基本包含了几乎全部民用建筑中所存在的分部、分项工程，分包队伍众多，达四十余家，管理难度大。且在工程建设中需要各工序穿插作业，协调难度大。

(4) 土方工程体量大、限制多

该工程土方量达50万 m^3，土方量巨大，地质条件复杂，地表杂填土厚度平均3m，砂层局部厚度达6m，地下存在大量障碍物，周边市政管网密集，临边已有建筑及正在施工工程影响基坑支护锚索施工。且区域性限制较多，包括中高考禁土期、道路运输限制、当地村民民扰、属地化限制严重、雨季及冬歇等多方面限制。

(5) 场地条件复杂

场地周边狭小，地库距红线仅为4m，与地铁六号线紧邻施工，施工现场紧邻主干道，可利用空间极小。

2. 项目管理创新特点

本工程作为集团重点施工项目，为打造公司在西北地区市场品牌，进一步拓展市场，故在项目筹建伊始，便秉承高起点高标准建设，试点创新项目管理手段，打破常规项目精细管理、降本增效理念，从项目管理精良化、项目管理精细化、项目管理精准化、项目管理精确化四方面为抓手，努力打造提质增效新局面，牢固企业发展基础，打造一座座精品工程，实现企业转型升级，为后续市场发展奠定良好基础。

三、项目管理分析、策划与实施

根据该项目特点及重难点分析，如何合理利用有限的资源，提质增效，成为项目部履约成败的关键。项目部的管理方法和管理手段是提质增效的关键因素，而以项目管理精良化、精细化、精准化、精确化为主导，全方位、多部门配合的精益管理模式，成为项目管理的核心。以下将从四方面进行项目管理相关论述：

1. 项目管理精良化

(1) 团队配备精良

项目团队人员配备精良。公司层面优中选优，从各项目抽调骨干精英，成立了以张春山为核心的金牌履约团队，中高级以上职称人员达80%。时任公司副总经理杨建平同志为项目总指挥，长期驻场指导工作。项目团队秉承高起点、高标准建设，确保项目合同总工期、确保模块计划各节点提前完成，用工匠精神倾力构筑城市巅峰未来，为精品地标建筑代言。

(2) 营地建设精良

项目团队创新新型营地建设。树立了办公环境园林化、办公设施标准化、员工生活公寓化、营地管理物业化、配套服务社区化、服务模式人性化、文化生活网络化的"七化理念"。树立了西北地区建筑后勤管理新标杆，开启了临时生活区管理新篇章（图2）。

图 2　万达·西安 one 项目商业综合体办公区

（3）资源选择精良

根据项目特点，选择实力强大下游资源。依据公司关于分包分供选择相关规定进行实地考察，企业资质是否齐全、生产能力能否满足现场施工要求，质量是否满足国家和地方标准，能否同意我公司付款条件，通过初步筛选后要求其分别报价，多家进行对比分析，选择可长期合作、性价比高、施工能力强的单位。并配备一支专业突击队，避免施工中不可控因素影响履约。

2. 项目管理精细化

（1）计划编排精细

项目部根据万达模块节点编制各专业内控计划，然后各专业工程师要求分包在内控计划之内编制各分包专业施工计划。在召开传统生产会的同时开销项会，制定销项表，无论总包、分包需要协调的问题均可体现，并确定完成时间、落实责任人，"打铃交卷"，未完成实行罚款措施。通过全专业销项会、各专业销项会对工期节点进行梳理、施工项进行分解并协调各专业分包组织现场生产，从而得以确保项目工期节点，保证项目履约（图3、图4）。

（2）质量管控精细

项目团队始终将"向世界展示中国质量最新发展水平、树立中国工程良好形象"作为责任与使命，坚决履行集团"5.5精品工程生产线"，以 PDCAS 循环管理方法打造独特的质量管理模式，

序号	节点事项	模块完成时间	实际完成时间	备注
1	裙房封顶（大商业）	2017/1/24	2016/12/28	提前 28 天
2	主体封顶	2017/4/29	2017/3/10	提前 51 天
3	裙房砌筑	2017/6/21	2017/6/1	提前 20 天
4	室内公共部分精装修	2017/9/4	2017/8/20	提前 15 天
5	大商业外装（含外街）	2017/9/4	2017/8/17	提前 18 天
6	地下室耐磨地面	2017/8/20	2017/8/8	提前 12 天
7	大商业夜景照明	2017/9/17	2017/9/12	提前 5 天
8	室外景观	2017/9/19	2017/9/10	提前 9 天

图 3　里程碑节点—万达上线模块关键节点一览表

严抓质量管控，坚持自检专检、实测实量的工作流程，制定了《万达·西安 one 项目商业综合体质量策划书》《万达·西安 one 项目商业综合质量奖罚制度》，签发"工程质量问题奖罚通知单"，质量部、商务部分别建立质量奖罚专用台账，建立质量基金，专款专用。对同一分项工程质量管理和质量实体分别进行单项和总结评比，对一次达到项目部确定单位工程质量目标分解表中的统计分值的给予奖励，对于不达标的给予罚款，连续3次以上不达标的单位，责令其退场。项目设置工艺样板展示区，过程中严格执行"十五化"原则，该工程历经六个月强降雨，地下车库、屋面及园林工程"零积水"、"零渗漏"、"零拆改"，打造出业主满意的精品工程。

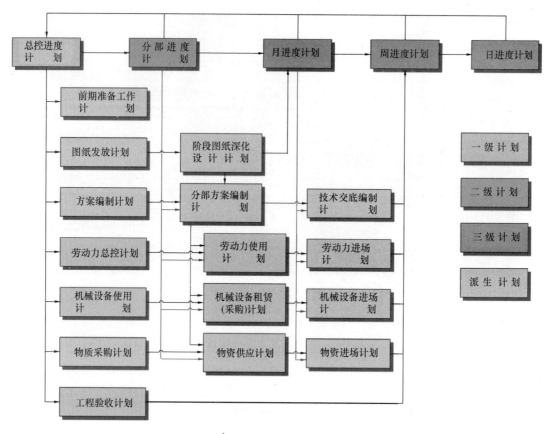

图4 计划编制总控表

（3）设计管理精细

根据万达项目"边设计、边施工、边修改"的宗旨、总包交钥匙工程图纸版本变化快、设计变更频繁、涉及专业多的特点，总承包单位专门成立设计部加强设计精细管控，管控内容包括设计协调、设计深化、图纸管理、变更管理、封样管理这五大部分。根据项目特点建立设计工作流程图，如图5所示。

在设计协调方面，为了最大程度上的减少图纸滞后时间，根据项目施工节点和现场实际施工进度制定相应的图纸需求清单，从而有针对性、定时地催促设计院尽快的完成即将施工区域的图纸。这种方式的优点在于不仅明确了设计院的近期目标，加快了设计院的出图速度，而且尽可能避免施工现场停工等图的现象。

在设计深化方面，优化型钢柱设计，使钢结构便于运输安装，减少运输成本；绘制砌筑深化图，减少砌块损耗量，优化构造柱、圈梁、过梁位置及尺寸，方便现场施工，加快施工进度；建筑做法表策划42版，使做法简单可行，缩短工期，创造效益；取消1号、3号楼温度后浇带，无需等待龄期达标再拆模，缩短工期并节约了清理后浇带及后浇带保护的费用。

图纸管理方面，本工程图繁多冗杂，安排专人管理，建立图纸台账，实行图纸进出登记制；并且要求分包专人对接图纸，登记内容包括图纸名称、日期、领取人；沟通设计院将每一版电子图变化部位及时标注，最好以第一版电子版为底图并在上面标注修改日期，以方便设计人员合图及现场施工。

在变更管理方面，待纸质版签收图下发之前及时和设计沟通，按照现场施工出图，并在确认图下发之后发起设计变更；图纸下发后形成图纸问题单，由设计和万达设计部确认，未落入蓝图中的前期问题必须在图纸移交单上写清楚，作为图纸变更的有效文件；因设计变更导致现场的整改，由万达项目公司、监理单位、总包及专业分包单位共同现场收方做为结算的依据。每次下发变更图纸第一时间与设计院沟通，明确变更范围及深度，并与项目公司设计部确认。变更收发安排专人负责，并建立台账，记录变更专业、变更编号、变更范围、变更施工难度、变更接收日期、变更下发日期及下发对象；项目部定期召开变更协调会议，梳理可能发生的变更，已下发变更的施工情况，施工完成变更确认情况等。

在封样管理方面，分包单位提供封样必须经过总包设计部审核无误方可送与业主单位审核，避免分包单位与业主单位单线对接；分包单位无法提供的封样，可借助总包物资关系网进行寻找；未提供设计封样时，可提供两种或两种以上封样有目的性供业主单位选择；封样单需做好备用，完成的封样需及时归档做好统计；控制封样管理，避免后期封样变化。

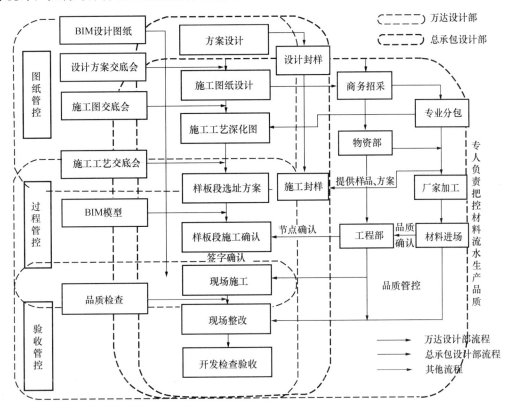

图5　万达·西安one项目设计工作流程图

3. 项目管理精准化

（1）商务管理精准

商务管理的核心为项目的现金流管理。影响现金流的因素很多，项目结合自身特点，把影响现金流的因素提炼为三个维度，分别是施工图预算、进度计划、收付款条件对现金流管理，通过主动影响三个因素的变化，并形成量化的数据对比，用数据说话，从而提高项目现金流表对项目经营生产的指导性。具体操作时在按照规定的条件，做出现金流表的分析对比，在项目的月度经营分析会上分析数据，头脑风暴，分析原因，聚焦问题，模拟方案，及时纠偏，最后拟定步骤，确定唯一的责任人及最晚完成时间。如合同付款条件为按节点支付，每一个节点的完成情况均影响上一个节点的阶段付款比例，每一个支付节点都有其完整的施工进度释义，这就要求我们精准掌握节点付款要求，做好施工进度安排，及时调整施工部署，确保现金流稳定。截至2018年，项目累计营业收入5.8亿元，2017年年度人均营业收入超过600万元，过程结算率达到119.23%，应收账款达到100%回收。

（2）分包管理精准

万达项目设计功能齐全，涉及专业分包众多，按照合同约定，总承包方对整个工程的工期、质量、安全负责，分包单位的任何疏忽与失误都将被视为总承包商的错误，因此，对分包管理精准将至关重要。虽然在选择分包时已经选择了拥有较强实力，关键时刻能打硬仗的队伍，但我们依然要从工期、质量、安全、文明施工、资金、材料、后勤管理等各方面去把控，预判各项风险。如要求各分包单位按照封样编制物料表，总包单位专人负责跟踪，每天汇报跟踪情况；对于情况紧急材料或不易管理分包，采取专人驻场跟踪材料排产加工情况；尤其是关键时刻，集中调度公司生产优势资源，确保各关键目标精准实现，以整体优势来体现我们的综合实力，赢得业主信任与支持（图6）。

万达·西安one项目金街幕墙工程封样及材料进场计划

序号	部位	材料名称及规格型号	材料编号	是否提供设计封样	施工封样情况	总用量	下单情况	下单量	加工周期	进场时间	已进场量	未进场量	生产厂家	联系电话	已下单未到场剩余量到场时间	未下单量下单时间	下单后到场时间
一	玻璃(单位：m²)					2049											
1	首层玻璃幕墙	10Low-e+12A+10中空钢化玻璃	BL-01	否	设计已确认	47	7月31日下单	47	16	8月16日	0	47	咸阳台玻	13609200689		8月5日	8月20日
2	玻璃幕墙	8Low-e+12A+8中空钢化玻璃	BL-02	否	设计已确认	956	7月31日下单	616	16	8月16日	0	616	咸阳台玻	13609200689		8月5日	8月20日
3	幕墙开启	6Low-e+12A+6中空钢化玻璃	BL-03	否	设计已确认	1046	7月20日下单	400	16	8月5日	0	400	咸阳台玻	13609200689	8月5日	8月5日	8月20日
二	铝单板(单位：m²)					2086											
1	铝板幕墙	2.5mm厚铝单板(亮红色)(氟碳喷涂)	LB-01	是	完成确认	899	7月11日下单	20	18	7月29日	0	899	襄阳美亚达	13609200689	7月29日	8月5日	8月20日
2	铝板幕墙	2.5mm厚铝单板(浅灰色)(氟碳喷涂)	LB-02	否	成本已确认	10	7月31日下单		18	8月15日	0	10	襄阳美亚达	13609200689		7月29日	8月15日
3	铝板幕墙	2.5mm厚铝单板(深棕色)(氟碳喷涂)	LB-03	是	成本已确认	1135	7月11日下单	780	18	7月29日	0	1135	襄阳美亚达	13609200689		8月5日	8月20日
4	铝板幕墙	2.5mm厚铝单板(银白色)(氟碳喷涂)	LB-04	否	成本已确认	42	7月11日下单	20	18	7月29日	0	42	襄阳美亚达	13609200689		8月5日	8月20日
三	涂料油漆(m²)					2193											
1	金街	米黄色真石漆	TL-02	否	完成确认			10	12	7月30日	0	918	成都立邦	15891763715	7月30日	7月28日	8月7日
2	金街	灰白色真石漆	TL-03	否	完成确认	1340	7月10日	5	12	7月30日	0	5	成都立邦	15891763715	7月30日	7月28日	8月7日
3	金街	深咖色真石漆	TL-04	否	完成确认			10	12	7月30日	0	300	成都立邦	15891763715	7月30日	7月28日	8月7日
4	金街	深黄色真石漆	TL-05	否	完成确认			0			0	118	成都立邦	15891763715		7月28日	8月7日
5	金街	木纹漆(改一体板)	TL-06	否	成本已确认	260							成都立邦	15891763715			
6	金街	银白色金属漆(改一体板)	TL-01	否	成本已确认								成都立邦	15891763715			
7	金街	深咖啡色一体板	TL-07	否	成本已确认	473							成都立邦	15891763715			
8	金街	蓝色金属漆(改一体板)	TL-08	否	成本已确认								成都立邦	15891763715			
9	金街	多色涂料(改一体板)	TL-09	否	成本已确认	120							成都立邦	15891763715			

图6　万达·西安one项目金街外装工程物料表

4. 项目管理精确化

（1）全面策划精确

项目开展全面精确策划实施。为应对工程重难点，项目需在各个方面做出精确地策划，包括技术策划、商务策划、物资策划、质量策划、安全文明施工策划、团队培养测评等，一个优秀的策划是提质增效的关键。下面将注重从技术、商务策划举例简述要点：

技术策划不仅仅可以降低现场管理难度，还可以降低劳务索赔风险及减少各种机械、材料租赁费用及管理费用，创造可观收益。如结算依据为确认图纸及设计变更。通过图纸会审作为施工依据，只是把柱墩侧壁直角改为80°放坡，其他不变。通过对比，采用策划的做法，土方量、砌砖量、人工、工期等都大大减少。混凝土为图纸结算，混凝土支出并不增加；采用新型方圆加固件，安装程序简单，安装速度提高4倍，工人费节约大约75%，紧固效果好，避免传统模板跑模后的二次修补，每根柱子可节省28.5元；更改图纸节点及说明，落入移交图纸中，为后期成功结算奠定基础；将车库地面做法中亏损项地坪漆改为盈利项金刚砂。并且在做法中明确金刚砂的每平方米用量。策划时经过细致分析做出成本测算，明确责任人进行落实。此项策划，将原来亏损4.1万实现为盈利57.86万元；积极探索新工艺新做法，结合专业分包，将地下室抹灰及刮腻子的墙面做法为亏损项。通过新工艺一体化腻子新型工艺，扭亏为盈等。

商务策划需要进行成本分析、分包分供管理策划、资金流策划、合同风险识别、签证索赔策划、结算策划、分部分项工程盈亏分析等。这些工作的落实会在项目初期明确一个大致的方向，但由于测算不够深入，市场价格不断变化，所以需要再日后不断加以完善修正。通过技术、商务等精确策划，达到提质增效的目标。

（2）BIM应用精确

BIM技术精确应用是提质增效的有效手段。作为集团首批BIM应用示范工程，成立BIM工作室，通过引进欧克特公司的REVIT系列软件进行建模，促使项目前期策划和过程推演精确化，指导现场施工，及时发现图纸中的"错、漏、碰、缺"，防止现场施工出现拆改返工，保证施工计划有序进行，提高施工效率和质量。

如项目埋件类型复杂,数量多,位置标高不尽相同,传统二维图纸定位容易造成漏埋和定位不准确,在建模之处将各型号埋件制作成族,这样可保证埋件在施工过正的精准性,且可以自动统计埋件数量,减少疏漏;利用BIM模型提取圈梁、构造柱、砌块的工程量,可以为现场精确提供某段时间施工材料用量计划,改变了以往技术定方案、责任工程师拍脑袋的情况,杜绝了因估量不准引起的倒料问题,同时,避免了因为算量不准确而导致的工期延误;利用BIM技术进行二次结构深化设计,将复杂的、不完善的二次砌筑施工简单化,增加施工可操作性,降低施工成本,提高施工效率,为现场施工"零剔凿"打下基础;通过BIM对地下室机电管线进行碰撞检测及深化设计后,运用净高检查对净高进行核查,将地下二层原有机电管线标高由2.5m提高至3.0m,地下一层由3.6m提高至4m,极大地扩大了可用空间;利用BIM技术对大商业屋面机电管线进行深化设计,从而准确定位设备基础,这一方面避免了拆改,另外也保证了屋面整体美观效果;利用BIM进行施工重难点可视化交底,降低施工人员施工难度(图7、图8)。

图7 万达·西安one项目商业综合体土建BIM模型

图8 万达·西安one项目商业综合体屋面实景图

四、效果评价

项目自开工以来,坚决执行精益化管理理念,开拓创新,打造精品工程,创造良好效益。提质增效的成果受到省市两级政府、各级工会、万达集团、中建系统各兄弟单位、各方业主等参观考察,各级领导多次莅临项目检查指导工作,社会口碑极佳。目前,项目已取得"陕西省建筑业绿色施工示范工程"、"西安市建筑业绿色施工示范(创建)工程"、"西安市2017年度建筑优质结构工程奖"、"中建总公司青年文明号"、"中建总公司CI示范奖"、"中建一局集团标准化党支部、书香项目、职工之家示范点"、"中建一局集团TOP100大项目部金奖"、"中建一局先进基层党组织"、"第一届华春杯BIM竞赛施工组三等奖"、"第六届龙图杯全国BIM大赛施工组优秀奖"等荣誉奖项,项目部现已通过西安市"雁塔杯"评审,正在努力创建陕西省"长安杯"、积极争创"国优奖"等各项荣誉。

精细化管理 打造易地扶贫搬迁精品工程
——中建一局集团安装工程有限公司涞源县易地扶贫搬迁工程(县城安置片区)

陈国斌 樊爱军 赵义鹏 杨 杰

【摘 要】涞源县易地扶贫搬迁工程（县城安置片区），是集住宅、商业、配套设施于一体的综合性工程。由于项目属于河北省重点扶贫工程，具有质量安全要求高、工期紧、涉及单位多、管理难度大、存在舆论风险等特点，公司组建了一支具有丰富经验的管理团队来高效地完成本项目履约。项目部通过精心的前期策划和过程的严格控制以及采取切实可行的技术措施，充分发挥施工过程精细化管理理念，经过项目全体员工艰苦努力，实现了本项目的高效履约，取得了良好的社会效益，树立了易地扶贫搬迁工程的新形象。

【关键词】精细管理；舆论把控；社会效益；品牌项目

一、项目成果背景

1. 工程概况

涞源县易地扶贫搬迁工程（县城安置片区）位于河北省涞源县城西北部，东侧紧邻广源大街，西侧临近张石高速。项目用地呈南北长、东西短，整体地段狭长，其中用地东西长约150m，南北长约700m。规划总用地面积10.31公顷，本工程共计51栋建筑单体，其中44栋栋住宅楼、7栋独立商业，住宅楼地上6层、地下1层。独立商业1层、局部2层。总建筑面积178074.83m^2，其中地上建筑面积151730.39m^2，地下建筑面积26344.44m^2。建筑主要功能为住宅与商铺，可搬迁入住1924户，商业部分可满足居民日常生活需要，并可提供少量就业机会（图1）。

本项目主要分部分项工程包括土方工程、地基与基础工程、主体结构工程、砌体工程、屋面工程、防水工程、建筑装饰装修工程、建筑给水排水系统、电气工程、消防工程、采暖工程等。

图1 项目实图

2. 选题理由

河北省保定市涞源县作为国家新十年扶贫开发、燕山-太行山连片特困地区、河北省环北京扶贫攻坚示范区的国家扶贫开发工作三合一重点县，依托"让老百姓'围着城镇转，跟着产业走'"的脱贫思路，紧紧围绕"摸底数、搞搬迁、谋产业、夯基础、抓出列"5项重点工作。涞源县易地扶贫搬迁工程（县城安置片区）作为涞源县第一批易地扶贫搬迁重点工程，一直受到河北省、保定市、涞源县各级政府以及社会各界的高度关注。

本工程作为大型民用住宅项目，是河北省规模最大的易地扶贫搬迁工程，具有体量大、单体楼号多、承包商多、工期紧、交叉作业点多面广、现场施工生产组织协调难度大、存在舆论风险、群塔作业管理复杂等诸多因素。高标准的建设要求需配套更加精细的施工组织与管理策划，项目部需经受巨大的考验。

3. 实施时间

实施时间如表1所示。

项目管理实施时间表 表1

实施时间	2016年8月25日～2017年8月12日
分阶段实施时间表	
管理策划	2016年8月～2016年10月
管理实施	2016年10月～2017年8月
过程检查	2016年10月～2017年8月
取得成效	2016年10月～2017年8月

二、项目管理及创新特点

1. 管理重点及难点

（1）管理的重点：本项目是通过超前策划、创新管理、组织协调、精细施工，在建设过程中确保工程质量、安全、文明施工和建设周期等管理目标的实现并打造成品牌项目是重点。

（2）管理的难点：

1）工期紧张、工程量大

本项目共计51个建筑单体，包括土方工程、基础工程、主体结构工程、防水工程、装饰装修工程、机电安装工程、市政工程等，作为河北省易地扶贫搬迁工程重点项目，为了保证易地扶贫搬迁工作的如期开展，建设工期仅有12个月，并且跨越冬季和雨季，影响正常施工作业，施工强度很大。

2）质量、安全和文明施工控制难度大

作为扶贫工程，做老百姓信得过的建房人为理念，我公司以高标准的要求来控制现场的施工质量，受各界媒体及各级政府领导关注并时常莅临工地检查现场的施工质量、进度、安全文明施工等情况，对施工现场的场容场貌、污染控制、卫生管理及环境保护等均有很高的要求。

3）施工生产组织协调难度大

由于项目工期紧、体量大，专业分包多，交叉作业众多，这对生产协调上产生很大难度。

4）群塔作业管理难度大

本工程占地面积大整体狭长，东西长约150m，南北长约700m，塔吊布置在南北两排楼座间，共计16台，整体布置较为紧密，相邻塔吊大臂之间存在交叉现象，安全隐患大。

5）项目的舆论风险管控难度大

由于网络舆情的突发性、自由性、交互性、偏差性等特点都使新闻的真实性大打折扣，易使新闻当事者的形象和名誉受损。在此种环境下，施工企业更易成为新闻事件的多发地，如何做好舆情应对工作，是每一个施工企业所面临的严峻问题。

2. 创新特点

（1）采用"塔吊活动基础"代替"传统现浇式塔吊基础"，"塔吊活动基础"克服了传统塔机基础笨重难以拆除、使用后基本废弃的缺点。其主要特点是塔吊基础可移动、能多次使用、灵活机动、节能环保；尤其在民用住宅工程，可避免与给排水、暖气、消防等地下竖向工程产生冲突，既节约了施工成本又能保证工期要求。如图2所示。

（2）精装修工程以粉刷石膏代替传统水泥砂浆抹灰，粉刷石膏粘接性好、耐水性好，适用于多种基材。质轻，施工操作性好，落地灰少。凝结硬化快，节约工期。干燥收缩率小，不宜空鼓、开裂。防火功能出色，可调节室内湿度。造价低，绿色环保，节能效果好。抗裂、隔声、隔热。自动调节室内湿度，具有"呼吸"功能。

（3）广联达云翻样技术与现场钢筋优化下料，在宏观把握工程结构主要构件的基础上，对每个构件计算的钢筋进行细化；从微观的层面进行分析，以设计图纸、国家规范图集、国家工程施工验收标准为依据，综合考虑合理利用进场原材料长度且便于施工为出发点，做到长料长用、短料短用，尽量使废料降到最低损耗，如图3所示。

图2　塔吊活动基础

图3　现场图示

（4）项目舆情风险管控，通过建立舆情应对工作机制，提前做好舆情应对工作预案，减少项目部舆情应对工作压力，以及舆论危机对企业的伤害。通过抢建公众良好印象、持续引导网络舆论，为开拓涞源新市场、宣传中建企业文化、扩大中建企业的社会知名度奠定坚实基础。

（5）推行三级计划管理，注重过程管控。严密地制定施工总计划、月计划、周计划，并编制三周滚动计划，及时进行纠偏，确保施工关键节点。

三、项目管理分析、策划和实施

1. 管理问题分析和策划

（1）确定管理目标

质量目标：合格，创保定市优质结构工程。

安全目标：无死亡重伤事故，一般事故频率控制在1.5‰以下，创河北省安全文明工地。

工期目标：满足合同工期要求。

（2）明确管理思路

为实现项目的各项管理目标，本项目必须以项目技术创新、精细化管理为重点。

（3）制定管理策划

通过项目重难点分析，集思广益，制定相应的对策及合理安排实施人员。

在施工各阶段，项目管理人员认真审阅技术资料、图纸，翔实查看现场，编制详细且有针对性的策划，制定各阶段实施细则，确保项目可控。

管理策划涉及组织管理、计划管理、技术管理、质量安全管理和舆论风险管控等各方面。

1）组织管理策划，根据本项目特点，我公司调配具备丰富的住宅小区建设管理经验的工程技术和管理人员组成项目管理体系。在开工伊始对整个项目的管理进行规划，对合同管理、现场管理等进行详细的策划，明确各阶段的管理内容，使管理有据可依。

2）计划管理策划，根据项目的合同工期和各主要时间节点，结合现场实际情况，制定合理的施工分区和专业工序划分，实行每个施工区按专业平行推进模式。运用三级计划管理，注重过程管控，严密地制定施工总计划、月计划、周计划，并编制三周滚动计划，及时进行纠偏，确保施工关键节点。

3）技术管理策划

技术管理策划，依托于公司总部的技术支持，项目部针对项目特点，对过程中的重点工作、技术难题及新技术的应用，集中技术骨干力量提前攻关，制定切实可行的解决方案，并在施工过程中不断予以完善，通过技术先行、技术引导，为施工顺利进行提供强有力的支撑。

4）质量管理策划

为确保工程的施工质量，严格按照施工技术交底制度，在每道工序施工前，对项目管理人员进行书面、现场交底。认真落实样板引路、三检制度、严格交接的管理措施，安排责任人，控制实施时间。在施工过程中，做好已完工分项成品保护工作，确保施工生产顺利进行。

5）安全管理策划

针对施工工序穿插多，交叉作业多，施工人员多，安全管理难度大的情况，项目部成立了以项目经理为组长的安全管理小组，制定了安全文明施工管理的各项制度，责任落实到人。

6）舆论隐患策划

易地扶贫搬迁工程作为政府重点民生工作，一致受到社会各界的高度关注，面对施工过程中，参与单位多、施工人员多等问题存在一定的舆论隐患，应做好突发事件舆情应对工作，维护企业品牌形象，避免造成负面社会影响。

2. 管理措施的实施

（1）组织精细化管理

我公司选派具有同类工程总承包丰富管理经验、组织协调能力强、有敬业精神、技术和作风过硬的专业团队组成项目管理班子负责项目的履约，是确保本项目建设中各方高效协同工作的基础。项目部全面负责协调各项资源，实现统一计划协调、统一现场管理、统一组织指挥、统一资金收付、统一对外联络，确保该项目在实施中的良好运行。

（2）施工计划精细化管理

采取施工每日碰头会，每周周例会制度，周密部署，制定详尽的施工进度计划及保证措施，配置充足的施工资源，采用合理的施工方法及工艺，加强分包单位间的工作协调安排，确保合同工期的实现。根据合同文件及业主单位给出的各个时间节点，结合工程主要施工特点，制定合理施工分区和流水段划分，实行各施工区域的流水作业，做到工序衔接紧密，确保工程施工进度。

1）施工部署原则：认真执行工程建设程序；遵循施工工艺及施工规范，合理安排施工工序；遵循先土建后安装，先地下后地上的施工原则；结构施工阶段土建与机电安装密切配合；采用科学的网络技术，合理组织人力、物力；采用先进的施工技术和科学的管理方法，优质高效地完成施工任务。

2）总体施工部署：遵循先地下后地上，先深后浅，先结构后辅助，先工期长后工期短的原则，统筹组织施工。其主要施工顺序如下：场地平整→基础开挖→地基处理→地下结构施工→回填土工程→地上结构施工→屋面施工→机电安装及装饰装修工程→室外工程施工→竣工验收。

3）施工区域及流水段划分：为使后续工作尽早开始、该工程早日投入使用，项目部根据合同要求及工程特点，按照项目建设的基本规律，结合以往同类工程经验，经过认真研究将本工程划分为三个施工区域，每个区域同时施工，区域内各单体组织流水施工。

（3）技术精细化管理

1）编制针对性较强的施工组织设计与施工方案

"方案先行，样板引路"是我公司施工管理的特色，本工程将按照方案编制计划，制定详细的、有针对性和可操作性的专项施工方案，从而实现在管理层和操作层对施工工艺、质量标准的熟悉和掌握，使工程有条不紊的按期完成。

2）严格落实技术交底工作，建立了完善的技术交底制度。对于关键工序的施工，技术部均提前召开技术交底会，并在施工过程中直接到现场进行技术指导。

3）图纸变更管理，建立图纸收发台账、洽商变更台账，对每次接收的图纸做详细的备注，及时对项目管理人员、分包队伍做技术交底。

(4) 质量精细化管理

建立健全项目样板引路制度：设置样板展示区，每个工艺样板上标明施工流程、操作要点及工艺标准，并且上报监理和业主；在施工前组织施工班组学习，避免因交底不清、标准不明造成的返工或整改。

建立质量检查和监控的管理系统，形成从公司到项目再到各个分包队伍的质量管理网络，保证质量目标的实现。

建立质量例会制度，及时纠正现场发现的质量不足，每周总结上一周发现的质量问题和落实整改情况，确保工程质量。

(5) 安全精细化管理

本工程属于大型民用住宅工程，工期短、分包单位多、施工内容广泛、交叉施工多，各项施工内容间存在大量的安全隐患，例如，在土建施工中，大量的预留洞口的防护、电气焊作业防护、防水保温等易燃材料使用和保存措施等。在建设过程中众多的施工内容和作业面交叉必然给安全生产带来较重的任务和压力。为了圆满完成安全生产的任务和确保达到安全生产的目标，我项目部系统全面地考虑现场施工的安全防护措施，并建立健全完善安全生产管理制度，将安全防护全面具体地落实到现场，切实做到"安全第一，预防为主，综合治理"。

成立项目安全领导小组，项目经理为安全生产第一责任人，安全总监具体负责日常巡视安排。由生产经理、质量总监、技术总工、各专业责任工程师等人员组成安全保证体系。建立健全的安全施工管理制度，明确各级安全职责，检查督促各级、各部门切实落实安全施工责任制；组织全体职工的安全教育工作；定期组织召开安全施工会议、巡视施工现场，发现隐患及时解决。

(6) 成本精细化管理

1) 制度总成本控制大纲，每月进行经营盘点，找出合同风险点，注重过程资料收集确认，有侧重、有步骤地突破，每月进行经济成本分析，全程跟踪项目成本发生。

2) 项目部注重合同管理，重视合同交底工作，注重二次经营，对设计变更及时签证，责任明确。

3) 项目实行以技术把控成本的管理思维，每道工序开展之前需编制针对性方案，并对多方案进行经济型对比，择优选择。

4) 项目内部开展金点子竞赛活动，调动项目所有员工成本管控的积极性，项目多个降本增效金点子获得了公司的认可，并在公司推广实施。

(7) 舆论管控精细化管理

成立舆情应对工作领导小组，负责组织、协调舆情应对具体工作。主要通过提前做好应对预案、抢建公众良好印象、权威发布正面声音、持续引导网络舆论等手段，为开拓当地新市场、宣传中建企业文化、扩大中建企业的社会知名度奠定坚实基础。舆论管控成果如表2所示。

涞源县易地扶贫搬迁工程（县城安置片区）新闻报道　　　　表2

序号	时间	新闻事件	报道刊物
1	2016.6	赵勇在涞源县易地扶贫搬迁现场办公会上强调打好脱贫攻坚"当头炮"	河北经济网
2	2017.3	河北涞源创新产业扶贫路径　搬迁农民变"市民"	中国新闻网
3	2017.3	一局公司涞源项目捐资万元助学	建筑者报
4	2017.7	围着城镇转　跟着产业走　涞源脱贫攻坚驶入快车道	河北共产党网
5	2017.9	中建一局用"中国品质"攻坚"脱贫项目"	中建一局自媒体
6	2017.10	中建一局项目职工延伸服务获点赞	劳动午报
7	2017.11	涞源走马驿和县城安置片区发生的事	涞源新闻
8	2018.2	涞源县"三下乡"暨"我们的中国梦"文艺进万家活动，走进走马驿镇葛沟村和县城安置片区	涞源县人民政府

3. 过程检查

（1）实行"样板先行"制度，确保安装质量。

项目自开工之日起严格执行样板引路制度，经甲方、监理同意后再大面积展开施工，坚持样板引路的理念保证施工质量。

（2）现场日会及周会制度

1）由于工期紧、多专业、多工序交叉施工现象严重，项目部在日常的施工管理过程中，需要与审计、业主、监理等单位进行沟通协调，另一方面还要对设计单位、专业分包、劳务分包的工作进行管控协调。

2）项目部每周召开各种专项会议，针对技术、进度、质量和安全等工作进行协调和布置。

（3）落实三检制度和监理检查

在施工过程中采用三检制度严格控制质量，"三检制"贯彻整个施工过程中充分发挥劳务分包质量管理部门的作用，把施工现场质量管理工作的重点从"事后把关"转移到"事前控制"，做到防检结合，把质量问题消灭在施工过程中。同时每道关键工序与隐蔽工程施工前严格执行监理工程师现场监督检查，避免因质量问题造成的工期延误等问题。

4. 方法工具应用

由于本项目共 51 个建筑单体，针对现场钢筋消耗量大、粗放式管理以及存在的钢筋浪费等问题，现场设置钢筋翻样部门，由具有丰富施工经验的专业人员负责钢筋工程的翻样工作。采用广联达云翻样软件进行钢筋翻样，列出详细加工清单并画出加工简图，是钢筋工按料单进行钢筋构件制作和绑扎安装的有效依据。

四、管理效果评价

1. 管理效果

工程严格按照图纸及相关质量规范要求进行施工，保证了整体及节点工期，质量到达合格标准，通过了各次检查及验收，获得各方的一致好评。

获得 2016 年度中建一局集团 CI 银奖；

获得 2017 年度保定市优质结构工程；

获得 2017 年度河北省安全文明工地；

获得 2017 年度中国中建一局集团安装工程有限公司标杆项目部；

获得 2017 年度中国中建一局集团安装工程有限公司先锋项目部。

2. 经济效益和社会效益

塔吊活动基础，解决了传统塔吊基础施工周期长、浪费人力、物力、难以拆除的缺点。本项目运用塔吊活动基础、不仅缩短了立塔施工时间，节约了钢筋、混凝土等材料，同时与室外管线、道路位置标高相碰撞的问题也完美的解决。此项技术在本项目的成功应用，可为今后类似工程的施工提供良好的借鉴及指导作用，有较大的推广和应用价值。

本项目作为河北省重点扶贫工程，精细化的管理、完美的履约得到了各界领导的认可，为其他扶贫工程立起了标杆，取得了良好的社会效益。

技术创新　助力全球最大晶圆代工企业落户江苏

——中建一局集团建设发展有限公司 12 吋晶圆厂与设计服务中心一期项目

孙江龙　赵华亮　张　涛　史　征　武建伟

【摘　要】 本项目是中国台湾历年来对大陆最大的单笔投资项目，将把全球领先的晶圆技术首次带入中国大陆。项目部在工程实施过程中，全面策划，细化目标，在进度、质量、技术、安全等管理中创新管理方法，并积极推广、创新应用新技术、新工艺，提前 18 天实现了设备 move-in，取得了良好的经济和社会效果。

【关键词】 晶圆厂；逆作法；钢桁架；天车

一、成果背景

1. 行业背景

中国在近年推出"十三五"规划，在〈中国制造 2025〉中明确制定目标至 2020 年晶圆自给率将达到 40%、2025 年达 50%，在中国庞大资金与相关配套政策扶植下，中国大陆地区近年来掀起了晶圆厂建设浪潮，从国际大厂英特尔、三星到台湾的联电、力晶和台积电，半导体厂商纷纷在中国大陆投资、设厂，中国大陆成为全球半导体十二吋厂的最大工地。

2. 工程简介

12 吋晶圆厂与设计服务中心一期项目位于江苏省南京市浦口高新技术开发区，项目建成后将就近服务内地客户，并将台积电的"开放创新平台"生态系统导入大陆，协助大陆的 IC 设计公司，一起发展半导体产业、共同成长。项目的几座智慧建筑同时涵盖研发、生产、办公、休闲及生活等功能。台积电同时把一直致力追求的绿色建筑理念带到了南京来，落实台积电深耕环境永续的承诺。未来，南京台积电园区将会是一个被绿意环抱，结合科技、生态与生活的大型综合园区。

项目总投资 30 亿美元，2016 年 7 月开工建设，2018 年下半年形成生产能力。项目占地面积 45 万 m^2，总建筑面积 32 万 m^2，建设内容包括生产厂房、动力厂房、高压变电站、甲类仓库、废弃物仓库等 9 栋单体，其中生产厂房为钢结构与混凝土组合结构，地下一层、地上四层，单层建筑面积约 5 万 m^2，建筑高度 28.4m。生产厂房钢结构桁架共 84 榀，桁架最大跨度 47.2m，单榀桁架最大重量 115t，桁架截面高度为 7.59~10.25m（图 1）。

二、选题理由

12 吋晶圆厂与设计服务中心一期项目是全球最大的专业集成电路制造服务（晶圆代工）企业——台湾积体电路制造股份有限公司在大陆的第一座独资 12 吋晶圆厂，也是中国台湾历年来对大陆最大的单笔投资项目，将把全球领先的晶圆技术首次带入中国大陆。项目落户南京，是苏台经贸合作具有里程碑意义的一件大事，也是推动两岸产业互利互赢的重要成果，更是两岸企业家峰会合作的成功范例。项目的建成投产，对推动两岸经济社会融合发展、共同振兴中华民族经济发展具有重要意义。

中建一局集团建设发展有限公司作为该项目的施工总承包商，在项目策划阶段深入分析项目复杂的结构形式及结构特征，在遵循技术可行、经济合理的原则下不断优化施工工艺，创新性的选择了覆工板综合应用技术、超长超重桁架吊装技术以及中间楼层结构施工物料的垂直运输方式，同时在大陆

图 1　项目效果图

大型洁净厂房建设中首次引入灌浆墙。另外，以 12 吋晶圆厂与设计服务中心一期项目为依托，通过对项目的整体施工部署、实施过程中遇到的难题和问题以及采取的有针对性的措施和方案进行了更加深入的分析研究，完善了高科技电子厂房全套施工技术，对高科技电子厂房整个建设过程中的进度、质量、技术、安全方面的管理有了进一步的提高，形成了更加全面、先进的大厂房项目规划管理理论。

三、实施时间

如表 1 所示。

实施时间表　　　　　　　　　　　　　　　　　　　　　表 1

总实施时间	2016 年 7 月～2018 年 1 月
分段实施时间	
项目总体管理策划	2016 年 7 月～2016 年 10 月
管理措施实施	2016 年 7 月～2017 年 10 月
过程检查	2016 年 8 月～2017 年 10 月
取得成效	2016 年 12 月～2018 年 1 月

四、管理重点与难点

1. 危险源数量多且共存性大，安全管控面临巨大挑战

该工程施工过程中涉及超大深基坑施工：基坑大面挖深 6.3～9.5m，承台位置开挖深度 7.5～11.1m，基坑面积达 63000m²，基坑土方开挖量约 75 万 m³，且项目基坑施工正值南京雨季，季节性影响大；群塔作业：项目共布置 13 台 TC7030 塔吊，塔吊安装高度 45～71m，群塔防碰撞作业复杂；由于该工程建筑外形及钢框架结构特点，多台塔吊位于建筑物内，塔吊布置、安装及拆除难度很大；另外还有高大模板施工、多专业交叉施工等一系列安全控制重点，安全隐患点多面广，安全管理难度大。

2. 庞大的劳务人员集中管理

本项目结构施工高峰期约 3000 人；不同区域、不同种族、不同习性、不同素质、不同工种的 3000 人的集中工作，住宿、饮食、安全、防冲突等均需要从最细微之处进行关注。

3. 无尘室面积大、质量要求高，质量管控难上加难

生产厂房无尘室面积达 20 万 m^2，由于洁净室无尘要求以及生产设备的安装要求，对洁净环境的精密化、微型化、高质量、高纯度、高可靠性等方面要求极其严苛，业主要求核心区各工艺层混凝土地面水平误差在任何方向均为 3mm@3m，具有极大的难度。

4. 443 天完成 32 万 m^2 除机电专业以外的所有分部工程

本工程合同要求开工日期为 2016 年 7 月 15 日，约定设备搬入日期为 2017 年 10 月 1 日，共 443 日历天。施工任务包含：桩基工程、土方工程、结构工程、装饰装修工程、幕墙工程、室外工程等。期间面临季节性施工、农忙、政策性停工、资源紧缺等情况，工期非常紧迫。

5. 体量大、专业多，总承包管理难度大

本项目建设过程中涉及桩基、结构、洁净、装饰、机电、消防、幕墙等众多专业，先后进场 50 个以上包商，协调工作细微且繁重；总包需要在工作面移交、文明施工、场平布置、动线管理等诸多方面进行协调管理。

6. 中国大陆首个采用逆作法施工的含地下室的电子厂房，施工规划及组织难度大

为满足主厂房四层提前装机需求，本工程主厂房采用逆作法，即地下室施工完成后首先完成屋面钢结构桁架吊装，后进行一层、二层结构施工。由于屋面桁架最重达 115T，如何实现在地下室顶板上进行桁架吊装是逆作法的关键问题。另外，由于主厂房首先完成屋面封闭施工，一层、二层结构施工规划和组织难度极大，材料水平及垂直运输问题是本工程逆作法施工的又一难点。

7. 超大单元体铝板幕墙加工及运输管理难度大

本工程铝板超宽超长（2050mm×5700mm），国内能生产此种超宽铝板的厂家极少，且加工工艺不成熟。如此大的铝板，在加工成形后的堆放及运输是难点，如堆放和运输不能较好控制，铝板极易产生变形。

五、管理策划及技术创新

1. 全面管理策划

开工伊始，项目经理即牵头对项目管理的目标、难点、重点进行深入的分析研究，从编制项目管理规划大纲、项目管理策划书、项目管理实施计划书和突发事件的应急预案入手，以技术创新为先导制定全过程、全方位的专项管理方案和措施，明确各级管理人员相应责任，以此对施工全过程和各个关键环节进行严格控制与管理，以确保各项管理目标的全面实现。

建立定期检查制度，定期检查各项工作计划的实施进度与完成质量，随时收集各项施工技术和验收资料，每半年形成一份总结报告。对已经完成的策划项目及时进行分析、书面总结，确保各项工作总结的完整与质量。

2. 技术创新

根据本工程的特点，制定在本工程推广应用目标和实施计划，完善对于施工技术创新工作的管理机制。通过制度给予技术创新工作以保障，同时给予技术创新人员一定的物质奖励，激励他们继续对工程施工进行创新工作。从而调动所有人员的积极性，推动施工技术的创新发展工作。

（1）主厂房屋面超长超重钢桁架综合安装施工技术创新

主厂房屋面钢结构桁架共 84 榀，桁架最大跨度 47.2m，单榀桁架最大重量 115t，桁架截面高度为 7.59~10.25m。塔吊无法满足桁架吊装需求，须采用履带吊或汽车吊进行钢结构吊装作业，为实现屋面桁架一次性整体吊装，项目选用两台 200t 履带吊进行双机抬吊，此时履带吊吊装状态下，自重达

300t。因主厂房包含一层地下室，桁架吊装需在地下室顶板上进行，面对如此大的施工荷载，如何实现在地下室顶板上行走履带吊并完成桁架吊装是本工程施工的关键。

经过项目技术人员的研究探索，首次在高科技电子厂房建设领域引入覆工板，通过在地下室顶板上铺设覆工板、垫块等将施工荷载传递至框架梁、柱，实现了在不增加原结构配筋及构件截面的情况下，解决了钢结构吊装荷载传递问题。有效降低了施工成本，且覆工板为周转材料可重复使用，符合绿色施工理念，节约能源（图2～图4）。

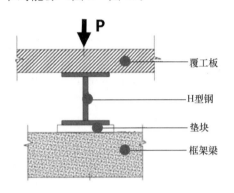

图2 荷载传递示意图

图3 垫块、钢梁、覆工板铺设

图4 桁架整体吊装（双机抬吊）

（2）材料的水平、垂直运输关键技术创新——天车应用技术

由于主厂房采用逆作法施工，中间层结构施工阶段，屋面已完成封闭，内部材料无法采用塔吊进行转运。如何实现楼层内施工材料的灵活、高效转运，是楼层内结构施工的重难点所在。

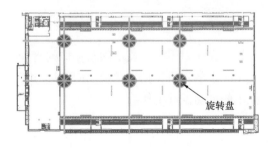

图5 天车轨道示意图

为保证工程顺利推进，经综合考虑分析，在地下室顶板上留设倒料通道，通道结构后施工，并且在桁架下弦安装天车导轨，后在导轨上安装双向旋转天车，利用汽车吊和天车配合完成中间层结构施工期间材料的水平和垂直运输，确保中间层施工进度不受材料运输的影响。天车的应用极大的减少了人工材料搬运量，加快材料运输速度（图5～图7）。

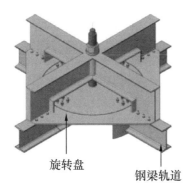 

图 6　旋转盘效果图　　　　　　图 7　天车现场照片

六、主要管理措施

1. 推行完善、强力、细致的安全管理

（1）建立完善的安全管理体系

成立以项目经理为第一责任人，质量安全经理牵头的安全管理体系，纵向与公司安全管理部门形成对接，横向联合场内所有包商安全管理部门，并以业主牵头的安委会为核心，形成对现场施工情况的共同监管体系，同时制定合理有效的安全管理制度，保障现场施工在安全可控状态下进行。

（2）项目初期即编制履约全过程《危险源识别表》，做出切实的应对方案

根据项目团队近9年、约千万平方米的电子厂房施工管理经验，进场后便编制全过程的《危险源识别表》，包含自施和专业分包施工内容。《危险源识别表》分阶段、分部位、分专业编制，例如基坑支护、消防、钢结构吊装、群塔防碰撞作业、高大模板工程、大型机械安拆和使用、临边洞口防护、交叉作业和高处防坠落等，并作出切实可行的应对方案。

（3）安全投入不惜成本

高速建设必然伴随着高施工风险，安全是项目履约的重中之重。进场前，我公司即开始编制安全资金计划、安全设施投入计划，保证安全资金专款专用，绝不吝惜安全成本投入。

（4）筹建应急管理机制，定期演练，第一时间响应

编制并实施应急管理预案，成立以项目经理为核心的应急管理机制，对于突发事件做到第一时间响应，尽最大可能降低损失，减小影响。

2. 真正意义上的劳务人员信息化管理

（1）成立劳务管理小组，下设民工纠纷处理办公室

项目书记牵头成立劳务管理小组，将各包商劳务管理人员纳入管理体系，实时监控工人动态；劳务管理小组下设民工纠纷处理办公室，主要负责处理现场工人冲突、经济纠纷等，尽最大可能将发生的矛盾内部处理，避免上访事件发生。

（2）所有工人人手一卡（IC卡），身份可识别，资料详细，实现了真正意义上的工人的信息化管理

所有进场工人均需在劳务管理小组办理登记，详细记录姓名、身份证号、籍贯、健康情况、工种等；为所有民工办理IC卡，与身份识别挂钩，进出场均需刷卡。

（3）对民工定期进行教育

加强民工的安全教育、从业教育、消防教育、现场自救培训等。

（4）对工人生活区实行高标准物业化管理

严格执行宿舍管理制度、食堂管理制度、卫生防疫制度、消防保卫制度等。

（5）了解并尊重少数民族的风俗习惯

对进入现场的少数民族民工进行登记统计，对有特殊风俗习惯的工人特殊安排作息、休假、饮食，

避免发生冲突（图8、图9）。

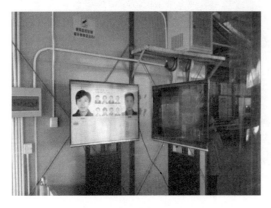

图 8　信息化门禁系统

图 9　工人的定期教育培训

3. 精细化质量管理

项目在实施过程中以精细化质量管理为手段，成立各项质量管理 QC 小组，针对不合格项认真分析，找准控制手段与措施，确保工程优良率。根据大型洁净厂房独有特点指定针对性质量管理制度及措施，并按照 GB/T 19001—ISO 9001 模式标准建立的质量保证体系运行；用全面质量管理的理念，组织现场施工；以专业管理和计算机管理相结合的科学化管理体制，全面推行科学化、标准化、程序化、制度化管理，精心组织、精心施工，确保实现质量目标，并有效地解决问题。

4. 进度管理的全面掌控

（1）进度分析

本工程包含 9 栋单体，根据不同的使用功能及生产场务系统对各单体的需求时间，来合理的统筹计划完成时间。大型电子洁净厂房计划管理策划的关键是合理安排工序、加强沟通保证信息完成、全过程无缝监控、及时纠偏调整。

（2）科学编制、严格执行进度计划

项目经理牵头，成立进度计划管理部，根据总控计划对项目进度实行实时跟踪。当进度出现滞后，提醒相关生产经理组织抢工；如果进度计划严重滞后，上报项目经理，组织紧急会议，分析原因，及时纠偏。

（3）进度偏差的分析和处理

当发生工期延误时，首先分析原因，根据原因的不同制定不同的赶工措施；

如果由于施工工艺不合理导致工期延误，总工牵头对施工工艺、施工方案进行讨论，根据反馈的经验、信息调整工艺，如果遇到难以解决的问题，将邀请集团设计院、技术中心共同攻关；

如果由于分包作业水平或者劳动力问题导致工期延误，商务经理牵头通知其他备选包商进场，替换原包商或者切割其工作面；

为了满足结构异常紧张的工期，优化施工工艺、工法，合理应用新技术是一个非常重要的手段。

5. 以更高的格局推行总承包管理

大型电子厂房最大特点之一参建包商众多，这些包商从开工到完工，按照工程总体进度计划的要求，以完成整个厂房厂务系统为主线，穿插进入现场，交替对工作面、临水电、堆场等厂区公共资源行使占有权，完成各自的工作。要发挥到总承包单位有对其他包商的照管、配合与协调的总承包管理作用。

通过对各专业包商及业主的深入了解，编制总报告阶段的管理手册，根据项目 Move-in 目标，与业主商定各包商的定标时间及进场施工时间，定期召开生产协调会、深化设计协调会、设备搬入通道专题会、堆场布置专题会、分房间计划及计划跟踪表，Puchlist 跟踪销项检查、竣工验收推进会等各种会议，通过各种计划及安全文明施工的内容来督促管理及服务各专业包商。

针对大型电子厂房分包多、总承包沟通协调、安全管理工作量大的问题。项目部采用视频、网络等先进的信息管理手段辅助项目的各种管理工作，总分包各方信息的传递、交流工作变得快速有效，简便了项目信息管理工作。

6. 新技术推广及技术创新管理

在工程开工之初，成立科技进步工作小组，有计划、有步骤地开发和推广应用新技术，实现计划制定的科技进步目标。项目经理担任小组组长，全面负责新技术推广工作，每项推广应用的新技术做到层层落实、责任到人，责、权、利对等，保证推广计划的各项目标落到实处。

组织、管理，实施样板制、推广应用技术的对比论证制、创新技术的试验制（在正式工程以外先做试验），保证技术创新与技术推广应用的可行、有效。同时，对新技术应用的各个阶段进行对比，分阶段总结，分析新技术推广应用实施效果，诊断实施过程中的不足，使新技术的推广应用持续的加强和改进。

七、过程检查与监督

针对本工程的建设特点，工程实施过程中对管理制度及措施定期检查并定期组织专项会议，形成了高效的组织运营模式，对管理运行中出现的问题实施整改，确保管理流畅高效。并在实施过程中严抓落实，在制度设立时注重形成反复校核机制，保证每项工作都有平行或垂直部门监督、检查。注重管理经验的积累与推广，形成系统的超大型厂房施工管理技术，奠定了公司在超大型洁净厂房项目建设领域的领先地位。

八、项目管理效果评价

1. 获得的奖项

（1）获得 2016 年度"江苏省建筑施工标准化文明示范工地"；
（2）获得 2017 年度"南京市优质结构工程奖"；
（3）2016 年、2017 年连续两年获得公司"杰出团队"；
（4）"高科技晶圆厂房逆作法钢桁架吊装施工技术"获得公司科技成果二等奖；
（5）通过"全国建筑业绿色施工示范工程"、"中国钢结构金奖"的初审。

2. 安全文明施工管理评价

本项目严格按业主及政府要求对现场进行安全文明施工管理，项目履约全过程未发生任何伤亡安全事故，现场场容及规划布局和安全文明施工均赢得政府监督管理部门、业主及监理的一致认可。获得了2016 年度"江苏省建筑施工标准化文明示范工地"称号。

3. 质量管理评价

项目管理人员对各分部分项工程严格按照过程精品的要求组织实施，通过精细、严谨的深化设计，结构、装修、机电安装、幕墙等专业工程均取得了较好的质量效果。业主、监理对工程质量的都给予了高度认可。经受上级部门的历次质量检查、验收，均获好评。并获得了 2017 年度"南京市优质结构工程奖"。

4. 进度管理评价

虽然本工程工期紧、结构形式复杂且又受到一些不可抗力因素的影响，存在很大的施工难度，在一定程度上影响工期的顺利进展，但通过项目管理人员的全体努力，在整个工程施工过程中，完全做到了按计划、按目标完成施工任务，满足了业主对工期的要求。比合约约定时间提前 18 天实现设备 Move-in，圆满完成项目履约（图 10）。

5. 科技推广及技术创新管理评价

在本工程的建设中，大力开展"四新"技术的推广应用和创新活动，推广应用了建筑业 10 项新技

图 10　设备搬入仪式（政府、业主等多方领导对项目管理成效给予了高度评价）

术中的 10 大项 23 个子项，推广应用了中建一局科技推广应用名录中 20 个子项；整个工程的施工创出了一流的质量。同时，我们的工作也得到了各方的一致认可，由于本工程的社会影响，以及工程自始至终良好的工况提供了一个业主考察的优秀平台，取得了良好的社会效益。同时通过应用、创新新技术，取得了明显的经济效益。创新、应用科学技术创出效益 3556.03 万元，科技进步效益率 0.0356。

　　本项目积极开展科技示范工程的创优活动，动员全体管理人员，集思广益，将新科技、合理化建议等应用于工程实施的各个环节，最大程度的发挥了科技创新的效果，并创造最佳的综合效益。同时，对一些高、新技术，大力推广，提供一个互助的平台，良好的技术氛围，争取走捷径，创出好效益。项目员工对施工过程的新工艺、新方法积极总结组织申请了"晶圆厂灌浆墙施工工法""屋面超长超重钢桁架施工工法"2 项工法。组织申请了"一种活动式立柱灌浆墙、连接结构及其施工方法""一种模具的简易提升拆除装置"2 项国家专利。

强化实测实量管理 助推高品质提升

——中国建筑第八工程局有限公司密云商务区项目

曲树春 张津铭 张 跃

【摘 要】 密云商务区项目地处北京市密云区水源路南侧商务区地块内，工程具有体量大、工期紧、质量高等特点，项目为住宅、商业及办公楼综合体，且分为三个标段分期开工，工程质量及安全文明施工要求较高，策划创立多项奖项。

【关键词】 实测实量；质量风险；精细管理

一、成果背景及选题

1. 成果背景

（1）现阶段商品住宅楼小业主维保意识较强；
（2）业主方高品质工程要求；
（3）加强过程中实测实量控制提升工程品质；
（4）以质量为切入点助推总承包管理；
（5）高品质工程提升企业形象。

2. 工程概况

本工程为华润置地品牌系列工程，地处北京市密云区水源路南侧商务区地块内，共分为3个建设项目，总建筑面积为41.63万 m^2。其中五彩城商业为20.01万 m^2；一期住宅为7.78万 m^2；二期住宅为13.84万 m^2。

五彩城商业项目由1栋商场及2栋办公楼组成（地上4层、地下2层）；一期住宅项目由5栋小高层、1栋配套楼及地下连体车库组成（地上13/15层、地下2层）；二期住宅项目由3栋高层、3栋小高层、3栋叠拼住宅及地下连体车库组成（地上4/13/20层、地下2层）。

业主方要求第三方质量过程评估综合成绩不低于92分，其中实测实量得分不低于96分，排名北京大区前三名（图1）。

3. 主要人员

如表1所示。

主要人员表 表1

姓 名	职 务	职 称
张津铭	项目经理	中级工程师
曲树春	项目总工程师	中级工程师
张跃	责任工程师	助理工程师
周英久	安装经理	助理工程师
肖方能	质量总监	中级工程师

4. 选题思路

（1）推进实测实量管理、加强过程控制、增强整体质量意识；

图1 工程效果图

(2) 严格控制质量风险、提升品质，减少后期维修及小业主投诉索赔；

(3) 增加业主满意度提升企业形象，增加经济效益。

5. 选题目标

通过加强对施工现场每道施工工序的实测实量管理，提升工程整体施工质量，达到业主实测单项成绩96分以上，质量综合成绩92分以上、北京大区排名前三名，业主单位零投诉，公司质量竞赛第一名的目标。

二、项目管理重难点及创新点

1. 管理重点

本工程管理的重点是通过实测实量管理和精细化的过程管理实现工程高品质管理。

通过对劳务管理人员及劳务人员实测考试、视频培训、BIM可视化交底等强化人员质量意识；引进铝木模板、机喷石膏等新工艺提高实测实量成绩、减少质量通病的发生；严格控制防水、混凝土、砂浆等原材料，避免因材料问题影响实测成绩及质量隐患；严格进行实测实量，事前控制提高一次验收合格率。

2. 管理难点

(1) 实测部分标准高于国家标准，实施难度大，如一般墙面腻子的垂直平整国家标准按照一般抹灰执行，为0～4mm，瑞捷第三方检查中要求此项标准为0～3mm，提高施工标准。

(2) 降低全周期质量通病发生概率，预控风险。施工过程中需要保证每个施工段的工程质量，减少质量通病的发生。需从人、机、料、法、环入手逐步解决，整体施工不得有丝毫松懈，工序节点较多，控制质量通病发生难度大。

(3) 过程分项100%带数据验收工人抵触情绪高，项目严格执行100%带数据验收，不合格严禁进行下步工序施工；验收时间延长、管理人员长期高强度工作，导致工人抵触情绪增加，工期紧张延迟等问题，需要通过多方面协调进行梳理解决。

(4) 管理人员年轻化，缺少施工经验。项目管理人员年轻化，相对缺少施工经验，风险预见性不强。

3. 管理创新

（1）项目利用"互联网＋"质量平台，利用手机实时上传实测数据，提高实测实量效率，减少办公用纸，并且系统能自动分析整理数据，辅助提高实测成绩（图2）。

（2）项目利用BIM技术进行技术交底、现场关键节点演示，直观表达条理清晰（图3）。

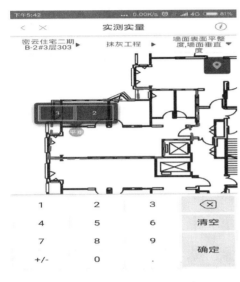

图2 "互联网＋"质量平台　　　　　　　图3 BIM技术的运用

（3）上岗考试制度建立和实施，关键岗位考试上岗，并定期考核，不负责、不达标工人立即进行更换。

（4）关键隐蔽工序留存视频资料，项目针对外墙保温、涂料、地下防水等外檐、地下等作业进行视频资料留存制度，对关键工序的隐蔽、处理进行实时上报，即使非上班时间也可对现场施工质量进行把控、每日抽查施工质量。

三、项目管理策划与实施

1. 管理策划

（1）实测实量策划和办法宣贯交底，针对业主第三方检查，项目经理组织进行项目实测实量管理策划。项目编制了《实测实量实施方案》及《实测实量奖罚办法》，依据岗位分别明确各自的管理职责和目标，并与同相应劳务公司及分包单位签订了《项目实测实量目标责任书》，责任落实到人，奖罚到人。

（2）实测小组成立及组织架构，项目部成立实测实量专项小组，配备实测仪器，小组分为事前事后两部分，事前以预控为主，事后以分析数据为主。

（3）实测实量人员分工，项目部成立针对现场劳务分包情况，分区进行实测实量计划。分区域楼号安排专人负责。区域管理人负责每天实测实量情况统计分析，各楼栋号长负责实测跟进和风险处理。

（4）实测实量精细化管理策划，根据业主季度检查，项目部编制详细的实测实量计划，通过统计检查涉及分项工程数量、迎检预留工作面进行组织落实工作。按照检查标准计算实测点数，根据目标得分控制现场实测合格率。针对抹灰、地坪、防渗漏等分项制定实测控制措施、风险整改措施及责任划分落实到人。

（5）实测量化管理措施，根据每个单体进行实测量化管理，分检查项目、层数、所需工种人数、施工时间、二次整改时间、配备仪器等关键因素编制实测实量排查计划。每日进行实测反馈、数据通报、问题分析，发现薄弱项及时整改，进行模拟检查，提前预警。

（6）制度建立，项目定期组织培训，介绍新工艺、学习质量管理重点，借鉴优秀工程做法等内容，提高全员质量管理意识及技术知识，强化员工综合素质。

2. 管理实施

（1）明确实测管理目标：确保实测综合成绩，北京市长城杯金杯。

（2）结合本项目的工程特点，为顺利完成项目实测实量管理目标，项目部成立了实测实量小组、BIM工作小组、QC质量管理小组，利用技术创新管理，结合BIM等先进施工管理手段，为项目质量管理打下结实基础。

（3）定期组织质量竞赛，进行周评比。对排名靠前的分包队伍进行现金奖励，对靠后的队伍进行处罚，激励劳务层对质量管控的热情。项目内部也进行组织考试，对优秀的员工进行奖励，增强管理人员的责任心。

（4）加强事前控制，做到100％带数据全数验收，严控模板工程、防水工程、抹灰工程施工质量，减少后期返工维修风险。

（5）严格控制原材料的进场和材料复试，选用品质良好的施工原料，从源头抓起，对钢筋、混凝土、防水材料、抹灰石膏等关键材料进行重点管控，降低不合格试验发生概率，减少后期因材料问题导致的质量缺陷。

3. 实施内容

（1）配备齐全实测工具，建立实测实量工具配备表及设备领用台账，专人负责管理仪器的使用和维护。

（2）实测数据原位标注，保证数据准确性。同时根据业主的实测平台实时上传数据处理风险隐患，结合公司"互联网＋"质量平台进行质量管理。

（3）实测数据及时整理归档，每周进行汇总分析，找出过程中的薄弱项，加强质量管控，做到有针对性的指导现场施工。

（4）制作现场工序样板，严格遵守样板引路原则（图4）。

（5）重要节点进行现场工序样板确认、提前进行样板户工作，做到指导施工、确立保准、严格执行（图5）。

图4 样板

图5 样板工序

（6）每个施工段进行新工序前进行实体样板验收，针对样板出现的质量问题进行专项整改、分析，避免施工过程中反复出现类似质量缺陷。

（7）加强过程中的质量管控，关键工序、材料加工等提前进行验收，减少施工返工率。

（8）严格要求过程验收的执行，验收做到100％带数据验收，降低质量风险，事前控制增加实测合格率。

（9）施工过程中注重成品保护，根据不同情况采用最合理的保护措施，减少不必要的施工浪费，增加经济效益。

（10）工艺改进

卫生间降板高度保证措施，卫生间降板高度5cm，采用50mm×80mm的方钢进行吊模制作，并且在四角连接部位下部焊制30mm×30mm角钢，上部焊制螺母用钢筋棍或者螺栓进行连接，方钢下焊制U形钢筋支撑保证方钢左右不移动。方钢加工尺寸需精准，连接件焊接牢固，螺栓孔需定期清理；加固到位保证方钢不移动；混凝土收面时木抹子紧贴方钢下口进行收面；方钢定期清理并涂刷涂膜剂。

保证楼梯踏步截面尺寸及梯段板厚度措施，楼梯侧帮模板采用双层模板的形式，内侧模板最下端为一条长方形模板，模板厚度与梯段板厚度一致，上端为一个三角形，三角形尺寸与踏步尺寸一致，踏步模板安装时下口与长方形模板上边一齐，踏步模板尺寸按照三角形进行安装。

提高木模板实测合格率措施，墙体与顶板次龙骨全部采用40mm×40mm的方钢，主龙骨全部采用钢管，梁头模板处木方伸出端头将梁头与墙体连接部位固定，顶板和墙体方钢隔一段距离使用40mm厚木方，将模板体系加固支撑到位。顶板次龙骨端头离墙边距离不能大于150mm；变形的方钢禁止使用。

钢模板顶板模板标高及施工缝漏浆控制，在剪力墙、连梁、框架梁弹出一条距板底88mm水平线控制线（因木胶板厚度为12mm）；用旧模板锯成88mm板条；将海绵条粘在板条上口，根据水平控制线用钢钉把板条钉牢、完整，依次进行主龙骨、次龙骨安装，铺设木胶板压住已经固定的木板条，尽可能把木胶板紧靠混凝土面钉牢；混凝土楼面浇筑振捣产生的水泥浆有二次防御的作用，减少流浆量。

（11）关键上岗工人百分百培训制度，项目工程部按照三级交底模式，先对劳务管理人员进行技术交底；再组织各工种进行交底培训，由劳务管理人员进行交底，工程部组织旁听监督或者视频录像方式，减少重复交底的时间。

（12）上岗考试制度建立和实施，项目工程部参照方案、技术交底、培训资料、业主第三方实测要求进行编制考试试卷，考试试卷采用闭卷考试、更新题库等方式进行，要求技术工人必须考试合格才能上岗。提高工人的"软实力"。

（13）每日工作计划下发制度，项目后期专业分包45家，为了更有效地提升实测实量管控，项目工程部参照月进度、周进度进行每日关键节点分解，关键工作提前下发工作计划，避免盲目施工造成的成品破坏，无故返工等，由劳务进行反馈工作难点、针对人、机、料、环四方面进行分析和协调反馈，确保重要节点工期进度不滞后，交叉工序提前计划、提前准备、相互成品保护、增加施工效率。

（14）现场实体测量交底，项目部针对第三方检查体系要求，制定各分项检查标准及控制措施，并进行现场实体工序交底和现场实测实量规则培训，让工人直观理解工序要点和实测要求，讲明实测重要性，杜绝因赶工造成的盲目施工。

（15）细部管控提高观感质量，通过对砌体工程、抹灰工程、防水工程的细部处理进行统一标准，加强各工序环节的观感质量。如室内防水必须粘贴美纹纸涂刷，管道防水上返高度7cm，砌筑工程系列模板超过4层必须更换新模板，不得墙体开洞、大钉等。

（16）现场分户100%带数验收，项目部按照实测排查计划进行现场100%实测检查验收，实测小组根据户型分类检查，如果实测合格率低于96%严禁进行下步工序施工。验收项目同步第三方实测实量检查项目，包含全数实测项目和风险质量风险（图6）。

（17）数据复测及规范整改标准，项目部每天对已实测楼层按比例进行复测抽检，实时跟踪实测整改情况。对两次实测合格率均低于96分的房间进行经济处罚，通报项目经理。项目统一实测整改标准，高标准严要求，避免因维修不到位导致实测不合格。

（18）坚持每周进行质量检查，对发现的问题及时分析、反馈、落实、追踪。定期进行实测实量评比，对排名靠前的分包进行现金奖励，以此激励推荐实测实量工作的开展进行。

（19）坚持召开日例会，每日问题及时反馈处理。并定期组织分包商研讨会，共同策划实测整改实施细节，后期执行"关门计划"每户留存影像照片，按照第三方交付评估标准进行全面检查。

（20）项目自开工以来严格控制原材料的进场和材料复试，工程部与物资部对每批进场材料进行抽检，不合格材料严禁进场使用。

图 6　数据验收情况

4. 新技术推广

（1）本工程1、2号楼采用铝框木模板体系，通过对铝框木模板的应用，项目部对铝框木模板提出了部分改进措施及建议，并总结了使用经验（图7）。

（2）项目组建BIM工作小组，在平面策划及机电管线综合排布方面均取得良好效果，实现临建图纸专业化、机电管线排布精益化（图8）。

图 7　木模板体系　　　　　　　　　　　图 8　BIM工作小组

（3）住宅楼室内墙面抹灰采用机喷施工进行施工，相比传统砂浆抹灰有效降低空鼓开裂发生率。

四、管理效果与评价

1. 项目得到北京市及密云区相关部门多次通报表扬，且作为示范工地进行观摩推广；
2. 获得北京市结构长城杯金质奖；
3. 2015年代表中建八局参加中建总公司质量检查获得全国第一名；
4. 业主第三方质量过程评估，北京大区前三名；

5. 北京市绿色安全样板工地；
6. 北京市优秀 QC 小组；
7. 中建八局绿色施工达标工地；
8. 中建八局"安康杯"竞赛优胜项目；
9. 国家 AAA 级安全文明标准化工地；
10. 住建部绿色科技示范工程；
11. 项目部被公司评为"五好项目经理部"。

向塔体要效益　促完美履约

——中国建筑第八工程局有限公司商业办公楼
（丰台区丽泽金融商务区 E-04 地块商业金融用地项目）

雒腾龙　姬　祥　郭　利　王东磊　胡建宙　周贵鑫

【摘　要】 材料和人员运输管理已经成为超高层施工中的一个主要难点，因此，如何制定进行高效的垂直运输管理、实现垂直运输目标成为超高层参建各方关注的焦点，本成果依托丽泽 SOHO 项目，阐述了一种垂直运输管理模式，希望对同行能够有所借鉴。

【关键词】 超高层；垂直运输管理管理；效益；完美履约

一、成果背景

1. 行业背景

超高层建筑的推广，大大缓解了城市用地紧张，还给城市带来了坐标性建筑，吸引品牌企业入驻，提高了城市综合竞争力，因而得到了越来越多城市的青睐。

超高层建筑施工中的一个主要难点就是材料和人员的垂直运输。因此，如何制定合理的垂直运输方案，高效地实现垂直运输目标，已成为制约超高层建筑施工进度能否保证的重要因素。

2. 项目概况

如表 1 所示。

表 1

1	工程名称	丽泽 SOHO 项目			
2	建设单位	北京丰石房地产开发有限公司			
3	设计单位	北京市建筑设计研究院有限公司			
4	监理单位	北京双圆工程咨询监理有限公司			
5	施工单位	中国建筑第八工程局有限公司			
6	设计顾问	ZAHA HADID 建筑师事务所			
7	工程地点	丰台区卢沟桥乡丽泽路，丽泽金融商务区 E04 地块			
8	建筑功能	办公楼、商业及配套设施			
9	建筑面积（m²）	总建筑面积 172800	建筑高度（m）	199.99	
10	结构形式	筒体-单侧弧形框架的两个单塔与椭圆形腰桁架组成的结构体系，反对称复杂双塔以跨度 9～38m 弧形钢连廊连接			
11	基础形式	主楼范围采用桩筏基础，纯地下室部分采用梁筏基础，设置抗拔桩			
12	建筑层数	地下	4 5 层	建筑层高（m）	地下	3.7/5.0/6.9
		地上	4 层		地上	4.1/5.1/5.7/5.9

3. 管理目标

如表 2 所示。

表 2

项目	管理目标
工期目标	合同开工时间：2015 年 11 月 12 日，合同竣工时间：2018 年 12 月 25 日 总工期 1210 日历天
质量目标	确保北京市"结构长城杯金奖"、"鲁班奖"、"美国 LEED 金奖"
安全文明目标	施工期间零事故； 获北京市绿色安全样板工地、全国 AAA 级安全文明标准化工地
绿色施工目标	北京市建筑业绿色施工示范工程
科技目标	中建八局科技示范工程、北京市建筑业新技术应用示范工程
项目管理目标	北京市超高层样板

项目共有员工 25 人，安排专职计划管理、设计及 BIM 人员。

目前进场分包共 17 家，专业分包均有深化设计及 BIM 设计队伍，按投标组织架构人员到岗。

二、选题理由

1. 超高层建筑垂直运输压力大

（1）丽泽 SOHO 项目高度近 200m，建筑规模庞大，将建筑材料及时运送到所需部位是一项繁重的任务。

（2）施工现场作业量大，所需人员多，对垂直运输体系管理是严峻考验。

（3）超高层施工过程中产生较多的建筑垃圾，垂直运输可以及时运出。

综上所述，对超高层建筑施工的垂直运输系统的运送能力提出了极高的要求。

2. 超高层建筑施工垂直运输产生效益高

超高层建筑施工投入大，加快施工速度能显著提高建设单位的投资效益。所以，垂直运输体系的合理配置对加快超高层建筑施工速度，降低施工成本具有非常重要的作用。

3. 相关方特点

（1）建设单位：SOHO 中国地产开发管理成熟，每月进行品质部检查，本项目可能为其开发的最后一个商业地产，对项目期待极高，处于转型期，对总包管理要求极高。

（2）监理单位：本项目派驻监理较年轻，缺乏经验。

（3）甲方分包：甲方分包共 21 家，数量多且无合同关系，管理难度大。

（4）自由分包：项目成本压力大，选择的自有分包水平一般，对总包依赖性较强。

各参加方特点决定了管理模式是否成功是相关方满意的关键。

总包作为业主的"大管家"，承担整个工程的质量、安全、进度、造价管理责任，必须有能力管理好所有进场分包，这就需要建立一套与工程建造相适应的服务、协调、管理体系。

总承包管理的成功与否是项目能否完美履约的关键因素，垂直运输管理作为总承包管理的重要组成部分，必须执行到位。

三、实施时间

如表 3 所示。

表 3

实施时间	
2015年8月~2018年4月	
分阶段实施时间表	
管理策划	2015年8月~2016年3月
管理措施实施	2016年3月~2018年3月
过程检查	2016年4月~2018年4月
取得成效	2016年4月~2018年4月

四、管理重点与难点

1. 垂直运输体系简介

丽泽 SOHO 项目地基与基础阶段共配置四台平臂式塔吊，主体施工阶段共配置三台自爬式动臂塔吊，四部双笼式 SC200 施工电梯。南北塔各一部消防电梯，计划提前启用，作为装饰装修阶段主要材料运输设备（图1、图2）。

图 1　地基基础阶段

图 2　主体阶段

2. 垂直运输管理重难点

（1）工期紧张

业主对工期要求严格，工程地理位置特殊，受雾霾和政令停工影响达 100 余天，高效的垂直运输管理体系是保证工期的重要因素。

（2）分包众多

项目分包在场数最多达 20 余家，各单位均有垂直运输需求，如何进行垂直运输管理关系各方利益，一旦管理混乱将严重影响总包信誉。

（3）场地狭小

丽泽 SOHO 位于首都二环旁，场地狭小，寸土寸金，进场材料众多，需第一时间运输至各作业面。

（4）安全形势严峻

塔吊、施工电梯连续运行时间长，是现场重大危险源，管理不当容易出现重大事故。

五、管理策划和创新点

1. 垂直运输管理总体思路

（1）塔吊、电梯等垂直运输设施为工程公共共享体系，必须由总包统一管理、安排，由总包指定专人进行管理。

（2）垂直运输矛盾的解决需开源节流，开源就是增加垂直运输能力，节流就是内部挖掘，提高塔吊每一吊、电梯每一笼的运输效率。

（3）大宗材料必须采用塔吊集成吊运。

（4）要尽量一次运输到位，减少二次搬运。

（5）作为提前启用货梯的消防电梯作为关键线路必须提前插入施工，争取尽快启用。

（6）施工电梯与永久电梯的转换应在施工方案中作重点研究。

（7）上下班高峰必须首先满足人员运输。

（8）安全第一，垂直运输体系必须确保绝对安全。

2. 垂直运输策划创新点

（1）尝试利用施工电梯进行现场安全管理，管控现场工人安全行为。

（2）利用垂直运输体系降本增效。

（3）垂直运输尝试分包线上申请，与公司移动办公软件相结合。

六、管理措施和风险控制

1. 垂直运输管理方案确认

（1）项目管理人员在进场初期进行施工组织总设计编制时就赴兄弟单位的类似项目（天津周大福、重庆来福士等）进行考察观摩，学习观摩项目的总承包管理制度，初步形成了超高层建筑垂直运输管理制度的编制思路（图3）。

图3　学习观摩

（2）进行垂直运输管理制度编制时，项目经理组织专题研讨会，除总分包管理人员外，项目部还邀请信号工、电梯司机、劳务工人代表参加，并邀请塔吊、施工电梯供应商列席进行技术上的把关，充分听取各单位代表的意见，综合考虑各使用单位需求和设备维保需要，编制出《丽泽SOHO总承包工程垂直运输管理制度（试行）》。

（3）试行过程中，听取塔吊、施工电梯管理群中的反应，对反映出的问题进行分类汇总，分析原因，确定改进思路后再次召开专题会，综合各家意见后对管理制度进行再次修订，各家无异议后发布《丽泽SOHO总承包工程垂直运输管理制度（正式版）》，各单位负责人进行签字确认后开始执行（图4、图5）。

2. 任命垂直运输管理员

丽泽SOHO项目结构形式为核心筒＋外框架钢结构，现场共有两家主体单位及两家钢结构单位，四家单位对塔吊的需求都很大，这就要求塔吊除例行维保外要做到24小时无缝隙工作。

 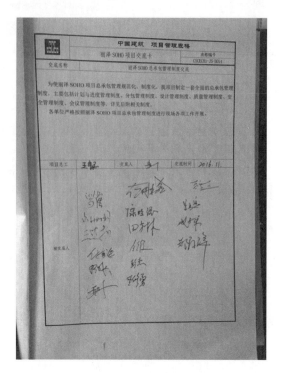

图 4　塔吊微信群　　　　　　　图 5　制度交底签字

为了提高办事效率，减少不必要的环节，项目部任命了垂直运输管理员，由垂直运输管理员全权负责垂直运输工作。

3. 塔吊使用管理要点

（1）塔吊使用协调会

每天下午 4 点半由垂直运输管理员组织塔吊使用协调会，安排当天 18：00 至次日 18：00 塔吊使用时间，协商无误后各方签字发塔吊微信群。

（2）塔吊分配原则

1）安全第一

确保钢结构吊装等危险作业在白天进行。

2）以工期为主线

优先安排关键节点相关物料运输。

（3）各单位严格执行塔吊使用时间分配表，如有特殊情况需延长使用时间的，需由垂直运输管理员同意。

（4）无故拖延塔吊使用时间的，拖延半小时以内的延长半小时，半小时到一小时的延长一小时，相应减少次日该单位使用时间。

（5）甲方分包如需使用塔吊，需经项目班子同意，接受商务报价后垂直运输管理员方可安排使用。

4. 施工电梯使用管理要点

丽泽 SOHO 项目共配置四部双笼施工电梯，南北塔高低区各一部，主体施工阶段前期主要主体单位使用，后期二次结构、机电、精装、幕墙多单位都有使用需求。施工电梯原则上 24 小时运转。

（1）为将施工电梯的使用效率最大化，并且满足各施工队伍的作业面材料使用需求，施工电梯将分时段分专业使用。

（2）各单位根据第二天材料使用量合理安排夜间运输人员，于当天下午 4 点前填写《施工电梯使用申请表》。

（3）由分包项目经理签字申请，报送至总包相应分管专业工程师，并汇总至总包项目部垂直运输管理员。

（4）垂直运输管理员根据分配原则合理分配各单位运送时间。

（5）施工电梯分配原则：

1）优先满足申请时间。

2）使用时间有冲突，优先安排关键工序运输。

3）使用分配表共享至施工电梯群，接受监督（图6、图7、图8）。

丽泽SOHO项目每日塔吊使用时间分配表

2017.6.15-2017.6.16

序号	塔吊型号	使用单位及作业内容	使用时间段（24小时制）																							
			18	19	20	21	22	23	0	1	2	3	4	5	6	7	8	9	10	11	12	13	14	15	16	17
1	6#塔吊	梁平荣安																								
		作业内容	主体												主体					主体						
2		四川创佳																								
		作业内容				钢构13节柱梁										钢构13节柱梁						钢构13节柱梁				
3		重庆江津																								
		作业内容																								
4	7#塔吊	南通兴盛																								
		作业内容	主体												主体					主体						
5		重庆江津																								
		作业内容			钢构13节柱梁												钢结构外框梁					钢结构外框14节柱				
6		四川创佳																								
7	8#塔吊	梁平荣安																								
		作业内容	土建单位钢筋吊装											主体土建						钢筋						
8		四川创佳																								
		作业内容															提框子									
9		重庆江津																								
		作业内容																								
10		塔吊使用																								
		作业内容																								

相关单位签字确认　梁平荣安　南通兴盛　四川创佳　重庆江津　北京建研

图6　塔吊使用时间分配表

丽泽SOHO项目每日施工电梯使用时间分配表

2017.8.23-2017.8.24

序号	施工电梯区域	编号	使用单位及作业内容	使用时间段（24小时制）																							
				18	19	20	21	22	23	0	1	2	3	4	5	6	7	8	9	10	11	12	13	14	15	16	17
1	北塔低区	1号	上海景泰																								
			作业内容	运送石材至四层																							
3		2号	上海景泰																								
			作业内容	运送石材至四层																							
4	北塔高区	5号	/																								
			作业内容																								
5		6号	/																								
			作业内容																								
7	南塔低区	3号	防火涂料																								
			作业内容		15-18层防火涂料运输																						
8		4号	上海景泰																								
			作业内容		运送石材至四层																						
7	南塔高区	7号	一局发展																								
			作业内容							运风管到南塔25层																	
9		8号	一局发展																								
			作业内容							运风管到南塔25层																	

图7　施工电梯使用时间分配表

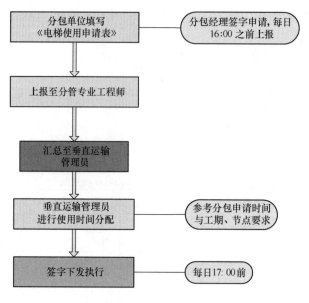

图 8　施工电梯使用流程

5. 安全风险控制

进行垂直运输管理时，项目部充分考虑塔吊、施工电梯的维保问题，本着"再忙不能忘安全"的原则，项目制定各项保障措施，确保垂直运输"零事故"（表 4）。

安全风险控制表　　　　　　　　　　　　　　　　　　　　　　　　　　表 4

运输方式	保障措施
塔吊	① 严格落实"十不吊"等规范，严格执行《丽泽 SOHO 项目塔吊作业应急预案》，遇有不良气候如大雨、大雪、大雾和施工作业面有六级（含六级）以上的强风影响时立即停止塔吊使用，后续制定抢工措施
塔吊	② 塔吊每运行 500 小时确保更换一次防冻液、滤芯、润滑机油等，各种安全保护装置运转中发生故障、失效或不准确时，必须立即停机修复，严禁带病作业和运转中进行维修保养
施工电梯	① 项目部每周进行一次施工电梯安全检查，要求电梯单位每半月安全总监带队、每月专家带队对施工电梯的使用进行彻底检查，重点检查减速箱、防坠器、标准节螺栓有无松动等
施工电梯	② 严格执行《丽泽 SOHO 项目施工电梯安全、技术、维修保养制度》，对违反制度，发生"超载、抢上抢下、不服司机管理"的，停止该单位使用电梯三天或处以罚款

项目部成立垂直运输现场应急领导小组。设置以项目经理为组长的项目部应急领导小组，下设通信联络组，技术支持组，后勤保障组，抢险抢修组，医疗救护组等应急救援小组。一旦发生大型设备安全事故，有关部门负责人将立即赶赴现场，组织指挥应急处理，并及时上报上级领导（图 9，图 10）。

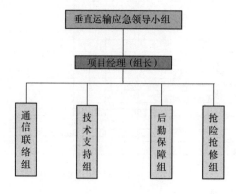

图 9　垂直运输应急领导小组组成

194

图 10 垂直运输应急演练

七、过程检查与监督

垂直运输管理方案确认

（1）过程检查要点

1）检查现场垂直运输是否按照时间表进行，未进行的查清责任人，若为被运输单位则严格落实惩罚措施，确保运输管理公平、公正公开。

2）检查电梯司机是落实安全主体责任，对未穿安全马甲、未戴安全帽的人员坚决拒载。

3）检查垂直运输过程中是否充分利用塔梯运力，杜绝超载或过少载情况分发生。

（2）制度监督措施

项目每周召开垂直运输管理专题会议，有使用垂直运输设备需求的单位必须参加，会议对上周垂直运输情况进行总结，并对违反垂直运输管理制度的单位进行通报，落实惩罚措施，会议收集各方对现行管理制度的意见和建议，若有必要，定期对分配原则及管理制度进行调整（图11，图12）。

图 11 周垂直运输协调管理会

图 12　垂直运输体系高效运行

八、管理效果评价

丽泽 SOHO 项目总承包工程垂直运输管理开始后，众多分包严格遵守，有问题提前与项目部沟通，充分地利用了塔吊和施工电梯的运输能力，塔吊租赁老板对项目的制度十分佩服，"从未见过这样充分利用塔吊的工地，你们这三台动臂塔吊租的真是没有白花一分钱！"塔吊老板连连称赞。

高效的垂直运输体系及管理有力地保障了项目进度，项目提前 3 天冲出地平线，在环保风暴影响工期 100 余天的情况下，提前 10 天主体结构封顶。

以垂直运输管理为代表的总承包管理使项目在工期、质量、进度、成本等方面均走在了业界前沿，上半年在局总承包检查中排名第一，并且得到了业主 SOHO 中国的认可，被潘石屹董事长誉为"从事建筑行业近二十年来见过的管理最好的工地"。项目主体施工以来多次收到业主的表扬信及感谢信。SOHO 中国董事长潘石屹先生多次莅临项目检查指导工作，对项目的总承包管理情况给予了高度评价。

丽泽 SOHO 项目自开工以来，迎来一个个挑战，备受各界人士的关注，项目也不负众人所托，突破一个个难关，在施工过程中，业主各部门对项目管理，特别是总承包管理表示满意，项目成绩显著，不断的迎接各界人士的参观与学习（图 13）。

图 13　中建协 700 人观摩团冒雨观摩

秉承"创优、创新、人性化"管理理念 确保杰出团队再延续

——中建一局集团建设发展有限公司 北京新机场安置房项目（榆垡组团）6标段 （4片区0211、0212地块）工程项目

朱军立　周惠娟　李　锭　冯宗池　郑伟伟　韩　超

【摘　要】本工程作为北京市政府保障性住房，建成后将是北京大兴新国际机场项目的第一个，也是最大的民生工程和政府工程。工程公益性强，社会责任重大，地方政府高度重视，对保障性住房的质量、安全等监管力度大。工程施工前，项目部就确定履约目标，通过提前策划，增强过程管控，并在工期、质量、技术、安全等管理中推陈出新、不断总结，在团队建设方面充分体现了人性化管理，增强了团队向心力，最终圆满地实现了各项履约目标。

【关键词】北京新机场；安置房；创优；创新；团队建设

一、项目成果背景

1. 社会背景

本工程作为北京市政府保障性住房，建成后将是北京大兴新国际机场项目的第一个，也是最大的民生工程和政府工程。工程公益性强，社会责任重大。北京新机场安置房项目是保障机场顺利建设的重要工程，习近平总书记于2017年2月23日的考察让项目具有了政治色彩，对工程的工期、质量、安全、绿施等要求特别高。

2. 工程简介

北京新机场安置房项目（榆垡组团）6标段（4片区0211、0212地块）工程项目位于北京市大兴区榆垡镇，总建筑面积206123.87m²，共13栋单体住宅楼，2个地下车库，3个配电室，1个公建，分为两个地块施工，建设单位为北京新航城控股有限公司，结构形式为现浇剪力墙、框架。本工程为安置房工程，住宅楼户内基本为初装修做法，为竣工交付后小业主装修预留出施工做法。

3. 选题理由

(1) 项目是如何确保"鲁班"团队的不断延续及进一步提升。

(2) 第二，项目与其他10家大型建筑企业同台竞争，如何确保工程完美履约，展现团队的竞争力。

(3) 通过创优、创新、人性化管理理念的实施，最大限度地减少管理所占用的资源和降低管理成本，全面提升项目管理水平和盈利水平，培养人才、福利项目员工，增强团队建设。

(4) 实施时间，如表1所示。

实施时间　　　　　　　　　　　　　　　　　　　　　　　　表1

总实施时间		2015年12月～2018年03月
分段实施时间	管理策划	2015年12月～2016年01月
	管理措施实施	2016年01月～2018年03月
	过程检查	2016年01月～2018年03月
	取得效果	2016年09月～2018年03月

二、项目管理、创新分析及策划

1. 管理重点

（1）本工程作为北京市政府重点保障性住房，工程公益性强，社会责任重大。地方政府高度重视对保障性住房的工期、质量、安全等监管力度大。如何在外部环境严峻的情况下，完美实现各项履约目标是工程的管理重点之一。

（2）在正常履约过程中，项目通过创优、创新的策划与实施，实现工期、质量、安全、绿施与经济效益的共赢。

（3）项目通过科学的、人性化的团队建设，让项目团队进一步凝聚向心力，更有战斗力。

2. 管理难点

（1）工程施工难点：

1）本工程属于群体工程，共13栋单体住宅楼，2个地下车库，3个配电室，1个公建，分为两个地块施工，施工组织复杂。现场施工平面组织及基坑施工难度大，地块内场地布置紧张。

2）总承包管理、协调量大：本工程九大分部工程和节能工程都属于总承包范围，各专业工程之间的穿插协作频繁。资源投入量大：现场人、机、料资源投入大，对环境影响控制要特别关注，因此需特别加强现场文明施工、绿色环保施工管理，保证施工顺利、和谐。

3）同平台各企业竞争激烈：北京新机场安置房项目共分为11个标段，各企业同平台竞争激烈，如何脱颖而出，得到业主单位认可，获得后续市场尤为困难。

（2）团队建设难点

1）部门员工较年轻，工作经验积累不足，边学习边管理。要培养综合管理能力，项目团队的稳定性及专业技术人才的培养对项目的长期发展尤为关键。

2）在有限的经济、空间、时间等条件下，增强团队建设，确保团队的可持续发展。

3. 项目管理及创新分析及策划

本项目开工伊始即明确了项目部的管理目标，如表2所示。

项目目标　　　　　　　　　　　　　　　　　　　　　表2

1	质量目标	北京市建筑（结构）长城杯金质奖，北京市建筑（竣工）长城杯金质奖，詹天佑优秀住宅小区
2	安全文明目标	北京市绿色安全样板工地
3	现场CI形象目标	中建一局集团CI示范工地
4	新技术应用	中建总公司科技推广示范工程
5	成本目标	确保完成公司核定的收益指标
6	团队建设	公司杰出团队的连续被评定

（1）创优管理

1）完善体系

项目完善团队职能体系，细化各部门、各人员的职责，为后续施工提供强有力的支持。

2）策划先行

提前做好项目一开工就进行商务策划、质量策划、环境策划、创优策划等各个方面的策划。

3）精细化管理

通过技术、现场、质量、安全等几个方面的精细化管控，对本工程的施工进度、质量、成本控制，进行多角度、全方位的立体交叉式的管理。

（2）创新管理

项目部十分注重科技创新管理，大力开展各项新技术推广活动，并在施工前和施工过程中从安全监管、质量保证、技术创新、现场管理、绿色施工等各方面不断推陈出新，提质增效。

1）技术创新方面主要为：

① 工法、专利编制申报；②预制模块式 PVC 安装工艺；③施工技术总结；④BIM 模拟施工技术应用；⑤现场移动式厕所设计使用等各方面创新。

2）现场管理创新主要为：

① 人脸识别系统；②正式消防水管做临水竖管；③正式预埋电管做临电线管；④冬季楼内管线电伴热保温；⑤绿色施工管理创新等。

3）质量创新管理：

① 质量氛围管理；②标准化及样板引路创新实施；③QC 质量小组活动。

4）安全创新管理：

① 电子安全员-吊篮实时监控系统；②有限空间照明-LED 低压可充电球泡灯；③试点准备推广应用；临边防护活动支座、标准化外用电梯门、塔吊竖向电缆固定卡、塔吊定型化马道操作平台。

(3) 团队建设

项目通过①高标准职工之家建设；②组织丰富群团活动，增强精神文明建设；③做好党建、团建工作；④围绕"专业"推进员工发展工作等方面，不断提高员工生活、工作设备设施和人性化管理，凝聚员工向心力，增强团队建设。

三、项目管理实施

1. 创优管理实施

(1) 完善健全智能体系并细化各部门、各人员管理职责。

(2) 项目一开工就进行商务策划、质量管理策划、环境策划、创优策划等各个方面的策划，为后续施工提供强有力的支持。

(3) 现场管理通过项目形象、办公区、生活区以及厂容厂貌等方面体现现场创优标准化实施。

(4) 质量保证。①质量体系建立：为了保证施工质量，高效的进行质量管理，项目部建立了完善的质量管理体系，不仅行之有效的使制度落地，随制度也完善了内业资料跟进。②精细样板引路实施：在项目施工过程当中，每道工序施工都做了样板，土建样板施工共 47 项，机电样板 20 项，深入了解各施工工序，大部分可以指导现场施工，起到了良好的引导作用。③质量关键点预控：对安置房工程的质量关键点作出质量预控措施。例如，针对外墙涂料工程施工存在色差的通病。我们通过精准计算涂料材料使用量，外墙涂料一次性进场，避免因生产批次原因造成色差；工人上岗前提前培训，刮涂质感涂料时要求，一板挨一板，尽量水平横向作业，避免局部重复，喷涂真石漆时要求均匀、用量一致；要求外墙大面施工时，相邻两部吊篮尽量同时施工等。④加强实测实量：加强各阶段的实测实量工作，并及时进行统计分析，确保现场稳定的施工质量。

(5) 安全监管。①安全教育：在项目安全管理过程中，通过开展丰富的安全教育活动，对现场危险部位、危险岗位、危险人员进行交底，以体验式、案例式教学为引导，以周、日、专项教育等日常教育为长效机制，提高施工人员安全意识，营造好的安全氛围。②加强安全隐患排查：自 2016～2017 年，在项目安全管理过程中，共开展三方联合检查 96 次，临电专项检查 80 次，脚手架专项检查 130 次，机械（含外用电梯及吊篮）专项检查 60 次，下发分包工作联系单 70 份，安全隐患整改单 210 份；加强日常消防安全监控，杜绝冒烟及火灾事故的发生，全年消防安全方面共下发函件 118 份：其中消防安全专项隐患整改 98 份，处罚决定书 20 份。根据各施工阶段消防安全要求，及时进行消防工作部署，全年共组织消防演练 5 次，消防专项培训 7 次。

(6) 技术保障。①施工方案：2016～2017 年编制施工方案 93 份。土方开挖及基坑支护方案、车库高大模板支撑方案顺利通过专家论证。完成方案交底 93 份。方案的编制以满足施工质量、安全为前提，降低成本，方案优化，针对性、指导性、可操作性。②技术指导书：2016 年编制技术指导书 152 份，主要内容涉及现场临建和主体结构施工两部分；2017 年编制技术指导书 142 份，主要内容涉及屋面工程、二次结构及初装修、外墙保温涂料和门窗百叶四部分。共完成294份，解决现场技术、质量问题。③变更洽商：截至2017年底，共办理工程洽商22份，设计变更63份，建立台账实时记录审批进度。从成本角度对工程的创效点提前策划，与商务部进行做法效益对比，在保证施工质量的前提下，积极创效。④物资管理：项目实施统一材料的封样管理，建立了封样管理制度，编制材料封样制度和管理流程，建立封样室和封样台账。材料计划2016年编制525份，2017年编制558份，共计1083份。并对主要材料的使用情况随时进行统计分析，编制了统计分析表，确保材料使用情况可控。

2. 创新管理实施

（1）新技术应用：项目共应用"建筑业10项新技术"其中8大项，共计20个子项。

（2）技术创新：①预制模块式PVC安装工艺：预制安装工艺主要针对形式一致的排水系统，例如酒店、住宅等。将传统的安装过程中打支架、量尺寸、切割材料、组装的流程进行分割，每一个步骤都交给专门的人（或公司）负责，整体形成工业化流水线加工模式。减少了材料损耗量，增强了施工效率。②BIM模拟施工技术应用：通过BIM模型绘制室外管线综合排布图，发现各专业间管线问题，在施工之前提出并加以解决。形成图模会审并进一步办理了设计变更。③移动式厕所设计使用：我司项目部提倡人性化管理，为解决现场工人在楼内随地大小便问题，我司项目部设计了可移动式厕所，将移动厕所设置在中间楼层方便工人使用，并且制定了管理制度，定期清扫消毒。投入后楼内随地大小便问题得到解决。④施工技术总结：施工过程中注重经验的积累，共形成七份施工技术总结，打印装订成册在公司层面推广使用，对比其他项目也是很好的借鉴作用。

（3）现场创新。①人脸识别系统：项目部入口实施人脸识别系统。现在人脸识别系统实现了五大功能：实时在场人员统计表、黑名单管理、信息查询、分包呈报表、考勤管理。②二次安装箱体改直接预埋：业主原要求配电箱体安装采用先预留洞再安装箱体然后收口固定三道工序，后经沟通协商，改成直接预埋箱体，省去了预留洞及收口工序，节省木料费、加工费及收口费用，并节省工期。一共应用1015个电箱，此项共节约成本约9万元。③正式消防管临水用及正式预埋电管临电用：利用正式消防管代替临时消防水管作为临时施工及消防用水，在冬施为了防冻将消防立管采用泄水、并专项编制消防应急预案的措施代替每根立管做电伴热保温措施。此处节省DN100管道，按每栋楼消防水50m，需要650mDN100镀锌钢管加电伴热及保温，此项共节约成本约7万元。④绿施创新：临时钢板道路在进行道路钢板铺设前，先进行施工现场总平面布置，合理设计场内交通通道，对道路钢板进行电子排版，最大限度减少钢板浪费，同时钢板可以周转使用减少了地面硬化对混凝土的浪费。降尘小助手——便携式湿作业喷淋系统：项目小市政的施工逐渐开始，需要开挖土方，埋设管线，伴随着的肯定少不了尘土飞扬。但是政府严令要求施工现场要做好降尘工作，业主屡次检查要求必须按要求施工。既要施工又要做好降尘工作，项目人员开展头脑风暴提出了"降尘小助手"。所有土方开挖部位都可以按湿作业要求进行，可随时移动，方便使用。为响应绿色施工理念，我司项目部生活区和现场办公区均采用了照明时控开关。在配电箱回路基础上加入时间控制开关及交流接触器。生活区宿舍照明电源以及塔吊LED灯电源采用时控开关控制，有效节约能源，减少不必要的资源浪费，两年可节约电能2.3万元，有很大经济效益。

（4）质量创新。①营造良好质量氛围：项目质量部组织了宣传类、观摩类、竞赛类、联检类、实操类、培训教育类、奖罚类等形式各样的活动，针对项目领导层、一线管理层、监理管理层、分包管理层、一线施工工人等全范围工程建设人员，促使项目始终处于保质量、提高质量的良好氛围中。②制作了各类标准化标识：包括现场验收标识标准化制作、实测实量及分户验收印章标识、样板标识等；并运用二维码描述施工样板工序流程，图文并茂，工人只需在现场用手机扫描一下，即可查看相应工序的安装流程和质量控制要点，相比传统的纸质板交底，更加简洁方便。③QC质量小组活动：项目针对外墙保温开展了质量QC活动，利用PDCA循化法对现场进行质量管理，提高粘板、打钉、抹灰、涂料施工质量。

（5）安全创新。①吊篮实时监控系统：外墙施工阶段为了保障现场外墙施工安全，项目部给每部吊篮安装一部高清摄像头。摄像头通过无线和手机 APP 实现数据实时传送，将现场施工画面传送到手机端，想看哪个点看哪个，确保工程质量。并且摄像头的存在也在一定程度上给吊篮上的施工人员起到了警示提醒作用，从另一方面减少了违章操作频率，从而降低了事故和风险系数。②LED 低压可充电球泡灯：项目部根据国家安全生产监督管理总局令第 69 号《有限空间安全作业五条规定》及业主航城公司关于有限空间的作业宣贯要求，对现场情况进行识别，协同 LED 灯厂商沟通，提出使用 LED 低压充电球泡灯解决狭窄空间内临时照明的问题。提高便携性的同时，特低压也保证潮湿环境内的使用安全。③试点准备推广应用：还有一些创新在本工程已进行了试点，经过试用，起到了一定的效果，对于后续工程可进推广使用。包括：临边防护活动支座、外用电梯标准化防护门、塔吊电缆固定推广、塔吊定型化上人通道、塔吊定型化操作平台等。

3. 人性化管理实施

（1）高标准职工之家建设：项目为员工建立了健身房、台球室、乒乓球室、水磨石地面篮球场、阅览室、宾馆式宿舍等生活设施。

（2）组织丰富群团活动，增强精神文明建设：开展了丰富多彩的群体活动。例如：城市乐跑、竞技类比赛、节日活动、员工生日等。

（3）做好党建、团建工作：做好项目党员、团员的廉洁、思想教育，开展各项党员、团员活动。

（4）围绕"专业"推进员工发展工作：通过导师带徒、经验交流、座谈会、专业知识竞赛、组建青年突击队、优秀员工嘉奖等方式，不断推进青年员工的成长。

四、项目管理效果评价及体会

1. 管理效果评价

（1）获得 2017 年度"北京市结构长城杯金质奖工程"称号。

（2）获得 2016 年度"北京市绿色施工样板工地"称号。

（3）项目团队自 2009 年到 2017 年，已经连续 9 年获得公司杰出团队光荣称号。

（4）荣获 2016 年度公司廉洁文化示范点和党员先锋示范岗。

（5）荣获北京市 2016 年度住房保障工作先进单位。

（6）荣获中国建筑总公司 CI 示范工程金奖。

（7）获得业主单位 2016、2017 年度的安全优秀组织奖、质量工匠杯第一名以及优胜单位。

（8）申报发明专利一项，实用新型专利六项。

（9）获得公司 BIM 技术综合应用竞赛三等奖。

2. 体会

项目团队在充分研究该工程特点、人文环境的基础上，正确识别该工程的管理重点和难点，以人为本，通过科学、人性化管理，并以工程创优为前提，科技和管理创新并重，确保了杰出团队的再延续，更深入的打造了一个有灵魂、有凝聚力和更有战斗力的团队，为项目各项履约奠定了坚实的基础。

注重安全文明施工　助力打造安置房精品工程
——中国机械工业建设集团有限公司山东烟台港搬迁安置小区项目

杨　宏　杨金龙　彭　伟　吴铁城　赵德营

【摘　要】 烟台港发展历史久远，目前是中国环渤海港口群主枢纽港，是中国沿海主要港口之一。该工程建设是为了增强港口竞争能力，提高经济效益，实现跨越式发展，积极实施老港搬迁西港新区的发展战略。该工程建设任务重、意义深远、责任重大，为此，集团公司选派综合素质过硬的项目管理团队，通过前期周密策划，项目部以人为本、安全为先、精心施工、保证质量，助力打造精品工程为核心，注重把安全文明施工贯穿项目管理全过程始终，有效保证了项目施工的正常运行，实现了技术进步、降低成本、保证信誉、提高劳动生产力、管理创效的目标任务，向业主和社会交上了一份满意答卷，取得了良好的经济效益和社会信誉，为国家的海港建设、地方经济发展描绘出了我们浓墨重彩之笔，赢得了社会信誉，为公司后续工程承接与实施打下了坚实基础。

【关键词】 精心策划；安全文明；务实管理；精品工程。

一、项目成果背景

1. 工程概况

烟台港西港区村庄搬迁安置小区-D区3号-4号楼及地下车库工程，位于烟台市开发区大季家办事处。总建筑面积50258.93m²，标准层高均为2.9m，主体结构为剪力墙结构。项目分为D3号、4号住宅楼、网点及整体地下车库四部分。其中：3号楼地上32层、地下2层，建筑高度93.5m；4号楼地上32层、地下1层，建筑高度96.9m，建设工期为510天。本项目属于烟台港建设占地搬迁村民安置工程，是烟台港西岗区建设的一项安居惠民工程。如图1、图2所示。主要参建单位如表1所示。

图1　建筑效果图

图2　建筑施工图

主要参建单位　　　　　　　　　　　　　　　　　　　　　　　　　表 1

建设单位	烟台海港房地产开发公司
设计单位	青岛易境工程咨询有限公司
勘察单位	山东岩土勘测技术研究院有限公司
监理单位	山东港通工程管理咨询有限公司
施工总承包单位	中国机械工业建设集团有限公司

2. 选择理由

为适应建设市场竞争规律和扩展业务领域建设的发展要求，本项目结合已有管理经验，以技术创新、管理创新、推行安全、文明、绿色、和谐施工为抓手，对项目建设进行精细化过程管控，提高项目管理品质，助力打造客户可信赖的产品。

（1）拓展业务领域板块

利用中国建设品牌效应，拓宽业务领域（公司建设工程领域遍及机械、汽车、建材、冶金、电力、化工、石油、电子、轻工、广播电视、环保、市政、公用和民用建筑等诸多行业），为集团公司当下发展形成重点打造公用和民用建筑业务板块助力。

（2）提高中国建设知名度

烟台港是国家、山东省乃至烟台的重点大型国有企业，有着重要的影响力。该项目的成功承接与实施对提升中国建设在烟台地区乃至山东地区的知名度和深入发展有着深远的意义。

（3）业绩需求

公司近年在房屋建筑方面尤其是高层建设方面的业绩相对不多，本工程的承接与组织实施开启了公司民用高层建筑领域的新篇章。

（4）培养锻炼管理队伍

通过该项目的管理实施，学习积累先进单位的管理经验和有关知识，锻炼一批自己的核心管理人才队伍，为后续类似工程承接与自主施工奠定了坚实基础。

3. 实施时间

工程开工时间 2013 年 5 月 5 日，竣工时间 2015 年 6 月 30 日。具体实施情况，如表 2 所示。

实施时间　　　　　　　　　　　　　　　　　　　　　　　　　　　表 2

实施时间		2013 年 5 月～2015 年 6 月
分段实施时间	管理策划	2012 年 12 月～2013 年 5 月
	管理措施实施	2013 年 5 月～2015 年 6 月
	过程检验	2013 年 5 月～2015 年 6 月
	取得效果	2014 年 1 月～2015 年 6 月

二、项目管理及创新特点

1. 项目管理重点及难点

（1）社会效益大。本工程为烟台港发展战略性搬迁安置性保障住房，为当地的重点民生工程，政府高度重视，社会关注度高。建成后可为当地居民提供 2944 套住宅，可促进当地新农村建设整体布局与经济发展。

（2）施工质量要求高。项目为建造和移交项目，相对村民安居要求很高，前期工程管理策划质量要求定位高，如何确保项目达到既定目标，顺利完成移交政府委托的物业管理公司，完成竣工结算是本项目管理的难点。

（3）施工可用场地狭小受限。本工程北邻成都大道，南为 A 区施工区，因此施工受场地的限制，对所需进场的各类建筑材料的堆放带来了一定难度。施工时必须做好材料进场计划及调运的工作安排。必要时要与临近兄弟单位协调大门通道使用。

（4）环境制约因素多。本工程西临大季家村民居住区，南邻中、小学校，施工噪声较大，存在扰民现象，所以在施工过程中，应尽力减少对周围环境的影响（减少夜间施工），同时应做好周边的安抚工作，尽量使工程施工处于连续正常状态。

（5）地势情况复杂。本工程地势低洼、风化岩底层走势凸凹高差交错，高差达10余米深，地下室为联体，故应重视基础施工时地下水及地表水的快速排除工作。

（6）筏板基础大，大体积混凝土施工质量的控制是难点。

（7）建筑结构垂直度控制和结构质量控制是重点。

（8）安全文明施工要求高。为确保项目顺利完成实现创优目标，需要项目全体管理人员时刻注重安全文明施工管理，对现场施工班组、施工人员安全管理能力要求很高。

1）本工程属高层住宅（安置房），高处作业多、露天作业多、平行流水作业多、立体交叉作业多、手工劳动及繁重体力劳动多、工序多（土建、水电、消防、装饰、暖通）、工种配合复杂、施工准备工作多、垂直运输量大、机械化作业程度高、施工周期相对比较长（2年多），安全管理难度大，高处坠物、外脚手架、立面防护、卸料平台、起重、用电等安全管控多，安全防护要求高；

2）地质情况复杂，基础埋置深（局部深达10余米），开挖面积大，土方开挖量大，施工支护难度大，而深基础施工周期长、施工安全风险大；

3）劳务分包多、投入人员多、素质参差不齐，安全管理、教育任务重；

4）项目南北走向贯穿一条20世纪70年代布设的国防光缆，因年久地面标识不详，一旦国防光缆遭受损坏属于政治责任，对施工会造成直接影响和比较大的经济损失，国防光缆迁移、保护的安全施工防护要求高；

（9）总承包综合管理能力要求高。全过程实施"决策、施工、管理"一体化的管理目标，总承包范围涵盖土建、装饰装修、安装多个领域，并且需要对业主指定的多家专业分包、专业材料供应商和专业分包进行间接管理，责任大，总承包管理难度大。

2. 创新特点

（1）技术创新

1）测量（垂直度和轴线）控制技术；

2）深基坑支护技术；

3）筏板基础施工技术；

4）垂直运输设备管理和脚手架工程技术；

5）高层混凝土泵送技术；

6）信息化办公技术的应用；

7）抗浮锚杆施工技术；

8）耐根穿刺PVC防水施工技术；

9）外墙保温聚氨酯发泡施工技术；

10）水泥基渗透结晶防水施工技术；

11）外墙真石漆喷涂施工技术。

（2）管理创新

1）通过采用内控法（天顶准直法：采用激光经纬仪、激光铅直仪、自动天顶准直仪及自动天顶-天底准直仪来传递坐标的办法）来进行建筑物轴线投测，很好地控制了轴线垂直传递产生的累积误差，大大提高了高层建筑物的垂直度和标高精度要求。如图3所示。

2）采用喷锚网技术对基坑进行支护，结构简单，承载力强，安全可靠，适用于多种土层，适应性强，施工机具简单，操作灵活，污染小，噪声低，对周围环境影响小，可与土方开挖同步进行，工期

图 3 轴线投测

短，不需要打桩，支付费用低；

3）筏板基础厚度为 1.8m，连续浇筑时间长（48 小时）。大体积筏板混凝土施工，通过保温技术，使混凝土内部和表面温差，表面温差和大气温差都小于 25℃。确保防水措施成功是关键点及难点。

筏板基础大体积混凝土浇筑施工采用缓凝性 HEA 微膨胀剂作为外添加剂，即可减少水泥用量，降低水化热温度，又可补偿收缩，产生拉应力，从而防止和减少收缩裂缝的出现。如图 4~图 9 所示。

图 4 筏板基底高分子防水卷材施工

图 5 地下车库基础卷材保护层施工

图 6 抗浮锚杆及水泥基渗透结晶防水

图 7 基坑边坡支护及排水防水施工

图8 筏板基础钢筋绑扎施工

图9 筏板基础混凝土浇筑施工

4）高层外墙喷涂硬泡聚氨酯保温施工，采用专用的聚氨酯喷涂料、胶粉聚苯颗粒和抗裂砂浆，即满足了节能环保要求，又符合消防要求，施工程序简单易懂，操作方便，节约劳动力，提高了效率，缩短施工周期。可施工性较强，对异型结构部位保温施工便利，且观感效果好。如图10所示。

图10 高层外墙喷涂硬泡聚氨酯保温、胶粉聚苯颗粒、抗裂砂浆、真石漆施工

该工法施工效率高，质量易控，具有显著的经济效益和社会效益，可广泛推广应用。通过该工程完美实施，2014年我公司又成功承接到政府投资兴建的龙海家园项目C区块30万m^2住宅安置工程，在该项目上我们的喷涂硬泡聚氨酯保温施工技术得到很好的运用。

（3）安全创新

注重把安全生产、文明施工贯穿于项目管理的全过程、全方位，是项目管理的精髓所在，是遵章守纪、崇尚职业操守、规范管理、文明施工的原动力，从而营造的是安全、文明、绿色、和谐、有序、健康、向上的施工氛围，是项目管理目标实现的有力支撑，为助力打造精品工程保驾护航。

落实安全生产保证计划。项目部成立以项目经理为第一责任人的安全生产管理小组，负责对项目重大安全生产、文明施工和环境保护等问题进行决策并控制各级安全生产管理制度和落实各级安全生产管理职责，全面落实安全生产管理目标，创建市安全文明工地。如图11、图12所示。

1）资料管理

安全资料员持证上岗。资料管理是一项重要的基础性工作，随施工过程管理应运而生。资料管理不能流于形式或为了应付检查而做。注重做好过程资料的及时填写、收集、整理、存档，分类清楚，装订

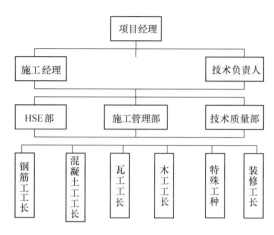
图11 项目安保体系机构图

图12 召开会议、确定目标、落实责任

统一规范、内容完整真实,为工程留下具有可追述性的第一手资料。

总之,资料管理是一项系统管理工程,涵盖了工程项目的综合管理知识,涉及范围广、内容多,既有硬性规定要求,也有具体工作中内在的延伸(有感而发、创造性、创新性工作)。要真正把资料管理工作做深、做细、做实,实现科学创新管理,我们会继续在实践工作中不断学习、总结、出新,让资料管理更加丰富完善、更具追述性,让规范管理赢得话语权。

本项目安全资料管理综合了公司、地方建管部门检查考核要求而形成的项目安全管理资料(共十四盒),如图13所示。

图13 安全管理资料十四盒

2)用工管理

用工管理是一项政策性强、严肃认真、耐心细致的工作,建立健全用工管理体系、严格审批签证管理程序,是维护农民工切身利益的具体体现,更是规避风险、维护项目部正常生产次序的有力保障,过程管理不够,工作做得不深不细,就会引起纠纷、群体上访等问题的发生,一旦事发单位就会在当地被列入黑名单,扣分甚至取缔在该地区的生产经营资格,会直接影响到公司在该地区的声誉和立足发展。

譬如：用工工资管理是建筑施工的一个重点、难点课题（成因多方面：制度规定执行力度弱化、费用低、资金不到位、管理跟不上等原因所致）。近年来，国家再三强调加大对农民工合法权益的保护力度。随着国家法制的不断完善与健全，农民工的自我法律保护意识在不断加强，工资问题解决不好直接困扰着企业的正常运营，农民工到地方政府讨要工钱一找一个准，被动挨打的是施工企业。总之，要加强过程管理、实施自我保护意识（公司），把过程工作做深、做细，做到有可追溯性、可控性，矛盾和问题就会得到有效管控和规避，为安全、和谐、顺畅施工、提质增效、精品创优注入生机与活力。

具体做法：

建立健全用工管理体系及过程管控。如表3、图14所示。

用工管理体系　　　　　　　　　　　　　　表3

序号	主要内容
1	建立农民工用工管理监控体系，成立农民工用工管理小组，并明确人员职责分工
2	制定农民工工资发放管理办法
3	制定农民工用工管理应急预案
4	缴纳农民工工资保证金
5	制定劳务分包队伍使用管理规定
6	建立农民工用工管理台账，与农民工签订合同书和维权明白书
7	按月或按阶段结算工程量，建立健全考勤记录表、工资发放表、各班组农民工工资额分配确认表
8	农民工的工作、居住等情况，要求达到市级文明工地标准（见资料第14盒）
9	企业进所在地区备案资质、证件等手续完备齐全，按规定缴纳拖欠农民工工资保障金
10	组织成立以项目负责人为核心，由队或班组信誉好、有威信、负责任的农民工代表组织的农民工维权联络小组，建立通讯录，以加强各方沟通和监督
11	加强农民工入场培训教育，与施工部、班组签订安全生产与文明施工协议书和管理实施细则，与施工人员签订劳动合同、务工人员明白书、务工人员告知书，现场设立用工告示牌
12	项目部对农民工设专人管理，建立基本情况台账，做好日常培训、考勤记录、工程结算和监督发放工作，并留有双方签字、手印和照片等证据，装订成册存档，将农民工工资发放到手中，确保每位农民工都有据可查。对以上信息做到随时更新，对农民工的进出场实行动态管理。以避免发生农民工群体上访和不良行为记录。一旦事发上述资料可作为第一手资料进行自我维权保护。（一旦事发当地建设管理部门要分析、查找事故原因，资料是第一手资料，资料有可追述性可减少和化解问题和矛盾风险）
13	以班组为单位，造表、签字、按手印领取工资，因阶段性工作结束或其他原因本人离开不在，可由班组长带领并写出承诺书，必要时可通过本人电话联系核实，甚至到实地见人发放。（见用工管理（第14盒）存档资料）

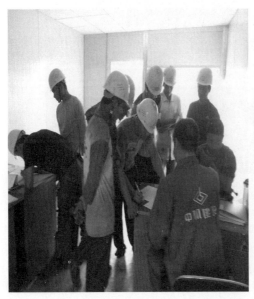

图14　以班组为单位造表、签字、按手印，将工资发放的到农民工手中

3）文明绿色施工

① 现场安排专人整理、清扫、洒水工作，始终保持办公、施工区域环境干净、整洁，施工用沙、石、水泥等扬尘用料进行遮挡、覆盖。如图15所示。

图15　扬尘覆盖

② 各类建筑材料、施工机具、周转材料等严格按照施工总平面布置图布置，各种材料整齐有序堆放并悬挂标识牌，对易燃易爆有毒物品采取专项保护隔离措施，专人管理，如图16所示。

图16　施工现场材料仓库硬化、维护、分类、标识摆放

4）封闭式管理施工

① 施工现场道路、加工区和生活区、材料堆放场地及出入口应进行硬化，并满足车辆行驶畅通要求，如图17所示。

② 大门处设门卫室，制定门卫管理制度，实行人员出入登记和门卫交接班制度，严禁无关人员进入施工现场；施工现场四周分布设有16个摄像头、13组视屏画面全方位实施24小时全天候监控，如图18所示。

③ 创建安全文明建设工地，如表4所示。

图 17　施工现场道路、加工区和生活区、材料堆放场地等整体规划布局

图 18　门卫值班室、现场安全监控摄像头

烟台市安全文明工地申报资料　　　　　　　　　　　　　　　　　　　　　表 4

序号	目　　录
1	烟台市建筑施工安全文明施工申报表
2	建筑业企业安全生产许可证及营业执照
3	建筑业企业资质证书
4	山东港通工程管理咨询有限公司企业法人营业执照
5	中国机械工业建设集团有限公司企业简介及理论
6	创建市级安全文明示范工地方案和措施
7	领导带班制度
8	农民工维权告知书
9	意外伤害保险投保单
10	建筑施工安全报监书
11	建筑起重机械备案表
12	建筑安全监督管理机构推荐检查评分表
13	公司精品工程
14	施工现场安全防护及文明施工图片资料
15	现场安全防护、文明施工管理情况汇报

领导、专家组通过现场实物检查，视屏观看听取了工程创建市安全文明工地管理资料的详细解读，得到了一致认可，如图19所示。

图19 专家组深入现场检查实物、查看资料及观看PPT演示解读

通过项目管理团队牢固树立"以人为本，安全第一"的管理理念，将安全、文明、绿色施工这条红线始终贯穿于项目施工全过程，规范了人的从业道德、行为准则，营造了安全、文明、有序、规范、健康、和谐的施工氛围，充分展示了企业的"精、气、神"，为项目管理目标实现提供了有力支撑，为助力打造精品工程保驾护航，工程评为2013年度《烟台市安全文明工地》。

通过上述技术在该工程中地下室和主体框架结构施工中的应用，进一步展示了公司的形象，体现了公司的技术实力，同时也提高了施工工效，大大地节省了人工成本，取得了较好的经济效益，使得整个工程得以顺利实施，工程质量、进度、安全等管理工作一致获得了当地政府、业主和监理单位的高度赞扬，为公司赢得了好社会信誉，社会效益显著，为工程创优打下了坚实基础。工程评为2014年《烟台市优质结构工程》，同时也为集团公司在开拓高层民用建筑版块的道路上迈出了坚实的一大步。

三、项目管理分析、策划和实施

1. 管理问题分析

（1）管理目标

项目管理目标。如表5所示。

项目管理目标 表5

1	质量目标	达到《建筑工程施工质量验收统一标准》的合格等级，具体如下：各分部分项检验批的质量目标为合格率达到100%；各个分项工程质量目标为合格率达到100%；分部工程质量目标为合格率达到100%。争创市优质结构工程
2	工程安全文明	杜绝重大伤亡事故、火灾事故和人员中毒事件的发生，确保获得烟台市安全文明施工标准化建设工地
	风险防范管理	控制施工过程中可能造成危害的各项工序，将风险降至最低
3	现场CI形象目标	确保中国建设集团CI导入先进典范
4	绿色施工	创建绿色、环保、良好的现场办公、施工及生活环境
5	成本目标	减少材料浪费及人工浪费，将工程成本降到最低。 确保完成公司指定的收益指标
6	工期目标	以建设单位开工令为准，服从业主对工期的统筹安排，力保节点工期，按工期要求完成合同工程任务
7	培养青年业务骨干	创优秀住宅小区，培养一批复合型的专业管理人才

（2）建立项目管理体系和职能划分

本着科学、精干高效、结构合理、勇于创新的原则，本项目在配备具有丰富的施工经验、服务态度良好、勤奋实干的总承包管理人员基础上，根据管理人员的能力划分为三个阶层，即决策层、管理层和执行层，组织结构如图20所示。

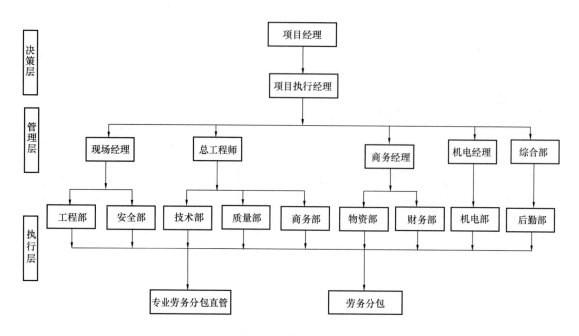

图20　组织机构图

为保证项目的顺利运转，项目不同层次分配各层级职能，具体如表6所示。

项目层级分配及层级职能　　　　　　　　　　　　　　　　　表6

层级	部门	质量目标	进度目标	安全目标	环保目标	科技目标	成本目标	服务目标	协调目标	保修目标
决策层	项目经理	☆	☆	☆	☆	☆	☆	☆	☆	☆
	项目执行经理	☆	☆	☆	☆	☆	☆	☆	☆	☆
管理层	现场经理		☆	☆	○	○	○	○	☆	○
	总工程师	☆	○		○	☆	○	○	☆	
	商务经理				○		☆	○	○	
	机电经理		☆	○	○	○	○	○	☆	
	综合部经理			○	☆			○	☆	
执行部门	土建工程部	○	☆						○	☆
	技术部		○		○	☆	○	☆		☆
	商务部		○				☆	☆		
	物资部		○				○	☆		○
	机电工程部	○	☆						○	☆
	机电技术部			○		○			○	☆
	质量部	☆				○	○		○	
	安全部			☆	○			○	○	
	综合部				○			☆	○	

说明："☆"主控项目　"○"配合项目

（3）技术难题的提前分析与方案策划

1）坚持试验先行，以测量控制工序，以工序控制过程，以过程控制整体，推进标准化质量管理，优质、如期、安全地完成本合同施工任务，施工过程中注意做好混凝土抗折等试验。

2）项目部针对工程建筑特点和实际需要，组建以项目经理为核心，项目工程师、生产经理为中间控制，专业负责工程师基层监督的三级质量保证体系，落实质量责任制，编制质量计划，明确工程质量目标。在常见施工技术基础上，探索创新，针对关键工序的施工技术进行技术攻关，并咨询内外专家级技术骨干，提前对工程建设的技术难题进行分析，制定切实可行的解决方案，并在工程建设过程中不断予以完善，从技术层面确保工程建设顺利实施，争创市《优质结构工程》。

（4）安全难题的提前分析与方案策划

1）运筹帷幄、做好风险预测评估

全面、全方位、多视角接触、摸底、熟悉了解工程情况，综合分析把握风险脉搏，找到项目管控风险所在（如：资金风险、队伍遴选风险、合同风险、地缘干扰风险、自然条件制约风险、春播/秋收农作时节性管控风险、设计变更、物资供应保障、工作连续性、工作饱满度与施工人员情绪波动影响等风险），综合风险的分析、评估与准确把控，可为工程开工及过程顺畅实施铺平道路。

2）工作目标定位

安全文明施工要达到、要实现的目标工作是什么？如：烟台港搬迁安置工程目标定位：一是牢固树立、以人为本、安全第一、精诚合作、务实高效的工作理念，努力打造整体化一、队伍过硬、社会满意的联合管理团队，为深度融合、深入合作与后续发展搭建牢固基础；二是创建节俭、干净、整洁、布局合理、整体划一，大方、在视觉感观、基础管理、精神风貌、和谐施工等方面映衬出中国建设集团有限公司良好的外在视觉形象和与人的内心火花碰撞（亮点的展示自然融入人的内在印象），争创市《安全文明建筑工地》。

3）做好CI导入标准化管理前期策划工作

古人云："谋定而后动"，亦指任何事情都需要事前做好筹策的重要性。项目CI前期策划要与项目总体策划紧紧融为一体、不可偏离主线。CI前期策划是目标工作最终得以实现的根本保障，为什么这样说？因为安全管理工作贯穿于工程管理的全过程，涉及工作面大、涵盖内容多、管理分量重、可以说管理范围"纵向到底、横向到边"，作为项目安全生产管理，大量工作都体现在"事前、事中、事后"全过程管控，基础工作做得扎实，各环节工作便会运作有序，会始终保持一种安全、文明、和谐、健康、有序、向上的工作态势，过程中接受来自上级各方面检查考核得心应手。若基础工作没打牢，便会形成急来抱佛脚、忙于应付、底气不足、话语权削弱、被动挨打、得不偿失这样一种态势。

实践证明，安全与企业的业绩和效益息息相关。我们深切认识到"安全不是花钱，而是一项能给企业带来丰厚回报的战略投资"。我们在获取工程最大利润目标管控下，在必需的安全生产、文明施工等方面的投入不可小视，该投入的"人、材、物"一定要投入。避免盲目投入装门面，应做到即花钱节省、又注重实效、追求自然和谐构建。譬如：道路硬化视情况而定，依据使用效能可选用C15、C20、C25不等商混。做到节俭、合理、实用、耐久，规避基础不牢、坑坑洼洼、道路泥泞、脏乱差、过程管理费工费时费力、影响正常施工、检查考核工作被动、形象差、公司信誉受损、经营发展受制；办公区做合理布局硬化和绿化，既减少地面硬化费用，裸漏地处进行绿化，更好地美化了区域环境，达到事半功倍效果。

4）现场巡视常态化是我们整体工程过程管控承上启下的一项重要工作。

现场巡视要做到眼中有物、言之有物、心中有数，不盲目盲从，让"四勤"体现在我们的过程巡视检查管控中，所谓"四勤"即：眼勤—眼中有物（人、机、料、法、环尽在其中），对施工现场（人、物、环境）各种不安全行为做出仔细观察；手勤—摇一摇、晃一晃、稳不稳、牢不牢固、安全不安全；腿勤—现场巡视做到点面结合，嘴勤（善问、细听、多说）—做到婆婆嘴、在"听、问、说教"中达到相互沟通交流，把握实情、化解矛盾、消除隐患、增进互信与尊重。当你在巡视中做到了这"四勤"，你便会知道今天有多少班组、有多少人在工作？他们分别都在做些什么？应该注意些什么？问题隐患点在哪里等第一手信息、情况的获取，其结果是在互相增进感情中问题得到了适时化解，在感知中自我的管理知识、能力也在不断地得到厚积和提升，这就是我们每天过程巡视、动态管控的核心要义所在，如图21、图22所示。

图21 过程检查、管控

图22 动态教育

2. 管理措施策划实施

（1）工期管理策划实施

本工程各单体类似，故展开大流水施工，合理调配各种资源。采用样板引路、新技术、新工艺、穿插施工等方法，减少不必要的整改及返工时间，大大缩短工期，满足业主工期要求。

（2）质量管理策划实施

本工程质量目标创烟台市优质结构工程

1）质量目标：秉承"确保质量要求、满足客户需要，精心组织施工、创造精品工程"，争创市优良工程。达到《建筑工程施工质量验收统一标准》GB 50300—2013的合格等级，具体如下：各分部分项检验批的质量目标合格率达到100%；各个分项工程质量目标合格率达到100%；分部工程质量目标合格率达到100%。

2）质量控制保证措施

针对项目所制定的质量、安全、文明施工等各项目标。我们编制了专项施工方案，将质量、安全、文明施工紧紧融为一体，并分解到现场施工一线、施工人员、施工部位，纳入长效管理，如表7所示。

质量控制措施　　　　　　　　　　　　　　　　　　　　　表7

序号	质量控制措施
1	做好施工前的施工技术准备，认真熟悉图纸，做好施工图的审图工作
2	把好原材料、半成品进场质量关口，对业主直接供应设备材料和承包人负责采购的主要材料、设备的采购工作，严格按照业主、公司的相关设备材料管理程序操作，确保进场材料质量优质、品牌过硬
3	保证施工管理人员和作业人员素质，特殊工种持证上岗确保施工质量
4	合理安排施工工序，上道工序未合格完成，下道工序不许开始施工
5	建立以项目部经理为组长、项目技术负责人为副组长的创优工作小组，将任务分解，做好事前策划，使项目创优工作有条不紊地进行。建立完善质量管理措施，分别制定了技术交底制度、工人培训机制、样板引入制定、成品保护制定等管理制度。加强事中控制，重点做好过程控制，加强质量通病防止，不断地提高施工质量，实现工程创优

3）质量制度的建立

针对项目管理特点，坚持样板引路、制定原材料送检制度、三检制度、信息化制度、成品保护制度等质量管理制度。通过各项制度跟踪执行，让质量管理把控整个施工过程，做到现场质量优质可控，各道工序验收通过率达到100%，如图23、图24所示。

图23　过程检查　　　　　　　　　　　　图24　评比考核

① 样板引路、样板先行

建立样板引路制，指导每道工序质量方向。做到施工过程问题纠偏，检查、验收达到标准，保证工程质量，如图25、图26、图27、图28所示。

图25　实体样板

图26　质量检查　　　　图27　现场质量交底　　　　图28　质量分析例会

② 做好过程管控，用数据诠释质量

对工序质量进行实测、检查、分析，确保工序质量合格率，为后续工序施工及质量控制打下良好的基础。如图 29 所示。

图 29　现场实测实量

③ 成品保护，为工序交接保驾护航

成品保护贯穿施工全过程的各个环节，包括各分部、分项、工序，避免返工，降低增效。如图 30 所示。

④ 质量管理可视化

通过挂牌、标示等措施，将管理可视化。如图 31 所示。

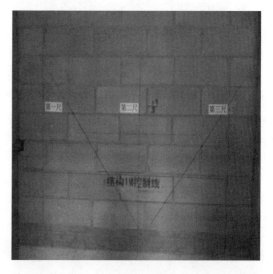

图 30　成品保护　　　　　　　　　图 31　标示挂牌

（3）安全管理策划实施

安全生产、文明施工是指用科学、合理、行之有效的方法和措施，对施工的全过程、全方位进行组织与管理，使之呈现出有条不紊、整齐明快、高效安全的施工状态。安全生产、文明施工其着眼点在于强化施工现场管理，有效规避施工现场"人的不安全行为、物的不安全状态、环境的不和谐因素"和"高消耗、低效益、事故多"的状态，遏制"脏、乱、差、跑、冒、漏"现象，营造施工顺序合理，施工现场秩序良好，助力精品工程打造。

在施工中，做到安全生产先行，始终贯彻"安全第一，预防为主、综合治理"的安全生产管理方针，建立健全各项安全管理制度，杜绝了施工中重大伤亡、重大火灾等事故。让"我要安全"构建安全、文明、和谐、健康、向上的自然常态化的管理态势,确保安全管理目标,创建烟台市安全文明工程。

1) 成立 HSE 组织管理机构。如图 32 所示。

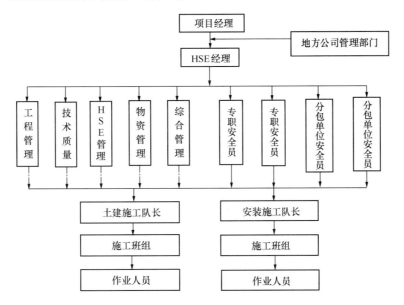

图 32　项目安全管理责任人员网络图

2) 安全生产目标
① 采取有效措施杜绝重伤、死亡、火灾、设备、交通管线、食物中毒等重大事故,死亡事故为零;
② 减少或消除人的不安全行为、设备及材料的不安全状态;
③ 遏制高空坠落、物体打击、触电、机械伤害等事故的发生;
④ 特殊工程持证上岗率达 100%;
⑤ 职工三级安全教育率达 100%;
⑥ 人员进入施工现场佩戴安全帽达 100%;
⑦ 达到《建筑施工安全检查标准》JG 59—2011 合格以上标准;
⑧ 社会、业主、员工、相关方的重大投诉为零。

3) 文明施工目标
降低风险、保证健康、控制污染、构建和谐社会,确保达到烟台市文明工地标准。

4) 环境保护目标
① 杜绝重大环境污染事故,不出现环境污染事件,施工噪声达标;
② 对扰民问题、噪声、粉尘污染等采取严格控制,改善生产环境和保护自然环境,创造绿色、环保、健康、文明的工作环境和生产环境。

5) 编制项目安全管理制度及事故应急预案,如表 8 所示。

安全制度、应急预案、专项方案统计表　　　　表 8

内容	具体制度	内容	具体制度
安全管理制度	项目部安全生产责任制	安全管理制度	持证上岗制度
	安全生产教育培训制度		机械设备管理制度
	安全检查制度		安全验收制度
	安全专项方案管理制度		安全生产管理奖罚规定
	总包与分包安全管理制度		安全生产例会制度
	技术交底和危险因素告知		综合应急救援预案

续表

内容	具体制度	内容	具体制度
安全管理制度	施工过程安全事故应急	安全专项方案	塔吊安拆方案
	急性中毒事故应急预案		落地式脚手架施工方案
	交通事故应急流程及措施		塔吊作业安全专项施工方案
	节假日突发事件应急措施		普通爬架施工方案
安全专项方案	消防、保卫预案		冬季施工方案
	冬雨施工方案		卸料平台施工方案
	变压器防护方案		施工电梯安拆方案
	应急救援预案		三宝、四口、临边防护措施
	临时用电施工组织设计		主体模板施工方案
	地下模板工程施工方案		挑架施工方案

6）安全教育及安全检查。

现场设置安全标语，危险源公示牌、安全标识、安全防护及安全责任制，并对工人进行入场教育、安全教育培训、安全技术交底，每周定期组织召开常规性安全教育不间断，定期组织安全大检查。

① 为确保制定安全生产、文明施工技术措施的有效实施，项目部定期组织安全教育等活动，加强过程管控适时做好现场动态安全教育。健全安全教育培训制度，建立安全教育培训档案，记录教育培训情况，受教育者应签字确认。如图 33、图 34 所示。

图 33　严格遵守会纪会风

图 34　认真履行会议签到制度

② 项目部结合工作实际，坚持开好每周一常规性安全教育会议是我们安全管理工作中一项雷打不动的硬性工作。为了开好安全会议，管理人员提前赶到项目工地，站在会场等候迎接大家的到来，会前整队、立正、看齐、按要求佩戴好安全帽，向大家释放出团结向上和严明的组织纪律性；一声大家好的亲切问候，送去了项目部管理团队对大家的尊重和关注，会中苦口婆心的反复说教，意在提高大家的安全知识和牢记安全第一的思想理念，举手振臂高呼"安全第一、安全第一、安全第一"的口号，让大家精神为之一振，意在唤起和奏响大家对做好新一周安全、质量工作的号角。良好的会纪、会风和会心的受益交融，带给大家的是安全，带给我们项目安全管理者的是最大的欣慰。如图 35 所示。

图 35　坚持做好常规性安全教育

③ 切实做好分部（分项）工程施工的安全操作技术交底。自工程开工与实施，项目部对各阶段施工按工种不同进行了有针对性的分部（分项）施工安全操作技术交底。如图36、图37、图38所示。

图36 安全技术交底

图37 夜间施工安全技术交底

图38 做好塔吊安拆、脚手架搭拆（专项方案）安全技术交底

④ 项目部以年度安全生产月活动为契机，结合项目部工作实际，认真贯彻落实来自上级公司、地方市委、市政府、业主、监理下达的部署和通知要求，以深刻吸取事故案例教训，提高安全意识，有效防范安全事故发生为抓手，安全生产月活动期间，项目部组织开展了文件学习传达、召开专题会议、张挂宣传横幅标语、宣传橱窗专刊、宣传报道、突发性灭火/中暑应急预案演练、现场检查、隐患整改、分析总结等多种形式的活动。如图39、图40、图41所示。

图39 现场灭火应急预案演练

图40 突发中暑事件应急预案演练

图 41　组织收看讲解事故案例教育片深刻吸取事故教训

7) 安全文明施工管理设施

实施封闭式管理,现场设置安全标语,危险源公示牌、安全标识、安全防护等设施。

① 封闭式管理。施工现场做好整体规划布局,设置封闭的金属大门,大门不得透视,大门上端设有门头,大门醒目位置设置企业标志;市区主要干道两侧的施工现场大门必须进行亮化,做到节俭、大气、靓丽、美观,如图 42、图 43 所示。

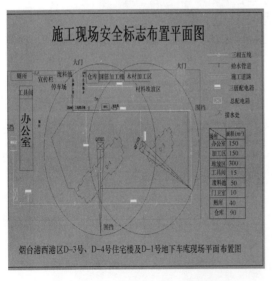

图 42　安全标志布置平面图

图 43　封闭式金属大门

② 施工现场主要入口处按照规范要求统一布置"七牌二图"等。即:工程概况牌、安全生产牌、文明施工牌、入场须知牌、消防保卫牌、管理人员名单及监督电话牌、施工现场平面布置图、工程立体效果图及重大危险源标识牌、扬尘污染治理公示牌等。各类标牌设置牢固、美观,如图 44、图 45 所示。

③ 施工现场整个场区采取有组织排水,每天设专人适时洒水清扫;场区设置绿化栽种树木,并尽可能的设置花草绿化,美化施工现场,创建一个良好的、舒适的办公、施工环境,如图 46、图 47、图 48、图 49 所示。

图44 七牌二图

图45 施工现场办公楼区域硬化、绿化

图46 道理硬化 满足施工车辆行驶畅通

图47 施工道路、办公区域合理布局

图48 饮水/吸烟/休息厅

图49 施工现场集装箱式洁净厕所

④ 安全通道防护措施——施工前，在施工现场通道处设置安全通道，通道口必须搭设双层防护棚，通道口两侧设防护栏、挂立网，如图50所示。

⑤ 施工现场临时用电必须采用TN—S系统，符合"三级配电两级保护"达到"一机、一箱、一闸、一漏"的要求。电工持证上岗，采用标准电箱，配备合理，标号有序，箱体整洁，电箱设置、线路

图 50　安全通道

敷设、接零保护、接地装置、电气联接、漏电保护等各种配电装置应符合规范要求。总配电箱和分配电箱设防护棚，保证用电安全。如图 51、图 52、图 53 所示。

图 51　分配电箱　　　　　　图 52　总配电箱　　　　　　图 53　避雷接地

⑥ 严格遵守市消防安全工作管理规定，建立消防安全体系和消防责任制度，严格履行动火作业审批手续；生活区、仓库、配电室（箱）、木制作业区等易燃易爆场所，必须配备足够的消防设备及消防器材，且每处不少于两具 ABC 型灭火器。消防器材应定期检查，确保完好有效。严禁在施工现场内燃用明火取暖，确保施工现场消防安全，如图 54、图 55 所示。

图 54　消防墙　　　　　　　　　　　　图 55　消防栓

⑦ 工地设置医疗室并配备各种保健急救药品、保健箱、担架、并设专人负责。定期组织施工人员进行季节性卫生防病宣传教育和自救知识，提高施工人员的自我保健和自救意识，如图 56、图 57 所示。

图 56　医务室　　　　　　　　　　　　　　图 57　会议室　农民工夜校

⑧ 现场基坑、临边防护——基础施工时在基坑上边缘周边用钢管搭设防护栏，外挂密目安全网。"四口"防护、临边防护、楼梯防护措施到位，并设置醒目标志。各种防护牢固可靠，严密，做到定型化、标准化，如图58、图59所示。

图 58　楼层洞口安全防护　　　　　　　　　　图 59　基坑临边维护

3. 过程检查控制

项目部依据管理标准、规范，制定各项管理措施、评价考核标准，定期组织召开生产协调及分析会议（安全、质量、进度），将问题解决在萌芽之中。定期参加监理例会，对管理运行中发现的安全隐患、质量缺陷等问题，分层落实、实时做出整改。这些会议在项目中起到显著作用，将管理常态化，并形成系统的组织沟通方式，对管理运行中出现的问题进行实时整改，确保管理流畅高效，如图60、图61所示。

（1）安全检查

坚持自检、巡检、定期、不定期和专检（隐蔽过程、重点部位、关键环节）检查，及时发现事故隐患，堵塞事故漏洞，预防安全事故。

（2）质量检查

坚持样板引路的理念，保证整体施工质量。施工过程中切实做

图 60　定期召开生产会议

图61 学规立矩、抓管理、提质增效专题会议

好"三检"工作（自检、互检、质检员和监理公司专检），重视日常质量检查，把质量隐患消除在萌芽状态。实施"样板先行"制度，经甲方、监理公司同意后再进行大面积施工。严把工序质量关，做到上道工序服务于下道工序，上道工序质量不合格不进行下道工序施工。对不合格工序及时处理，做好检查记录，并设专人负责跟踪，直至工序整改合格，并妥善保存好质量检查整改记录。充分发挥各层质量人员的作用，把施工现场质量管理工作的重点从事后把关转移到事前控制，做到防检结合，避免因质量问题造成返工延误工期问题。

（3）进度控制

针对工程特点、关键线路，合理布局年度计划、季度计划、月计划、周计划，对施工所需的劳动力、设备、材料及主要施工机具的进退场时间做出合理安排。在施工进度计划的实施过程中，要经常对施工进度的执行情况进行检查和监督，分析产生偏差的原因，对各种因素造成的进度偏差，根据实际施工进度实时进行调整，确保工程施工进度处于受控状态。

4. 方法工具应用

（1）OA平台的应用

我公司采用OA办公平台对在建项目实时进行网上统一管理，将施工资料录入OA平台，实现了公司、项目管理信息的即时沟通和管控，掌握项目的安全状态、技术质量状态、形象进度、材料设备、合同管理、资金管理等信息管理的整体运行情况，做到动态管理。

（2）微信、QQ平台的应用

为加强项目内部管理员工、管理人员与劳务班组的沟通，及时传达信息，项目建立微信群、QQ群平台。

（3）建筑软件资料的应用

为规范工程资料的管理和方便相关人员的查阅，项目开工前特地购买当地资料管理软件，做到施工过程的施工资料及时准确。

（4）为加强项目全过程管控，规避管控安全风险，设置施工现场监控系统，全面且随时随地了解现场施工情况，提高管理效率。

（5）在工期管理中应用Project（甘特图）管理软件，编制详尽的施工进度总计划、季度计划、月度计划等，过程中严格对照进度计划实施现场进度监控，确保进度受控。

四、管理效果评价

1. 质量效益

通过项目严格有效的质量保证体系，本工程的整体质量处于受控状态，并赢得了业主、监理、地方住建部门和社会各方的一致好评，验收合格率100%，获得了"2014年度烟台市建设工程优质结构奖"。

2. 技术成果

（1）2015年10月8日《高层建筑外墙喷涂硬泡聚氨酯保温层施工工法》获"中国建设三级工法"；

（2）2014年11月18日《高层民用建筑施工技术》获中国机械工业建设集团有限公司科技进步三等奖；

(3) 2016 年 01 月《高层建筑施工垂直度控制施工》在中国机械工业建设集团有限公司技术工程简报上刊登。

3. 安全文明施工成果

实现 100 万安全工时零事故目标，文明施工得到高度认可，工程荣获 2013 年度烟台市安全文明工地荣誉称号；CI 管理在公司获得先进成果表彰暨经验交流；扬尘、污染、遗撒、废水、废渣排放达到国家环保标准，在省市环保检查中，未出现过不达标情况，如图 62、图 63 所示。

图 62　安全荣誉证书

图 63　质量荣誉证书

4. 社会效益

通过精细化管理、风险预控、大胆探索、勇于创新，工程质量、施工进度、安全文明施工、施工成本控制达到了预期的目标，并始终得到烟台市质监站、安监站、建设、监理等单位的一致好评，在取得良好经济收益的同时，也取得很好的社会效益，也成为企业内部学习、观摩与交流的典范，如图 64 所示。

图 64　现场观摩学习

5. 项目管理评价

通过本项目管理活动的实施，实现了我们的服务与承诺，取得了令人满意的成效，受到地方政府、建设单位、监理单位及同行业合作伙伴的一致好评，树立了品牌，为企业赢得了很好的社会声誉。如图 65 所示。

通过本项目管理活动的实施，使我们的团队更趋于成熟和完善，培养和锻炼了一批优秀的项目管理人员，提升了我们的综合管理水平，积累了宝贵的施工管理经验，为公司后续工程项目的管理奠定了良好的基础。

通过本项目管理活动的实施，体现了大型建设央企的社会责任，为我公司烟台龙海家园 30 万 m² 住宅小区等总承包建设项目的陆续承接与管理实施打下了坚实基础。

图 65　集团公司领导视察工作并与烟台市领导亲切会晤

6. 总结与感悟

以人为本、安全第一，助力打造精品工程。安全文明施工贯穿于项目管控的全过程，是项目管理目标实现的助推器，管生产必须管安全，两者是一脉相承、密不可分的有机统一体。

（1）人是最重要的因素，人的损失是最大的损失。安全工作倡导以人为本，为此安全工作必须是以"贴近工程、贴近实际、贴近人心、贴近生活"为根本，离开了这个根本，安全工作也就失去了他存在的价值和意义。

（2）安全工作必须紧扣生产这条主线，抛开生产一味抓安全，只能是机械式的、被动式的、缺乏生命力的管理（统筹兼顾安全与质量、进度三者间的密切关系）。

（3）安全管理是一项政策性强、制度严厉、全面的系统工程，它渗透在施工管理的方方面面，是一个有机的统一体。从外延来说，它涵盖了工程的安全、质量、进度、文明施工、环境保护等方面；从内涵来说，它涵盖了人的意识、法律、法规、道德、准则、行为等方面。孤立单一地抓安全就失去了他应有的生命价值和要义。

（4）行为安全是每个员工的意识、知识、技能、反应能力、价值观、行为准则等在工作过程中的综合表现，它实质体现的是企业整体的管理文化。

（5）安全体现人本理念，离不开做人的思想工作。施工人员来自于社会不同地区各个层面，流动性大，素质参差不齐，随着社会的不断进步和发展，务工人员的自我保护对幸福指数追求和赢得尊重的法律意识已经是越来越强，他们在付出辛勤劳动获取收益的同时，更需要得到应有的关心、爱护和尊重。这就决定了做好安全工作，在坚持制度和原则的前提条件下，更要做好人的思想沟通和矛盾化解工作，要做到相互信任、相互理解，因地制宜、因人而宜，讲究工作的方式方法，过于教条态度强硬容易激化矛盾，带着情绪怨气工作，不利于施工队伍及人员的稳定和良好工作心态的保持，会给施工安全、进度、质量带来直接影响，过于人性化有悖于规章制度的贯彻与落实，甚至会助长不良习气带来放任自流，一定要把握好"度"的问题，要因人因事而施之，要做到钢中有柔、柔中有钢，有效地把握好游刃有余这把双刃剑。如何驾驭和把握好"度"这个问题，是我们每个管理者综合素质能力在具体工作中的体现，是需要经历实战、不断进取、循序渐进的积累与提高的发展历程，是我们每个管理者在工作中有感而发内在的自然流露和体现。

（6）贵在亲历"安全第一"这一课。牢固树立全员"安全第一"的管理理念，真正把重视安全工作做到入心、入脑，落实在具体工作中，不是简单地说说停留在口头上。是要切身去做、去尝试才会有真实的感受和体会，当我们亲历过项目安全管理实战课后，才能深刻理解"以人为本、安全第一"的管理理念和一定要做好安全工作的重要性，如果每一个管理者都能亲身经历安全实战管理这一课，树立全员"安全第一"的管理理念会有一个质的提升。

（7）安全工作重在以实为本。安全是一项实实在在的工作，来不得虚假，不能只是停留在口头上、表象上和摆花架子，也不能简单地以表象或开了多少次会议和没有出现安全事故来衡量工作的好与差。外在表象体现的是企业形象固然重要，光有这些是不够的，关键是全过程（事前、事中、事后）的有效管控是最为根本的。

（8）安全管理是一项动态的、灵活性的、循序渐进不断探索性的系统工程，如何把工作做深、做细、做出实效来，没有一个固定的模式，它取决于管理者对安全工作的认知度，取决于管理者的自身素质和能力，也取决于被管理者的素质和能力，还取决于内在外在客观环境和条件等因素。

（9）让安全成为一种习惯。安全工作无时不在，无时不有，事故隐患随时都可能存在与发生。让我们以对安全工作的辛勤付出，唤起人人珍惜生活，关爱自我，爱护环境，牢固树立"以安全为最高利益"的安全文化理念。将"让安全成为一种习惯"，让习惯变得更安全逐步成为现实。构建起"全员崇尚安全，人人关爱生命"的企业安全文化氛围，创建安全文明施工建筑工地，以实际工作推进建筑施工安全质量标准化工作的全面深入开展，助力打造精品工程。

（10）安全管理是一项无止境的工作，安全管理没有最好，只有更好。

（11）安全管理是一项全面的系统工程，内涵深邃，"人、机、料、法、环"管控尽在其中、融会贯通，安全与质量、进度同在，三者之间是密切关联、相辅相成、融会贯通的一体工作，管安全应同时管质量、进度。

（12）工程劳务及专业分包必须做到全过程管控，非正常的一个举动、一个言行、一个表情神态、一个不和谐状态随时都有可能引发事故、矛盾纠纷等问题的出现，现场管控应做到及时跟进，风险方可得到有效管控与规避。

（13）融入在安全管理工作中，深感任务重、责任大、使命光荣和以及对管理者综合素质能力的高要求、高标准，安全工作做在其中、学在其中、苦在其中、乐在其中，它力求规避的是人的不安全行为、物的不安全状态和环境的不和谐因素，营造的是安全、文明、健康、向上、和谐、绿色的施工氛围，实质体现在为工程施工顺利实施和各项目标的管控实现保驾护航。

（14）不懈追求，迈向更高。烟台港搬迁安置工程走过了春、夏、秋、冬历时两年多的施工历程，我们以务实的工作，践行了从创新管理、总结提高、深入全面管理三步走的发展历程，为工程施工营造了积极、向上、安全、文明、和谐、绿色的施工环境，圆满完成了目标任务，助力打造精品工程回报社会，工作的厚重积淀也为集团公司后续 30 万 m^2 龙海家园商住小区等总承包工程的承接和组织实施奠定了坚实基础。我们将不断总结、不断创新、不断提高，为业主和社会创造更多的精品工程。

让我们敞开心扉拥抱安全，让安全使我们变得更加规范，让规范使我们变得更加安全、高效，诠释企业风范、效益和品牌铸就。

提前策划 锐意创新 打造南塔精品工程
——中建一局集团建设发展有限公司平安金融中心南塔项目

王克魁 来交交 张 明 赵 鹏 朱楚庆 赵 越

【摘 要】 平安金融中心南塔项目工程具有建筑高、周边环境复杂建筑面积大、质量安全目标高的项目特征。工程施工组织具有占地面积小、施工工期短、施工专业多、垂直运输压力大、交叉作业多等特点。在工程施工中,项目经理部综合成熟经验与工程实际情况,对施工各个区域以及各个阶段进行提前策划,激发全员创新思维,为项目管理提供新思路,集思广益,制定切实有效的施工组织计划,创新总承包管理模式,推广新技术和实行精细化管理。以"过程精品"组织工程实施,践行工期、质量、安全、成本、文明施工完美履约,为超高层发展积累丰富成熟的管理经验。

【关键词】 提前策划;创新;新技术;精细化管理

一、项目成果背景

1. 工程概况

平安金融中心南塔是中国平安开发的深圳平安金融中心二期工程。项目位于深圳市福田中心区B116-0029地块。总用地面积为11507.28m²,总建筑面积198688.5m²。基地东至益田路,西临中心二路,北侧为福华三路,南侧为规划道路。

平安金融中心南塔设地下五层,主楼由一栋48层(塔顶285.95m)超高层塔楼和8层(46.6m)裙楼组成,其中塔楼位于基地南侧,裙楼位于基地北侧。项目裙楼为与北侧平安金融中心北塔相连的跨街商业,塔楼集商务办公及高端酒店于一体。东南侧三楼预留与益田路东侧办公楼相接的跨街连桥。

本工程基础采用桩筏形式,底板不同区域厚度为1m、1.2m、2.5m、3.5m,局部电梯井坑处底板厚度达到6.45m、8.5m等,单次浇筑方量约为1.7万m³。工程结构形式为"框架—核心筒—腰桁架"抗侧力体系,主楼外框共有18根型钢混凝土柱,均匀分布于建筑周围,从地下室一直贯通至顶,截面为正方形和矩形,最大尺寸2850mm×1800mm。核心筒由底到顶逐渐收缩,东侧核心筒变为一字墙,在L48层东侧一字墙取消,保留西侧、南侧两个筒,最后仅剩南侧一个筒封顶。本工程设置一道桁架层,位于大楼L32层外框。上部楼面体系为钢梁(或钢桁架)支承的组合楼板体系。

目前,项目已于2018年02月02日通过竣工验收,与华南第一高楼——平安金融中心共同组成华南第一高建筑群。2016年本工程获得了广东省建设工程"优质结构奖",工程质量目标要求较高,必须确保获得国家优质工程奖,争创鲁班奖、詹天佑奖(图1)。

图1 平安金融中心南塔项目效果图

2. 选题理由

平安金融中心南塔项目作为深圳市地标、华南第一高楼平安金融中心附属楼,建筑外形新颖、结构复杂,工程建设标准高、业态多、高度大、占地面积小、工作面多、垂直运输压力大、交叉作业多、工期紧、参建单位多,各项风险因素的预控难度大等特点,同时其地理位置特殊,此外,平安金融中心南塔施工总承包工程是包材料、包施工、包工期、包质量、包安全、包文明施工、包验收交付的总承包工程,总承包的正确定位和管理到位对整个工程的成功建设都具有极其重要的作用。平安金融中心南塔项目总承包管理在继承平安金融中心管理模式的基础上加入了更多的创新点,在质量、技术、安全等各方面都获得了优秀的成果。

3. 实施时间

本工程从 2015 年 07 月 01 日开工,到 2018 年 02 月 02 日顺利通过四方竣工验收(表1)。

实施时间表　　　　　　　　　　　　　　　　　　　　表1

实施时间	2015 年 7 月 1 日~2018 年 2 月 2 日
分阶段实施时间表	
管理策划	2015 年 7 月~根据各时段节点不断调整
管理实施	2015 年 8 月~2017 年 12 月
过程检查	2015 年 9 月~截止到工程竣工的全过程
取得效果	各阶段性节点~2018 年 2 月

二、项目管理及创新特点

1. 工程难点及重点

(1)重要影响力

平安金融中心南塔坐落于深圳市福田中心区益田路与福华三路交汇处,与华南第一高楼—平安金融中心通过跨街连桥相连,共同组成华南第一高建筑群,集商务办公、商业及高端酒店于一体,建成后将成为深圳市地标性建筑群(图2)。

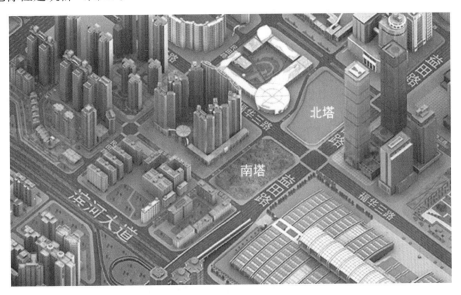

图 2　平安金融中心南塔项目地理位置

(2)各项标准要求高

1)本工程的质量目标是总体工程必须确保获得国家优质工程奖,争创鲁班奖、詹天佑奖。

2）本工程安全文明施工目标是创深圳市安全生产与文明施工优良工地、广东省房屋市政工程安全文明施工示范工地，争创全国AAA级安全文明标准化工地。

3）绿色施工要求高，确保通过美国绿色建筑协会LEED金级认证、绿色建筑设计评价标识一星级及深圳市绿色建筑设计评价标识铜级以及全国建筑业绿色施工示范工程。

（3）总承包管理能力要求高

本工程涉及土建、钢结构、幕墙、机电、装修等多种不同专业，再加本工程较大的社会影响力，需要一个非常强大的且具有丰富的超高层项目总承包施工管理经验的管理团队来对本工程进行综合管理。

本工程建成后将迎来国际著名酒店集团凯悦旗下顶级品牌-柏悦酒店入驻，福田店将是它在内地的第4家。柏悦作为凯悦旗下最高端品牌，对工程品质要求之高无疑是对项目团队的一大挑战。我们在项目成立之初即积极配合业主做好项目的顶层设计，建立健全职能组织架构，配备与本超高层项目管理相适应的人员，设立健全的总承包管理制度，全面协调资源调配，对业主提供全方位的管理服务，全力当好业主的"大管家"，同时为所有分包商提供一整套优质、高效的工程建造共享资源服务体系，并建立一套强有力的深化设计、进度、质量、安全、信息管理协调机制。

（4）基坑超深，地下支撑交错密集，需建立稳定精准的测量控制网并准确传递

本工程基坑超深，变形影响半径大，建立稳定精准的测量控制网是测量工作的重点；地下支撑交错密集，给地下控制网传递带来诸多制约因素；各单位工程之间定位和放线的相互校核和闭合检查工作是测量的重点。选择有丰富超高层测量经验的测量工程师，配置高精度的测量仪器，从测量控制网的建立、测量时机的选取、测量方式的选择、竖向分段传递的高度和精度控制等方面考虑，制定完备的测量实施方案，保证工程测量精度。在各阶段各环节，严格控制使用统一的测量控制网，并保证各环节单体网的相互衔接，闭合交圈。

（5）基坑深度大，安全等级高，施工难度大

本工程基坑超深，安全等级高，施工难度大，基坑支护的施工组织是本工程的重点。本工程采用地连墙＋内支撑支护形式，在竖向设置四道钢筋混凝土内支撑，其中地连墙兼做永久性地下室结构外墙，"双墙合一"。基坑底深28.8m，局部达到37.4m，整个大楼的基坑通过中间部位设置临时地连墙分隔为南塔主楼及福华三路两个独立基坑，实现了两个基坑分区、分时段施工，大大加快了施工进度。

（6）核心筒墙体收缩后，动臂塔吊凌空内爬变为外附，塔身受力要求高，支撑梁设计困难

核心筒截面在L33层有较大收缩，ZSL750动臂塔吊由内爬变为外附之后塔身受力要求极高，支撑梁设计难度大。核心筒墙体由九宫格收缩为三宫格之后，既要满足现场施工高度要求，又要确保塔身受力。

对此，项目在结合以往工程经验的基础上，为满足现场施工高度要求，将内爬塔改为外附顶升，塔身加高至150m。另外，由于塔身高度较高，荷载较大，通过详细的分析计算，设计采用了3套支撑梁，其中1套为加强型，2套为普通型。采用反爬施工，从而保证塔身与底部加强型支撑梁固接，确保了塔身受力要求及现场施工安全。

（7）大体积混凝土温升控制难，高强混凝土泵送高度大

1）底板混凝土总方量大，底板厚度大，基坑超深，场地狭小，大体积混凝土裂缝控制和大方量混凝土一次连续浇筑是本工程施工难点。

本工程主塔楼底板总面积为11507m²，最大厚度为8.5m，塔楼区域底板混凝土共计1.7万m³，施工时采用3道溜槽搭配天泵与地泵，连续浇筑50个小时，每天车次超过800次，一次性整体浇筑完成。为确保大底板的施工质量，项目在平安金融中心北塔大体积混凝土底板施工经验的基础上，再一次对混凝土配合比进行了优化，并使用ANSYS软件进行了温度模拟，以确保水化热受控。

2）塔楼混凝土强度等级高，泵送高度大，超高层泵送混凝土施工是本工程一大难点。

本工程主塔楼混凝土强度等级高、泵送高度大，C60以上混凝土约3万m³，最大泵送高度达268.2m。针对本工程超高层泵送的特殊性，项目从高强混凝土配合比设计，超高压混凝土输送泵的选型、布置及泵管固定技术几方面分别进行认真分析、综合设计，提出了相应的解决措施。施工过程中采

用地泵泵送施工，最大输送压力达 22MPa，并联合搅拌站对混凝土配合比进行优化设计，以确保其工作性能能满足泵送及施工需求。

（8）多点小吨位液压爬升模架体系的改造和优化是本工程施工控制的重点和难点

本工程从 B5 层核心筒墙体开始即采用大钢模进行施工，爬模体系同样从 B5 层开始拼装，拼装一层平台施工一层墙体，竖向墙体施工与爬模拼装交叉进行、互不影响。核心筒墙体由九宫格收缩为三宫格后，需对爬模进行局部改造。经事先优化设计，改造后爬模体系可由内架变为外架，转换方便，不会影响工期。另外，项目团队在平安金融中心北塔爬模体系的基础上对爬模架体进行了优化，通过在底部增设一层吊平台，保证导轨始终处于架体内部以形成水平封闭空间，避免坠物现象的发生，大大提高了安全度。

（9）分包单位多、各专业交叉作业频繁、工序繁杂，总包管理及协调难度大

机电、装修等工程工序内容繁杂，工序之间交接配合多，工序提前协调是工程顺利实施的关键。机电及装修工程涉及专业繁多，施工作业面广泛，同一区域存在多个专业和不同工序交叉作业的现象，因此工序的交接配合协调是其顺利实施的关键，只有在施工前完成专业之间工序协调的确立，才能顺利实现设计意图，加快多专业施工范围工序流转及实施进度，降低工序颠倒造成的时间及物资损失，落实实施过程的成品保护，提升工程施工完成质量。

装修方面，项目针对不同区域范围装修特点，结合施工工艺标准和图纸深化沟通协调，对关键部位的节点图纸进行针对性细化，满足工艺开展和工序配合的需求，形成具体的工序配合要求，并通过样板工程进行完善，用以指导正式工程实施。正式工程实施前，组织相关专业落实工艺工序交底，并组织相关专业做好施工过程的沟通协调，确保工程按照要求顺利实施。

（10）工程结构复杂，专业众多，模型信息量大，BIM 系统配合是本工程管理难点

利用各种先进的信息技术和手段，积极主动配合 BIM 系统的实施，从施工管理方面诸如 4D 施工进度管理、工艺选择等到图纸、方案的深化与可视化模拟以及配合 BIM 系统的管理与维护，均制定了详细可行的实施方案，充分发挥了 BIM 系统的优越性，确保顺利完成既定的工作目标。

特别是钢结构方面，通过应用 BIM 技术大大方便了现场施工。本工程钢结构用钢量约 2.5 万吨，存在着内置钢骨混凝土梁和内置钢骨混凝土柱，节点复杂，二维图纸本身不能较好体现钢筋与钢骨的相互关系，通过利用 BIM 技术建立空间结构模型，并进行模拟放样和深化，可实现高精度的钢结构深化设计，大幅度减少钢构件的现场开洞、加工的情况，确保钢结构施工质量。

2. 创新特点

（1）建立健全项目管理体系与职能划分

本工程本着科学管理、精干高效、结构合理的原则，配备在超高层总承包管理中均具有丰富的施工经验、服务态度良好、勤奋实干的工程技术和管理人员组成项目管理体系，同时为加强对专业分包的协调把控，专门成立总承包管理部门，针对每一个专业设置至少选择一名精通此专业的管理协调人员，成立 BIM 工作室并配备 5 名 BIM 工程师全面负责本工程 BIM 管理，同时在项目管理过程中依托公司强大的技术专家团队（图 3）。

（2）超高层建设目标动态管理模型建立与调整

工程建设之初，项目部针对工程建设特点及各项要求，借助 P6 计划软件，采用立体施工计划管理模式，确立了工程建设各项总目标及分阶段目标，并形成统一的工程建设目标动态管理模型，通过实施过程中的实施分析与动态调整，推动各项建设指标的实施，确保合理高效的履约（图 4）。

（3）全方位创新安全管理

本着在现有安全管理制度下，为全面推进项目安全管理目标，响应国家对安全的号召，提高全员安全意识，减少事故发生概率，项目与清华大学建设管理系合作，在全项目范围内开展"安全五分钟""现场聊安全""微信传安全""安全早中晚""注意安全啊"等系列活动，积极探索可以有效促进项目安全管理工作的新方式。

此外，为确保制定的安全管理及技术措施的有效实施和优化，公司总部在总承包项目经理部下设安

图 3 精干高效的管理团队

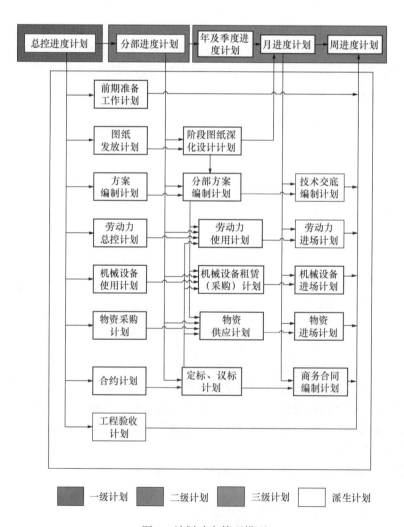

图 4 计划动态管理模型

全管理部并派驻安全总监,全面负责本工程的安全生产,实行安全的垂直管理,同时项目部坚持责令各分包单位成立相应安全管理机构,协助总承包项目经理部做好分包单位的安全管理工作。

1) 超高层安全管理之多媒体培训教育

由于超高层项目的特殊性,超高层安全管理对从业人员开展安全教育培训工作也就至关重要,以往的管理人员说教安全教育培训方式内容枯燥,无法引起工人学习兴趣,加之安全培训时间以及场地受到限制等诸多因素导致安全培训工作落实不能全面到位。

项目针对上述情况,创新性引进多媒体安全教育培训设备,从根本上解决了安全培训教育的枯燥,培训完成后进行答题器答题,考试合格后发放二维码,方可进场施工作业,保证各单位进场的工人百分百进行过安全培训教育。此外项目还购置视频播放设备安装在电梯通道口 24 小时循环播放安全教育宣传片,让工人在等电梯间隙时间亦可接受相关安全教育,增强工人的安全意识,规范工人安全施工(图5、图6)。

图 5　多媒体安全培训教育

图 6　现场多媒体安全培训教育

2) 超高层安全管理之安全体验馆培训

结合超高层建筑的各类型隐患,为更好的预防和杜绝事故的发生,项目部创新性地投入使用了超高层安全体验馆,作为施工队伍培训的重要一环,结合多媒体的培训,通过引导施工人员在体验馆中采取视、听、体验相结合的形式,身临其境地了解不安全操作行为所带来的危害,以及如何熟练掌握安全操作规程、紧急情况下的安全对策,这对于提升职业技能及提高安全意识,以及在安全文明施工、绿色施工等方面起到了良好的引导和促进作用(图7)。

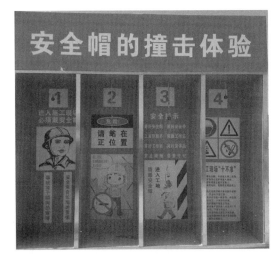

图 7　超高层安全体验馆体验项目

3）超高层安全管理之全方位竖向防护体系

针对超高层的特殊性，项目专门为塔楼量身定制了一套安全防护体系，从核心筒爬模防护→外框钢结构作业面工具式操作平台→外框钢结构作业面外挑网→幕墙作业面硬防护→核心筒楼板作业面防护→首层人行通道防护，共计设置6道竖向防护体系，确保超高层施工安全。

（4）全面健全的质量管理

1）建立全专业质量管理体系：项目部在做好自施范围质量管理的同时，组织本工程各专业承包商建立完善工程质量管理体系，将全体专业承包商质量管理组织有机地融合在总承包的质量管理体系及其组织中，保证工程整体质量达标。

2）施工方案和创优策划先行：根据本工程特点和项目质量目标，组织各专业进行总体方案部署和创优策划，工程各分部分项工程开始施工前，实行方案和技术交底先行制度，方案指导施工，从而做到施工有序，保证各分部分项施工质量，实现项目质量目标。

3）坚持实行"样板引路"制度：对于工程重点部位、关键工序、重要的材料设备施工前，根据图纸设计内容、施工工艺流程、专业间配合、质量验收规范、质量标准等组织各有关单位进行分项样板施工、材料设备报审封样，通过样板、样品确定，指导后续施工和物资检验，确保正式工程施工时的完成效果和质量效果。

4）物资供应商评审和项目专供制度：为了实现本工程后续争创鲁班奖、詹天佑奖的创优目标，项目对所有材料、设备、构配件供应商进行评审，确定供货单位，要求进场物资粘贴本项目专供标识，并作为进场检验的必要条件控制，保证原材料质量。

5）落实自检、专检、交接检和飞行检查制度：建立包括所有专业承包商在内的自检、专检、交接检和飞行检查制度，坚持检查上道工序、保障本道工序、服务下道工序，做好自检、互检、交接检；对重要部位、关键工序以及重要的材料供应商进行飞行检查，保证过程质量和材料构配件质量。

6）每周联合检查讲评制度：每周三组织工程所有承包商参与质量大检查，各专业承包商项目工程负责人及质量系统人员参加，对每周的现场质量管理情况进行全面检查，总承包商质量经理对检查结果进行分析总结，对质量活动中存在的不足及问题，组织与会人员共同商讨解决质量问题应对措施，会后予以贯彻执行并在下次检查时复查。

7）开展全专业质量实测实量活动：根据项目实测实量方案要求，结合全专业施工过程不同阶段、不同部位开展全专业质量实测实量活动，对照质量验收规范和标准，用数据说话，杜绝质量缺陷，不断改进施工质量。

（5）BIM技术创新应用

1）项目BIM管理构建创新

本工程参建单位众多，项目采用ProjectWise管理平台配合各个专业BIM应用管理，并建立BIM模型统一标准，信息共享，方便快捷，大大提高工作效率，同时制定BIM实施导则，跟进施工工艺制定数据信息流向，明确各单位责任以及权限，制定综合设计方案，各专业通过各种软件相互配合完成模型深化和各种应用，如幕墙专业塔楼整体外观模型采用Rhino建模，通过Rhino→AutoCAD→Revit基本流程相互配合，分格线、棱线、各线的交点等重要的空间关系都能在模型中直接测量，通过格式转化和信息录入，最后完成模型深化，准确的信息及时反馈到模型中去，甚至已经在车间进行加工的单元板块也能及时进行调整，以满足现场实际施工要求，大大减少由于板块无法安装带来的资源浪费和时间浪费。其他专业之间如Tekla和Revit通过IFC模型转换配合，通过共享坐标完成无缝链接，快速完成机电深化达到出图标准，大大减少了设计上的失误，增加空间利用率，减少二次拆改（图8）。

2）项目BIM技术应用创新突破

针对本工程这种复杂的超高层建筑，全专业采用精细的BIM深化设计技术及复杂构件预制加工，采用虚拟仿真以及AR技术并配合BIM点云扫描技术，通过三维扫描点云数据模型与理论模型对比分析，综合考虑影响因素，提前进行现场施工模拟并检测碰撞，减免拆改返工。本工程通过BIM技术在

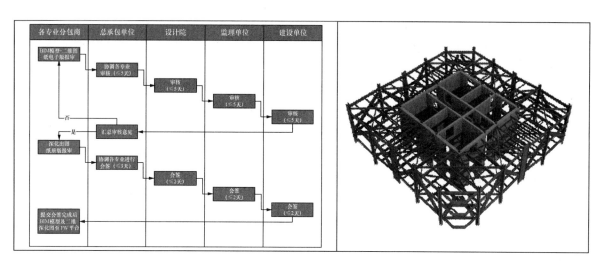

图 8 项目 BIM 管理构建创新

深化设计、全专业碰撞检测、造价管理及数字化建造等方面的应用，有效保证了施工效率与效益。同时，项目采用 BIM 可视化虚拟仿真技术进行应急状况模拟，制定相关应急救援方案，并通过 BIM 技术对应急反应人员进行可视化交底，同时结合现场应急演练，保证项目应急救援的顺利开展，提高项目人员总体应急反应效率（图 9）。

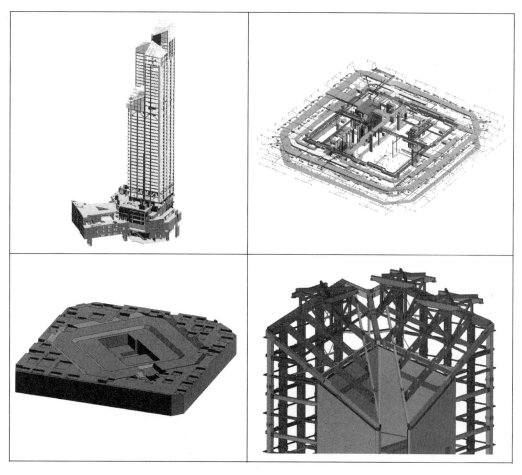

图 9 BIM 技术应用的创新突破（一）

图 9 BIM 技术应用的创新突破（二）

（6）技术创新促进度、降成本、保质量

项目部针对本工程建筑特点以及工程建设的实际需求，组织专家及公司技术骨干，提前对工程建设必须解决的技术难题进行多方位、全面系统性的策划分析，最终为本项目各项技术难题量身定制最优实施方案，并在工程建设过程中运用 PDCA 工具不断予以改进完善，从技术层面确保工程建设顺利实施，并形成超高层建筑综合技术体系，为后续超高层施工实现可靠的技术积累。本工程建设过程共计推广运用了 2010 版的建筑业 10 项新技术中的 9 大项 23 子项新技术，为项目进度、成本、质量方面做出了有力保障。

1）串筒式超高层建筑垃圾垂直运输通道

本工程在 B1~L48 层整楼竖向范围内采用串筒式建筑垃圾垂直运输通道解决楼层垃圾难以外运的难题，同时垃圾垂直通道直通 B1 层垃圾房，垃圾房内设置喷淋系统降低倾倒垃圾过程中产生的扬尘。垃圾通道的设置提高了施工电梯与塔吊的使用效率，同时可将现场楼层内的建筑垃圾集中堆放与集中处理，封闭的垃圾通道也进一步解决了楼层内的扬尘问题，大大提升了现场文明施工形象（图 10）。

图 10 垃圾通道施工完成效果

2）核心筒自提升式防护及操作平台研发

本工程采用"核心筒先行、水平楼板紧随其后"的施工部署，两者之间存在8~10层左右的施工进度差。同时，核心筒墙体采用多点小吨位液压爬模体系施工，在进行爬模系统设计时，为了节省费用，也为了架体安全，每次爬升完成之后，导轨会有一截外露于架体底部，导致该处架体位置极易发生高处坠物风险。同时，结构门洞位置及门洞高度每层都不一样，导致该处防护难以做到严密。当核心筒竖向结构施工与水平楼板施工同步进行时，特别是核心筒竖向墙体需要进行剔凿等工作时，小型物件经常掉落，导致水平楼板上的施工人员多次被物件砸伤，人心涣散，工人工作效率不高，造成了不良影响。而现场的工期压力要求竖向墙体及水平楼板施工进度必须保持在4~5天一层。

针对上述情况，项目部决定对核心筒硬防护进行创新优化，确保现场各作业面同时施工且互不影响。具体主要参照幕墙硬防护以及电梯井道硬防护施工经验，在爬模与核心筒楼板施工面之间增设一个硬防护平台，并且通过设计，确保硬防护平台具备与爬模相同的自提升功能。这样既能保证安全防护，同时又能增设一个操作平台，人员可以在该平台上进行胡须筋剔凿等工作，能相应地加快后期施工速度。而且，该硬防护平台停留位置只需提前核心筒楼板2~3层即可，即只需与外框压型钢板组合楼板施工速度保持一致，因此工人可以通过外框压型钢板组合楼板上至该操作平台（图11、图12）。

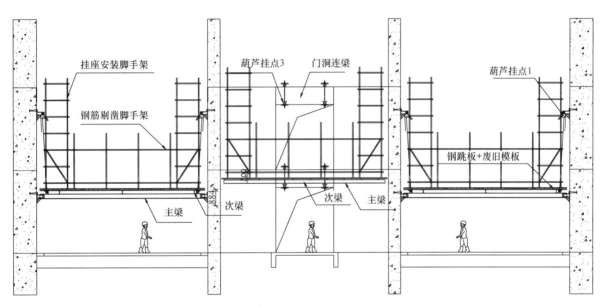

图11 硬防护平台设计立面图

图12 硬防护平台拼装完成效果

3) 福华三路区域设计及施工优化

① 占道方案优化

福华三路按照原交通疏导方案分五个阶段进行占道施工，各施工阶段现场狭小的场地严重制约各类大型机械作业，且各专业不能同时插入施工，施工效率低，周期长。项目部与各方多次沟通，将分阶段占道方案优化为全占道方案，大大提高了施工效率，加快了施工进度。

② 工程桩优化

福华三路原桩基础为人工挖孔扩底混凝土灌注桩，经优化改为钻孔混凝土灌注桩，实现了工程桩在土方未开挖时即可插入施工的目的，同时避免了人工挖孔桩面临的止水问题，加快了福华三路区域的整体工期，从而有力保证了连廊钢结构先行的施工部署。

钻孔灌注桩采用特制牙轮钻进行破碎，可有效的解决微风化花岗岩的入岩问题；同时对超大直径桩，受目前机械设备限制，岩层成孔无法一次性完成，采用分级嵌岩的形式来解决。

③ 整体结构半逆作施工，地上连廊钢结构无胎架施工

由于福华三路区域工期紧张，为尽快恢复福华三路的正常通车，缓解深圳中心区的交通压力，同时考虑基坑安全，项目团队创新性地提出了"整体结构半逆作施工，地上连廊钢结构无胎架施工"的方案。具体为：在基坑开挖、底板施工完成后，优先施工支撑连桥钢结构的八根巨柱，巨柱施工完成后地上、地下结构同时施工，大大提高了工效。其中，地上连桥钢结构部分舍弃传统的胎架支撑方案，采用35m超大跨度的无胎架施工，节省了大量人力、物力。

4) 普通内隔墙的优化设计

本工程将原200mm厚砌筑内隔墙全部优化为120mm、100mm、90mm厚轻质条形墙板，轻质墙板本身自重轻、强度高、尺寸规范、棱角分明、材质均匀、结构密实，防火、防水及耐久性均比传统墙体具有优势，由于平整度好可以免抹灰，可以大大提高效益。整个项目使用该墙板约13万 m^2。

5) 酒店区域隔声墙的优化设计

考虑到本工程柏悦酒店定位为超五星级，且深圳地区气候潮湿，对隔音、防潮要求特别高，因此将酒店区域原设计轻钢龙骨石膏板体系隔墙优化为松本隔声墙。该墙体系统隔音性能优越，耐水防潮效果佳，最大隔音量可达56dB，且能与一次机电及二次机电完美配合（图13）。

图13 松本隔声墙施工完成效果

(7)"1544"的总承包综合管理模式

根据多年从事总承包管理的经验,并借鉴国内外优秀的管理经验,结合本工程特点,建立一套成熟高效的总承包管理模式,总体可概括为"1544"。

1)1个管理核心,贯彻以最终用户为导向,全寿命周期管理的理念。

2)5个总承包管理原则,"公正、科学、统一、控制、协调"的五大原则。

3)4个总承包管理目标,总承包管理始终坚持安全目标、质量目标、进度目标及协调管理目标。

4)4个总承包管理阶段,以专业划分管理线条

① 结构施工阶段:以结构施工为主,各个专业跟进前期深化。

② 结构后期阶段:仍然以结构施工为主,各个专业开始插入,逐步开展总承包管理和协调,由于各个专业竖向多层次作业面同时开展,总承包管理按照专业竖向配置专业管理人员,划分管理线条。

③ 工程后期-以区域划分管理线条。此阶段机电、电梯、精装修、幕墙等专业陆续展开现场施工,项目工程由单一结构施工向各专业综合建设转型,项目总承包管理组织机构相应做出调整。具体细分为四个协调小组,分别为高区协调小组、低区协调小组、裙楼协调小组以及地下室协调小组,在总协调下设专业协调、技术协调、施工协调小组配合各区域协调小组进行管理的模式(图14)。

④ 工程收尾-以功能实现划分管理线条。以设备机房、变配电室、中控室等功能房间,建立收尾消项及维保小组,循序渐进,逐步完成靶心目标。针对复杂机房施工以各专业点位图、细部节点等进行重点控制,确定该房间内的全专业施工计划,体现复杂功能房间、机房的工序顺序、交接顺序,这也是我们总承包管理的又一亮点。

(8)工程信息化管理助推精细化管理。项目通过应用云建造施工管理APP平台,大大提高了管理效率,有效推进了项目管理的精细化。云建造是项目管理平台与项目现场管理系统的移动端。通过应用云建造施工管理APP平台,用户可根据不同的角色权限,在移动设备中处理各自岗位的工作,包括现场劳务管理、现场物资管理、施工安全管理、施工质量管理、智慧工地管理等(图15)。

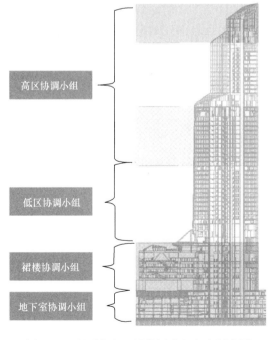

图14 工程后期各区域协调小组竖向划分图

图15 云建造施工管理APP平台

三、项目管理分析、策划和实施

1. 项目管理分析

根据设计要求与合同文件,结合公司对该项目的战略定位,确定本项目的建设目标为:建设国际一流的、可持续发展的、智慧型办公、商业和高端酒店综合功能的城市建筑,成为标志性建筑,并最终实现良好的经济效益和社会效益。

本项目在建设过程中采用国际先进的规划设计理念,确保设计品质达到国际一流水准,施工过程和建筑本身均具有国际影响力,其管理思想、工程技术、产品品质等方面均达到国际一流水准。通过可持续发展规划设计和可持续施工,建设建筑的全寿命周期内的资源与能源消耗,降低污染物排放,确保大楼建设不危及人类的后代。本项目建设过程中,充分利用计算机技术、网络技术、通信技术、物联网技术和知识管理技术,整合本项目建设方、运营方、使用方的知识资源,使得本项目的建筑产品更加智能化,可以向运营单位和使用单位提供安全、可靠、开放、灵活的网络架构和信息系统架构,以及高效、低成本的信息服务,使本项目建设成为智能化程度达到国内领先、国际一流的智能建筑。项目的质量、安全、绿色施工、综合效益、工期等目标如表2所示。

项目目标表　　　　表2

类　　别	具体目标
质量目标	国家优质工程、鲁班奖
安全目标	创深圳市、广东省安全文明样板工地、争创全国"AAA级安全文明标准化工地"
绿色施工目标	全国建筑业绿色施工示范工程
LEED认证	金级
综合效益目标	2.5%
工期目标	合同工期

2. 项目管理策划

本项目团队为华南第一高平安金融中心项目团队的延续,在项目开工之初便制定了以平安金融中心项目管理为向导,继承其优秀管理成果,同时根据本项目实际情况,项目部发动全员创新,针对不同施工阶段,不同专项进行提前策划,做到事无巨细,为打造南塔精品工程奠定基础。

(1) 直线式与矩阵式相结合构建组织架构

项目组织架构的设计、调整以能否实现既定目标为标准,组织架构设计要充分考虑有利于质量、进度、投资和可持续发展目标的控制,基于项目结构分解、工作结构的分解展开。各岗位、各部门应做到分工合理、职责明确、协同工作,每个部门及员工的工作范围、相互关系、协作方法、权利责任等,都有明确规定。

平安金融中心南塔项目是大型复杂的系统工程,此类工程的建设极易受到技术复杂性、组织复杂性、管理复杂性、资源约束和外部开放性带来的影响。同类工程建设经验表明,本项目建设期间进度目标将成为各方的主要关注点,在项目建设期间,各种变化将无处不在。作为施工总成包方,在工程管理的组织设计时强调集权,以达到精简流程,快速决策,指令通畅,以应对负责性和开放性带来的变化。因此在总包的内部组织架构设计时,采用直线制的组织结构形式,设置"技术管理、工程管理、质量管理、商务管理、安全管理、总包协调管理"六大职能部门,但考虑下辖了大量分包单位等,故考虑总成本协调的需求,建立了总包职能部门与分包职能单位对应的矩阵式组织架构。

(2) 多层次工期动态管理

本项目的进度管理过程中,以动态目标控制、层次化的进度计划体系,综合集成管理、进度管理信息化为指导思想,充分利用项目信息管理系统和专业进度管理软件等信息技术和手段,辅助进度管理和控制工作,提高进度管理水平和效率,保证本项目管理严谨有序、进度计划科学合理,确保本项目进度目标的实现。

1) 层次化进度计划体系：本项目建立由总进度纲要（关键性控制节点）、总进度规划、总进度计划及分进度计划（分阶段、分专业、分区域、分部门进度计划）四个层次组成的进度计划体系，其中高层次计划是低层次计划的指导和依据，低层次计划是高层次计划的细化和支撑，低层次计划必须保证高层次计划的实现。分包承担目标论证、指导性、控制性、实施性的功能，本项目进度计划系统的建立和完善是一个逐步形成渐进明细的过程。在进度计划调整时，高层次计划的调整必须配合以低层次计划的调整，低层次计划的调整必须检查是否影响高层次计划。各层次计划的竖向如表3所示。

层次计划表　　　　　　　　　　　　　　　　表3

层次	计划名称		编制人	审批人	目的与作用
第一层	总进度纲要		公司项管部	公司项管部	论证工期的可行性，确定项目关键控制节点
第二层	总进度规划		公司项管部	公司项管部	明确主要工作安排，是总进度纲要的支撑，是编制第三、第四层次计划的依据
第三层	总进度计划		公司项管部	总经理	在总进度规划的基础上，对工作进一步细化，并考虑与第四层次计划的协调和整合
第四层	分进度计划	分阶段	各部门、各单位	项目经理	控制各参加单位按计划完成本阶段工作
		分专业	专业施工单位	项目经理	控制各专业施工单位按计划完成各项工作
		分区域	区域施工单位	项目经理	控制区域施工单位按计划完成各项工作
		分部门	各部门	项目经理	控制各部门按计划完成各项工作

2) 动态目标控制：进度管理的中心是对目标进行有效的规划和控制，本项目通过目标分解、责任落实、动态控制，确保进度目标的实现。将总体进度目标分解细化，并将进度目标责任落实到各部门、各岗位。进度控制遵循动态控制理论，在进度动态控制中，进度计划的动态调整是关键，在调整进度计划时应注意各层次的计划协同调整。

3) 综合集成管理：本项目应用综合集成管理的思想，将进度目标与质量安全目标、投资目标集成起来综合控制；将涉及过程、采购过程、技术准备过程、施工过程集成起来综合控制；将工期与施工场地和工作面、资金、劳动力等资源配置集成起来综合控制；施工阶段结合项目特点，充分利用工作面资源和垂直运输资源，组织好多专业立体交叉施工，加快建设进度。

4) 关键线路优先与技术准备先行：在项目实施各阶段，进度管理着眼于关键线路，解决好各阶段的主要矛盾。各项工作必须留有余地，打好提前量，特别是深化设计与评审、施工方案编制与论证等技术准备工作要留足时间，为项目施工进度提供保障。

（3）全面质量管理

本项目质量管理坚持最终用户导向建设，推行全面质量管理、精细化质量管理、动态质量管理和强势质量管理，建立科学、系统、规范的工程质量管理体系和持续改进机制，确保项目的质量目标的实现。

1) 全方位质量管理原则：在工程建设过程中，对所有参加单位的工作质量和所承担的实体质量实行全方位的控制，质量控制覆盖本项目工程所涉及的所有工程专业，以及工程的每一个部位/构件/配件/设备。依据合同对各参加单位的强势管理（包括检查、鉴定、考核、奖惩措施），确保各参加单位严格按照合同投入充分的人力、财力、物力资源，履行合同约定的质量管理义务，以确保工程质量。

2) 全过程质量管理原则：对本项目工程建设的各个环节（包括深化设计、采购、工厂制作、施工、检测、验收等）实施全过程的控制，并强化预先控制、事前控制的原则，从设计、施工方案和原材料等源头消除质量隐患。通过精密策划、精心组织、精细施工以保证工程实体建设成为精品工程。

3) 全员质量管理原则：通过对本项目工程建设的质量目标逐级分解至各参建单位的各类工作岗位，落实管理职责与工作分工，使得每个岗位都承担相应的质量控制任务，由各参建单位组织、动员全体参建人员完成各自的质量控制任务。

4）动态质量控制：通过工程管理的 PDCA 动态循环控制方法，加强本项目实施过程的质量管理，并持续改进。在项目初期确定质量目标，编制过程管理文件和工程实体质量控制文件，采取工程质量与孔措施；在项目建设过程中，各个参建单位严格按照既定的工程质量目标要求和合同约定，依据国家级地方的有关法律法规、标准、规范及工程图纸进行工程建设，并监督检查有关要求的落实和执行情况，对存在问题予以分析和整改，保证项目建设质量始终处于受控状态；同时，不断总结经验，不断创新，并充分利用科技发展成果，合理采用新材料、新设备、新技术、新工艺，提高工程实体质量和工程建设管理水平。

（4）行之有效的安全管理

本项目的安全管理坚持"以人为本、三位一体；全员参与、落实责任；预防为主、持续改进"的方针，逐级建立工程安全管理体系，严格落实各方安全管理责任，确保工程的安全生产、文明施工，保护人员健康，保护环境，并在健康、安全和环境管理方面均达到国内同行业先进水平。

项目安全管理必须以人为出发点和中心，关爱生命，保护人身安全、健康和生态环境，并对健康、安全与环境三者进行一体化全方位的管理，立足与全员参与，建立由总包单位为主导，各参建单位参与的、逐级的工程管理体系，本项目所有参加单位都必须对项目的安全管理有形成文件的承诺，并确保这些承诺转变为人、财、物等资源的支持，落实安全管理责任。项目的安全管理充分考虑影响本项目安全的各种因素，加强安全管理宣传教育，制定完善的安全管理制度，采取相应的安全防患措施，及时、彻底地治理和消除各种安全隐患。

（5）数据网络化信息管理

本项目的信息管理密切联系本工程建设和管理的实际，通过各参建单位提供高质量的信息服务，提高项目建设、管理的效率和水平；其二，通过有效的信息管理，为项目将来的运营提供强有力的支持，提升项目品质；其三，通过有效的知识管理，对本项目的建设、管理的各种技术、方法、经验进行持续、系统的记录，整理、总结和出版，扩大本项目的影响力。

项目建立统一的、结构化的建设项目数据体系、信息编码体系，包括建设项目结构编码、组织结构编码、各参与单位组织编码、项目实施工作编码、投资控制编码、进度控制编码和合同管理编码以及各类图纸、文档编码等各类信息编码体系。项目实施过程中，对项目的工程建设、管理相关的各种信息进行集中存储、统一管理，并为项目用户提供个性化的信息入口和开放、协同的信息沟通渠道，为项目公司与各参建方之间的信息交流、协同工作和文档管理提供一个高效、稳定、完全的网络项目管理工作环境。

（6）导向性创新管理

本项目的创新应为实现本工程的各项创优目标服务，即本项目的各项创新活动应符合"国家优质工程"以及"LEED"等各种奖项的评审与认证要求。本项目的创新要充分利用当地乃至全国的各大高等院校，科研院所的优秀力量，吸收工程管理和工程技术、工程信息化领域的优秀研究成果，组织各方力量联合攻关，产生若干具有较高的技术与学术水平创新研究成果。同时通过技术创新，达到商务赢利目的，为项目商务管理提供支持。

3. 项目管理实施

（1）直线式与矩阵式相结合的组织架构

由于平安金融中心南塔工程工期紧、体量大、涉及专业多、社会影响力大，需要总承包单位配备具有丰富的超高层总承包管理经验及综合素质突出的管理团队。结合以往我公司超高层建筑领域管理经验，为了满足总承包管理需求，自成立伊始，项目部就先后设立了总承包管理部和 BIM 工作室，根据幕墙、电梯、通风、强弱电、水、装饰装修、擦窗机等专业需求设立专业管理工程师，并提前制定数十项管理办法，以制度为基础，以专业工程师专业管理，成有效沟通机制，并随时根据施工实际需求调整人员和组织架构，最终达成了对施工关键线路的有力把控效果，结构工期平均 4 天/层，最快达到 2.5 天/层，创造了新的"超高层速度"，项目组织架构如图 16 所示。

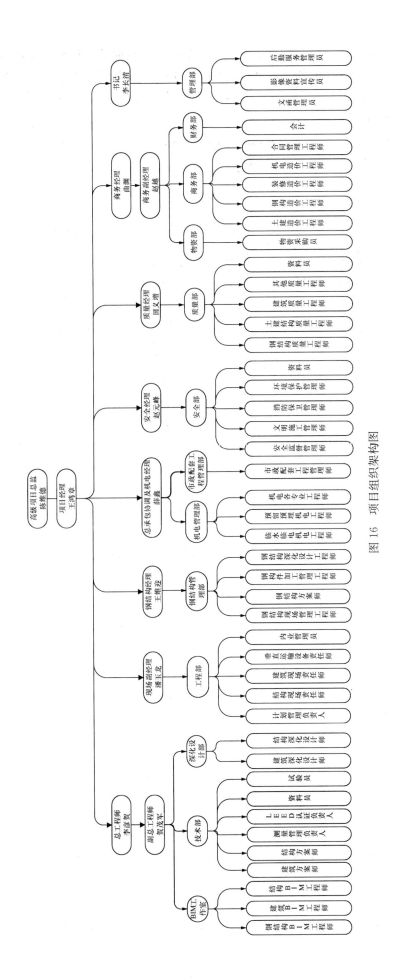

图 16 项目组织架构图

到2016年底，核心筒结构封顶，结构施工基本完成后，形成商务、技术统筹管理，现场管理、质量、安全分区域专职管理的矩阵式组织架构。总承包管理重心向协调管理专业施工倾斜，以区域为核心，划分高区、低区、裙楼、地下室等区域，每区域配备相关责任师、质量员、安全员以协调区域内各专业施工，具体组织架构如图17所示。

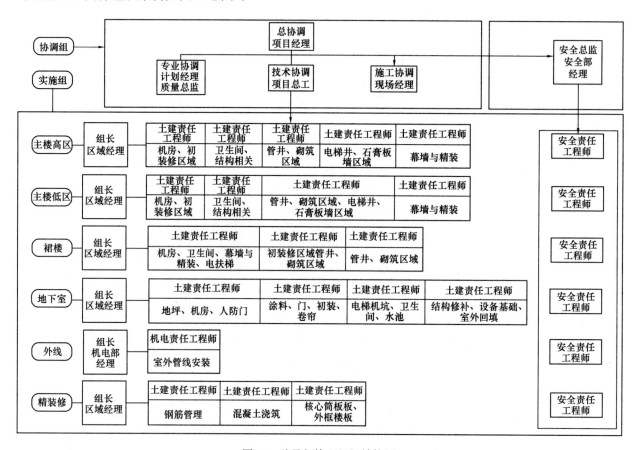

图17 总承包管理组织结构图

（2）多层次工期动态管理措施

本项目采取了相应的组织措施、管理措施、经济措施和技术措施，高效地完成进度管理的各项任务，实现进度总目标。

1）组织措施：项目部按照本项目进度管理的要求，进行进度管理的组织架构设计，设计相应的职能机构，配备专职进度管理人员，落实工程项目中各层次进度目标的责任人、具体任务和工作责任，制定管理办法，建立奖惩机制。重视进度管理的工作流程设计，制定合理完善的进度计划编制、审核、跟踪、调整流程。

2）管理措施：进度协调会制度，项目根据工程实际进展情况，定期和不定期的召开进度协调会，分析评估工程进度情况，协调解决影响工程进度的重大事项。运用工程网络计划方法进行进度控制，重点控制关键线路，非关键线路尽早开始打好提前量。运用信息技术协助进度管理，项目使用Project和BIM软件完成进度计划的编制调整，实现进度管理相关信息的沟通。加强进度风险管理，注意分析影响工程进度的风险，并在分析的基础上采取风险管理措施，以减少进度失控的风险量，确保工程进度目标的实现。加强合同管理、协调合同工期与进度计划间的关系，保证合同进度目标的实现。

3）经济措施：项目部编制与进度计划相适应的资金需求计划，落实资金供应，确保建设资金不影响工期。在工程预算中考虑加快工程进度、采取必要的经济激励措施所需要的资金。严格控制合同变更，在变更实施时，提前评估工程变更和设计变更对进度的影响，尽早做出准备。

4）技术措施：在设计方案评审和选用时，应比较分析设计方案与工程进度的关系，做决策时应充分考虑设计方案对工期的影响。在选择施工方案时，除了分析技术的先进性和经济合理性外，还应考虑其对进度的影响，在工程进度受阻时，分析是否存在施工技术的影响因素，为实现进度目标有无改变施工技术、施工方法和施工机械的可能性。

（3）全面质量管理措施

1）组织措施

实行设计交底和图纸会审制度，在项目开工前，设计单位（深化设计单位）进行设计文件技术交底，将设计意图、思路、结构特点、新技术、新工艺、新材料、工程完成所达到的结果以及施工工艺要求向所有参建单位汇报，解答各参建单位所提出的有关设计图纸的问题；组织相关单位进行图纸会审，提出图纸中存在的疑点、问题及技术难题，并澄清和研究解决，特别使施工单位管理和技术人员更深入地熟悉图纸，了解建筑物整体风格及使用功能，明确设计意图，掌握工程的关键部分和特殊部位以顺利实现先进的设计理念，图纸会审会议应形成会审记录。

实行质量控制点策划管理制度，由总承包单位牵头、其他参建单位参与，进行集体讨论和研究，明确技术要求高、施工难度大的关键部位和重要工序以及非常规工序、新技术项目（新材料、新技术、新工艺、新结构）的质量控制要求，设置质量控制点，并设立以专业工程师牵头的检查小组在实际施工中进行跟踪、检查和控制。

2）管理措施

实行质量管理职责分工制度，以本项目的整体组织结构和合同架构为基础，结合本项目的工作分解结构和质量管理目标体系，将本项目的各项质量管理职责进行逐级分解，将本项目各质量控制子目标对应的质量管理职责逐一落实到每个分包方、每个专业、每个作业班组和施工人员，明确奖罚指标，从而使每个分部分项工程的各级管理人员、技术人员和施工人员形成有效的压力和动力，共同对质量管理目标负责，从而确保各质量控制子目标的实现，确保本项目项目总体目标的实现。

实行样板引路制度，对本项目重要部位、关键节点、新工艺新材料的应用等，在正式施工前，进行样板施工，对既定施工方案进行检验和完善，确定工艺流程和质量标准，并经业主、监理单位同意后实施。

采用多样手段，进行现场质量管理，项目引进质量管理APP配合现场质量管理，目前国内已有多重质量管理APP，我们通过调研分析其他项目使用情况，结合本项目实际情况，在质量管理APP使用的基础上，项目内部明确责任归属，以及奖惩措施，同时将质量管理APP使用情况作为绩效考核标准之一。通过采取一系列措施，有效地将质量监督部门与技术、工程、物资等部门有效连接在一起，做到了及时发现问题、及时传递问题、及时现场整改、及时提醒监督的目的。

3）经济措施

实行劳动竞赛制度，在本项目施工的整个过程中，开展形式多样的劳动竞赛，加强宣传与动员，并建立健全竞赛考核评比体系，形成一整套严谨的激励和约束机制，将各级管理、技术人员与全体参建人员的利益所得与劳动竞赛的安全质量进度等考核指标全面挂钩，并严格执行、全面落实、一视同仁，从而调动参建建设的全体人员的积极性、创造性。实行质量阶段性及整体目标奖罚制度，对施工单位的各个重点节点、阶段及整体的质量目标的完成情况进行检查和考核，并根据合同约定和本项目相关制度进行奖罚。

（4）行之有效的安全管理措施

严格执行安全生产例会制度，各级安全生产领导小组要定期召开安全会议，传达、贯彻上级安全生产工作会议精神，回顾、总结、分析或通报本项目安全生产工作情况，进行安全生产监督、管理方面的工作交流或经营总结，对存在问题分析原因，制定改进措施，按"四不放过"的原则及时研究事故的处理决议并及时结案，研究、部署、督促、检查本项目安全生产工作。项目严格执行入场三级安全教育制度，对入场人员分单位、分批次进行教育，并考试办理平安卡，持卡率百分之百。项目在电梯前室和生活区设置4部电视滚动循环播放施工现场各类安全知识，加大宣贯力度，提高工人安全知识。

全方位创新安全管理，本着在现有安全管理制度下，为全面推进项目安全管理目标，响应国家对安全的号召，提高全员安全意识，减少事故发生概率，项目与清华大学建设管理系合作，在全项目范围内开展"安全五分钟"、"现场聊安全"、"微信传安全"、"安全早中晚"、"注意安全啊"等系列活动，积极探索可以有效促进项目安全管理工作的新方式。该管理管理措施可做到小投入确保大安全的目的。

同时采取了一系列针对性措施确保现场安全及文明整洁：

1）体验式安全教育

结合超高层建筑的各类型隐患，为更好的预防和杜绝事故的发生，项目部投入使用了超高层安全体验馆，作为施工队伍培训的重要一环，结合传统纸面上的培训，通过引导施工人员在体验馆中采取视、听、体验相结合的形式，身临其境地了解不安全操作行为所带来的危害，以及如何熟练掌握安全操作规程、紧急情况下的安全对策，这对于提升职业技能及提高安全意识，以及在安全文明施工、绿色施工等方面起到了引导和促进作用。

2）超高层垃圾通道

总结北塔施工经验，超高层中后期施工垃圾清理是制约整个工程进展的重要因素，为有效解决建筑垃圾垂直运输问题，我们采用串通式垃圾通道，每层设置垃圾投放口，垃圾通道采用串筒式直通B1层垃圾房，垃圾房设置喷淋系统降低倾倒垃圾过程中产生的扬尘。垃圾通道的设置提高了施工电梯与塔吊的使用效率，同时可将现场楼层内建筑垃圾集中堆放与集中处理，封闭的垃圾通道也进一步解决楼层内扬尘问题，大大提升现场文明施工形象（图18）。

图18 垃圾通道实例

3）施工电梯人脸识别技术

南塔施工电梯操作增加采用人脸识别系统，避免了非特种作业人员违章操作，确保只有专属作业人员操作，加强现场安全管理（图19）。

图19 施工电梯人脸识别

4）借鉴北塔工程经验，采用多层次立体防护体系有效解决竖向垂直交叉作业安全问题。

5）塔吊设置塔吊监控系统

由于两台塔吊距离较近，仅为22.3m，因此为减小塔吊碰撞现象发生，在两台塔吊上安装建筑工程起重机械在线监控系统，该系统具有碰撞提醒功能，通过在系统中设置最小安全距离（10m），在塔吊运行过程中，如出现超过安全距离，在塔吊驾驶室中安装的设备会发出报警，对司机进行提醒。同时该系统有用塔吊吊次统计功能，塔吊监测系统中通过传感器记录每天吊装次数，通过后台处理得出塔吊吊次，通过分析各塔吊吊次可达到充分利用塔吊的目的。

6）采用安全管理APP软件配合现场安全管理工作，达到发现隐患及时整改的目的。

（5）数据网络化信息管理

1）管理措施

共享协同机制：在项目实施过程中，通过培育"项目整体利益高于一切"的项目文化，并采取有效的合约措施，形成平等互信、信息共享、协同工作的关系。

统一组织、有序推进本项目的信息化建设：本项目采用统一系统平台软件/硬件条件、网络基础、外部环境，并由工程项目管理信息机构统一实施。各参建单位必须接入项目信息门户，纳入项目信息门户管理范围，并严格执行信息管理规定，确保项目信息门户正常运行。

2）采用先进信息管理技术。在项目建设期间，充分利用现代信息和通信技术，进行以下方面的信息化建设：

建立并运用基于网络的项目信息门户或项目专用网站，为项目信息的集成化和开放式管理提供基础，提高项目信息获取的便利性和安全性。项目部内部建立了普华工作系统和OA系统用于内部的工作流程开展；依托业主建立了PW项目信息管理平台，将所有参建方的信息纳入管理，形成了多层次、多权限的信息交流中心，实现同步高效的信息交流、数据更新。

建立并运用建筑信息模型，形成设计、深化设计、施工乃至运营信息交换枢纽平台，将工程实体及其建设过程信息通过数字化形式表达，对现有工程管理体系进行完善和提升，达到事前控制、主动控制的效果；建立并运用项目管理信息系统及时、准确、完整地收集、存储、处理项目的投资、进度、质量的规划和实际信息，进行项目的投资、进度、质量等目标的控制，进行招投标管理和合同管理。

运用基于网络的施工场地综合管理系统，通过使用微信、QQ、移动办公等终端设备跟软件，实时的反馈交流现场问题。施工现场设立门禁安保系统、视频监控系统，对施工的安全状态、人员进出与考勤、施工进展进行实时监控，并通过网络及计算机技术将有关信息实时传输至管理平台，实现施工现场数字化信息管理。

（6）导向性创新管理措施

1）管理创新：本项目的管理创新是为提高项目的管理水平进行的组织、制度、机制等方面的设计与改进，以及各种管理模式、管理方法的应用、引进、改进等。

在项目的实施过程中对项目建设目标进行有效的动态策划和控制，通过定义明确的项目建设目标、科学合理的使用动态控制方法，优化项目建设目标并最终实现项目建设目标；在项目设计与施工过程中，以追求项目整体或局部功能、效益的最大化，成本的最小化或提升项目整体或局部的功能费用比（性价比）为决策的指导思想。把项目参与方的建设与管理行为在时间与空间上进行综合集成，以项目信息系统为平台，以模拟技术为支撑，以协同机制为手段，做到让合适的单位在合适的时间和合适的空间做合适的事情。建立QC小组，针对工程施工中的重难点进行创新研究。

2）技术创新

本工程拟运用的十项新技术，包括10个大项，32个子项。根据平安金融中心项目的施工经验，对部分技术进行了创新改进：

① 基坑支护采用双墙合一的形式，有效控制周边地下水位；

② 爬模改进，增加一层下挂平台，有效解决高空坠物问题；

③ 工程桩采用地面旋挖桩，有效控制了周边地下水位；

④ 塔吊增加了防碰撞监控系统，有效解决群塔作业碰撞问题；

⑤ 二次隔墙原设计亦为砌筑隔墙，加气块施工效率低，为此我们策划将砌筑墙体更改为南方当地流行的轻质空心条板做法，轻质空心条板隔墙具有轻质、防火、隔热、隔音、墙面平整度高不需二次抹灰的优点，同时具备施工工期快的优点；

⑥ 为解决垂直运输压力，建筑垃圾垂直运输采用串通式垃圾通道，采用超大施工升降机有效解决幕墙、机电等材料运输，减轻塔吊运输压力；

⑦ 由于首层结构板存在多处降板，标高不一致，不易作为材料堆场，提前策划，在首层结构施工完成后，立即进行防水施工，同时完成回填以及园林硬化施工，以此作为材料堆场，而且在雨季可有效防止地下室渗水，对地下室机电、装修成品保护有利，同时能保持现场场地整洁。

四、管理效果评价

1. 质量效果

通过新技术的推广和应用，本着过程精品的理念，本工程分别获得了深圳市优质结构工程奖、项目成立的平安金融中心南塔 QC 小组获得 2017 年度北京市优秀质量管理小组一等奖，同时获得 2017 年度全国工程建设优秀质量管理小组二等奖。各分部分项工程严格按照过程精品的要求组织实施，工程质量始终处于严格的受控状态。目前，本工程正在积极筹备申报深圳市优质工程金牛奖、广东省建设工程金匠奖、中国建筑工程钢结构金奖及鲁班奖、詹天佑奖等奖项（图20）。

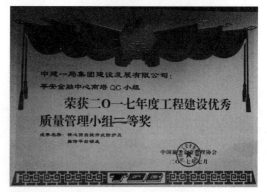

图 20　成果奖励

2. 技术成果

在有关部门的关心支持和其他各施工单位的共同努力下，本工程已通过竣工验收。无论是施工过程还是成品建筑，本工程以其完善的使用功能、先进的技术和高科技含量、舒适美观的装饰效果赢得了广泛的赞誉。

本工程施工过程中申报获得8篇各级工法、7项专利，目前正在积极申报深圳市建筑业新技术应用示范工程和广东省建筑业新技术应用示范工程。

（1）本工程获得工法如表4所示。

本工程工法表　　　　　　　　　　　　　　　　　　　　　　　　　　　　　表4

序号	工法名称	工法级别
1	超高层大跨超重带状桁架双机抬吊施工工法	省部级
2	超高层结构动臂塔吊凌空内爬变外附施工工法	集团
3	地铁接驳口截桩施工工法	集团
4	超高层核心筒内自爬升硬防护施工工法	集团
5	超高层建筑幕墙双轨吊装施工工法	集团
6	承接式三通组合双壁波纹管垃圾通道及超高层散体废弃物运输通道施工工法	集团
7	超高层伸缩式卸料平台施工工法	公司
8	超大直径钻孔灌注嵌岩端承桩施工工法	公司

（2）本工程获得专利如表5所示。

专利情况表　　　　　　　　　　　　　　　　　　　　　　　　　　　　　　表5

序号	专利名称	专利类别
1	一种挖孔桩孔口提升防护用装置	实用新型专利
2	一种狭窄区域建筑深基坑施工的提土系统	实用新型专利
3	用于超大直径工程桩施工的自稳式快速连接护壁钢模板	实用新型专利
4	一种超大直径工程桩的钢筋笼	实用新型专利
5	适用可变墙体厚度的伸缩式箱梁及爬模装置	实用新型专利
6	一种超高层施工电梯高空转换辅助装置	实用新型专利
7	一种翻转式幕墙硬质防护屏	实用新型专利
8	一种核心筒内筒上部模架体系硬防护装置及其施工方法	实用新型专利

（3）本工程学术交流会获奖情况如表6所示。

学术交流会获奖情况　　　　　　　　　　　　　　　　　　　　　　　　　　表6

论文名称	会议名称	获奖类型
深圳平安金融中心南塔BIM技术应用	第五届"龙图杯"全国BIM大赛（施工组）	二等奖

3. 安全文明施工成果

本工程先后被评为"深圳市安全生产与文明施工优良工地""广东省房屋市政工程安全生产文明施工示范工地"，在整个施工过程中，没有发生任何伤亡事故。

4. 绿色施工成果

本工程被评为2016年"第五批全国建筑业绿色施工示范工程"，目前正在申报美国绿色建筑协会LEED金级认证。

5. 工程进度

本工程分包单位众多、施工条件复杂、施工难度大，在如此严峻的条件下，项目团队不断克服困难，充分发挥主观能动性，使得项目比合同工期提前约1个月完成，并以最快2.5天一层的速度创造了国内外超高层建筑施工的纪录。

6. 经济成果

通过推广应用《建筑业10项新技术（2010版）》中的10大项、49小项新技术，通过技术创新取得经济效益约为 2091 万元，同时项目超前策划，提倡创新，以高效的项目管理，提高了施工效率，降低了施工成本，增强了工程施工的安全可靠度，截至目前，已顺利扭亏为盈（表 7）。

经济成果表　　　　　　　　　　　　　　　　　表 7

序号	项目名称	推广数量	经济效益（万元）
1	福华三路基坑支护优化	/	400
2	工程桩优化	/	300
3	垂直垃圾通道技术	/	300
4	（酒店隔墙）松本隔音墙板优化	3.9 万 m^2	300
5	轻质墙板优化	13 万 m^2	280
6	福华三路连桥无胎架施工技术	/	100
7	液压爬升模板技术	3.2 万 m^3 混凝土	100
8	钢结构深化设计技术	3.2 万吨钢	100
9	塔吊内爬转外附着	/	50
10	施工过程水回收利用技术	/	50
11	高强度钢材应用技术	1.2 万吨	40
12	福华三路局部逆作法	/	32
13	项目多方协同管理信息化技术	普华信息管理系统	20
14	建筑隔震技术	4 千 m^2	10
15	大直径钢筋直螺纹连接技术	8 万个	9

7. 社会效益

本工程通过全体员工积极开拓，锐意创新，严格有效的管理与风险预控，在取得良好经济效益的同时，也取得了很好的社会效益，项目部通过细致详尽的策划分析，在以国内既有总承包管理模式以及国际先进超高层管理经验为借鉴的基础上，勇于创新，并在实践中不断总结与进步，在顺利兑现对业主各项承诺的同时，完成了超高层管理技术的成熟积累，实现了自身的成长与飞跃，得到了业主、工程参建方以及社会各界的一致好评。

通过本项目的实践，坚持新技术推广与应用，丰富了管理人员的施工经验，提高了科技创新意识，丰富了管理经验，同时也增强了项目管理人员的服务意识和责任感，培养了一批高素质的专业技术人才和一专多能的技术骨干。项目后期管理持续改进，超高层建筑爬模施工技术等多项创新成果、经验已经转化为公司施工技术指南，并在各项目中得到了推广应用，对国内外 300m 以上同类型的超高层建筑施工具有指导借鉴意义。

创新铝合金模板体系
精心建设北京城市副中心安置房工程

——北京城建集团有限责任公司通州区棚户区改造 A 区 后北营安置房项目（一标段）工程

王 恒　李铁兵　罗景英　周美玉　钟 鑫　钟 涛

【摘　要】项目团队秉持"执着专注、作风严谨、精益求精、敬业守信、推陈出新"的国匠精神，积极应用铝合金模板，做好模板体系选择、深化设计、应用创新、质量管理等方面工作，优质高效地实现了进度、质量、安全和成本的管理目标，圆满完成了主体结构的施工，同时为后续的二次结构、装饰装修施工创造了良好的基础。本工程的铝合金模板应用也为同类型住宅工程施工管理提供了经验。

【关键词】铝合金模板；应用创新；工程创优

一、背景及选题

1. 成果背景

北京城市副中心建设是调整优化北京城市空间格局、疏解中心区过多功能、治理"大城市病"、拓展城市新空间、推动京津冀协同发展的一项重大举措。这是疏解非首都功能的一项标志性工程，其步骤是以市级机关率先启动搬迁，带动其他功能，带动人口和产业的疏解，是带有示范性和引领性的工作。

为配合行政办公区的建设、搬迁计划，根据区域统一规划，在通州潞城镇后北营建设安置房，为搬迁的老百姓提供回迁住房。2015 年年底，老百姓积极响应政府号召，迅速签约、腾退房屋，为行政副中心行政办公区建设用地拆迁工作做出了巨大的贡献，同时北投集团也对搬迁的老百姓郑重承诺，将在 2018 年 4 月 30 日实现回迁入住。因此通州区潞城镇棚户区改造 A 区后北营安置房项目是一项服务于北京城市副中心建设的重要民生工程，建设意义重大。

本工程位于通州区潞城镇，与北京行政办公区仅一路之隔，直线距离不到 1km，地理位置十分特殊（图 1）。

图 1　工程位置图

2. 工程概况

本工程为北京城市副中心投资建设集团有限公司（原新奥集团）开发建设的通州区潞城镇棚户区改造项目。建设地点位于北京市通州区潞城镇后北营西南角地块。

一标段工程总建筑面积17.7万 m^2，其中地下建筑面积5.7万 m^2，地上建筑面积12万 m^2，主要包括5栋住宅楼（共计1256套）及相关的配套设施。其中1号、3号、4号住宅地下3层，地上27层，檐高79.25m；2号、5号住宅地下3层，地上20层，檐高58m。地下为2层的连体车库及设备用房，其中地下二层为人防工程，平时为地下汽车库。

住宅部分按初装修标准施工至基层，预留面层装饰做法，地下部分及公共部分按设计做法施工到位。顶部为两层错落的坡屋面，表面干挂灰色陶土瓦。外墙粘贴A级玻璃纤维板，表面做仿石涂料饰面，三段三色设计，外立面与坡屋面相互衬托、相得益彰，整个建筑外观给人一种很强的视觉冲击，建成后将成为城市副中心标志性的住宅建筑（表1、图2、图3）。

主要参建单位　　　　　　　　　　　　　　　　　表1

项　目	内　容
建设单位	北京城市副中心投资建设集团有限公司（原新奥集团）
设计单位	中国建筑设计院有限公司
勘察单位	北京市地质工程勘察院
质量监督单位	通州区建设工程质量监督站
监理单位	北京方正建设工程管理有限公司
施工单位	北京城建集团有限责任公司

图2　工程效果图

图3　结构施工实景图

3. 项目部情况

后北营安置房一期一标段工程是总包项目部自带队伍施工。项目部组建于 2016 年 3 月，骨干成员均参加过中国国学中心、国家体育场、首都机场 T3 航站楼、奥运村、通州北环环隧一标等重点工程建设，具有丰富的施工管理经验。多数成员曾获北京市优秀青年突击队标杆，全国工人先锋号、鲁班奖等团队荣誉。

项目管理人员 44 名，其中研究生及大学本科学历以上 19 人，拥有高级及中级职称 10 人，初级职称 8 人，施工员、测量员、试验员、质检员、材料员、资料员、安全员、劳动力管理员全部持证上岗。

项目部始终贯彻公司"营造健康环境，创建精美工程，提供满意服务"的质量方针，从施工管理、成本控制等方面周密策划，重实干、强执行、抓落实，形成了一套结合项目实际的施工管理模式，以"团结拼搏，令行禁止，严谨求是，艰苦奋斗"的企业作风，贯穿整个施工过程（图 4）。

图 4　项目管理团队

4. 选题理由

（1）本工程为服务北京市城市副中心建设的重要民生工程，建设意义重大。政府监管及建设单位要求高。要求总包单位精心策划、统筹安排，确保各项目标的达到预期。

（2）铝合金模板应用属于建筑业十项新技术中的子项之一，是一种符合国家低碳、环保、绿色建筑、可持续发展政策要求的模板体系，此种模板体系正在国内逐步推广。铝合金模板的应用、做法创新、积累施工经验将为工程总承包部后续的类似工程提供借鉴。

（3）本工程的"关门工期"已经确定，前期因为地下文物勘查、建设程序审批等原因占用了有效的施工期，而且北京市是全国的政治中心，为确保各项政治活动的顺利进行，活动期间暂停部分或全部的施工项目。北京目前处在扬尘治理的攻坚阶段，重污染天气下根据要求停、限施工作业。受到各种因素的影响，本工程的工期十分紧张，通过选择新型的模板体系，可以有效地缩短工期。

（4）本工程施工质量目标为北京市建筑结构"长城杯"金质奖，争创北京市建筑竣工"长城杯"金质奖。施工过程中需规范施工、注重细节、精益求精，在质量上严格管理。

5. 实施时间

2016 年 8 月 8 日 CFG 桩、抗浮锚杆开始施工，2016 年 12 月 30 日地下结构全面完成。

2016 年 12 月 20 日铝合金模板进场，2017 年 6 月 9 日地上主体结构全部封顶。

铝合金模板应用综合管理实施时间自 2016 年 10 月至 2017 年 6 月。

二、项目管理及创新特点

1. 项目管理重点与难点

（1）管理重点

本工程是服务于城市副中心建设的民心工程，且工程紧邻行政办公区，鉴于工程政治重要性和工程性质特殊性，树立良好项目管理形象、优质高效完成建设任务是项目管理重点。因工期易受外部政治文化活动影响，优化混凝土结构模板设计、合理组织施工、加快施工速度、确保工程质量是首要目标。

（2）管理难点

1）铝合金模板的板块相对较小，有大约30%的非标板块，一栋住宅的铝合金模板板块约在一万元左右，任何一块模板的设计或加工错误都会对模板安装产生较大的影响。铝模板不同于木模板可以在现场加工修改，错误的板块需要在厂家修改设计再重新加工制作，然后运送到施工现场。视厂家远近而定，这一过程少说十多天，多则半个月二十天，因此对工期的影响较大。

2）铝合金模板板块小，模板设计相对灵活。在结构施工阶段，将二次结构、装修施工阶段的一些构件、线条等随主体结构一起浇筑完成，将会提升工程质量、缩短施工工期。这就对总包单位技术人员结合施工需要，参与铝模设计提出了更高的要求。

3）本工程是住宅工程，栋号多且平行施工，模板安装质量对混凝土结构工程影响较大。如何做好模板施工质量管理，达到预期设定的质量目标，是施工管理难点。

4）铝的导热系数为237W/（m·K），铁的导热系数为80W/（m·K），胶合板的导热系数为0.125W/（m·K），可以看出与其他常用的模板相比，铝的导热系数最大，导致铝合金模板自身保温效果不好，加之铝合金模板背面加强肋较多且肋高很小，造成填充保温材料困难。因此应用铝合金模板的冬期施工管理是工程难点之一。

2. 创新特点

（1）提出"以科技显品质、以质量创信誉、以工期赢口碑、以文明施工树形象"的履约宗旨。为实现高标准履约、代表企业交一份满意答卷，项目团队组建高水平管理体系，加强精细化管理，重视责任落实。

（2）科学论证、大胆决策，全部住宅工程使用铝合金模板。铝模板应用为重大技术方案的选择，组织相关部门开会讨论、邀请铝合金模板厂家技术人员讲解模板体系及优缺点，组织项目管理人员及劳务作业单位的工长实地考察集团内部的铝模应用工程，经综合考虑、对比分析，最终确定全部的住宅工程使用铝合金模板。每栋楼满配1层（墙、顶）模板，支撑配置3层，模板配置面积约1.9万m^2（图5、图6）。

图5 铝合金模板应用方案讨论会

图 6　考察其他工程的铝合金模板应用情况

（3）以技术攻关实现铝合金模板应用创新创效，优化设计，取得多项成果。

1）通过优化结构设计，在不增加主体结构刚度的情况下，利用铝模板将二次结构门洞口的过梁随结构一起成型，此做法不仅节省了二次支模的费用，而且混凝土成型质量高、观感好，大大缩短了二次结构砌筑的工期。

2）铝合金楼梯模板设计有两种体系，一种为开敞式的，即只有底板、立板及侧帮，不设盖板，这样做的好处是不封闭，踏步表面不会形成气泡，但施工收面工作量大，踏步表面成品保护困难。另一种体系为封闭式，混凝土从休息平台处向下浇筑时，由于踏步盖板为水平板，在此部位易产生"窝气"现场，造成拆模后在踏步表面混凝土形成大小不一的气泡状凹陷，影响混凝土的观感质量。本工程在铝合金模板深化设计时，与专业单位沟通，提出建议，采用盖板压住立板的方式，将模板拼缝设置在踏步阳角的盖板下部，便于空气从接缝处逸出，确保楼梯踏步混凝土的密实、表面成型质量好。

3）住宅铝合金模板设计为墙体及顶板一起浇筑，为了协调因为下层楼板表面标高误差而造成的模板安装困难，采用了墙体底部模板高度减少 8mm 的方案。模板支设完毕后，为了保证墙体不烂根，一般做法为采用水泥砂浆堵缝，但拆模后堵缝的砂浆成为建筑垃圾，此种做法不符合节能环保的施工理念，因此项目部技术人员通过借鉴幕墙施工的方法，试验采用大直径的泡沫棒作为堵缝材料，防墙体漏浆烂根效果好，而且可以周转使用。

（4）优化铝合金模板设计、创新施工方法，助力工程质量提升。

1）铝合金模板重量轻，模板向上层传递通过楼板上的预留洞口。由于预留洞口处的楼板钢筋暂时被截断，对于铝合金模板这种快拆体系，预留洞口处如果不进行相应的结构处理，对于施工过程中及交付后正常使用的结构安全都存在隐患。项目部经过对铝合金模板向上传递施工过程的研究，结合楼板的受力特点，提出了洞口加筋结合预留钢筋的做法，解决了结构施工期间的结构安全及交付后用户正常使用期间的结构安全问题，具体的工程做法得到了设计、建设单位、监理单位的一致认可。

2）使用铝合金模板，混凝土结构表面成型质量高，可以做到装修时不抹灰或薄抹灰的要求。二次结构由于砌筑材料表面粗糙、砌筑灰缝多，因此表面需要抹灰。混凝土结构与二次结构的连接处，采用在铝模上设置贴片，形成局部 5mm 的凹槽，实现了二次结构抹灰墙面与混凝土清水墙面的完美连接，而且可以凹槽处铺钉金属网，避免裂缝的产生。

（5）以创优目标为导向，驻厂验收前置质量控制，设置分户验收样板间指导验收，为质量创优保驾护航。

1）细化目标，完善制度，落实质量创优责任制。

2）派驻项目质量管理人员在加工厂驻厂督造，加工过程中及时发现模板设计及加工的问题，通过厂内预拼装，检查模板的加工精度及安装后的各项偏差是否在允许范围内。通过厂内的预控措施，提高了模板的加工质量，减少了因模板设计、加工错误造成现场等待的时间，确保了工期目标的实现。

3）铝合金模板施工作业前，组织参与模板安装的劳务作业队长、木工班组长参观在施的类似工程，现场实际了解铝合金模板的施工工艺、安装流程、质量标准等要求。在现场设置全尺寸的铝合金模板样板间，用于新入场工人的培训，并做好方案交底、技术交底工作。通过前期充分的技术准备工作，确保现场施工质量（图7、图8）。

图7　铝合金模板样板间

图8　铝模板拼装交底

4）在已完成的房间设置分户验收样板间，依据《分户验收方案》结构实测实量管理规定，规范垂直度、平整度、截面尺寸、标高、开间尺寸等项目的检查、测量方法，提高全体施工管理人员的质量参与意识，掌握铝合金模板混凝土成型质量的实测实量验收方法及标准，有效地促进了工程质量的提升（图9）。

图9　设置分户验收样板间

三、项目管理分析、策划和实施

1. 管理问题分析。本工程是服务于城市副中心建设的民生工程，也是北投集团在通州地区的第一个工程项目，工程的政治意义、特殊的地理位置，对工期、工程质量提出了更高的要求。

在通州区潞城棚改后北营安置房项目一标段工程中，我们第一次使用了铝合金模板体系。为了使铝合金模板在工程中发挥更大的社会效益和经济效益，项目管理团队需要做好前期的技术准备、参与深化设计、创新施工应用做法研究、质量预控措施策划。

对工程规模、工艺难度以及大型政治活动潜在影响、模板加工情况进行详细分析，细化工期计划，制定了赶工方案和优化提速措施，确保按期完工。

2. 管理措施策划实施。通过全面分析和细化分解，项目部紧紧围绕工程重点和难点，科学策划、加强落实和实施，确保了在有限工期内优质高效完成建设任务，得到了业主高度评价。

（1）目标策划。

1）工期目标：2016年12月20日开始地上结构施工，2017年5月1日5号楼率先实现结构封顶，2017年6月9日全部五栋住宅实现结构封顶，比计划工期提前36天。

2）质量目标：验收合格率100%；创北京市建筑结构长城杯金质奖，争创北京市建筑长城杯。

3）安全文明施工目标：北京市绿色安全样板工地、全国AAA级安全文明标准化工地、北京市建筑业绿色施工示范工程。

（2）应用创新。

1）成立了以公司机关专家为顾问团，项目经理为组长，项目总工、生产经理、质量总监为负责人，技术部、质量部、工程部全员参与，厂家技术指导的铝合金模板应用与创新小组，制定研究方向与计划，开展攻关活动。

2）通过"走出去、请进来"的办法，外出山东青岛、河北大厂等地，实地考察类似工程的实施经验、取长补短，邀请专业厂家讲解、汇报铝合金模板的构造、特点、施工流程等内容。通过前期的学习及技术积累，为施工中的应用创新创造了条件。

3）对比铝合金模板市场上的不同厂家、体系的模板，选择表面成型质量高、模板体系先进、设计生产实力强的厂家。

本工程使用的铝合金模板的特点有：

① 模板表面做了镀铬、高压静电粉末喷涂处理，形成了耐磨、平滑、化学稳定的面层。因外观呈现金色，因此俗称"土豪金"模板。

② 模板截面做了优化处理。主规格模板型材背后的竖肋采用与面板一起挤压成型，使模板受力变形更小、背楞间距可以做得更大（图10、图11）。

图10　模板表面处理

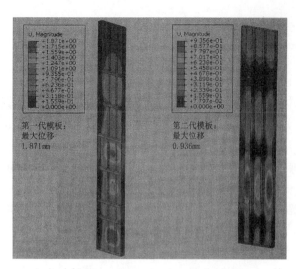

图 11 不同的型材设计方式对模板变形的影响

4) 模板特殊设计。铝合金模板由总包单位提出特殊技术要求，专业单位根据结构设计图纸进行深化设计，出配板图、节点图、模板加工图等。由于铝合金模板板块相对较小，因此配板较为灵活，对于在二次结构或装饰装修工程中施工的一些构件、节点做法，可以在一次结构施工时予以考虑，做到整体成型、减少二次支模工程量。

① 主体结构与二次结构交接处模板设计。由于应用铝模板混凝土成型质量高，表面可以做到不抹灰的精度，二次结构砌体表面需要双侧抹灰，因此在两种墙体交接处，模板设计贴片，在混凝土结构墙体表面做出 100mm 宽、5mm 厚的压槽，用于交接部位的铺钉钢板网、抹灰补平（图 12）。

② 二次结构门垛处的模板设计。在丁字墙、十字墙的节点处若建筑设计有门洞口，因在垂直于墙体的端部设置门口时，建筑设计需要考虑门的 90°开启，因此设计有 50～100mm 的小门垛，在使用大钢模、木模板时，此部位难以安装及加固，因此一般设计都采用在二次结构施工，但考虑到砌块的尺寸，实际施工时还需要支模现浇，需要投入大量的人工，且模板碎、小，浪费很大。采用铝模板时，由于板块小、配置灵活，因此经过结构设计允许，在模板设计时，直接将小门垛随一次结构直接浇筑（图 13）。

图 12 主体结构与二次结构交接处模板设计

图 13 二次结构门垛处的模板设计

③ 二次结构门洞口过梁设计。住宅一般采用剪力墙结构，特别是小开间的回迁楼，结构刚度很大，门洞口开口高度一般都大于建筑设计的高度，以减少结构刚度，此部位的空间需要植筋做过梁、砌筑砌体填补，给后期施工带来不便。铝模板设计时，考虑采用下挂过梁的方式，将二次结构过梁随主体结构施工，为不增加结构刚度，下挂部分两端采用轻质材料与主体结构进行分隔（图 14）。

(3) 施工优化。结合铝合金模板在使用中反映出来的各种问题，项目部积极组织研究讨论，改进施工方法，提升施工质量、缩短工期。

1) 铝合金模板重量轻，上下垂直运输采用人工传递，因此需要在楼板上预留传料口，用于向上传递模板及相关配件。传料口尺寸一般为 800mm×300mm。模板设计时采用上大下小的金属模板用于预留传料口。

① 为保证传递模板顺畅，需要将洞口处的板筋断开，待模板、支撑及相关配件拆除后，再恢复钢

图 14　二次结构门洞口过梁设计

筋、封堵洞口。在封堵完成前，洞口处的结构受力状态不同于设计使用状态，因此需要考虑施工状态的结构安全。具体的做法为：与结构设计协商，传料口按正式楼板洞口进行加筋处理，每侧加筋的断面面积不小于洞口被截断钢筋面积的一半，加筋伸入支座锚固。由于传料口最终要做封闭处理，因此加筋措施可以保证施工期间的结构安全，并提高使用状态的传料口后封堵处的结构安全（图15）。

图 15　传料口留置

② 传料口的设置位置：传料口不宜设置在板跨中部受力较大的部位，宜设置在靠近支座的部位，但支座处有上铁负筋，若设置在此处需要切断的上下排钢筋较多，难于操作，因此建议将传料口设置在上铁负筋的边缘区域。

③ 传料口四周的钢筋切断后，采用预埋L形钢筋的方式，用于后期堵洞时的钢筋恢复。考虑到楼板钢筋直径较小，采用搭接焊时损伤截面，因此将钢筋直径提高一个级别，以确保结构安全（图16）。

④ 恢复传料口钢筋时，需要剔凿洞口侧面，造成洞口底部的混凝土崩边，影响观感，因此在混凝土剔凿后，在板底沿洞口弹线、切割、贴海绵条，确保混凝土的成形质量（图17）。

2）墙体铝模板设计，考虑到结构楼板面的允许偏差范围，在墙体下口模板设计为"L"底角，并距楼板面留出8mm缝隙，利于调整模板与楼板结构之间的偏差。

此部位铝模下口封堵为重要施工节点部位，墙体在结构中为竖向实体构件，在其根部为剪力最

图 16 传料口钢筋预留

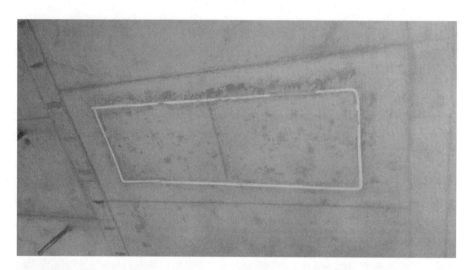

图 17 传料口封堵

图 18 墙体下口铝模封堵

大处，采用合理可行的下口封堵方式是施工中的关键。一般工程采用塞水泥砂浆的方式进行封堵，由于模板底脚与楼板之间存在缝隙，封堵时砂浆容易进入模板内部，造成墙体底部截面减小，影响混凝土结构安全，而且模板拆除后，砂浆需要清理剔凿，成为建筑垃圾，不可回收利用，不符合节能环保的要求。

本工程中施工中采用直径 5cm 的泡沫棒对下口进行封堵，防止根部漏浆，因泡沫棒为弹性材料，与墙体下口模板能很好结合，在浇筑墙体混凝土时，对根部封堵严密，能有效控制其施工质量（图18、图19）。

3）在房建工程中，楼梯为使用功能实体构件，设计时通常都为现浇混凝土梁板式楼梯，施工质量控制要求高。因此对楼梯构件进行铝模配置，随墙体一起进行浇筑，由于楼梯铝模板为封闭式模板设计，在楼梯模板拆除后，发现部分踏步面存在气泡。

经过分析,主要有三方面原因:①在楼梯踏步面模板设计时,未留置排气孔,在混凝土浇筑时容易产生踏步面窝气;②浇筑过程中,施工人员一次性下灰量过多,未严格控制浇筑高度;③模板设计方法需要改进。

针对此项问题,考虑此部位专项施工方法:①楼梯踏步面模板,与厂家进行沟通设计后,在每个踏步铝模进行开孔,留出排气孔;②在浇筑过程中,做好施工人员现场交底,加强施工过程巡视,保证一次性下灰量不超标,控制其浇筑高度浇筑过程,做好过程中分层振捣,做到楼梯各个部位全部振捣。③改进模板设计,取消L形踏步板,改为采用平板压立板的模板设计,使空气容易逸出,减少气泡的产生(图20、图21)。

(4)质量创优。

1)项目经理部质量管理保证体系。建立总包项目经理为第一责任人,以分包项目经理为直接责任人自上而下的质量管理体系,明确职责分工。以操作工人为基础、以操作工艺为内容、以三检制、责任制和样板制为

图19 墙体根部拆模效果

控制手段逐级进行保证的质量保证体系。以总包质量机构、驻地监理工程、分包单位专职质量测试、检验人员为主,以规范、标准,质量目标为内容的质量检、试验体系。形成一个"横向到边、纵向到底"的质量保证体系和质量管理体系。

图20 楼梯踏步气泡控制前

图21 楼梯踏步气泡控制后

建立健全各项质量管理制度,坚持预防为主的原则,强调事前控制,使工程质量全过程、全方位处于严格的受控状态(图22)。

2)施工前组织外出学习铝合金模板施工工艺,借鉴施工经验,提高质量管理水平。

根据项目部第一次使用铝合金模板的情况,经多方协调,组织项目管理人员、劳务分包单位负责人、木工班长等,到在施工程参观学习,组织项目总结交流,学习别的项目的先进经验,借鉴其好的做

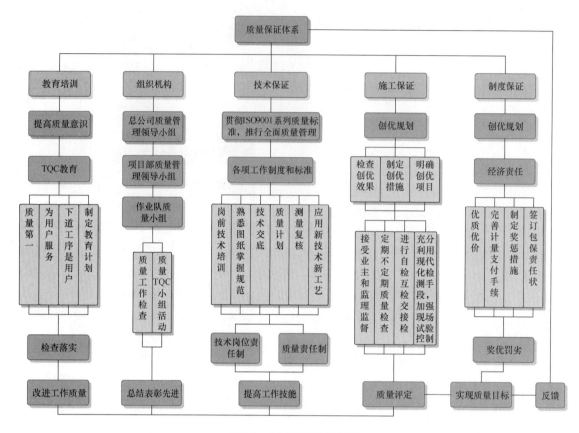

图 22 质量保证体系框图

法，使本工程的质量更上一层楼。

项目部组织了集团内部青岛龙樾湾项目的两种铝合金模板体系的参观学习，对于表面镀膜的模板及不镀膜刷隔离剂的模板进行了实地考察，听取了项目部应用情况的讲解，对比了模板体系、模板加工精度、成型效果等方面的优劣，为本项目模板选择提供了依据。项目部还实地考察了河北大厂的一个铝模周转使用的项目，了解旧板的清理与应用、脱模剂的使用等内容。

外出参观、学习开阔了管理人员的眼界，学习了管理方法及施工经验，也增强了项目部应用铝模的信心。

3）集团公司专家顾问组定期指导，为铝模板应用、创优保驾护航。项目铝模应用过程中，集团公司总工、集团公司技术质量部、总承包部总工、总承包部技质部多次到项目指导铝合金模板的应用与创新。专家顾问组从更高的角度为铝模施工提出新的思路。集团模架专业委员会在铝模应用过程中进行了观摩、指导（图23、图24）。

图 23 铝模应用过程中集团总工到项目检查指导工作

图 24　集团模架专业委员到项目检查指导

4）成立以总承包项目经理为首的质量创优领导小组，以确保工程获取多个质量奖项为目标开展各项工作，根据各专业分包的关键质量控制点，定期召开会议对目标进行考核分析，提出改进措施。

5）做好铝模厂家的前期考察，奠定成功的应用基础。铝合金模板目前大量应用在南方，北方地区正在逐步推广，铝模加工厂家在国内地区分布不均，实力不一。铝模加工厂家的能力、模板体系的优劣、加工精度等，对混凝土成型质量有较大的影响，因此选择适合的模板加工厂家是决定铝模应用成功的基础。在招标前，选派人员对备选单位进行现场实地考察。考察人员应详细了解考察对象的生产能力、技术水平以及资信状况等，以确保合同的有效执行、确保工程质量。考察人员由项目部及使用单位人员组成。

6）深度参与铝模设计，全面考虑主体结构、二次结构、装修阶段的需求，提升整体工程质量。铝合金模板的板块分为标准板及非标板，而且板块尺寸较小，因此铝模设计水平对后期使用影响较大。铝模板块较小，便于在设计时将一些小构件、线条等随结构一同做出。

为做好铝模板设计，项目部技术部组织相关部门，熟悉图纸，根据建筑、结构设计特点、考虑二次结构装修施工要求、施工作业流水段划分，提出对铝模设计的要求，参与铝合金模板的设计，在满足设计要求的前提下，尽量将在二次结构、装修阶段做出的混凝土构件随主体结构一并施工，提升成型质量，并考虑主体结构与装修交界面的连接做法处理等内容。

7）驻厂监造、厂内预拼装，模板加工质量控制前置。本工程铝合金模板订货量大，质量要求高，工期紧，进场验收后返工处理不具备条件，因此在模板加工过程中选派人员驻场监造。驻场人员应熟悉产品的制作流程、工艺、验收标准、加工周期，以便控制产品的出厂质量和时间。

模板加工完成后，进行工厂内的预拼装。通过工厂预拼装，及时发现设计、加工、安装中存在的问题，并在工厂内迅速解决，确保现场应用。模板编号，便于现场快速安装（图25）。

图 25　铝合金模板工程预拼装

经过出厂验收的产品，仍然需要履行进场验收程序，出厂时随产品附带相关证明文件。驻场人员将准备发货的部分，及时通知现场有关人员，并保留合格证的复印件。

驻厂人员由项目部及使用单位人员组成。

8）针对楼梯间接茬混凝土成型质量，开展质量控制小组活动，提升工程质量。楼梯间水平施工缝在施工过程为重要节点部位，此部位为上下层竖向构件接茬部位，容易产生漏浆、胀模、错台等问题，为提升此部位施工质量，铝模板在此处水平缝设计时，均设计"K板"，起到"承上启下"的作用，"K板"高度按照设计要求，高于楼层楼板面5cm。

现场铝模拆模后发现，上下层接茬处有错茬、黏模现象，影响混凝土结构表面观感。经项目部技术、质量管理小组查看、统计、分析，发现出现以上问题的主要原因是K板在下层混凝土浇筑后不拆除，上部50mm范围表面贴近钢筋，水泥浆污染难以清理，造成混凝土浇筑后粘模；K板下部的墙体模板拆除时，易对K板产生扰动，不及时调整，易产生错茬现象。

根据发现的问题，项目部及时采取措施，在K板安装完成后，需要对高出楼板面部位进行覆膜保护，防止在楼板浇筑过程中对K板造成污染，不便于清理。下层浇筑后，移除K板处的保护膜，校正K板的位置，并进行加固，从而有效地提高楼梯间接茬处的混凝土观感质量（图26、图27）。

图26 楼梯间"K板"支设图　　　　　图27 楼梯间施工缝拆模效果

9）采取各项措施，确保冬期施工质量。在我国北方地区，因为铝模采取保温措施困难、混凝土强度增长慢，是影响铝模应用的原因之一。铝合金导热系数高，铝合金模板板块小、板块次龙骨间距小，给冬期施工保温带来很大的困难，做好保温、升温措施，确保工程质量是施工管理的难点。

为确保铝合金模板在冬期施工期间的应用，项目部召开了专题分析会，针对铝合金模板体系特点，如何做好保温措施、升温方法等进行研讨。编制专项的《冬期施工方案》上报集团公司审批后实施。

铝模采用墙体、顶板一同支模的方式，除了门窗洞口，基本形成了封闭的空间，有利于内部采取升温措施。采用彩条布、塑料布将门窗洞口封闭严密，外墙挂双层保温草棉被，这样就为铝模外侧穿了一层"冬衣"，较好地解决了铝模导热系数高的问题。铝模内部空间采用电暖气、电热/柴油暖风机等方式升温，确保浇筑、混凝土养护期间的内部温度不低于5℃。顶板混凝土浇筑完成、表面振实抹平后，立即覆盖塑料薄膜，初凝后覆盖双层的保温草棉被。

采用温度计、测温导线等方式，记录大气、内部空间、混凝土的温度，为成熟度累积、调整保温、升温措施提供数据。项目部技术人员每日查看测温数据，及时调整各种冬期施工措施。

针对水性脱模剂在冬期施工时稠度大、易结冰的问题，采取每日气温较高时段涂刷，采用胶头拖把薄层涂刷的方式，较好地解决了冬期施工水性脱模剂结冰、局部堆积的问题。

通过采取各种冬期施工措施，加强施工管理，本工程冬期不停工，为施工进度目标完成做出了贡献，而且工程质量也完全满足要求。

3. 过程检查控制及方法应用

（1）在工程正式施工前，通过方案交底、技术交底使参与施工的技术人员和工人，熟悉并了解所承担工程任务的特点、技术要求、施工工艺、工程难点及施工操作要点以及工程质量标准，做到心中有数。建立三检制度，实行并坚持自检、专检、交接检制度。质量控制实行一票否决制度，不合格的工序必须进行返工。100%自检合格后，邀请监理单位验收，杜绝不合格项目进入下道工序，影响施工质量。

（2）每周组织技术质量联检、每周召开质量问题分析会议。召集各管理层的主要人员参加，针对现场存在的质量缺陷、管理漏洞等，分析原因，制定整改措施以利下一步改进。根据现场发现的问题，下发整改通知单，明确整改措施、完成时间及责任人。

（3）模板支设完成，经各单位验收合格后，方可进行下道工序。项目部制定了混凝土浇筑的会签制度，由作业单位发起流程，涉及技术、质量、工程、安全、专业等各口，劳务作业单位及总包单位两级管理人员进行会签，最后由总包主要负责人审批。

（4）铝合金模板体系为早拆体系，混凝土的强度决定了拆模的时间，不正确的拆模时间，将会对结构安全产生较大的影响，因此项目部制定了拆模申请制度，并严格落实。

模板拆除申请制度：模板拆除前，工程部向技术部申请拆模，由技术部根据同条件试块的试压强度报告结论，批准拆模要求。

（5）通过组织劳动竞赛，在作业区之间比进度、比质量、比安全，以竞赛促进工程质量的提高。定期组织质量评比检查，对直接、间接责任人进行奖罚，奖罚分为会议口头表扬/批评、通报表扬/批评、物质奖励/处罚三个等级。

（6）施工中严格执行验收标准，做到过程控制，严格验收。主控项目必须全部符合要求，允许偏差项目优于验收标准（图28）。

图28 模板施工过程验收

四、管理成效

1. 目标完成情况

（1）工期目标提前完成：结构工程施工期间受到各种政治活动及不利环境、天气影响35天，但项目部克服困难，采取措施，各栋号全部提前完成施工任务（表2）。

施工进度计划复核情况表　　　　　　　表2

序号	施工内容	计划完成时间	实际完成时间	进度复核
1	1号楼结构施工（共27层）	2017.7.14	2017.6.9	提前36天完成
2	2号楼结构施工（共20层）	2017.6.2	2017.5.15	提前19天完成
3	3号楼结构施工（共27层）	2017.7.14	2017.6.9	提前36天完成
4	4号楼结构施工（共27层）	2017.7.14	2017.6.9	提前36天完成
5	5号楼结构施工（共20层）	2017.5.27	2017.5.1	提前27天完成

（2）质量目标全面实现，创优成绩优异：验收合格率100%；两次顺利通过北京市建筑结构长城杯金质奖验收专家小组的检查，得到了专家组一致好评。在业主组织的由各标段施工单位参加的月度安全质量综合检查评比中，结构施工期间全部获得第一名（图29）。

图29　建设单位颁发的流动红旗

（3）安全零事故，文明施工受高度好评。已被评为"北京市绿色安全样板工地""全国建筑业企业创建农民工业余学校示范项目部""北京市模范职工小家""北京城建集团先进职工小家""中华全国总工会职工书屋""安全生产先进单位""先进基层党组织""北京城建集团工程总承包部重点工程劳动竞赛综合第二名"。

2. 经济效益

（1）采用铝合金模板成型的混凝土，平整度、垂直度允许偏差均小于《混凝土结构工程施工质量验收规范》GB 50204—2015、《建筑结构长城杯工程质量评审标准》DB11/T 1074—2014的要求，能够达到《建筑装饰装修工程质量验收规范》GB 50210—2001中高级抹灰允许偏差的要求。因此在装饰装修阶段，采用铝合金模板成型的墙体可以免抹灰，直接对接模板缝处的混凝土进行清理就可以达到刮腻子的条件，节省了大量的人力、物力。本工程室内抹灰清单面积204915m²，可节省抹灰费用5421014元。

（2）采用聚乙烯泡沫棒替代DS砂浆封堵模板下口的缝隙，效果好，而且减少了大量的建筑垃圾（封堵砂浆一次性使用）的产生。泡沫棒可周转使用10次以上，而且价格便宜，可回收再利用。本工程需要封堵的墙体下口长度68598m，若采用DS砂浆需要95m³，而使用泡沫棒需要5518m。经测算可降低材料费用3万元，而且还可以减少废弃砂浆的清理、外运费用。

（3）二次结构门过梁随主体结构一同浇筑，可大量降低二次支模、混凝土运输的费用，而增加的铝合金模板费用很低。经测算，可减少二次结构支模费用258409元。

3. 社会效益

通州后北营安置房一标段工程凭借优质、高效的施工管理和施工形象，在北京城市副中心建设现场创造出一道亮丽的城市建设风景，工程技术、质量、工期和文明创建赢得了建设单位高度赞誉和社会各界好评。接待各级领导视察、参观、慰问近200次；北京电视台、通州电视台对工程建设进行连续报道；承办北京城建集团"安全月"启动仪式，并接受了参会单位人员的观摩。中国建设科技集团、中国建筑学会工程建设学术委员会、《施工技术》杂志社主办的"全国模板脚手架工程创新技术交流会"组织200余人的参会人员到项目观摩铝合金模板的应用，观摩结构实体质量（图30）。

图30　通州后北营安置房一标段工程成为北京城市副中心建设现场一道亮丽风景

4. 科技成果

申报北京城建集团优秀模板设计，并顺利通过模架专业委员会的中间检查。《铝合金模板应用创新做法》的论文正在编写中。针对楼梯踏步气泡控制、"K板"处混凝土成型质量提高的QC小组活动成果整理中，计划申报北京市优秀QC小组。

结束语：通州潞城镇后北营安置房一期工程混凝土结构施工中，通过做好"应用创新、施工优化、质量控制"等科学管理手段，有针对性的对铝合金模板的特点、难点、重点进行专题攻关，取得了较好的管理成果，积攒了宝贵的经验，取得了良好的经济效益和社会效益，维护了北京城建集团品牌良好形象，赢得了良好的社会信誉，体现了大型建筑国企的社会责任，为今后项目团队承揽类似工程的总承包管理工作打下坚实基础。

创新科技手段 打造绿色 精品"中国名片"
——北京建工集团有限责任公司北京雁栖湖国际会展中心项目

赵 磊 常 勇 张 扬 苏 航 王 伟 孙国强

【摘 要】针对工期短、质量要求高的标志性建筑，项目部通过团结、努力，在充分理解项目特点基础上，发挥自身的特长运用科技手段，针对关键环节、关键工艺，开拓性研发新技术，结合实际情况优化设计及施工方法，打造科技、绿色的精品工程，完美诠释具有中国特色的现代建筑，做到了经济效益和社会效益的双丰收。

【关键词】创新技术；特色建筑；绿色施工

一、项目成果背景

1. 工程概况

北京雁栖湖国际会展中心工程位于北京市怀柔区雁栖镇范崎路东侧，占地面积 10.8 公顷，总建筑面积 78000m²，建筑总高度 31.9m，地上 5 层，地下 2 层。基础形式为梁筏基础，5.1m 以上大跨度楼盖、屋盖主要采用钢结构框架，5.1m 以下为钢骨混凝土框架，主会场屋盖大跨度区域采用空间钢桁架结构（表1）。

参建方列表　　　　　　　　　　　　　　　　　表1

建设单位	北京北控置业有限责任公司
设计单位	北京市建筑设计研究院有限公司
监理单位	北京建工京精大房工程建设监理公司
总承包单位	北京建工集团有限责任公司
监督单位	北京市怀柔区建筑工程质量监督站

工程是集会议、展览、餐饮、酒店、综合配套服务于一体的综合型会展场馆。主要功能包括可分隔式 5500m² 无柱大会议厅、2000m² 大宴会厅、2000m² 多功能厅及 70 余个中小型会议室配备了顶级视听设备，满足各种会展需求；3000m² 的后厨系统，能够提供融合了中西方文化的特色美食，可同时满足 5000 人的不同风格的餐饮需求；内设精品酒店分为高级间和套间，配套设施和服务一应俱全，每个房间都配有宽敞的落地景观窗可饱览雁栖湖美景（图1）。

图1 会展中心鸟瞰图（实景拍摄）

北京雁栖湖会展中心建筑设计以体现中国元素，现代气息，庄重典雅，舒适方便为原则。取汉朝与唐朝建筑的升华之势，按天坛祈年殿空间布图原则。与北侧核心岛会议中心汉唐飞扬的"地坛"式方形母题形成刚柔对比，上坤下乾共同形成"泰"卦以喻国泰民安。建筑设计突出中国传统文化特色，强调中国现代建筑与传统建筑相结合，以塑造空间为目的，达到建筑外部空间与内部空间神似胜于形似的效果（图2）。

图2　设计创意（天坛的倒影）

2. 项目团队

（1）北京建工集团雁栖湖项目管理部是北京建工集团精英团队，骨干成员均参加过重点工程建设，具有丰富的施工管理经验。项目管理部共42人，其中教授级高工1名，高级以上职称4名，硕士研究生3人，本科（及以上学历）近80%。同时针对工程的复杂性，项目部特成立多个有针对性的智慧建造团队来负责项目科技创新和施工管理。

（2）为加强项目管理，项目部推行了团队建设理念，即"建德立业，工于品质"。用团队理念统一全员思想，统一全员行动。通过团队建设工作，为项目部攻破施工管理难题，保证合同履约打下坚实基础。

3. 选题理由

（1）本项目位于"雁栖湖·国际会都"——生态发展示范区内，示范区作为2014年APEC会议及2017年"一带一路"的举办地，再加之本工程是APEC会议建筑群入口处的第一个标志性建筑，政治意义重大。

（2）项目所在的"雁栖湖·国际会都"执行更高的绿色设计、施工、运营标准。

（3）为保障工程在APEC会议前部分投入使用，加之开工时间较晚，大部分施工内容必须在一年内完成，大部分结构需在北京北部山区的冬期施工，工期紧、任务重；结构造型以弧形和放射状呈现，结构造型复杂。

以上的这些要求、挑战这都给项目管理提出了更高的要求，如何能借助现有的技术手段，开拓运用，提升项目管理的附加值以实现完美履约的目的。

4. 实施时间

如表2所示。

项目实施表　　表2

2013年8月30日	项目开工
2014年8月	建筑物屋面、外檐完成、地下二层装修完成
2015年3月9日	竣工验收
2016年11月27日	荣获2016～2017年度第一批中国建设工程鲁班奖

二、项目管理及创新特点

1. 项目管理重难点

（1）管理重点

针对政治性要求高，满足工期节点高，克服施工情况复杂，严格绿色施工要求完成项目管理重点

（2）管理难点

工程工期仅一年时间，大部分结构需在北京北部山区的冬期施工，工期紧、任务重；工程造型以弧形和放射状呈现，结构造型复杂；

1）冬季混凝土施工量大

项目所在地位于北京市燕山山脉的余脉，雁栖湖畔，这里平时的气温就比北京市城区低上几度，到了秋冬季更是寒风不断、滴水成冰，但根据工期进度安排，B1层以上的2层楼面板，总面积超过3万 m^2，平均厚度120mm的混凝土楼板是在2014年2月10日完成就是给施工造成了压力。

2）钢桁架-混凝土重屋盖施工严重制约工期

作为本工程的大议会厅净高15m，面积5500 m^2，屋面采用钢桁架－混凝土重屋盖体系，这也是此种体系在国内首次大面积应用，正常施工周期。

3）建筑物件外形圆形、内外檐装饰材料安装量大

建筑为圆形，10500 m^2 玻璃幕墙、12000 m^2 内墙干挂石材、50000 m^2 各类吊顶多为圆形或放射性布置，而且数量大，加工、安装精度要求高。

4）机电系统复杂、繁多

机电包含34个系统，管线、桥架采用弧形与放射式结合布置，管线集中在走廊布设，综合布线最大分层6层，机电系统既要满足功能需求，优化管线排布，方便维修保养，又要确保平稳运行，施工中管线综合排布及安装敷设难度大。

5）绿色施工要求高

北京雁栖湖国际会展中心项目是中国首个国际首脑峰会"零碳"场馆，首个会展类的绿色三星级建筑。通过各种高新技术的运用，使场馆整体节能率接近70％，可再生能源利用率达到35％。同时北京市住建委专门针对本工程下发了雁栖湖标准（京建发299号文），所有装修材料的环保指标均高于国家标准，部分指标高于国外发达国家标准。

这就要求项目执行中从源头作起，通过精心组织、优化方案更好地诠释"绿色施工，绿色建筑"的理念。

2. 创新特点

（1）科技引领，技术创新。

（2）项目深入题解图纸和设计要求的前提下，开发创新性的技术手段，借助现有的施工技术和管理手段的精华，经过研究、实践，总结形成了本工程一系列的技术和方法，降低了成本、保证了工期、提高了质量、达到了绿色施工的目的。

3. 管理创新

（1）为满足现场施工需要，本工程实现全过程集中设计和现场设计相配合，从独立的图纸设计到结合分包单位的深化、确认，坚持设计节点有计划性。

（2）采用全过程策划、施工一体化，通过内部研究沟通会、图纸会审会和设计交底会来协调搭接工作和现场问题。

（3）组织专业的顾问团队来解决施工技术难题和提高技术方案的可实施性。

（4）通过组织丰富的业余活动和技能竞赛来发挥团队持续的工作激情。

三、项目管理分析、策划和实施：

1. 管理问题分析

为了保证工程履约，针对工程存在的严寒其混凝土施工、国内最大的钢桁架支撑的混凝土重屋盖体系、幕墙、内装修组件多、机电系统多、绿色施工要求高这些工程重点、难点，项目团队在科技创新、施工优化、施工组织上详细分析，保证在施工前能拿出全面、科学、可行的实施方案。

经分析，本工程项目管理活动主要贯穿于科技创新、施工优化、质量创优及绿色施工。要解决这些管理问题，必须针对问题作出策划并实施。

2. 管理措施策划实施

通过对项目管理全面分析及分解，项目部紧紧围绕保工期，针对工程的重点和难点，科学策划，加强落实和实施。

（1）目标策划

① 工期目标，2014年8月完成外檐亮相，地下二层完成装修施工；

② 质量目标，创钢结构金奖、北京市竣工长城杯金奖、力争鲁班奖；

③ 科研目标，通过北京市科技示范工程验收，北京市科学技术进步奖，力争詹天佑大奖；

④ 绿色施工目标，全国建筑业绿色施工示范工程。

（2）创新技术克难关

1）工程实际工期为一年，其中主体结构施工工期为5个月，地下一层以上混凝土结构需要于冬期完成。鉴于传统冬施方法存在施工组织时间长、混凝土养护周期长、效果差等缺点，考虑以工期为主要控制因素，结合成本、质量、安全和环保等因素，项目部成立攻关小组，在项目开工伊始就把解决"冬季施工混凝土防裂、早强"作为关键课题进行研究和试验，通过样块，小面积试验，现场使用多个步骤，在试验过程中对电伴热带的近距、埋深、套管方式、通电时间等内容进行了一次次的调整，同时借助数字建模、有限元计算和总结，最终创新将电伴热材料应用到现浇混凝土的冬施养护中，成功实施了冬施现浇混凝土构件内电伴热养护技术，形成了一套全新的冬施现浇混凝土电伴热养护技术（图3、图4）。

图3　现场管线铺设

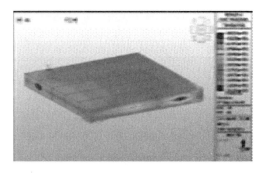

图4　计算机辅助热工计算

总结出适用于混凝土构件内电伴热养护的热工计算方法，通过有限元计算和现场试验，总结出针对混凝土构件内电伴热养护的质量控制工艺。

2）本工程屋顶结构为圆形，跨度为84m，总重3539t，采用下部钢桁架、上部混凝土结构的大跨度钢桁架-混凝土重屋盖体系。按照通常的做法，这种屋面系统可以采用钢桁架提升到位后，在屋面浇筑混凝土，这种施工方法存在高空作业多，工期长的缺点，在工期紧、工程量大、质量要求高的客观情况下，项目部联合钢结构的分包单位及实施观测的北京建筑研究院，首次创新采用中心钢桁架-混凝土重屋盖体系采用整体提升技术（图5）。

具体就是将提升分为下五个阶段：预提升阶段；屋面混凝土浇筑阶段；整体提升阶段；环向约束阶

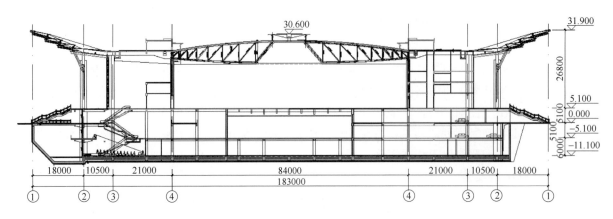

图 5 屋盖整体提升部分

段；屋面后浇带混凝土浇筑。换言之就是地面拼装、浇筑完混凝土屋面板后整体提升的方案，此方案解决了以下问题：

① 重型屋盖结构在恒载作用下，桁架变形在支座区域产生巨大的水平剪力，采用整体提升的施工工艺，可以释放大部分自重产生的水平推力，改善了结构安全性能。

② 屋盖钢结构拼装施工和周边支承混凝土结构同时进行，实现了屋面混凝土在地面浇筑以及机电管线的地面安装，施工工期大大缩短，保证了施工进度。

③ 钢结构杆件自重较大，杆件众多。若采用分件高空散装，存在较大的安全风险，也难以保证焊接质量。将钢结构在地面拼装成整体后，利用超大型液压同步提升技术将其一次提升到位，大大降低了安装施工难度，保证了钢结构的施工质量和施工安全。

④ 本技术在传统施工原理的基础上调整浇筑混凝土和提升的工序，提升之前浇筑混凝土，减小了对混凝土泵送设备的操作限制，更好的提高了工作效率。同时钢结构变形在提升时已基本完成，合拢之后基本不会增加新荷载，较合拢后再浇筑混凝土而言，避免了钢结构应力重新分配引起的变形对混凝土结构的影响，有利于混凝土裂纹控制，保证了结构的质量。

该种结构的整体提升在国内外属首次应用，对钢结构安装精度、混凝土结构裂缝控制、液压提升器同步控制精度以及施工全过程结构状态监测的有效性要求很高（图6、图7）。

图 6 混凝土分区、分段浇筑

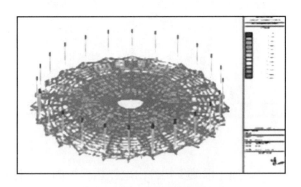

图 7 施工全过程进行仿真模拟分析

（3）借助科学手段对施工方法进行优化

1）建筑物件外形圆形、内外檐装饰材料安装量大，项目部调整施工方案针对内外檐安装工作，采取预制化、模块化，把大量工作留在加工厂，项目部着重对加工图、样品、样件、进场检验，以及工序交接检加强控制，保证进度，加强质量。

① 单元式挑檐

本工程悬挑屋檐檩条由 120mm×5mm 的镀锌方钢外包 3mm 厚铝单板，在工厂加工制作成 2508 个单元体，通过预留挂接点现场吊装安装，提高施工效率，确保了安装精度（图8）。

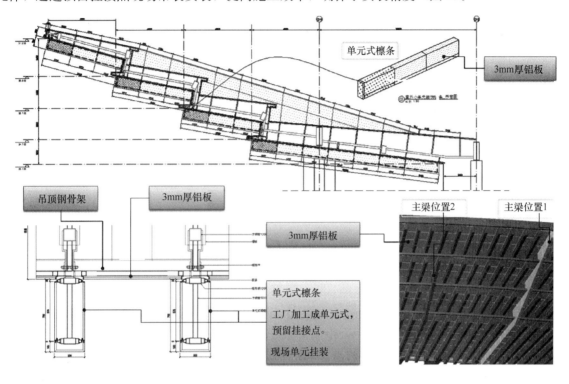

图 8　模块化檩条示意图

② 单元式幕墙

本工程 5.1m 以上 4950m² 玻璃幕墙由被优化为 864 个单元体拼装而成，提高了幕墙的安装质量和精度。本工程单元式幕墙板块全部在工厂内加工、组装完成，现场工作量大大减少，加工及组装的精度和质量相对容易控制，特别是系统构造要求制作工厂内除需具有一定精度要求的、较为齐全的加工设备以外，还应配备能够对环境温度、湿度进行有效控制的专用打胶房，及单元板块出厂前的养护场地，这样提高了部件制作精度，缩短了安装时间（图9）。

图 9　外幕墙

③ 模块化吊顶

首层主入口 2100m² 的藻井式吊顶由 800 块规格不一的石膏板拼装而成，项目部施工前进行二次深化设计，调整为 20 个规格，按径向对缝布局，排布美观，对缝合理，加快了施工速度，保证了施工质量（图10）。

图 10　首层入口

2）本工程机电工程包含：建筑给水排水及采暖、通风与空调、建筑电气、智能建筑及电梯共5个分部，34项子分部。施工中管线综合排布及安装敷设难度大，为克服以上问题在项目部的牵头下，结合设计单位、专业分包单位，本工程设计-施工-交付全过程应用了BIM技术。

① BIM模型创建，发现在图纸中出现的错、漏、碰、缺的设计失误，从而达到提高设计质量，减少施工现场变更，最终缩短工期、降低项目成本的目标；

② 计算机模拟室内漫游检测，管道防碰撞演示，优化管线排布，确保安装整体效果辅助出图；

③ 并为确保工程施工过程的可追溯性，同时方便资料管理，自主研发了一套基于BIM技术的工程资料可追溯管理系统。按照资料规程的分类与归档要求，将工程资料储存于数据库内，并将工程资料与BIM模型构件进行关联。实现了工程资料的快速定位查找和数字化交付，为资料管理提供了便捷手段（图11、图12）

图 11　BIM模拟管道排布

（4）绿色建造彰显人文建筑

工程应用自然采光、地道风系统、地源热泵系统、太阳能热水、雨水收集系统、光导纤维、光伏发电等13项节能技术。为完美诠释这个绿色建筑的理念，项目部施工过程注重"四节一环保"，采用了30项绿色施工措施，涉及绿色施工评价5个要素，120项评价指标（图13、图14）。

1）环境保护。施工现场设置封闭式垃圾站，生活垃圾实行袋装化，建筑垃圾分类，定期清运；设

图 12 管道排布完成照片

图 13 现场洒水　　　　　　　　　图 14 现场防护

置有毒有害物资回收分类容器，分类率达到 100%；加强建筑垃圾的回收再利用，本工程建筑垃圾的再利用和回收率大于 50%；现场使用低噪声、低振动的机具；合理安排工序，将噪声大的工序安排在昼间；所有进场车辆严禁鸣笛；现场切割机加设防护罩，木工机具均设在封闭木工房内；吊装作业指挥使用对讲机传达指令；在施工现场围墙外设置噪声监测点，每月两次监测保证噪声指数控制范围之内；施工现场针对不同的污水，设置沉淀池、隔油池、化粪池等处理设施；施工现场道路两侧设置排水沟；工程污水经处理达标后排入市政管道，ph 试纸检测控制；现场设置洗车池对进出场车辆进行冲洗，裸露地面全面覆盖，渣土车采取封闭措施；预拌砂浆替代传统现场搅拌砂浆；照明设置遮光灯罩，焊接采用遮光板。

2）节材和材料资源利用。钢材余料制作马镫筋、顶模棍或排水沟箅子等，混凝土余料制作围挡基座、后续临时施工道路的路基、二次结构砌筑强弱电箱体背板、外墙后浇带封闭混凝土条板，木材余料制作二次结构墙基浇筑支模，木方接长，多次周转，模板余料制作柱角防护、洞口防护、二次结构构造柱模板、后浇带封闭板材。

3）节水和水资源利用。对办公区、生活区、施工区分表计量，每月进行计量并进行分析管控，节水器具，合理使用，雨水收集。

4）节能和能源利用。安装电表、节电器具，利用太阳能，机械设备维修保养，保持低耗高效的状态，采用可吊装式成品混凝土标养室，标养室配备全自动控制仪及全自动喷水装置。

5）节地和土地资源保护。不同施工阶段合理进行现场平面布置，深基坑方案优化，减少了土方开挖、回填量，有效的利用现场土方、保护用地，采用绿化、硬化、覆盖综合利用的措施防止水土流失，临时办公和生活用房采用结构可靠的多层轻钢活动板房，可重复使用。

（5）安全保证，质量创优

1）明确工程目标

开工伊始就明确了质量目标为确保"北京市结构长城杯金质奖""北京市建筑长城杯金奖"，誓夺"鲁班奖"的质量目标；

2）完善质量创优保证体系

项目部全体管理人员统一了认识"告知质量才能保履约"，并将这一认识贯彻到底，始终将工程质量放在第一位。成立了以项目经理为核心的质量创优保证体系，并将分包纳入创优体系，全方位、全体人员、全过程的贯彻"高品质"管理理念。

3）制定质量管理制度

项目部严格执行集团质量管理文件，建立了22项质量管理制度：样板先行制度、专项方案专家论证制度、岗位责任制度、过程验收制度、人员岗位培训制度、技术交底制度、质量联检制度、进场材料订货和检验制度、特殊工种持证上岗制度、标准化制度、挂牌制度、三检制度、全检制度、质量否决制度、质量通病攻关制度、技术档案制度、试验室工作制度、科研推广制度、劳动竞赛制、奖罚制度、成品保护制度、拆模申请制度。

4）落实质量保证措施

施工中完成深化图纸2900余张、实体样板间20处，编制方案、质量策划书共61册，解决了施工难点共20项。施工中，全面贯彻落实"过程精品"的管理理念，树立全面的质量管理意识。并严格执行建工集团编制的《精品工程实施指南》，保证了施工质量一次成优（图15、图16）。

图15 人员岗位培训制度

图16 专项方案专家论证制度

5）过程检验控制

① 从源头入手进行管理，项目部由专人负责对施工重难点从方案确定、深化设计、加工制作、现场验收、安装等全过程进行质量、进度的监督和控制。

② 建立三检制度，实现并坚持自检、互检、交接检制度。质量控制实行一票否决，不合格的施工工序必须返工，要求对每个施工节点做到全部自检合格，监理验收100%合格，杜绝不合格项目进入下

道工序，影响施工质量。

③ 加强现场管理，以施工组织设计和专项施工方案为依据，以项目管理制度为准则，对施工现场进行动态管理。积极开展定期检查结合各项专项检查活动，通过全面深入的检查、巡视，发现问题及时整改。

④ 针对新工艺如冬施现浇混凝土构件内电伴热养护施工、钢桁架—混凝土重屋盖体系整体提升施工的关键控制项目进行编写专项交底和实施手册，进行质量控制。同时严把加工、施工质量关。

3. 方法工具应用

（1）在实施过程中，充分利用以计算机为主的现代手段，其中采用 AutoCAD 与 BIM 进行深化设计。

1）在冬施现浇混凝土构件内电伴热养护技术研究中辅助有限元分析软件 Midas 对据现场实际养护情况进行真实建模，对混凝土养护温度和裂缝控制进行分析；

2）在机电施工前利用 Navisworks 软件对管线模型进行全方位的碰撞检查，检查管线交叉碰撞点，结合设计优化施工图纸；

（2）面对本工程工期紧、系统多、新技术应用多的特点，项目部组织设计、业主、总包、分包、供应商对在施工过程中对每一个系统、每一项新技术进行讲解、学习和交流，让大家建立起项目的全局观，加强相互理解，明确分工接口；

（3）对新工艺，新技术，借助"外脑"组织专业的顾问团队来解决施工技术难题和对项目提出技术方案的可实施性和安全性把关。

四、管理效果评价

1. 目标完成情况

（1）工期目标按时完成，2014 年 8 月建筑物外檐完成，地下二层装修完成，保证了 APEC 会议的保障工作，2015 年 3 月 9 日项目完成了竣工验收。

（2）质量目标完成情况

2014 年获得钢结构金奖；

2016 年获得北京市竣工长城杯金奖；

2016 年荣获鲁班奖。

（3）科研目标完成情况

2015 年荣获中国钢结构协会科学技术奖；

2015 年荣获北京市建筑业新技术应用示范工程；

2017 年荣获北京市科学技术进步奖。

（4）安全、绿色施工目标完成情况

2014 年荣获北京市绿色安全工地；

2016 年荣获第四批全国建筑业绿色施工示范工程。

2. 经济效益

（1）钢桁架—混凝土重屋盖体系采用整体提升技术的应用，节省了结构卸载的工作；单元式挑檐、单元式幕墙、模块化吊顶，减少了现场加工，缩短了安装周期；机电管线的通过 BIM 技术深化了施工图纸，已综合吊架取代了单独的支、托吊架等，工程应用的多项创新技术综合创效达 1759.58 万元；

（2）通过"四节一环保"绿色施工组织，水电费用节约 4 万元，节约主材成本 136.8 万元，合理布置施工用地，紧凑布置临时设施，尽可能周转使用，节约费用 10.6 万元。

以上累计产生经济效益 1910.98 万元。

3. 社会效益

本项目创造性的发明了两项施工技术

（1）冬施现浇混凝土电伴热养护技术，此项技术主要涉及现浇混凝土冬期施工养护的研究与应用。该技术不仅可以满足工程建设的需要，而且在一定程度上解决了严寒地区冬施组织困难的难题，为以后混凝土养护方法提供了一种新的方法。经北京市建委组织的专家鉴定成果达到国际先进水平。依托于本项技术的施工方法获得了北京市工法。

（2）钢桁架—混凝土重屋盖体系整体提升技术，此项技术主要涉及大跨度空间结构的施工技术研究与应用。课题的顺利实施和完成不仅可以满足工程建设的需要，而且对大跨度空间结构整体提升技术的发展及应用有极大的推动作用。经北京市建委组织的专家鉴定成果达到国际先进水平。依托于本项技术申请了4项发明专利，2项已获批。

更主要的是依托以这两项技术，工程按业主的要求完成了施工节点，保障了APEC会议的顺利召开，为国家重要外事活动的圆满成功作了一份贡献。

建成后的雁栖湖国际会展中心作为国家级重要国际会议场所和大型文化活动中心，是北京电影节开、闭幕式永久落户场馆，已成功举办第五届、第六届北京电影节和第十六届中国电影华表奖颁奖典礼，成功接待2016年G20能源部长会议的召开。

雁栖湖国际会展中心已经成为国家对外交往的新功能区和展示传播中国文化的重要载体。

科学筹划　创新引领　智慧建造北京轨道交通燕房线工程
——北京城建轨道交通建设工程有限公司通北京燕房线工程 02 合同段项目

郭全国　潘振涛　彭海中　王学峥　张荣阁

【摘　要】 燕房线工程为北京房山区连接良乡与老城区的联络线项目，该项目为全线高架车站和高架区间，其中 02 合同段是全线最大的标段，全长 5.01km。本段工期紧、施工组织难度大、前期专项工作任务重，因此采用科学合理的组织部署和精心的质量把控，加快施工进度和节约工程造价成本，在对类似高架轨道交通工程具有非常重要的借鉴意义。

【关键词】 科学筹划；精心部署；精细施工；工程创优

一、成果背景及要求

1. 工程概况

北京轨道交通燕房线是连接房山新城两大核心组团，即燕房组团和良乡组团的市郊线路，主要服务于房山新城西部地区。燕房线（主线）工程由燕房线主线、出入段线及房山线西延伸段三部分组成。燕房线主线线路走向为：线路起点为燕化产业基地内的燕化站，终点为阎村北站。线路全长 16.7km（含房山线西延伸段 2.2km），均为高架线，共设 8 座车站（图 1、图 2）。

图 1　北京市轨道交通燕房线工程线路走向示意图

本合同段包括饶乐府站、顾八路站 2 个车站和饶乐府站～顾八路站高架区间（865m）、顾八路站～星城站区间（3898m）。

（1）饶乐府站。饶乐府站位于北京市房山区京周路路南，站体呈东西向布置。车站主体长度 118m（外包尺寸），宽度 28.9m（外包尺寸），建筑高度 23.95m（站中心）。本站为地面三层岛侧式站台车站，车站上部结构为整体五柱四跨框架体系。车站主体建筑面积 7779.5m²，附属建筑面积 485.3m²，总建筑面积 8264.8m²。

图 2 燕房线工程 02 合同段鸟瞰图

（2）顾八路站。顾八路站位于北京市房山区京周路路南，站体呈东西向布置。车站主体长度 118m（外包尺寸），宽度 18.4m（外包尺寸），建筑高度 18.9m（站中心）。本站为地面两层路侧岛式站台车站，车站上部结构为三层整体四柱三跨框架体系。车站主体建筑面积 5153.8m²，附属建筑面积 340m²，总建筑面积 5493.8m²。

（3）饶乐府站~顾八路站区间。该区间位于北京市房山区城关街道，始于饶乐府站，终于顾八路站，线路全长 865.368m，沿京周路南侧布置，区间主要跨越田各庄路、顾八路，全线均为高架区间。桥梁下部结构共 198 根桩、36 个承台、36 个墩柱；上部结构共有 3 联（7 跨）现浇梁、2 联（6 跨）钢混叠合梁、36 片预制梁。

（4）顾八路站~星城站区间。该区间位于北京市房山区城关镇，始于顾八路站，终于星城站，线路全长 3.898km，沿京周路南侧布置，区间主要跨越大石河、京石二通道与京周路互通立交、大石河 4 号桥支沟、阎顺路等，全线均为高架区间。桥梁下部结构共 147 个承台、147 个墩柱、720 根桩。上部结构共有 8 处现浇节点梁、3 处钢混叠合梁及 81 跨（162 片）预制梁。

（5）各参建单位如下：
如表 1 所示。

各参建单位　　　　　　　　　　　　　　　　　　　表 1

工程名称	北京轨道交通燕房线工程 02 合同段
建设单位	北京市轨道交通建设管理有限公司
勘察单位	北京市勘察设计研究院有限公司
设计单位	上海市隧道工程轨道交通设计研究院
监理单位	北京逸群工程咨询有限公司
施工单位	北京城建轨道交通建设工程有限公司

2. 项目团队概况

项目经理部由项目经理、副经理、三总师和五部一室组成，按工程内容分两个车站、两个区间和一个梁场共五个工区，项目领导班子成员按工区落实责任区。项目部共 65 人，其中管理层 25 人，作业层 40 人。为打造提升北京城建品牌形象，项目梁场工区因地制宜打造"花园式"工地建设原有植被破坏，增添文化和体育设施，让参施燕房线项目的每个人都感受到北京城建大家庭的温馨和愉悦（图3）。

3. 成果背景

燕房线 02 标的两个高架区间高架桥梁全长 4.7km，预制 208 片，现浇节点桥 13 座。由于京周路上

图 3 燕房线项目部梁场分部驻地办公区

现况 4 座中小桥实际承载能力的限制和沿线三条河道阻断，不能实现预制梁地面运输，因此高架区间实现桥通成为整个项目施工组织的主线，借助整体统筹和项目管理的创新与优化，往往能够让项目在最短的时间内桥面贯通，并获得较高的投入产出比和项目收益率。

依托该项目出色的成效，在顾星区间新增的阎富路站直接从甲方手中接过，在项目设计阶段项目轻车熟路的参与新增车站的设计中，为该站的施工阶段的顺利实施奠定了坚实基础。并在同行"不可能"的质疑声中，用七个半月时间完成了车站除精装修以外的所有施工内容，保证了新增车站同燕房线其他各站同时投入竣工验收和试运营。

4. 选题理由

北京轨道交通燕房线项目的区间为线性工作面，由于区间桥梁架设工法确定了项目的整体成效，因此沿架梁主线解决各个节点的攻坚克难成为项目管理的主基调。

在前期专项工作中，项目伊始重点着手进行京东物资拆改进度、大石河桥进场谈判和化四小区的搬迁，无一不是困难重重。在技术管理工作中，项目部结合本工程的施工难点，狠抓质量把控，做好技术攻关，在综合施工难点的同时优化设计，从施工筹划合理降低风险及投资；在项目管理工作中，在施工筹划阶段就制定好管理制度及安全质量管控要点，在施工全过程中，严格按照管理制度进行风险管控，对于重点风险部位及施工环节实行项目领导轮流带班，严守施工第一线，确保施工风险顺利通过（图4、图5）。

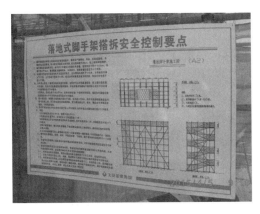

图 4 通用墩柱脚手架搭设标准及验收

图 5 工期紧安全文明施工标准不放松

5. 项目实施时间

如表2所示。

项目实施时间表　　　　　　　　　　　　　　　　　　　　　　　　　　　　　　表2

实施时间	2013年11月～2017年12月
分阶段实施时间表	
管理策划	2013年11月～2013年12月
管理措施实施	2013年12月～2017年6月
过程检查	2014年6月～2017年6月
取得成效	2017年7月～2017年12月

二、项目管理及创新特点

1. 项目管理重点与难点

（1）管理重点。由于轨道地面高架工程性质特殊性，树立良好项目管理形象、优质高效完成建设任务是项目管理重点；因工期易受外部政治文化活动影响，优化施工组织、加快施工速度是首要目标。

（2）管理难点。

1）工期紧。本工程的计划开工时间为2013年12月25日，计划完工时间为2015年12月25日，施工期间跨越3个冬季、2个雨季。施工线路上拆迁量大，实际施工时间短。

2）外部环境限制多。本工程紧邻京周路敷设，社会关注度高，施工质量、安全、环境等各方面的标准要求极高。做好与各个相关部门的沟通，及时了解周边道路的情况，合理安排材料运输，组织施工是外部协调的重点。

3）施工组织难度大。线路长、交叉路口多，分散的施工工作面不利于现场的组织管理，增大了施工管理成本。合理安排施工顺序，调动施工资源，以保证工作面的展开。

4）前期专项工作时间紧、任务重。全线共涉及186条市政管线的拆改、保护4个路口的交通导改；22条现状道路改造；8家大型国企拆迁、2个加油站的拆迁、沿线4个村占地手续的协调等。为降低项目管理成本，防止因为工期拖延造成整个项目亏损，项目部成立前期专项工作小组，在各个冲突点上全面而主动的出击，帮助或者牵头协调各方利益，最终的目标是创造工作面，打开大干局面，保证工程的顺利实施。

作为高架区间的重头戏，预制梁生产被列入项目的第一日程事项，通过项目与区政府和西坟村积极的沟通，不到两个月时间就开始在推进梁场设备和设施的施工，为预制梁的生产奠定了基础（图6、图7）。

图6　梁场临时及机械前期准备　　　　　　图7　施工场地与生产作业相得益彰

在梁场工作逐步进入正常轨道后，星城小区施工段就反映到了日程表上，由于项目整体架梁的顺序是由梁场向东架设，到星城站后架桥机解体，再从梁场出发向西开始架设，因此解决星城小区区段就必须进入优先序列。由于该段现浇梁为折返线道岔梁，不仅跨径不一而且桥面呈渐宽设计，给施工也增添了难度。集中力量优先突破成为该段的主基调。工程量为6联491m预应力现浇梁和1联120m连续钢梁。在经历过一次重大设计变更后，项目克服重重困难完成该段桥面施工，为"燕房线东段运行"开了个好头（图8、图9）。

图8 支架现浇箱梁模板验收工序作业　　图9 星城小区拆迁后的491m现浇梁施工

在上跨京昆高速节点桥施工中，项目部通过一系列努力和项目相应的诸多措施，项目依次顺利实施跨京昆高速120m钢箱梁吊装，在高架桥上搭设临时支架，最大吊重130t，采用两台450t利勃海尔"大力士"进行作业；该节点桥的最大难点在于高架桥上临时支架的稳定性及支架上钢梁的准确性控制，为确保京昆高速车辆畅通及吊装钢梁下的行车安全，项目部委派专人组织设计院、区路政局、首发高速管理公司和市交通管理局，经过两次专家吊装安全论证和交通导行方案调整，顺利安全地完成跨既有高速吊装作业（图10）。

图10 跨京昆高速钢箱梁临时支架施工

最后一块"难啃的骨头"，跨京东物资连续梁桥，经过5轮协调，3次变更设计方案，在与其现场合作中终于完成了186m钢箱梁吊装（图11）。

5）架桥机选型。作为施工主线，架桥机的选型是重中之重。项目部按照初步设计图纸，积极与设计院同时配合，将不利环境条件降到最低，防控技术和安全质量风险。例如：在饶顾区间不利与架桥机和运梁车通过的路线道岔处，变更设计图，做出现浇连续梁，降低架桥机这类高空作业风险源。经过多方考察设备厂家和架梁专业作业队，最终邀请三家进行项目招标，最终根据其专业资质、信誉和综合能

图 11 跨京东物资 186m 钢箱梁吊装后桥面施工

力优选最适合的架梁队实施全标段 208 片箱梁的施工任务（图 12）。

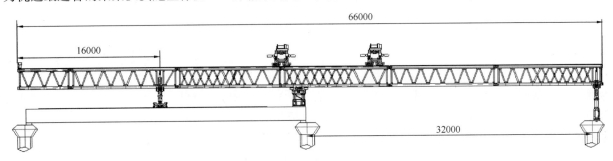

图 12 项目应用的 JH280-40 型架桥机

桥机结构尺寸为长 72m、宽 9m、高 8.3m；架桥机总重量为 256t；架桥机总功率为 98kW；架桥机纵移及过孔速度为 3m/min（图 13）。

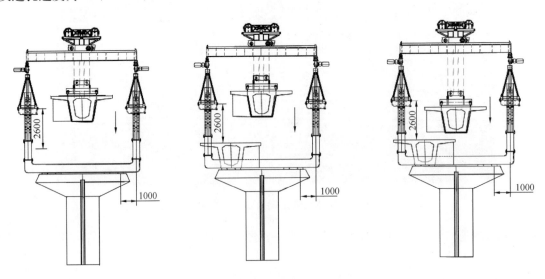

图 13 架桥机模拟架梁工序

2. 创新特点

(1) "以管理显品质、以质量创信誉、以工期赢口碑、以文明施工树形象"的履约宗旨。为实现高标准履约、代表企业交一份满意答卷,项目团队组建高水平管理体系,加强精细化管理,重视责任落实。

(2) 以点带面,以线促点,点面结合。由于区间为线性工程,将区间每一个工程节点或施工管理环节上的创新需求,看作一个创新点;安全、生产、技术、经营等各业务管理系统在管理体系和方法上的创新,看作是线状创新;整个项目在统筹引导思路和运行管理手段上的创新,看作是创新面。项目形成一个点、线、面层立体创新思维。管理创新从点开始,以点为突破口从点爆发,带动项目各层面创新成果的形成,并在创新单体内,相互促进,不断完善。

(3) 以精细组织、精心施工创新创效、优化施工设计。在 60m+80m+60m 大石河节点桥施工中,为充分保证汛期行洪能力和施工进度,项目部采取技术措施,已梁柱式模架与满堂支架相结合的方式,顺利解决大石河现浇连续梁施工。在组合模架中通过科学技术和实践解决桥梁模架诸多难题(图14)。

图14 跨大石河桥200m组合模架现浇梁外观质量

(4) 燕房线桥墩造型皆为花瓶式Y形墩,主筋长度渐变,瓶口异形钢筋多,且绑扎顺序相错综复杂,施工现场降效相当严重,第一个花瓶墩甚至绑扎了半个月。另外在墩柱钢筋绑扎及模板作业过程中,墩柱脚手架是一项重要措施,在分部验收脚手架过程中浪费了大量物力财力。因此为便于缩短工期、保证施工质量,基于区间桥梁墩柱、承台型号、尺寸较为统一,项目部根据该特点,大力推行模块化、工厂化施工,免去脚手架施工工序,提高生产效率。

以顾星区间墩柱 GX12 轴为例,该轴墩柱形式为 A2 型,承台 5.5m×5.5m 如图15所示:

首先,固定专业钢筋班组利用计算机精确翻样墩柱的每条主筋、架立筋及箍筋,在钢筋加工厂后台搭设墩柱绑扎胎架,在大棚下绑扎墩柱骨架,安装预留预埋,出厂前验收钢筋构件,采用平板车运送至施工现场,110t 和 80t 吊车相配合将墩柱骨架起吊并竖转,插入承台钢筋骨架基座中(图16~图18)。

(5) 预制梁场作为全标段一个独立的工区,其质量进度关乎整个项目效益。在临建工程准备阶段高标准严要求,不仅文明施工夺得了第一,在质量控制中同样追求严谨作风。在实践中引入工厂化和流水化施工做法,设计箱梁底腹板钢筋绑扎骨架、箱梁顶板绑扎骨架,钢筋整体预拼装,提高了钢筋工序施工质量。预应力张拉通过数控技术提高施工质量。在箱梁养护期间通过自动喷淋技术节约施工用水。不断通过小创新、小发明实现节约成本、创造价值的目标(图19~图21)。

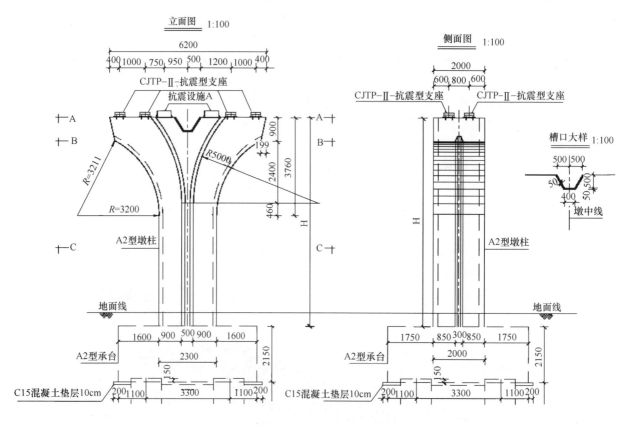

图 15　高架桥梁区间 A2 型墩柱设计图

图 16　Y 形墩钢筋骨架后台绑扎

图 17 双机抬吊插入承台骨架

图 18 墩柱预制骨架完成吊入安装

图 19 预制梁面板整体绑扎吊装

图 20 梁场预制生产及验收

图 21 梁场预制箱梁存梁区

三、管理分析、策划和实施

1. 管理分析

在项目开工前对工程整体做出合理统筹、预测,在施工过程中及时进行分析,立即提出必要的防御性措施和应急预案。

在项目的总体设计、分步计划、项目节点等各个方面,建立有机联系。加强区间、车站相关各层管理人员的沟通,定期召开项目例会等形式,切实降低管理风险。横向到边、顺向到底。对项目的分区进度,尤其是一些重要节点,严格控制,明确相关人员责任,责任落实到一线参与管理的每个个体,相应管理人员责权利统一,确保项目如期保质保量完成。

2. 管理策划

（1）做好工程筹划,促进尽早开工。本工程虽然位于房山老城区,但由于整个标段线路较长,所需施工场地涉及拆迁、大量园林伐移、管线改移和国有厂家迁移和住宅小区居民楼拆迁等,前期工作量很大,线状施工决定了项目整体必围绕着高架预制梁的进度,合理统筹,避免因小失大。

（2）优化技术方案,降低施工风险。工程施工前,做到技术先行,从开始的招标图纸到初步设计,对本工程的重难点及风险点一一进行了梳理,并研究了针对性的应对措施;通过施工图设计阶段的设计优化及方案优化,通过技术手段规避或降低了一定的施工风险,同时在施工前由项目部全员参与方案的编制及交底,做到人人心中有方案,从而也保证了后期施工时方案能够得到很好的落实。

3. 管理实施及过程检查

（1）建立健全各项管理制度及安全质量保证体系。项目部起草编制各项规章管理制度,并完成监理审批,日常生产及生活中严格按照各规章要求执行,并及时进行了项目部全体人员学习与宣贯;与主要参施管理人员、分包、工区等签订了安全责任书,明确安全职责,各司其职,各负其责,分工明确,减少推诿,杜绝管理漏洞,将安全扎根于每个参施人的施工全过程,确保实现全员安全管理。

（2）管控好工序交叉作业和现场协调。顾八路站及饶乐府站临建场地面积非常小,充分利用场地,合理规划区域布局,实现车站结构三个沉降段的流水作业,需要各工序的密切配合,因此现场施工管理需做到合理安排工序,降低交叉作业影响,协调各工序及工种紧密的衔接工作,从而确保车站按期完成。尤其在车站进入钢结构屋面施工后,站内开始进行墙面地面作业,站台层两侧开始进行屋面桁架作业,场内临建桁架半成品预拼装和地面、墙面石材和龙骨占地的协调成为车站的工作管理的主线。

（3）注重风险关键控制。燕房线工程是典型的高架桥梁和高架车站结构设计,针对本工程施工特点,依据上级关于落实领导带班作业制度的精神,项目制定并实行了领导带班作业制度,由项目经理带头、项目总工、副经理、技术、质量、工程部长等领导24小时轮流值守在施工作业面,及时地掌握施工现场动态,严格要求施工作业人员,保证施工质量,发现问题及时处理,将施工隐患消除在萌芽状态;并定期召开周、月、季度例会,每周对现场进行一次联合检查,分析安全、质量、文明生产情况,研究解决生产中的突出问题,确保安全文明生产。高架区间的桥梁工程的风险点为墩柱脚手架的搭设、维护和使用;现浇箱梁的模架的搭设、维护和使用;桥梁墩柱大模板施工作业;车站屋面结构高处作业。

（4）施工过程技术创新攻关小组成员及相关技术人员密切跟踪现场。严格按审批通过的施工组织设计和施工方案施工,施工过程对施工组织设计和施工方案执行情况进行中间检查。保证工程整体部署有条不紊,施工现场整洁规矩,机械配备合理,人员编制有序,施工流水不乱。施工操作人员严格执行规范、标准的要求,保证工程的质量和进度。

（5）坚持样板引路制度。边施工边改进技术交底、施工部位、操作班组、操作管理制度,坚持"三检制"和检查验收贯彻全过程,设专人负责对成品（半成品）保护工作。特别是在钢筋直螺纹连接质量专项问题中,项目部作为专题进行宣贯和落实,通过严格的三检制管理实现钢筋分项工序验收合格率达到100%（图22、图23）。

图22　钢筋直螺纹连接验收及保护

图23　直螺纹连接现场检查

（6）对项目生产、技术、安全、经营、财务等部门和所有参施单位按签订的合同、协议、管理目标及责任状分时间、分阶段进行考核，根据考核结果给予相应的奖惩。

四、管理效果和评价

1. 管理效果

（1）北京城建设计集团2014年度"先进基层党组织"；
（2）北京市住建委2015年"北京市绿色安全样板工地"；
（3）北京市轨道交通管理公司2016年度荣获"文明施工先进单位"；
（4）北京市轨道交通建设工程第六届岗位技能竞赛三等奖；
（5）本工程的桥梁先锋QC小组被评为"2017年度北京市工程建设优秀质量管理小组一等奖"；
（6）饶乐府站、顾八路站获得"2016年北京市结构长城杯金质奖"。

2. 效果评价

（1）高架轨道工程采用架桥机架设管理模式方法促使项目盈利50万元。架桥机在小曲线半径高架路径上的安全操作管理、驼梁机在道岔梁上行走安全线路研究、架桥机架梁等形成一系列科技管理创新方法，为今后轨道交通高架双线梁的架设具有指导意义。

（2）通过200m大石河桥贝雷梁与盘销支架施工管理和技术攻关，对类似跨河现浇梁的施工作业起到借鉴作用。

五、结束语

本项目团队通过科学管理、科技攻关，尤其在规划阶段便开始深度介入，在满足设计各项理念后，向"建设、设计、监理"各方提出保证工期、质量、安全各类实际合理化建议，减少了施工过程设计变更进而使各工序衔接紧密而流畅，确保了施工全过程的安全、质量受控，满足了通车节点要求。为今后类似工程积累了宝贵经验。我们完成燕房线工程后，建设单位又让我们承接了阎村站和星城站合同总价2000万元的工程，为公司开拓轨道市场赢得了好信誉。

攻坚克难 统筹管理 创新引领
智慧建造北京城市副中心市政综合管廊工程
——北京城建集团北京城市副中心行政办公区启动区综合管廊七标段项目

汪 蛟 辛玉升 伏 晓 毋明飞 王峥嵘 周美玉

【摘　要】 综合管廊工程作为城市副中心的能源保障项目。项目团队充分利用过去的管理经验，通过提前筹划、技术先行、科技引领、劳动竞赛、节点战役、绿色施工、安全标准化管理手段，结合管廊大跨度在进度、质量、安全及成本全过程做好精细化管理，克服工期紧张、外部影响因素多、结构复杂、质量标准高等难题，圆满完成工程建设任务，取得了社会影响和经济效益的双丰收，为后续管廊类大型市政项目提供了管理经验。

【关键词】 科技引领；精细化管理；工期紧张

一、背景及要求

1. 工程背景

2012年，北京市第十一次党代会上明确提出"落实聚焦通州战略，打造功能完备的城市副中心，尽快发挥新城对区域经济社会发展的带动作用"。行政办公区为城市副中心内重要的政治功能核心区域，将成为引领未来北京城市建设的标杆。为保证市委相关配套功能 2017 年底综合调试，提高行政办公区市政基础设计建设水平，提升北京城市副中心市政配套品质，同时响应国家加速推广城市地下综合管廊建设要求，规划在行政办公区及周边市政基础设施建设中建设综合管廊。

2. 工程简介

北京市城市副中心行政办公区启动区综合管廊工程是副中心行政办公区的重要附属配套工程，规划启动区道路下将建设管廊敷设给水管、再生水管、热力管、电力管等管线，且均为主干管线。综合管廊一期工程总长度约9.8公里。

北京城建集团承建的综合管廊七标段难度最大，长度最长，外部施工影响因素最多的标段，综合管廊七标段自宋梁路北至通胡路南至北运河南方方向长度达2472m，本工程混凝土结构为全现浇钢筋混凝土闭合框架结构，主管廊结构为地下1层、局部地下两层，综合管廊标准断面采用4仓结构（电力仓、能源仓、水信仓和燃气仓）。结构内尺寸为15400mm×3400mm。闭合框架25～40m设置一道变形缝，变形缝宽度为30mm。结构抗震等级为二级，基础类型采用筏板基础、底板厚度700mm、外墙厚度550mm、顶部厚度700mm。其中顶涵施工段顶板厚度800mm。图1所示为北京城市副中心综合管廊一期施工范围，图2所示为综合管廊横断面。

北京市城市副中心行政办公区启动区综合管廊

图 1　施工范围

工程主体结构施工建设过程中涉及与众多权属单位协调工作，主体结构施工完成后涉及电力、中水、上水、弱电、燃气、电信等十余家单位参与和完善管廊的主要功能，其中主要参建单位如表1所示。

主要参建单位　　　　　　　　　　　　　表1

建设单位	北京城市副中心投资建设集团有限公司
设计单位	北京市市政设计研究总院有限公司
监理单位	北京方圆工程监理有限公司
监督单位	北京市建设工程安全质量监督总站
施工单位	北京城建集团有限责任公司

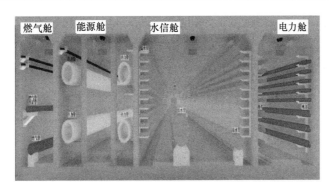

图2　综合管廊横断面

3. 项目团队

团队骨干成员全部参加过鸟巢、中国国学中心、槐房污水处理厂、通州北环环隧、地铁19号线北太平庄站等国家和地区重点工程建设，具有丰富的大型公建和市政项目的管理经验。项目管理人员共42人，平均年龄30岁，高级以上职称4人，本科以上人员30人，为加强项目管理，项目部坚持"团结、敬业、担当、务实、高效、创新、荣辱、勤恳"统一全员思想，统一行动，另行禁止，以铁军的顽强作风，艰苦奋斗的精神攻克一个又一个工期节点目标，为保质保量完成北京城市副中心能源输送生命线打下了坚实的基础。

4. 选题理由

(1) 本工程为重点工程，工期紧张。管廊主体结构狭长，既有管线复杂，涉及衡重箱涵横跨地铁、下穿道路暗挖施工、高压塔下施工、道路导行等复杂工序，安全管理、进度管理难度大要求高。

(2) 本工程位于北京城市副中心办公区东侧，社会影响力大，现场安全文明施工管理标准高，致力于建造市政项目进度管理、安全文明施工、消防保卫、环境保护的最高标准，工程质量目标和安全目标为"北京市市政基础设施结构长城杯金奖"及"北京市绿色安全工地"。

(3) 通过项目全过程管控，总结出一系列管廊类大型市政基础建设的优秀管理经验，具备进一步的推广价值。

5. 实施时间

如表2所示。

实施时间表　　　　　　　　　　　　　表2

序号	工期节点	完成时间	备注
1	正式开工	2017年4月30日	
2	主体结构完成1500m	2017年7月30日	
3	衡重箱涵顶移过地铁	2017年9月15日	
4	运河东大街、玉带河大街交通导改完成	2017年10月30日	

续表

序号	工期节点	完成时间	备注
5	主管廊结构施工完成	2017年12月30日	
6	运河东大街暗挖支线电力仓移交	2018年2月15日	
7	暗挖支线结构施工完成	2018年5月30日	
8	项目竣工验收	2018年6月30日	

二、项目管理及创新特点

1. 项目管理的重点与难点

（1）管理重点。

由于工程政治重要性和工程地理位置的特殊性，容易受到外部活动影响，树立良好项目管理形象，优质高效完成建设任务，优化施工组织，加快施工速度、保质量保安全是项目团队首要管理目标。

（2）管理难点。

1）本工程合同工期210天，时间紧任务重，上跨地铁，下穿国家电网，安全风险高，难度大，涉及管线拆改113处，涵盖燃气、上水、中水、暖气、电缆、联通、电信、歌华等多家行业垄断单位，施工难度及协调难度巨大。

2）本工程主管廊穿越东西向6条现状道路，其中运河东大街、玉带河大街属于副中心区域主干路，大型施工车辆流量巨大，是保障北京城市副中心6平方公里核心区建设的生命通道，一旦阻断将意味着数十个项目进度受限，更为重要的是运河东大街与宋梁路交叉路口涉及上跨地铁6号线和多条保障副中心建设的既有管线，其中不乏一些老旧的玻璃钢中水管道和水泥承插管形式的污水管，保护难度极大，而玉带河大街与宋梁路交叉口则涉及三河至通州的供暖主管道及其构筑物，热力管径直径达1.4m为全国之最，服务人口达20万人，为保证地铁安全、副中心建设管线安全、人民群众的冬季供暖需求，留给项目部攻坚克难的时间仅有四个月，繁杂的施工工序以及数次交通导行，方案选择尤为重要。

3）本工程主管廊上穿地铁6号线区间区段，运行中的地铁6号线隧道保护要求非常高，结构底面与既有6号线盾构隧道的结构净距为4.16m，施工过程中对既有线隧道的土体产生的扰动影响范围大，顶进过程持续时间较长。故该段箱涵衡重顶移是本工程安全控制的重中之重，必须确保地铁6号线盾构区间变形控制在2mm以内。

4）本工程涉及六条下穿宋梁路暗挖支线，埋深均处于地下水位以下，粉细砂及中砂地层，穿越大量的地下管线，管线最近处距离隧道仅2m。在如此复杂的地质条件及水文条件下进行暗挖作业，处置不当必然造成周围地层扰动、土体不均匀沉降、地下管线的断裂和沉降、地面的开裂及坍塌。

2. 创新特点

（1）提出"以科技显品质、以质量创信誉、以工期赢口碑、以文明施工树形象"的履约宗旨。为实现高标准履约，代表企业在综合管廊建设中起到排头兵的作用，项目团队组建高水平管理团队，严格落实责任制，加强精细化管理和过程控制。

（2）优化创新提前介入，以BIM技术模拟引领指导施工。

1）工程地下现有管线精准定位和统计。项目BIM工作室根据收集到的已有地上、地下建筑物和管网图搭建本工程周边环境模型，再利用物探仪，精确定位地下管网和统计需拆改移数量。表3为现场障碍物汇总表；图3为运河东大街地下管线分部示意图。

障碍物汇总表　　　　　　　　　　　　　　　　　表 3

序号	障碍物名称	影响管廊施工范围	备注	里程
1	建筑物（潞城建筑公司）	60m	需要拆除	K2+99~K2+136
2	2个变压器6个电线杆		需要相关部门改移	K2+86
3	构筑物（广告牌围挡）	81m	需要拆除	K2+113~K2+136、2+18~K2+99
4	建筑物（胡各庄电信局），一个变压器一个信号塔，6个电线杆	46m	需要拆改移	K1+921~K1+967
5	建筑物（后北营工地围挡），2个变压器，1个电线杆	104m	需要拆改移	K1+808~K1+921
6	道路（玉带河东街向东延线）	57m	需相关部门批准进行交通导改	K1+753~K1+808
7	障碍物（树林）	116m	需要拆除伐树45棵	K1+640~K1+650
8	4个变压器和6个电线杆		需要相关部门改移	K1+648
9	障碍物（公园树林）	59m	需要拆除伐树8棵	K1+450~K1+530
10	建筑物（未拆迁的建筑物）	121m	需要拆除	K0+990~K1+111
11	障碍物（树林）	146m	需要拆除伐树7棵	K1+288~K1+326
12	1个变压器		需要相关部门改移	K1+247
13	道路（运河东大街）	64m	需相关部门批准进行交通导改	K0+888~K0+952
14	4个变压器和5个电线杆	313m	需要相关部门改移	K0+727~K0+888
15	建筑物（留庄村建筑）		需要拆除	K0+392~K0+703
16	果园	84m	需要拆除伐树	K0+307~K0+392
17	建筑物（留庄村厂房）	85m	需要拆除	K0+223~K0+307
18	2变压器，6个电线杆	20m	需要相关部门改移	K0+301~K0+321
19	道路（老通湖南路），2个灯杆，1个交通信号灯、1个交通指示牌	10m	需相关部门批准进行交通导改	K0+038~K0+048

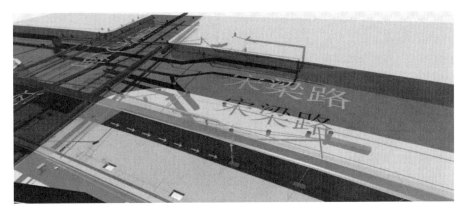

图 3　运河东大街地下管线分部示意图

2）高压线下施工碰撞检查及决策。在管廊桩基施工时，运用 BIM 技术模拟施工，为控制吊车起臂最高点距地面高度 H 小于 15m，满足 9m 的安全距离要求，提出将 16m 的钢筋笼采取分段吊装（每段长度 8m）采用 25 吨吊车吊装的方法，钢筋笼吊装顺序为：钢筋笼位于高压线一侧的安全距离，钢筋笼起吊完成后，平转至高压线下的桩基位置，慢慢放入桩孔中。确保了钢筋笼安全的在高压线下吊装。图 4 为高压线下安全距离及钢筋笼吊装模拟示意图。

3）BIM 技术指导管廊分支节点暗挖施工的应用。利用 BIM 建模布置工作井和模拟施工。在工作井外部封闭，内设置临边防护和安全警示牌，井壁

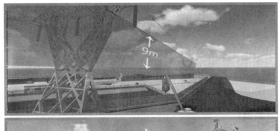

图 4　高压线下安全距离及钢筋笼吊装模拟示意图

均布安全工字钢支撑,内部设置钢爬梯、通风管、临时照明疏散指示灯,并配备先进通信设备及有毒有害空气检测仪,底部设有集水井和污水抽水泵。BIM 模拟演示严格按照"管超前、严注浆、短进尺、强支护、早封闭、勤量测"十八字方针,并且模拟雨水期间对暗挖施工的影响,达到真实准确的模拟分支节点暗挖施工,可以便于更加正确的直观的进行对参与施工人员的技术交底和安全教育,确保实际施工中的人员及支护安全,纠正传统施工中的安全隐患措施(图 5、图 6)。

图 5　BIM 模拟演示工程某支线暗挖施工　　　　　图 6　BIM 模拟演示工程某支线暗挖施工

4) BIM 技术指导管廊顶涵施工的应用。地铁盾构区间箱涵衡重顶移是施工安全控制的重点,专项方案经专家论证以及 BIM 4D 动态模拟通过后实施;工作坑周围按 BIM 模型做好临边防护、设置安全马道;BIM 4D 模拟演示遵循顶移"短开挖,勤顶进"的原则,采取注浆、防超挖,防止开挖部位塌方;顶柱上及时覆土压实,防止崩出伤人;记录模拟施工全过程安全隐患点,预先解决顶涵施工中的安全问题,科学合理的安排顶涵施工计划,确保顶涵施工中的安全设施齐全齐备,从而使得实际中的管廊顶涵施工及地铁的安全。图 7 为 BIM 模拟演示工程某街段顶涵施工。

图 7　BIM 模拟演示工程衡重顶涵顶移施工

5) BIM 技术引导管廊施工中临时交通导行措施的应用。本工程综合管廊施工部分管廊主体穿过现有副中心区域主干道,需要采取临时交通导行措施,依据"占一还一"原则,先修导行路,半幅交替施工,项目运用 BIM 技术模拟交通导改施工,合理设置交通标识牌、导向牌、防撞墩、警示灯等设施,科学的安排施工进度计划,尽可能的减少对交通的影响程度,模拟疏导交通,三维可视化的安全技术交底,确保交通导改施工过程中的安全。图 8 为 BIM 演示工程某路口交通导行。

图 8　BIM 演示工程路口交通导行

(3) 以创优目标为导向，创新检查制度和考核机制，为质量创优保驾护航。
1) 细化目标，完善质量，落实质量创优责任制。
2) 引入质量细节控制大讲堂，质量人员深入一线控制施工细节。

三、项目管理分析、策划和实施

1. 管理问题分析

考虑拆迁的整体进度、工作面的移交、工程规模、工艺难度及重大活动的潜在影响等，对人机料投入进行了详细分析，细化节点工期计划，落实到每天完成的施工任务，指定抢工方案和优化提速措施，确保各个工期目标如期实现。

2. 管理措施策划实施

通过对关键线路的详细分析，项目部紧紧围绕重点难点，科学策划，加强落实和措施，确保在有限工期内优质高效的完成建设任务。

（1）目标策划（表4）

综合管廊七标段目标策划一览表　　　　表4

序号	项目	目标
1	进度目标	按照业主节点目标提前完成
2	质量目标	（1）验收合格率100%； （2）市政基础设施结构长城杯金奖
3	科研目标	（1）申报北京市科技成果鉴定； （2）申报并完成集团科技进步奖1项； （3）已在核心期刊以上级别的学术刊物上公开发表学术论文3篇； （4）组织参与编写《城市综合管廊工程施工及质量验收规范》和《城市综合管廊工程资料管理规程》
4	安全文明施工目标	（1）北京市绿色安全工地； （2）北京市建筑业绿色施工示范工程
5	绿色施工目标	节水、节能、节材、节地、环境保护

（2）科技创新

1) 由项目总工牵头成立科研技术小组，签订项目任务书，确定研究线路和研究计划，并分设BIM小组和现场勘查组项目配合确定切实可行、行之有效的研究结论，并归纳总结经验。

2) 深入调查研究、搜集整理国内外管廊施工建设、优化创新范例、管理经验，结合现场情况进行再优化、再改进。

3) 结合本工程特点积极展开多项科技成果研究，通过调查研究，积极治理结构通病，优化施工方案，对顶涵、暗挖、交通导行等关键节点多次邀请专家进行讨论，最终顺利实施，在保证工期的同时有效促进了科技创新的开展。

（3）施工优化，技术先行

做好施工方案及技术准备工作。项目部组织技术骨干与设计、业主、监理积极沟通，对方案进行反复研究和深化模拟，以开拓创新的精神提出优化方案并进行研讨，制定出针对项目特点的施工管理方案。

1) 项目BIM平台搭建应用。BIM模型可以通过e建筑平台，然后随时随地在移动端快捷浏览查看。项目管理人员向BIM模型汇入质量、文件、安全等工程信息。根据项目管理要求，系统可对平台文件属性进行分类。查看内容包括工序计划完成时间、施工状态、实际完成时间等。通过e建筑浏览器，在项目不同时间段、施工进展、施工状况，工程各参与方可进行直观了解（图9为BIM平台示意图）。

2) 运河东大街路口及玉带河大街路口导改方案。交通导行采用占一还一原则，项目团队紧紧把握

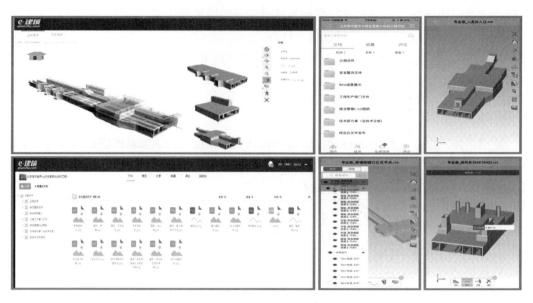

图 9　BIM 平台示意图

关键线路,拆除道路两边的绿化和隔离带,尽可能的腾出更多的空间。

① 运河东大街节点。运河东大街节点涉及南侧中水、上水、燃气管线的改移和恢复和北侧顶涵区施工,通过四次导行,最终按期完成业主交代的不可能完成的任务,运河东大街施工节点平面图如图 10 所示。

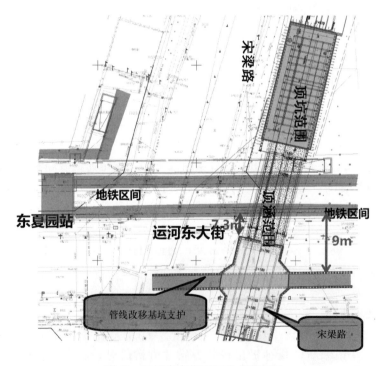

图 10　运河东大街施工节点平面图

第一交通导行(6 月 30 日～7 月 30 日):完成顶涵区后背墙、滑板及箱涵结构预制施工,同期完成土体注浆固化,累计注浆量近 1000t;

第二次交通导行(7 月 21 日～8 月 21 日):完成图 9 所示红色区域管线改移区域支护桩、土方及管线的改移和恢复工作,箱涵配重 5323 余吨的配重就位。

第三次交通导行（8月21日～9月15日）：完成顶涵顶进就位和管线改移基坑的回填施工。

第四次交通导改（9月15日～10月30日）：完成合拢段支护及结构施工，完成合拢段和顶涵段防水及土方回填施工。

② 玉带河大街节点

玉带河大街节点涉及热力小室一座、多条管沟包括联通通讯管沟，雨水管、中压燃气、电力井及管线，玉带河大街地下管线平面图如图11所示。

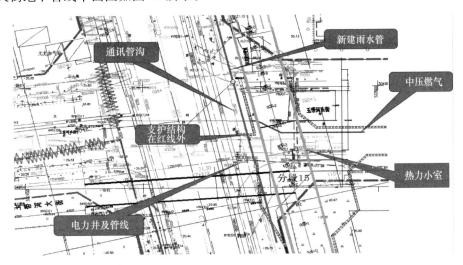

图11 玉带河大街地下管线平面图

玉带河大街节点以热力小室拆除、共筑为主线，共经历两次交通导改，第一次为小室的拆除共筑，第二次为合拢段的施工，历时4个月。其中热力小室共筑部分自2017年6月底至8月底，因为热力小室管线、阀门均为荷兰进口，备货时间长达45天，我部在拆除过程中投入大量设备占满工作面，并采用静力切割方式，涉及小室面积约1300m²，整个小室及底板安装仅耗时15天，给热力单位提供了充足的施工时间，确保8月30日小室结构、管线敷设完成，为下一步管道调试留足了试运行维护的时间。

3）箱涵衡重顶移误差控制±2mm。管廊从K1+195至K1+241，全长46.0m，宽17.55m，高5.2m，在中间采用中继间设计，每段长23m，箱体最大顶力为11866t，此顶涵段结构为单层矩形混凝土框架结构，采用C35、P8混凝土，结构自重约4890t。顶进箱涵距离地铁顶部净距仅4.19m，且穿越距离较长，宽度较大，影响范围较大，所跨越土层较为松软，深孔注浆厚度设计为2m，由于注浆层处在地表7.4m下方，位于粉细砂中，控制注浆相对比较困难。项目针对现场情况采用袖阀管方案，并在注浆前进行试验，总结施工参数，确保注浆效果与精度。并在顶进前对土体进行注浆加固。

顶进时通过后背楞支撑、滑体导轨千斤顶等共同作用推动预制箱涵体由北向南移动，为减小对地铁区间的影响，采取"短开挖，勤顶进，勤监测"的方针，由于箱涵内挖土，导致地铁上部卸压，将导致地铁上浮，影响地铁运营安全。项目技术团队反复验算荷载计算与控制，确保衡重顶进，现场顶进过程中，安排吊车随时做好吊装准备。土方开挖时并在管廊内增加钢锭，钢锭设置的原则为卸一补一，共计5232t，在每隔4m的顶铁横向连接点上另外再增加钢锭铁，防止横梁崩起。在顶进过程中增加观测点和旁站检测人员，顶进过程中采用勤推、勤测、勤纠措施。避免了箱涵顶进区域出现水泥结块或超注浆，自箱涵预制到顶进就位仅用时50天，比原定计划工期提前了2天（箱涵顶进完成剖面图如图12所示）。

4）采用固化土基坑肥槽回填技术，减少工期创造效益。综合管廊段项目全段狭长，管廊主体与支护结构空间长而窄，肥槽的最小宽度不足1m，肥槽的平均宽度约1.5m，而设计图纸采用素土回填人工夯实，存在有限空间施工危险，施工进度十分缓慢。为保证回填施工进度、质量的要求，通过与综合管廊兄弟单位合作研究分析和多次试验，最终选择了折中方案采用固化土施工，利用固化土的流动性采用

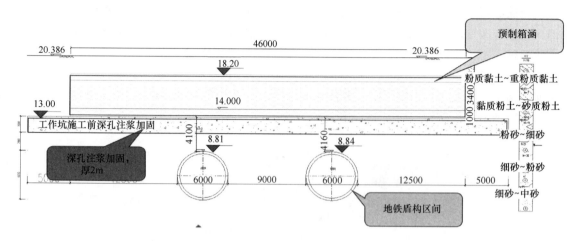

图 12 箱涵就位横断示意图

泵送方式准备送达施工部位，既能缩减工期，又保证了回填质量。

5）暗挖工程优化工序，灵活变通，提高工效，保证安全。六条下穿宋梁路暗挖支线共有 2 条独立隧道、2 条双洞隧道和 2 条三洞隧道，为缩减工期，项目团队多次邀请多名专家与业主、设计、监理单位对各洞口开洞顺序和插入时间进行了反复的洽商和论证，双洞隧道采用 CRD 法，优先施工左上洞和右上洞初衬，初衬贯通后开始拱顶的二衬施工，左下洞和右下洞的初衬施工同时展开。而运河东大街管廊和玉带河大街三洞隧道管廊则采用侧洞法进行施工，在侧洞初支施工完成后，中洞扣拱施工与侧洞二衬施工同时进行，计划工期减少了侧洞二衬的施工时间，合理插入工序，照设计原定方案节约工期近 1 个月，节约工期的同时不影响施工安全，效益显著。

6）复杂地质条件下综合管廊暗挖施工全断面深孔。因本工程隧道下穿宋梁路，为避免路面沉降严禁进行降水作业。考虑到本项目"止水"和"沉降控制"为关键控制点，经过多方案对比，结合经济效果及技术经济分析，隧道暗挖施工辅助方案为，如图 13 所示。

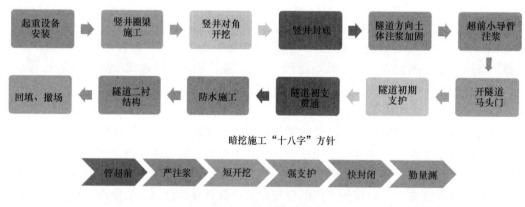

图 13 暗挖施工工序

① 采取全断面深孔注浆方法对地层进行止水、加固处理，隧道开挖前对隧道进行全断面深孔注浆止水、加固，注浆范围为掌子面及外轮廓线 3m，一次注浆长度 12m，每循环搭接 2m，如图 14、图 15 所示。

② 开挖过程中拱顶打设双排小导管。由于本工程综合管廊上方有宋梁路及多条市政管线，对沉降控制的要求极为严格。结合相邻已施工管廊的施工经验，以及相邻管廊已通过的专家论证意见，在全断面注浆施工措施以外，还需在隧道拱顶打设小导管，以确保沉降值控制在正常范围以内。

小导管长度 2m，两排小导管角度分别为 45°和 10°，环向间距 300mm，如图 16、图 17 所示。

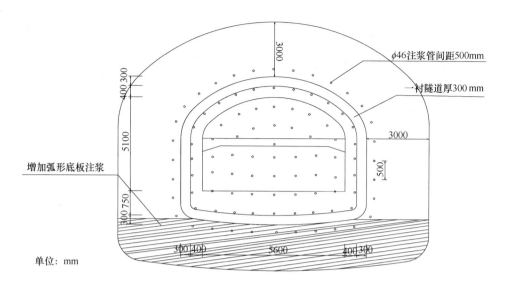

图 14　隧道全断面注浆孔布置横断面图

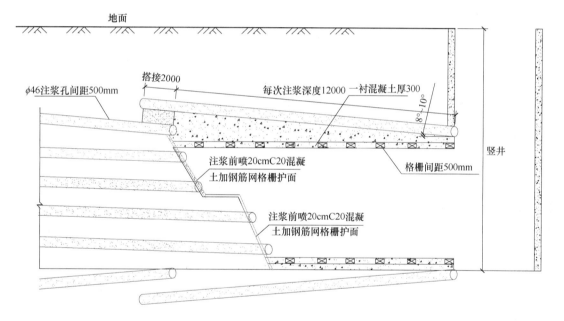

图 15　隧道全断面注浆孔布置纵断面图

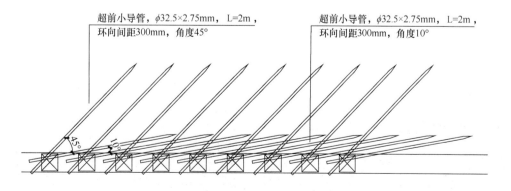

图 16　拱顶注浆管分布示意图

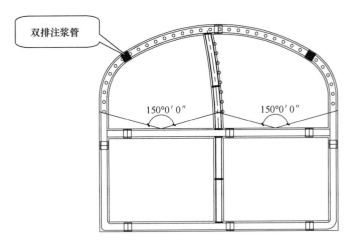

图17 注浆管横断分布示意图

③ 全断面深孔注浆的同时，辅以地下水控制措施、防沉控降技术措施以保证"止水"及"沉降控制"效果。

（4）因地制宜，合理安排。

1) 现场情况分析。

① 管廊主体结构狭长，北至通胡路，南至北运河，横跨长度近3km，且主体结构西侧为道路施工单位，主要施工道路和加工场地均位于主体结构东侧，红线内用地紧张；

② 主体管廊总长为2472m，共分为95个流水段，每段长度为20～40m，根据每段管廊功能确定管廊长度不可调换，受拆迁进度影响，工作面的移交十分缓慢，拆迁的时间跨度从2016年12月项目人员进场至2017年10月初，具体每仓从支护结构到土方回填的实际工作时间约90天。

2) 进度管理控制措施。

① 根据地理位置和主要道路位置对主管廊进行区域划分，共分为A、B、C、D、E、F六个区，每个区配备专业工长、质量、试验、安全人员并由项目领导牵头形成各分区进度管理小组，独立负责现场施工的安排和指令的实施，组长牵头签署进度责任书，项目领导定期组织点评，对各小组的表现进行点评。

② 由于拆迁进度滞后，工期紧张，且管廊主体结构为承插形式，相邻段无法展开平行施工，我部为减少流水步距，增加工作面，在土方开挖留设马道时就考虑多点出土，每相隔4～6段留设一个马道，以"小流水，平行展开"的施工部署总方针，形成了土方施工-锚杆施工-清槽施工-结构施工的多个连续独立施工区域，将土护降单位和结构施工劳务队的人员和机械充分调动起来，2017年4月20日先行开工的330m在2017年6月28日即完成了主体结构施工，创造了副中心管廊建设的绝对速度，得到了政府、业主及同行的广泛赞誉，成效显著。

3) 合理创效，精细化管理。根据技术间歇期和由拆迁带来的各区之间的进度差，合理调配周转料和吊装设备，充分安排劳动力，合理利用机械设备，在开挖和回填中寻找契合点，节约工期的同时也创造了效益，大大减少土方外弃、进场及土方苫盖维护的费用。

（5）安全、环保管理措施。

1) 全员体验式教育。项目在施工现场E区和C区共设置两个安全教育大讲堂，并利用项目农民工夜校和项目会议室开展入场安全教育及日常各项安全教育，项目与行政办公区体验式安全教育基地签订协议，对进场的每个工人组织体验式安全教育，如图18所示。

图18 组织体验式安全教育

2）高压线下施工管理。管廊施工全线共有 3 条高压线路横跨管廊，给现场汽车吊的使用带来的很大的安全隐患，项目为确保汽车吊大臂与高压线保证有足够的安全距离在高压线下搭设山木杆架搭设限高警戒线，如图 19 所示，并在汽车吊支腿处做接地处理，确保了汽车的安全运行，如图 20 所示。

图 19　接地处理（1）

图 20　接地处理（2）

3）承担社会责任，做好扬尘抑尘确保全过程绿色文明施工。工程主体管廊采用明开支护形式，紧邻社会道路，处于政治敏感性极强的副中心启动区核心区，项目自创建开始就将环保、抑尘工作作为展示企业形象的主要手段，一次性投入 4 台洗轮机，4 台雾炮机，4 台扬尘监测系统，2 台扫地车，两辆消防洒水车。并采取如下措施保证现场绿色环保施工：

① 按照通州区强十条的要求，管廊全线设置喷雾降尘喷淋装置。

② 土方施工间歇期采用 3+2 的覆盖形式。

③ 对临近管廊的社会道路运河东大街、玉带河大街及宋梁路沿线进行定期的喷淋降尘施工（图 21、图 22）。

图 21　喷淋降尘施工（1）

图 22　喷淋降尘施工（2）

四、管理成效

1. 目标完成情况

工期节点提前完成，后续目标可控：

1）2017 年 4 月 20 日开工至首仓完成仅用 45 天，创造了北京城市副中心综合管廊的新速度。

2）2017年9月13日箱涵衡重顶涵提前两天就位。

3）2017年10月30日完成运河东大街、玉带河大街结构合拢节点。

4）2018年2月8日运河东大街电力仓提前两天完成二衬施工，提前移交电力单位，确保城市副中心220万kV电缆入廊，高压塔拆除任务实现。

5）2018年4月30日管廊内机电安装完成，2018年5月30日6条下穿宋梁路暗挖支线主体结构施工完成，目前两大节点目标正根据进度计划有序推进，目标将提前实现。

6）2017年通过"北京市市政基础设施结构长城杯"评审。

7）2017年获得"北京市绿色安全工地""绿色施工示范工程"。

2. 经济效益

（1）由于管廊狭长，且施工周期短，在大型机械设备使用方面，组织多台25吨汽车吊进行现场吊装作业，利用作业面技术间歇期灵活调配，既保证了吊装能力也节省了资金，产生经济效益约50万元。

（2）所有复杂节点采用BIM软件进行建模模拟，提前解决了设计问题74处，从而避免了返工、修改、延误工期和窝工现象，产生经济效益约400万元。

（3）通过与业主、设计的有效沟通，将肥槽回填的素土改为新材料固化土，开源节流，即提高了收入又节约了工期，产生经济效益约100万元。

（4）BIM技术辅助商务部工程量统计和成本核算。应用BIM GCL的软件算量，分区分层的对混凝土量进行预算，为现场浇筑混凝土提供依据，避免了混凝土的浪费，节约项目成本。利用BIM GGJ软件统计各区块的钢筋用量，用准确的数据控制钢筋的进场量及下料量，既能满足现场进度需求，减少浪费，又不会出现钢材积压的现象，缓解了项目资金管理的压力，产生经济效益约300万元。

以上累计产生经济效益约850万元。

3. 社会效益及科技成果

（1）自北京市城市副中心行政办公区启动区综合管廊工程开工建设以来，累计接待政府、业主、集团领导来访超过200次，同行参观四十余次，北京城市副中心行政办公区启动区综合管廊七标段多次获得业主阶段性进度评比、综合评比第一名，在政府、业主、同行间赢得广泛赞誉。

（2）综合研究报告《北京城市副中心综合管廊工程施工建造关键技术研究与应用》正在申请北京市科技成果鉴定。

（3）申报并完成集团科技进步奖1项。

（4）已在核心期刊以上级别的学术刊物上公开发表学术论文3篇，仍在继续投稿中。

（5）组织参与编写《城市综合管廊工程施工及质量验收规范》和《城市综合管廊工程资料管理规程》。

结束语：通过做好科技创新、施工优化、质量控制等科学管理手段，有针对性的对管廊类大型市政基础设施建设的难点、重点进行专题攻关，取得了丰硕的管理成果，积攒了宝贵的经验，取得了良好的经济效益和社会效益，维护了北京城建集团品牌良好形象，赢得良好的社会信誉，体现了大型建筑国企的社会责任，为今后项目团队承揽类似工程的总承包管理工作打下坚实基础。

责任心　执行力　创新力
机电模块化预制全生命周期管理精品工程

——中建一局集团建设发展有限公司 Z15 中国尊高区空调项目

李　楠　黄　烨　缪亮俊　王亚冠　付　凯　王永明

【摘　要】 Z15 中国尊高区空调工程在施工过程中采用的是管井立管模块化预制、空调机房模块化预制、周边风机盘管模块化预制、卫生间机电系统模块化预制的施工方法是国际先进国内领先的施工管理形式。工程技术形式先进、质量要求高、施工管控难度大，在工程履约过程中，项目管理团队精心策划、加强过程管控、积极推广并应用新技术及创新技术，优质高效地完成了工程的建设目标。并已陆续荣获 2017 年中建总公司科学技术成果三等奖、2017 年北京市建筑业联合会工程建设优秀质量管理小组一等奖、2017 年中国施工企业管理协会工程建设优秀质量管理小组一等奖、实用新型专利受理 2 项、2017 年中建总公司级工法一项。工程采用模块化预制施工技术，是施工过程中最优的选择。通过项目部精细的技术策划及严格的过程质量管控，"全生命周期"的管理，有效地提高工施工效率，并且节省现场资源，具有广阔的推广及应用价值。

【关键词】 模块化预制；创新技术；全生命周期

一、成果背景

1. 社会背景

随着建筑业突飞猛进的发展，中国建筑业亦向着"高大上"建筑发起了冲锋的号角。各繁华地段的建筑更如雨后春笋般拔地而起。然而，在寸土寸金的繁华地段就意味着不会为工程的施工现场提供充足的制作及加工场地。机电模块化预制管理施工可以解决以上问题，并且具有广泛的推广意义。

2. 行业背景

2016 年国务院常务会议审议通过《关于大力发展装配式建筑的指导意见》，国务院办公厅于 9 月 27 日印发执行。2017 年北京市人民政府办公厅颁发了《关于加快发展装配式建筑的实施意见》使北京市装配式建筑发展进入快车道。北京、上海、河北、江苏、河南、浙江、安徽、山东、深圳等 30 多个省市纷纷出台政策和措施。大力推进建筑产业化是现代建筑发展必然趋势，机电工程作为建筑产化项目的重要组成部分，必须顺应建筑产业化的发展方向，大力开发及推广与之相适应的机电工程新工艺、新技术，为建筑产业化的发展做出更大的贡献。

3. 工程简介

中国尊项目位于北京朝阳区 CBD 核心区，用地面积 11478m^2，总建筑面积 43.7 万 m^2，其中地上 35 万 m^2，地下 8.7 万 m^2，建筑总高 528m，建筑层数地上 108 层、地下 7 层（不含夹层），可容纳 1.2 万人办公。总投资 240 亿。集甲级写字楼及多种配套服务功能于一体，是全球第一座在地震 8 度设防区超过 500m 的超高层建筑，建成后将成为北京第一高楼，首都新地标。项目创造了 8 项世界之最、15 项目国内纪录。

本工程在施工过程中采用的是管井立管模块化预制、空调机房模块化预制、周边风机盘管模块化预制、卫生间机电系统模块化预制的创新型施工技术。

4. 选题理由

一直以来，国内建筑的水系统立管通常均采用逐根逐段现场加工连接的做法，但是，在超高层建筑中一个管井内立管的数量少则 6~8 根，多则 20 余根。卫生间管道错综复杂，这种逐根逐段的加工连接方式不仅需要大量的现场加工制作场地，并且由于现场加工条件的局限性，制作工艺也很难达到较高的工艺水准。为了应对城市中心区日益紧张的施工场地、加快施工进度、减少运输率次、减少人工施工、增强施工精度，针对这种低效率的建筑设备安装方式进行了技术研发，研发出一种新型的管井模块化预制施工技术，创新的卫生间模块化施工技术、周边风盘一体化施工技术，并且成功地将这些技术应用于北京 Z15 中国尊项目，由于其可操作性强、安装精度高且组装方便快捷，在工程实践中取得了显著的效果，在类似管井施工中具有广阔的前景及应用推广价值。

5. 实施时间

本工程于 2013 年 7 月 29 日开工；2018 年工程完工，现阶段顺利通过分部工验收。

二、项目管理及创新特点

1. 管理重点

本工程管理的重点在于如何将"全生命周期"的管理理念贯彻到项目的实际实施当中，通过精细化的技术方案策划、过程管控及创新深化管理，完美的在工程实际中得以实现，并且取得良好的效果，节约运行能耗，提高室内环境舒适度。

2. 管理难点

（1）机电模块化预制的施工形式新颖、先进，技术要求高

1）"全生命周期管理"从设计到工场所加工、现场安装再到后期运维全过程的管控思路，对管理的细致化要求较高；

2）设计深化阶段不只要求机电系统体系进行校核，还要对结构进行受力计算，全由施工单位一体化管理，对施工单位技术水平要求较高；

3）工厂加工不能脱离实际现场情况，要对应各项结构的偏差，对加工精度要求较高；

4）将分散的作业集中成模块化预制，并且落实到现场的安装，并且要考虑到后期的运维，这样精细的管理要求对过程管控要求较高。

（2）工程质量要求比较高，管控难度大

1）本工程位于北京 CBD 核心区，地理位置重要，建成后将作为中信集团总部办公大楼，社会关注度比较高，工程质量标准要求高。工程质量目标：确保"鲁班奖""长城杯金奖"。绿色环保目标要求"LEED 金级认证"。

2）工程高区空调系统体量大、模块化预制数量多、工期短、与精装修等专业交叉配合多，质量管控难度大。

3. 管理创新特点

（1）利用 BIM 技术进行"全生命周期的"模拟，并且利用 BIM 进行模块化预制深化设计及图纸报审。

（2）在模块化预制加工厂内，利用独创的可调节固定支架、管组工作台、模具检测技术等消除组装误差，保证管组的安装精度。

（3）模块化预制加工过程中，要经过数次监理及我单位质检人员的到场验收，形成厂内质检流程并且作成资料，并最终制作验收标识牌固定于管组上。

（4）利用二维码技术，对模块的加工、组对、验收、安装、再验收等施工过程进行全称追溯。

（5）出厂前，对模块进行 100% 转立吊装试验，避免管组运输及吊装过程产生位移。

（6）加快工程进度，模块化预制加工机械化程度高，可平行流水作业，只要有材料和管道单线图不必等待现场的基础、设备和结构施工完毕就可进行预制，避免交叉作业和相互牵制的影响。预制加工厂为施工操作提供了良好的环境，不受场地影响，不受气候干扰，这样就可以提前预制，争取了时间，缩短了施工工期。

（7）保障了安全生产，加工厂内可最大限度地利用垂直、水平运输机械，减轻了笨重的体力劳动，减少了高空作业，改善了工人的劳动条件，因而有利于安全生产。

（8）节约材料，降低成本。在预制加工厂内，管道集中加工，自始至终由一个作业组负责下料，做到"量体取材"，避免了长管乱截现象。做到合理使用和管理材料，节约了材料，降低了成本。

三、项目管理分析、策划和实施

1. 项目管理问题分析

中国尊高区空调系统大部分采用模块化预制，与常规空调系统相比，降低了塔吊运输频率、减少材料能耗，同时提高了施工效率。

虽然模块化预制具备以上优点，但是对于施工单位来讲，施工过程中的深化设计、精度控制、验收标准以及安装时的质量控制，后期维护方面提出了更高的要求。

项目管理主要问题在于如何通过精细化的组织策划、过程管控来实现高区空调机电模块化预制的技术。真正的达到"全生命周期"管理。

2. 管理策划

（1）管理组织策划

工程投标阶段就进行管理组织策划，并且考虑到业主要求的"全生命周期"，从设计到施工再到后期运维的管理。建立项目管理体系，本着精干高效、结构合理的原则成立项目管理部，针对工程的实际情况，进行管理人员的职能分配，确保人尽其才、人事相宜，并且实行项目管理责任制，责任到人。

在劳务队伍的选择上，严把劳务队伍审核关，选择多家劳务企业进行投标，从劳务队伍人员素质、技术能力、管理水平、信用体系等多个方面进行横纵向对比，重点考虑前期设计配合能力及后期运维人员配合及并且进行实地考察、认证、优中选优。

（2）技术策划

针对本工程施工采用的模块化预制的深化设计理念及现场的实际情况，提前做好模块化预制加工前的技术策划工作，进行技术优化，制定相应的技术措施，提前解决工程的预制中技术难题。主要包括深化设计管线综合排布、模块化工厂加工、编制工程施工组织设计、施工方案、专业技术交底、施工工艺分析及技术总结，尤其是针对模块化预制方面的技术细节策划。

（3）模块化预制施工质量管理策划

成立以项目经理为领导的施工质量管理体系，明确工程的"全生命周期"施工质量目标，加强质量管理的预控及监控。制定质量管理要点，质量通病防治措施，过程中监督实施情况总结，不断提高。不管是在加工厂还是在施工现场都要严格遵循"样板引路""首件制"，过程中"三检制"等制度。

3. 管理措施实施

根据中国尊超高层工程的特点、重点、难点，项目团队在技术、质量管理上采取几个方面的措施；

（1）落实深化设计及技术管理细节、创新技术应用

1）采用全方位全过程应用BIM技术，中国尊从建筑信息模型构建、模型应用、到模型信息管理三个维度，业主、设计和施工三方全体参与，BIM技术相结合的深化设计管线综合排布工作，提前进行管线的优化及碰撞检测，实现从设计图纸的固化到施工图纸的优化。在设计施工运营的"全生命周期"应用BIM技术（图1～图4）。

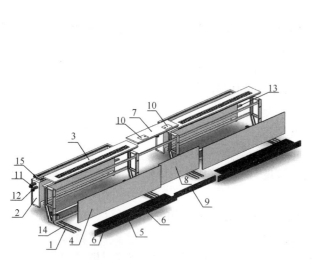

图 1 窗台一体化风机盘管模块　　　　图 2 模块化预制管组

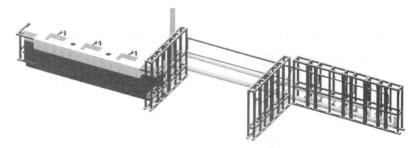

图 3 模块化预制管组框架　　　　图 4 模块化预制卫生间体系统

2）强化技术细节管理，针对不同部位模块的特点采取针对性的技术方案，尤其在管井立管模块化预制、空调机房模块化预制、周边风机盘管模块化预制、卫生间机电系统模块化预制等方面，制定了详细的技术措施。

在管井立管模块化预制上从五个方面进行了详细的技术策划，主要包括工厂加工图的绘制、提高工厂加工操作台的精度、模块管线的吊装过程的BIM模拟、模块管组与钢梁的焊扫安装、管组的碳伤实验等。

空调机房模块化施工技术采取模块框架，根据不同形式、不同机组排布模块不同。

周边风机盘管模块化预制技术策划为温控器与窗台板的安装方式、风机盘管与窗台支架的安装配合、窗台板风口的气流模拟。

卫生间机电系统模块化预制技术的策划为卫生间模块与地面防水的连接形式、模块框架吸收部分结构偏差、铸铁管与HDPE管的连接方式。

3）同时，在前期的技术策划过程中，与相关专业及时进行沟通协调。

（2）过程中严格的动态管控

1）技术交底的落实上，采取全面技术交底和专项技术交底，在技术交底的基础上同时进行重点部位的现场交底，加以考核，确保技术策划、方案的顺利实施。

2）工程伊始，进行专业人员技能培训，提高操作人员专业素质，避免出现质量问题。

3）严格采取"样板首件制""样板引路"，根据首件工程的各项质量指标进行综合总结评价，对施工质量存在的不足之处分析原因、提出改进措施，指导后续施工，预防后续施工可能产生的各种质量问题。

4）质量的过程控制监督上严格实行"三检制"。

5）全面的动态质量管理，项目部组织定期于每周一进行全体管理人员参与的现场质量检查，齐抓共管，按照"全生命周期"动态管理思路，不断改进。

4. 过程检查和监督

中国尊高区空调工程实施过程中，项目团队在技术及质量控制上，采取策划、实施、预控、防治及改进的动态管理措施。施工过程中，严格进行现场检查，分析技术方案的落实，现场的实施以及定期的对比偏差分析，对管控过程中出现的问题及时整改，不断改进，形成了系统的组织管理思路，同时注重管理经验的积累与推广，形成机电模块化施工工程组织实施的管理技术。

四、管理效果及评价

1. 工程质量控制效果

工程空调系统于 2013 年 10 月开工建设，2018 年 8 月 30 日完成竣工验收。通过项目团队在技术质量上的策划管控，质量控制良好，已陆续获得以下荣誉：

创优项目表　　　　　　　　　　　　　　　　　　　　　　　　　　　　　表1

序号	创优项目
1	荣获 2017 年中建总公司科学技术成果三等奖
2	荣获 2017 年中建总公司级工法一项
3	荣获 2016 年中建一局级工法一项
4	荣获 2016 年中国安装协会安装之星 BIM 应用一等奖
5	荣获 2016 年一局"先锋杯"BIM 技术综合应用竞赛（单项）应用三等奖
6	荣获 2017 年北京市建筑业联合会工程建设优秀质量管理小组一等奖
7	荣获 2017 年中国施工企业管理协会工程建设优秀质量管理小组一等奖
8	获得实用新型专利受理 2 项
9	在国家级核心期刊、省部级核心期刊发表学术论文 4 篇
10	完成科技成果鉴定 1 项，达到国际领先和国际先进水平
11	荣获公司技术课题二等奖 1 项
12	完成施工技术总结 6 篇

2. 工程实施技术效果

工程实施过程中，项目管理团队注重技术总结，实施并参与编制了《中国尊项目核心内筒预制立管成套施工技术》，荣获 2017 年中建总公司科学技术成果三等奖。

3. 工程综合评价

Z15 中国尊高区空调的机电模块化预制技术，属于国内领先国际先进的施工技术，技术质量要求较高，项目部通过精细的前期技术策划及严格的过程质量管控，在借鉴类似系统形式的项目管理经验上，创新总结优质高效的完成合同建设目标的同时，也得到了业主及其他工程参与单位的一致好评。

绿色智慧铸精品　七彩工程树标杆

——中建一局集团建设发展有限公司达实大厦改扩建项目施工总承包工程

孙若晖　王　亮　王天峰　翟景鑫　彭纯昌　孙　宇

【摘　要】 深圳达实大厦改扩建项目施工总承包工程作为深圳市的重点项目，在项目管理过程中始终坚持"精心策划、科技引领、绿色施工、智慧建造"的原则，创新项目管理理念，形成了独具特色的"七彩工程"项目目标管理体系，大力开展建筑业创新技术的推广应用，整个施工过程高质量地完成了各项施工任务，确保了工程如期交付使用，全过程无安全事故，圆满完成了各项管理目标。

【关键词】 技术创新；绿色智慧；过程控制；总包管理

一、项目成果背景

1. 工程概况

达实大厦改扩建项目位于深圳市南山区高新科技园南区，周边汇聚了中兴、联想、腾讯、百度等大型知名企业。达实大厦高 199.85m，主楼地上 40 层，裙楼地上 2 层，整体地下 4 层。该大厦功能为高档的智能写字楼，占地面积 11195m^2，总建筑面积 88805.66m^2。

在这个不足 10 万 m^2 的超高层、广视野甲级写字楼的全生命周期中，将广泛使用 DAS e cloud、BIM＋IBMS＋FM、一卡通平台＋APP 技术，堪称国内第一个实现了低碳设计、绿色施工、智能运维以及全生命周期信息管理的绿色、智慧大厦。达实大厦的建筑设计、施工、运维上严格执行美国"LEED"标准，符合《绿色建筑设计标准》DB33-1092—2016，按照美国 LEED-CS 认证最高等级铂金级、中国绿色建筑认证最高等级三星级、深圳绿色建筑认证最高等级铂金级打造，中国首座超高层"双标准、三认证"绿色建筑，中国首个建筑节能科普教育基地、国内绿色建筑的引领者（图1）。

图 1　项目效果图

2. 项目团队

达实大厦改扩建项目施工总承包工程项目部汇集中建一局集团建设发展有限公司精英团队，骨干成员参加过巴哈马大型海岛度假村、深圳平安金融中心等重点工程建设，具有丰富的施工管理经验。

3. 选题理由

（1）本工程位于深圳高新园区，地处粤港澳大湾区核心区域。周边办公楼、学校、交通道路密集，临近地铁，施工场地狭小，对科技创新、安全质量控制、施工组织等综合管理能力提出重大考验。

（2）本工程为深圳市重点工程，工期短（仅730天），管理目标要求高。

（3）通过项目的优质履约，为业主铸造国内首栋"双标准、三认证"绿色智慧超高层建筑标杆，提高企业的品牌信誉度，培育了一支优秀的项目管理团队。

4. 实施时间

如表1所示。

表1

总实施时间	2016年8月27日～2018年6月14日
分段实施时间	
项目总体管理策划	2016年8月～2017年6月
管理措施实施	2016年8月～2018年6月
过程检查	2016年8月～2018年6月
取得成效	2016年8月～2018年6月

二、项目管理及创新特点

1. 项目管理重点

本工程施工期间专业众多，工序复杂，衔接紧密，施工场地狭小，高峰期施工人员众多，施工总承包单位需要高效有序地组织各专业施工，加强过程控制，建造"绿色智慧"的精品工程，作为国内首座"双标准、三认证"绿色智慧超高层建筑标杆，业主对建筑质量和施工管理水平要求高，在本项目实施过程中始终贯彻中建一局"5.5精品生产线"管理模式，从目标管理、精品策划、过程控制、阶段考核、持续改进5个步骤为时间轴，从人力资源、劳务、物资、科技和安全五个维度保障工程建设高效运行。

2. 项目管理难点

（1）现场施工场地狭小

本项目现场尤其特殊性，现场北侧为已建并投入使用的达实智能大厦，西侧有正在运营的地铁1号线，地铁基坑与本工程基坑之间的净距不到10m，南贴软件园的停车场，形成三面包围的局面，仅东侧场地较为开阔，这种情况使得本工程的总平面布置有诸多难点。

（2）内支撑拆除

本工程基坑深度达20m，主楼区域设有三道环撑，裙楼区域设有三道对撑。现场北侧为已建并投入使用的达实智能大厦，西侧有正在运营的地铁1号线，地铁基坑与本工程基坑之间的净距不到10m。复杂的周边环境使得本工程的内支撑拆除工作显得尤为关键，若拆除不当，则会影响到既有办公楼的使用和地铁1号线的运营；同时，拆撑过程中所产生的噪声、粉尘也会对既有办公楼产生不利影响。必须慎重选择拆撑方式和时机，并做好相应的保护措施。

（3）测量误差控制难度大

施工中的误差不可避免，非超高层的建筑，这种误差的影响较小；而超高层则随着高度的增加，误差的控制难度越来越大，误差的影响也越来越大。为了保证超高层的施工质量，减少施工废料，测量工作将变得重要。

（4）高大模板支撑区域多

本工程-1F、1F、6F、架空层、避难层、屋面花架层的层高较高，支撑架的支设高度均超过4.5m，属于超过一定规模的分部分项工程，根据住建部2009年87号文内容，上述部位的模板支撑都需要进行专家论证。事实证明，高大模板存在较大的安全隐患，应作为安全管理的重点关注对象。

（5）质量管理目标要求高

本工程质量管理目标达到广东省优质工程奖，争创国家优质工程奖。绿色施工目标为确保LEED铂金级认证；国家绿色建筑三星级认证；深圳绿色建筑铂金级认证；住房城乡住建部绿色施工科技示范工程。这对施工质量和绿色施工管控要求较高，施工紧紧围绕"四节一环保"开展设计工程的重点。

3. 项目管理创新特点

（1）管理目标

如表2所示。

管理目标　　　　表2

序号	目标类别	目标内容
1	质量目标	广东省优质工程奖，争创国家优质工程奖
2	文明施工目标	广东省房屋市政工程安全生产文明施工示范工地
3	绿建目标	LEED绿色铂金级认证 国家绿色建筑三星级认证 深圳绿色建筑铂金级认证 住建部绿色施工科技示范工程

（2）创新特点

1）装配式轻质混凝土空心墙板施工技术

施工前经我司策划，并经建设单位和设计单位同意，将核心筒外走道200mm厚砌体填充墙调整为120mm厚轻质混凝土空心墙板。轻质混凝土空心墙板工厂预制，现场拼装，安装方便，极大增加了施工速度，减少人力物力的投入，施工作业面整洁，无需抹灰，可避免大量湿作业，整体效果好，产生建筑垃圾少，实现了绿色施工的目的。同时，可增加使用面积，本工程标准层层高为4.35m，每100m²轻质墙板可增加约2.76m²使用面积。效果图如图2所示。

2）施工现场太阳能、空气能技术应用

施工现场设置太阳能路灯，实现了照明用电的自给自足。可省去市电路灯高昂电费、长期不间断的

图2　轻质混凝土空心墙板

对线路进行检修费用，太阳能路灯安装方便，不需要架线或"开膛破肚"挖地施工，保护了原有土壤不被破坏。

工人生活区内设置空气能热水器，回收环境中空气热量，转化为加热水需要的热能，仅需消耗1/5的电量，即可产生4~6倍的能量，消耗能源是电热水器的1/4，煤气热水器的1/3，燃油热水器的1/3。另外，空气能热水器排放冷气，有利于缓减温室效应。空气能热水器可周转使用，为施工人员提供全年24h热水，施工人员身体健康及生活质量提供了保障，如图3所示。

3）复杂环境下超深基坑施工成套管控技术

本工程基坑深度达20m，基坑西面为地铁1号线，距基坑边最近处约8.3m，基坑北面的达实智能的基础承台边距基坑边最近处约2m，周边环境十分复杂。基坑开挖至地下室结构施工完成，采取一系列施工技术和监测手段，保证地下室施工过程中对结构自身及周边环境的安全，并达到绿色施工要求。

基坑围护结构采用钢筋混凝土咬合桩＋三道钢筋混凝土内支撑。地下室防水施工采用预铺反粘技术，地下室外墙施工采用单侧支模技术，内支撑拆除施工采用静爆＋机械拆除施工技术；根据施工情况对地铁、基坑和原办公楼等进行监测。

图3 空气能热水器

4）大型机械设备优化管理技术

本工程设置两台双笼施工电梯，分阶段投入施工，仅施工高峰期使用两台施工电梯，减少施工电梯不必要的租赁费用和电量的消耗，同时对各个梯笼停靠楼层进行明确划分，提高垂直运输效率。另外提前进行结构低区正式电梯的施工，验收后投入使用，缓减垂直运输压力。通过优化塔吊布置方案和施工电梯管理方案，充分的提高大型机械的使用效率，减少能源消耗，减少成本。

5）"三化"临时设施的功能拓展技术

本工程"三化"临时设施使用"面广量大"。施工现场内设置集装箱式医疗站、防汛站、消防微站，内部放置医疗用品、防汛用品、消防用品，分别用于完成每年度对施工人员的体检活动，确保施工人员身体健康；保证基坑排水顺畅，项目雨季施工顺利；确保项目无火灾。同时可随时准备为项目周边险情应急贡献力量，实现了临时设施功能的拓展。"三站"效果图如图4所示。

图4 "三站"效果图

6）BIM应用技术

项目建立BIM工作室，主要进行土建、机电模型深化，并进行整合审核，发现结构与结构、结构与机电专业、机电与机电专业之间的问题应及时解决。同时，BIM 中对机电构件进行放置和优化，BIM 调整后的管线不仅整齐、美观、布局合理，还充分考虑现场施工情况，方便支吊架安装施工及维修调试，确保现场施工开展流畅。BIM 应用如图 5 所示。

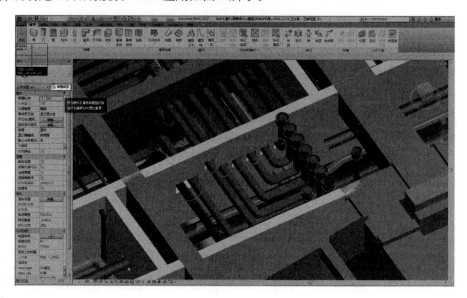

图 5　BIM 应用示意图

三、项目管理分析、策划及实施

1. 管理分析、策划

（1）建立管理体系，健全管理制度

根据项目特点和目标要求，集中人力、物力及财力等优势，选派有丰富施工经验、管理水平较高、责任心强的管理人员组建成项目管理团队，各专业人员配备齐全，全部持相应的有效证件上岗。针对本项目的管理特点，在企业已有管理制度的基础上，对项目管理制度进行补充和细化，建立运行高效的项目施工管理体系。

（2）精心策划、技术先行、流程控制、严格管理

从工程招投标、图纸会审、新技术应用、施工组织方案确定、技术交底、样板确定、过程控制、质量检查验收每一个环节入手，扎实做好技术准备，全面提升施工组织、方案、交底的针对性、指导性及可操作性，做到施工组织、方案要通过公司、项目进行精心策划后实施，做到工长、班组长及操作人员经过技术交底后进行施工。

（3）建立风险评估机制，控制施工风险

对于施工中涉及技术和安全的难点问题，主要是采取技术措施予以解决，对于施工现场狭窄、工期紧、交叉作业难以协调等问题，主要是采取组织管理措施来解决。

（4）明确项目建设目标——"建设七彩工程"

"建设七彩工程"项目管理目标体系是在项目领导班子精心策划，项目团队的集体智慧下形成的，策划形成七个颜色分别代表工程管理的七个方面：

1）蓝色品质工程：项目采用"5.5 精品工程生产线"的质量管理模式，以"过程"为理念，以"目标管理理论"为基础，以 PDCAS 循环为方法，从目标管理、精品策划、过程控制、阶段考核、持续改进 5 个步骤为时间轴，从人力资源、劳务、物资、科技和安全 5 个维度支撑和保障工程运行；

2）橙色安全工程：管理精细化、制度规范化、人员专业化、教育体验化、防护标准化、资金定向化、奖罚透明化；

3）银色科技工程："十大科技亮点"——天宝放线机器人、公共支架和抗震支架、新型防水系统、复杂环境下单侧支模设计、楼板激光整平技术、机器抹灰、焊接机器人在机电管线连接中的应用、机器人爬架防护体系、轻质墙板、超高层混凝土结构健康监测；

4）绿色工程：52项绿色施工技术；

5）紫色智慧工程：应用先进的设施、软件、管理方法，包括有施工人员实名制系统、人脸识别系统、工地语言提示、施工环境监测系统、全方位的监控系统、施工水电自动计量系统、APP软件、二维码、bim综合应用等；

6）红色幸福工程：职工之家、职工阅览室、职工理发室、职工医务室、定期放映电影、生活区WiFi全覆盖、生活区空气能热水器、生活区宿舍配备空调。项目部管理人员组织户外拓展、篮球比赛、集体生日等活动，增强项目履约团队的凝聚力。

7）金色人才工程：重用人才建造好项目，利用项目锤炼好人才。项目团队重视后备人才的培养。

2. 管理措施策划实施

（1）项目管理策划实施采用项目提炼的"七个工具"：

1）"一带、一路、三区"：施工现场设置绿化带，合理布置施工道路，布置生产区、办公区、生活区。

2）标化建设"三站三馆"：施工现场设置医疗站、防汛站、消防微站、安全教育馆、安全体验馆、智慧体验馆。

3）治安管控"六会三课"：为保证项目实施过程中的质量和安全，定期召开班子会、生产会、班前会、安全会、交底会、观摩会、培训课、研讨课、体验课。

4）"以茶会友"：茶文化融入到项目中，与建设单位、监理单位沟通更加顺畅。

5）现场管理"三整一改"：定期对施工现场进行整理、整顿，保持整洁，达到不断持续改进的目的。

6）客户管理"统一战线"：以业主角度去打造精品工程。

7）进度管理"时空分析"：以时间为横轴，楼层为纵轴，分析各个专业的交叉和施工情况。

（2）管理保证措施

推行目标管理：将总计划目标分解为分阶段目标，分层次、分项目编制年度、季度、月度计划。与劳务队伍、专业承包商、独立承包商签订责任目标，进一步分解到季、月、周、日，并分解到队、班、组和作业面。

建立例会制度：每周一至周五下午召开工程例会，找出进度偏差并分析偏差的原因，研究解决措施，每日召开各专业碰头会，及时解决生产协调中的问题，不定期召开专题会，及时解决影响进度的重大问题。

建立现场协调会制度：每周召开一次现场协调会，通过现场协调会的形式，和业主、监理单位、设计单位、劳务队伍、专业承包商、独立承包商一起到现场解决施工中存在的各种问题，加强相互间的沟通，提高工作效率，确保进度计划有效实施。

（3）细致管理—质量保证

1）质量意识

① 强化创优意识

项目经理部全体员工进行质量意识培训，使创优质工程的意识树立在每个员工的心中。项目经理部通过各种宣传教育手段把创优质工程的意识贯穿到每个操作人员。

② 全员质量意识培训

增强全体员工的质量意识是创过程精品的首要措施。项目确立每周组织一次质量讲评会，同时对分包管理人员进行质量意思教育，组织人员到创优项目观摩学习来提高项目员工的质量意识。

2）质保制度

为保证工程质量目标的实现，自开工之日起，项目坚持落实以下质量保证制度：

① 坚持全员质量教育制度，增强质量意识；

② 坚持样板制引路制度；
③ 技术交底制度；
④ 制订项目质量奖罚制度、设立质量通告栏；
⑤ 开展挂牌施工制度；
⑥ 质量会诊制度。

3）管理流程

项目质量目标的实现，必须以合理、有效质保体系为基础，因此，项目在结合企业的管理特点和项目的机构设置建立了"一级设计、三项检查、两级管理、一级监控"的质保体系和管理模式。

一级设计：方案预控，工艺、质量标准设计；

三项检查：分包质量监督员组织三检（自检、互检、交接检）；

二级管理：分包责任师、总包责任师过程管理；

一级监控：项目质量总监产品过程监督和最终控制。

(4) 现场履约—安全文明先行

1）建立三级安全保证体系。项目部成立专门的安全领导小组，工地设立安全监督小组，班组设置安全员，形成健全的三级安全保证体系。负责工地日常的安全工作，定期组织安全检查。

2）健全安全生产责任制、安全生产管理制度。明确各管理人员、施工人员和生产工人在本工程中的安全责任。总包与分包签订了安全文明施工、治安消防保卫协议书，并与结构施工单位签订了塔吊使用安全协议书、临时用电安全协议等；实行了安全抵押金制度。

3）强化安全教育。坚持"三级安全教育"制度，规范"三级安全交底"制度，施工中坚持"班组安全活动"制度。

4）改善施工劳动条件。积极改进施工工艺和操作方法，改善劳动环境条件、减轻劳动强度，消除危险因素。

5）实行人身安全保障。所有施工人员参与人身安全保险。

6）加强施工安全监控。及时反馈检测信息，进行科学的信息化施工，确保施工安全（包括地面建筑物、道路、地下管线安全、气象信息等）。

7）文明施工方面，主要采取以下措施：建立教育制度、建立文明施工责任区制度、建立文明施工定期检查制度、建立文明施工奖罚制度。

3. 过程检查控制

(1) 安全过程检查

项目部根据施工规范及公司CI标准制定出各工序安全检查标准，施工过程中严格按照标准对各个工序进行检查验收；除每日安全巡视外，项目安全部采取定期和专项检查的方式对施工过程进行控制，对检查出的问题进行整改并复查；对分包管理体系和安全生产进行指导，使其符合总包的安全管理要求。

(2) 质量过程检查

1）严格按照施工图纸、规范要求和施工方案进行质量验收。

2）原材料采用分类挂牌管理，并由专人负责管理验收，确保每一批原材料进场都是经过检验合格后投入使用。

3）实行"三检制"和检查验收制度，在施工过程中，坚持做好每一道工序的质检工作，并对检查验收合格后的工序做好记录。

(3) 进度过程检查

每周一至周五下午组织工程例会，核实工程进度计划完成情况，分析进度偏差原因，确定调整措施，从而保证工程总体施工计划。

(4) 成本过程检查

项目部对工程量进行计量，每月对施工成本进行核算，并与成本计划进行对比，如有偏差，分析原因，并由项目经理会同项目班子成员协商制定整改措施。

四、管理效果评价

1. 质量效果

于 2018 年 3 月 6 日顺利通过了深圳市建设工程优质结构工程的复查，且顺利通过了广东省优质结构工程的初验。

2. 绿建效果

于 2018 年 1 月 21 日顺利通过了"住建部绿色施工科技示范工程"的中间检查工作，得到与会专家组的一致好评。

已获得 LEED 铂金级预认证、国家绿色建筑三星级认证。LEED 预认证证书如图 6 所示，国家绿色建筑三星级认证如图 7 所示。

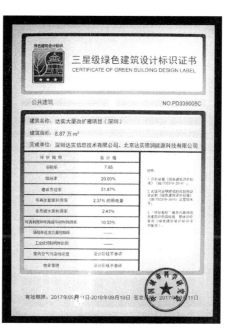

图 6　LEED 预认证证书　　　　　　图 7　国家绿色建筑三星级认证

3. 安全文明效果

已获得 2017 年度上半年深圳市安全生产文明施工优良工地奖项，且于 2017 年 12 月 2 日顺利通过了广东省房屋建筑工程安全生产文明施工工地的复查验收。如图 8 所示。

图 8　安全生产文明施工优良工地证书

4. 经济效益

如表 3 所示。

表 3

序号	项目	实际值		具体项目
1	实施绿色施工的增加成本	100 万元	一次性损耗成本 20 万元	宣传展板、LED 灯、节水设备、降尘措施费等
			可次使用成本 80 万元	安全体验设施、防护设施、围挡、临建设施等
2	实施绿色施工节约的成本	225 万元	环境保护措施节约成本为 20 万元	采用节水型降尘设备
			节材措施节约成本为 135 万元	轮扣支撑体系节约 10 万元
				可周转临建设施节约 8 万元
				轻质隔墙板节约 20 万元
				地下室防水节约 20 万元
			节水措施节约成本为 15 万元	泵送及车辆冲洗用水循环利用、节水器具
			节能措施节约成本为 35 万元	现场及办公照明采用 LED 节能灯、太阳能路灯、空气能热水器
			节地措施节约成本为 20 万元	地下室外墙单侧支模体系、办公区绿化利用原有植物
3	前两项之差	节约 125 万元,占总产值 0.95%		

5. 社会效益

项目部自开工伊始,积极贯彻绿色施工理念,受到业主和监理的一致好评。2017 年 5 月 24 日,深圳市南山区相关领导莅临达实大厦改扩建项目考察指导,并到项目施工现场查看施工情况,对现场文明施工状况赞赏有加,同时对项目危险性较大的高支模表示关注,要求项目高度重视,再接再厉,为南山区贡献一座绿色、安全、科技的大厦。

2017 年 6 月 8 日,我公司与达实智能股份有限公司(以下简称"达实智能")签订了战略合作协议,为公司在智慧医院、智慧建筑项目的建设开展奠定了广阔平台。达实智能董事长刘磅表示"在建中的达实大厦,是达实智能为推动绿色建筑智慧大厦的标杆。贵公司达实大厦项目团队的优秀履约表现让我们对一局发展公司的实力有了信心,项目建设中的一系列绿色施工举措,也与达实大厦的'双标准,三认证'目标相匹配,希望双方以达实大厦项目为基础展开战略合作,共同发展。"图 9 为公司与达实智能股份有限公司签订战略合作协议。

图 9　公司与达实智能股份有限公司签订战略合作协议

首创北京小盾构水务管道施工方法
智慧引领建设海绵城市工程

——北京城建集团土木工程总承包部马家堡西路等三条管线工程项目

杨金钟　刘　磊　田利锋　李文峰　马军英　张世辉

【摘　要】　随着北京市南部地区的城市人口和城市建设的较快发展，城南既有再生水厂已不能满足污水处理及再生水利用的需求，为缓解城市南部地区污水处理压力，按总体规划建设槐房再生水厂（北京市第一座全地下水厂，也是目前亚洲最大的主体处理工艺藏于地下、地上为湿地保护区的再生水厂）。北京市丰台区马家堡西路等 3 条再生水及污水管线工程（简称槐丽管线）是槐房再生水厂配套输水工程，达到污水处理及再生水利用之目的，是落实首都生态文明建设的重要举措。项目团队在施工全过程以科学的管理方法及措施，圆满完成各项管理目标，完成了污水及再生水管道施工，完成了北京市首次将 4.2m 小盾构用于给排水工程项目建设，为今后类似水务工程建设提供了借鉴。

【关键词】　科学的管理方法及措施；水务工程；小盾构

一、背景及选题

1. 工程背景

槐房再生水厂工程是为落实《北京市加快污水处理和再生水设施建设三年行动方案》的建设项目，同时是落实首都生态文明建设的重要举措。

北京市丰台区马家堡西路等 3 条（柳村路东～槐房再生水厂）再生水及污水管线工程（简称槐丽管线）是槐房再生水厂配套输水工程，设计再生水管线设计管径为 DN1800mm，水源为槐房再生水厂，再生水用户为丽泽金融商务区，管道输水能力为 30 万 m^3/d；进水规划流域范围西起西山八大处，东至展览馆路，北起长河，南至丰台，并包括花乡、卢沟桥乡、石景山乡部分乡域地区，规划流域面积约 120.6 平方千米。

2. 行业背景

随着城市化进程的提速，国家海绵城市及地下综合管廊建设步伐逐步加快，地下管线的建设也大规模推进。由于城市地下空间管线纵横、容量有限，大面积开挖已不可能实施，受既有建（构）筑物和有限空间的限制，出现了大量复杂线型（如小半径、大纵坡）或复合近接（小净距、下穿铁路、立交、叠交）的隧道工程。

具转弯灵活、可实施性、高效、快速、安全等众多特点的小直径盾构优点凸显，在给排水、电力、燃气、综合管廊等领域开始广泛应用，盾构施工越来越多的应用于市政管线建设中。

3. 工程概况

北京市丰台区马家堡西路等 3 条（柳村路东～槐房再生水厂）再生水及污水管线工程，位于北京市丰台区，2015 年 3 月 1 日开工，2017 年 8 月 15 日竣工，主要参建单位如表 1 所示。

本工程沿京九铁路桥东南四环路北辅路向东，在马家楼桥区向北绕行穿越京开高速，在京开东侧路处向南穿越南四环路主辅路至南辅路南侧绿化带，沿南四环路南侧至马家堡西路，沿马家堡西路东侧向南入槐房再生水厂。

主要参建单位　　　　　　　　　　　　　　　表1

建设单位	北京城市排水集团有限责任公司
设计单位	北京市市政工程设计研究总院
监理单位	北京北咨工程管理有限公司
监督单位	北京市公用工程质量监督站
施工单位	北京城建集团有限责任公司

污水管道和再生水管道双线并行，总长度7.1km，隧道主要采用盾构法施工，投入龙、凤号两台4.2m外径盾构机施工，其中盾构法隧道全长4.72km；不具备盾构施工条件的部分隧道采用暗挖法施工，长度2.38km。其中盾构竖井10座，暗挖竖井14座，其中盾构和暗挖共用竖井4座，图1为工程总平面图。

图1　工程总平面图

暗挖隧道开挖断面尺寸4500mm×3900mm，二次结构内净空尺寸3200mm×2600mm，管道覆土8.2～15.8m；污水暗挖隧道结构内喷涂2mm厚双组份聚脲防腐材料，再生水隧道内安装直径1800mm钢管。盾构隧道外径4000mm，内径3500mm，管道覆土7.0～20.1m，污水盾构隧道内浇筑200mm厚钢筋混凝土二次结构，再生水盾构隧道内焊接1800mm钢管。暗挖竖井、盾构始发井、接收井、盾构检查井等均采用直槽施工。

4. 选题理由

(1) 本工程为槐房再生水厂配套管线工程，是为落实《北京市加快污水处理和再生水设施建设三年行动方案》的建设项目，同时是落实首都生态文明建设的重要举措，是重要的民生工程，也是北京市将4.2m直径盾构机首次应用在给水排水工程项目建设中。

(2) 本工程开工建设以来吸引了60余家单位700余人次的参观、交流，无论从社会影响程度方面，还是工程建设规模而言，其施工管理实践活动都是值得总结的。

(3) 本工程施工标准高，确定质量目标为北京市政基础设施结构长城杯、竣工长城杯、争创国家级奖项；文明施工目标为北京市绿色安全样板工地；建好本工程对我单位在水务工程发展具有重要的意义，承建本工程既是一种荣誉，也肩负着重大责任。

(4) 复杂环境下小直径盾构施工技术难度大，无可参考工程经验，进行技术攻关及科技创新，锻炼、培养技术研究型及应用型人才,打造"安全、绿色、智慧型工程"。

5. 实施时间

实施时间如表2所示。

实施时间表   表2

实施时间	2015年3月～2017年8月
分阶段实施时间表	
管理策划	2015年3月～2015年5月
管理措施实施	2015年3月～2017年6月
过程检查	2015年6月～2017年7月
取得成效	2016年3月～2017年8月

二、项目管理及创新特点

1. 项目管理重点与难点

(1) 本工程是北京市重点工程、民生工程,社会关注度高,由于工程的政治重要性和工程性质,为维护良好的企业形象、高质量完成建设任务是本工程项目管理的重中之重。

(2) 对外协调难度大,如何综合协调外部关系,合理组织各专业施工、工序转换是施工总承包管理、协调的重点。

1) 本工程施工竖井多、战线长、作业面广、设计施工专业和工序繁多;

2) 拆迁占地涉及南苑乡、花乡的槐房村、草桥村、黄土岗村,外协涉及北京市铁路局、丰台区园林局、北京公联工程、首发集团、市政处、城养中心、地铁运营单位及众多管线产权单位。

(3) 工程质量、安全绿色施工标准要求高。

1) 确保北京市市政基础设施结构长城杯和竣工长城杯金奖,争创国家级奖项;

2) 工程地理位置处于南四环路沿线,施工期间正值北京大气治理的关键时期,环保、绿色施工标准要求高。

(4) 工期紧、任务重,重要节点工期极其关键。本工程前期进场困难,为配合槐房再生水厂2016年6月30日试运行及设备调试、2016年12月30日污水隧道全线通水缓解小红门水厂运行压力、2017年5月30日汛期前向马草河退水保证小龙河安全度汛等重大节点目标采取多种措施保证施工工期,给业主递交了一份满意的答卷。

(5) 盾构和暗挖隧道穿越多处重大风险源,安全风险大。

如表3所示。

风险源汇总表   表3

序号	名称	风险等级	概述	权属单位
1	盾构隧道两次下穿南环铁路	一级	盾构机始发约60m后两次下穿丰双铁路(长度约50m,六条运营轨道)	北京市铁路局
2	盾构上跨地铁大兴线及下穿槐房西路	一级	盾构近距离(净距1.2m)140m小转弯半径弧线段上跨地铁大兴线同时下穿槐房西路	京港地铁\市政处
3	暗挖隧道两次下穿南四环主辅路	一级	污水、再生水双线暗挖隧道下穿南四环主辅路	北京公联公司
4	盾构、暗挖下穿马家楼桥区	一级	盾构和暗挖隧道下穿京开高速马家楼桥区主辅路	首发集团\公联公司\市政处
5	隧道侧穿天桥(城南嘉园、马家楼桥东、京九铁路东)	二级	盾构\暗挖隧道多次侧穿人行天桥	公联公司

(6) 盾构隧道和暗挖隧道施工难度大。

1) 双线盾构隧道存在 18 处≤250m 小曲线半径施工，施工难度极大，盾构线路存在多处小曲线半径施工，其中最小转弯半径为 140m，长度 300m，根据相关资料查询，目前国内无相关施工经验可参考，如何保证小曲线半径隧道正常掘进，如何保证施工质量，是盾构施工管理的重点和难点；

2) 盾构机 1.6km 长距离全断面砂卵石地层掘进及暗挖隧道拱顶粉细砂层施工；

3) 暗挖隧道 R＝15m 超小半径曲线初衬及二衬施工，再生水管道安装难度大。

2. 管理创新特点

（1）创新管理模式，实现资源统筹、优化配置

在总部（公司）大部制管理思路引领下，根据工程施工进展，在总部（公司）范围内根据施工进展合理调配各专业管理人员、施工机械设备，实现人、机、料等资源的最优化配置。

（2）4.2m 小直径盾构施工技术创新及应用

1) 在北京市水工隧道管线建设中引入 4.2m 小直径盾构机尚属首例，4.2m 小直径盾构机在机器结构尺寸，技术性能，始发、掘进、接收形式，竖井结构要求，超小半径转弯施工等多方面均与地铁盾构施工存在较大的差异。

2) 始发专用小型皮带机出土装置的研究与应用

盾构分体始发第一转接前，为加快出土速度，参考运粮皮带研究并使用小型皮带机出土，比正常小土斗出土提高速度近三倍，如图 2 所示。

图 2 盾构始发专用小型皮带机

3) 集成式膨润土膨化站的研究与应用

盾构机在砂卵石地层中掘进渣土改良尤为重要，添加膨润土是主要的改良措施。集成式膨润土膨化站的成功研究并应用提高了膨润土泥浆的制作效率，能够在短时间内制备符合渣土改良要求的优质膨润土，省去原有膨润土的发酵时间，集成式设计结构紧凑、占地面积小、运输方便。

4) 超小转弯半径施工技术

① 根据盾构转弯施工的主要特点及影响施工的参数，通过设定合理的掘进速度、土仓压力、千斤顶推力、注浆量、注浆压力和铰接角度等掘进参数；对转弯隧道提前进行转弯预控，控制盾构机姿态；并采取螺栓复紧、补注浆、加强监测和测量复核、电瓶车降速等辅助措施，确保小转弯半径隧道的正常施工。

② 根据盾构掘进参数在小转弯隧道段使用楔形量相同的 1200mm 和 900mm 两种环宽管片交替拼装，确保小转弯半径隧道正常施工，确保隧道施工质量。

③ 由于本工程存在 140m 的小半径，转弯掘进时确保转弯时足够的挖掘空间是保证盾构机顺利转弯的关键。设备制造期间对小转弯隧道施工进行了针对性设计，采用主动铰接形式，刀盘设置 2 把超挖刀，采用油缸驱动，最大超挖量 100mm，依靠设置合理的主动铰接角度，采用周边先行刀保证开挖直

径,并在刀盘外缘焊耐磨钢板,可达到超挖的效果。

(3)引进先进的暗挖施工机械设备

暗挖台车的投入使暗挖隧道的施工进度提高了2~3倍,大大加快了施工进度,为工期节点的实现奠定了基础,暗挖台车如图3所示。

图3 暗挖台车施工

(4)科技攻关、成果丰硕

1)项目成立QC活动小组,积极开展QC活动,针对性解决140m小转弯半径曲线段管片拼装质量等问题,有效的确保工程质量及安全,为工程创优奠定了基础。

2)根据项目特点,进行了《小直径污水盾构砂卵石地层掘进管片纵向受力研究》、《排水盾构隧道小半径曲线段综合技术研究》、《暗挖隧道二衬模架体系》等多个课题研究。

3)取得国家专利八项,其中实用新型专利七项,发明专利一项。

(5)绿色施工管理

在工程建设全周期内全面实施绿色施工,最大限度地节约资源与减少对环境负面影响,实现四节一环保(节能、节地、节水、节材和环境保护)。

发展绿色施工的新技术、新设备、新材料与新工艺,实现工程的绿色建造,与自然和谐共生、适应经济社会环境。本工程在应用科技、绿色施工方面积极推广应用了住建部发布的《建筑业10项新技术(2010)》中的十大项中共17个子项目,采用北京市建设领域百项重点推广项目共7项。

三、项目管理分析、策划和实施

1. 管理问题分析

根据本工程的重点和难点,综合考虑安全、质量、进度、成本等多项管理因素,确定本工程主要管理问题为施工进度及节点工期、安全文明施工、施工质量控制、盾构隧道掘进施工、全线重大风险源控制、污水隧道防水防渗漏、再生水管道安装等。

2. 管理措施策划

(1)确定管理目标:根据本工程施工状况和工期要求,充分熟悉施工图纸、工程规范和技术说明,针对施工图纸要求，结合本工程特点和我单位的综合实力，确定本工程的各项项目管理目标，项目管理目标如表4所示。

项目管理目标　　　　　　　　　　　　　　　　　表4

序号	项目	自定目标	实施难度及措施
1	质量目标	（1）质量等级：合同要求为合格。 （2）管理目标：争创北京市"市政基础设施结构长城杯、竣工长城杯"	本工程工序多、施工难度大、施工人员水平参差不齐，必须加强过程管理，加大施工作业人员的教育培训，实行样板引路制度，比能耐、学先进、赶进度、帮落后，齐抓共管，确保施工质量满足创优要求
2	工期目标	（1）总工期目标：按业主要求工期完成。 （2）节点工期：确保污水"2016.6.30"四环段通水配合水厂运营调试、2016.12.30污水隧道全线通水、再生水"2017.5.30"向马草河补水等节点目标	前期拆迁进场困难，后期工期压力大；合理安排工期，全力做好人员、机械、材料、设备的筹划，开展劳动竞赛，奖优罚劣
3	安全绿色施工目标	确保北京市安全文明工地，争取北京市绿色安全样板工地	确保施工现场安全文明施工要求达到样板工地标准，常态化管理
4	环境保护管理目标	确保施工噪声、粉尘不超过国家及北京市规定标准，废气、废水（液）、废弃物按行业标准处理。到达"绿色施工"要求	施工现场建设前充分考虑，做好周密的事前安排和过程管理
5	施工服务管理目标	（1）信守合约、密切配合、认真协调、做好总承包配合服务工作。 （2）接受业主、监理对质量、进度等方面监督与管理	做好本职工作，协调好与各方关系，融洽周边氛围

（2）总体策划思路：明确技术线路，深入分析工程特点，明确施工技术管控要点，制定针对性施工技术方案，针对本工程主要是突出机械化施工（小直径盾构、模板台车、暗挖台车）、突出标准化施工、突出总承包管理协调。

（3）创新管理模式：发挥集团优势，建立了集团、总承包部、项目三个层次的项目管理小组，充分利用集团各项优势资源，保证项目的质量、进度、安全、资金、材料等管理策划详细、有效和及时到位，并建立周、月例会制度，适时进行跟踪考核。

（4）引进先新设备（小直径盾构机、暗挖台车和二衬模板台车）：采用新材料（聚脲材料）等降低劳务作业难度，加快施工进度，从而降低成本。

3. 管理措施实施及过程检查控制

（1）技术管理措施

1）技术先行

开工前，根据施工现场的地质条件、场地特点、工程进度计划要求、工程技术特点做到以技术管理为主线，配合生产部门布置整个施工现场的临时道路、临时用电、临时用水及排水、垂直运输机械、加工场地、生活区等。

2）协调设计，发挥实践优势

主动和设计院对接，聘请有丰富现场施工经验的专家做好技术指导，技术部积极与设计进行沟通，优化设计图纸，合理调整施工工序，做到既便于施工，又不影响结构质量及安全。

3）方案可行，交底到位

编制施工方案前，充分考虑本工程的特点，编制切实可行的施工方案。虚心接受监理、业主审查，在初审意见的基础上进行修改，自始至终强化施工方案的优化工作，使施工方案能紧密结合工程实际，在现场施工过程中，遇到问题及时与设计沟通，调整施工方案。关键方案、关键工序召开专题技术交底会，确保参施人员掌握技术要点，交底人员做好现场指导与现场检查。

（2）工期管理措施

严格按照各级管理计划组织施工，确保各施工节点如期完成。制定总进度计划、年进度计划、月进度计划、周进度计划和日进度计划，以施工任务书的形式下达给各分包单位，检查未按计划完成施工的施工班组，加强施工作业的执行力。

1）投入合理的人力物力确保工期，材料方面确保钢筋、混凝土等主材的供应，增加作业班组，实现每个作业面都有施工，施工高峰期作业人员到达500人；采用机械化施工，提高施工效率。

① 全线隧道主要采用小直径盾构机施工，施工最快速度为20环/天。暗挖隧道初衬施工使用暗挖台车，提供了施工效率，相比人工施工速度提高一倍（人工开挖每天2m）。

② 盾构隧道二衬施工期间，为提高钢筋安装效率，我单位与设计单位共同研制定型钢筋网片。委托专业单位加工5套定型钢模板（包括弧形模板1.5套）、定制2台模板台车进行盾构隧道二衬结构施工；二衬流水施工速度最快能达到36m/d，如图4所示。

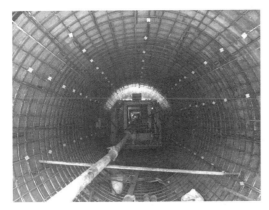

图4 盾构二衬隧道模板台车、定型钢模施工

③ 暗挖隧道二衬施工期间，我单位与专业单位共同研制加工6套定型钢模板（包括2套小半径弧形钢模板）；二衬拱墙结构流水施工速度达到40m/d，如图5所示。

图5 暗挖隧道定性模板施工

2）合理安排工期，严控节点工期

工程主要分为3大部分，污水隧道、再生水隧道、井室结构，并对各个部分进行详细划分：污水隧道：初衬施工（盾构、暗挖）、二衬施工、聚脲防腐喷涂施工、闭水试验；再生水隧道：初衬施工（盾

构、暗挖)、二衬施工（暗挖隧道）、管道基础施工、钢管焊接施工、水压试验；井室结构：围护结构施工、二衬结构施工、聚脲防腐喷涂施工、附属结构施工。

对各个部分、各个阶段进行细化节点，从日到周，周到月进行节点控制，施工节点只能提前，不能延迟，根据施工进度及时调整人员物质投入，从而保证节点工期。

3）分区管理，党员带头，责任到人

因本工程战线长、专业多、涉及作业队伍多，相互影响量大，现场相互协调量大，为加强总承包管理，分为三个工区分别管理（一工区：水厂至一号盾构接收井，二工区：暗挖隧道穿越南四环，三工区：二号盾构始发井至二号盾构接收井），党员带头、责任到人，并针对各个专业配备专业协调人员，减少各专业相互影响，加快施工进度，在施工现场，每天晚上召开施工协调会，现场办公，现场解决协调，营造施工紧迫感；在设计协调上，成立设计协调小组，提前介入，做好各专业施工技术准备，每周召开各专业设计协调会，发现问题，解决问题，并积极跟踪设计问题解决进度。

4）优化设计方案，合理调整工序

① 为配合槐房再生水厂2016年6月30日运行及设备调试需保证污水隧道局部通水（南四环至槐房再生水厂段）。一号盾构接收井由于拆迁滞后成为制约通水的关键节点，采取保证污水盾构先顶桩的非常规出洞施工技术保证为槐房再生水厂内附属结构施工腾退盾构始发井施工场地，盾构隧道内提前进行二次结构和管道安装施工；一号盾构接收井污水和再生水结构存在高差，先做污水侧结构通水后逆做再生水侧结构，保证污水隧道通水的节点工期。

② 为保证2017年5月30日向小龙河排水的目标计划，钢管内防腐由现场砂浆防腐改为进场前在厂家做好瓷釉防腐层，节省砂浆养护时间。

(3) 质量管理措施

建立以项目经理为组长的质量、管理体系，编制质量计划、创优策划、质量管理制度、原材料检验制度、施工现场管理岗位责任制、施工现场教育与培训制度、施工现场交底制度、施工现场检查制度等二十多项管理制度。

通过召开技术交底会议、采用双优化降低施工难度、编制切实可行的施工方案、实行样板引路制度、严把进场材料关、实施质量检查制度、召开质量通报会等措施，提高工程质量，保证进度。

(4) 安全、文明施工管理措施

1）加强三级安全教育

项目部按照北京市及集团公司的相关要求，组织多种形式的安全教育，设立农民工夜校、农民工大讲堂，对工人实行三级教育、班前教育、专题安全技术交底、观看警示片等形式，使人人懂安全，将施工安全理念入心入脑。

2）责任落实到人，提高安全意识

项目部与分包单位签订安全生产协议，制定安全生产管理制度。项目部聘任班组长为兼职安全员，交叉作业班组签订交叉作业安全管理协议。项目经理与管理人员签订《项目管理目标责任书》，并明确部门职责，安全生产责任制考核纳入阅读绩效考核。

3）现场标化管理

在大门入口处设置五图一牌、企业信条等，布置洗车池，设置各类标示牌、警示牌布置齐全。现场临边、洞口、楼梯、安全通道等全部采用公司统一的标准化防护栏杆。施工现场全封闭管理，设置门禁系统，进场工人办理门禁卡，凭证进出。

4）加强安全周检查、日巡查制度

每周一定为"安全质量检查日"，项目经理牵头，安全部门组织实施，各相关部门、分包、劳务班组参加，检查的重点为现场临时用电、洞口、临边防护、机械设备安全装置、高空、交叉作业、焊接作业、现场消防安全、以及吊装作业安全防护的检查验收等。

针对现场检查出的问题，要求"定人、定时间、定措施"进行整改，下发整改通知单，对于发现的问题，经现场复查都已按照要求整改到位，整改通知单都能及时回复，每周三为复查日。

5）成立文明施工小分队，实现绿色施工

施工现场临时道路、加工场全部硬化，并对裸露的地面进绿化、覆盖。在材料控制上，深化模板体系，采用钢管替代一部分木方，节约材料，同时对废旧木方进行接长处理，节约木材。施工现场照明全部采用 LED 节能灯，对噪声较大机械设置隔离罩，降低噪声污染和光污染，防止扰民。

成立文明施工队，每天对施工现场进行清理，现场配备洒水车进行洒水降尘，大门口设置洗车台，所有车辆清洗干净上路，利用施工降水施工养护用水、扬尘控制、车辆冲洗等。

四、管理效果评价

1. 社会经济效益

本工程通过采用新的施工工艺及施工方法，采用先进的施工机械，积极开展 QC 活动、进行科技成果研究等，为项目创造了可观的经济效益。项目管理团队要在技术攻关的同时，不断科研创新，通过各项专利应用、新设备的引进与应用，不仅加快了施工进度，也确保了施工的安全性，为完美履约奠定了坚实的基础，打造北京城建集团在市政工程管线建设领域的核心技术，培育了小直径盾构管理团队，提升了北京城建集团在市政管线建设新技术装备领域的知名度。

工程开工以来，北京市政府主要领导、市重大办、住建委科技促进协会、北京市建筑业联合会、北京市政工程行业协会、北京市非开挖协会、北京市公路学会、市政设计总院、热力设计院、北京城建设计发展集团、中国地质大学、北京建筑大学、北京交通大学、北京排水集团、交通委轨道处、中国市政工程协会、市规划局等 60 多家单位，700 余人次现场观摩；市委宣传部门选定本项目作为专门为市民开放的窗口；北京市人力社保局专家处组织北京学者计划专家委员会八名院士及专家与博士后工作处相关领导、工作人员，考察槐房再生水厂工程和进退水管线建设情况，对采用小直径盾构建设配套管线的施工组织能力和技术创新优势给予充分肯定；北京市委宣传部组织北京日报、北京电视台等 15 家北京市属媒体对工程情况进行集体采访，现场召开了新闻发布会。如图 6、图 7 所示。

图 6　北京市属媒体集体采访

2. 管理效果评价

（1）本工程顺利通过了北京市市政基础设施结构长城杯验收，并获得结构长城杯金质奖。

（2）本工程获得 2017 年北京市绿色安全样板工地。

图 7 北京电视台报道小直径盾构始发

3. 科技成果

(1) 本工程共取得了 8 项国家专利,如表 5 所示。

专利统计表　　　　　　　　　　　　　　　　表 5

序号	专利名称	专利类别	专利号	取得效果
1	一种集成式膨润土膨化站	实用新型	ZL 2016 2 0483490.X	占用面积小、运输方便,制备膨润土浆液效率高,时间段,满足工程进度要求
2	一种集成式膨润土速效膨化站的电控装置	实用新型	ZL 2016 2 0483534.9	提高膨润土制作效率,达到随用随制的效果
3	一种标准化隧道用低压照明系统	实用新型	ZL 2016 2 0538070.7	施工安全、美观,检修方便
4	一种混凝土管片托架	实用新型	ZL 2016 2 0585220.X	占用面积小、运输方便,挪动效率高,安全性高
5	一种小型便捷式管片平板运输车	实用新型	ZL 2016 2 0628361.5	高效、快捷运输管片,缩短运输时间,加快施工进度
6	一种小型盾构分体始发用软枕	实用新型	ZL 2016 2 0645670.3	安拆快捷,施工高效,原材采用工程小料,节约成本
7	用于临时转接使用的高效率渣土输送系统	实用新型	ZL 2016 2 0826067.5	提高施工效率,加快施工速度
8	用于临时转接使用的高效率渣土输送系统	发明专利	ZL 2016 1 0622280.9	盾构始发阶段,提高施工效率,加快施工速度

(2) "排水盾构隧道小半径曲线段综合技术研究",通过专家鉴定评审达到国内领先水平。

(3) "小直径盾构砂卵石地层掘进过程管片纵向受力研究及应用"项目获得集团公司 2016 年科技进步二等奖。

(4) "提高 140m 小转弯半径隧道管片拼装质量" QC 成果获得北京市市政行业 QC 成果一等奖,

"龙凤呈祥 QC 小组"被评为全国市政工程先进质量管理小组。

（5）发表论文两篇，"浅谈小直径盾构分体始发下穿铁路施工技术""小直径盾构施工中对小转弯半径隧道管片拼装质量的管控"。

结束语：槐丽管线工程在施工过程中，以小直径盾构施工为主线，以精心策划、严控施工质量、建设优质水务工程的理念带动现场管理，取得了丰硕的管理成果，积攒了宝贵的经验，取得了良好的经济效益和社会效益，社会影响力巨大，维护了北京城建集团品牌形象，赢得了广泛的社会信誉，也为北京市的碧水蓝天、环境治理作出了贡献，体现了大型建筑国企的社会责任，为今后类似工程的管理提供借鉴、参考。

科技创新双优化　助推提质增效

——中建一局集团第二建筑有限公司绿色印刷包装产业技术科研楼工程项目

崔高宇　李逢春　邓继文　王玉宏　姜玉超　张　锐

【摘　要】绿色印刷包装产业技术科研（实习、实训）楼工程在项目管理中注重前期策划和设计、方案优化，通过科技创新提升工程质量，精心策划施工节点，为项目创效。

【关键词】策划；设计优化；方案优化；质量管理；工作效率；创效

一、项目成果背景

1. 工程概况

绿色印刷包装产业技术科研（实习、实训）楼工程位于北京市大兴区兴华北路 25 号。筏板基础，框架剪力墙结构，建筑面积 59988.89m²，建筑层数，主楼地上 15 层，裙楼地上 5 层，地下均为 2 层，建筑层高，A 区主楼 59.95m、B 区裙楼 21.95m。工程造价，2.24 亿元。工期目标，2014 年 4 月 6 日开工，2017 年 12 月 25 日竣工（图 1）。

图 1　工程效果图

2. 选题背景

绿色印刷包装产业技术科研（实习、实训）楼工程是集办公、教学、科研一起的综合楼，是北京印刷学院的标志性建筑，也是北京印刷学院的收官之作，得到学院领导的高度重视。在工程前期，项目部致力于科技创新助推提质增效的管理理念，提前策划，制定详细科技创新工作计划，在工程施工准备阶段及施工阶段进行了设计优化和方案优化，同时过程中加强对数据的收集分析，进行做法优化，在工程工期、质量、技术、安全等项目管理中效果显著，实现了策划目标。

随着建筑市场的持续发展，市场竞争日益激烈，对建筑施工企业的施工工期、质量、安全以及绿色施工提出了更高要求，要想在竞争激烈的建筑市场中更好地可持续发展和发挥竞争优势，就必须提升企业的管理水平、科技水平和核心竞争力，就必须不断地进行技术创新和管理创新。提高工人劳动效率，大力发展科技创新助推提质增效的精细化管理已成为企业发展的新动力。

3. 选题理由

绿色印刷包装产业技术科研（实习、实训）楼工程对北京印刷学院具有深远的意义，对工程质量、安全以及绿色文明施工具有较高的要求，本工程计划申报北京市建筑长城杯金奖、北京市绿色安全文明工地以及绿色施工科技示范工程，对项目精细化施工管理提出了更高的要求。

4. 实施时间

本工程于 2014 年 4 月 6 日开工，2017 年 12 月 25 日顺利通过四方竣工验收，如表 1 所示。

实施时间　　　　　　　　　　　　　　　　　　　　　　　表 1

	总实施时间	2013 年 11 月～2017 年 11 月
分段实施时间	项目总体管理策划	2013 年 11 月～2014 年 04 月
	管理措施实施	2014 年 04 月～2017 年 07 月
	过程检查	2014 年 05 月～2017 年 07 月
	取得成效	2014 年 05 月～2017 年 11 月

5. 项目管理目标

本工程在项目策划阶段便制定了较高的工程管理目标，通过详细策划、精心组织施工，各项管理目标正逐步一一实现，各项管理目标如表 2 所示。

管理目标　　　　　　　　　　　　　　　　　　　　　　　表 2

	类别	内容	备注
项目管理目标	质量目标	北京市结构长城杯金奖	已获得
		北京市建筑长城杯金奖	申报中
	安全文明施工目标	中国建筑 CI 金奖	已获得
		北京市安全文明工地	已获得
	科技示范	住房和城乡建设部绿色施工科技示范工程	中期验收已通过
	工期目标	满足业主工期要求	按期完成

二、项目管理重难点及策划

1. 管理重难点

如表 3 所示。

管理重难点　　　　　　　　　　　　　　　　　　　　　　表 3

质量控制	分析	本工程作为北京印刷学院标志性的建筑，对工程质量要求较高，质量目标为北京市结构长城杯金奖、北京市建筑长城杯金奖；精心设计、层层把关，确保质量目标的实现是本工程的重点。
	应对	1. 从优化设计和优化方案开始，采用新技术、新工艺、新材料、新设备进行精心策划，确保工程质量目标； 2. 强化质量预控和过程控制，消除质量通病； 3. 分解、量化总体质量目标
基坑支护	分析	1. 本工程基坑开挖深度最大为 12.25m，为深大基坑。土方工程量大，而且只有一个出口，土方运输困难，土方施工噪声大，对周边环境影响大是本工程难点； 2. 地下室结构和外墙卷材防水工程以及肥槽回填土正好在雨期施工，也是本工程的难点之一
	应对	1. 基坑采用桩锚和土钉墙锚杆两种支护体系，设置二层预应力锚杆。桩间土层采用钢筋网喷射混凝土护面。 2. 在护坡桩顶布置基坑顶边水平位移监测点，每天一次，位移稳定以后每三至七天监测一次，直至基坑回填。 3. 加强雨水排放措施，基坑边砌挡水台，防止场区雨水灌入基坑，基坑内设排水沟和集水井，收集坑内雨水，潜水泵抽水

续表

大体积混凝土施工	分析	1. 本工程为板式筏基，主楼基础底板厚度为1400mm（核心筒部位为1900mm），主楼和裙房交接处底板厚度为2900mm，裙楼基础底板厚度为800mm，混凝土浇筑体量大； 2. 如何合理选择混凝土配合比，加强养护保证混凝土不出现有害裂缝； 3. 如何组织附近搅拌站资源、协调周边交通、制定浇筑方法以保证大体积混凝土浇筑成为本工程一大难点
	应对	1. 为了确保底板混凝土不出现施工冷缝，所以采用斜坡分层浇筑技术，底板分层浇筑； 2. 底板混凝土浇筑完毕及时采取覆盖洒水养护措施； 3. 混凝土进行测温控制，将温差控制在规范要求范围以内； 4. 优选混凝土搅拌站，选择长期合作，信誉好，就近的搅拌站； 5. 提前组织、部署、安排、制定浇筑方案，设计行车路线、协调周边交通、确定出入口位置、泵车位置、罐车数量等

2. 科技创新管理策划

如表4所示。

管理策划　　　　　　　　　　　　　　　　　　　　　　　　　　　　　表4

施工准备阶段的管理策划	在施工准备阶段，及时与设计院沟通交流，了解设计意图，对一些复杂的设计以及施工困难的节点进行优化建议
施工阶段的管理策划	通过科技创新和建筑业十项新技术应用，对工程特殊部位的节点做法进行施工优化以及工具式、标准化做法的推广，确保工程质量，提高劳动效率，最终达到降低施工成本的目的

通过采用新技术、新工艺、新材料、新设备等方式实现设计优化和方案优化；通过技术创新，提高劳动效率，达到提质增效的目的；通过项目的精细化管理，达到节约成本的目的，为项目创效

三、项目管理分析、策划和实施

1. 设计优化

（1）防水材料优化

如图2所示。

基础防水与屋面防水原设计图纸为PET自粘防水卷材，由于本工程基础施工处于冬季，为了保证施工质量，有效改善冬季施工的防水性能，在施工阶段项目部对防水材料进行了设计优化，将防水材料改为SBS高聚物改性沥青防水卷材，重新进行认价，实现扭亏为盈的目的。

（2）屋面保温做法优化

如图3所示。

图2　防水卷材施工　　　　　　　　　　图3　屋面保温层施工

本工程屋面保温及找坡层做法为挤塑聚苯板保温＋复合轻集料找坡层，通过对施工工艺进行优化，

并采用局集团施工工法,将"保温层+找坡层"改为泡沫混凝土"保温兼找坡层",实现扭亏为盈,通过屋面保温做法优化,为项目盈利。

(3) 砌筑材料优化

如图4所示。

砌筑材料原投标方案为蒸压加气块混凝土填充墙,在施工过程中项目进行了砌筑材料优化,改为BM连锁砌块,优化后不仅简化了施工工艺,相比原砌筑材料,墙体的平整度与垂直度更好,砌筑表面免抹灰,并经业主同意重新进行认价,为项目盈利。

2. 施工阶段的科技创新

(1) 方案优化

图4 BM连锁砌块墙体施工

1) 优化悬挑脚手架施工方案,将投标时3次钢梁悬挑双排脚手架改为2次钢梁悬挑双排脚手架。减少钢梁投入量和卸荷钢丝绳及埋件投入量(图5)。

2) 对投标深基坑支护方案进行修改及优化,由于业主对投标时给定生活区域、办公区域、局部加工场地进行调整,以此为突破口,将原投标时"北侧护坡桩支护+土钉墙支护"改为"东、西、北侧护坡桩支护+南侧复合土钉墙支护",并组织专家论证,得到业主认可(图6)。

图5 悬挑脚手架施工　　　　　　图6 深基坑支护

3) 梁板支撑体系次龙骨采用钢木组合梁,代替传统5×10木方,周转次数高,节约木材(图7)。

4) 梁板支撑体系采用承插型键槽式钢管支撑体系,支搭速度快(节省1/3搭设时间),缩短工期。支撑体系横杆代替传统10×10木方主龙骨,节约木材(图8)。

图7 钢木组合梁施工　　　　　　图8 承插架支撑体系

(2) 新技术应用

1) 通过使用调直、切断、弯箍一体机，起到了节能、节地、节省人工的目的，降低成本12万元（图9）。

2) 小直径钢筋马凳应用技术，避免现场焊接钢筋马凳，施工速度快，节省电能、节省钢筋、节省人工，通过使用成品钢筋马凳，为项目节约成本36万元（图10）。

图9 调直切断弯箍一体机　　　　　图10 小直径钢筋马凳

3) 施工现场LED照明技术，施工耗电量低，节约电能，照明效果好，使用寿命长，节约成本，通过使用节能灯，节电7.5万度，约7.3万元（图11）。

(3) 创新应用

1) 轨道式可移动钢筋加工防护棚

为解决钢筋加工场地狭小问题，项目部管理人员自行完成了本防护棚的设计、加工、安装等一系列工作，此项创新打破了传统做法，起到了节地、减少二次搬运、降低工人劳动强度、提高工人时效的作用。

工人在加工棚内完成钢筋加工以后，不需要将半成品钢筋搬运到加工棚以外，只需就地码放在棚内，当钢筋码放至一定数量以后，将钢筋加工棚沿轨道向两侧推开，塔吊吊钩落下，将加工好的钢筋吊出，再合上防护棚（图12）。

图11 LED灯　　　　　图12 轨道式可移动钢筋加工防护棚

2) "TPU薄膜+聚氨酯泡沫塑料"保水保湿养护膜

竖向混凝土养护一直是建筑行业未完全解决的问题，公司科技质量部在检查工作时向我项目部提出，是否能在此项问题上有所突破。为此，项目部科研创新小组经过多次开会、分析、研究，最后将海绵的强蓄水性和TPU的防水性相结合，合成一种新型养护材料，成功的用在了竖向混凝土构件的养护上。此项创新应用,共节约用水 500t,并有效降低了混凝土表面的碳化深度(图13)。

3)防遗撒混凝土泵管开闭阀

在浇筑混凝土前,先将此阀门安装在汽车泵或布料机泵管的出料口处,当一个区域的混凝土浇筑完成需要移动到下一作业区域时,先停泵,然后将挡板插入阀门内,即可拦截住管道内残留的混凝土。此项工具的使用,即保证了混凝土的浇筑质量,又控制了泵管内残留混凝土在移动路径上造成的遗撒,并有效起到了减少建筑垃圾的产生和节约建筑材料的作用(图14)。

图13 保水保湿养护膜

图14 防遗撒混凝土泵管开闭阀

4)自流式混凝土卸料池

在二次结构构造柱、过梁等混凝土施工时,传统的方法是将商品混凝土卸在砖砌混凝土池内,工人再用铁锹将混凝土装入小推车,运往施工区域,费时费力。而采用此混凝土池,工人只需要将推车推入出料口下方,打开混凝土池闸门,混凝土因受重力自然流出,降低了工人二次倒料的劳动强度,提高了工效(图15)。

5)外用电梯自翻式过道平台技术

外用电梯过道平台采用传统方式搭设不仅材料成本相对较高,人工成本也很高,而项目采用先进的带有自翻式过道平台的外用电梯,将过道平台和外用电梯结合为一个整体,省去了搭设外用电梯防护架的费用,既经济又安全,本技术为公司既有专利,通过引用该技术为项目节约成本3万元(图16)。

图15 自流式混凝土卸料池

图16 外用电梯自翻式过道平台技术

四、项目管理效果评价

1. 质量方面

本工程施工质量受控,各项工程质量验收为优良。

本工程已获得2016度北京市结构长城杯金奖；顺利通过住建部"绿色施工科技示范工程中期验收"，顺利通过"中国建筑股份有限公司质量管理考核"，并取得94分的优异成绩，代表北京市，迎接住建部"工程质量治理两年行动专项检查"，并获得好评。获得2017年度北京市优秀QC成果一等奖，正在组织申报北京市建筑长城杯。

2. 安全方面

安全文明施工受控，施工期间无重大安全事故，零伤亡。

获得北京市文明安全工地；获得中建总公司CI金奖。

3. 科技创新方面

通过科技创新助推提质增效的项目管理实施，本工程已获得专利3项、论文1篇、工法1项，成果鉴定1项、科学技术奖3项（图17、图18）。

图17 专利证书

图18 荣誉证书

4. 社会影响方面

本工程在建设过程中得到社会各界的高度关注，同时北京市教委组织各大院校进行参观，各大媒体对建设过程中取得的创新应用进行了相应的报道，取得了良好的社会效益和经济效益（图19）。

图19　媒体宣传

利用科技创新 探索项目管理新可能

——中建三局集团有限公司泰康健康管理研究中心项目

李伟铭 齐文超 王瑞刚 闫勇 杨盛杰 邓德禄

【摘 要】 科学技术是第一生产力。随着国内建筑市场蓬勃发展,大量结构复杂、造型特异的建筑不断出现在大众的视野中,也因此涌现了大量的新型施工技术。在建筑施工管理中的科技创新是科学发展观的客观要求,为建筑施工的管理提供新思维、新方法、新路径,同时提高施工的效率和经济效益。本项目通过新技术的创新、探索,对幕墙工程施工中出现的重点、难点进行提前策划,过程中精细化管理,成功的找到了解决问题新思路,同时也获得了多项科技成果,极大地拓展了项目管理思路,从而实现完美履约。

【关键词】 科技创新;玻璃幕墙;大通透性

一、成果背景

1. 工程概况

泰康健康管理研究中心项目作为泰康人寿保险股份有限公司成立二十周年的"献礼之作",是一座建设规格高、设备设施先进,集培训、会议、科研办公为一体的现代化培训基地。项目位于北京市昌平区中关村生命科学园。项目总建筑高度为23.5m,总建筑面积约9.7万 m^2,地下2层,地上5层。工程业态包含车库、餐厅、健身房、商务办公、数据中心、科研用房、培训教室等(表1,图1)。

项目参建单位表　　表1

建设单位	泰康人寿保险股份有限公司
设计单位	北京城建设计发展集团股份有限公司
工程监理	北京兴电国际工程管理有限公司
施工单位	中建三局集团有限公司
公司目标	2014年6月1日~2016年5月15日

图1 项目效果图

2. 选题理由

本工程建成后作为泰康商学院，是泰康人寿保险股份有限公司成立二十周年的"献礼之作"，意义重大深远。项目伊始就被定位为中建三局重点工程，无论是从团队的组建，还是资源的供应，都是优先级别最高的。项目各项目标明确，确保获得"北京市竣工长城杯金奖""北京市绿色施工文明安全样板工地"等多项成果。

目前，大型公共建筑的大堂外墙多以"大通透性"来进行设计，而在实际工程中，倾向于采用拉索式玻璃幕墙或玻璃肋点式幕墙，然而并不是所有的主体结构都可以承载拉索式玻璃幕墙带来的巨大预应力，也不是所有业主都能接受玻璃肋点式幕墙高昂的造价。

所以本工程在施工管理中采用一种新型的幕墙施工方法——钢板肋悬浮隐框玻璃幕墙，为大通透性玻璃幕墙设计提供了第三种可能，并提出相应的实用工程设计方法，为促进钢板肋悬浮隐框玻璃幕墙在我国建筑领域中的应用提供一个成功的管理范例。

3. 实施时间

工程于 2014 年 6 月 1 日开工，2016 年 5 月 15 日竣工，分阶段实施时间如表 2 所示。

项目时间表　　　　　　　　　　　　　　　　　　　　　表 2

名称	开始时间	结束时间
管理策划	2015 年 1 月 15 日	2015 年 3 月 15 日
管理措施实施	2015 年 5 月 16 日	2015 年 9 月 23 日
过程检查	2015 年 5 月 16 日	2015 年 8 月 30 日
取得成效	2015 年 10 月 15 日	2016 年 5 月 31 日

二、项目管理及创新特点

1. 管理难点及重点

（1）质量标准高

本工程建成后将成为集办公、培训、会议等功能为一体的建筑综合体，作为康人寿保险股份有限公司成立二十周年的"献礼之作"，工程质量要求高，确保获得北京市结构长城杯金奖。

（2）总包管理任务重

施工中各专业工种之间的穿插协作极为频繁，总包管理任务重，要求总包单位具有很强的综合协调管理能力，特别是大堂、多功能厅、机房设备和系统安装阶段的施工配合、现场交通物流组织等综合协调控制管理能力。因此，要求项目部在工程实施过程中，将全面履行工程总包职责，推行目标管理、协调管理、过程控制管理。

（3）幕墙形式多样，系统复杂

本工程幕墙工程量约 3.1 万 m^2，幕墙系统较多且各系统收口位置很多。幕墙系统共有东/南立面入口幕墙系统（钢框幕墙系统）；花岗岩石材幕墙系统；雨棚系统；明框玻璃幕墙系统；铝板幕墙系统；廊桥系统（钢铝结合隐框幕墙系统）；采光顶；铝镁锰金属屋面系统；玻璃栏板；内侧环廊系统（竖明横隐铝幕墙系统）等十多个系统，各系统之间有很多不同的收口部位，幕墙材料复杂，包括玻璃、石材、铝板、型材、钢材、铝百叶、铝镁锰金属板、不锈钢等。

（4）绿色施工要求较高

本工程确保 LEED 银奖，"北京市绿色安全样板工地"。工程计划工期紧迫，同时施工面积大，资源投入量大，专业分包工程多、交叉作业多，文明、环保施工管理点多面广，管理难度大。

（5）大通透性幕墙施工难度大

本工程东、南大堂为高度 23.5m 的大通透性钢板肋悬浮玻璃幕墙，总面积 2000m^2，钢板肋单榀重量 3.17T，钢板肋的垂直变形及垂直稳定性控制难度大。

2. 创新特点

项目团队提前策划,提出"超长细比杆件钢板肋调直自平衡悬浮隐框玻璃幕墙施工技术",在初步掌握如何控制钢板肋正常变形不失稳的基础上,考虑节点形式、横向支撑圆管的尺寸、圆管的直径和竖向分格间距、钢板肋与主体结构的连接方式,最终提出了切实可行的新型施工方法。

(1) 结构科学

对上下左右主体结构强度无过高要求,不需要施加预应力。

(2) 性能稳定

抗震性能优良,玻璃分隔稳定不易变形。

(3) 视觉美观

钢板肋单榀整体尺寸 22.5m×0.6m×30mm 为超钢结构设计长细比尺寸,正面视线遮挡范围仅为 30mm,实现大通透性,并且随着观察者位置移动,钢板肋可见范围呈"百叶状"变化,实现外立面通透灵动之美。

(4) 节省工期

钢板肋一次吊装完成进行调直后即可进行转接件及龙骨安装。

三、项目管理分析、策划和实施

1. 管理问题分析

由于本项目建设意义重大,各项目标要求高,公司选派具备丰富经验的金牌项目经理和最优质的管理团队,项目部严格按照公司要求配置齐全七部一室。同时根据本工程还成立了深化设计部和技术攻关小组。

本工程属于科技含量高的超高层项目,钢结构构件形式复杂,幕墙设计多样,机电功能复杂全面。在施工管理中以工程建设各项任务目标为前提,充分发挥科学技术在工程建设中的重要作用,提出"以总计划为基础,以现场实际为依托,统筹协调各方资源,提前策划,技术先行"的技术管理理念,施工全过程发掘多项新技术应用,解决的项目的多项难题,同时也获得了诸多的技术成果。

2. 管理措施实施

(1) 主要管理措施归纳为以下几点:

1) 提前策划,技术先行,依托实施,全面总结。

2) 组织有序,分工到人,制度明确,过程监控。

3) 明确以现场施工为依托的技术攻关,并通过技术总结进行理论拓展。

4) 注重已有技术的利用,侧重关注单位施工技术穿插配合。

5) 与建设单位、设计单位等参建单位联合研发,充分调动社会资源。

6) 做好施工现场技术管理的起点工作。

技术管理是项目管理的重头戏,技术先行,策划优先。项目进场立即组织技术管理策划研讨会,提早介入、认真规划、合理设计、精心组织,从技术管理流程、重要施工方案选型、施工工艺优化、科创新成果等多方面进行策划。过程中分解目标,确保技术管理的顺利推进。本工程技术管理在促进项目全面履约及科技创新取得了显著的成效。

7) 提高施工现场技术管理人员的专业技术水平和综合素质

施工现场技术管理人员的专业技术水平和综合素质的高低影响着工程质量和施工进度。本项目管理人员落实"师带徒"方案,业务技术水平高的员工带动新员工从事本职工作,新员工积极提问、勤奋学习各项业务技术能力,在整个施工现场形成学习专业技术知识的良好风气,而且项目鼓励管理人员勇于实践,开拓创新的精神,定期总结实践经验,共同学习提高专业技术水平。

8) 提高施工现场科技创新能力

① 提出"人无我有、人有我优"的口号,通过各方面的施工技术创新,打造精品工程。

② 打破思维定式，营造创造性思维和勇于承担风险的意识。
③ 加强质量技术控制措施的创新力度，在工程施工技术方面做出一些创新。
④ 营造科技创新工作氛围，提供人力、物资和经济资源支持。

3. 超长细比杆件钢板肋调直自平衡悬浮隐框玻璃幕墙施工技术

（1）工艺原理

1）幕墙平面外受力（主要为风压）主要为钢板肋承担，充分发挥钢板肋强方向的惯性矩和抗弯能力，从而实现平面外的挠度控制，力学模型近似与简支梁。

2）增加横向连接圆管，将钢板肋长细比控制在规范允许的范围之内。

3）通过增加配重，使箱型钢梁扰度达到稳定状态，确保在玻璃安装前后板块分隔不易变形。

4）通过在钢板肋上焊接转接件与幕墙龙骨进行连接。

（2）施工工艺流程

如图 2～图 12 所示。

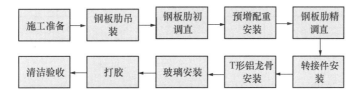

图 2　工艺流程图

图 3　钢板肋吊起

图 4　钢板肋初调直

图 5　钢板肋配重安装

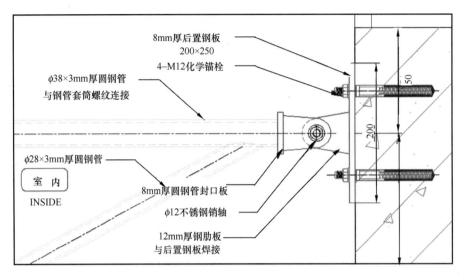

图 6　钢板肋精调直，一端用销轴加基座固定连接

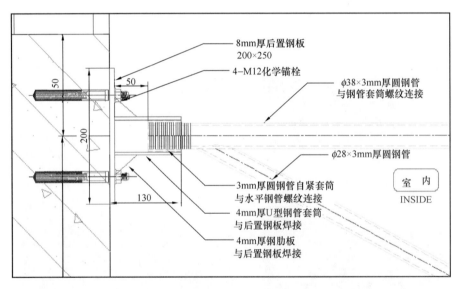

图 7　钢板肋精调直，另一端采用圆管加套筒的活性连接

图 8　钢板肋固定连接　　　　　图 9　钢板肋活性连接

图 10 T形龙骨安装

图 11 玻璃安装

图 12 安装完成照片

(3) 质量全过程精细化管理

本工程质量目标为北京市竣工长城杯金奖，项目部重视质量策划，强化预控交底，同时执行样板引路，每道工序大面积施工之前都落实样板交底，严格过程控制，抓好现场质量。项目部制定一系列质量管理制度，总、分包质量管理职责、进场检验制度、样板引路制度、挂牌施工制度、过程三检制度、工序报验制度、质量会诊制度、质量周报制度、质量事故上报制度等。在做好自有施工范围内的质量管控之外同时全面履约总包管理职责，精细化管理，确保整个工程的质量管理有序进行（图13～图19）。

图 13　质量样板展示区

图 14　混凝土墙样板

图 15　二次结构砌筑样板

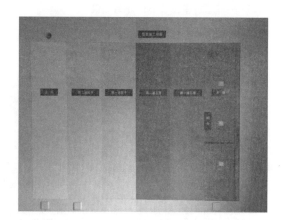

图 16　内墙抹灰样板

图 17　屋面工程样板

图 18　施工挂牌制度

图 19　质量诊断会

质量管理在项目部所有员工的一直努力下取得了显著的成果,受到长城杯专家的多次表扬,并推荐其他企业来我项目参观学习。

4. 过程检查控制

(1) 安全过程检查,项目本身制定了安全周检制度,每周三上午由项目经理带队,监理、业主及各分包参与安全联检。安全工程师日常巡检,发现问题立即提出整改,同时每周将安全问题汇集,形成PPT,召集各单位召开安全联合整改会,规范现场安全行为,并整改落实。

(2) 技术管理过程检查,技术管理标准化,重视流程检查,针对每个技术方案进行执行情况检查,针对不符合项提出整改,针对各专业深化设计执行严格审查制度,确保各专业深化设计顺利推进,科技成果按照年初规划工作列项分解体现预警,确保科技成果按照时间节点完成。保证科技目标的顺利实现。

(3) 质量管理过程检查,通过"PDCA"加强质量过程控制。严格执行交底制度和样板制度,针对工序检查,确保满足规范要求和样板要求。强化现场质量报验制度,确保每道工序符合交接检程序。

5. 方法工具应用

本工程采用目标管理法,项目管理围绕和服务与目标中心,以分解和执行目标为手段,以圆满实现目标为宗旨。最终是项目管理的各项目标顺利实现。项目采用PKPM工程资料信息管理协同平台,项目各管理人员可通过平台实时参与项目管理,发现问题可及时反馈到平台。提高项目管理的互动和效率。

四、项目管理效果评价

1. 项目获得荣誉

2016年北京市结构长城杯金奖;

2015年北京市绿色安全样板工地;

2016年北京市建筑业新技术应用示范工程;

获得北京市工法一项、中建三局工法一项。

2. 工期效益

通过关键技术以及技术创新,对每个分项工程有针对性的进行施工方案优化,有效地节省了结构施工工期,在业主的节点要求内完成了整个工程施工,得到了业主及社会各界的高度好评。

3. 社会效益

本工程项目通过科技创新和增效的应用和推广,使设计更趋于合理化、确保了工程质量、攻克了大量技术难题、有效地促进了质量、安全文明施工及工期的管控,同时也为企业创造了较好的经济、社会效益。

本工程多次接受北京市、中建三局、业主等单位领导的检查和指导，得到了社会各界人士的一致好评。

4. 心得体会

泰康健康管理研究中心项目在项目管理中通过科技创新的策划和实施，实现了项目各项管理目标，取得了丰硕的成果，实现了社会效益和经济效益的双丰收。在管理的过程中积累了宝贵的经验。在今后的项目管理中，我们将继续发挥创新精神，重视科学技术，以质量为基础，不断探索先进的管理方法，为建筑工程的项目管理做出自己的贡献。

超大型智能化厂房总承包综合管理研究

——中建一局集团第三建筑有限公司京东亚洲一号青岛物流园项目

张 龙 王宏斌 韩立超 马有俊 张永丰

【摘 要】近年来，物流业发展总体规模快速增长，物流基础设施逐步完善，呈现出智能化厂房建设的快速上升趋势，因此有必要对此类工程进行研究，形成一套成熟的超大型智能化厂房综合施工技术、管理模式，以提升企业的整体竞争力，取得更大的效益。本文以在施工工程为载体探索智能化厂房总承包综合管理方法，通过技术创新、精细管理等方法解决智能化仓储工程地坪工程、防渗漏工程等施工难点，提高施工质量及效率，打造精品工程。

【关键词】智能化厂房；技术创新；精细管理

一、项目成果背景

1. 工程概况

京东亚洲一号青岛物流园施工总承包项目，位于山东省青岛市胶州经济技术开发区内，东至交大大道、北至汾河路、南临渭河路、西至物流大道。本项目工程包括1~5号仓库、6号厂房、7~8号仓库、1~5号宿舍楼、1~6号食堂及活动中心，辅助用房及门卫等，总建筑面积222921m²，是山东省等级最高、规模最大的智能化物流仓储中心（图1）。

图1 京东亚洲一号青岛物流园工程效果图

2. 选题理由

智能化仓储类工程具备较大的市场，并且施工技术、管理模式还存在较大的提升空间，为了提高市场竞争力，作为施工总承包单位，有必要对此类工程进行研究，及时积累和总结相关厂房管理技术，形成一套成熟的超大型智能化厂房综合施工技术、管理模式。

3. 实施时间

如表 1 所示。

项目实施时间表　　表 1

实施时间：2016 年 09 月～2018 年 02 月	
分阶段实施时间表	
精心策划	2016 年 09 月～2016 年 10 月
管理措施	2016 年 10 月～2017 年 12 月
精细施工	2016 年 10 月～2017 年 12 月
取得成效	2017 年 07 月～2018 年 02 月

二、项目管理及创新特点

1. 项目管理重难点

（1）施工质量要求高。本工程施工体量大，工期紧张，并要实现山东省优质结构工程奖、"青岛杯"奖、中国地坪行业十佳工程奖等奖项目标，对现场管理提出了更高的要求。

（2）施工组织协调难度大。项目为 19 个单体工程组成的群体工程，每栋厂房面积约 2.3 万 m^2，综合施工部署、均衡施工、合理划分流水段、合理安排工序穿插是确保工期的重点。同时对于各阶段施工的劳动力、机械、设备、物资合理安排及有效穿插对施工组织是很大的考验。

（3）钢结构安装精度高。埋件的安装精度直接影响钢结构安装，基础工程中地脚螺栓预埋精度需达到 3mm，厂房跨度达 130m，对吊装精度要求较高。因本工程为仓储工程，对防渗漏的要求必须达到无一漏点，对于屋面工程安装提出了更高的要求。

（4）超平地坪平整度精度需达到 3mm/3m。智能化仓储工程的最大特点是机械化、自动化，而地坪的平整度不仅直接影响了设备等运行精度，对于高位货架货物存放的安全问题也至关重要。因此，高水准的地坪平整度是施工中的重中之重。

（5）综合管线施工困难。仓储类室外工程具有占地面积大、雨排水量大、变配电线路长、智能建筑控制复杂、室外照明范围大、消防给水燃气配置齐全等特点。尤其是地下水处理、沟槽基底土质处理、沟槽回填及成品保护存在较大困难。

2. 创新特点

（1）安全质量管理创新。项目采用"化大为小、划区包干、权力下放、责任到人、统筹安排"的管理方式。施工初始阶段，将场地划分为若干个区域，每个区域按照单体标号进行划分。做到区域有总负责，每个单体有具体负责人，实现精细化管理。质量安全管理应用信息化管理，通过"云建造"手机APP，对质量问题进行统计分析、整改查缺，推进全员质量安全管理。

（2）技术创新。对项目总体平面布置进行提前策划，场地施工面积大，精细的策划和推演对材料的周转、场地应用具有重要意义。在策划工程中贯彻"绿色施工"理念，应用多种绿色施工技术，如通过"永临结合"的方式实现节地节材、使用制式可周转防护栏、设置施工道路自动喷洒防尘装置、应用风光互补太阳能路灯等。对重点施工工程应用新技术、新设备、新工艺，主要包括超平地坪施工技术及钢结构屋面安装技术（图 2～图 5）。

图 2　正式围墙基础代替临时围挡基础

图 3　正式道路路基作为临时道路

图4 正式消防水池作为临时消防水箱

图5 临建绿化后期移栽到场内

三、项目管理分析、策划

1. 建立管理体系，健全管理制度

根据项目施工特点，选派经验丰富，管理水平较高，责任心强的管理人员组建管理团队，各专业人员配备齐全，全部持证上岗。根据本项目施工管理特点，在企业已有的管理制度上，对项目管理制度进行细化，制定出适合本项目的能够高效运行的管理制度。

2. 精心策划，技术引领

从图纸会审、新技术应用、施工组织方案确定、样板施工、技术交底、质量验收等每个环节入手，提前做好技术准备。要做到对施工有针对性、指导性、可操作性，减少施工中不必要的问题。针对关键工序和特殊工序的施工技术开展QC小组活动，进行技术攻关，提高施工质量以及施工效率。

四、管理实施

项目施工前，项目多次组织策划研究会，进行研讨，明确项目管理的资源配置、制定方针目标、责任分配、控制重点和新技术应用等管理点。

1. 进度保证措施

（1）项目推行目标管理：将总进度计划目标进行分解，根据施工工期节点计划，编制详细的内控计划，并与劳务队伍、专业分包签订责任目标，进一步分解到施工作业层中，让工程步步得到把控，确保工期目标。

（2）建立生产例会制度：每天下午五点准时召开生产例会，对现场进度情况进行分析，找出进度偏差存在的问题，并进行分析，找出解决办法。及时解决现场存在的问题，解决分包施工中存在的问题。

（3）每周组织一次现场协调会，业主、监理单位、劳务队伍、专业分包一起转现场，解决现场存在的问题，加强相互间的沟通，提高施工效率，确定工期目标。

2. 技术制度措施

（1）建立图纸会审制度：工程施工前，组织工程技术人员，劳务队伍、专业分包技术人员充分了解和掌握施工图纸的设计意图和技术要求，对施工图纸进行会审。通过图纸会审发现设计图纸中存在的问题和错误，使其改正，确保建设工程顺利施工。

（2）严格方案的审批制度：严格按照国家规范标准和图纸要求进行编制施工方案，并按照规定进行报批，审批合格之后实施。

（3）严格技术交底制度：各分项工程施工前，必须对各施工区域的施工人员进行技术交底，让作业人员熟悉施工工序、施工要点，杜绝质量通病的发生，确保工程保质保量的施工完成。

3. 质量管理措施

（1）样板间制度：项目建立初期，设立样板间，对施工材料进行封样，并对材料样品进行展示及介绍，确保施工材料质量，从源头上为工程保驾护航（图6、图7）。

| 图6 样板间 | 图7 材料标识牌 |

（2）样板引路制度：建立质量样板展示区，执行质量样板制度，样板引路能够有效地减少质量通病的发生，规范施工方法，实现施工标准化。各工序严格按照样板施工为指导，各施工方法均需按样板为要求确保每个工序均能达到样板的施工要求，进而确保整个工程均达到样板工程要求（图8、图9）。

图8 质量样板区　　　　　　　　　　图9 屋面工程样板

（3）质检制度：工序检验严格按照制度和报验制度执行，质量符合国家标准和图纸要求。严把质量关，坚持上道工序未合格，严禁下道工序施工。对不合格的工序，严格按照不合格品控制程序、纠正和预防措施程序的要求进行处理，并做好记录。

（4）实测实量制度：项目开展实测实量，对已完成的分项工程进行实测实量，数据上墙，对不合格的坚决进行整改，整改到位之后，方可进行下一道工序。对地坪平整度进行实时检查，对不符合要求的部位及时分析原因，提出解决措施。

4. 安全文明管理措施

（1）安全生产责任制：明确各级人员安全责任，各级职能部门、人员在各自的工作范围内，对实现安全生产要求负责，做到安全生产工作责任横向到边、层层负责，纵向到底，一环不漏。

（2）安全教育制度：工人入场必须进行总承包级、项目分包级和作业班组级安全教育，通过三级安全教育考核的施工人员方可进场施工。每周一组织全体工人进行安全教育，对上一周安全方面存在的问题进行总结，对本周的安全重点和注意事项进行交底，使职工认识安全的重要性。

（3）安全培训制度：每周要求分包队伍专职安全员组织一次安全学习，并对进行考试，每月初对全体在岗工人开展安全生产及法制教育活动，每月每人不少于两次培训。

（4）文明施工：建立教育制度，开展文明施工管理；建立文明施工责任区制度，明确责任人，挂牌明示；建立文明施工定期检查、纠正制度，责任到人，进行整改、落实。项目应用了施工现场LED照明技术、建筑施工场地循环水洗车池、基坑施工降水回收利用技术、可周转木工加工房等绿色施工技术。

5. 技术管理措施

（1）钢结构屋面安装防渗漏处理措施

1）提前进行节点深化，经设计院审核通过后进行施工。必要时进行对构件节点进行试验，确保防渗漏效果满足要求的前提下才能进行后续安装工程（图10、图11）。

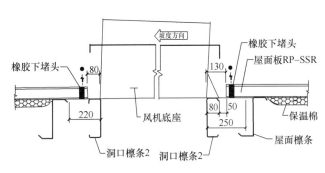

图10　屋脊伸缩缝节点　　　　　　图11　纵向风机洞口节点

2）钢结构屋面采用整体板，一次成型。钢结构屋面版采用单坡超过60m的现场成型板材，为了防止变形，采用吊高辅助吊运板的横向搭接方式；

3）屋面板板材搭接采用360°机械锁边。板材端部位置全部才用防水铆钉，并使用胶泥堵头密实。

4）屋脊搭接处使用双排防水拉铆钉固定，并使用密封胶密封。采光板位置自然散水，防水螺钉施打在波峰上部，硅胶密封（图12~图16）。

图12　单板整体吊装

图13　360°机械卷边

图14　机械锁边完成

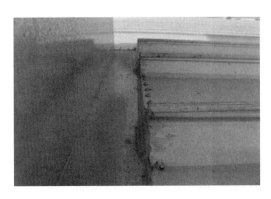

图15　胶泥堵头

图 16　现场实际效果图

（2）防火隔墙深化设计

由于隔墙面积较大、立面高、易产生裂缝、平整度差以及安全性不高等问题，为此项目对防火隔墙进行方案优化，增加 150mm×100mm×3mm 方钢作为主龙骨，间距为 4.5m，上部与钢结构主梁焊接，水平方向增加一道 150mm×100mm×3mm 方钢作为横龙骨，轻钢龙骨间距由 600mm 改为 400mm，以此减少轻钢龙骨的承重力，降低龙骨变形风险，保证整体平整度。硅酸盐钙板拼接处背部采用 150mm×50mm×0.5mm 轻钢龙骨进行加固处理，确保接缝处避免裂缝产生（图 17、图 18）。

图 17　防火隔墙龙骨骨架　　　　　　　　　　图 18　防火隔墙完成效果图

（3）超平地坪工程技术创新

本工程地坪为双层双向钢筋作为骨架，采用 C30 混凝土一次浇筑而成，表面布撒耐磨骨料的地面。为了提高施工效率及质量，采用美国神龙大型激光整平机进行整平，一次性完成振捣、压实、整平工作。创新模板支撑方法，采用标高可调节式定型型钢模板，采用模板定位器调节模板支设高度并与地面利用膨胀螺栓固定牢固，模板标高与垂直度分开控制，标高调整精度达到 1mm，模板根据设计要求每 500mm 开孔，使地坪传力杆垂直于模板（图 19、图 20）。

图 19　大型激光整平机　　　　　　　　　　图 20　标高可调式模板

此外，对以下施工过程进行精细化管理：

1）跳仓法混凝土浇筑。根据每日浇筑量及仓库面积进行跳仓浇筑，合理推进工期安排的同时极力满足混凝土板自收缩时间要求能有效地减少裂缝的产生。

2）采用"人"字形马凳筋代替"几"字形马凳筋。人字形马凳筋不仅更节约钢筋，在施工过程中具备更强的抗力优势，避免因人员及设备工作过程中造成的钢筋变形、移位，并在施工缝处钢筋断开（图21、图22）。

图21 人字形马凳筋　　　　　　　　　　图22 激光整平机定制桥架

3）采用定制桥架支撑激光整平机，减轻对设备工作对钢筋的扰动破坏。

4）地面与墙边采用20mm厚聚苯乙烯泡沫板进行隔离，混凝土施工完毕达到强度后将隔离缝中聚乙烯板清除后用弹性密封胶进行填缝（图23）。

图23 现场实际效果图

（4）升降平台二次浇筑

作为仓库装卸货物平台，受力状态复杂，承受长期不定向动荷载，在与仓库门洞口处、设备与地坪相接处极易产生裂缝，同时由于库内外沉降不均匀也可造成混凝土开裂等质量问题。经过方案对比，采用库内、月台地坪分开浇筑的方式施工，可以有效地避免库内外地坪由于受力情况不同及不均匀沉降造成的混凝土质量问题，充分保证月台地坪的耐久性及使用性能（图24、图25）。

图24 升降平台施工完成

图25 施工完成整体效果

(5) 综合管线施工

本工程通过对综合管线的提前策划，制定了各系统管线避让原则、质量观感原则、功能使用性原则、降本增效原则以完成对综合管线的深化与施工。如：通过提前插入雨污水管线施工以解决现场排水及地下水问题；通过局部采取换填处理深部淤泥土质；运用综合管线施工技术，结合国家绿色环保施工理念，应用BIM技术，统筹安排机电外线综合管线的排布、施工，达到提高施工质量、缩短施工工期的目标。

五、过程检查与监督

(1) 项目配备专职计划工程师，每天对施工进度进行对比和预警，增强计划性，狠抓落实。根据总进度计划，编制日进度计划、周进度计划、月进度计划，做到以日保周，周保月，狠抓各分项工程完成时间，做到动态监控，动态管理、及时调整，切实保证工程工期目标。

(2) 严格按照国家规范、施工图纸、方案、技术交底施工，施工前技术管理人员对图纸中的重点、难点进行讲解、分析，确保每个人都明白施工图纸的意图，施工过程中，技术人员应多去现场进行查看，查找施工问题点，进行纠正，并记录。定期召开技术总结会，给大家分析前期现场出现问题，避免后期再次发生。

(3) 严格落实"三检"制度。每个分项工程都在专职质量员验收前，均由班组自检和交接检验收合格。专职质量员检查时，做好验收记录、汇总、纠正和改进工作。专职质量员验收合格后报监理验收，验收合格后进行下一道工序，做到施工过程中质量管控。

(4) 安全文明施工积极响应国家政策，减少城市污染，改善大气环境，节能减排。在日常安全检查中，对现场检查发现安全隐患立即制止，决不手软，并与施工人员讲明利害关系，杜绝施工人员的麻痹思想和侥幸心理，让他们提高安全意识，知道安全的重要性。

(5) 加强各部门之间的沟通，现场施工管理人员与商务预算员应该加强沟通，在施工前，商务预算员要对施工人员进行合同交底，让现场施工管理人员熟知合同量。施工过程中，现场管理人员要和商务预算人员提交现场工程量，让他们进行对比，以便对工程量的控制。

六、项目管理效果评价

项目通过细致策划，精心管理，技术攻关，加强过程管控，注重施工策划。提升了项目部整体的管理水平，工程施工中，得到了业主、监理及社会各界的好评，并赢得美誉。获得"2017年度中国地坪行业十佳工程""2017年度全国工程建设质量管理小组活动优秀成果Ⅰ类"。

精心策划 攻坚克难
聚力建设天津奥体中心钢桁架油漆涂装工程

——北京城建精工钢结构工程有限公司
天津市奥林匹克中心体育场钢桁架油漆涂装翻新工程

张义昆　史向阳　谢正生　何　勇　吴小刚　王　雷

【摘　要】为了迎接第十三届全运会，天津奥林匹克中心体育场作为第十三届全运会主会场面临全面的改造及翻新工作，而钢结构油漆翻新作为整个改造工程最关键的分项工程，其开展面之广、施工难度之大、作业环境之险、施工周期之短。为实现最终工期目标，圆满完成项目的施工任务，以及定制的各项管理目标，项目部前期筹划阶段经过精心策划，工程实施阶段面临险要工作环境攻坚克难，全体参施人员众志成城、团结一心、凝心聚力并实现最终目标。为全运会做出了贡献，并获得了业主天津市体育局的认可和相关单位的一致好评。

【关键词】精细策划；进度管理；优化方案；降低成本；提高效益；文明施工；环境保护

一、背景及选题

1. 成果背景

在 21 世纪初为迎接 2008 年奥运会，促进全民健身精神，提高全民身体素质，全国兴起体育场馆建设热潮，截至 2017 年大型体育场馆已经历数十年的自然环境侵蚀，再加上庞大的整体钢桁架平常也无法维修，体育场馆钢结构造型装饰面也已基本到了使用年限，大型综合体育场馆钢结构屋面空间造型的油漆装饰面已到全面翻新周期，不失为出现的新型建筑市场，而且潜力巨大。天津奥林匹克中心体育场作为大型体育场馆的改造，其钢桁架油漆涂装翻新工程从 2017 年 3 月 15 日开始施工，于 2017 年 5 月 5 日顺利完成，通过对本工程精心策划、组织"大兵团作战"、攻坚克难、凝心聚力，在短短 50 天内完成 17 万 m² 的造型复杂的钢桁架油漆翻新工程，实属全国首例，开创建筑业历史先河，通过对本工程顺利实施，积累了丰富的管理以及施工经验，为以后同类公共大型体育场馆钢桁架油漆翻新改造的施工提供了一些经验借鉴（图 1）。

图 1　天津奥林匹克中心体育场建筑外形照片

2. 工程概况

天津奥林匹克中心体育场作为第29届奥运会足球预选赛赛场之一，于2007年5月建成使用，人们习惯称之为"水滴"。体育场位于天津的西南，是滨海城市天津的地标建筑。这座占地面积8万 m^2 的体育场，总建筑面积15.8万 m^2，体育场设有主席台、记者席位590个，能容纳观众6万多人。现在又是举世瞩目的第十三届全运会的主会场，其屋面钢桁架油漆翻新面积17万 m^2，要在2017年5月5日前全部施工完毕，根据招标文件及现场实际情况，针对不同涂装部位，全部清理至基层，对桁架面层涂刷脱柒剂，经打磨至要求的粗糙度、然后再涂装防腐底漆及面漆。对于返锈及锈蚀部位清理至钢结构面达到允许的粗糙度，再涂装防腐底漆及面漆。

天津奥林匹克中心体育场屋面钢桁架整个结构近似扁长椭圆，长轴约384m，短轴约275m，平面沿长轴对称，屋面桁架落地，屋面面积为76719m^2，屋面最高点53m。钢结构屋面采用钢管桁架体系。各榀桁架和檩条的跨度、高度、弧线曲率均不相同，各节点连续相贯并为刚接，重要节点采用铸造工艺直接成形，既保证节点的几何精度、材料性能又便于现场安装。主体结构以全焊接连接为主（图2）。

图2 天津奥林匹克体育场屋面钢桁架结构照片

主要参施单位（表1）

主要参建单位　　　　　　　　　　　　　　　　　　　　　表1

建设单位	天津市体育局
代建单位	天津市天政基础设施建设有限公司
设计院	天津市新型建材建筑设计研究院
监理单位	天津市建设工程监理公司
施工总承包单位	北京城建一建设发展有限公司
专业分包单位	北京城建精工钢结构工程有限公司

3. 选题理由

（1）天津奥林匹克中心体育场是举世瞩目的第十三届全运会的主会场，也是天津市地标建筑，社会影响力大，关注度较高。

（2）大型体育场馆改造翻新工程，类似新增建筑市场潜力巨大，此工程的完美收官，证明我公司的施工实力、施工技术及管理水平走在此项建筑领域的前沿，工程施工及管理经验值得总结及推广。

（3）本工程为北京城建集团重点关注项目，北京城建精工钢结构工程有限公司作为北京城建集团专业公司，本工程的顺利实施为北京城建集团与天津市体育局建立长期合作关系的桥梁。为集团贡献了力量。

（4）本工程结构造型复杂、时间紧、任务重，且全部为高空悬空作业，施工难度及施工危险程度巨大，对施工单位的项目管理是一个严峻的考验。

(5)天津奥林匹克中心体育场屋面钢桁架油漆涂装翻新分项工程工期紧,面对巨大油漆翻新工作量,针对各部位设计不同的施工措施、各工序穿插或平行施工,区域衔接搭配等显得尤为重要,项目唯有提前做好全面策划,施工过程中理论与实际相结合的技术"攻坚战",组织与管理集体"大兵团"实施全面"歼灭战",最终取得整个战役的胜利。

4. 实施时间

小组相应制定了实施计划表,如表2所示。

实施时间 表2

实施时间	2017年3月15日~2017年5月5日
分阶段实施时间	
管理策划(进场前)	2017年3月5日~2017年3月14日
管理措施实施	2017年3月15日~2017年5月5日
过程检查	2017年3月15日~2017年5月5日
取得成绩	各阶段型节点~2017年5月5日

二、项目管理及创新

1. 管理重点及难点

(1)钢结构屋面造型独特,施工难度大

本工程屋面钢结构造型为水滴状,由底部到顶部全为悬空结构,结构最高点达到53.0m,油漆涂装全部为高空悬空作业,结构作业位置多变,本身高空悬空施工作业具有极大的安全隐患;由于结构造型复杂,需根据现场各不相同的施工部位的实际情况,如何设计与布置安全有效安全防护措施,保证施工安全是本工程重要安全管理重点。

(2)工期紧张,工程量大,任务重

针对本工程油漆涂装翻新面积17万m²,要求于2017年5月5日前,在50天内完成,安全及质量标准高,如何保证施工进度的同时,确保严格执行施工方案,如何进行安全、质量、进度管理是本工程管理的重点及难点。

(3)钢构件基层清理工艺复杂,技术难度大

由于本建筑物建成12年,原涂层白色面漆已经存在开裂、脱落、锈蚀等现象,低跨桁架柱部位存在多次翻修的情况,必须针对不同的质量问题制定不同的清理工艺,保证翻新油漆涂装工程质量是本工程质量控制及管理重点。

(4)组织协调难度大,施工管理要求高

本建筑物平面投影面积大接近11万m²,封闭环形周长边线达1公里,本建筑物钢结构重量达2万t,涂装面积大约17万m²,在如此短时间内完成如此大体量的施工任务,对我们公司是巨大挑战。整个屋面钢结构涂装翻新工作面需全面铺开,施工人员及安全措施投入量大,组织协调难度大。

必须建立周密的项目组织机构,合理调配管理人员,协调多工序作业,确定合理的施工顺序,打磨、涂装、安全措施施工,协同配合工作,施工过程中特别强调的是对已有建筑的成品保护,以确保工程顺利进行是本工程实施的重点之一。

(5)环境保护措施量大、环境保护要求高

天津市奥林匹克中心体育场钢桁架油漆涂装翻新工程短时间内施工,加上天津市春季气候处于大风天气,结合油漆涂装翻新容易造成污染的施工特点,体育场内外环境均存在着大量的环境保护工作,油漆涂装翻新施工过程中,存在着有毒有害气体及粉尘,可引起呼吸道刺激和结膜炎,还可能引起鼻黏膜溃疡、萎缩及鼻中隔穿孔等症状。长时间接触作业人员的身体健康有极大的影响,施工过程中如何保证作业人员的身体健康是该工程的重中之重。

2. 创新特点

该工程贯彻项目管理理念，策划先行，促使项目管理工作更全面、更深入，规范系统管理工作，打造项目坚强执行力，确保优质高效地完成施工任务，确保工程按期完工，最终实现项目部的各项管理目标。

根据本工程特殊性，全方位投入施工，为了加快进度，组织方积极创新，平面上采取合理划分施工段，平行推进施工，立体上采取多种形式穿插组织施工。

技术质量方面的创新体现在油漆翻新工序中的打磨面漆保留底漆与中间漆的技术难度上，脱漆剂工艺的拟定与实施。

安全操作方面的创新体现在大型空间体育场馆悬空、高空作业的有效安全保护措施的研究与设计方面，在本工程中，主要体现在看台顶部采用快拆快搭式模块式安得固脚手架措施的设计、内环悬挑桁架水平安全兜网防护及相应措施、特殊作业面设计的悬空挂架施工措施等。

三、项目管理分析、策划和实施

1. 管理问题分析

我们在项目开工前多次深入现场调研，同时与业主方天津市体育局等相关方进行了充分的沟通，在了解本工程的政治意义的大背景前提下，决定干好本工程的信心。充分了解本工程业主质量要求和工期要求后，主要从工期控制、技术质量控制、安全控制、成本控制、文明施工控制五个方面进行管理。

2. 管理策划

（1）目标值的确定

在了解项目管理重点的前提下，管理小组制定了工程项目管理的目标，并相应安排了责任人，确定了完成时间（表3）。

目标情况　　　　　　　　　　　　　　　　　　　　　　　　　　　　　　　表3

项目	目标值	责任人	完成时间
工期	2017年5月5日彻底完工	谢正生　吴小刚	2017年5月
成本	成本降低率3%	谢正生	2017年5月
技术质量	达到天津市优质工程标准	何勇	2017年5月
安全	零事故率	吴小刚　许斌	2017年5月
文明施工	北京城建集团优秀文明工地 天津市安全文明工地	许斌、王雷	2017年5月

（2）管理策划

1）做好前期项目策划，项目部进驻现场当天，立即组织并开展项目策划，从工期、技术、生产、安全、质量、经营以及人力资源等多方面、全方位分析，找出关键节点的要素指标，明确工程的难点、重点，做好统筹规划及解决方案，为整个工程起到了很好的指导性作用，有效的预见了施工过程中的难题，提高了生产效率，为工程顺利完工打下了坚实基础。

2）有据可依，动态管理，在施工过程中，问题逐步出现，为不影响施工进度、安全、质量，项目部提前对后续主要工作进行分析，根据不同影响因素，作出多套应急方案，从而提高整体的工作效率，在进度、安全、质量上取得很好的效果。

3）项目班子人员选拔及配备，因本工程特殊性，工程成败与否取决于整个项目管理团队人员配备，经历过大型场馆翻新建、修复及建筑装饰有经验的工程师为项目部领头羊，曾参建大规模公共建筑"鸟巢"经验的同志作为生产、安全、技术方面的中坚力量，以及长年驻扎在生产一线具备丰富施工、技术、质量管理经验的年轻"学生兵"，通过严格筛选，确保本项目人员配备是一支"老、中、青"搭配，企业文化与军旅文化相结合，具备军事作风强硬，适应"大军团"作战，能打硬仗的"铁军"项目管理团队,为项目管理夯实了基础(图3)。

图3 项目全体管理人员合影

3. 管理措施实施和风险控制

(1)项目进度管理实施

1)施工作业方式优化(平行推进、立面穿插组织施工)。

本工程组织施工的宗旨就是抢工期保质量,我公司拟采用流水施工,根据工程量平均的原则,将屋面钢结构桁架涂装油漆翻新施工分为4个施工区域,4个施工区域平行推进施工,每个施工区域划分为2个施工段,一共八个流水施工段,如图4、图5所示。

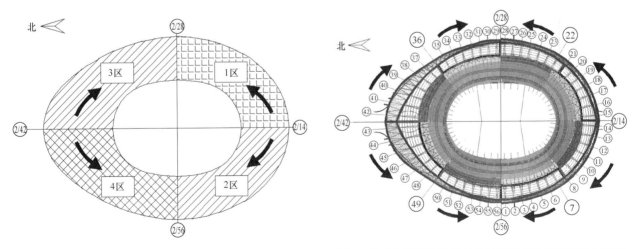

图4 体育场屋盖钢结构涂装油漆翻修施工区域划分图　　图5 体育场屋盖钢结构涂装油漆翻修施工流水段划分图

针对本工程翻新工程量超大、工期紧张的特点,用不到二个月的时间就要完成施工任务,施工过程中不能妨碍业主5月正常使用,为了尽快向业主交付、避免施工对体育场正常使用的影响,我公司拟采用流水施工方式,翻新施工作业自体育场北侧向中部、南侧向中部平行推进的施工顺序进行。一共分为四个区,南侧1区、2区同时向中部施工,东侧3区、4区同时向中部施工,即四个区同时平行向中部施工，每个区平均用时为40天，我公司拟将工程分为三个施工阶段，其中第一阶段为施工准备阶段，计划用时2～3天，主要为材料设备进场、脚手架材料进场、高空措施准备、作业曲臂车就绪的准备工作；第二阶段的主要施工内容为钢结构涂料清理打磨、除锈和金属面油漆的涂装采用平行流水施工的方式，计划用时40天；第三阶段为竣工收尾阶段，主要工作内容为检查拆除安全防护，物料退场和向业主移交，计划用时2天。

立体穿插组织施工顺序为，由外到内，由下至上，分区配合，措施现行的施工原则。在进行外环和二层平台区域，地跨区域搭设满堂脚手架及配置大量曲臂车进行施工，同时看台顶部及悬挑区域布设满堂脚手架措施及水平安全网措施进行施工。立面主要施工分布表（表4、图6）。

施工分布表　　　　　　　　　　　　　　　　　　　　　　　　　　　　　　　　　　　表4

序号	施工项目	拟选用的施工方法	备注
1	屋面钢结构底部桁架柱、下层环梁	采用满堂脚手架，高跨钢柱部位采用曲臂车，对钢结构面进行清理、打磨、除锈工作，最后完成底漆、面漆涂装工作	
2	下部次桁架、上层环梁以及处于二层平台上方的主桁架	主要采用曲臂车，对钢结构面进行清理、打磨、除锈，然后进行底漆、面漆涂装工作	
3	位于顶部看台且倾斜角度较大的屋面主桁架及檩条等	主要采用满堂脚手架措施，对钢结构面进行清理、打磨、除锈，然后进行底漆、面漆涂装工作	
4	接近于水平段内环主桁架及檩条	在主桁架下弦杆设置安全网，在桁架立面间设置钢丝绳活动平台，完成对主桁架钢结构面进行清理、打磨、除锈，然后进行底漆、面漆涂装工作	
		在主桁架间设置操作平台，完成主桁架檩条结构面进行清理、打磨、除锈，然后进行底漆、面漆涂装工作	

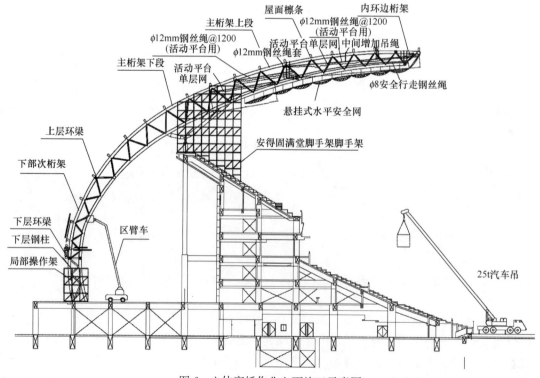

图6　立体穿插作业立面施工示意图

2）劳动力优化组合

对进场后劳动力进行优化组合，使各施工区段上作业队的人员素质基本相当，采用齐头并进的作业思路，各工种提前做好准备，按进度及时插入，注意安排好关键线路上的关键工作，以避免其他非关键工作对关键工作的影响，对于大体量脚手架措施、低跨区域曲臂车施工作业，必须保持连续施工，安排好加班作业人员和后续人员，为避免人员疲劳作业，实行 24 小时轮班制，保证人、机、料都不能停（图 7）。

图 7　低跨区域曲臂车施工照片

3）攻坚克难，团结一心

北京城建集团作为总包方，在强手如林的天津市场立足，凭借在天津市体育局全运会建设与维修项目中赢得的良好信誉，为北京城建品牌走出北京进入天津打开了市场的通道。作为天津奥体中心体育场维修及高大空间维护施工项目，其具有"急、难、险、重、高、大、危、峻"等特点，以及具有巨大的安全、工期与经营风险等非一般施工企业所能够承担。天津奥体中心作为全运会主会场的维修及钢结构维护工程，在工期极端紧迫，标的额少的情况下，迎难而上，攻坚克难，为北京城建留下勇于担当的美名。施工过程中城建精工钢结构公司调集主要力量，努力配合协同总包方工作，为赢得业主的满意努力添砖加瓦（图 8）。

图 8　涂装工人奔赴施工现场照片

图9 夜班施工照片

4) 狭路相逢，方显勇者胜

人总是要有一种激情，这种激情是在战场上无所畏惧的精神。而奋战在这里的城建精工钢结构公司的每位员工，像在战火纷飞的战场上打了一场的大仗、恶仗。该工程的显著特点是体量大、工期紧、高空作业、安全施工要求极高，管理难度大、施工作业人员多，施工高峰期作业面上有50多台曲臂车等机械设备在工作，600多名工人在作业（图9）。

5) 企业领导现场亲自督战

城建精工公司领导张义昆及班子成员始终在现场指挥，既是指挥员又是战斗员。多次从北京前往天津施工现场，与总包方加强沟通和协调，合力组建团队，对各项施工组织方案、计划提前预测、精细部署。项目班子对各个施工节点环环相扣，一丝不苟。协调机械设备及人员的穿插作业，确保安全的前提下进行施工（图10）。

6) 凝心聚力保目标

信心来自于稳定的团队。面对体量大、危险源多、环境艰苦、施工条件差等困难，项目部领导班子积极发挥核心领导作用，紧紧围绕各项目标，齐心协力，不畏艰险，及时组织召开安全和技术方案专题会，召集技术、安全等相关人员，到现场反复试验，确定了安全及符合实际的施工方案，以点带面，进行推广，这样很快打开作业局面，使工程进入了有序的施工。整个项目团队每天加班加点，来回奔波于施工现场，同时做到分工不分家、密切配合、心往一处想，劲往一处使，不知疲倦的夜以继日的工作，在困难面前不畏惧，艰苦环境无怨言，为共同的保工期目标而不懈努力。天津与北京仅有一百多公里的距离，但项目团队管理人员在抢工期间没有一个人员回过北京的家。项目经过50天的艰苦奋战，按时完成了体育场的全部钢桁架修复工程。总包方和监理方的赞扬声证明了这一点：你们在这么短的时间里就把这么大不可想象的任务完成了，真是没想到。

图10 企业领导亲自督战照片

（2）技术质量管理措施

1）首先必须组织工程技术人员和作业班组长熟悉油漆翻新涂装工艺，优化施工方案，为加快施工进度创造条件。

2）积极采用有利于保证质量，加快进度的新技术、新工艺，以保证进度目标的实现。

如本工程中脱漆剂工艺的应用，工程前期业主在油漆的选择方面，经过大量的试验验证，只对原涂层老化白色面漆进行清理，保留底漆、中间漆，挑选具有强边角覆盖力的南宝PU底漆及面漆，来保证翻新后结构焕然一新的外观要求，能很好地与原基层结合。

本工程前期基层处理采用传统打磨工艺，发现纯手工电动钢丝刷工艺打磨要求的基层施工难度大，施工尺度不好把握，要么全部打磨至金属面，要么面层处理不干净。费工费时，施工效率极低，针对本工程特殊要求，项目部调动资源，集思广益，经过大量的试验与探索，针对体育场各种不同的施工部位旧漆面状况，以及特殊的工艺要求，配置不同比例及剂量的适用于本工程的脱漆剂，有针对性的制定基层脱漆处理工艺，经施工实践验证，很好的解决了工程中一大技术难题，做到省时、省工并且能很好地保证施工质量（图11、图12）。

图11　脱漆剂施工后打磨处理照片

图12　面漆与基层附着力测试照片

3）落实施工方案，发生问题及时根据现场实际情况，寻求妥善处理方法，遇事不拖，及时解决工程中的技术及质量问题，同时也可加快施工进度。

4）实行进度计划的有效动态管理控制并适时调整，使天、周、月计划更具有现实性，以工程总体进度网络为纲，编制详细的实施计划，明确时间要求，据此向各作业班组下达任务，根据不同施工阶段及专业特点，把握施工周期中关键线路，绝不允许关键线路上的工作被延误，对于非关键线路，则可合理利用时差，在工作完成日期适当调整不影响计划工期的前提条件下，灵活安排施工机械和劳动力流水施工，做到重点突出，兼顾全局，紧张有序，忙而不乱。

5）加强质量管理的计划性，落实各项质量管理制度，项目部针对编制了《质量工作计划》《质量检验计划》《成品保护方案》《质量奖惩办法》等质量控制文件，加强了质量管理力度。同时为提升项目部质量管理，项目部指定了一系列质量管理制度，有质量技术例会制度、周质量检查制度、质量奖惩制度等，严格按制度进行质量管理（图13、图14）。

图13 质量技术例会

图14 周质量联查

6）成立QC活动小组，有效解决施工难题。项目部成立了"降低油漆底漆及面漆的损耗率"QC活动小组，通过对处于结构不同空间部位、施工操作环境、使用的喷涂或人工不同的涂装方法不断分析与总结，最终总结出施工中油漆损耗较高的原因，并通过在施工过程中采取应对措施予以解决，最终降低了油漆材料的损耗率，同时又提高了涂装质量。施工过程中认真做好预防和消除质量通病工作，针对以往同类工程施工中经常出现的质量问题，项目部在开工之初编制了《预防及消除质量通病措施计划》，并在施工过程中坚持不懈的贯彻落实。

（3）安全管理措施文明施工及环境保护措施。

1）根据工程实际情况拟定和编制可行性高、适用强的安全技术保证措施

① 插接自锁式钢管支架—快拆快搭模块式脚手架

本工程看台顶部架体设计是本工程的重点，根据体育场看台的建筑布局特点和施工要求，本项目采用局部满堂红及悬挑脚手架结构形式，即脚手架立杆局部落地。对于模块式脚手架，无法沿着看台的弧线搭设脚手架，因此，将脚手架分成56个标准单元，每个单元的脚手架呈方形，为独立的结构，然后，沿着看台的弧线，布置每一个标准单元。每个单元之间，采用普通钢管进行连接，搭设檩条操作平台，既保证结构的整体稳定性，又可以提供连续的工作面，经工程实践满足施工要求。如图15～图18所示。

该工程脚手架的主要杆件直径为 $\phi 48.3$，材质为

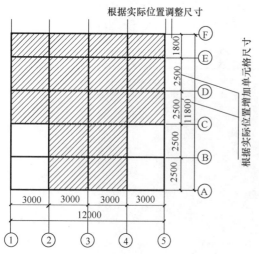

图15 标准单元架体平面尺寸（阴影部分为落地脚手架，其余为悬挑脚手架）

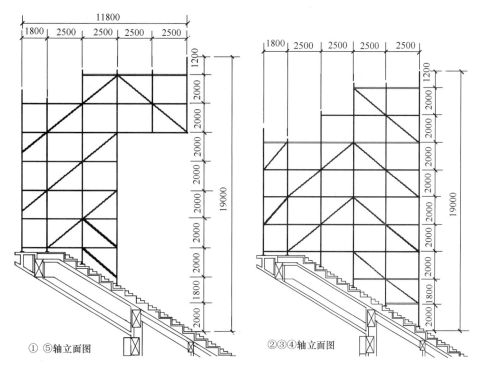

图 16 标准单元架体纵向轴立面示意图

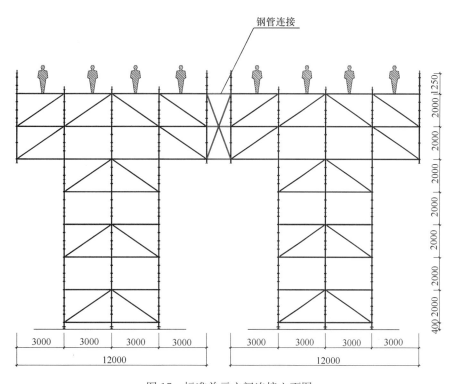

图 17 标准单元之间连接立面图

Q345B，且经过热镀锌处理，承载能力比一般脚手架钢管高，由立杆、横杆和斜拉杆组成的支撑体系，稳定性好，轻质高强。架体的承载能力高。架体连接形式均采用U形卡件与C形楔销锁紧固定。安装速度快，精度高。

可调底座——结构主要构件之一，用于调整架体结构的水平高度保证一致，使立杆保持垂直承载；

图 18　内环安得固脚手架照片

分散立杆的集中荷载到基础上。在日常维护中，通过调节螺母保持各立杆受力均匀，补偿地基变形影响。

立杆——结构主要承重构件之一，垂直荷载的主要传递者；由 $\phi60.3\times3.2$ 材质 Q345B 的钢管和 $\phi65\times3$ 的连接套管构成主体，其上每间隔 0.5m 焊接有一组 U 形卡，用于与横杆、斜杆连接。60 立杆高度为 2.0m、1.0m、0.75m、0.5m 和 0.3m；

横杆——结构主要构件之一，水平荷载的主要传递者；由 $\phi48.3\times2.7$ 材质 Q345B 的钢管和经冲压成型的 C 形卡焊接而成，在 C 形卡内安装有可自动旋转的楔形扣件。横杆规格：0.3m、0.5m、0.7m、1.0m、1.5m、2.0m、2.5m 和 3.0m。

斜杆——结构主要构件之一，通过安装该件将横立杆构成的矩形非稳定结构分割成稳定的三角形结构，保持连接节点在该立面内的稳定；由 $\phi38\times3$ 的钢管和安装在端部的 T 形锁销、垫圈及楔形扣件构成（图 19、图 20）。

图 19　横、立、斜杆联接节

图 20　横、立、斜杆联

连接节点——横、立、斜杆交汇联接处,由立杆上焊接的U形卡与横杆上焊接的C形卡相套,通过挂在横杆上的楔形扣件栓销楔紧,形成横、立杆之间的连接;由挂在斜杆上的T形锁销穿入焊在立杆上的U形卡蝶形孔内旋转90°钩住立杆,再将T形锁销尾部穿挂着的楔形扣件楔紧形成立杆与斜杆的连接。该结构节点连接受人为因素影响小,连接紧凑、可靠,横立杆连接完全在平面内,立杆与斜杆连接偏心极小,节点计算模型误差小。

② 内环悬挑桁架水平安全兜网防护及相应措施

在看台顶部主桁架支撑部位设置完满堂脚手架后,需在内环悬挑桁架36m范围内,在桁架下弦满兜双层水平网,为水平安全兜网布设,主要解决高空作业安全防护之用,兼顾解决桁架下弦杆及腹杆施工操作之用;桁架中部全面布设可移动式活动操作平台,主要解决桁架上弦、腹杆及上部檩条施工操作只用。

在看台顶部主桁架支撑部位设置完满堂脚手架后,需在内环悬挑桁架36m范围内,北侧体检中心上部四榀桁架间50m范围内,借助于内环看台顶部布设的满堂脚手架,提前在桁架下弦部位布设ϕ8mm安全行走绳,按间隔6m拉设安全网纵向ϕ12mm钢丝绳,在满堂脚手架部位平台上编织安全网,顺纵向钢丝绳拉拽安全网至桁架顶部,或由顶部马道处编织安全网,顺纵向钢丝绳拉设至脚手架区域,直至形成整体的双层安全兜网,接着按间隔6m布设横向ϕ12mm钢丝绳,最后沿桁架下弦底部布设ϕ12mm钢丝绳纵向钢丝绳并与安全网编织绑扎连接,在每个腹杆位置用手拉葫芦将钢丝绳及安全网拉拽至桁架下弦200~300mm处,并用绳套及绳卡固定牢靠(图21)。

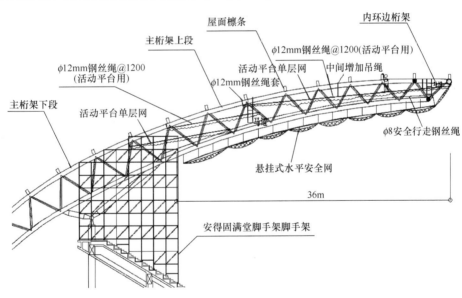

图21 内环悬挂式水平安全兜网示意图

悬挑及檐口钢桁架梁至看台打磨、涂漆阶段,用网中的"蜘蛛人"来形容绝对贴切。为确保工期进度,在高空悬挑钢桁架位置,10天内搭起了环全场脚手架,用5~6天设置近3万m²双层安全网,在悬挑钢桁架檐口钢梁如何施工成了公司和项目部的一大难题,机械臂长高度不够,没有有效作业平台,如何在既方便施工又确保安全的前提下保质保量保进度完成任务,大家集思广益。最终决定,曾设钢丝绳,加固安全网,靠安全网兜住施工人员,在空中上演了现代"蜘蛛人"的精湛技艺。用最土最实用的办法,解决了专业机械解决不了的难题。该项工序得到了总包方的充分肯定和赞誉(图22)。

由于工期紧张,为加强施工效率,V字形主桁架间采取纵向满布钢丝绳,在钢丝绳上局部铺设木跳板,每块木跳板用尼龙绳绑扎在纵向钢丝绳上,形成活动的操作平台,一个操作面结束,平行移动至下一个操作位置。对于弦高比较大的部位,采取多层布置钢丝绳活动操作平台,以保证所有的施工部位都能覆盖。具体如图23、图24所示。

图22 内环悬挂式水平安全兜网照片

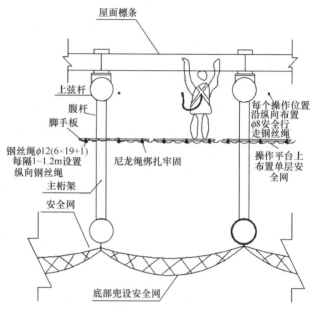

图23 桁架腹杆及檩条部位操作平台示意图

图24 活动操作平台照片

沿内环边桁架最外侧斜腹杆安全网位置，先布置两道边绳和操作用踩绳，在腹杆位置布置一道8mm安全带挂绳，并沿纵向1500mm间距增设挂点，然后将网与绳用8个粗尼龙绳绑扎牢靠。拆除原绑扎在檩条的网，并与网连接牢靠，施工人员脚踩下部的踩绳，背部紧靠边绳，手持加长和改进后的打磨和涂装工具，对外部弦杆进行操作，保证人员安全操作（图25、图26）。

③ 特殊作业面设计的悬空挂架施工措施

在体育场东西侧二层环廊部位，由二层至看台顶部存在着已有建筑建筑物。东侧二层环廊已有建筑物处在26～31轴之间，西侧二层环廊已有建筑物处在54～3轴之间，正上方为19～43m主桁架及连系檩条。此范围内由于已有建筑物阻碍，无法采用曲臂车完成此部分桁架及檩条的脱漆、打磨、清理、涂装工作，造成必须在此范围内增加特殊的安全施工措施，来保证安全施工操作。通过对现场的实际考察，以及结合施工需要，拟采用在东侧26～31轴、54～3轴上层环梁以上至看台边区域的主桁架及檩条之间设置局部脚手架，局部脚手架悬空挂架的方式来解决此范围内的主桁架及檩条的翻新涂装工作需要（图27、图28）。

2）建立健全职业健康安全保证体系和环境保证体系，严格落实各级人员的安全环境责任制，打造平安工地（图29）。

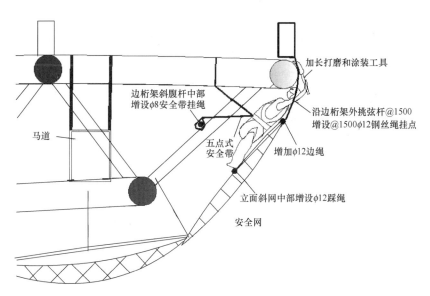

图 25　内环边桁架部位操作平台示意图

图 26　内环边桁架部位操作照片

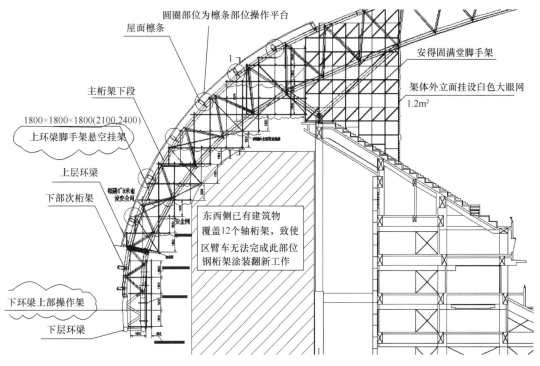

图 27　下环梁上部操作架及上环梁以上部位悬空挂架示意图

图 28 下环梁上部操作架及上环梁以上部位悬空挂架照片

3）坚持制度，预防为主。坚持领导带班制度，领导和值班人员在施工现场 24 小时轮流值班，把安全隐患消灭在萌芽之中。对安全重点部位进行重点防护，如临边高空作业，安全用电操作等（图 30）。

4）坚持标准，打造平安工地。切实将安全生产法律法规、技术标准落实到基层，全面夯实安全工作基础。基本实现施工现场安全防护标准化、场容场貌规范化、安全管理程序化、安全培训教育经常化。

5）坚持创新，强化管理深度。项目部实行了向分包队伍管理交底制度，在管理交底过程中，宣讲项目文化、管理思路，讲解项目部在施工进度、施工安全、施工质量、文明施工等方面的具体要求。在交底过后，对施工生产安全、质量等进行控制，很好的保证了施工生产的顺利进行。

图 29 项目管理人员现场安全检查

图 30 公司领导安全检查

6）内外环安全、文明施工及成品保护措施

目前天津市奥林匹克中心体育场钢桁架油漆涂装翻新工程已处于大干时期，加上天津市气候处于大风天气，结合油漆涂装特点，体育场内外环存在着不可预料的事件发生。在工程开工就对体育场外环采取封闭措施，以避免社会人员及车辆对工程正常施工造成影响。而且在油漆施工作业过程中遵循安全管理要求，施工前、施工中多次对外环经营商户、社会人员及车辆提出告知义务，也曾采取上门、贴条告知、安全警示带以及临时围挡等警示与限制措施（图 31、图 32）。

图 31 外环出入口措施

图 32 外环围护措施

为进一步控制油漆粉尘飘出场外,应甲方要求在二层平台出入口位置搭设局部脚手架措施,并在架体周围设置双层绿色密目网,尽可能控制油漆及粉尘飘出场外,尽可能减少对社会车辆的污染(图33)。

图 33 二层平台出入口围护措施

内环跑道为橡胶跑道、看台座椅,需要对其采取特殊重点的成品保护措施,为已经进行了跑道周围用彩条布进行满铺及周围可能污染到地方,在施工期间避免对跑道进行污染和破坏进行成品保护措施(图34)。

图 34 跑道及看台防护措施照片

在看台上部悬挑桁架内部布置大量的照明灯具和相关设备,特别是剪刀撑部位下弦位置集中布置了投射及照明灯具,以及内环悬挑桁架部位的头设计照明灯具。施工过程中需要对灯具及特殊设备加以保护，具体保护照片如图35、图36所示。

图35 内环剪刀撑部位灯具防护措施照片

图36 内环边桁架部位灯具防护措施照片

体育场东西侧二层环廊存在已有建筑物，必须对此建筑完成的建筑物外立面进行特殊成品保护，在此两处建筑物外立面全部拉设彩条布加以保护（图37）

图37 东西侧二层环廊建筑物外立面防护措施

钢结构桁架油漆打磨阶段，施工环境可以用极端恶劣来形容。面对甲醛灰尘交织，味道刺激呛鼻、工人喘不过气来、脱模剂高度影响身体等困难，只能戴着防毒面具和口罩施工，工人在50多米高的高空作业，难度可想而知，项目部为降低空气污染浓度问题，加设了4台轴流风机为现场送清风，改善空气条件及环境，减少对人体的损害。从技术措施上，为施工人员做最大的安全保障。加大对技术方案的论证，做到先实验后实施，最终让总包方认可，监理满意（图38）。

（4）过程检查控制

项目部确定每天下午5点召开项目工程例会，通过工程例会协调各项工作，解决日常施工中的矛盾，听取施工队每天工作完成情况及下一步计划的汇报，协调对施工中出现的问题，并及时解决，从而确保工程进度高效进行；对总包及监理单位巡视中提出的问题，项目部高度重视，针对问题及时整改；对关键部位项目部提前召开专题会，并研究预控

图38 现场降低空气污染设置排风机照片

方案。

（5）成本管理措施

1）在项目伊始，项目预算人员依据公司对该项目的中标后造价编制成本预控方案并报批公司经营管理部，获批后立即组织各种资源展开招标确定分包施工。同时，要求预算人员必须参加施工方案讨论会，并拿出经营策划。在各分部分项开工前必须由预算人员对现场调度、技术员、设备管理员、材料员进行合同交底（即承包合同和分包合同），明确了各方责权利关系。

2）项目部对全员全面渗透成本管理意识。

① 专门成立项目部成本领导小组并落实了成本核算办法；

② 有效利用信息化手段作保障实施成本核算；各职能部门及时沟通并认真完成了数据初始录入和日常积累；

③ 专门梳理并建立健全了材料报验、工序验收等相应的管理流程以适应成本核算要求并完善了过程控制。

3）结合成本核算资料，项目部还成立签证索赔小组，由项目部预算员主持对本工程计量及工程结算情况进行介绍，并提出相关需要解决的问题，项目部各技术人员对签证索赔情况进行汇报，所需要的技术支持资料进行检查跟踪，确保项目部的利益最大化。

四、项目管理效果评价

1. 管理效果

本工程于2017年5月12日正式通过代建、监理及总包单位的一次验收合格，按照业主的要求按时交工，实现了安全、工期、质量、成本的目标，得到了业主、代建、监理单位以及社会各界的好评。

1）达到"天津市安全文明工地"标准。达到"天津市绿色施工样板工地"标准。

2）本工程完工，在2017年5月2日"今日头条"新闻发表了"为全运会增光彩留北京城建美名"的施工纪实文章；对现场的施工整体情况且在北京新闻进行了播报。

2. 经济效益及社会效益

本工程施工中采用了先进的曲臂车机械替代了常规的满堂红脚手架搭设，缩短了工期，节约了成本。

本工程通过项目部的合理安排、精心施工，按业主的要求提前完成，为天津十三届全运会的开幕争夺了宝贵的时间。

五、结束语

在充分研究该工程特点及难点，并通过实施有效的管理措施，加快了施工进度，提高了施工效率，保证了施工过程中操作安全性，进一步增强了施工过程中环境保护意识，项目部整体的管理水平又上了一个台阶，圆满完成施工任务，为业主递交了一分满意的答卷。

基于 WBS 法项目管理创新实施

——中城投集团第五工程局有限公司北京药品检验所工程

沙会清　周艳辉　王立东　张　冬　宋庆海　刘文刚

【摘　要】 北京市药品检验所科研楼工程锅炉房是单层地下空间建筑。施工正值雨季，该单体建筑结构施工的完成时间直接关系到冬季供暖是否能实现，关系到其他三个单体是否能在冬季进行系统的调试，对整体竣工目标的实现起到决定性的作用。项目部通过慎重研究，采用基于 WBS 工作分解结构方法优化细分施工工序控制节点与流水节拍，建立进度管理、成本、质量管理联合管理基础系统，强化项目施工管理。并采用在 BIM 建模的基础上，运用模型会审、危险源识别等技术管理手段辅助项目施工管理。最终在保证施工质量和安全的前提下，确保进度管理控制节点的实现，按期移交锅炉安装单位。

【关键词】 项目策划；WBS 方法应用；BIM 辅助管理

一、项目成果背景

1. 工程概况

北京药品检验所科研楼工程，建设地点是昌平区中关村生命科学院 10-2 地块。该地块西、南向邻接园区道路，北侧为规划代征路，东侧邻接 10-2B 地块。本项目建筑的功能是科研楼。建设项目包括实验综合楼、安全评价中心、实验管理楼、室外地下锅炉房四个单体建筑，总建筑面积 33260m² （图 1）。

图 1　项目效果图

实验综合楼建筑层数是局部地下一层，地上四层，建筑高度 23.95m，内设理化实验室、洁净实验室及实验管理用房。

安全评价中心建筑层数是地上三层，内设动物房及安全评价实验室。

实验管理楼建筑层数是地上三层，内设报告厅、会议室、管理办公室。

室外地下锅炉房是地下单层结构建筑，内设四台锅炉，为其他三座单体提供采暖热水及实验用蒸汽。

2. 项目背景

北京市药检所是由北京市药品监督管理局依据《中华人民共和国药品管理法》设立的唯一市属药品检验机构。北京市药检所是全国 19 个口岸药检所之一，也是全国 7 个具备生物制品检验能力的药检所之一，同时也是我国 3 个负责进口药品首次进关检验的口岸药检所之一，承担着大量的进口药品的口岸检验任务和整个华北地区的生物制品的检验任务。

北京药品检验所科研楼工程是在原所的规模不能满足北京市及周边省份的市场需求的情况下，选址新建的工程项目。新所建成后无论规模还是技术方面将遥遥领先同类所的水平，因此，施工质量的优劣直接关系到北京市乃至全国人民的药品安全；同时，由于原所址的限期搬迁，施工进度的保证成为至关重要的因素。

3. 选题原因

本工程于 2012 年 4 月 19 日开工，同年 11 月 20 日结构封顶建设单位与同期建设的中检院专家组多方沟通并论证，发现本项目 2010 年完成的实验检验工艺设计已经不能达到现阶段同行业的先进水平，然后组织进行实验检验工艺设计调整。随之而来的就是建筑平面布局及配套水、电、风系统的设计调整，并将原在实验综合地下室的锅炉房移至红线内择址建设。工程处于停滞状态，直至 2014 年 6 月 30 日锅房的图纸才正式下发到我方手中。经甲乙双方对照整体搬迁的时间控制节点，要求锅炉房的结构施工完成必须控制在 8 月 15 日。项目部通过慎重研究决定，通过运用 WBS 工作分解结构方法，对施工工序进行细化分解，并辅助以施工前运用 BIM 技术模拟施工过程，及在施工中加强各个施工工序的管理，最终在保证施工质量和安全的前提下，确保节点的实现，按期移交锅炉安装单位按期进场。

4. 实施时间

如表 1 所示。

实施时间表　　　　　　　　　　　　　　　　　　　　　　　　　　　　　　表 1

实施时间	2014 年 6 月 1 日～2014 年 8 月 15 日
分阶段实施时间表	
管理策划	2014 年 6 月开始，实时调整
管理措施实施	2014 年 7 月 1 日～2014 年 8 月 15 日
过程检查	2014 年 7 月 1 日～2014 年 8 月 15 日
取得效果	2014 年 8 月 15 日

二、项目管理及创新特点

1. 工程难点及重点

（1）雨季施工

锅炉房是单层地下建筑。雨季施工的影响是项目管理的重点之一。因此，项目部组织编制专项雨季施工方案，按照不同施工阶段采取针对性雨季施工措施，保障项目目标实现。

（2）深基坑的安全管理

本工程基础埋深为 -10.4m，属于深基坑工程。针对深基坑施工，项目部组织编制专项施工方案，并在公司支持下组织专家论证。方案编制同时考虑雨季施工的因素。

（3）现场施工正确处理工期与安全、质量、成本之间的关系

1）通过建立 BIM 模型，辨识危险源，采取相针对性防范措施，防范预控风险。

2）通过对 BIM 模型进行碰撞检查，完善图纸会审制度，解决图纸设计出现的错、漏、碰、缺问题，确保项目策划的基础信息完备完善。

3）采取 WBS 工作分解结构方法，建立包含"可分配能交付"特征的成本、进度及质量的联合管理控制基础，有序处理现场施工的工期与安全、质量、成本之间的关系。

2. 创新特点

（1）项目管理创新理念贯彻始终

以"项目全局为重，狠抓进度管理，平衡成本控制，确保质量标准"为项目管理理念，通过会议、宣贯、交底等方式，贯彻到项目管理团队、各级管控及施工操作层面。

（2）科技攻关、新技术应用

1）基于WBS工作分解结构技术进行项目进度、质量和成本平衡管控

采用WBS工作分解结构计划方法，优化进度计划，合理配置资源，确保在实现项目质量安全管理目标的前提下，做到项目成本平衡。

基于WBS工作分解结构方法的辅助，在项目策划阶段，确定工作内容、工程量和工作顺序，合理分解并优化各分部分项工程为最优工作任务，建立具有唯一性的编码，包含"可分配能交付"特征的成本、进度及质量的联合管理控制基础系统。由各最优工作包括编码组成的WBS编码系统与项目组织机构相结合，辅助确定项目管理人员针对不同任务明确不同的职责；利用WBS编码系统，辅助项目管理中对项目进展进行阶段性跟踪、汇总反馈和动态控制。

2）采用BIM技术进行图纸审查、会审

利用三维模型，进行模型会审，完善图纸会审制度的贯彻工作，前置排除图纸设计缺陷，确保项目施工管理目标实现。

3）采用BIM技术进行危险源识别

基于BIM模型，协同安全管理相关人员，进行风险源识别，做到预控预防安全风险，保障项目管理目标实现。

三、项目管理分析、策划和实施

1. 管理问题分析

本项目管理问题主要是技术管理要有创新，进度管理可以管控，成本管理能够平衡，质量管理要有保证，安全管理能先预控。项目管理团队在三维审图，工序优化，施工组织上详尽分析，结合图纸、专项方案等进行策划，以支撑实施。

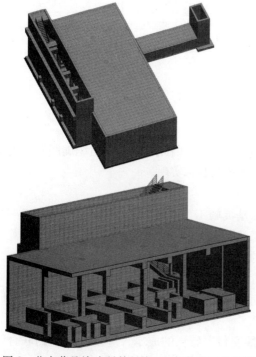

图2　北京药品检验所科研楼工程锅炉房三维模型

2. 管理措施策划和实施

（1）科学合理策划，明确目标管理

1）质量目标：创北京市"结构长城杯""建筑长城杯"。

2）工期目标：确保2014年8月15日完成结构施工，移交锅炉房安装单位进行设备安装。

3）安全目标：杜绝死亡、重伤等责任事故，轻伤事故控制在1‰，获得"北京市安全文明工地"。

4）环保目标：噪声、扬尘、三废（废水、废气、固体废弃物）排放达到国家环保标准，满足北京市对施工生产规定的各项环保指标。

5）经营指标：合同履约100%，完成公司下达的经济责任指标。

（2）升级技术手段，精准项目管理

1）运用BIM技术进行图纸审查、会审

本项目管理中，采用REVIT进行分专业建立BIM建模（图2、图3）。在此基础上，采用NW进行模型碰撞检查，全面检查设计图纸中可能存在的错、漏、碰、

缺问题，完善图纸会审制度落实的深度、精度。并通过模型检查软件发现和消防规范、施工规范等规范冲突的问题，减少施工中的返工，从而避免浪费成本、延误工期、出现质量问题，确保项目管理目标实现。如图 4 所示展示。

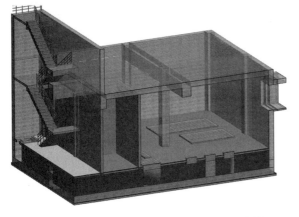

图 3　北京药品检验所科研楼工程锅炉房三维模型　　图 4　北京药品检验所科研楼工程锅炉房三维模型图纸会审

2）解决设计错、漏、碰、缺问题后，更新 BIM 模型，然后组织项目部的安全管理人员，对施工面的危险源进行识别判断；并制定安全防护措施，做到预防预控，确保项目管理目标的实现。如图 5、图 6 展示。

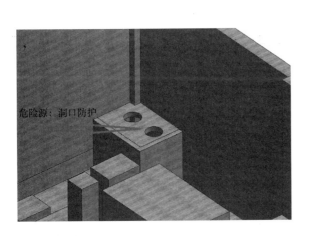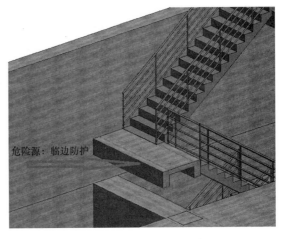

图 5　北京药品检验所科研楼工程锅炉房　　图 6　北京药品检验所科研楼工程锅炉房
　　三维模型危险源识别（一）　　　　　　　　三维模型危险源识别（二）

（3）优化工作分解结构，管控进度、成本、质量

1）WBS 工作分解结构层级设置

本项目工作分解结构方法实施，以工作进行方式和反应方式为基础进行设计，按照工艺流程来划分，每一分解单元节点要素即考虑本节点的边界限定，也包含与其他节点的内在逻辑关联。因合同清单分解是按照工程实物划分，不考虑项目管理工作的联系和结构关系，所以采用基于 WBS 工作分解结构，进行项目的进度、费用控制节点设置，从而在项目施工管理中建立合理的联合管理控制基础。

本项目采用传统分段式 6 层级工作分解结构模式。

① 本项目 6 层级结构方式进行设置

项目管理层级用于管理、控制与阶段进度、成本、质量考核。

技术操作层级根据内部施工进度、成本、质量、安全等控制目标用于过程监管控制（表 2）。

WBS 工作分解结构 6 层级结构设置 表 2

项目管理层级	层级	描述	责任人
项目管理层级	第一层级	项目	建设方指定
项目管理层级	第二层级	子项目	建设方指定
项目管理层级	第三层级	任务	建设方指定
技术操作层级	第四层级	子任务	施工方设计
技术操作层级	第五层级	工作包	施工方设计
技术操作层级	第六层级	努力水平	施工方设计

第一层级（项目）：根据建设单位要求及合同约定条件，整个工程项目（不含设备安装）作为第一层级设置，即北京药品检验所科研楼工程锅炉房。第一层级用于建设单位针对项目工程范围对施工单位进行工作授权和解除授权。本层级责任部门为北京药品检验所科研楼工程项目经理部，不与特定部门关联。

第二层级（子项目）：由建设单位要求及合同约定条件指定工程范围。通常，通风空调、智能建筑等子项目拆分出施工方工程范围之外。本项目工程子项目层级包含：地基与基础、主体结构、装饰装修、屋面等，如表 3 所示。本层级责任部门为北京药品检验所科研楼工程项目经理部，不与特定部门关联。

WBS 第二层级（子项目）分解设置表 表 3

项目	子项目	编码	子项目范围	描述
锅炉房	地基与基础	1		
锅炉房	主体结构	2		
锅炉房	装饰装修	3		
锅炉房	屋面	4		
锅炉房	建筑给水排水及供暖	5	预留预埋	
锅炉房	通风与空调	6	预留预埋	
锅炉房	建筑电气	7	预留预埋	
锅炉房	智能建筑	8	无	无
锅炉房	建筑节能	9	预留预埋	
锅炉房	电梯	10	无	无

第三层级（任务）：由建设单位要求及合同约定条件指定工程范围，施工单位根据设计图纸进行工作分解结构设置，如表 4 所示。本层级责任部门为北京药品检验所科研楼工程项目经理部，不与特定部门关联。本项目第三层级（任务）工作分解结构设置如图 7 所示：项目管理层级工作分解结构图。

WBS 第三层级（任务）分解设置表 表 4

子项目	任务	编码	描述	说明
地基与基础 1	土方	1.1		
地基与基础 1	基坑支护	1.2		
地基与基础 1	地基处理	1.3		
地基与基础 1	混凝土基础	1.4		
地基与基础 1	地下防水	1.5		
主体结构 2	混凝土结构	2.1		
主体结构 2	砌体结构	2.2		

续表

子项目	任务	编码	描述	说明
装饰装修3	建筑地面	3.1		
	抹灰	3.2		
	外墙防水	3.3		
	门窗	3.4		
	吊顶	3.5		
	轻质隔墙	3.6	无	设计不包含
	饰面板	3.7		
	幕墙	3.8	无	设计不包含
	涂饰	3.9		
	裱糊与软包	3.10	仅涂料	设计不包含
	细部	3.11		
屋面4	基层与保护	4.1		
	保温与隔热	4.2		
	防水与密封	4.3		
	瓦面与板面	4.4		
	细部构造	4.5		

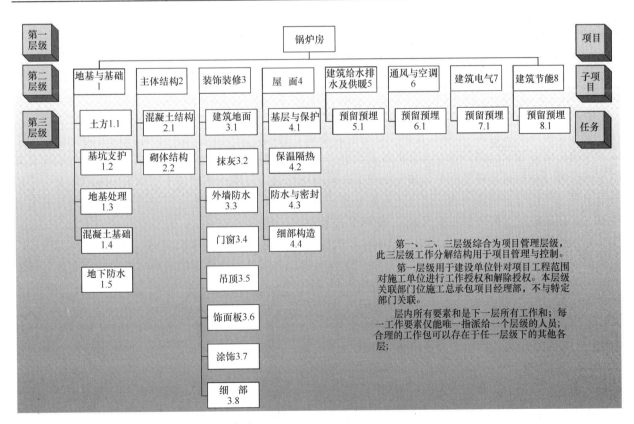

图7 项目管理层级工作分解结构图

第四层级（子任务）：本层级由施工单位根据内部施工进度、成本、质量、安全等控制目标需要设计，用于施工进度计划的编制，与质量、成本管控。

将工作分解结构与基于WBS的组织分解结构进行综合配置，进一步明确关联部门的工作任务与职责，如表 5 所示；其中责任关联配置原则如表 6 所示。

WBS 第四层级（地基与基础子任务）分解设置与关联部门配置表 表 5

子项目	任务	子任务	编码	关联部门	责任人	描述
地基与基础 1	土方 1.1	土方开挖	1.1.1	土方班组	施工员 A	
		土方回填	1.1.2	土方班组	施工员 B	
	基坑支护 1.2	土钉墙	1.2.1	护坡班组	生产经理	
		喷射混凝土	1.2.2	混凝土班组	生产经理	
	地基处理 1.3	降排水	1.3.1	降水班组	施工员 A	明坑排水
	混凝土基础 1.4	垫层	1.4.1	模板班组 混凝土班组	施工员 B	
		筏板基础	1.4.2	模板班组 钢筋班组 混凝土班组	施工员 AB	
		设备基础	1.4.3	班组	施工员 B	
	地下防水 1.5	地下室防水	1.5.1	防水班组 混凝土班组	施工员 A	保护层关联 混凝土班组
	细部构造		4.5			

WBS 技术操作层级责任关联配置原则 表 6

技术操作层级	子任务	工作包	努力程度
关联配置原则	关联部门	关联部门	优先质量（合格）
	责任人员	责任人员	或工期（n 工作日）
	/	/	或成本（n 元）

如图 8、图 9 所示为地基与基础子项目和主体结构子项目工作分解结构设置图。

第五层级（工作包）：本项目根据"可分配能交付"原则，按照能形成一个可进行验收交付（如下一工序或监理验收）的相对独立的最小单元，进行工作包层级分解。做到确保最小工作单元的层次关系位于计价清单分解最小项目之上，避免出现工作包的边界限定范围内出现若干清单最小项目，及一个清单最小项目可能分布在不同的工作包边界限定范围内的现象；有利于成本费用统计和管理、进度等监督控制（责任关联配置原则如表 6 所示）。如图 8 所示。

第六层级（努力水平）：本层级为操作人员进行任务分配，核定以多长时间、什么样的质量标准，在合理成本投入与安全环境中完成第五层级中工作包的边界限范围内确定的最小"可分配能交付"任务单元的工作任务。如图 9、图 10 所示。

② WBS 工作分解结构层级设置基本说明

本项目基于 WBS 技术应用中，项目管理层级（项目、子项目、任务）设置不与特定部门关联；具体部门工作职责关联设置确定在技术操作层级（子任务、工作包/努力水平）。每一层级内所有要素之和是下一层所有工作之和；每一工作要素仅能唯一指派给一个层级的人员；合理的工作包可以存在于任一层级下的其他各层。实际工作包的监督和控制可以统一，也可以分开，但必须明确。

基本原则：力求上三层标准程序化，下三层具体差异化，便于在其他项目推广应用。工作包是基层任务或工作的指派，是根据工作方式所确定的工作计划的自然分支。

2）建设工程 WBS 方法应用特征分析

① 受工程范围的边界限定条件约束。工程范围由建设单位进行授权和解授权。

② 受工程结构、施工段划分约束。根据流水段工程量合理平衡分解结构。

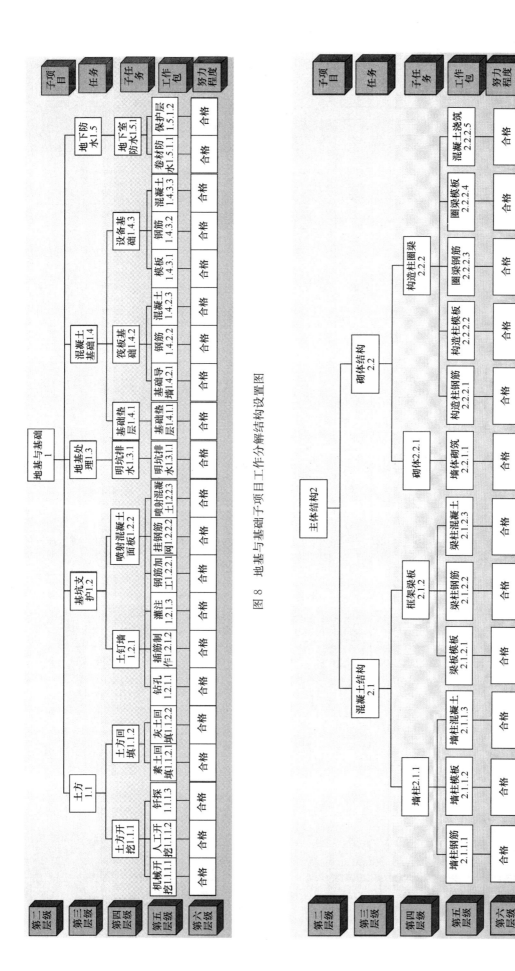

图 8 地基与基础子项目工作分解结构设置图

图 9 主体结构子项目工作分解结构设置图

379

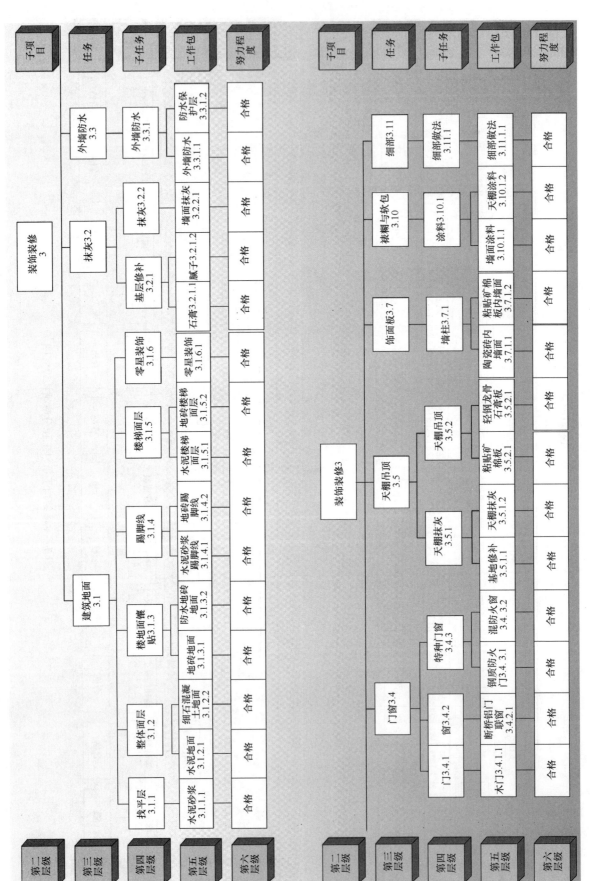

图 10 装饰装修子项目工作分解结构设置图

③ 工作分解结构最小单元详细程度的优化。

为达到项目管理控制目的，并保证计划的弹性，底层工作包的时间设计合理，忌超出一个成本、时间的控制周期。WBS最小"可分配能交付"工作包单元界定范围不小于合同清单分解最小子目。

④ 工作包之间边界清晰明确，内容明确，便于监督控制，利于追踪统计。

⑤ 制定分解和工作包的内容与基层操作人员协同研讨，并充分交底。

3) 针对目标计划分解

项目目标综合考虑进度目标、成本目标和质量目标之间的平衡。WBS工作分解结构针对目标系统，合理设置工作包单元时间节拍，以保证质量标准的前提下，平衡成本的支出。本项目综合最小工作包单元时间节拍设置为4~8h，在项目实施中验证，作为体量较小、关系重大的锅炉房施工管理中比较合理、效果显著。

表7：地基与基础子项目进度计划表展示

地基与基础子项目施工进度控制计划　　　　　　　　　　　　　表7

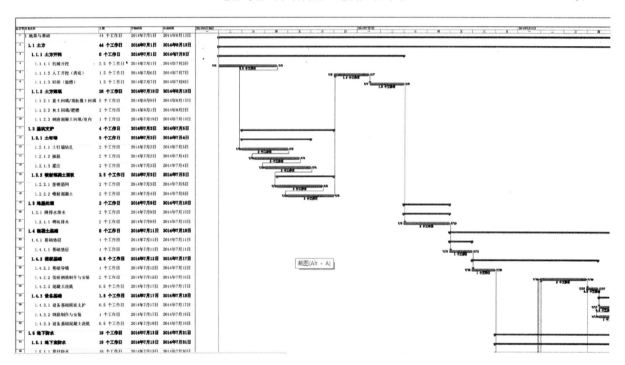

4) 监督和控制点设置

项目组织管理针对进度、成本、质量进行有效的监控与控制，确保完成合同约束和企业即项目目标系统。做到在完成质量目标的基础上，以合理平衡的成本投入保证进度目标计划的实现。本项目监督和控制点设置如表8所示。

5) 项目生命期结构化

在项目实施中，贯彻项目生命周期结构化理念与控制方法；实施过程中，基于WBS工作分解结构方法制定的进度、成本、质量联合控制基础系统，以优化后的最小工作任务包为元素，根据不同层级跟踪、汇总的信息分析资料，为管理者构建不同生命期的控制、决策支撑系统。平衡项目资源、资金投入平衡合理、平稳有序；确保不确定因素出现的灵活决策与相关预案选择科学合理。

本项目锅炉房为地下单层空间结构，设计与地勘资料显示，基础基底标高为31.900m（−10.4m），地下水位为34.91~35.27m，抗浮水位40.50m；地基类型为天然地基，持力层土质为细沙；项目施工阶段为北京雨季。本项目锅炉房体量小，但要求工期短，属于地下单层空间建筑。在项目策划时，采用生命期结构化理论，结合WBS工作分解结构方法进行分析，有效的为项目策划提供决策支撑。

地基与基础子项目、主体结构子项目监督控制点设置表　　　　　　　表8

项目管理层级						技术操作层级				
第一层级		第二层级		第三层级		第四层级		第五层级		第六层级
项目	控制点	子项目	控制点	任务	控制点	子任务	控制点	工作包	控制点	努力程度	控制点
锅炉房	竣工验收	地基与基础	分部验收	土石方	检验批验收	土方开挖	验收	机械开挖	三检制	合格	验收
								人工开挖	三检制	合格	验收
								机械开挖	三检制	合格	验收
						土方回填	验收	老土回填	三检制	合格	验收
								灰土回填	三检制	合格	验收
				基坑支护	检验批验收	土钉墙	验收	钻孔	三检制	合格	验收
								插筋制作	三检制	合格	隐蔽验收
								灌注	三检制	合格	试验
						喷射混凝土	验收	钢筋加工	三检制	合格	验收
								挂钢筋网	三检制	合格	隐蔽验收
								喷射混凝土	三检制	合格	试验
				地基处理	检验批验收	—	—	明坑排水	三检制	合格	验收
				地下防水	检验批验收	卷材防水	验收	基层	三检制	合格	验收
								防水施工	隐蔽验收	合格	验收
								保护层	三检制	合格	验收
				混凝土基础	检验批验收	基础垫层	验收	垫层混凝土	三检制	合格	试验验收
						筏板基础梁	验收	基础导墙/模板	三检制	合格	验收
								钢筋	三检制	合格	隐蔽验收
								混凝土	三检制	合格	验收
						设备基础	验收	模板	三检制	合格	验收
								钢筋	三检制	合格	隐蔽验收
								混凝土	三检制	合格	试验验收
		主体结构	分部验收	混凝土结构	检验批验收	墙柱	验收	钢筋	三检制	合格	隐蔽验收
								模板未拆	三检制	合格	隐蔽验收
								混凝土浇筑	三检制	合格	试验验收
						梁板	验收	钢筋加工安装	三检制	合格	隐蔽验收
								模板未拆	三检制	合格	隐蔽验收
								混凝土浇筑	三检制	合格	试验验收
				砌体结构	检验批验收	砌体	验收	砌筑	三检制	合格	验收
						构造柱圈梁	验收	构造柱钢筋	三检制	合格	验收
								构造柱模板	三检制	合格	验收
								圈梁钢筋	三检制	合格	验收
								圈梁模板	三检制	合格	验收
								混凝土浇筑	三检制	合格	试验验收

综合各种因素，根据地基与基础工程因地质土层不可见而具有较强的不确定性特征，模块结构化分解时，将地基与基础做为独立施工管理模块进行策划、控制。本项目锅炉房模块化分解为地基与基础、建筑与安装（含房心回填）、覆土回填等三阶段，如表9所示。

锅炉房项目生命周期（施工阶段）结构化分析表　　　　　　　表9

项目生命期(施工阶段)结构化细分	匹配WBS(子项目)层级	风险/问题或措施	匹配WBS(任务)层级/措施
地基与基础阶段	地基与基础1	水位高/降排水	明坑排水1.3.1
		深基坑/基坑支护、垂直运输	深基坑专项方案 土钉墙1.2.1 喷射混凝土面板1.2.2
		天然地基/基底扰动	土方开挖1.1.1
		细沙持力层、水位高/流砂	不确定型，应制定专项预案； 土钉墙1.2.1 喷射混凝土面板1.2.2

续表

项目生命期(施工阶段)结构化细分	匹配WBS(子项目)层级	风险/问题或措施	匹配WBS(任务)层级/措施
建筑与安装阶段	地基与基础	雨季/雨季施工	不确定型,应制定专项预案
	主体结构		
	装饰装修	设计/缺陷、BIM技术	WBS法构建进度、成本、质量管理控制系统,采用BIM技术的模型会审辅助施工管理
	屋面		
覆土回填	主体结构	顶板混凝土强度/养护	
	屋面	渗漏/混凝土裂缝控制、防水密封	
	地基与基础	覆土/工艺、工序	

本项目在基于WBS工作分解结构技术应用项目管理实施后,优质、快速高效的完成企业既定经营目标,并实现质量和进度目标,确保锅炉房在整体项目全生命期中的下一阶段的目标系统实现。

3. 过程检查控制及方法工具应用

(1) 基于三维模型的图纸会审、风险源识别技术

采用BIM技术,利用BIM软件,构件三维模型,并进行模型审查完善图纸会审工作;模型检测后解决错漏碰缺问题的基础上,协同专业人员组织基于模型的风险源识别,制度针对性措施,保障项目施工管理。

(2) WBS工作分解结构计划控制方法

采用WBS工作分解结构的层级化树状结构表现方法,将由一组"可分配能交付"的最优较小组成单元,进行唯一编码,作为项目进度管理和成本管控系统的控制与汇总节点,满足对施工过程进行时间、费用、质量的计划和控制管理。

四、管理效果与评价

1. 管理效果

(1) 目标完成情况:

工期目标:按照建设单位合约约定日期完成验收。

质量目标:达到北京市"结构长城杯""建筑长城杯"标准。

安全目标:获得"北京市安全文明工地"。

环保目标:满足北京市对施工生产的各项环保指标。

经营指标:合同约100%,完成公司下达的经济责任指标。

(2) 经济效益

项目部通过BIM和WBS的应用,细化施工工序,模拟施工过程,减少工序交叉引起的施工干涉,最大程度上减少因工作面小,相互干涉引起的工期增加和施工人员窝工情况的发生。

(3) 社会效益

锅炉房结构的如期完成,为后续锅炉的安装、调试,最终按期供暖起到至关重要的作用,为项目后期洁净系统调试,实验设备、家具的安装争取时间。

最终实现北京市药品检验所按期搬迁,检验工作未收到任何影响,保障了建设单位战略计划与目标,赢得了建设单位及其行业系统的高度评价,得到了市区政府主管部门好评。

2. 管理评价

基于BIM技术的技术管理方式,实现项目管理的升级,具有推广意义。

基于WBS工作分解结构方法于进度、质量、成本管理的辅助形成样本效应,具有推广的价值;并为促进在不同类型项目中,具体成熟实施应用WBS工作分解结构方法具有一定的社会意义。

3. 本工程获奖情况

（1）2013年8月30日获得"北京市结构长城杯银杯"；

（2）2017年8月31日获得"北京市建筑长城杯金杯"；

（3）2017年2月20日获得"北京市安全文明工地"称号（图11）。

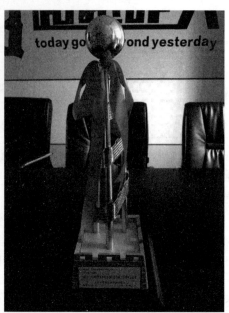

图11 获奖情况

技术先行　优势集成
打造强势履约团队　缔造标杆工程
——中建一局集团第五建筑有限公司清华附中凯文国际学校项目

李　驰　王　伟　庞　东　刘春利　毕成林

【摘　要】清华附中凯文国际学校工程具有建筑单体多、建筑面积大、质量安全目标高的项目特征。工程施工组织具有综合管理难度大、施工工期短、施工专业多、施工资源组织难度高、交叉作业多等特点。在工程施工中，项目经理部综合成熟经验与工程实际情况，通过精细部署，制定切实有效的施工组织计划，创新总承包管理模式，加大图纸深化力度，加强技术创新能力，加强二次营销管理，注重细节，重视洽商、变更管理，提高经济效益，以"5.5精品工程生产线"组织工程实施，集成项目综合管理优势，践行工期、质量、安全、成本、文明施工强势履约，将工程打造成朝阳乃至北京地区一所国际化的高端学校。

【关键词】强势履约；技术创效；管理精细化；总承包管理

一、项目成果背景

1. 工程概况

清华附中凯文国际学校工程位于北京市朝阳区金盏乡，西临机场第二高速，北临东坝北街，东临金盏服务区西三路，南临金盏服务区四街（规划）。本工程建设用地共分为A、B、C三个地块，总建筑面积280765.98m^2，其中地上建筑面积212226.00m^2，地下建筑面积68539.98m^2，包含高中部教学楼、初中部教学楼、演艺中心、体育中心、学生宿舍、教师宿舍、小学部教学楼、小学部食堂及体育馆、四栋国际教育研究中心。无地下室部分：基础采用CFG复合地基上独立基础；有地下室部分：采用天然地基上筏板基础，结构采用框架-剪力墙结构。建筑外装修为红色仿面砖涂料、玻璃幕墙、石材幕墙、铝板饰面外墙、穿孔铝板幕墙等。室内楼地面装饰主要有水泥楼地面、地砖楼地面、地板采暖地面、花岗石楼地面、细石混凝土地面、活动地板地面等；内墙装饰主要为面砖墙面、涂料墙面、矿棉吸声墙面、薄型面砖墙面、薄型石材墙面；天棚主要为白水泥浆顶棚、刷涂料顶棚、矿棉吸声顶棚、刷涂料吊顶、隔音板吊顶。室内装修各区域之间特色鲜明、亮丽，功能性房间装修简洁、明快。本工程是一项单体较多、功能齐备、设施齐全的综合智能型建筑，设有高低压配电系统、给水排水系统、通风系统、集中供暖地辐射系统、太阳能热水系统、消火栓和自动喷淋系统、电梯系统和车库管理、楼宇监控、通信网络、信息网络、火灾自动报警和消防联动等智能化系统，设施齐全、功能先进、节能显著。建成后将成为朝阳乃至北京地区一所国际化的高端学校。

2. 选题理由

清华附中凯文国际学校工程作为北京市重点工程项目，建成后成为北京市一所国际化高端学校，建筑外形明快、结构复杂，工程建设标准高，业态多、体量大、场区管理难度大、工作面多、材料运输压力大、交叉作业多、工期紧、参建单位多，各项风险因素的预控难度大等特点，此外，清华附中凯文国际学校工程是包材料、包施工、包工期、包质量、包安全、包文明施工、包验收交付的总承包工程，总承包的正确定位和管理到位对整个工程的成功建设都具有极其重要的作用，精细化的工程管理是总承包管理成功的关键,也是强势履约团队成功的关键。本工程从技术先行、精细化管理和优势资源的集成着手,缔造了一个标杆工程,为后续类似大型公共建筑群的建设积累丰富的经验。

3. 实施时间

本工程从2015年11月28日开工,到2017年8月30日顺利通过四方竣工验收(表1)。

实施时间表　　　　　　　　　　　　　　　　　　　　　　　　　　　　　表1

实施时间	2015年11月28日～2017年8月30日
分阶段实施时间表	
管理策划	2015年11月～根据各时段节点不断调整
管理实施	2015年12月～2017年8月
过程检查	2016年1月～截止到工程竣工的全过程
取得效果	各阶段性节点～2017年9月

二、项目管理及创新特点

1. 工程难点及重点

(1) 超高层高、超长跨度

本工程演艺中心、体育馆单体结构复杂,错层、层高超高情况较多,中小学教学楼下沉庭院部位较多,且存在顶板花架梁和跃层屋顶,本工程高支模部位最大搭设高度达22m,花架梁最大跨度达24m,钢结构工程最大跨度40余米。针对本工程钢筋混凝土结构、钢结构超高层高、超长跨度项目部编制切实可行、科学合理的专项施工方案,并按照有关规定做好专家论证评审,组织高支模施工方案论证会和钢结构吊装施工方案论证会两次,邀请北京相关技术专家指导施工,施工方案经专家审核同意后严格按照方案组织施工,过程中落实方案执行情况检查,确保超过一定规模危险性较大分部分项施工内容质量达标,安全得到保障。

(2) 地下障碍物多,基坑深、土方量大、支护形式多样

本工程地下四大块施工本着经济合理适用的原则进行方案编制并按建质87号文相关规定组织专家进行方案论证,邀请专家对工程地下施工阶段进行筹划,根据现场情况,结合业主单位提供地下管线情况,制定合理的土方开挖及边坡支护方案,尽可能避开地下障碍物。本工程排水区域基坑最深约为-10.057m左右,基坑最深有效深度为9.30m左右,在充分研究该地区水文地质条件和周边环境因素的基础上,本工程基坑降低地下水设计采取"明排为主,疏渗结合的疏排水"方案,尽可能少的摄取地下水以缓解地下水过量开采造成的严重后果,同时也减少了摄取地下水被污染的现象。本工程土方量达到50万m³左右,土方量较大。根据现场地质水文条件和北京地区常见基坑支护形式,本工程无地下室的建筑开挖深度较浅,采用1:0.75~1:1放坡土钉墙或挂钢筋网喷护;一层及二层地下室建筑采用土钉墙或复合土钉墙支护,一层地下室因边界受限,需要增加边坡安全稳定性的支护区域采用复合土钉墙+微型钢管桩复合支护,二层地下室支护区域因边界受限,需要增加边坡安全稳定性的支护区域采用桩锚支护形式。

(3) 钢结构形式复杂、工程量大、安装施工难度大

针对体育中心钢结构形式复杂,吊装难度大,项目提前对图纸进行深化,对可能出现的问题进行分析,并提前与设计单位沟通明确各节点的施工做法。同时编制专项施工方案,并组织专家论证,在施工过程中严格按照所拟订方案执行,确保钢骨柱安装的精度。清华附中凯文国际学校体育馆为综合型体育馆,南区地下为冰球馆,北区地下为游泳馆,二层楼面桁架有南北两区,其中南区桁架跨度为42m,共7榀,每榀重量约42t,北区桁架跨度为33.6m,共6榀,每榀重量约32t,桁架均为H形钢截面,桁架截面高度为2.8m。桁架设计均为大跨度结构,且都具有较高的自重量,采用焊接方式与型钢混凝土柱进行连接。大跨度桁架钢结构在施工时需要在桁架拼装完成后再进行整体吊装作业。考虑到场地的局

限性，在西侧支设吊车会存在吊装距离大，施工场地狭窄，不适宜作为施工场地；场馆纵向距离较大，不适宜在南北方向施工。方案决定在场馆东侧采用侧位吊装的形式进行施工。由于工期紧张，钢结构厂家进场时间较晚，钢骨柱加工周期长，无法满足现场施工进度要求，取得设计人员同意后，采取了钢骨柱基础预埋后先行基础底板混凝土浇筑，待钢骨柱安装后再进行基础上翻梁混凝土浇筑的钢骨柱后安装施工方法，并由此形成《劲性混凝土结构钢骨柱后安装施工技术》论文一篇。

（4）装修工程要求高，各专业间交叉作业频繁

本工程为高端国际化学校，属于大型综合公共建筑，共13栋单体，结构建筑型式各异。本工程包含室内精装修分包、外立面幕墙分包、涂料分包、机电分包、电梯分包、除霾系统分包、体育专业分包、水处理分包、钢结构分包、保温分包、舞台灯光分包、市政园林分包等百余家专业分包单位，施工过程中分包管理难度需统一指挥，作好工种之间的施工协调配合工作，合理安排交叉作业。本工程属于精装修交竣工程，各单体室内外装修风格及特点各异，为确保达到设计意图，总包单位组织相应专业分包进行细部节点的深化，在装饰装修阶段，总包坚持"谁施工、谁负责、坚持合同履约"，坚持"未会签、不送审"，坚持"未审批、不施工"，坚持"计划主导、严格执行"，坚持"总包牵头、综合协调"的五项坚持原则组织深化设计工作，保障工程装修阶段各专业的顺利配合。并通过建立严密总承包管理程序，从分包选择，施工过程中对质量、进度、安全等方面进行管理。制定严格的成品保护措施，各个专业队和分包单位共同建立成品保护制度。

（5）管线施工难度大

本工程为大型公建项目，机电专业涉及专业较多，电气、弱电、除霾系统、VRV空调系统、给水排水系统、中水系统等管线排布交叉多，排布复杂，总承包单位组建精良机电施工队伍，提前对图纸进行深化，对可能出现的问题进行分析，同时编制专项施工方案，在施工过程中严格按照方案执行。总承包单位通过BIM技术对管线进行管线综合的深化设计和优化，将管线施工问题提前解决，通过Navisworks进行碰撞检测，调整位置。通过总承包一系列的深化设计、BIM技术应用、联合会签制度等强化机电专业管线施工管理，保证了工程管线施工的有序进行。同时本工程包括雨水调蓄池、太阳能热水系统、除霾系统、中水系统等节能环保的专业施工。

2. 创新特点

（1）建立健全项目管理体系与职能划分

本工程本着科学管理、精干高效、结构合理的原则，配备具有丰富的施工经验、服务态度良好、勤奋实干的工程技术和管理人员组成项目管理体系，同时为加强对专业分包的协调把控，打通总承包管理部门和分包对于管理部门实现融合管理，针对每一个专业设置至少一名精通此专业的管理协调人员。

（2）建设目标动态管理模型建立与调整

工程建设之初，项目部针对工程建设特点及各项要求，采用立体施工计划管理模式，确立了工程建设各项总目标及分阶段目标，并形成统一的工程建设目标动态管理模型，通过实施项目"大计划"管理过程中的实施分析与动态调整，将计划目标分级明确，定期发布"红黄蓝"三色预警，提前预判纠偏，推动各项建设指标的实施，确保对业主合理高效的履约（图1）。

（3）全方位创新安全管理

为确保制定安全管理及技术措施的有效实施和优化，公司总部在总承包项目经理部下设安全管理部并派驻安全总监，全面负责本工程的安全生产，实行安全的垂直管理，同时项目部坚持责令各分包单位成立相应安全管理机构，协助总承包项目经理部搞好分包单位的安全管理工作，同时项目建立的体验式的安全教育，使得进场的每位施工人员切身感受身边危险的存在，确保安全意识深植每位施工人员心里。

1）安全管理之多媒体培训教育

由于群体公共建筑的特殊性，安全管理对从业人员开展安全教育培训工作也就至关重要，以往的管理人员说教安全教育培训方式及内容枯燥，无法引起工人学习兴趣，加之安全培训时间以及场地受到限制等诸多因素导致安全培训工作落实不能全面到位。

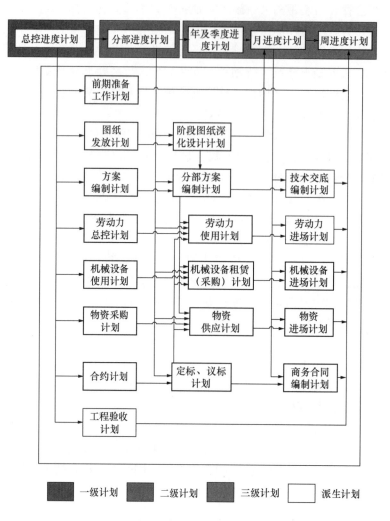

图1 计划动态管理模型

项目针对上述情况，创新引进多媒体安全教育培训设备，从根本上解决了安全培训教育的枯燥，培训完成后进行二维码扫码答题，考试合格后方可进场施工作业，保证各位进场的工人百分百进行过安全培训教育。此外项目还购置视频播放设备安装在施工区通道口24h循环播放安全教育宣传片，增强工人的安全意识，规范工人安全施工。同时入口设置人脸识别系统，确保现场人员管理，避免人员安全隐患。

2）安全管理之安全体验馆培训

结合建筑的各类型隐患，为更好的预防和杜绝事故的发生，项目部创新投入使用了安全体验馆，作为施工队伍培训的重要一环，结合多媒体的培训，通过引导施工人员在体验馆中采取视、听、体验相结合的形式，身临其境地了解不安全操作行为所带来的危害，以及如何熟练掌握安全操作规程、紧急情况下的安全对策，这对于提升职业技能及提高安全意识，以及在安全文明施工、绿色施工等方面起到了良好的引导和促进作用。

3）安全管理之全方位横纵防护体系

针对本工程的特殊性，项目根据安全防护重点部位和隐患制定相关安全技术措施，针对不同安全防护部位进行有针对性防护措施，水平竖向层层防护，使得工程的安全防护交织成为横纵联合的立体防护体系，确保无死角的安全防护。

（4）全面健全的质量管理

1）建立全专业质量管理体系：项目部在做好自施范围质量管理的同时，组织本工程各专业承包商建立完善的工程质量管理体系，将全体专业承包商质量管理组织有机地融合在总承包的质量管理体系及其组织中，保证工程整体质量达标。

2）施工方案和创优策划先行：根据本工程特点和项目质量目标，组织各专业进行总体方案部署和创优策划，工程各分部分项开始施工前，实行方案和技术交底先行制度，方案指导施工，从而做到施工有序，保证各分项施工质量，实现项目质量目标。

3）技术先行、样板引路制度：对于工程重点部位、关键工序、重要的材料设备施工前，根据图纸设计内容、施工工艺流程、专业间配合、质量验收规范、质量标准等组织各有关单位进行分项样板施工、材料设备报审封样，制定样板技术要求，通过样板、样品确定，指导后续施工和物资检验，确保正式工程施工时的完成效果和质量效果。

4）物资供应商评审和项目专供制度：为了实现本工程创优目标，项目对所有材料、设备、构配件供应商进行评审，确定具有优势供货单位，集中各种优质资源，保证原材料质量。

5）落实自检、专检、交接检和平行检查制度：建立包括所有专业承包商在内的自检、专检、交接检和平行检查制度，坚持检查上道工序、保障本道工序、服务下道工序，做好自检、互检、交接检；对重要部位、关键工序以及重要的材料供应商进行平行检查，保证过程质量和材料构配件质量。

6）每月质量分析会讲评制度：每月组织工程所有承包商参与质量大检查，各专业承包商项目工程负责人及质量系统人员参加，对每月的现场质量管理情况进行全面检查，总承包商质量经理对检查结果进行分析总结，对质量活动中存在的不足及问题组织与会人员共同商讨解决质量问题应对措施，会后予贯彻执行并在下次检查时复查。

7）开展全专业质量实测实量活动：根据项目实测实量方案要求，结合全专业施工过程不同阶段、不同部位开展全专业质量实测实量活动，对照质量验收规范和标准，用数据说话，杜绝质量缺陷，改进施工质量。

（5）BIM 技术创新应用

1）利用 BIM 技术完善设计图纸

以往施工单位拿到设计施工蓝图后，第一步需要做的就是图纸会审，提出疑问，然后由设计单位来答复。施工单位由不同专业的工程师对图纸进行审查，一般分为两组人，土建专业工程师若干人来审查结构专业和建筑专业图纸；机电专业工程师若干人来审查机电专业图纸。而机电专业内部一般又分为不同专业：电气专业工程师审查电气专业、弱电专业、消防报警等相关专业图纸；给水排水、采暖及通风工程、消防及喷淋等相关专业图纸。这样问题就来了，由于时间限制或沟通手段的限制，各专业工程师无法对思想中构建的施工现场进行结合，所以在发现的问题时，遗漏项、不明确、相同项目的解释不相同等解释失误或注释失误原因为主，而施工过程中可能发现的设计中存在的问题。

2）提高施工单位现场深化设计效率

在机电专业的图纸中我们往往会看到这样的内容，管道或桥架标高贴梁底敷设；管道或桥架标高为某某标高；管道或桥架标高根据现场情况定；管道或桥架标高应满足净高要求等等内容。而在实际施工过程中，很多情况需要现场解决，尤其是空间问题，比如机电各专业管道桥架之间的空间冲突、碰撞；机电专业与结构或建筑专业空间位置冲突、碰撞等。为了避免这种冲突，施工单位往往需要找一个施工经验非常丰富的工程师，通过 CAD 的二维图纸的复制重叠，在思想中构建三维景象，然后进行各专业的综合管线排布。这样的传统方法不仅对从事工作工程师的专业技能有很高的要求，而且消耗时间较长、工作效率低、存在一定的错误率。

3）增强对工程建设的理解和沟通效率

在施工过程中我们常常会发现这样的情况，如：工程师之间探讨现场问题的时候，通常会拿着蓝图，几个人去现场查看进行沟通；在工程师对劳务人员进行技术或安全交底的时候，会出现理解偏差的情况，导致施工不准确或施工错误；工程师与业主单位、监理单位沟通施工方案的时候，大家往往拿着二维的施工蓝图，在会议室开会讨论。这种沟通基于不同人思想中构架的三维景象，而这种方式的弊端就是过于消耗精力、消耗时间，然而结果有时候还不尽人意。而且这样的沟通是否能够达到每个人心中的目标完全取决于沟通者技术能力、施工经验、思维方式、表述与接收表述的能力。

4）有助于建设单位对后期运维的需求

当工程建设完毕移交至建设单位后，建设单位往往会开始考虑运维或物业的管理相关工作，而通常交接性工作是很繁琐的一件事。再或者在业主使用工程期间的某天，需要对某些设备或者配件进行查询或更新，而重新查找对应蓝图和资料也是很繁琐的，而有时候可能查找不到。

5）保证管线综合排布的实施

由于利用BIM技术进行管线综合后，各专业之间如何确保准确的相对位置关系就显得尤为重要。正所谓BIM模型结合实体建造，所以会采用综合支吊架预制加工技术来确保各专业之间的空间位置关系。综合支吊架往往有多种，同时新技术所带来了新流程、新环节，而我们如何快速准确的将其找到并且安装到正确位置，这个就成为新技术应用如何后确保效率提升和施工工期的问题就出现了。

6）保证施工进度和目标施工成本的落实

由于机电系统较多，涉及的材料较多，尤其是一些预制加工异形构建。提高总包物资管理工作，保证分包及劳务人员的工作效率，确保质量、减少人为错误并确保工期等工作显得尤为重要。

7）保证施工质量样板全面覆盖

现阶段大多数工程实施质量样板引路方式，但很少部分可以起到指导现场施工的作用，因为绝大部分工程都是以建立质量样板区或在作业面特定位置制作质量样板，采取集中交底的方式发挥质量样板的作用，但是对于工人来说，了解施工质量标准极为不便，质量样板作用的体现取决于集中交底的次数，否则很可能带来走马观花的效果。多次大规模交底又会占用管理人员和工人的大块时间和精力。通过二维码与BIM质量样板结合的方式，可以实现棋盘式可持续性交底。

（6）技术先行，降本增效

通过技术上的创新优化来实现项目创效是增加企业竞争力的有效手段，本项目通过技术设计优化，将图纸内容进一步优化使得效益得到明显提高，变更设计做法，从而重新组织图纸施工内容，将盈利项保留，亏损项剥离，做到了设计做法的再优化、图纸资源的再分配、施工安排的再调整，在一系列技术变动当中，找准自己的盈利点，做到了科技创效的目的，同时也达到各参与方满意的目标。科技创效绝不是损人利己，科技创效是利人利己，是各方的共赢，只有做到这一点才算是科技创效。

凡事预则立不预则废，提早发现工程施工中的困难和机遇，做好技术策划，主动出击，利用技术变更减亏增效将大有可为。

从工程大局出发，主动出击，实现技术策划。本工程较多单体存在大跨度悬挑混凝土梁板形式，且均为超过一定规模危险性较大施工内容，需要组织模架的专家论证。为了一小块的混凝土悬挑结构付出如此大的成本，七栋单体局部具有的大跨度悬挑结构，此类结构施工难度大，混凝土用量少，容易出现质量安全问题等。通过与设计沟通，与业主协调，说明依据工程进度这些悬挑构件的施工进度要求非常紧张，如果按混凝土结构施工达不到预期工期，而学校工程面临开学的问题，工期是业主尤为关注的，我们将问题摆出来并向业主提供了多项方案，最终业主、设计、我司工程商议决定改为钢结构形式，此方法易于施工，且容易保证质量。将大跨度悬挑混凝土梁板结构改为钢结构形式，工期和结构安全得到了保证，业主和设计单位都十分满意。

（7）精细化的总承包综合管理模式

根据多年从事总承包管理的经验，并借鉴国内外优秀的管理经验，结合本工程特点，建立一套精细化的总承包管理模式，各部门梳理本业务系统工作制度流程，并根据项目特点和项目部组织机构特点进行了细化，将各项目通用的项目管理制度通过与项目自身相结合形成了具有项目部自身特色的项目管理制度和工作流程，并建立健全了工作制度制定机制，使得新出现的问题、面临的新事件、新工作有了进一步的依据，在过程中不断循环制度优化新建程序，使得工作开展处处有依据，每个流程每个环节都有明确，防止了工程管理的盲区和死角。同时项目管理的精细化要求人员对自身管理的精细化，要想成为一个精细化的管理团队，团队成员自身的自我管理就需要处处精细，先达到对自身管理的精细化方可实现团队管理的精细化。

应用项目信息管理系统 BIM5D 和 OA 系统用于内部的工作流程开展，依托质量、安全管理 APP，将现场的质量安全问题通过闭环管理，实现精细化管理。将所有参建方的信息纳入管理，完成各项计划编制并下达计划，及时掌握施工过程中进度、质量、安全、成本信息，掌握总、分包合同执行情况，对分包商上报的数据进行分析、整理、汇总生成各种报表，及时发现施工中的问题，对进度、资源、质量、变更、安全等进行调控，对到位资金、分包资金及管理费进行管理和控制，通过精细的各类信息数据梳理、统计、流转、分析，满足各方的信息交流使用，形成了精细的项目信息管理体系。

三、项目管理策划和实施

1. 管理目标分析

根据设计要求与合同文件，结合公司对该项目的战略定位，确定本项目的建设目标为：建设北京市一流的、绿色环保的精品建筑，在北京地区成为标杆型工程，并最终实现良好的经济效益和社会效益。

本项目在建设过程中采用绿色施工绿色建造的理念。通过"四节一环保"相应措施，实施目标引领、过程管控、成果考核。本项目建设过程中，充分利用计算机技术、网络技术、通信技术、BIM 及信息化技术，整合各方优质施工资源，集中最优质最具优势的分包分供商，将工程打造出精品工程。项目的质量、安全、绿色施工、综合效益、工期等目标如表 2 所示。

项目目标表　　　　　　表 2

类别	具体目标
质量目标	北京市结构长城杯
安全目标	北京市安全文明标准化工地
科技目标	全国建筑业创新技术应用示范工程 北京市科技示范工程
综合效益目标	4%
工期目标	合同工期

2. 项目管理策划与实施

（1）建立项目管理体系与职能划分

项目组织架构的设计、调整以能否实现既定目标为标准，组织架构设计要充分考虑有利于质量、进度、投资和可持续发展目标的控制，基于项目结构分解、工作结构的分解展开。各岗位、各部门应做到分工合理、职责明确、协同工作，每个部门及员工的工作范围、相互关系、协作方法、权利责任等，都有明确规定。作为施工总成包方，在工程管理的组织设计时强调集权，以达到精简流程，快速决策，指令通畅，以应对负责性和开放性带来的变化。建立了项目各部门职责分工明确，各参加单位有效融入总包管理框架的项目组织管理机构（图 2）。

（2）"大计划"工期管控

1）计划报送一般工作流程

节点填报人填报计→节点审批人审核确→节点审批人报送计划管理员→计划管理员提交考核报告给计划审批人。

2）计划分类

① 总控计划：由计划管理工程师组织，项目经理、项目副经理及各节点审批人参与，根据合同、图纸、施工部署讨论编制出总控计划；

② 模块计划：根据公司模块化节点工期计划表，各相关部门编制相应的模块计划，并根据公司要求分为一、二、三级模块管理层级（三级保二级、二级保一级）；

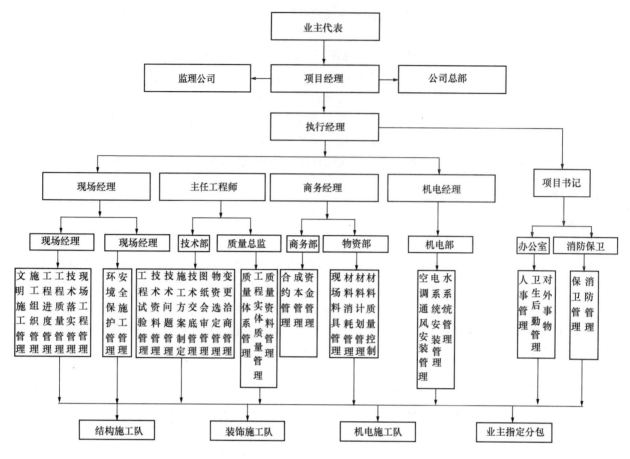

图 2 项目组织管理机构

③ 专项计划、配套计划：根据总控计划，各相关部门编制专项计划及配套计划，（包含：团队组建、分包分供计划、方案计划等计划）；

④ 月计划：节点填报人根据模块计划及专项计划，编制出月进度计划。节点审批人完成审批后，于每月 24 日报送计划管理工程师。计划管理工程师整理完成后报送计划审批人；

⑤ 周计划：节点填报人根据模块计划及月进度计划，编制出周进度计划。节点审批人完成审批后，于每周五上午 10 点前报送计划管理工程师，计划管理工程师整理完成后报送计划审批人（图 3）。

3）施工进度报告

① 概述

概述包括：工程项目进度执行情况的综合描述，进度偏差的状况和导致偏差的原因分析，解决问题的措施，计划调整意见及建议。

② 进度计划报表

资源配置计划表包含劳动力投入数量，机械设备型号及投入数量，主材明细表。

4）工程进度计划执行与控制

① 工程进度计划执行

进度计划的执行，包括计划分解、交底两个过程。编制完进度计划后，落实责任人及完成时间。区域经理将周计划相关内容通过 BIM5D 平台下发到各个相关责任人手机 APP 端。

进度计划交底是落实责任的过程，各个责任人应落实进度计划交底制度，交底应逐级进行。

② 按计划组织生产，加强管理

各责任人必须认真按计划安排生产，有条不紊开展进度计划实施工作。各责任人每日根据现场实际情况在手机 APP 端对任务进行追踪，并记录每日的工作面照片及劳动力统计，实时反馈到手机端。为

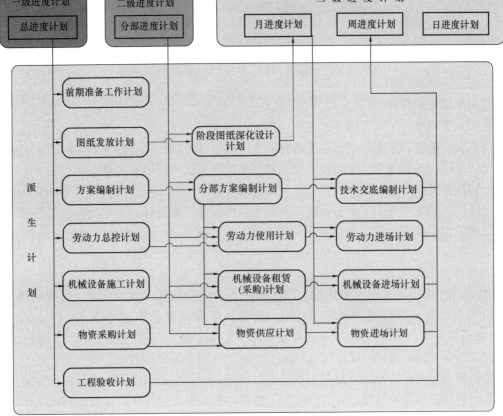

图 3 项目工程计划图

确保进度计划的严肃性,将各责任人完成情况及手机 APP 端使用情况与绩效考核挂钩。

③ 工程进度计划纠偏

各责任人以计划为依据进行严格的检查,通过手机 APP 及网页端获取进度计划执行情况的各种信息。在严格检查、掌握现状的基础上,对照进度计划的安排和要求,找出存在的偏差,认真分析造成偏差的原因,并制定针对性的对策措施。必须坚决实施纠正偏差的措施,以消除影响计划执行的矛盾因素,提高效率加快进度,达到纠偏的目的。

(3) 全面质量管理

本项目质量管理坚持最终用户导向建设,推行全面质量管理、精细化质量管理、动态质量管理和强势质量管理,建立科学、系统、规范的工程质量管理体系和持续改进机制,确保项目的质量目标的实现。

1) 全方位质量管理原则:在工程建设过程中,对所有参加单位的工作质量和所承担的实体质量实行全方位的控制,质量控制覆盖本项目工程所涉及的所有工程专业,以及工程的每一个部位/构件/配件/设备。依据合同对各参加单位的强势管理(包括检查、鉴定、考核、奖惩措施),确保各参加单位集中优势投入充分的人力、财力、物力资源,履行合同约定的质量管理义务,以确保工程质量。

2) 全过程质量管理原则:对本项目工程建设的各个环节(包括深化设计、采购、工厂制作、施工、检测、验收等)实施全过程的控制,并强化预先控制、事前控制的原则,从设计、施工方案和原材料等源头消除质量隐患。通过精密策划、精心组织、精细施工以保证工程实体建设成为精品工程。

3) 全员质量管理原则：通过对本项目工程建设的质量目标逐级分解至各参建单位的各类工作岗位，落实管理职责与工作分工，使得每个岗位都承担相应的质量控制任务，由各参建单位组织、动员全体参建人员完成各自的质量控制任务。

4) 动态质量控制：通过工程管理的PDCAS动态循环控制方法，加强本项目实施过程的质量管理，并持续改进。在项目初期确定质量目标，编制过程管理文件和工程实体质量控制文件，积极开展QC活动，将质量全过程管理理念深入人心，同时将好的质量管理方法推广全项目各业务系统；同时，不断总结经验，不断创新，并充分利用科技发展成果，合理采用新材料、新设备、新技术、新工艺，提高工程实体质量和工程建设管理水平。

（4）五位一体的安全管理

本项目的安全管理坚持"以人为本、五位一体；全员参与、落实责任；预防为主、综合治理"的方针，逐级建立工程安全管理体系，严格落实各方安全管理责任，确保工程的安全生产、文明施工，保护人员健康，保护环境，并在健康、安全和环境管理方面均达到国内同行业先进水平。

项目安全管理必须以人为出发点和中心，关爱生命，保护人身安全、健康和生态环境，并对个人身心健康、安全防护、职业环境、安全意识教育和安全氛围创建五者进行一体化全方位的管理，立足与全员参与，建立由总包单位为主导，各参建单位参与的、逐级的工程管理体系，制定完善的安全管理制度，采取相应的安全防患措施，及时、彻底地治理和消除各种安全隐患。

（5）BIM技术信息管理

将BIM技术和二维码技术融入传统的工作流程中去，流程共有三部分组成：管线综合技术流程，施工材料领取流程，施工安装管理流程。利用绘图软件绘制各专业BIM模型图（Revit、Archicad、Magicad）→将模型导入Navisworks中进行碰撞检测→解决碰撞点并进行管线综合→绘制综合支吊架和异形连接件，制定相应二维码→设计院审核施工图后，将图纸派发给劳务人员施工，将二维码和预制加工构建大样图发给厂家进行加工。分包人员扫描二维码，进行总包出库工作→劳务人员使用手机扫描二维码，查看材料施工信息→管线综合并行施工。在机电管线安装过程中，主要控制施工现场的两个方面。第一个控制点，系统关键线路控制，让工人随时能够了解系统的大致走向，在现场各个系统关键线路上布设二维码，扫描二维码可以直观的看见BIM模型中相应位置管线的排布情况，用以控制系统整体布置。第二个控制点，特殊节点控制，局部管线交叉多的情况，让工人随时了解交叉处各系统管线位置情况。扫描二维码可以看见对应位置管线翻弯处理措施，各系统交叉处管线排布方法，进而将BIM模型搬至施工现场各个角落。

将BIM技术和二维码技术应用到现场施工质量管理中，以BIM模型质量样板为核心，构建分广泛布于现场的二维码质量样板网，使一线工人随时随地查看相关质量标准和样板。具体操作流程如下：BIM质量样板模型图→将模型导入Navisworks制作视频→视频上传网站→生成二维码→在对应质量样板的施工区域放置二维码→工人扫描二维码查看标准样板模型→质量样板指导现场各项工程施工。

通过免费网站建立各区域或各单体进度网站，网站内容与广联达BIM5D进度模拟相关联，实时更新各区域或单体形象进度，基于广联达BIM5D的工期提醒（红色区域为工期落后区域，绿色区域为工期提前区域），对现场施工起到提醒作用。将各区域网址生成二维码，施工人员扫描二维码进入进度管理板块，板块内包含当日重点工作安排、重大事件提示、工期预警等内容。提高工期管理效率和保证工期预警时效性。

（6）技术先行的科技创新创效

科技创新创效贯穿项目始终，坚定地遵照商务为基础，技术为龙头，现场负责执行的理念。充分发挥"科技服务经营、科技支撑发展、科技引领进步"作用，在审查图纸阶段，首先要查阅图纸设计依据，并根据图纸设计，发现施工中对项目施工整体目标不利的技术点进行优化。通过技术优势，将相关技术重点关注点统计分析和项目商务人员与工程人员进行沟通，优化设计做法。针对工程特点、现场情况、业主需求迫切点、设计关注点做好沟通策划，做好技术变更的准备工作，为变更指好方向，为工程技术先进，效益明显创造条件。

项目部十分注重科技创新管理，成立了以项目经理、技术总工和项目关键岗位为核心的新技术推广应用领导小组和实施小组，抽调技术骨干，提供专项资金，制定技术创新目标策划与管理，加强过程监督与策划，大力开展各项新技术推广、培训活动。积极推广住建部10项新技术和绿色施工技术、四新技术。

四、管理效果评价

1. 质量效果

通过新技术的推广，实施过程精品，清华附中凯文国际学校工程已获得北京市结构"长城杯"金奖、北京市朝阳区"朝阳杯"、中建一局局集团"精品杯"、入围中建一局 TOP100 等荣誉。QC 成果《提高加气混凝土条板垂直度合格率》获中国水利协会 QC 一类奖、QC 成果《提高加气混凝土条板垂直度合格率》获北京市优秀奖、QC 成果《提高加气混凝土条板垂直度合格率》获一局集团二等奖。各分部分项工程严格按照过程精品的要求组织实施，工程质量处于严格的受控状态。

2. 技术成果

（1）中建一局工法1篇："砌筑墙中箱体暗装工具化施工技术"；

（2）国家实用新型专利3项："具有施工缝垃圾处理功能的楼梯板模板结构""水暖预留孔洞的一体化模具""一种对拉螺栓及其浇筑模板体系"。

（3）公开发表论文3篇："劲性混凝土结构钢骨柱后安装施工技术"发表《施工技术》杂志、"超高吊模一次浇筑技术的应用研究"发表《建筑施工》杂志，论文《劲性混凝土结构钢骨柱后安装施工技术》获中建总公司优秀论文三等奖、"BIM技术的落地应用—论BIM与二维码技术结合的应用"于公司内部发表。

（4）QC成果：QC成果《提高加气混凝土条板垂直度合格率》获中国水利协会 QC 一类奖、获北京市优秀奖、获中建一局集团二等奖。

（5）BIM奖项：获中国建设工程 BIM 大赛三等奖、获第六届龙图杯 BIM 大赛优秀奖。

（6）质量奖项：获北京市结构"长城杯"金奖、北京市朝阳区"朝阳杯"、中建一局集团"精品杯"。

（7）方案获奖：施组《清华附中凯文国际学校工程施工组织设计》获中建一局集团局级优秀施组二等奖。

（8）国家专利"无平台架外用电梯施工技术"推广使用。

（9）获全国建筑业创新技术应用示范工程。

3. 安全文明施工成果

本工程被评为"北京市安全文明标准化工地"，在整个施工过程中，没有发生任何伤亡事故。

4. 工程进度

本工程分包单位众多、施工条件复杂、施工难度大，在如此严峻的条件下，项目团队不断克服困难，充分发挥主观能动性，使得项目进度满足合同工期要求。

5. 团队荣誉

项目团队始终以"引领、王牌"作为自身的定位，在多次集团公司"履约品质检查"中名列前茅、"TOP10大项目部""标准化红旗党支部""先进职工之家"等各种荣誉。

6. 经济成果

团队不断开拓新思路、寻找新技术，不断推进"双优化"工作，共编制评审各类施工方案66项，沟通业主与设计单位出具各类变更、图纸会审450余项，实现方案优化5项，设计优化9项，共计创效1252.4万元。大力推进科技成果转化和推广应用，通过推广应用建筑业"十项新技术"和科技创效手册（一）新技术、新材料、新工艺13项，共计创效501.1万元。项目自施内容科技创效效益率达到2.9%以上（表3）。

项目技术创新表　　　　　　　　　　　　　　　　　　　　　表3

新技术项目		推广数量	经济效益及计算依据
建筑业"十项新技术"项目	地基基础和地下空间工程技术（3个）		1. 水泥粉煤灰碎石桩（CFG桩）复合地基技术 应用于独立基础、条形基础下桩基，若采用普通钻孔灌注桩，综合单价为780元，采用CFG桩综合单价约为570元。本工程桩基共3112根，桩长12m，直径800mm，共计混凝土18761m³，共计产生经济效益394万元。 2. 复合土钉墙支护技术 本工程局部场地狭小，开挖深度大，若采取自然放坡形式，场地难以满足要求，同时，采用复合土钉墙形式减少了大量土方开挖及回填成本。共计减少土方开挖及回填约8万方，综合单价81元，共计产生经济效益72万元。 3. 高边坡防护技术应用于基坑边坡防护，本工程A2、A3、A4、A5、A6、A7、A9、B1~B4属于深基坑，因此采用高边坡防护技术，避免了自然放坡发生的大量土方开挖和回填。经济效益同复合土钉墙。
	混凝土技术（3个）		1. 轻骨料混凝土技术用于装修工程，本工程装修地面需回填的垫层采用陶粒混凝土，混凝土自身重量轻，避免了对结构造成的额外负荷。 2. 纤维混凝土用于超长结构，A4体育中心、A567学生教师宿舍、B1~B4科研教室地下室为超长结构，避免混凝土干缩产生裂缝，发生漏水或者影响结构使用寿命。本工程在混凝土内加入抗裂纤维，避免后期修补和增加后浇带等繁琐措施。共计创效约12万元。 3. 混凝土裂缝控制技术，本工程A4体育中心基础底板因工期紧，避免抢工造成基础底板施工产生裂缝，采用了底板混凝土配合比调整技术，通过增加粉煤灰，减少混凝土前期水化热的大量释放造成混凝土裂缝的原理，从而控制了底板施工质量。通过此方案取消了底板5条后浇带，止水钢板节省480m，共计创效约5.5万元。具体计算详见"双优化"
	钢筋及预应力技术（1个）		大直径钢筋直螺纹连接技术，本工程大于14的钢筋采用直螺纹连接，共计创效468.0万元，具体计算详见"双优化"
	模板及脚手架技术（1个）		插接式钢管脚手架及支撑架技术，本工程层高不超过5m的结构模板支撑架全部采用插接式钢管脚手架及支撑架，架体搭设及拆除速度是普通钢管支撑架的2倍，因此节约成本约59.11万元，具体详见"双优化"
	机电安装工程技术（1个）		综合管线布置技术，本工程应用BIM技术进行综合管线布置，共计检测碰撞点1586个，避免管线大量翻弯及后期的管线位置调整。共计创效1586×20=3.1万元
	抗震加固与监测技术（1个）		本工程部分后开洞口需进行加固处理，经与设计协商，采用粘钢加固，取消增加混凝土梁加固，避免混凝土剔凿、植筋、支模等繁琐工序，为项目创效约2.3万元
	信息化应用技术（1个）		虚拟仿真技术，本项目全面应用BIM技术，通过BIM技术进行虚拟仿真施工，模拟机电管线综合排布、复杂节点施工工序等，为项目创效约5.4万元（除去管线综合排布）
科技创效手册（一）项目	新技术（10个）		地基基础和地下空间工程技术、混凝土技术、钢筋及预应力技术、模板及脚手架技术、钢结构技术、机电安装工程技术、绿色施工技术、防水技术、抗震加固与监测技术、信息化应用技术，创效详见建筑业十项新技术
	新材料（1个）		轻质隔墙板材料应用，本工程宿舍内隔墙及部分外立面造型原设计中为砌筑结构，经过与设计单位协商，将砌体墙改为轻质混凝土条板隔墙，并且外面造型由砌筑墙体替换为轻质混凝土条板，增加了施工进度，节约了成本。共计创效约12.3万元
	新工艺（1个）		劲性混凝土钢骨柱后安装工艺。由于业主原因，A4体育中心钢骨柱不能在基础底板浇筑前安装，所以，在基础底板浇筑时，应采取一系列控制措施，保证后期钢骨柱的顺利安装，同时还要避免材料的浪费。通过后安装技术，保证了钢骨柱的顺利安装，同时也为项目节约了大量成本。共计创效约18.5万元

7. 社会效益

清华附中凯文国际学校工程被公认为"高科技含量"的工程，建筑类型多，体量大，功能齐备、设施齐全的综合智能型建筑，设有高低压配电系统、给排水系统、通风系统、集中供暖地辐射系统、消火栓和自动喷淋系统、电梯系统和车库管理、楼宇监控、通信网络、信息网络、火灾自动报警和消防联动等智能化系统，设施齐全、功能先进、节能显著。工程包含了演艺中心、体育中心、教学楼、师生宿舍、科研中心、人防工程等。其中A4号楼的大跨度钢结构施工技术、大劲性混凝土结构钢骨柱后安装施工技术、超高吊模一次浇筑技术的应用技术；BIM技术在钢结构及机电工程深化设计的应用等起到了关键作用，整个工程内任何一处都能见到科技闪光。特别是BIM技术的推广运用，不但保证了项目施工的顺利完成，更为建筑业BIM技术的推广起到了先锋作用。项目部在施工过程中，自始至终非常重视新技术、新工艺、新材料、新设备在工程中的推广应用，使之真正成为了支撑项目管理、实现工程项目综合目标的重要手段。通过项目部两年来的实践与探索，收到了极其良好的效果，并在新技术的推广应用和技术管理方面得到了深刻的启示和管理经验。

  本工程建成后将成为朝阳乃至北京地区一所国际化的高端学校，社会影响非常大，通过承接本工程，项目部充分展现了中建一局的"先锋"作用，项目全体员工精诚合作、群策群力，将工程打造成科技含量高、质量优良的优质工程。在创建新技术应用示范工程过程中，项目全体人员增强了团队协作能力，提高了技术管理水平和科技研发能力。通过新技术的应用，为工程提供了技术保障，同时总结出更多的科技成果，为企业和行业提供了类似工程的一系列施工经验。精良的施工质量和高含量的施工技术扩大了中建一局企业知名度和美誉度。它的建设不仅为企业赢得了声誉、树立了形象，而且它的广告效应必将为企业带来更大的社会效益、协助企业提高市场占有率。通过创建新技术应用示范工程也必将推动公司以及整个行业科技水平的提高，对于建筑业未来的发展起到推波助澜的作用。

创新驱动 科技攻关 精心绿化国际会都

——北京金都园林绿化有限责任公司
北京雁栖岛"国际高峰论坛"项目园林景观提升改造工程

牛力文 刘 健 武 杰 宋京涛 杨 锦 张凯华

【摘　要】雁栖岛"国际高峰论坛"项目园林景观提升改造工程围绕"一带一路"圆桌峰会举办地点国际会议中心展开。本工程自开工之日起，就以打造"生态、文化、创新"的高端园林景观为目标。在施工过程中，秉承科技创新、绿色低碳、环境友好、生态园林的理念，坚持高效管理、精益求精、技术创新的管理策略，建立科学有效的管理制度，应用新材料和新技术，克服工期紧、质量要求高、技术难度大等重重难关，完美地提升了雁栖岛国际会议中心的景观效果和服务能力，确保了圆桌峰会的顺利进行，为冬季园林绿化施工和建造高端园林景观方面积累了丰富的经验。

【关键词】项目策划；应用新技术；精细化管理；景观提升

一、背景及选题

1. 成果背景

2017年5月14日，"一带一路"国际合作高峰论坛在北京雁栖湖国际会议中心召开，这是该地区继2014年承办APEC会议之后最具国际影响力的会议活动。应北京市政府和建设方要求，为保障会议如期进行，对雁栖岛国际会议中心景观进行全面提升。雁栖岛"国际高峰论坛"项目园林景观提升改造工程分为三个功能区域且位于此次会议举办地点周边，地理位置十分特殊，该工程的圆满完工将成为会议如期举办的有效保障。未来雁栖湖生态发展示范区，将以高端设施、功能完善为国际会展提供优质服务和景观生态的场地，此区域亦将成为首都北京新名片。

本工程秉承科技创新、绿色低碳、环境友好、生态园林的理念，坚持高效管理、精益求精、技术创新的管理策略，致力于打造"生态、文化、创新"的高端园林景观。雁栖岛"国际高峰论坛"项目园林景观提升改造工程，以"燕草映碧色，柳烟藏芳菲"为整体设计立意，以生态修复、景观提升为核心，打造"老地方新气象"，分区域特色施工，引用高优品种和高新技术，重点区域整体提升，以高效管理、高标准施工和精细化养护为有力保障，以创新技术和生态园林为可持续发展动力，意在打造高端、优质、精品工程。图1为工程竣工实景图。

2. 工程概况

雁栖岛"国际高峰论坛"项目园林景观提升改造工程位于北京郊区怀柔城北的燕山脚下，工程总面积近80000m^2，合同工期91日历天，实际工期为60日历天，有效工期仅35天。本工程分为A、B、C三个区域（图2），工程主要包括A区雁栖岛入口及全岛环线园林景观提升，施工面积60000m^2；B区夏园瀑布改造，施工面积10000m^2；C区观景平台及旱溪改造，施工面积10000m^2。

本项目以园林绿化工程为主，包括之前施工地区的植被移植、地形构筑、景石工程、绿化工程、电气照明工程、给水排水工程等施工。本工程共移植乔木625株、灌木137株、地被4586m^2、草坪48125m^2；新栽植乔木745株、灌木875株、地被12550m^2、草坪36700m^2（其中高标准果岭草坪3700m^2）；堆筑地形64880m^3、景石6650t；铺设灌溉用管线10508m、雾喷系统管线2580m、电力电缆

图 1　工程竣工实景图

图 2　施工地概况

19720m；安装水下艺术装饰灯具 356 套、配电箱 4 台、闸门 3 个；建设观景平台 1 座、挡水坝 3 座、镜面水池 600m²、旱溪 140m、线型排水沟 123m。

3. 项目部概况

北京金都园林绿化有限责任公司多次荣获国家级、行业奖项，项目部成员为公司骨干力量，共有管理人员 30 人，其中高级职称 5 人，中级职称 17 人，占全部管理人员的 2/3 以上，是一支专业素质高、管理能力强的园林绿化施工管理队伍。项目部曾主持、参与过天安门地区绿化养护、双秀公园、奥林匹克公园南区绿化、北湖国际高尔夫球场绿化等大型园林绿化工程。是一支管理技术经验丰富、敢打敢拼、能打硬仗的优秀团队（表1）。

主要参建单位 表1

建设单位	北京北控国际会都房地产开发有限责任公司
设计单位	中国建筑设计院有限公司（A、C区） 北京市城美绿化设计工程公司（B区）
监理单位	北京双圆工程咨询监理有限公司
施工单位	北京金都园林绿化有限责任公司

4. 选题理由

（1）政治意义重大，国际社会关注度高。雁栖岛"国际高峰论坛"项目园林景观提升改造工程，作为"一带一路"国际合作高峰论坛会议的重要配套工程，承载着国际高峰论坛期间，展现高品质、生态景观优美、环境友好的重大社会责任，此项目建设具有重大的社会影响力。

（2）注重细节，工艺精心，营造中国礼仪特色的景观环境。本项目每一个环节和工艺都精益求精，重要节点处使用喷雾系统，呈现仙境画面；所有草坪都按照高尔夫球场草坪的铺设模式，尤其是南广场铺设的草坪，选用高标准的匍匐剪股颖，十分平整美观。

（3）运用多种生态示范技术及新优材料，打造生态园林科技示范区。本项目应用数十种绿色施工技术和材料，包括苗木隐形支撑技术、土壤改良技术、膨润土防水毯、不锈钢隐形井盖、雾喷系统、高分子防水材料等，打造园林景观快速提升、生态功能最优化的示范区。

（4）所有苗木全冠移植，保证高移植成活率和优质景观效果。为保证会议期间景观效果，本项目所有苗木全部采用全冠移植，达到完工即成景。

（5）以精细化养护手段，提升养护管理水平，提出高端养护概念。所谓"三分种七分养"，本项目初期即提出精细化养护的规划，力求实现可持续生态园林。

5. 实施时间

本工程于2016年12月17日开工，2017年4月15日竣工验收。项目综合管理实施时间如表2所示。

综合实施时间表 表2

实施时间		2016年12月17日～2017年4月15日
分段实施时间	管理策划	2016年12月～2017年1月
	管理措施实施	2017年1月～2017年3月
	过程检查	2017年3月
	取得成效	2017年3月～2017年4月

二、项目管理及创新特点

1. 项目管理重点与难点

（1）管理重点

1）系统化管理保证工期目标

一方面，本项目全程冬季施工，工期紧张；另一方面，"一带一路"会议建设方需要一定的时间进行安保演练，工期进一步压缩。因此，确保施工在要求工期之前完成应是本项目的重点。

2）多种措施保证会议期间景观效果

新移植苗木需要一定时间的缓冲期才能体现出良好的景观效果，为此项目部通过技术创新、合理安排进度、精细化的养护管理来缩短缓冲期。

3）施工现场协调管理

本项目工期短,部分工作面狭窄,施工人数和大型机械数量多,必须做好现场安全管理。

4)做好后期养护管理

园林项目的特点决定了施工完成只是完成了项目的基础,后期养护是项目成功的保障。本项目采用雾喷系统补给林木水分、无公害绿色防护技术等,确保新植苗木呈现良好生长势态。

(2)管理难点

1)工期紧张,进度管理要求高

本工程合同工期为91日历天,为确保会议安保建设单位要求提前30天完工,且考虑到雾霾天气停工和春节、图纸不全等因素的影响,最终有效工期仅35日历天。

2)反季节施工,技术要求高

图纸提供不完整,项目管理难度大。整个施工区域未提供地下管道图,C区设计图2月18日才提供,B区山石的码放只有地形图,给工程施工造成极大困难。

冬季反季节施工苗木质地干燥脆弱,成活率低,提前进行专家论证,制定冬施方案(图3)。

雨雪天气施工,由于工期原因,施工人员必须克服天气寒冷、地面湿滑、能见度低等困难继续施工(图4)。

图3 雪天施工　　　　　　　　　　　图4 冬季施工

施工面狭窄。旱溪和观景平台地区的工作面只有10m不到的距离,给机械作业造成困难(图5)。

新技术和新材料选择和技术交底问题。为确保提质量和保效率两不误,管理人员必须对引进的新优植物、新技术和新材料进行严格的甄选,同时完成详尽的技术交底工作。

图5 C区狭窄工作面

3)工程社会影响大,景观质量要求高

① 苗木存活率要保证。应建设方要求,要确保在5月14日～15日会议举办期间,苗木和草坪存活并展现出最佳的观赏效果。

② 景观提升性要明显。每一项景观,包括苗木、草坪、堆山置石等在内,必须在原有基础上有质的提升。

项目现场每个区域特别配备一名公司设计人员,确保每棵树每块山石的安放角度,保证项目的视觉效果。

4)施工区域范围大,协调管理工作量大

② 施工协调难度大,安全问题难以保障。为保证工期,多人、多机械同时作业,雪天施工、山石码放、狭窄工作面施工等都存在一定的安全隐患,必须严格排查,确保工程零事故。

③ 施工队伍管理问题。春节期间农民工返乡情结严重,必须做好农民工的思想教育工作和精神安抚工作,同时积极补充新的施工人员。

工程施工范围大,项目质量人员分组分片负责,责任到人,每日进行工作总结和计划安排,确保工程整体的协调统一。

2. 管理创新特点

(1)优化工序,细化目标

1)运用新材料优化工序

通过进度计划分析发现,传统的防水施工方案工期长,不能达到进度目标的要求,针对这一情况,项目部基于不同区域防水层的需求采用新型防水材料,很大程度上缩短了工期。

夏园瀑布区域采用的高分子防水材料具有拉伸强度高、耐高低温性能好、耐腐蚀、抗老化等特点(图6),需要人工搭接的部位很少,施工方便快捷,对瀑布特殊地形也有很好的适应性。

旱溪区域由于周边需要配置一定数量的绿植,要保证土壤的透气性,因此采用了膨润土防水毯,利用膨润土遇水形成胶状防水层的独特物理特性,用于旱溪内侧的防水、防渗(图7)。

图6 高分子防水材料

图7 膨润土防水毯

2)科学策划,细化工期目标

做好项目策划。根据现场条件及合同要求做好项目策划,包括安全、进度、质量、材料、劳务、机械、协调等各方面的策划工作,明确项目部各管理人员的职责范围,保证施工顺畅。

优化人力资源配置。本工程A、B、C三个区域的地形、工程量和工程类型都有所不同。根据各区域的施工特点安排专业队伍,并将项目人员分为三组分别负责不同区域,三个区域平行施工。

倒排工期,制定工程日计划。首先确定完工时间,然后根据工程施工过程,向前拟定出每一阶段的完工时间,项目部制定月计划,各区域项目小组制定周计划,各施工队根据周计划做出详细的施工日计划、采购、预算、财务相关人员根据日计划安排物资保障。

协同建设方和监理方成立工程督导小组。每日工程结束时，督导小组将对 A、B、C 三个地区进行日工程量检查并下发第二日工程计划。若没有完成，找出是建设方、监理方还是施工方的原因，然后由督导组相关负责人负责沟通和解决。

（2）细节管理，崎路变坦途

面多施工中施工面狭窄、图纸不全、施工人数不足、反季节施工、苗木成活难保障等重重困难，科学的组织管理和技术管理模式是工程顺利完工的重要保障。

1）加强组织管理

① "三班倒"施工模式

项目部对 C 区狭窄的工作面进行综合考量，同时用大量人力和机械安全难以保障，且速度也得不到有效提高。项目部与甲方沟通后研究决定，C 区施工采取"三班倒"模式，分三支队伍 24 小时轮流开展施工，既保证工期又保证安全。

② 以人为本，确保施工人数

春节期间，受农民工返乡潮流影响，工程施工人员有所减少。一方面，项目部和建设方积极做施工人员的思想工作，开展多种形式的职工慰问活动，另一方面加紧从本地新招一批农民工，确保工程照常开展。

③ 多方沟通，现场监督

设计图纸不全是本项目施工的重要难点，夏园瀑布区域 4000t 的山石码放，上万块天然山石要展现出奇石飞瀑的自然景观效果，而图纸只有地形的图纸，每一块山石如何码放成为困扰施工人员的难题。为此，项目部与设计单位、建设单位沟通，组成山石码放专题研讨班，设计、施工同步进行，确保山石码放得恰到好处。

2）狠抓技术管理

① 编制冬季施工方案

针对冬季北方园林绿化施工的困难，项目部邀请相关专家及建设方组建了冬季施工方案专题研讨会。针对苗木移植、混凝土搅拌、地形构筑等冬季施工存在困难的工程类型拟定科学的施工方案，采用科学合理的防冻措施，如覆草帘、使用抗冻剂等。针对工人低温施工、雪天施工等不利因素，项目部给每一台机械都配给安全员，并给工人配置防滑鞋、手套、防冻棉衣等措施，并尽量减少连续低温户外工作时长，采用轮班制施工方式。

② 组织苗木专题研讨会

为确保会议进行期间使用的苗木呈现最美的景观效果，项目部组织专家开展研讨会。从苗木的引种、开花时间、栽植方式、养护管理措施等方面，征求各方意见，引进近 300 株应季开花乔木（如海棠、碧桃、丁香、锦带、猥实）等具有中国传统文化品格的植被品种。为增强移植苗木树势，确保存活，采取外部注射营养液、改良土壤等精细化养护措施。

（3）科学谋划，采用"三新"提质量

为最大限度地提升国际会议中心地带园林景观效果，项目部人员科学谋划，合理创新，组织多方专家举办技术专项研讨会，引进"三新"，即新优植物、新造景材料、新技术措施来提升景观效果。

1）新优植物创亮点

"一带一路"峰会举办时间为 2017 年 5 月 14 日，由于这个时间节点北京地区的观花植物已经很少。往往会出现绿化植被单一而导致人们的审美疲劳的问题。项目部引进美国山楂叶荚蒾、花叶杞柳、高标准果岭草等新优植物，在会议进行期间营造新颖独特的绿化景观。图 8 为本工程国际会议中心南广场的高标准果岭草，营造出别具一格的景观效果。

2）新优材料提高品位

斧劈石：斧劈石属硬质石材，其表面皱纹与中国画中"斧劈皴"相似，具有浓厚的中华文化特色。

图 8 高标准果岭草

斧劈石因其形状修长、刚劲，造景时做剑峰绝壁景观，尤其雄秀，色泽自然，多被用于制造盆景。本工程将此种石材运用于室外园林，与自然山水相呼应，图 9 为 C 区镜面水池旁用斧劈石营造的微山水造型。

水纹砖：水纹砖是一种仿照水纹的方式在表面刻上纹路的建材，雁栖项目 A 区核心岛入口广场和 C 区观景平台的镜面水池都应用了水纹砖（图 9、图 10）。水纹砖使得水池有波光粼粼的效果，配合斧劈石营造的微山水造型，和"夔龙吐水"的水柱及光线，景观效果更佳。入口处的水池配合"夔龙吐水"铜雕使整个入口的景观显得大气低调，与汉唐飞扬的主题融为一体。

图 9 斧劈石微山水造型

图 10 水纹砖

3）新技术和园林古法的结合彰显品质

① 苗木低位支撑技术

传统的苗木支撑采用木杆支撑，美观度差，一直是影响新建园林景观效果的主要原因，为保证会议期间的园区美观，本工程创新性的采用了苗木低位支撑技术（图 11），此苗木支撑为铁质材料，坚固耐用，并且在树木底部支撑，且在每个支撑底部都有底托，利用土的压力和摩擦力大大增加了支撑的牢固度，相比普通的苗木高位支撑则显得隐蔽而美观（图12）。

图11　苗木低位支撑技术

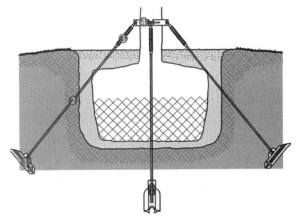

图12　低位支撑示意图

② 根部透气技术

本项目改造后的草坪是按高尔夫球场的标准施工和养护的，草坪需水量比较大，每天都要进行喷水作业，种植在草坪上的树木容易因水涝而死亡，针对这一情况项目部对树木进行了根部透气处理，具体做法是首先在种植穴底部放置8~10cm碎石，增加透水性，然后制作通透管和透气管，插入树坨底部，上面用纱布罩好，增加透气性（图13）。

③ 雾喷系统

为进一步提升园区的景观效果，进一步与设计主题"燕草映碧色，柳烟藏芳菲"相呼应，本项目采用了雾喷系统。雾喷系统除了水雾造景以外，雾气还可以给草坪和林木补充水分，另外还起到增加空气湿度，除尘等作用。雁栖项目A、B、C三个区都使用了雾喷系统，尤其是B区夏园瀑布安装的雾喷系统，雾气昭昭，景色若隐若现，意境十足，承袭中国古典园林"藏与露，隐与显"的视线关系，打造层次分明、错落有致的雁栖湖景色（图14）。

图13　根部透气措施

图14　夏园瀑布（雾喷开启）

④ 古法自然，乱型甬路

夏园瀑布中采用的园路为乱型甬路（图15），是一种即将失传的园路形式。园路所用石材全部为产自山东威海的花岗岩条石，原石经具有几十年从业经验的老石匠手工打磨成半成品，铺设好后再进一步根据设计要求及乱型甬路铺设工艺要求，由石匠手工将石面打磨出凹凸不平但是适宜休憩散步的成品，蜿蜒成趣，与自然融为一体。

⑤ 缝隙式线性排水系统

本项目观景平台前的镜面水池应用的是缝隙式线性排水系统（图16）。与传统的点式排水系统相比，具有排水效率更高、找坡简单、易于施工、安装方便、施工开挖深度较浅、易于清理和维护等优点。完工后，铺装面上仅留下一条窄窄的排水缝，排水效果正常，在不影响正常排水功能的情况下提升景观效果。

图15　乱型甬路

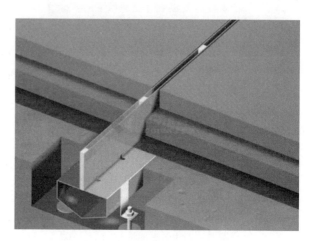

图16　缝隙式线性排水系统

⑥ 隐形井盖技术

普通的绿地井盖在草坪上格外突兀，影响草坪的整体美观，项目绿地采用的是不锈钢隐形井盖（图17）。隐形井盖呈凹陷状，并可以在凹陷处填充土壤，在土壤上种植草坪，仅仅漏出一小圈井盖在外，既能很方便的找到井盖又没有普通井盖那么突兀，在绿地中使用既隐蔽又美观。

4）精细化养护管理创新

园林绿化工程"三分种七分养"，养护工作是一个园林项目能否形成成果的重要保障，而病虫害是养护工作的重中之重，项目部在初期策划时便确定了建立以天敌、昆虫信息素为主的生物防治措施，以人工物理防治为主的调控措施、以生物农药防治为辅的应急措施三者相结合的病虫害综合绿色防控计划。

图17　隐形井盖

三、管理分析、策划和实施

1. 管理问题分析

雁栖岛"国际高峰论坛"项目园林景观提升改造工程要在原有绿地的基础上呈现出新景观、新亮点，对原有景观有一个质的提升，管理目标是要建造北京园林新名片，彰显公司实力。针对该项目工期短、任务重、景观质量要求高的特点，项目部在施工前就进行了项目综合策划，风险分析。通过分析本项目的管理问题主要是进度管理、质量管理、技术创新管理和精细化养护管理几方面。

2. 管理措施策划实施

（1）目标策划

雁栖岛"国际高峰论坛"项目园林景观提升改造工程管理目标如表3所示。

雁栖岛"国际高峰论坛"项目园林景观提升改造工程管理目标　　表 3

项目	合同目标	自定目标
总目标		完成改造工程，提升雁栖岛"国际高峰论坛"项目园林景观效果
安全目标		1　杜绝生产安全事故、火灾事故、机械事故等； 2　无地下管线破坏事故； 3　安全教育培训考核率 100%； 4　特种作业持证上岗率 100%
质量目标	合格	合格，誓夺集团公司优质工程，争创北京市精品工程
工期目标	91 日历天	35 日历天，按业主要求，提前至 2017 年 3 月 20 日完工
成本目标		完成公司规定本项目的成本控制目标

（2）实施管理

通过全面分析和目标细化分解，项目部紧紧围绕本工程重点、难点，科学策划和管理、加强落实和实施，确保在有限的工期内，安全、优质、高效的完成此次园林景观提升改造任务，给业主一份满意的答卷。

1）签订责任状。工程开始，就与下面各施工队签订安全生产、工程进度、工程质量责任状。施工队再与下面各施工班组签订责任状，让施工人员充分认识到此项目的重要性。

2）实行项目策划，做到管理心中有数。完善的计划是项目成功的基础，针对本项目工期短、要求高、不确定性多的特点，项目部根据工程的不同区域，不同阶段进行了详细的项目策划，包括质量、安全、进度、成本等各个方面，并对项目中可能存在的问题提前制定预案，做到施工时心中有数。

对工期紧张的问题，项目部提出进度细分到每日，区域小组负责制的管理办法；对冬季施工成活率问题，提出了专家论证，方案先行的处理办法；对质量要求高，各施工队伍水平不统一的问题，提出先培训后上岗和每日验收的管理制度，并在实际的管理中达到了良好的管理效果。

3）质量管理，方案先行

本项目施工难点多，景观效果要求高，为达到最优的施工质量，项目部对各关键施工难点编制专项施工方案，各施工队严格按照施工方案进行施工，确保施工质量。

冬季施工技术方案：园林绿化冬季栽植成活率低，苗木恢复慢。项目部针对苗木移植工程通过增加保温设施、添加防冻剂、配备技术员等确保工程质量。同时优化施工模式，确保工程安全有序进行。

苗木养护技术方案：苗木移植后由于根部受损一般需要一个生长季才能恢复树势，该项目的缓苗期只有 30 天，为使苗木在会议进行期间表现出最好的状态，项目部邀请了相关专家共同进行探讨。一方面采用"草炭土＋沙"改良土壤，改善根部环境；另一方面采用地上直接补充营养液到苗木主干；最后合理运用修剪技术，保证树形的完整美观。

景观提升技术方案：面对景观提升的高标准、严要求，项目部特意邀请公司专业设计人员参与到项目中来，从选材到实施形成详细的景观设计方案。选用具有中华文化特色的新型造景材料、新优植物、新技术措施，使景观传承经典又不落俗套，相比之前的效果有了质的飞跃。

4）设计施工一体化，实现景观效果最优

项目部建立专门的设计沟通小组，由公司设计人员担任组长，积极与设计单位协调沟通并结合施工经验提出合理化建议，最终确定通过边设计，边交底，边会审的方式进行设计图纸的完善。针对个别专项问题，如苗木设计、山石码放设计等组织专家进行意见收集和专业论证。

5）养护精细化，做好后期服务

为保证项目景观效果的可持续性，项目部制定了详细的后期养护方案，包括针对病虫害的无公害绿色防控计划，针对高端草坪的定量喷灌方法，对园区植物的修剪会定期由公司的设计人员提出意见以保证最佳的景观效果，真正做到可持续发展式的园林工程。

6）加强安全文明施工管理

落实各级人员的安全环境责任制。坚持预防为主，采取领导带班制度，领导和值班人员在施工现场采取 24 小时轮班制。对黑夜施工、雪天施工、狭窄工作面施工进行重点防护。对全部施工人员进行安全生产教育，提升管理人员和施工人员的安全防范意识。

（3）多项制度确保项目管理标准化

1）每日进度巡查制度

为保证在甲方要求的工期内完成施工任务，项目部实行每日巡查制度，将进度计划分解到天，各施工队伍按日计划施工，项目部联合甲方和监理方每天进行现场巡查，检查施工进度，发现问题后，现场办公，及时提出解决办法，确保工程稳扎稳打，按期履约。

2）质量检查制度

施工质量检查严格执行"三检"制，即自检、互检、交接检制度。不合格苗木不允许进场，铺装材料不合格必须返工，景石码放不合理必须重新摆放。联合甲方和监理方成立质量检查小组，每周对工程进行质量监督检查。

3）技术管控制度

严格落实技术交底工作，特别是对采用的新技术新材料要进行专项技术交底，首次操作时技术人员要从旁监督指导，做到施工过程准确合规，避免返工。

4）成本监督制度

进行项目成本专项考核制。项目实施过程中，项目部分解成本控制责任，在前期策划、设计、材料比较、施工方案优化等形成项目成本专项，严格控制资金使用，降低施工成本。

5）安全施工管理制度

严格安全生产例会制度。项目部每周四举办一次安全生产例会，并且成立安全督管小组，采用动态管理模式，督管小组人员每天都会流动性地对施工地进行安全检查，发现问题及时整改。针对大乔木种植、山石码放、狭窄工作面施工等重要危险源特别提示，安全员现场监督，确保安全事故零发生。

四、管理效果评价

1. 项目履约效果

本工程严格按照建设单位工期要求，于 2017 年 3 月 20 日完工，全面实现质量目标、安全目标、进度目标，验收一次合格，获得了建设单位及与会领导人的肯定。

本工程位于雁栖湖生态发展示范区的核心地带，围绕"一带一路"国际高峰论坛圆桌峰会举办地，国际会议中心展开，是世界领导人与会间歇的主要观赏区。本工程提升了雁栖岛国际会议中心周边的可观赏性（图 18、图 19），为"一带一路"国际高峰论坛圆桌峰会顺利举办贡献了力量。同时，也为公司

图 18　B 区改造前全景

在冬季反季节施工和打造高端园林绿化品质方面积累了良好的技术经验和管理经验，具有重要意义。

图 19　B 区改造后全景

图 20　甲方颁发证书

本工程圆满完工，得到了业主、国家领导人、媒体和社会各界的一致好评，扩大了企业和集团的社会影响力。

2. 景观效果评价

本工程以高质量的园林景观和深刻的社会影响力，得到相关专家的一致认可，已经通过 2017 年北京市精品工程的专家评审。获得甲方集团公司颁发的"一带一路"会议突出贡献证书（图 20）。

2017 年 5 月 15 日，"一带一路"国际合作高峰论坛圆桌峰会在雁栖岛国际会议中心顺利召开，雁栖湖的美丽景观被不少国内外来宾所称道。面对雁栖岛美丽的园林绿化景观，习总书记有感而发："雁栖湖是一个有历史积淀的地方，是一个启迪思想的地方，也是一个开启合作征程的地方。让我们以雁栖湖为新的起点，张开双翼，一起飞向辽阔的蓝天，飞向和平、发展、合作、共赢的远方！"

3. 技术成果

雁栖岛"国际高峰论坛"项目园林景观提升改造工程竣工后，对该项目运用的新材料和新技术进行总结，共采用新优植物十余种，包括印第安魔力海棠、日本红枫、粉手帕海棠、中国丁香（索格娜）、美国山楂叶荚蒾（温特沃斯）、高标准果岭草、花叶杞柳等；新材料5种，水纹砖、夔龙吐水铜雕、斧劈石、膨润土防水毯、高分子防水材料；新技术措施6种，苗木低位支撑技术、土壤改良措施、缝隙式线性排水系统、雾喷系统、隐形井盖、乱型甬路。

本项目使用的新材料和新技术对于缩短工期、保证工程质量、提高景观效果方面具有重要意义，将为本单位乃至整个园林绿化行业今后打造高端园林绿化品质提供了宝贵的经验。

4. 社会效益成果

本项目圆满的完成了建造北京园林新名片的管理目标，工程再一次印证了金都园林"技术过硬、能打硬仗"的综合实力，提升了公司的市场影响力和竞争力。

结束语：北京雁栖岛"国际高峰论坛"景观提升改造工程取得了骄人的成绩，不仅得到了建设方的肯定，还得到了国家领导人的高度赞赏，其气势磅礴又不失精致优雅的景观也为不少国内外来宾所称道。无论是雍容大气的会场布置还是繁花锦簇的周边环境，无不彰显着热情好客、开放包容的东方文化。这与项目管理团队的勇于创新和科学管理的优良作风是密不可分的，管理人员运用技术创新和管理创新，攻坚克难，打造和提升高端园林绿化景观，谱写了雁栖岛国际会都的新篇章。

快轨精品　优质总包服务　助推柔性屏建设
——中建一局集团建设发展有限公司成都京东方第 6 代 LTPSA/MOLED 生产线项目

李志伟　王连峰　张笑冬　邓文瑶　金成斌　初　末

【摘　要】 针对超级柔性屏厂房体量大、进度紧、分包多、质量安全要求高等特点，成都京东方第 6 代 LTPS/AMOLED 生产线项目以业主设备 Move-in 为最终目标，确保安全和质量的情况下，将进度作为主线，依托总部的支持，凭借项目部全体员工的努力，以 FAST-TRACK 模式以及令业主满意的总承包管理模式，实现了安全、质量、进度的完美管理，确保了项目的按期竣工，取得的较好的经济效益和社会效益。

【关键词】 超级洁净厂房；FAST-TRACK 模式；总承包管理；设备 Move-in

一．成果背景

1. 行业背景

作为全球最大的液晶面板需求市场，中国在很长的时间内都处于"缺芯少屏"的状态，面对这种情况，中国面板厂商也在不断的努力，再加上政策的扶持，中国液晶显示产业在近年来飞速发展，成了全球拥有高世代液晶面板生产线最多的主产区。目前，我国液晶显示器出口仍然是以中低端产品为主，技术含量相对较低，难以应对市场竞争有关。

随着国家"十三五"战略产业政策和规划目标，作为全国首条、世界最先进的柔性屏生产线——成都京东方第 6 代 LTPSA/MOLED 生产线项目是全球领先的半导体显示技术、产品与服务提供商——BOE，继鄂尔多斯 B6 后，为加速新型产业项目的实施步伐，促进半导体产业的优化升级、提升整体显示技术水平投资建设的高世代生产线。该条生产线的建设投产后，全屏手机、车载和可折叠笔记本等高附加值产品将会相继量产，抢占柔性 LTPS/AMOLED 显示领域的市场份额，提升国家在全球半导体显示行业的竞争力，更加有力的争取半导体显示产业的主动权。这不仅是京东方科技集团发展进程中的新篇章、战略布局，也是国家 LTPS/AMOLED 显示领域的重要里程碑。

另外，作为光电显示产业的重要龙头性项目，京东方在成都高新区的投资一直受到四川省和成都市的高度重视和支持。该条生产线的建设将进一步完善西南地区上下游产业集群，持续推动区域经济建设，并将助力成都打造内陆开放型经济高地，为成都成为"一带一路"枢纽和极核发挥积极作用。

成都京东方第 6 代 LTPS/AMOLED 生产线项目总投资 220 亿元，2015 年 5 月开工建设，2017 年 10 月 26 日提前量产，项目建成后将形成阵列玻璃基板加工能力 4.8 万片/月，加工玻璃基板尺寸为 1850mm×1500mm。定位于移动终端产品及新型可穿戴智能设备领域。

2. 工程简介

成都京东方光电科技有限公司第 6 代 LTPS/AMOLED 生产线项目位于成都市高新区（西区），界于成灌高速、天源路、合作路与南北大道之间，西北侧还有原来的 4.5 代生产线。

本工程厂区规划占地面积约 32.2 万 m²，总建筑面积约 67 万 m²，相当于 2.5 个鸟巢，主厂房单层面积相当于14个标准足球场。包含面板厂房、综合动力站、废水处理站、变电站、封装厂房、掩膜版清洗间、特气车间、硅烷站、化学品库、固废库、模组厂房、仓库、门卫、自行车棚及各建筑间连廊等26栋建筑，结构耐久年限为50年，抗震等级为一级，屋面防水等级为二级，地下室防水等级为一级（图1）。

图1　成都京东方光电科技有限公司第6代LTPS/AMOLED生产线项目效果图

本工程结构施工期间需投入大量实体材料与机械设备。其中钢结构总量约30000t，架料总用量约90000t，钢筋总用量约130000t，混凝土总用量约600000 m^3，塔吊使用21台，劳动力峰值达21000余人。

二、选题理由

成都京东方光电科技有限公司第6代LTPS/AMOLED生产线项目作为中国显示领域里程碑转折点的厂房，对整个半导体厂房建设领域的影响是巨大的；其高效的FAST-TRACK超级厂房建设模式以及管理模式为液晶面板厂房建设树立了一个标杆。

本工程作为国内已完工的大型洁净电子厂房，如期完成设备Move-in，并完成量产良率90％以上的可喜成果。

三、实施时间

如表1所示。

项目实施时间表　　表1

总实施时间	2015年12月～2016年12月
分段实施时间	
项目总体管理策划	2015年12月～2016年1月
管理措施实施	2015年1月～2016年12月
过程检查	2015年12月～2016年12月
取得成效	2016年12月～2017年10月

四、管理重点和难点

1. 体量大、工期紧,要求整体管理高效协同

本项目占地面积 32.2 万 m²,总建筑面积约 67 万 m²,从开始施工结构垫层到完成全部工程仅有 12 个月,巨大的工程体量和相当紧迫的工期要求参建各方必须建立高效的协同工作的机制。与业主、设计院、洁净包、机电安装及其他厂建专业系统承包商的协调配合对于本工程如期、高质量地完成具有极其关键的作用。

2. 体量大、时间紧、要求精细合理的计划管理

对于一个建筑面积 67 万 m² 的超级厂房工程,要在 12 个月达到生产设备搬入条件,施工进度是非常紧迫的。总承包商的管理团队必须抓住各个里程碑节点,结合主要厂房的建筑结构特点,制定合理施工分区和流水段划分,尤其是回风夹道区域及废水提升间。在超级洁净厂房建设过程中,共分为三大战役:即结构封顶、送水送电、设备 Move-in。在施工总体计划安排中,以设备 Move-in 为最终目标,以结构施工及洁净施工为主线,合理安排其他施工内容。

3. 体量大、时间紧、要求合理的交通物流及平面布置

本工程占地面积大,横框市政道路分为两个建设地块,为超级群体厂房工程,布设大型塔吊为 21 台。其建设施工料场需求大,室外管线多,室外管线和道路在结构施工后期即需要安排插入施工。因此,总平面布置和施工交通管理尤为重要,它是保证工程后期有序施工的重要保证。适时的对总平面及交通进行规划和调整,以适应厂房建设各个阶段各厂商的需求。

4. 体量大、时间紧、高效的资源组织和分包计划的精准实施

本工程巨大的工程体量和非常短的工期对承包商在资源设备组织投入、有同类工程施工经验的劳动力组织及专业分包的选择方面提出了很高的要求。根据工程量和工期安排,工程需要投入的劳动力高峰时期约为 21000 人。工程结构特点对劳动力也提出了较高的要求。因此,在短期内迅速组织数量充足的有超级洁净厂房施工经验的劳动力是本工程结构主体施工的主要难点之一。

本工程结构主体施工需要投入大量的实体材料和周转性材料。如钢结构总量约 30000t,架料总用量约 90000t,钢筋总用量约 130000t,混凝土总用量约 600000 m³,塔吊使用 21 台。大型塔吊资源以及大量的架料、钢筋、混凝土在工程开工后很快需要进场到位,及时组织这些材料到位是确保结构主体施工按计划进行的重要保障。

5. 结构形式复杂,架体设计及施工难度大

超级洁净厂房核心生产区为两个洁净生产厂房上下叠加,面积为 194000m²。下回风夹层楼板为无板格构梁结构,中间设置结构转换层,标高为 20.00m,板厚为 200mm,梁截面为 1400mm×2200mm、1200mm×2200mm,无板格构梁层高为 7.00m,梁截面为 600mm×800mm。

核心区生产区为格构梁+转换层,层高达 20.00m,架体搭设高度较大,架体设计和施工难度大。

6. 钢结构加工制作与安装

本工程钢结构主要分布在超级洁净厂房回风夹道处及屋面钢梁、管连廊。钢结构用钢量约 30000t。钢结构分为回风夹道 SRC 柱施工及屋面钢梁施工两大部分;回风夹道 SRC 柱施工正处于春节施工期间,钢骨柱春节期间顺利吊装完成将为节后土建劳务插入混凝土结构施工的保障,从而施工人员、材料、机械等如何安排就成了本项目施工的重难点;另外屋面钢结构部分施工周期只有 90 天,工期紧、任务重、施工面积大、吊装形式多样、厂区运输困难等成为本工程结构主体施工的主要难点之一。

五、管理策划及创新内容

1. 管理策划

(1)项目目标管理策划

如表 2 所示。

项目目标表 表 2

1	质量目标	工程质量等级合格、确保芙蓉杯、成都市优质结构工程、天府杯等质量奖,争创国家优质工程奖
2	工期目标	开工日期:2015 年 12 月 30 日,竣工日期:2016 年 12 月 30 日
3	安全目标	成都市安全文明施工标准化工地、杜绝重大伤亡、火灾事故和人员中毒事件的发生、轻伤频率控制在 6‰以内

(2)项目整体住建部署策划

如图 2 所示,项目建设分为洁净厂房、动力厂房、市政及配套设施建设,其中最关键线路为超级洁净厂房主厂房建设,主生产厂房独特的结构形式包括局部地下室(废水提升间)、挡土墙、回风夹道SRC柱、20m 转换层(深梁薄板)、钢结构屋面。对项目建设整体把控、各单体深入分析策划,确保项目建设协调一致,通水、通电、通气等为项目输送新鲜血液,完成 Move-in 目标。

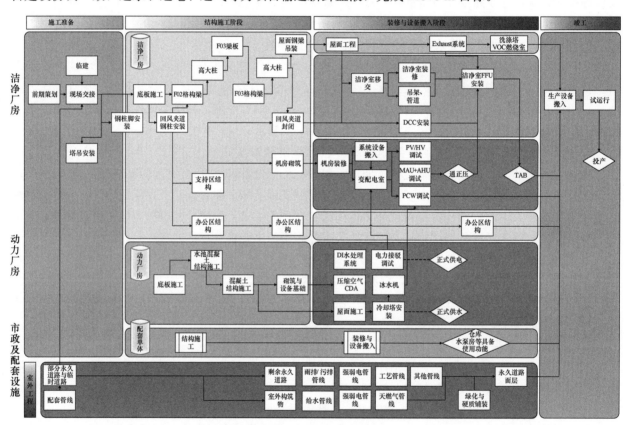

图 2 超级厂房建设流程图

(3)计划管理策划

对于超级厂房建设,一般为群体性工程建设,单体多、体量大,要在预定时间内完成所有结构工程,达到生产设备 Move-in 条件,其施工进度是非常紧迫的。这就要求项目部管理人员懂得建厂的流程,熟悉超大型洁净厂房群体工程施工管理特点,在进度计划安排中,抓住关键线路,合理安排施工顺序。

本项目共 21 个单体,根据不同的使用功能及生产场务系统对单体工程的需求时间,统筹分区施工;主生产厂房功能分区较多,系统较为复杂,施工过程中的每个阶段均有多个施工工序穿插平行施工;项目建设过程中合理安排工序、加强沟通保证信息对称、全过程无缝监控、及时纠偏调整。

(4)技术管理策划

本项目主生产厂房结构形式复杂，存在地下室、挡土墙、回风夹道 SRC 柱、格构梁、转换层，转换层高达 20.00m，架体搭设高度较大；屋面为钢梁与压型钢板组合屋面；洁净厂房格构梁部位整体高差控制及 2m/2mm 的平整度控制，超重梁及薄板的混凝土抗裂处理、地下室深基坑支护设计及施工；大面积屋面钢梁的吊装；水池抗裂施工等系列技术难题。对以上技术难题不断积累经验及改进做法，不断优化施工部署、施工节点、施工工艺，达到良好的质量效果和施工效益。

（5）安全管理策划

项目执行过程始终贯彻"安全第一、预防为主、综合治理"的安全生产方针，形成工程参建各方参与的安全管理体系，并以严格的奖惩措施和细致的管控来促进安全管理；强化安全生产管理，通过组织落实、责任到人、定期检查、认真整改，杜绝死亡事故，确保实现安全目标。

在安全管理方面坚持实行"一票否决制"，从方案评审、通过，到现场执行监督，除了正常的安全管理体系运转之外，项目实行一票否决制度，不放松、不放过任何重大安全危险源的识别、管理过程。对项目安全生产投入也较以往工程有所提高，该花的钱坚决不省，同时在物资上保证了项目安全工作的推进，向各界传达以管理保安全的理念，树立了良好的社会效应。

（6）质量管理策划

本项目建立了由公司总部控制，项目经理领导，项目经理、项目总工程师、质量总监共同策划并组织实施，专业责任工程师检查和监控的管理系统，形成从公司到项目经理部再到各个专业施工作业队伍的质量管理网络，从组织机构上保证质量目标的实现。另外，项目各层级对实施过程中的各工序认真分析，以全面质量管理为手段，成立各项质量管理 QC 小组，针对不合格项认真分析，找准控制手段与措施，采用 PDCAS 质量管控模式，确保工程优良率；以专业管理和计算机管理相结合的科学化管理体制，全面推行科学化、标准化、程序化、制度化管理，精心组织、精心施工，确保实现质量目标，并有效地解决问题。

（7）总承包管理及项目高效协调管理策划

本项目 120 多家参建商从开工到完工，要在 366 天内，以设备 Move-in 为终极目标，以完成 67 万 m² 21 栋单体建设任务为主线，顺次穿插进入现场，交替对工作面、临水电、堆场等公共资源行使占有权，完成各自的工作内容。如此大的体量、如此短的时间要求以及如此多参建商，完成项目建设需要各参建方包括业主、设计院、桩基包、洁净包、机电安装及其他厂建专业系统承包商，乃至各政府服务部门协调配合高度一致；对于本工程如期、高质量地完成具有极其关键的作用。

项目各参建成员通过相互深入了解，编制总承包阶段的管理手册，依据项目 Move-in 目标，与业主、PM 商定各包商的定标时间及进场施工时间，定期召开生产协调会、深化设计协调会、设备搬入通道专题会、堆场布置专题会、分房间计划及计划跟踪表，Puchlist 跟踪销项检查、竣工验收推进会等各种会议，通过各种计划及安全文明施工的内容来确保沟通畅通高效。

（8）团队建设及宣传策划

本项目施工高峰期管理人员多达 142 人，其中 20~30 岁员工为 80 人，占比达到 65%，趋于年轻化，经验普遍不足。项目特组建培训班，实行动态化培训教育，达到人才队伍协调发展，加强项目管理力量。另外，项目要求员工进行定期总结，通过施工过程不断总结来提高项目整体管控能力。

开工伊始即注重团队和公司的品牌宣传，通过推送微信公众号、联系报社发表新闻、以及地方及中央电视台多方位多角度对项目团队及公司进行宣传报道。

2. 科技创新内容

项目技术管理人员深入到施工一线经过研究与实践，总结提炼出施工技术和管理手段的精华，形成了本工程具有代表意义的关键创新技术，降低了成本，缩短了工期，提高了工程质量。

（1）采用膨胀加强带取代传统后浇带

通过表 3 的对比分析可以看出施工时间缩短 87d－42d＝45d，实际现场工期缩短时间在 50d 左右，其对应的架料租赁及人工成本大幅度的减少，所带来的经济效益是非常明显的。且质量可控，没有出现因为混凝土膨胀出现大范围的裂缝现象。

后浇带与膨胀加强带对比 表3

列项	后浇带做法	膨胀加强带做法	备注
宽度	1000mm	2000mm	
混凝土类型	➢ 带内：膨胀剂 UEA-H 掺量 12%，标号比两侧提高一个等级 ➢ 两侧：普通混凝土，无膨胀剂。	➢ 带内：膨胀剂 UEA-H 掺量 12%，标号比两侧提高一个等级。 ➢ 两侧：补偿收缩混凝土，膨胀剂掺量 8%（或 10%）。	掺量为占凝胶材料总质量
浇筑方式	先浇筑两侧混凝土，再浇筑后浇带。	➢ 连续式：两侧混凝土及加强带一同浇筑。 ➢ 间歇式：加强带同一侧混凝土一同浇筑。 ➢ 后浇式：同后浇带。	《补偿收缩混凝土应用技术规程》JGJ/T 178—2009P2 页
封闭时间	➢ 两侧普通混凝土，图纸要求≥45 天。 ➢ 两侧补偿收缩混凝土，规范要求≥28 天。	➢ 连续式：0 天。 ➢ 间歇式：当两侧混凝土不能同时浇筑时，浇筑间隔 7 天。 ➢ 后浇式：两侧浇筑完成后任何时间可浇筑。	以上规范 P30 页
工期分析	按照图纸要求，后浇带在后浇筑的一侧混凝土完成后 45 天封闭，养护 28 天，考虑架体拆除及倒运清理时间需 14 天，共需延后 87 天。 以上可得，若按 45 天封闭后浇带，结构工期无法实现，只有后浇带至少 7 天封闭才能满足工期要求，此做法与图纸相违背，不能保证结构正常的收缩变形。	按照间歇式分析如下：当最后一段混凝土浇筑完成后，所在层水平结构已全部封闭，仅考虑最后一个段 28 天后到设计强度，架体拆除和倒运清理 14 天，共需延后 42 天，此做法能够满足缩短工期，又能有效解决混凝土收缩变形，也符合规范及设计要求。	
优缺点	后浇带留设时间较长，钢筋长时期裸露易产生锈蚀。另外，为满足工期要求，后浇带封闭时间往往是缩短的，未能考虑混凝土的充分收缩变形，易产生裂缝，也会对后续包商施工产生直接影响。	连续或间歇式浇筑混凝土能够提高结构整体性，避免了后浇带留设的问题，同时解决了后浇带施工缝常出现开裂、渗漏等质量问题。	
结论	对工期影响大。	工期快、能够提高结构整体性，利于后续工作提早插入。	

近来在其他厂房诸如福建晋华项目，已经在尝试所有区域采用镁质膨胀添加剂，目前效果良好。

(2) 20.00m 转换层模板支撑体系采用盘扣体系，且与格构梁层模板支撑体系分离

伴随我国经济的飞速发展，传统的支撑架已不能满足此种建筑的安全及快速施工要求，引进法国新型的盘扣模板支撑体系已成为建筑业的当务之急，成都京东方项目 20.00m 标高模板支撑体系由 60 系列的架体进行搭设；证明施工安全可靠，装拆速度快，而且脚手架用钢量可减少 33%，装拆工效提高两倍以上，施工成本可明显下降，施工现场文明、整洁。

模板支撑体系设计时即考录格构梁与二层高大梁位置不对应区域，不再采用之前架体立杆直接支撑在筏板的上情况，而是考虑提前拆除首层架体，在格构梁顶设置部分 150H 型钢作为架体转换层，其既能满足支撑二层架体作用，同时将大部分首层架体与二层架体分离，提前了架体拆除插入时间，极大缩

短了工期（图3）。

图3 架体分离实景图

六、项目管理要点和风险控制

1. 项目资源整合

通过项目对项目建设图纸及相关节点要求的解读，需要组建120人成熟的项目管理团队，并对项目的大宗资源劳务包商18家（土建9家、钢结构2家、砌筑4家、道路3家）；混凝土供应7家；钢结构加工厂4家；塔吊3家共21台；架料供应商13家；木材供应商6家；共计152家资源择优选用；这些资源我们是提前寻找并选择优秀的分包分供单位签订合作意向书。

这些资源的进场时间及整合按照第一块筏板浇筑时间为目标倒退什么时间需要何种资源，在项目经理的组织下召开小范围的进度推演会议，其关键工序和主要资源如图4所示。

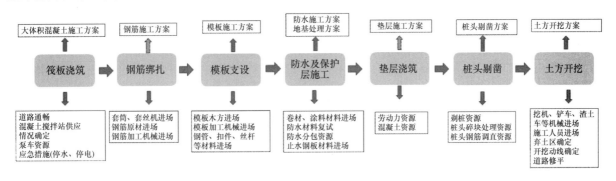

图4 关键工序和主要资源分析图

2. 计划管理实施

本工程包含21栋单体，按照项目建设需求来合理划分施工大区，并按照劳务班组来划分单体的施工流水段，从而来统筹施工。从入场接收桩基包泥浆遍布的现场开始，按照现场的实际情况分解施工工序，与桩基包及业主、PM对接，按照移交节点逐步接收工作面。在逐步移交开始紧张而单纯的长达6个月的结构阶段施工，此阶段劳务均为结构劳务包商，为自施内容，按照PDCAS循环来不断的矫正计划，协调资源从而实现结构、二次结构的目标，从而达到移交甲指包商的条件；移交完成后进入项目的总承包管理阶段，总承包商联合业主、PM管理公司以及各甲指包商以业主设备Move-in为目标，按照空间管理图纸为依据分房间分区域分层次地进行进度计划排布，各单位按照各自分解的时间段完成对工作面的占有，综合协调人、机、料、法、环完成各自的施工内容。

在各个不同的阶段，我们采取不同的计划管理方式。在先期进场工作面接收阶段，我们按照我们的施工部署及时间要求，对桩基包提出配合要求，倒逼移交时间及条件。通过召开移交会议、协调会议完成计划管理。在结构施工阶段，设定各种工期节点，并层层灌输到每一个施工施工管理层面，在项目的会议室内张贴施工流水段的进度计划平面图，方便核对每一个流水段的节点工期。结构施工阶段通过每天召开现场协调例会来检查施工进度计划，从而达到结构封顶的节点工期。结构封顶之后迅速移交工作面至下家包商，各甲指包商在空间管理图纸及业主需求节点的要求下，整合项目整体施工计划，通过总包每天的施工例会和项目每周的例会检查计划的执行情况，出现偏差各甲指包商编制纠偏措施进行调整，从而完成各自的施工内容。

3. 技术管理实施

投标阶段，项目技术部即组织主要技术管理人员对项目的整体施工进行策划，借鉴公司以往大型电子厂房施工经验，针对转换层超重梁板高大架体、格构梁部位整体高差控制及 2m/2mm 的平整度控制、STK 区域平整度控制、玻璃自动化传送系统需求、洁净管制要求、设备基础等各项要求，提前编制各项施工组织设计与施工方案，并对班组及现场施工人员进行详细的施工交底，确保了履约及成本综合效益的实现。

在项目实施阶段，根据项目施工进度，不断创新优化项目主要施工工艺，例如 20m 高大板转换层支撑体系在格构梁层断开施工的工艺、后浇带采用膨胀加强带替换的施工工艺、结合项目施工特点对现场的整体平面布置以及阶段性的调整、施工部署等进行不断优化，另外还在过程中引进新的施工机具，例如，钢笆片做脚手板、方圆紧固件作为柱子和墙板的加固件、引进法国盘扣支撑体系作为模板支撑系统、箍筋调直机械等。并组织技术骨干进行了总结和推广，完成了《洁净厂房回风夹道钢结构快速安装施工工法》《高科技厂房密集型多类水池带水修补施工工法》等。

4. 总承包管理实施

总承包阶段我们全体项目管理人员本着"为业主分忧为包商解困"的总承包服务理念，积极做好总承包管理服务工作。从多年对超级电子厂房的经验和磨合，我们已经成为最了解业主/PM/设计/监理对总包的要求、最了解平行包、甲指包商在总承包阶段渴望眼神的含义、最了解电子厂房中后期安全、文明施工、堆场分配、工作面移交、政府对接、尾项清理等方面的细节标准、最了解设计对总包就图纸深化和各包商图纸整合方面的要求的成熟管理团队。我们已经将总承包服务向上向下延伸为初步策划、整体策划和初步实施、整体实施、检测阶段、有序保修等五大管理阶段，每个阶段工作内容和具体施工阶段对应如图 5 所示。

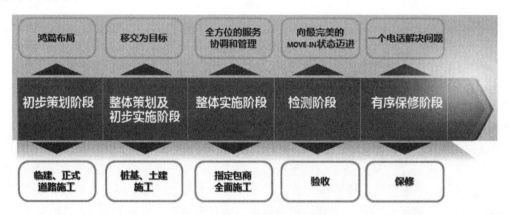

图 5　总承包五大阶段组成图

公司将根据项目阶段设置相应的管理组织架构，从不同角度进行对接，建立立体、平面、全方位、多角度的软件平台，实时传递现场信息，在第一时间沟通解决，从现场交通物流管控以及流量分析、堆场分配以及总平面布置、安全文明施工区域划分及责任分配、空间深化管理等技术服务工作以及临水临电、垂直运输资源以及其他公共资源做出合理的规划和分配（图 6、图 7）。

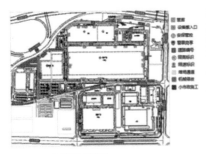
物流平面规划
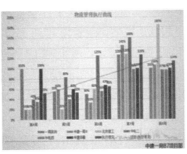
物流执行情况分析

每天物流协调会

图6　物流分析图及周会

物流协调平台
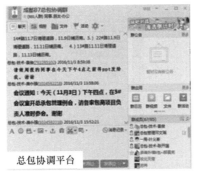
总包协调平台

区域协调平台

区域协调平台

图7　沟通平台组成图

5. 团队建设及宣传实施

对于项目员工年轻化较大、施工经验严重不足的特点，项目组织每周一次的培训会，由项目班子成员和老员工以及专业授课老师穿插进行授课教导，使得新员工迅速掌握应知应会的知识，同时为项目14、15届新员工开班知行班，通过专业业务能力与老员工经历分享等方式系统提高员工技能与思想认识，由项目员工自己设计、制作的项目书屋成为融合项目各种综合素质培训的良好平台，通过与街道的各项联建将项目小书屋做成社会大书屋；另外项目通过各项文体活动完善了项目职工之家的建设，并凝炼了团队，也通过文体活动与街道形成良好的共建关系，并通过街道平台与包括京东方、华为、飞利浦，西园街道、公安局等大型企事业单位结成了良好的社会关系，同时在这些企业中赢得了良好的口碑，一局品牌闪亮成都高新区（图8）。

图8　培训及总结、经验交流

团队宣传工作对项目建设是一项很重要的工作，项目每一位员工都是团队或者项目的宣传者。项目团队以"誓做全球电子厂房建设首选承包商"为口号凝聚项目心力，通过微信宣传平台、公司OA平台、办公区设置显示屏、各种地方和中央新闻报纸以及地方和中央电视频道进行宣传报道。例如，成都京东方项目是全球第一条6代AM-OLED全柔性生产线项目，并在CCTV10《讲述》五一特别节目"建设者（三）·超级厂房"对本项目进行了特别报道；成都京东方项目建立微信平台，平台名称CDJDFB7，项目全体成员均关注此微信公众号，该平台主要宣传本项目近期重大事件及公司文化，从建立至今，发表文章共计16余篇；成都京东方自总包施工正式启动后，根据现场施工进度及项目团队文化建设，及时在公司OA平台实时更新本项目动态，截至目前已发表新闻共计40余篇；项目办公区设置显示屏，对公司文化、项目风采进行展示，具有对外和对内的双重作用，它所塑造的企业形象，所突出的企业精神面貌成为外界了解公司的一个重要窗口，能够很好的树立企业良好外部形象（图9）。

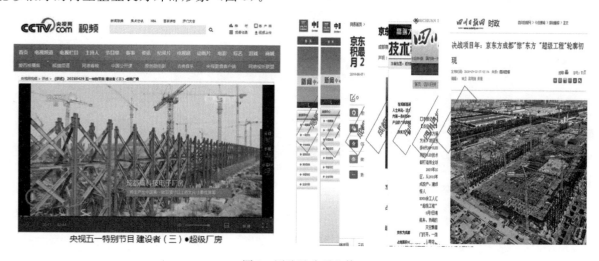

图9 团队及公司宣传

6. 安全管理实施

（1）完善的安全管理体系和制度

建立以各项目经理为主导并囊括全项目所有成员的项目安全委员会，确保安全管理全员全过程参与，并且责任到人到事。并制定安全管理制度，对现场的危险源进行识别，并将其宣贯到每一个参与建造的管理人员和施工人员心中。

（2）安全管理措施

编制安全管理方案，对关键部位、关键危险源进行识别，制定合理的管理措施，并督促检查，每周一召集所有现场的管理人员和施工人员进行安全宣讲，使安全管理深入人心。

（3）安全投入

设置专项安全资金，交于安委会统一节制，并制定安全资金使用计划，使得专款专用。安全防护设施、用品用具购置更新；消防设施设备的购置更新；安全教育经费；安全技术改造更新；其他专项安全活动经费。

7. 质量管理实施

（1）成立由项目经理为核心。现场经理、总承包管理经理、机电经理、总工程师及质量安全经理组织实施，质量保障部、工程部、机电部、技术部、设计部、物资部等各部门具体实施的质量保证体系，建立从项目经理部管理层、劳务单位/业主指定分包商和直接分包商管理层到工作队操作层三个层次的现场质量管理职能体系。

（2）因为这种大型工程建设分包单位众多，所以要加强宣传力度保证沟通传达畅通，建立执行每周生产例会质量讲评、每周质量例会、每月质量检查讲评、质量会诊制度，全现场范围内杜绝出现第二次相同的质量问题。

（3）执行"样板先行"制度。在样板施工中充分发掘问题，同时劳务单位/业主指定分包商和直接分包商在样板施工中也接受了技术标准、质量标准的培训，做到统一操作程序，统一施工做法，统一质量验收标准。样板工程验收合格后才能进行专项工程的施工。

（4）加强员工培训。内容包括公司质量方针、项目质量目标、项目创优计划、项目质量计划、技术法规、规程、工艺、工法和质量验评标准等。通过教育提高各类管理人员与作业队伍施工人员的质量意识。

七、过程检查与监督

按照项目建设阶段进行实时跟踪，重点关注项目初期阶段各种资源的组织整合情况，包括人、才、机、料、法等各种资源；重点关注结构封顶之后各指定分包进场及工作面移交情况，特别是核心生产区及动力站、水池区域的移交工作作为项目移交下家的重点；重点关注总承包管理阶段各方对项目团队的舆论，做好业主、PM 及各分包的服务协调工作。通过各种制度、例会、专题会对接各方人员，听取各方人员的诉求，通过调整方式方法和各种规章制度做好服务协调工作，在项目建设中树立好的口碑，从而达到项目管理的最高境界，使项目各参建方满意度都达到 100%。

详细的进度计划、质量、安全等目标追踪由项目班子早会、项目施工协调会以及项目周例会监督跟进。

该项目超级厂房 Fast-track 建设特点，在项目建设中设定各项切实可行的规章制度，在实施过程中严抓落实，形成反复校核机制，保证每项工作都有平行或垂直部门监督、检查；注重管理经验的积累与推广，构建超级厂房施工管理技术，强化集团公司在全球厂房建设领域的核心地位和核心竞争力。

八、管理效果评价

1. 质量管理效果

根据工程前期制定的质量目标，实行精细化管理、过程精品控制，工程质量始终受控，得到业主、管理公司和监理公司的充分认可。正在申报评定芙蓉杯、成都市优质结构工程、天府杯等。

2. 安全管理效果

项目建设高峰期间施工人员高达 21000 人，且隶属于 120 余家承包商，属于典型的人员密集、多专业交叉施工。通过完善的安全管理制度及相关全体管理人员的高效执行监督，本项目实现了：

（1）无因工死亡事故，无重大伤害事故发生；
（2）轻伤负伤频率年度控制在 6‰ 以内；
（3）无重大机械伤害事故；
（4）无严重环境污染、强噪声扰民；
（5）无食物中毒和传染疾病的发生；
（6）无交通责任重大事故。

3. 技术管理效果

在项目管理中用于开拓性的引进新的技术和施工工艺，不断创新优化项目主要施工工艺，例如 20m 高大板转换层支撑体系在格构梁层断开施工的工艺、后浇带采用膨胀加强带替换的施工工艺、结合项目施工特点对现场的整体平面布置以及阶段性的调整、施工部署等进行不断优化，另外还在过程中引进新的施工机具，例如钢笆片做脚手板、方圆紧固件作为柱子和墙板的加固件、引进法国盘扣支撑体系作为模板支撑系统、箍筋调直机械等。并组织技术骨干进行了总结和推广，完成了《洁净厂房回风夹道钢结构快速安装施工工法》《高科技厂房密集型多类水池带水修补施工工法》等。

4. 项目管理评价

怀着"誓做电子厂房建设首选承包商"信念，秉承着"用心改变生活"的理念，践行"五同时、五确保、五典范"的管理风格，中建一局建设发展有限公司超级厂房建设团队通过技术、质量、安全、进度、总承包管理等各种制度策划、实施，突破了一个又一个节点，实现了 206 天主体结构全面封顶，于 2017 年 5 月 11 日正式点亮，2017 年 10 月 26 日提前量产，使得京东方 LTPS/AMOLED 可折叠柔性面板技术超越其他面板生产商，达到全球领先，成为国内第一条第六代 LTPS/AMOLED 可折叠柔性面板生产线，为各参建方满意度均较高建设工程项目，取得了良好的经济效益和社会效益！

限额总价+奖金模式下优化和深化设计管理实践

——中建一局集团建设发展有限公司北京 CBD 核心区 Z13 地块商业金融项目

王东宇　郭　亮　党毅章　李新川　南　飞　孙莉莉

【摘　要】 伴随着建筑行业的不断发展，各个建筑企业的管理水平在不断提高，同时业主方对总承包单位优化和深化设计管理水平的要求也越来越高。北京 CBD 核心区 Z13 地块商业金融项目采用限额总价+奖金模式，业主充分授权给总承包单位新的设计管理思路，总承包单位全过程参与优化和深化设计，并且在方案阶段就开始介入，对于总承包、业主及设计来说都是一次新的尝试，这次尝试对于整个项目、整个公司乃至整个建筑行业均具有十分重要的意义。项目在实施过程中取得了大量成果，对于如何做好优化和深化设计工作积累了丰富且成熟的管理经验，希望能为同类项目提供参考及借鉴。

【关键词】 限额总价+奖金模式；优化设计；深化设计；设计管理；结构优化

一、项目概况

1. 项目背景

CBD 核心区 Z13 地块商业金融项目位于北京中央商务区的核心区，核心区西靠国贸、北临央视新址，东侧毗邻万达广场、金地中心和华贸中心，南边隔长安街相望北京电视台，Z13 项目是中国人寿在 CBD 核心区的标志性项目，是集团品牌形象和综合实力的展示平台，国寿投资控股有限公司总部和中国人寿资产管理公司核心业务部门作为金融资产管理的行业领袖将入驻本项目，将带动与之相关的上下游企业如股权投资的基金公司、证券公司、投资公司等中高端和新近发展起来的金融业客户，以及配套的高端服务业如会计师事务所、律师事务所等的发展和进驻，从而带动资产管理行业的飞速发展（图1）。

市场定位：汇聚万亿金融资产的中国首席资产管理办公大厦。

客户定位：顶级保险资产管理集团总部，依托于两大保险资产管理集团的知名投资基金公司、证券公司总部或地区总部，以及相关联的金融服务业企业、传媒企业。

产品定位：以绿色生态为原则，打造低碳、舒适、以人为本的商务空间。

图1　CBD 核心区 Z13 地块商业金融项目效果图

2. 建设概况

项目位于CBD核心区地块东侧，东侧为针织路，北侧为景辉街，南侧为与Z11地块间步行街，西侧为与Z12地块间步行街；地下一层夹层北侧为公共区人行通道，Z13地块通过两个预留通道与公共区管廊相连，地下一层西侧为公共区人行通道，该人行道与Z12地块合建，东南角为地铁出入口。地上功能为办公、商业，建筑最高点189.45m，为一栋超高层办公楼，局部设有裙房，裙房西侧、南侧设有连廊与Z12、Z11地块连通；地下功能为商业、车库设备机房、管理用房。建设概况（表1）。

建设概况表 表1

工程名称	CBD核心区Z13地块商业金融项目		
建设单位	国寿远通置业有限公司		
设计单位	SOM建筑设计事务所—芝加哥；北京市建筑设计研究院有限公司		
总包单位	中建一局集团建设发展有限公司		
监理单位	北京双圆工程咨询监理有限公司		
工程地点	北京市朝阳区CBD核心区Z13地块		
项目总投资	127,387万元		
结构形式	混凝土核心筒—钢梁钢管混凝土柱外框—单向伸臂桁架和腰桁架—端部支撑框架组成的混合结构体系		
用地面积	7840m²	建筑功能	办公、商业
建筑面积	162369.4m²（地下42369.4m²/地上120000m²）	层数（地上、地下）	地上39层 地下6层
结构高度	185.65m	建筑高度	189.45m
建设工期	开工日期：2015年6月6日；竣工日期：2017年12月28日		

二、成果背景

（1）当前形势下，国内施工企业大多还是以常规施工总承包内容为主业，无论是EPC模式还是DB模式均涉及的比较少。

（2）施工企业自身的设计能力或者参与设计的能力均比较弱，对于设计理念、设计理论知识等方面的积累亦比较少，这使得我们往往在设计面前缺乏话语权，处于比较尴尬的地位，参与设计的深度大部分也仅限于施工图之后的节点优化、深化，并没有深入到扩初图阶段。

（3）设计院在结构设计时普遍保守、浪费，年轻设计师经验不足，设计与施工脱离，设计概预算对设计的束缚，已是现实存在的客观条件。

（4）业主需求的不断提升。

三、选题理由

（1）优化和深化设计不仅仅是获得直接的经济效益，另一方面也是符合当前绿色施工大的行业形势。

（2）对业主而言，不仅能够降低直接成本，还能够降低一定的时间成本、租售成本。

（3）对设计而言，强化对业主的履约品质，在提升自身的专业设计能力同时，更深入的了解施工需求，沉淀设计经验。

（4）对总包而言，不仅仅与业主和设计分享经济成果，更重要的是在优化、深化设计过程中，达到工期与效益的双赢；同时也是总包技术力量的展示，为项目的顺利履约及后期的营销打下坚实的基础。

（5）Z13项目采用限额总价+奖金模式，业主充分授权给总承包单位新的设计管理思路，在方案设计阶段开始介入，以扩初图为优化起点，全过程参与并提出合理化建议，帮助设计计算、绘制施工图，最终获取一部分优化、深化设计奖励。同时约定没有超过限额总价，对总包按比例进行奖励，两部分奖励单独核算。

（6）通过本项目对优化和深化设计管理的实践，希望能为同类项目提供借鉴方法及经验，以提高市场竞争力，同时以设计管理工作带动项目总承包管理，为 EPC 项目管理积累经验。

四、实施时间

本工程于 2015 年 6 月 6 日开工，2017 年 12 月 28 日工程顺利通过竣工验收。工程具体实施时间表（表2）。

工程具体实施时间表　　　　　　　　　　　　　　　　　　　　表 2

总实施时间	2015 年 3 月～2017 年 12 月
分段实施时间	
项目总体管理策划	2015 年 3 月～2016 年 9 月
管理措施实施	2015 年 6 月～2017 年 10 月
过程检查	2015 年 6 月～2017 年 12 月
取得成效	2015 年 6 月～2017 年 12 月

五、管理重难点

（1）对总包的技术实力要求高，需有足够的理论知识进行支撑，能利用三维建模、计算软件进行结构或者建筑整体建模优化，并保证优化后的安全度。

（2）总承包范围涵盖土建、装修、机电多个领域，如何协调好业主、设计、监理、分包各方的意见是考验，总承包管理难度大，对总包设计管理的综合协调能力要求高。

（3）对总包的沟通能力要求高，如何与设计建立良好的沟通机制，使设计接受施工单位全过程参与设计而不感到厌烦是难点。

（4）业主要求实现 CBD 核心区率先封顶、第一个入市，如何将优化工作前置并保证与现场施工进度无缝对接是设计管理的重点及难点。

（5）工程定位高、质量要求严，如何保证优化工作满足现场施工的深度、减少返工并满足设计要求是难点。

（6）本工程采用限额总价模式＋奖金模式，奖励包括设计优化成果及不突破总价的结余奖励，如何平衡设计优化、最终结算价及限定总价的关系是难点。

（7）优化和深化结果的核定以及各方之间的利益分配是难点。

六、管理策划及创新

1. 管理目标

本工程管理目标（表3）。

管理目标表　　　　　　　　　　　　　　　　　　　　　　　　表 3

1	质量目标	北京市结构长城杯金奖、北京市建筑长城杯金奖、中国建筑工程鲁班奖
2	工程安全文明	建设工程项目施工安全生产标准化建设工地（全国 AAA 级安全文明标准化工地）、北京市绿色安全样板工地
3	绿色施工目标	全国建筑业绿色施工示范工程、LEED 金奖、WELL 金奖
4	CI 形象目标	中建总公司 CI 示范工程
5	新技术应用目标	中建总公司科技推广示范工程、北京市建筑业新技术应用示范工程
6	成本目标	确保完成公司核定的收益指标

2. 创新特点

（1）优化和深化设计管理工作前置，在方案设计阶段开始介入，全过程参与并提出合理化建议。

（2）对主体结构进行优化设计。通过对原始计算模型进行复核、调整及重新验算，在保证安全和结构舒适度的前提下优化结构，达到既方便施工又能做到项目参与各方的共赢。

（3）设计方对影响大额工程造价的结构体系、机电系统方案、材料设备选型等预先与总承包单位协调，提出多个讨论方案并附造价估算以供业主讨论选用。

（4）业主方提出的设计变更、洽商，总承包单位需提出造价变更估算，并提出合理化建议，供业主及设计方参考，避免决策失误。总承包单位提出的合理化建议，需同时提交初步造价变更估算和进度、质量、安全和使用功能的优劣分析，待业主和设计方决策。

（5）结合本工程的合同模式，在施工过程中，严格审核专业分包图纸变化及变更的产生，在不突破限额的前提下进行优化，做好优化效益与实际结算价、包干价之间的利益分配。

（6）设计变更文件或图纸在正式发出前，交由总承包单位复审，满足施工实际情况及相对成本最优的条件后，总承包单位组织各方会签，后由业主方下发、归档。

（7）总承包单位协助设计方编制建造标准和通用构造节点做法图集，做到图纸深度标准化，实现有效的标准前置，将成熟的材料设备和工艺固化下来，指导总承包单位随后的深化与完善设计。

（8）设计、施工及运维各个阶段全部投入 BIM 应用。施工阶段的 BIM 模型深化、BIM 竣工图以及有关运维的信息与设计阶段的 BIM 模型进行有效的衔接。

七、管理分析、策划和实施

1. 优化和深化设计管理展开的依据

（1）设计文件

设计文件包含图纸、设计说明及设计会议记录、超限审查报告、超限审查专家意见、扩初模型文件等。其中图纸包含以下两种情况：

情况一：以施工蓝图作为优化和深化设计的基础，以深化蓝图作为优化设计成果。

情况二：以方案图或扩初图作为优化和深化设计的基础，以施工蓝图或深化蓝图作为成果。（注：Z13 项目为此种情况）

（2）合同模式

优化和深化设计管理工作应结合合同模式进行，总价合同还是单价合同、总价加酬金合同还是单独对设计优化予以奖励都对设计管理工作的方向起到至关重要的作用。Z13 项目采取限额总价模式＋奖金模式，奖励包括设计优化成果及不突破总价的结余奖励。后续的设计管理工作均是围绕这样的合同氛围下进行。

2. 优化和深化设计管理遵循的原则

（1）最重要的原则便是进行设计优化。主要包括：建筑使用功能和舒适度的优化、结构杆件截面优化及布置合理、节点设计优化等诸多元素。

（2）应该考虑业主方的需求。业主方一般从建筑使用功能、结构经济安全及设计形式对工期的影响等全方位进行优化考虑，它可以贯穿建筑的全生命周期，不同时期考虑的优化思路及方案不同。

（3）优化和深化设计应在保证结构安全、进度、质量的前提下进行优化。

（4）无论是设计优化还是深化均需要得到原设计的复核。

（5）设计优化以扩初图和设计院补充说明为起始依据（注：扩初图一般会不全，需要说明），将总包的优化成果与设计院最终完成的报审施工图进行对比确认优化的工程量，单价以与总包方签订的总承包合同中的工程量清单综合单价为依据，如无相应单价以相似项的单价为参考，如无相似项的单价以业主与总包方协商确认的单价为依据。如设计院完成施工图之后总包提出合理有价值的优化方向,以正式施工图变更洽商的形式确定。优化工作最终需由业主、设计、总包、造价咨询各方依据此原则进行分析比较后确认。

(6) 三方(甲方、总包、设计)应成立工作小组,指定人员,设置工作节点,不仅要进行优化工作,更重要的是提前发现图纸各专业之间的矛盾,减少返工损失。

(7) 坚持"谁施工、谁负责",坚持"未会签、不送审",坚持"未审批、不施工",坚持"计划主导、严格执行",坚持"总包牵头、综合协调"。

(8) 设计优化、深化应结合与业主签订的合同约定条款,并且需要与投标清单紧密结合。

(9) 设计优化和深化工作需在规范及法律法规的前提下进行。

3. 优化和深化设计管理流程

优化和深化设计管理流程如图2所示。

4. 优化和深化设计管理组织架构

优化和深化设计管理组织架构(图3)。

5. 优化和深化设计管理制度

(1) 会议制度

会议制度(表4)。

以Z13为例,共组织技术交底会100余次,技术专题讨论会20余次,设计协调会100余次,各类讲图会30余次,外部培训会20余次。

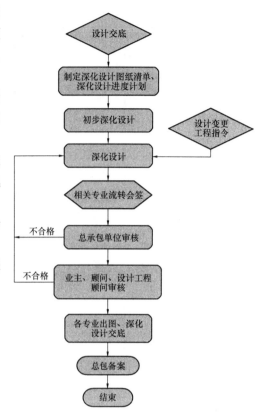

图2 优化和深化设计管理流程图

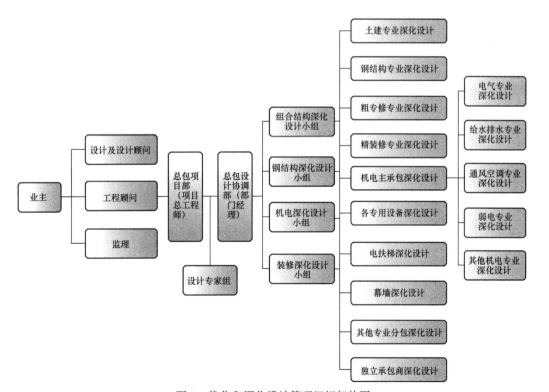

图3 优化和深化设计管理组织架构图

会议制度表　　　　　　　表 4

会议名称	会议召集方	会议参与方	召开时间	会议主要内容
设计交底会	业主	设计、监理、总承包商、相关专业	工程伊始	1. 收到施工图纸后，总承包单位立即组织有关部门及分包商有关工程技术人员认真学习、研读图纸，了解图纸重点和实施难点，了解设计意图和设计要求，及时提出有关图纸疑问，由总承包单位汇总后提前转给设计院； 2. 在业主的组织下，总承包单位协助其设计交底会的组织工作，各专业参加设计交底会，做好自施范围的答疑记录，总承包单位汇总整理答疑记录和有关工程会议记录的确认工作； 3. 设计单位各专业确认的图纸会审记录及时送报业主、监理及发放到总承包单位、相关专业
深化设计协调会	总承包单位	监理、装修、机电、幕墙等所有专业	每周四	1. 沟通各专业深化设计进度，和对相关专业的图纸、进度要求； 2. 就各专业深化设计中出现的矛盾和需要协调的问题，以及施工工艺进行沟通； 3. 对施工中出现的问题进行沟通协调
专题协调会	总承包单位	监理、装修、机电、幕墙等相关专业及相关专业的设计、管理公司	视深化设计需要	1. 相关专业对深化设计时发现的设计问题，提出合理化建议，与设计师、业主等沟通解决； 2. 对深化设计中遇到的复杂图纸及难点，进行沟通解决； 3. 对关键的施工工艺进行沟通； 4. 设计师、业主对深化设计工作进行指导，并就关键深化设计图纸进行现场沟通审批
深化设计交底会	总承包单位	监理、装修、机电、幕墙等相关专业	视深化设计进度	1. 各专业设计负责人针对相关专业的施工人员，就深化设计内容进行交底； 2. 就深化设计内容，接受现场的反馈意见，并落实调整

(2) 深化设计方案报批制度

所有深化图纸必须按总承包单位统一的制图标准出图、统一格式的报审单报审，必须经总承包单位审核通过方能报批，不得越级上报；过程报审相关图纸、函件往来必须抄送总承包单位。在报审前，各级项目经理需要签字确认，依次向上逐一审批。

(3) 会签制度

各专业的深化设计图纸必须经由各相关专业的深化设计负责人流转审核会签，且审核意见明确方可报批。目的是控制各专业反复调整，影响报审工作进度，也是为了防止图纸精度达不到预期要求对现场施工质量、功能安全造成大的损失。

(4) 设计变更制度

设计变更主要分为由业主或设计提出的设计变更和施工方考虑现场施工的实际情况提出的设计变更三种。

(5) 深化设计文件备案制度

总承包单位将设专人统一管理，按照设计依据性文件和资料、设计管理性文件和资料、设计成品图纸分类接收、整理、编目、存档，编制相关目录文件，发送有关部门以便于对深化图纸的查询。

6. 优化和深化设计进度管理

图纸的进度会影响到整个项目的工期，设计未完成施工就不能进行，其后果就是造成工期的拖延。

为了保证设计的正常进度,通常可以采取以下措施:

(1) 各专业深化设计部门须根据总包商指定的工程施工总进度计划提前编制各专业的出图计划,经总包商审核、协调、批准后下发给分包商或相关单位执行。

(2) 所有分包必须严格执行总包的出图计划,并提交进度报告。遇到问题应尽早向总包商报告,以便总包商进行协调工作。

(3) 项目总包管理部门根据总进度计划定期检查,组织协调会。重点进行关键线路上深化设计的控制。

(4) 项目部应严格执行对分包单位的奖罚制度。

(5) 保证深化图纸的准确性,加强内部沟通,程序规范化,避免反复。

(6) 特殊情况采取非常规措施。

(7) 要积极主动,避免等、要、靠。

7. 优化和深化设计质量管理

设计是工程实施的关键,深化图纸的质量在一定程度上决定了整个工程的质量,同时设计质量的优劣将直接影响工程项目能否顺利施工,并且对工程项目投入使用后的经济效益和社会效益也将产生深远的影响。为提高设计质量,通常可以采取以下措施:

(1) 总承包编制设计质量保证文件,经业主确认后予以公布,以此作为各专业工作组和分包商开展工程设计的依据之一。

(2) 根据原设计的要求对设计文件的内容、格式、技术标准等做统一规定,要求设计人员严格按照这些规定编制设计文件。

(3) 层层把关,全面校审。分包商负责将深化图纸提交设计项目经理审核;设计项目经理部再将深化图纸提交项目经理审核,最后提交业主方进行审定。

(4) 对于设计的变更要及时形成书面备案,并且及时通告相关专业。在协调的过程中,还要进行全过程的技术监督。

(5) 对于后期容易出现质量隐患的部位,在深化设计过程中规避。

8. 优化和深化设计功能安全管理

设计优化和深化要考虑安全、功能要求,这就要求熟悉规范,把前期工作做细,在节点深化及材料选择上把握好结构、消防、电梯、无障碍、节能等相关要求。

(1) 结构

结构优化一定是保证安全的前提下进行优化,优化后的结构抗震性能、构件内力、层间位移角、位移比、周期比、振动频率等应有安全度。

(2) 消防

1) 深化设计要考虑消防验收的主要关注部位,应确保能满足验收。如装修综合排版时应考虑点位之间的距离不能超规范。

2) 主要逃生通道的宽度应能满足要求,如原设计不满足要求,需要更改。

3) 管道穿楼板、墙体的封堵,卷帘上口封堵等提前做好节点设计通用图集,指导现场施工标准化。

4) 设计材料选型时,确定所有材料无论是出厂检测报告还是复式均能满足规范要求。

(3) 电梯

1) 超高层建筑首层大堂一般层高较高,按照《电梯制造与安装安全规范》GB 7588—2003/XG1-2015要求,当相邻两层门地坎间的距离超过11m时,需在侧墙设置井道安全门。井道安全门要求宽度不得小于350mm,高度不得小于1800mm,注意尺寸是净通行尺寸,在规范中并没有明确,但验收单位有此要求。并且吊顶内的逃生通道同样要求以上尺寸要求,这就要求机电管线排布时要综合吊顶高度提前考虑。

2) 另外一个与电梯相关的重要部位便是电梯顶层机房上部空间要求,一般人行通到2m,曳引机钢梁上部空间 1.8m，包括机房上人爬梯的设计亦不是完全依照规范，要提前与验收单位沟通好，包括踏步的宽度、梯子的斜角、梯子护栏的设置等。顶层机房机电与电梯配电箱的排布也很重要，一般电梯要求其站在配电箱处要能看见相对应曳引机。

(4) 节能

节能验收对保温材料的要求很严格，选择材料一定不能是禁、限制使用的材料，或者是保温、节能达不到要求的材料做法。举个例子，Z13 项目地下室部分墙体使用水膨珠保温砂浆，设计选用的图集 12BJ1-1 中的导热系数≤0.052W/（m·K），而 13BJ2-12 中为≤0.054W/（m·K）。经了解市场大部分憎水膨珠保温砂浆都达不到此要求，有的一般会提供假报告，而且检验试验标准是《建筑保温砂浆》GB/T 20473—2006，导热系数一般都是≤0.07W/（m·K）。要想规避此类风险，就要求项目技术人员非常熟悉相关的规范。

(5) 无障碍设计

无障碍验收作为一项重要的验收项，从设计开始，就要设计到位，满足后续验收。以无障碍卫生间为例，要求卫生间净面积不小于 $4m^2$，门通行净宽度不小于 800mm，门宜向外开启且容易开启，靠拉门侧有至少 400mm 宽的墙垛，门的拉手横向设置距地 900mm，门扇下部 350mm 高设置防撞板。内部设置 700×400 的多功能台，坐便侧面设置报警按钮，离地 450mm 左右，包括抓手、挂衣钩、开关面板的设置等。若一开始设计就不满足要求，总包设计人员需要及时沟通，进行调整。

9. 优化和深化设计成本管理

在大多合同中，总承包商或专业分包商的深化设计费用一般包含在工程总价中，因此项目设计部门要尽量降低设计成本，这就要求总包商加强对深化设计成本控制的管理。通常总包商将审定的成本额和工程量先行分解到各专业，然后再分解到分包商。在设计过程中进行多层次的控制和管理，实现成本控制的目标。通常采取以下成本控制措施：

(1) 明确业主对于优化和深化设计要求，避免出现偏差，尤其对业主关心的建筑品质、租售方面的。

(2) 根据合同模式不同，适当做加减法。若是单价合同，包括总包在内均可以做加法；若是固定总价合同，在深化设计阶段采取限额设计或优化设计措施，若是固定总价＋奖金，对分包商采取限额设计，总包可以做加法。

(3) 对设计过程中执行业主的变更指令或修改原始设计错误及时办理相应索赔手续。

(4) 做好节流工作，比如装修面材排版要考虑最小损耗率。

(5) 要求设计前期对大额投资项与总承包单位交换意见。

(6) 洽商变更提出时，给出不同方案对比并附估价单。

(7) 邀请设计进行过程监督，避免返工。

(8) 设计出图或者变更提出前先交由总承包单位审核可实施性。

(9) 总承包单位协助设计编制标准构造做法图集指导现场施工。

(10) 配合商务过程结算，分原始清单部分与后期争议部分，及时办理洽商变更。

(11) 帮助业主整理变更洽商、图纸等会有意想不到的效果。

(12) 善于发现图纸说明及图集规范中的利润创造点。

10. 优化和深化设计管理 BIM 应用

全专业、全周期采用 BIM 技术进行设计管理及辅助设计，如图 4、图 5 所示。

11. 典型优化设计

(1) 结构优化

结构调整主要内容：

1) 简支楼面梁按组合梁设计；

2) 核心筒端部框架梁与外柱连接，铰接改刚接；

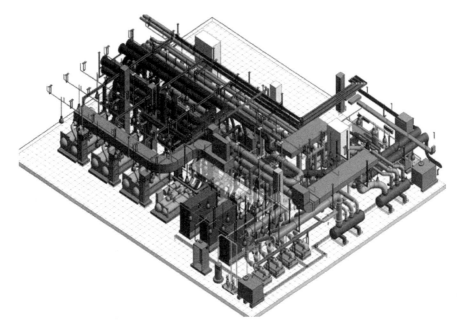

图 4 典型机房 BIM 模型图

3）南北端部框架梁，H950mm×550mm×60mm×95mm 改为 H950mm×550mm×20mm×50mm，其中有悬挑柱间梁端 H950mm×750mm×20mm×50mm；

4）南北悬挑端外侧梁，H950mm×500mm×35mm×50mm 改为 H950mm×500mm×14mm×40mm；

5）南北悬挑梁，H950mm×500mm×35mm×50mm 改为 H950mm×500mm×16mm×50mm；

6）核心筒端部框架梁，H750mm×400mm×21mm×35mm 改为 H750mm×400mm×14mm×30mm，H650mm×300mm×17mm×27mm 改为 H650mm×400mm×12mm×25mm；

7）南北空间斜撑调整：

H600mm×600mm×70mm×100mm 改为箱型 600mm×500mm×60mm×60mm；

H500mm×500mm×60mm×95mm 改为箱型 600mm×500mm×50mm×50mm；

H500mm×500mm×50mm×50mm 改为箱型 500mm×500mm×40mm×40mm；

8）南北斜撑平面内外计算长度系数取 0.5，如二夹层可作为支撑点，计算长度系数可取 0.3；

9）中梁刚度放大系数 1.3 改为 1.4（I_{eq}/I_x＝1.40）。

（2）消防电梯底坑优化

按照最初的设计两部货梯兼消防梯停层为 B5－F39，因电梯底坑及其集水坑为本项目标高最低处，从土方施工成本及工期角度考虑，要求能否将消防电梯的底坑抬高，经总包提议，通过业主与消防局沟通，将两部货梯兼消防梯停层从 B5－F39

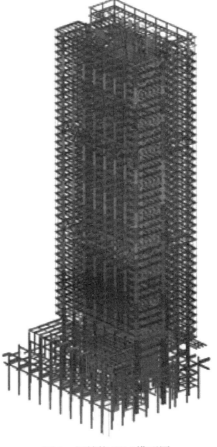

图 5 钢结构 BIM 模型图

改成B4—F39，这种方式最终得到消防局认可并通过了消防建审。

(3) 核心筒楼梯优化

方案设计阶段楼梯每层为2跑，这样就会增加核心筒的进深，减少了办公区面积，经过总包提议，经过三方认真研究讨论后，将核心筒内4部梯子的2部由一层2跑改成3跑，核心筒进深减小900mm，这样就增加办公区的使用面积。

(4) 底板取消中间抗裂钢筋网片及收缩后浇带

该构造钢筋在底板中主要起抗裂作用，但是本工程主楼区域采用角钢马凳，如果设置该构造筋，需在马凳中部设置2道构造筋支撑，使得马凳构造更加复杂，而且该部位钢筋绑扎较为困难，对工期不利。

通过大体积混凝土热工计算、温度场有限元仿真分析和采取一系列的裂缝控制措施，保证取消底板中部配置的构造钢筋网片及伸缩后浇带后能有效避免裂缝产生。

(5) 车库地面做法优化

车库地面原做法为耐磨混凝土地面，混凝土垫层与结构楼板之间结合效果差，后期容易出现开裂、空鼓等质量隐患，同时耐久性较差，档次也较低，与项目定位不匹配。经过分析对比后，调整为水泥自流平地面，同时取消细石混凝土垫层，结构楼板基层局部处理、打磨、吸尘后直接施工面层。这样既避免了后期容易产生质量隐患的问题，又提高了耐久性和档次，同时还增加了净高。

(6) 地上办公区做法优化

地上办公区地面原做法为40mm细石混凝土＋20mm砂浆＋网络地板，为优化施工工序及避免砂浆层潜在的起砂、空鼓、开裂等隐患，调整为楼板一次压光处理后直接铺网络地板。

(7) 地上轻质隔墙做法优化

地上轻质隔墙做法原设计图纸中只给出了隔墙厚度、隔声要求、耐火极限及选用图集等，并未给出具体的节点做法，同时结合以往的丰富经验判断出在保证隔声及耐火极限的前提下设计图纸中给的隔墙厚度偏厚，对此我们进行了优化和深化，将办公区隔墙由原有的200厚优化为123厚，将核心筒内隔墙由原有的200厚优化为123厚、124厚、136厚等，由此带来的效果就是在满足建筑功能的条件下增加了业主的租售面积及公共区的使用面积。

(8) 幕墙临边防火吊墙优化

原设计为防火板吊墙，考虑到幕墙与结构之间只有140mm的缝隙，施工困难，调整为类似幕墙水平层间防火封堵构造措施（镀锌钢板＋岩棉的吊墙形式），同时与水平层间封堵、室内窗帘盒完美结合。

(9) 幕墙单元板块支座优化

单元幕墙的支座形式，影响到单元板块的安装效率，设计合理的支座应考虑板块的三维调节，可适应板块的温差变形，以及安装方便。原方案支座件采用焊接加工，加工复杂，且现场定位后钢垫片需要焊接。经优化后，调整为采用高强度铝合金板式支座件，加工方便，与预埋件采用螺栓连接，并通过锯齿调节前后位置并咬合，螺母拧紧即锁紧，现场没有焊接工序，操作便捷。

(10) 幕墙内层五金件优化

原方案采用外露式执手不美观且影响室内使用，优化后采用隐藏式五金件。

(11) 冷源管道系统阻力优化及设备选型优化

原设计冷源系统所有管道三通、弯头等均为90°，经深化计算后，将冷源系统大量三通、直角弯头调整为顺水三通、45°弯头，大大降低了管道阻力，原设计冷却水泵、冷冻水泵、乙二醇泵额定功率均为90kW，经管路优化后，上述水泵采用额定功率75kW即可满足设计循环水流量要求，节能16.7%左右。

(12) 蓄冰容量优化及管路水力平衡优化

原设计蓄冰槽数量为18个，经多对现场条件的仔细勘查及测量，对比厂家设备外形参数，对现场摆放位置进行优化，现场安装蓄冰槽数量增加为19个，蓄冰量从原设计13680RTH增加至

14459RTH，夏季更多利用夜间低谷电的同时进一步增强了项目供冷的安全性；同时将原设计蓄冰机房内乙二醇主管道非同程管道系统优化为同程系统，使蓄冰系统的水力平衡，保证各组蓄冰槽蓄冰融冰的同步及安全性。

八、管理效果评价

1. 优化和深化设计管理成果

项目在实施过程中取得了大量成果，其中钢结构优化1421t，核心筒楼梯优化增加租售面积1626m²，地上轻质隔墙做法优化增加租售面积577m²，结构提前近3个月封顶，完成钢结构深化图335张，机电深化图284张，装修深化图282张，幕墙深化图332张。

2. 经济成果

经济成果如表5所示。

经济成果表　　　　　　　　　　　　　　　　表5

序号	典型优化设计名称	经济效益（万元）	备注
1	结构优化	1236.27	钢结构优化1421t，清单价平均约8700/t
2	消防电梯底坑优化	16.7	
3	核心筒楼梯优化	1009.23（每年）	核心筒楼梯优化增加租售面积1626m²，项目所在地平均租金为17～20元/天，按最低17元/天计算
4	底板取消中间抗裂钢筋网片及收缩后浇带	20.00	
5	地上办公区地面做法优化	218.99	价差27.34元/m²，办公区单层面积2225m²，共计36层。
6	地上轻质隔墙做法优化	357.77（每年）	隔墙优化每层增加租售面积577m²，项目所在地平均租金为17～20元/天，按最低17元/天计算
7	幕墙临边防火吊墙优化	70.66	价差74元/m，共计9548m
8	幕墙单元板块支座优化	23.5	
9	冷源管道系统阻力优化及设备选型优化	/	节能16.7%左右

3. 质量成果

通过优化和深化设计管理的带动，同时本着过程精品的理念，本工程获得了中国钢结构金奖、北京市结构长城杯金奖、全国工程建设优秀QC小组活动成果二等奖、北京市工程建设优秀质量管理小组一等奖、北京市工程建设优秀质量管理小组。

4. 绿色安全文明成果

本工程先后被评为"建设工程项目施工安全生产标准化建设工地"（原全国AAA级安全文明标准化工地）、"全国建筑业绿色施工示范工地"。

5. 技术成果

通过实际及理论提炼，申报6项专利，3项实用新型专利已经正式授权，3项发明专利已经受理（表6）。

专利成果表　　　　　　　　　　　　　　　　表6

编号	专利名称	类别	备注
1	一种矩形钢管混凝土柱与梁板式楼盖连接装置	实用新型专利	已授权

续表

编号	专利名称	类别	备注
2	一种核心筒墙体与混凝土梁连接节点	实用新型专利	已授权
3	一种双层幕墙空调节能系统	实用新型专利	已授权
4	一种矩形钢管混凝土柱与梁板式楼盖连接装置及其施工工艺	发明创造专利	已受理
5	一种利用可拉杆调节钢构件预拱度的方法	发明创造专利	已受理
6	一种核心筒墙体与混凝土梁连接节点及施工工艺	发明创造专利	已受理

6. 社会效益

北京CBD核心区Z13地块商业金融项目作为公司一个非常重要的项目，采用限额总价＋奖金模式，业主充分授权给总承包单位新的设计管理思路，总承包全过程参与设计，这项工作不仅落实到合同中，更是运用的实践中，对于公司、业主、设计来说都是一次新的尝试，做好这次尝试对于整个工程、整个公司乃至整个建筑行业均具有十分重要的意义。项目在实施过程中取得了大量成果，对于如何做好优化和深化设计工作积累了丰富且成熟的管理经验，希望能为同类项目提供参考及借鉴。

优化方案　精心管理　确保施工安全　降本增效

——中国建筑股份有限公司奥南四号地项目

霍界英　赵国恒　袁　静　刘钢涛　谭　媛　陈锡建

【摘　要】 本工程造型设计独特，施工场地紧张，仅南侧有 10m 宽道路，需要进行精心组织和工序设计，合理平面布置，适时动态调整，做好场地和交通统筹协调。项目部经过优化施工方案，精心管理，统一指挥、协调，编制综合管理计划，运用合理的施工方案解决施工中的技术难题，做到施工安全，绿色施工，节能减排，降本增效。

【关键词】 造型独特；深基坑；新工艺；创新；节能减排；安全；增效

一、项目成果背景

1. 工程概况

商业办公楼等 4 项（北京奥体南区 4 号地项目）项目位于北京市朝阳区土城北路，奥体商务南区内。由裙房、高塔组成，工程项目总建筑面积 12.80 万 m^2。地上共 20 层，地下 5 层，塔楼建筑檐口高度 99.95m。本项目人防主体建筑位于地下五层及地下四层局部；分别为人防物资库及二等人员掩蔽工程。工程地基主楼为桩基础，裙楼和地下车库为筏板基础。

本项目地处北京市中轴线上附近，属奥林匹克核心区域，为办公、商业等综合楼，为周边大型办公楼等提供商业服务。

外立面一道外凸折斜线分成上中下三个平面再由异形玻璃单元体在不同的平面上拼接而成。由于效果的需要，幕墙从上到下为上小下大的弧形造型。

裙楼造型：幕墙是纵向从下往上往外伸展，横向是随着一条内凹折线分成两个斜面由异形玻璃拼接而成，俗称"钻石造型"。

裙房屋顶为异形钢结构采光屋面，支承于混凝土柱顶，支点标高为 34.5m。承力结构主体形式为空间异形钢桁架，两侧设单层钢梁，共同承担上部玻璃幕墙荷载。支座采用球形铰万向支座。特殊造型，为类似工程提供可行的施工经验。

目前工程已于 2017 年 9 月全部施工完毕，完成竣工验收并已交付业主使用。2015 年本工程获得了北京市"绿色安全样板工地"，2016 年本工程获得了北京市"结构工程长城杯"金质奖（图 1）。

2. 选题理由

（1）本项目地处北京市中轴线上附近，属奥林匹克核心区域；局部为奥林匹克核心区环隧，紧邻地铁，地理位置特殊，场地周边环境复杂，管理难度大。

（2）基坑深度大（基坑平均深度达 26m，最大深度 29m）、地下室层数多，紧邻地铁，需配合地铁出入口施工。

（3）该项目设计复杂，檐高近 100m 多面体幕墙（塔楼外立面一道外凸折斜线分成上中下三个平面再由异形玻璃单元体在不同的平面上拼接而成。由于效果的需要，幕墙从上到下为上小下大的弧形造型；裙楼造型：幕墙是纵向从下往上往外伸展，横向是随着一条内凹折线分成两个斜面由异形玻璃拼接而成。）；裙房屋顶为结构为异形钢结构采光顶，支承于混凝土柱顶，支点标高为 34.5m。承力结构主体形式为空间异形钢桁架，两侧设单层钢梁，共同承担上部玻璃幕墙荷载。

图 1　商业办公楼等 4 项效果图

支座采用球形铰万向支座。

施工中优化施工方案，精心施工、管理，可为类似工程提供成熟的施工经验。

3. 实施时间

本工程从 2012 年 11 月开工，到 2017 年 9 月顺利通过五方竣工验收。

二、项目管理及创新特点

1. 工程重点及难点

（1）基坑深度大（基坑平均深度达 26m，最大深度 29m）、地下室层数多，紧邻奥林匹克核心区环隧和 10 号地铁线路，需与环遂衔接和配合地铁出入口施工。

合理划分施工区域，优化施工方案，合理安排施工顺序，保证施工进度，满足环遂和地铁出入口施工。

（2）深基坑底板施工

基础底板厚度大，塔楼区域底板厚度 2.20m 不等，核心筒基础底板厚为 2.80m，如何进行配合比调试，组织混凝土浇筑，确保不出现冷缝及控制水化热产生的温差，满足规范要求是最大难点，混凝土组织供应及交通管理难度大。

经方案对比，选择地泵＋溜槽＋串桶方式浇筑底板混凝土，在周边路况和车流允许的条件下，满足底板混凝土施工要求。

（3）超长地下室结构施工

本工程地下室结构南北向长约 101.4m，东西长 95.7m，双向超长结构，施工中需考虑混凝土收缩裂缝问题。

对于双向超长结构，采用合理安排施工顺序，采用跳仓施工等方法，控制相邻流水段施工时间间隔，避免混凝土结构产生裂缝。

（4）异形钢结构采光顶吊装

裙房屋顶为结构为异形钢结构采光顶，支承于混凝土柱顶，支点标高为 34.5m。承力结构主体形式为空间异形钢桁架，两侧设单层钢梁，共同承担上部玻璃幕墙荷载。支座采用球形铰万向支座。

由于现场条件限制，无法采用塔吊等大型设备吊装裙房天窗钢结构，经方案优化、对比，采用高空平台散装法施工。构件在地面采用电动平车进行水平运输，采用专用拔杆进行高空的垂直运输和水平运输。

2. 创新亮点

（1）深基坑底板混凝土浇筑

因场地狭小，受周边交通流量影响严重，为控制底板混凝土浇筑时间，满足底板混凝土浇筑速度和施工作业面的要求，采用地泵＋溜槽＋串桶方式浇筑底板混凝土（图2）。

图2 底板混凝土采用地泵＋溜槽＋串桶浇筑

（2）异形钢结构采光顶吊装

由于现场条件限制，无法采用塔吊等大型设备吊装裙房天窗钢结构，经方案优化、对比，采用高空平台散装法施工。构件在地面采用电动平车进行水平运输，采用专用拔杆进行高空的垂直运输和水平运输（图3、图4）。

（3）空间测量定位

为满足外立面效果、异形钢结构采光顶和大堂空间吊顶要求，采用空间测量技术，实现精准定位，保证各个幕墙构件和钢结构构件安装位置准确，高度符合要求，大堂空间异形吊顶造型符合要求。

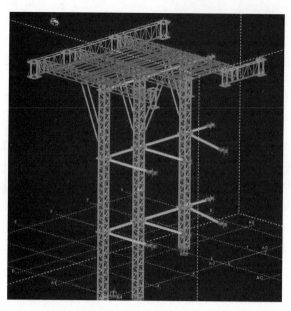
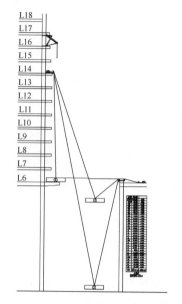

图 3　安装平台轴测图　　　图 4　裙房屋顶钢构件吊装示意图

三、项目管理策划和实施

1. 项目策划

（1）根据项目特点、重点、难点编制项目策划书、实施计划，分阶段、分目标落实合约和目标内容。

（2）编制工程总施工进度计划，并编制配套的机械、材料、方案和劳动力计划，在施工过程中跟踪相关计划的实施情况，及时调整相关计划，保证各项资源的供给，使各项计划的顺利进行。

（3）定期召开设计协调会和各专业协调会，加强业主、设计、监理等各方的联系，解决施工中的问题。

（4）针对本工程施工过程中涉及的重大风险因素，编制安全防护方案和应急预案，使项目全体人员了解施工过程中的各项安全事项，做好安全防护工作。

2. 组织实施

（1）根据项目施工的不同阶段，合理划分施工区域，设立专人管理。

（2）对于特殊部位施工，方案编制完成后组织项目人员多次讨论，优化方案，降本增效，确保安全。

1）裙房屋面异形结构采光顶处，幕墙单位在钢结构搭设全封闭钢管脚手架、铺设脚手板，下部兜设水平大眼网，安装上部龙骨、玻璃；为满足五层和五夹层中庭处异形吊顶搭设满堂架，实现在同一区域上下同时施工满足总工期进度要求。

2）裙房中庭处扶梯数量较多，为保证结构安全和施工进度，对电梯安装方案进行讨论，包括每部扶梯的重量、楼内外的运输路线、安装的先后顺序、对其他专业施工的影响，确认相关专业给扶梯安装的作业面，待扶梯安装完成后，做好扶梯的保护后将作业面让出给其他专业施工。

（3）进入装修阶段，由于施工面积较大，需垂直运输的物料、设备较多，各专业施工人员也很多，为满足施工人员和物料、设备的垂直运输，设立专人管理，分成 A 塔、B 塔、C 塔和地下室四个区域，设定各区域的水平运输路线和物料设备临时存放区，划分各专业物料、设备运输时间。待消防梯安装完毕，将垂直运输转换到消防梯，以便拆除外用施工电梯，为外立面施工收口提供作业面（图 5）。

（4）为减少资源投入，大量使用可周转的安全防护成品构件和设施，牢固可靠，保障安全（图 6～图 15）。

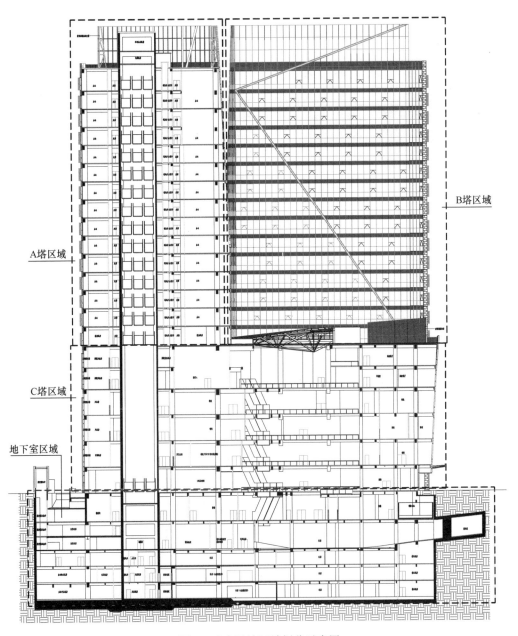

图 5 垂直运输区域划分示意图

图 6 标准化临边防护栏杆

图 7 1.5m 高电梯井防护栏杆

图 8 安全通道

图 9 配电箱防护栏杆

图 10 标准化钢筋加工棚

图 11 茶烟亭

图 12 手机集中充电

图 13 洗车池

图 14 塔吊防攀爬网

图 15 定型卸料平台

四、管理效果评价

1. 质量奖项
通过实施各项施工综合管理，2016年本工程获得了北京市"结构工程长城杯"金质奖。

2. 安全文明奖项
本工程获得2015年度获得北京市"绿色安全样板工地"。

3. 节能减排绿色效果
（1）基坑与基础底板施工阶段利用基坑排水进行施工现场洒水降尘与车辆冲洗。

节约用水：3500m^3，节约成本：2.45万元。

（2）使用溜槽浇筑基础底板大体积混凝土6632m^3。

节能：5969L柴油；

减排：减少15940kg二氧化碳气体排放；

节约成本：7.8万元；

节约工期：4.5天。

（3）采用定型大钢模板代替竹胶板面板及木方背楞节约木材：520m^3。

（4）使用10盏LED节能灯代替老式镝灯：每天节省能源212kW·H；相当于每天节省25kg标准煤；每天减少二氧化碳排放95kg。

4. 经济效果
通过优化施工方案和各项新技术的应用以及施工中的精细管理，项目取得了良好的降本增效的成果（表1）。

经济效果表　　　　　　　　　　　　　　　　　　表1

序号	项　目　名　称	推广数量	经济效益（万元）
1	基坑施工排水回收利用技术	3000m^3	2.45
2	溜槽+串桶浇筑底板混凝土	6632m^3	7.8
3	直螺纹接头	结构工程	20
4	钢结构深化设计	300t	10
5	裙房屋面异形钢结构吊装	128t	30
6	管线布置综合平衡技术	12.8万m^2	25
7	金属矩形风管薄钢板法兰连接技术	通风工程	7
8	现场照明采用LED节能灯	10盏	4

5. 社会效益
本工程所涉及的专业多，为我公司积累了丰富的施工资料和施工经验，在北京地区日益广泛的地铁项目中，也将会有越来越多的类似工程，这些经历可作为成熟的施工经验进行借鉴。

精细管控　服务创效　品精装 condo
——北京市建筑工程装饰集团有限公司东山公寓精装工程项目

付　文　崔　畅　刘　颖　杜　立　范成林　张国来

【摘　要】 东山公寓工程在精装工程中所采用的各项目管理措施，紧密围绕着经营思路展开。对外，项目部积极服务于业主，为业主所想，通过技术手段推广新工艺，推广新做法。对内，项目部的技术人员不断提高自身的业务能力，同时评估各工艺的加工、安装、文明施工等环节，改良方案做法，提高施工效率和降低损耗，在价格竞争激烈的市场中，通过管理手段为项目部创造更多价值和效益。本文所介绍的项目管理措施均可以在有类似施工项目的其他装饰装修工程中进行推广应用，其推广范围广，经济效益明显，具有非常好的推广前景。

【关键词】 精细；服务；管理；精装 BIM；增效

一、项目成果背景

1. 工程概况

东山公寓项目地处北京市朝阳区东四环北路七号，共有 3 栋独立住宅楼，总建筑面积为 57598m²，地上 39018m²（精装），地下 18580m²（粗装），剪力墙结构，抗震设防烈度 8 度，耐火等级地上二级、地下一级（图1）。精装工程由北京市建筑工程装饰集团有限公司装饰总承包。

图 1　东山公寓项目楼座照片

2. 选题理由

该项目的市场定位为："在北京黄金地段做出世界级顶级大平层公寓作品。凭借优越的地理位置，精致、私密的规划，低调奢华的设计、精心细致的施工和后期世界一流的物业服务，吸引具有一定社会影响力的上层名流、高端人士在此投资、置业"。该工程室内装饰材料主要有壁布、石材、瓷砖、木地板等，绝大部分材料均为海外采购（图2、3），其交货期长达 4~6 个月。工程的施工质量要求极高，且交房时间为业主锁定时间，工期非常紧张。

图2 客厅实景照片

图3 书房实景照片

项目部的管理方向紧紧的围绕打造"东山公寓高端产品的理念",将以往工程的读图模式转变为策划模式,过程中不断改善人性化设置、提升质量,力争交付业主最经典的作品。积极推行数字化加工、装配式施工,以技术创新、管理创效为最终目的。同时,此项目以BIM技术为工具,自愿且无偿为业主提供全专业BIM建模,让精装BIM落地,得到了业主的好评和肯定。

3. 实施时间

实施时间：2016年4月至2017年5月。

管理策划：2016年3月至5月。

管理措施实施：2016年6月至2017年5月。

过程检查：2016年6月至2017年5月。

取得成效：2016年5月至今。

目前东山公寓楼盘已验收完毕并全面入住,项目过程管理取得的经验在不断传递应用。

二、项目管理及创新特点

1. 管理难点及重点

(1) 专业安装工程协调管理

本工程涵盖较多的专业分包工程,包括通风空调系统、同层给排水系统、智能系统、消防系统、弱电系统、通风系统等多项专业工程,还包括户门、橱柜、衣柜、木地板等工程。本工程采用空调及新风系统,这套系统布置在吊顶内,占据空间较大,对精装修的工期、质量影响都很大。作为精装修总承包施工单位,需要与专业工程就管线走向、末端设备定位等结合装饰设计进行协调,还需要对空调系统、同层排水、电气系统等专业的材料要求、施工工艺、质量验收标准等方面进行全面掌握,从而保证工程的质量、进度以及安全文明等方面符合要求。

(2) 图纸深化设计工作量大

本工程业主方仅提供了外方设计的效果图,因此需要大量的二次设计及现场深化工作,特别是在精装修前期和工艺样板阶段,需要根据现场测量放线的数据与施工图纸进行校核,再绘制具有可行性的施工图,并且需要结合空调系统、电气、通风、同层排水等专业施工图纸合理布置末端设备位置,既保证装饰美观,又不能违反专业工程的强制标准。本工程的装饰饰面大量采用壁布、石材、瓷砖、木地板等材料,在施工中需要先进行排版,再进行加工订货,需处理不同材料间精准的衔接收口问题,保证不同材料的交圈完美。

(3) 海外采购产品数量巨大

本工程总造价约为5亿元人民币,海外采购产品总值占工程总造价的60%,即3亿元均为海外采购产品,海采地区主要为欧洲国家大部分在德国制作,海运约需要4个月时间。因海外采购物资加工周期长,产品附加值高，如何保证海外加工产品尺寸的准确，精确控制材料损耗也是本工程的难点、重点之一。

（4）工程质量要求极高

本工程属于高档公寓项目，其最小户型售价约为3000万元，最大户型售价约为5000万元，面向的客户群属于有高品质需求的客户。因此，建设方对工程质量要求极高，如何保证工程高质量交付是本工程重点之一。

2. 创新特点

（1）优化方案，"创造"利润

东山公寓卫生间采用吉博力系统，卫生间夹壁墙的功能是暗藏同层排水管道，且卫生间夹壁墙占据了部分卫生间的空间。项目部借助BIM技术通过对夹壁墙及水电管线进行优化，将洗手盆位置的夹壁墙进行错位布置，扩展出洗手盆以上的使用空间，又在坐便器上方设置了壁龛增加了储物功能，增加了销售卖点。此举取得了开发商的认可。同时，部分高附加值材料可控性的增加，扩大了此部分材料的利润空间，实现双方共赢。

（2）排忧解难，"服务"增值

东山公寓在精装进场前，其原结构墙体外粉刷石膏抹灰已经施工完成，由于墙面未及时进行封闭，导致粉刷石膏抹灰层完全粉化，业主方拟采用封单层石膏板罩面的补救方案。项目部经过寻求外援专家共同研发，向业主推荐采用"墙面渗透处理隔离加固技术"修复原有粉化墙体，而后采用传统精装工序进行墙面施工，这样可以最大限度地保持空心砖墙体的完整性，保证了可销售面积和空间，还能为开发商节约投资约300余万元。此举得到了建设方的肯定，使业主看到了"服务型"项目部为业主着想所付出的努力。

（3）化整为零，"增本"创效

为绿色北京提高环保减少污染，东山公寓在初期策划阶段，就定下现场湿作业"零切割"的目标，尝试玻化砖进行"定尺加工"。"零切割"极大地降低了现场粉尘污染的同时，也改善了工人的作业环境；"定尺加工"放在厂家进行，裁切机具的精度及成品质量均高于施工现场的手工操作。通过测算现场裁切的"损耗"与定尺加工的"溢价"差，最终将精装工程中普遍采用的厂家供应"整箱"瓷砖到场的模式变为厂家"定尺"加工按所需规格供应瓷砖，化整为零。通过提供少量的瓷砖采购单价，大大降低现场加工和运输损耗风险，将此部分损耗从现场转移至厂家，各负其责，从而实现现场"零切割、零损耗"，也同时为项目创造更大的效益。

（4）智慧建造，"降本"增效

东山公寓项目由精装逆向进行了全专业BIM模型建立，主动且无偿为业主方提供更好的"服务"，借助虚拟建造优化空间布局、减少施工中的洽商，也为海外采购的部品部件提供了强大精准的技术支持。

通过探索"精装BIM应用"，实现了：

1）隐性增值：三维可视化交底，使工人直观的掌握工艺做法；精装与机电的碰撞检验，优化了隐蔽工程的布置，最大化的实现外方精装设计师的构想；施工现场布置及4D模拟，为业主展示了多阶段的VIP看房通道布置；优化施工工序、减少了拆改的发生，最终达到了全部海外定制产品一次性安装成功的目标。

2）降本增效："工厂化加工"的洗手盆钢架等钢制品及"弧形转角延长"的石膏线定制，实现了现场装配化施工，提升了施工效率。同时减少了焊接作业及现场污染，为绿色城市也做出了贡献。

三、项目管理分析、策划和实施

1. 卫生间夹壁墙优化设计实施情况

（1）管理问题分析、措施策划实施

在BIM模型建立过程中，发现卫生间夹壁墙内通过机电管线的细部疏导，可以提升卫生间的使用面积、增加部分储物功能。经过给业主做直观模型演示、技术可行性分析后，开发商同意按BIM模型方案增设壁龛等（图4）。

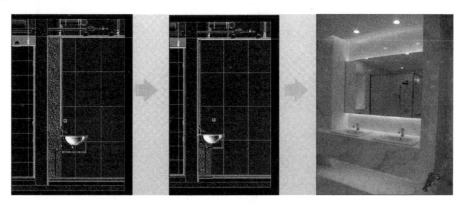

图 4 BIM 模型分析实施

（2）过程检查控制、方法工具应用

东山公寓精装修工程中的卫生间夹壁墙通过方案优化（图5、图7），为业主在有限的结构空间内，拓展出了使用空间、储物空间（图6、图8），也直接增加了我方精装石材安装等施工面积，取得双赢的效果。

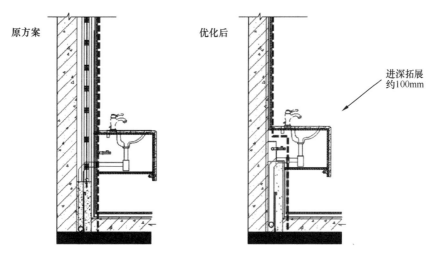

图 5 洗手台上方空间拓展原理

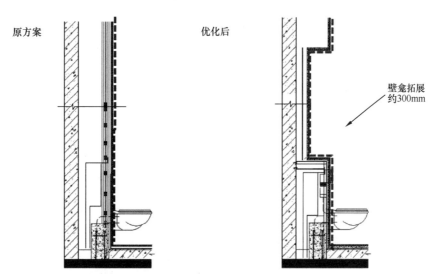

图 6 坐便器上方空间拓展原理

445

图 7　洗手盆上方拓宽对比　　　　图 8　坐便器后方增设壁龛

2. 墙面基层渗透加固处理技术的应用

（1）管理问题分析、措施策划实施

东山公寓精装工程中现存的"原墙面粉刷石膏抹灰层粉化"问题，开发商拟采用封单层石膏板罩面的方案。此方案一方面实施较复杂，需要在墙面大量开孔，过度的开孔会对空心砖墙造成破坏，而利用木楔找方调平石膏板还会耗费大量的人工，且根据定额报价与实际成本对比的差距，存在潜亏风险。

项目部经过外援专家共同研发及多种方案的成本分析，向业主推荐采用"墙面渗透处理隔离加固技术"修复原有粉化墙体，而后采用传统精装工序进行墙面施工，这样可以保持结构墙体的完整性，最大限度降低开发商销售面积缩水风险。

（2）过程检查控制、方法工具应用

通过与业主多次进行方案分析，及业主投资测算，最终将原方案墙面封一层石膏板（图9、图10），变更为采用"墙面渗透处理隔离加固技术"进行墙体基层修复（图11），后续施工再按传统精装工序实施，实施效果良好（图12）。

图 9　原方案墙面封石膏板方案　　　图 10　石膏板后续施工工艺

 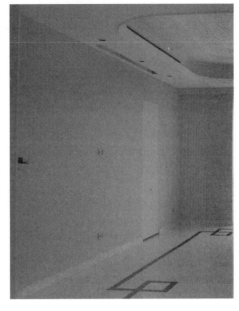

图 11　优化后墙面渗透处理喷涂施工　　　图 12　后续面层传统做法效果良好

3. 玻化砖工厂化定制加工

（1）管理问题分析、措施策划实施

精装工程中，瓷砖（或玻化砖）因其产品特殊性，厂家按照标准砖的规格供货。铺贴过程中受排版、结构布局等影响会产生裁切，而切掉的余料往往由于不具备多次搬运的条件而被丢弃，二次利用率极低。带来的结果就是瓷砖铺贴工程，"图纸排版损耗"加"现场裁切损耗"远大于预算中的"定额损耗"。在图纸损耗无法改变的情况下，减少现场裁切损耗是降低铺贴成本的唯一方式。

（2）过程检查控制、方法工具应用

参照石材加工的方式，根据样板间业主确认的排版效果，对瓷砖供应厂家提出要求，由其将非标准规格的瓷砖统一在工厂进行裁切，适当的提高瓷砖供应单价，同时以瓷砖供应面积作为结算依据。厂家集中按加工单裁切，使余料的二次利用成为可能，等同于降低了裁切损耗率。

瓷砖定制加工，对现场技术人员提出了更高的要求。在下单前必须要清楚地知道所用瓷砖的标准规格（精确到毫米）、砖缝卡子的规格（精确到毫米）、现场完成面线的精确尺寸（精确到毫米），对各房间进行精准排版及按块编号，确保"定尺"的瓷砖供应到场后，最大化地实现了现场"零切割、零损耗"。

4. 精装 BIM 技术综合应用

BIM 技术作为建筑业由粗矿式向精细化转变的工具，已经将传统平面图纸向三维化、信息化、可视化过度。BIM 技术目前主要应用在结构、幕墙、机电领域，作为精装工程，全面采用 BIM 的项目寥寥无几。

（1）管理问题分析、措施策划实施

东山公寓精装工程，饰面材料及固定柜体、室内门、洁具五金等全部为海外采购产品，加工到货周期在 4~6 个月。如不将问题消除在工程初期，一旦海采产品到场后出现无法安装、拖延工期等现象，带来的经济损失无法预估。因此，借助 BIM 技术进行虚拟建造，将问题消灭在电脑图纸中是最佳的选择。即使开发商没有任何 BIM 要求及深化设计经费，我们也在东山公寓精装工程中实施 BIM 应用，探索精装 BIM 的落地方式。

（2）过程检查控制、方法工具应用

根据装饰工程施工特点，结合我公司 BIM 技术应用初级阶段现状和对 BIM 技术探索的计划，设置

了5项重点应用和3项创新应用，同时明确了12项一般应用（表1）

精装BIM应用项目　　　　　　　　　　表1

碰撞分析、管线综合	机电穿结构预留洞口深化设计	样板展示楼层装饰装修深化设计	图纸检查	BIM模型出施工图
实施阶段				
设计变更评审与管理	施工现场安全防护设施施工模拟	施工工序模拟展示	基于BIM的会议组织	基于三维可视化的技术交底
数字化加工BIM应用	施工进度三维可视化演示	平面布置协调管理	基于BIM技术的工程量测算	质量管理BIM应用
手机APP软件在施工中的应用	3D激光扫描在施工过程的应用			
竣工阶段				
数字化交付	基于BIM的管理流程再造	三维楼宇交付系统平台的应用		

1）数字化加工BIM应用

通过对本工程中所涉及的装饰材料及构件进行可实现数字化加工的分析，结合厂家的能力和国内外厂家对于加工模型对接的需求及我们现阶段BIM技术应用的水平，我们选择了卫生间钢架、吊顶石膏线、墙面木挂板（图13、图14）及固定家具（图15、图16）等装饰材料、构件展开了数字化加工应用。

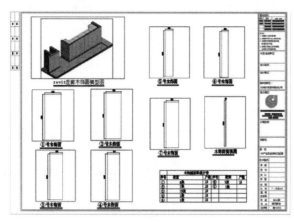
图13　木饰面加工单

图14　海外采购饰面安装

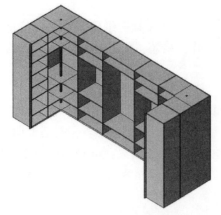
图15　柜体对接模型

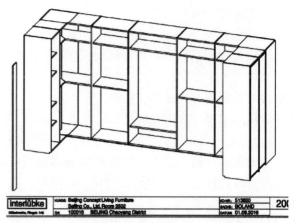
图16　海外厂家加工图

2）施工现场成品保护施工模拟

本工程作为高端公寓项目，大量海外采购成品饰面对成品保护工作要求非常严格，因此在施工前我们专门正对项目的成品保护工作进行了 BIM 模型绘制工作（图 17），明确了不同部位成品保护的方式，在施工过程中对比检查，使现场管理更加规范、标准。同时，为了提升公司的品牌形象，专门定制了带有公司标志的成品保护材料（图 18），成品保护材料可以多现场重复使用。因通过 BIM 模型深化（图 19），经过有目的的加工（图 20），减少了成品保护费用的投入。

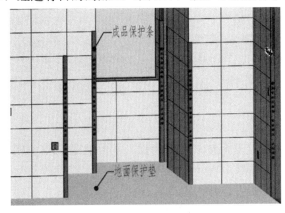

图 17　模型内成品保护设置

图 18　现场护角安装

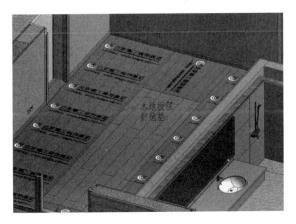

图 19　模型内布置成品保护材料

图 20　现场实施地面成品保护

3）质量管理 BIM 应用

利用 3D 激光扫描进行装饰完成面平整度及垂直度的整体扫描，依据所形成的点云数据模型（图 21）与三维模型进行对比，找出存在偏差较大的部位（图 22），通过原因分析制定了相应的预防控制环节。

图 21　3D 激光扫描点云模型

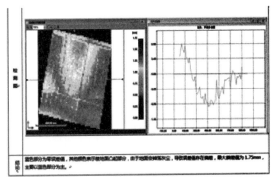

图 22　3D 激光扫描分析报告

5. 项目成本管控绩效考核探索

项目入场前,依据中标预算,制定出成本策划,其内容就是为了指导工程,在过程中按节点给予控制。确定各阶段目标值,将目标值进行分解。从而控制成本和进度计划,项目采取按月统计出基础数值,得出相应信息的变动情况,以便项目经理对项目成本的发展趋势做出合理的预测和调整。

为了满足质量、安全标准,实际进度和工作绩效,此管理方案体现出了当月实际成本到工程成果的转化。真正做到了目标值与实际值得对比。引入公司考核的手段对项目部内部各分部在各个阶段完成目标、计划的准确性进行绩效考核。完成偏差率约5%视为合格,给予适当奖罚激励,极大地调动了项目员工的工作热情和积极性。

四、管理效果评价

1. 卫生间夹壁墙优化方案评价

(1) 取得社会效益情况

"卫生间夹壁墙优化"方案的采用,所拓展出的空间增加了业主的精装投入,但业主的收益同样可观。经测算,采用此优化方案,为整个业主方扩展套内面积200m^2,按市价计算产生隐性价值和卖点2000余万元。项目部技术人员在业主方面前展现了勇于挑战难题的态度,让业主感受到服务型项目部的价值,为公司顺利接下后续合同起到了极大的推动作用。

(2) 取得经济效益情况

"卫生间夹壁墙优化"方案的采用,为整个项目内的卫生间扩展出面积总计约500m^2,此技术方案可为项目扩展利润约17余万元。

2. 墙面基层渗透加固处理技术评价

(1) 取得的社会效益情况

"墙面渗透处理隔离加固技术"除了处理本工程这种粉化的粉刷石膏墙面具有很好的效果外,项目部还将其扩展应用于墙面拉毛处理。即采用墙面渗透剂掺水泥进行墙面拉毛,试验结果显示拉毛固化后增加了粘接层与原墙体的抓接力,拉毛自身强度也有所提升。经我公司的进一步现场试验探索,"墙面渗透处理隔离加固技术"也可以应用于墙面抹灰面层收光或地面垫层压光,利用其良好的固化隔离性能,可以起到防起砂的作用。

(2) 取得的经济效益情况

"墙面渗透处理隔离加固技术"所涉及的墙体面积近4万m^2,使用的此项技术革新利用墙面渗透剂修复墙面的做法为开发商节约300余万元的洽商变更。同时为项目创效约30余万元。

3. 玻化砖工厂定制加工的评价

(1) 取得的社会效益

工厂化定制加工,最大限度的接近于"零切割""零粉尘""零噪声"的装配式施工。为实现"绿色"施工提供了基础条件。

(2) 取得的经济效益

本项目厨房卫生间,墙地面瓷砖用量6000余m^2,由于房间布局不规则、面积小,导致排版损耗过大,项目部采取工厂定尺加工的方法降低成本,经测算排版损耗降低15%,并降低了现场裁切人工费及二次搬运费。最终扣减供应单价增加的部分后,为项目部直接和间接创效约20万元。

4. 精准BIM技术综合应用评价

(1) 取得的社会效益

以东山公寓BIM技术应用成果为基础,2017年6月参加了由中国建筑业协会主办的第三届中国建设工程BIM大赛,装饰集团公司在本次大赛中获得BIM单项奖三等奖(图23)。2017年8月参加了由中国装饰业协会主办的建筑装饰行业科技创新成果奖项的评比,并最终获得装饰行业科技创新成果奖(图24)。

图 23　中国建设工程 BIM 大赛　　　　　　　　图 24　装饰行业创新成果奖

（2）取得经济效益情况

1）"工厂化加工"的洗手盆钢架等钢制品（图 25），此项主材及加工费定额收入与采用传统现场焊接安装钢架的费用对比，发现该项单价亏损约 10%。而采用工厂化预制加工钢制品，与预算收入对比基本持平，从而消化了此项亏损。

图 25　模型到现场的成果转化

2）在模型中创建高精度的石膏线构件（图 26），合理优化吊顶转角两端的尺寸，利用模型进行预拼装演示。通过优化后的模型直接导出石膏线加工图，厂家按照模型及加工图进行加工后，现场不仅材料使用量得到了控制（图 27），通过交底还极大地降低了现场安装错误率，且施工质量也到了保障（图 28）。利用 BIM 技术进行石膏线加工为此项施工增效 10%。

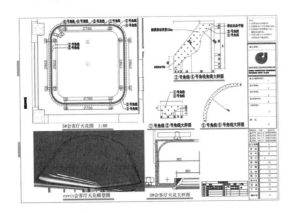

图 26　数字化定制石膏线　　　　　图 27　石膏线安装　　　　　图 28　石膏线完成效果

3) 隐性效益

作为精装单位逆向进行全专业 BIM 建模，且利用 BIM 相关应用技术为业主解决了诸多问题，减少了业主的变更洽商数量；多阶段的 VIP 看房通道迎合了顶级楼盘的销售模式；直观的模型分析、4D 模拟等优化了工期，借助 BIM 技术展现了项目管理的能力及服务业主的主动性，为顺利接到东山公寓二期大户型（楼王）精装工程奠定了坚实的基础。

修复文物建筑 重现故宫宝蕴楼风貌

——北京怀建集团有限公司故宫宝蕴楼修缮工程

王 帅

【摘 要】 文物承载灿烂文明，传承历史文化。故宫博物院宝蕴楼及其咸安门历经明朝、清朝、民国等数个年代，是国家重点文物保护单位。宝蕴楼工程在实施过程中，边考古，边研究传统材料和传统施工工艺，将研究成果成功地运用于修缮施工，在全国率先完成了文物修缮工程由工程化向研究化转化的成功尝试。宝蕴楼工程荣获"2018年全国优秀古迹遗址保护项目"奖。

【关键词】 文物考古；保护修缮；传统材料；传统工艺

一、项目成果背景

1. 背景

宝蕴楼位于故宫博物院内西南侧，武英殿建筑群以西，二者隔南北流向的内金水河相望。此建筑始建于明朝，初名"咸熙宫"，明朝嘉靖四年（1525年）改称咸安宫。清朝初年沿用明制，仍称咸安宫。康熙二十一年（1682年）以改建，1912年遭火灾焚毁，仅存宫门3楹。咸安宫遗存的宫门南向开门，宫门上有匾，匾曰"咸安门"。"中华民国"成立后，民国二年（1913年）北京政府内务部同外交部协商批准，自美国退还的庚子赔款中拨出专款，在咸安宫旧址上重新建造藏宝楼，民国四年（1915年）6月完工，用于收藏金石玉宝、珍贵秘籍，定名为宝蕴楼。宝蕴楼位置图及施工平面图如图1、图2所示。

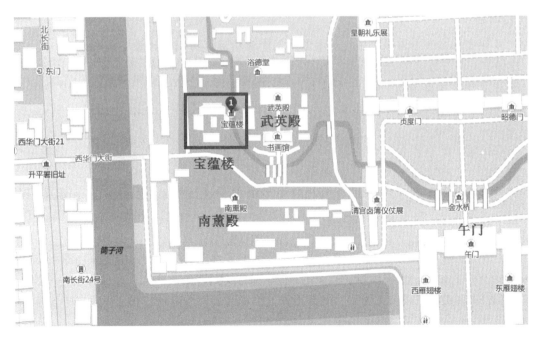

图1 宝蕴楼位置图

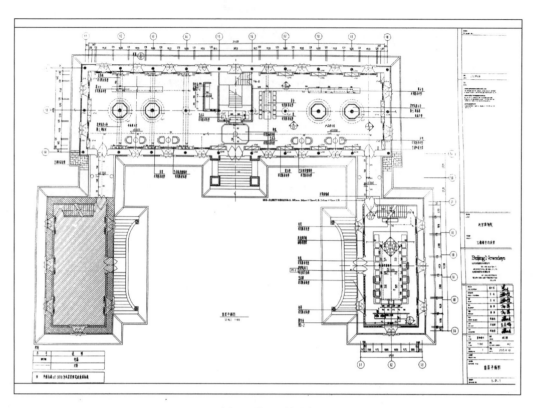

图 2 施工平面图

2. 工程概况

宝蕴楼工程主要是对室内地面、墙面、木装修、屋面、外檐等残损严重并危害文物安全的部位进行保护性修缮；对院落进行综合整治，拆除后的构筑物，恢复宝蕴楼原建筑格局，并完善排水系统；对咸安门（明朝遗存的宫门）的屋面、油饰彩画等进行修缮保护。

3. 选题理由

（1）2014 年 2 月习近平总书记在北京市考察工作时指出，历史文化是城市的灵魂，要像爱惜自己的生命一样保护好城市历史文化遗产。

（2）故宫宝蕴楼及其咸安门历经明朝、清朝、民国等数个年代，饱含着历史岁月的信息而遗存至今，是中华历史文化的重要载体，对该楼进行保护修缮，重现其历史风貌，功在当代，利在千秋。

（3）北京怀建集团有限公司作为从事文物保护修缮工作多年的施工企业，有责任贯彻好习近平总书记保护历史文物的指示精神。怀建集团具备较丰富的文物保护施工管理经验，拥有一批技艺精湛的古建技艺人员，有能力采用传统材料和传统工艺进行施工，有信心将宝蕴楼项目做成文物保护的精品工程。

4. 人员组成情况

北京怀建集团在故宫博物院承建过多个文物建筑保护工程。本次修缮，由北京怀建集团文物古建筑专家董瑞华担任项目经理（董瑞华也是故宫博物院特聘的文物古建筑专家），同时配备一批各具专业特长、责任心强的管理人员组成精英团队。所选用的古建筑修缮工人也是与北京怀建集团合作多年，有着良好文物古建筑保护意识和精湛的实操技艺。

5. 实施时间

实施计划表如表 1 所示。

实施计划表　　　　　　　　　　　　　　　　　　　　　　　　　　　　　表 1

实施时间	2014 年 3 月～2015 年 12 月
分阶段实施时间表	
管理策划	2014 年 03 月～2014 年 07 月
管理措施实施	2014 年 08 月～2015 年 12 月
过程检查	2014 年 08 月～2015 年 12 月
取得成效	2015 年 12 月～2017 年 12 月

二、项目管理及创新特点

1. 管理重点

修缮文物古建筑工程，保护好文物，最大限度地恢复历史风貌是目的。施工管理涉及质量、安全、进度等多种管理要素，鉴于宝蕴楼边考古研究，边施工的特点，北京怀建集团将密切配合考古研究工作，倾心挖掘应用传统材料和传统施工工艺，保证施工质量作为本次修缮工程的管理重点。

2. 管理难点

（1）本工程建筑物历经几个朝代的变迁，时代不同，修缮做法也不尽不同，这就要求施工单位的技术人员及操作工人知识全面，技术全面，施工质量要求高。

（2）本工程修缮技术特别要求原汁原味，不能走样，所以就需要施工单位配合考古专家进行大量的现场勘查，找出特点，制定切合实际的修缮方案。所耗费的人力、物力、时间较其他普通工程要多一些。

（3）本工程只能夜间进料，天亮之前材料必须运至现场内，对门前卫生三包、文明施工、夜间扰民等问题对施工单位都是一个严峻的考验。

（4）本工程施工点多，施工部位繁多并且杂乱，极易出现不注重细节的现象，所以需要施工单位投入大量人力加强作业计划的完善，加强质量检查密度和力度，加强现场巡视以及及时的验收、备案存档、技术资料汇编等工作。

（5）本工程施工处于旅游景区，每天按时清场，这就要需要保证每天清场前完成到某一工作阶段并进行遮盖处理，增加了管理难度。

3. 创新特点

（1）北京市文物管理部门将宝蕴楼修缮工程定义为"全国第一个文物修缮工程由工程化向研究化转化"的试点项目。通过考古专家的考古勘察和各参建单位对考古信息的共同研究分析，成功地甄别出现存古建筑的修建年代，传统材料和传统施工工艺的特点，为有效、真实地恢复宝蕴楼的历史风貌奠定了良好基础。如通过考古勘察，确认咸安门是由明朝遗存至今的文物古建筑。

（2）在修缮过程中，对原有文物古建筑重要的历史信息采用科学的手段提取、记录并应用于施工过程中。如利用三维激光扫描技术进行精准测绘、将相应的建筑材料进行实验分析研究等。

（3）为了体现修旧如旧的修缮效果，项目部技术人员和有关参建单位一起，根据考古研究的成果及多年的修缮经验，研制或恢复了多种传统施工材料和传统施工工艺，将其运用于施工中并取得圆满成功。如研制出不改变砖色、不起膜，具有一定强度、耐水性、耐酸碱腐蚀、耐老化、耐冻融的黏合剂用于地面工程修缮。在地面工程修缮中，只更换了少量损坏特别严重的砖块，保留了多数原计划需要更换的砖块，保证了修缮后的砖地面仍然保留着原有沧桑古朴的观感。

三、项目管理分析、策划和实施

1. 项目管理问题分析

（1）以协调配合考古勘察为主导

宝蕴楼工程定位于边考古勘察，边施工的保护工程，一切以做好文物保护为前提。该工程施工与新建工程不一样。新建工程施工完全以设计施工图为依据，施工单位自身能够完全操控材料采购、施工进度安排、劳动力安排等，施工质量验收也有详细的验收标准可遵循。但本工程的施工进度、材料采购、施工工艺等与考古勘察结果息息相关，有些事物不是施工单位一家提前可以安排定夺的。所以，我们确定该项目管理以协调配合考古勘察为主导，优先配合考古专家的考古勘察工作，弱化工程的施工进度管理，这样做虽然给劳动力组织带来了不确定性和难度，在一定程度上加大了施工成本支出，但可以大大增强修缮的文物保护效果，利大于弊。

（2）应用传统材料和传统工艺是保证质量的关键

宝蕴楼及其咸安门历经明朝、清朝、民国等数个朝代，首先要通过考古勘察确认哪一部分建筑物是哪个朝代的，其次是要鉴别其建筑材料、施工工艺的性质或细节。由于修缮的部位及其项目较多，导致材料种类多，施工工艺的类型多。为了达到精品工程的既定目标，必须掌握这些传统材料和施工手法。例如宝蕴楼外墙池子装饰就是一种目前少见的松糕式拉毛法，如果不懂操作手法，就很难做出松糕式的观感效果。因为本工程有考古研究的资料作后盾，有本公司的古建修缮专家常驻施工现场，有着一批具备精湛古建技艺的技术骨干现场实施，项目部对应用传统材料和传统工艺，将宝蕴楼修缮为文物保护精品工程充满信心。

2. 管理措施策划实施

（1）文物保护核心管理的策划与实施

文物保护人的意识是核心。所有文物保护教育工作要在开工前就已开展实施。工人入场前即进行专题教育，上岗人员全部了解文物保护的重要意义，对于易损伤文物的工序提前准备，周密地考虑施工方案，认真交底后方可进行施工。

（2）技术难点管理策划与实施

1）人员保障

进场前，组织所有施工人员认真研读《文物工程质量验评标准》《北京市文物保护工程操作规程》等，了解工程中容易出现质量问题的部位、如何避免出现质量问题以及出现质量问题后如何解决。选用多年从事古建筑工程、了解操作规程的施工人员进场施工。严格按照质量管理体系的要求进行质量控制，开展全面质量管理。

2）施工材料

维修中原有建筑材料尽可能使用。例如屋面瓦件拆除时，工人贴好位置序号标签码放，修缮时继续使用。对更换的木件、砖料、复原的彩画等要认真测量、记录，必要时放大样，确保原样恢复。

为了复活传统材料，项目部人员和有关单位人员一起做了大量技术调研和试验工作，并取得满意效果。如：为了修补屋顶上的鱼鳞状牛舌瓦，管理人员辗转各处，终于联系上河北一家厂家，按照原工艺和原色进行复烧，经过反复实验，烧出来的新瓦符合要求，瓦片背后还都打上了"厂名＋年份"的戳记，以供识别。

3）施工做法

施工中严格遵守"不改变文物原状"的原则，按照原形制、原结构、原工艺、原材料进行修缮施工，尽可能真实完整地保存该建筑的历史原貌和建筑特色。在维修过程中采用传统做法为主要的修复手法。具体事例如下：

项目部技术人员结合老匠人手艺和相关经验，确定了民国工艺黑烟子油的取制、调配手法及详细做法。通过复活黑烟子油的使用和制作，还原了堆灰掸浆做法。

铺设屋面时，要按从下至上的顺序错缝铺设，檐口第一排瓦按设计图纸探出屋檐80mm，同时还应稍微翘起，不能低头，以防下一排翘曲。排到垂脊两破交汇处，要留40～50mm瓦蚰蜒当（以便做麻刀灰调垂脊），多余部分用云石机切除。严格遵循使用传统材料、传统工艺和传统做法施工，对于近代改变原状的做法，要在本次维修中予以纠正，恢复原貌。

在屋面修缮时，结合檐部揭瓦，拆卸檐椽、飞椽并按顺序编号，分类码放。起下的捏头钉要捶打顺直，分类备用。按原式样、规格、尺寸更换糟朽的椽飞、望板、连檐、瓦口等。椽飞用捏头钉装钉牢固，檐椽与飞椽对齐不偏斜。望板铺钉牢固，露明望板表面方正。在望板或望砖上抹15mm厚的月白麻刀灰一道，抹灰要均匀、严实、平整，不露木骨，赶轧坚实平整。待灰基本干燥后再苫泥背。在护板灰上苫掺灰泥背，按原分层、厚度苫齐，分层抹平拍实，每层苫好须经初步干燥，再苫下一道。木架折线处需要拴线垫囊，垫囊要分层进行，和缓一致。待泥背晾干后再苫灰背。苫大麻刀青灰背，按原分层、厚度苫齐，分层赶轧坚实，苫第二层青灰背时表面拍麻揉轧，刷浆轧光，赶轧的次数不少于"三浆三轧"。苫完灰背后，在脊上抹扎肩灰。屋顶苫背完成后，进行分中、排瓦当、钉瓦口、号垄、瓦边垄、冲垄、拴齐头线、齐头线、楞线、檐口线。瓦垄数应与原瓦面垄线相一致。以掺灰泥瓦瓦，大麻刀灰扎缝，小麻刀红灰捉节夹垄。按照稀瓦檐头密瓦脊的做法，脊部底瓦压七露三，其他部位压六露四。瓦钉要钉入木基层，钉帽安装牢固。以大麻刀红灰捏当沟，填馅苫小背。分层挂线，用麻刀红灰砌压当条、群色条，安装正吻、砌正通脊、扣脊筒瓦。按原排山勾滴数量用麻刀红灰瓦排山滴水，勾头坐中，捏当沟、砌压当条，在正心檩处安兽座、垂兽，兽后砌承奉连砖，兽前砌三连砖、咧角撺头、趟头，扣脊筒瓦，安装仙人，走兽，安装钉帽。咸安门屋面瓦施工照片及咸安门修复后照片如图3、图4所示。

图3 咸安门屋面瓦施工照片

图4 咸安门修复后照片

屋面工程质量预控程序如图5所示。

宝蕴楼外墙修缮时，保证宝蕴楼外墙拉毛灰装饰工艺要做到原汁原味，水泥砂浆拉毛工艺一般分为三种：第一种点状起凸类，外观特点为不规则的点状凸起，主要应用于墙地面结合层界面处理或室内装饰；第二种有规则、有方向、有造型，主要应用于剧场、会议室等消除回声共振等作用的场所；第三种是外观膨松饱满，平面无规则，主要应用于外墙面装饰，本工种系采用的拉毛工艺属于第三种，这种工艺主要流行在20世纪80年代以前，现在由于装饰、装修工艺技术水平飞速发展，这种装饰手法基本被遗忘了。

在拉毛灰配制上要求，材料配比：水泥、中砂、粗砂、白灰膏1∶1∶1∶0.5；发泡剂、松香粉、火碱的比为100∶1∶3，火碱配成8%水溶液，加热至90~100℃，把松香粉慢慢撒入松香粉，并不断搅拌直至松香粉完全溶解为止、晾凉。调制灰浆：在配置好的干料中加入适量掺入发泡剂的清水，搅拌调制发泡剂的加入量为砂浆重量的0.3%~0.5%，砂浆稠度以适合操作为宜，不能过干或过稀。

在操作工艺上，先用普通水泥砂浆打底、抹平、出水光。拉毛部位四周用塑料布遮盖严实。用30cm左右的竹板劈成直径0.5~1mm粗细不等的竹丝扎成手握合适的竹炊帚。将调制好的灰浆适量压入竹炊帚顶面，在要拉毛部位下方横置一块20~25cm宽的木板，用竹炊帚垂直磕向木板，把压入的灰浆弹向墙面，由下至上重复操作，直至整块拉毛部位完成。池子拉毛施工照片如图6所示。

图5 屋面工程质量预控程序

3. 过程检查

（1）文物保护检查控制

施工现场一砖一瓦、一草一木均具有历史、艺术、科学、文物价值，根据本工程的特殊地理位置、建设方和社会要求依据《中华人民共和国文物保护法》，确保文物本身及成品安全保证措施。工地设一名专业水平较高的技术人员，负责文物原状的资料收集工作，尤其是一旦发现施工中的做法，尤其是屋面做法与传统做法存在差异时，及时记录并上报

（2）质量过程控制

1）在施工前，根据图纸及施工组织设计，列出本工程质量管理的关键点，以便在施工中进行重点管理，加强控制，使重点部位的质量得以保

图6 池子拉毛施工照片

证，同时我公司将对重点部位管理的严谨作风贯穿到整个施工过程中，以此来带动整体工程施工质量。对于主要分项工程制定质量预控工作程序，以便施工中按预控要求进行施工质量管理。

2）施工过程中，严格按照各项质量管理制度进行管理，尤其严格执行《三检制度》，并且我们已经形成了一套成熟的完整的施工工序质量管理程序，如图7所示。

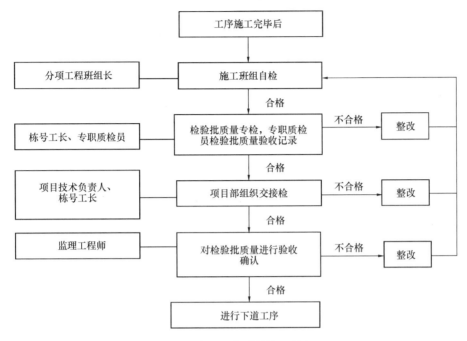

图7 施工工序质量管理程序

3）项目部建立每周总结会制度，项目部要求每周召开例会，汇报本周施工过程中存在的问题，解决的办法以及接下来的工作计划，保证工作有条不紊地进行。

4）项目部经常与集团技术质量部、工程部、安全部沟通，做到互通信息，广泛听取意见和建议，收取更多有利信息。

四、管理效果评价

（1）本工程质量保证资料核查符合要求，顺利通过竣工验收，并获得专家一致好评。

（2）2018年4月18日，是国际古迹遗址日，由中国古迹遗址保护协会、中国文物报社主办的"全国优秀古迹遗址保护项目"颁奖活动在北京举行，由北京怀建集团承建的"故宫宝蕴楼修缮工程"荣获"2018年全国优秀古迹遗址保护项目"奖，在颁奖典礼上，市文物局资深研究员王玉伟表示，宝蕴楼修缮工程在全国率先完成了文物修缮工程由工程化向研究化转化的成功尝试。获奖颁奖照如图8所示。证书如图9、图10所示。

（3）2017年11月8日，国家主席习近平和夫人彭丽媛陪同来华进行国事访问的美国总统特朗普和夫人梅拉尼娅参观故宫博物院。习近平和夫人彭丽媛在故宫宝蕴楼迎接特朗普和夫人梅拉尼娅。两国元首夫妇亲切寒暄，共同步入宝蕴楼落座茶叙。

（4）通过本次修缮工程，建立了一套相对科学的工程管理体系，为故宫文物建筑修缮的新模式、新方式做出了探索。

（5）宝蕴楼工程通过严格有效的质量和安全管理体系，使本工程整体的质量处于受控状态，安全零事故。

（6）通过一系列项目管理策划与实施，项目团队培养了一批优秀的青年骨干，为古建筑工艺的传承做出了良好的示范，为今后团队承揽类似工程的管理工作打下了坚实基础。

图 8　为获奖代表颁奖照

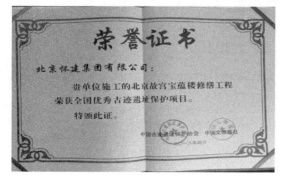

图 9　全国优秀古迹遗址保护项目荣誉证书

图 10　全国优秀古迹遗址保护项目铜牌

精心策划样板　创建行业楷模

——中建八局第一建设有限公司亚林西公共租赁住房项目

周江欣　强雄雄　刘　栓　孟　杰　陈洪伟　孙　志

【摘　要】 住房保障是我国社会保障的重要组成部分，是广大人民群众最基本的生活保障需求。习近平总书记指出："保障和改善民生是一项长期工作，没有终点站，只有连续不断的新起点，才能实现经济发展和民生改善良性循环"。本工程为公共租赁住房项目，政府相关部门及建设单位高度重视，工期、质量、安全文明施工等方面要求高，项目部针对本工程特点，提前进行了样板策划，为后续施工奠定了基础，取得了良好的效果。

【关键词】 策划；样板；BIM+VR；深化设计

一、成果背景

1. 行业背景

随着生活水平的不断提高，人们对住宅质量、装修品位追求也越来越高，这就对施工单位提出了更高的要求。由于建筑施工行业具有周期长、工序烦琐、影响因素多等特点，因此管理难度大，需要提前进行样板间策划，通过样板间的实施，直观地反映出建筑的最终完成效果，确保后续施工的顺利进行。

2. 项目背景

亚林西公共租赁住房项目位于北京市丰台区南苑乡西铁营，总建筑面积74609.83m²，由3栋住宅楼和1栋公共服务设施楼组成，总工期750日历天。

本项目管理目标为打造"北京市公租房样板"，且为精装修交房，所有施工内容均在自施范围内，暂估价材料较多，且本项目业主单位性质特殊，材料品牌与型号等确认流程烦琐、困难。为保证按时启动招标流程、工程按期有序进行，项目部提前进行了样板间的策划与实施。同时，通过本项目样板策划与实施，给其他同类项目提供参考借鉴。

3. 管理目标

如表1所示。

管理目标表　　表1

项目	管理目标
工期目标	合同开工时间：2015年8月15日，合同竣工时间：2017年9月3日，总工期750日历天
质量目标	确保北京市"结构长城杯金奖"、"建筑长城杯金奖"； 争创"国家优质工程奖"
安全文明目标	施工期间零事故； 北京市绿色安全样板工地、全国AAA级安全文明标准化工地
绿色施工目标	北京市建筑业绿色施工示范工程
科技目标	中建八局科技示范工程、北京市建筑业新技术应用示范工程
项目管理目标	北京市公租房样板

4. 选题理由

（1）业主高度重视：本工程业主单位为北京市住保中心、国家审计署，业主对样板间高度重视。

(2) 社会关注度高：本工程为公租房项目、民生工程，观摩单位多，且项目地理位置特殊，社会关注度高。

(3) 质量目标高：本工程质量目标为结构长城杯金奖、建筑长城杯金奖，打造"北京市公租房样板"。

(4) 工程工期紧：本工程工期紧，施工影响因素多，样板间关系着后续施工的顺利进行。

(5) 暂估价材料多：本工程暂估价材料较多，材料品牌与型号的确认流程烦琐且困难。

(6) 业主确认程序烦琐：实施过程中，需对样板间效果逐级确认，确认过程烦琐，耗用时间长。

(7) 设计做法需优化：设计做法需调整，需通过样板间的方式推动业主调整设计做法。

5. 实施时间

如表 2 所示。

实施时间表	表 2
实施时间	2016 年 3 月～2017 年 3 月
分阶段实施时间表	
管理策划	2016 年 3 月～2016 年 9 月
管理措施实施	2016 年 9 月～2016 年 10 月
过程检查	2016 年 9 月～2016 年 10 月
取得成效	2016 年 9 月～2017 年 3 月

二、管理重点与难点

1. 工程工期紧。施工影响因素多，样板间关系着后续施工的顺利进行。

2. 管理目标高。本工程质量目标为确保结构长城杯金奖、建筑长城杯金奖，争创国家优质工程。项目内定管理目标为"北京市公租房样板"。

3. 社会关注度高。本工程为公租房项目，属于民生工程，地处南二环与南三环之间，北京南站高铁线旁，社会关注度高。

4. 暂估价材料多。本工程暂估价材料较多，并且业主单位性质特殊，材料品牌与型号的确认流程烦琐且困难。

5. 业主确认程序烦琐。样板实施过程中需要对样板间效果方案进行多次调整，确认过程烦琐，耗用时间长。

6. 图纸设计问题。本工程图纸设计深度不够，细部做法不明确，甚至需通过样板间来确定做法，样板实施存在多重困难。

三、管理策划、创新点和风险实施

1. 样板间策划创新点：制定实施时间表→材料对比选择→设计效果图确认→深化设计→方案编制及实施。

(1) 实施时间：制定样板间实施时间表。经过项目策划，计划需于 2016 年 10 月 30 日前完成全部工序样板及交房样板间的施工。

(2) 材料对比：经过市场调研，对材料的品牌、价格、规格型号、色调等进行对比分析，供业主选择、确认。

(3) 设计效果：绘制样板间装饰方案效果图，由业主单位进行确认。

(4) 深化设计：根据效果图进行深化设计，形成整套深化图纸，指导样板间施工。

(5) 方案实施：编制样板间实施方案，经业主、监理单位审批后实施，并加强实施过程管理。

2. 样板间实施流程

如图 1 所示。

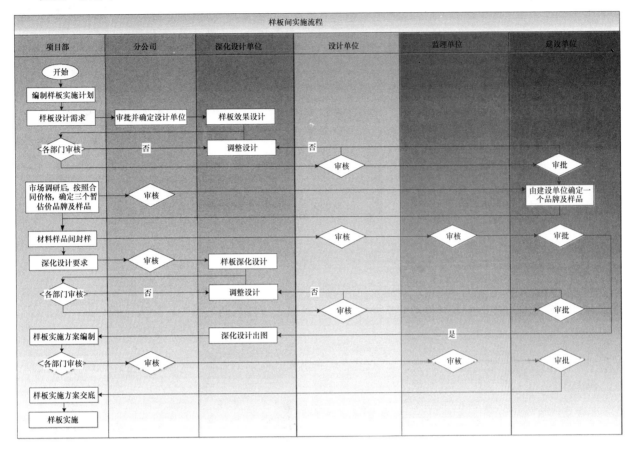

图 1 实施流程图

3. 针对样板间策划、实施的重点与难点，从现场实际情况入手，通过精心策划，对样板间实施过程进行了如下创新：

（1）方案设计：制作样板间设计方案效果图，得到业主确认后进行深化设计。

（2）材料选择：重点对暂估价材料进行优化选择，质量与效益双赢。

（3）材料封样：样板间所有材料品牌、型号、价格经业主确认，在样品间封样。

（4）BIM 建模：利用 BIM 技术建立模型，形成样板间的深化设计图纸，指导施工。

（5）VR 模拟：利用虚拟现实技术（VR）直观展现样板及交房样板间效果。

（6）BIM 交底：采用 BIM 模型等形式进行样板间实施方案交底。

（7）过程跟踪：样板间实施过程中由专人跟踪指导，对各道工序严格验收。

（8）设计优化：通过深化设计及过程实施，将原设计做法进行优化与调整。

4. 管理策划和风险控制

（1）样板间方案设计及确认

1）根据样板间实施计划，项目在土方工程施工阶段，开始样板间机电方案设计，根据装饰效果调整，累计编制了五版不同风格的设计方案，并绘制成效果图，供业主进行选择。

2）业主经过综合考量，选择了其中一种风格的方案，在此基础上，项目部根据业主的完善意见进行了方案调整，调整完成后的样板间方案设计效果得到了业主确认。

（2）样板间深化设计

1）在地下室结构施工阶段，根据设计方案，采用 BIM 技术建模，模拟工序样板效果（图 2）。

卧室地暖样板
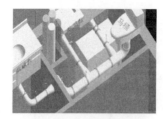
卫生间排水管安装样板
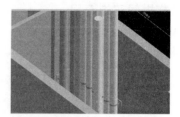
管井管道排布样板

工序样板各区域BIM模型
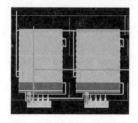
泵房管线排布样板
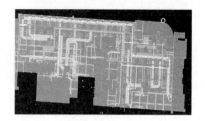
地下室管线综合排布

图2 样板间深化设计

2）利用建立好的BIM模型，采用虚拟现实技术（VR）对样板间的设计效果进行体验，能够更深入、全面的发现设计中的不足，同时也能让业主更直观地了解样板间的效果，提出修改意见，完善设计方案（图3）。

项目管理人员利用VR完善设计方案

审计署领导通过VR体验样板间效果

图3 使用BIM模型

3）根据建立的样板间模型，编制详细的排版图与节点图，形成整套深化设计图纸，指导样板间施工。

（3）样板间实施方案编制及确认

主体结构施工至首层时，根据业主确认完的装饰设计方案和深化设计图纸，编制详细的样板施工方案。方案中重点体现两个重要因素：

第一，将暂估价材料选择体现在方案中，进行市场调研与询价，锁定三种品牌，并进行价格与功能的对比分析，供业主进行选择。

第二，将施工工艺优化体现在方案中，将需要优化的做法，与原做法进行对比分析，让业主确认更改做法，实现质量与效益的双赢。

（4）样板间材料确认

业主确认方案后，将确认完的暂估价材料放样品间进行材料封样。所有封样材料均做标识牌，并粘贴二维码，记录该材料的详细信息。

（5）样板间方案交底与实施

1）样板实施交底

方案交底采用BIM模型及漫游视频进行交底，直观明确。对工序样板的房间做法与布局交底到位，能展现每道工序做法。尤其对工序做法及工艺标准交底到位，避免产生返工现象。

2）工序样板实施

在结构施工至五层时，开始进行样板间施工。指定一名专业工程师及一名技术工程师对样板的施工进行跟踪指导。

从放线，到制作、安装，各道工序分房间分层进行展示。

3）交房样板间实施

交房样板间施工前进行外窗及顶板防水封闭，避免雨水及施工用水对样板间造成破坏；交房样板间墙面、顶棚、地面施工完成后，安装门窗、橱柜、卫浴设施，达到交房要求。

4）工序样板间实施效果

通过工序样板间的实施，明确了各道工序的施工工艺与质量标准，以此对分包队伍进行实体样板交底，同时明确验收标准，更好的指导后续施工。

5）交房样板间实施效果

在结构施工至10层时，样板间施工顺利完成，并通过验收。北京市保障性住房投资中心领导及审计署领导多次来样板间参观，并给予充分肯定。通过样板间的策划与实施，项目顺利完成了样板间的业主确认及暂估价招标工作。

5. 过程检查和监督

（1）过程检查和验收。工序样板及交房样板间施工过程中，项目部会同监理单位对各道施工工序进行验收，并按公司要求进行实测实量，数据、二维码上墙。

（2）领导视察和指导。本项目样板间施工过程中，受到了局以及公司各级领导的高度关注，并对样板间的实施进行了指导。

四、项目管理效果评价

1. 现场实施效果

（1）样板间确认：通过样板间的实施，审计署单位领导多次来项目进行指导，对样板间的实施效果予以充分肯定。机电安装工程的各施工工艺、做法及暂估价材料进行了确认。为下一步暂估价材料招标及装饰装修提前插入施工做好准备。

（2）样板间交底：通过工序样板的实施与确认，明确了样板间各道工序的施工工艺与质量标准。对分包队伍管理人员及操作工人进行样板间交底，明确工艺流程及验收标准，更好的指导后续施工，为创建筑长城杯、国家优质工程奖的质量目标打下良好的基础。

2. 质量管理效果

（1）通过样板间设计与施工，说服设计及业主采用优化后的管井样板做法、地暖管敷设做法等措施，更好的保证施工质量。

（2）通过样板间实施，加强工人交底与过程质量控制，预留预埋及管道设备安装实测实量合格率达93.3%，取得了良好的质量效果。

3. 工期管理效果

（1）提前启动暂估价招标

通过样板间的实施，对装饰做法及暂估价材料进行确认。促使提前启动暂估价材料及暂估价分包的招标工作，保证相应施工内容按时开始。

（2）避免返工

通过样板间实施，对10层以上主体结构和二次结构预留预埋不合理的地方，及时进行调整，减少后期拆改与返工，节省工期。

（3）合理进行资源配置

通过样板间实施，充分掌握施工工序、每道工序的时间、用工情况及材料用量等。在大面积施工时，可根据积累的经验，提前进行材料及人员的储备，保证工期节点。

4. 社会效益

样板间施工完成后，北京市住保中心及国家审计署领导多次对样板间进行参观视察。先后接待其他单位观摩样板间十余次，接待人数达 500 余人次。得到了业主和观摩单位的一致好评，取得了良好的社会效益（图 4）。

公司领导视察

建筑业同行观摩

住保中心领导视察

审计署领导视察

图 4　社会人士参观视察

5. 其他管理成效

（1）通过了北京市结构长城杯验收；

（2）获得了 2016 年度"北京市绿色安全样板工地"；

（3）通过了北京市建筑业绿色施工示范工程过程验收；

（4）获得了"一种楼板预留洞施工装置"、"一种简易模板加固装置"等共计 7 项国家专利；

（5）在国家级期刊发表《变配电接地装置的技术与施工方法》《建筑给排水工程的现状及发展趋势》等论文 4 篇。

建设工程优秀项目管理实例精选

2018

（下册）

北京市建筑业联合会建造师分会　编写

中国建筑工业出版社

目 录

上 册

科学协调　创新引领　智慧建造北京城市副中心标志性工程
　　——北京城建集团北京城市副中心行政办公区 A1 工程 ································· 1

精细管理　再续传奇　打造北京 CBD 新天际线
　　——中建一局集团建设发展有限公司中国国际贸易中心三期 B 阶段工程 ················· 12

全力打造"四大工程"勇于承担社会责任
　　——北京城建集团北京新机场航站楼工程 ······································· 30

坚持创新引领　智慧建造遵义凤新快线工程
　　——北京城建设计发展集团股份有限公司遵义市凤新快线建设工程 ················· 43

应用 BIM 技术　修复千佛阁　传承古建精髓
　　——北京城建亚泰集团公司千佛阁修复工程项目 ································· 55

技术创新铸造精品工程　精细管理筑梦百年名校
　　——中建一局集团建设发展有限公司天津海河教育园区南开学校建设工程项目 ········· 65

技术攻关　四载寒暑扬铁军精神　绿色施工　首都大地树苏中丰碑
　　——江苏省苏中建设集团股份有限公司奥体南区 2 号地 B 座商业办公楼项目 ·········· 76

信息化助推项目　精细化管理、筑就精品棚改工程
　　——中建一局集团第三建筑有限公司湖光壹号项目 ································· 87

精细化管理　打造汽车厂房强电配电精品工程
　　——中建一局集团安装工程有限公司华晨宝马大东工厂强电及控制系统工程 ········· 95

技术重心管理　成本全程管控
　　——中建一局集团建设发展有限公司霞光里 5 号、6 号商业金融工程项目 ··········· 104

技术先行　绿色助力　科技保障　实现高品质精细化项目管理
　　——中国建筑第八工程局有限公司北京化工大学体育馆项目 ····················· 125

以"专业　可信赖"的企业品格　完美履约中国超级厂房
　　——中国建筑一局（集团）有限公司合肥京东方第 10.5 代薄膜晶体管液晶显示器件
　　（TFT-LCD）项目 ·· 134

加强新技术应用　铸造体育馆精品工程
　　——中建一局集团建设发展有限公司华熙 LIVE·重庆鱼洞（巴南区体育中心综合整治）
　　项目-体育馆工程 ·· 139

强化总包管理　实现项目履约　创建精品工程
　　——中国建筑第八工程局有限公司军博展览大楼加固改造工程 ····················· 149

提质增效筑牢发展基础　精益管理打造精品工程
　　——中建一局集团第三建筑有限公司万达·西安 one 项目商业综合体工程 ··········· 158

精细化管理　打造易地扶贫搬迁精品工程
　　——中建一局集团安装工程有限公司涞源县易地扶贫搬迁工程（县城安置片区）…………… 167

技术创新　助力全球最大晶圆代工企业落户江苏
　　——中建一局集团建设发展有限公司12吋晶圆厂与设计服务中心一期项目……………… 173

强化实测实量管理　助推高品质提升
　　——中国建筑第八工程局有限公司密云商务区项目………………………………………… 181

向塔体要效益　促完美履约
　　——中国建筑第八工程局有限公司商业办公楼（丰台区丽泽金融商务区E-04地块商业金融
　　　用地项目）………………………………………………………………………………… 188

秉承"创优、创新、人性化"管理理念　确保杰出团队再延续
　　——中建一局集团建设发展有限公司北京新机场安置房项目（榆垡组团）6标段（4片区0211、
　　　0212地块）工程项目……………………………………………………………………… 197

注重安全文明施工　助力打造安置房精品工程
　　——中国机械工业建设集团有限公司山东烟台港搬迁安置小区项目……………………… 202

提前策划　锐意创新　打造南塔精品工程
　　——中建一局集团建设发展有限公司平安金融中心南塔项目……………………………… 228

创新铝合金模板体系　精心建设北京城市副中心安置房工程
　　——北京城建集团有限责任公司通州区棚户区改造A区后北营安置房项目（一标段）工程 ……… 251

创新科技手段　打造绿色　精品"中国名片"
　　——北京建工集团有限责任公司北京雁栖湖国际会展中心项目…………………………… 268

科学筹划　创新引领　智慧建造北京轨道交通燕房线工程
　　——北京城建轨道交通建设工程有限公司通北京燕房线工程02合同段项目……………… 279

攻坚克难　统筹管理　创新引领智慧建造北京城市副中心市政综合管廊工程
　　——北京城建集团北京城市副中心行政办公区启动区综合管廊七标段项目……………… 290

责任心　执行力　创新力机电模块化预制全生命周期管理精品工程
　　——中建一局集团建设发展有限公司Z15中国尊高区空调项目…………………………… 303

绿色智慧铸精品　七彩工程树标杆
　　——中建一局集团建设发展有限公司达实大厦改扩建项目施工总承包工程……………… 308

首创北京小盾构水务管道施工方法　智慧引领建设海绵城市工程
　　——北京城建集团土木工程总承包部马家堡西路等三条管线工程项目…………………… 317

科技创新双优化　助推提质增效
　　——中建一局集团第二建筑有限公司绿色印刷包装产业技术科研楼工程项目…………… 328

利用科技创新　探索项目管理新可能
　　——中建三局集团有限公司泰康健康管理研究中心项目…………………………………… 336

超大型智能化厂房总承包综合管理研究
　　——中建一局集团第三建筑有限公司京东亚洲一号青岛物流园项目……………………… 345

精心策划　攻坚克难　聚力建设天津奥体中心钢桁架油漆涂装工程
　　——北京城建精工钢结构工程有限公司天津市奥林匹克中心体育场钢桁架油漆涂装翻新工程 ……… 353

基于WBS法项目管理创新实施
　　——中城投集团第五工程局有限公司北京药品检验所工程…………………………………… 372

技术先行　优势集成　打造强势履约团队　缔造标杆工程
　　——中建一局集团第五建筑有限公司清华附中凯文国际学校项目………………………… 385

创新驱动　科技攻关　精心绿化国际会都
——北京金都园林绿化有限责任公司北京雁栖岛"国际高峰论坛"项目园林景观提升改造工程 ··· 398

快轨精品　优质总包服务　助推柔性屏建设
——中建一局集团建设发展有限公司成都京东方第6代LTPSA/MOLED生产线项目 ············ 411

限额总价+奖金模式下优化和深化设计管理实践
——中建一局集团建设发展有限公司北京CBD核心区Z13地块商业金融项目················ 423

优化方案　精心管理　确保施工安全　降本增效
——中国建筑股份有限公司奥南四号地项目 ··· 435

精细管控　服务创效　品精装condo
——北京市建筑工程装饰集团有限公司东山公寓精装工程项目 ································· 442

修复文物建筑　重现故宫宝蕴楼风貌
——北京怀建集团有限公司故宫宝蕴楼修缮工程 ··· 453

精心策划样板　创建行业楷模
——中建八局第一建设有限公司亚林西公共租赁住房项目 ·· 461

下　册

打造创新型项目团队　助推精细化过程管控
——中国建筑第八工程局有限公司北京雅昌印刷文化发展基地建设项目 ·················· 467

践行新时代　创新技术管理　打造绿色工程
——江苏省苏中建设集团股份有限公司华润中心悦府一期2号楼、3号楼、5号楼及一期
地下车库（二）工程项目 ·· 471

创新管理模式　助力供气北京
——北京兴油工程项目管理有限公司大唐煤制天然气管道北京段（古北口-高丽营）
工程PMC项目 ·· 481

科学筹划　技术先行　保障地铁暗挖马头门进洞安全管理
——北京住总集团有限责任公司地铁6号线西延03标土建工程 ································ 489

抓进度　重质量　建高科技厂房精品工程
——中建一局集团建设发展有限公司福州第8.5代新型半导体显示器件生产线机电
B标段项目 ·· 498

攻坚克难　优美环境保阅兵　精打细算　良好收益报企业
——北京市花木有限公司昌平区西部地区环境整治工程（1标）项目 ························ 505

提高科技服务　增值项目管理
——中建八局第二建设有限公司北京五里坨保障房项目 ·· 513

精益建设体育馆　为建大实现标志　精心管控项目部　为住总再创佳绩
——北京住总集团有限责任公司北京建筑大学大兴新校区体育馆项目 ······················ 522

计划　策划　科学化　打造精品工程
——北京住总集团有限责任公司中国民用航空局清算中心业务用房项目 ················ 534

强化总承包管理　实现合作共赢
——中国建筑一局（集团）有限公司启迪协信科技园1栋、2栋、3栋项目 ················ 541

重策划　抓创新　筑精品
——中建一局集团建设发展有限公司腾讯滨海大厦工程项目 ································· 553

协同配合　创新思维　提质增效筑精品住宅
　　——中建一局集团第五建筑有限公司X1号住宅楼等11项（宝苑住宅小区）和X7号
　　住宅楼等25项（长乐住宅小区）工程 ·· 562

夯实基础管理工作　提升工程施工品质
　　——中建八局首开华润城白盆窑项目 ·· 568

世界首例　工艺创新　精细管理　铸造精品
　　——中铁十六局集团第四有限公司贵州省老干部活动设施改扩建项目 ·············· 573

精细管理　总包管理与服务　共赢创效
　　——中国建筑一局（集团）有限公司亚新科天纬燃油共轨喷射系统项目 ·············· 582

精益求精　打造优质工程
　　——中国机械工业建设集团有限公司烟台工贸技师学院新校区1号、2号、3号宿舍楼工程 ········ 592

重细节　严管控　精心打造装配式住宅工程
　　——中国建筑一局（集团）有限公司西北旺新村C2地块棚户区改造安置房项目一标段项目 ········ 605

精细化管理　塑精品工程　建好首都医科大学附属北京天坛医院
　　——北京住总集团有限责任公司首都医科大学附属北京天坛医院迁建工程二标段项目 ·············· 612

弘扬工匠精神　创建精品工程
　　——北京城建亚泰建设集团有限公司金隅·观澜时代国际花园小区项目 ·············· 617

抓管理　提质量　筑精品　重服务
　　——北京建工四建工程建设有限公司S－24地块1号办公、商业楼等2项项目 ·············· 626

践行可持续发展理念　做好雁栖湖景观绿化工程
　　——北京市花木公司雁栖湖生态发展示范区及周边环境提升景观工程 ·············· 636

紧随技术潮流　亦不忘初心
　　——北京市设备安装工程集团有限公司苏州国际财富广场工程 ·············· 643

事前策划　源头控制　全员管理　保小米移动互联网产业园项目顺利交工
　　——中建八局第一建设有限公司小米移动互联网产业园项目 ·············· 648

履约为先　协作共赢　铸就精品工程
　　——中建八局第一建设有限公司北京师范大学新校区项目 ·············· 652

精细管理　技术创新　打造沈阳金廊5A级商务区
　　——中建一局集团建设发展有限公司沈阳嘉里中心T2办公楼项目 ·············· 658

注品控　创国优
　　——中国建筑一局（集团）有限公司连云港经济技术开发区金融大厦项目 ·············· 667

加强材料控制　降低项目成本
　　——北京建工四建工程建设有限公司新华航空食品配套用房项目 ·············· 689

迎难而上　创新优化　完美履约
　　——中建一局集团建设发展有限公司杭州理想银泰城项目 ·············· 696

抓质量　保安全　建造法官满意的精品工程
　　——北京住总集团有限责任公司北京市第二中级人民法院审判业务用房改扩建工程 ·············· 706

互联网＋创新管理　以人为本共筑精品
　　——中铁建工集团有限公司北京分公司1号办公楼A座等6项工程 ·············· 714

可视化精细管理　科技创新助力优质工程
　　——江苏省苏中建设集团股份有限公司华润橡树湾三期工程 ·············· 726

坚持安全管理　加强绿色施工　创建国家示范工地
　　——江苏省苏中建设集团股份有限公司包头市呼得木林大街1号、2号街坊棚户区改造项目……… 735

精心策划促生产　提质增效强履约
　　——中建一局集团第三建筑有限公司碧桂园·翡翠湾工程…………………………………………… 747

强化施工责任　精细过程管理　创建精品工程
　　——北京城建亚泰集团公司门头沟上悦居项目………………………………………………………… 752

科学策划筑精品　精细管理创效益
　　——北京城建亚泰公司北京朝阳区清河营村住宅及配套（2号地）4号楼工程项目………………… 764

精细化管理　铸造精品工程
　　——中建一局集团安装工程有限公司三亚晋合艾迪逊酒店综合机电工程……………………………… 775

绿色理念　施工标准化　建精品工程
　　——江苏省苏中建设集团股份有限公司东营市恒大黄河生态城5号楼工程…………………………… 786

突破传统管理模式　锁定成本盈利目标
　　——中建一局集团第三建筑有限公司大连春柳公园工程项目…………………………………………… 808

让绿色施工由内而外绽放
　　——中国建筑第八工程局延庆县大榆树镇YQ10-0400-0001等地块安置房建设项目………………… 813

做好前期预控　注重过程管理建设好潮白河畔一站式国际生活场工程
　　——北京城建远东集团公司京贸金融商务中心（北区）项目…………………………………………… 819

过程控制保质量　深化设计促施工
　　——中国机械工业建设集团有限公司奇瑞捷豹路虎汽车有限公司年产13万辆乘用车
　　　项目—发动机车间项目………………………………………………………………………………… 827

坚持技术引领　精细管控过程　铸造精品工程
　　——北京城建远东建设投资集团有限公司教学综合楼等4项工程项目………………………………… 833

创建以"技术管理"为核心的大商务体系
　　——中建一局集团第五建筑有限公司即墨商都项目……………………………………………………… 841

攻坚克难　打造一流项目　开拓创新　铸就精品工程
　　——中国建筑第八工程局有限公司华都中心项目………………………………………………………… 849

提高管理　强化质量意识　建百姓满意用房
　　——北京建工集团北京建工四建工程建设有限公司石榴庄自住房项目………………………………… 853

精细管理　绿色施工　降本增效
　　——北京六建集团有限责任公司北京市通州区宋庄镇二类居住及商业金融用地项目………………… 861

精细管理保质量　策划引航创效益
　　——北京建工集团有限责任公司酒仙桥语言文化中心项目部…………………………………………… 867

合理策划　精心部署　打造新机场精品工程
　　——北京市机械施工有限公司新机场工程项目…………………………………………………………… 872

周密策划保工期　铸造优质商品房
　　——北京建工四建工程建设有限公司海航豪庭项目A12地块项目……………………………………… 880

坚持科技创新　建设好优质工程
　　——北京城建轨道交通建设工程有限公司北京海淀区玉渊潭乡F1F2混合用地项目………………… 893

管理标准化　过程铸精品
　　——北京韩建集团有限公司石景山区老古城综合改造C地块项目……………………………………… 906

精心管理　建设好涿州-房山供热工程
　　——北京城建远东建设投资集团有限公司涿州-房山供热工程输热主干线规划一路-良常
　　　路段 DN1200 供热管网工程 ………………………………………………………………… 918

以样板引路为起点　把控重难点加强工期风险化解
　　——中建三局集团有限公司嘉德艺术中心综合楼项目 ……………………………………… 926

精心策划　动态管理　推动绿色安全施工标准化
　　——江苏省建筑工程集团有限公司北京矿冶研究总院科研楼工程 ………………………… 935

以人为本优质服务　打造英雄城新地标
　　——中铁十六局集团第四工程有限公司建军雕塑广场（雕塑制作安装和广场土建及附属工程）… 943

构建和谐大环境　倡导绿色新气象
　　——江苏省苏中建设集团股份有限公司北京恒大翡翠华庭项目工程 0501 地块项目 ……… 951

做行业转型升级先锋，全过程总承包完美履约
　　——中建一局集团第三建筑有限公司华为武汉研发生产项目（一期）北区标段项目 ……… 967

方案精选多策划　提高服务促发展
　　——北京建工四建工程建设有限公司 1 号绿隔产业用房（社区服务楼）等 3 项（王四营乡
　　　社区服务楼项目）工程 …………………………………………………………………… 970

精心策划　科技引领建造好河北怀来新媒体大数据园钢结构工程
　　——北京城建精工钢结构工程有限公司怀来新媒体大数据产业园一期钢结构工程项目 …… 979

加强绿色施工　构筑和谐社会
　　——江苏省苏中建设集团股份有限公司青岛鲁商蓝岸新城 2 号地块商住工程项目 ……… 986

精细管理　降本增效
　　——北京六建集团有限责任公司房山区拱辰街道办事处及长阳镇 09-03-12 地块 C2 商业
　　　金融项目 …………………………………………………………………………………… 992

加强过程管控　建设加固改造精品工程
　　——北京住总第四开发建设有限公司杰宝购物中心改造工程 ……………………………… 999

突出重点　协调创新　总包管理助力生态特色小镇建设
　　——中国建筑第八工程局有限公司河北怀来官厅公共艺术小镇改造工程 ………………… 1011

亚投行三机抬吊 50m 超长钢筋笼整体起吊施工技术创效
　　——北京市机械施工有限公司亚洲基础设施投资银行总部 A 标段桩基础工程 …………… 1019

绿色施工铸精品　提质增效促发展
　　——北京建工四建工程建设有限公司北京国瑞中心项目 …………………………………… 1032

攻坚克难　精心施工　科学管理　打造精品工程
　　北京怀建集团有限公司 5 号住宅楼（商品房）等 10 项（朝阳区高井 2 号地保障性
　　住房用地）项目 ……………………………………………………………………………… 1043

以精细的履约管理打造精品住宅
　　——中建一局集团第三建筑有限公司北京经济技术开发区河西区 X87R1 地块二类居住
　　　（配建公共租赁住房）项目二标段工程 ………………………………………………… 1052

抓细节　注实施　保大局　创精品工程
　　——江苏省苏中建设集团股份有限公司北京市恒大翡翠华庭 0201、0301、0401 地块工程 … 1055

科技是第一生产力推进全国最大场地修复精品工程
　　——北京建工环境修复股份有限公司广钢白鹤地块污染土壤修复项目 …………………… 1066

严格管理·精益求精——铸造北京建工精品工程
　　——北京建工四建工程建设有限公司国兴城二期 A14 地块项目 ………………………… 1074

细致管理创精品　规范施工树丰碑
　　——北京建工集团有限责任公司总承包部长丰星辰园一标段工程 ……………………… 1088

精细化过程管理　建邮政综合服务中心精品工程
　　——北京怀建集团有限公司孙村组团邮政综合服务中心项目 …………………………… 1093

精心策划　严格管控　铸造精品工程
　　——江苏省苏中建设集团股份有限公司 1 号仓库等 17 项（华北总部物流仓储项目）工程 ……… 1103

挺进世界屋脊　为高原发展助力
　　——中国机械工业建设集团有限公司第一工程事业部西藏自治区自然科学博物馆一标段项目 ……… 1114

工期保履约　经济创效益　开拓市场展望未来
　　——北京建工集团有限责任公司承建第四届广西（北海）园林园艺博览会主园区建设项目—主
　　　场馆、天天演艺岛服务建筑、主标识塔等钢结构工程项目 …………………………… 1149

打造创新型项目团队 助推精细化过程管控

——中国建筑第八工程局有限公司北京雅昌印刷文化发展基地建设项目

徐 超 王立超 王 龙 崔继成 何 岩

【摘 要】北京雅昌印刷文化发展基地建设项目工程是中国当代建筑大师崔愷设计的又一文化建筑力作,也是雅昌文化集团在北京的总部新址。雅昌文化集团是中国印刷和文化行业的领军企业,是印刷界的国家队,雅昌北京总部新址是一个集印刷生产、商务洽谈、艺术家收藏与创作、艺术品展示、办公休闲于一体的综合性建筑,设计风格突出空间与时空的结合、装修风格与品味要求高,业主充分信任中建八局的能力和实力,由中国建筑第八工程局有限公司施工总承包,项目的实施过程也是一个全面、系统的总承包管理过程,全面策划、创新管理、精细管控,在确保各项管理目标实现的基础上,也为业主奉献一个满意的精品工程。

【关键词】总承包;信任;创新;精细;精品

一、成果背景及选题理由

1. 成果背景

(1) 社会背景

目前,国家大力发展文化产业,在房地产和政务办公建筑严格控制数量和体量的大环境下,文体设施建设保持着良好的市场前景,各地以提高国民文化水平和营造文化氛围为目标的文体基础设施如雨后春笋般大量开工建设,对公司业务领域发展具有重大意义。

(2) 行业背景

近年来我国建筑施工行业竞争日益激烈,建筑造型新颖,技术含量和自动化程度越来越高,施工难度也相应增大,只有通过不断学习国内外新兴技术并进行创新管理模式才能在市场中立于不败之地,依靠 BIM 等新技术的实施实现精细化过程管理,以现场保市场,赢得业主和行业市场的认可。

(3) 工程简介

北京雅昌印刷文化发展基地项目工程位于北京市顺义区金马工业园区内,本工程局部地下 1 层,地上 4 层,由 I 区印刷生产及配套机房、商务洽商、艺术家工坊、办公区域等部分组成总建筑面积为 60970m^2,总投资额约为 3.7 亿元。本工程地下局部一层、地上四层,单层面积达 15000m^2。

2. 选题理由

考虑到印刷行业工程的特殊性、工程的社会价值、工程的地域标志性、企业文化发展的需要,以及拓展印刷业务的需要等因素,项目部确立了"围绕技术创新理念,促进精细项目管理"的项目管理指导思想。

(1) 公司对项目总承包管理能力提升的要求

本工程的土石方工程、桩基工程、主体结构、装饰装修、水、电、暖、通风工程、弱电智能化、室外小市政景观工程均由我局总承包并施工,专业种类齐全,对项目管理团队专业知识面、总包管理能力均提出了很高的要求,单凭过去单一专业的管理手段无法满足该工程的过程管理要求。

(2) 项目管理团队年轻化

公司近年来业务量迅速增加，项目团队明显趋于年轻化发展，对于经验缺乏的年轻人员来说是个挑战也是个机遇，年轻同志工作经验不足，但是有冲劲，有想法，敢于创新。如何扬长避短，打造一支创新型的管理团队，对于能否实现精细化管理乃至于工程能否取得成功都至关重要。

（3）工程设计深度不够，后期存在大量设计变更

在项目实施的中后期，业主要求设计单位重新进行平面和空间设计，出具大量变更，增加了项目管理的难度和风险，让我们认识到只有通过技术和管理创新，实现精细化过程管控，才能顺利完成各项管理目标。

二、管理重点及难点

本工程管理成果实施时间从 2013 年 8 月 10 日开工，到 2016 年 10 月 1 日竣工。

1. 管理重点

本工程管理的重点是通过策划管理和技术创新以及精细化的过程管理实现本工程质量、安全、进度、成本、人才培养等项目管理目标。

2. 管理难点

（1）建筑、结构类型繁多，协调管理难度大

本工程虽然建筑面积不大，但建筑结构涉及多种形式，例如桩基础、筏板基础、框架-剪力墙结构、钢结构、型钢混合结构等，建筑内外装饰更是样式繁多，很多为业主和设计要求使用的新型材料，对于项目管理团队技术管理来说是一个挑战。由于印刷生产的特殊要求，管线种类多且空间有限，安装管线的综合排布，以及与装饰施工的交叉作业都为技术管理带来了难度，由于业主为艺术文化产业类型企业，也对工程最终装饰面层的质量提出了严格要求。

（2）工期紧张

业主一方面急需新厂房的投入使用，以满足企业快速发展带来的生产和经营需求，另一方面业主对平面和空间布置、装饰风格、安装功能需要都提出了很高的要求，尤其是主体结构结束后，业主与设计方多次沟通协调，对工程在原有基础上进行了很大的改动，无形中加大了工期压力。

（3）标准要求高

本工程质量目标为北京市长城杯（结构）金奖工程。

三、管理策划及措施

1. 管理策划及创新特点

（1）作为北京公司开辟文化领域工程的先头项目，本工程在启动之初就秉承高标准、严要求的项目管理目标，公司和项目部十分重视项目的前期管理和项目策划。

（2）项目团队组建后，依据岗位分别明确各自的管理职责和目标，并与公司签订了项目管理目标责任书，责任落实到人。

（3）结合本项目的工程特点，为顺利完成项目各项管理目标，项目部成立了 BIM 工作小组和 QC 质量管理小组，利用技术创新管理，结合 BIM 等先进施工管理手段，为项目顺利实施开启了良好的开端。

本工程具体采用了以下管理创新点：

（1）建立项目 BIM 工作小组，依托公司 BIM 工作站的有力支撑，从项目临建设施开始，到主体建模、进度模拟；管理综合排布到机房设备布设；对本工程进行全方位和全过程的 BIM 演练和培训，以弥补项目成员年轻经验不足的短板，达到项目管理提质增效的目的。

（2）针对本项目工程特点，实施采用住建部 2010 版十项推广技术的 24 项新技术，并成立了质量攻关 QC 管理小组，对施工重点和难点制定了相应措施。

（3）引用公司 ERP 信息管理系统、办公平台管理系统、集中采购平台、施工方案网上审批系统、

北京市质量安全评估平台等信息化管理平台，实现项目管理程序标准化、信息化和高效化。

2. 管理措施和风险控制

项目采取了四方面措施，针对工期、质量、安全三大风险进行了有效控制。

（1）管理措施

1）建立创新型项目管理团队

总承包项目部作为工程施工阶段实施的主要策划者和实施者，为满足工程精细化管理的要求，项目部自组建之初便以创建创新型管理团队为目标，以项目管理各要素的目标和责任为立足点，明确各岗位的分工和职责，采取分阶段过程绩效考核，激发和调动项目管理人员的积极性。项目部通过开展项目讲坛、岗位技能竞赛、专利和五小成果发明奖励、考取职业资格证书奖励等措施，提升员工的专业技能，扩展员工的专业知识面，达到增强项目团队凝聚力，全面实施精细化过程管理的目的。

2）整合分包管理资源，提升总包管理效率

公司近年来由于经营规模的不断扩大，在项目管理的部分岗位出现专业人才的短缺，项目部在按照公司项目管理标准化人员配备的基础上，纳入分包中优秀的专业管理人员，补充到总包管理团队中，使总包项目部的各项管理工作更贴切施工第一线实际存在的问题，解决了总、分包管理脱节和以包代管的问题，降低了因管理人员数量不足导致管理不到位的风险。

3）技术质量管理

① 组建 BIM 工作小组，服务施工全过程

从项目临建设施开始，分阶段进行现场平面布置 BIM 模型演示，使项目策划更具可实施性和操作性，解决了策划方案与现场实施"两张皮"的问题。并针对本工程的技术特点，对钢骨柱核心区节点深化、安装管线综合排布、建筑装饰面效果等技术难点进行效果展示，提前找出矛盾点，并及时解决，避免后期大量拆改。

② 成立 QC 攻关小组，解决施工技术质量难题

本工程的钻孔灌注桩采用桩底后压浆施工工艺，桩底和桩侧后压浆是近年来发展的桩基改良技术，通过压浆，使桩周及桩底松软土体得到固结，从而大幅度提高灌注桩的承载能力，而后压浆施工质量控制是后压浆工艺的重点也是难点，因此本项目成立 QC 小组以攻克此难题。本项目 QC 小组成员平均年龄只有 26 岁，所以针对"压浆量不足""注浆管安装不合格"及"浆液配比达不到设计要求"这三个主要问题，QC 小组成员专门邀请业内部分有经验的工程技术专家、设计单位主要负责人召开专题会进行讨论。会上大家从人、机、料、法、环等五个方面进行了深入的分析、细致的讨论，对该课题的难点、原因、施工控制进行了初步策划。最终通过对"注浆管安装方法的改良"以及"注浆参数及闭盘参数的合理控制"后，桩基后压浆质量合格率从原有的 85.1% 上升到 97.2%，很好地完成了"提高灌注桩后压浆的施工质量"这一课题，而该项课题在北京市质量管理小组发布中获得一等奖，并在全国质量管理小组发布中获得二等奖。QC 小组之后又多次进行活动，很好地解决了"提高外幕墙 GRC 板安装质量"及"提高金属网吊顶安装效率"等一些课题，也收到了良好的质量管理成果。

4）安全文明施工管理

施工现场前期策划过程中设置了劳务实名门禁系统、视频监控系统、垂直运输设备人脸识别系统、塔吊黑匣子系统、现场喷雾降尘水系统、宿舍临电时钟控制系统等一系列业内先进技术措施，倡导安全管理工作"人管"和"技防"双管齐下，确保现场安全生产。

（2）风险控制

1）安全风险控制

本工程有深基坑、高架支模、大型机械设备吊装、外电防护等诸多重大危险源，项目部首先对危险源进行了辨识，并进行分类管理，采取应对措施，从人、机、料、法、环等五个方面入手，对实施的危险性较大分部分项工程进行重点控制，对一般性危险源采取北京市和公司标准化管控手段，确保施工安全。

2）工期风险控制

充分利用 BIM 建模和 project 工期编排软件，使各区、各流水段的施工最大限度的合理安排，及时创造和消灭工作面，合理组织穿插施工。提前进行图纸会审和方案优化，积极同业主、设计方进行沟通，换位思考，帮助设计方拿出可实施性强的设计方案，避免因图纸不对应和设计变更造成窝工；提前做好技术、物资、设备、人员准备工作，防止因准备工作不充分造成工期滞后。

3）质量风险控制

全面推行样板引路制度，将提前暴露，在样板阶段予以解决；通过 QC 质量管理小组活动，找出质量问题出现的根源，从源头进行控制，力求质量一次成活，避免大面积返修。在实施过程中，通过统计一次验收合格率，对连续一次验收通过和多次重复验收分别进行奖励和处罚，提高了质量管理水平，使工程质量全面受控，确保优质工程。

4）成本风险控制

从 BIM 模型中提取模型工程量，用以指导材料物资采购，根据现阶段进度模型提取现场实际人工、材料、机械工程量，提前掌握成本消耗情况。将模型工程量、实际消耗、合同工程量，三量进行对比分析，进而掌握成本分布情况，进行动态成本管理。

四、过程检查和监督

1. 质量目标值的实现

在施工过程中，项目部在质量方面坚持"四个落实"，抓好组织机构的落实、抓好质量管理制度的落实、抓好质量责任制的落实、抓好质量检查的落实。坚持实施样板引路、现场交底、质量周检及专题会议等制度，通过各项质量管理制度的落实，不断提高项目质量管理水平，确保施工质量一次成优，在质量评优过程中得到了评比专家的好评。

2. 工期目标值的实现

以 BIM 技术为基础，在项目初期进行整个工程工期时效模拟，使拟定的总工期计划更具可靠性、执行性、准确性，有效控制施工总工期及各里程碑节点，提前制定工、料、机计划，并将现场施工与 4D 模拟实时对比，明确进度滞后点，及时拟定补救方案，保证工期一直处于受控状态。

3. 安全文明目标值的实现

项目部坚持每日安全巡检和由项目经理带队的周安全专项检查，对检查中发现的安全隐患和问题，采取定人、定措施、定时的"三定"原则，及时消除安全隐患，有效避免风险。确保工程安全受控。

五、管理效果和评价

北京雅昌印刷文化发展基地建设项目在工程建设过程中，受到业主的认可并获得业主"秉承总包理念，高效优质服务"锦旗一面；市住建委专家、顺义区第四届人大常委会视察团等政府和主管部门领导同志到工地检查指导工作，他们对现场的管理状况、工程实体结构、绿色安全施工、安装装饰效果等方面给予了高度评价。

本工程先后荣获北京市绿色安全工地、北京市结构长城杯金奖、项目质量攻关 QC 小组（提高灌注桩后压浆施工质量课题）获北京市优秀质量管理小组一等奖、全国优秀质量管理小组二等奖、上海建筑施工行业第二届 BIM 技术应用大赛三等奖、中国建设工程 BIM 大赛卓越工程项目奖三等奖、获得国家和省部级专利 4 项等荣誉。

践行新时代 创新技术管理 打造绿色工程
——江苏省苏中建设集团股份有限公司华润中心悦府一期 2号楼、3号楼、5号楼及一期地下车库（二）工程项目

嵇连生 陆良兵 王开亚 孙珍荣 崔益同

【摘 要】 绿色发展，从根本上说，就是要实现人与自然的和谐共生。党的十九大报告对"加快生态文明体制改革，建设美丽中国"规划了清晰的路线图，提出了我国推进绿色发展的重点任务，为全党全军和全国各族人民建设天蓝地绿水净的美丽中国指明了努力方向。华润中心悦府工程在施工前，项目部提前策划，编制绿色施工实施方案，细化目标，制定了详细的管理措施，加强过程检查和控制，在工期、质量、技术、安全等管理中创新管理方法，圆满地实现了策划目标，取得了良好经济、社会的效益。

【关键词】 绿色发展；技术；创新；管理

一、成果背景

1. 社会背景

在决胜全面建成小康社会、开启全面建设社会主义现代化国家的新征程中，我们要加快建设资源节约型、环境友好型社会，推动形成人与自然和谐发展的现代化建设新格局，为我国人民创造良好生产生活环境，为全球生态安全作出新的贡献，就必须始终坚定不移地走新时代中国特色社会主义的绿色发展之路。

2. 行业背景

工程建设的过程中对人类生态环境造成了负面影响，施工扬尘、施工噪声、固体废弃物的排放、水土流失，以及在施工期内对环境的暂时影响等。目前我国经济社会飞速的发展，给环境造成的伤害日益严重，实施绿色施工已经刻不容缓。绿色施工顺应了建设新时代特色社会主义的发展要求，施工企业应该积极推行。

住建部于 2007 年印发《绿色施工导则》指导建筑工程绿色施工，又于 2010 年发布了《建筑工程绿色施工评价标准》。绿色施工已是近来工程建设发展的趋势，对促进建筑业绿色发展有着极其重大的意义。

3. 工程概况

华润中心悦府一期工程由 2 号楼、3 号楼、5 号楼及一期地下车库组成，本工程位于太原市长风商务区长兴路 7 号。本工程是住宅与底部商业为一体的超高层民用建筑，地上 46 层（地下 4 层，商业 3 层），总建筑面积约为 15.2 万 m^2，建筑高度为 148.9m，本工程由华润置地（太原）有限公司投资兴建，太原市建筑设计研究设计，江苏省苏中建设集团股份有限公司承建。

项目整体效果图如图 1 所示。

4. 选题理由

华润中心悦府项目位于山西省太原市长风商务区，北侧留有规划道路广南街，在建项目华润万象城；东侧为长兴路，紧邻商务区五大馆、内河景观；南侧为长兴南街，在建长风CBD，包括建成：长

图1 项目整体效果图

风NEO、省社会保险局、中化二建大楼；在建：国家石油中心、阳光城等；西侧为新晋祠路，含西干渠和景观带，隔晋祠路为在建政务大厅、检察院、中院和公安大楼。无论是从该工程的社会影响程度角度，还是就其建筑规模大小而言，作为长风商务区超高层住宅工程，其施工管理活动都是影响巨大的（图2）。

图2 工地周边环境夜景图

5. 实施时间

本工程于2015年5月30日开工，2017年10月8日工程顺利通过竣工验收，如表1所示。

实施时间　　　　　　　　　　　　　　　　　　　　　　表1

实施时间	2015年6月～2017年10月
分阶段实施时间表	
管理策划	2015年6月～2015年8月
管理措施实施	2015年8月～2017年9月
过程检查	2015年8月～2017年9月
取得成效	2017年3月～2017年10月

二、项目管理重整难点及创新特点

1. 项目管理重点、难点

（1）质量、安全管理目标高

确保获得太原市"迎泽杯""山西省建筑安全标准化优良工地"和"山西省绿色施工示范工程"荣誉称号。

（2）场地受限，施工组织难度大

场地狭小，除建筑占地面积外，没有空余的施工场地，平面布置极其困难，无法形成环行道路，施工组织管理难度大，场地的合理利用对工程的顺利展开极其重要。

（3）安全管理难度大

本工程车库外墙与长兴南街仅有6m距离，车库地下三层，基坑开挖深度约13m，必须将基坑边坡位移控制在3m之内才能确保长兴南街安全，因此基坑工程的安全和风险管理具有挑战性。

本工程主楼均为超高层，建筑高度148.9m，2号楼外立面结构设计有消防连廊（16层49.5m、31层96m），影响爬架提升，因而后期消防连廊结构施工是本项目安全管理的重点和难点。

（4）专业分包多，总包协调难度大

机电、消防和精装等分包多，总包施工管理工作量大。

（5）注重绿色施工

本工程的处于长风商务区，社会关注度高，环保绿色施工标准要求极高。从开工伊始，公司及项目管理部就以可持续发展理念为依据，进行精心策划、技术创新、科学管理，在保证质量、安全等基本要求的前提下，以绿色施工为主线，最大限度地节约资源并减少对环境的负面影响，实现"四节一环保"。

2. 创新亮点

（1）全面策划

项目开工伊始，项目经理部为深入贯彻落实国家关于加强节能减排的发展战略，建设资源节约型、环境友好型社会的态度，从编制项目管理规划大纲、绿色施工示范工地实施方案和突发事件的应急预案入手，以科技创新为先导制定各项绿色施工方案和措施，明确各级管理人员相应责任，以此对施工全过程和各个关键环节进行严格控制与管理。在保证质量、安全的前提下，通过科学管理和技术进步，最大限度地节约资源，减少对环境的污染，全面实现四节一环保（节能、节材、节水、节地和环境保护）。

（2）基坑开挖边坡支护施工技术创新

灌注桩后注浆技术：本工程3栋主楼地基处理采用灌注桩后注浆技术，有效桩长：37.2m。施工过程需严格控制浆液水灰比、最大注浆压力、单桩注浆水泥量、注浆流量不宜超过75L/min。采用后注浆技术与普通灌注桩相比可以减少桩径，缩短桩长，还可避免穿透较难穿越的地质土层，大大降低了施工难度，加快了施工速度。

预应力锚杆施工技术：本工程基坑支护预应力锚索采用4束15.2mm，1860级钢绞线，锚索总长18m。锚索水平间距1.4m，自由端长度10m。锚索成孔方式采用套管跟进成孔，孔径150mm入射角度30°或35°，浆体材料为42.5普通硅酸盐水泥，注浆用水泥量达到120 kg/m采用一次高压注浆工艺，水灰比0.4～0.45，注浆压力25MPa，锚固体设计强度为25MPa。

深基坑施工监测技术：基坑围护结构沿垂直方向水平位移的监测：用测斜仪由下至上测量预先埋设在墙体内测斜管的变形情况，以了解基坑开挖施工过程中基坑支护结构在各个深度上的水平位移情况，用以了解、推算围护体变形。邻近建筑物沉降监测：利用高程监测的方法来了解邻近建筑物的沉降，从而了解其是否发生不均匀沉降（图3、图4）。

图 3　基坑支护　　　　　　　　　　图 4　基坑支护

3. 地库跳仓法施工技术创新

本工程主楼地下 4 层，车库地下 3 层，基础筏板混凝土量大，这给混凝土的供应和现场调度以及基础阶段现场布置带来很大难度，又由于是超大体积混凝土，技术要求高，必须使混凝土不产生施工冷缝，因此事关重大，务必引起高度重视，为了确保底板大体积混凝土的顺利浇筑，保护大体积混凝土的浇筑质量，项目经理部将专门成立大体积混凝土的领导小组，采用"跳仓法"施工工艺。本工程地下部分分东、西两大区域施工，共划分为 9 个施工仓块（东区 4 块仓块、西区 5 块仓块）。针对本工程施工的实际情况结合图纸设计底板厚度及混凝土配比，本工程封仓间隔时间选用 7 天（图 5）。

图 5　地库分段施工图

4. 超前止水及提前降水技术创新

本工程处于汾河外滩，地下水位高，基坑开挖面积大，若长期降水能源消耗大，且会给周围地质环境带大巨大影响。项目部采取超前止水的施工工艺对基础、外墙后浇带进行处理，基础完成后可及时进行外墙防水、室外土方回填，提高场地利用率，降低因地下室结构长期暴露与昼夜温差产生结构裂缝的概率，消除了深基坑带来的安全隐患。

收缩基坑降水时间，降低施工费用，节约能源，有利于建筑业的可持续发展。关于封闭基坑中的降水井，项目部参考相关方面的文献，请行业专家进行论证，凭多年的封闭降水井的经验和同行们提出的先进办法进行综合，取之精华。为了保证封井工作的一次成功，并要使其所封之井滴水不漏，项目部严格遵照封井工艺流程和严把工程材料关。

5. 外墙保温施工工艺创新

本工程地理位置独特，社会关注度高，且外墙施工工期紧，传统的外墙保温施工工艺与本工程绿色施工的高定位高起点不符。

为完美的体现设计要求，突出本工程的亮点，本项目外墙采用保温装饰板系统。该系统的结构原理是基于保温装饰板外墙外保温系统，同时由于保温层采用热固性改性聚苯板，所以外墙保温装饰保温装饰板的保温性能及外观造型都等达到很好的效果。

项目部采用的一体板板块较大，虽整体工程量大，但安装工艺相对简单，施工速度快，保温性能优异，造型美观大气（图6）。

三、管理措施及实施

1. 安全管理措施。 该工程安全管理措施较多，其中的重要安全措施有以下两方面：

（1）基坑安全技术措施

图6　外墙效果图

本工程基坑开挖面积约为 5 万 m^2，深度 12.85～21.25m 之间。基坑存在有上层滞水（水位埋深为 4.2～7.50m）及层间潜水（水位埋深为 15.2～22.8m）。基坑南北护坡桩与长兴南街距离为 5m。因此，基坑开挖时保证长兴南街的道路安全至关重要。

根据该工程的实际情况最终确定采用网眼钢管井降水，能最大限度地减少对周边环境的影响。基坑南侧采用帷幕桩加预应力锚索支护形式能否达到长兴南街沉降要求，也尤为关键。

通过对临近长兴南街处的基坑支护进行优化来解决：采用 $\phi 850mm$ 三轴水泥搅拌桩，间距 600mm，每幅成桩 3 根，相邻幅段搭接一根桩，采用"二喷二搅"施工工艺。在支护桩施工完成具备一定强度方可开挖，在凿除桩头后，可进行桩顶冠梁施工。根据设计要求，基坑顶部及侧面需进行喷面支护，平台以上的面层施工在开工后即可进行，桩间的面层需在平台下基坑土方开挖后进行。在灌注桩和冠梁具备开挖强度后，可将土方开挖到锚索施工位置后，进行锚索施工。同一排预应力锚索注浆完毕后，即可进行冠梁施工，冠梁拆模完成并具备一定强度后，再进行腰梁安装施工，腰梁采用混凝土腰梁（腰梁施工工艺基本与冠梁相同），腰梁应确保与锚索轴线方向垂直。

（2）2 号楼连廊高处作业安全措施

本工程 2 号楼避难层 16 层（49.5m）、31 层（96m）设计了应急连廊，因主体结构时外脚手架采用全钢智能提升脚手架，故连廊部位外挑结构未能同步施工。爬架拆除后，项目部编制连廊专项施工方案，采用 BIM 技术模拟应急连廊的支模体系搭设、混凝土浇筑以及后期支撑体系拆除的全过程，给管理人员和施工班组进行动画交底，给项目部实际施工提供了理论数据。

2. 绿色施工管理措施

绿色施工是该工程实现绿色发展的一个重要环节。该工程绿色施工实践活动是贯彻落实绿色发展观的具体体现，是建设节约型社会、发展循环经济的必然要求，是实现节能减排目标的重要环节。该工程严格按照住房和城乡住建部《绿色施工示范工程导则》和《建筑工程绿色施工示范工程评价标准》组织施工和自评。

（1）绿色施工策划

首先确定绿色施工管理目标："山西省建筑安全标准化优良工地"和"山西省绿色施工示范工程"。项目部策划制定绿色施工示范工程实施方案，制定全体作业人员绿色施工教育培训计划，并确定相应的费用支出计划。力图突破过去仅局限于选用环保型施工机具和实施降噪、降尘等简单措施，最大限度地实现节地、节水、节能、节材以及保护环境和施工人员健康与安全的绿色施工目标。加强教育培训，营造绿色施工氛围。

（2）绿色施工目标的分解量化。

主要对环境管理目标、节水目标、节能目标、节约用地目标、节材目标进行更细化的分解，并进行具体数量化明确。

（3）因地制宜统筹节地措施

由于施工用地紧张，尤其是地下结构施工期间，采用护坡桩支护方案以减少基坑占用面积，同时节省土方开挖量达22%；采用跳仓法施工工艺，缩短了车库施工工期，车库顶板封顶后连接现场南、北两侧，形成环行道路。在车库顶板设置钢筋、模板加工厂；做好材料供应计划保证合理衔接，减少临时周转区占用；充分利用已完成结构面堆放材料，并优化布置（图7）。

（4）制定节水管理措施

现场用水由项目部统一计划管理，并对各单位进行计量控制，签订分包用水责任书；现场所有水龙头全部使用节能水龙头，杜绝跑、冒、滴、漏和长流水现象；在现场设两个尺寸为3000mm×2000mm×1000mm的雨水收集池，收集池雨水二次利用，达到节约用水；冲洗车辆、地泵等施工用水必须经过三级沉淀后用于洒水降尘使用，达到节约用水的目的。本工程采用超前止水与提前封闭降水井的工艺，减少了工程建设过程中地下水的降水量（图8）。

图7 车库顶板跳仓施工图

图8 生活区浴室节水龙头

（5）全面开展的节能工作

办公区冬季供暖均采用市政热力，杜绝私自锅炉取暖，节约能源，保护空气环境。办公区、生活区夏季室内空调温度设置不得低于26℃。生活区设置太阳能热水器，满足职工使用；办公、生活用房的屋面、外墙施工时加强保温隔热系统，降低热桥效应。项目部与各分包单位签订用电管理协议，用电均计量管理。施工现场均采用节能环保型的施工器械，合理安排工序，提高其使用效率，并按时保养、检验，确保其保持低耗、高效的状态。现场照明除低压照明外一律采用LED节能灯具（图9~图11）。

（6）各个施工环节的节材措施

结构施工期间，采用BIM技术对钢材等主材进行准确翻样，集中配料加工，提高了钢材的利用率（图12、图13）。

本工程模板体系采用可回收利用的铝合金模板代替传统的木模板，施工前项目部与厂家进行深化设计，工厂加工成型，现场直接组装拼接（图14、图15）。

二次结构施工前，项目部技术人员对砌块排布进行优化，提高的砌块利用率。废弃的加气块，项目部统一回收粉碎另作他用（图16、图17）。

图 9 生活区 LED 照明

图 10 楼内 LED 照明

图 11 生活区太阳能热水器

图 12 钢筋排布图

图 13 钢筋排布图

图 14 铝模支撑实体图

图 15 铝模支撑实体图

 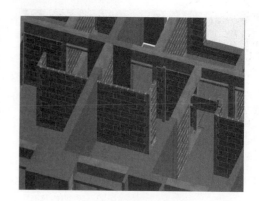

图 16　砌体排布渲染图　　　　　　图 17　砌体排布渲染图

装饰施工期间，木制品及木装饰用料、石材、玻璃等各类材料均在临近的工厂定制加工，就地取材运至现场直接使用。

现场料具分类入库，不用材料及时清退出场。统计分析实际施工材料消耗量与预算材料消耗量，有针对性地制定并实施关键点控制措施，比如在施工过程中动态控制混凝土计划，减少其浪费。

（7）充分实施环保措施

现场施工道路全面硬化，定时洒水、压尘。在道路的围墙一侧设明沟排水；排水沟上盖铁篦子，并设尺寸为1200mm×1000mm×800mm的沉淀池。基坑、道路两侧采用定型化防护栏杆，可周转使用。塔吊大臂上安装防尘喷淋头，定期打开，降尘处理。在工地大门内侧分别设洗车池，配套设尺寸为1500mm×1000mm×800mm的沉淀池，使洗车池和沉淀池联通，并设高压泵冲洗、清洁出场车辆轮胎，清理剩余的混凝土和杂物，防止出场遗撒，污染路面。所有地泵、搅拌机等大型器具均搭设防护、隔音棚，并设地泵的沉淀池。对施工现场周边裸露封土方及时进行覆盖或进行绿化，利用花卉、草皮美化环境（图18~图21）。

图 18　道路喷淋　　　　　　图 19　塔吊喷淋

图 20　场地绿化　　　　　　图 21　洗车池

3. 项目信息化管理

针对分包多、总包协调管理工作量大的问题。总包项目部采用"智慧工地"等先进的信息管理手段辅助项目的各种管理工作，总分包各方信息的传递、交流工作变得快速有效，简便了项目信息管理工作（图 22、图 23）。

图 22 现场监控系统化

图 23 分包劳务管理系统化

四、项目管理效果评价

1. 现场履约

工期管理：项目部如期完成了施工总承包合同约定的内容，在总承包过程中协调甲方完成对专业分包、供货商的招投标、设计协商等大量工作，保证项目有序健康的运转，取得业主的信任。本工程在 2017 年 10 月 8 日完成了工程竣工验收，并于 2017 年 11 月 1 日完成了竣工验收备案。

质量管理：通过精细化管理，实行过程精品，样板引路等措施，本工程质量自始至终处于受控状态，未发生一起质量事故，得到业主、监理、质监部门的一致认可，顺利通过华润置地第三方（深圳市瑞捷建筑工程咨询有限公司）交付评估，并取得了较好的成绩。

安全、文明施工：本工程在施工过程中未曾发生伤亡事故，荣获 2018 年度"山西省建筑安全标准化优良工地"。

2. 获奖情况

（1）2016 年度获得"山西省绿色施工示范工程"称号。
（2）2016 年度获得"太原市十佳工地"称号。
（3）华润置地第三方实测实量评估优秀单位奖。
（4）2016 年度获得"华润置地优秀供应商"称号。
（5）2017 年度荣获山西省工程建设施工企业优秀 QC 小组一等奖。
（6）2017 年度荣获中国施工企业管理协会 2017 年度工程建设优秀质量管理小组二等奖。
（7）2018 年度获得"山西省建筑安全标准化优良工地"称号。

3. 社会效益

2017 年 12 月 10 日至 30 日，华润中心悦府一期项目迎来了业主开放日，项目以最虔诚、最开放的态度提前接受华润业主的检阅，业主们对此次开放活动非常满意，纷纷表示对入住新家充满了期待，很多业主纷纷在园区里楼栋前合影（图 24、图 25）。

图 24　业主开放日现场　　　　　　　　图 25　业主开放日现场

五、体会

项目部结合本工程地理位置及社会环境，正确识别该工程的管理重点和难点，以人为本，以安全为前提，科技和管理创新并重，以绿色施工措施大幅减轻本工程施工过程中对自然环境、社会环境的影响，缩短了施工工期，节约了施工成本，得到业主及社会方面的好评。该工程全面实现项目管理目标，顺应了新时代特色社会主义绿色发展的要求。

创新管理模式　助力供气北京

——北京兴油工程项目管理有限公司大唐煤制天然气管道北京段（古北口-高丽营）工程PMC项目

赵　良　何自华　钱　伟　盛　苗　管加州　周邦国

【摘　要】 本项目作为北京市重点工程，采用PMC项目管理模式，通过项目全过程合法依规管理，克服了地方协调及山区段施工难度大等困难，安全高效地完成了工程建设，实现了北京市政府要求的供气目标，缓解了北京市冬季用气压力。

【关键词】 PMC模式；全过程管理；合法依规；供气目标

大唐煤制天然气管道北京段（古北口—高丽营）工程建设项目是保障北京今后一段时期供气的重要措施。该工程受到北京市政府、中国石油集团公司领导的高度关注，被列入2012年北京市重点工程建设项目和重大项目行政审批绿色通道、2013年北京市政府"折子工程"。在北京市各级政府的大力支持下，在各参建单位的共同努力下，该工程于2013年12月18日试运投产，2017年9月27日通过竣工验收。

本工程采用目前国际上先进的"业主＋PMC＋EPC"的项目管理模式，北京兴油工程项目管理有限公司承担该工程项目管理承包（Project Management Contracting）（以下简称PMC）工作，代表业主负责项目核准、专项评价、设计、采购、施工、试运投产、专项验收、结决算、竣工验收等全过程管理，对项目质量、安全、进度、投资等进行控制，全面完成各项管理目标。

一、背景及选题

1. 工程概况

本工程起自古北口长城穿越处，止于高丽营末站。沿线经过北京市密云县、怀柔区、顺义区等3个县（区）。年输气规模40亿方，线路总长110km。其中古北口－密云分输站段长60km、设计压力7.8MPa、管径914mm，密云分输站－高丽营末站段长50km、设计压力10MPa、管径1016mm，管道材质均为L485。设站场3座，为巴克什营首站、密云分输站和高丽营末站，设阀室8座。沿线山体隧道穿越2处，大中型河流穿越15处，铁路穿越4处，公路穿越10处。如图1、图2所示。

2. 选题理由

（1）低碳经济与环境保护已成为当今世界发展主题。本工程可以满足北京市高速增长的用气需求，优化能源结构，促进节能减排，实现建设"绿色北京"的发展战略。

（2）本工程为打通大唐克旗煤制天然气供应北京的通道，促进全国首个煤制天然气示范项目的顺利实施。

（3）本工程是2011年底中石油集团公司与国际接轨并开展《工程建设项目PMC模式研究》之后，第一个实施PMC模式的管道项目，意义深远，影响巨大。

3. 实施时间

2012年2月17日项目核准，2012年7月12日开工，2013年12月18日试运投产，2014年9月1日~2016年11月18日通过环境、安全、水土保持、职业卫生等专项验收、决算审计、档案验收，2017年9月27日通过竣工验收。

图 1　工程线路走向示意图

图 2　高丽营末站工艺区

二、项目管理及创新特点

1. 项目管理重点及难点

（1）管理重点

由于工程政治重要性和性质特殊性，树立良好项目管理形象、优质高效实现工程目标、确保项目合法依规建设、严格开展工程项目结算等是项目管理重点。

（2）管理难点

1）地方协调难度极大

本工程管道所处区域在北京辖区，社会人文与自然环境对施工要求高，征占地、拆迁、赔偿等涉及的地方协调工作难度大，阻工问题经常发生，影响工程连续、顺利施工。如图3所示。

图 3　苍术会隧道阻工

2）控制性工程较多

管道穿越山体隧道2处、大中型河流15处、铁路4处、公路10处，成为制约工期的控制性工程，需要提前开展施工图设计、办理通过权手续、做好施工准备等工作。

3）山区石方段施工难度大

本工程共110km管道，约53km为山区石方段。管道连续翻越山丘、沟谷，局部需削方，管沟需爆破开挖，施工比较困难。尤其是车道峪65°陡坡段，长度192m，受制于地方协调因素进场较晚，PMC项目部组织施工单位优化施工方案，采取两头向中间扫线，扫通后分段开挖，分段管线预制，分段斜坡组焊，按期完成车道峪陡坡段施工，为按时投产提供了强有力的支持。如图4所示。

2. 项目管理创新特点

（1）项目管理模式创新

PMC 作为一种工程建设管理模式，经历了一个自然发展过程，起源于中东，成熟于欧美，影响于中国。为响应中石油集团公司号召，本工程采用"业主＋PMC＋EPC"项目管理模式，中石油北京天然气管道有限公司（承担业主）、北京兴油工程项目管理有限公司（承担 PMC）和辽河石油勘探局油田建设工程一公司（承担 EPC）设置了强有力的领导机构，选派了优秀的管理人员组织项目实施。业主监督 PMC 对项目实施全过程管理，拥有决策权和知情权；PMC 代表业主对 EPC 总承包商进行管理，拥有管理权；EPC 负责设计、采购和施工，拥有实施权。

（2）PMC 项目管理范围广、内容深

本工程 PMC 项目管理工作主要包括设计审查、造价咨询、设计管理、采办管理、外协管理、计划

图 4　车道峪陡坡段

管理、投资合同管理、QHSE 管理等内容，管理内容较多，介入较深。项目管理范围从项目核准、专项评价、初步设计直至招标、施工、试运投产、专项验收、决算审计、竣工验收，参与项目全过程管理，范围较广，跨度较大。本工程是继兰银输气管道工程之后，中石油第一个实施 PMC 全过程管理的管道项目。

（3）项目管理信息系统的有效应用

项目管理信息系统在本工程的建立与应用转变了各参建单位的沟通管理观念，为后续在大型项目上推动信息化管理具有重要意义。同时，本工程是中石油系统内第一个应用信息管理系统完整录入竣工资料的项目，实现了工程信息的高度共享，达到了国际先进水平，为国内工程项目竣工资料管理起到了表率作用。

（4）项目建设合法依规

工程建设期间，项目严格按照基本建设程序，做到了合法依规。工程于 2012 年 2 月 17 日取得北京市发改委核准。2012 年 6 月 20 日之前办理完成建设用地规划许可证、地震、地灾、节能、水保、安评、职评、环评、压矿、文物等九大专项评价。2012 年 7 月 12 日开工建设，PMC 精心策划组织工程实施，EPC 攻坚克难，2013 年 12 月 18 日工程试运投产，做到了开工、投产手续完备，实现了辅助工程同步投产。

（5）技术创新特点

从工艺系统构成优化、站场布局、设备选型、通信方式、自动化控制水平等各方面综合衡量，本工程已达到了当今世界天然气管道设计、建设的先进水平。主要体现在以下几个方面：

1）站场的三维设计

针对站场工艺专业中设备、管材、管件、法兰等规格总类较多，采用国际先进的三维设计软件进行施工图设计，确保站场施工图的设计质量。

2）站场的应力分析及设计

针对站场管线口径大，压力高，运用应力分析软件 CAESAR Ⅱ 计算分析了进、出站管道的应力、管道推力、管线位移等内容，并通过应力结论，评定其进、出站管道的安装设计，与厂家确认设备管口受力，确保站场进出站管道、设备的运行安全、可靠。

3）阴极保护及防腐专业

线路部分低山、丘陵地段考虑设置智能电位采集系统掌握沿线阴极保护状况。对于有可能出现干扰的地区，根据相关规范要求进行交/直流干扰防护安全防护设计，交流干扰段采用固态去耦合器加裸铜线的排流保护措施。

三、项目管理分析、策划和实施

1. 管理问题分析

（1）进度管理重点分析

本项目于 2012 年 7 月 12 日开工建设，由于地方协调难度较大，截至 2013 年 7 月才焊接 41 公里。为加快推进工程实施，保证年底前用得上。工期十分紧张，任务十分艰巨。

（2）质量管理难点分析

1）管道焊接质量控制：山区段作业区域受限且风沙较大、大多采取沟下焊，加之线路敷设坡度大，增大了管道对口难度，焊接过程中容易产生气孔或错口等缺陷。

2）管道防腐补口、管道下沟回填及配重块的埋设：本项目沿线水域穿越较多，且多为山区、丘陵地带，防腐补口、管道埋深及配重块的埋设将直接关系到后期运营的安全管理。

3）关键工序施工的监督检查：对站场隐蔽工程、线路清管、试压、干燥和管道连头及"金口"质量管理，必须严格按照程序实施，须得到 PMC、提前到位运营人员的共同确认。

（3）投资管理难点分析

项目试运投产后，受制于北京市密云县赔偿费结算难度较大以及不可预见问题（密云县 90 公里管线，涉及 8120 余户，补偿面积约 7000 亩，地上物种类涉及树木、大棚、鱼池、养殖场等 59 类，各类林木 69 种；同时密云县主管本项目拆迁赔偿的政府部门大面积更换领导），结算工作滞后，直至 2016 年 10 月完成结算工作。

2. 管理措施策划实施

项目伊始，通过全面分析和细化分解，PMC 项目部紧紧围绕工程重点和难点，编制项目总体部署和实施计划，建立项目管理体系，科学策划，统筹部署，明确业主、PMC、监理、EPC、施工单位等单位责任界面和工作流程，确保项目合法依规建设、安全高效运行。

（1）进度管理措施

1）组织编制切实可行、科学合理工程进度计划。项目伊始，PMC 项目部组织编制项目总体部署、实施计划，配合业主宏观安排全年工程建设工作。

2）监督进度计划执行情况，实施计划动态管理。项目实施过程中，PMC 项目部组织对项目计划执行情况进行整体评审与预警，分析限制条件、风险因素、资源状况，对进度计划执行情况提出分析报告，监督各参建单位调整资源，确保项目计划的顺利推进。

3）本工程管道所处区域属北京辖区，征地、拆迁、补偿等涉及的地方协调工作难度极大。PMC 专门成立外协部，投入较多外协力量，与北京市政府委办局等部门进行汇报交流，解决协调难点问题，配合地方政府开展清点、评估、入户赔偿和解决阻工等工作。

4）针对施工作业面小、点多、分散广的特点，PMC 项目部组织施工单位研究制定施工方案，优化各类资源配置，提高工作时效，联络地方政府协调解决阻工问题，保障各作业面及时进场施工。

（2）质量管理措施

1）PMC 项目部组织建立四级质量监督控制和保证体系，从设计、采购、施工等环节进行全过程的质量跟踪监督、控制。提倡用人的质量来保证工作质量，用工作质量来保证工程质量，全面贯彻"三全"质量管理思想和方法。

2）充分利用项目管理信息系统开展无损检测管理工作，提高无损检测工作的透明度和管理效率，提高无损检测单位的责任意识，创新无损检测管理思路。

3）建立逢错必报的不符合项管理制度，推出 PMC、监理、EPC 之间 1：3：6 的不符合项管理模式，促进 EPC 承包商提高自主管理水平。如图 5 所示。

（3）安全管理措施

1）PMC 项目部按照"直线责任、属地化管理"原则，建立和明确 HSE 管理机构及岗位工作职责。在现场实施"施工作业面 HSE 条件确认"制度，将现场施工 HSE 风险清单化，符合要求后方可开展施工，从而事前控制风险。

2）通过日常巡检、周检查、月检查、汛期防汛物资以及埋深、细土回填、防腐层破损、防腐补口、管沟开挖等专项检查结合的方式，对各单位现场施工安全措施、防汛物资和施工监督人员进行检查，确保施工现场安全防护措施到位。

3）针对汛期山区作业，组织施工单位对施工难点、陡坡、易坍塌地段制定施工方案和控制措施，避免出现滑坡、高空坠物而形成安全隐患。

图 5 PMC 检查焊缝外观质量

4）针对北京冬季现场取暖安全问题，进行防煤气中毒和用电取暖专项安全检查，对各参建单位项目驻地冬季用电取暖和煤炉使用情况进行安全检查。

5）每周三组织对各施工现场进行安全检查，并不定期组织抽检和联合检查，针对现场存在的风险提出整改措施，并组织编制周（月）安全检查报告，督促施工单位对检查问题进行整改，实现闭环管理。如图 6 所示。

图 6 PMC 组织现场安全检查

（4）投资管理措施

本工程批复概算总投资 374658 万元，实际完成总投资 372960 万元，节余投资 1698 万元，节约投资 0.45%。

1）分解平衡批复概算，有效控制工程投资。在概算批复后，PMC 项目部进行概算的分解细化，并进一步细化合同台账，加入了"概算分解金额""合同支付情况""年底预计完成金额"等栏目，便于对比与分析。同时，PMC 项目部每月 25 日对合同执行情况进行统计分析，并建立预警机制。

2）加强设计变更及现场签证管理，严格执行审批程序。PMC 项目部编制《设计变更、现场签证管理规定》，组织现场监理、设计单位进行现场勘查，并召开设计变更专题会议，严格执行审批程序，有效控制设计变更及现场签证费用。

3）针对赔偿费超概的情况，PMC 项目部一方面配合业主加强与三区县的沟通协调，尽量避免或减少赔偿费的发生；另一方面及时编制情况反映报告、超概请示报告，分析超概原因，通过业主公司向上级主管部门汇报，提前预警并确定下一步工作原则。

（5）PMC 成本管理措施

PMC 合同费用为 2645 万元，实际支出 1940 万元，创造利润 705 万元，盈余 26.7%。

为控制 PMC 成本支出，PMC 项目部成立后，立即编制项目成本规划方案报公司审批。项目执行过程中，优化人员岗位设置，控制租车租房成本，完善项目考核机制，实现了降本增效目标，为公司创造了丰厚的利润。

3. 过程检查控制

（1）资源管理

PMC 项目部精心策划项目管理，统筹部署项目资源，确保人力、物资、技术、资金等资源满足项目实际进展需要。尤其是在项目投产前的攻坚阶段，在各方的通力协作下，三个月时间完成了剩余近 60 公里焊接任务，11 月份完成试压、连头，12 月 18 日试运投产，提前实现了北京市政府要求的供气目标。具体过程检查控制措施如下：

1）PMC 项目部内部通过人员调遣、培训、专家支持等方式，满足项目管理人员实际需要。

2）PMC 组织对项目的技术、人力、施工设备、工程材料与设备等资源实施动态监控与评价，根据监控与评价结果组织开展相关培训与考核工作。

3）PMC 组织对业主进度款拨付以及 EPC 对分包商进度款拨付情况进行动态跟踪，分析资金对项目造成的影响，并组织开展协调活动。

4）PMC 组织专家对施工图设计、危险性较大的分部分项工程、专项施工方案进行审查，提供技术支持。

（2）风险管理

PMC 项目部成立伊始，通过开会分析研究、专家支持等方式，根据项目管理手册、以往项目经验教训等组织编制了项目风险管理计划，确定了风险管理计划执行过程中各参建单位的职责、风险的类别、风险的概率和影响等内容。然后通过德尔菲技术和 SWOT 分析方法进行识别风险，形成了风险登记册。

针对工程项目前期阶段、施工阶段、项目试运行与竣工验收阶段等不同实施阶段的风险，进行识别并分析，找出风险源，并采取相应的风险应对措施，以达到最大限度的消除或减小风险的目的，保证工程的顺利实施。

截至项目竣工验收，PMC 项目部共发出不符合项 2733 项，其中质量不符合项 1066 项，HSE 不符合项 1586 项，资料不符合项 81 项。PMC 项目部共组织 QHSE 专项检查 12 次，周检 40 次，月检 16 次，并形成检查报告督促 EPC 进行整改。PMC 项目部坚持每周进行风险识别，对风险进行动态分析有效管控，提高各单位风险意识，通过对风险的分析做到事前预警、过程监督、事后分析，共形成 58 期风险分析报告，有效的保障项目的风险管理，实现项目的既定目标。

4. 方法工具应用

（1）信息系统和移动智能终端

PMC 为本工程开发并定制了项目管理信息系统，包括"我的桌面""信息管理""文件报审""综合报表""进度管理""无损检测管理""不符合项管理""采办管理""工程记事""工程资料""文库管理""质量报验""竣工资料"共计 13 个模块。通过信息管理系统，PMC 组织各参建单位每天录入施工记录、监理日志、工程报验资料等资料，做到了无纸化办公，做到了竣工资料管理及时有效，避免项目完工后重新补资料的被动情况。如图 7、图 8 所示。

在项目管理信息系统的基础上，PMC 设计并开发适合本工程现场项目管理的移动智能终端（App），包括不符合项、监理日志、GPS 定位、QHSE 检测、施工动态、施工影像、检测影像、焊口检查、人员二维码、设备二维码、扫一扫、加载数据等功能，实现了数据随时填报，随时更新，数据的及时性和综合利用率显著提高。如图 9、图 10 所示。

（2）赢得值曲线

目前，国际上先进的工程公司已普遍采用赢得值法进行工程项目的费用、进度综合分析控制。为达到同期国际先进项目管理水平，PMC 项目部采用赢得值法进行费用、进度综合分析控制，作为向各参建承包商拨付工程进度款的依据，同时每月编制进度、投资分析报告报业主决策。如图 11 所示。

图 7 项目信息管理系统登录页

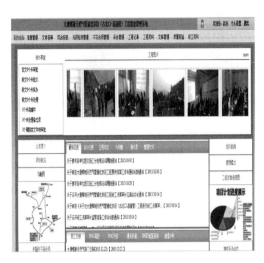

图 8 项目信息管理系统首页

图 9 手机移动智能终端

图 10 手机移动智能终端功能模块

大唐煤制天然气管道北京段工程项目的评价指标如下：

进度偏差（SV）＝已完工作预算费用（BCWP）－计划工作预算费用（BCWS）

费用偏差（CV）＝已完工作预算费用（BCWP）－已完工作实际费用（ACWP）

根据大唐煤制天然气管道北京段工程赢得值曲线，可知：SV＞0，CV＞0。说明进度提前，费用节余。

四、管理效果评价

1. 经济和社会效益

（1）提前实现了北京市政府要求的供气目标，有效缓解了北京市天然气供给压力，为国家能源战略的实施、北京市发展及"蓝天工程"做出重要贡献。

（2）创造了中石油在地方拆迁补偿工作无上访记录。

（3）未发生质量、安全和环保事故，实现了工程质

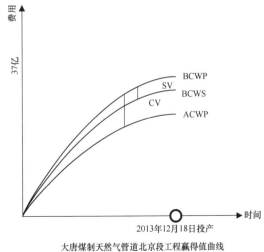

大唐煤制天然气管道北京段工程赢得值曲线

图 11 项目赢得值曲线

量、HSE 等目标。

（4）工程投资节余 0.45%，PMC 成本盈余 26.7%，实现了工程投资目标和 PMC 成本控制目标。

（5）PMC 完成合同履约，做到了项目全过程合法依规管理，为后续长输管道工程项目管理模式的选择具有重要指导意义。

（6）创造了中石油管道工程在全国范围内的赔偿记录，为其他在北京地区建设的陕京四线、宝香西联络线等同类工程提供了借鉴作用。

2. 获得奖项和成果

（1）中石油北京天然气管道有限公司"先进集体"。

（2）中国石油天然气集团公司"青年文明号"。

（3）《大唐煤制天然气管道北京段工程 PMC 项目管理实践研究》获得中石油优秀论文一等奖，并在国家公开刊物发表。

科学筹划　技术先行　保障地铁暗挖马头门进洞安全管理
——北京住总集团有限责任公司地铁 6 号线西延 03 标土建工程

薛　炜　薛建领　亓凤龙　刘　冬　文永刚

【摘　要】 北京地铁 6 号线西延 03 合同段包含廖公庄站、廖公庄站～田村站区间，是北京市重点工程。车站及区间均采用"浅埋暗挖法"施工，工程地质以砂卵石为主，局部为杂填土、粉细砂以及碎砾石地层，对暗挖安全存在较大影响。经统计，本工程车站包含的竖井及横通道、小导洞、初支扣拱，区间包含的横通道、正线等马头门破除及进洞数量达 150 多个，且各洞室之间净距小，而马头门破除由于对原初支结构造成破坏，为受力薄弱部位，极易造成坍塌等严重事故，这对本标段技术、安全、施工管理及专业施工能力提出了很高的要求。项目部针对此特点，通过科学筹划，提前制定针对性的技术措施，精细管理并做好过程控制，圆满完成了本标段所有暗挖工程，保障了安全目标。

【关键词】 技术先行；暗挖；马头门；安全管理

一、项目成果背景

1. 工程概况

北京地铁 6 号线西延 03 合同段，包括廖公庄站、廖公庄站～田村站区间，造价约 6.5 亿元。本标段起止桩号为 K6+463.753～K8+727.274，全长 2263.821m。其中，廖公庄站采用 PBA 工法施工，设置 4 个临时竖井及横通道进行开挖，车站为双层三跨和双层四跨结构，岛式站台宽 14m，车站总长 237.6m，结构覆土约 5.66～12.99m。车站共设置 4 个出入口、2 组风亭、4 个安全口。区间采用正台阶法施工，总长 2026.221m，设置 5 个临时竖井及横通道进行开挖。车站及区间总平面图如图 1、图 2 所示。

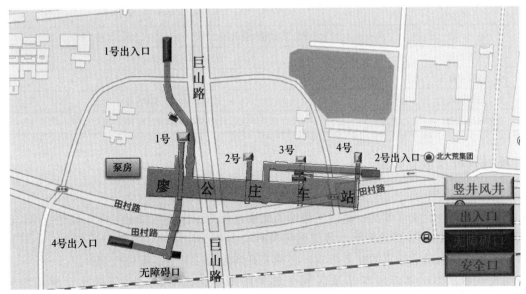

图 1　廖公庄站总平面图

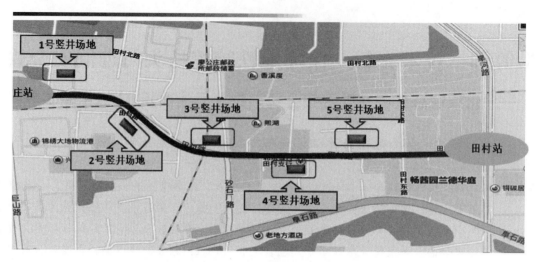

图 2 廖公庄站～田村站总平面图

2. 选题理由

（1）近年来，由于城市化发展进程及发展规模迅速壮大，地铁工程已成为城市发达成都和发展潜力的重要标志，而随着城市商品房和基础设施的不断发展，传统的明挖法已越来越受到各因素制约，适用范围急剧降低，浅埋暗挖法因其对地面及附属的建（构）筑物影响程度低而越来越被广泛使用，而马头门作为暗挖工法中最为关键的工序，对暗挖施工安全的影响最为明显，因此，有必要对马头门破除及进洞进行科学筹划及管理。

（2）本标段为我公司成立以来第一个中标的全暗挖工程，集团公司将本项目列为暗挖工程人才培养基地，承担着为集团公司培养暗挖专业技术、管理人才的重任，确保项目人员从安全环保、技术质量、施工组织、成本控制等多方面学习，成为暗挖综合管理人才。

（3）本工程目标争创"北京市结构长城杯""北京市竣工长城杯""北京市安康杯"等多项成果，要求严、标准高，安全质量管理要求高。

3. 实施时间

具体实施时间如表 1 所示。

项目实施时间表　　　　　　　　　　　　　　　　　　　　　表 1

总实施时间	2014 年 4 月～2016 年 8 月
分阶段实施具体如下	
管理策划	2014 年 4 月～2014 年 7 月
过程实施	2014 年 5 月～2016 年 8 月
过程检查	2014 年 5 月～2016 年 8 月
取得成效	2014 年 6 月～2016 年 8 月

二、项目管理及创新特点

1. 管理重点及难点

（1）工期紧张，社会关注度高。地铁工程均为北京市及海淀区重点民生工程，且建设单位已明确将 2018 年确定为 6 号线西延线路通车年，各级领导及社会各界关注度高，工期已经锁死，一旦出现安全事故或者工期延误均会造成严重的社会影响，必须上升到政治任务的高度进行管理。

（2）马头门数量多。本标段车站及区间全部采用暗挖法施工，马头门破除及进洞数量达 150 多个，其中车站设置的每个横通道向两侧破除小导洞马头门数量多达 18 个，小导洞之间的净距仅约 3m，极易形成"群洞效应"造成坍塌等不利影响，另交叉施工频繁，如组织不力会对工期、成本目标形成制约。

（3）地质条件复杂。本工程地质以砂卵石为主，但存在局部为杂填土、粉细砂层以及碎砾石等多种不良地质，对施工影响较大，复杂的工程地质为本项目的难点之一，必须分别针对不同的地质采取不同的预加固、预支护等措施，方可保证暗挖安全。

（4）环境风险突出。本工程涉及的风险源数量多，其中车站垂直横穿市政公路巨山路为一级风险源，覆土深度最小处仅约 5m，公路沉降标准控制值为 20mm；区间暗挖隧道下穿大台铁路及 101 铁路等特级风险源，铁路沉降标准控制值仅为 10mm；如马头门破除及进洞开挖措施及管控不到位，将会对公路、铁路以及运营车辆、人身安全造成不可估量的影响。

（5）施工组织难度大。本暗挖工程开挖洞室数量多，且各洞室之间开挖的错距、顺序均有特定要求，因此马头门破除的顺序必须精准组织、合理协调，如破除步序组织不合理，将会造成作业人员大量窝工及工程安全隐患。

2. 创新特点

项目部针对本工程实际地质情况及环境风险，制定一系列的创新措施，如表 2 所示。

项目创新汇总表　　　　　　　　　　　　　　　　　　　　　　　　　　　　表 2

序号	创新项目	技术攻关路线	取得的效果
1	视频培训，科技交底	对一线作业人员利用视频进行培训学习并讲解的交底方式，真正使操作者理解透彻	合格的操作者
2	执行破除前条件验收程序	对每一个马头门，在破除前均加固情况、视频是否到位、地层加固情况、监测点布置以及应急物资到位情况等由参建各方，现场共同核查	完善程序
3	工钢门式框加固马头门	破除马头门前，对初支结构采用工钢进行加固支撑，确保受力转换合理	受力转换合理
4	不同地质，不同的预注浆加固地层	对杂填土、粉细砂层、碎砾石以及砂卵石等采用不同的预注浆方式	改良地质条件
5	分部破除马头门	上、下台阶分部破除，环形破除预留核心土，确保安全	快速封闭，加强支护
6	错距开挖	上下导洞、同层相邻、同层对侧开挖均错开一定距离进行开挖	减少扰动，避免群洞效应
7	及时回填注浆	马头门破除进洞一定距离后，及时封面回填注浆	充填缝隙，减小沉降
8	"周看图日"制度	每周开展，项目技术部组织管理人员讲解、学习图纸，使所有人员充分了解设计意图及规范条目	深入理解图纸
9	"样板引路"制度	对马头门破除每道工序，均进行首件验收，以验收合格的样板为后续施工制定标准	制定标准

三、管理分析、策划和实施

1. 管理问题分析

针对本标段全暗挖作业，需要破除的马头门数量多，地质条件复杂，环境风险突出且工期紧张等重难点问题进行分析，本工程项目的管理问题主要在于技术先行，以技术指导施工、科学筹划马头门破除步序、不同的地层预加固方案、马头门加固方式以及安全过程控制。要解决这些问题，必须针对问题做出策划并实施。

2. 管理措施策划实施

通过全面分析和细化分解,项目部针对本标段的工程地质情况、风险源情况以及工程自身结构方面的特点,紧紧围绕工程重点和难点,科学策划、加强落实和实施,确保在有限的工期内优质高效完成全部马头门破除及进洞的任务,得到了参建各方的高度评价。

(1) 目标策划

1) 工期目标:2014年4月开始进行本标段首个马头门的施工,2016年8月所有马头门工程全部完成。

2) 质量目标:验收合格率100%,为获得"北京市结构长城杯"创造条件。

3) 安全文明施工目标:"北京市绿色安全样板工地""北京市安康杯"等。

(2) 科技创新

1) 成立"探索者"QC活动小组,针对本标段全暗挖、复杂地质和马头门数量多的项目特点,开展课题研究并制定合理化措施。

2) 针对马头门数量多、各洞室开挖交叉频繁的特点,统筹考虑、合理组织、细化措施、严格管控、及时跟踪,避免出现窝工及进度延误等。

(3) 技术质量优化实施

1) 科技交底

技术部依据本标段的特点,将涉及的环境风险源、复杂地质、以采取的措施以及常见的问题和解决方法等制作成视频、图像以及PPT等声像资料,对所有一线作业人员及全体管理人员进行方式新颖、通俗易懂、生动形象的技术交底,使所有参建者更加直观、清晰的掌握具体的施工方法,相比传统的交底方式,科技交底的方式具有明显的优势,如图3所示。

图3 视频交底

2) 条件验收

对每一个马头门及进洞工程,均组织甲方、设计、监理、勘察单位相关人员,共同对施工必须达到的技术准备、应急物资准备、组织准备、人员准备等情况,按照条件核查表——核查,确保完全符合条件后方可开始进行施工,如图4所示。

3) 样板引路

本项目对所有工序均执行"样板引路"制度,针对马头门破除及进洞工程,对每个施工场地的首个马头门工程,均按照标准化进行要求及管控,做成"样板工程",后续马头门工程依照其标准进行施工,有效提升了工作效率及施工化水平,如图5所示。

4) 周看图日

技术部每周定期组织所有管理人员对本工程的设计图纸、执行规范以及专项方案等进行学习、讨

图 4　开工前条件核查

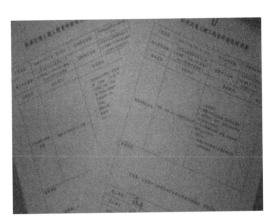 

图 5　样板引路

论，使所有管理人员都能更深刻的了解设计意图、掌握工程应达到的具体标准，并能及时发现图纸或现场存在的问题及难处，提前制定合理化的措施，大幅提升了管理人员的专业知识，保障了工程安全质量水平，如图 6 所示。

图 6　每周定期学习图纸

5）工钢门式框加固马头门

马头门交叉位置受力情况复杂，为提高初期支护的刚度进而保证进洞开挖安全，所有马头门破除前，对原有的初支结构采用工字钢门式框架进行加固，门式框与原初支结构焊接牢固并确保与初支结构密贴牢固，如图 7 所示。

6）不同地质，不同的加固方式

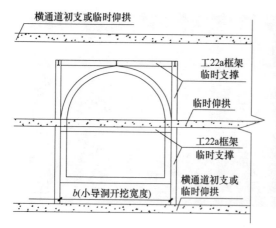

图 7 门式框加固马头门

本标段马头门数量多且线路里程较长，不同部位的马头门所处的地质情况也有所不同，地质主要分砂卵石、粉细砂层、碎砾石层以及杂填土地层，针对如此复杂的地层，项目部制定不同的地层注浆预加固方式，如表 3、图 8 所示。

地质加固表　　　　表3

序号	地质情况	加固方式
1	砂卵石	N25 水煤气管、壁厚 3.25mm，长 2m，每榀打设，环向间距 0.3m，外插角 10°～15°，浆液采用水泥浆
2	粉细砂层	N25 水煤气管、壁厚 3.25mm，长 2m，每榀打设，环向间距 0.3m，外插角 10°～15°，浆液采用水玻璃单液浆
3	碎砾石层	水泥单液浆，每循环 6m，注浆压力 0.5MPa，注浆范围为初支内 0.3m，初支外 1.0m
4	杂填土地层	水泥水玻璃双液浆，每循环 12m，搭接 2m，注浆压力 1.0MPa，注浆范围为初支内 0.5m，初支外 2.5m

图 8 超前小导管加固（左）及深孔注浆加固（右）

7）分部破除

为确保马头门破除及进洞的安全，减小因地层扰动带来的安全隐患，降低坍塌风险，对每个马头门均分上下台阶两部分进行破除及进洞开挖，施工时均采用环形破除及开挖方式，预留核心土确保安全，如图 9 所示。

8）错距开挖

错距开挖可以最大限度地减少地层扰动次数，防止因初支结构强度不足和群洞效应带来的开挖安全

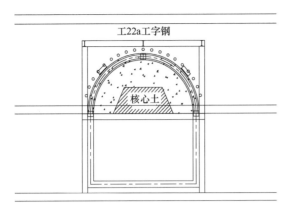

图 9 分部破除马头门

隐患,并有利于避免各洞室作业面的相互交叉干扰,易于保证安全及节点工期目标。错距开挖的主要要求如下:

① 先施工下导洞,后施工上导洞,下导洞超前上导洞 10~20m。

② 先施工两边导洞后施工中间导洞,相邻导洞开挖错开 1.5~2 倍 d(d 为小导洞开挖净宽)。

③ 同层对侧导洞应采用对角开挖,并待一侧导洞施工进尺超过一倍导洞净距后再施工另一侧。

④ 对向开挖时,中间预留一定长度土体,一侧停止开挖,由另一侧继续开挖,贯通开挖时注意贯通测量和纠偏。

⑤ 同一导洞开挖,上下台阶长度应保持在 3~5m,上台阶预留核心土。如图 10 所示。

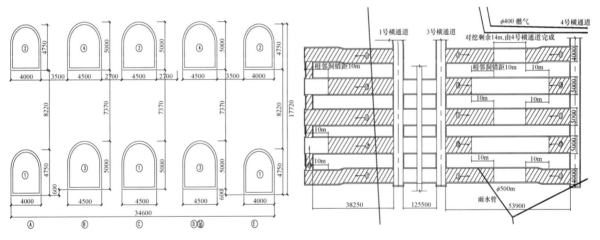

图 10 错距进洞步序图

9) 及时背后回填注浆

马头门破除进洞一定距离后,及时封闭掌子面并利于初支拱顶预留的回填注浆管进行注浆,以填充初支结构与土体之间的缝隙,减小地层沉降变形。

(4) 成本控制策划实施

1) 项目采用 PMS 项目管理软件系统,对工程进度、质量、安全文明、材料以及成本等进行控制,提交各类合同、台账、费用清单等至集团审批审核,确保成本透明、可控,如图 11 所示。

2) 工程项目开工前,按合同文件、工程量清单、施工图纸等文件,核算工程量,分析投标清单中的人、材、机等相关费用,制定成本管理实施方案。

施工过程中,一方面必须控制好施工现场的各个施工环节,严格从方案优化、材料采购、施工组织以及现场管理等多方面进行动态管理并成本控制;另一方面及时做好工程洽商、变更费用的签认,并纳

图 11　PMS 项目管理软件应用

入工程进度报表中，合约造价人员要熟悉施工现场情况，做好预算、计划、实际用量的三算对比，分析原因，做好成本分析和考核，实现成本管理目标。

材料采购严格执行集团公司采购制度，从集团公司供方合格名录中比选及购买，人工费及机械费也是控制成本的重要部分。

（5）工期管理策划实施

1）组织措施：成立工期保障组织机构，每周开展 2 次生产例会及定期开展工期筹划及总结会。

2）管理措施：从各级计划管理、交叉施工管理以及后勤保障等多方面加以控制。

3）合同措施：从加强合同签订的管理、加强合同交底、分析合同中影响工期的因素、控制合同的变更、工期索赔等方面进行。

4）技术保障措施：从工程技术保障、方案执行以及材料、设备、人员投入等综合进行控制。

3. 过程检查控制与方法应用

（1）由于本工程马头门数量大，而地质情况、环境风险等极其复杂，因此将本工程所有马头门提前编号，并对应编号将施工中的设计参数、具体措施以及验收标准等均详细列册，发放至一线管理人员手中，并做好样板引路，全程跟踪指导。

（2）项目实行末端表格化管理制度，对所有在施部位制定详细的验收规范表格，并要求各部门管理人员签字确认，有利于安全质量管控及责任追溯。

（3）每周一、四定期召开生产例会，对施工过程中发现的安全、质量、现场等各种问题进行梳理、总结，当场指定落实责任人及相关措施，后续施工杜绝类似问题再次发生，不断改进管理方法及施工工艺，形成书面总结。

（4）坚决执行自检、互检、专检的三检制度，贯彻责任奖惩制度，加强创优工程的学习，持续开展人员培训，提升人员岗位技能及项目安全质量管理水平。

（5）项目部利用 QQ、微信等网络平台建立"进度群""一线生产群""工程交流群"，并在每个工区地面及洞内、项目部办公楼处设立监控机房，远程监控并进行现场管理，提高管理效率及监督力度。

（6）在每个工区竖井口部均设置门禁系统，对劳务人员出入、考勤、工资发放等进行有效管理。

四、管理效果评价

1. 管理效果

（1）本工程车站主体结构于 2016 年 10 月通过建设、设计、勘察、监理以及质量监督单位的验收。

（2）项目通过项目严格有效的质量保证体系，本工程的整体质量处于受控状态，到目前为止本工程已获得：

1）北京市市政基础设施结构长城杯金质奖。

2）北京市绿色安全样板工地。

3）全国"安康杯"竞赛优胜班组。

4）本线路 2015、2016 年度进度履约优胜施工单位。

5）2015～2017 年北京市及全国 QC 活动一等奖。

2. 经济效益和社会效益

（1）经济效益

本项目通过对马头门工程的有效策划，过程中高效的项目管理提高了施工效率，降低了施工成本，增强了施工安全可靠度，成本得到有效控制，顺利上交了公司及集团的责任成本，并实现预期的利润。

（2）社会效益

施工期间，本项目一直在集团公司及地铁轨道公司的排名中名列前茅，先后多次接受了集团、公司和区建委的检查指导，其他施工单位多次来我项目观摩学习，为"北京住总"赢得了荣誉。

3. 项目管理水平提升

作为集团公司首个中标的全暗挖工程，项目部精心策划、注重过程精细管理，坚持技术先行、指导施工的原则，成功完成了本标段所有马头门及进洞工程。团队全员管理、积极创新，自身在技术水平、安全质量意识、管理水平方面均得到了提升，增强了管理人员的改革创新进取精神，使本标段项目部成为一支管理精英团队，为以后新建地铁工程培养输送暗挖人才。

抓进度 重质量 建高科技厂房精品工程

——中建一局集团建设发展有限公司福州第 8.5 代新型半导体显示器件生产线机电 B 标段项目

代宏峰 姚 强 亓 强 宋安山 刘树章 赵 锟

【摘 要】 福州第 8.5 代新型半导体显示器件生产线项目总投资 300 亿元，是迄今为止福州电子信息产业中单体投资最大的项目，填补了福建省电子信息产业大尺寸面板行业空白。相比于同类高科技电子厂房，本项目体量大，常规及专业设备多；工程建设周期短，参建单位多，协调配合难度大；建筑层高较高，施工难度大；洁净度要求高，洁净区与非洁净区穿插施工，环保要求高；作为当地重点光电产业工程，质量要求高。针对以上特点，作为机电 B 标段（成盒及彩膜厂房）施工单位，从进场伊始，精细策划，缜密部署，严格过程管控，进度与质量两手抓，积极进行技术及管理创新，及时高质量完成施工任务，在高科技厂房建设方面具有一定的推广及应用价值。

【关键词】 高科技洁净电子厂房；进度；质量；精品工程；创新

一、背景及要求

1. 工程背景

2015 年福州发展迎来了重大历史机遇，福州新区获批成为国家级新区。福州京东方第 8.5 代新型半导体显示器件生产线项目是福州新区获国务院批复后动建的首个重大产业项目，填补了福建省电子信息产业大尺寸面板行业空白，而且对福州延伸拓展电子信息产业链，推动福清电子信息产业迈上千亿台阶，具有重大的拉动作用。此外，显示面板产品更新换代迅速，显示面板生产线越快投产，对于占领市场具有很大的推动作用。

图 1 项目效果图

2. 工程简介

福州第 8.5 代新型半导体显示器件生产线（简称"福州京东方"）项目位于福州市融侨经济开发区，建筑面积约 83 万 m^2，包括 1 号阵列厂房、2 号成盒及彩膜厂房、3 号模块厂房等 23 栋建筑。其中机电 B 标段包括 2 号成盒及彩膜厂房支持区及办公区内暖通系统、给水排水系统、电气系统、气体动力系统、空间管理等施工内容。2 号成盒及彩膜厂房地上 4 层，建筑面积 23.97 万 m^2，包括支持区、办公区及核心区，建筑物尺寸为 300m×200m（图 1）。

3. 选题理由

本工程为福建省重点工程，社会关注度高。且本工程为高科技净化厂房，工期极短（实际施工时间仅 90 天），施工任务重，交叉作业众多，材料运输困难，工艺生产系统对机电施工质量要求高，且在施工过程中多次台风来袭。针对本工程高科技厂房建设的特点，项目团队以进度、质量为两条主线，在施工中积极进行技术及管理创新，通过精心策划、精细化管控，实现工程建设目标，施工期间，多次成功抗击台风，项目人员及财产未收到任何损失。投入运行后反馈良好，机电各系统运行平稳、满足生产工艺系统要求。通过本工程的项目管理成果可以对高科技厂房建设的施工策划及管理起到示范推广作用。

4. 实施时间

实施时间：2016年6月10日～2016年12月31日。

二、管理及创新特点

1. 管理重点

（1）本工程工期极短，工期为205日历天，机电B标段实际施工时间仅90天，工期延误将给业主带来巨大损失，项目部也将面对巨额索赔，工期不容延误。如何在短时间内组织好材料、劳动力、机械以及现场的协调配合，大规模快速进行机电系统安装，及时完成建设任务是本工程的首要重点。

（2）作为生产大尺寸电子显示屏的高科技洁净电子厂房不但对生产区的洁净度要求高，同时对施工过程的洁净度要求也相对较高。针对本工程生产区、支持区、办公区的各专业同时穿插施工，对施工洁净度的控制也是本工程管理的重点之一。

（3）本工程我公司作为2号厂房（成盒及彩膜厂房）的机电施工单位，同时肩负着2号厂房机电各参建方的协调管理工作；并且2号厂房在生产工艺环节上起到承上启下的作用，2号厂房属于工艺生产过程的重点厂房，厂房内各专业的生产协调管理及与动力站、模块厂房、阵列厂房等区域的协同配合也是我们工程管理的重点。

2. 管理难点

（1）空间管理复杂

空间管理工作包括厂房内公共走廊综合管线排布及公共支架布置，涉及机电、消防、工艺、洁净、PCW、CCSS等众多系统，综合排布难度大。空间管理是所有施工内容的前提，因此，施工前通过深化设计解决各系统空间排布上的交叉问题是一项工作重点。如何在短时间内（两周）完成空间管理工作是项目的首要难点。

（2）高大空间施工

2号厂房二层（11.95m）及四层（7.9m）均为高大空间区域，如何保证高大空间安全可靠地施工是项目顺利开展施工的一大难点。

（3）材料运输

机电与洁净、消防、工艺、装饰、土建等同时进行施工，各家材料及设备也将集中进场，如何组织好现场材料设备的存放、周转及吊运是现场管理的难点工作。

（4）防台风措施

本工程位于福州市福清市，从7月开始会有台风来袭。本项目的加工场临建设施和施工现场的防台风措施是工程的难点。（项目施工期间，前后遭遇台风七次，全体人员撤离有三次）。

（5）质量控制

相比于同类电子厂房，本工程对机电系统施工质量要求高，且施工周期短，参建单位多，专业交叉施工密集，如何在快速施工过程中保证施工质量及成品保护将是施工过程中的一大难点。

3. 管理策划

（1）组织策划

从工程投标阶段开始就进行项目部管理组织策划，中标后迅速组建项目部并进场。明确安全生产责任制，施工现场人人管安全、管质量、管进度、管成本，促进工程的迅速推进。

根据本工程实际施工工程量，进行合理分区，同一专业选择两家甚至多家分包队伍。在分包劳务队伍选择上，优选与公司长期合作、综合素质高且有丰富高科技厂房建设经验的劳务分包队伍合作。

(2) 技术策划

针对本工程机电系统的实际情况，从投标阶段开始提前做好技术策划及技术优化工作，对于技术难题，提前制定相应的解决措施，并借鉴以往类似项目的成功技术成果。主要包括深化设计管线综合排布、BIM建模应用、公共支架的选型及布置、抗震支架选型及布置、MAU提前送电、机电系统联合调试等方面。

(3) 工期策划

根据项目工期要求，制定切实可行的施工进度计划，并根据施工进度计划制定相应的劳动力计划、材料进场计划、机械进场计划等保障计划，并在施工过程中严格管控，确保施工工期。

(4) 防台风策划

制定防台风措施方案及防台风应急预案，成立以项目经理为组长的防台风应急小组，时刻关注台风动态，做到防患于未然，确保施工人员人身安全，临建设施及机电已安装系统不被损坏。

(5) 质量策划

建立以项目经理为领导的质量管理体系，加强质量管理的过程管控。严格遵循"样板引路"，过程中"三检制"等制度。在施工过程中加强巡检，及时发现质量问题并整改。

4. 创新特点

(1) 技术创新

根据本工程机电系统特点及工期要求，针对性的采取措施，在保证机电系统施工质量的情况下确保工期要求。

1) 积极推行BIM技术应用，通对图纸优化，建立信息化模型，通过三维可视化模型优化管线综合排布，如图2所示，做到提前筹划，有效避免了后期返工及拆改现象，为推动工程建设打下坚实的基础。

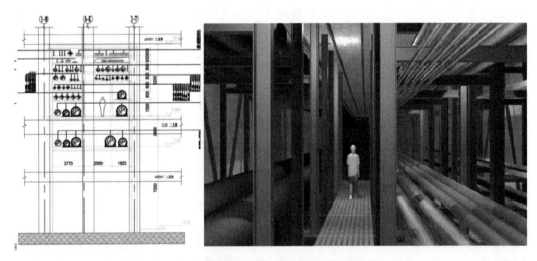

图2 BIM三维可视化模型与综合排布

2) 公共走廊管线密集，复杂，包括机电、洁净、消防、PCW、CCSS等众多系统管线。公共走廊区域采用公共支架，保证各专业管线排布整齐，检修方便，解决了各专业管线支架与支架支架、支架与管线之间冲突的问题。针对共用支架管道类型复杂、数量多的特点，我项目部利用EXCEL软件设计出简易支架计算程序，如表1所示，大大简化了支架选型计算的工作量，加快技术准备的进度。公共支架逐个编号，逐个计算，选型根据各种类型的管道负荷、运行特点及运行安全要求进行综合计算，在EXCEL软件小程序中，输入支架上各管道负荷、布置距离要求即可得出支架型号，并完成支架安全性校核。对于复杂复合支架，采用PKPM软件进行建模计算选型，确保支架安全可靠。

公共支架计算程序　　　　　　　　　　　表1

序号	支架编号	横担长度(mm)	横担所受载荷				横担受最大弯矩	抗弯模量	所选型钢
			I1	I2	I3	I4			
1	N-1~6	2815	110.48	66.20	0.00	0.00	564.02	10.00	5
2		2815	360.90	67.50	37.95	108.75	1239.82	32.56	10
3	N-7~11	2815	272.64	0.00	0.00	0.00	1880.33	15.43	6
4		2815	110.48	66.20	0.00	0.00	564.02	10.00	5
5		2815	360.90	67.50	37.95	108.75	1239.82	32.56	10
6	N-12~18	2815	106.13	44.13	0.00	0.00	511.95	8.51	5
7		2815	541.35	29.25	214.20	0.00	2392.51	44.43	12
8	N-19	2815	70.43	0.00	0.00	0.00	345.11	2.83	5
9		2815	106.13	44.13	0.00	0.00	511.95	8.51	5
10		2815	541.35	29.25	214.20	0.00	2392.51	44.43	12

3）本工程按国家规范要求对防排烟风管、消防桥架及水管设置抗震支架。公共走廊内管线复杂，各管道抗震支架无安装空间，无法安装。针对此问题，在结合公共走廊内设置的公共支架的基础上，公共走廊区域采用"共架型"抗震支架，如图3所示，解决了各系统管道抗震支架安装空间不足的问题。另外，本工程高空区域（11.95m）公共走廊管道采用传统抗震支架无法满足国家规范及设计抗震要求，高空区域公共走廊则利用公共支架采用整体加强措施（侧向斜拉杆，纵向斜拉杆，纵向连系梁），如图4所示，以保证高空区域管道抗震要求。

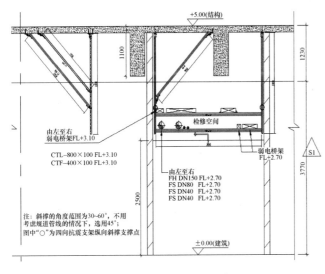

图3 "共架型"抗震支架

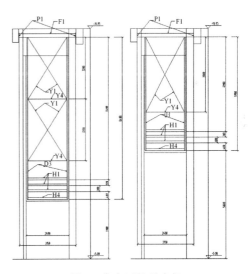

图4 高空区抗震支架

4）利用BIM技术，对本工程风管及机房内空调水管采用管道预制技术，通过BIM三维模型将管道加工单导出，在预制工厂将管道预制完成预制现场进行组装，如图5所示。不仅节省施工人员现场测量时间，更有利于节省工期，而且管道的集中加工，施工质量更易于控制。

（2）管理创新

1）为保证工期，本工程机电安装从进场伊始，"抢占先机，提前介入"的开展安装工作。

2）焊接质量直接影响机电安装施工质量，施工前对焊工的专业技能进行考试，考试合格者方能持证上岗，对于考试不合格者重新学习重新考试或安排其他工作。对各个焊缝进行标记编号，开展焊工考核评比，予以奖惩。通过技能考试及考核评比，有效控制并提高焊接人员的专业水平，保证了焊接质量。

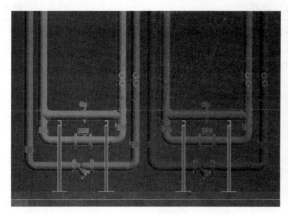

图 5 空调水阀组预制安装

3）根据实际工程量及施工总进度计划，编制进度控制曲线，每天汇总进度信息绘制实际进度曲线，直观看出施工进度是否滞后，如有延误立即采取措施，加快施工进度，保证施工工期（图6）。

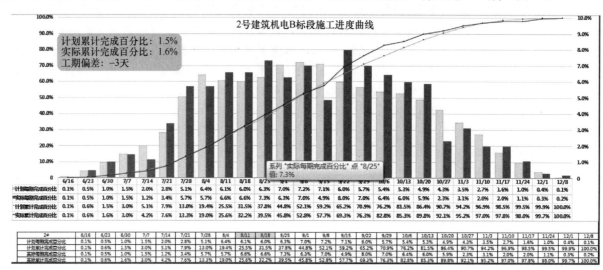

图 6 进度控制曲线

三、管理分析、策划和实施

1. 工期策划实施

（1）快速启动

从中标伊始，迅速组建项目部，一周内项目管理人员全部到场现场办公，着手项目前期施工技术及商务准备工作，主要包括机电深化设计、机电施工方案编制、施工队伍选择以及材料订货等工作，为后续施工做好准备。其中，施工队伍招标工作从中标后立即启动，定标后所有施工队伍立即安排进场。进场后迅速策划现场临建搭设方案并报管理公司审批，在与总包及管理公司确定好具体位置后迅速搭设，用时10天搭设完成，用于各施工队伍施工前期准备工作。

（2）层、分区域移交工作面

从进场开始，为尽早开展施工，与土建单位协商分层、分区域移交工作面，将各层划分成多个区域，制定各层各区域工作面移交计划，土建单位严格按移交计划进行移交。且在日常巡查中发现可提前移交工作面的区域，与土建单位提前完成移交，尽早抢占工作面进行施工，在工作面全部移交完成后，全面开展施工。

（3）施工资源保障

根据工作面移交计划、工期要求及业主方要求，制定切实可行的施工计划，并严格执行。根据施工进度计划、编制方案报审计划、深化图纸报审计划、材料报审及进场计划、劳动力计划等加大各项施工资源投入，保证各方面的资源满足施工进度计划的要求。

施工方案编制与图纸深化等技术准备工作在进场后迅速展开，积极与设计、管理公司、业主及其他包商进行沟通，提前解决各项技术问题、难题，加快施工方案及图纸深化设计工作进程，以保证满足施工需求。与在材料方面及时组织大宗材料进场，抢占市场材料资源，材料进场后按需堆放在各施工区域，以便施工材料方便使用。

（4）机械化作业＋预制化安装

为提升施工效率，节省施工时间，本工程水平及垂直运输、登高作业全部采用机械化作业，代替传统人工搬运及搭设脚手架施工，大大提高了施工效率，缩短施工时间，为实现工期目标奠定了基础。此外，借助BIM平台，积极推广使用管道预制化安装创新技术，对本项目风管及空调机房内空调水管采用预制化安装，进一步加快安装进度。

（5）施工问题及时解决

每日召开进度协调会，对各分包队伍提出的问题及时解决。建立问题销项台账，责任落实到人。

（6）跟踪检查及持续改进

根据施工总进度计划，编制季度、月度及周计划，全程实施动态管理。绘制施工总进度计划绘制施工进度控制曲线，每天汇总施工内容反馈至进度曲线，绘制实际进度曲线，对施工进度进行实时跟踪。通过实际进度曲线与进度计划控制曲线的对比，及时发现问题及时进行纠偏。对于前期策划过程中没有考虑完善或者实际过程中有偏差的措施，应及时召开管理分析会议，制定新的对策。

2. 质量管理措施实施

（1）方案先行

进场后，尽早组织与设计、业主、管理等单位进行图纸会审及图纸交底，解决各项图纸疑问，充分理解设计思想，以编制各项施工方案。并根据施工进度计划，明确各项施工方案编制完成时间、交底时间，施工前完成各项施工方案技术交底并在实施过程进行监督检查，确保现场实施与方案相符。

（2）样板引路

各项工序施工前，根据图纸要求及施工方案，严格执行样板现行制度。各项工序样板均按图纸及方案进行施工，且由监理、管理、业主及设计验收确认后，再进行大面积施工，以保证施工质量。且部分工序利用BIM技术制作工序动画进行现场演示。

（3）严格过程控制

施工过程中各个工序验收严格执行"三检制"，内部验收合格后方可报监理验收。加强各层施工质量控制意识，从施工班组开始重视施工质量，各层各级严把质量关，对可能出现的质量通病提前防控，保证施工质量。定期进行质量巡查并召开质量例会对施工质量进行讲评，积极发现问题并限期整改。

（4）技术创新提升质量

在加强管理的同时，利用工艺创新、方案优化，以技术手段来提升工程质量：

1）空调水管道焊接均采用氩弧焊打底，不仅提升焊接质量，而且保证管道内清洁无杂物，有利于空调系统安全平稳运行。

2）工程施工阶段，空气湿度大，钢管除锈作业异常困难，为保证除锈质量，采用除锈剂除锈代替传统机械方式除锈，在提高钢管除锈质量的同时，也节省了施工时间。

3）结合BIM技术，对风管及空调机房内空调水管采用预制化安装。管道的工厂化集中预制方便质量控制，进行标准化质量管理，提高施工质量，而且管道的工厂化预制工艺有利于加快施工进度，缩短工期。

3. 成本策划管理

（1）材料精细化管理

加强材料的采购价格控制，要做到货比三家。当市场价格与合同价格相差较大时，应及时反馈给合同管理人员，若符合合同规定的应由发包人承担的风险或可以进行调整的情形时，应及时办理经济签证手续。

材料控制方面，现场责任师、商务预算员及技术部（应用 BIM 进行材料计量）分别进行计量，三方工程量进行核对，核对出准确无误的材料工程量，根据准确工程量制定材料进场计划，避免材料浪费及缺少。

在材料管理方面，强化材料的计划供应，依据施工进度计划确定材料进场时间，合理安排进场批次，减少倒运费用。严格班组领料手续，实现限额领料制度，领料记录要详尽，可追根溯源。实行分层分区域现场领料，定区域定系统使用，做到精细化使用材料。

（2）签证管理

施工过程中各项设计变更及工程指令，提前梳理各种资料手续办理及审批流程，及时办理各项现场签证，保证签证真实有效，尽可能做到竣工即结算。及时整理设计变更、工程指令及对应签证台账，梳理清晰，避免遗漏。

4. 防台风策划实施

坚持预防为主原则，时刻关注每次台风的强度及路线。加强防台风安全意识，从临建设施搭设、施工方案编制等充分考虑台风的影响，对临建设施及已安装机电系统进行加固措施，确保不被损坏。

强台风来临时，检查临建设施防护措施是否完整，及时进行修复，检查建筑物内机电管道及设备是否安装牢固，及时进行加固处理。并借助当地政府平台资源（公交车）及时组织施工人员撤退至安全区域（学校、体育馆等）。

四、实施效果

在项目管理过程中，项目部以工期和质量为主线，坚持以科技创新、精细管理为基础，获得良好的社会和经济效益，业绩如下：

1. 工程进度控制效果

本工程在合同工期内完成所有机电系统安装工作并调试完成，顺利完成通水、送电，MAU 提前运行等重要节点。其中办公区提前 2 个月完成所有机电安装及调试工作，实现办公区提前入住节点。工程竣工验收后，收到业主方感谢信。

2. 工程质量控制效果

通过项目团队在技术质量上的策划管控，质量控制良好，验收一次合格率 100%。已获得 2017 年度"北京市安装工程优质奖"。安全生产无事故，安全合格率 100%。

攻坚克难　优美环境保阅兵　精打细算　良好收益报企业
——北京市花木有限公司昌平区西部地区环境整治工程（1标）项目

朱翃宇　丁洪兴　李子木　张　媛　朱彦峰

【摘　要】 本工程是2015年阅兵训练场沿线道路两侧绿化景观提升的重要配套项目。项目开工从管理重点难点分析，做好项目组织策划，严格把控工程进度、质量、安全、成本控制，项目部通过精心的项目组织策划、过程中的管理控制、成本上的精打细算，攻坚克难，确保了各级领导和各类装备进出阅兵村沿线的良好景观效果。同时，该项目也为当地乡土景观添加了浓重墨彩的一笔，改善了周边居民的生态环境。

【关键词】 生态建设；施工管理；技术创新；成本控制

一、项目背景及选题

1. 项目背景

2015年3月，全国"两会"最终确认中国将在中国人民抗日战争暨世界反法西斯战争胜利70周年纪念日举行阅兵式，这是中国首次在10月1日国庆节以外的日子举行阅兵式。为了体现气势恢宏的大国威仪、展示留住乡愁的乡土景观、展现北京生态建设的成就，建设完成阅兵训练场沿线道路两侧的绿化工程是阅兵式前期的一项重要配套工程项目。同时，该项目作为北京市百万亩平原造林的一部分，坚持了生态效益、经济效益与社会效益三者的相统一，极大提升了区域的生态环境。

2. 选题理由

（1）国家及北京市重点工程：本工程作为涉密工程，在项目实施、协调管理、技术创新等方面必须在保密的前提下牢固树立并符合"创新、协调、绿色、开放、共享"的发展理念。

（2）工程特点具有代表性：在工期紧、任务重、战线长、交叉施工多等多种复杂条件下，整个施工过程中通过精心的项目组织策划，狠抓质量控制、成本控制、沟通管理，注重新技术、新工艺、新材料的运用。通过科学管理，克服各种困难，使工程效果达到了设计意图，得到了专家与社会各方的认可和好评，建设效益显著。

（3）运用多种生态示范工程技术：该项目作为国家百万亩平原造林等绿化工程之一，其所使用苗木多为乡土树种，显著提升了绿色廊道建设水平；并且所有的苗木都是高规格且全冠栽植，带来的景观效果表现远远高于其他造林工程。

（4）社会效益显著：疏解非首都功能，解决百姓身边增绿，使群众有更多的绿色获得感；通过退耕还林土地流转、鼓励农民参与工程建设、吸纳农民参与养护管理等，可持续推进了农民就业和增加资源性收入。

二、工程简介与工程规模

1. 工程简介

本工程占地面积2067700m^2，总造价约2.2亿元。施工区域涉及昌平区马池口镇、南口镇、阳坊镇、回龙观镇共4个乡镇、18个村、134个地块，延北六环、温南路、顺沙路、沙阳路、昌流路、京藏高速六大主路施工，道路绿化长度约35公里，如图1所示。施工内容包括地形整理、土方工程、绿化种植、道路及广场铺装、浇灌设施、电气照明等工程内容。本工程以道路绿化施工为主，也兼顾了片状造林，主要特点有苗木栽植量大、景观效果要求高、施工时间紧、设计图纸与现场差异大、交通流量大、交通管制严格等。

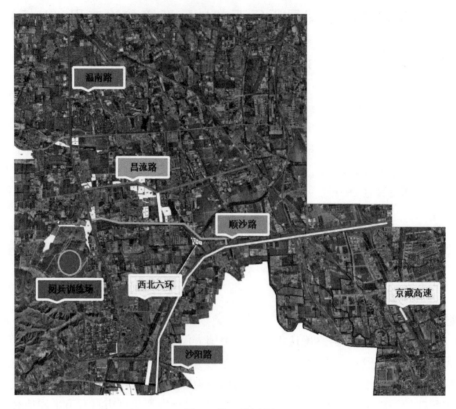

图1 施工范围图

2. 工程规模

施工总面积2067700m²，包括地形整理、土方工程、绿化种植、道路及广场铺装、浇灌设施、电气照明等设计图纸全部工程内容。该项目以绿化工程为主，如整理绿化用地、清运渣土、回填土、绿化种植等。其中栽植乔木70550株、灌木66300株、宿根及一二年生花卉110万盆（株）、地被及草坪70万m²等，如图2、图3、图4所示。

图2 施工前后照片

图 3 施工前后照片

图 4 施工前后照片

3. 主要参建单位

建设单位：北京市昌平区园林绿化局

设计单位：北京市园林古建设计研究院有限公司

施工单位：北京市花木有限公司

监理单位：北京华捷工程建设管理有限公司

4. 项目部简介

项目经理部共有管理人员 20 人，其中拥有中、高级职称 8 人，是一支管理素质高、专业齐全、经验丰富、能打硬仗的具有复杂园林工程驾驭能力的优秀青年团队。

5. 实施时间

本工程于 2015 年 5 月 25 日开工，2015 年 7 月 31 日竣工（表 1）。

实施时间表 表1

总实施时间		2015.5.25～2015.7.31
分段实施时间	管理策划	2015.5.25～2015.5.31
	管理措施实施	2015.5.25～2015.7.20
	过程检查	2015.5.25～2015.7.20
	取得成效	2015.7.20～2015.7.31

三、项目管理及创新特点

1. 项目管理重点与难点

（1）管理重点。本工程施工范围广、时间紧、战线长、交叉施工点较多，要体现专业的施工技术，树立良好的项目管理形象，展现国有企业过硬的管理经验、专业素养和责任担当，优质、高效、安全完成施工项目任务是项目管理重点。

(2) 管理难点。

1) 工期紧，一次性投入资源多，资源配置及管理难度大。本工程占地面积 2067700m²，施工区域涉及 4 个乡镇、18 个村、134 个地块，施工工期 67 日历天。面积大，地点分散，一次性投入大量的人力、物力、财力，成为现场施工成本控制的难点。项目部根据施工进度，定期组织召开施工计划专题讨论会，提前制定施工计划，包括人工需求计划、材料采购计划、资金安排计划等，增强对施工计划安排的合理性，提前安排人力、物力和财力投入；协调整合各方资源，科学合理组织施工，有效地避免了因计划不当，准备不充分等因素造成的损失，如图 5 所示。

图 5　施工计划专题讨论会

2) 土地权属纠纷多，进场困难，协调难度大。本工程的绿化用地多为乡村集体土地，在转为绿化用地的过程中存在大量的用地纠纷，如补偿不到位、边界不清晰、租赁单位设置障碍等，导致项目部进场困难，管理协调难度大。在项目实施过程中，项目部充分发挥了积极的主观能动性，全力协调多方关系，在帮助建设单位解困的同时也为绿化工作争取了宝贵的时间。

3) 地下管线错综复杂，施工作业困难多。施工地段内军事单位众多，绿地内有多条的国防通信电缆，地下管线错综复杂。实施过程中项目部通过协调相关单位，把准地下管线位置，管线两侧 50cm 范围内人工作业形式，避免施工过程中电缆被破坏。

4) 沿线施工变化多，设计图纸难实施。受沿线地权单位拒绝腾退、军事单位对设施保护的影响、部分乡镇拆迁进展缓慢和用地范围调整等因素，沿线诸多部位无法按照设计图纸进行种植。为此，项目部充分发挥了自身深化设计能力的优势，及时与设计人员沟通，通过调整方案设计，优化植物配置，在满足不同单位利益的情况下充分保证了景观效果。

5) 反季节栽植苗木，保苗木成活、苗木效果是首位。为了响应建设单位对工期的要求，在气温较高的 5 月至 7 月，项目部反季节栽植苗木。为了确保苗木栽植成活率，项目部制定反季节栽植专项施工方案，并请专家现场指导。采取常规和特殊技术措施相结合的方式提高苗木栽植成活率，如利用雨季栽植、修剪、搭设遮阳网、增加浇水次数、喷抗蒸腾剂等，如图 6、图 7 所示。

2. 创新特点

(1) 多种技术措施保成活，反季节苗木栽植成活率达 98% 以上

本工程的工期处于 5 月到 7 月，属于反季节施工，为了保证苗木成活率，工程用苗优先选用北京本地苗圃苗和周边不超过 300 公里运距的苗木。对苗木提前做好断根、假植、修剪，并在运输前对苗木进行抗蒸腾剂的喷施以减少运输过程中的水分蒸发，做到当天到场苗木完成栽植及浇水的工作。为了做到立地成景，苗木不落叶的景观效果，充分应用了容器苗栽植，将苗木和营养钵一起运到施工现场覆土栽植，如图 8 所示。温南路和顺沙路沿线均有大面积野花地被播种，采用人工浇水有不均匀、

图 6　布置临时喷灌管线

图 7 搭设遮阴篷

用水量大等问题，因此铺设了临时喷灌带，如图 9 所示，既节省了人工用量及用水量，又能保证均匀的浇灌，同时在野花地被播种后苫盖草片，如图 10 所示，防止水分蒸发，保证了野花种子的出芽率。

图 8 容器苗的利用

图 9 临时喷灌带布置

（2）应用地被花卉完善景观效果，妥善处理好边坡和道路间的关系

施工中有许多地形起伏的种植点，为了营造舒适的景观效果，在边坡采取一系列措施进行美化完善，如路测绿地高差在 50cm 内，填土减小高差并补植灌木，如图 11 所示；路测绿地高差在 50~100cm，保留高差，并在边沟中种植马蔺等草花地被，如图 12 所示；路测为河道，在靠近路一侧种植地被菊、小灌木等，如图 13 所示。道路狭窄，对栽植有很大的局限性，种植沙地柏、地被菊等地被植物，将道路两侧营造出较好的节奏感。在所有施工过程中，都采用了营造乡土景观的地被花卉，将自然和生活很好的融为一体，如图 14 所示。

（3）应用大量的乡土野花地被混播，提升景观效果

为了提升道路景观效果，施工中应用了大量乡土的野花地被，包括丰花月季、大花萱草、金娃娃萱草、天人菊、鼠

图 10 地被播种后苫盖措施

图 11 路测绿地高差 50cm 内的处理方式

图 12 路测绿地高差 50~100cm 的处理方式

图 13 路测为河道的处理方式

图 14 狭窄道路的处理方式

尾草、假龙头、鸢尾、金光菊、金鸡菊、硫华菊、八宝景天、玉簪等，如图 15 所示，使景观效果更具有自然气息。

图 15　野花地被效果图

（4）结合 CAD 软件深化图纸指导施工

四、项目管理分析、策划和实施

1. 管理问题分析

制定质量、安全、进度、成本等管理目标。针对工程施工面积大、交叉施工多等特点，我们认真分析管理原因，制定了严格的质量、安全、进度、成本等管理目标。项目部成员各司其职、团结协作，落实每一个环节的工作。严格执行《建设工程项目管理规范》和国家有关标准、规范，积极响应北京市政府《绿色施工管理规范》要求，注重绿色施工，优化施工方案，节能减排，提高利用率。

2. 管理策划实施

（1）制定目标。安全文明施工目标：合格，实现"施工质量、安全生产和环境保护"零事故。质量管理目标：合格，坚决贯彻执行《建设工程质量管理条例》，严格履行施工单位的质量责任和义务。工期目标：在保证质量的前提下按合同工期要求完工。成本控制目标：力争成本降低率达到 7% 的目标。

（2）管理工作内容。

1）建立完善的项目管理体系。项目部成立之初，本项目就设定了项目管理的目标。包括前期管理、招标采购管理、施工管理、竣工验收和结算管理、成本管理、沟通机制管理等。

2）加强项目全过程管理。在过程中，加强各项管理的落实，及时纠偏。对于每一部分管理，项目部结合施工图纸、现场环境条件等因素综合考虑，编制能够实际指导施工的管理方案。定期召开工程现场例会和质量情况汇报会，及时通报进度、质量情况，并每周做好下周施工计划，每月进行已完成产值统计，保证各级管理人员掌握现场施工动态。有问题及时与建设单位、监理单位和设计单位等相关单位沟通解决。

3）贯彻"安全第一、预防为主的方针"，做好安全管理。对所有参施人员进行"三级"教育和技术交底，建立了安全文明施工保证体系，并制定了有针对性的安全技术措施和专项安全施工方案，实行目标管理，进行目标分解，按单位工程、分部工程、分项工程把责任落实到相应的部门和人员。

4）材料集中采购，严格控制成本。严格控制成本，提高经济效益。对于成本目标，采取事前、过程和事后控制等手段；在设计阶段根据工程投标造价进行有效控制；施工过程中建立成本控制体系，进行动态成本控制；在竣工结算阶段根据施工过程对分包从质量、安全、进度、成本等方面进行合同履约评价。成立了专门的采购小组，根据北京市工程造价信息提供的苗木价格，结合自身掌握的苗木行情及苗木供应商提供苗木价格（至少五家）进行比对，选定苗木质量好、价格低的供应商进行采购。

五、管理效果和评价

1. 经济效益

项目部积极按照建设单位造价控制要求，在确保景观内容和效果的前提下，不断与建设单位、设计单位和监理单位探讨优化设计与施工方案，应用新技术、新材料、新工艺；同时在材料采购、劳务、机械、物资管理、施工流程优化等方面有效地控制成本，使成本降低率达7%，合同履约率达100%。在有限资金下，最大限度确保景观效果，取得了良好的经济效益。

2. 社会效益

（1）本工程结合了当地地理环境，开展大规模绿化行动，完善生态安全屏障，对推动当地环境治理，提高环境质量，修复生态环境具有深远意义。

（2）增加绿化，疏解非首都功能，解决百姓身边增绿，使群众有更多的绿色获得感。

（3）通过退耕还林土地流转、鼓励农民参与工程建设、吸纳农民参与养护管理等，可持续推进了农民就业和增加资源性收入，如图16所示。

图16　巴基斯坦大使馆外宾来访，对工程给予肯定

3. 生态效益

该工程绿化种植面积2067700m²，栽植乔木、花灌木和地被数量巨大，对改善城市环境、维持生态平衡起到一定作用。大量的植物种植可以维持和改善城市区域范围内的大气循环和氧平衡，又能调节城市的温度、湿度，净化空气、水体和土壤，还能促进城市通风、减少风害、降低噪声等。工程整体的竣工对周围环境带来很好的生态效益，也成为防雾霾的"卫士"之一。

六、结语

在昌平西部地区环境整治工程——绿化提升工程（1标段）的施工中，我们运用科学的管理理论、方法，通过法规、技术、组织等手段，控制劳动对象、劳动手段和施工环境条件，实现了安全、质量、成本和进度控制，取得了经济效益、社会效益和生态效益的多赢局面。结合施工中的重点和难点分析，提高了项目团队的协作能力和管理能力，为今后承接重大工程积累了丰富的经验。

提高科技服务　增值项目管理

——中建八局第二建设有限公司北京五里坨保障房项目

杨世贤　焦本君　张明敏　杨爱国　洪　图　王永龙

【摘　要】 五里坨保障房项目地处北京市石景山区五里坨，属于保障性住房项目，社会关注度高，民生意义重大。项目经理部成立以来，从科技质量管理、生产管理、安全管理、商务管理四个方面进行项目策划，项目部制定了符合实际要求的管理措施，通过全面科技服务，带动现场管理，加强过程管控，在现场管理、文明施工、科技创效、商务增效等方面均取得一定收获，取得了一定的经济效益和社会效益，较圆满地完成预期目标。

【关键词】 服务；项目管理；科技；质量；施工；安全；商务

一、项目成果背景

1. 工程概况

五里坨保障房项目位于北京市石景山区五里坨，建筑面积11.03万 m²，主要有5栋高层住宅楼、3栋商业楼、2栋配套公建和地下车库组成，工程安全目标为北京市绿色安全工地，质量目标为北京市结构长城杯，工程概况表如表1所示，工程效果图如图1所示。

项目基本情况　　　　　表1

项目	内容
工程名称	北京市石景山区五里坨建设组团02号地B地块保障性住房项目
工程地址	北京市石景山区五里坨
建设单位	北京京西景荣置业有限公司
设计单位	（九源）北京国际建筑顾问有限公司
监理单位	北京赛瑞斯国际工程咨询有限公司
质量监督单位	北京市石景山区质量监督站
施工总承包单位	中建八局第二建设有限公司
施工主要分包单位	巢湖市恒达劳务建筑有限公司、江苏顶盛劳务有限公司
资金来源	自筹资金
合同承包范围	总包合同范围内的所有工程
结算方式	综合单价、暂定工程量
合同工期	578天
合同安全/质量目标	北京市绿色安全工地/北京市"结构长城杯"

2. 选题理由

在工程管理过程中，安全、质量、生产进度需要满足合同要求，同时工程还要创效。俗话说"条条大道通罗马"，解决工程中问题的手段有若干种，众所周知，最直接有效的手段是科技，采用先进的科技手段和施工工艺，可以更高效地解决安全、质量、生产中问题，同时，可以更好地创效。

图 1 工程效果图

本工程位于北京市石景山区，本工程属于保障性住房工程，民生意义重大，小业主交房难度大；合同工期只有 578 天，包含桩基、土方、主体、装修等分部工程，施工工期紧张；工程质量目标和安全目标较高，采用传统施工手段实现两大目标较为困难；工程重难点多，需要采用先进的科技手段来解决。

3. 实施时间

实施时间：2014 年 9 月～2017 年 10 月，分阶段实施如表 2 所示。

实施时间表　　表 2

实施阶段	时间
管理策划	2014 年 9 月～2015 年 10 月
管理措施实施	2015 年 11 月～2016 年 8 月
过程检查	2016 年 9 月～2017 年 2 月
取得成效	2017 年 3 月～2017 年 9 月

二、项目管理及创新特点

项目管理难点及重点

（1）科技质量管理难度大。本工程危险性较大方案多，管理难度大，其中 A 类方案 4 个；本工程合同质量目标为北京市结构长城杯，质量要求高；本工程住宅共有 1380 户，户型种类繁多，质量要求高，交房难度大。

（2）生产管理难度大。本工程功能齐全，包含的施工生产内容繁多，但合同工期只有 578 天，工期非常紧张。

（3）安全管理难度大。本工程包含高层住宅楼、商业和配套，安全管理要素多，管理难度大；危险性较大分部分项工程多，管理难度大。

（4）商务管理难度大。本工程图纸变更多、现场拆改量大，签证、变更流程进展慢，给商务管理带来一定困难；本工程建设方付款条件差，工期紧张，给材料和分包招标带来一定困难。

三、项目管理分析、策划和实施

1. 管理问题分析

项目部重视施工前期的分析策划工作,在项目《施工策划书》和《实施计划书》的基础上,根据项目定位,项目经理部为各大系统实施的过程做了详细的分析策划,根据不同部门制定了可行的措施,用于指导日常工作。

(1) 科技质量分析策划重点

提前进行技术策划,做到技术先行,做好科技服务于生产、商务、安全、质量;选用合理、先进的技术、材料、措施,用于生产,提高实体质量;做好质量策划,明确质量管理重难点,做好样板引路、过程检查验收、实测实量和分户验收,为交房打下基础。做好图纸、变更、方案交接,编制方案便于算量。

(2) 施工生产分析策划重点

做好进度计划管理,将总计划分解到年计划、月计划、周计划和日计划,做好计划跟踪落实和动态调整;根据合同约定和建委指令,做好过程中工期索赔和工期顺延工作。

(3) 安全文明分析策划重点

将安全策划纳入到一体化策划中,提前策划安全投入;做好危险源辨识工作,根据现场进度进行动态调整;灌输"人人管安全"思想,责任到人,定期进行考核;定期进行巡检,发现问题及时下发整改通知单;工人入场安全教育和安全培训;对消防和绿色施工措施进行监督指导。

(4) 商务合约分析策划重点

提前进行商务策划,仔细研究合同,明确亏损点和风险点;将所有合同对管理人员进行交底,做好商务服务工作;发挥项目"铁三角"作用,做好项目双优化工作,会同工程部做好现场签证、索赔工作;根据合同要求及时将安全文明施工费进行分解,确保安全文明施工费的投入。

2. 管理措施策划实施

本文将以点带面,对管理过程中采用的管理措施进行简要介绍。采用的管理措施有:塔吊基础优化基础桩、施工电梯基础优化、悬挑脚手架优化、大钢模设计优化、车库温度后浇带优化、主楼温度后浇带优化等。

(1) 塔吊基础优化基础桩

8号楼基础埋深与车库高差约8m,塔吊位置位于8号楼南侧,塔吊基础无法正常布置,为确保生产安全,会同设计单位在塔吊基础下增设4根灌注桩,满足塔吊基础承载力要求(图2)。

(2) 施工电梯标准节下增设支撑柱

为避免施工电梯基础发生沉降,肥槽回填土之前,在施工电梯标准节下方增设800mm×800mm的钢筋混凝土支撑柱。混凝土支撑柱如图3所示。

(3) 外挂三脚架在悬挑脚手架中的应用

科技简介:采用悬挑脚手架时,因楼梯间布置悬挑型钢,造成行人上下楼困难,安全隐患大;为解决这一问题,项目部自制外挂三角形型钢挑架。做法为三脚架采用18号工字钢和18号型钢焊接而成,利用预留孔穿20号螺栓,螺栓上下各一个,连接螺栓在外墙内侧置连接板(图4、图5)。

(4) 大模板设计优化

设计图中有大量的100mm和50mm的门垛,若交给二次结构施工,要进行植筋、支模板,工艺烦琐,

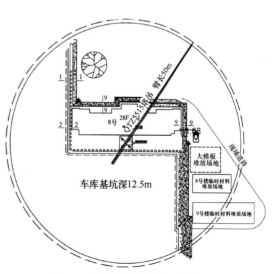

图2 8号楼塔吊基础增设灌注桩

门垛成型质量难以得到保证。通过与设计沟通，门垛可以与主体结构同时施工，大钢模设计时，将门垛一同配模，提高施工质量，减少施工成本约6.7万元。

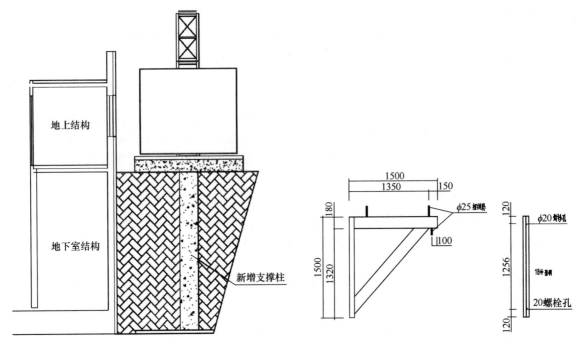

图3 施工电梯增设支撑柱示意图　　　　　图4 三脚架设计图

为减少后期门窗安装时大量的剔凿现象，大钢模设计时，将门窗洞口尺寸均增大10mm，结构成型后，通过实测实量发现门窗洞口只增大3～5mm，满足规范要求，节约了大量的后期剔凿费用。

（5）车库采用"跳仓法"施工取消原设计温度后浇带

跳仓法施工的原理是基于"混凝土的开裂是一个涉及设计、施工、材料、环境及管理等的综合性问题，必须采取'抗'与'放'相结合的综合措施来预防"，即采用'抗'来取代设计后浇带的'放'。

本工程地下车库建筑面积约2万 m^2，根据后浇带位置共分为6个流水段，如图6所示。根据跳仓法施工特点，不相邻流水段可以同时施工，相邻流水段需间隔7天后才能施工，确定施工顺序：一区、五区、六区可同时施工，二区、三区、四区可同时展开施工。

图5 三脚架现场实施照片

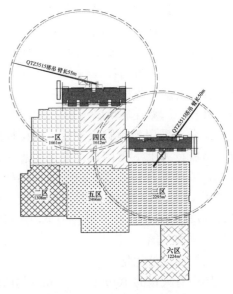

图6 地下车库流水段划分

（6）主楼采用膨胀加强带取代温度后浇带

根据住建部 2009 年 6 月 16 日颁布的《补偿收缩混凝土应用技术规程》（JGJ/T178－2009）第 4.0.3、4.0.4、4.0.5、4.0.6 条规定可以以设置膨胀加强带代替后浇带，同样可以满足混凝土对温度收缩应力的要求。

本工艺有以下优点：

（1）结构受力合理。

（2）取消后浇带，提高了结构的整体性能，特别是对于有防水要求的结构混凝土，提高了其整体防水性能。

（3）简化施工工序，缩短工期。后浇带一般需经 40～60 天才能封闭，采用本技术减少了施工对后浇带处理这一烦琐的环节，大大地缩短了施工周期，加快了施工进度，降低工程成本。

（4）解决了后浇带施工缝处常出现开裂、渗漏等质量问题。

（5）本工程属于保障房项目，户型开间尺寸较小，后浇带部位难以形成独立支撑，后浇带内杂物难以清理干净。采用膨胀加强带可以很好地解决这一问题。

效益总结：根据商务部门计算，采用此项技术措施，产生双优化效益 230652 元，计算书如下：

底部支撑碗扣架立杆单层数量：$2.7 \times 50 = 135$m；

单项总费用：$135 \times 60 \times 60 \times 0.03 = 14580$ 元；

水平杆单层数量：$3 \times 50 = 150$m；

单项总费用：$150 \times 60 \times 60 \times 0.03 = 16200$ 元；

50×100 木方单层数量：$4 \times 75 = 300$m；

单项总费用：$1800 \times 0.1 \times 0.05 \times 300 \times 7 \times 3 = 56700$ 元；

100×100 木方单层数量：$12 \times 4 = 48$m；

单项总费用：$1800 \times 0.1 \times 0.05 \times 48 \times 7 \times 3 = 9072$ 元；

木模板单层数量：$15 \times 4 = 60$m²；

单项总费用：$60 \times 40 \times 7 \times 3 = 50400$ 元；

总人工费：$93 \times 15 \times 60 = 83700$ 元；

使用温度后浇带总成本：$14580 + 16200 + 56700 + 9072 + 50400 + 83700 = 230652$ 元。

因劳务分包单位对后浇带的施工质量难以保证，经我项目部与主体分包队伍商谈，改膨胀加强带增加的费用全部由分包单位分摊，因此，采用此项措施，对我项目增加的成本费为 0（图 7）。

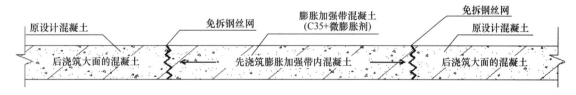

图 7　膨胀加强带构造图

3. 方法工具应用

（1）BIM 技术的应用

本项目地下车库各专业管线繁多，机房更是错综复杂，项目部积极运用 BIM 技术，对各机电的管线建模，集中各专业人员进行综合排布、优化设计，绘制深化设计图；在开始管线施工之前利用 BIM＋VR 技术进行可视化交底，使施工作业人员对现场其他专业也能有深刻认知，从而减少返工，节约材料的使用，降低项目成本。

（2）互联网＋质量的平台应用

本项目根据公司要求施工互联网＋质量平台，利用手机 APP 将现场问题直接上传到云平台，项目部管理人员和分包管理人员能够通过手机即时收到并查看问题，根据问题进行整改，整改完毕后即时反馈，提高了项目管理效率。

(3) 微信平台的应用

本项目开通了微信公众号，由专门人员进行管理，向所有管理人员、工人进行推送。利用微信公众号推送周进度计划、周重点工作、周奖惩名单，并推送安全、质量、绿色施工、文明施工的事例和宣讲。使得项目管理公开化、信息化，让所有参建人员均能有效了解工程的现状，并且能够方便的学习。

四、管理效果评价

通过确定目标、落实责任人、业主方综合评价和施工管理过程中监督考核，我们的四大目标均得以实现。

1. 实现工期目标值

通过科技助生产手段的实施，发挥总承包管理的优势，将分包计划纳入总包管理范畴，统一协调管理，在约定期限内完成施工任务，对现场统筹安排，确保如期交房。

2. 商务目标实现

化解项目风险点与亏损点策划立项11项（表3），双优化立项12项（表4），双优化取得经济效益600余万元。

化解项目风险点与亏损点策划立项表　　　　表3

序号	项目名称	策划化解方式	策划目标（万元）	拟采取的措施	责任人	实施时间
1	混凝土垫层	施工方案	13	规范规定基础垫层最薄不少于60mm，通过提高基底标高+0.04m，节约垫层混凝土494.3m³	焦本君 张明敏	2015.10.26
2	0.8mm厚土工膜隔离层	施工方案	28	防水隔离层可用塑料薄膜代替土工膜，节约材料成本。总工负责将土工膜编进方案中，项目经理负责协调监理关系，确保顺利通过验收	姚春景 焦本君	2015.11.20
3	马凳筋	施工方案	12	总工负责按三角形马凳编制施工方案，项目经理负责协调监理、甲方工程部关系，确保使用T字马凳顺利通过验收	姚春景 焦本君	2015.11.20
4	地下室外墙防水找平层	施工方案	10	质量总监负责严控混凝土外墙平整度，达到在混凝土墙上不找平，直接粘贴防水卷材的效果	窦世清	2016.01.25
5	定额内模板租赁费	重新组价、施工方案	210	搜集2001年定额编制当期大钢模板及木模板租赁价格，咨询定额站模板调价方式，与业主充分沟通	韩超	2016.04.20
6	综合脚手架	重新组价、施工方案	120	搜集定额编制当期钢管、扣件等租赁价格，咨询定额站脚手架调价方式，与业主充分沟通	张明敏 焦本君 苏瑞颖	2016.05.05

续表

序号	项目名称	策划化解方式	策划目标（万元）	拟采取的措施	责任人	实施时间
7	DS砂浆找平层	双优化	33	争取一遍成活，不单独做此道工序	焦本君 张明敏	2016.12.05
8	耐水腻子墙面	重新组价	64	争取将打底石膏分2遍成活套定额	苏瑞颖	2017.01.05
9	涂料墙面	重新组价	112	争取将打底石膏分2遍成活套定额	苏瑞颖	2017.01.05
10	DP砂浆打底墙面	双优化	23	改为DP-G粉刷石膏砂浆打底	张明敏 焦本君 苏瑞颖	2017.01.05
11	门窗收口	双优化	33	将此费用分摊给门窗等专业分包	张明敏 苏瑞颖	2017.04.05
	合计		658			
备注	策划化解方式：指通过认质认价、重新组价、现场签证、索赔、双优化、深化设计、设计变更、图纸会审、竣工图、总包服务费、发包人指定分包分供承接、税费、其他等方式化解项目风险点与亏损点					

双优化实施情况一览表　　　　　　　　　　　　　　　　　　　　　　表4

序号	内容	优化效益
1	桩基成孔方式优化变更	1004806
2	6、8、9号楼采用"膨胀加强带"施工取代原设计的温度后浇带	230652
3	地下车库采用"跳仓法"施工取消原设计的温度后浇带	49587
4	地下室防水卷材施工材料变更	300667
5	更改施工缝及底板、外墙后浇带构造防水材料	146271
6	分户墙和室内隔墙二次结构砌体墙材料由加气混凝土砌块变更成BM连锁砌块	1181510
7	连锁砌块水平系梁采用倒U形砌块施工取代模板支设、加固、现浇混凝土做法	245373
8	主体结构大钢模配板优化构造柱、墙垛	67254
9	车库顶板建筑做法变更优化	243533
10	变更室内装饰材料	105132
11	电气工程管材变更	1746423
12	室内顶棚增加石膏找平层	930959
	合计	6252167

3. 科技质量目标实现

按时完成公司下达的科技成果和质量成果任务，通过了北京市结构长城杯验收，所有交房任务顺利完成，在国家级刊物发表论文4篇（图8）；申报公司级优秀施工方案2篇；申报工法1项；

图 8　国家级刊物发表论文

国家级 QC 成果二等奖 1 项；省级 QC 成果一等奖 5 项，局 QC 成果二等奖 2 项，公司级 QC 成果一等奖 3 项如图 9 所示。

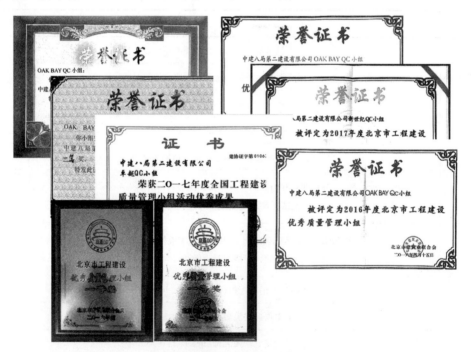

图 9　项目取得的 QC 成果奖项

申报国家专利 11 项，已授权 4 项。如图 10 所示。

4. 安全目标实现

顺利通过北京市绿色安全工地验收，通过过程管控，确保施工过程中零安全事故的发生，通过绿色施工措施项的实施，业主单位多次组织观摩会，达到现场保市场的目的。

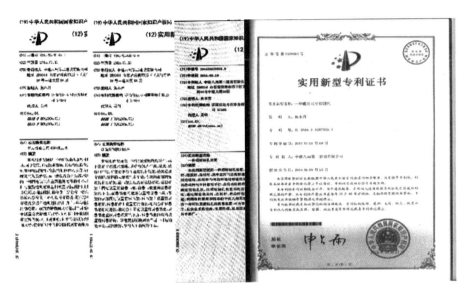

图 10　项目取得的专利成果

五、结语

项目经理部的管理团队根据工程本身特点，充分发挥团队的力量、集体智慧，通过一系列的举措，圆满完成施工任务，取得了不菲的经济效益，全面地提升了项目管理水平，在今后的施工过程中，我们将继续为建筑行业奉献我们的力量，为中国梦的实现添砖加瓦。

精益建设体育馆　为建大实现标志
精心管控项目部　为住总再创佳绩

——北京住总集团有限责任公司北京建筑大学大兴新校区体育馆项目

周德富　张　巍　石　华　周　思　邹德馨

【摘　要】 北京建筑大学体育馆工程直接关系到疏解首都功能的任务要求，北京住总集团有限责任公司工程总承包部北京建筑大学体育馆项目经理部面对诸多工程难点，严格落实国企责任，推行精益管理，创新管理措施，强化工期、技术、质量、安全、环保、品牌管理、成本管理与风险控制，在圆满完成工程建设的同时，实现了"安全零事故、质量零缺陷、环保零超标、工期零延误、廉政零风险、品牌零损害"的管理目标，取得了良好的社会和经济效益。

【关键词】 国企责任；精益管理；八大安全；风险控制；实现目标

一、项目成果及背景

1. 工程概况

体育馆（北京建筑工程学院大兴新校区）位于大兴区北京建筑大学新校区内，建筑类别为丙级体育馆，如图 1 所示。建筑面积 19152.38m²，其中地下 11317.65m²，地上 7834.73m²，建筑高度 27.95m。地下二层，中心部位为标准泳池（50m×20m），占据两层空间，周围布置设备机房与体育教室等房间；地上一层（局部三层），标准篮球场居中，其东侧为主席台，南北两侧首层、二层为办公室、贵宾休息室、体育教室等房间，设备机房位于西侧二层与三层。篮球场上方设置有钢结构马道，作为设备吊挂与检修之用，如表 1 所示。

总体概况　　　　　　表 1

工程名称		体育馆（北京建筑工程学院大兴新校区）			总建筑面积	19152.38m²
工程参选方	建设单位	北京建筑大学	工程规模	工程造价	124762341 万元	
	设计单位	北京建工建筑设计研究院		层数	−2/1（局部 3 层）	
	监理单位	北京建工京精大房工程建设监理公司		−2 层层高	5.0	
	总承包单位	北京住总集团有限责任公司		−1 层层高	5.7	
	主要施工参与单位	孝感市力天建筑劳务有限公司（土建）		首层层高	5.0	
		北京住总集团钢结构公司（钢结构）		二层以上层高	4.5	
		北京恒润盛达机电设备安装工程有限公司（机电）		主要使用功能	地下	游泳馆、设备、健身
		北京市建筑工程研究院（预应力）			地上	篮球馆、看台
		幕墙专业分包（待定）				
工程位置		北京市大兴区水源路 15 号	开竣工日期	开工日期	2015 年 9 月 25 日	
工程类别		体育馆		竣工日期	2017 年 12 月 4 日	

图 1 体育馆效果图

本工程为框架剪力墙加双曲面钢结构屋盖结构，基础为筏板基础，泳池上方大跨度框架梁采用缓粘结预应力工艺；钢结构屋盖为双曲面拱梁形式，长轴75.2m，短轴54.6m。

本工程外檐装修为铝板幕墙结合玻璃与石材幕墙，整体外立面造型犹如三条白色飘带呈螺旋型缠绕在玻璃椭球面上，飘带采用白色菱形凹凸造型双曲面铝单板，使场馆外立面充满现代艺术感。铝板幕墙系统自内而外依次为内装饰穿孔铝板、铝镁锰板系统、外装饰铝单板，玻璃幕墙为半隐框形式，采用双曲面中空LOW-E玻璃；石材幕墙为干挂形式，采用国产灰麻石材。内装修风格简约大气，作为主要活动场所的泳池与篮球馆，墙、顶采用大面积木质吸音板结合穿孔铝板，充满运动气息。

本工程机电工程门类较多、组成复杂，除常规给水排水及消防系统、暖通系统、强电系统、弱电及智能化系统外，还布置有功能齐全的专业系统，包括泳池的除湿空调系统、水处理系统、专用照明系统；篮球场的扩声系统、计时计分及成绩处理系统、信息显示及控制系统、专用照明系统、升旗设备等，除比赛外，还可满足举行大型活动所需。

2. 选题理由

北京建筑大学老校区位于西城，场地狭小、设施落后，办学条件已无法满足后续发展需要，校方积极响应政府疏解首都功能要求，加快推进大兴新校区建设，体育馆是其中的重点工程，从项目规划、方案选型开始，校领导即倾注了大量心血，广大师生也是翘首以盼，希望早日拥有一个自己的体育活动场所。

北京建筑大学体育馆工程工期紧，施工难度大，加之住总集团无类似工程施工经验，无形中加大了项目风险和管理难度。我项目部深感责任重大，如何创新总承包管理模式，圆满完成建设任务，是摆在我们面前的一个难题。基于上述理由，我们确定了实现"安全零事故、质量零缺陷、环保零超标、工期零延误、廉政零风险、品牌零损害"的管理目标，确保本工程获得北京市结构长城杯金奖、北京竣工长城杯金奖、北京市绿色安全文明施工工地。在工程实施过程中，我项目部通过精益管理、精心施工，发扬工匠精神，出色地完成了任务，履行了国企责任。

3. 实施时间

本工程于2015年9月25日开工，2017年12月4日完工并通过竣工验收。主要施工节点如下：
2015年9月25日~10月5日，配合建设单位进行临建设施拆除、原有管线改线等工作；
2015年10月6日~2015年12月31日，完成支护桩、土方施工；
2016年1月1日~1月29日，完成抗浮锚杆、底板防水施工；

2016年3月1日～5月15日，地下结构工程施工；
2016年5月16日～10月31日，主体结构包括钢结构施工、缓粘结预应力大梁施工；
2016年11月1日～2017年10月30日，装修工程、精装、外幕墙施工、机电工程施工；
2017年12月4日，竣工验收完成。

二、项目管理及创新特点

管理重点和难点

（1）科技含量高、系统复杂、施工组织难度大。

本工程基坑深度12～15.5m，施工现场狭窄，无法形成环路，基坑东侧与围墙距离最近点仅3.5m，钢筋、木工、机电加工场及办公区、生活区无法布置，大部分功能区只能布置在场外。

本工程作为体育馆工程，结构复杂，大跨度钢结构加工、吊装是施工管理的难点。装修标准高，尤其是幕墙工程，包含铝板幕墙、玻璃幕墙、石材幕墙，异形构件多，加工、安装难度大。机电系统复杂，涉及机电专业较多，各专业工种之间、与土建装修之间在工序上交替穿插频繁，因此机电工程各专业之间、机电与建筑结构专业之间、机电与建筑装饰之间都须进行深化设计的协调配合，以指导施工。现场专业分包单位多，施工总承包协调难度大。

（2）实行精益化管理，高质量如期确保工程交用

由于进场时间为2015年9月底，开工不久即进入冬期施工，加之正值雾霾高发季节，施工组织难度大。结构、装修施工头绪众多，建设单位装修方案迟迟无法确定，又面临开学后举办活动压力。面对诸多困难，项目部增强全体参战人员的政治意识，树立全员精益管理思想理念，高质量如期确保工程交用。

三、管理策划及创新

1. 工程整体策划

（1）确定各项管理目标

1）确保实现"安全零事故、质量零缺陷、环保零超标、工期零延误、廉政零风险、品牌零损害"的管理目标。

2）确保获得北京市结构长城杯金奖、北京市建筑长城杯金奖。

3）确保获得北京市安全文明施工工地。

4）成本目标：通过精益管理，降低1.2%成本。

（2）项目管理思路

以生产为龙头，坚持技术先行、安全第一的原则。以效益为基础，以技术质量管理为支撑，强调前期策划和过程策划，以生产管理为落实。推行精益管理，抓计划的落实，由精益管理创造效益；依托团队力量，充分发挥党建的引领作用，确保实现项目的各项目标。

1）坚持党建工作与生产经营高度融合，充分发挥党组织引领凝聚和服务保障作用，发挥党员的先锋模范作用。强化全员的爱国主义教育，在全员中树立"讲政治、顾大局、守纪律、勇担当、重实效、稳增长"的优良工作作风。

2）依托集团一体化经营优势，合力构建"组织管理、整体策划、技术支撑、资源保障、监督管理"五大体系，落实精益建设要求，明确工期目标要求，提升项目管理标准。

3）由集团公司牵头，发挥集团的智力优势，牵头组织了钢结构吊装方案策划，先后进行了多次涵盖钢结构加工、吊装、监测等施工全过程的沟通、论证活动，全力协助项目部打好攻坚战。

2. 管理措施策划实施

（1）工期管理与风险控制

1）用精益思想引领项目班子建设。用精益思想覆盖起"班子、队伍、制度、做法、文化、品牌"

建设各方面。将"精、严、细、实、好、快"的作风变成自觉习惯。精益思想在项目中的落实情况如图2所示。

> 通过设计交底、设计会商、方案研讨、图纸汇审、深化交底、准备策划、施工前各级交底等工作，研究解决了一些关键施工节点问题：
> (1) 调整柱脚预埋板做法；
> (2) 明确球铰支座固定形式；
> (3) 大吨位履带吊行走路线、地基处理、吊装前的验收与试作业；
> (4) 中心、独立架体的搭设及顶部结构形式；
> (5) 明确主体钢结构安装工作流程；
> (6) 明确主体钢结构卸载工作流程等重要技术难点、重点环节的施工方案；
> (7) 吊装绳索、三点吊装作业（两点主吊、前点辅助吊装），完成调姿、吊装就位；
> (8) 摘钩操作流程，完备安全防护（防滑鞋、双钩安全带、防护绳、防坠落器等）

图2 利用多种手段，发扬工匠精神，精心管控，精益建设

2）以党建促进施工生产。为尽快适应本项目快节奏、严要求、高标准的工作要求，开展了劳动竞赛（图3），对标先进。多次召开思想动员大会，号召党员、干部带领团队团体人员齐心协力，共赴使命，以强烈的政治责任感和国企使命感，以高超的技能，不畏难、勇吃苦，连续奋战的精神积极投身到本工程建设中。

3）优选专业分包单位与劳务单位。通过实地考察，结合以往工程业绩，选择政治意识强、善于打硬仗，与住总集团长期合作的劳务队伍。幕墙工程作为施工难点与关键节点，通过组织了数轮筛选，优中选优，确定专业分包单位。

图3 劳动竞赛从筹划到逐步落实与成果宣传

4）强化项目组织管理，实现全覆盖。从"计划、组织、掌控、激励"四个维度，加强组织管理。学习运用"边界理论"，管到操作面，实现全覆盖。加强项目班子提升驾驭和掌控能力，以身作则、以上率下，为北京住总增光添彩，如图4所示。

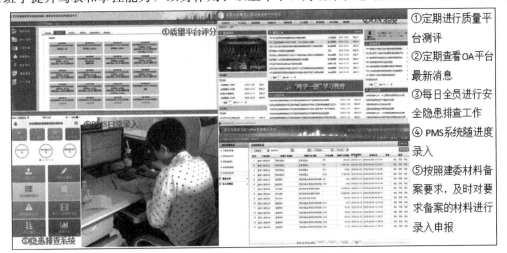

图4 组织使用多种工作软件，全方位管理，无漏洞

5) 坚持生产为龙头。加强计划管理,缜密安排,围绕"人、机、料、法、环"五要素,把工作做深、做细。加强正面激励管理措施的运用。各部门紧紧围绕生产工作,增强服务意识,及时对生产提出的问题予以解决。

6) 编制六级进度计划。依据甲方要求和工程特点,全方位、全过程策划,编制六级进度计划:

一级进度计划——里程碑进度计划及业主编制的总指导性计划,由业主根据项目的总体安排确定。

二级进度计划——本工程的总控制性计划,在项目开工前编审完成。

三级进度计划——各专业分包编制的分专业详细施工总进度计划,是各专业具体施工的总进度计划,每两月更新一次。

四级进度计划——由三级进度计划滚动编制的月度施工计划,此计划每月更新,每月25日前编审完成。

五级进度计划——由月度施工计划滚动编制的周施工计划,此计划每周更新,每周三前编审完成。

六级进度计划——由主管工长向施工班组下达当日施工任务书、并且在醒目位置公布。

7) 科学组织施工生产。采取平行流水作业、立体交叉施工的方法,土建施工连续作业,机电预留预埋穿插进行,做到时间不间隔、施工不间断。项目部坚持问题导向,每天召开协调会安排施工任务,建立追问跟踪机制,考核各项工作的水平效率,监督问题整改的执行效果。项目经理每周组织班子成员召开生产例会,由生产经理汇报每周进度情况,及时解决生产面临的困难,采取相应的赶工措施。

(2) 技术管理与风险控制措施

1) 项目部施工中积极开展技术创新活动,通过BIM技术解决现场问题,包括机电工程中的管线碰撞及机房布局,钢结构与幕墙工程深化设计中的建模及构件、节点设计,钢结构、幕墙与精装工程材料精准加工、现场精准定位,保证了工程进度与施工质量,项目中BIM应用统计详表及效果如图5~图9所示。

序号	项目	重点	技术措施	备注
1	钢结构	钢结构深化设计	运用BIM技术进行建模、设计	已实施
		钢结构吊装方案	运用BIM技术对方案进行模拟、计算,形成方案,运用模型直观交底	
2	幕墙	幕墙深化设计	运用BIM技术建立模型、设计,与设计及时沟通协调,确定方案	已实施
		幕墙的加工及安装	根据模型进行加工、制作施工期间进行可视交底	
3	机电系统	各系统的管线布置	利用BIM技术,完成专业系统综合布线,完善细部节点,结构施工期间做好预留预埋	已实施
		设备机房的布置安装	利用BIM技术对机房进行布置,及时与专业设计进行确认,指导施工	--
4		各施工难点综合处理	利用BIM技术对幕墙、钢构、设备的节点进行综合排布设计,处理设计、施工问题	--

图5 BIM在工程中运用成果统计表

2) 强化与设计单位的对接。本工程装修方案确定时间较晚,施工图设计深度有所欠缺,设计变更较多。为减少不利影响,项目部委派专门技术人员与设计、甲方人员沟通,出图计划、设计变更情况第一时间反馈给项目部。项目部专人负责图纸收发工作,组织周看图日活动,针对新下发图纸和设计变更,明确施工技术标准和要求。过程中问题统计记录如图10所示。

3) 主动作为,完成深化设计。针对幕墙、空调、弱电、消防、精装等专业图纸不完善,项目部与专业分包单位设计人员共同参与,协助设计院进行二次深化设计。

4) 技术先行,首先将技术先行落到实处,优化技术方案,确保方案的先进性、合理性。针对深基坑、高大模架、钢结构吊装等危险性较大工程,及时组织专家论证。精装修、幕墙等方案多次组织各单

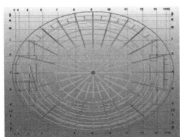
结构模型平面图

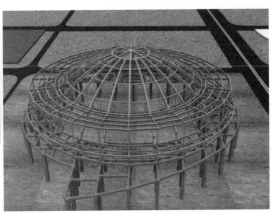

图 6 钢结构 BIM 应用建模

图 7 现场钢结构施工实景图

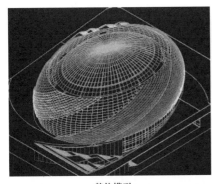
整体模型

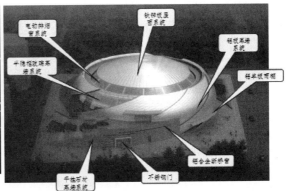

图 8 幕墙工程 BIM 建模

图 9 现场外幕墙施工实景图

序号	项目	重点	技术措施	备注
1	钢结构	钢结构深化设计	已完成深化设计，完善签认手续	完善手续，进行加工，施工准备
		钢结构吊装方案	已完成吊装方案论证，局部修改方案完善方案	
2	幕墙	幕墙深化设计	深化设计完成，近期校长对方案进行确认	
		幕墙的加工及安装	根据深化设计图2016年7月初进行招标，确认施工单位，组织加工及安装作业	
3	机电系统	各系统的管线布置	利用BIM技术，已完成专业系统综合布线，完善细部节点，结构施工期间做好预留预埋	
		设备机房的布置安装	利用BIM技术对机房进行布置，及时与专业设计进行确认，指导施工	计划8月完成
4	精装修	精装修图纸	经与建设单位协调计划于7月出图	
5		各施工难点综合处理	利用BIM技术对幕墙、钢构、设备的节点进行综合排布设计，处理设计、施工问题	

图 10 总包在施工过程中拟定任务和计划，并形成记录，最终逐项消除完成

位进行评审、论证。后附钢结构方案论证时间统计表、钢构重难点分析及方案落实流程图如图11～图14所示。

5）样板引路，提升施工标准。幕墙多次进行实体样板操作演示，大面积施工前要做好重要工序施工工艺样板及重要工序首段的施工验收。施工工艺样板及首段施工完成后，报设计、监理、甲方和工程质量管理部进行验收，合格后方可进行大面积施工。

日期	工作事项	解决问题	参与领导
3月9日	钢结构吊装方案研讨	拟定初步吊装方案	刘春民
3月15日	钢结构吊装方案审议	提出整改意见	杨健康、高杰、刘春民
4月18日	钢结构吊装方案研讨	成对吊装作业	项目相关领导
4月27日	钢结构施工专题会	深化设计、结构受力计算	结构设计、加工厂家设计、项目相关领导
5月18日	方案二稿研讨会	提出请专家把关、指导	高杰、刘春民
5月25日	钢结构施工方案专家论证	提出专家意见，通过专家论证	专家团队、高杰、刘春民
7月15日	钢结构施工方案修稿完成	经专家认可，完善审批手续	项目相关领导
7月27日	钢结构施工方案汇报	明确重点、严格落实	杨健康、高杰、刘春民
8月17日	现场施工准备检查	提出问题、加强落实	高杰、刘春民
8月23日	试吊前检查验收	落实架体加固、揽风绳、琢铰加固	朱晓伟、高杰、张伟、刘春民
8月24日	短轴南侧钢拱梁试吊	解决钢梁翻身、调姿、吊绳、就位	杨健康、雷宏宇、米舰、刘春民
8月26日	短轴北侧钢拱梁试吊	解决吊绳调节、安全防护、摘钩	项目相关领导

图 11 钢结构方案论证统计表

序号	重点、难点	对策
1	结构为双曲面椭球形造型，主要构件均为弧形，加工精度要求较高。	本工程深化设计除采用AOTUCAD常规的绘图软件外，还采用tekla structures详图软件建立结构三维实体模型，利用实体模型进行构件碰撞检查、节点合理性校核，根据校核结果进行深化设计，绘制构件加工详图，保证构件尺寸和位置的准确性、合理性。制作过程中也进行整体的三维放样，充分考虑焊缝间隙等，利用计算机控制的多维相贯线切割机对杆件进行切割下料
2	钢拱梁单根构件重量较重，吊装高度和吊装半径较大，单根构件重21t，最大吊装半径46m。	合理选择吊装设备，综合考虑吊装设备的起重能力、工作半径和就位位置
3	钢屋盖造型为双曲线椭球面，安装精度要求较高。	保证构件的加工精度，选择合理的安装顺序，安装时先主后次，及时进行临时固定、测量校正，保证结构外形尺寸

图12 钢结构重难点分析1

序号	重点、难点	对策
1	钢拱梁之间、钢拱梁与环梁之间均为焊接连接，高空焊接作业较多，焊缝质量要求较高。	焊接前进行焊接工艺评定，制定有针对性的操作规程，挑选经验丰富的焊工，严格按规程作业，及时进行焊接检查
2	双曲面椭球造型导致构件吊装、结构安装过程的整体稳定性较差，保证安装过程中结构安全是重点控制内容。	制定详细可靠的安装方案，利用MIDAS8.3有限元分析软件对构件吊装和安装过程进行工况分析，保证安装过程中结构的应力及变形在规范要求的范围之内
3	第一根钢拱梁（悬挑式腹板箱型梁）安装时对支撑架体的侧推力比较大，容易使架体产生倾斜	采用2台履带吊进行对称安装，抵消单根钢拱梁安装时对支撑架体产生的侧推力；安装完成后采用缆风绳进行拉结

图13 钢结构重难点分析2

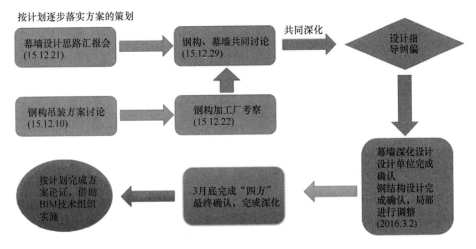

图14 落实方案策划

6）每周召开设计例会，解决图纸问题。同时，与建设单位、设计单位建立微信群，第一时间解决技术问题。实现影像资料管控减少交底不清，扯皮现象。

7）外立面铝板装饰整体为螺旋曲面造型，数量为2178块，单块铝板为双曲面菱形板，板块四边方向形成曲面外弧，板面部分内凹约60～70mm形成内弧，加工工艺复杂，在立面不同部位板块弧度不同，板块规格多样，无法进行批量生产，是影响本工程质量及进度的重点难点。我项目部提前组织幕墙专业分包单位、铝板加工单位等就板块加工工艺反复研究试验，制作了大量的实体样板，项目部总包单位以（1）钢结构吊件加工到厂家督战以确保加工零件达标，（2）项目主要负责人对幕墙铝单板加工标准及数量多次亲赴厂家沟通交流，改进落实到场，为施工期间铝板生产加工提供了保障。

（3）质量管理与风险控制措施

1）落实住总集团"八项质量管理制度"，即实测实量管理制度、样板引路管理制度、周看图日管理制度、合署办公管理制度、优质优价管理制度、岗位绩效管理制度、劳务考核管理制度、看房验收管理制度。

2）建立技术质量管理人员考核制度，应在开工前对其进行培训考核，并形成考核记录。应建立包括防水施工、钢筋加工、钢筋安装、混凝土施工、保温施工、外窗安装等质量技能工种考核制度，应在施工前对其进行培训考核，并形成考核记录。

3）依据设计图纸、规范标准要求和工程特点组织编制《施工组织设计》，明确工程质量目标、技术质量保障措施、质量管理组织机构及职责，并按照《工程质量关键工序管理制度》要求确定《工程质量管理关键工序一览表》，编制《工程质量关键工序专项施工方案》。

4）建立重要材料留存制度，影响留存制度。重点留存涉及结构安全和重要使用功能且工程隐蔽后不方便查验的材料；梳理留存材料目录，经监理单位审核后报项目管理单位和质量管理部；现场设置材料保管库房，并由专人进行看管

5）创新项目部管理制度，项目部管理制度共16项（表2）。

创新项目部管理制度表　　　　　　　　　　　　　　　　　　　　　　　　　　　表2

1	质量人员培训考核制度	9	关键工序专项验收制度
2	质量考核制度	10	重要材料封样确认备案制度
3	预拌混凝土生产质量监督制度	11	重要资料留存制度
4	重要设备首件验收制度	12	工程质量终身责任制度
5	材料检验标识制度	13	夜间节假日值班制度
6	施工图预审制度	14	混凝土进场验收、浇筑及养护工程质量管理制度
7	施工工艺样板及关键工序首段验收制度	15	质量管理双挂牌制度
8	技能工种考核制度	16	不合格情况报告追踪制度

（4）安全管理与风险控制措施

1）牢固树立大安全意识，以"施工安全、消防安全、食品安全、交通安全、治安维稳、资产安全、个人安全、品牌安全"八大安全作为项目部安全管理的重点。

2）施工现场实行实名管理制。项目部劳资员负责核实人员资格、教育培训等信息后，统一发放ID卡。ID卡信息包括姓名、照片、工作单位、职务（工种）。现场在大门口、基坑入口等部位设置劳务实名制刷卡机。

3）项目部配齐生产、安全、技术质量、行政后勤、消防保卫、劳务管理等关键岗位人员，以集团安全隐患排查系统软件操作为手段，建立完善全员、全过程、全方位的安全生产隐患排查制度，按项目部管理制度要求开展日常检查、专项检查和全面检查。

4）强化施工作业面的盯控。有施工作业行为必有专业人员旁站，有安全质量隐患必有整改措施落实。重点突出八小时以外、双休日、法定节假日和重大社会事件期间的"大安全"管控，全面建立八小

时之外作业计划看板制度和旁站监督制度，规范八小时以外加班或变更作业时间、地点、内容、工艺的管理，杜绝无项目部安排、无安全交底的私自作业，坚决消灭以包代管。

5）落实项目领导带班排班要求。吸取近年重大安全、质量事故教训，双休日必须两名以上项目班子成员现场到岗值班，履行管理职责，重点时期、重大事件期间，项目经理要到岗履责，开展应急值守。

6）加强与上级单位的信息通报，增强对应急事件敏感程度和处理速度。要动态防控安全事故，努力做到过程监管在时间和空间上"无盲区、无死角、无空白"。

7）加强对进场人员的交通安全、治安安全、个人安全的教育，开展形式丰富多样的安全月、安全周活动，例如组织体验式安全教育如图15所示。

图15　安全教育体验图

（5）环保管理与风险控制措施

1）施工现场出入口设置洗车机或专用洗车设备，施工垃圾、土方、砂石的装运必须使用"四统一"运输车辆以防止扬尘和遗洒，及时办理渣土消纳证和车辆准运证。

2）土方施工前建立健全项目扬尘控制专项领导小组，明确专项负责人，落实相关岗位职责，加强各项扬尘控制基础设施建设工作。

3）根据现场具体情况，编制项目部空气重污染应急预案，按要求划分各部门具体实际工作内容。

4）严格落实北京市住房和城乡建设委员会《关于在建设工程施工现场推广使用远程视频监控系统的通知》的规定要求，落实好各项目施工现场视频监控系统的标准化、规范化建设及使用工作。

5）充分利用现场条件，合理进行施工总平面规划布置，减少土地资源的占用。

6）按市建委网格化管理要求、执行大兴区条块化管理（市首例）标准，责任到人、到片、到位，并每月认真考核，规范执行。

7）制定节能措施，提高能源利用率，对能源消耗量大的工艺必须制定专项降耗措施。

8）施工现场实行用水计量管理，严格控制施工阶段用水量。施工现场生产、生活用水使用节水型生活用水器具，在水源处应设置明显的节约用水标识。

9）施工现场建立可回收再利用物资清单，制定并实施可回收废料的回收措施，做好可再生资源的回收利用工作。

（6）品牌管理与风险控制措施

1）以高的站位，严的要求，高标准按期确保工程交用。将"视今天为落后，求卓越争一流"住总精神与精益建设思想相融合。在高站位的思想引领下探索新技术如图16所示。

2）牢固树立对建设单位的服务意识。充分发挥集团的资源整合能力，从设计、施工、交用、运营等各个阶段提供一体化的服务。

3）坚持"安全、质量、工期、功能、成本、工程款回收、农民工工资支付"七统一原则，实现经

序号	10项新技术类别	具体新技术名称	使用部位
1	3—钢筋及预应力技术	3.1高强钢筋应用技术	基础、结构
2		3.3大直径钢筋直螺纹连接技术	结构
3		3.4缓粘结预应力技术	结构
4	5—钢结构技术	5.1深化设计技术	钢结构
5		5.5钢与混凝土组合结构技术	钢结构
6		5.7高强度钢材应用技术	钢结构
7	7—绿色施工技术	7.3预拌砂浆技术	结构、装饰
8	8—防水技术	8.7聚氨酯防水涂料施工技术	装饰
9	10—信息化应用技术	10.1虚拟仿真施工技术 10.7项目多方协同管理信息化技术	施工过程

图16 提高站位，探索应用新技术，永续学习，砥砺前行

济效益和社会效益。

4）项目书记和项目经理以上率下抓落实，压实责任，体现担当精神。履职尽责，善谋善干，埋头苦干，维护好住总整体利益。例如，自上而下层层落实创优责任，如图17所示。

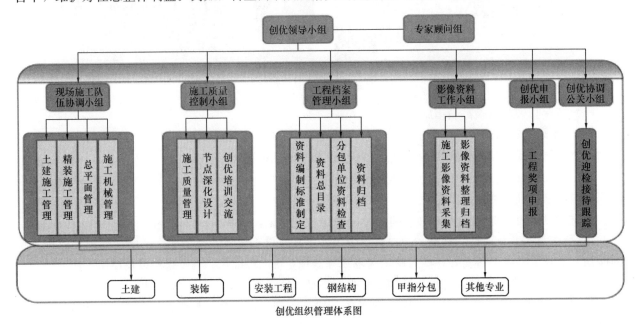

图17 以管理抗风险、以创优立品牌

5）开展品牌建设教育活动：在施工期间开展品牌建设目标及任务宣传教育活动，以公司近年形成的规章制度、文化建设手册、文件为重点内容，开展相应的教育活动。加大宣传和培训力度，使全员入脑入心。

6）加强全员培训：将企业文化及品牌建设内容列入员工培训课程，提高各级管理人员领导和推动品牌建设年活动的能力。

（7）过程检查和监督

1）每日施工之前，由工长向施工班组下达当日施工任务书、并且在醒目位置公布。每日下班之前工长检查班组是否按任务书完成当日任务，如未完成要分析其原因。每周二组织生产例会，分析进度情况，根据现场实际情况向各分包单位下达下周的劳动指标和人、材、机配置要求。每月底项目部召开月度生产例会，根据本月的生产情况向各分包单位下达下个月的劳动指标，并根据现场情况随时作出

调整。

2）安全管理人员每日必须对施工现场作业动态进行安全跟踪检查，坚持做到早巡视、晚复查，并随时深入作业一线，及时纠正违章行为、消除隐患，保证施工现场安全、文明施工。项目经理部组每月识别本项目危险源并建立档案，在发生施工环境改变、设计变更时，重新识别、变更重大危险源。每月定期进行一次安全大检查。由甲方、监理、施工单位、相关分包单位参加。安全检查的主要内容为查领导、查制度、查管理、查隐患、查事故处理等。项目经理部每月定期组织不少于2次的安全联合检查，由项目经理带队，有关部门的人员参加，按照北京市施工现场检查标准进行检查，严格进行整改，并进行复查，不按期整改者要追查有关人员的责任，安全合署办公室做好检查记录。项目经理部结合现场实际情况，尤其是雨季、冬季阶段等不定期的组织对施工现场安全防护、临时用电、机械安全、消防安全等进行专项检查。在高大脚手架支搭拆除、塔吊拆装、钢结构吊装等危险性较大的施工过程作业中，项目经理、项目技术负责人、生产负责人、安全负责人、专职安全管理人员必须在作业场所实施全过程的现场监督管理。经市建委、区建委多次检查，项目主要岗位人员到位率一致名列前茅。

3）项目部组织每周五召开质量例会。分析前一周内的质量问题。根据施工进度安排做好下周的质量工作部署。总结上周质量例会提出问题的整改情况，对质量问题的整改情况进行评价。项目部质量人员汇报上周内的质量问题，要求分栋号、分工程对象并指出工程负责人，并出示施工各类记录。施工现场确定每周三的下午进行现场质量巡检。由项目经理组织对承建的工程进行全过程管控。项目主任工程师、生产经理、工长、材料员、质检员、分包单位负责人、班组长等人员参加。项目部组织每月一次对各施工队伍进行考核，制定考核标准。收集相关资料组织考核，考核内容作为工程进度款拨付的依据。

4）项目部消防员每日进行防火巡查。每月对现场整体进行一次防火检查并复查追踪改善。检查中发现火灾（环境）隐患，检查人员填写防火检查记录，并按照规定，要求有关人员在记录上签名。检查部门将检查情况及时通知受检部门，各部门负责人每日消防安全检查情况通知，若发现本单位存在火灾隐患，应及时整改。对检查中发现的火灾隐患未按规定时间及时整改的，根据奖惩制度给予处罚。

四、管理效果及评价

1. 工程验收

本工程如期完成竣工验收任务。在规定的时间内顺利交付建设单位使用。

建筑大学组织多次国际、国内专家参观；住总集团组织全集团生产经理、全集团主任工程师观摩体育馆工程；学校组织多次建筑类学校学生作为实习观摩工程实例项目。

2. 获奖情况

北京建筑大学体育馆《双曲面椭球型大跨度钢结构施工技术研究与应用》获集团公司科技成果一等奖；《提高大跨度变截面钢拱梁安装合格率的措施》获北京市QC《2017年度北京市工程建设优秀质量管理小组》；结构长城杯金杯；北京市安全文明工地。

校方在项目圆满完成2017入学典礼，赠送的锦旗上写着"建大新馆百年精品，住总良工一路辉煌"。

3. 综合评价

本工程工期紧，任务重，在项目团队的努力下，通过精益建设，确保实现了"安全零事故、质量零缺陷、环保零超标、工期零延误、廉政零风险、品牌零损害"的成本风险管控的管理目标，圆满完成了建设任务，最终项目成本降低率2.7%，成本降低额513万元。

4. 社会效益

北京住总集团在北京建筑大学体育馆建设过程中切实履行了国企责任，为疏解首都功能做出了应有贡献。

计划 策划 科学化 打造精品工程
——北京住总集团有限责任公司中国民用航空局清算中心业务用房项目

赵彦兵　侯煦新一　付朝静　王金忠　刘义军　高　维

【摘　要】 中国民用航空局清算中心业务用房工程建设具有国际先进水平及国际性安全水准的数据机房，提供一个安全、可靠、温湿度及洁净度均符合要求的运行环境，同时为相关工作人员提供方便、快捷、舒适的工作环境。本项目以"精心策划、高效施工、降低成本"为核心，注重前期计划、策划工作，采用科学化的手段施工，为顺利交工提供坚实的基石。并获得了结构长城杯金质奖，北京市安全、绿色文明样板工地。本项目收到业主及监理的一致好评，取得了良好的经济社会效益。

【关键词】 计划；策划；科学化；缩短工期

一、背景及选题

1. 工程概况

中国民用航空局清算中心业务用房工程位于北京市朝阳区金盏乡，建筑面积23040m²，整体建筑成"弓"字形；地下一层、地上五层的框架结构，楼体位于首都机场航线范围内建筑高度22.5m；外墙采用暗红色陶土板及玻璃幕墙；建筑的主要功能为地下一层为人防、配电室及停车库，首层为用于精密数据计算机安置及接待，二层至五层为职员办公，镂空庭院及四层屋面顶均为种植屋面（图1）。

2. 选题理由

（1）中国民用航空局清算中心业务用房工程为北京市2015年40项重点工程之一，对工程的安全、质量、工期及管理等方面要求高，社会影响力大、关注度高。

（2）中国民用航空局清算中心主要职责是为我国民航政府基金、行政事业性收费、空管收费、机场服务收费提供资金清算服务，清算对象涵盖了国内外400多家航空公司、机场、空管等单位。随着民用航空业的快速发展，清算中心原办公场所无法满足办公需求，急需一个新的办公环境来办理业务，因此该工程工期紧迫，业主关注度高。

图1　清算中心业务用房效果图

（3）北京近几年多发空气重污染天气，使紧迫的工期更加紧张，项目管理团队对工程做了周密、合理的计划，并精心策划施工方法，采用多种科学化手段来确保工程的质量及工期，树立住总品牌。

3. 实施时间

如表1所示。

项目管理成果实施时间表　　表1

序号	实施阶段	时间周期
1	总体实施时间	2015年12月25日～2017年10月18日
2	策划管理	2015年12月25日～2016年3月1日
3	管理措施实施	2016年3月1日～2017年6月18日
4	过程检查	2016年3月1日～2017年6月18日

二、项目管理与创新特点

1. 管理难点与重点

（1）场地狭小

施工现场无法形成环形道路，地上结构北侧距用地红线处约15.41m，东侧距用地红线处约12.17m，南侧距用地红线处约9.91m，西侧距用地红线处约13.40m。

（2）深基坑

本工程槽底标高为−6.3m，基坑北侧有一条地下暗河，地下水位较高，场地狭小导致大量材料需码放在基坑周边，基坑边坡稳定问题将是我方重点关注问题，如何确保土方及地下结构正常施工成为我方需要解决的难点。

（3）工期紧

中国民用航空局清算中心业务用房工期541天，但经历两个春节、两个两会及不定时空气重污染天气停工，实际可施工时间仅为400天左右。

（4）机电管线复杂

本工程为清算中心的机房数据中心，各种管线繁多，且吊顶内梁下最小空间仅有500mm，如何合理分配空间，协调各分包施工顺序为我方需要解决的难点。

2. 创新特点

（1）组织创新

1）计划在前

本工程采用立体施工计划管理模式，建立完善的计划体系是掌握施工管理主动权、控制施工生产局面，保证工程进度的关键一环。

2）精心策划

在满足合同要求条件下，充分利用先进技术，实现降低成本，加快施工进度的目标。

（2）技术创新

新型钢木龙骨

本工程主体结构采用新型钢木龙骨支撑体系，以钢代木淘汰木材，既增加支撑刚度又节约木材。

（3）管理创新

1）红外线语音提示系统

安全是一种持续性的常态化管理，加强安全意识，确保施工安全。

2）室外电梯指纹识别系统

给外梯也加装了指纹识别系统，有效控制非电梯操作人使用外梯。

3）BIM技术应用

采用BIM临时设施场地布置；一量多用；模架校验；管线碰撞等手段增加工作效率，减少管线施工拆改量。

三、项目管理分析、策划和实施

1. 管理分析

根据该工程的特点、难点分析,确定该工程重点在于"前期的计划,过程的策划及科学化的管理应用",来确保质量目标到达"结构长城杯金杯";安全目标达到"北京市安全绿色文明工地";按时将工程交付业主方使用,并获得最终良好的经济社会效益。

2. 管理措施策划实施

(1) 技术质量管理策划实施

为确保技术质量目标的实现,项目部制定了相应的方案编制计划、样板计划、质量计划、试验计划等纲领性文件,并在施工过程中严格执行质量合署办公制度。质量的基础是原材料,严格按照厂家单位考察计划编制考察报告,根据工程特性择优选择。采用四新技术提高工程质量的品质。

1) 新型钢木龙骨的应用

本工程主体结构采用新型钢木龙骨支撑体系(图2),以钢代木淘汰木材,既增加支撑刚度保证构件截面尺寸、观感良好(图3),又节约木材践行国家环保要求;截面600mm以下柱子免加穿墙螺栓,主龙骨可伸缩调节,加快支撑体系施工速度。

图2 钢木龙骨支撑体系非结构实体样板照片

图3 混凝土观感照片

2) 混凝土原材的确定

图4 商混站原材料照片

3) 本工程结构期间采用小流水快节奏的施工方式,并采用天泵进行浇筑,因此我们从原材料的质量、原材料库存量、运距、机械设备数量、混凝土日产量等方面进行对比,来确定商混站(图4)。

4) BIM应用

临时Sheshi场地布置。使用BIM技术能够将施工场地内的平面元素立体直观化,更直观的帮助我们在各阶段进行场地的布置策划,综合考虑各阶段的场地转换,并结合绿色施工中节地的理念优化场地。本工程在基础施工阶段存在场地狭小,周边有高压线等问题,回填土结束后存在场地转换等问题。

通过3D场地布置可以有效地进行危险源辨识,从而提前在模型中将安全防护工作进行完善;合理确定浇筑地点，优化摄像头布置。在之后施工过程中，分施工阶段对场地布置进行提前策划和转换预演，找出最优布置方案，合理布置材料码放区，缩短二次搬运距离，提高场地使用效率，减少二次布置所产生的费用。如图5所示。

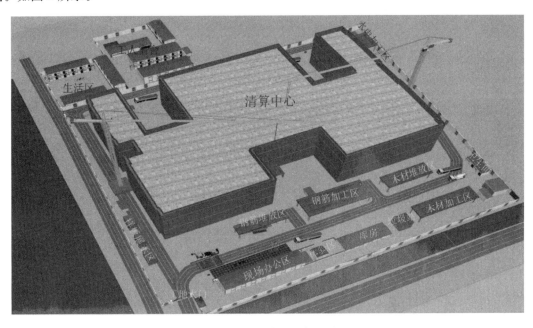

图 5　施工现场 3D 布置图

一量多用。在算量方面，项目部人员利用 Revit 建立结构及装修模型，再利用插件输出 CFG 文件，进入广联达算量软件（GCL）快速统计工程量，解放预算部门劳动力，也提高了预算、报量的准确率。如图6所示。

模板材料统汇总计表

次楞统计(m)	主楞规格	主楞统计(m)	钢管规格	钢管(m)	扣件(个) 直角扣件	扣件(个) 旋转扣件	对接扣件	垫板规格	垫板(m)	可调托座规格	可调托座数量(套)	对拉螺栓规格	对拉螺栓(套)	洞口护角(套)
9154	100×50矩形钢管	3917	扣件式架体钢管	20248	17635	3624	568	垫板	3579	T38×6	5535	直径14mm,长 550mm	200	
												直径14mm,长 650mm	2215	
20324	100×50矩形钢管	11177	扣件式架体钢管	13960	26851	/	264	垫板	2725	T38×6	4788	直径14mm,长 700mm	60	
												直径14mm,长 750mm	1428	
												直径14mm,长 850mm	1911	
												直径14mm,长 950mm	697	
26269	100×50矩形钢管	13114	/	/	/	/	/	/	/	/	/	直径14mm,长 1000mm	524	
												直径14mm,长 1050mm	1973	
												直径14mm,长 1150mm	802	
												直径14mm,长 1200mm	403	
												直径14mm,长 450mm	697	
												直径14mm,长 500mm	50	
												直径14mm,长 550mm	10970	
												直径14mm,长 600mm	938	
												直径14mm,长 650mm	438	
												直径14mm,长 850mm	100	
												直径14mm,长 1000mm	533	
												直径14mm,长 1050mm	1980	
												直径14mm,长 1150mm	805	
												直径14mm,长 1200mm	409	
												直径14mm,长 550mm	2589	
												直径14mm,长 600mm	8887	
												直径14mm,长 650mm	1915	
												直径14mm,长 850mm	100	
55747	100×50矩形钢管	28208	扣件式架体钢管	34208	44486	3624	832	垫板	6304	T38×6	10323	/	/	/

图 6　模板用量统计表

模架校验。清算中心项目地上为纯框架结构，各种梁柱截面型号几十种，且属于超过一定规模危险性较大的工程，采用广联达模架产品对支撑体系进行了安全验算，且可以直接生成节点图及计算书，方便方案编制，并保证了施工安全。如图 7 所示。

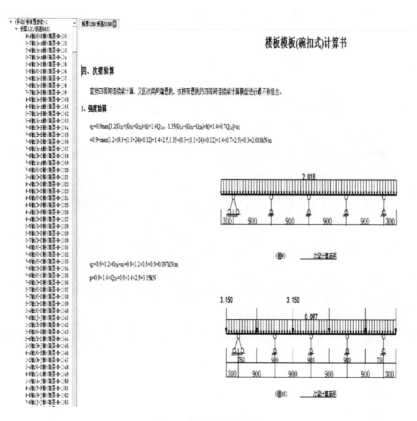

图7 支撑体系计算书

管线碰撞。本工程为清算中心的机房数据中心，各种管线繁多，且吊顶内梁下空间仅有 500mm，需要将各种管线优化进去，我们采用 Revit 建立管综模型，与结构模型合并，利用 NCW 进行模拟碰撞，发现清算中心项目机电与机电碰撞 2556 处，机电与土建碰撞 1119 处，土建与土建碰撞 73 处。如图 8 所示。

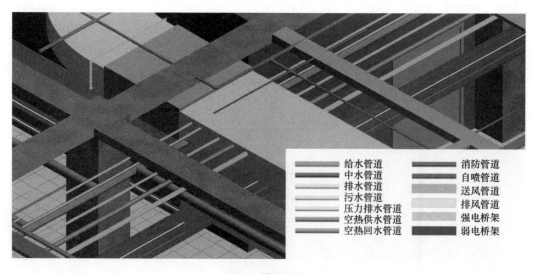

图8 模拟碰撞

（2）安全管理策划实施

为确保安全目标的实现，项目部制定了相应的风险源管控计划、安全试体验教育培训计划等纲领性文件，并在施工过程中严格执行安全合署办公制度。安全是一种常态化管理，应让安全意识深入人心，采用科学化手段代替部分人力。

1）红外线语音提示系统

安全是一种持续性的常态化管理，不论是入场教育、安全体验区、安全技术交底、班前讲话、安全标语等，都是在让工人加强安全意识，确保施工安全。为此我项目部使用了红外线语音提示系统，在主要出入口或危险区域安装，每当有人经过的时候就发出语音提示，确保施工现场人员的安全。

2）室外电梯指纹识别系统

室外电梯在非操作人员的使用下非常容易出现事故，在外梯操作人员不在的时候，施工人员为了省事常常会自行驾驶。为了解决这一问题，我们从汽车的指纹识别打火系统找到灵感，给外梯也加装了指纹识别系统，有效控制非电梯操作人使用外梯（图9）。

（3）目标管理策划实施

如约完成施工任务是项目的最终目标，"人、机、料、法、环"缺一不可，首先建立完善的计划体系，采用先进的组织方法、管理手段，过程中合理划分流水段，优化施工进度计划，合理安排各工序穿插施工。利用样板间的施工经验，优化施工方法，减少各工序的施工时间，使各工序之间的衔接配合更顺畅。

图9 室外电梯指纹识

1）本工程的计划体系由总进度控制计划和分阶段进度计划组成，总进度控制计划控制大的框架，必须保证按时完成，分阶段计划按照总进度控制计划排定，只可提前，不能超出总进度控制计划限定的完成日期，在安排施工生产时，按照分阶段目标制定日、周、月、季、年计划，在计划落实中，以确保关键线路实施为主线，制定相应保障措施，并由此派生出一系列保障计划，确保关键线路的实施。根据施工总进度计划，项目部各部门沟通协调编制了以下保障计划：方案编制计划、BIM建模使用计划、风险源管控计划、安全试体验教育培训计划、质量验收计划、合同招标计划、样板计划、施工图纸二次深化计划、材料进场计划、实验计划等，并责任到人，定期核查计划执行情况，确保施工前具备各项条件。

2）本工程基础分为南侧独立基础及北侧筏板基础，由于独立基础区域桩基数量远远少于筏板基础区域，项目部将基坑验槽分为3次，使得基础施工提前介入。主体结构施工时，项目部考虑到竖向施工速度远远大于水平向施工，因此决定将水平构件分为4个流水段，竖向构件分为8个流水段，使得在竖向构件施工的同时可以搭设顶板支撑体系。二次结构施工时，项目部与设计沟通将图纸中的实心混凝土砌块改为空心混凝土免抹灰砌块，二次结构施工的同时将照明、空调、通风、门禁、消防、电动窗等系统的管线同时预埋在空心砌块中。装修、机电设备安装施工时，多个分包同时进场，错层竖向穿插施工，实现各项工程同时施工。

3. 过程检查控制

（1）每日召开经理部主要管理人员会议，协调内部管理事务，解决施工难题，总结日计划完成情况，发布次日计划；每周三召开有业主指定分包、监理共同参加的生产例会，总结周计划完成情况，协调解决影响施工生产的主要因素，制定下周进度计划。每周一、四召开经理部班子会，分析工程进展形势，互通信息，协调各方关系，制定工作对策。通过例会制度，使施工各方信息交流渠道通畅，问题解决及时。

（2）根据本工程特点，在施工期间，组织进行比安全、比质量、比文明施工、比进度的劳动竞赛，根据竞赛结果奖优罚劣，互相促进。项目经理部实行岗位责任制，分工明确、清晰，责任到位，并根据目标计划和分工负责的原则，建立目标奖罚制度，奖罚分明。项目经理每月组织班子成员及主要管理人员，对于工程进行全面检查，检查纠正不合格项目，并形成检查记录。

（3）项目部每月定期召开质量分析会，有项目经理组织，主任工程师实施，参会人员包括项目经理、主任工程师、生产经理、施工员、质检员、技术员、相关作业班组等人员。质量分析会根据工程具体质量情况进行分析，从管理、技术措施、操作机能等方面分析质量问题产生的原因，提出整改意见或解决措施。针对质量问题的整改意见或解决措施，主任工程师、施工员进行交底，明确责任人，质检员进行检查验收。

4. 方法工具应用

借用先进、科学的管理手段（安全体验区、OV平台、微信平台、云端监控、BIM建模、广联达算量等）使沟通更迅速，数据更精准，工作更效率，施工更安全。

四、管理效果评价

1. 获得的奖项

（1）获得北京市结构长城杯金质奖工程；
（2）获得北京市安全文明施工样板工地；
（3）新型钢木龙骨集团科技创效一等奖；
（4）公司集团2016年年度示范工程；
（5）北京市建筑长城杯金质奖工程（申报中）。

2. 团队人才的培养

通过与住总设计院BIM绘图人员沟通、交流、学习，培养了一只优秀的BIM团队，小组成员进过本项目的实践，在BIM技术应用水平上有了很大的提升，为今后的项目及公司的BIM发展奠定了基础。

3. 经济效益

如表2所示。

经济效益表　　　　表2

钢木龙骨	传统木方	经济效益
钢木龙骨总体投入560t，金额200万元。以租赁方式合作；项目部支付租金30万	项目需要购买木方1200m³，投入金额150万元。木方回收70%，回收单价800元，残值84万。综合投入66万	36万元

强化总承包管理 实现合作共赢

——中国建筑一局（集团）有限公司 启迪协信科技园1栋、2栋、3栋项目

应 博 温金华 来庆周 李 涛 王星极

【摘 要】 我们身处一个伟大的变革时代，在日益激烈的建筑市场中，随着建筑市场化程度日益提高、行业监管不断完善，业主行为也逐渐趋于规范和理性，从而对总承包单位的管理能力要求越来越高。作为总承包单位，我们始终本持"诚信 敢担当"的企业品格，以"优质履约"为宗旨，过程坚持科学、精细化的管理模式，从进度、安全、质量、成本、团队建设等方面着重策划、实施，提高团队整体管理水平，加强对各家参建单位整体协调管控能力，积极调动各分包积极性，最终实现项目与企业、业主、监理、各参建分包单位间的合作共赢。

【关键词】 精心部署；细化管理；创新；优质履约；合作共赢

一、项目成果背景

1. 工程概况

（1）项目背景

清华大学旗下的深圳启迪协信科技园，是清华大学与深圳强强联合的产物，是深圳东进战略中抢滩登陆的第一站，由龙岗区政府与启迪协信集团合作共建，将打造为中国科技成果转移转化示范园区，属省重点项目，受各界关注。

项目总体定位为产业、创业、商业、社区四位一体产城融合的国际化科技园区，并结合整体规划和周边情况，打造与未来整体园区相联系的大运生态绿廊和中央休闲服务带，形成"一廊一带"的整体空间结构。此外项目在布局上采用立体混合的功能布局模式，提倡功能的高度复合，将商业、研发用房、商务公寓合理分布，高密度开发，集约高效利用土地。此外本建筑立体分层，低区结合裙房打造主题体验式商业街区，中区结合裙房屋顶打造创意园区，高区通过商务公寓和商业塔楼的合理排布形成一组地标建筑群，创造全新的龙岗城市天际线。

深圳启迪协信科技园，总占地192738m^2，总建筑面积85万 m^2，分四期开发，启迪协信科岗技园1栋2栋、3栋为首期，建筑面积10.26万 m^2，位于龙岗未来发展钻石型结构顶端区域-大运新城。项目1km范围内涵盖深圳大运中心体育馆、深圳市体育运动学校、华中师范附属中学等，距离规划龙岗地标第一高楼（668m）仅2km，距龙岗区政府4.8 km。

（2）项目概况

如表1所示。

项目概况　　　　表1

序号	项 目	内 容
1	工程名称	启迪协信科技园项目1栋、2栋、3栋
2	建设单位	深圳龙岗区启迪协信科技园发展有限公司
3	设计单位	深圳市建筑设计研究总院有限公司
4	监理单位	深圳市竣迪建设监理有限公司

续表

序号	项目	内容	
5	施工单位	中国建筑一局（集团）有限公司	
6	地理位置	深圳龙岗区青春路与飞扬路交汇处	
7	结构形式	现浇钢筋混凝土框剪结构	
8	基础形式	旋挖灌注桩、CFG桩，抗拔锚杆、双管旋喷桩、筏板基础	
9	建筑规模	总建筑面积10.26万 m^2，地上建筑面积8.54万 m^2，地下建筑面积1.72m^2	
10	建筑组成	由1栋A座、1栋B座、2栋、3栋及裙楼商业	
11	建筑层数和高度	1栋A座	地上29层，地下2层，标准层建筑面积700m^2，建筑高度94.30m
		1栋B座	地上27层，地下2层，标准层建筑面积1000m^2，建筑高度87.70m
		2栋	地上19层，地下1层，标准层建筑面积1112m^2，建筑高度90.3m
		3栋	地上15层，地下1层，标准层建筑面积666m^2，建筑高度51.4m

（3）建筑设计概况

本项目地下室采用内防水技术，室内地坪设计为保温隔声砂浆，卫生间、茶水间地坪防水层使用单组分聚氨酯防水涂膜、墙面及顶棚防潮层使用聚合物水泥防水涂料，塔楼外墙饰面采用真石漆施工工艺，裙房设计为玻璃幕墙，裙房屋面设计为覆土种植屋面，室内装修塔楼公共区走廊及电梯厅为大理石地面、瓷砖墙面、石膏板吊顶；户内各单元户型为毛坯面层。

（4）项目照片

如图1所示。

图1 启迪协信科技园1栋、2栋、3栋项目效果图

2. 选题理由

项目在全过程中充分发挥总承包管理的责任，"以诚信，敢担当"的企业文化全过程统筹组织协调多家参建单位，在项目全面开展施工的情况下，以科学的管理理念合理的组织了多家参建单位有序施

工，保证了各工序有序穿插，让项目得以顺利进行。此外在进度、质量管理方面，全程落地"5.5精品生产线"、"大计划"、"模块化工期"等科学的管理模式，引用BIM技术，模拟项目全过程，提前发现解决各项潜在问题，推广多项绿色施工技术，最终以科学、绿色、精细化的管理模式提高了客户满意度。

项目管理人员平均年龄27岁，在团队建设方面为保证年轻员工快速成长，大力推广了"导师带徒"，促使项目整体的管理水平得以快速提高，此外团队建设全程落地"承诺文化"，"以诚信 敢担当"的企业文化和价值观引领团队前行，将项目打造成为各方认可的"蚁型团队"。

此外，深圳启迪协信科技园1栋、2栋、3栋项目作为省重点项目，建设单位对项目部整体管理水平期望高、要求严，在面对外界压力大、项目本身众多难点的前提下，仍克服重重困难，以强化自身总承包管理能力，细化管理手段，统筹协调各家参加单位，最终保证了项目顺利进行，如期完成了项目竣工备案，保证建设单位2017年年底结转节点，优质完成履约，提高了企业的信誉和知名度，同时为后续战略合作奠定基础，为公司顺利承接了启迪二期项目，也为后续类似项目管理总结了宝贵的施工经验。

3. 实施时间

本工程于2016年4月10日开工，2017年12月12日工程顺利通过四方竣工验收（表2）。

项目实施表　　　　　　　　　　　　　　　　　　　　　　　　　表2

事项	时间区间
总实施时间	2016年4月10日～2017年12月12日
分段实施时间	
项目总体管理策划	2016年3月～2015年4月
管理措施实施	2016年5月～2017年12月
过程检查	2016年5月～2017年12月
取得成效	2017年12月～2017年12月

二、项目管理策划及创新特点

1. 项目管理目标

如表3所示。

项目管理目标表　　　　　　　　　　　　　　　　　　　　　　　表3

目标	指标
质量目标	获得深圳市优质结构工程
工程安全文明	市级文明工地
技术管理目标	QC成果一篇
培养青年业务骨干	责任担当体2名，关键岗位人员3人

2. 项目管理重点、难点

（1）专业分包队伍多，组织协调难度大

启迪协信科技园1栋、2栋、3栋建设期间，业主为完成2017年结转节点对工期要求异常紧张。二次结构施工期间，同时插入园林、室外管网、市政路等多家单位同时施工，专业队伍众多，工序穿插繁杂。如何保证各工序有序穿插，工作面顺利移交，人员组织、垂直运输安排等方面对总承包单位的整体管理水平提出了更高的要求。

在组织管理过程项目部秉持"满足客户要求，提升顾客满意度"的宗旨，不畏困难，对内加强团队建设，增强管理水平、团队凝聚力，对外加强过程控制，全过程实施"以计划为导向，策划为纲领"的管理理念，将所有参见单位凝聚成为一个大的团队，在集体的努力为建设单位提交一份满意的答卷，最终实现建设单位圆满竣工，各参加单位合作共赢的美好局面。

(2) 现场平面管理难度大

施工场地狭小，场地西侧基坑坡顶线距离用地红线仅0.85m，场区内无法形成环形道路，平面周转难度大。项目施工期间大面开展施工，多工序同时插入，也给文明施工的管理带来了极大的困难。此外，项目属于省重点项目，社会各界关注度高，频繁接受建设单位、政府机关多方次检查，综上问题都给现场场地平面布置、现场文明施工管控带来极大困难，给总承包管理水平提出更高的要求。

(3) 工期紧张

启迪协信科技园1栋、2栋、3栋为首期开发，整体布局与建筑方案调整频繁，施工期间多次面临等待变更出图或因临时下发变更拆改，造成工期延误。此外，受深圳市地理环境影响，施工期间在工期内历经两个雨季，仅2017年历经6次台风，其中台风影响工期12.5天；全国中考、高考影响工期6天；深圳市龙岗区举办活动停工0.5天；部分图纸下发延误及场地耽误时间共162.5天，实际延误时间181.5天（未计算两次春节假期），实际施工时间仅400余天。

(4) 防渗漏体系质量控制难度大

本工程防水施工面积大，防水材料种类多（SBS防水卷材、JS聚合物水泥基防水涂料、聚氨酯防水涂料、改性沥青耐根穿刺防水卷材等），交叉节点复杂，且在防水施工过程存在以下突出困难：

1) 受开工时间影响，项目地下室防水、地下室顶板防水、裙房、塔楼屋面防水多在雨季开工，防水施工质量控制成为本项目重难点。

2) 裙房屋面设计为种植屋面，为节省工期，种植屋面施工期间园林覆与防水施工采用平行施工模式，即防水施工分段完成验收后立刻分层、分段覆土，这给裙房种植屋面防水施工进度及质量控制增加了难度，也给总承包管理协调防水单位及园林覆土单位提出了难题。

3) 根据合同要求，塔楼窗框塞缝底边为劳务单位施工，其他三边为幕墙公司施工。由于塞缝为不同单位施工，窗框塞缝水平高低不同，施工期间难免存在争议，给窗边防渗漏管理带来极大困难；

防渗漏体系作为项目质量管理重点，如何组织劳务单位，并做好防水施工，保证防渗漏体系质量成为本项目管理重难点。

3. 创新特点

在项目管理的全过程中，项目部不仅细化传统的总承包管理模式，还大力推广各种先进、科学的项目管理理念，不仅提高了项目整体的管理水平，也保证了项目的顺利进行。

(1) "大计划"及"工期模块化"相结合的工期管控

为了强化项目工期综合管控，提升项目履约能力，规范项目生产管理。项目部采用"大计划"及"模块化工期"相结合的工期管控模式。"大计划"是项目综合管控计划，在工程分部分项计划管控的基础上，围绕着实现工期节点目标，将各业务系统和相关单位的前置工作融合到一起，形成以时间为轴，工期计划和工作计划融合为一体的综合计划。

模块节点按集团要求分为三级节点，一级节点8项，二级节点43项（项目可根据实际情况将关键性的工作做调整划为二级节点），其余为三级节点。管理系统上位三级保二级，二级保一级。为便于计划管理，模块节点工期表按阶段跟工序进行排布。

通过采用"大计划"及"工期模块化"相结合的工期管控模式，保证了项目工期持续可控。

(2) 科学的技术、质量管理

技术系统管理过程坚持"技术先行"为原则，本持"以计划为导向，以策划为纲领"开展各项技术工作。

质量管理系统落地"5.5精品生产线"，以PDCAS循环管理方法进行质量管理，保证了项目质量的全程可控，各项验收一次性通过。

(3) 落地安全管理

项目管理"安全第一",在常规的安全管理落实中,项目部将安全管理多样化,精细化,保证了项目全程零事故率。管理人员每天早上进行安全早会,并且过程拍照,反馈至微信安全管理群,保证了每日班前教育有效落地。安全交底方面项目部采用书面、针对性视频、安全体验区等多形式相结合的安全教育交底,多样化、趣味化的安全交底增加了施工人员学习的兴趣,切实体会到安全施工重要性,提高了项目整体安全意识。此外,项目为了全员管理安全,推广使用安全管理APP,项目安全APP使用率达100%,既做到了人人管安全,又提高了现场沟通的效率,让管理人员随时随地都能了解到现场动态。

(4) 细化管理制度,完善项目机制,多样化团队建设

中国建筑一局集团有限公司作为建筑行业的标杆,公司内部已经有一套科学、完善的管理制度及流程,为了项目管理过程更好的执行各项管理制度,项目开工前期组织项目全体管理人员学习公司规章制度,并结合项目特色及实际情况,以公司制度为基础,按部门为单位汇编项目管理制度,真正做到凡事有据可依,事事有章可循。

为了提升项目部整体的"战斗力",项目管理过程中,以"公平、公开、公正"为原则,推广部门经理竞争上岗制度,即提升了管理人员的工作激情和竞争意识,也提升了项目的整体管理水平,项目团队建设中更是坚持以人为本,采用多样化的管理模式,将项目管理团队打造成为具有强大"战斗力"、"竞争力"的优秀团队,为项目强化总承包管理奠定了坚实的基础。

三、项目管理分析、策划和实施

1. 项目管理分析、策划

根据本工程重、难点及项目特色,综合考虑安全、进度、质量、成本等多项管理因素,确定本工程主要管理问题为进度管控、防渗漏控制(尤其裙房种植屋面防水控制、窗边塞缝防水控制)、现场安全文明施工、多家参建单位组织协调等。

在项目管理过程中,为了更好地发挥总承包协调能力,保证项目顺利进行,项目部根据策划分析结果着重致力于工期策划、技术质量策划、安全策划、成本策划、人才培养策划。

2. 项目管理实施

(1) 项目工期管理

项目工期管理是指在项目实施过程中,对各阶段的进展程度和项目最终完成的期限所进行的管理,是在规定时间内,拟定出合理且经济的进度计划,在执行过程中,经常检查实际进度是否按照计划要求进行,若出现偏差及时纠偏,直至项目完成。

在本项目的工期管控中,项目部为强化工期管控,管理人员在工期管控过程中严格落实公司最新的工期管理模式,即以"大计划"管理为核心思想,将工期监控系统和大计划信息管理平台相融合,并且建立模块化工期,并形成模块化工期动态管控平台,当模块化工期发生偏差时,由公司平台直接预警,保障项目能够及时识别风险,立刻纠偏,避免因工期延误造成不必要的损失,通过信息化的管理手段,提高管理效率。

项目部按照公司要求设置计划工程师,专人跟踪进度计划实施情况,做到计划精细化管理。此外为保证大计划严肃执行,完善了相关考核机制,将预警机制与相关责任人绩效考核,最终通过管理考核和底线约束,确保项目工期及工作目标均能如期完成。

(2) 技术质量管理

技术管理过程围绕"技术先行"为目标开展各项技术工作,过程坚持技术创效,为项目部赢得利润,此外技术管理工作中确立以"绿色施工"理论引导的技术管理思路,引用了多项绿色施工技术,并针对技术重难点,组织多次技术培训与交流,将技术工作做到精细化管理,整体体现了总承包的管理水平。

质量管过程,通过"样板引路""三检制度""实测实量制度""质量例会制度""质量奖罚制度"五

制度的贯彻落实，确保工程质量可控，且在质量管理过程落地公司"5.5精品生产线"严肃质量"PD-CAS"循环管理系统的落地实施，结合各类质量专项检查，实现常态化、标准化施工，为精品工程奠定坚实基础。

此外，施工全程坚持"质量培训"、"QC管理"、"质量创优管理"为项目质量持续提升续航。

项目部根据项目实际情况对部分技术、质量管理也做了如下细化：

1）技术管理实行总工程师负责制，分结构和装修阶段进行技术管理。装修阶段的幕墙、精装修、机电专业等技术管理由总工程师和机电经理组织协调。

2）施工组织设计/施工方案管理

项目在施工方案管理过程，在常规的管理流程上，根据施工方案危险性程度将方案将其分为A类、B类、C类、D类，不同类别的方案由不同人员主持编制、审核，加强了方案编制的整体水平。

3）工程变更、工程洽商管

由技术部负责工程变更、工程洽商等工作，并整理收集，并建立台账，分包工程的变更、洽商工作应由技术部统一负责办理，技术人员对现场管理人员交底，保证了变更顺利、高效地下发。

4）绿色施工管理

项目施工过程积极推广公司的《科技推广应用技术名录》《中建一局集团绿色施工技术名录》，按照"经济型技术"和"绿色施工技术"两大部分进行策划与实施。策划与实施过程中重点从"四节一环保"入手，部分实施内容如下：

① 工具式可周转防护棚技术

工具式防护棚是建筑施工现场的防护性棚架，由立杆、横杆、斜杆和防护板组成，克服了现有的安全防护棚形式不一，安全难以保障的问题，提供一种连接简单，受力明晰，安装快捷，可周转使用的工厂预制的工具式建筑施工安全防护棚，材料均可周转使用，每次仅需投入油漆、安装及标语费用，对环境保护、节材美观具有极大的优势（图2）。

图2 项目中可周转防护棚

② 可周转镝灯架技术

目前常见的可周转镝灯架有两种形式，一种是采用角钢制作主体结构，另一种是采用铝型材钢管制作主体结构。用这些型材制作成标准节和灯架平台，根据所需高度，选择标准节数量。标准节之间和标准节和地面基础之间均采用螺栓连接，拆装简单方便，并且设施结构简洁、美观大方、现场移动方便、质量安全可靠，可反复使用。

可周转镝灯架不仅可以节省材料，而且还实现了对材料的循环利用、使用方便。符合国家提倡的四节一保要求，也达到了绿色施工、文明施工的技术水平（图3）。

③ 施工道路自动喷洒防尘装置

传统的防尘方法是通过人工洒水及清扫等手段来达到降尘的目的，实际上是治标不治本。水蒸发后

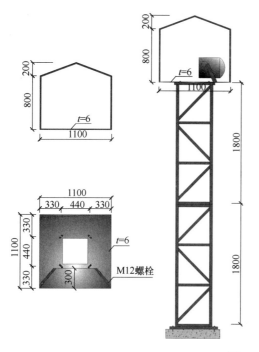

图 3 可周转镝灯架技术

浮尘依然会留在路面上,而且当路面有水时,道路与车轮作为胶体磨是湿磨,尘的产量可能更高,而清扫不当反而会增加浮尘量。每天都要重复进行此项工作,浪费人力、物力等,与当前倡导的节约成本、降低能耗、绿色、安全文明施工的理念不符。在这种背景下本项目采用可以根据自动喷洒防尘方便实用、可周转使用的省工省时的施工道路自动喷洒防尘装置。

根据项目实际使用情况,只需一次性投入安装费用且无运行费用。根据测算只需 2000~3000 元制作成本便可以投入制作本产品,不仅可以减少人工开资浪费,更加节省了珍贵的水资源,还大大地增强了企业的项目施工管理形象。

④ 成品防护采用可周转成品栏杆技术

建筑工程施工过程中"三宝四口、临边"的安全防护,其经济投入、人力投入、技术投入都大大增加。传统的临边防护采用钢管及各类扣件组成,类似于模架搭设,其缺陷主要体现在:①工艺粗糙,稳定性差,难以满足日益增强的安全防护要求;②所使用的钢管、扣件量大,成本高;③搭设时钢管外突出,妨碍通行,易造成人员碰撞伤害。

综上,本项目采用新型可周转式防护栏在建筑工程中,弥补了传统工艺的诸多弊端,同时减少了建筑施工的人力、物力的投入,降低了施工成本。

栏杆样式:采用 30mm×30mm×1.35mm 方钢制作,立柱采用 50mm×50mm×2.5mm 方钢,底座为 150mm×100mm×8mm 孔钢板并使用 A12×4 个膨胀螺栓与地面固定牢靠;防护栏杆立杆高度 1200mm,栏杆高度 1170mm,标准长度为 2000mm 每档,刷红白警示漆并在中间位置设置 180mm 高安全警示标语牌,底部设 200mm 高红白相间挡脚板。

⑤ 轮扣式脚手架技术应用

考虑到本工程工期进度紧张,传统脚手架施工工程量大、安全可靠性要求较高等特点,严重限制施工的进度,同时提高了建筑工程造价。

于是地下室及裙房采用轮扣式脚手架采用组装标准化施工,安装快速、安全可靠性高、外观整齐统一,同时也加强了企业管理及现场施工的形象,真正做到"绿色施工,文明施工"。

项目施工过程类似的绿色施工技术数不胜数,环境保护方面采用喷淋除尘、雾炮、裸露地面土方绿化、筑垃圾应分类收集、集中堆放、现场防水涂料、油漆、墨盒等有毒物品分类集中处理等;节材与材料资源控制中临建设施应采用可拆迁、可回收材料，办公区、生活区使用可拆卸重复利用活动板房，定型化可拆卸式防护栏杆、钢板道路、可拆卸式型钢安全通道、材料堆场及加工棚等；节水与水资源控制中基坑降水应储存利用，在基坑五周设置排水沟→降水井→水泵抽取、办公区、生活区的生活用水采用节水器具，节水器具配置率达到100％等；节能与能源利用措施中对施工现场的生产、生活、办公和主要耗能施工设备设有节能控制措施，在职工宿舍内安装专用电流限流器，限制使用大功率装置。办公区、生活区、施工区、施工电梯、塔吊等大型机械安装专用电表分别计量，施工通道楼梯、地下室采用LED灯带照明、手提式LED灯等；节地与土地资源利用中使用BIM技术辅助施工总平面图布置，布置紧凑，尽量减少占地，保护用地、施工临时场地绿化、铺设透水砖、防止水土流失；施工临时场地绿化、铺设透水砖，防止水土流失。临时办公和生活区用房采用结构可靠轻钢龙骨活动板房，可重复利用，施工现场临时道路布置与原有永久道路兼顾考虑等。

绿色施工技术并不是独立于传统施工技术的全新技术，而是对传统施工技术的改进，是符合可持续发展的施工技术，最大限度地节约资源并减少对环境负面影响的施工活动，项目施工过程真正做到了"四节一环保"，对于促使环境友好、提升建筑业整体水平及总承包管理能力具有重要意义。

5）新技术应用

① 新型脚手架：采用新型支撑架—轮扣架，以安全、可靠、搭拆快等特点保证现场施工进度；

② 建筑物墙体免抹灰技术：商铺及地下室部分采用轻质隔墙，轻质隔墙保温、隔声及安拆速度均优异于普通砌筑墙体，此外轻质隔墙安装完成后墙体平整度、垂直度质量良好，遂取消抹灰，节省了工期及成本。

③ 种植屋面防水施工技术：在常规防水层上增加耐根穿刺防水卷材，防止植物根系破坏常规防水层，大大提高了防水施工的质量。

④ BIM技术创新应用：

本工程参建单位众多，项目采各个专业BIM应用管理，并建立BIM模型统一标准，信息共享，方便快捷，大大提高工作效率，同时制定BIM实施导则，跟进施工工艺制定数据信息流向，明确各单位责任以及权限。

基于BIM模型完成施工图综合会审和深化设计进行碰撞检测，空间调整、施工项目管理工具BIM5D、进行施工技术交底、进行预制、预加工构件的数字化加工、进行现场质量安全管理、三维激光扫描等成果。此外项目引进专业的BIM人员为项目管理人员培训，借助BIM技术，合理安排进度计划及资源配置，优化比选施工方案，协调各专业施工配合，提升总承包精细化管理水平（图4～图8）。

6）技术创效

① 前期施工阶段，基坑内沿基坑边坡位置设置临时排水沟和集水井，施工基础底板时回填集水井

图4 BIM技术应用图

图 5 效果图

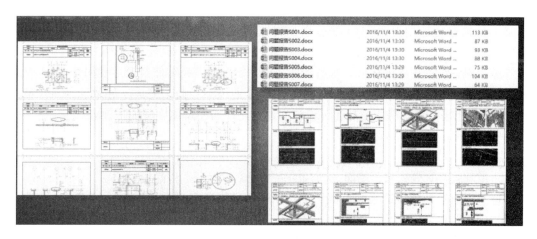

图 6 问题报告

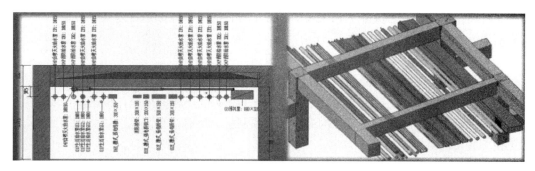

图 7 管线综合

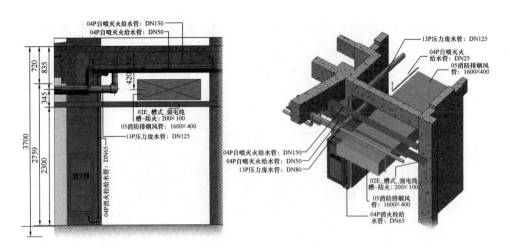

图 8 管线综合

和排水沟，将回填土换为 C15 素混凝土回填。

创效点：

a. 保证基坑回填强度和地基承载力，避免此处结构因回填土下层造成结构开裂；

b. 回填土无费用，浇筑混凝土业主承担费用，增加收入 3.5 万元。

② 塔楼卫生间排气道安装完成后，排气道根部及表面无其他做法，经与业主设计沟通，排气道根部使用 C20 细石浇筑 100mm 厚反坎，高度高出卫生间建筑完成面 200mm，且排气道表面抹灰前满挂钢丝网。

创效点：

a. 混凝土反坎避免后期卫生间使用过程，排气道根部渗漏水，节省维修及返工费用约 3.42 万元。

b. 排气道表面满挂钢丝网再抹灰，可避免抹灰层拉裂水，节省维修及返工费用约 3.21 万元。

③ 地下室墙面及顶棚腻子施工期间正值深圳雨季且通风系统尚未完成，导致墙面及顶棚腻子完成后不能及时干燥，出现大量霉斑，经与业主设计沟通后，在墙面及顶棚增加防霉乳胶漆一道，墙面及顶棚质量最终得以保证。

创效点：

a. 增加防霉乳胶漆有效控制了墙面及顶棚的霉变现象，保证工程品质；

b. 根据业主要求原计划需铲除霉变腻子重新涂刷，经沟通现只需将霉变区域打磨，涂刷防霉乳胶漆即可，节省返工费用 5.24 万元。

c. 增加防霉乳胶漆工序，增加了项目的收入 6.45 万元。

④ 架空层装饰装修施工期间，架空层剪力墙墙体无建筑做法，经与业主沟通，所有剪力墙体挂网、抹灰、施工柔性耐水腻子、真石漆施工，现场实际施工过程剪力墙墙体垂直度满足规范要求，可直接刮腻子施工真石漆，为项目节省抹灰成本。

创效点：

架空层无建筑做法，技术部编制建筑做法为项目增加利润收入 6.88 万元。

⑤ 根据图纸复核，裙房一层及二层多处存在 100~1200mm 不等的高差，根据设计要求需回填土或施工预制板。为保证工期，经与业主设计沟通将所有预制板，所有存在高差位置均采用回填，并且回填材料全部更换为轻质混凝土。

创效点：

a. 取消预制盖板及土方回填，节省工期约 30 天；

b. 采用轻质混凝土回填，有利于防水施工，避免后期因回填土渗漏返修，节省返修费用约 3.54

万元；

c. 轻质混凝土施工过程采用机械化施工，并有效率高、质量好等优点，且单价利润高于回填土及预制板，为项目创效约 8.31 万元。

⑥ 室内卫生间防水原设计要求仅地坪施工防水，为保证到防水施工质量并结合龙岗区质监站文件要求，所有卫生间、茶水间墙面增加防水层，棚顶增加防潮层，并且卫生间、茶水间、阳台门口位置防水均向室外延展。

创效点：

a. 增加墙面、顶棚、门口周边防水施工范围为项目创造收入 4.25 万元；

b. 增加墙面、顶棚、门口周边防水施工为精品质量保驾护航。

此类技术创效还有很多，在项目施工过程，良好的技术能力不仅能为项目顺利实施保驾护航，而且可以为项目创造效益。

（3）安全管理

1）项目部贯彻"党政同责、一岗双责、齐抓共管"的原则，实施安全生产全员管理，层层签订安全生产责任状，做到横向到边，纵向到底；

2）围绕"六杜绝、三消灭、二控制、一创建"的既定目标、立体化的管理模式，积极开展各项工作；

3）围绕"管理制度标准化、人员行为标准化、现场防护标准化、过程控制标准化"的目标，积极推进标准化建设；

4）依据"预防预控、分级管理、分层负责"指导思想，组织消防演练，台风来临提前组织人员撤离，仅 2017 年组织台风撤离 5 次；

5）坚持"要进场先教育"为原则，所有进场员工均需完成三级教育；

6）注重"安全过程监督"作用，组织现场安全专项检查，每周召开安全整改相关会议；

7）遵从"绿色环保、和谐发展"的管理要求，办理夜间施工许可证；积极协调周边居民关系，达到"零投诉"管理目标。

（4）商务管理

由商务部编制计划成本并进行动态成本分析，项目的商务经理每月编制项目成本分析报告并对计划成本进行动态调整，每季度编制季度成本分析报告，对成本中出现的不可控现象及时进行预警，制定《成本风险控制方案》。

商务管理过程更加注重合约管理，在招标及合同过程中加强谈判，规避法务风险。为保证项目合理权益的实现，项目积极归集并上报业主签证，根据项目实际运营的经济数据及指标分析出存在的问题，找到解决问题的办法并且监督执行情况，不断改进自身的成本管理水平。

（5）团队建设

1）人才培养计划：鉴于目前新入职的员工价值观未稳定，项目管理过程坚持"以人为本"，宽容对待员工，落地思想，宣贯项目人才价值观。并将人才培养分为三个阶段由浅入深，由低至高逐渐培养。首先第一阶段为职业导入期，将新员工通过导师带徒的活动逐渐培养为专业技能成熟的骨干员工；接下来第二阶段为学习成长期，从骨干员工中挖掘部门经理层人才，培养骨干员工领导能力；第三阶段为完善储备期，将部门经理培养成为项目的班子成员，为公司管理层储备后备力量。经过本项目科学的人才培养模式，项目班子已经成功完成裂变计划，培养了一个新的管理团队，其中新的项目班子成员 6 名。

2）日常活动方面坚持以活动促建设，用各类"流汗型的身体碰撞类活动"促进项目文化建设，打造"活跃团结"的团队。并围绕"打好基础、搭建平台、具有活力、有所作为"的目标，积极开展党群各类活动，充实员工心理需求以及思想需求。

四、管理效果评价

1. 项目获奖

(1) 2017年深圳市安全文明施工优良工地(图9);

(2) 2016年度平安工地(图10);

图9 深圳市安全文明施工优良工地奖

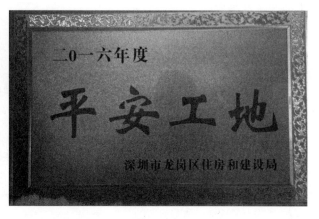

图10 2016年度平安工地奖

(3) 2017年度平安工地(图11);

(4) 2017年度市安全生产与文明施工优良工地奖牌(图12);

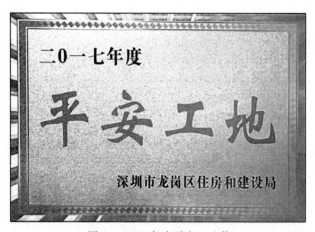

图11 2017年度平安工地奖

图12 安全生产与文明施工优良工地奖

(5) 广东省建筑施工项目安全生产标准化评定。

2. 总结

本工程实施过程中,管理团队始终如一地坚持"工匠精神",通过一系列科学、系统的项目管理策划及实施,高效的组织各家参建单位如期完成项目履约,为建设单位提交了一份满意的答卷,得到了各界的一致好评!

经过本项目,项目团队整体的管理水平也得到了提高,培养了一批优秀的青年骨干,积累了宝贵的施工管理经验,为今后项目团队承揽类似工程的施工总承包工作打下了坚实基础。最终,本项目的管理效果充分体现了通过强化总承包的管理,可以实现建设单位、各参建单位、社会各界及总承包管理团队内部的多方合作共赢!

重策划 抓创新 筑精品
——中建一局集团建设发展有限公司腾讯滨海大厦工程项目

黄 烨 于景岳 于 洋 张嘉敏 王 垚

【摘 要】 针对超高层综合体建筑机电总承包施工难度大，总价包干成本风险大、体量大、进度紧、质量安全要求高等特点，项目团员通过努力，从细节处着手，优化管理组织机构，制定切实有效的管理计划，施工过程中高标准、精细化管理管控，确保项目按期竣工，成本创优、打造精品工程。在完美履约的同时也给企业带来了良好的社会声誉，实现企业跟业主的双赢。

【关键词】 超高层；创新；精品工程

一、背景

1. 行业背景

随着城市土地资源日趋紧张，现代超高层建筑已成为中国大陆地区的经济社会发展和城市进程的重要标志之一，同时也已经成为中国建筑行业发展的重大课题之一。想要占领超高层施工这个制高点，必须首先解决技术上的诸多难题，楼层越高之后，许多普通问题都变成了特殊问题，变成了我们向更高发展过程中的困难。超高层建筑机电系统复杂、体量大、工期紧、合同额大，对于机电总承包来说既要服从土建总承包的管理，又要协调机电专业分包的施工。

2. 工程简介

本工程坐落于深圳市南山区后海大道与滨海大道交汇处，地块性质为研发、商业、食堂、文体活动设施用地，项目总用地面积为18650.95m²，总建筑面积为342548.61m²。分为南北两座塔楼。其中南塔楼50层，建筑高度为244.10m，北塔楼39层，建筑高度为193.15m。南北塔楼在一至五层相连形成裙房，主要功能为大堂、展厅、餐厅（商业）等。裙房建筑高度为35m。南北塔楼在二十一至二十五层相连，主要功能为健身、活动等员工配套设施。南北塔楼在三十四层至三十七层相连，主要功能为阅读、培训等研发配套设施（图1）。

二、选题理由

腾讯科技（深圳）有限公司是世界500强企业之一，在深圳乃至全国都具有非常大的社会影响力。本工程是腾讯公司未来全球运营总部办公大楼，将成为腾讯公司国际形象的代表符号之一，也是企业文化设计的集中反应区。作为运营总部，本

图1 建筑实景图

工程将汇集腾讯公司的所有职能部门，预计将有 15000 名员工在此办公。

我们公司在常规民用建筑、住宅、城市综合体、厂房机电安装已经相对成熟并处于行业领先地位。本工程作为超高层机电总承包项目，对于项目团队如何在总价包干模式下对工程管理总体策划，规避风险，具有很大的挑战性。本项目能否完美履约，影响着我们公司在超高层领域的地位。所以公司领导对项目非常重视，为项目定下的目标是"工程要创中国安装工程优质奖，配合土建总承包争创'鲁班奖'"。高目标意味着高要求。高关注就意味着全方位的监督，因此对于我们团队来说就时刻面临着建设标准高、质量及安全要求高、各项风险因素的预控不容有失等管理挑战，并最终确保工程质量且必须按期完工。

三、实施时间

工程总体实施时间为 2013 年 11 月 11 日～2017 年 8 月 29 日。

四、管理重点和难点

如表 1 所示。

项目重、难点表　　　　　　　　　　　　表 1

序号	重点、难点	简要分析
1	建立高效的协同合作的工作机制，服从总包管理，切实践行机电施工管理	针对类似超高层机电施工管理经验，结合腾讯机电特点，我们项目部必须做好以下内容：1）与总包的管理协调、与精装的工序协调、与机电其他承包商的界面协调。2）安全方面，竖井施工防高空坠物、高层风大、电气焊防火星飞溅、临边洞口施工防坠落、机电施工禁止抛物伤害。3）进度方面，深化设计图纸管理、机电站房及竖井土建条件关键进度的控制、避难层机电设备进场进度控制、机电施工进度满足移交精装条件。4）质量方面，架空地板下机电管线施工、机电站房、明装管线、BTTZ 电缆施工质量控制及成品保护、深圳气候条件下防潮质量控制
2	工期进度管理难度大	腾讯公司现有的办公楼和租用写字楼已远远不能满足公司的业务扩展需要，急需新建写字楼投入使用。因此本工程必须按期竣工。这就要求管理团队具有丰富的同类工程施工组织管理经验，提前进行管理策划，具有强有力的施工机械设备、周转材料供应保障能力和合作良好的专业劳务队伍的保障，在进度计划安排中，抓住关键线路，合理安排施工顺序，制定施工配套计划
3	专业分包多，协调管理难度大	本工程涉及专业分包繁多（如土建、钢结构、弱电、消防、6 家精装单位、幕墙、电梯、高低压、柴油发电、泳池等），多专业交叉施工，界面管理、组织协调难度大
4	机电工程系统复杂、标准高，施工难度大	1）本工程建筑面积约 34 万 m²，机电施工体量大。 2）机电设备数量多、体积及重量大，设备搬运尤其是垂直运输难度大。 3）噪声源控制难度大，设备运行产生噪声，管道在介质流动过程中产生的噪声。 4）机电系统采用大量新技术、新材料，大规格、大体量 BTTZ 电缆。 5）调试工作量大，系统复杂。 6）LEED 金级认证和绿色二星需求，绿色施工要求高。 7）地板送风系统应用在国内非常罕见，施工经验欠缺
5	深化设计工作量大图纸深化设计要求高	本工程要求机电总承包人对其他机电专业施工单位的图纸进行深化设计，因机电专业繁多，系统多管线密集，要确保所有图纸满足规范要求以及功能使用和现场条件的要求，确保各专业、各分包施工图纸的正确衔接
6	超高层垂直运输能力不足	本工程南北两座塔楼各只有 1 个室外电梯和 1 个塔吊，设备层机电设备数量众多，重量大，运输能力严重不足

序号	重点、难点	简要分析
7	高标准的质量要求	本工程影响力大,机电工程要创安装工程优质奖,整体大楼争创"鲁班奖"。我们将通过严格的程序控制和过程控制,实施"过程精品",把本工程建造成一流的艺术精品,实现本工程质量目标,使业主完全满意,是本工程的核心任务
8	BIM 技术应用	1) 基于 BIM 模型完成施工图综合会审和深化设计 2) 空间碰撞检测 3) 4D 施工模拟 4) 可视化模型指导现场施工 5) 自动工程量统计 6) 物料跟踪管理 7) 交付 BIM 竣工模型

五、管理策划和创新创效

1. 项目管理策划

(1) 项目目标管理策划

质量目标:① 确保施工质量合格,满足规范和标准要求;
② 工程要创安装工程优质奖,配合土建总承包争创"鲁班奖"。

安全目标:杜绝重大伤亡事故、火灾事故和人员中毒事件的发生,轻伤频率控制在千分之六以内。

(2) 组织管理、工作机制的策划

本工程委派具有同类机电工程施工管理经验的项目经理和优秀管理人员组成项目经理部,建立以项目经理负责制为核心,以项目合同管理和成本管理为主要内容,以科学的系统管理和先进的技术工艺为手段的项目管理机制,对机电工程进行全过程、全方位的计划、组织、管理、协调与控制,高效的实现机电工程的各项目标。

(3) 技术管理策划

项目部针对机电系统的特点,以及工程建设的实际需求,组织专家及公司技术骨干,提前对工程建设必须解决的技术难题进行分析预判,并现场指导技术工作。收到设计图纸后,及时组织项目技术部、深化设计部、现场管理部及各相关部门充分熟悉图纸,进行内部图纸会审,并把发现的图纸问题汇总;参与由业主组织的有监理、设计等单位参加的外部图纸会审,进行会签、发放、归档,将设计问题及早发现并解决,以便施工顺利进行。制定切实可行的解决方案,并在工程建设过程中不断予以完善,从技术层面确保工程建设顺利实施。

(4) 施工计划管理策划

为确保工期目标的实现,将机电施工总进度计划分解为若干个阶段目标,以阶段目标的分步实现来保证总进度计划目标的完成。在进度计划安排中,抓住关键线路,合理安排施工顺序。

本工程南塔因楼层高,材料运输难度大从而对施工进度影响较大,成为机电施工关键线路节点控制目标;高中低三个连体机电工程施工插入时间较晚,成为机电施工关键线路节点控制目标;南北塔楼及连体机房众多,同时机房内设备及管线的安装调试均较复杂,作为机电施工控制的重点部位;以上三个部位的施工进度对于整个工程进度起着举足轻重的作用,因此对上述部位进行详细的计划。同时我们综合考虑土建、消防、弱电、装修、幕墙、电梯等各个专业的施工进度和作业面安排,合理的搭接和插入施工。

(5) 深化设计策划

本项目深化设计策划从设计依据、组织机构及人员、岗位职责、软硬件配置、管理流程、图纸细则标准、深度、审批流程、出图计划等方面进行了详细的规定。

本工程深化设计的作用主要分为五部分：

1) 通过对机电各系统的设备管线的精确定位、明确设备管线细部做法，直接指导施工；

2) 综合协调机房、各楼层、设备竖井、专业的管线位置以及墙壁、天花机电末端器具，力求各专业的管线及设备布置合理、整齐美观；

3) 提前解决图纸中存在的问题，避免因变更和拆改造成不必要的损失；

4) 在满足规范的前提下，合理布置机电管线，为业主提供最大的使用空间；

5) 为BIM建模提供建模深化图纸。

(6) 质量、安全管理策划

针对本工程各项工艺和新材料编制专项施工方案，以创优管理总体思路为指导，进行全过程的质量控制；本项目建立了以项目经理为第一责任人的质量管理机构。委派质量主任，会同项目主管现场的项目副经理、项目质量管理部对整个工程项目的质量进行监督和管理。使整个质量保证体系协调运作，确保工程质量始终处于受控状态。从组织机构上保证质量目标的实现（图2）。

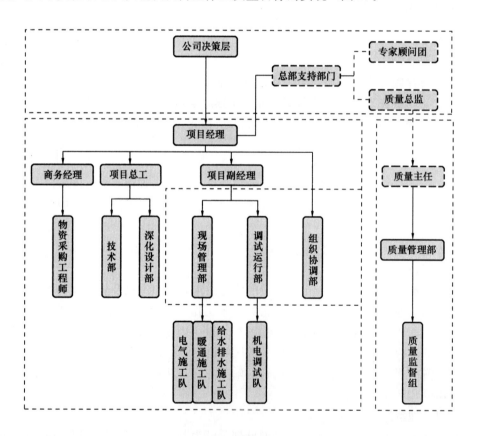

图 2　组织机构

在施工中，始终贯彻"安全第一、预防为主"的安全生产工作方针，形成工程参建各方参与的安全管理体系，并以严格的奖惩措施和细致的管控来促进安全管理；强化安全生产管理，通过组织落实、责任到人、定期检查、认真整改，杜绝死亡事故，确保实现安全目标，在安全管理方面坚持实行"一票否决制"。

2. 技术创效和科技创新

(1) 超高层BTTZ电缆垂直敷设施工技术

本项目大量采用BTTZ电缆，用量达到18万余米。超高层电缆敷设，电缆截面大，综合管线多，桥架之间预留的可操作空间小，毫无疑问施工难度非常大。项目部结合本工程实际的需求自行研发了矫直、测量装置，利用电缆本身重量在竖井中从上往下敷设，节约时间，节省人工，敷设观感质量好，节约成本。

传统的BTTZ电缆垂直敷设常用方法有两种：一是沿敷设路径分布众多人员合力提拉，这在大楼高度较小和电缆截面不大的情况下使用较为常见；二是采用电动卷扬机的钢绳向上牵引。但两种方法都各有弊处。前者既难保证施工安全，又产生大量的人工费用；后者除了安全因素问题，还存在着施工过程对BTTZ电缆产品质量保护的问题。钢绳牵引电缆，随着电缆上升而重量增加，受力点及上部缆体受力增大，可能会造成BTTZ电缆铜护套的机械损伤以及绝缘材料的受损，大楼高度越高，问题越明显。这两种方法在电缆放线完成后，在电缆绑扎之前，需要消耗大量的人力和时间，电缆进行矫直。

针对上述问题，我们选择了从上往下敷设的施工方法。首先将整盘BTTZ电缆吊运至高层，利用高位势能把电缆由上往下输送敷设。矫直、测量装置本身带有矫直装置就可以对下放过程产生的重力加速度加以克制，通过矫直装置下放的电缆，放电缆完成后，可以直接进行绑扎工作。

将盘状电缆置于自制的电缆盘上，螺栓固定电缆后用外力牵引电缆端部，电缆盘则发生转动，电缆则可按照设定线路进行敷设，一人旋转电缆盘，一人牵引电缆头，经电井洞口的滑轮转向之后，将电缆牵引至矫直、测量装置的上端；将矫直、测量装置上端的导向滑轮组通过旋转螺杆分开，矫直滑轮组分开，使电缆顺利穿过，牵引至矫直、测量装置下方300~500mm，便于继续向前敷设。

电缆通过矫直、测量装置后，旋转螺杆使导向滑轮组与电缆接触，同时矫直滑轮组也接触电缆，通过电缆的重力势能及人力的辅助，继续进行电缆敷设工作（图3）。

本项目使用本工法顺利完成矿物绝缘电缆的安装，工效显著提高。结合矫直、测量装置的使用，敷设完成的BTTZ电缆观感质量较好，无需进行人工矫直，可直接进行绑扎，节约了大量的人力。本工程特意安排两组人员在两个强电井进行施工对比，一组使用矫直、测量装置，另一组按照常规做法施工，在完成相同电缆量达到相同质量要求的情况下，使用矫直、测量装置比没有使用该装置的队伍，在时间上节约了40%，在人工上节约了50%，通过现场实际结果分析，使用本装置不论在施工质量方面还是在施工成本节约方面都有显著的效果。

（2）地板送风施工及调试技术

空调设计在标准层（7~20层、26~33层、38~46层）采用下送上回的地台下送风系统是本项目的难点和重点。系统设计要求地腔压力保持微正压（5MPa~12MPa），通过地腔内的压力传感器控制静压阀。我们面临着地面风管施工、漏风、噪声、震动等难题，由于缺乏相应的施工经验，国内也没有成功地工程实例可以参照。因此，我们租了一间写字楼进行样板试验。通过运用QC的管理方法，成功地解决了施工中会遇到的诸多难题。为正式工程的施工、调试、投入使用提供了很好的经验。样板间施工工艺全部应用到该工程内，并将该创新工艺积极申报到我公司专业质量保证体系，为今后其他地台送风空调系统工程提供了范本。为地台送风空调系统，积累了大量的经验。我们记录下了大量过程的影像资料和文字记录，将成为业内人士了解地台施工方法的重要依据。

（3）BIM技术应用

1）配合现场大型方案的模拟如图4所示。

2）综合管线排布，优化空间如图5所示。

3）空间碰撞检测如图6所示。

4）根据管道穿墙位置进行墙体开洞如图7所示。

5）施工进度模拟如图8所示。

6）物料跟踪管理如图9所示。

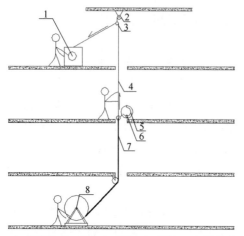
1—卷扬机 2—吊钩 3—滑轮 4—钢绳 5—回转接头
6—电缆扣 7—矿物绝缘电缆 8—电缆盘

传统方法敷设电缆示意图

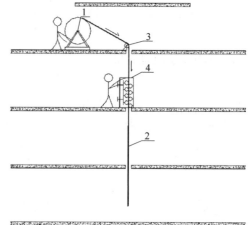
1—电缆盘 2—矿物绝缘电缆 3—滑轮 4—矫直测量装置

改进之后敷设电缆示意图

传统方法敷设效果

改进之后敷设效果

BIM动画模拟

自行研发的矫直、测量装置

图3 BTTZ电缆垂直敷设施工技术

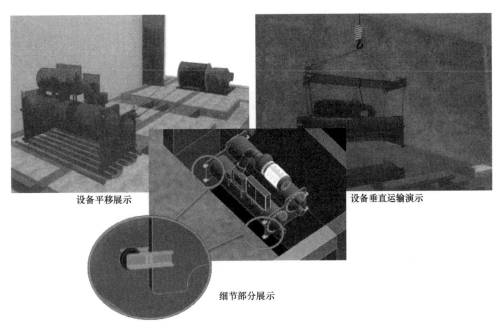

设备平移展示　　设备垂直运输演示

细节部分展示

图 4　大型方案模拟

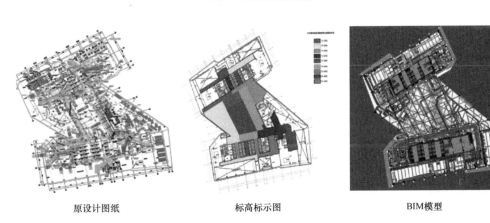

原设计图纸　　标高标示图　　BIM模型

图 5　综合管线排布

与结构斜梁碰撞　　调整后无碰撞

图 6　空间碰撞检测

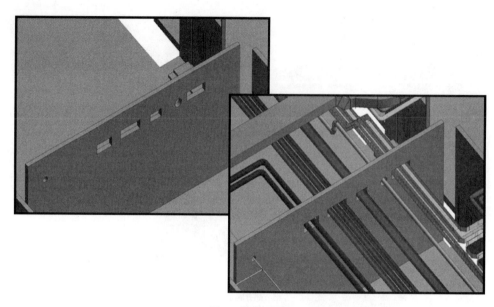

图 7 墙体开洞

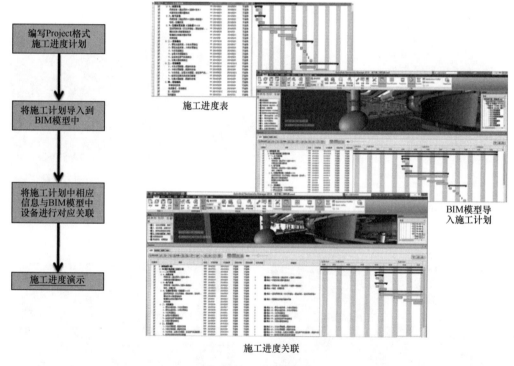

图 8 施工进度模拟

六、项目管理成果

从 2013 年 11 月进场至 2015 年 6 月期间,由于设计方案的重大调整,图纸版次升版太多,我们克服种种困难,本着专业可信赖的精神和为业主服务的原则,积极配合方案调整,进行样板试验。在巨大的工期压力下,积极投入抢工,策划各种设备材料、施工机具的供应,调整施工作业面,改变施工工艺,最终主动牵头带领各个机电专业承包单位顺利通过竣工机电验收,配合土建、消防验收,取得了圆满的成果。并得到业主单位的表扬,如图 10 所示。

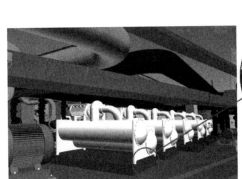

图9　物料跟踪管理

表　扬　信

中国建筑一局（集团）有限公司
腾讯滨海大厦机电专业分包工程项目部

贵司承建的腾讯滨海大厦项目机电专业工程自开工以来，在贵司的大力配合和项目部全体人员的共同努力下，保质保量的完成了我方要求的节点目标，并在机电专业施工管理方面取得良好的业绩，赢得了业主及相关各方的认可。

在施工过程中，我方看到了项目部的施工管理能力，面对施工现场交叉作业复杂、工期紧、任务重等不利因素，项目部迎难而上，精心部署扭转了施工被动局面。作为机电分包单位，项目部发挥国企的奉献精神，牵头组织强电、弱电、消防等相关单位顺利完成机电工程竣工验收，并协助我方继续完善其他专业的补漏工作。贵司项目部团队在施工管理和服务上充分发挥管理和科技优势，严把质量关、确保工程安全，保证施工进度。

在此，我司作为腾讯滨海大厦项目业主方对贵司项目管理团队表示由衷的感谢，希望贵司一如既往的大力支持工程建设，继续发扬贵司专业 可信赖的企业品格，圆满完成后续调试工程。

最后祝贵司事业蒸蒸日上，愿双方合作愉快！

腾讯科技（深圳）有限公司腾讯滨海项目部

图10　表扬信

本工程验收通过之后，腾讯公司召开了盛大的搬迁入住仪式，各大媒体纷纷报道，在社会上引起了巨大的影响力。腾讯公司搬家入住办公之后，各行业的企业纷纷前来参观，例如万科、恒大、华润、招商银行、宇宏集团。对我司承接的机电施工内容给予了很高的评价。由于在腾讯项目的完美履约，我公司继续在微信大厦项目同腾讯公司合作，同时由腾讯公司引荐，我公司也在积极与大疆科技进行合作，实现了二次营销。

与此同时我公司正在积极申报"北京市安装工程优质奖"，同时配合土建总承包单位申报"鲁班奖"。

协同配合　创新思维　提质增效筑精品住宅

——中建一局集团第五建筑有限公司 X1 号住宅楼等 11 项（宝苑住宅小区）和 X7 号住宅楼等 25 项（长乐住宅小区）工程

周源龙　郑俊文　时　雨　张龙玉　黄亚平　张佳男

【摘　要】提质增效是施工单位提升最终效益的一大重要课题。针对长乐宝苑三期项目实际工作展开讨论，以技术、商务等多部门协商为基础，以同建设、监理、设计多方协调为道路，综合考量，换位思考，通过因地制宜，学以致用，总结归纳工作方法，提升创新思维，带动提质增效。

【关键词】部门协同；技术创新；提质增效

一、项目成果背景

1. 工程概况

本工程位于北京市顺义新城第 25 街区，分两个建设场地，分别为 X7 号住宅楼等 25 项长乐住宅小区三期（以下简称长乐三期），X1 号住宅楼等 11 项宝苑住宅小区三期工程（以下简称宝苑三期）；长乐共有单体 16 栋及地下车库 2 栋，配套共建 1 号垃圾房，2 号、4 号 π 接室，6 号门卫室；宝苑住宅共有单体 6 栋及车库 2 栋，配套公建 5 号门卫室长乐住宅小区三期工程规划 X 组团建设面积 6.44 公顷，主要功能为住宅及配套公建（图1）。

图 1　长乐宝苑三期模型图

长乐住宅小区总建筑面积 71113.81m²（含地下车库、配套公建）。住宅总建筑面积 70999.85m²，其中地上住宅建筑面积 57250.89m²，住宅地下建筑面积 11882.75m²，住宅地下车库建筑面积

1866.21m²，建筑高度为17.8m，建筑层数为地上五层，地下一层。配套公建建筑面积113.96m²，其中地上94.76m²，地下19.20m²。

宝苑住宅小区总建筑面积30967.88m²（含地下车库、配套公建）。住宅总建筑面积30937.66m²，其中地上居住建筑面积24614.04m²，地下建筑面积6323.62m²，建筑高度为17.8m，建筑层数为地上五层，地下一层。其中地下车库面积1233.73m²，配套公建建筑面积30.22m²（表1，图2）。

项目情况   表1

工程名称	北京市长乐宝苑三期项目总承包工程		
建设单位	北京长乐房地产开发有限公司 北京宝苑房地产开发有限公司		
设计单位	中国航空规划建设发展有限公司		
工程地点	北京市顺义区天竺镇		
建筑面积	102081.69m²	层数 （地上、地下）	地上5层 地下1层
结构形式	剪力墙	结构、建筑高度	结构：20.3m 建筑：21.4m
工期	990日历天	建筑功能	住宅

图2 长乐宝苑三期住宅实景

2. 选题理由

（1）随着建筑行业竞争的日趋激烈，如何降低成本增加效益是施工单位所面临的最重要环节之一，也是提升项目最终效益的关键。项目部重点加强引导多部门协商，及时向甲方与设计单位反馈，提出技术创新优化，推进具有创效作用的变更，为创效策划和品质提升管理提供了重要途径。

（2）本工程建设单位为长江实业，以高质量品牌为标准，在质量、安全、精装深化设计等多方面要求较高，为满足精品要求，项目在强化管理和运用创新积累了宝贵经验，值得推广。

（3）创效的同时，本工程推广运用了多项节能、环保技术，实现了"四节一环保"的目标。

3. 实施时间

如表2所示。

项目实施时间   表2

总实施时间	2016年8月～2019年4月
分段实施时间	
项目总体管理策划	2016年8月～2016年11月
管理措施实施	2016年8月～2019年4月
过程检查	2016年11月～2019年4月

二、管理及创新特点

1. 管理难点及重点

（1）场地狭长，长度1.5km，单体数量多，36个单体，涉及土建、机电、装修、市政、消防等专业，材料种类繁多。分布较离散，现场材料倒运次数多、运距长，大型机械较多，大型机械组织较难；

（2）分包多，总包管理难度大，本工程为精装修交竣工程，施工过程中涉及的专业较多，各分包管控难度大；

（3）本工程机电、精装修、园林等专业都需要进行二次深化设计，各专业深化设计要求高、专业性强，如何做到统一协调管理是顺利施工的重要保障；

（4）本工程场地狭长，呈U字形，分布较离散，并且环绕已建好的别墅群，因此保护周边环境，减少扰民，控制扬尘噪声也是本工程顺利施工的一项关键内容。

2. 创新特点

应用四新技术、绿色技术，提升项目品牌品质

推进四新技术和绿色技术的应用，是实现科技创效的重点，也是提高项目综合效益的重要途径。在长乐宝苑三期工程中，项目主动推进应用"建筑业10项新技术"中7大项15小项和《中建一局绿色施工技术推广名录》中的27项，并在新技术的应用过程中进行经济对比分析和成本测算，对原有推广的新技术进一步的总结和提升，实现提质增效。

如在塔吊布置中，积极策划采用BIM技术，提升项目整体质量，并产生出明显效益，原招标文件的墙体采用大钢模板施工，塔吊需要全覆盖楼座范围，长乐宝苑三期共22个住宅楼单体，需配置22个塔吊。现采用木模板后，塔吊无需全覆盖所有住宅单体，经过BIM塔吊三维布置模拟后，现场实际配备11台塔吊，每台塔吊覆盖两个住宅楼单体，共节省11台塔吊，且满足规范要求和实际工程需要。仅此一项应用，就产生创效资金约200余万元，为项目带来了较大的收益（图3）。

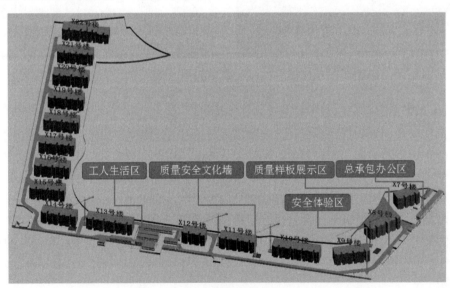

图3 项目整体分布

根据公司品牌兴企战略，项目以新技术打造硬质量，以工程品质推广公司品牌，着力于示范工程、现场观摩等带动项目整体品牌品质的提升。工程质量得到建设单位的认可，赢得公司内外的好评，荣获中建一局集团观摩工地荣誉称号和北京市绿色安全样板工地，并成功申报住建部绿色科技示范工程。

三、管理策划实施

1. 管理分析

根据本工程的特点及重难点分析,确定本项目的管理定位是"以多部门协同配合和创新思维,提升质量效益,打造精品住宅工程"。

本工程通过内部管理方式的升级和技术创新,确保了工程目标的顺利完成,以围绕全面提升项目效率、质量、效益、口碑的前提,进行管理策划的创新。

2. 管理分析

(1) 多部门共同协商,主动推进创效

多部门通力合作,是全面提升项目效率、质量、效益、口碑的前提。其中,技术部要在多部门协商中主动推进具有提质创效的变更,重点协同商务部,把握住效益这一核心,推进提质创效。

在工程项目中,技术部与商务部和工程部联系密切,围绕工程造价、盈亏对比、施工便利、节约工期四个方面出发进行综合考虑、协商,将费用消耗和施工难度两个重点问题与商务部和工程部进行全面讨论,使与建设方、设计方洽商中提出合理全面的变更方案,加快进度,提高效率。

比如在钢筋直螺纹连接方面,图纸设计说明要求对于钢筋直径大于等于 20mm 的采用机械连接,小于 20mm 的采用焊接或搭接接头。对此,项目的商务、技术、工程三部门通过协商讨论,提出了对钢筋直径大于等于 16mm 的采用机械连接的方案,以实现节约成本、节约工期、施工便利的综合效益。经过内部反复讨论后,与建设单位及设计单位协商,并顺利获得认可,据统计,此项变更可节约成本约二十万元。

(2) 及时反馈,同建设单位和设计单位恰当对接

在与建设、监理及设计单位的长期合作中,保持良好的关系,及时沟通。对于复杂问题和困难问题,进行反复交流,在沟通中了解建设方的要求与底线,在底线范围内尽力争取有利条件。

比如,在对铝合金门窗优化设计时,原设计要求对于铝合金框表面做氟碳喷涂处理,经过与甲方设计方多次交流协商最终同意使用粉末喷涂,同时此项改动不作为设计变更,在精装深化设计体现即可且报价不变(按原氟碳喷涂报价处理),此项改动获得可使每平方米喷涂单价节约 60 元以上。

(3) 换位思考,综合考量,带动提质增效

在与建设、设计等其他单位的合作中,需要积极把握工作重心,通过技术部和商务部的配合,将建设单位需求与项目效益综合考量,方便优化方案的推进。在整个过程中,还需要适当的换位思考,实现节约成本的同时,如何更快更高质量地完成项目工程,达到建设单位的要求。

比如在进行土方换填时,设计及勘探对于地基换填要求为换填至细中砂层,根据此类现象,通过与设计、勘探、甲方、监理五方协调商定:地基换填土层与设计标高土层一次性大开挖,一步到位,这样就对每个主楼缩短了 2~3 天的工期,而且经过商务部门计算,此项变动很大程度上节省了对机械费、清运费、人工费,产生了二十余万元的直接经济效益。

(4) 根据现场实际,因地制宜开展工作

在准确把握施工规程及相关规范的同时,还须更大程度地发挥主观能动性,以场地实际情况,因地制宜地提出技术优化。实际进场后,遇到的诸多问题,往往是在设计阶段无法预测的。根据施工场地实际情况,发现问题,综合现场多方面特点,进行合理技术优化,实现创效。案例一,原招标文件要求结构墙体采用大钢模板进行施工,但实际施工场地狭窄细长,用地红线紧邻已入住小区,且建筑外立面造型复杂,标高较多,施工难度较大。综合以上考虑,技术人员立即就此情况与建设方进行沟通,且提出采用 15 厚多层板代替钢模板用作墙体模板,并得到认可。此项改动,不仅减少了安全隐患,降低了施工难度,还创造约一百四十万元的经济效益(图4)。

此外,合理利用场地的自然优势,还可以减少施工过程中的不必要损耗。案例二,在设计现场硬化道路时,结合本工程图纸及现场实际场地标高,提出优化方案,将现场施工道路设置在正式道路的下

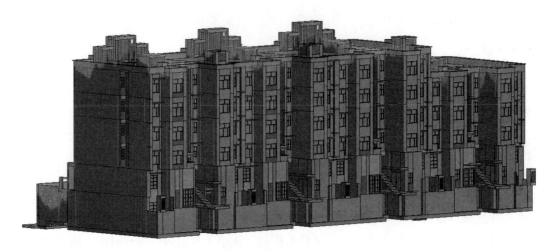

图 4　建筑外立面造型

面，现场道路与正式道路基础标高一致。如此一来，就免去了路面破碎的步骤，且在开工后无需再做正式道路基础，节省了费用支出（图 5）。

图 5　项目的场地情况

根据场地实际，选取多方案对比，结合施工难度与成本，选取符合场地实际的施工方法。案例三，在施工现场围挡设计中，原投标文件考虑把现场原有砌筑围墙外抹灰处理，刷漆，喷刷中建 CI 标志。实际进场后发现，原有围墙外侧涂有红漆，无法直接抹灰，而红漆又非常难清理，综合考虑后，采取在围墙外侧安装方钢龙骨，外包铁皮围挡，铁皮围挡与墙面抹灰造价基本相同，很大程度减少了施工难度，并且铁皮围挡在项目结束后，仍然具有回收变卖的价值（图 6）。

图 6　施工现场围挡设计

(5) 总结归纳已完成项目经验,提出技术优化

"温故而知新"对于施工项目,更具有深刻意义。作为一个多专业综合性极强的工作,施工项目的每一天,每个部门,每个专业都具有大量的工作内容可以总结。吸取经验教训,再进行归纳提升,将会对后续局部甚至整体的工作,带来显著收益。

例如本项目一次性对拉螺栓的使用。在长乐宝苑一期、二期项目中,建设单位要求穿墙螺杆拆除后必须将墙体螺栓眼中的PVC管剔除后方可进行封堵,这就加大了劳动力的投入,同时还对工期产生了影响。针对此现象,本项目决定在之后的工程中均采用一次性对拉螺杆,即将穿墙螺栓直接浇筑在墙体中,以此避免额外的劳动力投入。通过这样的方式,既满足了建设单位的要求,又很好地避免了与劳务公司对于在日后劳动力方面不必要的纠纷,同时也规避了以后外墙渗漏所带来后期维修的隐患。

四、管理效果评价

提质增效是全体项目工作人员面临的重要问题,并且与项目的最终效益紧密相连。作为技术部门,对工程项目负直接责任,应在推进创新创效的过程中,主动承担引导同商务部及其他多部门的共同合作,推进重难点问题的解决,并同商务部一起明确技术优化的创效收益,如表3所示,做到以事实为准,以数据为准。

长乐宝苑技术优化创效收益表　　表3

技术优化	原设计	优化设计
钢筋机械连接优化	≥20mm 机械连接 <20mm 焊接或搭接	≥16mm 机械连接 <16mm 焊接或搭接
铝合金框喷涂优化	氟碳喷涂	粉末喷涂
土方换填优化	地基换填至细中砂层	一次性大开挖
墙面抹灰工程优化	抹灰砂浆找平	粉刷石膏找平
墙体钢模改木模	大钢模	15厚多层板
塔吊优化	22台	11台
现场道路优化	—	采用正式道路基层
施工现场围挡优化	刷漆,喷刷中建CI标志	铁皮围挡
筏板基础垫层优化	20mm DS砂浆+100mm C15混凝土	120mmC15混凝土
合计	706.26万元	

在项目长期工作中,需要同建设、监理和设计单位保持良好沟通关系,实现多方共赢。在推进技术创新时,要因地制宜,学以致用,温故知新,在解决实际问题的同时,实现提质增效,以打造企业品牌,以增效带动企业收益。

夯实基础管理工作 提升工程施工品质

——中建八局首开华润城白盆窑项目

杨 春 张 生 杨 存 邹德斌 许世杰

【摘 要】 本工程为群体性住宅工程，66-06 号～66-15 号楼为产业化住宅楼，外墙外保温采用岩棉带外墙外保温系统。本项目通过前期策划、建章立制、精细管控、技术攻关及节点创新等一系列的基础管理工作，在施工过程中形成了一套行之有效的施工工艺，通过对每一步工序的研究、关键性构造节点的研发，运用于本工程实践中，解决了施工中的各种问题，工程最终取得了良好的质量效果。

【关键词】 建章立制；精细管理；样板引路；过程精品

一、项目成果背景

1. 工程概况

本工程位于北京市丰台区南四环花乡桥以南约 1 公里白盆窑村，东至规划张新路西红线，南至规划六圈路北红线，西至规划郭公庄路东红线，北至规划五圈南路南红线，场外交通比较便利，总建筑面积约为 18.7 万 m^2，包含 10 栋高层（地下 1～3 层、地上 21～28 层）和车库（地下 2 层）、养老院、文体活动中心、居住公共服务设施等。

2. 选题理由

（1）本工程外墙保温采用岩棉带外墙外保温系统，此类保温材料的应用在全国也处于推广及摸索期，本工程在前期策划、制度建设及日常管理方面总结了些许经验，在策划、实施方面可作为交流及推广。

（2）近年来建筑保温材料火灾及脱落事件频发，引发了社会各界对建筑保温防火的思考，保温材料的防火性能及安全稳定性由此引起了业内各界的高度重视。

（3）岩棉带是岩棉板形态的一种，因岩棉纤维方向发生本质的变化，不但具有岩棉带防火、保温、隔热、吸音正常指标外，其抗拉强度和抗压强度有质的提高。正常岩棉板为平行于岩棉带板面结构，而岩棉带纤维方向为垂直板面方向，因此有更强的抗拉强度和抗压强度，用于外墙保温有更高的安全系数，值得推广应用。

3. 实施时间

如表 1 所示。

实施时间表 表 1

实施时间	2015 年 11 月～2017 年 10 月
分阶段实施时间表	
管理策划	2015 年 11 月～2016 年 9 月
管理措施实施	2016 年 10 月～2017 年 8 月
过程检查	2017 年 3 月～2017 年 8 月
取得成效	2017 年 7 月～2017 年 10 月

二、项目管理及创新特点

1. 管理的难点及重点

（1）日常检查监管难度大。本工程包含 66-06 号～66-15 号楼等 10 栋高层（地下 1～3 层、地上 21～28 层），单体多，高度高。外墙岩棉带施工全部采用吊篮进行悬空作业施工。如何在吊篮悬空作业过程中保障施工操作的安全规范、如何在外墙作业等不宜监管的情况下的保障施工质量符合规范要求是本工程管理的重难点。

（2）工期紧、任务重。根据本工程进度计划安排，结构完成时间约为 2016 年年底，已进入冬施阶段，岩棉带施工无法开展，仅能进行前期的吊篮安装作业。外墙保温作业时间集中于 2017 年上半年，工期紧，体量大，任务繁重。

（3）熟悉岩棉带施工的工人匮乏，施工管理经验欠缺。

（4）项目部管理人员对岩棉带保温外系统施工管理经验欠缺。

（5）本工程为自住型商品房，属于政府保障性住房，加之华润置地全国大区第三方季度评比，质量管理形势严峻。

2. 创新特点

（1）本工程外檐施工全部采用吊篮悬空作业，施工危险性大，施工质量控制难度大。为保证施工质量及安全，项目部选取了吊篮视频监控系统进行监督管理。项目部在每台吊篮均安装一台 WiFi 智能摄像机，手机终端监控，监控型号 IP C-8850K，手机终端型号 V380。视频监控系统的使用功能主要为以下几个方面：①每台吊篮均安装监控，可通过手机终端查看吊篮运行状态，查看工人实时的安全行为及质量行为；②监控录像可通过云终端存储，可进行回放；③监控器直接发射 WiFi 信号，连接后即可观看录像；④可通过录像回放查看施工过程，控制施工质量；⑤万一发生事故，可通过视频资料认定责任；⑥可同时监控楼座周边材料，防止被盗。通过吊篮视频监控系统的安装和应用，项目部对外檐施工过程中的安全管理能力及质量控制能力有了大幅度的提高，取得了良好的效果。

（2）本工程各道工序施工前优先制作样板，样板验收通过后进行大面积施工，现场共完成样板 68 项；现场采用节水喷头及上人钢平台等工具更好的保证现场施工质量、施工进度及绿色文明施工。

三、项目管理分析、策划和实施

1. 管理问题分析

项目管理规划邀请监理及业主单位参与评审，三次评审通过后，对项目管理规划交底，让项目所有成员对项目各项目标及风险有所了解，管理存在的问题主要包含以下内容：①项目管理总体思路；②重难点及风险分析；③施工总平面管理规划；④工期进度管理；⑤质量管理；⑥安全文明施工管理；⑦可视化管理；⑧外檐施工策划；⑨分包管理。

2. 管理措施策划实施

（1）技术方面策划

本工程为群体住宅楼，从施工技术方面与以往工程相比，在外檐施工技术方面较为薄弱。接到相关设计文件后，项目部先后组织了外檐深化设计的启动会和推进会，邀请业主、设计、监理及外窗、外檐等分包单位参加，有力地推进了外檐深化设计进程。项目部多次组织对在施岩棉带工地交流学习，通过沟通交流，了解岩棉带施工重难点，并根据本工程进行对比分析总结，主要为以下几个方面进行了深化（表2）。

（2）生产方面策划

本工程外檐施工为专业分包，为避免施工界面划分不清及后期分包管理困难，项目部组织了专题会议，对合同进行研究，制定了以下几点措施，并增加至合同及进场会议纪要内，划分外檐分包专用场地，由该单位负责该区域的各项文明施工维护，界面划分明确；分包单位每周上报专业分包周报及周计划,每月25日上报专业分包月报及下月月计划,加强计划管控;每周星期二上午分包项目经理汇报生产进度、人员、材料等现场情况,项目部会同业主、监理进行审核,对可能出现的生产进度风险提前进行规避。

项目深化表　　　　表2

序号	深化项目
1	窗上口、侧边及下口节点深化
2	出入口、女儿墙、空调板及其他外挑构件外保温做法节点深化
3	托架、锚钉布置位置深化
4	变形缝位置节点深化
5	雨水管、百叶等位置节点深化
6	保温板排版深化

(3) 安全策划

施工前期,项目部与分公司对现场危险源进行了辨识及分析,本工程外檐施工全部采用吊篮悬空作业,施工危险性大。项目部、安全部及技术部对吊篮的进场、安装、投入使用前的综合验收及工人岗前吊篮使用安全培训教育等全程进行跟踪,确保吊篮及工人吊篮操作技能满足要求。日常管理中,项目部、安全部组织吊篮专业维修技术人员每天早上施工作业开展前对所有吊篮进行检查并上报《吊篮每日巡检记录》至安全部进行备案,项目安全总监及安全工程师分组组织人员对巡检记录进行复查,确保每台吊篮均处于"健康"的运行状态。

3. 过程检查控制

(1) 召开项目周例会

每周星期一晚18:30召开周例会,各部门科室负责人按照以下几个板块内容进行PPT汇报:①上周重点工作完成情况;②本周重点工作安排;③需要配合解决事宜;④休假人员情况。项目经理对各部门工作完成情况及重点安排进行点评,协调各部门提出的需要解决事宜。项目周例会最终目的是让各部门领导梳理本周工作重点,其他员工了解项目本周重点安排,有目的性的完成本周重点工作,使得项目如"渔网捕鱼"式管理,项目经理是主线,部门负责人是纵线,项目人员分支,部门之间的协作是横线,纵横交错形成一个完整的"渔网"。项目经理抓部门负责人抓协作,尽量不越级,使每个系统舒畅、不断层,各项工作有序开展。

(2) 召开项目周安全生产例会

每周星期二晚18:30召开周安全生产例会,生产经理及安全总监将本周周例会重点工作细化安排给各劳务作业队,会议由生产经理主持,主要内容包含以下几点:①上周进度完成情况;②上周重点落实情况(分包提出协调解决事宜落实,项目部对分包提出要求落实情况);③上周施工生产存在问题;④本周施工进度安排;⑤本周重点施工安排(进度、安全文明施工),通过安全生产会,对每周施工进度安排进行PDCA循环梳理,使得项目部在生产进度及安全文明施工方面有序开展。

(3) 项目商务例会

每月最后一周星期四晚18:30召开商务例会,例会由商务经理主持,项目部全体员工参加,会议主要包含以下几点:①主要经济指标完成情况;②项目经济运营情况分析;③项目优化实施情况分析;④下一步商务工作重点及对策。

(4) 周质量预控专题会

每周四下午2:00召开周质量预控会,质量预控会由项目部总工主持,邀请监理单位及业主单位参与,针对即将展开的施工工序进行读图、讲图,针对下一步工序质量风险进行分析,从图纸设计及方案方面进行优化,分析质量通病并制定预控措施。

(5) 周技术例会

每周星期三上午9:30召开周技术例会,技术例会由项目总工主持,邀请监理、业主、设计单位参加,周技术例会主要解决项目部及分包针对图纸设计做法未明确或可优化内容进行分析,并提出合理化建议,监理单位负责见证会议内容,涉及经济问题由业主单位记录,业主单位设计负责人会后一周内与高层领导协商回复,设计单位按照业主单位指示及项目部提出的合理会建议出具设计变更。通过周技术例会,可以化解部分商务风险,解决质量预控专题会图纸设计方面的优化建议及未明确事宜。

(6) 周安全巡检

每周星期一下午2:00,项目部项目经理参加,项目安全总监负责组织劳务层面专职安全员及分包单位现场负责人参与,对各分包单位现场安全及文明施工进行问题排查,于下午4:30召开反馈会,针对现场问题下发整改意见书。安全总监结合巡检梳理本周重点安全隐患部位,在周一晚项目周例会对其他管理人员做出重点安排,各区域主管工长监督下发的整改意见书及落实回复。

(7) 周质量巡检

每周二下午2:00,项目总工参加,项目质量总监负责组织劳务层面质检员及实测实量专员参与,对各分包单位现场已施工完成及作业面进行质量排查,于下午4:30召开反馈会,针对现场问题下发整改意见书,反馈会质量总监对现场出现的质量问题图片进行讲解,项目总工针对现场质量问题进行技术指导,各分包质检员及实测实量专员针对项目提出的指导及要求进行分包层面宣贯及交底,各区域主管工长监督下发的整改意见书及落实回复。

(8) 实测实量及样板管理

本工程结合项目自身特点编制了实测实量管理制度,印发了《首开华润城白盆窑项目部实测实量操作指引手册Ⅰ》及《首开华润城白盆窑项目部质量风险操作指引手册Ⅱ》,组织分包单位进行实测实量交底、实施及质量风险问题的检查、整改和规避。

各分包及专业分包单位实测实量小组参与总包实测实量全过程,记录实测数据汇报给分包单位项目经理,总包实测小组成员将实测实量数据统计汇总给实测专员,实测专员根据数据分析最终上报至项目总工,总工根据实际施工情况出具质量提升措施。

施工操作注重工序优化、工艺改进和工序标准化操作,通过不断探索,积累必要的管理和操作经验,提高工序的操作水平,确保操作质量。要求作业队伍每层每个工序施工前均要求制作施工样板,施工样板由项目部各专业工程师协同监理单位指定位置,样板部位施工完毕后上报至项目质检部,质检部组织相关人员对施工样板进行验收及点评,施工样板验收合格方可大面积开展施工。至今为止本工程施工样板计划共计68项,目前已完成68项。

(9) 奖罚管理

本工程由项目质量总监、安全总监及商务经理、生产经理联合编制了《首开华润城白盆窑项目部奖罚管理办法》,针对现场进度、质量及安全方面底线管理及日常管理制定罚金,约束分包及专业分包单位管理行为,督促各分包单位按照项目部各项制度落实现场管理。

(10) 安全质量评比

本工程由项目质量总监及项目安全总监联合编制了《首开华润城白盆窑项目部质量、安全评比办法》,评比分为周评比及月评比。每周周三上午8:30,进行实测实量及安全周评比,实测实量按照《首开华润城白盆窑项目部实测实量操作指引手册Ⅰ》计分表打分,各分包实测实量专员参加。安全文明施工评比按照《首开华润城白盆窑项目部安全文明施工指引手册》计分表打分。每月最后一周星期三早上8点半,进行月评比。项目部实测小组、安全部全体成员及各分包(包括专业分包)实测专员、专职安全员项目部会议室准时集合。评比结果按照奖罚管理制度进行奖罚。

(11) 项目讲坛

项目讲坛于每周一周例会后举行,由项目总工编制项目讲坛计划表,项目经理主持,题目及形式不限,工作、生活及感悟均可制作PPT讲述。本工程90后的青年员工较多,项目讲坛的意指,首先是锻炼项目青年员工总结能力及语言表达能力,其次由项目班子成员及其他骨干员工传授工作方面的经验,最终达到互相交流、互相学习的目的。

（12）晨歌升旗制度

项目从组建即开始团队建设、青年员工培养及精神文明建设等其他活动。项目部自16年开始，星期二至星期四早上7：30会议室唱"中国建筑之歌""团结就是力量""三大纪律、八项注意""打靶归来""黄河大合唱"等歌曲。星期一早上7：30举行升国旗、唱国歌仪式。通过晨歌升旗制度，第一提高项目部全体员工的团结凝聚力，第二让所有员工早晨起床后吃上早饭，精神与身体双"填饱"步入工作。

4. 方法工具应用

（1）为保证施工质量及安全，项目部选取了吊篮视频监控系统进行监督管理。项目部在每台吊篮均安装一台WiFi智能摄像机，手机终端监控，监控型号IP C-8850K，手机终端型号V380。

（2）严格落实样板先行制度。项目伊始就制定了详细的样板清单及实施计划，明确各个施工样板制作负责人，并报业主及监理单位审核，项目运行过程中严格按计划实施。通过样板先行制度的严格执行，项目提前发现和规避了施工中一系列进度及质量问题，提高了现场的施工效率，避免了由此可能导致的进度及经济损失。

（3）实测实量周评比及奖惩制度严格落实，对现场施工进行量化管理，提高了现场管控效率。

四、管理效果评价

经过项目部的前期策划、建章立制、精细管理，项目按照业主计划完成了既定目标，工程质量优良，无安全质量环保事故，圆满完成的施工任务，取得了可观的社会效益。

1. 本工程通过一系列的行之有效管控措施，有效地提高了项目的安全文明施工管理成效及良好的施工质量。整个项目运行期间成功地实现了无重大安全事故发生、无人员伤亡的安全管理目标，得到了业主、监理及各监督单位的广泛认可。工程施工质量连续多次华润第三方季度质量综合评比第一名，得到业主、监理及社会各界的好评。项目顺利通过住建部2016年质量治理两年行动执法检查；

2. 本工程荣获北京市建筑（结构）长城杯。

3. 本工程荣获北京市绿色安全工地。

世界首例 工艺创新 精细管理 铸造精品

——中铁十六局集团第四有限公司贵州省老干部活动设施改扩建项目

孙铭辰 孙 磊 姚四海 程建闯 孙红锦

【摘 要】 贵州省老干部活动设施改扩建项目位于贵州省贵阳市，是省委、省政府高度重视项目，为市重点工程。本工程采用新型空腹夹层结构，涵盖世界首例结构及全国第一的结构形式，结构复杂，样式繁多，施工困难。在项目开展期间，项目部确定了"以技术先行、创新思维、精细管理，用科技知识助推，重质量、重安全，打破公司在该领域的空白"的目标方针，实行超前谋划，通过技术创新、精细管理的不懈努力下，最终取得了显著社会效益和经济效益，引领行业发展，打破公司空白领域，提升了公司形象。

【关键词】 新技术；新工艺；技术创新；精细管理

一、项目成果背景

1. 行业背景

为贯彻珍惜、合理利用土地和切实保护耕地的基本国策，落实最严格的耕地保护制度和最严格的节约集约用地制度，提升土地资源对经济社会发展的承载能力，促进生态文明建设；坚持节约优先的原则，各项建设少占地、不占或者少占耕地，珍惜和合理利用每一寸土地。工程院院士马克俭研发了空腹夹层板结构。空腹夹层板结构为大跨度无预应力结构，且梁体中空，在大型公共建筑尤为适用，节省了大量土地及资源。空腹夹层板结构为新型结构体系，此结构体系多用于建造多层大跨度工业与公共建筑，具有节约空间、节省材料、提高性能的显著效果，达到了"循环经济三原则"要求。

空腹夹层板结构体系有效地实现了大跨度无预应力结构体系在空间上组合，充分地利用了有效的土地资源，创造了无限价值，且在结构内部为大跨度空间结构，方便了内部空间的有效使用。空腹夹层板结构有效地将消防、通风及空调等安装工程放置在空腹夹层板的空腹中，免除了对层高的占用。

2. 工程概况

贵州省老干活动设施改扩建项目，该项目是在省委、省政府主要领导的关心重视下，经省发改委批准立项。本项目总建筑面积为 $28676m^2$，地上5层 $19634m^2$，地下2层 $9042m^2$，建筑总高度35.80m，结构形式为大跨度框架。建筑主要功能为网球场、门球场、羽毛球馆、乒乓球馆、演艺厅、展示厅、排练厅等大型运动场馆和功能分区，项目建成后将面向省直机关离退休老同志和社会老年人开放，每年可接待40万人次，可承接全国、全省各类型老年体育赛事和文化交流活动（图1）。

地上结构体系为大跨度框架，大跨度楼盖采用空腹夹层板结构，其余小跨度楼盖均为梁板结构，一层以上在7~8号轴处设缝将结构断为A、B两个单元。A区2、3层楼面结构参数相同，采用正交斜放混凝土空腹夹层板结构，最大跨度尺寸为 $23.40m \times 39.0m$ 的，该结构为世界首例；A区4层为架空层，5层为U形钢板组合空腹夹层板结构，跨度 $39m \times 39m$；B区2、3、4层楼面结构参数相同，采用正交正放空腹夹层板结构，最大跨度为 $15.6m \times 23.4m$；B区5层采用正交正放空腹夹层板结构，最大跨度为 $31.2m \times 39.0m$。建筑平面布置如图1.2.1所示。空腹夹层板结构下肋尺寸较小，其中正交斜放上下肋 350mm×250mm；正交正放上下肋 300mm×200mm；组合空腹夹层板上下肋 400mm×350mm，薄板厚度均为 100mm，剪力键尺寸如表 1 所示。

剪力键尺寸参数表 表1

序号	名称	位置	总高度（mm）	空腹高度（mm）	备注
1	正交斜放空腹夹层板	A区2、3层板	950	450	
2	正交正放空腹夹层板	B区2、3、4层板	850	450	
3	正交正放空腹夹层板	B区5层板	1250	650	
4	组合空腹夹层板	A区5层板	1600	900	

图1 项目效果图

3. 选题理由

本工程基础采用微差爆破施工，周围建筑物较近，危险性高，地上采用马克俭院士的空腹夹层板结构，为新型结构，结构复杂，施工难度大，且无有效的施工经验，施工中采用多种新技术、新工艺，且施工工期紧，工程地处老城区中心，物资材料供应限时，场地狭小，施工极为不便，高效有效的管理措施尤为重要。

本工程采用多项新技术、研发了2项发明专利，均获得了国家知识产权局的受理。

4. 实施时间

项目管理实施时间从2016年6月开始实施，到2017年4月结束（表2）。

实施时间表 表2

实施时间：2016年5月～2017年4月		
序号	分段实施时间	时间
1	管理策划	2016年5月～2016年6月
2	管理措施实施	2016年6月～2016年12月
3	过程检查	2016年12月～2017年2月
4	取得成效	2017年2月～2017年4月

二、项目管理及创新特点

1. 管理重点

由于工程项目政治及工程性质的特殊性，首先树立良好的项目管理形象，确保项目质量、安全、进度是首要目标。本项目为空腹夹层板结构体系，为新型结构体系，创新开拓尤为重要，倡导国家政策，引领行业更快更高效的发展。

2. 管理难点

本工程项目难点主要情况如表3所示。

工程项目难点 表3

序号		工程难点
1	深基坑	本工程深基坑,位于老城区内,基坑采用微差爆破施工,最近建筑物仅7m,安全风险较大
2	技术难度高	工程采用空腹夹层板结构,为新型结构,梁体中空,且结构形式复杂多样,其中正交斜放空腹夹层板结构为世界首例
3	社会关注度高	本工位为省老干部活动中心,省委、省政府重点关心项目,且社会关注度高
4	新工艺	空腹夹层施工工艺无有效便捷的施工工艺,施工难度大
5	大跨度、高支模	本工程大跨度结构且高度较高,最大跨度为39m×39m,且为多层大跨结构,楼板承载能力低,容易变形,计算难度大
6	场地狭小、工期紧	本工程处于老城区内,施工场地狭小,且材料供应限时。地上5层结构,为空腹夹层板结构,结构复杂、工期紧张

3. 创新特点

(1)建立1∶1比例的空腹夹层板结构模型,并对试想过的施工方案进行现场试验,之后分析梳理试验情况。

(2)通过电脑建模的形式,利用SAP2000建立有限元分析模型,从而验证满堂脚手架步距等内容是否合理。

(3)研发新工具、新方法,解决U形钢板组合空腹夹层板下肋连接问题,确保质量满足规范标准的要求(图2~图4)。

图2 1∶1模型建立结构模型

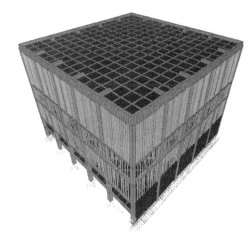
图3 建立有限元模型分析

图4 研发新式紧固工具及检测方法

三、项目管理分析、策划和实施

1. 项目管理分析

该工程项目主体结构为空腹夹层板结构,属于新型结构,跨度大,高度高,体育场馆及车站等尤为适用。工程项目为新形式、新工艺,无有效施工经验借鉴,施工难度高,质量难以控制。

根据项目特点、难点的分析,项目部确定了"以技术先行、创新思维、精细管理,用科技知识助推,重质量、重安全,打破公司在该领域的空白"的目标方针。

2. 管理策划和实施

通过对项目内外因素和围绕工程的重点和难点进行分析,以科技创新,精细管理为管理理念,建立小组制,分项管理,领导带班,加强落实力、执行力,保质保量地完成施工任务。

(1) 目标策划:

工期目标:按照工期节点要求,2017年1月前完成主体结构施工任务。

质量目标:验收合格率为100%,满足规范要求。

(2) 项目管理团队建设

项目建立初期,公司精挑细选人才骨干,组成一个能专研,有专业专研精神的年轻团队,全体成员团结一致,在项目经理的统一指挥下,攻坚克难,出色完成任务。

在项目的进行中,人起着非常重要的主导作用,因此重视施工人员能力的提高,也就能够有效地提升施工效率与质量。首先建立人才意识,使用人的长处,培养其兴趣爱好,发现专项人才,有效培养,做到合理分配,同时还要提高管理人员的管理水平,从他们自身的能力培养着手,不断提高施工团队整体的能力与素质。

(3) 技术创新

1) 新技术应用

建立项目同时,成立了"贵州磐石"QC小组及"孙磊创新工作室",并与贵州大学空间结构研究中心共同协作,精心研究、开拓创新、精心管理。投入大量科研人员,队伍较为庞大,主要人员有工程院院士1名,教授2名,硕士7名,现场参与人员11人,集思广益,从项目上场开始即投入了大量的人力、物力,进行研究分析。

在全体成员的共同努力推进采用多项新技术、新工艺,大大减少了施工成本,缩短了施工工期,在同行业中取得了称赞,并为公司在该项领域的发展填充了空白。主要关键技术如表4所示。

关键技术应用   表4

序号	技术名称	主要内容	应用
1	城市基坑微差控制爆破技术	基坑较深,土质坚硬,采用微差控制爆破技术,加快基坑开挖进度	深基坑开挖
2	多层大跨度空腹夹层板结构支撑体系施工技术	通过设计计算、SAP2000建立有限元分析模型等研究得出以下研究成果	空腹夹层支架体系
3	城市多层空腹夹层板结构混凝土浇筑方式施工技术	通过1:1模型试验及三个试验对比分析,采用最佳的浇筑方式	空腹夹层混凝土浇筑
4	多层大跨度空腹夹层板结构反顶方式的施工技术	通过多层大跨度空腹夹层板结构施工过程的有限元分析,确定可在2层顶板混凝土强度达到设计要求后,先拆除1层的支撑体系,节省材料用量,提供利用率	空腹夹层板支撑体系拆除反顶
5	组合空腹夹层板结构安装及节点超长高强螺栓紧固施工	通过新加工的紧固工具及扭矩值检测工具,对组合空腹夹层板板结构U形钢板节点螺栓紧固施工,施工方便、人员操作安全性高,且满相关规范检测要求,确保了大跨度组合空腹夹层板施工质量	组合空腹夹层板连接

2) 专利研发

在项目稳步推进中，经过项目共同努力的集思广益，现场实践总结，于2017年4月10日申请"大跨度空腹夹层板结构支架模板体系施工方法""城市现浇空腹夹层板结构混凝土施工方法"技术发明专利，目前处于实质审核阶段。

① "大跨度空腹夹层板结构支架模板体系施工方法"专利简要说明：

首先根据整体结构的承重分析，计算钢管支架的分布排列形式，在下层板面弹出定位线。其次根据标高高度切割钢管长度，其主要分两种，一种为支撑下肋及剪力键处钢管，一种为支撑薄板钢管，切割完成后分类吊运摆放，根据计算钢管分布排列形式，搭设钢管支架。第三铺设空腹夹层板下肋模板，摆放钢筋，再安装剪力键模板及上肋侧模和薄板模板，并检查加固支架模板体系。最后浇筑下肋混凝土后铺设上肋底板模板，完成上肋及薄板的钢筋模板施工，如图5、图6所示。

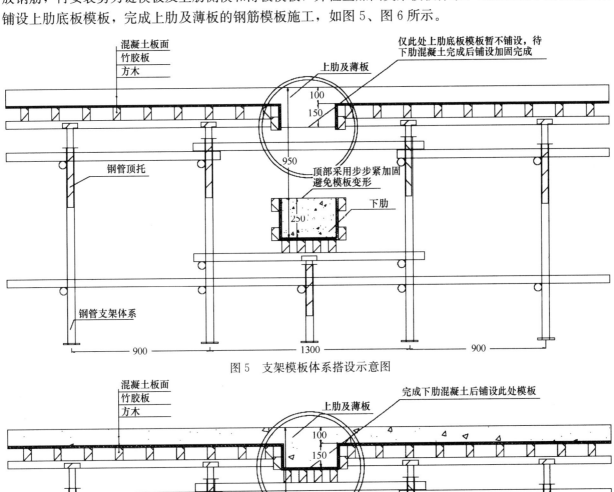

图 5 支架模板体系搭设示意图

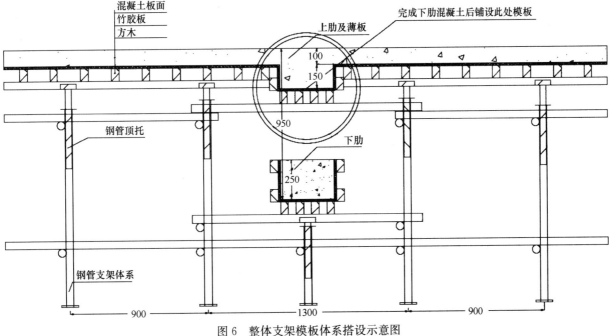

图 6 整体支架模板体系搭设示意图

②"城市现浇空腹夹层板结构混凝土施工方法"专利简要说明：

空腹夹层板混凝土分次浇筑方法的分次示意图如下：图7空腹夹层板整体浇筑分次情况及施工位置、图7空腹夹层板第二次与第三次浇筑分割位置（标准断面）、图8空腹夹层板第二次与第三次浇筑分割位置（与框梁连接断面）、图9空腹夹层板混凝土浇筑过程示意图。

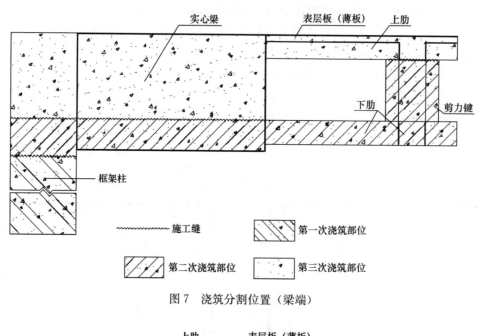

图7 浇筑分割位置（梁端）

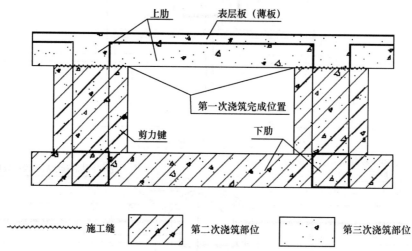

图8 浇筑分割位置（标准断面）

（4）精细管理

精选方案，组织公司专家针对工程特点，确定深基坑、高大模板、大跨度模板、悬挑脚手架等方面多次研讨方案，并组织多次专家论证会，研究确实可行的符合现场实际情况的施工方案。

精细质量管控，在现场施工技术人员，吃透图纸，熟悉方案，分工明确，针对复杂节点，领导带班现场检查。严格执行三级交底制度，现场人员对结构复杂，涉及质量安全重点要点部分，逐条检查落实记录。

样板引路，每道工序实行样板先行，包括支架模板安装施工，新体系，搭设方式与常规结构不同，每道工序逐一验收后方可实施。

由于为新型结构体系不容出错，多次邀请该结构发明人，83岁高龄的中国工程院院士马克俭莅临现场指导。

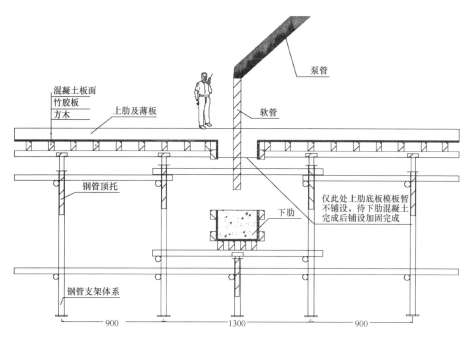

图 9 空腹夹层板混凝土浇筑过程示意图

精细成本管理，经济效益是项目的工作重点内容之一，如何控制成本，提高效益也是中作重心，成立二次经营小组，针对项目特点，有目标、有重点，落实确实可行的技术方案优化，利用多方案选择对比，重点材料重点管控的原则，有效地降低施工成本，提高经济效益（图10～图12）。

图 10 专家研讨方案

图 11 领导带班检查

图 12 马克俭院士授课及现场指导

（5）信息化管理

项目建立信息化平台，通过信息化进行深层管理，利用信息化平台与公司对接，简化各种审批手续，实行财务共享中心，集中办理，信息化办公，提升办事效率，从而提升公司整体水平（图13）。

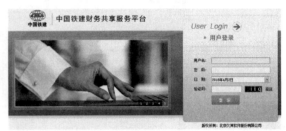

图13　信息化平台

四、管理效果评价

1. 获得奖项：

项目主要获奖情况如表5所示。

项目获奖成果表　　　　　　　　　　　　　　表5

序号	创新类型	创新成果	获得荣誉名称	来文单位	文件号
1	QC成果	《提高居民区基坑爆破效率》	2016年度四公司优秀质量小组一等奖	四公司	公司安质传[2016] 96号
2			2016年度集团公司优秀质量管理小组二等奖	集团公司	公司安质[2016] 502号
3			怀柔区建筑业协会第23次QC小组活动成果一等奖	北京市怀柔区建筑业协会	荣誉证书
4			2017年度北京市市政工程建设QC小组活动优秀成果一等奖	北京市政工程行业协会	荣誉证书
5			2017年度全国市政工程建设先进质量管理小组	中国市政工程协会	荣誉证书
6		《空腹夹层板结构混凝土施工工艺探索》	2017年度四公司优秀质量小组一等奖	四公司	公司安质[2017] 188号
7			2017年度集团公司优秀质量管理小组二等奖	集团公司	公司安质[2018] 40号
8			怀柔区建筑业协会第23次QC小组活动成果一等奖	北京市怀柔区建筑业协会	荣誉证书
9	科研论文	《多层大跨度空腹夹层板结构模板支撑体系分析》	2017年度集团公司优秀科技论文一等奖	集团公司	公司科技[2017] 386号
10	施工工法	《多层大跨度空腹夹层板结构支撑体系及混凝土施工工法》	2017年度中国铁建股份有限公司优秀工法一等奖	股份公司	中国铁建科设[2017] 237号

续表

序号	创新类型	创新成果	获得荣誉名称	来文单位	文件号
11	施工专利	施工专利	一种城市现浇空腹夹层板结构混凝土施工方法	国家知识产权局	专利号：201710431906.2
12			一种大跨度空腹夹层板结构模板支撑系统及施工方法	国家知识产权局	专利号：201710431906.3
13	集体荣誉	技术创新工作先进单位	2017年度云贵区域指在建项目技术创新工作先进单位	集团公司云贵区域	荣誉证书
14		优秀参建单位	2017年度优秀参建单位	贵州省老干部活动服务中心	荣誉证书
15		质量管理先进单位	2016年度四公司质量管理先进单位	四公司	公司行办〔2017〕23号

2. 社会效益

空腹夹层板结构为大跨度，无预应力结构，梁体中空，对房屋建筑空间结构得到了有效的利用，应对了国家的节约土地的政策，空腹夹层板结构在今后的房建领域中会得到有效的发展。同时本工法也开阔了十六集团公司在空腹夹层板结构施工中的领域，更好地为公司今后发在该方向的发展奠定了基础。

精细管理　总包管理与服务　共赢创效

——中国建筑一局（集团）有限公司亚新科天纬燃油共轨喷射系统项目

张自旺　陈　立　朱孟鑫　张　磊　李　超　刘鹤飞

【摘　要】 亚新科天纬燃油共轨喷射系统项目施工组织具有占地面积小、施工工期短、施工专业多、交叉作业多等特点。在工程施工中，项目经理部综合成熟经验与工程实际情况，通过精细部署，制定切实有效的施工组织计划，创新施工总承包管理模式，推广新技术使用和实行精细化管理。项目经理部本着"实施总承包全面管理，全面服务业主"的原则，通过加强管理团队执行力，提高管理水平，提升技术创新能力等手段，最终实现企业品牌形象推广，实现与业主、分包之间的共赢。

【关键词】 精细管理；过程把控；技术创新；总包管理与服务；共赢创效

一、项目成果背景

1. 项目成果背景

亚新科天纬燃油系统（天津）有限公司建设燃油共轨喷射系统项目，系由于亚新科天纬燃油系统（天津）有限公司被花样年地产集团收购，原位于北京市丰台区的老厂区面临拆迁改造，迫切的需要在天津武清区汽车产业园建设新的生产工厂。

新工厂的建设受花样年地产集团的直接监督，同时涉及功能性问题时需要由亚新科天纬燃油系统（天津）有限公司协调解决。所以本工程存在两个业主，为工程项目管理、工程施工协调增加了难度。

本工程为武清区汽车产业园本年开工，同年竣工的唯一一个项目，作为武清区重点建设项目，本工程颇受业主高层领导、当地产业园区及市安监总队的重视。根据合同中质量目标要求，本工程建设过程中需要通过天津市"海河杯"优质结构的验收；同时2017年受到天津市"全运会"及政府雾霾治理政策的影响，我项目安全文明检查频繁，并经历两次长时间的政策性停工。这就要求总包管理单位质量与安全文明齐抓共管，通过提高自身的管理水平，协调各参建单位，通过精细化的分工最终达到本项目工期目标、质量目标、安全文明目标等各预定目标的实现。

目前项目已于2018年1月9日进行竣工验收，并在验收后20日内与业主办理完移交手续。施工过程中通过了"天津市市级文明工地"、天津市"海河杯优质结构评定"的验收，整体施工质量及管理成果多次得到建设单位的认可，并获得建设单位"年度明星级供应商"荣誉。

2. 工程概况

（1）工程建设概况

亚新科天纬燃油系统（天津）有限公司建设燃油共轨喷射系统项目位于天津市武清区汽车产业园华宁道9号，为大型工业建筑类项目，由2栋钢结构厂房、3栋生产楼及3栋配套建筑组成，其中厂房38572.23m²，生产楼11622.5m²，其他配套3623m²，总建筑面积53817.73m²（图1）。

（2）结构设计概况

本工程基础采用桩—承台基础，地下水池部分采用桩—筏板基础（表1、表2）。

图1 亚新科天纬燃油共轨喷射系统项目整体鸟瞰图

土建结构设计概况 表1

桩长及数量	9m	30 根	10m	254 根
	11m	187 根	12m	623 根
	13m	20 根	14m	44 根
	15m	77 根	16m	49 根
	18m	157 根	20m	238 根
地基与基础	承台基础、独立基础			
结构类型	框架结构			
混凝土等级	C35、C30、C30P6、C20、C15			
钢筋连接形式	直径 16mm 以下采用绑扎搭接,直径 16mm 以上(含 16mm)采用直螺纹机械连接			
结构安全等级	二级			
地基基础设计等级	丙级			
结构抗震等级	食堂为三级,其余为二级			
使用年限	50 年			

钢结构设计概况 表2

主要材质	Q235B级钢、Q345B级钢
用钢量	约 1500t
高强螺栓	直径 M16、M18、M20、M24、M27、M30
焊缝等级	二级、三级
施工内容	钢柱预埋件、箱型柱、H 型钢柱、楼面钢承板、屋面桁架、屋面檩条、钢结构防火涂料等
钢柱数量	289 根
柱高/柱重	单钢柱 10.8m/1.1t
横向钢架/桁架跨距	钢架:24m、21m、24m、18m、21m 桁架:21m、21m、21m、18m、21m、21m、21m
纵向支撑梁距	每跨 8m
钢架/桁架数	钢架 85 根 255 节,桁架 112 榀
钢架/桁架重	单构件重约 1.2～3.0t

(3)建筑设计概况

如表3所示。

建筑设计概况 表3

总建筑面积		53817.73m²	
建筑层数和高度	楼栋名称	建筑层数	建筑高度
	生产楼1	3F	15.7m
	生产楼2	6F	27.4m
	生产楼3	2F	12.15m
	1号厂房	1F，局部2F	12.15m
	2号厂房	1F，局部2F	12.15m
	食堂	2F	10.7m
	站房	2F	13.65m
	库房	1F	6.3m
防水	入户地坑防水	4+4厚SBS改性沥青防水卷材，1.5厚聚氨酯防水层（两道）	
	卫生间防水	1.5mm厚聚氨酯防水涂料	
	屋面防水	3+3厚SBS改性沥青防水卷材，1.5厚浅灰色聚酯纤维内增强型TPO卷材防水层	
	集水坑、消防基坑	4.0厚自粘聚合物改性沥青防水卷材防水，2厚环氧防腐防水涂料，2厚聚氨酯防水涂料	
填充墙		蒸压加气混凝土砌块，多孔砖墙，钢筋网砖抗爆墙，轻钢龙骨普通纸面石膏板隔墙，轻钢龙骨防火玻璃隔断墙，岩棉夹芯板墙，钢框手工洁净板内隔墙	
主要室内装修做法	地面	环氧耐腐蚀地坪，不发火环氧砂浆地坪，密封固化剂地坪，环氧自流平地坪，防滑地砖楼面，瓷砖地面，金刚砂耐磨地面，细石混凝土地面、PVC地面、环氧玻璃钢防腐地面	
	踢脚	水泥砂浆踢脚，地砖踢脚，不发火水泥砂浆踢脚，环氧树脂涂层踢脚	
	墙面	涂料墙面，穿孔吸音板墙面，瓷砖墙面	
	顶棚	涂料顶棚，穿孔铝板吊顶，铝方板吊顶，矿棉板吊顶，石膏板吊顶	
外装修		丙烯酸白色外墙涂料外墙面，刮腻子刷涂料墙面，镀铝锌彩钢岩棉夹芯板，金属铝板	

（4）机电设计概况

如表4所示。

机电设计概况 表4

电气工程	配电系统为树干式和放射式混合形式
给水排水工程	本工程绿化用水采用复用水，其他均采用自来水；消火栓系统采用临时高压制；屋面采用虹吸压力雨水系统
暖通工程	暖通设备采用高效节能低噪声设备，热处理车间采暖系统采用暖风机
动力工程	包括压缩空气系统、氮气系统、甲醛系统、氨气系统、天然气系统、乙炔系统等

3. 选题理由

（1）本工程为天津市武清区重点关注项目，工期要求短，交叉作业多。需要总包管理单位通过精细化的分工，通过全面的协调管理保证施工过程质量，减少由于过程整修而造成的时间、资源损失。

（2）本工程的特殊性质：存在两个业主，即实际管理业主—花样年地产集团；最终使用业主—亚新科天纬燃油系统（天津）有限公司。上述两个单位出发点不一致，对于同一事件的决策不一致，导致决策时间延长。在保证工期与质量的前提下，就要求总包管理单位做好两者之间的沟通与协调，提出合理化建议，同时针对两个单位的两种可能做好多种应对准备。

(3) 通过联合项目各参建单位，实现项目优质履约，铸造了精品工程，打造企业品牌形象，培育了一批优秀的钢结构厂房管理人才。

(4) 通过推广使用新技术，同时提高自主创新能力，攻关克难，提升了建筑品质，实现了共赢创效。

4. 实施时间

本工程于2017年1月10日开工，2018年1月9日工程顺利通过四方竣工验收（表5）。

实施时间表 表5

总实施时间	2017年1月10日～2018年1月9日
分段实施时间	
项目总体管理策划	2017年1月～2017年9月
管理措施实施	2017年2月～2017年12月
过程检查	2017年2月～2017年12月
取得成效	2017年3月～2018年1月

二、项目管理及创新特点

1. 管理难点及重点

（1）工期短、任务重

本工程施工工期短，且施工期间经历了"全运会"停工、天津市环境治理停工两次较长时间的停工。因此为保证在目标内完成工程，需要在短期内组织大量的人力、机械、材料等，需要项目经理部提前做好各个节点的精密部署以及各种资源的协调。

（2）施工单体众多、场地狭小，动线组织及作业穿插难度大

本工程占地面积约8.13万m^2，共11个单体，其中两个厂房为单层钢结构厂房，占地面积较大。由于工期要求紧张，除门卫室外其余单体基本同时施工，在保证现场安全文明施工的前提下，施工机械的行进路线为施工现场的运输带来了巨大压力。同时为加快施工进度，各专业、各单体的穿插作业频繁，也需要现场管理人员具有良好的管理手段和清晰的管理流程。

（3）参建单位众多，总包管理单位协调管理难度大

本工程参建分包众多，施工过程中最多存在44家分包单位同时在场施工。对于众多分包的人员安置、工作界面划分、资源协调、技术支持等工作是本项目管理过程中的一项难点。

（4）降水施工难度大

现场地质情况与地勘报告严重不符，地下2m即出现大量地下水，且涌水现象持续时间较长，部分较深基坑中存在管涌、流沙现象。根据地勘报告水文情况，项目部准备的降水措施远不能满足现场实际需求。

项目经理部立即采取钢板桩截水、疏水层疏水、轻型井点降水以及混凝土垫层止水等有效措施，对基坑内积水进行疏导或止涌，保证了基础施工阶段的顺利进行。

（5）厂房耐磨地坪质量要求高，大面积混凝土浇筑裂缝控制难度大

1) 钢结构厂房耐磨地平面积约3.2万m^2，因工期紧张采用跳仓法施工。每仓浇筑混凝土面积约为1200m^2，浇筑厚度300mm。如此大面积混凝土浇筑，很容易由于混凝土供应不及时、混凝土收缩不均匀、振捣不一致或是养护不到位而造成混凝土基层的开裂，因此浇筑过程中对各工序的控制是地坪质量保证的重点工作。

2) 耐磨地坪平整度要求为2mm/2m，要求很高。需要保证混凝土基层的平整度，同时也要保证耐

磨骨料撒布研磨之后面层的平整度，对于操作工人的技术水平具有相当高的要求。同时为保证耐磨地坪完成之后不开裂、不脱层，需要有专人负责已完工程的养护工作，确保养护到位。

(6) 精装交房要求高，精装修做法种类繁多

1) 本工程为精装交房，共约 400 个房间，室内精装修做法涉及几十种，对于每种装修做法的工序流程及工序控制为工程质量控制增加了难度。

2) 生产楼一为建设单位领导办公场所，食堂为建设单位用餐场所，两个单体需要根据建设单位要求进行二次精装修深化，精装修要求高。多次由于建设单位使用功能发生变化而造成装修的拆改，因此上述两个单体是精装修过程中控制的重点和难点。

(7) 机电系统复杂，大管径管道吊装、大型设备吊装与转运难度大

1号厂房空调机房及站房空间狭小，主管道直均为 DN350 镀锌钢管，大管径管道的吊装难度大，管道焊接难度增加。

本工程大型设备众多，其中站房最重锅炉设备本体总重量为 19t，而吊装和倒运操作空间小，为设备的倒运及安装增加了巨大难度。

2. 创新特点

(1) 动态化管理

针对本工程管理体系、管理制度、工期计划、技术措施等方面均实行动态化的管理措施，根据在动态跟踪中出现的偶然偏差、偶然问题采取相应的针对性措施；如出现普遍性、长期性问题，则根据问题原因形成管理制度。在不断跟踪，不断改进的过程中逐渐完善项目管理中存在的漏洞，使整个项目管理系统趋于成熟、稳定。

(2) 新技术的应用推广

项目经理部对新技术的应用十分重视，成立了以公司技术部为依托，以项目经理、项目总工程师为核心，项目技术部为攻坚力量的新技术推广小组。根据本工程施工特点，着重对住建部发布的建筑业10项新技术中的钢结构技术、水电安装工程技术、绿色施工技术等 5 大项新技术进行了推广应用，涉及 15 项新技术子项的使用。

(3) BIM 技术、双代号网络图的应用

利用 BIM 技术建立整体工程模型，通过模拟综合管线排布、碰撞检测等及时对图纸中问题进行解决，尤其对于本工程管线安装具有很好的指导意义。

通过针对总工期进度计划编制双代号网络图，并根据工期纠偏及时做出调整，可以明确地找到目前的关键线路，通过控制关键线路的施工有效地促进了整体工程进度。

三、项目管理分析、策划和实施

1. 管理目标分析

本项目在建设过程中项目经理部立足总包管理单位的角色，本着"服务业主、联合分包、互惠共赢"的原则，通过精心部署，细化分工实现各预定目标的实现。

工程建设的全寿命周期内，项目经理部以安全生产为管理的首要前提，通过现场检查、安全宣讲、安全教育考试以及多媒体安全实例分析等多种手段，对施工人员进行安全教育，增强全员的安全意识，保证了项目全过程内无任何伤亡事故。项目经理部以保证质量为管理首要目标，通过控制原材质量、工序施工质量、成品实体质量保证了工程整体质量的优质，同时采用 BIM 技术应用、原材二维码识别、实测实量数据原位标注等措施，实现的工地的智能化。

本着"保护环境，节约资源"的原则，本项目施工过程中通过设置节水降尘系统、设置移动卫生间、空地绿化、采用 LED 等代替传统灯具等措施，保证了场容场貌的美观的同时，也实现了文明施工、绿色施工。

项目的质量、安全、绿色施工、综合效益、工期等目标如表 6 所示。

项目目标表 表6

序号	目标项目	管理目标
1	工期目标	合同工期目标内完成竣工验收
2	质量目标	1号厂房、2号厂房争创天津市"海河杯"
3	安全文明目标	创"天津市市级文明工地"
4	成本目标	确保完成公司核定的收益指标
5	标准化目标	创中建一局"CI金奖"

2. 项目管理策划

(1) 细化管理体系、明确管理责任，完善管理制度

1) 根据项目特点和目标要求，组织具有而丰富施工经验、管理水平较高、责任心强的管理人员组建项目经理部。同时在开工之初，对整个管理体系进行细化，明确每个管理人员的职责分配，理顺职能部门之间、管理人员之间的工作交叉关系，建立运行有序、高速的管理体系。

2) 建立健全项目管理制度，根据以往项目相关的管理经验，在企业已有制度的基础上，完善项目特色性制度，实现规范化管理。

(2) 工期动态管理

项目部设置专门的进度计划管理工程师，针对总工期进度计划在执行过程中出现的偏差进行全过程跟踪调整。出现工期偏差时，计划管理工程师有义务召开进度计划纠偏专题会议，就出现偏差的主要因素、次要因素进行通报，并提出相应的解决措施供全体管理人员分析决定。通过不断的纠偏、调整来保证工期目标的实现。

(3) 技术先行，技术总结与交底管理

项目技术部根据现场实际情况，配置钢结构管理专员、土建施工管理专员。各技术人员在项目总工程师的带领下，应做到技术先行。在分项工程施工前，应由相关技术人员编制相应的施工方案、技术要求总结及其他技术指导文件或措施，经项目领导班子审批后，对项目全体管理人员、分项工程施工班组进行详细的技术交底。

(4) 全方位安全文明管理

本工程坚持"安全第一、以人为本、持续发展"的施工方针，在项目成立之初即建立工程安全管理体系，严格落实各方安全管理责任，确保工程的安全生产、文明施工，保护人员健康，保护环境。

3. 项目管理实施

(1) 细化管理体系、明确管理责任，完善管理制度

1) 细化管理体系、明确管理责任

管理体系交底会议措施：项目经理部成立之初由项目经理针对本工程的人员配置、部门职能等管理体系问题向项目全员进行交底。主要将本项目各职能部门负责的主要任务向全员进行宣贯，理顺不同职能部门、不同任务角色之间的工作衔接，交叉关系。有利于项目管理团队在短期内形成一个运转正常、执行高效的体系。

目标责任分解措施：编制管理人员目标责任分解书，通过与每个人明确并签署个人的责任目标，将项目经理部的各项预定目标细致的分解到每个管理人员身上，有利于管理人员对自己负责工作的一个整体安排。

2) 完善管理制度

严格执行企业规定管理制度：根据企业要求，我项目部严格执行生产例会制度、质量例会制度、奖罚制度等管理制度，通过上述管理制度，真正的解决实际问题，绝不将例会制度流于形式。通过奖罚制度，对管理人员、对分包单位进行优奖劣罚，以实际行动对所有参建人员起到监督和激励作用。

完善特色管理制度：项目经理部还根据我项目的实际情况制定了部门经理例会制度、五方协调例会制度、特殊技术问题评审制度等具有项目特色的管理制度。

①部门经理例会制度：在项目抢工期间，大量的技术问题、管理问题、资源问题同时涌现出来，我项目采用每晚7：00～8：00一个小时的时间召开部门经理例会。各职能部门就本日需要协调的问题在会议上提出，经全体参会人员讨论解决措施并制定责任人。部门经理例会制度抢工期间帮助本项目快速地解决了诸多问题，使整体进度能够以最快的速度进行。

②五方协调例会制度：每周一上午9：00在现场召开现场协调会，与建设单位、监理单位、分包队伍、独立承包商一起到现场解决施工中存在的各种问题，加强相互间的沟通，提高工作效率，确保进度计划有效实施。

③特殊技术问题评审制度：针对本工程降水问题、高大模板问题、大型设备吊装等特殊技术问题召开解决措施评审会议，通过和部门评审，综合各方意见之后确定最终解决措施。

（2）工期动态管理措施

工期目标分解措施：将总进度计划分解为月目标计划、周目标计划，并将各阶段的工期目标与劳务队伍、独立承包商进行交底，使各参建单位根据工期目标安排各自施工范围内的月、周、日施工目标，并报至我处进行审核。

工期动态跟踪与纠偏：项目部总工程师兼任进度计划工程师，计划工程师每周对照总工期进度计划对现场进度进行复核，发现出现工期滞后情况下立即调查主要原因并提出解决措施，报项目经理共同协调解决类似劳动力短缺、资源配置不及时、施工部署并不科学等问题。

（3）技术先行，技术总结与交底管理措施

1）技术总结与交底措施：本工程项目实行系统工程总结交底制度，针对精装修工程、特殊地面做法、门窗百叶工程、栏杆扶手工程、外墙装修工程、钢结构屋面特殊节点等除需要编制专门的施工方案之外，由技术部相关负责人员对本项系统工程进行技术总结，并向现场管理人员及分包管理人员进行交底，保证现场执行完全按照技术要求进行。

2）新技术应用：本工程采用建筑行业10项新技术中的5大项，涉及15个子项新技术，如表7所示。

新 技 术 应 用　　　　　　　　　　　　　　　　　　表7

应用新技术	子 项	应用范围
钢结构技术	钢结构防腐防火技术	1号厂房、2号厂房
机电安装工程技术	基于BIM的管线综合技术	各单体
	导线连接器应用技术	各单体
	可弯曲金属导管安装技术	各单体
	工业化成品支吊架技术	各单体
	机电管线及设备工厂化预制技术	各单体
	金属风管预制安装施工技术	各单体
	建筑机电系统全过程调试技术	各单体
绿色施工技术	施工用水回收再利用技术	施工现场
	施工现场扬尘控制技术	施工现场
	绿色施工在线监测评价技术	施工现场
	工具式定型化临时设施技术	各单体
防水技术与围护结构节能	TPO防水卷材机械固定施工技术	1号厂房、2号厂房
	高性能门窗技术	1号厂房、2号厂房、生产楼三
信息化技术	基于BIM的施工管理信息技术	施工现场

(4) 全方位安全文明管理

1) 全方位、多形式的安全管理：安全生产是项目顺利进行的前提，项目经理部通过建立健全的安全保障体系，现场采取全面的安全保证措施，强化全员安全生产意识等措施，实现了项目全寿命周期无安全事故发生。

项目经理部形成以项目经理为安全生产第一责任人，项目安全部为安全生产主要责任部门，项目全员及分包管理人员参与的安全保证体系。通过周一安全宣讲、每周安全大检查、工人进场安全教育、多媒体安全实例观摩、作业安全交底等各种形式，加强工作人员的安全生产意识，排除现场安全隐患。

2) 以人为本、文明施工：项目经理部坚持以人为本，按照企业标准化要求建立清洁舒适的工人生活区；施工现场设置临时可移动卫生间、茶水间、休息亭等为工人提供良好的工作环境；通过设置喷雾除尘系统、废水回收再利用、废料集中回收、节能设施使用等措施，实现场容场貌的整洁的同时，也实现了节约资源保护环境。

四、项目管理效果评价

1. 质量成果

(1) 顺利通过 2017 年天津市"海河杯优质结构评价"验收（表8），相应证书尚未发布。

成果表　　　　　　　　　　　　　　　　　　　　　　　　表8

序号	施工单位	工程名称	项目经理	建设单位	监理单位
\multicolumn{6}{c}{2017年度天津市建设工程"优质结构评价"通过工程表彰名单}
1	北京矿建建设集团有限公司	丽德花园地下车库B工程	郭军	金泰丽城（天津）置业投资有限公司	华商国际工程管理（北京）有限公司
2	北京天润建设有限公司	七贤南里B地块1~4号楼、配建一（含传达室）及地下车库工程1号楼	陈琦	中冶名泰置业有限公司	马鞍山迈世纪工程咨询有限公司
3	北京天润建设有限公司	七贤南里B地块1~4号楼、配建一（含传达室）及地下车库工程2号楼	陈琦	中冶名泰置业有限公司	马鞍山迈世纪工程咨询有限公司
4	北京天润建设有限公司	七贤南里B地块1~4号楼、配建一（含传达室）及地下车库工程3号楼	陈琦	中冶名泰置业有限公司	马鞍山迈世纪工程咨询有限公司
357	中国建筑股份有限公司	天津工业大学新校区新建青年教师和学者公寓项目及天津工业大学扩建教师公寓项目	赵小平	天津工业大学	天津市华泰建设监理有限公司
358	中国建筑一局（集团）有限公司	亚新科天纬燃油系统（天津）有限公司建设燃油共轨喷射系统项目1号厂房	彭大川	亚新科天纬燃油系统（天津）有限公司	天津五岳工程建设监理有限公司
359	中国建筑一局（集团）有限公司	亚新科天纬燃油系统（天津）有限公司建设燃油共轨喷射系统项目2号厂房	彭大川	亚新科天纬燃油系统（天津）有限公司	天津五岳工程建设监理有限公司
360	中国铁建大桥工程局集团有限公司	快速路系统二期项目一外环线东北部调线工程第1标段（津汉互通立交桥）	郭宏伟	天津高速公路集团有限公司	天津市路驰建设监理有限公司
361	中建三局第二建设工程有限责任公司	天津武清物联园项目一标段-13号自动高架库	杨培	传云（天津）物联网技术有限公司	北京赛瑞斯国际工程咨询有限公司
362	中建三局第二建设工程有限责任公司	天津武清物联园项目一标段-14号自动高架库	杨培	传云（天津）物联网技术有限公司	北京赛瑞斯国际工程咨询有限公司
363	中建三局第二建设工程有限责任公司	天津武清物联园项目一标段-15号自动高架库	杨培	传云（天津）物联网技术有限公司	北京赛瑞斯国际工程咨询有限公司

(2) QC 成果已经首次发布，尚未经天津市建协发布。

2. 安全文明成果

2017 年 6 月通过天津市"市级文明工地"验收，奖项将在 2018 年 10 月发布。

3. 技术成果

工法两篇，正在公司进行评审，尚未发布；

科技论文一篇，正在公司进行评审，尚未发布（表9）。

新技术应用情况及效益汇总表　　　　表9

建筑业10项新技术			应用工程量	新技术效益		
序号	新技术	子项		经济（万元）	社会效益	环保效益
1	钢结构技术	钢结构防腐防火技术	6.79万 m²	54		√
2	机电安装工程技术	基于BIM的管线综合技术	8.1万 m²	13		
		导线连接器应用技术	0.8万 m导线	3		
		可弯曲金属导管安装技术	5万 m导管	5		
		工业化成品支吊架技术	680套	10		
		机电管线及设备工厂化预制技术	1万 m管线预制	3		
		金属风管预制安装施工技术	5万 m²	10		
		建筑机电系统全过程调试技术	8.1万 m²	5		
3	绿色施工技术	施工过程水收集综合利用技术	8.1万 m²	5	√	√
		扬尘控制技术	8.1万 m²	3	√	√
		绿色施工在线监测评价技术	8.1万 m²	0	√	√
		工具式定型临时设施技术	5.38万 m²	5		√
4	防水技术与围护结构节能	TPO防水卷材机械固定技术	3.49万 m²	230		√
		高性能门窗技术	240m²	10		√
5	信息化技术	基于BIM的施工管理信息化技术	5.38万 m²	15		
	合计			371		

4. 团队荣誉

（1）项目经理部或建设单位花样年地产集团2017年"年度明星级供应商"荣誉；

（2）花样年地产集团总裁2018年1月6日参观亚新科项目后，给以高度评价，并主动为亚新科项目管理团队点赞（图2）。

图2　参观亚新科项目

随着建筑业的蓬勃发展，建设单位对于工程项目的管理已经趋于专业化，对于施工总承包单位的管理水平要求也越来越高。作为施工总承包管理单位，在项目管理过程中应不断的探索适合本项目长期稳定发展的有效措施，通过细致的分解，精心的管理来保证工程的过程质量。通过不断的采用新技术，不断的自主创新，让工程项目更具有科技含量，施工过程更加规范化。通过不断地提高执行力，来增强项目管理团队的整体水平，通过联合分包、服务业主以实现多方面的共赢。

精益求精　打造优质工程

——中国机械工业建设集团有限公司烟台工贸技师学院新校区1号、2号、3号宿舍楼工程

胡　维　王治涛　焦启盟　李　刚　胡　玲

【摘　要】 烟台工贸技师学院新校区项目是烟台市财政投资的重点建设项目，立项以来得到了烟台市委市政府的大力支持。本项目结构复杂，为框架结构，多修饰构件，屋顶为30°斜坡屋面，干挂瓦块，各参建方对施工过程中的安全和业主后期使用中各构件和瓦块连接固定的稳定性要求极高。项目部坚持安全第一、质量合格、职业健康安全与环境受控，全过程中严格控制安全、质量、进度和成本，重难节点充分研究论证，通过不懈努力，较好地完成了各项技术难点，实现了预定的目标，获得了业主和监理方的一致认可，荣获"烟台市优质结构工程"和"安全文明工地"称号，为拓展公司企业形象、树立央企品牌起到了较好的作用。

【关键词】 安全文明施工；优质结构；标准化管理

一、项目成果背景

1. 工程概况

烟台工贸技师学院于1989年建校，隶属于烟台市人民政府，直属于烟台市人力资源和社会保障局的一所全日制技工学校，先后被确定为烟台市"金蓝领"高技能人才培训基地、山东省船舶制造业人才培训基地、烟台市高技能人才培训中心、烟台市蓝色经济技能人才培育中心、烟台市鲁菜研究所、山东省高技能人才培训基地、山东省技师工作站、全省职业教育培训研究先进单位、山东省职业技能鉴定先进单位、中国鲁菜学府、中国鲁菜研发基地。

本项目位于美丽的海滨城市烟台，根据烟台市莱山区规划局整体规划，烟台工贸技师学院新校区位于烟台市莱山区解甲庄街道办事处，成龙线以南，通海西路以西，交通位置优越。规划用地26.23万m^2，新校区按照"统一规划，分步实施"的原则，我公司中标承建一期工程，包含1号宿舍楼、2号宿舍楼、3号宿舍楼三个单体，建筑面积35001.83m^2，地上六层，独立基础，框架结构。1号宿舍楼和2号宿舍楼分别为错层结构，屋面为坡度为30°的斜坡屋面，干挂瓦块施工，精装修整体交付。新校区建成之后，烟台工贸技师学院届时在校生规模将突破一万人，专业达40个。烟台工贸技师学院将成为培养技师、高级技工等高技能人才的最高学府。这标志着烟台对高技能人才的培养进入新阶段。

项目主要参建单位如表1所示。

主要参建单位　　　　　　　　　　　表1

建设单位	烟台工贸技师学院
设计单位	烟台市建筑设计研究股份有限公司
监理单位	烟台田园牧歌项目管理有限公司
施工单位	中国机械工业建设集团有限公司
勘察单位	山东正元建设工程有限责任公司
监督单位	烟台市建设工程质量监督站

项目施工平面布置图如图1所示。

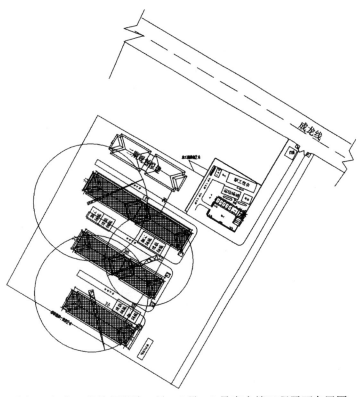

图1 烟台工贸技师学院1号、2号、3号宿舍楼工程平面布置图

2. 项目团队

本项目自中标以来，集团公司领导高度重视，精选优秀的项目实施团队，项目主要管理人员10人，平均年龄不到30岁，是一群充满朝气和斗志的年轻同志。同时公司充分利用各方资源，片区各项目协调发展，为本项目的顺利实施做了充足的支撑。

项目实施过程中，项目部严格执行公司的各项程序文件，每一个施工过程做到有据可查，施工现场内按照图纸和规范要求，执行公司标准化管理。项目管理目标为"安全、有序、高效、责任"（图2、图3）。

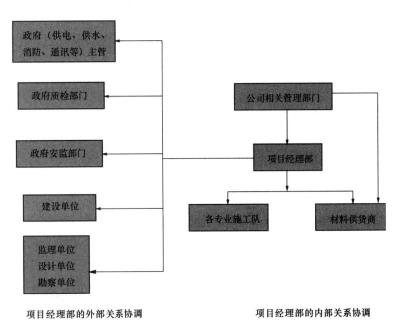

图2 项目组织协调图

图3 项目俯瞰图

二、项目管理及创新特点

1. 项目管理重、难点

（1）项目总用地面积大，总平面组织难度大

需对现场平面布置精心策划安排，施工总体组织部署，特别是施工临建设施布置及场内交通组织，给施工用地综合利用等规划组织提出严格的要求。

（2）立体交叉多

本工程涉及多工种作业，施工过程中立体交叉无可避免，作为施工总包单位，施工过程协作难度很大。施工中必须编制切实可行的配合协调措施，才能使施工顺利进行。

（3）垂直运输设备布置困难

由于本工程各栋楼建筑外形的特点及周边环境，对塔吊的安装使用及拆除提出了很高的要求，三栋宿舍楼楼间距均为35.1m，在本工程中也将投入较多垂直运输机械。对塔吊的选型、臂长、起重能力及基础需有切实可行的方案才能保证本工程顺利进行。

（4）施工管理协调难度

工程所涉及的专业作业队伍较多，交叉作业量大，作为总承包方，需进行有效的管理和协调，整体考虑，合理安排施工流程，对各专业作业队伍的施工质量、安全、文明施工等各方面进行严格管理，确保整个工程施工的有序运转，因此施工总包方的组织协调是保证本工程顺利施工建设的重点之一。从整个工程施工的角度合理安排施工流程，及时提供后续工程的施工作业面，保证各专业作业正常的进行施工。同时对各专业作业队的施工质量、安全、文明施工等方面进行严格管理，确保整个工程正常的施工。

（5）安全文明施工难度大

本工程施工复杂，工期紧，安全、文明施工是工程的管理重点之一。涉及工序类别多、施工期间存在多级交叉，必须保证合理的有序的施工组织。大型设备多，用电设备多，高峰期用电量大，安全用电管理将作为侧重点。规划建筑面积大，现场平面布置和交通动态规划是保证工程顺利实施和文明施工的重点。项目设计为学生住宿用楼，人口流量大，学生对危险的辨识意识差，施工过程中各细节处理必须做到不留死角，不留隐患。屋面为30°的大斜坡挂瓦屋面，对各工序的施工质量要求相当严格，是项目安全控制中的重中之重。

（6）局部结构施工难度大

根据设计结构、建筑图纸，本工程3栋宿舍楼屋面均为30°坡屋顶，闷顶层结构板外挑1500mm并挂瓦施工。在进行坡屋顶层施工时，对相关作业的外脚手架的搭设、满堂支架搭设、模板制作安装、钢筋制作和绑扎以及混凝土的浇筑将作为重点技术质量安全控制点；并在相应的专项方案中进行细化与相关安全技术措施以保证各道工序施工的质量安全（图4、图5）。

图4　斜坡屋面实况图

图5　监理现场平行检验督导施工

2. 创新特点

由于本工程工期要求比较紧迫，为了实现工程项目建设工期和安全质量要求的目标，本工程在施工部署上总的指导思想是：应用最佳的施工技术，选用最有战斗力的施工队伍，投入先进的机械设备，安排合理的施工工序，采用科学的组织管理方法，保证达到优质、安全、按期竣工的目标。各专业施工专业队伍严格服从我公司项目经理部的统一指挥和调配。

（1）时间上的部署原则

在时间上的部署原则主要考虑季节性施工的安排，尽量避开烟台地区雨期和冬期湿作业施工，以保证总工期目标的实现。

（2）空间上的部署原则

在空间上的部署原则主要考虑立体交叉施工，为了贯彻空间占满、时间连续、均衡有节奏施工、尽可能为后续施工留有余地的原则，保证工程按总进度计划完成，需要采用主体和二次结构、主体和安装、主体和装修、安装和装修的立体交叉施工。为使上部结构正在施工而下部的二次结构、安装、装修插入施工，需要对结构进行分批次验收。

（3）总施工顺序上的部署原则

按照先地下后地上；先结构后围护；先主体后装修；先土建后安装的总施工原则进行部署。

三、项目管理策划、分析与实施

1. 项目管理策划

如表2所示。

项目目标管理策划　　　　　　　　　　　　　　　　表 2

质量目标	根据建筑施工质量相关验收规范和烟台市质量通病防治办法的要求，达到合格标准；获得"烟台市优质结构工程"称号
安全目标	杜绝死亡和重大险肇事故，月负伤率 0.4‰，创"无伤工程"； 实行标准化施工，获得"烟台市安全文明工地称号"
工期目标	依据招标文件及施工合同要求自甲方下发开工令后的 210 日历天完成本工程施工合同及图纸的全部内容
技术目标	形成对类似工程具有指导意义的相关技术总结
环保目标	1）污水、烟尘排放符合烟台市相关规定； 2）最大限度的减少运输遗洒、扬尘，严格控制化学危险品及油品的泄漏，对有害有毒废弃物进行分类管理，提高回收利用率； 3）节约能源、资源，建筑材料有害物质限量达标
服务目标	业主满意

2. 项目管理策划分析与实施

（1）质量策划分析与实施

1）制定技术交底制度

坚持以技术进步来保证工程质量的原则，编制有针对性的施工方案，对特殊工序要依特殊过程或关键工序做质量控制点，做好施工前的技术方案编制与各级技术交底及交底记录。

2）制定材料进场检验制度

原材料采购通过制定采购计划，施工现场不缺料，不积压的原则，按进度供应材料。同时根据施工合同规定的质量、标准及技术规范的要求执行质量检查和验收制度，按规范进行复试及见证取样，确认合格后方可使用。所有采购的原材料、半成品、成品进场必须由专业人员进场验收，核实质量证明文件及资料，对于不合格半成品或材质证明不齐全的材料，不许验收进场，材料进场后应及时标识，分类码放，确保不误用、混用（图 6、图 7）。

图 6　进场原材复验

图 7　标准试件见证取样

3）制定样板引路制度

施工操作注重工序的优化、工艺的改进和工序的标准操作,每个分项工程在正式开始操作之前做出示范样板,如砌筑、抹灰、刮腻子、乳胶漆、防水施工、外墙保温、无面挂瓦等。统一操作要求,明确质量目标。

4）制定施工实测实量制度

施工实测实量必须经技术人员复核后报监理工程师审核并上墙,确保测量准确,控制到位。

5）制定施工过程的质量三检制度

施工过程的质量检查实行三检制,即:班组自检、互检、工序交接检。工长负责组织质量评定,项目部质检员负责质量等级的核定,确保分项工程质量一次验收合格(图8~图11)。

图8 技术人员现场复验

图9 现场悬挂验收标识牌

图10 关键部位验收

图11 各班组互查互揪

6）制定质量否决制度

选派具有资质和施工经验的技术人员担任各级质检工程师，负责质检工作，质检员具有质量否决权和处罚权。凡进入工地的所有材料、半成品、成品，必须经质检员检验合格后才能用于工程。对分项工程质量验收，必须经过质检员核查合格后方可上报监理工程师。

7）制定质量奖惩管理制度

在该项工程施工的全过程中，要将施工质量的好坏与责任者的经济利益挂钩，实行质量奖惩，以激励职工增强质量意识，努力提高施工质量水平。公司每季度组织一次项目间的以质量为主的评比检查，及时发现典型案例，总结经验和教训，不断改进我们的质量管理工作。

8）制定质量体系内部审核制度

公司定期组织对该项目的质量体系审核，重点审核管理职责、质量计划、文件和资料的控制、分供方的选择、物资验证及检验和试验、产品标识、计量管理、不合格品的控制、机械设备管理、过程控制、现场管理、质量记录等方面，一旦发现问题，及时发出不合格品整改通知，并采取纠正预防措施确保质量体系正常运行。

9）制定以项目部位核心的质量保证体系

运用科学的管理模式，建立以质量为中心制定保证质量达到预定目标的循环系统，其设置使施工过程有据可依，质量保证体系的正常运作必须以全面质量管理控制体系来予以实现。质量控制体系是按科学的程序运转，其运转的基本方式是 PDCA 的循环管理活动，通过计划、执行、检查、总结四个阶段把经营和生产过程中的质量有机地联系起来，形成一个高效的体系来保证施工质量（图12、图13）。

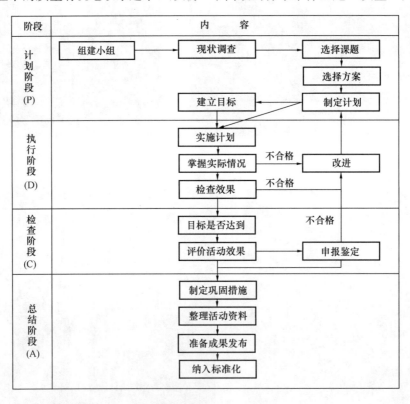

图12　质量保证体系运行流程图

（2）安全策划分析与实施

1）制定建筑物周边安全防护措施

施工现场进行封闭施工，留一个施工道路进出口，并设门卫。凡与施工无关人员一律不得进入施工现场，有事需进入工地者门卫必须做好记录，并交代安全注意事项。在四周围墙上挂醒目的安全警示牌

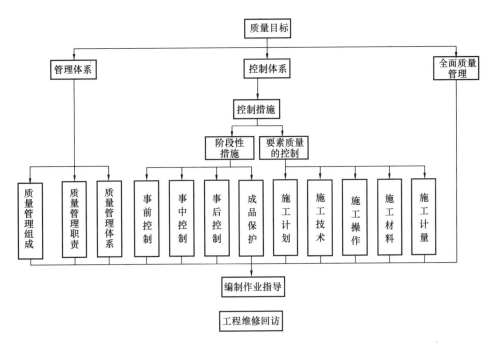

图 13　质量总控制图

和警示灯，随时随地提醒行人注意安全（图 14）。

图 14　各项防护措施例行巡查

2）制定"四口"、"五临边"安全防护措施

楼板孔洞，1.5m×1.5m 以下的孔洞加固定盖板。1.5m×1.5m 以上的孔洞，四周必须设两道防护栏杆，中间设水平安全网。楼梯通道两边用钢管搭设牢固的防护栏杆，栏杆高 1.2m，间距 2.0m。建筑物设 1 个安全通道出入口，安全出入口用钢管搭设防护棚，棚顶应铺满 5cm 厚的木架板，通道两侧必须封严。楼层周边（包括屋面周边）安全防护，临边四周如无围护结构时，从二层起每层用钢管搭设固定的防护栏杆，栏杆高 1.2m，间距 2.0m。防护栏杆上挂安全标示和挡脚板。

3）制定机械设备施工安全管理措施

所有机械操作人员必须持证上岗，坚持上下班，班前班后检查机械设备，并经常进行维修保养。工程设置专职机械管理员，对机械设备坚持三定制度，定期维护保养，安全装置齐全有效，杜绝安全事故的发生，一经发现机械故障，及时更换零配件，保持机械使用的正常运转，机操工必须持证上岗，按时准确填写台班记录、维修保养记录、交接班记录,掌握机械磨损规律。

4) 制定现场用电安全措施

现场各用电安装及维修必须由专业电气人员操作,非专业人员不得擅自从事有关操作。现场用电应按各用电器实行分级配电,各种电气设备必须实行"一机一闸一漏电",严禁一闸供两台及以上设备使用。其电箱设门、上锁、编号,注明责任人(图15)。

图15 安全用电随时抽查

5) 施工人员安全防护

进场的施工人员,必须经过三级安全培训教育,考核合格,持证上岗。施工人员必须遵守现场纪律和国家法令、法规、规定的要求,必须服从项目经理部的综合管理(图16~图18)。

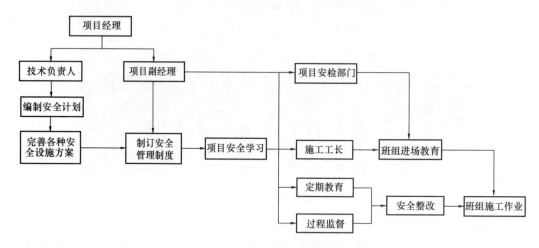

图16 安全管理组织图

(3) 工期策划分析

1) 跟踪检查施工实际进度

检查的内容:在进度计划执行记录的基础上,将实际执行结果与原计划进度进行比较分析。比较的内容包括开始时间、结束时间、持续时间、逻辑关系、工作量、总计划、网络计划中的关键线路等。

检查的方式:现场专人管理,收集进度报表资料。每周召开进度工作汇报、协调会。

2) 整理统计检查数据

将收集的进度数据,按计划控制的工作项目内容进行统计,以相同的网络和形象进度,形成与计划

图 17 集中观看安全警示视频

图 18 每周一安全例会

进度具有可比性的数据。

3）对比分析实际进度和计划进度

将收集的资料整理和统计成与计划进度具有可比性的数据后，用实际进度与计划进度的比较方法进行比较分析。

4）编制进度控制报告

将检查比较的结果，及有关施工进度现状，影响因素和发展趋势，预防措施，以形成简明扼要的书面报告，提供给进度职能负责人、监理单位和业主，作为调整工程进度，核实工程进度款的依据。

5）加强对恶劣气候的提前准备

对停电、停水等特殊情况进行妥善安排，建立预警制度，原材料供应、劳动力安排、安全防护、成品保护等工作有预计、有组织地开展，尽量减少由于恶劣天气或特殊情况因素对施工的影响。

烟台的不利天气主要体现在雨季和冬期，提前做好雨期施工的各项保证措施，尽量避免冬期的湿作业。

6）加强对工程工期的预控、预测

针对本工程特点，单层建筑面积达到2540.16m²，如何确保施工进度，在施工前进行方案的研究讨论，在各分部、分项工程开工前完善施工方案，制定工程保障措施，合理分配劳动力和施工机械，适时安排夜间加班，确保工期计划实现（图19）。

图19 合理安排加班，增加施工机械，保证进度

（4）技术策划分析

根据设计结构、建筑图纸，本工程3栋宿舍楼屋面均为30°坡屋顶，闷顶层结构板外挑1500mm。在进行坡屋顶层施工时，对相关作业的外脚手架的搭设、满堂支架搭设、模板制作安装、钢筋制作和绑扎以及混凝土的浇筑将作为重点技术质量安全控制点；并在相应的专项方案中进行细化与相关安全技术措施以保证各道工序施工的质量安全（表3，图20~图22）。

工程方案名称及编制人表　　　　　　　　　　　表3

序号	方 案 名 称	编制人	备 注
1	土石方工程施工方案	王治涛	
2	测量工程施工方案	王治涛	
3	模板搭设施工方案	王治涛	
4	临时用电专项施工方案	胡维	
5	建筑节能专项施工方案	王治涛	
6	建筑工程质量保证体系	王治涛	
7	钢筋工程施工方案	王治涛	
8	外脚手架搭设施工方案	王治涛	
9	满堂架搭设专项施工方案	王治涛	
10	混凝土浇筑施工方案	王治涛	
11	斜坡屋面混凝土浇筑施工方案	王治涛	
12	雨季施工方案	王治涛	
13	卸料平台方案	王治涛	
14	填充墙砌体施工方案	王治涛	
15	屋面瓦施工方案	王治涛	

图 20　重难点技术施工方案集中研讨

图 21　斜坡屋面隐蔽验收

图 22　斜坡屋面挂瓦施工

（5）环保策划分析

1）粉尘控制措施

a. 做好施工场地硬化和绿化，现场地坪硬化率达到60%以上，绿化率达到30%以上。现场派专人经常洒水，大门出入口设置洗车槽，减少粉尘污染。

b. 禁止在施工现场内焚烧旧材料、有毒、有害和有恶臭气味的物质。

c. 装卸有粉尘的材料时应洒水湿润和在仓库内进行。

d. 设专人清运现场建筑垃圾，楼层清扫前应洒水润湿后再将垃圾铲入特制加盖的斗车内，集中运至地面后及时处理，防止扬尘。

e. 松散颗粒材料使用砖墙围挡堆放，表面用彩条布遮盖防止刮风粉尘弥漫，影响环境卫生。在高温季节现场每天定时洒水降尘。

f. 现场堆放的水泥必须全部入库，底部悬空存放。

g. 楼层主体施工时对操作层使用密闭网，进行全封闭施工。

h. 总平面范围内及工地周边场地派人每天 2～3 次巡视、清扫。对周边大道上的抛洒物及时派人清扫。

i. 对预拌砂浆搅拌机操作人员、钢筋加工人员、现场清洁人员、装卸人员等发放防尘口罩。

j. 预拌砂浆搅拌机布置在远离居民楼的地方，减少对附近居民正常生活的影响。

2）废气控制措施

加强对职工的卫生知识教育，并形成制度。做好生活区临设的卫生，定期打药消毒。职工宿舍要求作到空气流通，生活用品摆放整齐。

3）防止水污染的管理措施

项目附近有小型非饮用水库一处，故必须防治生活污水和由于降水冲刷导致流入水库引起水污染。污水经沉淀后排入下水道；工地临时排水设施定时维修养护。

4）噪声控制措施

a. 施工中采用低噪声的工艺和方法。

b. 合理安排施工工序，严禁在夜间进行产生噪声的建筑施工作业（晚上 10 时至第二天早上 6 时）。由于施工中不能中断的技术原因和其他特殊情况，确需夜间连续作业的，应及时向建设行政主管部门和环保部门申请，取得相应的施工许可证后方可施工，并采用降噪声机具。

c. 材料装卸采用人工传递，特别对钢管、钢模等金属器材，严禁抛掷或从汽车上一次性下料。

d. 所有机具投入使用前必须进行检修，检修合格后方可进场，严禁机械带病工作。

5）固体废弃物的处理措施

a. 现场固体废弃物按照《施工现场环境保护管理办法》中的《施工现场废弃物管理》分成生活垃圾、可回收废弃物和不可回收废弃物三类进行堆放，生活垃圾用密闭容器存放。现场严禁焚烧废弃物体。

b. 对可回收废弃物，与厂家或商家联系，加强可利用率。

c. 现场设垃圾集中堆放站，垃圾用塑料布覆盖，定期清运出场。

（6）服务策划分析

严格履行合同中的各项义务，体现一个负责任企业应有的服务意识，对工程设计中的缺陷及时提出优化意见并办理相关文字记录，想业主之所想，一切为了日后甲方使用的安全和方便。维保期内因我方责任引起的返修保证第一时间到岗，尽快解决问题，做到让业主满意。

四、管理效果及评价

目标完成情况

（1）进度完成情况

本工程如期完成竣工验收任务。在规定的时间内顺利交付建设单位使用。

（2）质量完成情况

本工程顺利通过烟台市质量协会评定，获得"烟台市优质结构工程"称号。

（3）安全文明施工情况

本工程顺利通过烟台市质量协会评定，获得"烟台市安全文明工地"称号。

五、结束语

通过本项目的顺利实施，不仅锻炼了一批敢想敢做，勇于担当的优秀管理者，体现了中机人不畏艰苦，努力奋斗的优秀企业文化，更为公司开拓市场，中标二标段工程打下了坚实的基础，同时也为打响中机品牌，维护公司良好信誉，巩固公司在山东片区的市场地位做出了不朽的贡献。

重细节 严管控 精心打造装配式住宅工程

——中国建筑一局（集团）有限公司西北旺新村 C2 地块棚户区改造安置房项目一标段项目

王海涛 张 伟 安禹莳 张代卿 贲鸿鹏 张巨振

【摘 要】 西北旺新村 C2 地块棚户区改造安置房项目一标段项目作为装配式住宅，其施工方法和施工流程区别于传统的钢筋混凝土工程。因此，在施工的技术管理和施工管理上需要不断探索和创新。通过前期对项目的策划分析，施工前的难度重点的探讨研究，施工过程中的严格管控，从项目的安全文明施工到实体的施工工期和质量等方面，让项目团队的每一个成员都深入其中，在施工管理上达到一定的高度，体现了重细节、严管控的项目管理理念，精心打造成好装配式住宅项目。

【关键词】 装配式住宅；重视细节；工程管理；过程控制

一、成果背景

1. 行业背景

装配式建筑规划自 2015 年以来密集出台，2015 年末发布《工业化建筑评价标准》，决定 2016 年全国全面推广装配式建筑，并取得突破性进展；2015 年 11 月 14 日住建部出台《建筑产业现代化发展纲要》计划到 2020 年装配式建筑占新建建筑的比例 20% 以上，到 2025 年装配式建筑占新建筑的比例 50% 以上；从 2016 年 2 月 22 日国务院出台《关于大力发展装配式建筑的指导意见》到 2016 年 9 月 27 日国务院出台《国务院办公厅关于大力发展装配式建筑的指导意见》，逐步对大力发展装配式建筑的要求和目标、重点发展城市都进行了明确。

2. 工程概况

本项目位于北京市海淀区西北旺后厂村路南侧，西侧比邻西北旺三街，东侧为西北旺二街。

总建筑面积 61976m²，其中地下车库建筑面积为 24387m²，地上建筑共计 4 栋，其中 6 号、7 号、8 号楼地上部分属装配式建筑，地下部分为剪力墙结构，7 号楼公建、9 号楼及地下车库部分为现浇混凝土框架结构，装配率近 70%，相较传统模式建筑更加节能环保，属于国家重点推广的工程类型（图 1）。

3. 选题理由

（1）装配式住宅作为目前国家主推的建筑形式，是绿色建筑施工的推广形式，其综合经济效益高，在降低能耗的同时，减少了现场工作量与施工噪声。总结科学高效的此类项目的管理方法，并应积极推广。

（2）本项目通过前期策划、施工前的重点分析研究、施工中的过程管控的管理体系，同时采用样板先行、永临结合、太阳能路灯等先进的技术在现场的应用，使项目团队在管理思路上更加周密，从

图 1 西北旺项目效果图

安全文明施工到施工过程的每一个细节都精心构思，将装配式住宅的施工管理做成样板化。

4. 实施时间

如表1所示。

实施时间表　　　　　　　　　　　　　　　　　　　　　　　　　　　　　　　　　表1

序号	实施阶段	实施时间	实施内容
1	总体周期	2015年12月～2017年4月	
2	管理策划	2015年12月～2016年2月	确定项目管理目标，策划管理手段
3	资源配置	2016年3月～2016年5月	根据需求，配置相应资源
4	管理措施实施	2016年6月～2017年4月	全面开展项目管理
5	过程检查	2016年3月～2017年4月	分析结果，逐步改进
6	管理效果	2016年3月～2017年4月	完成项目管理初步成效

二、项目管理及创新特点

1. 管理重点及难点

（1）政策性住宅工程，社会受关注度高

本工程为安置房项目，对于工期、质量、安全等要求的程度更高，否则直接影响到后期的交房，这就要求项目管理人员和劳务队伍的综合素质要过硬。

（2）装配式工程，安全质量压力大

在项目的策划阶段，就设立的"长城杯质量金奖"的目标，尤其对于装配式的结构形式目前还没有统一的验收标准，这样更加大了在施工中的质量要求；同时，由于装配率高的原因，整个施工过程大部分的构件都是塔吊吊装施工，过程中的安全要求也更加重要。

（3）场地狭小，可利用的空间有限

本工程的实施地点，北侧政府部门、西邻高档小区，南部是学校，可利用的红线范围极其有限，场内道路最窄的地方仅1m左右。因此，如何规划施工通道和各项设施，充分利用有限的空间难度很大。

2. 管理创新特点

针对项目的特点，项目的管理本着全员参与，共同创建的原则。从现场临建布置到具体的安排都是共同商讨，统一思想后实施的。项目利用绘图软件形象直观地将现场布置展现出来；在这种身临其境的感觉下，逐一添加相应的设施，可以查缺补漏；整合有限空间员工活动区、安全体验区相结合；对于装配式运输情况，采用钢板路面做到资源的有效利用。利用BIM软件对施工进行可视化的交底，保证施工有效落实。

三、项目管理分析、策划和实施

1. 现场布置标准化

管理人员办公区本着花园式办公的宗旨，在保持公司CI特色要求的基础上，设置微缩水池、篮球场等功能打造绿色舒适的办公环境；同时，结合安全体验区、安全教育区构建工人紧密交流的平台。

工人生活区单独设立，并设置农民工夜校，在施工现场主入口设置人脸识别门禁，在工人生活区设置门禁卡管理，在生活区和施工现场等主要位置设置监控摄像头，随时掌握区域内的动态。

详细分析新技术应用，结合现场实际情况精选可以应用的新技术。诸如太阳能路灯、太阳能热水器制式马道等（图2）。

2. 施工管理的协同化

装配式结构的施工管理不单是工程部门独立负责的，而是结合了安全、技术、质量、机电和商务等部门的管理。现场的形象代表着各系统和各部门的共同的努力成果，是协同的成果体现。具体包括以下内容：

图 2　项目现场实景

在现场安全方面体现规范化、标准化，临边洞口使用制式栏杆，尤其是对于洞口略低于 80cm 的，考虑到装配式构件的洞口都是工业化生产，洞口尺寸偏差小的优势，大家集思广益，参考借鉴，选择独立的挡身杆，既节约材料，又简洁美观（图3）。

图 3　科学的施工现场

在工期方面，装配式的施工节奏与传统的施工不同，为了保证工期要求，就要考虑各种影响施工的因素。根据公司倡导的模块化管理方法，共同商讨出既满足建设单位工期要求，又符合现场实际和公司要求的施工节点设置。从招投标、施工方案到分部分项工程，从材料采购到设备租赁，每一个环节的时间安排都是共同协商确定的（表2）。

西北旺C2项目工期模块节点表　　　　　表2

合同开工日期	合同竣工日期	计划总工期（天）	实际开工日期	实际竣工日期	实际总工期（天）	建筑面积（㎡）	项目合同额（万元）	自施合同额（万元）	项目经理	联系电话
动态节点业务事项	总计划		内控计划		实际		偏差天数对比（天）	计划偏差其其因表		闪烁
（总进度计划内容）	节点级别	开始时间	完成时间	开始时间	完成时间	开始时间	完成时间	与模块计划比较	业主原因	自身原因	闪烁物底	责任人
总包进场	一级	2016.9.15	2017.3.1									总工/各部经理
项目建红丝、监理、技术、质量、商务、安全、后勤	二级	2016.9.1	2016.10.1									
临建施工单位招标	三级	2016.10.15	2016.10.28	2016.10.15	2016.10.28	2016.10.15	2016.10.28					商务部/物资部
土方施工队伍招标	三级	2016.9.1	2016.10.12	2016.9.1	2016.10.12	2016.9.1	2016.10.12					商务部/物资部
护坡、桩施工队伍招标	三级	2016.9.1	2016.10.12	2016.9.1	2016.10.12	2016.9.1	2016.10.12					商务部/物资部
降水劳务队伍招标	三级	2016.9.1	2016.10.12	2016.9.1	2016.10.12	2016.9.1	2016.10.12					商务部/物资部
临建设施施工队伍招标（oi）	三级	2017.2.13	2017.2.28	2017.2.13	2017.2.28	2017.2.13	2017.2.28					商务部/物资部
钢筋供应商招标	三级	2017.4.10	2017.4.24	2017.4.10	2017.4.24	2017.4.10	2017.4.24					商务部/物资部
混凝土供应商招标	三级	2017.5.3	2017.5.16	2017.5.3	2017.5.16	2017.5.3	2017.5.16					商务部/物资部
模板供应商招标	三级	2017.5.6	2017.5.19	2017.5.6	2017.5.19	2017.5.6	2017.5.19					商务部/物资部
主要施工机械招标	三级	2017.5.5	2017.5.18	2017.5.5	2017.5.18	2017.5.5	2017.5.18					商务部/物资部
周转材料供应商招标	三级	2017.5.7	2017.5.20	2017.5.7	2017.5.20	2017.5.7	2017.5.20					商务部/物资部
施工方案	一级	2017.3.23	2018.11.7	2017.3.23	2018.11.7	2017.3.23						总工/部门经理
临水施工方案	三级	2016.10.25	2017.2.25	2016.10.25	2017.2.25	2016.10.25	2017.2.25					总工/部门经理
临电施工方案	三级	2016.10.25	2017.2.25	2016.10.25	2017.2.25	2016.10.25	2016.4.26	土体建构施工实地6月，省电量				总工/部门经理
临建施工	一级	2016.10.30	2017.3.15			2017.3.10	2016.10.30	2017.3.10					总工/各部经理
1.土方、护坡、桩基工程	一级	2017.3.15	2017.7.30	2017.3.15	2017.7.30	2017.3.15	2017.8.30					总工/各部经理
测量方案	二级	2017.3.15	2017.3.23	2017.3.15	2017.3.23	2017.3.15	2017.3.23					总工/部门经理
测量放线	二级	2017.3.15	2017.3.16	2017.3.15	2017.3.16	2017.3.15	2017.3.16					责任工程师
土方开挖	二级	2017.3.15	2017.7.30	2017.3.15	2017.7.30	2017.3.15	2017.8.30					
塔吊厂家招标	三级	2017.5.8	2017.5.18	2017.5.8	2017.5.18	2017.5.8	2017.5.18					商务部/物资部
塔吊拆装专项方案	三级	2017.4.20	2017.5.16	2017.4.20	2017.5.16	2017.4.17	2017.5.14					总工/部门经理
塔吊拆装应急预案	三级	2017.4.20	2017.5.16	2017.4.20	2017.5.16	2017.4.19	2017.5.16					总工/部门经理
塔吊防碰撞施工方案	三级	2017.7.10	2017.8.17	2017.7.10	2017.8.17	2017.7.10	2017.8.11					总工/部门经理

图4 施工质量管理系统

在技术质量方面，尽管项目团队是首次接触装配式建筑形式，但在工程部开展施工之前，技术部门给予了强大的技术保障，从材料选择要求到施工方案和技术要求都做了详细的交底。施工过程中，质量部门通过质量系统APP将问题及时的反应给工长和相应的主管人员，提高整改的时效性（图4）。

3. 劳务管理实名制

施工现场出入口设置人脸识别的实名制门禁闸机通道，是工人正常进出的唯一通道。施工现场通道口设置门卫室并配备人员进出场实名制信息显示系统，现场总人数及班组人数一目了然（图5）。

新入场的工人都是在劳务管理员核对相应的劳务合同和人员信息后，进行系统的录入。这样工人便可通过人脸识别系统，刷脸进入施工现场。任何外来人员，无法进入施工现场。其他检查、参观及业务人员，需要进行登记并由在项目管理管理人员带领下，从绿色通道进出入（兼做应急疏散通道）。

4. 技术管理可视化

项目从投标阶段就引入了建筑信息模型BIM应用；在项目的实施阶段，对这一应用进行深度策划强化可视化效果。组建项目

图 5 工地入口系统

BIM 小组，明确分工。构建项目的装配式构件信息模型，并通过动画演示将吊装的细节及重点向施工的管理人员及工人进行可视化的交底；在机电方面进行管线碰撞检测，提前发现问题，防止管线施工时产生交叉碰撞（图 6）。

图 6 技术管理可视化

除此之外，BIM 的应用渗透进了物料管理当中，通过装配式构件信息的录入，从加工出厂到进场安装都可以通过手机 APP 扫二维码了解其动态。

5. 安全教育体验化

由于建筑业农民工这一群体的安全素质较低，安全知识、技能和防护意识不足，同时单一的条文解说式的安全教育培训又缺乏有效性，使得他们成为建筑施工伤亡事故的主要导致者和受害者。而体验式安全教育作为一种"创新型"安全教育培训模式可以提高建筑业农民工安全教育培训的效果。

因此项目部在用地紧张的情况下，利用办公区旁的一片绿地，开辟了一处安全体验教育区，选择符合现场的平衡木、攀爬、高空坠落、安全帽撞击等体验项目，节约空间，紧凑布置（图7）。

图7 安全教育

通过安全应急演练，让项目员工和工人共同参与，做到相互的融合，使管理者体会到安全管理的重要性，也让工人理解管理者的用心，减少安全教育时的抵触和逆反心理，使工人更有效的提高自身的安全意识（图8）。

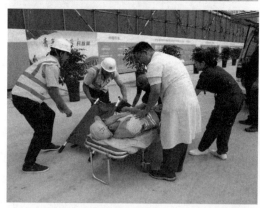 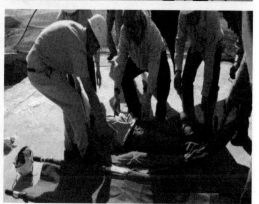

图8 安全演练

四、项目管理效果评价

1. 总体效果

项目部在装配式住宅项目的实施过程中，通过全体人员共同的努力，从项目部的场区布置到工程实体建设管控的每一个细节都充分体现了独有的特色。在严格执行公司各项管理规定的前提下，能够实施项目的创新管理，总结出了一套有关装配式建筑施工的管理模式，提升了项目团队的责任意识，实现了各部门联动的机制。本项目工程各阶段的管理处于良好的受控状态，使这个关乎民生的装配式住宅项目稳步地开展下去。

2. 社会影响

作为装配式住宅项目，在施工过程中，受到了团市委、市建委、设计院、监理协会等各界的高度关注，多次带队到项目调研视察，项目先后迎接各级检查和观摩30余次并得到了认可和好评。

项目团队作为北京市青年文明号，举办的开放周活动以及项目所在区建委组织到项目调研的活动更是达到了百人/次（图9）。

3. 获得奖项

项目通过优秀的管理和不懈的努力，受到了业界的广泛好评，荣获了众多奖项如表3所示。

获 奖 情 况 表　　　　　　　　　　　　　　　　　　　　　　　　　　　　表3

省部级奖项	2016~2017年北京市青年文明号
集团级奖项	1. 2016年度荣获集团CI示范奖 2. 荣获集团优秀青年突击队称号 3. 荣获集团省级观摩工地称号
公司级奖项	1. 2017年度总承包公司综合履约考核第一名 2. 2017年度陈超英廉洁文化示范点 3. 2017年度巾帼文明岗 4. 2017年度书香示范项目

图9　项目管理人员

精细化管理 塑精品工程
建好首都医科大学附属北京天坛医院
——北京住总集团有限责任公司首都医科大学附属北京天坛医院迁建工程二标段项目

周 鹏 杨 昕 吴二洪 徐 洋 刘 浩

【摘 要】 针对首都医科大学附属北京天坛医院迁建工程，结合工程量大、专业多、协调量大、工序复杂等特点，项目总成包强化了精细化管理方式，并结合工程实际情况，推行包含安全、质量、技术、协调等各领域的综合项目管理及风险预控，提前进行创优策划，在完美履约的同时完成了对项目的综合管理，实现了自身的完善与挑战。

【关键词】 协调；精细化；综合管理

一、项目成果背景

1. 工程概况

首都医科大学附属北京天坛医院迁建工程二标段位于北京市丰台区花乡桥东北区域。项目用地北至康辛路，西至郭公庄路，东至张新路和四合庄三号路，南至南四环辅路，本工程包括B1行政科研楼、B2干保楼、B3连廊、C1教学宿舍楼、C2阶梯教室和附属工程，共计五个单体工程。总建筑面积为84363m^2。

建设单位：首都医科大学附属北京天坛医院
勘察单位：京岩地质勘察有限公司
设计单位：北京市建筑设计研究院有限公司
监理单位：北京双圆工程咨询监理有限公司
施工单位：北京住总集团有限责任公司

B1行政科研楼、B2干保楼、B3连廊、C1教学宿舍楼、C2阶梯教室和附属工程，共计五个单体工程。总建筑面积为84363m^2。

B1行政科研楼建筑面积34411m^2，结构类型框剪结构，地上11层，地下一层，首层层高5.2m，二至十层4.5m，十一层层高5.2m，总高度52.50m。

B2干保楼建筑面积26493m^2，结构类型框剪结构，地上11层，地下二层，二层和四层4.8m，三层4.5m，五层3.3m，六至十一层3.9m，总高度47.15m。

B3连廊建筑面积1437m^2，地下结构类型框剪结构，地上结构类型为钢结构。

C1教学宿舍楼建筑面积15601m^2，结构类型框剪结构，地上十层，地下一层，首层5.3m，二至十层3.9m，总高度43.65m。

C2阶梯教室建筑面积3112m^2，结构类型框剪结构，地上二层，地下一层，首层5.3m，二层4.7m，总高度13.25m。

2. 选题理由

天坛医院工程作为北京市重点工程项目，实施首都核心区功能疏解，建设精品天坛医院成为项目部坚持不变的目标。项目因地制宜，全方位剖析天坛医院工程重点难点，以精细化的管理为基础，用创新式的管理为突破口，立足于创新实现整体化精细管理，为首都医科大学附属北京天坛医院、为北京市建设一个精品医院。

3. 实施时间

本工程于 2014 年 5 月 1 日开工，2017 年 12 月 26 日完工并通过四方竣工验收。

二、项目管理及创新特点

1. 管理重点和难点

（1）本项目属市重点工程，有严格的创优目标和质量目标，政府各部门领导非常关注，北京市副市长曾多次到项目指导工作。保证施工安全、优质高效完成建设任务是本项目首要目标。

（2）专业多，系统复杂，施工组织难度大

本工程作为大型的医院工程，专业多，系统复杂是施工管理的难点。精装修标准高，既有石材幕墙、玻璃幕墙、室内精装修等项目。机电系统复杂，涉及机电专业较多，包含气动物流、物流小车、医疗气体、通风空调、弱电等各专业工种、与土建装修之间在工序上交替穿插频繁，因此机电工程各专业之间、机电与建筑结构专业之间、机电与建筑装饰之间都须进行深化设计的协调配合，以指导施工。以上情况决定了本工程的难点所在多专业交叉施工、专业多、借口面多、工程量大。

（3）根据不同施工任务，项目共计 42 支分包队伍，人员峰值时达到 1000 多人，这些人员来自多个省市，有的与项目部初次合作，人员素质高低不一，管理水平参差不齐，再加上栋号星罗棋布，给现场管理增加了意想不到的难度。

2. 创新特点

（1）安全施工创新，进场配电箱喷检，安全第一

安全施工是生产的第一要务。项目深入剖析施工生产各类风险源，将安全提升到一个新的高度，开关箱的使用关系到每一位使用者的安全，进场开关箱检验合格后喷检方可使用。

（2）质量控制创新，形成竞争化的样板引路

项目积极推动样板引路度，并将其延伸。没有竞争就没有进步，项目要求施工方在班组选择中做到样板竞争，由于班组人员素质参差不齐，竞争取胜的班组能够留下来继续施工。

（3）技术管理创新，图文整合细化精装修做法

项目整合以往工作经验及公司精装修做法，梳理出图文结合的精装修细部做法手册，图文结合，将优秀做法传承于施工生产的每一个细节。

三、管理策划、实施及风险控制

1. 管理策划

（1）根据本工程特点和建设单位的各项要求，项目部自进场之初就进行了整体策划，确定的项目管理目标如下：

1）质量目标：达到合同标准，单位工程一次合格率 100%，确保"结构长城杯"金奖、"建筑长城杯"金奖，争创鲁班奖。

2）安全文明施工目标：杜绝发生因工死亡和重大机械设备事故，轻伤事故频率控制在 3% 以内，达到北京市安全文明工地标准。

（2）项目管理思路：以生产为龙头，坚持技术先行、安全第一的圆柱。以效益为基础，以技术质量管理为支撑，强调前期策划和过程策划，以生产管理为落实。推行精益管理，落实计划，由精益管理创造效益；依托团队力量，充分发挥党建的引领作用，确保实现项目的各项目标。做到精细工程目标，精细部门职能划分，精细项目人员管理，精细材料物资出入，精细信息化技术引领。用具体可行的措施引领项目运作，细致入微的管理深化项目运行。

项目以细致化的创新推动整体精细化管理,每个部门人员在认真履职的前提下依照项目规划剖析创新点,以创新带动精细化。

2. 管理实施及风险控制

(1) 工期管理与风险控制

1) 用精益思想引领项目班子建设。以周鹏项目部团队为班底,组建项目经理部。用精益思想覆盖起"班子、队伍、制度、做法、文化、品牌"建设各方面。将"精、严、细、实、好、快"的作风变成自觉习惯。

2) 优选劳务队伍打硬仗。选择政治意识强、善于打硬仗、与住总集团长期合作的劳务队伍。通过组织生产施工班组开展好早会、中会、晚会和农民工夜校培训工作,开展安全体验等活动,提高施工班组的技术水平和业务素质。

3) 强化项目组织管理,实现全覆盖。从"计划、组织、掌控、激励"四个维度,加强组织管理。学习运用"边界理论",管到操作面,实现全覆盖。加强项目班子提升驾驭和掌控能力,以身作则,以上率下,为北京住总增光添彩。

4) 坚持生产为龙头。加强计划管理,缜密安排,围绕"人、机、料、法、环"五要素,把工作做深、做细。加强正负激励管理措施的运用。各部门紧紧围绕生产工作,增强服务意识,及时对生产提出的问题予以解决。

(2) 技术管理与风险控制措施

1) 强化与设计单位的对接。本工程的由于专业深化设计多,设计变更较多。为减少设计变更对工期、成本的影响,项目部委派专门技术人员常驻北京建筑设计研究院,对出图计划、设计变更情况第一时间反馈给项目部。项目部专人负责图纸收发工作,组织周看图日活动,提升管理人员技术水平。每周二下午,组织全员进行图纸学习,针对新下发图纸和设计变更,明确施工技术标准和要求。

2) 由于专业分包多达30多家,各专业分包进场前均需要接受项目部技术管理要求的书面和口头交底,以保证工程技术资料、管理资料、过程资料的编制统一完整,达到工程交验及工程创优要求。本工程受众多因素影响,工程变更频繁,设计院出图不及时或不与现场协调一致就会大大制约现场施工。针对此种情况,项目部管理协助分包二次深化设计、设计变更、工程洽商编制审核工作,解决许多现场施工问题,节约技术文件流程流转时间,为现场施工赢得宝贵时间。

3) 技术先行,首先要把技术先行落到实处,优化技术方案,确保方案的先进性、合理性。针对深基坑、高大模板、幕墙装饰等危险性较大工程,组织专家论证,确保可操作性。对精装修、模板、幕墙等方案多次组织集团专家评审、论证。

4) 样板引路,提升施工标准。大面积施工前要做好重要工序施工工艺样板及重要工序首段的施工验收。施工工艺样板及首段施工完成后,报设计、监理、项目管理单位和工程质量管理部进行验收,合格后方可进行大面积施工。

5) 每周召开设计例会,解决图纸问题。同时,与建设单位、设计单位建立微信群,第一时间解决技术问题。

(3) 质量管理与风险控制措施

在大项目管理的实践中,我们深深体会到只有抓好标准图集的落地生根,才能实现常态化管理。

首先,严格执行会议制度。每天召开一次综合协调会,对不符合行管部门要求和企业标准规范的事项及时纠偏,并根据现场管理难点,将综合协调会转化成"情况通报会、学习总结会、措施研讨会、经验交流会",确保问题能及时发现、措施办法及时制定、问题矛盾及时解决、管理心得及时交流,这为实现常态化管理奠定了基础。其次,严格落实旁站制度。做到措施在先、检查在先、旁站在先,切实抓好现场质量控制和现场安全监管,解决好"盲人""盲区""盲时"的"三盲"问题。第三,严格执行样板引路。针对材料繁杂、做法不一、工种交叉的特点,项目部实施样板引路制度,制定了工序样板、分项样板和细部节点样板,将施工做法分部分项系统展示出来。在样板制定后,我们实行定期参观制度,将实物展示同样板教学相结合，对质量操作不达标的操作人员进行二次集中培训，实现制度的倒逼机制。项目部通过积极推行样板引路制度，关建分项工程做到样板先行对施工质量和通病防治起到了关键作用，提升了项目的质量和现场安全管理水平。

(4) 安全管理与风险控制措施

1) 牢固树立大安全意识，以"施工安全、消防安全、食品安全、交通安全、治安维稳、资产安全、个人安全、品牌安全"八大安全作为项目部安全管理的重点。

2) 施工现场实行实名管理制。项目部劳资员负责核实人员资格、教育培训等信息后，统一发放 ID 卡。ID 卡信息包括姓名、照片、工作单位、职务（工种）。现场在大门口部位设置劳务实名制刷卡机。

3) 项目部配齐生产、安全、技术质量、行政后勤、消防保卫、劳务管理等关键岗位人员，建立完善全员、全过程、全方位的安全生产隐患排查制度，按项目部管理制度要求开展日常检查、专项检查和全面检查。

4) 强化施工作业面的盯控。有施工作业行为必有专业人员旁站，有安全质量隐患必有整改措施落实。重点突出八小时以外、双休日、法定节假日和重大社会事件期间的"大安全"管控，全面建立八小时之外作业计划看板制度和旁站监督制度，规范八小时以外加班或变更作业时间、地点、内容、工艺的管理，杜绝无项目部安排、无安全交底的私自作业，坚决消灭以包代管。

5) 落实项目领导带班排班要求。双休日，应有两名以上项目班子成员现场到岗值班，履行管理职责，重点时期、重大事件期间，项目经理要到岗履责，开展应急值守。

6) 加强与上级单位的信息通报，增强对应急事件敏感程度和处理速度。要动态防控安全事故，努力做到过程监管在时间和空间上"无盲区、无死角、无空白"。

7) 加强对进场人员的交通安全、治安安全、个人安全的教育，开展形式丰富多样的安全教育周活动。

3. 过程检查和监督

(1) 项目部组织每周五召开质量例会。分析前一周内的质量问题。根据施工进度安排做好下周的质量工作部署。总结上周质量例会提出问题的整改情况，对质量问题的整改情况进行评价。项目部质量人员汇报上周内的质量问题，要求分栋号、分工程对象并指出工程负责人，并出示施工各类记录。施工现场确定每周二的下午进行现场质量巡检。由项目经理组织对承建的工程进行全过程管控。项目总工、主任工程师、生产经理、工长、材料员、质检员、分包单位负责人、班组长等人员参加。项目部组织每月一次对各施工队伍进行考核，制定考核标准。收集相关资料组织考核内容作为工程进度款拨付的依据。

(2) 每日施工之前，由栋号长向施工班组下达当日施工任务书、并且在醒目位置公布。每日下班之前栋号长检查班组是否按任务书完成当日任务，如未完成要分析其原因。每周二组织生产例会，分析进度情况，根据现场实际情况向各分包单位下达下周的劳动指标和人、材、机配置要求。每月底项目部召开月度生产例会，根据本月的生产情况向各分包单位下达下个月的劳动指标，并根据现场情况随时作出调整。

(3) 项目多次组织现场一线管理人员进行优秀项目观摩，通过横向比较，可以找出本项目工程质量与公司或其他项目部的不足之处，同时可以学习先进的材料做法、施工工艺、优秀的管理思想。

(4) 项目部消防员（环保员）每日进行防火巡查。每月对现场整体进行一次防火（环境）检查并复查追踪改善。检查中发现火灾（环境）隐患，检查人员填写防火（环境）检查记录，并按照规定，要求有关人员在记录上签名。检查部门将检查情况及时通知受检部门，各部门负责人每日消防安全（环境）检查情况通知，若发现本单位存在火灾（环境）隐患，应及时整改。对检查中发现的火灾（环境）隐患未按规定时间及时整改的，根据奖惩制度给予处罚。

四、管理效果及评价

1. 工程验收

本工程如期完成竣工验收任务。在规定的时间内顺利交付院方使用。

2. 综合评价

本工程工期紧，任务重，在项目团队的努力下，通过精益建设，确保实现了"安全零事故、质量零缺陷、环保零超标、工期零延误、廉政零风险、品牌零损害"的管理目标，圆满完成了建设单位交给的各项政治工作。

3. 社会效益

2017年12月26日本工程全部竣工交用后，院方搬家工作有序进行中，医院试运行平稳，为医院正式运营奠定良好的基础。

4. 获奖情况

（1）获得北京市结构长城杯金质奖；

（2）获得全国建筑业绿色施工示范工程；

（3）获得北京市绿色安全工地；

（4）获得全国建筑QC成果二等奖；

（5）获得北京市建筑QC成果优秀小组奖。

弘扬工匠精神　创建精品工程

——北京城建亚泰建设集团有限公司金隅·观澜时代国际花园小区项目

牛德利　黄志艺　毛志超　周云峰　戴松松　缪子余

【摘　要】 观澜时代国际花园小区项目位于杭州下沙经济技术开发区，由15栋超高层住宅楼、20栋联排别墅、地下车库及配套服务楼组成的超大群体工程。在项目实施过程中，通过大力推广科技创新、团队管理创新以及劳务管理创新，攻克了工程管理难关，完成了各项管理目标。项目部以本工程为载体，总结出了超高层施工测量控制技术，弧形梁模板施工技术，超高层混凝土输送技术，专业化班组施工模式，既节省了施工成本，又提高了工程质量，更积累了超高层、超大群体工程管理经验。同时，通过本次项目管理活动，使我们的管理团队更趋于成熟和完善，培养了一批优秀的青年管理人员，为我们团队承接后续工程奠定了良好的基础，更为集团公司的可持续发展注入了新鲜血液。

【关键词】 超大群体工程；管理创新；技术创新；精品工程

一、背景及选题

1. 成果背景

2007年2月16日国务院正式批复杭州市城市总体规划，在批复中明确了杭州的城市性质和功能定位，下沙作为杭州的三个副城之一，处于浙江省"四小时经济圈"轴心地位，它的特殊地理位置和具有的强大功能，未来必将成为杭州市实现"多中心、组团式"发展的保证，是实施"城市东扩、沿江开发、跨江发展"的重要前沿阵地，是"疏解主城"的重要载体，也将成为带动城市东部地区发展的重要枢纽。本项目做为钱塘江边主力营造之居住区，地块周边云集世贸、保利、朗诗等高档住宅项目，共同造势。对城市景观和周边地区产生巨大影响，显然已成为杭州市新中心，效果如图1所示。

图1　效果图

2. 工程概况

金隅观澜时代国际花园项目位于杭州下沙经济技术开发区东南沿江 2 号地块，南邻沿江大道，北贴 24 号路，中央 19 号路南北贯穿，是杭州东部沿江板块核心区的一座以湿地公园式为中心的住宅小区。该项目分为 2－C、2－A 两个地块，由 2 栋高层住宅楼、13 栋超高层（小区楼王地上 43 层，建筑高度 147.5m）住宅楼、20 栋联排别墅，及地下车库及配套服务楼组成。总占地面积 190689.70m²，总建筑面积 50.6587 万 m²，其中住宅面积 36.648 万 m²，配套商业面积 1.25 万 m²，车库面积 9.28 万 m²，其他面积 3.66 万 m²。共 2379 户，停车位 2379 个，其中地下停车位 2230 个，地上停车位 149 个。主要参见单位如表 1 所示，工程位置图如图 2 所示。

主要参见单位　　　　表1

建设单位	金隅（杭州）房地产开发有限公司
设计单位	中国联合工程公司
监理单位	北京纵横监理公司 & 杭州信安建设工程监理有限公司
施工单位	北京城建亚泰建设集团有限公司
质量监督单位	杭州经济技术开发区建设工程质量安全监督站

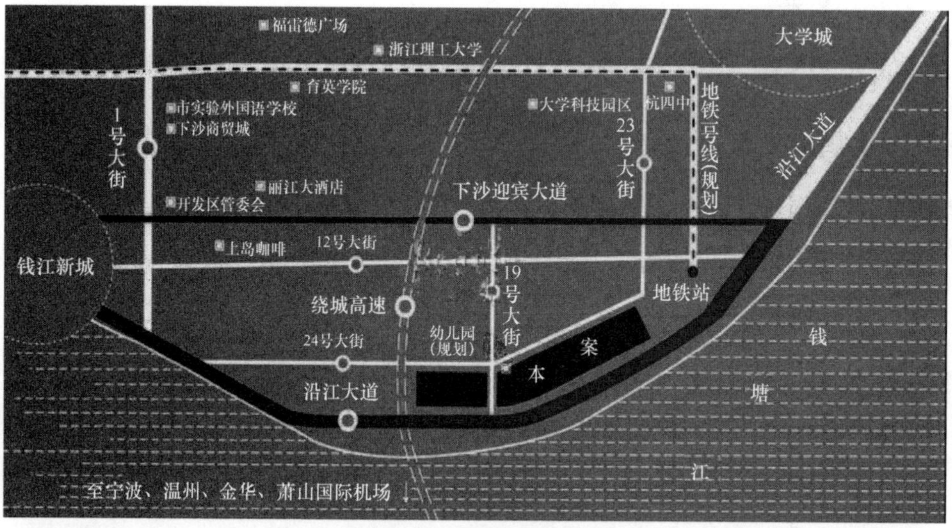

图 2　工程位置图

3. 选题理由

（1）这项工程是公司进入杭州市场的"开山之作"，为了后续市场的延续，必须"狠抓管理、确保安全、提高质量、创新发展"——这是"初衷"。

（2）项目影响力巨大：本工程地处钱江折点处，建设单位提出"左右钱江"口号的含义既有地理位置上的楼盘左右两侧都是钱塘江之意，又有"左右引领钱塘江边建筑群建筑标准"的含义。——这是"责任"。

（3）工程体量大、设计新颖、结构类型多、施工难度高、建筑与景观结合等特点突出，是难得一遇并可以大胆创新、施展才华的好项目。——这是"机遇"。

（4）实施时间。

如表 2 所示。

项目综合管理实施时间　　　　　　　　　　　　　表2

实施时间	2011年11月07日～2015年12月27日
分段实施时间表	
管理策划	2011年11月～2015年12月
管理措施实施	2011年12月～2015年11月
过程检查	2011年12月～2015年12月
取得效果	2011年12月～2015年12月

二、项目管理及创新特点

1. 管理难点及重点

（1）技术管理难点。

1）为了体现"观澜时代"项目与钱塘江边环境融合，本工程外墙阳台全部为圆弧形，个别部位的梁还带有混凝土线条，经统计，本项目弧形构件达10万余米，且与众多结构装饰梁连接，圆弧阳台交错挑出，这给我们具体施工带来了极大的难度。

2）轴线、标高、垂直度对超高层建筑来说，由于涉及面广，操作难度大，经常会发生位移或不准确现象，是超高层建筑的一大难点。本工程组建之初，就将如何做好测量工作作为重中之重。

（2）组织管理难点。

本项目总建筑面积达50.6587万m^2，工程体量巨大，其中包括联排别墅22栋、18层和33层住宅各1栋、37～43层的超高层住宅13栋，"项目楼王"高达147.5m。同时小区人工湖及园林绿化也包含在总包范围，施工高峰期现场共有专业项目分包单位23家，总承包在管理协调方面工作量大。

（3）安全文明施工管理难点。

1）施工场地位于杭州市下沙经济技术开发区的居住区。南侧紧邻钱塘江湿地公园，日常就是周边群众休闲游玩的场所，每年中秋节的"天文大潮期"更是全世界瞩目的观潮胜地，游人如织、摩肩接踵。在这样的环境里，日常确保施工安全、绿色施工，展示项目管理则是重中之重。

2）本工程基坑深度达9.5m，边坡支护采用护坡桩方式。在杭州下沙地区，土质均为粉质砂土，是钱塘江在漫长的岁月里沉积而成，这种土质在没有地下水时，自稳性非常好，而一旦有水浸湿，则很快就会塌陷。基坑施工经过雨季，因此降水效果和护坡桩施工质量，是本工程基坑施工的关键点。

2. 管理创新特点

（1）技术创新。

1）空间圆弧平面测设技术。在超高层建筑中，由于楼层多、测量放线次数多，已经难免造成上下楼层阳台等有位移现象，更何况在奇偶层错落全部是圆弧的情况下难度可想而知。本工程在进行圆弧阳台梁位置测放时，采用"坐标控制起点、切点，弦长控制圆弧"的方法完成。

在每层放线时，分两部分完成：内业工作是计算圆弧起点、切点等交点的极坐标，同时按照间距300mm计算出圆弧段每一个点至相邻的轴线的弦长。外业是先铺设平面模板（面积必须大于阳台投影范围），然后用全站仪将圆弧的起点、切点测设好，然后按照圆弧每一段弦长进行圆弧点的测放，最终将相邻的点连成平滑的曲线完成，如图3所示为工程实景图。

2）弧形结构构件模板施工技术。为了体现"观澜时代"，与钱塘江边环境融合，本工程外墙阳台全部为圆弧形，个别部位的梁还带有混凝土线条，这给我们具体施工带来了极大的难度。由于木模施工弯圆受限，不能随意弯曲，无法实现设计所要求的外观效果。现场相关技术人员进行了攻关研究，最终决定采用外侧为定型钢模、内侧木模板共同来完成阳台边梁的模板工程，如图4、图5所示。

3）采用"花式抹子"做楼梯踏步防滑条及室内踢脚线施工技术。本项目采用"花式抹子"做楼梯踏步防滑条及室内踢脚线，解决了室内装饰装修工程中防滑条、踢脚线的施工工艺及标准化施工问题，

图 3 工程实景图

图 4 阳台圆弧梁模板安装　　　　图 5 弧形阳台成形后照

在做水泥砂浆面层时，用"花式抹子"在面层上将轻轻将防滑条、踢脚线压出，一次施工成形，简化施工工艺，提高工作效率，降低施工成本，成型效果好，美观大方，经久耐用。目前，"花式抹子"已获得实用新型专利，如图 6 所示。

4）本项目小区内设计了人工湖，每年用水量极大。经过项目部技术人员对现场周边环境的踏勘、研究探讨，给建设单位提交一份"因地制宜"的合理化建议：充分利用钱江潮汐补水。如图 7 所示为工程实景图。

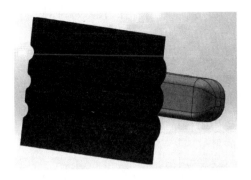 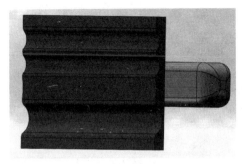

图 6 防滑条抹子、踢脚线抹子效果图

图 7 工程实景图

人工湖天然给水系统具体做法:

在人工湖及护塘河之间铺设 1 条雨水管道及闸门,当人工湖水位低于护塘河水位时,护塘河的水将通过雨水管道及闸门对人工湖进行补水;当人工湖水位高出景观设计水位(高于护塘河常水位)时,人工湖的水通过雨水管道溢流排入护塘河;当沿江地块发生洪水时,可以通过切断雨水管道上的阀门控制水位,从而达到依靠湿地水体自身进行水容量调蓄的目的。同时,形成小区内水系与钱塘江"同呼吸"的情况,达到人与自然的融汇、统一。实现市政自来水零补给,大量节省水资源,减少物业管理成本。如图 8 所示做法示意图。

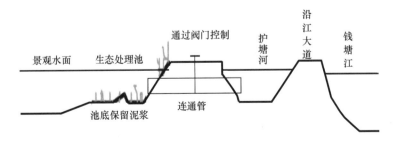

图 8 做法示意图

(2)项目管理创新。

1)项目团队管理创新。本工程分为 2-C、2-A 两个地块,项目部根据青年人勇于创新,敢于争先的特点将项目管理团队一分为二，分别成立青年突击队，分区经理任突击队长，每月对两个突击队的工作进行评比，优胜者获得流动红旗并给适当的物质奖励。在长期的急、难、险、重任务中，两支青年突击队形成了良性竞争局面，队员的各项业务能力有了显著提高。如图9所示管理成效图。

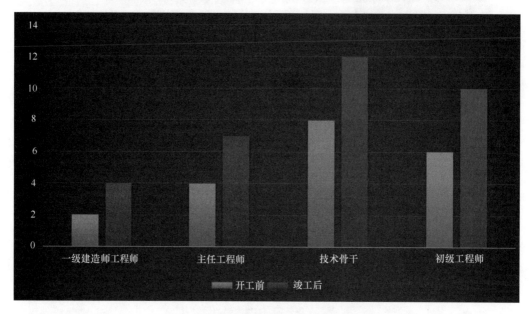

图 9　项目实施前后管理人员成果分析图

2）施工队伍管理创新。2－C、2－A 两个地块分别选用"专业班组"和"成建制劳务公司"的模式，通过两种施工模式对比分析，探索二种模式的管理利与弊。项目初期，专业班组施工进度落后于成建制劳务公司，主要原因是协调不够，经过项目管理人员深入基层，对专业班组施工过程中出现的问题及时解决，合理安排施工工序，实现施工全过程动态管理。随时间推移专业班组赶上并超过成建制劳务公司施工进度。同时，专业班组成员充分发挥"专业技术"优势，质量明显好于整编制队伍。最后，通过对比发现，使用"专业班组"的管理模式不仅可以快速提升项目青年管理者业务水平，同时也提高了专业班组成员的施工水平，并进入公司新成立的京安劳务公司并成为骨干力量，实现了由民工向产业化工人转型，最终达到了降低成本、提高质量的目的。

三、项目管理策划及实施

1. 明确管理目标，实施全过程动态管理

（1）质量目标：工程将按照取得国家优质奖的质量标准组织施工，工程质量符合现行的质量验收规范，达到合格标准。质量奖项："北京市竣工长城杯"、"詹天佑优秀住宅小区金奖"。

（2）安全目标：杜绝死亡、重伤事故，杜绝重大交通事故、重大火灾事故、重大治安事件，月轻伤率控制在 3‰ 以下。

（3）现场绿色文明施工目标：建设"花园式"工地，遵循 GB/T 24001：2000 标准，全过程实现"绿色施工"，确保杭州市绿色文明施工现场。

（4）成本目标：建筑产品所处的特殊环境造成其成本的复杂化和广泛化，因此，要降低成本就必须从根本上采取不同措施。在确保工程工期、质量的同时，通过科学的管理，采用新技术、新工艺等手段，凭借多年累积的丰富工程经验，达到科学、合理降低成本的目的。

（5）环境保护目标：营造绿色工程，遵守法律法规；提高环境意识，实现污染预防；推进节能降耗，达到持续改进。

2. 优化组织机构，精准分工

项目前期策划将现场划分为 2－C、2－A 两个地块进行分区管理，管理团队分别由青年突击队组

成，分区经理任突击队长。同时，2－A 采用整建制劳务分包管理，2－C 采用专业化班组管理，项目部定期组织各区负责人及劳务班组进行现场检查，综合排名，相互评比、形成良性竞争局面。

3. 质量管理实施

明确项目经理为质量第一责任人，过程质量控制由每一道工序和岗位的责任人负责。建立全方位、全过程、全人员、全项目、全天候的质量管理体系。

（1）贯彻质量方针，提高全员质量意识。加强质量管理意识：本着对业主高度负责的精神，制定"七严"措施，即"思想立场严正、技术工作严谨、质量管理严格、措施落实严肃、事故隐患严防、违章蛮干严禁、奖优罚劣严明"。增强质量意识，加强质量宣传，用我们真诚的服务体现公司的声誉，用我们的承诺和辛勤，塑造时代的作品。

严格执行质量标准：依据国标、地标、行标以及有关的规程、规定，对施工中的每个环节进行全方位的跟踪检查，我们的做法是：质量标准宁高不低，施工产品宁废不次，问题处理宁早不晚，操作人员的素质宁好不坏，复杂工序宁慢不快，严格过程控制，在施工过程中，决不允许不合格产品注入下道工序。做到"四个百分百"，即在施工前要百分百的技术交底，在施工中百分百的跟踪，在施工完毕百分百的检查，同时还要百分百的奖罚，使工序质量始终处于受控状态，使分部分项工程做到一次合格，整体工程一次成优，确保工程质量稳中有升。

（2）完善质量管理制度体系。

1）三检制：自检、专检、交接检。确立为用户服务，"用户至上"（下道工序也是用户）的观点，决不把问题留给下道工序。坚持实行自检、专检、交接检。各工种、工序、分部分项工程的施工质量，以及材料进场、施工试验、图纸变更、加工订货、施工方案及技术措施均严格执行此项制度。

2）全检制。提高检测标准和覆盖面，是为了杜绝隐患，保证工程外观质量，除了"三检制"外，工程质量管理部门对主要的工序、分项，必须进行高密度、拉网式的全面检查。一切以数据说话，最大限度地保证优良率指标。

3）质量分析会制。由总包技术质量部门组织每月召开一次质量分析会，技术、生产、物资等各部门相关人员均参加，针对本月内的主要质量问题进行分析，找出问题的原因，制定纠正措施，对重复出现的质量问题应制定预防措施。

4）质量联检制。由总包技术质量部门组织每月对施工现场进行一次质量联检，各分包单位技术负责人及质量检员参加。主要是对施工现场各分项工程进行抽查，及时发现问题，及时纠正。

5）竞赛制。在整个施工过程中，按分部、分项、工种、工序开展不同规模的质量竞赛活动，比水平、比速度、比节约，在比赛过程中，互相学习、交流经验，取人之长，补己之短，提高操作人员的技术水平和工程质量。

6）样板制。按照国家规范，工艺标准，设计图纸和技术交底中的质量要求组织样板间和分项样板工程的操作，做到一次成优，经建设单位、监理、施工技术负责人、质量负责人、工长等联合检查鉴定后，再进行大面积的施工，且不能低于样板工程的质量。

7）挂牌制。为了更好地调动每个操作人员的积极性，便于监督检查，在做每一分项工程之前将所有使用的材料挂牌，标明规格、尺寸、负责人、日期。对每一完成的分项工程将标有操作人员、部位、日期等内容的标牌悬挂于操作面。

8）标准化制。在该工程的建设中，我们要求必须实行标准化，严格执行国标、地标、行标、企标，此外在各项工作中，必须严格遵守各种活动程序、办事条例、工作规程、质量职责条例、各项规章制度等。由于实行标准化，工程的施工、技术、质量管理工作就有了标准和依据，做到有法可依，有章可循，从而使一切工作标准化、制度化和规范化。

9）技术先行制。以技术进步、保证施工质量为原则，实施技术先行的措施。通过编制《施工组织设计》《施工方案》《技术交底》，自上而下、从宏观到具体，指导参建人员施工，为质量工作创造条件，为各项管理引路把关。

10）成品保护制。将成品保护当做一道重要工序，并且是一道无时不在、无处不在的工序，成立成品保护组织机构，编制《成品保护方案》，组织专门的成品保护队伍，这样为保证"一次成优、减少返工"创造有利条件。

11）材料订货和检验制。各种材料订货必须物美价廉、货比三家，宁可价高，只要优质、宁缺毋滥，从具备资质的厂家和正规的渠道采购，并将相应的技术资料存档。资料齐全后进行材质复核检验，合格并标识后才能使用。建立技术、质量、工长、材料组成的验收小组，保证不会有一个不合格的产品用到工程中去。

12）公司内部预验收制。为确保工程达到预定的质量目标，公司技术质量部制定了内部预验收制度，成立以公司技术质量部部长为组长、项目经理为组长的预验收管理小组，确保了工程竣工验收一次合格。

13）实测实量制度。在结构及二次结构施工期间，对混凝土、砌筑墙体、抹灰、腻子等表面平整度、垂直度、开间、进深、阴阳角、层高等进行实测实量，通过数据分析加强建行质量的过程管控，并将测量数据上墙，由作业班组及实测人员共同签字确认。

4. 安全文明施工管理

（1）全面落实安全生产责任制。全面落实安全生产责任制，层层签订安全生产责任书，明确岗位安全生产职责，确保安全责任落实到每一个施工环节，每一个工作岗位、每一名员工。

（2）安全教育和持证上岗制度。坚持"三级教育"，规范"三级安全交底"制度，将安全意识植入工人心中，施工中坚持"班组安全活动""班前教育活动"，严格落实持证上岗。

（3）领导带班、重要过程旁站制度。严格落实项目管理团队现场值班制度，项目领导带班制度，领导和值班人员在施工现场24小时轮流值班，对重大危险源公示，危险性较大、工序特殊的施工过程，设专人现场指挥。

（4）班前班后施工环境检查制度。严格落实班前安全条件验收，不具备安全生产条件的不得施工，保持安全环境，回复作业面安全状态。

（5）安全技术交底制度。所有施工活动进行安全技术交底，要求交底人、被交底人签字，留存影像资料，安全总监审核、监督交底内容可操作性，针对性，准确性，确保安全措施全面实施。

（6）积极开展"安全生产月""安全教育月"等活动，提升管理人员和工人安全意识。

（7）加强"农民工夜校"建设，加强农民工专业技能培训，用知识和技能武装奋战在一线的民工兄弟（图10）。

图10　农民工夜校

5. 过程控制检查

（1）施工质量检查。项目每周召开质量例会，采用 PPT 及视频演示方式针对质量问题进行分析，提出解决方案，明确执行人员，落实事后检查，制定质量评比制度，每月通报，并建立奖罚制度。

（2）安全文明施工检查。项目安全管理为重中之重，项目部建立周一项目经理组织现场检查，周三复查，每月联检、专项检查制度，发现问题及时整改，每天进行班前教育，每月进行安全总结评比，全面落实安全管理全过程动态控制。

（3）技术管控。定期召开技术专题会，总结现阶段工作，安排下阶段工作，保证责任到人，定期组织参观学习活动，提升管理人员业务水平，为优质工程保驾护航。

（4）成本管理。项目前期进行成本预测，编制成本计划，过程紧抓成本控制，定期成本核算，发现问题及时纠偏，加强建设资金管控。

四、管理成效

1. 目标完成

（1）按照建设单位工期要求完成施工任务。2011 年 11 月 07 日开工，2015 年 12 月 27 日全部竣工。

（2）质量目标全部实现。项目先后获得北京市"竣工长城杯银奖"、"詹天佑优秀住宅小区金奖"等荣誉，（图 11，图 12）。

图 11　长城杯

图 12　詹天佑

2. 科技成果

项目团队推广应用"建筑业 10 项新技术"中的 10 个大项 18 个小项，应用《北京市建设领域百项重点推广项目》32 项。施工过程中，我们积极思考创新，勇于实践，取得"花式抹子""大模板可旋转支腿""电线保护套管"三项实用新型专利，"观澜时代超高层公寓楼综合施工技术"项目荣获集团公司科技进步三等奖，钱江观澜 QC 小组被北京市建筑业联合会评定为"北京市工程建设优秀质量管理小组"，项目总工程师兼执行经理牛德利先后获得："2014 年度北京市优秀建造师""2016 年度第八届全国优秀建造师"称号。

结束语：项目团队秉持工匠精神，精益求精，用心打造精品工程，给业主建造了舒适的生活环境，得到监理、业主以及政府相关职能部门的一致好评。竣工交付使用以来，居民对工程质量非常满意，实现了工程质量零投诉的目标，在当地树立了良好的企业形象。

抓管理 提质量 筑精品 重服务
——北京建工四建工程建设有限公司 S-24 地块 1 号办公、商业楼等 2 项项目

许秀冬　佟大磊　孙宇宁　张　银　张中伟　黄　晨

【摘　要】 S-24 地块 1 号办公、商业楼等 2 项项目是北京市内城新兴城市地标建筑，属于丰台区重点监督管理项目。工程地理位置优越，多样的功能需求，备受社会关注。项目管理团队在改变传统管理理念，顺应时代发展在质量、进度、成本、安全等方面都对项目管理提出很高的要求。工程项目管理团队，在项目实施过程中，坚持"管理保质量，以质量保进度，以进度保效益"的思想。项目管理团队不忘初心、牢记使命，圆满完成工程管理目标。提升了项目管理能力，赢得了社会、客户的认可与称赞。

【关键词】 科学管理；强化过程；品质工程；满意服务

一、项目成果背景

工程概况和成果背景

本工程位于丰台区榴乡桥北侧，北邻石榴庄路南临榴乡路。1 号办公、商业楼地下 4 层，地上 18 层，总建筑面积 70557.35m²，其中 1 号楼建筑面积 38935.83m²，地下车库建筑面积 31621.52m²。地下及首层裙房整体连通，地上 2 层至 18 层分三栋板式高层；框架剪力墙结构，筏板基础，抗震设防烈度 8 度；建筑功能为商业办公一体。本工程是鲁能地产在丰台区南三环开发项目。该项目体现出北京建工四建公司"以现场保市场"经营方针，强化与"大客户"之间协同配合，为后续的全面合作打下坚实基础。项目的管理好坏与公司的战略能否得以实施联系在一起（图 1）。

图 1　项目实景图

二、选题理由

该工程是北京建工四建公司结合集团公司提出的"提质增效"管理理念的重要体现。该工程在实测实量制度的制定、建筑工程质量实测实量实施细则编制、工程成果经验分析、总结起到了重要作用。本工程社会影响力大，安全文明施工目标为北京市安全文明施工示范工程，保证施工安全，做好安全管理、绿色施工防止施工扰民，将成为本工程顺利施工的关键。项目部针对工程的难点和特点，开展了科技创效、提质增效、科学管理、精心策划。最终得到项目、公司、社会的认可。

三、项目实施时间及管理目标

本工程于2015年9月2日开工，2017年5月31日完工并通过五方竣工验收（表1）。

项目时间表　　　　　　　　　　　　　　　　表1

实施时间	2015年9月2日～2017年5月31日
分阶段实施时间表	
管理策划	2015年9月～根据各阶段节点调整
管理实施	2015年9月～2017年5月31日
过程检查	2015年9月～2017年5月31日
取得效果	各阶段节点～2017年5月

1. 质量目标

北京市建筑结构长城杯银奖。

2. 安全文明施工目标

杜绝因工死亡、重伤等责任事故，轻伤事故控制在3‰，达到北京市安全文明施工示范工程。

3. 环保目标

噪声、扬尘、三废（废气、废水、废渣）排放达到国家环保标准，满足北京市对建筑生产的各项环保要求。

4. 经营目标

合同履约率100％，成本降低率2％。

四、管理重点和难点

1. 工程质量要求高，目标高

本工程招标文件质量目标为合格。工程质量竣工验收确保一次性通过。项目部对施工质量提出更高的要求，确保北京市结构"长城杯"银奖，工程实体质量实测实量综合合格率达到94％以上。

2. 专业性及复杂性

本工程结构平面造型复杂、楼层高低错落、标高多。基坑属于超深基坑深度大-17m。主楼首层层高为6.05m，标准层层高4.2m且奇偶层板顶标高为降板交替进行。相连车库地下二层车库范围部分板厚为400mm、500mm、600mm，结构顶板高差区域多，地下车库无梁楼盖局部板厚达到600mm为超限板该处模板需要进行特别处理。需要对工程图纸深化设计，做好前期策划保证实现设计意图。

3. 参建单位多要求总承包管理水平高

总承包商，除完成自身建筑工程、装修工程、机电工程外，还将协调和配专业分包工程（外墙装饰、精装修、电力、室外热力、燃气、太阳能、室外自来水、中水、雨污水、有线电视、通信、安防、消防通风、门窗、电梯、景观）16项工程。必须统筹兼顾，避免相互干扰。

4. 施工场地狭小

工程用地红线距离楼体最近处只有5m，最远处也仅有10m，施工现场无法形成环形通道，无充足场地作为工人生活区、料具堆放区和材料加工区对正常施工影响较大，需要进行大量组织协调（图2）。

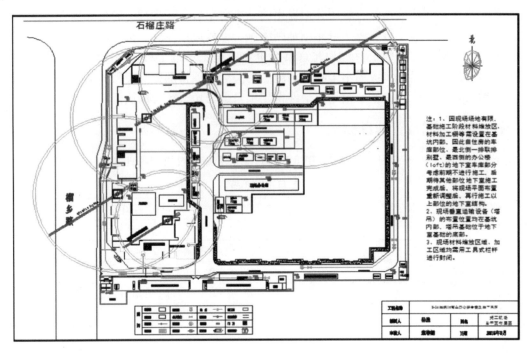

图2 项目分布图

五、项目管理策划、实施及风险控制

1. 建立健全项目组织机构，提升管理水平

根据工程质量要求高、专业分包多的特点，在总承包管理上着手，在组织机构、管理制度细化完善。依据管理任务及分工的不同，项目部编制实测实量实施细则，专门成立实测实量专业小组。针对不同施工阶段根据施工内容编制实测数据表格。在分包单位自检合格的基础上由实测实量专业小组进行实测验收，改变工作思维模式，将实测实量事后质量控制，调整为事中质量控制，实测实量专业小组参加检验批质量验收。依据分包单位实测成绩与工程结算紧密结合，形成奖励机制。以保证施工质量规范落实到实处，保证各阶段、各部位、各构件100％实测（图3）。

2. 施工合理部署原则、科学安排总体施工顺序

（1）施工合理部署

1）为了满足甲方要求，尽早形成社会、经济效益，同时，保证基础、主体、装修均尽可能有充裕的时间施工，保质如期完成施工任务，结合本工程的特点和工期要求，施工前考虑到各方面的影响因素，充分酝酿任务、人力、资源、时间、空间的总体布局，配备生产资源，同时，项目部在工程施工过程中加强各工种协作、配合，以确保按期全面竣工。

2）按合同规定除专业分包工程及发包人发包专业工程之外的全部内容：建筑、结构、给水排水、采暖、电气工程。本工程施工内容相互之间的关联性也很强。为了贯彻空间占满、时间连续、均衡有节奏施工，尽可能为后续施工留有余地的原则，保证工程按总进度计划完成。采用：主体和二次结构、主体和安装、主体和装修、安装和装修工作采取立体交叉方法进行施工。（装修施工中原则上分区域自上而下进行，最后进行室外工程施工。）

3）根据施工工程量和现场实际条件投入机械设备，基础阶段、地上结构施工投入塔吊2台，负责材料垂直运输。结构混凝土全部使用商品混凝土，现场布设地泵3台，浇筑部位安装设置布料杆完成主体结构混凝土浇筑。二次结构及装修期间选择施工双笼电梯3台。地上主体结构外脚手架采用导轨式爬

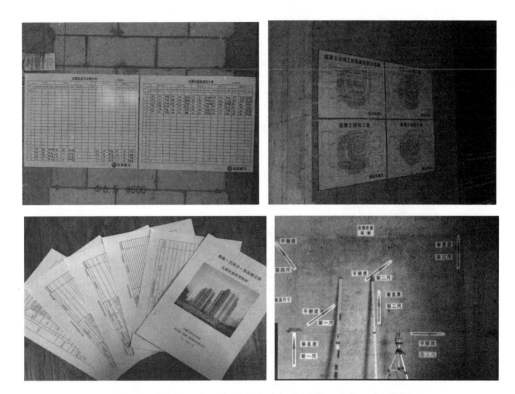

图 3　实测数据上墙；实测交底牌；实测管理文件；实测样板

架，外装修采用电动吊篮。

（2）总体施工顺序

按照以结构进度控制为主线，二次结构、装修插入方法。先结构、后装修以土建为主，专业配合的总施工顺序原则安排各工序施工，平面立体交叉作业。本工程因现场条件限制，需分区域施工，具体划分如下：黄色区域先进行施工，绿色区域待现场清理完成后再进行第二区域施工，粉色区域作为临时材料加工区域和材料堆放区域使用，待其他区域完成地下结构后将材料堆放区和加工区移除后再进行第三区域施工（图4）。

3. BIM建模技术深化设计、优化方案

（1）项目技术部门运用BIM建模技术分析工程难点深化设计、优化施工方案，针对重点施工工序重点节点制定针对性措施。

1）基础为筏板基础且筏板厚度不同于基础顶标高，对开挖造成很大困难。

针对性措施：分段分层开挖，人工配合挖掘机进行挖掘，大面由机械挖掘，放坡角由人工修坡。

2）地下基坑属于超深基坑，降水及基坑边坡位移检测是重中之重。

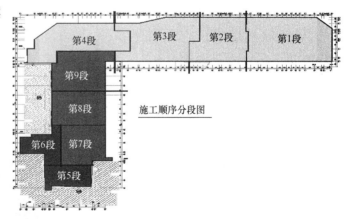

图 4　总体施工顺序图

针对性措施：采取护坡桩加止水帷幕桩相结合方式，专业检测单位对深基坑位移、沉降进行观测，同时我施工单位也自行对基坑进行观测，保证安全施工。

3）本工程地下二层车库范围部分板厚为400mm、500mm、600mm，结构顶板高差区域多，地下车库无梁楼盖局部板厚达到600mm为超限板，该处模板需要进行特别处理。

针对性措施：根据施工进度提前编制超限模板支架的专项施工方案，对专项方案进行内部论证会审和报公司审批后进行专家论证，最后经监理审批。审批通过后以书面和会议形式组织模架方案的专项技术交底。施工作业前组织施工作业人员召开超限模板支架施工专题交底会，以及施工前进行必要的安全教育。

4）本工程首层层高为6.05m。对模板支撑体系要求较高。

针对性措施：经过计算和论证对支撑体系进行加密，并增加纵横向抗倾覆剪刀撑。保证模板支撑的安全和稳定，并采用BIM进行建模（图5）。

图5　BIM建模效果图

（2）优化关键工序节点取得的经济效益

本工程标准层高为4.2m，奇偶层板顶标高为降板交替进行。结构层板标高错落不一，如何控制好升降板位置处混凝土截面尺寸将是一个难点，原降板处采用木模板支设。降板处模板需要进行拼接处理，木模板周转利用率低，造成了材料浪费。降板处采取木模板会经常出现阴阳角拼缝质量差、胀模等混凝土质量通病，无法保证施工质量。优化后降板处采取用铝模板代替木模板。通过此项节约了成本23.10万元（图6、表2）。

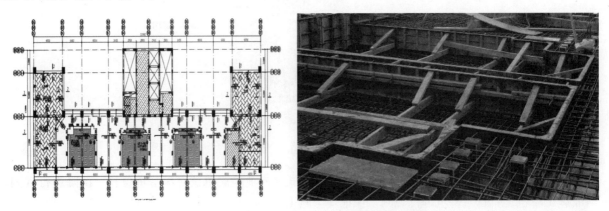

图6　阴影部位降板范围；定型铝模板加固效果

铝模经济效果对比表 表2

序号	优化前费用（元）	优化后费用（元）
预算收入	2,450,000	2,450,000
人工费	/	/
材料费	/	/
机械费	/	/
管理费和利润	/	/
综合单价	175元（按建筑面积记取）	175元（按建筑面积记取）
预算支出	2,541,000	2,310,000
人工费	43元/工日	40元/工日
材料费	17.5元/m²	15元/m²
机械费	/	/
管理费和利润	/	/
综合单价	60.50元/m²（按接触面积）	55元/m²（按接触面积）
利润	−91,000	140,000

4. 实用新型专利推动工程质量提升

本工程主体结构施工过程中竖向模板采用大钢模板，使用大钢模板能有效保证竖向结构构件的垂直度和平整度，然而大钢模板受材质限制，一块模板往往很重，内墙可直接坐落于顶板上，但外墙只能悬于空中，如何有效支撑和固定外墙大钢模板显得十分重要，技术质量部深入现场、调查分析。设计发明一种大钢模板固定架，以有效解决外墙大钢模板临空支撑和固定的问题，提高外墙模板支设质量，确保外墙大钢模板不移位，进而有效保证了结构墙体截面尺寸。固定架主要由槽钢焊接而成，转角处焊接三角板用于保证固定架刚度，架体下面开圆洞，圆洞四周焊接钢板加强，固定架利用大螺栓和墙上螺栓眼通过此圆洞与墙体固定。

外墙大钢模板支设前，先拧大螺栓螺母固定此架体，然后根据大钢模板支设高度垫好木方，接着大钢模板吊装到位，调好模板位置后利用木方塞紧固定架和大钢模板之间的空隙。这样大钢模板自重通过固定架由大螺栓承担，确保大钢模板不临空作业，大模板底部固定通过木方塞实，解决了外墙大钢模板临空支设和固定不稳的问题，且此固定架可重复利用，有效节约资源（图7）。

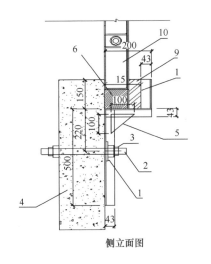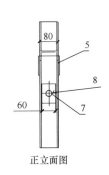

图7 实用的新型专利

5. 做好工程施工过程控制，狠抓工程质量

（1）项目部以"管理保质量，以质量保进度，以进度保效益"的原则开展质量工作。坚持质量过程控制，把公司的质量方针和工程创杯质量目标分层次分阶段的分解到项目部各级管理人员的质量责任中去，并将项目的质量保证体系责任贯彻落实到各自的施工质量管理中，并督促其对各项工作落实。如出现问题，项目部对负有责任的人员或部门将进行批评或处罚，并纳入月、年考核范围。

（2）实行样板引路，构筑精品

为构筑精品工程，强化工程质量的预控管理，统一做法和标准，规避系统性质量风险，明确各阶段各单位的职责，规范工程管理行为，提升工程品质。我项目部在施工全过程实行"榜样先行，样板引路"制度。样板经验收确认后，方可大面积展开施工，施工样板范围有钢筋绑扎样板、模板分项样板、混凝土分项样板（立面、平面）、砌体分项样板（含堵缝）、构造柱施工：（钢筋绑扎、模板支设、浇筑）、抹灰样板（包括水泥砂浆、粉刷石膏等样板）、给水排水样板、电气箱体、安装面板、安装线槽样板、门窗安装（框、扇及配件）样板、地面样板、内墙腻子样板、楼梯间栏杆、护窗栏杆、装饰栏杆等、卫生间防水、屋面防水、外墙保温及抗裂砂浆样板、外墙腻子及涂料样板、百叶样板、地面砖材铺贴样板。"样板制度"在施工工艺、质量标准、施工管理方面对工程质量起到指导作用，促进项目整体工程质量稳步提高（图8）。

图8 样板效果展示；样板确认表

6. 每周编写质量周报、组织开展质量联合大检查，定期召开质量例会

通报近期施工过程中出现的施工质量问题并限期整改。凡发生质量问题，包括实体质量缺陷（包括质量通病）组织相关部门分析原因并制定防范、整改措施，形成书面报告上报技术负责人审核。根据问题的严重性，技术负责人会组织有关人员深入施工现场交底、分析讲解，从而行之有效的处理及整改问题，以提高工程质量（图9）。

图9 联合检查照片

7. 举办质量月专题活动

项目部成立"质量月"领导小组，由项目经理主持。贯彻落实各项质量管理制度，引导项目员工、各分包单位提升质量水平。通过了精心组织策划、方案交底及培训。"质量月"领导小组以体验"我做一天质检员"深入现场检查问题。利用施工现场曝光栏将质量罚款单进行晾晒提高各施工队伍之间竞争意识、扬长避短。本次活动项目质量管理制度在项目得到真正贯彻和落实。提高了项目管理人员和一线操作工人的质量意识，树立了正确的质量观，对现场存在的质量问题、错误施工工艺彻底排查整改，促进我项目建设工程质量迈上了一个新台阶。

8. 加强工具材料的质量控制

物资进场时严格按照物资进场检测和计量，不合格品坚决退场。制定实施"物资进场管理验收流程"避免设计标准与现场实物的不一致，保证物资质量。

商务部负责提供项目材料设备清单，对于采购过程按照采购流程相关权限，负责整个采购过程的组织和协调工作。对各供应商进行资格审查并组织必要的材料考察，与中标单位进行谈判并签订合同。工程实施期间，负责协调供应商与项目各部门之间的合作，负责对产品的成本加以控制。

技术部提出具体的技术要求和品质的技术要求如材质、颜色、规格型号、数量等，并将此类技术参数和品质要求编制材料基本要求表。

物资部按采购流程参与相关工作，产品进场时须负责组织生产、技术质量人员对产品进行检查，确保到场的产品与所确定的样品技术要求及数量要求完全相同。

各部门联动管理，严控物资质量以保证工程实体质量以实现理想的设计效果（图10）。

9. 重视人才培养

激烈的建筑市场竞争、产品竞争、技术竞争的背后是人才的竞争。项目管理团队组成人员以80～90人员较多，项目管理能力相对欠缺。项目部年轻人全面掌握工程管理的方方面面，加快人才培养唯项目人才培养的首要任务。项目部为此制定岗位轮岗制度及专业知识培训制度。从而深化了团队建设，工程顺利完成有了重要保障（图11）。

图 10　物资进场验收照片

图 11　组织学习培训

六、业主满意、服务至上

在施工的前期积极配合业主做好报建等工作。在项目施工时，面对施工现场条件复杂、工期紧张、施工难度大、周边环境复杂等诸多不利因素，项目部积极协调各方、解决技术难题、组织分配劳务资源，整个项目迎难而上、发挥攻坚不畏的精神，顺利实现业主各项节点计划。展现出四建"铁军"精神和一心为业主服务的理念，赢得了业主高度称赞！

七、管理效果和管理评价

1. 管理效果

（1）本工程被评为"北京市长城杯银杯"。

(2) 本工程荣获北京市安全文明施工示范工程。

(3) 本工程荣获 2017 年鲁能集团优秀供应商。

(4) 本工程合同履约率 100%，成本降低率 2%。

2. 社会效益

(1) 本工程按照建设单位要求工期内完工，为集团、公司树立了守信企业形象。

(2) 本工程全过程开展实测实量，工程实体整体合格率为 96%，并一次顺利通过验收，为公司树立良好的品牌形象。

(3) 本工程通过科学策划、精心管理，高标准、高质量顺利完成，为四建公司树立良好品牌形象，多次接受碧桂园、融创地产、河北工程大学等兄弟单位参观考察。

3. 管理评价

本工程在最初承接时工期紧、专业及工序多，施工难点大。通过项目精心策划及科学管理，坚持"抓管理、提质量、筑精品、重服务"的理念如期高标准、高质量顺利完工。在整个项目实施过程中开展全过程实测实量工作，运用 BIM 建模技术科学管理技术创效。在工程进度、质量、安全取得良好成绩，为后续施工管理积累施工经验。体现出公司"以现场保市场"经营方针，为公司与"大客户"后续的全面合作打下坚实基础。

践行可持续发展理念　做好雁栖湖景观绿化工程

——北京市花木公司雁栖湖生态发展示范区及周边环境提升景观工程

商　岩　颜晓迪　潘一斌　郭　蕾　李婴晖　刘晓慧

【摘　要】 本项目为雁栖湖生态发展示范区及周边环境整体提升景观工程二标段，主要为迎接2017年"一带一路"国际合作高峰论坛会议的召开，进行道路环境景观提升，工程面积约40万 m^2，工期共53日历日。本文从项目部署的重点难点分析，从项目管理的成功经验入手，项目通过科学周密的部署管理，克服施工过程中工期紧、早春冻害、交叉作业、坡面施工、现场成品保护造成工作面窄等不利因素，始终坚持将创新管理、实用管理、效益管理贯穿工程全过程，实现了安全高效优质的目标，提升了示范区周边春季景观效果，并为今后园林绿化工程项目管理积累了宝贵的技术经验。

【关键词】 精心策划；管理实施；技术创新

一、背景及选题

1. 成果背景

2017年5月在北京雁栖湖生态发展示范区召开"一带一路"国际合作高峰论坛会议，是继APEC会议后在雁栖湖畔召开的最具国际影响力的会议活动。北京雁栖湖生态发展示范区及周边环境整体提升示范区景观提升工程二标段是"一带一路"国际合作高峰论坛会议的重要配套工程项目。雁栖湖的定位是为举办国家领导人峰会、国际组织高端会议、跨国企业总部会议等高端服务功能的重要场所，是北京城市国际会展功能的重要组成部分，作为一个园林大观园雁栖湖同时也为广大人民出入提供了生态环保的高品质文化休闲度假区。

本工程意在保障会期、惠及长远，做到短期时效性与长远发展性相结合，特别是以雁栖湖为核心，打造"老地方新印象"，对重点区域进行重新设计、对沿线道路进行精细化、特色化提升，对基础设施进行功能性完善，对会期效果进行美化布置，方案从设计要求、施工质量、景观效果上都实行了行业的高标准、严要求。以科学管理，狠抓成本控制、施工质量、加强资源配置与沟通管理为手段，按期完成各项管理目标。克服了早春耐寒花灌木品种少、颜色单调等难题顺利完工，对于提升雁栖湖地区的生态环境、促进优势资源整合和城镇化发展，整体展示雁栖湖示范功能、提升北京国际交往能力具有重要的政治和现实意义（图1）。

本工程位于北京雁栖湖生态发展示范区，沿范崎路两侧分布，紧邻雁栖湖国际会议中心入口，地理位置特殊（图2）。

2. 工程概况

北京雁栖湖生态发展示范区景观提升工程（二标段）位于雁栖湖生态发展示范区内，总施工面积约为40万 m^2，工期53日历日。2015年秋季极具国际影响力的APEC会议在此举行，雁栖湖进行了大规模景观改造工程。2017年5月"一带一路"会议在此举行，北京雁栖湖"示范区及周边环境整体提升-示范区景观提升工程"是"一带一路"国际合作高峰论坛会议的重要配套项目，本工程在现有地形地貌

图1 工程竣工实景图

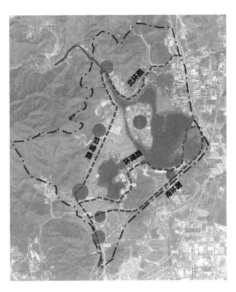

图2 建设总位置图

和现状植被的基础上,进行早春耐寒花灌木种类的丰富,对景观花园早春色彩、观赏期、立体效果等方面进行了观景提升。示范区及周边环境整体提升示范区景观提升工程二标段项目主要包括绿地整理、地形土方、裸露山体护坡绿化施工、庭院工程、灌溉工程、基础设施工程、电气照明工程和花卉布置、古树复壮等施工。

(1)绿化工程主要内容。整理绿化面积40万m^2;栽植常绿乔木1023株;落叶乔木4677株;灌木4万株;色块(带)212613株;攀缘植物12651株;草坪125950m^2;地被花籽124910m^2;地栽花卉19681m^2;容器128组;立体花坛4处,共计18个。山体改造约12506m^2;移伐苗木1188株。

(2)电气工程主要工作内容。配电箱4台;庭院灯63套;电力电缆6470m;穿管6553m;电源线4965m;光纤4961m;双绞线4961m;监控摄像机84台;网络交换机10台;录像机4台。

(3)灌溉工程主要工作内容。灌溉管线10178m;快速取水阀288个;分段阀门井5座;泄水井20座;阀门49个;潜水泵13台;变频器6台;电缆线1733m;水表7个;压力表5个;配电箱5台。

(4)庭院工程及基础设施。园路铺装28525m^2;铺设路牙25158m;挡土墙3082m;铁艺栏杆615m;园路拆除7000m^2;路牙拆除19827m;更换栏杆1683m;墙面维修粉刷14654m^2;木桩拉麻绳3465m;树池铺生态木屑3091个;升降井170座;检查井修复1124座;配电箱围木格栅412m^2;木铺装、木栏杆粉刷18694m^2;广告牌更新528m^2(表1)。

主要参建单位	表1
建设单位	北京雁栖湖生态发展示范区管理委员会
设计单位	北京市园林古建设计研究院有限公司
监理单位	北京燕波工程管理有限公司
施工单位	北京市花木有限公司
监督单位	北京市园林绿化工程质量监督站

二、项目部简介

(1)项目部共有管理人员13人,平均年龄33岁,是一支年轻有活力、专业齐全、经验丰富、能打硬仗具有综合园林工程管理能力的优秀队伍。本项目部机构设置明确,汇集各类专业人员动态管理,严格遵守四个原则。

①权责一致原则。施工项目部因事设岗,按岗定责、定人,并根据责任授权,责权一致,充分调动

各个岗位人员的积极性,保证项目管理目标的完成。

②命令一致原则。施工现场管理活动复杂,涉及面广,因此必须保证统一指挥,强调以施工项目经理为核心的统一指挥是项目管理成功的保证。

③高效精简原则。在保证工程项目施工现场管理活动能够顺利开展的前提下,施工项目部要尽量简化,做到人员精干。

④协调统一原则。项目部是一个整体,要求项目部成员在职责上和行动上相互协作配合,形成一个合作统一的有机体。

(2) 项目团队骨干成员负责或参与多个获奖工程(表2)。

主要获奖工程　　　　　　　　　　　　　　表2

项目名称	奖项
国家体育场园林景观工程	2008年奥运精品工程
西安世界园艺博览会公共区域布置工程	北京市建设工程优秀项目管理成果二等奖
北京雁栖湖生态发展示范区公园建设工程(第二标段)	北京市建设工程优秀项目管理成果一等奖

三、选题理由

(1) 北京雁栖湖园林景观的定位为举办世界国家领导人峰会、国际组织会议、跨国企业总部会议等高端服务功能的国际重要会议场所。本项目承载着2017年"一带一路"国际合作高峰论坛会议期间展现雁栖湖地区的生态环境品质的重要责任,其项目建设意义重大。

(2) 运用多种生态示范工程技术,具有行业引领效应。园艺和科技手段综合打造的雨洪利用、自然植物群落模拟等生态示范工程技术运用其中。

(3) 克服山体绿化地形限制因素,创新种植形式,为园林施工行业提供宝贵的施工经验借鉴。

(4) 克服早春低温限制因素,创新种植形式,为园林施工行业提供宝贵的施工经验。改变常规种植形式,采用挂铺设草坪卷、生态种植袋等方式,提高山体苗木植被栽植成活率。

(5) 始终坚持将创新管理、实用管理、效益管理贯穿工程全过程,实现了安全高效优质的目标。通过精心科学的管理,克服各种困难,达到设计意图,得到社会各方的认可和好评,建设成效显著。

(6) 实行园林绿化施工"样板制",确保施工质量。在需要建设单位、设计单位、监理单位进行现场施工指导时,采取样板先行的方法。在大规模展开施工前先做出具有代表性的样板请各方确认,待样板得到确认后再开展全面施工,既能有效保证施工效果与质量满足各方的要求,又避免出现返工。

(7) 本工程各节点秉承三季赏花的理念,进行宿根花卉混播模式,以青山做背景配以色彩艳丽、种类丰富的宿根组合,同时种植一二年生应季花卉,形成更好的自然景观效果,烘托环境气氛。草本花卉与周边环境协调搭配,园林景观道路更增添美感。草本花卉加上常绿乔木、落叶乔木和花灌木,高矮相配,颜色相间,更富有立体感和美感。

四、管理目标和实施时间

1. 管理目标

本着"创优质工程、展品牌形象"的宗旨,在施工过程中,项目部严格制定了"质量为先、安全托底、集约高效、技术创新、成本控制"五位一体的管理目标,并严格执行。

(1) 质量为先:严格按照投标文件"合格"要求,争创优质精品工程。

(2) 安全托底:实现安全施工"零事故"。

(3) 集约高效:严格按照合同工期要求完成。

(4) 技术创新:采用新技术、新工艺、新材料、新设备。

(5) 成本控制:项目成本降低率达5%,实现经济效益与社会效益"双赢"。

2. 实施时间

如表 3 所示。

具体实施时间　　　　　　　　　　　　　　　　　　　　　　　　　表 3

	总实施时间	2017 年 2 月～2017 年 4 月
分段实施时间	管理策划	2017 年 2 月
	管理措施实施	2017 年 3 月
	过程检查	2017 年 4 月
	取得成效	2017 年 5 月～2018 年 4 月

五、项目管理及创新特点

1. 项目管理重点、难点分析

（1）项目管理重点

1）优质、高效、安全完成施工任务。由于"一带一路"国际合作高峰论坛会议的政治重要性和工程性质的特殊性，树立良好项目管理形象、展现国有企业过硬的管理经验、政治素养及责任担当，优质、高效、安全完成施工任务是项目管理重点。项目部对施工人员进行安全教育及消防演练，签订《安全生产承诺书》，增强安全意识及常识，确保施工安全。

2）尊重生态文明，可持续发展理念。在工程实施过程中，选用绿色农药进行植物病虫害的防治，并且严格控制使用时间、方法以及使用量；尊重植物生长规律，合理增加植物配置品种与数量，增加景观区内物种的多样性和观赏的层次感；对于部分地区土壤结构不适等问题，通过客土等方法进行土壤改良，提高植物成活率，实现一次性绿化。部分小乔木底下的围堰用废旧的青瓦片围成，上覆盖红色的松树皮，整体效果与周围环境浑然一体，达到美观环保资源利用的效果。在整个施工过程中，我公司严格文明施工，保持作业环境整洁卫生，施工完成后做到场干地净。

3）蕴含哲学思想，注重文化引领。定位为国际会议场所，雁栖湖具有重要的示范作用，是弘扬中国传统文化的重要景观点，因此注重文化引领的设计理念是本项目施工的重点。本工程设计中加入了汉阙、"一带一路"logo 等元素，施工过程中尊重原生态，对景区内的古树进行了古树复壮，对部分枯树进行补栽，增加花灌木搭配，建设具有中国鲜明特色的园林大景观。

4）范崎路等沿线花卉布置。范崎路、北环路、南环路等道路原为 APEC 会议期间配套工程，当时以秋色为主题，本次改造提升增加了大量春花品种，种植上充分考虑了植物生长空间需求，无论是道路两侧自然式布置，还是山坡林地、林缘花境、步移景异，营造了"一带一路"国际合作高峰论坛会议期间春花烂漫、五彩缤纷的景观效果。针对设计苗木过密的现象，我公司在施工前期与甲方、设计方充分沟通，降低了部分品种的种植密度，保证了适宜的疏密度，为植物保留充分的生长空间，得到了甲方、设计方和监理方的充分认可。

（2）项目管理难点

1）耐寒花灌木品种少，植被返青速度慢，观赏期晚。项目工期在 2 月下旬至 4 月中旬之间，共 53 日历日，施工期间怀柔地区温度低，植被返青速度慢，观赏色彩单一，我公司特别针对这些难题，实际分析施工期间怀柔区的温度条件及土壤情况，与建设单位、设计单位进行沟通，大量使用适合的耐寒花灌品种进行布置，避免了大面积的花卉冻害情况发生。对于草坪绿化问题，提前合理浇灌返青水。由于工期较紧，我们安排了 6 个花卉布置工程组，昼夜倒班进行立体吊装及安装卡盆花卉、地面花卉栽植的工作，确保在工期内顺利完成范崎路沿线花卉布置工程。

2）各工种工序交叉施工，成品保护难度大，一次性投入资源多。雁栖湖景观提升工程是一项高标准的大型园林景观工程，本工程特点是工期紧迫、工程面积大、设计标准高、一次性投入多，工程实施过程中除绿化工程外还有市政和电力等项目，为加快工程进度，项目实施过程中多工种交叉施工作业。

市政电力部门在范崎路道路沿线绿地铺设电缆，给我公司已完成的栽植工作带来了很大的影响。公司坚持以精细化管理为手段，组织各专业负责人开展整体工程交叉施工的协调会，提前制定施工计划，合理配置资源。建立成品保护小组、制定了先地下后地上、先远后近、先土建后绿化等一系列的交叉施工顺序，成品保护方案和措施；以合同、协议等形式明确各单位对成品的交接和保护责任，积极主动与业主、管理公司、监理、设计及各参施单位沟通，在保护成品方面起协调监督作用。在施工过程中，与外部单位保持友好、积极合作关系，及时进行现场协调，交流彼此施工安排。

3）工期短。本项目工程工期为53日历日，完成约40万 m^2 的绿化、庭院、灌溉、电气、花卉布置工程及裸露山体护坡工程等，工程点位多、战线长、交叉施工作业面广，且2017年春季气温回升快，春季大面积栽植的最佳时间不足一个月时间，施工任务艰巨。我公司自进场之日起组建强有力的施工团队，在充分了解设计意图的基础上根据现场情况进行施工优化调整，工程中对技术质量进度进行全面监控，确保工程取得良好的效果。

4）不可预估事件发生。施工过程中，甲方有新想法加入，我公司及时调整安排。4月下旬到5月初为戒严时段，车、机械不可入场，我公司及时调动人员进行人工运输。

5）硬质地面铺装施工难度大。混凝土面层、碎石面层、卵石面层、嵌草铺装一直是园林铺装的难点，面层脱皮、石粒脱落为硬质地面铺装施工通病。为避免上述问题，在施工前查阅大量资料，找出优秀施工范例并进行了多次实地考察和技术咨询，在施工中我公司使用高质量的物料并安排经验丰富的人员精工细作，以此保证质量。P4停车场后山裸露山体是以前通讯或电力等施工爆破后留下的破拆岩石断面，山体裸露，景观效果极差，坡度较陡。P4停车场后山裸露山体护坡采用钢筋混凝土框架形式，分为东坡和西坡两侧，总面积 $11560m^2$ 。基础采用衡重式钢筋混凝土挡土墙。框架内在岩体上码放生态种植袋，种植袋上种植紫穗槐来进行裸露山体护坡绿化。

2. 技术创新与新工艺新材料应用

（1）古树复壮。本项目为改造提升工程，工程范围内大树众多，对现状苗木的保护是施工质量及效果的保障。另外，工程范围内有古树1株，"名园易得，古木难求"，古树作为我们城市文明的象征，收到社会各界的重视和关心。标段内古树国槐（编号11011600044），是示范区重要景点之一"老圃问槐"，现状古树树体沧桑古老，树体半面空洞，大面积腐朽严重，分枝倾斜，有倒伏隐患。我公司针对古树情况进行了专项复壮方案，针对古树分枝倾斜及腐朽，重点对树木进行防腐处理、修补树洞、艺术支撑、轻度整形减负修剪以及围栏防护等，保障古树正常生长并取得了良好的效果。

艺术支撑：采用镀锌管支撑树木，钢管上焊接钢筋骨架，骨架上铺不锈钢护网，最后用PRC材料做成仿真树干。

修补树洞：在树洞处用经过防腐处理的柏木木条封堵，木条上方铺设不锈钢防护网，外层树脂防水处理，然后用PRC材料做成仿真树皮并刷阻燃剂。

防腐处理：清理木质部腐朽表层，经晾晒一周后，喷洒进口环保杀菌剂。待树体风干后刷两遍桐油。

去除枯枝干权：修剪干枯、病虫枝条，对树木整体进行轻度整形、减负修剪。

（2）采用挂铺设草坪卷的工艺方法。范崎路入口护坡原为APEC logo，本项目作为"一带一路"国际合作高峰论坛会议配套工程，将APEC花坛模纹改为BRE logo，logo边缘裸露土地进行客土喷播，因早春期间雁栖湖地区温度低，工期紧，短期内草种发芽率低，绿化程度小。公司分析实际情况，进行工艺改造，采用钢丝固定、加强挤压、小微喷滋润等技术手段，挂铺草坪卷主要选用返绿早、耐旱性强的品种，短期内达到绿化作用，同时保证了草坪成活，达到了实用管理、效益管理的双重效果。通过观察发现，采用这种方法进行绿化的护坡草被返青速度快，绿化效果好（图3）。

（3）裸露山体护坡种植袋绿化。工程P4停车场后山裸露山体为以前通讯或电力等施工爆破后留下的破拆岩石断面，山体裸露，景观效果极差，坡度较陡。P4停车场后山裸露山体护坡采用钢筋混凝土框架形式，分为东坡和西坡两侧，总面积 $11560m^2$ 。基础采用衡重式钢筋混凝土挡土墙。上部山体采用

300mm×300mm 钢筋混凝土矩形框架梁护坡，混凝土强度等级 C25，钢筋混凝土梁网格间距为 3300mm×3300mm。框架内在岩体上码放生态种植袋，种植袋上种植紫穗槐来进行裸露山体护坡绿化。

（4）采用多种新优植物品种，大规模花卉布置。本次工程按照适地适花的原则，选用耐寒性强、颜色艳丽、视觉冲击力大的新优花卉品种，大面积使用了新品种如毛地黄、大花飞燕草、舞春花、大花海棠、木茼蒿、火炬花和无性天竺葵等一系列花型独特、花色艳丽、花期长的一二年生新品种春花（图4）。

图3 "一带一路"标识

图4 范崎路花卉布置

施工中将花卉与绿化景观充分融合，极大地提升了景观效果，并得到各级领导和外国首脑的一致好评和高度赞扬。主要花卉布置包括会议主题花坛、模纹花坛、定制容器及沿线地栽。施工中均对土壤进行改良，并根据施工时气候特点以及花卉实际应用情况对设计花材进行了甄别、筛选、调整、更换，保证了植物材料的适应性；调整新增适应性更强、有持续开花能力、花色艳丽、花开茂密的新优花卉品种，直至花卉工程养护期结束依然维持了良好的花卉景观效果。

（5）环保瓦片、木片应用。本工程对树围堰处理方式进行了改良，改变了原有培土围堰的方式，采用青色瓦片替代围土，改善了浇水后围堰破坏、水体外流现象，同时增加了美观度，节约了人工成本。树穴内用木片覆盖，改善了黄土外露，响应环保要求，木片同时透气保水，提高了树木成活率，减少了灌溉用水量和人工量，达到土壤全覆盖、美观大方的景观效果。

六、管理实施分析

管理及措施实施分析

（1）成本控制、质量安全、工期进度齐抓

1）精心策划管理目标。本着"创优质工程、展品牌形象"的宗旨，在施工过程中，项目部严格制定了"质量为先、安全托底、集约高效、技术创新、成本控制"五位一体的管理目标，并严格执行。

2）技术创新达到质量目标。成立专项科研技术小组，技术负责人任组长，各专业工程师为组员构成，根据雁栖湖实际情况，结合国内、外园林绿化先进技术，通过控制成本目标和质量目标进行技术问题攻关和施工工艺优化。

3）严格成本控制。对于成本目标，采取事前、过程和事后控制等手段，全员管理，全过程控制。通过对每一项作业的完成情况。以及耗费的资源情况进行重点分析并针对性质不同的作业实施成本控制。在设计阶段根据工程投标造价进行有效控制；施工过程中建立成本控制体系，进行动态成本控制；在竣工结算阶段根据施工过程对分包从质量、安全、进度、成本等方面进行合同履约评价。

4）科学管理，安全生产，控制工期进度。在施工过程中项目部成员分工明确、各司其职、团结合作。严格执行《建设工程项目管理规范》和国家有关安全生产法规，施工前制定了完善的安全生产和文明施工条例，并提前组织演练。充分发挥自身技术力量，深化图纸，组织技术负责人和技术人员对关键环节编写了专项实施方案和技术交底。积极响应北京市政府《绿色施工管理规范》要求，注重绿色施工,节能减排,优化施工方案,提高效率。落实安全生产责任制,签订《安全生产责任书》,确保安全文明施工。采用 PDCA 循环法(Plan/计划、Do/执行、Check/检查、Action/调整)等管理方法进行管理,结合实际情况进行施工优化。

(2)经验总结与亮点分析。

1)精细化管理。建立以项目经理为第一负责人的质量保证体系。项目执行经理、项目技术负责人负责具体实施,细化责任分工,全员参与。建立健全成品保护制度、质量评价制度、质量奖励制度和培训上岗制度等质量管理制度,严格执行施工质量控制。成立监察小组,保障施工质量和施工安全。积极申请建设单位、设计单位和监理单位现场检查指导。严格记录施工日志,总结每日施工过程中遇到的突发状况和解决经验,为以后的施工提供资料依据。

2)采取样板先行制度。为确保施工质量,建设单位、设计单位、监理单位进行现场施工指导时采取样板先行的方法。在大规模展开施工前先做出具有代表性的样板请各方确认,待样板得到确认后再开展全面施工,既能有效保证施工效果与质量满足各方的要求,又避免出现返工。

3)结合新技术,根据实际情况优化工序。查阅国内外资料,结合雁栖湖实际情况,引进新工艺、新材料、新理念,优化工序。我公司引进老树复壮、挂铺设草坪卷、种植袋绿化等新工艺,结合可持续发展、生态文明、环境友好等理念,制定先地下后地上、先远后近、先土建后绿化等一系列的交叉施工顺序,从控制成本、质量、工期各方面优化管理,建设好雁栖湖生态示范区。

七、管理效果评价

1. 严格按照建设单位工期要求完成施工任务。2017 年 2 月 24 日开工,2017 年 4 月 17 日竣工,工期 53 日历日。

2. 质量目标全面实现。一次验收合格。

3. 通过严格执行《建设工程项目管理规范》和国家有关安全生产法规,实现"施工质量、安全生产和环境保护"零事故。

4. 经济效益。在确保景观内容和效果前提下通过与建设、设计和监理单位探讨、优化设计与施工方案,应用新技术、新材料、新工艺;同时在材料采购、劳务、机械、物资管理、施工流程优化等方面有效地控制成本,使成本降低率达 5%,合同履约率达 100%。在有限资金下,最大限度确保景观效果,取得了良好的效益。

5. 社会效益。本工程凭借优质、高效的施工管理和施工形象,惠及长远的可持续发展理念,为 2017 年雁栖湖畔的"一带一路"国际合作高峰论坛会议景观提升贡献了力量,获得参加"一带一路"国际合作高峰论坛会议各国领导人及社会各界一致的好评。

6. 技术成果。工程竣工后总结山体绿化施工,花卉施工、山体挂铺草坪、面层铺装通病防治等技术措施,该宝贵的技术成果成为公司实施类似项目的技术指导文件。

结语:在北京雁栖湖生态发展示范区公园景观工程施工中,我公司以"质量为先、安全托底、集约高效、技术创新、成本控制"的五位一体管理目标,通过科学周密的部署管理,克服施工过程中工期紧、早春冻害、交叉作业、坡面施工、现场成品保护造成工作面窄等不利因素,运用好"预控风险、全过程管理难点控制"技术创新手段,取得了良好的经济效益、环境效益和社会效益,实现了安全高效优质的目标,提升了示范区周边春季景观效果,为 2017 年"一带一路"国际合作高峰论坛会议的顺利举办做出了突出贡献,得到党和国家领导人、北京市委、市政府及社会各界的高度赞誉!并为今后园林绿化工程项目管理积累了宝贵的技术经验。

紧随技术潮流　亦不忘初心

——北京市设备安装工程集团有限公司苏州国际财富广场工程

朱文科

【摘　要】　苏州国际财富广场是苏州工业园区国资国企投资打造的第一高楼，建筑高度230m，是集商务办公、金融、商业为一体的5A超甲级写字楼。本项目采用"三维设计、四维建造"的建设理念，同时本项目团队也运用时下新技术，将其灵活融合于工程项目管理之中，为苏州国际财富广场打造精品工程奠定坚实的基础。

【关键词】　应用创新；微信；BIM技术

一、项目成果背景

1. 工程概况

苏州国际财富广场项目位于苏州工业园区金鸡湖湖西CBD区域，由裙楼及两幢分别高164.8m和230m的双子塔楼组成，总投资24亿元。北侧接CBD中轴线苏华路，西侧临星原街，南侧为相门塘，隔河东侧为星汉街，占地面积1.3万 m^2，总建筑面积19.9万 m^2，共44层。项目专为金融载体量身打造，是集商务办公、金融、商业为一体的5A超甲级写字楼（图1）。

图1　项目外景图

2. 选题理由

本项目是2012年苏州工业园区国资国企投资打造的第一高楼，园区地产公司作为国资国企转型发展的代表，未雨绸缪，"以转型升级引领二次创业"营造"双主业格局"，以基础设施建设为核心，立足于园区中央商务区（CBD）综合开发，建设一流城市综合建设运营商。

本项目还是园区国企在湖西CBD区域建造的第一个绿色超高层项目，目前在苏州市范围内具有绿色建筑二星标识资格的大体量建筑体并不多见，苏州国际财富广场按国家绿色建筑二星标识标准设计建造，旨在苏州打造绿色建筑的样板。

3. 实施时间

本工程 2012 年 11 月开工建设，2016 年 8 月竣工验收。

二、项目管理及创新特点

1. 管理重点及难点

（1）协调与配合：本项目参建单位多、施工专业多、工作量大、公共区施工面相对较小，如何搞好各参建单位之间、各专业之间的协调配合工作是工程施工难点之一（表1）。

主要参建单位　　　　表1

暖通给排水施工单位	北京市设备安装工程集团有限公司
消防施工单位	江苏伟业安装集团有限公司
智能化施工单位	北京北黄自动化设备安装有限公司
电气施工单位	中铁建工集团安装工程有限公司
冰蓄冷设备安装单位	杭州华电华源环境工程有限公司

（2）材料设备运输：本项目属于超高层建筑，施工单位较多，施工人员较多，机电专业安装的高峰期在土建结构封顶后，大部分材料设备要运输到各层室内，大量的设备材料运输是施工的难点之一。

（3）图纸深化设计：本项目为特大型的机电安装综合工程，各专业交叉多，设计平面图不能较好的指导施工，合同中明确要求利用 BIM 技术对本工程的机电施工图进行综合管路深化设计。

（4）地处 CBD 区域，施工场地紧张，要求设备材料进场、倒运、堆放必须提前申报并按既定计划有序、紧凑进行。

2. 管理创新特点

（1）微信平时只是我们手边的一个聊天小工具，当 2013 年 6 月 30 日正式上线微信群功能后，我们便能把它和项目的工程管理相结合，通过建立微信群，我们为项目的参与者搭建一个沟通交流的平台，不仅给管理人员提供了方便，同时也大大提高了现场的工作效率。

（2）随着 BIM 技术的兴起，各大建设工程都在如火如荼推广 BIM 技术的应用，我们同样也在不断尝试如何将其技术运用落地。以前，我们采取设置专门的 BIM 部门的方式，集中优秀的 BIM 技能人才，这种方式可以较容易控制团队技术能力，能迅速解决工程中的问题，但缺点是 BIM 技术仅局限在一个较小的团队中，由于缺少沟通，无法及时反映工程实际情况，BIM 技术往往会流于形式，计划、实际两张皮。所以我们在本项目中便尝试将 BIM 技能人员分散至各个部门，让 BIM 技术作为一种基础性工具来支持日常工作，技术人员能主动地用 BIM 技术解决问题，这大大提高了 BIM 技术在工程管理中的应用程度，充分发挥技术优势。

这便是我们秉持的理念，紧随时代的技术潮流，但不能遗忘了初心——技术与应用的创新。

三、项目管理分析、策划和实施

1. 管理目标分析

如表 2 所示。

工程目标情况　　　　表2

质量目标	一次性验收合格
获奖目标	确保姑苏杯、扬子杯、中国安装之星
安全目标	确保无伤亡事故，杜绝不安全施工
文明目标	确保省级安全文明工地

2. 管理措施策划实施

(1) 明确质量目标,建立健全质量保证体系

本工程质量精度要求高,为确保机电工程各方面性能品质要求,我方实际施工过程中将结合自身优势,将质量目标定位为"过程精品"工程,并做到:

领导重视、思想重视、精挑班子、优胜劣汰、明确目标、落实责任。

技术到位、措施得力、全员管理、建立QC、样板施工、过程三检。

成品保护、措施到位、注重后期服务、树立良好形象。

加强资料统一管理、推动技术资料与施工同步。

将业主、设计、监理、总包、劳务分包、主要材料供应商等全部纳入工程创优体系范围。质量保证体系如图2所示。

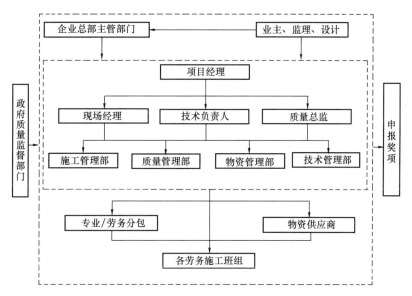

图2 质量保证体系图

(2) 认真做好创优工程策划工作

邀请专家对工程创优进行指导,针对各专业安装工作编制操作要点卡,并汇集成小册子,下发给各劳务作业层及管理层。便于管理人员及劳务作业人员学习掌握各工序技术质量要求,能够更好的完成施工作业(图3)。

(3) 技术先行,编制各类施工方案

项目部编制了机电施工组织设计、临电施工组织设计、电气施工方案、给水排水施工方案、消防施工方案、通风空调施工方案、大型设备运输方案、样板段施工方案、成品保护施工方案、质量通病预防方案、明配管施工方案、管道保温施工方案、给排水管井施工方案、电缆桥架施工方案、配电箱安装施工方案、给水排水及消防泵房施工方案等用以指导施工。

(4) 实行样板引路制度

各工序开始施工前,必须进行样板施工,待审批后进行大面积施工;喷淋管道、消火栓系统管道、电气管路预埋、电缆桥架及母线槽安装、风管安装、空

目录

第一章 镀锌铁皮风管制作安装 3
第二章 无机玻璃钢风管制作安装 4
第三章 风管阀部件安装 11
第四章 通风与空调设备安装 13
第五章 风管支吊架安装 16
第六章 空调水管制作安装安装 17
第七章 空调水管支吊架制作安装 22
第八章 排水管道安装 25
第九章 给水管道安装 26
第十章 金属线槽安装 28
第十一章 防雷及接地安装 34

图3 操作要点卡

调水管安装、风机盘管安装配管及保温、竖井风管安装、风管及管道保温安装等均遵循了样板、验收、大面积施工的程序，从而保证了施工质量。

3. 加强过程检查

施工过程中各工序严格实行"三检制"和各专业间工序交接制度，确保按施工图纸和设计变更要求施工，并做到严格执行国家强制性文件标准，对各分项工程检验评定做到按照国家检验评定标准执行，施工质量做到从原材料到施工工艺再到施工资料全方位控制。

4. 方法工具应用

（1）活用微信群，助力工程管理

当下，微信这种通信工具已经融入我们的生活之中，我们不仅可以用它来聊天和发朋友圈，还可以为项目管理中的参与者搭建一个互相交流的平台。通过这个平台，群成员之间可以实时沟通交流，可以第一时间解决工程现场出现的各种情况或者工程施工过程中需要协调的各类问题。有利于加强施工现场的安全、质量管理，使得管理人员更好地把握现场安全、质量情况，有利于提高现场存在问题的处理效率，更有利于对现场监理的技术指导，为安全生产提供新的管理方式，从而提高工程现场管理水平（表3）。

工具应用新、旧模式对比表 表3

微信交流平台	新 模 式	旧 方 式
施工单位与劳务分包建立微信群	班组长将每天的班前讲话进行视频录制分享至微信群，以便项目管理人员监督检查	项目管理人员不能准确得知班组长是否每天有进行班前讲话
	项目管理人员对劳务分包进行技术交底和安全交底时可以进行视频录制，以便留底存档	采用书面交底形式，部分口头交底不能体现，导致事故纠责时出现争议
	项目管理人员现场巡查时发现问题可以立即拍照上传，及时告知工人整改，工人整改后同样可以拍照上传回复整改情况	拍照打印，发送整改通知单；整改后，项目管理人员上现场进行核查
各参建单位之间建立微信群	当监理工程师不能及时到达现场进行验收时，可以通过微信视频聊天来观看现场情况并作出结论	重新和监理工程师约定时间
	发现需要协调解决的问题，可以第一时间上传图文信息供大家线上讨论，以便减少大会小会次数	组织专题协调会
建立微信公众号	员工可以及时了解工程的安全、质量、进度情况，以及项目部培训、会议等重点活动，并可以在公众号上提出宝贵意见，让项目部更好地开展各项工作	部门之间信息不对称，原意见不能很好的传达
经济效益	提高了项目管理效率，降低了相关办公成本	专业协同平台费用昂贵
……	……	……

（2）以BIM技术运用为核心，优化项目管理架构

本项目的设计理念便是"三维设计、四维建造"，合同中明确要求运用BIM对本项目整个机电及相关专业深化图纸进行模型深化工作，完成施工模型碰撞检查和管线综合，并提供安装模型协调报告。因此，本项目组建了一支具备BIM技能的人才队伍，但没有将他们放在一个BIM部门，而是将其分散至各个部门，让BIM技术作为一种基础性工具来支持日常工作，技术人员能主动地用BIM技术解决问题，这大大提高了BIM技术在工程管理中的应用程度，充分发挥技术优势（表4）。

项目管理架构 表4

	BIM＋管理架构	传统管理架构
BIM部门	取消	专门负责利用BIM软件进行图纸深化，出具施工图纸
工程部门	利用BIM软件进行图纸深化，出具更加准确的施工图纸	按图施工，施工过程中出现问题反馈给BIM部门
物资部门	利用BIM软件的进度计划模拟，更加合理的进行材料设备的采购	无关联
合约部门	利用BIM软件快速统计工程量，将其从繁琐的劳动中解放出来，节省出更多的时间和精力用于成本管理	无关联
质量部门	利用BIM软件的协同性，将施工现场的质量问题，及时标注并反馈给其他部门人员	无关联

四、管理效果评价

1. 项目获奖情况

2017～2018年度中国安装之星；

2016～2017年度北京市安装工程优质奖；

2017年苏州市"姑苏杯"优质工程奖；

2014年江苏省建筑施工标准化文明示范工地；

获得"超高层建筑空调水立管支架"国家实用新型专利。

2. 项目管理团队建设

优秀的项目管理团队需要千锤百炼，同时也是需要与时俱进的，通过苏州国际财富广场这么一个超大型工程项目的试验性锻炼，取得了不错的进步，对于BIM技术的应用落地有了更深的体会。BIM技术的运用不能局限于技术层面，BIM即是一种工具，也是一管理模式，在建设项目中采用BIM技术的根本的目的是为了更好地管理项目。BIM技术也只有在项目管理中"生根"，才有生存发展的空间。

事前策划　源头控制　全员管理
保小米移动互联网产业园项目顺利交工

——中建八局第一建设有限公司小米移动互联网产业园项目

胡瑛琪　吕　伟　辛令钱　马成启　宋文远

【摘　要】 小米移动互联网产业园项目地处互联网密集产业地区西二旗，是小米和金山公司的总部大楼和科技研发楼。项目遵照公司"安全第一、预防为主、综合治理"的方针，从源头抓起，用生命为安全承诺，自2016年3月开工以来，项目从未发生任何伤亡事故。进入2018年，面对8.30的竣工节点，项目注重事前策划、源头控制、全员管理，细化落实全员安全责任制考核，制定了详细的安全管理措施，保证本工程8.30平安顺利交工

【关键词】 安全　从源头抓起　全员管理

一、成果背景

1. 社会背景

我国近年来施工安全态势严峻，尤其是江西电厂高平台垮塌事故为建筑行业的安全管理敲响了警钟，北京近年来安全环保态势严峻，安全第一不再是某个公司的口号，而是整个社会生产的第一原则。安安全全上班来，平平安安回家去，已经深深烙在每一个建筑工人和施工管理人员的心里。用安全为生命承诺，坚持贯彻安全第一，预防为主。综合治理的方针，已经成为以人为本，实现中华民族伟大复兴不可或缺的一部分。

2. 行业背景

全国人民代表大会常务委员会与2014年通过新的《中华人民共和国安全生产法》用于加强安全生产工作，防止和减少生产安全事故，保障人民群众生命和财产安全，促进经济社会持续健康发展，北京市人大常委会与2004年通过了《北京市安全生产条例》，作为安全生产法的细化和补充，指导安全生产工作。

3. 工程简介

小米移动互联网产业园项目位于北京市海淀区西北旺镇安宁庄路。项目总建筑面积348006m^2，呈不规则平行四边形，共有三栋建筑，分为8个办公单元，其中A1、A2、A3楼为小米科技有限责任公司研发办公楼；B1、B2楼为北京多看科技有限公司研发办公楼；C1、C2、C3楼为北京小米移动软件有限公司研发办公楼，每栋办公单元间设连接体，共可容纳约20000名员工。

二、选题理由

小米移动互联网产业园项目位于北京市海淀区西二旗，周围环绕百度、联想等总部大楼，地理位置特殊，无论是从该工程的社会影响程度角度，还是就其建筑规模大小而言，其安全施工管理实践活动是必要的，其影响也是巨大的。

三、实施时间

如表1所示。

实 施 时 间 表　　　　　　表1

实 施 时 间	2016年3月～2018年3月
分阶段实施时间表	
管理策划	2016年3月～2016年4月
管理措施实施	2016年5月～2018年3月
过程检查	2016年5月～2018年3月
取得成效	2016年8月～2018年3月

四、管理重点与难点

1. 施工人员多。受北京市雾霾天气影响，以及相关设计图纸影响，小米移动互联网产业园项目共经历了主体结构和装饰装修两个阶段的抢工，在该阶段现场施工人员众多，安全管理难度大。

2. 地理位置特殊，安全文明施工要求高。

3. 高度高。该工程单体高度达60m，六栋单体地上14层，两栋单体地上12层，地下四层，垂直运输、临边防护安全管理难度大。

4. 面积广。该工程建筑总面积348006m^2，8栋单体地下室联会贯通，功能房间众多，安全管理横向跨度大。

5. 近10m高的幕墙单元板块全部采用汽车吊安装，顶层幕墙安装需搭设脚手架，其骨架安装需进行焊接，动火作业点位众多，安全生产情况复杂，管理难度大。

6. 八栋单体设八个塔吊作业，塔吊的安装、作业、拆除均是项目安全管理的重点难点。

7. 本工程功能要求众多，相应的大型设备需求量很大，因其大部分功能房间位于地下室，因此大型设备需进行吊装下至地下四层，其吊装前开凿吊装洞孔，吊装过程中设备下放，吊装完成后的洞口封堵均是安全管理的重点、难点。

8. 工程后期进入总承包管理阶段，不同作业面交接穿插情况复杂，增加安全管理难度。

9. 机电和精装分包多，总承包沟通协调、安全管理工作量大。尤其是恒温恒湿系统、高大空间智能灭火、气体灭火、安防系统工程量大而复杂，管线排布复杂，预留预埋多。

五、管理策划及创新

1. 全面策划。开工伊始，总包项目部本着对工程高度负责的态度，从编制项目管理规划大纲、绿色施工样板工地实施方案和突发事件的应急预案入手，以科技创新为先导制定各项安全管理方案和措施，明确各级管理人员相应责任，以此对施工全过程和各个关键环节进行严格控制与管理。对项目管理目标、难点、重点进行深入的分析研究，从"安全、质量、进度、成本"管理四个方面进行全面策划，以确保四大管理目标的全面实现。

2. 做好入场施工人员指纹录入制度的创新。本工程施工体量大，在主体施工和装饰装修阶段经历两个阶段的抢工，施工人员众多，各专业分包施工人员安全管理难度大。为了充分实现劳务实名制管理制度落地，项目决定实现双打卡制度，在项目门禁之内安装十个指纹打卡机，在工人接受了入场安全教育之后，统一到指纹打卡机处进行指纹录入，接受了入场安全教育的施工人员实现指纹录入的全覆盖。在每日施工人员上岗作业之前，先到指纹打卡机处进行指纹打卡，对当日各专业、劳务分包施工上岗人员进行一次全覆盖点名，对各单位当日工作劳动力分配情况也有一个彻底的摸排。

3. 做好工人入场安全教育成册化的创新。对于之前项目施工人员入场安全教育都是分散的单张纸质版资料，覆盖内容不全面，人员安全教育资料不易整理，易丢失，项目部管理人员集思广益，响应公司要求，将施工人员安全教育流程，施工人员基本信息，劳动合同书，施工人员三级安全教育卡，施工人员入场教育，建筑施工作业人员安全生产知识，北京市建筑业劳务作业人员普法维权培训考试试卷，进场安全交底，作业人员安全承诺，工人安全生产常识宣传手册集中到一本手册上，名为施工人员入场安全教育手册，每一个手册代表不同的工人，拥有自己的编号，除了上述内容外，该手册还在扉页印入了十项零容忍。在工人入场之初，接受入场安全教育之时，对现场的安全管理制度有一个直观的充分的了解，对现场的安全知识有一个快速的学习。

4. 做好班前安全教育由图片记录向视频化转变的创新。每日班前安全教育是安全管理过程中至关重要的一环，项目管理人员每日应对当日作业班组针对其作业的特点进行有针对性的班前安全教育讲话。由于之前只是留有照片的班前教育记录资料，使得部分班前安全教育容易出现流于形式的情况，针对性不强。项目部采取班前安全教育录制视频制度，对班组长每日班前安全教育录制视频，要求根据当日作业情况，作业环境进行针对性的教育，项目部管理人员进行旁站监督，把整个班前教育的情况用视频记录下来，使得班前安全教育真正落到实处，使所有班前教育的参与者严肃对待。

5. 做好安全管理借助智慧工地监测管控的创新。小米移动互联网产业园项目是公司智慧工地的试点工程，智慧工地对项目各方面管理都有帮助，尤其是安全管理方面的帮助是巨大的。升降机的智能监测系统，每日施工电梯的运行情况在智慧工地的系统上都有记录，如有运行异常的情况都会报警。除此之外，在工人的安全帽上嵌入一个卡片，能对工人进行定位跟踪，为安全管理提供了极大的便利。

六、安全施工管理措施

1. 安全员合署办公管理措施

加强安全队伍建设，便于安全管理相关工作，建立直接的沟通渠道，制定安全员合署办公措施。分包单位须按配置足额的专职安全管理人员。分包安全员应统一在总包安全部办公，随总包单位工作时间出勤，不得无故迟到、早退，有事请假须向项目安全部提出申请，经同意并安排好相关工作后方可离开。分包安全员应对新入场工人进行统计，配合项目部做好安全教育培训工作，整理相关教育资料并上报。分包安全员监督班组长每日对工人进行班前教育，检查工人劳保用品佩戴情况、身体状况等，做相关资料的收集、整理、归档工作。

分包安全员每日对施工现场、生活区进行全面巡查，跟班作业，及时纠正工人"三违"行为，组织落实安全隐患的整改，对不能解决的事情立即上报项目部。分包安全员参与项目部组织的各项教育、检查、会议、交底、验收等相关安全活动，并配合项目安全部做好相关工作。分包安全员工作由项目安全部统一安排，不得兼职与安全管理无关的岗位。分包单位在未经项目安全部允许不得随意更换安全管人员。分包安全员做好项目安全部安排的其他工作。施工现场的安全管理与每个人息息相关，无论是业主、监理、总包、分包都有义务也有责任去管理安全，人人管安全从来也不是一句空话。

2. 班前安全教育管理措施

项目部班前教育活动值班人员全程参与，各分包单位当日所有施工人员（现场负责人、班组长、安全员等）必须参与班前教育活动。每日上午在项目培训室统一集合，班前教育考勤采取纸质签到及指纹机打卡形式，由项目部班前教育活动值班人员监督进行班前教育活动。班长在操作前，对作业层进行全面检查，并向操作人员进行安全教育并交底，并且不少于10分钟。主要检查上岗人员的劳动防护情况，检查在场每个岗位周围的作业环境是否安全无患，机械设备的安全保险装置是否完好有效。以及各类安全技术措施的落实情况等。

各分包单位班前教育活动必须留存影像资料，并且照片打印与班前教育记录于当日上午9：00前上报项目安全部备案。如发现并核实有单位未按照要求进行班前教育活动，教育活动未涉及所有当日所有施工人员，对未经班前教育私自进入施工现场施工的人员，对其班组长处以100元/人罚款，对分包单位处以1000元/次罚款。如班前教育资料未及时上缴的，对该分包单位处以200元/次罚款。班前教育资料发现作假行为，如：照片作假、签字代签或复印等，每发现一次对该分包单位处以100元/次罚款。班前安全教育是安全管理工作的重要一环，也是源头控制的关键，抓好班前安全教育是实现安全管理精细化的前提。

3. 安全周检查及周例会管理措施

项目经理部每周一、周五上午 9 时在项目安全部集合组织一次施工现场和生活区安全大检查，要求相关管理人员准时、准地参加；同时项目管理人员通过安全大检查后在项目部会议室组织安全例会。参加人员有项目经理、生产经理、技术工程师、专业工程师、安全工程师、机械管理员、电工、分包单位现场负责人、分包单位安全员等有关技术人员，检查生产的同时应对施工现场、作业环境、安全设施、安全装置、机械设备、临时用电、人的行为等情况进行安全检查。工程项目安全工程师坚持每日在施工现场巡视，行使职权，及时发现隐患，及时督促整改。

对专业性强、危险性大的工程，如深基础施工、起重吊装、锅炉压力容器施工、脚手架工程、物料提升机和外用电梯及塔吊安拆等，组织有一定经验的专业技术人员进行专业安全检查。在季节变化和重大节假日前后，或有其他重大突变事件前后，应及时进行安全检查。施工班组在每日班前进行检查，班中跟踪检查，实行交接班制度的，在交接班前进行安全检查。各种安全检查都要认真组织，严格按住建部《建筑施工安全检查标准》并结合国家和上级现行有关标准、规定、条例、制度、要求等进行。对检查时发现的隐患，要逐条登记，实行"三定"（定人、定时间、定措施）整改，对整改实行整改反馈、复查消项制度。对整改不积极、超过规定时限、违章不听劝阻的，按有关规定处罚。

4. 体系联动安全管理措施

项目部建立了相关微信群，每一个项目部管理人员都有权在每日的现场巡查中发现安全隐患及时上传至微信群中，安全部将隐患整改下发给相关责任单位，并由项目专业工程师负责落实整改。全员管理，信息流通顺畅，及时发现，及时处理，为项目安全顺利施工提供保障。

七、项目管理效果评价

1. 获得 2017 年度全国 AAA 级安全文明标准化工地。
2. 获得中建 CI 示范奖。
3. 获得北京市绿色安全样板工地。
4. 获得全国建筑业绿色施工示范工程。
5. 获得 2017 年度北京市结构长城杯金质奖。
6. 获得 2017 年度北京市优秀质量管理小组。
7. 获得 2017 年度建设工程项目施工安全生产标准化建设工地。
8. 获得第六届"龙图杯"全国 BIM 大赛综合组三等奖。
9. 获得 2017 年度工程建设优秀质量管理小组二等奖。
10. 获得 2017 年度国际 BIM 大奖赛最佳 BIM 施工企业大奖。

八、体会

在充分研究工程施工特点，项目所处特殊地理位置之后，结合自身情况建立的安全管理体系是最适合本工程的，安全管理体现了以人为本的精神，管理重点在人，结合智慧工地、项目管理系统等科学技术手段，实现安全管理的精细化，全面化。"安全第一，预防为主，综合治理"的安全生产管理方针能够真正得到贯彻，为项目 830 顺利交工保驾护航，奠定了深厚的基础。

履约为先　协作共赢　铸就精品工程
——中建八局第一建设有限公司北京师范大学新校区项目

韩　彤　史文卫　李　众　韩　旭　张成亮　段崇宝

【摘　要】 百年大计，教育为本。教育是立国之本，民族兴旺的标志，一个国家有没有发展潜力看的是教育，这个国家富不富强看的也是教育。根据国家教育部批准的招生计划，本工程所建设的新校区计划于2018年9月入住3000名师生，因此必须在2018年4月30日前完成整体移交。本工程共分三期进行建设，以"完美履约"为目标，以服务业主为原则，通过总结经验教训、加强计划管理、归纳统一协调、问题汇总处理、调整沟通方式等方面进行策划，通过措施管理确保本项目在工期、质量、安全文明施工、成本及社会影响等方面取得良好的效果。

【关键词】 计划管理；沟通；协调；总结；履约

一、成果背景

1. 社会背景

本工程所在的沙河高教园区，作为北京市委、市政府确定的两个大学园区之一，是该市为落实"科教兴国"战略重要决策，保证首都高等教育在新世纪可持续发展的重大战略部署，是北京城市总体规划中昌平新城的重要组成部分，是一个以高等教育为中心，融学习、工作、居住为一体的现代化学园都市。经教育部批准，北师大沙河校区"计划三年建成、五年完善，建成后可容纳1.8万名本科生、研究生的住宿、学习和学校开展相应科学研究的要求"，本工程为西区。

2. 行业背景

2016年为中建八局"总承包管理年"；2017年为局"总承包管理推进年"；2018年为局"总承包管理提升年"2017年8月5日一公司董事长提出"坚守战略定力，坚持完美履约"，"完美履约"为公司长远发展方向，项目坚决贯彻执行。

3. 项目简介

本工程总建筑面积为205369m^2，总合同额为8.91亿元，地下1~3层，地上1~9层，结构形式为框架剪力墙结构，共有33栋单体包括教学楼、服务楼、综合楼、宿舍楼、食堂、校史展馆、图书馆、体育馆、锅炉房等。

工程共分三期进行建设，其中一期建筑面积126682 m^2，2014年12月开工；二期建筑面积67155 m^2，2015年9月开工；三期建筑面积11523m^2，2017年4月开工。共33栋单体，要求同时于2018年7月30日整体交工。工程施工周期长、业态烦琐、分包众多、穿插复杂、业主与设计院沟通难度大、工作效率低，工期形势十分严峻。

4. 管理目标

如表1所示。

项目管理目标　　　　　　　表1

项　目	管　理　目　标
工期目标	合同开工时间：2014年12月17日，合同竣工时间：2018年4月30日总工期1291日历天

续表

项目	管理目标
质量目标	确保北京市"结构长城杯金奖"、"建筑长城杯金奖"争创"鲁班奖"
安全文明目标	北京市绿色安全样板工地、全国AAA级安全文明标准化工地
绿色施工目标	北京市建筑业绿色施工示范工程、绿色建筑三星认证
科技目标	北京市科技示范工程、中建总公司科技示范工程

二、选题理由

1. 工程周期跨度长、业态多、管理困难。
2. 劳务分包、专业分包、平行分包及学校职能部门等较多,协调难度大。
3. 管廊与地源热泵后期进入施工现场,对项目总平面布置干扰严重,场地穿插难度大。
4. 学校基建处体系冗杂、程序烦琐、解决问题相互推诿。
5. 工程涉及三家设计院及大量设计人员,设计院人员流动较大,对接困难。

三、实施时间

如表2所示。

项目实施时间 表2

实施时间	2014年11月~2018年4月
分阶段实施时间表	
管理策划	2014年11月~2015年6月
管理措施实施	2015年7月~2016年6月
过程检查	2016年7月~2017年8月
取得成效	2017年9月~2018年4月

四、管理重点与难点

1. 工程周期跨度长、业态多、管理困难

一期2014年12月开工,二期2015年9月开工,三期2017年4月开工。但由于在机房功能上一二三期是一体的,因此必须统一进行调试和交工。不同时间开工,同一时间交工,对项目管理提出了巨大挑战。以2017年9月份为例,一期进入室内装修收尾阶段,二期进入室内装修准备阶段,三期正在二次结构施工阶段。工程面临成品保护、分项验收、总承包管理协调以及场内材料堆场、加工场高频次调整等多方面压力,管理难度较大。

2. 现场各类分包较多,协调难度大

现场自有分包、平行分包及学校职能部门较多,穿插频率大,管控难度较大。2018年4月要求整个校区同时交工,后期大型机房、管廊及地源热泵施工进度制约整体调试。涉及机房设备的多家分包尤其是学校自有分包进场较晚,图纸下发时已接近交工,导致机房区域后期产生大量拆改,拆改又涉及装饰装修、水电、暖通、弱电等多加分包,对项目部协调能力提出极大要求。

3. 现场与地源热泵和管廊施工穿插施工难度大

地源热泵与管廊属于后期业主提出要增加的平行分包,与项目开始时编制的项目总平面布置图作业面存在冲突,其开挖区域大多集中在临建道路和材料加工场位置,对场内交通、临水临电、材料码放造成很大负面影响,直接制约施工进度。同时若场地移交不及时,造成管廊、地源热泵工期滞后,也会最终影响整体交工,因此项目部急需提高与平行分包的沟通技巧,达到合作共赢的目的。

4. 学校基建处工作效率低下

学校基建处共有七个平级部门,体系较为冗杂,处理问题程序烦琐。每项决定须由多个部门同时签

字，方可确认，但各部门之间相互推诿，工作效率低下，沟通难度大。给共同招标、总包签证、装修阶段选样等事宜带来极大不便。

5. 涉及的设计单位多，设计单位人员流动大

本项目涉及的设计院有城建院、深装总、青岛亿联等多家设计院，相关设计人员近100人，并且设计院人员流动性非常大，各院之间的图纸存在较多冲突，对项目与设计对接造成很大阻碍。

6. 实现目标

无论是行业道德，还是公司的指示，都要求项目坚持以"完美履约"为目标，以服务业主为原则，全力以赴、、克服一切困难，确保2018年4月30日按时交工。

五、管理策划和创新点

1. 总结前期问题，指导后期施工

将一期工程施工中的工序工艺穿插和作业面交接过程的经验和教训进行总结，对二期、三期分包单位进行交底，规避一期遇到的各类困难与摩擦，缩短各分包之间、总包与分包之间、总包与业主、设计院之间的磨合期，快速步入正轨，保证质量，缩短工期。

2. 加强计划管理

将所有分包纳入到总承包的管理体系中，定期召开分包协调会，从安全、质量、工期等方面全方位进行管控，重点关注涉及机房的各家分包，全力推进与协调，削弱机房调试对工期的影响。

3. 制定场地移交计划

以地源热泵与管廊施工为关键线路，提前策划，制定场地移交计划，合理安排施工工序，加强联系与沟通，按时完成场地移交，同时要求管廊、地源热泵按时完工，避免后期调试、与室外施工受到影响，确保工程按期竣工。

4. 汇总工作问题，统一处理

将工程中的问题汇总成册，以履约为先，召开协调会，与业主、设计、监理共同处理，规定每日任务，务必完成；专业分包共同招标，与业主协定招标计划表，一旦业主工作滞后，及时发文督促。

5. 加强与设计沟通

以质量和工期为切入点，以服务业主为原则，首先获得业主支持，调动各方资源，再加强与设计单位沟通，使各系统间实现可靠联动及信息传递，实现双赢的目标。

六、管理策划和风险控制

1. 总结前期问题，指导后期施工

将一期工程施工中的工序工艺穿插和作业面交接过程的遇到的问题和经验教训进行总结、反思，避免在二期、三期施工中再次发生，并对管理人员和分包单位进行交底，缩短后续施工中的磨合期

2. 加强计划管理

每周三上午和下午分别召开平行分包和自有分包协调会，定人、定时间，及时解决分包遇到的问题，快速推进现场工作，重点推进机房、管廊与地源热泵的施工，减弱设备调试对工期的影响。

3. 制定场地移交计划

与管廊地源热泵协商作业面移交时间节点，制定作业面移交计划平面图，严格依照计划执行，确保按时移交，互不拖延（图1、图2）。

4. 汇总工作问题，统一处理

项目部每周召开业主、设计、监理单位共同参加的工程协调会，会前各家单位汇总施工中遇到的问题和需要协调的问题，在会上定责任人、定解决时间，积极推进项目进展（图3）。

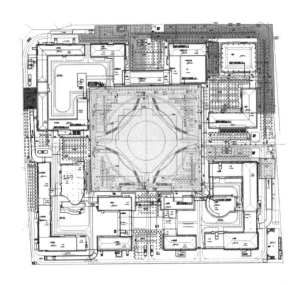

图 1 地源热泵的场地移交计划平面图

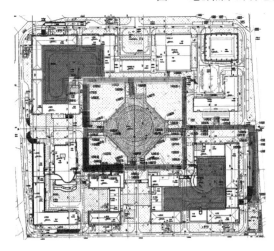

图 2 管廊的场地移交计划平面图

5. 利用服务业主的理念,加强与设计沟通

项目部加强设计管理,积极与业主和设计沟通,提出合理化建议。同时注重设计创造价值,依据施工经验和充分的市场调研,以原设计做法不合理、不细化的部分为切入点,在进度控制、质量控制、使用安全、成本控制等方面进行优化。

七、过程检查和监督

1. 依照计划、每日协调

项目部依据合同工期编制施工进度总计划,开展每周工程进度协调会议及每日早会,各部门、各区段负责人对工程进度开展情况进行汇报,对影响进度的问题进行分析解决,责任落实到人。

2. 加强技术质量控制

加强技术方案、施工工艺及质量交底,组织分包单位管理人员学习管理文件,协助分包单位建立完

图 3 工程协调会

善的质量保证体系，做到全员参与质量管理。

3. 严格样板制度

选样样板按期完成，确保装修阶段选样不影响工程进度；施工样板验收制度确保分包单位管理人员及班组充分了解技术质量要求，减少返工率。

八、项目管理效果评价

1. 技术质量效果

如表3所示。

质量成果　　　　　　　　　　　　　　　表3

技术质量管理成果	
《提高15mm厚STP真空绝热板外墙保温系统施工合格率》	2017年度全国工程建设质量管理小组活动一等奖
《提高GFZ聚乙烯丙纶防水一次验收合格率》	获得2016年度全国工程建设质量管理小组活动二等奖
结构长城杯	金质奖
《一种可周转快速拼装的道路及其施工方法》	发明专利
《一种提高保温粘接质量的可拆卸工具》	实用新型
《一种桩孔施工工具》	实用新型
《一种外墙施工工具》	实用新型
《一种拼装钢板施工道路》	实用新型

2. 经济效果

如表4所示。

项目总包服务类　　　　　　　　　　　　表4

共同招标合同外总包服务费		
（一期）相关专业	费率（%）	金额（万元）
电梯工程	10.0	94
消防工程	6.0	91
太阳能供水	8.0	14
智能照明	11.4	40
变配电室工程	4.0	79
空调工程（VRV）	8.0	95
弱电工程	8.0	88
锅炉设备制作安装	3.0	6
总计	6.8	507

二期工程中，护坡工程共同招标增效350万元。

3. 社会效果

（1）本工程被列为2015年度北京市安全文明标准化观摩工地，并在本项目召开施工现场标准化观摩交流会，同时在全国抗战70周年纪念活动期间，项目的现场管理得到北京市住建委的通报表扬（图4）。

（2）项目建设过程中得到了政府部门及社会各方的高度关注，教育部、住建部、市、区两级政府以

图 4 北京市现场标准化观摩交流

及业内同仁先后到访项目检查、交流，并对项目管理给予很高的评价。截止到 2017 年 12 月项目已先后接待观摩交流超过 4000 人次。

4. 工期效益

提前拆除二期施工电梯，与业主协调使用室内正式电梯，促使提前一个月完成对管廊及地源热泵的场地移交；

一、二、三期校方要求 2018 年 5 月 30 日完成竣工移交，根据目前工程进展情况预计 2018 年 4 月份可完成交工，提前一个月。

精细管理 技术创新
打造沈阳金廊 5A 级商务区

——中建一局集团建设发展有限公司沈阳嘉里中心 T2 办公楼项目

王小兵　王晓哲　谢飞飞　王伟东　赵海岩

【摘　要】 以提高经济效益、环境效益、社会效益和企业信誉为管理目标，整合管理要素，统筹兼顾、协调指挥，优化层级组织结构。注重细节重视洽商、变更管理，加大图纸深化力度，加强技术创新能力，加强内、外核算和合同管理，提高经济效益。始终本着"实施总承包管理，全面为业主服务"的原则和目的，始终以"优质履约"为宗旨严格执行《建设工程项目管理规范》，以项目文化建设为依托，强调团队协作能力，不断提高管理水平，提升自主技术创新能力，充分发挥施工总承包方的"大管家"职责和项目员工的优势、积极性创造最大价值，最终实现项目与企业内部，与业主、分包之间的共赢。

【关键词】 精心策划；细致管理；技术创新；过程把控；二次营销；风险控制

一、项目成果背景

1. 工程概况

沈阳嘉里中心位于沈河区，紧邻青年大街，南至文化路，北达文艺路，是沈阳市"金廊"工程的重要组成部分。沈阳嘉里中心 T2 办公楼是一栋 150m 高办公楼，地下室 4 层，地上 34 层，地下一层至 5 层为商业，6 层和 21 层为避难层，其余为办公，项目占地面积 3.6 万 m^2，建筑面积 20.5 万 m^2，项目身处沈阳腹地，占据和平区和沈河区双中心地段，是集 5A 级写字楼、城市高端购物中心以及金融商业于一体的沈阳"金廊"沿线综合体项目，是嘉里集团按照规划建成的"金廊"沿线的一座新的地标性建筑。

沈阳嘉里中心 T2 办公楼设计概况如表 1 所示。

工程设计概况　　　　　　　　　表1

1	建筑面积（m^2）	总建筑面积	205148.42m^2	地下单层最大面积	20690m^2
				办公楼单层最大面积	1939m^2
2	层数	地下	4	主楼	34
3	层高（m）		4.4/4.2/6.975		5.5/4.2
4	结构形式	基础		筏板基础	
		主体		框架结构	
5	楼梯结构形式	板式楼梯			
6	坡道结构形式	现浇结构			
7	设计使用年限	50 年			
8	外装修	玻璃幕墙			
9	内装修	楼地面：细石混凝土、地砖、水泥砂浆地面、地坪漆地面等； 墙　面：涂料、矿棉吸声板等； 顶　棚：涂料、铝合金吊顶等			

2. 成果背景

本工程为沈阳市中心城区和"金廊"沿线的标志性建筑，基坑深度深且紧邻运营中的地铁2号线，项目规模大，场地周边道路大多为主干道，周边环境因素复杂，对施工企业的技术水平和综合管理能力要求高；同时，作为沈阳市重点建设项目，政府及建委关注度高，同时受雾霾天气影响，质量及安全文明检查频繁，这就要求总包单位质量和安全双手抓，且时刻不松懈；建设单位管理水平在逐步提高，对施工方要求越来越高，双方协同合作，提高管理质量，提升了建筑品质，为项目的楼盘火热营销打下了坚实的基础。

3. 选题理由

（1）本工程为沈阳市重点关注项目，地理位置特殊，周边环境复杂，属城市中心区超高层建筑群，社会各界关注度高；如发生不良事件，造成的社会影响将不可估量。

（2）本工程通过项目精细化管理与技术创新相结合的方式，提高了项目工程质量，得到了业主和政府部门各方的充分肯定。

（3）通过项目优质履约，铸造了沈阳市中心的标志性精品工程，提高企业信誉度、知名度，培育了一批优秀管理人才。

（4）本工程推广运用了多项建筑业推广新技术，同时提高自主创新能力，攻关克难，提升了建筑品质，实现了共赢创效。

4. 实施时间

本工程于2014年5月6日开工，2017年12月31日工程顺利通过四方竣工验收。分段实施时间如表2所示。

实 施 时 间 表　　　　表2

实施时间	2014年5月6日～2017年12月31日
分段实施时间	
管理策划	2014年5月～根据各时段节点不断调整
管理实施	2014年5月～2017年12月
过程检查	2014年5月～2017年12月
取得成效	2014年5月～2017年12月

二、项目管理及创新特点

1. 工程难点及重点

（1）影响力重大

沈阳嘉里中心坐落于和平区和沈河区双中心地段，工程作为辽宁省沈阳市重点工程，"金廊"工程地标，其自身重要性和独特的地理位置决定了其重大影响力。专业众多，工序复杂，高峰期施工人员众多，总承包单位需要高效有序组织各专业施工，加强过程控制，建造"质优、高效、舒适、安全"的时代精品。作为城市中心区的高端商业、办公综合楼，业主对建筑质量要求高，在本项目实施过程中始终贯彻"以最终用户为导向，全寿命周期管理"的管理理念，全过程实施"决策、设计、施工、管理一体化"，将所有分包商形成一个共同体，从而共同努力，有效保证建筑工程质量。

（2）深基坑施工难度大

1）周边环境复杂，紧邻城市主干道及地铁2号线，周边环境为施工重点保护对象。

2）基坑超深，地下水位高，场地狭窄，土方开挖难度大。

3）地下障碍物多，地下废弃管线、邻近的建筑物基础等，给边坡支护带来了极大的困难。

4）内支撑体量大、强度高、工期紧、渣土外运难度大、对周边环境影响大、高效及时拆除支撑为管理难点。

(3) 基础底板施工复杂、难度大

1) 基础底板底部及顶面有10多个标高,大面积存在机械车位沉坑,交叉节点多,施工难度很高;

2) 筏板最厚4m,放坡位置4.5m高,模板支设(尤其单侧支模)要求高。

3) 节点区域由于柱墙钢筋密集和插筋高度大施工极其困难。

4) 城市中心区超大基础底板混凝土难度大,浇筑速度需达到平均 350m³/h 方可满足要求。

(4) 大面积、多类型防水施工质量控制

本工程地下室水位高,防水材料种类多(SBS防水卷材、JS聚合物水泥基防水涂料、聚氨酯防水涂料等),防水施工工程量大,地下室底板外墙顶板、地上平屋面、坡屋面等屋面种类多、交叉节点复杂,如何保证地下室以及屋面防水质量是本工程施工组织管理的难点。

(5) 机电系统复杂,工期紧

自来水给水系统与中水给水系统分为高、中、低三个区,采用水泵—水箱联合逐级提升的供水方式。设备吊装及管道支架安装困难。机电各专业之间以及机电专业与装修施工之间管理协调的工作量和工作难度非常大。

(6) 钢骨混凝土组合结构节点复杂,模板支撑难度大

结构形式为框筒组合结构,核心筒为混凝土剪力墙结构,暗柱位置内含型钢,外框柱为型钢混凝土柱,梁为H形钢混凝土梁,组合结构构件钢筋绑扎受型钢钢骨的影响,施工困难;混凝土浇筑时受钢筋间距小、钢骨影响容易产生质量缺陷,如何有效保障施工质量为施工控制的难点。

(7) 精装交房区装修要求高

公共区走廊及电梯厅为大理石地面、乳胶漆或石材墙面、石膏板吊顶;卫生间内墙面和地面均为瓷砖面层。

2. 创新特点

(1) 投标策划先行

对自己优势(企业品牌、类似工程经验、与甲方合作经历、拟履约团队),劣势(资源保障),威胁(竞争对手、招投标程序)进行全面分析,把握好内部策划、外部策划的机会,成功进行"第一次经营"。

(2) 现场履约为基础

通过施工工艺、工序组织、施工技术、方案设计、物资的控制与施工管理等几个方面,对本工程的施工进度控制进行多角度、全方位的立体交叉式的管理。有效的运用"过程精品""目标管理、精品策划、过程监控、阶段考核、持续改进"的理论,本着"验评分离、强化验收、完善手段、过程控制"的思想,坚持方案先行,样板引入,各项检查制度并行进行质量管理。以"安全第一、预防为主、以人为本、科学管理"的理念进行安全多点管控。

(3) 二次营销为重点

项目倡导"履约创造品牌、增收节支创造效益、培养人才、培育协力队伍"四位一体的项目管理价值观为核心的"经营项目"理念。建立实施"项目策划书"制度,"目标收益大于测算收益"的制造成本管理机制,建立"对接营销,重在过程,抓住龙头"的过程经营控制机制,实施项目风险抵押金制度,尊重项目经营创效的工作,实施"项目亏损问责制",贯彻落实经营项目理念。

(4) 技术创新为动力

项目部十分注重科技创新管理,成立了以公司总工程师、技术发展部经理和项目经理、项目主任工程师为核心的新技术推广应用领导小组和实施小组,抽调技术骨干,提供专项资金,制定技术创新目标策划与管理,加强过程监督与策划,大力开展各项新技术推广、培训活动。积极推广住建部建筑业10项新技术中的10大项20小项。

(5) 总承包管理为支撑

为做好本工程的总包管理协调,项目部坚持正确的管理理念,本着"实施总承包管理,全面为业主

服务"的原则和目的，在项目实施过程中贯彻"以最终用户为导向，全寿命周期管理"的管理理念，将所有分包商形成一个利益共同体，为所有分包商提供一整套优质、高效的工程建造共享资源服务体系，并建立一套强有力的深化设计、进度、质量、安全、信息管理协调机制。

（6）风险控制为保障

针对本工程特点，项目部在熟悉合约内容与掌握工程特点的基础上，结合以往工程风险管理经验，对本工程建设可能出现的安全、质量、成本、工期的风险因素进行细化，逐一制定风险控制措施，并对重大风险因素制定应急预案，同时在实施过程中不断整改完善，以形成适应本工程的风险预控体制。

三、项目管理分析、策划和实施

1. 项目管理目标分析

根据设计要求与合同文件，结合公司对该项目的战略定位，确定了本项目的建设目标，在建设过程中采用先进规划设计理念，通过可持续发展规范设计和可持续施工，减少建筑施工的资源与能源消耗，降低污染物排放，确保项目建设的完美履约。项目的质量、安全、新技术应用、成本目标及人才培养目标如表3所示。

项目各目标情况　　　　　表3

1	质量目标	确保获得辽宁省"世纪杯"，争创"鲁班奖"
2	工程安全文明	确保获得"辽宁省安全标准化示范工地"称号
3	新技术应用	确保获"辽宁省建筑业新技术应用示范工程"
4	成本目标	确保完成公司核定的收益指标
5	培养青年业务骨干	"创精品工程，造一流管理"

2. 项目管理策划

（1）建立管理体系，健全管理制度

根据项目特点和目标要求，集中人力、物力及财力等优势，选派有丰富施工经验、管理水平较高、责任心强的管理人员组建成项目管理团队，各专业人员配备齐全，全部持相应的有效证件上岗。针对本项目的管理特点，在企业已有管理制度的基础上，对项目管理制度进行补充和细化，建立运行高效的项目施工管理体系。

（2）精心策划、技术先行、流程控制、严格管理

从工程招投标、图纸会审、新技术应用、施工组织方案确定、技术交底、样板确定、过程控制、质量检查验收每一个环节入手，扎实做好技术准备，全面提升施工组织、方案、交底的针对性、指导性及可操作性，做到施工组织的方案要通过公司、项目进行精心策划后实施，做到工长、班组长及操作人员经过技术交底后进行施工。

（3）建立风险评估机制，控制施工风险

对于施工中涉及技术和安全的难点问题，主要是采取技术措施予以解决，对于施工现场狭窄、工期紧、交叉作业难以协调等问题，主要是采取组织管理措施来解决。

3. 管理实施

（1）管理保证措施

推行目标管理：将总计划目标分解为分阶段目标，分层次、分项目编制年度、季度、月度计划。与劳务队伍、专业承包商、独立承包商签订责任目标，进一步分解到季、月、周、日，并分解到队、班、组和作业面。

建立例会制度：每周二、五下午召开工程例会，找出进度偏差并分析偏差的原因，研究解决措施，每日召开各专业碰头会，及时解决生产协调中的问题，不定期召开专题会，及时解决影响进度的重大

问题。

建立现场协调会制度：每周召开一次现场协调会，通过现场协调会的形式，和业主、监理单位、设计单位、劳务队伍、专业承包商、独立承包商一起到现场解决施工中存在的各种问题，加强相互间的沟通，提高工作效率，确保进度计划有效实施。

(2) 细致管理—质量保证

1) 强化创优意识

项目经理部全体员工进行质量意识培训，使创优质工程的意识树立在每个员工的心中。项目经理部通过各种宣传教育手段把创优质工程的意识贯穿到每个操作人员。

2) 全员质量意识培训

增强全体员工的质量意识是创过程精品的首要措施。项目确立每周组织一次质量讲评会，同时对分包管理人员进行质量意思教育，组织人员到创优项目观摩学习来提高项目员工的质量意识。

项目质量目标的实现，必须以合理、有效质保体系为基础，因此，项目在结合企业的管理特点和项目的机构设置建立了"一级设计、三项检查、两级管理、一级监控"的质保体系和管理模式。

一级设计：方案预控，工艺、质量标准设计。

三项检查：分包质量监督员组织三检（自检、互检、交接检）。

二级管理：分包责任师、总包责任师过程管理。

一级监控：项目质量总监产品过程监督和最终控制。

(3) 现场履约—安全文明先行

1) 建立三级安全保证体系。项目部成立专门的安全领导小组，工地设立安全监督小组，班组设置安全员，形成健全的三级安全保证体系。负责工地日常的安全工作，定期组织安全检查。

2) 健全安全生产责任制、安全生产管理制度。明确各管理人员、施工人员和生长工人在本工程中的安全责任。总包与分包签订了安全文明施工、治安消防保卫协议书，并与结构施工单位签订了塔吊使用安全协议书、临时用电安全协议等；实行了安全抵押金制度。

3) 强化安全教育。坚持"三级安全教育"，规范"三级安全交底"制度，施工中坚持"班组安全活动"制度。

4) 改善施工劳动条件。积极改进施工工艺和操作方法，改善劳动环境条件、减轻劳动强度、消除危险因素。

5) 实行人身安全保障。所有施工人员参与人身安全保险。

6) 加强施工安全监控。及时反馈检测信息，进行科学的信息化施工，确保施工安全（包括地面建筑物、道路、地下管线安全、气象信息等）。

7) 文明施工方面，主要采取以下措施：建立教育制度、建立文明施工责任区制度、建立文明施工定期检查制度、建立文明施工奖罚制度。

8) 绿色施工方面，我们将重点控制大气污染、废弃物管理、资源的合理使用以及环保节能型材料设备的选用等。

(4) 二次营销

二次经营是贯穿于工程施工全过程的重要经营行为。投标竞争是施工企业的"第一次经营"，项目施工中的管理被称为"二次经营"。二次经营是甲乙双方履行合同时发生的一切商务经济行为，"一次经营抓任务，二次经营抓效益"，因此，二次经营是施工企业经营过程的一个有机环节，同时也是贯穿于工程施工全过程的重要经营行为。本项目经营工作主要有以下工作重点：

1) 建立营销管理小组，做好责任成本分析、合同风险分析及清单风险分析，针对"二次营销"空间，制定定量化的收益，分解到各个岗位，明确各自职责。建立完善的考核机制，施行风险抵押金奖罚兑现制度。

2) 对各分项工程含量进行详细、严格地核算，综合考虑分包队各项费用以及安全、文明施工等其他相关费用,确定最终建筑平方米的综合工费,签合同时要求其交纳履约保证金。

(5) 技术创新——十项新技术

实际应用新技术涉及了10项新技术中的10大项合计20个子项,如表4所示。

十项新技术使用情况　　　　　　　　　表4

技术类型	详细类别	应用部位、数量
1. 地基基础和地下空间工程技术	1.1 灌注桩后注浆技术	应用部位:各地块钻孔灌注桩 应用数量:2510根
	1.7 型钢水泥土复合搅拌桩支护结构技术	应用部位:基坑阶段出图坡道根部与内支撑连接位置 应用数量:挡土H形钢,间距:500mm,H形钢型号:140c,桩长度:24m
2. 混凝土技术	2.3 自密实混凝土技术	应用部位:部分圆管钢管柱。 应用数量:圆管柱直径:A 800。 C40自密实混凝土用量:30m³
	2.4 轻骨料混凝土	应用部位:各地块地面垫层。 应用数量:4000m³
3. 钢筋及预应力技术	3.3 大直径钢筋直螺纹连接技术	应用部位:各地块C28、C32钢筋。 应用数量:14万个
4. 模板及脚手架技术	4.4 组拼式大模板技术	应用部位:地上结构墙体模板。 应用数量:2063m²
	4.5 早拆模板施工技术	应用部位:地下室结构梁板模板支撑。 应用数量:43500m²
	4.11 附着升降脚手架技术	应用部位:主楼地上结构外脚手架。 应用数量:外架架体宽度0.75m,架体步高1.8m,高度18m
5. 钢结构技术	5.1 深化设计技术	应用部位:钢结构。 应用数量:44000m²
	5.5 钢与混凝土组合结构技术	应用部位:框架梁柱、核心筒部位。 应用数量:11万m²
6 机电安装工程技术	6.1 管线综合布置技术	应用部位:施工现场。 应用数量:26.55万m²
7. 绿色施工技术	7.1 基坑施工封闭降水技术	应用部位:施工现场。 应用数量:2.7万m²
	7.2 施工过程水回收利用技术	应用部位:施工现场。 应用数量:2.7万m²
	7.3 预拌砂浆技术	应用部位:二次结构施工。 应用数量:8000m³
	7.5 粘贴式外墙外保温隔热系统施工技术	应用部位:外墙外保温。 应用数量:125470m²
8. 防水技术	8.4 遇水膨胀止水胶施工技术	应用部位:变形缝、后浇带位置。 应用数量:3000m
	8.7 聚氨酯防水涂料施工技术	应用部位:卫生间防水。 应用数量:5000m²

续表

技 术 类 型	详 细 类 别	应用部位、数量
9. 抗震加固与监测技术	9.2 建筑隔震技术	应用部位：设备层。 应用数量：1600m²
	9.7 深基坑施工监测技术	应用部位：施工现场。 应用数量：2.7万m²
10. 信息化应用技术	10.3 施工现场远程监控管理及工程远程验收技术	应用部位：施工现场。 应用数量：2.7万m²
	10.7 项目多方协同管理信心化技术	应用部位：施工现场。 应用数量：26.55万m²

四、项目管理效果评价

1. 质量成果

通过新技术的推广和应用，本着过程精品的理念，2017年本工程获得了辽宁省建设工程优质结构称号。各分部分项工程严格按照过程精品的要求组织实施，工程质量处于严格的受控状态。

2. 安全文明成果

本工程被评为2016年度"辽宁省建设工程安全标准化示范工程"，在整个施工过程中没有发生任何伤亡事故。

3. 技术成果

在有关部门的关心支持和有关施工各方的共同努力下，本工程经验收合格，现已投入使用。无论是施工过程，还是成品建筑，本工程以其完善的使用功能、先进的技术和高科技含量、舒适美观的装饰效果赢得了广泛的赞誉。

4. 经济成果

通过新技术的应用及过程中的精细化管理，项目取得了良好的经济。新技术应用情况及效益如表5所示。

新技术应用情况及效益汇总表　　　　　表5

序号	类 型	新技术名称	应用部位、数量	新技术效益		
				经济（万元）	社会效益	环保效益
	建筑业10项新技术					
1	地基基础与地下空间工程技术	1.1 灌注桩后注浆技术	应用部位：各地块钻孔灌注桩。 应用数量：2510根	15	√	
		1.7 型钢水泥土复合搅拌桩支护结构技术	应用部位：基坑阶段出图坡道根部与内支撑连接位置。 应用数量：挡土H形，钢间距：500mm，H形钢型号：140c，桩长度：24m	20	√	
2	混凝土技术	2.3 自密实混凝土技术	应用部位：部分圆管钢管柱。 应用数量：圆管柱直径：A 800，C40 自密实混凝土用量：30m³	5	√	√
		2.4 轻骨料混凝土	应用部位：各地块地面垫层。 应用数量：4000m³	5		√

续表

序号	类型	新技术名称	应用部位、数量	新技术效益		
		建筑业10项新技术		经济(万元)	社会效益	环保效益
3	钢筋及预应力技术	3.3 大直径钢筋直螺纹连接技术	应用部位：各地块C28、C32钢筋。应用数量：14万个	30	√	√
4	模板及脚手架技术	4.4 组拼式大模板技术	应用部位：地上结构墙体模板。应用数量：2063m²	20	√	√
		4.5 早拆模板施工技术	应用部位：地下室结构梁板模板支撑。应用数量：43500m²。	56	√	√
		4.11 附着升降脚手架技术	应用部位：主楼地上结构外脚手架。应用数量：外架架体宽度0.75m，架体步高1.8m，高度18m	20	√	
5	钢结构技术	5.1 深化设计技术	应用部位：钢结构。应用数量：44000m²	25	√	
		5.5 钢与混凝土组合结构技术	应用部位：框架梁柱、核心筒部位。应用数量：11万m²	5	√	
6	机电安装工程应用技术	6.1 管线综合布置技术	应用部位：施工现场。应用数量：26.55万m²	5	√	
7	绿色施工技术	7.1 基坑施工封闭降水技术	应用部位：施工现场。应用数量：2.7万m²	20		√
		7.2 施工过程水回收利用技术	应用部位：施工现场。应用数量：2.7万m²	3		√
		7.3 预拌砂浆技术	应用部位：二次结构施工。应用数量：8000m³	5	√	√
		7.5 粘贴式外墙外保温隔热系统施工技术	应用部位：外墙外保温。应用数量：125470m²	32		√
8	防水技术	8.4 遇水膨胀止水胶施工技术	应用部位：变形缝、后浇带位置。应用数量：3000m	16		√
		8.7 聚氨酯防水涂料施工技术	应用部位：卫生间防水。应用数量：5000m²	3	√	
9	抗震加固与监测技术	9.2 建筑隔震技术	应用部位：设备层。应用数量：1600m²	8	√	√
		9.7 深基坑施工监测技术	应用部位：施工现场。应用数量：2.7万m²	3	√	
10	信息化应用技术	10.3 施工现场远程监控管理及工程远程验收技术	应用部位：施工现场。应用数量：2.7万m²	3	√	
		10.7 项目多方协同管理信心化技术	应用部位：施工现场。应用数量：26.55万m²	3	√	

5. 社会效益

新技术在本工程的推广应用，为我公司提供了非常宝贵的第一手技术基础资料，对公司的新技术推广应用、技术积累和技术储备起到了有力的推动作用。公司通过有目的有计划地组织交流和学习，使绝大多数的项目管理人员对新技术推广应用有了新的认识。

沈阳嘉里中心是香港嘉里建设集团在东北区域投资最大的项目，地处沈阳市中心，占据"金廊"工程规划核心位置，属沈阳市核心商业中心区CBD的黄金区域。项目呈现出具有独特特色的建筑外立面效果。

新技术的推广应用，使各种施工污染源得到了有效控制，施工废弃物得到了良好的管理和重复再利用，实现施工与环境的和谐。坚持可持续发展的思想，在节能环保设计和施工中都采用了绿色环保的材料和设备，所有材料和设备满足使用功能要求，符合国家规范标准和辽宁省地方标准。

工程自始至终非常重视新技术、新工艺、新材料、新设备在工程中的推广应用，使之真正成为支撑项目管理、实现工程项目综合目标的重要手段。在该工程实施过程中，我们推广多项新技术、新工艺项目。通过实践与探索，收到了极其良好的效果，并在新技术的推广应用和技术管理方面，得到了深刻的启示和管理经验。

五、工程创优体会

伴随着时代的进步，业主方对施工管理水平要求越来越高，施工总承包单位在建设工程项目中"大管家"的责任越来越重，建筑工程项目施工管理的创新对建筑施工企业的生存与发展起着越来重要的作用，细致入微的管理和科学技术创新才可以更好地体现工程管理水平，项目部作为企业的派出机构是企业的分公司，是企业的缩影，代表着企业的形象，体现着企业的实力，是企业在市场的触点，是企业获得经济效益和社会效益的源泉，因此项目施工管理的有效运作是建筑施工企业的生命，唯有不断创新、不断提高管理水平，才能使生命之树常青。

注品控 创国优
——中国建筑一局（集团）有限公司连云港经济技术开发区金融大厦项目

侯 磊　郑文博　宫大鹏　李盼盼　秦晓东

一、项目成果背景

1. 工程概况

(1) 工程基本信息

开发区金融大厦位于连云港市花果山大道 868 号，坐落于国家级经济技术开发区－连云港经济技术开发区，位于花果山大道东，银台路北。

工程于 2014 年 5 月 1 日开工，2016 年 12 月 1 日竣工。

工程总建筑面积 64435m^2，地下 1 层，地上 24 层，建筑高度 99.45m。

工程预算造价 3.10 亿元，竣工决算造价 3.07 亿元（图 1）。

图 1　项目外景图

(2) 主要参建单位

如表 1 所示。

参　建　单　位　　　　表 1

参建单位	单位名称
建设单位	江苏新海连发展集团有限公司
设计单位	连云港市建筑设计研究院有限责任公司
勘察单位	江苏南京地质工程勘察院
监理单位	连云港连宇建设监理有限责任公司
监督单位	连云港经济技术开发区建设工程质量监督站
总承包单位	中国建筑一局（集团）有限公司

(3) 组成及功能

连云港经济技术开发区金融大厦是集金融商业、政务办公为一体的综合性建筑，是连云港市开发区履行政府公共服务职能、推进服务型政府建设的重要载体（表2）。

组成及功能　　　　　　　　　　　　　　　　　表2

部位	功能及用途
二十四层	休闲区
五至二十三层	办公区
四层	会议洽谈
一至三层	政务与金融服务
地下一层	机动车车库、设备用房

2. 选题理由及实施时间

连云港开发区金融大厦工程位于连云港市国家级开发区中心区，作为开发区最高楼，是开发区标志性建筑之一，被定为开发区重点工程。同时本工程位置处于江苏省绿色工程示范区，受到地方政府充分重视。工程自立项起便确定了誓夺国家优质工程奖的目标，以科技示范与科学管理推动项目完美履约。

工程工期紧、难度大、标准高，在项目施工全周期内（2014年5月1日至2016年12月1日）需进行系统全面策划，确定各项目标，详细策划项目运行各阶段的管理重点，以科技先行全面推行"四新"技术，以科学、系统的管理制度保质、高效落实，以实现"国优"为最终目标。

（1）质量目标

设计水平目标：工程建设项目优秀设计成果奖

施工质量目标：国家优质工程奖

（2）综合效益目标（社会效益目标、经济效益目标等）

建造优质工程，为连云港地区金融投资、融资服务提供良好的平台，促进地区经济发展，通过科学管理、优化设计及方案达到节约预算造价不小于1.5%的目标。

（3）工程建设过程中的管理目标

1）安全文明及绿色施工目标：江苏省建筑施工标准化文明示范工地。

2）进度控制目标：保证工期节点，保证于2016年12月15日前竣工。

3）科技创新目标：积极推广应用了住建部"建筑业10项新技术"中不少于25个子项，自主创新技术成果不少于5个，形成专利不少于2个。

二、项目管理及创新特点

1. 工程设计特点及先进性

（1）在设计前期采用斯维尔软件对场地进行自然通风模拟，得到场地内气流组织和节能方面的最优方案，形成舒适的城市小环境（图2、图3）。

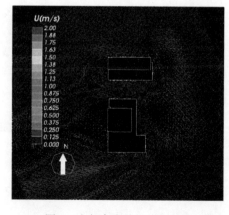 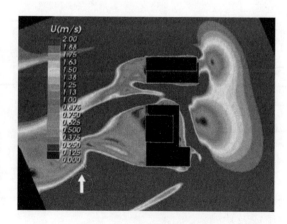

图2　人行高度处风速矢量图　　　　图3　人行高度处风速云图

（2）采用城市雨水回收利用系统，收集屋面雨水用于绿化喷灌、道路浇洒，充分利用非传统水源，缓解城市用水压力，最大限度节约水资源（图4）。

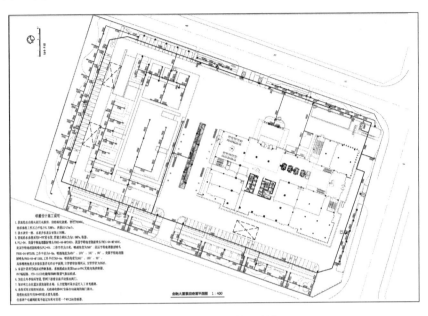

图4　雨水回收利用设计

（3）空调冷、热源由附近能源站提供，能源站为利用地表可再生能源的地源热泵系统，就是利用浅层和深层的大地能量，再由热泵机组向建筑物供冷、供热的系统，是一种利用可再生能源即可供暖又可制冷的新型中央空调系统，并采用能耗分级计量及空调用户远传计量系统（图5、图6）。

图5　中央空调系统

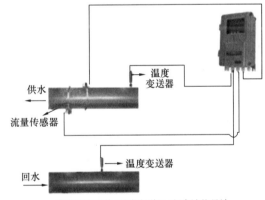

图6　能耗分级计量及空调用户远传计量系统-01

（4）通高共享中庭配合顶部玻璃采光顶优化采光

裙房内含通高共享中庭配合顶部玻璃采光顶优化采光，最大限度引入自然光照（图7）。

（5）智能化工程

智能化工程包含综合布线系统、网络语音系统、综合保安系统、楼宇自控系统、多功能厅会议系统及智能化系统集成。

2. 工程重、难点

难点一：淤泥质土深基坑施工

工程地处临海，地基土质为海底淤泥质土，地质条件十分恶劣，基坑支护及土方施工是基础阶段控制重点。施工中根据工程地质情况对基坑围护进行深化设计，确保基坑施工安全（图8）。

图 7 优化采光

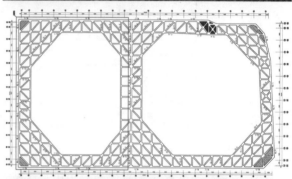

图 8 淤泥质土深基坑施工

难点二：大空间施工难度大

首层大堂两层通高，净高 9.48m。模板支撑体系是结构施工控制重点（图 9）。

难点三：幕墙综合排版

幕墙工程由隐框玻璃幕墙、半隐框玻璃幕墙、点式雨棚、采光顶天窗等组成，共有 47 种不同规格尺寸玻璃，造型新颖，综合排版要求高，深化设计难度大（图 10）。

难点四：室内石材体量较大，种类较多，造型复杂

室内装修大量运用凹凸干挂和异型干挂石材，减少安装误差、保证造型是工程控制难点（图 11）。

难点五：天然石材纹理拼接施工难度大

大堂、公共休闲区、电梯厅大理石地砖地面，采用天然石材，纹路拼接难度大（图 12）。

难点六：机电安装工程复杂，施工难度大

机电安装工程系统多，地下室层高较低，各系统管路根据使用功能不同且保温厚度及材质不同对管道的排列间距要求高，工序复杂，敷设难度大，施工难度大（图 13）。

3. 管理重点

（1）技术管理

科技引领、技术先行是现代建筑行业的核心文化之一，有针对性地确定最优方案是后续现场履约管理、质量安全管理以及成本管理的先决条件。上述提及各项工程难点均需要与建设单位及设计单位进行联合深化，在实操性、可控性和成本之间寻找最佳平衡点，并持续跟踪调整，确保一次性施工达标。

图 9 大空间施工

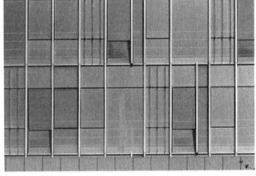

图 10 幕墙综合排版

图 11 室内石材

图 12　天然石材施工

图 13　机电安装工程

（2）工期管理

计划工期落实程度是合同履约的最直观体现，工程有序高效的进行的关键是节奏把控。金融大厦应用各类先进设计理念，涉及十大分部中所有子项，各专业施工单位协同作业，存在大量工序衔接及作业面穿插，需从人、机、料及施工环境等各方面细化管理，建立系统完善的工期监控体系与纠偏机制，确保全周期施工节奏稳定。

（3）质量安全管理

工程质量与施工安全是建筑行业行为准则的具象化，是企业立足根本，一切管理行为的最终考卷。质量靠控不靠修，安全靠治不靠藏。质量安全管理体系的建立以及制度条例的落实不是独立的，需要各个系统的支持，同时也要给各系统工作运行明确要求，指明方向。针对工程深基坑、高大架体、超高幕墙、管线综合等方面从设计敲定、方案深化、现场实施等全过程需要起到督导职能，同时利用管理制度的不打折执行强化过程管理。质量安全管理的关键在于需要将其放在足够的高度上，各个系统之间的有效配合才是完美履约的核心，保证一次性验收的合格率、降低质量整改与安全隐患整改的频次，才是在根本上保证工程进度与成本的方法。

（4）成本管理

成本基于项目运营既是服务员也是大管家，成本管控的意义不仅在于盈利，更是通过合理可控的收支平衡保证现场各系统有效运行，效益是创出来的不是省出来的，在满足工期、质量、安全等各方面要求的情况下通过科技创效和管理增效的手段最终实现成本目标才是成本管理的重点。

三、项目管理分析、策划和实施

1. 项目情况分析及体系建立

（1）管理思路

金融大厦工程在施工管理阶段的主要矛盾集中在较大的施工难度与较高的目标要求，如何在克服各项困难完成施工的同时还能使得各项管理目标得以实现是本项目管理工作的核心出发点。结合项目情况，确定了争创国家优质工程奖的目标，通过对这个最终目标的实现，更具象化的分解各项工作，项目各参建方意见达成一致，以国优工程的各项要求为切入点，以质量安全管理为突破口，优化过程管理，严控质量标准，每道工序一次成优，从而通过高标准的质量在根本上推动工期及成本目标实现。

思路确定后，工程建立了以建设单位为主导，设计、监理、总包、分包各单位相互联动、相互监控的质量管理体系。以过程质量控制为中心，通过控制规划、设计、招投标、审定重大技术方案及施工各环节的质量，达到质量控制的目的。工程建设过程中各参建单位工作配合紧密，严格控制质量关，明确过程控制思路和目标，相互监督、相互促进、协同工作。

（2）质量管理制度建立

工程自上而下贯彻了"国家优质工程奖"的质量目标，建立健全了各项管理制度，统一认识，落实责任，认真进行创优策划，强化质量控制与验收，层层分解目标，保证创优策划中的质量标准与措施有效落实。

建立了以下质量管理制度：

1）每周生产例会质量讲评

项目部将每周召开生产例会，现场经理、机电经理把质量讲评放在例会的重要议事议程上，除布置生产任务外，还要对上周工程质量动态做全面的总结，指出施工中存在的质量问题以及解决这些问题的措施，并形成会议纪要，以便在召开下周例会时逐项检查执行情况。

2）每周质量例会

由项目质量安全总监主持，参与项目施工的所有作业队伍技术负责人及质量员参加。项目质量安全经理要认真地听取他们的汇报，分析上周质量活动中存在的不足或问题。

3）每月质量检查讲评

每月底由项目质量安全总监组织作业队伍质量及技术负责人对在施工程进行实体质量检查，之后，由作业队伍写出本月度在施工程质量总结报告交项目质量安全总监，再由质量安全总监汇总，以《月度质量管理情况简报》的形式发至项目部有关领导，各部门和各作业队伍。

4）质量会诊制度

对于施工中出现的质量问题我们将采用会诊制度与奖惩制度相结合的方式彻底解决。会诊制度流程图如图14所示。

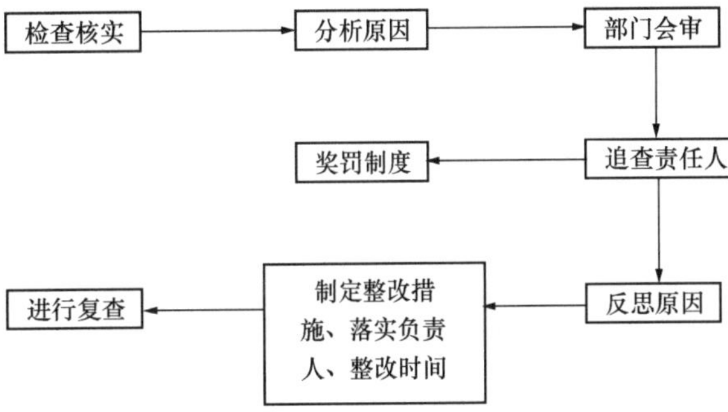

5）样板先行制度

分项工程开工前，由项目部的责任工程师，根据专项方案、措施交底及现行的国家规范、标准，组织作业队伍进行样板分项施工，样板工程验收合格后才能进行专项工程的施工。

图 14 会诊制度流程图

6）"三检制"和检查验收制度

在施工过程中我们将坚持检查上道工序、保障本道工序、服务下道工序，做好自检、互检、交接检；遵循作业队伍自检、总包覆检、监理验收的三级检查制度；严格工序管理，认真做好隐蔽工程的检测和记录。

7）奖惩制度

我公司将根据多年项目管理经验和工程实际情况制定《作业队伍质量管理规定》，在作业队伍进场时就向其宣讲交底，使项目对作业队伍的质量管理规范化、程序化，避免野蛮施工。

2. 质量管理策划开展及策划成果落实

工程坐落于国家级开发区核心地段，是开发区最高楼，承载着带动开发区金融及政商务办公的使命，项目确定了高设计标准、高质量要求的基本要求。开工后第一时间由建设单位牵头，设计单位、监理单位及总承包单位联合对工程体系进行了总体策划，明确本项目的目标是满足规划与功能要求，利用先进的勘测、设计技术、控制工程造价，努力将本项目设计成一个国内领先、经济合理、充分利用旧有道路、注重生态环保、景观优美的城市精品工程，各参建单位在其职责范围内对质量工作从各方面进行系统管控，全方位提升工程实体质量。

（1）建设单位方面：作为开发区管委会直属开发单位，开发区范围内共承建8个工程，其中6个工程属于公共建筑，施工单位包含了中建、中铁、中水三家央企以及江苏省各著名建筑公司。建设单位借鉴目前主流的第三方评估模式，对下属所有工程进行对标评比，根据十大分部力求达到常态化、标尺化、数据化的特点。通过每个工程在评比中不同检查项中的得分，利用数据说话，将工程建设各阶段中容易出现的现场通病直观地反映出来，作为其他工程在后续施工中质量控制的重点；对每个工程各阶段总结的施工经验以及存在不足进行横向传播，对于比较典型的生产问题要求其他所有工程进行分析讨论，分析原因，制定预防对策，并切实落实在本工程类似施工部位。

金融大厦工程在工程开工第一次图纸会审后，建设单位组织各参建单位共同讨论确定本工程中的质量控制重点与难点，并将讨论结果反馈至开发区质量监督站，在其他先行工程中寻找存在类似情况的工程，组织对标观摩，学习成功经验、分析问题出现原因，在此基础上推动设计、监理、施工单位进行有针对性的质量策划落到实处。

（2）设计单位方面：重视"技术先行"，明确没有最好设计、只有最优设计的理念。在图纸设计阶段，以满足规范、图集及法律法规的前提下选用质量保证系数高的材料及做法；在推行新材料、新工艺之前先与传统做法进行对比分析，在"质量效果""施工难度""经济与社会效益""绿色环保"四方面通过数据说话，确定最佳做法；在建筑、结构造型设计中考虑实体施工的难易程度，防止出现因措施方法无法达到而影响施工质量；在工程施工过程中对于未考虑充分的施工做法积极接施工单位和监理单位意见，在淤泥质土坑中坑支护方法、地下室外墙单面模外墙回填做法、高支模悬挑结构梁柱节点钢筋排布、空调系统变更地下室管线穿插布置与替换、全玻璃幕墙与防火分区隔墙连接处理、屋面高支花架梁幕墙安装等方面与施工单位共同进行质量施工策划，在实体施工前将各类存在的隐患进行充分分析，指定控制措施或者调整图纸做法，通过针对性的事前策划确保实体施工全过程质量体系高效落实。

（3）监理单位方面：在总承包单位编制工程质量策划和创优策划时全过程参与，与施工单位对于各类问题的解决方案进行讨论，统一目标、统一标准，确保现场落实过程中可以有效配合，同时结合建设单位出台开发区建设平台评比内容细化打分项，对工程进展各阶段中应重点注意的质量薄弱点和控制难点进行具体化的分值对应，并编制针对本工程的施工特点编制如"测量放线、旁站监理、电气工程、泥浆护壁钻孔灌注桩、钢筋工程、模板工程、混凝土工程、深基坑支护及开挖、地下室人防、屋面及地下室防水、墙体砌筑及抹灰、建筑节能、幕墙细则、精装修细则"等一系列质量管理细则，对各分部分项工程施工过程中监理单位和施工单位的规定动作进行要求，通过制度化、具象化的管理，来规范现场质量行为，通过评比打分形式，将各类因管理不严、手艺不精、态度不端、材料不达标等因素造成的质量问题充分暴露出来，结合合同中约定的奖罚措施，真正切实有效地抑制了日常施工活动中出现的不必要质量问题。

（4）施工单位方面：工程的完美履约无外乎工期、质量、安全、成本四方面，由于金融大厦工程本身在当地的特殊性，四方面的全面兼顾变得尤为重要，正因如此，在工程伊始，施工单位便确定了"国家优质工程奖"的最终目标。除了响应建设单位与监理单位的质量控制方法制定针对性的质量策划以外，更是以国家优质工程为标准制定了工程创优策划，确定"以完全落实规范、图集、设计要求为亮点"和"以工程重、难点为亮点"的策略，分两条路线进行落实。力求在平凡中创造精品，不以出亮点为目标做亮点，而是让工程每个细节经得起推敲，亮点自然成。

1）以完全落实规范、图集、设计要求为亮点：

将QC活动小组升级为创优评估小组，以落实建设单位、监理单位评分、评比为途径，以QC小组活动为形式，以吃透规范、简化落实、细化验收为手段，对各施工阶段进行质量把控，小组组长独立存在，不以总工或质量总监兼任，小组直接向项目经理汇报，根据实测结果技术部调整交底方案、质量部调整验收工作、工程部调整劳务班组,直至实测数据合格。

2)以工程重、难点为亮点:

针对工程在各阶段存在的施工重难点进行攻关,"越是难点,越要做得漂亮",通过科学化的管理,对《建筑业十项新技术》的引用,对中建一局科技资源库中工法的充分借鉴,与建设单位、设计单位、监理单位共同协作,不仅仅只是处理施工过程中的困难,同时要做到实操性、推广性、创效性的兼顾,以高质量、高标准的形式解决技术难题,并将成果进行系统总结整理,形成企业级、国家级的工法、专利等,在当地和企业内部进行推广,创造属于金融大厦工程所独有的亮点。

3. 施工质量保证措施:

(1)建立质检制度保证体系

1)建立以项目经理为首的技术负责人、施工队长、项目质量员、班组质量员组成的内部质量控制体系。

2)实行质诘认证制,每道工序完工后,由项目部质量员及时验收和评定等级,未经验收不得进入下道工序,不得结算,验收不合格坚决返工,其质量等级作为工作结算的依据。

(2)建立各环节质量控制措施

以公司编制的质量手册和程序文件为依据,把好五道关:人员素质关、材料验收关、操作工艺关、预检复验关、信息管理关。

1)人员素质关,通过业绩、能力和技术水平考核择优选用项目班子,建立一支高水平的项目管理队伍,把好操作工人素质关,对进行新技术、新工艺、新材料操作人员应先培训上岗,要求管理人员和特种工种人员均必须持证上岗,严禁无证上岗。

2)材料验收关:把好采购、运输、储存、使用等质量环节关。所有材料除符合规范要求外,要有出场合格证,做到先检验后使用,严禁不合格材料进场。

3)操作工艺关:严格按设计和施工规范要求施工,尤其对渗、漏、堵、蜂窝、麻面、胀模、钢筋偏位、接缝等质量通病,建立工序控制标准和技术复核制度,实行施工全过程中的监控,积极采用新技术提高工程质量。

4)预检复验关:每道工序前,施工负责人须对工人进行详细的技术交底,施工过程中把好质量管理关,严格执行"三检制度"实行层层把关,并做到工程档案资料与工程同步。

5)信息管理关:项目部按公司质量体系程序文件的要求负责项目质量信息的收集、整理、反馈,项目总工程师是质量的具体负责人,应根据收集到的质量信息作好全过程的质量预控,及时下达质量整改意见书,指导项目质量管理工作。

(3)成品保护措施

1)在编制作业计划时,既要考虑工期的需要,又要考虑相互交叉作业的工序之间不至于产生较大的干扰。合理安排工序,防止盲目施工和不合理的赶工期以及不采取成品保护措施造成相互损坏、反复污染的现象。

2)成立项目成品保护小组,根据分部分项特点,建立相应的成品保护的技术措施。

3)过程产品在检验前,由该工程的作业队伍负责人组织保护,并负责做好交接手续。

(4)经济管理措施

项目部根据进度计划及业主付款节点编制现金流量表,严格执行商务策划,确保项目施工过程中不受资金影响,同时严格控制变更,提前预估变更对施工的影响,尽早做出准备。

在施工这个工程实施过程中,实行限额领料制度,将各级管理、技术人员与全体参建人员的利益所得与过程中材料节省率全面挂钩,并严格执行、全面落实、一视同仁,从而调动参建建设的全体人员的积极性。实行质量及施工进度目标奖罚制度,对施工单位的各个重点节点、阶段及整体的质量及进度目标的完成情况进行检查和考核,并根据合同约定和本项目相关制度进行奖罚(表3)。

限 额 领 料 表　　　　　　　　　　表3

序号	名称	下浮率	经济效益（万元）
1	钢筋	1.5%	33.6
2	混凝土	1.0%	18.42
3	砌块、砂浆、水泥、石子等	1.3%	0.559
4	幕墙玻璃铝材	1.5%	21.3
5	装饰材料	2.0%	14.86

4. 科技创新管理

(1) 新技术推广应用的策划

开发区金融大厦工程自建设伊始就明确各项科技创新目标，按照国家级示范工程相关要求制定施工组织设计，编制施工方案，不断改进施工工艺，针对施工的各个环节进行细节管理和控制。实施过程中项目部成立了新技术推广示范工程领导小组，由项目经理任总负责人，技术总工任常务负责人，制定了具体的工作计划，同时明确了责任，制定奖罚措施。工作小组于2014年12月成立并开展工作，公司各级领导及公司技术部对项目部的工作开展给予了极大的支持和帮助，使得新技术推广实施过程顺利。

(2) 管理措施

1) 项目经理部成立后，对工程目标管理进行了统一策划。具体包括项目管理目标（工期、质量、安全、CI达标、效益、科技成果、人才培养）、机构设置分工、各岗位职责、工期实现计划、安全目标实现计划、质量目标实现计划、资源需求计划（分包、供应商实行招标制度、资金筹措计划、垫资压力分解措施）、效益目标实现计划、后勤保障计划、CI创优计划及措施、科技示范工程及科技成果创新计划（包括创建设部科技推广示范工程计划、施工技术改进与创新计划、专题施工总结计划）、人才培养计划等。

2) 目标确定后，实施是关键，项目部确立了以科技为主导的战略思想，加大项目施工技术科技含量，来确保预定的目标实现，并相应采取了一系列组织和管理措施。

①领导意识到位，管理措施落实

项目部成立实施工作小组。小组在熟悉图纸的基础上，根据工程特点等要求，制定出科技推广项目计划，定期小结。按逐一单项落实细化。

②统一思想，提高认识

召开专题会，对制定推广的计划可行性达成共识，确保施工生产，项目日常管理工作的顺利展开，在促进科技进步方面产生比较大的推动力。

③逐级落实推广科技运用项目计划

项目领导作具体分工，项目经理负责科技推广项目全面工作，现场经理主管生产、劳动力调配、生产计划落实，项目总工负责施工技术及工艺、方案编制，并多次召开科技推广扩大会议，具体分工，层层落实，做到目标一致，人人有责，使大家有准备地共同实施好推广项目。

每一个新技术项目实施前，由项目技术部编制详细的单项施工方案，使落实计划与施工作业具体要求相结合，确保科技推广项目持久、顺利实施。

5. 安全及文明施工管理

(1) 安全生产措施

1) 现场认真贯彻落实"安全为生产，生产必须安全"的安全生产方针，严格落实安全生产管理制度。

2) 现场成立文明安全施工领导小组，由项目经理任组长。设专职安全员和兼职安全员，根据我公司制定的文明安全施工的规章制度，落实安全管理人员岗位责任制。

3）本工程实行科学的全封闭管理，严格执行人员外出的请假制度，增强工人的纪律观念，提高工人的思想素质。

4）开工前对全体人员进行安全教育，经考核合格后方可上岗。并且定期进行安全生产讲评会。对施工生产做到有布置、有落实、有检查。特殊工种操作人员必须持证上岗。

5）在现场醒目的位置设置安全、消防等宣传标牌，讲解消防设施、器材的使用方法。消防设施、器材放置位置要有明显标志，夜间设红色警示灯，道路要通畅。

6）布置任务时要进行详细的安全技术交底，并做好记录，施工中严格执行安全操作规程，对安全设施经进行检查。

7）坚持开好班前安全会，并做好书面记录。

（2）消防保卫措施

1）严格执行现场保卫消防管理制度，落实管理人员岗位责任制。

2）建立门卫及巡逻制度，保卫人员佩戴标志，昼夜值班，加强对工人的管理，掌握进场人数，办理暂住证，签订消防保卫协议。从而确保施工现场防火、防盗安全。

3）制定相应的消防管理措施和明确责任制，对工人进行培训，学习防火、灭火知识及器材的使用方法。

4）现场消防器材、设施做好清单，绘出消防平面图，使消防器材的设置合理有效。

5）施工现场禁止动用明火，确因需要，必须向工地负责人申请，并采用防火措施。现场需动用明火（电气焊）要签证，并派专人带灭火器看火。

6）现场消防器材齐全有效，码放处均设置明显标志，并保持道路畅通无阻。

7）现场要认真执行"三坚持"，即坚持防火交底制度，坚持用火申请制度和坚持特殊工种持证上岗制度。

（3）绿色文明施工措施

1）总平面管理

总平面管理是针对整个施工现场而进行的管理，其最终要求是：严格按照施工平面布置图的规划和管理，具体表现在：

①施工平面图规划应具有科学性、方便性。施工现场按照文明施工的有关规定，在明显的地方设置现场管理制度、防火安全保卫制度等标牌。

②水源、电源及消防设施等的设置严格按照平面图布置。

③所有的材料堆放、机具的布设均需进行规划和合理布置。

④在做好总平面管理工作的同时，经常检查执行情况，坚持合理的施工顺序，不打乱仗，力求均横生产。

2）重点部位的达标要求工完场清：

在施工中要求各作业班组做到工完场清，以保证施工楼面没有多余材料及垃圾，项目经理部应派专人对各楼层进行清扫检查，使每个已完工的结构面清洁，无积灰，而对运入各楼层的材料要求堆放整齐，同时班组实行日日清制度，及时清洗机具和清理操作场所，做到工完料尽场地清。

3）实行绿色施工目标责任制

把绿色施工以责任书的形式层层分解到有关单位和个人，列入承包合同和岗位责任制，建立环保自我监控体系。项目经理是环保工作的第一责任人，是施工现场环境保护自我监控体系的领导者和责任者。

4）加强检查和监控工作要加强检查，加强对施工现场粉尘、噪声、废气的监测和监控工作。及时采取措施消除粉尘、废气和污水的污染。

5）在施工现场平面布置和组织施工过程中执行国家、地区、行业和企业有关防治空气污染、水源污染、噪声等环境保护的法律。

6）选用无公害的装饰材料。

四、管理效果评价

1. 工程建设亮点及经验

（1）幕墙工程

幕墙工程整体造型新颖，尤其斜幕墙设计复杂，安装要求高。为保证一次成优，项目部通过联合专业分包技术人员对幕墙图纸进行二次深化设计，经过精心排版，对47种不同尺寸规格玻璃进行编码标注，并按照标号对材料进行分批进场码放。材料进场后对玻璃及石材进行抽检，保证尺寸准确，规格符合深化设计要求，未经检验或检验不合格的材料严禁使用。

由于本工程工期较短，所以在幕墙施工前进行编制幕墙施工总计划及节点计划，并将每周、每月将工作计划上报监理和业主，并核对工程进度是否与计划一致，如有不符，则应查清原因，及时补救。

为保证幕墙工程施工质量，项目部要求幕墙专业分包在主体施工阶段与主体工程施工测量轴线相配合，使幕墙坐标、轴线与建筑物的相关坐标、轴线相吻合（或相对应），测量误差应及时消化不得积累，使其符合幕墙的构造要求。测量放线在主体施工完成后进行，按每个单位幕墙设置垂直、水方向的控制线并做好标识。严格控制测量误差，垂直方向偏差不大于15mm，水平方向偏差不大于5mm，中心位移不大于3mm，测量必须经过反复检验、核实，确保准确无误，并做好标识，确保标高、轴线的统一性、唯一性。

在施工过程中严把质量关，对埋件位置偏差的检查、转接件安装、竖龙骨安装、横龙骨安装、防火层安装、玻璃及石材面板安装等工艺工序进行严格检查，保证安装质量。

最终，幕墙施工质量良好，无返工、返修现象，一次安装合格。玻璃幕墙、石材幕墙与主体结构连接牢固可靠，玻璃幕墙平整洁净，石材幕墙表面平整，无明显色差，斜玻璃幕墙安装牢固规范，整体幕墙胶缝饱满密实，宽窄一致，光滑顺直。幕墙线条流畅，无渗漏，整体达到设计要求的采光、保温、隔热以及美观的效果（图15）。

图15 幕墙施工图

（2）屋面工程

本工程裙房屋面面积约为2411m²，主楼屋面面积约为1447m²，通过与设计及业主沟通，为提升整体观感质量以及使用效果，裙房屋面面层采用广场砖，主楼屋面面层采用环氧树脂地坪漆。

通过以下步骤对屋面施工进行整体策划：

由于设计空调系统变更，屋面存在大量闲置预留设备基础。项目技术部经与设计进行沟通，在不影响结构安全性的前提下，采用陶粒混凝土将成排的闲置设备基础间空隙进行填塞。

屋面工程在施工前严格进行方案编制，综合考虑设备基础、出屋面风井及机房位置，同时参照图纸中坡度脊线位置，确保整体通缝，形成排气管安装布设图、排砖图、分格缝划分图等深化图纸。考虑高跨部分、电梯机房等部分立面面层原设计为乳胶漆墙面，为提升整体观感质量，通过与业主协商，采用与干挂石材相同样式的真石漆进行施工。结合机电专业，对屋面设备、桥架及管道走向进行综合考量，对屋面所需要增加的设备基础进行提前施工，并统一规划设备基础面层做法（图16）。

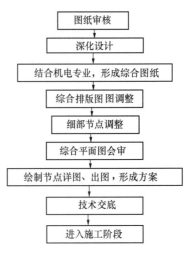

图16 屋面施工整体策划

每一道工序施工前对工人进行技术交底，明确技术要点及节点做法，并保证在机电设备安装前完成屋面面层施工，确保一次成优。

施工时从找坡层开始严把每一层施工质量，尤其控制防水层施工质量，本工程防水材料为聚氨酯防水涂料+聚氨酯硬泡体，确保防水施工满足要求，坡度坡向正确，符合设计要求（图17）。

图17 施工防水图

裙房屋面面层材料为15cm×15cm广场砖，面层施工时对阴阳角、雨水口、排气管等细部节点进行严格把控，根据设计效果编制两版排砖方案，在现场利用不同颜色进行弹线预排，结合现场实际情况及效果确定最优方案，保证整体排砖分色清晰、美观统一，分格缝整体通缝设置，阴阳角方正、无碎砖，雨水口坡度满足要求、排水顺畅、美观大方，排气管位置准确、功能良好、朝向一致（图18）。

主楼屋面面层为环氧树脂地坪，确保基层质量为控制重点。在施工中对混凝土找平层质量严格把控，保证强度达到要求，无空鼓、裂缝。环氧树脂施工时严把每一道工序质量，保证平整光洁，分色清晰、脊线明显，面层无裂缝（图19）。

施工完成后主楼屋面环氧面层分格缝清晰，表面平整，色泽均匀；裙楼屋面石材墙面与真石漆仿石

图 18 雨水口坡度施工

图 19 主楼屋面面层施工

材墙面缝隙统一，接缝自然，15cm×15cm 广场砖分仓排布合理，表面平整，分格缝缝宽均匀、一致、顺直，设备基础面砖整砖排布，并与屋面缝格对应，整体通缝，且均在设备安装前完成面砖铺设，而且均在分格缝纵横交叉处设置排气管，排气管成行成线，且居分格缝中心，高度一致，排气管在同一屋面排布方向一致，充分体现了施工时超前的策划，一次成优（图 20）。

图 20 主楼屋面环氧面

通过本次屋面施工的策划，有效地提高了项目部在技术、质量方面的管理水平，在整体规划、细部处理方面有了很大的提升，尤其是提高了对施工过程中会遇到的问题的预判及解决能力。在以后的实际工作中，一定结合本次策划的经验，对是施工中的问题做到提前预判，及时解决。

（3）电气系统

电气接地工程是本工程的一个亮点：

在结构施工阶段，项目部便于与设计单位对接地图纸进行了深化设计，明确了在外墙进出户管道处、强弱电井、水管井、电梯井道、卫生间、屋面风机、水泵房、电梯机房、变配电房、弱电机房等重点部位预留接地干线的具体位置，并随土建结构施工进行接地干线的预埋，在接地干线预埋阶段严把质量关，确保接地干线的搭接长度满足规范的要求，并选用专业焊接人员，确保焊接质量（图21～图25）。

图21 屋顶风机及电源管接地

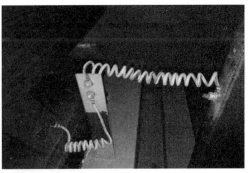

图22 地下室水泵及金属支架接地

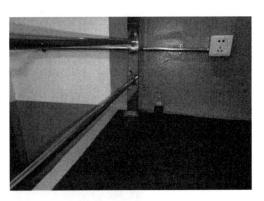

图23 电梯机房内钢梁及栏杆扶手接地

图 24　24层水管井内管道等电位连接

图 25　出户管道等电位连接

在后期安装中，强弱电井内明敷 40cm×4cm 镀锌扁钢做接地干线，并每三层与楼板钢筋做等电位联结，竖井内桥架每层与接地干线可靠连接（图 26）。

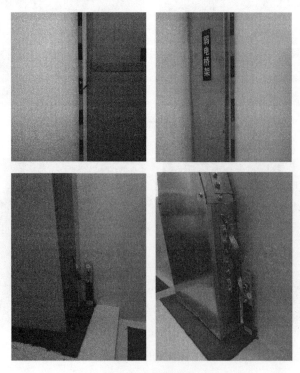

图 26　镀锌扁钢

变配电室内明敷 50cm×5cm 镀锌扁铁做为接地干线，转弯处采用专用液压装置对镀锌扁铁进行煨弯，油漆光亮，接地干线与金属支架及门框等可靠连接，设置临时接地点（图27～图30）。

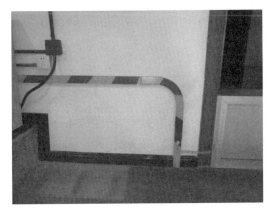

图 27 接地母线与金属挡鼠板可靠连接

图 28 接地母线与金属支架可靠连接

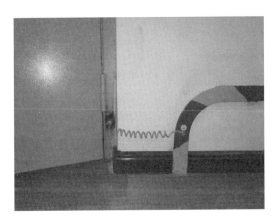

图 29 接地母线与金属门框可靠连接

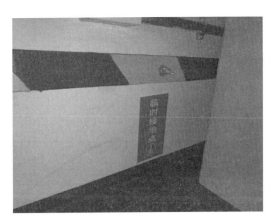

图 30 设置临时接地点

规范要求接地支线必须单独与接地干线相连接，不得串联，因此本工程电气盘柜箱门保护接地线直接与箱内地排相连，与配电箱连接的桥架及线管的接地线，均单独与配电箱内地排直接押接，所以在配电箱招标采购阶段便明确配电箱内地排端子数以及箱门跨接地线的做法，防止后期端子数量不足，再对配电箱进行整改（图31～图33）。

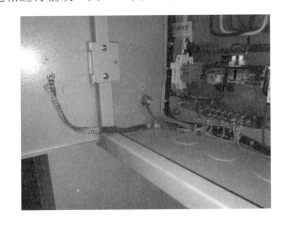

图 31 配电箱门直接与地排相连

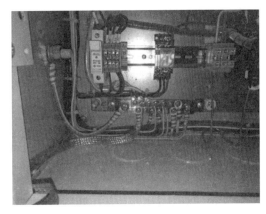

图 32 地排接线端子一一对应

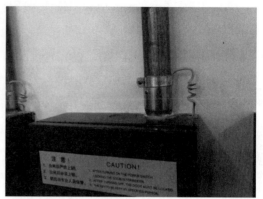

图33　与配电箱连接的电线管直接与配电箱内接地端子连接

（4）BIM技术应用

金融大厦位于连云港经济技术开发区，为大型综合性办公楼，机电安装工程包含水（生活给排水系统、消防给水系统、空调水系统）、电（动力、照明系统、消防报警系统、保安监控系统、楼宇自控系统）、风（地源热泵系统、送、排风，消防排风、排烟）等。施工内容多、业主指定分包多、系统复杂、覆盖面积广、施工周期短。面对短工期、高质量、设计与工程实际情况与要求有出入的情况下，项目部结合多年来的机电安装总承包的经验，经过技术分析、讨论，对工程的管线进行综合平衡，收到了很好的效果。

思路：在本工程中将管线布置综合平衡技术应用分成两个过程：设计与施工。这一次的设计是在遵循我国现有的设计与施工方面有关规范，针对施工现场的具体情况，以及业主的要求，采用BIM技术对由连云港建筑设计研究院的施工图进行优化、细化及合理化的布置。施工则根据"深化设计"的图纸进行合理安排，最优化组织的有序施工。

部署：管线布置综合平衡技术在深化设计中的过程：深化设计是管线综合平衡技术的核心。通过采用机电综合图纸，在计算机上预先完成机电安装的理论装配，以解决在保证功能情况下机电系统各管线的标高和位置问题，避免管线交叉时产生冲突，配合并满足结构及装修的要求。

1）深化设计流程如图34所示。

流程中各步骤的主要工作内容如下：

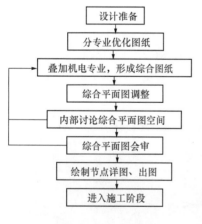

图34　深化设计流程

设计准备：专业技术人员选定，计算机及网络等到位。开始熟悉施工图纸，对比勘查现场的实际情况，以及业主、设计院的要求。与相关专业协调、沟通其调整的可能性及调整的范围。

分专业修改、优化专业图纸：根据前期的准备确定各专业系统方式，确定主要垂直管线位置，（如管道立管、动力竖管），出到平面的标高和位置；在综合平面图叠加前根据规范与现场情况基本参照"管线在平面不重合，所有管线垂直相交，小的上翻避大的"的原则确定基准标高与位置后调整和优化各专业范围内的管线，消除原设计中影响到标高以及要求的点与面。

叠加机电专业、综合平面图的讨论与调整：利用Revit软件将各机电专业图纸进行绘制，形成机电综合平面图。再结合功能要求、装饰要求，统一对综合平面图进行讨论，发现问题并加以调整。尽可能减少机电安装各专业间的矛盾与问题。（如：变风量机组，一旦通风专业调整了位置，那么空调水管、动力、弱电控制相关专业也必须统一调整。）

综合平面图会审：由业主单位代表、设计院、监理单位、土建、安装、装饰队伍的代表共同参加，针对综合平面图再一次发现、解决问题的过程，以图纸会议审定的形式进行。这一会议除了再次对综合平面图可行性和问题做了讨论和研究，还是对综合平面图，以及深化设计成果的一个认可的重要过程。

绘制节点详图，出图：结合图纸会审意见逐一修正后，编制深化设计说明，选定管线密集，施工难度较大的部位，绘制节点三维视图，形成齐备的整套可供施工的深化设计图纸及变更、调整记录。为下一步施工阶段做好了准备工作。

深化设计过程中的控制要点：

人员的配备：深化设计是一个专业性很强的工作，尤其是管线综合布置时，各专业知识都将涉及，并且在有些具体问题处理的合理性上很大程度取决于设计者实际施工经验的丰富程度，以及对设计、施工规范熟悉程度。所以全面的专业机电安装知识与经验成为深化设计人员的必须具备的技能。

在本工程中我项目部深化设计配备的人员，都是经过严格挑选，每位都拥有五年以上工作经验，事实证明也正是这样的选择为管线布置综合平衡技术的应用，乃至项目的顺利进行起了极大的作用。

加强与业主、设计及监理单位的沟通与交流。与业主、设计及监理单位的良好的沟通，能及时了解业主需求的变化，有利于确认深化设计的方向与成果。也是取得业主、设计单位支持的重要方法。沟通与交流贯穿于整个深化设计与施工的全过程。

全面理解设计院设计的施工图纸及有关的设计、施工规范。

做好各项深化设计记录。

在深化设计的流程图的右侧，有每个过程产生的成果与结论，里面包含了各项纪录。记录中文字清晰的记载了每一次修改的原因、具体内容、修改结果与时间。由于深化设计是一个反复求证的过程，同一位置可能需要修改多次，通过记录可以有效避免了由于不同版本图纸的混淆，比较每次修改的效果；记录中还体现了业主不同阶段的具体要求、目的，以及施工过程中再次提出的修改要求。这些记录有利于现场签证、变更编制、整理、分类，以及核算拆改的工程量。图纸也随着工程的进展不断优化，将大大缩短以往绘制竣工图的时间，更为本技术在工程上的应用提供宝贵的经验。

在本工程中，将这些记录公布于深化设计的局域网络上。便于各专业随时查询、登记，并利用数据库系统统一维护和管理。依据深化设计的进程，公示修改的具体内容及完成期限，起到了很好的效果。

管线布置综合平衡技术施工过程，如图35所示。

2）施工的流程

流程中各步骤的主要工作内容：

施工前准备：施工人员熟悉深化设计图纸，理解设计图纸，复核现场实际情况，分析和选择集体的施工方法。制定施工工序及计划，在做好施工准备的前提下，根据深化设计图纸中管线层次的上下关系，以及施工方法对其他主序的影响关系划分施工的先后次序，形成流水化作业。在较大施工面积的工程中，还需要划分流水区域，保证多个区域同时施工，多道工序不间断同时施工。利用确定的施工工序，编制工期、劳动力、材料的专项计划。

样板区施工：贯彻深化设计和既定工序，记录有关数据和掌控实施效果，磨合施工队伍。

样板区施工中的测算与小结：测算记录劳动力、材料在既定的工序中的利用率，讨论和小结深化设计的实效性与不足。

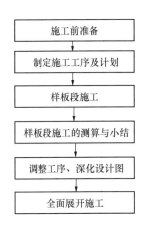

图35 施工的流程图

调整工序、计划、深化设计图：根据样板区的施工实际情况与小结，调整综合平面图，施工工序以及各项施工计划中的不足（图36）。

3）施工过程中的控制要点

施工过程中需要控制的内容很多，各个环节都很重要，本文仅针对本技术的应用，着重讲以下两点：

施工中做好施工经验的小结，各项指标的测算。

施工的小结与各项指标的测算是为了验证深化设计的实效性，以及工序合理性的重要方法，也是用事实检验理论的过程。对于项目而言，为整个工程的全面展开提供了重要的依据，对施工的成绩、效益

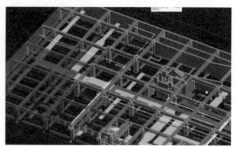

图 36　设计施工图

有着重要的意义。

本工程选定管线集中区域作为样板区域,在施工过程中,要求每一名技术人员认真记录了各单项工序的用工情况,材料消耗情况,比较了多种施工方法优缺点,并认真的讨论和小结。深化设计的实效性,以及施工方法和工序选择的正确性由前期的努力完善加上样板区验证和改进能够实现"车间化预制生产,现场装配",缩短了占用施工平面的时间,提高了施工的质量,降低了生产的事故发生率和生产成本。将我项目部机电安装水平提高到了一个新的高度。

施工中贯彻深化设计施工流水。

良好设计思路与施工流水是保证工程实现既定目标的需求和保障,但如果不能很好地贯彻落实也是一纸空谈。所以在施工过程中必须从管理人员到施工班组的每个成员都严格要求,针对具体情况建立各项培训和管理制度,对员工加以培训与管理相结合确保施工中深化设计思路、施工流水的执行。

在通过深化设计后,取得了很好的效果,赢得了交大业主的一致好评:

①各专业系统设备布置、标高、整齐一致,美观,管路走向清晰,通道及检修区域,空间合理开敞。

②管路支架尽可能采取了共用集中,管路走向采取分系统敷设从而减少了相互交叉及上下弯,缩短了管道路径,节省了管道和保温材料数量以及安装所需费用。

由于布局上的合理实用,从而能有效地降低工程造价和运营成本(图37)。

图 37　合理布局施工方案

管线综合布置平衡技术在连云港经济技术开发区金融大厦工程的应用使我项目部在技术和管理水平上得到了提升，也在新技术应用方面让我们尝到了甜头。在以后的实际工作中，一定广泛学习，结合现实工程的具体情况，利用和发扬这一技术，创造更多的精品工程。

2. 设计、科技、质量、绿色、标准等成果

连云港市优质结构工程；

连云港市"玉女峰杯"优质工程奖；

江苏省建筑施工标准化文明示范工地；

2016年江苏省十一批绿色建筑评价标识项目；

中国建筑工程总公司2017年度"中建杯"（优质工程金奖）；

2017年度工程建设项目优秀设计成果三等奖；

国家实用新型专利二项，发明专利一项；

2016年度连云港市建筑业企业优秀QC小组活动成果二等奖；

2017年度江苏省工程建设优秀质量管理小组活动成果二等奖；

中建一局集团科技推广示范工程；

最终于2017年12月荣获2016～2017年度国家优质工程奖。

3. 经济效益

（1）科技成果推广创效

本工程根据现场情况，大力推行建筑业十项新技术以及中建一局科技推广应用技术名录应用中推广的各项新技术，通过对深基坑支撑梁机械拆除工法、平锚喷网护坡施工工法、地下结构外墙单侧支模施工工法等6项工法的合理运用，在工程的各项重难点工作中起到了关键性的推动，不仅有效地保证了工期，较传统施工方法节省投入177.3万元，同时项目部编制塔吊承台小沉井施工工法（已申报实用型专利），在现场实际应用过程中取得了良好的效果，并取得了一定的经济效益（表4）。

创新施工成果表　　　　表4

序号	施工工艺	施工成本（元）	备注
1	混凝土、砖沉井支护	17844.54	
2	全现浇沉井支护	19004.87	
3	钢板桩支护	95336.18	待土方开挖完成之后才能拆除

该方法在当地由中建一局承建的两个工程均有应用，较当地惯用的钢板桩支护单井节省费用7.7万元，金融大厦工程创效15.4万元，两工程共节省费用108万元。

（2）合理化建议、技术改造及技术措施创效

1）地下室顶板防水材料原设计为指定厂家材料3mm厚GSP防水卷材＋8mm厚SJHJ防水砂浆，后经项目部建议，改为常规材料SBS防水卷材＋有机硅掺合料防水砂浆，在保证防水工况的同时，施工方法相对简单，技术成熟，且材料价格较低，地下室顶板共计14000m^2，经济创效21.2万元。

2）中庭采光顶华灯安装操作架由原经建设单位及设计单位确认的满堂钢管架体改为铝合金脚手架，原方案搭拆及材料费共计7.8万元，采用铝合金快搭脚手架进行施工，工期由16天缩短至11天，费用2.2万元，节省费用5.6万元。

（3）技术方案优化创效

幕墙屋面满堂架体搭设方案经方案优化，原定屋面采用钢管满堂脚手架搭设，并已经进行专家论证。后经方案对比及深化设计，在施工前改良为拼装式活动架与钢管架组合体系，并再次经专家论证通过。单月租赁费用节省1.5万元，共计使用18个月，共计节省费用27万元。

（4）科学管理创效

本工程在主体结构施工过程中通过科学管理，建立QC小组，对模板工程施工质量进行重点严控，

不仅获得了连云港市优质结构工程荣誉称号，还达到了所有混凝土结构免抹灰的效果，获得了建设单位及开发区质监站的一致认可，同时现场节省抹灰面积14700m²，节省费用43万元（表5）。

技术进步效益率汇总表　　表5

科学进步经济效益								经济效益总计
科技成果推广创效		合理化建议、技术改造及技术措施创效		技术方案优化创效		科学管理创效		
项目数量	经济效益（万元）	项目数量	经济效益（万元）	项目数量	经济效益（万元）	项目数量	经济效益（万元）	
7	192.7	2	26.8	1	27	1	43	289.5

4. 社会效益

作为连云港重点工程，项目在建设过程中省、市领导多次亲临现场指导工作。目前中国建设银行、国税局、地税局等多家单位已入驻。项目的建成起到了面向开发区，并服务全港城的作用，为连云港地区金融投资、融资服务提供平台，促进本地经济发展，获得了社会各界的高度评价，用户非常满意，金融大厦工程获得国家优质工程奖殊荣，这是目前该市仅有的两个国优工程其中之一，获得了市政府各级主管部门的高度肯定，并由市建筑业协会定为市级标杆工程，组织辖属内所有建筑企业及在施工程观摩对标，项目以科学管理推动工程完美履约，从而竖立企业品质形象，提高了中建一局的企业信誉及在苏北地区的影响力。

加强材料控制　降低项目成本

——北京建工四建工程建设有限公司新华航空食品配套用房项目

王　超　肖　喆　周林广　刘立国　王项托　梁　楠

【摘　要】 新华航空食品配套用房项目总建筑面积 29602.42m²，总库容量 2.2 万吨，总储存量约 2 万标准托盘位，定位为海航冷链华北地区区域分发中心及京津冀城市配送中心，是北京空港地区功能最全、容量最大、技术最先进的公共临空口岸型冷链基础设施。

该项目具有良好的社会效益和市场影响力，但在成本管控上有较大风险。而工程材料成本是工程成本的重要组成部分，占工程成本的 60% 以上，是影响利润的最主要因素。加强材料的管理必然成为控制工程项目成本不可忽视的重要因素。项目管理团队在材料成本管理上挖掘潜力，制定材料控制措施，推行责任制和奖惩制，节约了项目的材料成本，创造了经济效益，增强了全体管理人员的材料成本意识和主人翁精神，提高了企业的市场竞争能力。

【关键词】 材料控制；项目成本；材料考核；责任制；奖惩制

一、工程概况及成果背景

1. 成果背景

新华航空食品配套用房项目作为海航物流第一个自建大型综合冷藏配送中心，是集冷冻、冷藏、恒温、常温为一体的多温层现代化冷链物流中心，该工程致力于成为华北乃至中国的冷藏物流中心新标杆。项目部员工秉承着"精心组织、科学施工、追求卓越、塑造精品"的精神，为四建再添一座精品工程、标杆工程。

2. 工程概况

新华航空食品配套用房项目位于顺义区机场北路，总用地面积 6071.28m²，总建筑面积 29602.42m²，地上建筑面积 25961.95m²，地下建筑面积 3640.47m²。工程为 1 栋丙类 2 项高层冷库建筑，地上 4 层，地下 1 层，建筑高度 30.7m。基础结构形式为桩—承台基础（钻孔灌注桩）。主体结构形式：冷库部分，板柱—抗震墙结构体系；穿堂部分，框架—抗震墙结构体系。外立面装饰以涂料饰面为主，辅以石材幕墙、玻璃幕墙等（图1）。

工程建设单位为中国新华航空集团有限公司，国内贸易工程设计研究院设计，北京希达建设监理有限责任公司全程监理，北京建工四建工程建设有限公司总承包施工。本工程由顺义区工程建设质量监督站进行监督。

二、选题理由

新华航空食品配套用房项目具有良好的社会效益和市场影响力，是四建公司承揽的第一个冷链物流中心项目。项目管理团队在前期策划中发现，成本管控上有较大风险。而材料成本是工程成本的重要组成部分，占工程成本的 60% 以上，是影响利润的最主要因素。加强材料的管理必然成为控制工程项目成本的不可忽视的重要因素。项目管理团队在材料成本管理上挖掘潜力，制定材料成本控制措施，推行

图 1 外景图

责任制和奖惩制。

三、实施时间及管理目标

本工程于 2016 年 5 月 9 日开工，2017 年 8 月 31 日工程顺利通过五方竣工验收（表1）。

时 间 表　　表1

实施时间	2016 年 5 月 9 日～2017 年 8 月 31 日
分阶段实施时间表	
管理策划	2016 年 4 月～根据各时段节点不断调整
管理实施	2016 年 5 月～2017 年 8 月
过程检查	2016 年 5 月～2017 年 8 月
取得效果	各阶段性节点～2017 年 8 月

1. 质量目标：合格，"北京市结构长城杯"。

2. 安全文明施工目标：符合职业安全健康管理体系 OHSAS19001 的要求，"北京市绿色安全工地"，杜绝因工死亡事故、重伤事故，轻伤事故控制住 0.3% 之内。

3. 环保目标：噪声不超标、现场少扬尘、居民零投诉、力争不扰民，符合环境管理标准 ISO14001 的要求，室内环境控制达标。

4. 经营目标：合同履约率 100%，成本降低率 5%，完成公司下达的经济责任指标。

四、管理重点、难点

1. 工程工期紧张、单层面积大、专业分包多

新华航空食品配套用房项目工期比较紧张。工程由于甲方原因，在项目部 2015 年 12 月份进场后未立即开工，直至 2016 年 5 月 9 日项目开工建设。而业主又设有阶段性工期目标和整体工程交工工期要求，如何保证节点工期，确保工程按时竣工成为项目进度控制的难点。

本工程单层面积大，将近 6000m²，劳务人员需求量，材料需求量均集中。

本工程专业分包多。土建专业分包包括土方、护坡、桩基施工、防水、聚氨酯喷涂、门窗幕墙等；机电系统较为复杂，包括制冷系统、水循环系统、防雷接地系统、变配电系统、动力系统、照明系统、排水系统、给水系统、消防系统、安防系统、消防报警及联动系统等，其中，制冷系统、水循环系统为

冷链中心专用设备，公司及项目部均无相关经验。管线综合排布量大，系统调试难度大，功能保障标准高。

2. 资金成本压力大

进场后，项目部马上对工程进行了整体的成本预测。通过分析合同条款发现建设单位对进度款支付审批流程较长，3个月才能完成审批，项目存在垫资风险。

同时，在分析图纸和清单时发现：本工程钢筋含量较大，达到 146kg/m^2，钢筋布置较密。施工难度加大，降效严重，预计人工亏损 403.69 万元。新工艺、新技术较多，如滑升门、充气式门封、垂直升降平台及聚氨酯喷涂等，前期投标时对新工艺的材料及设备入价较低，如何在施工过程中管理好成本，履约创效成为此项目的首要重点。

3. 质量要求高

新华航空食品配套用房项目作为海航物流第一个自建大型综合冷藏配送中心，业主对工程的质量要求高。项目部将工程质量目标要求为"北京市结构长城杯"。

本工程季节性施工时间段长，如何加强过程质量控制，确保一次交验合格率100%，减少返修、返工时间，质量验收达到长城杯标准，是本工程质量管理的重中之重。

4. 施工季节的不利影响大

本工程在施工期内遇到一个冬期施工、两个雨期施工。

基坑支护工程、土方开挖工程、桩基工程、防水工程在雨期施工，其中土方开挖施工期间，遭遇暴雨，造成人员窝工、机械停滞的施工降效情况，对施工带来了极为不利的影响。

另外，部分主体工程、二次砌筑、装修工程在冬期施工也给施工的质量和安全带来了一定的难题。

五、管理分析、策划与实施

1. 进行成本预测　策划工程项目管理

在本工程开工前，项目部为了预防潜在的风险问题，对施工合同进行了仔细的研究，发现合同中存在的几个潜亏风险点，主要包括：工程进场时前期开工手续不全，实际开工日期比合同工期延后近3个月，土方开挖、基坑支护、基础施工雨期施工，施工投入增加；在延后3个月开工的情况下，雨期施工、冬期施工对施工进度影响大，工期紧张；聚氨酯喷涂、滑升门等新工艺前期入价较低。

所以，本工程自管理策划开始，就针对以上几个潜亏风险点进行了针对性的项目管理策划。对成本管理、过程控制等方面制订了相应的应对措施。

2. 制定材料考核　推行责任制和奖惩制

材料使用的管理水平直接影响到项目成本运营的好坏，对项目最终的经营指标能否实现是极为关键的。为了加强施工过程的材料控制及消耗管理，提高材料利用率，减少材料浪费，降低工程成本，项目部特制定材料考核制度。

（1）生产经理组织进行材料考核工作

工程实体完成一个月内，生产经理组织生产部门、材料部门、预算部门完成材料考核工作。

（2）核对工程量，确定材料损耗率

考核前由生产部门、预算部门各按照施工图计算工程量，完成核对后，明确考核材料的总用量及单层用量。

结合材料消耗定额及施工工艺复杂程度，约定以下主要考核材料的损耗率（表2）。

材料损耗率表　　　　　　　　　　　　　　　　表2

材料名称	钢筋	模板	混凝土
损耗率	2.5%	12%	0

(3) 明确责任，设立奖惩制度

与项目部生产部门、材料部门管理人员及劳务分包单位签订责任书，明确钢筋、模板、混凝土总用量。如现场使用量超出控制量，超出部分的材料价款由劳务分包单位承担50%的费用，剩余50%的费用由项目部管理人员承担；节约部分的材料价款由劳务分包单位和项目部管理人员各奖励50%。材料单价以项目部与材料供应单位签订的合同为准，此部分费用从即将支付给劳务分包单位的任何一笔款项中扣减或增加。

六、过程检查控制与方法应用

1. 加强成本管理 细化成本支出和工程量

本工程成本压力大，为此项目经理多次组织预算、生产、技术等相关部门负责人，对工程进行全方位、深层次的探讨，制订了材料采购压价、优化技术方案、变更施工材料、生产现场节约用料、预算成本控制等一系列措施，在项目部进一步树立了节约成本的意识。各部门通过相互配合，对内严格控制成本支出，对外设法争取利益最大化，将亏损降到最低。

首先，在施工中采用工程量控制，生产部门以预算部门提供的控制量为标尺，对下一阶段施工的主要部位提出计划量。这样，当上一阶段完成时，材料部门收集实际消耗量。然后，三个部门每月对照材料控制指标进行分析对比，开会讨论分析量差，对于超支项目查找原因，并制定改进措施。

其次，每月核算当月材料费、机械费、水电费、现场经费的实际消耗量，建立月度实物消耗台账。

另外，项目部与分包单位办理月度预结算，作为支付进度款的依据，加强成本控制（图2、图3）。

图2 生产、预算、材料三算对比

图3 月度预结算

2. 主要材料控制措施

(1) 材料管理制度

1) 材料计划的申报：现场施工需用材料由相关工长根据工程需要提出申请计划，申请计划需注明材料名称、规格、数量及进场时间，由生产主管、技术主管、预算主管进行三级审核，交付材料部门。一般材料的采购应提前三天提报计划，大宗材料和主材应在每月的25日前按规格、数量提报下个月的备料计划，以便于材料部门的采购。

2) 材料部门由材料主管负责根据材料申请计划，编写材料采购计划，报项目经理审批，项目经理审批签字后组织采购及进场。

3) 材料部门根据签字后的采购计划及时组织采购，在保证质量的前提下最大限度降低采购单价，以降低工程成本。

4) 材料的进场及验收：材料是控制工程成本的一个关键要素，现场质量更需严格把关。材料进场的验收由项目部材料员、主管工长及劳务分包单位的材料员同时进行，并做好验收记录，严格检查材料质量。

5) 现场材料的领用：劳务分包单位材料领用必须向材料部门出示由生产主管签字的领料单。材料领用，现场完成清点，并签字确认。

(2) 钢筋材料控制措施

1) 项目部技术部门对钢筋下料单进行组合优化。优化完成后，钢筋工长区分各种规格钢筋定尺（9m，12m）做好钢筋物资申请计划填报，物资申请计划由钢筋工长负责汇总提报，并报项目技术负责人批准。

2) 项目技术负责人组织项目部管理人员学习钢筋原材料验收规范，要求材料验收人员熟练掌握验收标准，严把进场原材料验收关。

钢筋进场时，严格执行材料部门、生产部门联合验收制度，检查材料进场数量，对质量不合格钢筋立即组织退场。联合验收小组成员如表3所示。

表3

材料部门	材料主管	材料员
生产部门	生产主管	钢筋工长

3) 钢筋加工制作时，严格根据下料单组合排列的规律先截长料，再做短料，合理搭配用料，严格控制下料长度。同一施工段半成品钢筋必须集中分类码放；剩余短料应集中分规格存放，以方便再次利用。生产主管牵头组织钢筋工长、质检员每周三次不定时抽查劳务分包单位钢筋下料情况，对不符合项严肃追究相关责任人责任。

4) 现场施工区域钢筋绑扎施工质量（钢筋规格、数量、间距、位置、接头、定位钢筋、马凳、绑扎质量及钢筋清理）由钢筋工长、质检员负责进行过程控制。

5) 支模用钢筋使用情况由技术主管负责监督检查，对支模过程中不合理使用钢筋的现象，严肃追究相关责任人责任。

6) 混凝土浇筑时，必须有钢筋工现场值班，对因工人踩踏、施工机具扰动移位的钢筋及时进行调整，避免二次植筋造成的钢筋浪费。

7) 材料部门、钢筋工长联合对钢筋废料进行处理。长度400mm以上钢筋留作钢筋马凳、模板支撑等用途，严禁作为废料处理。

(3) 模板材料控制措施

1) 合同签订

模板材料由项目部材料主管将材料样品收集到项目部，货比三家，材料供应合同由项目经理和材料主管签字认可后生效。

2) 材料进场

模板材料运输时，必须采取有效措施，防止模板滑动造成损坏。

装卸模板时，要轻装轻卸，严禁抛掷，并应防止碰撞损坏。

3) 材料验收

项目部成立以材料主管为首的模板材料验收小组：组长由材料主管担任，组员由材料员、木工工长及劳务分包木工工长组成。验收人员对于合格材料在小票上签字，不合格品不予接受并要求供货单位尽快退货。由于验收人员验收不严造成不合格品投入使用的，由验收人员承担经济损失。

4) 模板使用

①项目部技术部门依据施工规范及工程结构形式、施工条件，确定模板荷载，并对模板支撑的强度、刚度和稳定性进行验算。

②劳务分包单位根据项目部编制的模板施工方案，对模板进行选配，按照经项目技术负责人认可的配模图编制配模表，进行备料。

③模板的配置数量，根据工程施工要求并以加快模板周转为原则，进行优化配模。

④配模时，应优先选配数量大的规格，并做到模板块数量少，木材镶拼量少，支撑件布置简单，受力合理。

⑤模板加工时，尽量减少在模板上钻孔。当需要在模板上钻孔时，保证钻孔模板能多次周转使用。

⑥对于未按照模板配模表加工、私自割据模板的现象，项目部将照所割据模板的价格给予相应的经济处罚。

⑦在绑扎钢筋施工过程中，注意保护现场安装完毕的模板，严禁在模板上拖拉钢筋。

5) 模板的拆除

①模板拆除应按照模板方案要求进行，遵循"先支后拆，后支先拆""先拆除非承重部位，后拆除承重部位"以及"自上而下"的原则。

②拆模时，不得成片撬落或拉倒，严禁用大锤和撬棍硬砸硬撬。

③拆下的模板材料，严禁抛扔，要有接应传递，按指定地点按规格分类堆放，并做到及时清理、维护，以备下次使用。

(4) 混凝土材料控制措施

1) 项目部技术部门在木工支模前做好技术交底，并加强施工过程中的检查控制。模板支设时按规范允许的最低负误差进行控制，严禁出现正误差。各类构件模板支设允许误差如表4所示。

构件模板误差表　　　　　　　　　　　　　　　　　　　　　　　　　　　　　表4

项　目		允许偏差（mm）	负责人
底模上表面标高		−5.0	木工工长
截面内部尺寸	基础	−10.0	木工工长
	柱、梁、墙	−5.0	木工工长

2) 混凝土浇筑前，由木工工长对模板支设质量进行全面检查，严格控制模板的接缝、垂直度、截面尺寸及加固情况等。混凝土浇筑过程中不得出现漏浆、跑模、胀模等现象，特别对反支模板部位，须检查其振捣口的封堵情况，防止出现混凝土上涌现象。

3) 混凝土浇筑前，由混凝土工长负责对浇筑标高进行全面复核，确保浇筑标高的准确性。

4) 混凝土浇筑前，由混凝土工长对浇筑部位混凝土进行计算，并仔细核对预算量，填写浇筑申请单，报技术负责人签字审核。

5) 混凝土浇筑前，由混凝土工长对混凝土泵管、料斗、布料机等进行检查，确保混凝土在运输过程中不出现漏料、浪费现象。

6) 混凝土浇筑过程中，值班人员应加强对现场浇筑工人的管理，监督泵管的辐射范围，不得将不同标号混凝土用错部位，且不得将混凝土浇至模板支设范围外，造成浪费。

7) 混凝土浇筑过程中，混凝土工长对混凝土浇筑顶面标高按设计标高控制，不得出现正误差。

8) 混凝土浇筑过程中，材料员对进场混凝土在浇筑前需上车目测供应方量是否足够，对有怀疑的车辆过磅核查，做好记录，以供项目部与预拌混凝土供应单位就亏方问题进行处理。

9) 在混凝土浇筑后期，混凝土工长提前控制混凝土供应方量，在比预算量少 30m³ 开始控制，根据现场剩余部位仔细估算剩余的方量，可少量多次的供应剩余方量，避免出现混凝土大量剩余现象。

(5) 零星材料使用制度

1) 土建零星材料的使用计划由相关工长提出，经生产经理批准后由材料主管负责按时按数量采购进场。

2) 材料主管采购时应严格控制采购单价，尽量集中采购以降低成本，将采购单价控制在最低限价之内。

3) 采购进场后，由材料员负责签收，验收时与相关工长共同验收以便控制材料的质量。

4）零星材料验收后，由材料员负责在库房内分类存放，并设立标识，采取措施防止材料损坏。

5）零星材料由劳务分包单位材料员负责领用，项目部生产主管签字确认领用单后，材料部门方可发放。

6）零星材料发放后，由材料主管做好材料发放登记。

7）项目部材料人员要加强对现场零星材料使用的检查力度，由材料员负责每天对施工现场材料使用情况作检查记录，对违规使用情况提出整改要求，以确保材料的合理使用，降低工程材料成本。

七、管理成效及评价

1. 管理效果

通过项目严格有效的质量保证体系，本工程的整体质量处于受控状态，并赢得了业主和社会各方的一致好评，目前本工程已获得：

（1）2017～2018年度北京市结构长城杯银质奖（图4）。

图4 "长城杯"奖

（2）2016年度北京市绿色安全工地。

2. 社会效益及经济效益

（1）社会效益

本工程借助临近机场的区位优势以及海航集团的资源优势，为客户提供全方位、一体化、海陆空多式联运的特色服务，同时集"环保、节能、部门学、高效"等特点于一身，成为华北地区甚至全国的标志性冷链中心之一，这不仅对海航冷链而且对于整个中国冷链行业都具有里程碑式的意义。

（2）经济效益

通过项目部全体管理人员的不懈努力，精心组织，加强材料控制，严格执行材料考核制度，本工程在钢筋、混凝土分别节约81.757t和541.826m²，共节约费用56.95万元。

3. 项目管理评价

项目部通过前期进行成本预测，管理策划分析，加强材料控制，有效降低了工程成本，并以高品质的施工质量获得了业主方的一致认可。工程的顺利交付，不仅有利于项目部日后的发展，积累了类似工程的宝贵经验，同时也为公司在冷链中心施工领域营造了良好的企业形象和社会信誉。

迎难而上　创新优化　完美履约
——中建一局集团建设发展有限公司杭州理想银泰城项目

胡文俊　郝庆福　李新民　王　志　王　伟

【摘　要】　本工程体量巨大，场地紧张，软土地基深基坑开挖难度大，项目部通过统筹安排，精心部署，制定科学合理的施工组织设计，过程中通过技术创新优化和新技术的应用推广，克服各种困难和压力，确保按期完成业主的工期目标，得到了业主的一致好评。

【关键词】　统筹安排；克服困难；技术创新；新技术推广；完美履约

一、项目成果背景

1. 工程概况

杭州理想银泰城项目地处浙江省杭州市余杭区世纪大道与迎宾路交界位置，总建筑面积约668706m²，规划总用地面积约86274m²。项目分为两个标段，一标段为住宅，二标段为商业。二标段地上部分由一座4层商业（局部影院5层）、一座47层超高层星级酒店及写字楼、两座超高层公寓楼（42层、28层）组成。项目基坑形状大体为等边三角形，边长400m左右，基坑总周长约1300m，总面积73800m²。基坑分为住宅部分和商业部分，一阶段基坑为半月形，平面尺寸约320m×130m。

目前工程已于2016年9月施工完毕，完成竣工验收并已交付业主使用（图1）。

图1　杭州理想银泰城项目效果图

2. 选题理由

理想银泰城项目雄踞世纪大道与迎宾路交汇处的地铁 1 号线临平首站地块,坐拥临平新城中央商务核心区位,由摩天塔楼、商业裙房、步行商业街、地下商城、超高层住宅等组成,建成后势必成为临平城市地标性建筑。本工程基坑位于杭嘉湖冲积平原,属于典型的软土地基,给基坑降水及开挖带来极大难度,同时,本工程基坑开挖规模大,总出土量约为 100 万 m^3,在既定工期内出土压力很大,同时在土方开挖过程中要交叉完成多道水平内支撑施工,工作量很大,如何合理地进行交叉配合,使现场保持高效、连续的出土是本工程的管理难点。

3. 实施时间

本工程从 2014 年 1 月开工,到 2016 年 9 月顺利通过五方竣工验收。

二、项目管理及创新特点

1. 工程难点及重点

(1) 基坑开挖规模大,开挖深度深,支护结构设计复杂,土方及支护结构施工难度大

本工程支护设计复杂,基坑开挖规模大,开挖深度深,土方开挖工程量大,出土时间紧迫,土方挖运与内支撑施工存在相互影响和制约关系,如何合理进行土方挖运组织保证土方连续施工成为本工程的管理难点。

同时土方开挖与支护结构应相互配合,严格按照设计图纸的工况设计,分工况进行。

又因护坡工程属于甲指分包,土方开挖和支撑属于总包范围,相互间的协调和配合至关重要。

主要对策:

1) 本工程基坑开挖规模大,总出土方量约为 100 万 m^3,在既定工期内出土压力很大,同时在土方开挖过程中要交叉完成多道水平内支撑施工,工作量很大,如何合理地进行交叉配合,使现场保持高效、连续的出土是本工程的管理难点。对此我公司专门组织基坑专家、土方施工专业人士对每一阶段的土方开挖与内支撑的工况进行了模拟,对施工工序进行详细讨论,经多次讨论优化出最可行、高效的出土办法及出土路线,确定最终的施工工序,然后排定土方出土的详细计划,细化到每一步开挖及平均每天的出土方量,挖掘机与运土车的配备数量等,从而最大限度的克服本施工难点。

2) 根据施工设计图纸,合理制定土方开挖、支撑施工方案,利用现有运输通道完成土方运输,提高单个大门进出土方量,尽量压缩土方开挖作业时长,减少整体土方作业时长。

3) 根据先撑后挖的原则,分段施工,分片开挖。

4) 根据施工进度计划,与护坡工程施工单位紧密配合,合理协调相互作业面和进度计划,根据施工工序,合理流水施工。

(2) 基坑面积大,开挖时间长,场地土质条件差,土体液化,时空效应强,对周边环境影响大,如何准确评估基坑时空效应,加强基坑监测,确保信息化施工,成为本工程管理难点。

本项目地处杭嘉湖冲积平原,该土层形成的原因是钱塘江的潮汐特点决定的,两种性质的土体分别来自入海口的上游和近海,土体分层均匀也印证了涨潮与退潮过程中不同性质的土体堆积。对于现场挖土而言,二期地块内该特征的土体锁水性非常强,降水井出水效果很差,但土体一经开挖装车,车辆行驶过程中不断地振动将引发摇振反应,致使土体表面迅速泛水(地勘报告中显示"④-1 土层摇振反应迅速")。上述土体性质为项目二期大规模出土制造了很大困难(图 2)。

图 2 现场挖机工作状态

主要对策：合理加快基坑施工进度，减少基坑边坡暴露时间，尽量避免对周边建（构）筑物造成影响；信息化施工是确保基坑工程顺利进行的有力手段，贯穿于整个施工过程中，而基坑变形和环境影响的预测、基坑监测及环境保护问题是信息化施工的关键环节；基坑监测可以为工程施工提供准确和及时的反馈信息，指导、判断施工工艺、工序的合理性，适时调整施工方案，做到预知、消除施工隐患，保证施工安全，实现信息化施工。

对于土质条件差、土体液化的情况，项目部多次组织专家现场调研，各方出谋划策，最终通过增加机械投入、增加降水井密度及生石灰拌和改善土质等方式来应对土体液化，保证了甲方要求的节点工期的顺利完成。

（3）围护体系失效

本工程基坑围护体系由甲指单位施工，本工程基坑开挖及地下室施工阶段，整个围护体系基本处于失效状态，围护桩漏泥严重、坑外水源绕流导致坑内管涌严重、基坑北侧主干道沉降严重、东侧地铁隧道及站房变形等都给基坑施工带来极大影响（图3，图4）。

图3　围护桩渗漏

图4　坑底管涌

主要对策：针对止水帷幕失效，桩间渗漏严重现象，项目部于2015年1月、4月、5月、6月、7月、9月分别组织会议商讨解决方案，处理措施如下：

1) 基坑内临时封堵桩间空隙，在北侧、东侧坑外补充压密注浆；
2) 在基坑内侧第三层内支撑下全长补充高压旋喷桩配合止水；
3) 在护坡桩表面挂菱形钢板网并喷射混凝土保护；
4) 二期基坑北侧的外挂区钢板桩提前插入施工。

（4）施工场地狭小造成的施工难度增加

本工程地下室外墙边线与红线紧邻，施工现场形成不了环形道路，需借助场外市政道路形成消防环路；布置材料堆场和加工场的场地有限，需统筹考虑合理利用现有场地。

主要对策：

1) 进场后积极向有关主管部门申请，在不违反有关规定的前提下，增设通往市政道路的大门，解决场地材料及人员运输的问题。
2) 安排专职场内交通管理员，专门负责指挥、协调场内材料运输车辆，避免材料运输车辆长时间占用场内施工道路。
3) 材料部门加强组织协调，多投入人力进行材料装卸作业，尽可能地减少材料运输车辆在场内停放的时间，提高场内交通运输效率。

（5）地下室结构平面面积大，且为超长结构

本工程地下室面积巨大（整个地下室单层投影面积约7万2千 m^2），单边长度超过400m。属超长

钢筋混凝土结构。

由于本工程超出《混凝土结构设计规范》GB 50010——2010 对结构伸缩缝最大间距的要求，当环境温度发生变化时，构件会受温度应力产生裂缝，而为缓解裂缝的产生，施工中采取以下措施，以确保超长混凝土结构在施工阶段不出现裂缝：

1）在超长基础底板上设置膨胀加强带。

2）在正负零楼板及外墙增加预应力钢筋。

3）在正负零楼板以上设置变形缝。

4）在保证混凝土强度和坍落度要求的前提下，适当提高掺和料和骨料的含量，降低每立方米混凝土的水泥用量，减小水灰比。

5）严格按施工验收规范的要求做好混凝土养护工作，在混凝土水化热较高的部位及重要构件应用麻袋或薄膜等材料覆盖养护。

6）在超长构件混凝土中增添抗裂纤维并设置抗裂构造钢筋。

7）在施工时设置施工后浇带，带宽 800～1000mm，梁、板主筋不断开上下贯通。后浇带混凝土在两个月以后用提高一级强度的微膨胀混凝土浇筑。施工前注意将带内杂物清理干净。施工期间两侧构件妥善支撑，以确保结构整体在施工阶段的承载能力和稳定性。

2. 创新特点

（1）软土地基降水方式优化

软土地基降水的效果直接影响土方开挖及底板施工效率，并一定程度上影响基坑安全，本项目的底板设计了多处深承台（坑中坑），增加了降水的难度，并对承台深坑侧壁的支护结构提出了较高要求。一期工程底板施工阶段，住宅1号楼深坑尝试了"轻型井点降水＋钢板桩支护"，实践证明效果较佳。二期土方开挖阶段针对一期工程降水效果情况进一步优化，特别将自流深井进行了加密并进行了降水井真空改造，降水效果明显提升，大大缓解了二期土方外运的压力（图5，图6）。

图5　1号楼深坑采用"钢板桩＋轻型井点"的支护、降水体系

图6　现场土层情况

本项目地处杭嘉湖冲积平原，该土层形成的原因是钱塘江的潮汐特点决定的，两种性质的土体分别来自入海口的上游和近海，土体分层均匀也印证了涨潮与退潮过程中不同性质的土体堆积。对于现场挖土而言，二期地块内该特征的土体锁水性非常强，向自流深井内的自然渗流微弱，土体渗透系数远远无法达到地勘报告中测定的 10^{-4}，降水井出水效果很差，但土体一经开挖装车，车辆行驶过程中不断地振动将引发摇振反应，致使土体表面迅速泛水（地勘报告中显示"④－1 土层摇振反应迅速"）。上述土体性质为项目二期大规模出土制造了很大困难，而改善自流深井的降水效果成了首要任务，最终经项目讨论，选取了改造自流深井的方法改善降水，改造方法如图7、图8、图9所示。

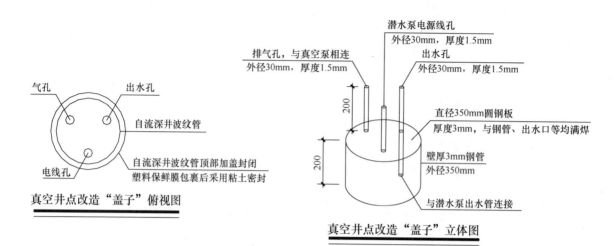

图 7 真空井点改造图

图 8 改造前

图 9 改造后

如上图所示，用加工完成的"盖子"封闭自流深井波纹管上口，采用保鲜膜将接缝包裹封闭。盖子设置了水泵出水孔、电源线孔及抽气孔，其中抽气孔与真空泵相连，真空泵启动后深井内部将形成负压，对周围土体的水产生吸力，增强出水效果。

上述对自流深井的改造模拟了真空井降水的原理，虽然改造井内的负压无法达到传统的真空井的效果，但还是可以保证降水井出水量良好，大大缓解了现场出土压力，且改造方式较为简单，费用较低，甲方、设计现场观察其出水效果后十分认同，最终同意将二期近半数的自流深井进行改造。

（2）软土地基深基坑开挖措施

软土地基深基坑开挖时一方面要保证基坑围护结构自身的安全与稳定，另一方面还要考虑基坑周围地层由于基坑的开挖，位移场与应力场发生改变后，对环境产生的不利影响。基坑工程在不同土质的地层之上施工时对环境的影响也不尽相同，通常来说在地质条件较好的地区，包括硬塑黏土地区，密实的砂土地区，岩石地区等，基坑开挖对周边环境的影响较小；但在软土地区，由于地层的软弱复杂，土体就有流塑性和蠕变性等特点，基坑工程的施工相对于地质条件较好的地区，自身围护结构与周围土体往往产生较大的变形，严重时会产生较大的工程事故，造成巨大损失。

本项目针对本项目基坑特点，针对性的采取了以下措施：

1) 选择合理的支护方案与开挖方法

基坑的变形控制主要取决于围护方式与开挖方法。合理的围护方式与开挖方法是基坑变形控制的关键所在。

本工程围护结构主要为：①东侧地铁外挂以及北侧坡道浅基坑（后施工区域）支撑形式为直径

800mm（部分900mm）护坡桩＋型钢内支撑；②其余区域为直径900mm、1000mm（局部小段地下连续墙）护坡桩＋钢筋混凝土内支撑。

2）控制施工环境，严格限制坑边堆载

坑边堆载会加大土体变形，其形成的超载往往是基坑破坏的重要原因。因而在施工过程中，严格限制在基坑周边放置的大量施工机具与施工材料堆载以及已挖出土方的堆载，合理疏导重车通过，及时运出基坑的已开挖土方。

3）土方分层分区块开挖

本项目位于软土地基之上，加之开挖深度较深，基坑跨度较大，开挖后土体的大量卸载势必会引起坑底隆起、结构变形与基坑周围的土体的沉降。因此本基坑工程不适合开挖面较大的整体分层开挖，根据土的蠕变性与"时空效应"效应原理，选择分段、分层开挖。以本项目二期深基坑为例，本工程二期土方开挖遵循"竖向分步、平面分块"的原则，即土方竖向每步开挖深度不大于2.5m，沿基坑边线每段开挖长度不大于20m，平面根据内支撑及后浇带的布置分块开挖。

①土方开挖竖向分步

根据土方开挖施工部署，结合内支撑的设置情况，二期大面土方竖向各层均分为两步开挖，合计分为八步进行开挖，即：

第一步为自然地坪至－1.7m（压顶梁底部），挖土深度约2.8m；

第二步为－1.7m至－4.0m（第一道内支撑底部），挖土深度约2.2m；

第三步为－4.0m至－6.3m（约第二层土中间），挖土深度约2.3m；

第四步为－6.3m至－8.7m（第二道内支撑底部），挖土深度约2.4m；

第五步为－8.7m至－11.0m；（约第三层土中间），挖土深度约2.3m；

第六步为－11.0m至－13.2m（第三道内支撑底部），挖土深度约2.2m；

第七步为－13.2m至－14.6m（约第四层土中间），挖土深度约1.4m；

第八步为－14.6m至－16.1m（基底），挖土深度约1.5m。

②土方开挖平面分块

根据基坑设计要求，土方开挖时沿坑边20延米作为一个施工段，分段分块施工。综合施工部署和内支撑的平面形状及布置，坑边土方总体按照20m×20m的大小划分挖土区块，东侧临地铁部分采取隔一挖一形式，中央区域挖土区块尺寸适当放大。

二期土方开挖平面区块的划分主要考虑内支撑的布局，保证各区块之间土方及内支撑施工的连续性，并实现一定程度上的工序穿插。二期内支撑区块划分如图10所示。

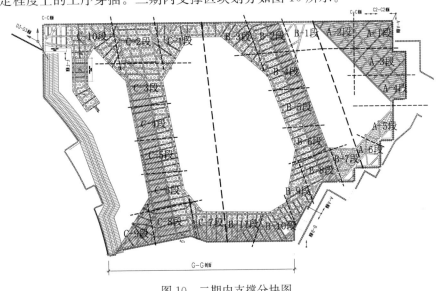

图10 二期内支撑分块图

③科学设置基坑监测

为科学合理地指导施工，确保支护工程的安全以及周边建筑物和道路管线的正常使用，做到信息化施工，应进行基坑监测。

工程基坑周边沉降及地表水平位移监测点共 34 点，报警值：①地铁侧累计位移沉降量超过 2.0cm，累计地表水平位移 1.5cm；②除地铁侧区域累计位移沉降量超过 4.0cm，累计地表水平位移 4.0cm。除对本基坑的监测外，还应进一步彻查周围管线情况，做好原始记录，并委托专业监测、检测单位制定详细的管线监测方案。

三、项目管理策划和实施

1. 项目管理策划

（1）项目目标管理策划

质量管理目标：按照 ISO9000 质量保证体系组织实施本工程，满足本工程招标文件、技术规范及图纸要求；工程质量标准为合格。

安全文明管理目标：死亡事故目标为零；重伤事故目标为零；全员轻伤率控制在 3‰以内；安全隐患整改率 100%；施工期间无重大火灾事故；施工期间无重大机械事故、急性中毒事故。创浙江省建筑安全文明施工标准化工地。

（2）组织管理、工作机制的策划

本工程本着科学管理、精干高效、结构合理的原则，配备大型综合体总承包管理中均具有丰富的施工经验、服务态度良好、勤奋实干的工程技术和管理人员组成项目管理体系；本工程有着巨大的工程量和较短的工期要求，各方必须建立高效的协同工作的机制。与业主、设计院、监理的协调配合对于本工程如期、高质量地完成具有极其关键的作用。

（3）技术管理策划

1）积极推广和应用新技术、新工艺和成熟适用的科技成果，组织专家顾问组研究适用于本工程的新技术，解决工程实施中的技术难题，确保工程顺利实施完成。

2）采用先进合理的现代化管理手段，提高质量，缩短工期，圆满完成工程施工任务。

（4）施工计划管理策划

为确保工期目标的实现，将总体施工进度计划分解为若干个节点计划，以节点计划的分步实现来保证总进度计划目标的实现。在进度计划安排中，抓住关键线路，合理安排施工顺序。

采用三级施工计划立体管理模式，建立完善的计划体系是掌握施工管理主动权、控制施工生产局面，保证工程进度的关键一环。本项目的计划体系由总进度控制计划、分阶段进度控制计划和月周天进度计划组成。总进度控制计划控制大的框架，必须保证按时完成，分阶段控制计划按照总进度控制计划排定，只可提前，在安排施工生产时，按照分阶段目标制定周、月、分部进度计划、总控进度计划。

立体计划管理体系如图 11 所示。

（5）施工进度管理策划

本工程参建单位众多，工作界面交叉复杂，进度管控和保证既是难点同时也是重点。在实施过程中，总体进度和各节点的里程碑都要得到很好的控制，进度的控制就是要使关键线路工作确保实现。通过三级计划的编制，使计划得到细化，各个分项的实物工程量有了具体的量化标准与时间的对应，通过全过程跟踪和监控，对分项进度及时督促、定期分析，并通过计划调整逐级得到保证。同时充分认识到计划不变是相对的，变是绝对的；平衡是暂时的，不平衡是经常的。为此，在项目进度计划的执行过程中，采取了系统的进度控制措施，制定严格的进度管理流程。

2. 总承包组织协调与管理体系

（1）质量管理体系

本工程质量管理体系是以项目经理为领导，质量经理主要负责，质量部为主体，工程部等其他部门

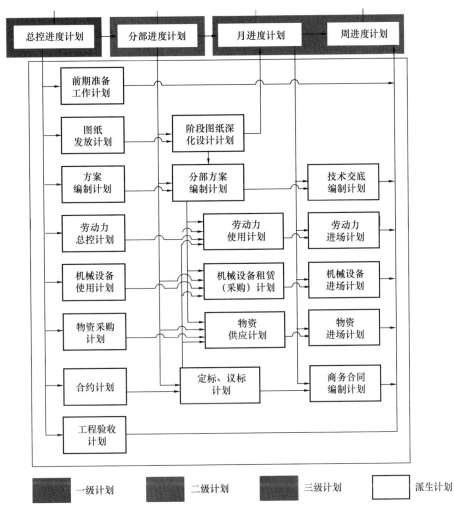

图 11 立体计划管理体系

进行配合的立体管理体系。在质量管理体系中,包括总包自有分包,专业分包商,均负有相应的质量责任,通过质量责任的层层分解,最后由总承包来进行整个工程的质量管理(图11)。

(2) 现场管理体系

本项目根据 ISO9001(质量管理体系)、ISO14001(环境管理体系)和 OHSAS18001(职业安全健康管理体系)建立总承包模式下的施工现场管理体系。在整个项目的实施过程中,我公司运用 PDCA 管理方法,对施工现场安全生产、文明施工、环境保护、成品保护、大型机械使用和总平面布置实施全面管理,充分满足质量、环保、职业健康安全要求,确保本工程始终正常顺利施工。本工程现场管理体系如图12所示。

(3) 安全管理体系

本工程以项目经理为第一责任人,项目安全经理主管项目安全管理体系,由于安全管理是项目管理的重中之重,公司安全部对项目安全管理提供全程支持。

为确保制定的安全管理措施的有效实施,在总承包项目经理部下设安全部,全面负责该工程的安全生产、文明施工与环境保护管理工作。安全经理在接受项目经理领导的同时,还受公司总部安全监督部垂直管理,实行安全的垂直管理。

实行安全巡检制度,每周组织所有分包单位的安全经理,并邀请监理单位的安全负责人对现场进行全面的巡检,检后总结并分析原因,按时检查落实情况。对连续表现良好的单位做出奖励,反之处罚。

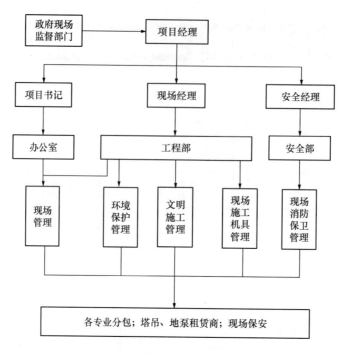

图12 工程现场管理体系

项目部作为总包,要求各分包单位成立相应安全施工管理机构,协助总承包项目经理部做好该分包单位的安全施工管理等工作。

总包对于工程中所出现的各种安全隐患对相关单位(包括专业分包商)下发隐患整改通知单,并明确整改限期。相关单位如在整改限期内未进行整改,则由总承包单位进行隐患整改,同时对相关单位下发处罚和扣款通知。

在安全机构的设置上,除安全部与安全经理主抓安全外,其余各部门工程管理人员也肩负协助安全管理的重任,需积极配合项目安全管理工作,提供技术支持、机械管理、安全用品管理、施工过程监控等各项职责。

我公司遵循余杭区卫生保健主管部门的要求而采取适当措施,以确保工作人员和劳务人员的安全。在工地、宿舍和工棚内设置医疗人员、急救设施、病房、治疗室及救护车等,并为预防传染病及保障一切必要福利和卫生做出妥善的安排。

四、管理效果评价

1. 工期效益

在施工过程中尤其是基坑施工阶段,项目部通过各种创新优化方案,提前发现并解决现场施工困难,减少额外因素对整体工期的影响,为项目实现整体工期目标和优质履约创造了有利条件。

2. 经济效益

本工程屋面防水施工时,项目部积极推动将屋面防水材料由原来传统的SBS卷材替换为非渗油型蠕变橡胶防水涂料,该产品是以橡胶为主要组分,采用美国特种添加剂,通过特殊工艺加工而成的一种超强弹性防水涂料,该产品通过现场加热成流态,喷涂或刮涂于基层形成黏结力强、具有蠕变和自愈功能的防水层。它既能作为独立的防水层,也可与卷材形成复合防水层,长期使用也不会出现因溶剂油析出导致涂膜固化、脆裂等问题,可实现耐久性和永久蠕变性,能有效解决因结构应力变化而导致的渗漏问题,确保防水体系的长期有效性、建筑结构的稳定性,是真正长期安全可靠的防水系统。

采用上述新型防水材料,不仅提高了防水系统的可靠性,而且为项目创造了较大的经济效益。

3. 社会效益

本项目自始至终非常重视新工艺、新材料、新设备的推广应用和施工过程中的创新优化工作，使之真正成为支撑项目管理、实现工程项目综合目标的重要手段。在本项目实施过程中，我们推广多项新工艺、新材料项目，并在施工实践过程中不断探索、创新及优化，收到了极其良好的效果，同时也受到业主和社会的一致好评。

抓质量 保安全 建造法官满意的精品工程

——北京住总集团有限责任公司
北京市第二中级人民法院审判业务用房改扩建工程

王宝肃 盛君 焦世坤 王守成

【摘　要】 北京市第二中级人民法院改扩建工程是十八大以来北京市政法系统的重点工程，本工程工期紧任务重，面临场地狭小地理位置特殊等施工难点，积极研究可行性施工方案及计划，保证工程按时交用，打造法官满意的优质工程。项目部在保证质量、安全、进度、成本目标的前提下，运用多项新技术强化施工管理、提升工程质量。打造优质工程，展示国企风采。

【关键词】 项目管理；技术创新；混凝土质量

一、成果背景

1. 工程概况

北京市第二中级人民法院审判业务用房改扩建工程位于丰台区方庄路10号，总建筑面积35313m²，其中地上面积26639m²，地下面积8674m²，建筑高度69.2m（表1、图1）。

图1　工程效果图

主要参建单位　　　　　　　　　　　　　表1

建设单位	北京市第二中级人民法院
设计单位	北京市建筑设计研究院有限公司
监理单位	泛华建设集团有限公司
勘察单位	建研地基基础工程有限责任公司
施工单位	北京住总集团有限责任公司
质量监督单位	北京市建设工程安全质量监督总站
试验检测单位	北京诚宇阳建设工程检测有限公司

本工程主要建筑功能：审判业务用房、办公、武警用房、体能训练馆、安检接待及地下车库及附属配套设施。

2. 选题理由

北京市第二中级人民法院于 1995 年 4 月经北京市人民代表大会常务委员会批准成立。管辖北京市东城、西城、丰台、大兴、房山 5 个区发生的重大一审案件及上述基层法院的上诉案件，同时承担最高人民法院指定管辖的大要案审理工作。近年来北京市第二中级人民法院案件审理需求大而工作区域不足，二中院先后在朝阳区、丰台区、东城区设立了四处办公场所，"三区四地"的办公模式虽然解决了应急之需，但问题和不足也逐渐体现，多地办公不仅给诉讼参与人带来了不便，也给全院的行政管理、警勤保障带来诸多不便和压力，在人力、财力、物力方面均造成较大消耗；点多、线长、面广已成为制约二中院审判、管理提效的巨大瓶颈。立足首都中院定位，以便利当事人为出发点，以建设便捷化、智能化、信息化、长远化的智慧型法院为目标。新审判楼的职能定位及建设做出超前谋划，并结合最高人民法院下发的法庭建设和诉讼服务中心建设标准，在不改变新楼建设结构的基础上，对房间结构、场地功能布局进行重新调整，实现新老审判楼一廊相连，诉讼服务与行政办公、司法审判区域清晰分隔互不干扰。

（1）本工程为市重点工程，要求严、标准高。
（2）获得"2016 年度北京市工程建设优秀质量管理小组"。
（3）获得"北京市结构长城杯金杯"奖、争获"北京市竣工长城杯金杯"奖。
（4）获得北京住总集团质量品牌示范奖。

3. 实施时间

如表 2 所示。

项目管理实施时间表　　　　　　　　　　　　　　　　表 2

实施时间	2014 年 4 月～2017 年 4 月
分阶段实施	
管理策划	2014 年 4 月～2014 年 10 月
管理措施实施	2014 年 10 月～2017 年 4 月
过程检查	2014 年 10 月～2017 年 4 月
取得效果	2017 年 4 月

二、项目管理及创新特点

1. 管理难点与重点

（1）本工程场地窄小，土方挖方大，进出车辆拥挤。周边肥槽回填深度较大，回填 14.17m；西侧纯地下车库顶板回填量大，回填高度大约 3.4m；地下二层室内地面回填级配砂石量大，回填高度大约 0.9m。回填土施工是重点工序，因工程量大施工不便易对后续施工造成影响。

（2）工程地理位置特殊

本工程位于市中心，北侧为二中院办公楼、西侧是芳星园二区及芳城园小学、南侧紧邻紫芳园住宅三区、东侧紧邻北京市人民检察院第二分院。地理位置特殊，周边各单位的协调配合及扰民问题是难点，我项目部绿色施工标准要求极高。

（3）工期紧、涉及专业多

本工程工期紧、任务重、涉及专业多，包含主体、机电设备、钢结构、精装修、市政、弱电工程预留预埋工作，各专业分包的图纸深化、交叉作业及协调配合是工程管理的重点。受 2014 年 APEC 会议、2015 年抗战胜利 70 周年大阅兵及雾霾天气影响，停工 76 天。

2. 创新特点

（1）加强项目质量管理，保证实现创优目标

1）根据本工程特点和质量、创优目标，开工前编制了具有针对性的质量策划。根据项目各人员的

任务分工，进行质量目标分解，确定目标的计划值，并落实到人。

2）严格检验试验计划，做到试验计划、施工进度计划和物资进场计划三计划相协调。

3）遵照"方案策划、样板引路、质量检查、过程验收"的原则，严格贯彻交底。明确质量重点，制定质量通病控制措施。

4）项目创优，结合项目实际与其他工程的优秀做法，编制具有针对性的创优方案。

（2）提高技术管理水平，加大新技术应用

本工程应用以下新技术：高强高性能混凝土技术、混凝土裂缝控制技术、混凝土桩复合地基技术、钢结构防腐防火技术、基于BIM的管线综合技术、金属风管预制安装施工技术、建筑垃圾减量化与资源化利用技术、施工扬尘控制技术、防水卷材机械固定施工技术、种植屋面防水施工技术、高效外墙自保温技术、高性能门窗技术、深基坑施工监测技术、基于互联网的劳务管理信息技术。

（3）绿色施工与建筑节能

施工现场设置三级沉淀池及洗轮机；场地噪声控制在噪声限值以下；砌筑工程及装修工程采用预拌砂浆技术严格控制现场扬尘污染；选择绿色环保的建筑材料；建筑垃圾分类集中堆放，合理利用，利用率30%以上，减少材料浪费，对可回收资源，做到有效处理，使资源得到回收利用；办公区、生活区、现场采用节能灯，节能与能源利用目标为节约用电10%以上。

（4）管理创新

1）微信平台

项目部联合监理和各分包共同建立微信群，方便沟通。同时项目部和下面劳务管理人员共同建立微信群，对工程施工管控和现场问题整改等起到了重大作用。

2）基于互联网的劳务管理

本工程设置场外闸机刷卡及拍照入场系统，含档案、门禁、考勤、食堂消费、培训等管理子系统，各分包各工种入场前进行身份证实名制录入，上下班均需打卡出入场，做到实时监控，彻底改变了传统人工登记费时耗力的做法，实现劳务管理集中信息化。

三、项目管理分析、策划和实施

1. 项目管理分析

根据本工程重、难点及创优目标，综合考虑安全、进度、质量、成本等多项管理因素，项目部制定了严格的管理目标，结合现场实际与施工标准及公司管理办法进行项目管理。

2. 管理措施策划实施

项目部实行质量合署办公制度，项目部配备四名质检员，各分包分别配备一名质检员，每天对现场质量进行检查后，记录质量合署办公日志。项目部每周组织施工队、专业分包，定期邀请建设单位和监理单位参加，对现场质量进行联检，对现场存在的质量问题要求限时整改完成，并报总包复验。

主要实施措施有：

（1）后浇独立支撑体系及梳子板

本工程后浇带处堵头板采用50mm宽长条梳子模板拼接支挡（图2），在钢筋处开孔，并用短木方支撑牢固，为防止漏浆，木方与钢筋间隙处填塞海绵条。

本工程后浇带处采用梳子模板支挡，主要工作步骤为：①支顶板模板全部完成后，在模板上放后浇带边缘线。根据边缘线位置钉15mm厚50mm宽多层板（顶板钢筋保护层厚度为15mm）；②绑扎完顶板底筋后，在15mm厚多层板和底板钢筋上钉与上下钢筋间距相同高度的多层板，位置与15mm多层板边缘对齐，多层板后配木方（高度只能比多层板高低）固定；③绑扎顶板顶筋，在顶筋上固定木方（木方高于混凝土浇筑完成面），位置与15mm多层板边缘对齐；④在上述15mm多层板边缘内，利用50mm宽多层板将所有拼缝补齐。

为保证结构支撑体系的安全，方便施工，节约材料成本，在后浇带处采用独立支撑体系，梁、楼板

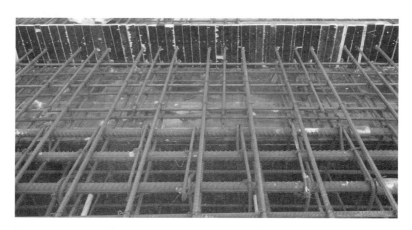

图 2　梳子板

后浇带支撑一次到位，将板底模及梁底模、侧模连同支撑一起支设完毕，有梁的部位在梁宽中部加设二根立杆，并将该立杆与其他立杆连接起来。独立的支撑体系不影响后浇带以外的模板拆除及材料周转使用，降低工程成本（图3）。

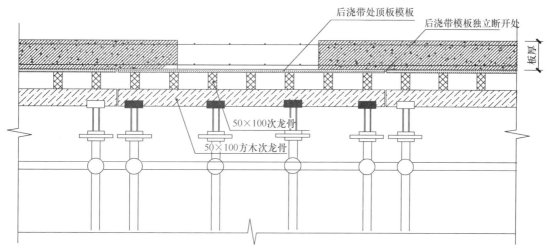

图 3　后浇带独立支撑体系

（2）结构楼板采用混凝土马镫

本工程楼板钢筋绑扎时采用混凝土马镫（图4、图5），有效地控制了钢筋保护层的厚度，避免了钢

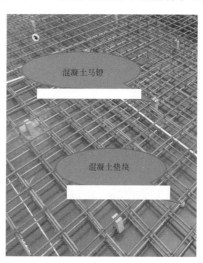

图 4　混凝土马镫　　　　图 5　混凝土马镫效果图

筋马镫锈蚀对混凝土楼板的影响。提高混凝土楼板质量。混凝土马镫标号同结构板，马镫高度同结构板厚。混凝土马镫附近布置混凝土垫块，马镫与混凝土垫块梅花形布置。在浇筑混凝土的时候混凝土马镫能保证上下铁钢筋不被踩塌陷，控制板厚达到合格。

（3）钢筋工程

1）钢筋定位

为了控制好墙体钢筋、楼板钢筋上下位置关系、梁与梁之间、梁与柱之间的钢筋穿插，采取钢筋定位措施。

①墙体定位钢筋。对于墙体钢筋，采用在墙内放置竖向定位梯子筋、双F卡和在墙体钢筋上口放置水平定位梯子筋的措施，以保证墙体水平钢筋和竖向钢筋的间距。采用梯形定距框能很好地保证钢筋位置，但对于定距框的加工质量要求较高，加工时特别注意保证钢筋的保护层厚度的横筋尺寸及端部平整，并画上红色标志；当墙体钢筋一次绑扎较高较长时，为解决钢筋过柔问题，在墙体顶部和中间部位加两道扶植钢管临时支撑，在支完模之后拆除。

梯子筋长度＝墙厚－2mm，端头刷防锈漆，墙体水平筋绑扎在水平梯子筋上方，墙体定位筋（图6、图7）。

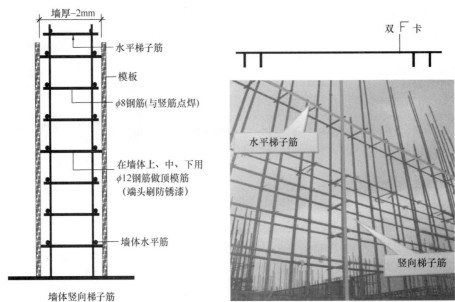

图6 墙体筋定位示意图　　图7 墙体定位筋现场效果图

②梁定位钢筋。为满足钢筋之间净距≥25mm且不小于钢筋直径的要求，按照不同梁的规格采用分层和水平定位钢筋（图8）来保证梁钢筋满足以上要求，并且使梁钢筋定位统一。

梁多层钢筋分层定位卡

梁钢筋水平定位卡

图8 梁钢筋定位示意图

③柱子定位钢筋。对于框架柱、独立柱钢筋采用定位箍筋（图9）来保证竖向主筋的不受自重偏心或其他影响而保持竖直。

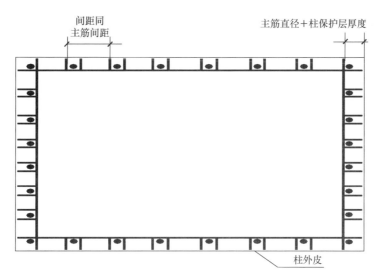

图9 墙体定位筋现场效果图

④板钢筋定位(模板弹线)。顶板钢筋间距往往不好控制,为准确控制结构板钢筋间距,在木模板上弹白线(图10)。

图10 模板弹线

2)钢筋安装

钢筋在混凝土浇筑后及时清理干净(图11、图12),再进行钢筋安装施工。

图11 现场钢筋清理

图12 现场钢筋处理

（4）梁柱节点处理方法

本工程为提高梁柱节点观感质量，采取如下施工步骤：①独立柱、剪力墙浇筑高度为本施工段最大梁的梁底标高增加40mm（梁保护层厚度为20mm）；②剔除独立柱、剪力墙上浮浆；③支梁底模板，在模板上粘贴海绵条；④支顶板和梁挂模板。

本工程在柱浇混凝土过程中，为提高混凝土结构质量柱子混凝土浇筑一次完成浇筑高度超过梁底2cm，梁施工时剔除。混凝土强度达1.2MPa后进行施工缝处理，剔除浮浆层至露出石子并用水冲洗干净（混凝土结构成型效果如图13所示）。

3. 过程检查控制

项目部实行质量合署办公制度，项目部配备四名质检员，各分包分别配备一名质检员，每天对现场质量进行检查后，记录质量合署办公日志。项目部每周组织施工队、专业分包，定期邀请建设单位和监理单位参加，对现场质量进行联检，对现场存在的质量问题要求限时整改完成，并报总包复验。

4. 方法工具应用

（1）BIM综合布线技术应用

本工程各专业管线多，分布密集，交叉施工较多，项目部成立BIM小组，对综合管线布置进行深化，有效减少的管线碰撞问题，保证工程顺利进行，通过BIM实施培养和储备技术人才，提升项目管理信息化水平，通过数字模型，对施工全过程进行指导和管理。

图13　梁柱节点成型效果图

（2）实测实量制度

本工程实行测试量制度，根据编制完成的《实测实量方案》，在完成每段混凝土施工后，组织项目部技术、质检、施工队对混凝土构件进行抽检，对混凝土的外观尺寸进行实测实量，然后统计列表，分析汇总合格率，经统计，平整度、垂直度国标合格率在90％以上，并填写在《市二中院审判业务楼主体结构实测实测公示牌》上，如图14所示。

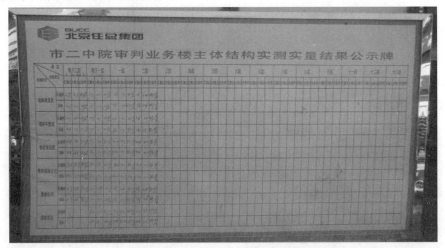

图14　实测实量公示牌

四、管理效果评价

1. 目标完成情况

本工程零安全质量事故、质量目标全面实现，创优成绩优异。验收合格率100％；获得"北京市结构长城杯"金奖，获得"北京市工程建设优秀质量管理小组"荣誉称号，获得住总集团质量品牌示范奖、安全文明样板工地。

2. 社会效益

北京市第二中级人民法院改扩建用房的竣工，结束了二中院长达11年的"三区四地"的办公模式，解决了多地诉讼、法院行政管理、警勤保障的不便和压力，大大减轻了法院人力、物力、财力的消耗。

二中院新审判业务用房内设立案、诉讼服务、审判、信息化办公区域，容纳14个审判庭和2个司法辅助部门，配设档案中心、图书阅览室、停车楼和赃证物保管中心等。有大、中、小型法庭共57个，谈话室合议室35个。打造为"一站式、全方位、多层次"高能效的新型审判业务用房。

互联网＋创新管理 以人为本共筑精品
——中铁建工集团有限公司北京分公司1号办公楼A座等6项工程

王 湃　张东风　宋永涛　田 强　黄聪颖　田 浩

【摘　要】 本项目是中铁置业集团及中铁投资集团合用的办公楼，作为兄弟单位，我集团对本工程给予了高度重视，要求项目部创新管理措施，确保完成各项管理目标，项目部积极响应集团公司要求，开展项目管理实验室活动，在工程实施过程中实验各种管理措施，提出了以人为本的管理理念，结合互联网＋等时代潮流进行管理措施的创新，不停地进行实践总结反思，归纳出一系列管理办法。我部秉承勇于跨越、追求卓越的精神，以精益求精、勤奋激昂的热情，完成了各项管理目标，最终实现了管理效率和经济效益。

【关键词】 项目管理实验室；以人为本；"互联网＋"；长城杯；创新

一、项目成果背景

1. 工程概况

本工程是由中铁置业集团与中铁投资集团共同建设的5A甲级央企总部基地，位于北京丰台科技园区东北1516－12－B地块。工程周边交通便利，工程总建筑面积91207m²，地上面积为59937m²，地下面积为31270m²。由高层主楼、多层配楼及地下室三部分组成。其中，地上主楼呈"凹"字形，地上11层，主要功能为商业、办公及会议；"凹"字北侧为多层配楼，地上4层，主要功能为会议室、弱电机房及包间。地下室主要功能为后勤餐饮、职工活动中心、汽车库及设备用房，工程效果图如图1所示。

图1　工程效果图

主要参建单位如表1所示。

主要参建单位　　　　表1

建设单位	北京中铁悦诚投资管理有限公司
设计单位	中铁工程设计咨询集团有限公司
监理单位	北京国金管理咨询有限公司
质量监督单位	北京市丰台区建设工程安全质量监督站

2. 选题理由

(1) 本工程作为兄弟单位的新建办公楼项目,为树立以现场保市场的典范,上级领导给予了高度重视。

(2) 建设单位对工程提出了高标准的要求,确保获得"北京市结构长城杯金杯""北京市建筑长城杯金杯""北京市绿色文明工地",并保证建设单位能如期入驻。

(3) 本工程位于总部基地办公区内,人流量大,保证企业形象及做好企业宣传,保证安全质量不出事故是迫切需求。

(4) 项目管理团队是新组建的团队,项目员工平均年龄 28 岁,主要安全质量现场管理人员均为 90 后。在项目实施过程中,项目部建立了自己的管理体系,为今后承揽任务打下了坚实的基础,并培养了一批优秀的青年员工。

3. 实施时间

整体施工时间:2016 年 5 月 1 日~2017 年 11 月 21 日。

(1) 管理策划:2016 年 5 月~2016 年 6 月。

(2) 管理措施实施:2016 年 7 月~2017 年 8 月。

(3) 过程检查:2016 年 9 月~2017 年 10 月。

(4) 取得成果:2017 年 11 月。

二、项目管理及创新特点

项目部根据工程特点在项目策划阶段对项目周期进行了全面分析,确定的项目管理难点及项目管理重点,并针对难点、重点策划了具体的管理措施及策略。

1. 管理重点

(1) 安全文明施工管理

工程地址位于北京市丰台科技园区内部,园区入驻企业超过 2 万家,从业人员约 17 万人。如何确保工程安全不出事故,保证企业形象,以及做好企业宣传是工程项目管理的重中之重。同时,建设单位要求本项目确保"北京市绿色文明工地"。

(2) 质量管理

本工程作为集团重点工程之一,股份公司、集团公司及分公司各级领导都给予高度重视,对我们的质量管理提出了更高的要求,且建设单位明确要求该工程确保"北京市结构长城杯金杯""北京市建筑长城杯金杯"。

(3) 团队建设

本项目团队为新组建团队,且员工普遍年轻化,所以培养青年员工,发扬中铁建工集团"传帮带"精神,尽快完善项目管理体系及制度,增强项目凝聚力及战斗力是项目的首要任务。

2. 管理难点

(1) 难点一:工期紧张、工期管理难度大、专业分包单位众多。应对策略如下:

1) 项目部充分配置垂直运输施工机械,垂直交叉施工,划分施工流水段。

2) 幕墙工程在 2016 年 6 月份完成图纸深化,7 月 15 日前完成埋件及龙骨加工制作。室内精装修及机电安装工程在 7 月完成图纸深化,8 月 20 日前完成预埋件加工制作。2017 年春节前确定精装修、石材幕墙、玻璃幕墙及机电安装样板。

3) 我公司总部位于丰台总部基地,在总部基地范围内参建了多项诺德一、二、三期、华电产业园等工程,社会资源丰富,能够协调参建各方关系,积极主动为业主服务,做好对各专业分包的协调管理。

(2) 难点二:本工程现场场地狭小,尤其是地下结构施工阶段,基坑东西两侧没有可利用的临设设施场地,现场平面布置及交通管理难度大。应对策略如下:

1)现场充分利用好基坑南侧的既有场地,通过优化计算,提前策划,对结构施工阶段需进行材料堆载的部分护坡进行加强处理。

2)与丰台园管理委员会协调,争取周边可用场地作为施工临时用地。

3)材料运输车辆在场区围挡外停靠,利用塔吊实现材料倒运。

(3)难点三:暂估价工程及材料设备众多,工程量及单价需重新计量,应对策略如下:

1)积极与建设单位沟通,充分利用同系统内办公的便利条件,提前进行专业分包合同的签订工作。

2)与咨询公司尽快对接,进行工程量及单价重新计量工作。

3. 创新特点

(1)项目管理的根本是针对人员的管理,不管是项目职工还是现场施工人员,项目坚持"以人为本"的管理理念,例如建立安全体验区、施工人员采取实名制管理、建立分包班组长责任制、管理人员安全质量包保措施等,提高了工人的安全质量意识及工作积极性。同时加强项目文化建设,通过节假日举办各项文体活动,每月给过生日的员工举办生日会,建立月度岗位标兵奖项等措施,提高项目团队的凝聚力。

(2)本工程项目管理紧跟时代发展趋势,将互联网+的理念应用于项目管理之中,例如项目成立安全质量管理微信群,给项目部及分包单位安全质量人员提供了日常管理交流的平台。对分包单位的采用PPT交底以及现场张贴交底二维码等交底方式。采用手机APP软件连接施工现场摄像头进行现场监控等措施。同时安全质量管理、成本管理、物资管理、财务管理等依托集团公司各上线平台,各项工作的申报、审核、审批等工作均通过线上完成。

三、项目管理分析、策划和实施

1. 管理目标

管理目标如表2所示。

项目管理目标　　　　　　　　　　　　　　　　　　　　　　表2

安全目标	杜绝死亡,消灭重伤和重大机械设备事故,轻伤月平均负伤频率低于1‰,杜绝火灾事故
质量目标	单位工程质量目标为合格,确保北京市结构长城杯金杯、建筑长城杯金杯
文明施工目标	科学管理施工现场,实行绿色施工,确保"北京市绿色安全工地"
环境保护目标	各种污染物达标排放,节能降耗,杜绝环境污染事故
工期目标	确保合同工期完成;确保总体阶段性工期目标的实现

2. 管理问题策划分析

项目班子在项目管理策划阶段,对项目各阶段进行详细的施工部署,对材料供应、人员配备、机械安装等进行了详细的策划,制作了三维动画模拟视频(图2),在施工各阶段指导现场施工。主要考虑了项目管理方面的重点和难点,明确了项目管理的主要方向,提出了"安全第一、质量创优、效益优先、保障工期"的管理方针,针对各项工作建立了管理工作责任矩阵,明确各管理人员的工作内容及职责,并以此为基础,制定并签订部门机构责任书和员工岗位责任书,将管理目标及责任落实到每一位管理人员(图2)。

要求各层管理人员针对安全管理、质量管理、成本管理等管理重点进行发散思维,结合"互联网+"及以人为本的管理理念,提出不同的创新管理措施,通过讨论选出合理地进行策划试行,并在试行过程中不断调整,最后总结形成管理办法。

3. 管理措施实施

(1)安全管理

安全事故的发生主要是由人的不安全行为和物的不安全状态共同作用的结果,本项目根据集团公司

土方开挖阶段

基础结构施工阶段

主体结构施工阶段

装饰装修施工阶段

图 2　三维动画模拟效果图

安全生产标准化手册进行现场安全防护的设置，从物的不安全状态方面已将安全风险尽可能降低。

据工伤统计资料表明，工伤事故产生的原因有 50%～80% 与人的不安全行为有关，本工程抢工期间施工人员高峰达 900 余人，加之存在深基坑与高支模等危险性较大分项工程，对人的不安全行为的控制属于重中之重。所以项目部贯彻"以人为本"的管理理念，把工人作为安全管理的根本，提出了"体检式"安全教育的管理措施，将安全教育标准化、流程化，具体流程如图 3 所示。

图 3　"体检式"安全教育流程图

1）工人实名制管理

项目部成立劳务管理小组，制定劳务管理制度，由专职安全员、劳务管理员对劳务人员实行实名制管理（图 4）。员工通道处设置打卡机（图 5），劳务人员打卡进出施工现场，统一服装，便于项目部管理。

图4 劳务管理宣传栏　　　　　　　　图5 员工通道

2) 安全技术交底

安全技术交底采用PPT交底、观看安全警示片等形式，使工人更加直观的了解施工现场安全情况，提高工人的安全意识（图6）。

3) 安全体验区

场区内设置有安全体验区（图7），安全体验区以实景模拟、图片展示、案例警示、亲身体验等直观方式，将施工现场常见的危险源、危险行为与事故具体化、实物化。

4) 安全指导手册与安全要点卡

项目部以图文并茂的方式编制了《安全指导手册》和《安全管理奖惩制度》（图8），并在各队伍进行进场安全教育，给各分包单位立规矩，明确现场管理要求。并且针对各阶段高危作业，制作了安全

图6 工人观看安全警示片

要点卡，发放给每名工人随身携带，背面为应急救援电话，提升施工人员的安全意识和应急处理水平。

图7 安全体验区

图 8　安全指导手册及安全要点卡

项目实施阶段，通过"体检式"教育工人累计达 1836 人次，施工现场未发生重伤、重大机械设备事故及火灾事故，轻伤月平均负伤频率控制在 0.5‰ 左右，在集团公司内部属于领先水平，为工程抢工阶段保驾护航，避免了工人受伤索赔，降低了成本，并顺利被评选为 2017 年度北京市绿色文明工地。

（2）技术质量管理

项目技术质量管理主要方向为培养项目部青年技术质量管理岗位，以项目员工为根本，明确岗位职责，建立质量包保制度。通过开展 QC 质量管理小组、现场质量实测实量小组、BIM 小组等分组活动，分解管理目标，通过对各负责人的管控，实现对施工现场施工质量的管控。

同时加强对施工质量源头的控制，对材料生产厂家生产能力、生产质量提前进行考察，对石材等关键材料安排专人进行驻场盯控，经驻场人员验收合格后方可发货，避免抵达现场验收不合格后材料退场耽误工期。

1）质量包保制度

项目部对关键工序及涉及质量管控红线的分项工程实行包保制度，在公示栏张贴包保文件（图 9），明确包保内容、时限及奖惩措施，责任落实到人。提高了项目质量管理人员的工作积极性，现场取得了

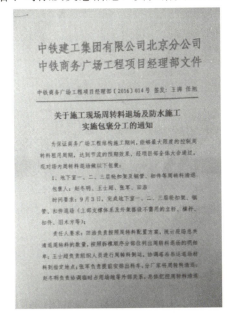 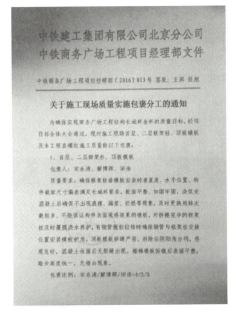

图 9　质量包保文件

良好的管理效果。

2）科技攻关

①QC质量管理

本工程模板体系均采用木模板施工，主要原因为：施工场地狭小且木模板施工拆装方便，操作简单，进度快，可锯、可钻，浇筑物件光滑美观，对于汽车坡道木模板亦可以制作成曲面模板。由于全部采用木模板，所以在施工过程中如何加固控制木模板并保证主体结构现浇混凝土表面尺寸及平整度满足规范及设计要求是本工程难点。为创北京市结构长城杯工程金质奖，项目部针对提高木模板施工的框架柱表面平整度合格率为课题展开QC活动。

通过现场调查分析，最终确定影响竖向构件表面平整度的主要原因是木龙骨的刚度及平整度不满足需求，最后调整施工方案，将原来普通木方竖向内楞变更为压刨木方，主龙骨由钢管变更为50mm×100mm×5mm方钢管，如图10所示。

经过施工方案的调整，通过现场实测实量，框架柱表面平整度，垂直度，阳角方正等有了显著提高，质量通病得到了有效控制，按照结构长城杯创优标准现场实测实量合格率变化如图11所示。

图10　框架柱模板体系

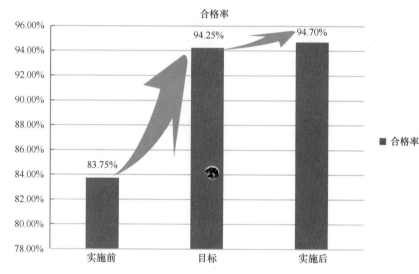

图11　框架柱验收合格率

通过QC小组活动，实现了课题目标，极大提高了施工效率，节约了后期修补带来的人工费，避免了材料浪费和工期延误，取得了较好的经济效益，通过经济分析，节省成本约2万元。工程顺利地通过了结构长城杯验收，并取得了金质奖。QC小组成员也得到了锻炼，其中一人取得QC中级诊断师证书，三人取得QC初级诊断师证书。

②实用新型专利

本工程施工面积较大，外立面变化小，根据结构形式采用常用的悬挑脚手架作为外防护架。现使用的悬挑脚手架搭设方法中，工字钢梁的稳固楔形木块受周围环境和工人施工的影响很大，如塞实不严密、震动、潮湿等，都会造成木楔的脱落，稳固性无法保证。

楔形木块的回收率很低，悬挑施工结束后楔形木块所剩无几，再次使用悬挑脚手架时仍会费工、费料、费时制作木楔。

项目质量小组研制了一种新型悬挑脚手架工字钢梁稳固装置，加强悬挑脚手架使用过程中工字钢梁的稳定性，安装简便、外界环境影响小，且后期能够全部回收，反复使用，传统固定方式与新型稳固装置对比图如图12所示。

新型悬挑脚手架工字钢梁稳固设备，因耐久性强、稳固性高、回收率高、再次利用率高、损坏率低，节约维修人工费、材料费近5万元。

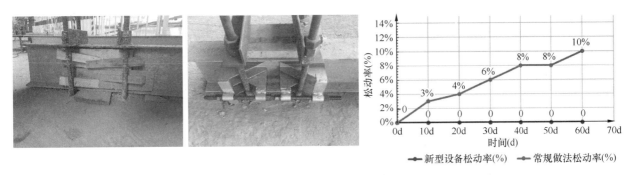

图 12 新型工字钢锁闭装置与传统工字钢固定方式对比

项目将研究的成果形成文件资料，并在2016年11月16日申请了实用新型专利，2017年6月6日申请成功，专利如图13所示。

图 13 实用新型专利证书

3）BIM技术应用

项目部成立BIM小组，通过BIM技术对施工工艺进行控制，由于走廊吊顶标高较高，吊顶内关系安排不十分困难，项目部对走廊内管线及制冷机房管线利用BIM技术进行排布（图14），合理布局，减少了管线交叉造成的返工，节约了材料、人工及时间，取得了较好的施工效果。

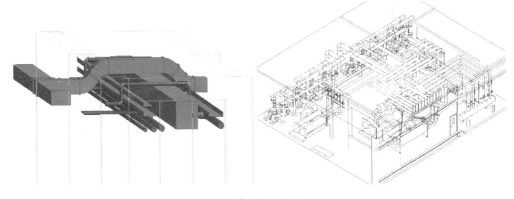

图 14 管线BIM模型

4) 驻场盯控

本工程外幕墙主要为石材幕墙加玻璃幕墙的形式，项目部确定控制石材幕墙色差为主要控制点，石材幕墙施工前对加工厂进行考察，确保生产能力及生产质量满足项目要求。

同时安排专人进行驻场，从石材荒料挑选至石材装车出厂进行全过程盯控。石材进场后进行挑选后上墙，并加强施工过程中的盯控，确保胶缝顺直美观。

最终石材幕墙表面平整、洁净、色泽均匀一致、无污染。胶缝顺直、光滑、无渗漏现象，与附近我公司施工的其他工程进行对比发现，石材幕墙色差控制得到了显著提升，对比图如图15所示。

石材幕墙表面色泽均匀一致

石材幕墙表面色差较明显

图15 本工程与邻近工程外立面情况对比

通过分组带头的质量管理模式，分解了质量管理目标，使各组负责人分担了管理压力，并在带头人的带领下，项目青年员工得到了成长。项目质量目标基本实现，得到了监理单位的肯定，以及建设单位的嘉奖。

（3）"互联网＋"的运用

项目部根据年轻职工多的特点，确定了将"互联网＋"的理念运用到项目管理的理念，以"互联网＋"项目管理进行管理措施创新。

1）项目管理系统

本项目作为项目管理系统的试点项目，依托公司线上管理平台，全过程应用了成本管理系统以及安全质量隐患排查治理系统。

通过成本管理系统的应用（图16），项目部节省了各项成本文件报送审批的时间，提高了工作效

图16 中国中铁工程项目成本管理信息系统

率。项目成本情况一目了然，数据清晰，便于项目进行经济活动分析，为降低成本提供了数据。

现场安全质量管理运用了中铁建工集团安全质量隐患排查治理系统（图17），现场管理人员发现的安全及质量隐患及违章操作行为及时拍照上传，确定负责人及整改时间，整改完成后线上进行闭合。通过系统的应用，发动项目全体人员在现场巡视过程中发现安全质量隐患，提高了管理效率，并起到了整改的监管作用。

图17 中铁建工集团安全质量隐患排查治理系统

2）远程监控系统

项目部主体结构施工期间，安装了施工现场远程视频监控系统，对现场进行实时监控，施工现场管理人员通过手机就可实时查看现场监控画面，施工现场远程视频监控系统不仅能在提高工程质量、增强施工安全方面发挥重要作用，同时能在一定程度上节约企业的人力物力，降低管理成本。

3）微信的应用

随着通信方式的发展，微信已经成为当下通信的主要方式，结合这一情况，项目部运用微信进行信息交流及动态管理。

①项目部管理人员与各分包单位管理人员建立绿色安全管理微信群，日常巡视过程中发现的问题及时要求分包单位进行整改，减少了沟通的成本，节约了时间。

②成立项目部公众号，发布项目最新进展情况，共享电子文档及学习文件，方便大家查看学习。

③项目部采取"扫一扫有交底"的形式，将安全、技术交底制作成为二维码（图18），让施工人员

图18 交底二维码

使用微信"扫一扫"就能查看交底内容，使工人随时随地就能查看交底，并激发了工人的学习兴趣。

4）手机 APP"今目标"

项目部利用手机 APP"今目标"完成了项目部员工考勤管理，进行了日常工作内容的发布，执行和审核工作。项目员工通过"今目标"平台进行日常沟通以及平时的文件来往，具备云备份的功能，提升了办公效率，节约了办公成本。

（4）项目文化建设

1）项目部策划举办了丰富多彩的文体活动（图19），例如每月为过生日的员工举行生日聚餐活动，组织项目部员工进行野外拓展训练，举办元旦运动会，定期组织看电影等，提高了项目团队的凝聚力和战斗力。

图 19　项目丰富多彩的文体活动

2）项目部积极开展"师带徒"活动（图20），签订师徒协议，加强青年员工的培养，利用晚上的时间对员工进行专业知识培训，有利于项目青年员工的稳步提升。

图 20　"师带徒"活动

四、管理效果评价

1. 管理目标完成情况

管理目标完成情况如表3所示。

项目管理目标			表3
安全目标	杜绝死亡,消灭重伤和重大机械设备事故,轻伤月平均负伤频率低于1‰,杜绝火灾事故	已完成	
质量目标	单位工程质量目标为合格,确保北京市结构长城杯金杯、建筑长城杯金杯	已取得北京市结构长城杯工程金杯、建筑长城杯已顺利通过专家组验收	
文明施工目标	科学管理施工现场,实行绿色施工,确保"北京市绿色安全工地"	已完成	
环境保护目标	各种污染物达标排放,节能降耗,杜绝环境污染事故	已完成	
工期目标	确保合同工期完成;确保总体阶段性工期目标的实现	本工程提前7天完成地下室结构封顶节点工期,提前12天完成主体结构封顶节点工期,提前9天完成竣工验收	

2. 经济效益

本工程实施过程中,由于钢筋、混凝土等主要材料受价格波动影响,赶工期间周转料一次性投入过大周转率低,人防门市场垄断等因素的影响,主体结构、二次结构以及人防门等均出现了负收益。

在项目实施阶段,通过进行成本策划、经济活动分析,对施工方案进行优化,开源节流,实现综合成本降低6%。装饰装修期间,充分利用兄弟单位的优势,会同建设单位及设计院,对设计进行优化,保证施工质量的前提下,为甲方节省成本的同时,提高项目利润,实现双赢目标,最终项目扭亏为盈。

3. 社会效益

项目通过践行一系列的项目创新管理措施,各项工程安全质量工期管理均达到了预期目标,装饰装修效果良好,得到了监理单位的肯定以及建设单位的通报表彰。上级公司邀请社会各投资开发公司进行考察10余次,为承揽工程起到了积极作用,树立了以现场保市场的典范。本项目还被选为集团公司安全生产许可证复审项目,检查顺利通过,得到了集团公司的嘉奖。

4. 团队建设及人才培养

本项目在实施期间不断实验总结管理措施,归纳总结了一系列管理办法。从一个新组建的项目团队成长为一支能打胜仗的优秀队伍,为项目部今后的发展打下了坚实的基础。本工程还培养出了一批优秀的青年员工,项目部三人顺利通过高级工程师职称评定,一人顺利通过工程师职称评定,三人通过助理工程师职称评定,其中一人走向了项目总工程师的工作岗位。

5. 工程获奖情况

本工程荣获"北京市结构长城杯金杯""北京市绿色安全工地""北京市青年安全生产示范岗"等奖项,项目QC质量管理小组被评为"2017年度北京市工程建设优秀质量管理小组"获得"北京市工程建设优秀质量管理小组一等奖",工程中悬挑脚手架工字钢锁闭装置申请并获得了实用新型专利。

可视化精细管理 科技创新助力优质工程
——江苏省苏中建设集团股份有限公司华润橡树湾三期工程

郭金宏 朱 余 倪义锋 刘 峰 董志祥

【摘　要】华润橡树湾三期工程是华润置地开发建设的中高档小区，作为华润置地在全国各大城市主推的品牌系列，对工程有高品质的质量要求。项目部在施工过程中注重可视化精细管理，借助科技创新，积极应用四新技术，践行绿色施工理念，做好各种安全保障措施，打造优质工程。

【关键词】可视化；高品质；创新；绿色施工

一、项目成果背景

1. 项目背景

建筑业是我国经济发展的支柱性产业，目前仍处于从粗放型到集约型建造方式的转型阶段，存在物耗高、生产效率低、现场施工环境差、科技创新对产业发展贡献率低等突出问题。《"十三五"发展规划指导报告》提出：要发展绿色建筑，发展环境友好型、资源节约型建筑。随着环境形势的不断严峻，人口红利的逐渐淡出，环境成本及人工成本的增加，制约着建筑业的健康发展。对项目进行可视化精细管理，并积极应用推广科技创新成果，是建筑业发展的必然方向。

可视化项目管理即通过集成计算机技术、网络技术、视频技术、管理软件等现代科学技术，实现建筑施工进度、材料、机械、人力、成本和场地布置的4D动态管理，实现施工过程的可视化管理，通过跟踪监控建设项目的进程，把项目过程储存为多媒体文件作为项目团队的参考。福斯伯格在著作《可视化项目管理》中提出：可视化模型可以让我们看到整体画面，他给我们提供一种强有力的语言让我们可以理解项目环境中的各种关键元素，并且把各个元素对整体的关系栩栩如生地展现在我们面前（图1）。

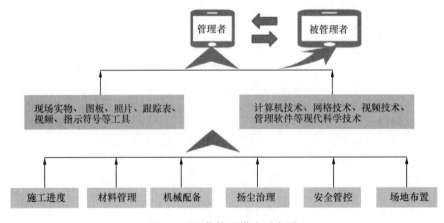

图1　可视化管理模式示意图

2. 工程概况

华润橡树湾三期项目，位于淄博市北京路以东，中润大道以南，东临齐盛湖公园，地理位置优越，交通便利。

本工程共设计八栋主楼，其中南面三栋 12～14 号楼为 18 层住宅，北面五栋 15～19 号为 32 层、33 层高层住宅，以及部分商业和地下车库组成，总建筑面积 15.7 万 m^2。

主楼主体结构为剪力墙结构，基础结构形式为桩基；商业裙房及地下车库主体结构为框架结构，基础形式为独立基础；主楼及裙房外立面为真石漆涂料。

本工程由华润置地（淄博）有限公司负责开发建设，淄博文德众智建设管理有限公司负责监理，江苏省苏中建设集团股份有限公司负责承建施工。

3. 选题理由

（1）创优要求：本项目是我公司的重点项目，项目前期立项，确保"山东省优质工程泰山杯""山东省建筑施工安全文明标准化示范工地"；

（2）成本因素：公司注重成本控制，本项目旨在通过可视化精细管理，创新技术提高工程质量，降低项目成本；

（3）建设方要求：华润置地聘请专业的第三方检测机构对在建项目进行质量、安全方面检查，建设方对项目提出确保质量检查置地前 20，安全检查大区前 5 的高要求；

（4）树企业形象：通过精细化管理，降低扬尘、噪声污染，减少对城市环境的影响，树立企业负责任的良好形象。

4. 实施时间

本工程于 2015 年 9 月 18 日开工，2018 年 1 月全部工程顺利通过五方竣工验收，如表 1，图 2 所示。

实施时间 表1

实施时间	2015 年 9 月～2018 年 1 月
分段实施时间	
管理策划	2015 年 9 月～2015 年 10 月
管理实施	2015 年 11 月～2017 年 12 月
过程检查	2015 年 11 月～2018 年 1 月
取得效果	2017 年 11 月～2018 年 1 月

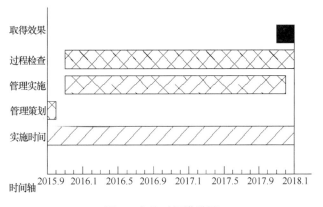

图 2　实施时间横道图

二、项目管理及创新特点

1. 项目管理重点及难点

（1）质量管理目标高

确保荣获"山东省建筑工程泰山杯""山东省建筑施工安全文明标准化示范工地"荣誉称号，华润置地在建项目三方检查质量检测前 20 名，大区安全检查前 5 名。

（2）社会影响广泛

本工程处于淄博市行政中心区域，紧靠齐盛国际宾馆，周边小区密集，对现场扬尘治理、噪声控制等提出较高要求。

（3）安全管理难度大

15~19号楼32、33层高层住宅北立面设置消防连廊，临边洞口多，人员流动性大，若安全管理不到位，极易造成人员跌落，存在较大安全隐患。

（4）工程技术难度大

主楼建筑外立面复杂，造型施工采用现浇悬挑板，植筋砌筑，屋面采用斜屋面结构形式，15号楼、18号楼设置结构后浇带，施工技术难度大。

（5）专业分包多，统筹管理困难

本工程门窗、防水、地暖、消防、园林、精装、智能化等分项由建设单位进行专业分包，在施工中，各分包单位在同一作业空间内施工，需要项目部精细化管理，统筹协调。

2. 创新特点

（1）可视化精细管理

建立健全项目组织管理架构，落实管理责任制，严格执行公司各项管理制度，合理组织人员施工作业，优化工艺做法，留存交底、过程管控、检查验收文件及影像资料，强化可视化管理。

（2）信息化技术应用

充分利用公司企业信息管理平台，实时查看公司通告，上传需审核文件，提高办公效率。建立项目公众号，发布项目信息，分享管理经验；使用二维码技术，录入交底、检测数据等信息，制作标签，张贴在施工现场，方便人员查阅；完善项目管理数据云端，将文件资料及影像扫描上传，实现内部职工信息共享。

（3）建立安全体验区

建立安全体验区，设置灭火器演示体验、综合用电体验、安全带等体验器材，定期组织职工安全体验，强化职工安全意识。

（4）注重绿色文明施工

项目设置完善的降尘喷雾装置，楼层设置垂直运输垃圾通道，积极使用太阳能资源，办公、生活区域设置绿化带，美化环境。

（5）积极开展科研活动

组织技术骨干开展QC小组活动对技术难点进行攻关，积极总结优化施工工艺，对施工中的小工具进行创新，输出QC小组成果、工法及专利。

（6）四新技术应用推广

如表2所示。

新 技 术 应 用　　　　　　　　　　　表2

序号	新技术项目	应用项目
1	地基基础和地下空间工程技术	预应力锚杆施工技术
2	钢筋工程及预应力技术	HRB400E钢筋应用技术
		大直径钢筋直螺纹连接技术
3	模板及脚手架技术	盘销式钢管支撑模板施工技术
4	绿色施工技术	粉刷石膏抹灰
		HT无机保温板外墙保温系统
		施工过程水回收利用技术
		太阳能与建筑一体化技术
5	预制构件技术	预制混凝土弱电箱
		预制空心过梁

三、项目管理分析、策划和实施

1. 管理问题分析

（1）质量管控分析

本工程为高层住宅项目，施工质量的好坏直接影响业主交付后的使用，为确保工程质量，必须建立完善的管理组织架构，严格执行各项管理制度，做好项目的前期策划，过程的严格管控，质量的检查验收，确保整个建筑周期内各分部分项工程的施工质量。

（2）安全管理分析

本工程体量大，施工班组多，人员来源较为复杂，做好职工的安全交底、教育，提升职工的安全意识，加强楼层临边防护及大型机械设备的管理是保证工程安全有序进行的基础。

（3）绿色文明施工分析

施工现场绿色文明施工程度，关系到企业的社会形象，必须得到充分重视，做好降尘除噪措施，应用太阳能资源，严格按照集团《建筑施工现场标准化图集》进行现场布置。

（4）进度管理分析

对项目进度进行有效管理是实现各管理目标的基础，针对本工程体量大、工期紧等难点，要求项目部制定详细的进度计划，合理安排交叉作业。

2. 管理措施策划实施

（1）管理目标策划

如表3所示。

项目目标管理策划　　　　　　　　　　　　　　　　表3

1	质量目标	山东省优质工程泰山杯、华润置地第三方检查前20名
2	安全目标	山东省建筑施工安全文明标准化示范工地、华润置地大区检查前5名
3	工期目标	总工期：2015年9月～2018年1月 确保各节点工期
4	科研目标	输出QC小组活动成果、施工工法、专利、作业指导书

（2）质量管理目标实施

1）建立完善的项目组织管理架构

项目经理对工程项目全面负责，项目总工主抓技术质量，生产经理负责生产进度，协调各施工班组，施工员、质检员、资料员直接负责现场管理，明确各级各部门各岗位在工程质量活动中的责任，实现质量责任的可追溯性。

2）坚持样板引路制度

设置实体样板展示馆，制作各分项工程实体样板，对工人现场进行展示交底教育，明确施工工艺及质量要求标准，要求工人严格按照样板标准施工，交底结束后，施工班组负责人及操作工人在交底书上签字确认，留存影像资料，提高工人质量意识，明确各自职责（图3、图4）。

3）采用日式放线方法

采用日式放线方法，对墙柱定位线、结构标高、轴线等进行精细化测量，采用红色油漆标记结构标高线、结构轴线，弹设钢筋绑扎定位线，方便指导工人操作作业，提高放线精度，减小误差。

4）应用BIM技术建模交底

项目部成立BIM小组，积极应用BIM技术软件Revit对窗台压顶支模、外窗洞口等工程复杂节点进行三维建模，对工人有针对性的交底，使工人能够更好的掌握施工工艺及质量要求标准。在应用BIM技术之初，项目部组织技术骨干，参加BIM培训，学习网上教程，从最基本的标高、轴线学习，到建筑、结构模型的建立，安装分项的管线碰撞检测，目前项目BIM小组已经完善，正积极将BIM先进技术更广泛地应用于项目可视化管理。

 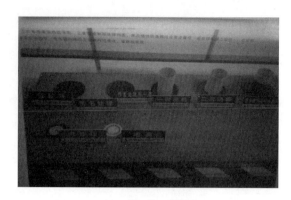

图 3　二次结构样板　　　　　　　　图 4　吊洞工艺样板

5）微信公众号工艺总结

项目部选派技术骨干运营项目微信公众号"橡树湾三期项目部""施工技术基础"，展示项目形象，对施工过程中采用的新工艺及质量控制重点难点进行总结，目前已发表室内地坪质量控制、粉刷石膏抹灰工艺总结、HT无机保温板质量控制等成果，对主要分项质量通病进行深入分析，总结质量控制要点，加强分享交流。

6）建立项目质量管理云端

项目部建立质量管理云端，将交底、方案等资料文件扫描上传，并将现场拍摄的影像资料分类，建立不同文件夹上传，由项目资料员运营管理云端，做到施工质量从开工到交付的可追溯，避免质量管理盲点的出现，加强信息共享，对现场质量进行有效管理。

7）应用二维码信息技术

将技术方案、交底、检测数据等信息录入二维码，制作二维码标签，在主体结构施工阶段，项目部质检员对混凝土结构分项实测项目进行全数测量，并统计汇总到表格中，对实测数据进行分析，将二维码张贴在检测部位，实现检测数据的信息共享化。

8）积极开展科研攻关活动

项目部组织技术骨干，组建QC活动小组，对现场存在的质量问题进行攻关，并对施工工具设备进行创新，目前项目已成功开展QC小组活动4项，并总结输出QC小组活动成果，通过QC小组活动的开展，施工常见质量问题得到攻关，施工质量得到大大提高。

积极总结施工重点工艺，从工艺流程、操作要点、质量管控要点、安全管理重点、获得的经济效益、社会效益、质量效益等多方面，总结输出《激光冲筋粉刷石膏抹灰施工工法》《HT无机保温板外墙保温系统施工工法》《组装式焊接铁板垂直运输垃圾通道施工工法》。

9）采用四新技术，优化工艺做法

项目部积极推广应用新工艺、新材料、新方法、新设备，在新工艺的应用上，项目部技术人员广泛学习相关工艺流程、质量要求标准，查阅大量规范、图集，并到工艺应用成熟的项目参观学习，优化工艺做法，提升工程质量。四新技术的应用在开始阶段会遇到一些困难，但只要大家坚定信心，并用心去钻研，必然会克服目前的一些困难，获得极大的效益。

（3）安全管理实施

1）建立安全保证体系

落实安全生产责任制度，项目部与各分包班组签订《安全生产责任状》，层层落实安全责任，划分安全责任区域，明确各级管理人员的安全职责，以安全施工为重任，实现安全工程。

2）设置安全体验区

项目部设置安全体验区，设置灭火器演示体验、综合用电体验、安全带等体验器材，定期组织职工安全体验及消防演习，强化职工安全意识（图5，图6）。

图 5 安全帽撞击体验　　　　　　　　图 6 安全护栏推倒体验

3）实行门禁制度

施工现场主要出入口设置实名制门禁系统，进出人员须刷卡才能通过，对进入现场施工人员进行实名制登记，有效控制外来人员进入工地。

4）设置视频监控系统

在办公区域设置视频监控室，安排专人进行视频监控，设置一台主显示屏和四台分显示屏，对现场情况进行时时监控，通过电子眼对项目进行无死角监控，摄像头监控通过网络实现远程监控，方便公司对现场情况进行实时了解，实现跨空间的可视化管理。

5）定期危险源巡检

每月每个重要节点，由项目经理带队，项目部所有管理人员参与，对施工现场危险源进行识别和列出清单，并跟踪管理整改，更有效减少施工现场安全隐患。

6）采用定型化防护

施工现场所有临边防护全部采用定型化防护，整体协调美观，拆装方便，坚固耐用，节约成本，可重复利用。

7）落实管理人员夜间值班制度

项目部制定夜间值班制度，要求管理人员夜间到现场及生活区巡视，对夜间施工作业人员进行安全交底教育，重点检查操作工人安全措施是否到位，生活区是否存在违章电器使用情况，并将巡视安全状态拍照反映到项目微信群内。

8）施工机械安全性能改进

在卸料平台下面设置小挑网，卸料平台为定型化全封闭型，更有效避免卸料平台内物件高空坠落，避免高空坠物对楼层下的施工人员造成伤害，塔吊安装黑匣子并与监控实行联网，随时掌控塔吊工作状态，发现违章行为能第一时间进行制止和监控，对问题能及时进行处理，电梯井操作层使用定型化操作平台，根据三角原理，平台稳定性能好，大大提高安全系数，可重复使用（图7、图8、图9）。

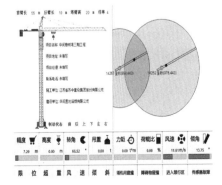

图 7 设置小挑网　　　　图 8 电梯井操作平台　　　　图 9 塔吊黑匣子信息

（4）绿色文明施工目标实施

1）树立公司CI形象

工地大门严格按照公司《建筑施工现场标准化图集》要求制作，大门口处设置公示标牌，主要内容包括：工程概况牌、消防保卫牌、安全生产牌、文明施工牌、管理人员名单及监督电话牌、施工现场总平面图等，将工程概况透明化，设置国旗，培养公司员工爱国主义思想和爱岗敬业的品质，展示公司形象。

2）现场降尘措施

项目采取多种降尘措施，项目部对场地道路进行硬化，安装一整套完善的洒水降尘系统，包括扬尘噪声检测仪、塔吊自动喷淋系统、垂直运输垃圾通道等，有效地降低现场扬尘，保证了绿色文明施工（图10、图11）。

图10　环保降尘喷雾机

图11　自动喷水系统

3）使用清洁能源

生活区采用太阳能供水系统集中供水，现场道路安装太阳能路灯，采用LED节能等，通过使用清洁能源，节省了电力的使用。

（5）进度管理目标实施

项目部在工程开工前根据合同工期要求，利用网络图编制总进度计划，明确关键节点工期，提前制定进度风险控制措施，合理安排工序交叉作业。

在施工过程中，由项目总工根据总进度计划编制分部分项工程进度计划，根据时间特点编制月进度计划和周进度计划，每周召开生产例会。对实际施工进度实时纠偏，保证工程进度符合项目合同要求。

（6）成本管理目标实施

成本控制是我公司管理中的重点，项目部管理人员针对本工程特点，进行精细化管理，采用新技术，克服传统施工的质量通病，减少后期返工带来的经济损失。

使用广联达算量软件，对工程成本做精细化控制。

项目部组织施工组、预算组、质检组、保管员对进场材料进行联合验收，严控进场材料质量，规避材料不达标带来的风险。

项目部对物资材料、现场工作量和项目管理成本等方面进行每周统计，每月进行核算分析、比对。

项目部每月25日对各专业分包进行工程款结算，要求项目部各职能部门负责人签字确认，严控项目零工开支。

3. 过程检查控制

华润橡树湾三期项目在实施过程中，项目部注重可视化精细管理，注重科技创新转化，在施工进度、质量、安全、文明施工等组织控制上，采取策划、实施、预控、防治及改进的动态管理措施，形成了系统的组织管理思路，同时注重管理经验的积累与推广，形成了优秀项目管理技术。

4. 方法工具应用

改善传统施工中，纸质办公存档的方式，将方案、交底、影像资料扫描上传至项目云端，分类存档，形成项目大数据，使用统计方法，借助表格、排列图、关联图等工具对数据进行分析。积极推广应用微信公众号，分享相关管理成果与经验。

四、管理效果评价

1. 目标完成情况

（1）质量目标

通过各个环节的质量控制，本工程质量自始至终处于受控状态，施工质量得到业主、监理、质监部门的一致认可，"山东省建筑工程优质结构""山东省优质工程泰山杯"正在申请过程中。

（2）安全目标

无伤亡事故发生，荣获2016年度"山东省建筑施工安全文明标准化示范工地"荣誉称号。

（3）工期目标

项目工程进度始终处于受控状态，在经历了2017年的史上最严停工令的情况下，经过合理的进度施工安排，各节点工期目标均按时实现，顺利通过五方及质监站验收，达到了合同工期的要求，实现了工期目标。

2. 成果效应

（1）观摩示范项目

项目被评选为2016年淄博市观摩示范项目，业内及公司领导莅临现场，累计1600人次，项目的可视化精细管理、现场绿色文明工作得到一致好评，赢得广泛的赞誉（图12）。

图12　淄博市建管局同志莅临指导

（2）通过山东省建筑工程质量检查

项目于2016年7月通过山东省建筑工程质量检查组检查，工程施工质量、现场绿色文明施工得到专家组成员的高度评价。

3. 获奖情况

（1）本工程被评为2016年度"山东省建筑施工安全文明标准化示范工地"；

（2）本工程13号、19号楼被评为"山东省建筑工程优质结构"；

（3）2017年山东省建筑业优秀QC小组成果一项；

（4）项目部编写工法《模数制HT无机保温板外墙保温系统施工工法》《激光冲筋粉刷石膏抹灰施工工法》于2017年4月2日，通过公司技术部门的审定，批准为企业工法。

五、结语

华润橡树湾三期工程在建设过程中,建设单位和监理单位给予了高度评价,工程处于受控状态,质量符合规范、设计要求。

我项目部将管理过程中的经验总结,形成了该成果,在今后的工程中根据实际情况进行选用,以此提升公司的管理水平和竞争实力。

坚持安全管理　加强绿色施工　创建国家示范工地

——江苏省苏中建设集团股份有限公司包头市呼得木林大街1号、2号街坊棚户区改造项目

陈　华　缪元喜　成爱飞　孙珍荣　陆君惠

【摘　要】 绿水青山才是金山银山，十八大报告指出："建设生态文明，是关系人民福祉，关乎民族未来的长远大计。面对资源约束趋紧，环境污染严重、生态系统退化的严峻形势，必须树立尊重自然、顺应自然、保护自然的生态文明理念，把生态文明建设放在突出地位，融入经济建设、政治建设、文化建设、社会建设各方面和全过程，努力建设美丽中国，实现中华民族永续发展。"注重绿色施工、安全文明施工常态化建设是历史趋势，重是重中之重。

【关键词】 绿色施工；安全文明施工；可持续发展；新技术应用；信息化管理

一、项目成果背景

1. 工程概况

包头市呼得木林大街1号、2号街坊棚户区改造项目北临青山路，西至哈达道，南临敖根道、四医院，东至草原道，地理位置优越，交通便捷（图1）。

图1　呼得木林大街1号、2号街坊棚户区改造项目效果图

呼得木林大街1号、2号街坊棚户区改造项目总建筑面积431966.88m²，占地面积29036m²，主要包括12栋住宅、商业办公楼和其他配套公建及地下车库。我公司承建了其中的6栋及车库、青少年发

展中心，建筑面积为215148.13m²，住宅楼单体建筑高度91.2m，地下2层，地上29层，层高2.9m，基础结构形式为筏板基础，主体结构为钢筋混凝土框架剪力墙结构。

本项目由包头市青山区保障性住房建设运营有限公司投资建设，包头市建筑设计研究院有限责任公司设计，中外天利（北京）工程管理咨询有限公司监理，江苏省苏中建设集团股份有限公司总承包施工。

2. 选题理由

（1）本工程为包头市重点项目，拆迁户回迁工程，民心所向，社会影响极大，关注度高。

（2）本工程地理位置特殊，青山区繁华地带，在工程开工伊始定位就比较高。

（3）本工程为商品房住宅小区，工程体量大、施工任务重，工期紧，成本控制不易，因此，该项目施工管理要求精细化，充分完善各项措施，统筹安排，科学管理。

3. 实施时间

本工程于2014年7月23日开工，2017年10月22日工程顺利通过五方竣工验收，如表1所示。

实　施　时　间　　　　　　　　　　　　　　表1

总实施时间	2014年7月～2017年10月
分段实施时间	
项目总体管理策划	2014年6月～2014年7月
管理措施实施	2014年6月～2017年8月
过程检查	2014年7月～2017年8月
取得成效	2015年10月～2017年8月

二、项目管理及创新特点

1. 项目管理重点与难点

（1）安全管理目标高

确保荣获自治区"绿色示范工地""自治区建筑施工安全标准化示范工地"，力争"自治区""全国安全文明标准化工地"荣誉称号。

（2）工程技术难度大

本工程地下部分工作量大，结构体系多样，结构施工中模板、钢筋、混凝土施工量相对较大，节点类型多。基础最大开挖深度在自然地面下10.9m，工程体量大，周转材料用量大，主楼底板为外扩式筏形底板、车库为条形梁基础和独立基础，基础底板多处有降板，为错层形式，单面支模面积多且高低差较大。双柱多，支模困难；设计变更多，施工工序复杂。

（3）安全管理要求高

施工场地狭小，12栋单体工程群塔作业施工、深基坑施工、吊篮施工、车库交接主楼存在大量单面支模施工，青少年发展中心变更设计钢结构施工等，安全管理是施工中的一大难点。

（4）空间布置组织难度大

现场场地相对狭小，可利用空间极其有限，现场无法设置循环道路，材料需要多次倒运，科学合理地利用有限的场地，组织好本工程的施工，是本工程的重点之一，需综合考虑。

（5）专业分包单位多、协调难度大

本工程外墙石材、外墙涂料铝合金窗、防火门、防盗门、消防、通风空调、电梯等都由业主进行专业分包，施工中各分包单位同一作业空间内密度较大，协调难度大，需要科学合理的安排工序搭接和调度。

（6）注重绿色施工

从本工程开工伊始，公司及项目管理部就以贯彻绿色施工、安全文明施工为核心，进行精心策划、技术创新、科学管理，在保证质量、安全等基本要求的前提下，以绿色施工为主线，最大限度地节约资源并减少对环境的负面影响，实现"四节一环保"，建设更美好包头。

2. 创新特点

（1）充分运用信息和网络技术，实现项目数字化管理

1）建立工程项目管理信息平台

集团公司建立工程项目管理信息平台，解决了工程施工中成本、进度、安全、设备、质量目标控制难度大、组织协调工作等困难。项目部通过与集团公司、分公司信息化协同管理平台，在工程的管理中发挥了很好的作要。通过建立项目管理信息平台，满足了工程建设过程中协同工作、数据交流、增强效率等对信息化的需求，为有关上级单位和领导及时了解项目工程施工情况提供了有效手段，从而提高工作效率，转变工作模式。

2）工程实时监控系统

通过项目工程视频监控系统，实现施工现场可视化，项目可借助于计算机网络技术、监控设备等高科技产品，在现场装设摄像头，建立工程协同管理信息平台，通过自动化办公实现项目管理信息共享，领导直视建设工程施工现场的管理，使工程始终处于受控状态，不仅提高了项目管理水平，也充分体现了"科技施工"理念。

（2）全面实施安全教育和分部分项安全技术交底，加强现场安全管理

1）在开工前专职安全员对本工程的全体施工人员进行安全上岗培训，各工人必须考核合格后上岗，班组每日一次班前安全教育、交底。在施工现场张贴安全宣传标语、条幅。"安全第一、预防为主、综合治理"做到安全生产天天讲、人人讲。及时向职工宣传国家和自治区、市有关安全生产的方针、政策、安全知识，表扬安全生产的先进典型，批评违章违纪现象，通报处罚情况。项目部每周五进行一次安全生产检查、并书面记录检查结果，及时发现并处理安全隐患。为了提高广大员工的安全意识及其在施工现场的自我防范能力，督促其做到"三不伤害"，在施工现场悬挂各种安全警示标牌、安全横幅、安全宣传标语和图牌，并购买新版安全标准和安全常识读本，组织本项目所有员工参加有关安全知识学习等各项活动。在工地醒目位置处设置安全提示牌，对进场职工及时提示要求其正确戴好安全帽，系好安全带做好安全自我保护工作，持之以恒地对员工进行安全宣传教育，大力营造"以人为本、安全第一"的良好氛围。

2）注重强化对项目部不同层次人员有针对性地安全教育工作，从项目经理、项目技术负责人、专职安全员到各管理人员，均分层次接受了自治区、市、区、公司和项目部组织的安全教育和培训，取得了相应的岗位安全知识培训合格证书，为自觉履行好各自的安全生产责任，抓好安全管理工作，防止事故发生打下了良好的基础。

3）通过"一学、一卷、一卡、一保证"的全面实施（即：一次工种安全技术操作规程和建筑施工人常识学习，一份安全知识考核试卷、一张安全教育卡、一份安全生产保证书），确保职工三级安全教育100%。

4）注重安全技术交底工作。为了不断提高广大职工的安全意识和自我保护意识，我们对各工种、各部位、各工序的施工均及时地进行针对性的安全技术交底工作，履行交底签字手续，并由项目技术负责人、专职安全员对落实情况进行跟踪检查督促，确保施工班组和人员的施工安全。抓好施工班组的班前安全活动教育。

5）项目部还建立了每周安全工作例会和学习制度，每周五将项目各管理责任人和施工班组长召集起来，进行交流总结一周来的安全生产情况存在的安全隐患及注意事项，总结好的经验和做法，找出不足和薄弱环节，有针对性地布置下一周的安全生产工作。同时利用例会及时组织大家学习国家有关安全工作的重要指示精神，及新闻媒体对有关安全生产的报道，学习有关安全标准、规范，学习《建筑法》《安全生产法》和《建设工程安全生产管理条例》和项目安全生产保证体系等相关文件。以人为本，措施落实有力，通过经常性的安全宣传教育，使"安全第一、预防为主、综合治理"的方针思想在施工现

场得以深入人心,为本项目的安全文明施工奠定了坚实的基础。

(3) 落实预防为主的措施,加强施工安全全过程控制

项目部严格按《建筑施工安全检查标准》JGJ 59—2011 精心组织施工,编制安全生产施工组织方案,同时根据安全生产管理制度规定,与各施工班组签订了安全生产责任书及安全考核目标,并且每道工序每个专业工种转换过程中加大检查力度,建立互相监督程序严格按标准进行奖罚。制定安全生产和保证质量措施,狠抓施工全过程的质量安全环境、文明施工。实行标准化、规范化施工,落实纵向到底、横向到边的管理体系。由项目经理负责,项目部各管理人员和各施工班组参与,对本工程在施工过程中存在的危险源和环境因素进行调查、识别和风险评价,制定了有针对性的预防火灾、施工用电、大型机械拆装、土方开挖、脚手架防护、环境控制等专项管理方案和应急救援预案。编制了施工组织设计,对一般可能存在的危险源也采取了相应的控制措施。由于项目部的高度重视,对各项方案认真组织实施,从而保证了施工的顺利进行和施工全过程的安全控制。

(4) QC 活动小组、工法及专利

在施工过程中,为攻克难点,项目部集思广益并聘请专家共同研究,实际解决多项施工技术难题,并形成多项成果。

(5) 新技术应用

如表 2 所示。

新技术应用情况　　　　　　　　　　　　　　　　　表2

序号	新技术项目	应用项目
1	地基基础和地下空间工程技术	钢筋网、锚杆喷锚支护
2	模板及脚手架技术	保温结构一体化技术
3	机电安装工程技术	金属矩形风管薄钢板法兰连接技术
4	绿色施工技术	绿色施工在线监测技术
		墙体免抹灰技术
		铝合金窗断桥技术
		保温结构一体化应用技术
		施工扬尘控制技术
5	信息化应用技术	施工现场远程监控管理技术

三、项目管理分析、策划和实施

1. 管理问题分析

(1) 质量控制分析

本工程属于棚户区改造项目,对业主而言,工程质量要求尤为重要,而工程质量的优劣直接取决于项目班子的质量管理能力,项目质量体系的设置是否合理、完善,体系能否高效运转,将直接关系到工程质量管理工作能否顺利开展,最终达到对工程质量进行有效的控制,确保质量目标的实现,是项目管理的关键。

(2) 安全管理分析

本工程体量大、投入施工人员多、多工种交叉作业多、立体作业安全隐患多、施工场地狭窄,如何保证工程安全有序进行,实现施工目标是项目管理必须解决的问题之一。

(3) 进度管理分析

建筑业属于污染较大的行业,包头作为沙尘污染源头地带,施工期间 2014 年的"APEC"会议及 2015 年的"抗战胜利大阅兵"等大型政治活动以及政府部门对雾霾治理的要求,都是影响项目工期进度的重要因素。

(4) 绿色施工管理分析

在建设施工过程中，为最大程度的节约资源以及减少对环境的破坏，需要按照《绿色施工导则》《建筑工程绿色施工评价标准》GB/T 50640—2010 和《绿色建筑评价标准》GB/T 50378—2006 中的要求，结合本工程的具体情况进行施工管理，围绕"四节一环保"的基本目标，始终坚持绿色施工。

2. 管理措施策划实施

(1) 管理目标策划

如表 3 所示。

项目目标管理策划　　　　　　　　　　　　　　　　　　　　　　表 3

1	质量目标	单位工程一次交验合格率 100%；合同工期履约率 100%；顾客满意率达 90% 以上
2	安全目标	自治区绿色示范工地； 全国安全文明标准化工地； 无重伤、无死亡、无重大机械事故、无重大社会影响事件； 轻伤控制率控制在 3‰ 以内
3	工期目标	总工期：2014 年 7 月～2017 年 10 月； 确保各节点工期
4	技术目标	形成对类似工程具有指导意义的工法、相关技术总结

(2) 质量管理实施

1) 遵守水渠原理

将项目人员的行为、协力单位的行为看作是水渠里流的水，将企业的管理规章制度、项目管理制度、项目各级人员的管理行为、施工时的预防预控措施看作是水渠。水渠建得不好，水流就可能会泛滥。强调加强建立质量管理制度、各级人员的质量管理行为及加强质量控制预防。

2) 坚持各负其责

项目进行分工后，各负其责。在施工方案措施面前及任务安排和责任落实上，任何接受人（执行人）都必须无条件严格的执行。

3) 加强内部管理

在工程质量上要加强结构工程、装修工程和机电工程的管理，在工程施工中严格执行样板制。

4) 强调过程控制

只有通过过程控制才能保证整个工程成为精品，任何人必须以此作为自己的行为准则，严格控制每一工序、每一程序、每一过程和每一环节。

5) 严格执行"会诊制度"和"奖罚制度"

在工程实施过程中，对每一重要分部分项工程都编制了管理流程，"严格执行会诊制度"与"奖惩制度"相结合的方式彻底解决施工中出现的问题，以过程控制保证精品工程（图 2）。

(3) 安全管理实施

1) 建立安全保证体系，贯彻安全过程检查

项目部建立安全保证体系，实施安全生产责任状，在分包合同签订的同时签订《安全生产责任状》，层层落实安全责任，划分安全责任区域，明确各级管理人员的安全职责，落实施工责任，各岗位各尽其责，以安全施工为重任，实现安全工程。重视过程安全检查（图 3）。

2) 贯彻安全教育和持证上岗制度

安全教育覆盖所有在施人员，各级年审、教育、培训均必须考试合格、签发合格证后持证上

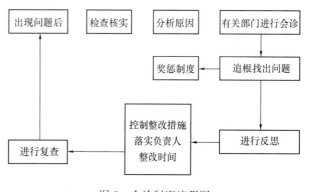

图 2　会诊制度流程图

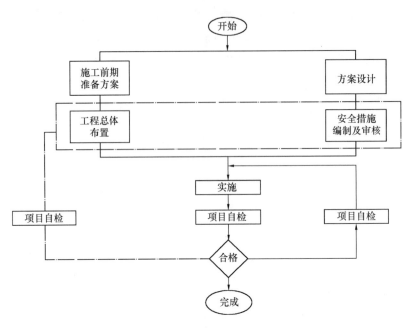

图3 施工过程安全控制流程图

岗,不合格者不准上岗(图4)。

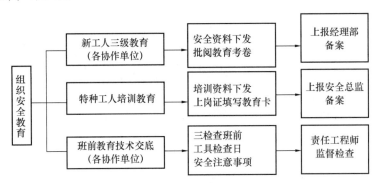

图4 安全教育体系

3)施工现场安全教育活动(图5)。

图5 现场施工安全教育培训

①每月底经理部组织一次全体员工参加的安全大会。
②施工班组班前须进行安全教育(班前安全活动)。
③分包单位每周对其所属全体员工进行的安全教育(周安全活动)。

④转场教育（从 A 现场调整 B 现场作业）。

⑤转换工种教育。

⑥交叉作业施工的安全教育。在工长的监督下，由分包单位工长对其作业工人进行交叉作业安全教育。

⑦推广新技术、新工艺、新材料时需对分包单位管理人员及操作人员进行相关安全操作技术规程的教育培训，在其完全掌握后方可组织施工。

⑧季节性施工安全教育。进入雨期、冬期施工前，在项目经理部生产经理的部署下，由工长负责组织所管辖区域内施工的分包单位管理人员及操作工人进行专门的季节性施工安全技术教育。

⑨节假日安全教育。节假日前后应特别注意各级管理人员及操作者的思想动态，有意识有目的地进行教育，稳定他们的思想情绪，预防事故的发生。

4）每周生产例会安全讲评。

5）每月安全全员学习。

6）节假日、重大政治活动安全教育。涉及重大节假日和国家重大政治活动，国家、政府号召开展的相关活动，经理部负责人要结合上级部署和工程实际情况，开展各种形式的安全教育宣传，确保安全要求深入人心。

(4) 进度管理实施

1）制度分级控制计划

根据总计划编制季度计划，根据季度计划编制月计划，根据月计划编制周计划，周计划根据前三天的实际情况，调整后三天计划，并且制定下周计划，实行 3 日保周、周保月、月保季、季保总计划的管理方式。

2）物资管理

本工程所需物资，严格按照经总包方审查认可的物资进场计划执行，进场前由分承包方提出进场申请，申请表应明确物资的名称、规格、型号、单位、数量，必要时还要附上有关详图，同时还要附上一份供货时间进度表，由专业栋号长审核进场的数量。

验证资料不齐或对质量有怀疑的物资，要单独堆放，待资料齐全和复验合格后方可使用，对堆放的各类物资要予以明确标识。验证的计量检测设备必须经过检定、校对。验证的计量检测设备必须经过检定、校对。

3）总包对各专业分包交叉作业的协调管理

除按照合同严格管理各专业承包商之外，要协助、指导各专业承包商深化设计和详图设计工作，并贯彻设计意图。保证设计图纸的质量，具备设计进度满足工程进度的要求。协调各专业承包商与设计单位的关系，及时有效地解决与工程设计和技术相关的一切问题；协调好不同专业承包商在设计上的关系，最大限度地消除各专业设计之间的矛盾。具体工作如下：

①做好图纸会审

认真熟悉审查专业施工工程图纸，着重审查上建和水电工程的配合情况，避免错、漏、碰问题，保证图纸的可操作性。

②找出工序之间的制约关系

无论是什么专业的分包人，对其的协调管理均从招标、设计、现场、后续其他专业的衔接入手，在总控计划的安排下，分析各专业施工之间的制约因素，找出主要矛盾，合理把握插入点，保证工程的顺利进行。

③各工序之间衔接的另一个关键管理及协调点是成品保护。消除和避免成品在交叉施工过程中的污染和损坏。

成品保护须遵循的总的原则是：各分包人须负责各自的成品的保护措施；下一道工序的施工须注意保护上一道工序；交叉施工须提前申请。

4）土建工程和机电工程交叉施工协调

总承包商将根据项目总控进度计划。提前策划，协助业主完成机电专业承包商的招标工作，按招标文件及合同条款的规定，协调好专业承包商的接驳分界点。

（5）绿色施工管理实施

1）绿色施工管理策划

成立绿色施工领导小组，由项目经理担任总指挥，项目总工、质量管理员等为组员；建立绿色施工相关制度，并编制了绿色施工专项方案；对项目的绿色施工进行定期考评；项目部的组织体系、制度和激励机制为绿色施工的顺利实施提供保障。

2）在节材方面措施

①对钢材、木材、混凝土等材料进行精确预算，优化下料方案，减少废料产生；

②根据施工进度、库存情况合理安排材料的采购、进场时间和批次，减少库存；就地取材，距施工现场500km以内的建筑材料（商品混凝土、钢材、木材、水泥等）用量占建筑总量的70%；

③进行各种废料的回收再利用，如木方接长、短钢筋焊接或制作马镫（图7）；

④采用定型化防护栏杆，提高了材料利用率，工地临建房采用可周转材料搭设，可重复使用率达到70%以上（图6）。

图6　定型化防护

图7　钢筋废料加工马镫

3）在节水方面措施

①办公室、生活区均采用节水器具，如节水龙头，公共厕所采用自助冲洗装置；

②对底板混凝土和竖向混凝土构件的养护采用洒水后包裹塑料薄膜保水的方式，减少了用水量和养护难度、次数；

③设置雨水和施工用水回收系统，用于养护、绿化灌溉及降尘洒水（图8）；

④浴室安装节水喷头供工人洗浴。

4）在节能方面措施

①本工程设定办公区、生活区和施工区用电控制指标，对生活区和施工区安装了电表，分别计量用电情况，生活区用电尽量使用低压照明，施工现场临时照明均采用低压照明，避免了资源浪费；

②本工程墙体、屋面及地下室均设计使用隔热性能好的保温材料，户门及铝窗均为节能设计，减少夏天空调、冬天取暖设备的使用时间及耗能量；

③办公区、生活区照明灯具均采用节能灯，生活区宿舍白天拉闸断电（图9）。

5）在节地方面措施

①临时设施的占地面积按用地指标所需的最低面积设计。平面布置合理、紧凑，消除废弃地和死角，临时设施占地面积有效利用率大于90%；

图8 洗车池　　　　　　　　　图9 太阳能系统

②结构施工考虑场地重复利用，结构施工期间钢筋加工场等临时设施设置在车库顶板上，采用占地面积小的方案进行布置。

6）在环保方面措施

扬尘控制大气污染控制方面，现场设置扬尘在线监测系统，当PM2.5、固体颗粒达到临界值，自动喷淋系统启动，实现自动化扬尘控制（图10、图11）。裸露土全部采用绿网100％覆盖。

图10 扬尘在线监测系统　　　　图11 自动喷淋

①噪声污染控制方面，木工机械等高噪声设备实行封闭式隔声处理，减少夜间施工，最大程度减少对周边居民的噪声污染；并设置降噪棚（图13）。

②固体废弃物控制方面，现场设置分类垃圾房，对可回收的废弃物做到在回收利用，对于各类不可回收废弃物的运输确保不散撒、不混放，送至政府部门指定场所进行处理、消纳（图12）。

图12 垃圾分类回收　　　　　　图13 降噪棚

③水污染控制方面，施工现场混凝土浇筑地泵处设置沉淀池，生活区设置排水沟沉淀池，食堂泔水采用集中收集的方式，进行正规消纳。

7）在安全文明施工方面

如表4所示。

项目安全文明施工表　　　　表4

序号	纲要	影响方面	内容
1	环境影响	场地土壤环境	1. 减少临建占地，少开挖原土。2. 多种绿色植物。3. 防止有毒物质泄漏污染地面。4. 防止水土流失
		大气环境	1. 抑制现场扬尘产生。2. 对现场进行围挡。3. 减少运输遗撒对环境影响。4. 控制废气排放。5. 控制烟雾排放
		噪声	选择低噪声设备，强噪声设备搭隔音棚，控制夜晚施工强度，从声源上降低噪声影响
		水污染	分流雨、污水，采取去除泥砂、油污、沉淀过滤等方法，减轻污水排放对环境影响
		光污染	现场采用防眩灯照明，对建筑物外围直射光线围挡，有效控制光源对周围区域光污染
		对周边安全影响	合理布置塔吊数量、位置，合理安排施工进度，减少施工对周边区域的安全影响
2	能源利用与管理	节约能耗	1. 控制机械设备耗油量； 2. 控制耗电量
		能源优化	以清洁能源替代污染大能源，尽可能使用可再生能源
3	材料与资源	材料节约	改进工艺，加强材料节约
		材料选择	公开招标采购绿色建材，控制辅助用材有害元素限量
		资源再利用	1. 尽可能用场地内现有资源。2. 加强施工废弃物分类管理，尽可能回收施工废弃物
		就地取材	就地取材，减少材料运输造成的能源消耗和环境影响
4	水资源	水资源节约	强化节水管理，减少施工水资源消耗
		水资源利用	利用雨水和施工降水，采用经济合理的污水处理回用方法，减少新鲜水用量
5	场地文明	文明CI	工地文明、洁净有序、各类标识清晰齐全
6	人员安全	人员安全	建立健全安全制度，采取严格的防毒、防尘、防潮、通风等措施，加强人员劳动保护
		人员健康	1. 合理布置临建； 2. 搞好现场卫生防疫

8）在技术创新方面

针对景观街道屋面质量控制，项目部成立QC活动小组，集思广益，共同研究混凝土屋面裂缝控制，从混凝土材料创新到施工方法，浇筑后效果非常好。通过采用本工艺，混凝土屋面质量得到有效保证，避免地区温差变化大引起的温度裂缝，优化施工，节约资源，符合绿色施工节能环保的要求，如图14所示。

3. 过程检查控制

包头呼得木林大街棚户区改造项目在实施过程中，项目部在安全文明施工、进度、质量等组织控制上，采取策划、实施、预控、防治及改进的动态管理措施。施工过程中，严格进行现场检查，分析技术方案的落实、现场的实施以及定期的对比偏差分析，对控制过程中出现的问题及时整改，不断改进，形成了系统的组织管理思路，同时注重管理经验的积累与推广，形成了优秀项目管理技术。

4. 方法工具应用

改善传统施工项目的粗放式管理手段，借用科学的统计观念和处理方法，综合运用 PDCA 循环手段，使用检查表、鱼刺图、排列图等方法完成统计、分析、归纳和总结，强化管理力度，加强管理效率，同时应用信息化管理平台，真正实现了"项目投标、施工进度、收入、成本管控、合同管理、质量安全、竣工"等工程施工全方位信息化管理，提高工程项目管理的水平和效率。

图 14　景观街道屋面质量控制 QC 小组活动荣誉证书

四、管理效果评价

1. 目标完成情况

（1）质量目标

通过各个环节的质量控制，本工程质量自始至终处于受控状态，未发生一起质量事故，施工质量得到业主、监理、质监部门的一致认可，所有施工内容全部一次验收合格通过，回访率100%，得到群众的一致好评。

（2）安全目标

未曾发生伤亡事故，荣获 2015 年度"内蒙古自治区建筑施工安全标准化示范工地"；

荣获 2016 年度"全国绿色示范工程"；

本工程获得 2016 年度"建设工程项目施工安全生产标准化建设工地"。

（3）工期目标

项目工程进度始终处于受控状态，在经历了 2014 年的"APEC"会议及 2015 年的"抗战胜利大阅兵"等各项活动停工达 20 多天的情况下，经过合理的赶工，各节点工期目标按时实现，并顺利通过了各方验收，达到了合同工期的要求，实现了工期目标。

2. 成果效应

（1）绿色施工方面

本工程通过实施绿色施工，坚持安全文明施工理念，在施工过程中紧紧围绕"四节一环保"的基本原则来开展各项工作，项目部利用科学管理手段从整体部署，针对关键环节、关键工艺、关键管理制度进行科学优化与创新，采取各项措施，大幅节约了资源及人工、减少了拆改量、节约材料，实现了真正意义上的节能创效、绿色施工。而且，通过本项目对绿色施工的推行与实施，提高了管理部对绿色施工的认识，培养了一批懂绿色施工、实施绿色施工的精英团队，在今后的工程中具有良好的借鉴意义。

（2）顾客满意度方面

本工程质量、安全、工期、绿色施工等均达到了业主的要求，建设、设计、监理单位及政府相关职能部门等均给予了高度评价，同时自 2017 年 10 月业主收房至今，小区已经全部完成收房，且入住率已经达到 95%以上，项目部积极配合进行维保工作，顾客满意度达到 100%，且工程质量得到业主的一致好评，至今未发生任何投诉。

3. 获奖情况

本工程被评为 2015 年度"内蒙古自治区建筑施工安全标准化示范工地";

本工程被评为 2016 年度"全国绿色示范工程";

本工程获得 2016 年度"建设工程项目施工安全生产标准化建设工地";

本工程 QC 成果《景观街道屋面质量控制》被评为 2016 年全国工程建设优秀 QC 小组活动成果三等奖。

五、结束语

通过本次项目管理活动的实施,全面提高了企业的工程管理水平,为企业培养了一批人才,锻炼了施工队伍,创造良好的企业形象及信誉,使企业在经济、社会、环境及管理等方面获得综合效率。在以后工程施工中,我们将借鉴本工程积累的施工经验和管理方法,积极响应国家有关绿色施工的号召,再接再厉完善项目管理方法,为社会再铸精品工程。

精心策划促生产 提质增效强履约

——中建一局集团第三建筑有限公司碧桂园·翡翠湾工程

董卫涛 刘全波 邵利永 王 富 徐 俊

【摘 要】 随着社会的发展，新建住宅卫生间防渗漏技术受到高度重视，在日常生活中，卫生间是用水量大且用水频繁的地方，本文根据施工经验，介绍了衢州碧桂园项目卫生间楼板自防水施工技术在浙江地区的应用情况，针对浙江地区梅雨天气施工难点，从卫生间渗漏的隐患分析、工序验收、质量把控、施工技术等方面，综合分析了导致卫生楼板渗漏的各方面原因。针对浙江地区梅雨天气施工难点，提出并解决卫生间反坎同原结构接缝处渗漏关键技术问题的解决方案和施工步骤。加强住宅工程的质量安全管理，提高用户对产品的满意度，对树立公司的品牌形象有着非常重要的战略意义，为以后类似工程的施工提供了宝贵的施工经验。

【关键词】 精细化管理；质量管理；防渗漏；提质增效

一、引言

随着当今社会的发展，以精细化管理促进项目施工生产，以提高生产的质量效益，促进项目履约，新建住宅卫生间防渗漏技术受到高度重视，卫生间防渗漏逐渐演变成目前施工中的重中之重，卫生间楼板渗漏是结构施工中住宅建筑工程常见的问题，由于卫生间经常处于水环境中，防水处理和降低渗漏率需要从主体结构施工中开始控制，如果渗漏处理不当，不仅给住户使用造成不便，还给后期渗漏点维修工作带来很多麻烦，同时也会造成一定的经济损失，卫生间楼板渗漏问题严重影响了建筑的使用功能，我们在施工中不仅要重视后期施工质量，更要在住宅工程主体结构施工中做好防渗漏控制工作。

在施工中应用 BIM 技术，更好地进行精细化管理工作，进行快速算量、精度提升，稳步推进施工生产，精确计划，减少浪费，实现降本增效。同时，应用 BIM 技术进行项目成本分析，在项目管理中，多对比，对成本优化分析，有效提高项目管理执行力。

二、项目成果背景

1. 工程概况

衢州碧桂园·翡翠湾项目位于浙江省西南部衢州市柯城区。南接福建，西接江西，北临安徽，与杭州、金华、丽水三市相衔，属亚热带季风气候，受地形影响，又具有盆地气候特征，一年之中雨日约为124～192 天，春雨和梅雨降水量最为丰富。本项目为碧桂园集团在最美鹿鸣山旁建设的高品质豪宅，受南方梅雨季节影响，对防渗漏要求高。

本工程总建筑面积 60377m^2，4 栋单体楼，1 栋幼儿园，地下 1 层，地上 18 层，实际开工日期：2016 年 4 月 05 日，计划竣工日期：2017 年 10 月 20 日，总工期 565 天。质量目标：衢州市优质工程，争创浙江省钱江杯。

2. 选题理由

随着社会的发展，新建住宅卫生间防渗漏技术受到高度重视，在日常生活中，卫生间是用水量大且用水频繁的地方。针对浙江地区梅雨天气施工难点，提出并解决卫生间反坎同原结构接缝处渗漏关键技术问题的解决方案和施工步骤。加强住宅工程的质量安全管理，提高用户对产品的满意度，对树立公司的品牌形象有着非常重要的战略意义。

3. 实施时间

如表 1 所示。

实施时间表 表1

项目开、竣工时间：2016 年 4 月～2017 年 10 月	
阶段	实施时间
管理策划	2016 年 5 月～2016 年 6 月
管理措施实施	2016 年 6 月～2016 年 11 月
过程检查	2016 年 6 月～2016 年 11 月
取得成效	2016 年 9 月～2017 年 10 月

三、项目管理及创新特点

1. 项目管理实施难点及重点

（1）本工程工期紧、业主要求 6 月 11 日达到主体结构地上 4 层预售节点目标。

（2）本工程总承包管理难度大，开工初期现场施工作业劳务分包较多，工序衔接复杂，屋面交叉作业较多，吊篮布置和各专业协调管理难度大。

（3）本工程施工期间正值 5 月，处于浙江省梅雨季节，主体结构施工影响较大。

（4）由于本工程特殊的地理位置，南邻"沐霞人家小区"，地下原有管线排布错综复杂，且施工范围内还有人防工程。鉴于基坑工程的复杂性、不确定性因素，本工程必须采用信息化施工，通过对周边建筑物、道路、地下管线及人防工程的监测，及时分析反馈监测结果，掌握基坑支护结构及周边环境的情况，确保基坑和周边建筑物、道路、地下管线及人防工程的安全。

（5）本工程创属地"优质结构工程""安全文明施工标准化工地"施工质量要求较高。

项目管理团队通过项目策划，引入 BIM 技术，精心组织施工，有力地保证了整个项目的顺利实施，提升了项目的管理水平。

2. 项目管理创新特点

（1）成立项目策划小组

在项目实施前，由项目经理组织成立项目策划小组，小组成员为项目骨干人员。在开工前对项目的质量、工期、资金、安全、环境、扰民及民扰问题等进行一系列的策划，并制定相应的解决方案及措施（图1、表2）。

管理责任划分及落实分工表 表2

风险预警	目 标	责任人	周 期
质量	创衢州市结构优质工程"衢江杯"	董卫涛 王 富	主体施工阶段
工期	提前 20.75 天完工	邵利永 程响亮	主体施工阶段
资金	现金流正常	张 刚	主体施工阶段
安全	市安全文明标化工地，零事故	闫继平	主体施工阶段
环境	零投诉，不扰民	李 成	主体施工阶段

（2）定期召开成本分析会

项目实施过程中定期召开成本分析会，项目全体班子成员和责任担当体成员参加，对施工过程的成

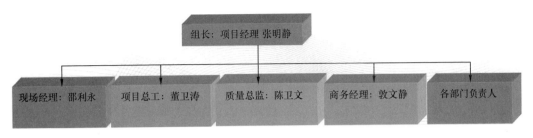

图1 策划小组

本控制进行重点把控,对施工方案首先由商务部对成本做出分析,全体参会人员对成本进行讨论,进行方案优化,更好、更便捷的指导施工生产工作。

项目主体结构施工过程中,针对卫生间反坎同主体结构相交接部为难以清理干净,经过项目对施工方案优化,对施工图纸进行深化,经方案优化将卫生间反坎同主体结构同时浇筑混凝土,增强了卫生间楼板混凝土防渗漏能力,节约了施工工期,节约了施工成本,达到了良好的经济创效目标,更好地促进的项目履约。

项目团队精心策划,应用BIM技术进行施工图纸深化,有效避免了施工中的管线之间的错漏碰缺;应用BIM技术进行实体工程量的计算,提高预算的准确性和精度;应用BIM技术成本预测和工程预算提供强有力的数据支持,降低了施工成本,减少的施工过程中的返工,为项目物资管理和实体材料消耗的控制提供了必要依据。

四、项目管理分析策划和实施

管理问题分析——事前策划、攻坚克难

本工程根据自身的特点,主要应以工程质量、工程进度、安全管理、环境保护、合同履约、综合管控为重点,以精细化管理为重点,促进项目履约顺利进行。本工程施工中处梅雨季节,施工难度大,为保证施工质量,常规施工方案,对卫生间楼板反坎混凝土同主体结构接缝处难以处理;经过项目策划,采取以下措施:

卫生间楼板的渗漏问题有客观、主管各方面的因素,防渗漏要从多个角度考虑,住宅工程施工在进行卫生间防渗漏技术处理时需要多管齐下,施工中要严格控制施工工序,按照规范标准严格实施,提高主体结构自防水能力,对住宅工程卫生间楼板施工中的防渗漏技术关键点进行探讨(表3)。

施工过程中防止钢筋混凝土楼板裂缝的主要措施 表3

编号	措施内容	责任人
1	卫生间楼板钢筋绑扎严格按照施工图纸进行施工	于荣伟
2	钢筋保护层符合施工要求	陈卫文
3	上铁分布钢筋摆放位置正确	程响亮
4	关键部位采用"小直径钢筋马镫"进行控制板厚	陈卫文
5	确保卫生间楼板混凝土振捣密实	邵利永
6	在面层混凝土浇筑完毕后二次压抹处理,减少收缩裂缝	程响亮

防止钢筋混凝土楼板裂缝的措施主要有,卫生间楼板钢筋绑扎严格按照施工图纸进行施工,钢筋保护层符合施工要求,分布钢筋摆放位置正确,关键部位采用"小直径钢筋马镫"进行控制板厚,确保钢筋不会位移。确保卫生间楼板混凝土振捣密实,在面层混凝土浇筑完毕后二次压抹处理,减少收缩裂缝。

卫生间反坎施工技术创新

(1)施工工艺流程

支设楼板模板→绑扎楼板钢筋→支设卫生间反坎模板→检查验收→卫生间反坎混凝土同主体结构混

凝土同时浇筑→混凝土养护

（2）实施步骤

1）深化设计图纸

按照策划要求对卫生间反坎施工图纸进行深化，有效指导现场施工（图2，图3，图4）。

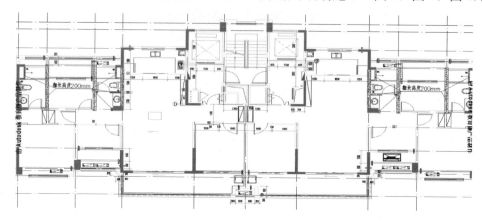

图2 深化设计平面图

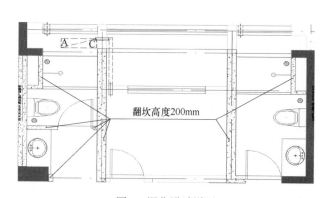

图3 深化设计详图

图4 实体样板效果图

2）楼板上铁钢筋绑扎完毕

①严格按照施工图纸绑扎上铁钢筋，型号φ8@150，双层双向。

②布置放射钢筋：7φ8，长度1.2m。

③布置附加钢筋：TFφ8@300，长度2.2m（图5）。

3）卫生间反坎部位支设模板

①在卫生间反坎处安排木工支设模板，高度200mm，宽度180mm。

②模板涂刷脱模剂，清理表面混凝土渣。

③采用专用卡具固定卫生间反坎模板（图6）。

图5 楼板上铁钢筋施工图

4）反坎混凝土与主体结构混凝土同时浇筑

①卫生间反坎混凝土与主体结构混凝土同时浇筑。

②混凝土标号同楼板混凝土标号：C30（图7）。

图 6　卫生间反坎模板施工图　　　　　图 7　反坎混凝土与主体结构同时浇筑施工图

五、项目管理效果评价

通过项目精心组织管理，以目标管理、系统管理、风险管理和模式改进的基本原则，坚持以优质工程、健康安全、绿色环保、新技术、新工艺的研发和BIM技术应用为管控重点。项目部于2016年9月21日成功举办衢州市质量安全观摩会。项目部积极开展QC质量管理工作，2017年4月荣获北京市2017年度北京市优秀质量管理小组一等奖；2017年6月荣获全国工程建设质量管理小组Ⅱ类奖项。

衢州碧桂园项目部结合工程经验，总结了卫生间楼板渗漏的常见问题，深入剖析了引起卫生间渗漏的原因，在此基础上，项目部通过对图纸的深化及优化施工方案，应用BIM技术进行深化设计、优化施工方案，对施工过程中的关键技术和控制环节进行了阐述说明，为类似工程的施工总结了宝贵的经验。

强化施工责任 精细过程管理 创建精品工程
——北京城建亚泰集团公司门头沟上悦居项目

李守彬 张德军 张文政 田振广 魏 娜

【摘　要】 门头沟上悦居项目，工程开工伊始项目部提出了"技术、创新、绿色、环保"总体施工理念的指示精神，贯彻"基于规范标准，高于规范标准"的施工准则，强化施工过程全体责任意识，精细化管理，高效化建设。项目管理全过程依靠 BIM 技术应用为基础推进施工生产全过程。在建设过程中不断完善、总结经验和教训，逐步形成了一套适合门头沟上悦居项目自身特点的标准化管理模式，圆满的完成了各项管理目标，为业主交付了一个精品工程。

【关键词】 技术创新；管理创新；绿色环保；精细管理

一、成果背景

1. 项目背景

门头沟上悦居项目是城建集团股份公司开发的项目，共计 5 个标段，由 5 家总承包单位同时进行施工，本工程的质量创优目标是创建北京市结构长城杯，安拆创优目标是创建北京市绿色安全样板工地，同时参与城建集团股份公司所有在施项目的第三方评估。同时，门头沟上悦居项目是首批将预制构件应用在公租房中的项目，对推动产业化的发展具有重要的意义。

2. 工程简介

门头沟上悦居项目位于门头沟区永定镇，包括 3 栋保障性住宅楼，3 栋配套公共服务设施楼，总建筑面积 50452.34m²。其中自住型商品房地下 2 层，地上 21 层，建筑高度 60m，每栋楼各 168 户；公共租赁住房地下 2 层，地上 21 层，建筑高度 60m，共 373 户；三栋住宅楼均为剪力墙结构；楼均为地下 1 层，地上 1 层的框架结构。自五层以上空调板、阳台板及楼梯及部分楼板采用预制楼板。叠合板与叠合板之间有 30cm 的拼缝，叠合板与现浇板之间有 10cm 的拼缝（图 1、图 2）。

图 1　公租房效果图　　　　图 2　自住房效果图

二、选题理由

理由一：本工程的创优目标是争创北京市结构长城杯金奖，北京市绿色安全样板工地，参与北京城建集团股份公司第三方评估（图3，图4）。

图3 预制楼板图

图4 预制叠合板

理由二：本工程建筑面积大，场区狭长，作业面广，本工程部分楼板及楼梯采用产业化构件，且与毗邻工程同时进行施工，对质量、安全和文明施工管理造成了重重困难。

三、实施时间

如表1所示。

实施时间表　　　　　　　　　　　　　　　　　　　表1

实施时间	2015年10月～2012年12月
分阶段实施时间表	
管理策划	2015年12月～根据各时段节点不断调整
管理实施	2016年3月～2017年10月
取得成效	各阶段性节点～2017年12月

四、管理重点及难点

1. 本工程土方开挖、支护、护坡桩以及CFG复合桩基础施工由专业分包企业负责施工，且实际开工日期较合同规定开工日期推迟三个月，我单位接手施工即进入冬季施工，需充分考虑冬施期间的物资投入的增加，工程质量把控难度增大以及工作降效问题。

2. 工期紧，施工任务重。

3. 技术难度大，质量要求高。工程产业化构件较多，包括预制楼梯、预制叠合板、预制阳台板、预制空调板等构件，由于除预制楼梯外的产业化构件均为第一次使用，在保证工程质量、吊装安全以及大批量构件的成品保护方面存在一定的困难。

4. 本工程施工产业化构件种类较多。工程施工产业化构件种类较多，包括预制楼梯、预制叠合板、预制阳台板、预制空调板等构件，且每层楼板仅局部位置使用叠合板，造成叠合板吊装与现浇板支模必须分开施工，严重制约施工进度。由于除预制楼梯外的产业化构件均为第一次使用，在保证工程质量、吊装安全以及大批量构件的成品保护方面存在一定的困难。

5. 工程质量及安全文明施工目标高。本工程争创北京市结构长城杯金奖，北京市绿色安全样板工地，同时参与北京城建集团股份公司第三方评估。

6. 群塔施工作业。本地块多标段同时进行施工，塔吊相距很近，在施工过程中，协调塔吊施工。

五、管理策划及实施

1. 明确项目管理目标，合理配置项目管理人员

（1）在开工伊始，项目部就确定了工程目标：其中质量创优目标为创建北京市结构长城杯，安全创优目标为创建北京市安全文明样板工地。为创建结构长城杯，项目部创立了以项目经理为组长的组织机构及质量保证体系。组织项目部人员及工人开展结构长城杯质量标准专题学习，并将结构长城杯质量控制要点以图版形式悬挂于施工现场道路两侧（图5、图6）。

图5　"结构长城杯"专题培训　　　　　图6　结构长城杯验收标准张贴现场道路两侧

（2）合理配备管理人员，明确项目技术、质量管理工作以项目主任工为核心开展工作，技术、质量、试验、测量、资料相关人员负责各项工作的具体执行，把每项工作细化到个人，做到事事有人做，人人有事做。强化制度管理、明确职责，一个成功的团队必定有一套行之有效的管理办法，项目建设初期，便要求每个人明确自己的岗位职责，并坚持每周对自己所做工作进行总结，对下周工作做好计划，对后续施工中可能出现的问题进行预判、预控。加强各专业之间的交流、学习，提高技术管理人员的自身业务水平和大局意识，例如要求技术管理人员多与经营部门沟通，在办理变更、洽商时，对于洽商是否存在经济效益做到心中有数。技术管理人员多与现场安全生产人员沟通，在与甲方、设计沟通具体施工做法时，适当引导对方采取有利于现场施工的方式来解决现场或者图纸问题（图7）。

图7　工程策划综合管控手册

2. 制定精细化管理措施，将责任落实到人

强化管理制度，明确每个人的岗位职责，一个成功的团队必定有一套行之有效的管理办法，建立健全安全生产责任制，在项目安全管理工作中项目部全员高度重视，及时抓住安全工作的各个环节，提前做好预控，并落实在每一个管理人员的工作岗位职责上。项目经理为项目安全第一责任人，生产副经理为施工现场第一责任人，各管理人员为岗位第一责任人，层层确定安全生产责任制，做到安全生产责任到人，安全管理全员负责，保障安全生产的顺利进行。此外，加强各专业之间的交流、学习，提高管理人员的自身业务水平和大局意识。

3. 技术精细化管理措施

（1）技术交底。本工程对于重点施工工艺，制作PPT，在会议室进行技术交底，将本工程施工重点、施工难点、施工工艺及施工注意事项，进行交底，采用BIM技术进行三维节点深化。同时将重点工序的施工工艺交底、施工动画、城建亚泰集团的标准做安防及安全技术交底设置成二维码，张贴在现场，采用手机即可扫描出相对应的交底内容（图8、图9）。

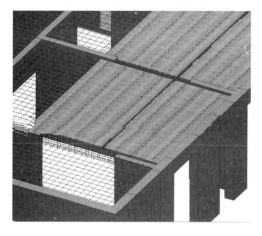
图8　BIM三维节点深化

图9　二维码交底

（2）场布。本工程施工场地狭长，采用BIM技术对场地进行合理布置，综合考虑现场材料堆放区的大小、位置及与塔吊的关系，同时考虑相邻标段的群塔作业，合理规划场地，最大幅度减少因布置不合理带来的二次变更。

（3）二次结构排砖。为保证排砖的质量，同时加强材料控制，将本工程的BIM三维模型导入广联达5D进行二次结构排砖，导出排砖图（含工程量），工人施工时，依据排砖图进行材料搬运并砌筑，同时随砌随靠，保证砌筑墙体的平整度（图10）。

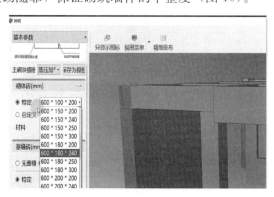
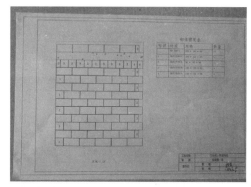
图10　二次结构排砖

4. 质量精细化施工措施

（1）确定质量目标。本工程的质量目标为创建北京市结构长城杯金杯。

（2）质量制度明细化。结合项目的自身特点制定三检制度、实测实量制度，样板先行制度，成品保护制度等管理制度，定期召开质量例会。通过制度执行，让质量体系贯彻整改施工过程，做到现场质量优质可控。

对于施工过程中易出现的质量问题，如梁窝、楼梯间错台问题、墙体气泡问题、降板问题、叠合板拼缝处混凝土外观质量问题、二次结构砌筑平整度偏差问题、穿墙螺栓孔的封堵问题、墙体预留孔洞不平整等问题提前召开研讨会，做到事前计划，事中可控，事后分析。工程外窗在结构施工期间采用构造企口、水电预埋套筒采用倒棱台和倒圆台成品套筒、外墙螺栓眼分步封堵（图11～图15）。

图11　质量例会

图12　外窗企口

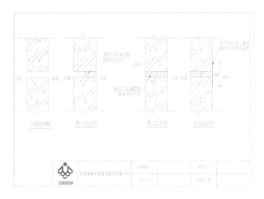

图 13　穿墙螺栓孔封堵

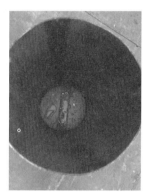

图 14　倒棱台和倒圆台成品套筒

图 15　二次结构导墙采用凿毛机凿毛处理

5. 现场安全文明施工措施

（1）明确安全创优目标。工程开工前，项目部便制定了争创"北京市绿色文明安全施工样板工地"的施工目标。成立以项目经理为组长的安全管理领导小组。按照集团公司绿色文明安全施工图集和北京市标准化手册的要求，大力推行绿色安全文明生产管理工作。自开工以来从场区的规划、临设的搭建、现场安全文明施工等各方面都本着高标准、严要求的原则，积极推进现场标准化管理，多次利用工作业余时间组织全体职工针对本工程的实际情况讨论、制定各项创新、创优措施，一经采纳及时落实到位。

（2）安全管理。建立健全安全生产责任制，在项目安全管理工作中项目部全员高度重视，及时抓住安全工作的各个环节，提前做好预控，并落实在每一个管理人员的工作岗位职责上。制定了以项目经理为项目安全第一责任人，生产副经理为施工现场第一责任人，各管理人员为岗位第一责任人，层层确定安全生产责任制，做到安全生产责任到人，安全管理全员负责，保障安全生产的顺利进行。及时做好全体从业人员的安全教育，加强过程巡视，加大对现场的检查力度，施工过程中检查发现的安全隐患及时整改落实，杜绝安全事故的发生，使工程安全管理工作始终处于受控状态，确保工程的施工安全（图16，图17）。

图16 责任上墙

图17 安全教育

（3）文明施工。在本工程入口道路处设置企业宣传墙，采用城建 VIS 标准大门，并设置工程概况牌；实名制安全通道，安装门禁系统及 LED 显示屏，设置图板区，安全生产指示牌、安全质量宣讲台、热水间及休息室；现场统一使用预拌砂浆。卫生间均采用感应式节水龙头；主道路设置自动喷淋降尘系统及太阳能路灯。生活区配备手机充电柜；院内设置太阳能路灯；安装太阳能淋浴设施，安装节水花洒，实现水资源的节约。利用 BIM 技术制作了工程施工形象进度牌（图18～图34）。

图18 企业宣传墙

对新入场的工人及换班工人进行教育培训。在出入口位置设置监控设备，在基坑周边、电梯井口、窗洞口、配电箱处以及塔式起重机防攀爬处设置定型工具防护栏杆（图35～图39）。

现场定期进行消防演练，并组织消防比赛。并在现场配电箱、木工加工棚、材料存放区、垃圾站等部位设置灭火器（图40～图42）。

图 19　城建标准大门

图 20　创优目标

图 21　实名制通道

图 22　两图八版

图 23　喷淋系统

图 24　节水龙头

图 25　集装箱式卫生间

图 26　安全质量宣讲台

图 27　热水间及休息室

图 28　预拌砂浆罐

图 29　BIM施工进度可视化

图 30　太阳能路灯

图 31 太阳能热水器

图 32 太阳能照明设备

图 33 节水花洒

图 34 手机充电柜

图 35 新入场工人安全教育

图 36 监控系统

图 37 基坑周边防护

图 38 电梯井口防护

图 39　配电箱防护

图 40　消防演练　　　　　　　　　图 41　消防比赛

图 42　配备足够灭火器材

6. 物资的精细化管理措施

从程序上、制度上加强对物资采购的管理工作，严把物资进场的质量关，严格执行按需提料的要求，从材料计划开始控制材料的投入，定期与经营、物资部门对变更洽商、进场物资进行核对，从变更洽商的增项和物资的节约方面提高项目的利润增长点。

针对合同风险，我们坚持将合同预结算管理工作自始至终贯穿于整个生产过程，充分利用合同条款，查找不合理因素，采取有效措施，做到应得尽得。各部门之间要频繁沟通，对有利于后期索赔的事项，各部门共同汇总索赔材料。

项目部严格执行集团下发的经营活动检查、成本核实表格及实施细则的要求，加强项目日常检查工作，做好项目过程中成本控制。努力提高全员成本意识，严格控制成本流失，使经营管理工作始终处于良性管理状态。

7. 施工队伍的管理措施

项目部对施工队管理进行细化，针对大的分项工程组织项目管理人员及施工队班组长及主要操作人员进行技术交底会，已有做法的分项工程坚决执行，对涉及新材料、新工艺的分项工程，借鉴其他单位的优秀做法，初步确定思路后与施工队进行探讨，局部调整，敲定最终做法，并严格执行和验收。并明确规定，任何人不得随意更改既定的做法和验收标准。对于专业分包队伍，对其施工方案进行研讨，明确施工部署及施工重难点，确定检查标准，同时对分包进行交底，而后进行方案的实施。

六、过程检查及监督

1. 管理方面

在现场施工过程中，经常出现各种突发状况，但明显大家的处变能力有所欠缺，在下一步的工作中一方面将加强技术、质量人员的培训工作，增强大家解决突发问题的能力。另一方面，制定合理的奖惩措施，提高技术、质量人员的主观能动性。

2. 技术质量控制

其中外窗在结构施工期间设置构造企口、水电预埋套筒采用倒棱台和倒圆台成品套筒、外墙螺栓眼分步封堵等做法收到集团领导的表扬，并编入亚泰公司第一期建设工程施工强制性标准做法集，其中"外窗企口"的做法得到了股份公司领导的高度评价，并要求在股份公司所有在施工过程中进行强制性推广。现场样板区采用废旧大钢模板改造成可移动底托，提升了样板区的品质，并且方便了后期移动，解决了现场场地狭长，无法长期占用样板区的问题。将二维码应用到施工方案、技术交底以及文明施工当中，既方便了工人和管理人员随时查阅，又节约了办公耗材。

3. 安全管理方面

项目建立健全安全生产责任制，在项目安全管理工作中项目部全员高度重视，及时抓住安全工作的各个环节，提前做好预控，并落实在每一个管理人员的工作岗位职责上。制定了以项目经理为项目安全第一责任人，生产副经理为施工现场第一责任人，各管理人员为岗位第一责任人，层层确定安全生产责任制，做到安全生产责任到人，安全管理全员负责，保障安全生产的顺利进行。对全体从业人员进行安全教育，加强过程巡视，同时加强现场的检查力度，对于施工过程中检查发现的安全隐患及时整改落实，无安全事故的发生，整个工程安全管理工作始终处于受控状态。

七、管理效果

1. 2016 度北京城建集团股份公司第三方评估综合排名第一。
2. 2016 年度"北京市绿色安全样板工地"。
3. 北京市结构长城杯金杯。
4. 2017 年度全国 BIM 大赛三等奖。
5. 2017 年北京市第 29 届 QC 成果发布一等奖。
6. 2017 年全国建设优秀 QC 小组活动成果三等奖。
7. 2017 年度北京城建集团股份公司第三方评估综合排名第二。

结束语：项目团队认真学习落实图纸、规范、业主招标文件、相关法律法规规范自己的行为，确保了在项目管理全过程做到有的放矢。通过创新、施工优化、质量控制等科学管理手段，取得了丰硕的管理成果，积攒了宝贵的经验，取得了良好的经济社会效益，维护了集团品牌良好形象，赢得了良好的社会信誉。

科学策划筑精品　精细管理创效益
——北京城建亚泰公司北京朝阳区清河营村住宅及配套（2号地）4号楼工程项目

李育典　石燕军　王德权　李海博　崔　健

【摘　要】随着建筑业步入"质量时代"的大环境，提高发展质量和效益将成为建筑业的重中之重。我公司响应国家倡导，秉承精益求精的工匠精神，追求互利共赢，打造以铸造精品工程为核心企业品牌。A4号住宅楼（朝阳区来广营乡清河营村住宅及配套（2号地）工程基于此原则通过精心策划，科学管理，结合自身项目特点，优化施工细节，增加企业效益，创造精品工程。

【关键词】科学策划；精细管理；经济效益

一、背景及选题

1. 工程项目概况

A4号住宅楼朝阳区来广营乡清河营村住宅及配套（2号地）工程位于朝阳区来广营乡清河营村，东临清河营东路、西临红军营西路，坐拥国奥核心区域，毗邻两大森林公园，八大高尔夫球场，周边崭新大规模高端生活配套，享有名校教育资源。本项目地下3层，地上27层，建筑高度为83m，建筑面积为29142m²（图1、图2）。

图1　建筑效果图

图2　建筑实景图

2. 选题理由

随着社会的快速发展，建筑业竞争日趋激烈，单体住宅类工程由于体量小，工艺做法较单一，利润透明，相比于公建、市政等工程影响力不大，不容易被重视。同时伴随着国家新政策的推出，注重培育和弘扬精益求精的工匠精神，引导企业树立质量为先、信誉至上的经营理念，提倡推进"品质革命"，树立质量品牌的方针建立。公司积极响应国家号召，扎实基础建设，打造质量品牌，运用精心策划，科学管理，过程中不断通过行业对比，项目对比持续改进纠偏，为企业实现创品质、增效益的双赢局面。

本工程为高档住宅楼项目，项目团队采用德尔菲法、主观判断法、回归分析法、对比法等工具对项目的安全、质量、成本、进度、合同、信息、现场协调进行策划分析，去除无用环节，加强细节把控，严抓过程质量，对项目持续进行进度偏差、成本偏差分析，精细化科学管理。稳扎求实将看似普通而平凡的住宅楼工程做精做细。为企业打造质量品牌，创增企业利润，达到全面发展。

3. 实施时间

如表1所示。

时间表　　　　　　　　　　　　　　　　　　　　　　　　　表1

实施时间	2013年4月～2016年3月
分阶段实施时间表	
管理策划	2013年4月～根据各时段节点不断调整
管理实施	2013年6月～2015年5月
取得成效	各阶段性节点～2016年3月

4. 管理目标

北京市结构长城杯金质奖、北京市建筑长城杯工程金质奖，北京市绿色施工文明安全工地，项目竣工无亏损。

二、管理及创新特点

1. 管理难点及重点

工程实际工期为766天，历经两个冬季、三个雨季。单体工程体量虽小，但处于整个小区平端同时施工的环境下，对物资材料，道路运输，质量把控，工期安排，安全生产协调要求高。项目本着公司的指导方针，结合自身项目环境及特点，从人、机、料、法、环切入，拟定项目管理策划，制定阶段性战略目标，合理协调各参施单位，加过程管理控制，运用四节一环保理念，科学统筹部署，达到工期履约目标，提高工程质量品质，降低工程成本，确保项目双赢。

（1）成本控制。建筑市场材料价时时变化，如何在确保质量的前提下对物资成本进行把控，如何将人力、机械的运转合理化减少窝工浪费，每一个环节都影响着项目最终的经济效益。一个项目的收益是企业生存的营养，确保了企业持续发展，因此成本控制将成为项目管理的重点、难点。

（2）质量控制。建筑企业要在激烈的市场竞争中生存和发展，仅靠方向性的战略性选择是不够的。任何企业间的竞争都离不开"产品质量"的竞争，没有过硬的产品质量，企业终将在市场经济的浪潮中消失。而产品质量作为最难以控制和最容易发生的问题，往往体现在最基础、最普通的住宅工程施工过程。因此，如何有效地进行过程控制把看似普通而挑战度很大的住宅工程做精做细，是确保产品质量和提升产品质量，促使企业发展、赢得市场、获得利润的核心。

（3）进度控制。工程进度是项目是否履约的表现，进度控制在项目实施过程中，对每一时间节点里程碑事件的完成都起到了约束作用，对最终的完竣时间提供了保障措施，项目是否履约直接关系到企业形象，如何通过系统规划、管理克服内外界环境、未知风险等因素使得项目提高功效，进度受控将是项目管理的重点。

（4）安全管理。安全是社会责任，每一建筑企业都应该尽职尽责，安全管理是企业生产管理的重要组成部分，是一门综合性的系统科学。安全管理的对象是生产中一切人、物、环境的状态管理与控制，安全管理是一种动态管理。安全管理，主要是组织实施企业安全管理规划、指导、检查和决策，同时，又是保证生产处于最佳安全状态的根本环节。本工程涉及深基坑（11.3m）、群塔作业（4台）、爬架、周围相邻三个施工现场，施工人员流动性大，交叉作业多等多个安全管理风险点，如何运用安全管理措施科学有效的将安全管理落到实处，是整个项目的重点、难点。

（5）合同管理。企业合同管理是市场经济条件下企业管理的一项核心内容，企业管理的方方面面都应围绕着这个核心而开展。在市场竞争日趋激烈的当今，加强合同管理是争取企业经济效益的最佳途径。放松工程建设过程中的合同管理，就很难取得工程盈利，甚至造成工程亏损。因此合同管理是企业经营成果的体现，是项目管理过程中综合性管理难点。

（6）信息化管理。企业信息化管理的精髓是信息集成，其核心要素是数据平台的建设和数据的深度挖掘，通过信息管理系统把企业的设计、采购、生产、财务、经营、管理等各个环节集成起来，共享信息和资源，同时利用现代的技术手段来挖掘自己的潜力，有效地支撑企业的决策系统，达到降低成本消耗、提高生产效能和质量、快速应变的目的，增强企业的市场竞争力。因此如何转变企业生产方式、经营方式、业务流程、传统管理方式和组织方式，重新整合企业内外部资源，营造出安全、高效、便捷的工作环境是项目管理的重中之重。

2. 创新的特点

如表 2 所示。

创新汇总表　　　　　　　　　　　　　　　　　　表 2

序号	创新项目	具体措施	取得效果
1	扬尘及噪声监测系统	现场设置扬尘噪声监测系统实时监控，便于采取针对性的措施，确保绿色施工	预警环保提升项目绿色文明施工形象
2	预制混凝土砖路面	采用预制混凝土砖铺设路面既满足路面荷载又可多次周转使用，节约环保降低成本重复支出	多次周转利用，灵活、便捷、节地、节才降低成本
3	透水砖应用	生活区采用透水砖铺贴路面，利用透水砖良好的透水性，大量收集雨水并迅速适时补充地下水资源，减轻土地内涝、提高路面防滑效果。同时起到降噪、降尘、抗冻等功效，低碳环保可重复使用	多次周转利用，灵活、便捷、节水、节能环保，降低成本
4	信息平台应用	项目采用OA平台、微信、QQ等信息化软件对项目进行日常管理，倡导无纸化办公，提高工作效率，节能环保	提高项目工作效率，节能环保
5	安全标准化应用	项目临边防护、电梯井防护、楼梯间防护采用定型化标准防护体系，可多次回收利用，节约材料，美观大方	标准化管理，周转利用节约成本
6	基坑开挖CAD三维应用	基坑开挖由于基础底板、电梯井坑洼不一，为减少重复修坡，提高工作效率，降低施工成本，基坑开挖前采用CAD三维建模结合实际情况进行方案分析	减少反复修坡，施工精准，节约成本，缩短工期
7	钢板铺路周转应用	项目初期使用2cm厚钢板铺设便道，有效防止重型车辆对市政路面、管网的破坏，同时可灵活周转使用，节省功效	周转利用，节约成本
8	全天候监控技术应用	项目共设置电子监控12台，满足全工地覆盖，对现场生产作业、安防起到了有效的监督、预警。并且通过手机APP、电脑等终端实时观看录像，可以起到数据有记录，管理有影响的作用，大大提高了管理效率	使管理有据，降低违规操作风险，使项目零安全事故发生，提高工程质量。降低盗窃引起的财产损失
9	绿化前置代裸土替覆盖应用	施工过程中对闲置场地进行园林绿化，有效减少扬尘污染，同时一次性植被投入，减少防尘网多次投入，也减少塑料垃圾污染土地	降尘，节地，节材，节能环保，绿色施工

续表

序号	创新项目	具体措施	取得效果
10	可视化交底应用	现场每日早由工作进行口述交底,现场采用摄像机、相机进行拍摄录音,有效的将纸板交底灵活的传递给一线工人,并能结合实际情况及时补充交底内容。做到了真正意义的图文 3D 交底	管理有据,双记录,避免书面交底局限性,运用灵活,提高项目成品质量
11	现场 WiFi 全覆盖	现场设立 WiFi 进行全网覆盖,可以有效利用微信等互联网软件将现场实际情况进行真实反馈,并能检查人员定位,提高项目管理人员办公效率	节材,高效管理,提高项目办事效率及落实速度
12	自动洗车池	设立自动洗车池,利用红外感应装置进行自动洗车,设定洗车时间,做到过车即清洗的绿色施工	节能环保,节水,降尘绿色环保
13	USB 插座	工人宿舍设置 36V 低压 USB 插座,可直接为移动设备充电	减少消防隐患,便携生活应用
14	成本偏差分析	项目每月进行下游成本核算,针对现场实际进度与计划进度进行对比分析,预算成本与实际成本进行对比分析,实时反馈成本数据,提高项目成本控制效果	提高成本可控性,利于项目效益提升
15	工程量快速计算	采用广联达图形算量软件,广联达钢筋翻样软件。高效准确计算	工程计算准确快速,材料把控严谨有效,避免浪费
16	样板指路	现场设立成品样板间,样板工序,使得工人有据可依	规范化施工,明细列出具体细部做法,直观表现质量成果

三、项目管理分析、策划和实施

1. 管理问题分析

结合项目的特点进行难点分析,设定质量、安全、经营目标,技术先行为助力,精细化管理控制过程。通过工期策划、质量策划、安全策划、经营策划完成过程指导,实施过程管控落实策划,首尾闭合,确保落实项目管理目标。

2. 管理策划分析和实施

(1) 工期管理策划。

1) 进度计划统筹。建立横道图、网络计划图制定模板张挂,每周对比进度,找出关键线路科学合理压缩工期,实施调整优化进度规划。

2) 材料工艺控制。进度材料工艺改进控制采用全钢大模板,针对性定制,设定好流水段,使其利用率提高,减少普通模板拼模延误和工序衔接延误,节省工期。

3) 优化工艺工序。样板化、规范化施工,列出具体工序细部做法,直观表现质量成果,减少返工或整改对工期的影响(图 3、图 4)。

4) 工序合理化衔接。各工序紧密衔接,穿插施工,科学合理的减少工序衔接时间,大量缩短工期。

5) 人、材、机把控。实施人员实名制门禁管理,对分包队人员、材料、机械实时把控,确保生产力,生产资源供给平衡,满足生产需要,有效控制虚报工避免因生产力不足导致对工期的影响(图 5、图 6)。

(2) 质量管理策划。

1) 质量目标确定。本工程质量目标为北京市结构长城杯金杯,北京市建筑长城杯金杯。

图 3 主体结构样板

图 4 二次结构样板

图 5 精装样板

图 6 门禁刷卡系统

2) 质量制度明细化。结合项目自身特点制定三检制度，实测实量制度，样板先行制度，成品保护制度等管理制度。通过制度执行，让质量体系贯彻整改施工过程，做到现场质量优质可控，并参与集团公司的质量月评，接受各级领导随时检查，使质量管理透明化（图7、图8）。

3) 技术交底可视化。对所有方案、交底进行可视化记录，有效地避免了书面交底的局限性，通过语言图像，更加直接地表达了交底的核心内容，并作为质量检查的依据，实施奖罚分明。从本质上提升了工人的质量意识（图9、图10）。

4) 质量控制可视化。过程中实施样板指路，达到现场表样化贯彻有理有据。实施项目实测实量，达到标准上墙，监督有法。每月进行评比，起到质量透明有说服力，奖惩分明的作用（图11、图12）。

5) 成品保护。成品保护贯穿施工全过程的各个环节，保障施工质量成品，避免因破坏而带来的返工修补（图13、图14）。

图 7 现场技术实时检查

图 8 质量检查问题落实会

图 9 交底可视化

图 10 实测实量

图 11 实测实量数据上墙

图 12 初装修实测实量

图 13 混凝土成品保护

图 14 精装成品保护

(3) 安全管理策划

1) 安全目标确定。本工程安全目标为北京市绿色施工文明安全工地。

2) 安全交底可视化。项目每日施工前进行安全交底，除了书面交底，还坚持执行班前讲话，对所进行的安全交底过程进行影像资料汇存，使得员工更加直观理解安全隐患及安全事故的危害，使得人人参与现场安全监督管理。

3) 安全防护定型化。项目的临边防护、电梯井、楼梯间采用成品标准化防护件，高效安装，整齐美观，可多次周转使用，防护构件的质量得已保障（图15、图16）。

图 15 安全交底可视化

图 16 成品标准化防护

4) 安全管理。项目采用监控器实时监督，噪声防尘监测系统实时预警，全网WiFi覆盖现场，技能增加现场监督力度，又相对比于传统安全管理减少人力物力投入。

5) 绿色先行：项目实施闲置裸土提前绿化，代替防尘网覆盖，根本上实现100%绿化工地。节能、节材绿色环保（图17、图18）。

(4) 经营管理策划。

1) 经营目标。摆脱竞标过程中的产生低价让利局面，扭亏为盈。

图 17 预制混凝土砖铺路

图 18 透水砖铺贴应用

2) 成本偏差分析。项目每月进行下游成本核算,针对现场实际进度与计划进度进行对比分析,预算成本与实际成本进行对比分析,实时反馈成本数据,提高项目成本控制效果(图 19)。

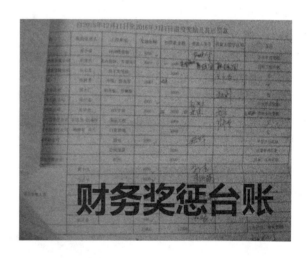

图 19 经营阶段性管理文件

3) 索赔意识建立。开工前集合生产、技术、经营、安全等多部门对现场的经营状况进行讨论,建立索赔意识,进行项目索赔培训,对可能存在索赔点进行放大剖析,实行快、准、稳的策略每周一总结,技术、安全铺垫,经营核算,生产执行。高效完成合同外产值,并取得了客户的满意。

4) 科学化结算。进场后积极与建设单位每月一结算,可以对本月的工程量进行确认,即避免了最终一次结算的往事扯皮,也避免因建设单位商务人员变动对过程产值产生的影响,达到实质意义的最终结算。结算实行一一映射,项目进行预算员、经营经理、项目经理三级结算,过程中谈判,层级把控,为后续最终结果提供平稳平台。

(5) 工程细节处理。细化工程,从细节出发为工程着想,追求卓越,取悦客户(图 20~图 27)。

图20 出屋面构建美化防水处理

图21 机房层防攀爬设施

图22 配电箱分类标识提示

图23 利用基坑降水进行路面降尘

图24 正式电梯硬、软包装保护

图25 室内插座覆盖保护

图 26 绿化提前拆入覆盖裸土

图 27 绿色项目部

四、实施效果

1. 2014 年工程质量一次验收合格，获得北京市结构长城杯金质奖（图 28）。
2. 2017 年并获得北京市建筑长城杯金质奖（图 29）。

图 28　北京市结构长城杯金质奖　　　　　　图 29　北京市建筑长城杯金质奖

3. 经济效益。工程履约提前交付后，A4 号楼造价成本为 43174487.55 元，最终结算 45590799.96 元，进场成本降低率为 3%。最终结算利润比为 5.3%，扭亏为盈（图 30）。

4. 安全生产零事故并获得北京市绿色安全文明工地。工程采用节能环保透水砖、园林绿化提前进场覆盖闲置裸土、自动洗车池、预制混凝土块、防尘降噪监测系统、信息化办公平台、降水循环利用等多种创新，做到节能、节材、节水、节地四节一环保。

5. 2014 年获得集团优秀施工组织设计称号及多项工程奖项。

结束语：项目团队科学的策划、优化管理使本工程质量、进度、安全、成本均达到预期目标，实现了扭亏为赢，为集团争创效益。通过绿色施工践行高效、低耗、环保的理念，并得到业主、建立及行业领导一致好评，自 2015 年 5 月交楼至今未收到业主质量问题反馈，业主愿意与我方后续工程继续合作。还培养了一批骨干人才，树立了良好质量品牌。

A4号楼汇总表

工程名称：朝阳区来广营乡清河营村住宅及配套（2号地）南区A4#楼项目

序号	费用名称	单位	结构工程	装饰工程	电气工程	给排水工程	采暖工程	通风工程	合计
一	分部分项工程量清单计价合计	元	19451867.22	6904714.30	3896953.18	2040697.08	341088.00	62335.07	32697654.85
二	措施项目清单计价合计	元	8221646.63	601155.67	182221.84	122869.53	17980.16	3475.10	9149348.93
1	其中：措施费用（一）	元	4286762.17	601155.67	182221.84	122869.53	17980.16	3475.10	5214464.47
2	其中：安全文明、绿色环保措施费	元	601257.22	166334.57	115739.51	60608.70	10130.31	1851.35	955921.66
3	其中：农民工伤保险	元							0.00
4	其中：措施费用（二）	元	3934884.46						3934884.46
三	其他项目清单计价合计	元							0.00
四	规费	元	1181947.16	602801.93	263682.29	138586.59	19300.67	4273.22	2210591.86
五	税金	元	1004170.04	282181.78	151131.43	80114.93	13167.24	2438.90	1533204.32
六	暂估价的专业分包工程	元							0.00
七	总包服务费	元							0.00
	合计	元	29859631.05	8390853.68	4493988.74	2382268.13	391536.07	72522.29	45590799.96
	单方造价	元/平方米	1001.87	281.53	150.78	79.93		2.43	1529.69

建设单位：　　　　　　　　　　　　　　　　　　　　　　　　　　　总包单位：

图 30　项目结算汇总表

精细化管理 铸造精品工程
——中建一局集团安装工程有限公司三亚晋合艾迪逊酒店综合机电工程

金 浩 周大伟 汤英伟

【摘 要】 工程具有体量大、质量安全要求高等特点，施工前项目部精心部署，制定切实有效的施工组织计划，施工过程中运用新技术、精细化管理，严格实施"决策、施工、管理一体化"的项目管理，严格按照"过程精品"组织工程实施，确保工程高质高量完成，打造精品工程。

【关键词】 精细化管理；过程精品；新技术

一、项目成果背景

1. 工程概况

三亚晋合艾迪逊酒店位于海南省三亚市海棠湾海棠北路100号，占地面积194397.88m²，主要分为1栋酒店主体及35栋低层酒店、1栋酒店后勤，总建筑面积为131725.46m²。共有512间宽敞的客房，其中包括46间套房和17座私人别墅（图1）。

本工程施工专业系统为通风空调系统、电气系统、给水排水系统中供热锅炉及辅助设备安装。

2. 选题理由

三亚EDITION艾迪逊酒店是万豪酒店集团旗下在亚洲的第一家酒店，三亚第三代标志性酒店。业主的理念是超五星级酒店标准，要求达到海南省绿岛杯工程，工程系统复杂，处处体现节能环保、舒适度高的特点，尤其是做为五星级酒店对消声减振要求高，特别是客房内噪声要求非常严格。

为提高施工技术质量，增强技术人员工程技术质量意识，进一步规范施工行为，以确保项目合同内的施工技术质量、工程进度、节能环保、降噪等项目管理目标的全面实现，在精细化管理过程中做到有章可循、有据可依，避

图1 外景图

免盲目施工，杜绝质量通病及质量隐患，提高施工效率，降低成本，从而使工程质量水平进一步提高。

3. 实施时间

如表1所示。

项目管理成果实施时间表　　表1

序号	实施阶段	时间周期
1	总体实施时间	2014年1月～2015年7月
2	策划管理	2014年1月～2015年7月
3	管理措施实施	2014年2月～2015年7月
4	过程检查	2014年2月～2015年5月

二、项目管理及创新特点

1. 管理重点及难点

（1）体量大，设备数量多

该工程规模大，空调系统设备数量多，主要包括4台冷水机组、4台冷却塔、3台蒸汽锅炉、235台新风、空调机组、14台循环水泵及916台风机盘管、2台1600kW柴油发电机以及77台成套低压开关柜。

设备主要布置在地下二层、地下一层及屋面，面对如此多的设备，需要合理安排和周密计划堆放地点、运输顺序、运输路线，以确保设备准确且顺利就位。

（2）安装质量要求高

此工程作为万豪酒店在亚洲开设的第一家酒店项目且建成后地下部分将成为万豪酒店管理公司办公场所，其自身的特殊性和业主要求决定了该工程严格的质量要求。我公司建立完善的质量管理体系和创优管理制度，针对材料、工序、节点制定相关的专项措施。

（3）深化设计能力要求高

此工程机电系统涉及的专业较多，且各专业的管道排布密集，而设计院设计图纸质量又不高，空间上管线冲突严重，且管线集中区域大部分为管廊位置；同时做为机电总包，需要对所有专业管线进行深化设计，深化设计工作量大，机房空间位置小，机电管线复杂，增加了深化设计的难度，我公司通过现场设置深化设计小组，与设计院、总承包商及其他相关专业承包商密切联系，相互协作。并在复杂机房采用BIM技术进行深化，解决各专业管道之间的冲突。确保出色的完成项目建设。

（4）节能环保、噪声控制要求高

本项目节能设计包括变风量系统、热回收系统、中水系统、智能照明控制系统。节能设备包括热回收空调机组、变频机组设备、高效节能设备、节能灯具、节水卫生器具等；由于业主对噪声控制极其严格，在节能降噪控制这一方面，所有设备选型时选用振动小、噪声低的设备。设备均安装减震设施，减震装置由专业厂家进行计算，减小设备震动噪声；设备进出口设置柔性接头、风系统设置消声设备，并对机房组隔音降噪处理。客房风机盘管采用超静音式风机盘管，经测试，客房噪声34dBA～42dBA，并经万豪酒店顾问测试通过，获得业主及酒店管理方的好评。

（5）机电系统调试技术要求高，涉及专业广、设备繁多、调试工作量大。

项目部设立专门的调试部，负责工程的各项测试及系统调试工作，制定完善的调试方案。设备生产厂家参与调试，并现场指导。与其他各系统承包商密切合作与交流，确保整个机电系统正常运行。

（6）成品保护等施工措施方面要求高。

由于涉及的各专业较多，现场施工单位多，在施工过程中，很容易造成成品的二次污染及破坏，施工过程中引入全过程成品保护理念，即设备安装完成、管线保温完成验收后立即用彩条布或薄膜进行包裹。

2. 项目管理创新特点

（1）项目开工前，项目部确定了争创"绿岛杯"的目标，由于质量目标高，根据项目实际情况前期制定了符合工程实际的总体策划。

（2）项目目标分解，分工序控制确保整体目标，项目部根据各工序难点特点，有序组织施工，各工序做到落实责任到人。

（3）推行三级计划管理，注重过程管控。严密地制定施工总计划、月计划、周计划，并编制周滚动计划，及时进行纠偏，每天定时召开生产例会，对当日完成情况、明日工作安排以及需协调处理事项进行分析、讨论，确保施工关键节点能够顺利完成。

（4）坚持"方案先行、样板引路、过程检查"，对特殊工种实行双证考核上岗，做到过程挂牌制，确保质量问题的可追溯性。

(5) 严格执行公司各项质量管理制度；从材料入厂、过程验收、最终产品验收均按相关要求进行全过程严格检查验收。并且在施工过程中，项目部定期召开项目部工程质量例会，由项目经理主持、各相关专业负责人、质检员和施工队负责人等参加；质检员汇报现场质量问题。

(6) 对于制冷站、锅炉房、空调机房，个别复杂的客房运用三维建模和建筑信息模型技术，建立用于进行虚拟施工和施工过程控制，根据此方法，制冷机房结合现场实际情况，合理排布管线，有效利用空间，弥补了结构设计上的不足，机房整体排布整齐、大方、美观，并获得设计、业主一致好评（图2～图4）。

图2 制冷站

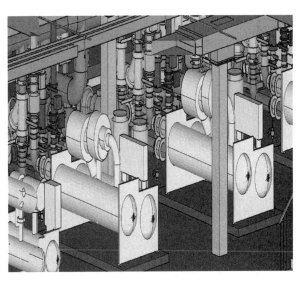

图3 锅炉房

图4 空调机房

(7) 屋面布局统一策划，避雷网间距一致，整齐美观，出屋面排气管固定做法符合孤帆要求，太阳能设备排列整齐。

(8) 各类吊顶、风口、喷淋头、灯具、烟感等末端装置综合布置，成行成线、整齐美观（图5、图6）。

(9) 配电柜排列整齐，安装牢固，接地可靠，管线排布整齐划一、横平竖直、美观大方、连接可靠（图7、图8）。

(10) 消防箱门开启灵活、栓口高度一致，所有消防器材产品合格，消防系统验收一次通过。

图5 各类吊顶

图6 风口

图7 配电柜

图8 管线

(11) 智能建筑各系统安装良好，运行控制准确，系统信号清晰，操作简便，各种标识整齐，美观。

三、项目管理分析、策划和实施

通过项目难点特点分析，项目全体人员集思广益，进行了管理要素分析，编制了详细的有针对性的项目整体策划，制定了分阶段实施细则，有力推动项目稳步推进。

1. 管理问题分析

（1）技术管理问题分析

根据建设单位对工程项目施工的要求，组织专业人员进行图纸会审，并组织业主对深化设计成果及施工样板进行讨论、审核。以确保深化设计图纸满足使用功能，达到建设单位对建筑物的施工要求。

（2）质量管理问题分析

本项目参与单位多，设计院3家，精装单位3家，幕墙单位3家，还有土建、机电、弱电、厨房、洗衣房共计 15 家单位，充分发挥机电综合协调的优势，设置专人负责与各方沟通，服从业主、总包的统一调度和整体安排，积极协调和配合各相关单位的工作；协助制定各项工作的协调配合流程，建立工序交接签字制度，保证施工协调有序进行。

为确保工程的施工质量，严格按照施工技术交底制度，在每道工序施工前，对各专业人员进行技术交底，内容详实，针对性强，所有技术交底资料一式两份，专业工长及资料员各保存一份（图9）。

图 9　技术交底资料

施工过程中本项目部要求在管道复杂区域实行样板引路制度，合理布置各专业管线，为大面积施工提供重要依据。

样板施工明确管控要点；规范节点细部做法；经过项目部、监理单位、业主验收合格后实行（图10、图11）。

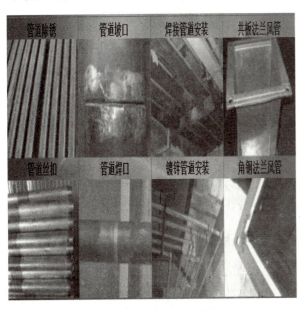

图 10　样板施工

图 11　规范节点细部

（3）安全管理问题分析

认真贯彻安全管理体系，落实各项安全管理制度，加强安全教育，提高全员安全意识。进行危险因素识别与评价，做好积极的安全防范措施。加大安全投入，增设多重防护设施，切实保障施工人员安全。针对重大危险源，制定专项安全措施方案，每周进行安全教育，项目部以及分包施工全体人员参加。

针对施工工序穿插多，交叉作业多，施工人员多，安全管理难度大的情况，项目部成立了以项目经理为组长的安全管理小组，制定了安全文明施工管理的各项制度，责任落实到人，并要求现场材料堆放整齐、确保施工场地干净整洁（图12、图13）。

图12　安全会

图13　材料堆放

（4）成本管理问题分析

该工程在既定目标的基础上，业主不断根据本工程优化自身的需求，强调自身的使用功能最大化，造成了工程现场多次进行拆改，在做到既保证业主要求，又能提高公司利润方面也成了一个管理的难点。

1）现场组建了一支精干的造价管理队伍，造价人员随工程图纸下发，计算工程量，变更洽商和工程签证。

2）由于工程图纸不断完善，导致洽商及工程签证数量较多，因此，项目部建立了资料管理体系，造价部门中有专人负责资料管理，并建有台账。

3）工程洽商及时会签，施工前与监理及业主一起进行现场测量，确认工程量，履约签字手续及时审批经济洽商。

2. 管理措施策划实施

（1）技术精细化管理

1）深化设计管理，本项目成立以项目技术负责人为首的深化设计团队，配备专业深化设计工程师扎根项目，积极开展深化设计。

本项目属于高端奢华酒店项目，机电管线施工难度大都集中在公共管廊和设备机房等设备密集的地方，加之工程专业多，系统复杂，及设计院出图质量较低，导致图纸中管线标高、管径尺寸、设备管道附属阀部件的配置等出现不符合实际工程的情况，同时由于专业管线密集且设备管线交叉点、碰撞点多（如：公共区域还涉及局部吊顶灯装修问题）。如何合理安排施工，把施工中的问题尽可能地提前解决，综合管线的排布起着非常重要的作用。

综合管线排布的依据各专业设计图纸及现场实际情况、结构特点，在保证使用功能、方便后期检修的前提下，尽最大可能压缩空间以确保装饰吊顶的需求，做到整体美观（图14、图15）。

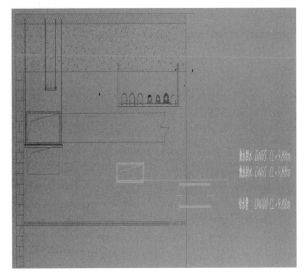

图14 综合管线的排布　　　　　　　　　　　　　图15 实景排布

2）严格落实技术交底工作，建立了完善的技术交底制度。对关键工序的施工，均提前召开技术交底会，并在施工过程中直接到现场进行技术指导。

3）新技术的推广和应用（表2）。

建筑业10项新技术应用情况　　　　　　　　　　　　　　　　　表2

序号	编号	技术名称	应用情况
1	6.1	管线综合布置技术	本项目所有施工区域均将所有机电管线进行综合深化，并报业主审批后，组织各分包施工单位严格按照图纸进行施工
2	6.2	金属矩形风管薄钢板法兰连接技术	本项目1500mm以下的空调系统、送排风系统均采用共板法兰技术
3	6.5	大管道闭式循环冲洗技术	空调水管道系统、冷却水管道系统循环冲洗
4	6.7	管道工厂化预制技术	预加工阀组、机房内部分焊接管线
5	6.9	预分支电缆技术	项目主楼强电井至各层照明箱之间采用预分支电缆
6	10.1	虚拟仿真施工技术	利用BIM技术对机房建立用于虚拟施工和施工过程控制的施工模型
7	10.5	工程项目管理信息化	项目采用协同办公平台，进行信息化管理
8		氟碳喷涂技术	为解决近海高腐蚀性对裸露管线的危害，屋顶桥架采用氟碳喷涂形式桥架

4）新技术开发及应用（表3）。

新技术开发应用　　　　　　　　　　　　　　　　　表3

序号	技术名称	应用情况
1	一种阀门检测装置	实用新型专利，专利号：ZL201320721596.5
2	电缆输送装置	实用新型专利，专利号：ZL201420196337.X
3	管道运输装置	实用新型专利，专利号：ZL201420196600.5
4	高度可调移动装配式顶板施工辅助装置	实用新型专利，专利号：ZL201520471599.7

5）本项目采用新型节能设备热管式热回收机组，机组运行时，热空气或热水通过热管一侧时，这

侧就成了蒸发端,蒸发端管内工质迅速气化,将热量传递到另一侧,另外一侧冷空气或者冷水吸热后温度被提升,汽化后的工质迅速冷凝为液体,顺着管内毛细力结构回流,这样往返循环,本身工作不需要任何动力,从而获得便宜的能源,达到节约能源的目的。

（2）进度精细化管理

1）本工程由于体量较大,为了确保工程总体工期节点时间,对总体进度计划进行分解,编制总体进度计划,阶段进度计划,月进度计划,周进度计划,分层推进逐步落实,每周进行进度分析,对于进度落后原因,对由于人为因素造成工期延误的进行处罚,制定切实有效赶工计划并坚决执行。

2）由于施工现场场地有限,材料、物资、设备等根据工程进度需要适时进场,保证工程需要同时又不浪费占用施工场地,根据施工进度计划制定详细材料封样、采购、进场计划表,与厂家约定进场时间,对于关键材料、设备派遣专人进场督促,确保及时到场,并在合同中注明材料延误承担损失条款,保证物资准时到位,方便施工,最终实现工期节点按时完成。

3）每天按时组织生产例会、每周定期组织各专业承包分包单位（给排水、弱电、消防、泛光照明）,对于项目内部专业、专业分包单位间存在的问题及各自需要调节问题进行协调解决,对于进度问题,进行纠偏处理。与监理单位加深沟通,密切配合,随时验收,不影响下一步工序（图16）。

图16 生产例会

（3）质量精细化管理

1）建立健全质量体系。明确各部门岗位在工程质量活动中的责任,实现质量责任的可追溯性,进行全员意识教育和培训,以提高工程质量意识和责任感。

2）制定可行的质量控制措施。这些措施包括物质进场质量控制、分部分项工程工序的质量控制,按照全面质量管理PDCA（即策划、实施、检查、处置）四个动态环节,以"管理与控制、过程监控、目标总控、成品中控"为原则,对工程质量的全过程、全方位进行监控。

3）项目成立创优领导小组,建立健全的质量管理制度,建立了以项目经理为组长,技术负责人和生产经理为副组长、主要业务骨干为成员组成的"创优领导小组"。小组进行创优工作策划、宣传、组织指导施工等一系列工作,对创优工作的开展起到了领导和促进作用。

4）每周定期组织专业分包单位进行质量巡场,对存在的质量问题以文字及照片形式进行记录,并督促其整改、回复并做复查；同时将汇总后的资料以WORD文档形式上报业主、监理（图17、图18）。

发行表

文件号	版本	文件名	发行日期	收件人
SI-001	01	机电巡检工作报告（2015.04.10）	2015.04.10	吴京峰
SI-002	01	机电巡检工作报告（2015.04.17）	2015.04.17	吴京峰
SI-003	01	机电巡检工作报告（2015.04.24）	2015.04.24	吴京峰
SI-004	01	机电巡检工作报告（2015.04.30）	2015.04.30	吴京峰
SI-005	01	机电巡检工作报告（2015.05.08）	2015.05.8	吴京峰
SI-006	01	机电巡检工作报告（2015.05.21）	2015.05.21	吴京峰
SI-007	01	机电巡检工作报告（2015.05.29）	2015.05.29	吴京峰
SI-008	01	机电巡检工作报告（2015.06.05）	2015.06.05	吴京峰
SI-009	01	机电巡检工作报告-7回复（2015.06.05）	2015.06.05	吴京峰
SI-010	01	机电巡检工作报告-6整改回复（2015.06.8）	2015.06.08	吴京峰
SI-011	01	机电巡检工作报告-9（2015.06.12）	2015.06.12	吴京峰
SI-012	01	机电巡检工作报告-8整改回复	2015-06-12	吴京峰
SI-013	01	机电巡检工作报告-10	2015-06-19	吴京峰
SI-014	01	机电巡检工作报告-9整改回复	2015-06-19	吴京峰
SI-015	01	机电巡检工作报告-11	2015-06-26	吴京峰
SI-016	01	机电巡检工作报告-10整改回复	2015-06-26	吴京峰
SI-017	01	机电巡检工作报告-12（2015.07.03）	2015-07-3	吴京峰
SI-018	01	机电巡检工作报告-11整改回复（2015.07.03）	2015-07-3	吴京峰
SI-019	01	机电巡检工作报告-13（2015.07.10）	2015-07-10	吴京峰

图 17　质量问题汇总表

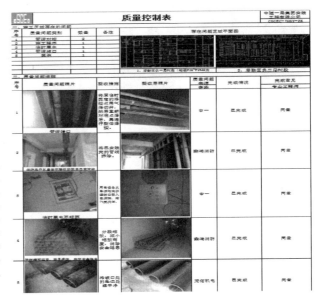

图 18　图文并茂

（4）安全精细化管理

1）完善安全管理体系，落实全员安全管理职责，由项目经理出任组长，各专业工程师、班组长及安全生产检查员组成施工现场安全生产管理小组，形成安全管理体系。落实项目经理部安全生产岗位责任制，提前明确项目部所有管理人员的安全管理职责，通过把安全责任分解到每个人的头上，使每个管理人员都有自己明确的安全责任，为安全生产提供有效的保障。

2）注重安全策划，明确安全防控要点，根据工程的规模、类型、特点及自身管理水平等情况，充分识别各个施工阶段、部位和场所所需控制的危险源和环境因素。制定项目安全管理计划，对每个施工时段、每个区域的重大危险源进行重点预防控制及整改控制。

3）严格落实所有人员作业的作业时间和作业面，项目部施行管理人员旁站制度，有针对性地进行分工，安排专人不间断地进行旁站，任何人发现不安全行为都要制止，把许多不安全行为消灭在萌芽状态。

4）每周定期组织专业分包单位进行安全巡场，对存在的安全隐患问题以文字及照片形式进行记录，并督促其整改、回复并做复查；同时将汇总后的资料以 word 文档形式上报业主、监理。

（5）成本精细化管理

1）制度总成本控制大纲，每月进行经营盘点，找出合同风险点及污点，注重过程资料收集确认，有侧重、有步骤地突破，每月进行经济成本分析，全程跟踪项目成本发生。

2）项目部注重合同管理，重视合同交底工作，注重二次经营，对色剂变更及时签证，责任明确。

3）项目实行以技术控成本的管理思维，每道工序开展之前需编制针对性方案，并对多方案进行经济型对比，择优选择。

4）项目内部开展金点子竞赛活动，调动项目所有员工成本管控的积极性，项目多个降本增效金点子获得了公司的认可，并在公司推广实施。

（6）成品精细化管理

由于涉及的各专业较多，在施工过程中，很容易造成成品的二次污染及破坏，尤其是大型设备，一旦被污染或损坏，造成的损失巨大。在施工过程中引入全过程成品保护理念，即设备安装完成、管线保温完成验收后立即用彩条布或薄膜进行包裹（图 19、图 20）。

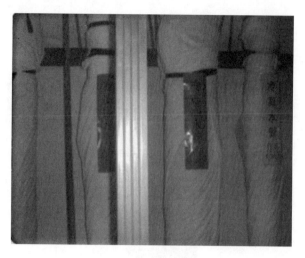

图 19　设备安装　　　　　　　　　　图 20　设备完成验收

3. 过程检查控制

(1) 坚持过程管控，实行领导带班制度

为强化项目生产过程中的领导责任，进一步改进和加强安全生产现场管理，项目实施了项目经理、生产经理按顺序轮流带班制度，通过领导带班对施工现场进行监督、督促和检查工作，加强了质量的控制。

(2) 落实三检制和监理检查

在施工过程中严格执行公司各项质量管理制度；从材料入厂、过程验收、最终产品验收均按相关要求进行全过程严格检查验收。采用三检制度严格控制质量，"三检制"贯彻整个施工过程中，充分发挥班组质量员的作用，把施工现场质量管理工作的重点从"事后把关"转移到"事前控制"，做到防检结合，把质量问题消灭在施工过程中。同时每道关键工序与隐蔽工程施工前邀请监理现场监督检查，避免因质量问题造成的返工而延误工期问题（图 21、图 22）。

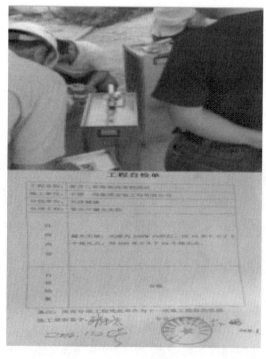

图 21　三检制　　　　　　　　　　图 22　监理检查

四、项目效果评价

1. 管理效果

在项目部全体员工的努力下,项目圆满地实现了技术、质量、安全、成本目标,本项目已获得的奖项有:

荣获 2016 年"海南省十大生态建筑";

荣获 2016 年"海南省十大海洋文化建筑";

荣获 2016 年"海南省当代十大建筑";

荣获 2017 年"海南省绿岛杯";

荣获 2017 年"北京市安装优质工程奖";

荣获 2015 年"安全文明工地";

荣获 2014 年"中国建筑业建筑信息模型 BIM 邀请赛三等奖"。

2. 项目管理评价

通过该工程的精心管理,铸造精品工程的管理理念,项目取得了社会效益和经济效益,同时也完成了技术、质量、安全、成本的经验积累,实现了项目管理水平的提高,形成了对类似项目具有指导意见的成果,项目获得了业主的较高赞誉(图23)。

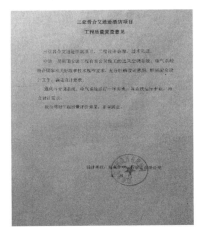
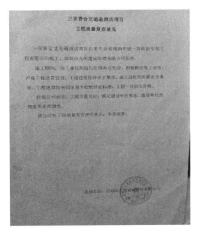

图 23 项目管理评价

总而言之,项目管理技术对于建筑工程施工起到了非常重要的促进作用,本项目虽然取得了成绩,但在施工过程中还有需要改进的不足和提升空间,仍需完善优化现有管理体系,将各项管理技术更好地运用于施工中,同时做好成本预估,优化施工方案,保证施工的效率与质量,保证项目的良好运作,重视施工人员的技能培训,引入先进的技术,提高施工的质量水平。

绿色理念 施工标准化 建精品工程
——江苏省苏中建设集团股份有限公司东营市恒大黄河生态城5号楼工程

刘伯银 江云其 李志伟 周生贵 丁宏亮

【摘 要】 建筑业是一个能源和资源消耗巨大的产业，是改变当前我国建筑业普遍存在的高投入、高消耗、高污染、低效率的模式，发展绿色施工是今后的趋势所向，故应该积极推进绿色建筑的发展。东营市恒大黄河生态城5号楼项目在项目综合管理过程中，以绿色施工综合管理体系的建设为基础，围绕"四节一环保"做好项目绿色策划工作，兼顾质量、安全、进度的全过程控制，全面完成了各项管理目标。

【关键词】 绿色施工；标准化建设；综合管理

一、项目成果背景

1. 工程概况

东营恒大黄河生态城5号住宅楼工程，位于东营市经济技术开发区东四路以东、潍河以南，是一栋住宅楼。该工程属于现浇钢筋混凝土剪力墙结构，地下二层，地上三十二层。东西长约96m、南北宽约21.1m。建筑高度99.13m，总建筑面积43184.56m²。

本住宅楼工程地下2层，地上30层。基础结构形式为筏板基础，主体结构为钢筋混凝土剪力墙结构，外立面大面积为真石漆（图1）。

图1 工程立面图

2. 选题理由

（1）本工程为我公司重点项目，根据公司和业主要求，争创"山东省泰山杯""东营市绿色安全文明工地"等。

（2）本工程地理位置特殊，处在东营市东四路与沂河路交接处，社会影响力大，关注度高，在工程开工伊始定位就比较高。

（3）本工程为商品房住宅小区，工程体量大、施工任务重，工期紧，成本控制不易，因此，该项目施工管理要求精细化，充分完善各项措施，统筹安排，科学管理。

3. 实施时间

如表1所示。

实施时间	表1
实施时间	2013年6月~2016年12月
分段实施时间	
管理策划	2013年6月~2013年8月
管理实施	2013年9月~2016年12月
过程检查	2013年10月~2016年12月
取得效果	各关键性节点~2016年12月

二、项目管理及创新特点

1. 管理难点及重点

如表 2 所示。

项目特点分析　　　　　　　　　　　　　　　　　　　　　　表 2

序号	特点	项　目	内　容
1	高	建设目标要求高	合格，竣工优良率 100%
		环境保护要求高	政府对于雾霾的治理工作愈来愈严，以及周围居住和办公人员的生活、工作环境的要求，且考虑业主和我单位对于自身形象的宣传要求，本工程的环境保护工作尤为严格
		施工要求高	施工全过程都要按照信息化施工的原则加强管理，通过设置监测点，按规定的监测制度进行监测和信息反馈，遇有特殊天气或监测数据异常或接近报警值时，要加强监测密度、及时反馈信息，施工要求高
2	大	意义大责任重	建设单位作为我集团公司战略合作伙伴，影响面广，本工程的承建意义大，责任重
		工程体量大	总建筑面积约 43184.56m²，本工程在地下室施工过程，施工机械非常多，包括挖掘机、大型运土车、塔吊、汽车吊、混凝土泵车等大型机械，机械施工组织难度大
		料具投入大	由于工程体量大、工期紧、质量标准高，工程全部采用木模板，施工人员、模板、钢管、扣件等料具投入量大。高峰期劳动力投入达到 1000 余人；钢管约 2000t；扣件约 25 万只；木模板 1.2 万 m²
		技术管理难度大	本工程为存在两层地下室的深基坑，拟建场地周边环境较为复杂
3	特	地理位置特殊	本工程地理位置特殊，处在东营市东四路与沂河路交接处，社会影响力大，关注度高
4	紧	工期紧	工程计划开工日期为 2013 年 4 月 23 日，主体计划完工日期为 2014 年 7 月 23 日，共 455 日历天
		场地紧	恒大城—地块建设项目，本工程位于济南市历城区工业北路以南，冷水路以西，基坑四边地下室距离场地红线均很小，基坑支护后现有场地已基本占用，基坑周边没有可供施工用的场地，施工现场布置难度较大

综上所述，本工程具有"高、大、特、紧"四大特点，工程的施工组织、技术管理依据这些特点，以绿色理念为指导展开。

2. 创新特点

（1）强化前期策划，创新绿色建筑施工管理的模式

根据合同和地方要求，围绕绿色理念，更新管理人员的观念，针对工期、安全、质量、成本做了详细策划，进度上抢主体为装修留足时间，制定了总计划和更严格的内控计划，过程中按内控计划控制，总计划考核；工程资料提前做出目录。

对于管理模式的观念创新表现在：确保绿色施工的标准化和规范化；要根据实际施工情况进行合理的调整，制定一套完善的施工方案。要将更多的绿色创新理念融入建筑施工管理制度中，管理人员也要严格依据制度进行管理，严格地监督和管理施工人员，以保证绿色施工可以规范进行。

（2）持续教育，提升理念，自觉绿色施工

行动由思想支配，思想由理念驱动。因此绿色施工要从全员的持续教育做起，只有提升全员的绿色施工理念，只有项目领导重视，员工自觉，绿色施工才能持久并不断提高。绿色施工内涵非常丰富，实现绿色施工必须"大处着眼、小处入手"，必须创新施工理念、施工工艺、施工设备和施工技术。绿色施工必须是项目全员行动。必须要实施科学管理，提高项目管理水平，使项目从被动地适应转变为主动的响应，使企业实施绿色施工制度化、规范化。这将充分发挥绿色施工对促进可持续发展的作用，增加

绿色施工的经济性效果，提高承包商绿色施工的积极性。工程技术人员必须牢固树立绿色施工理念。绿色施工是一种资源节约、环境友好的施工方式。

(3) 标准化，制度化，提高绿色施工管理水平

绿色施工技术要靠管理去实施与保障；绿色施工管理应是在传统施工管理基础上理念与体系上的全面提升。标准化、制度化是管理长效化的保证绿色施工管理应在总结经验教训的基础上结合实际施工技术水平与企业实际制订若干规章，而且是通过定期评估后与时俱进的提出一系列规章标识警示，建立标准化的设施。施工组织设计的绿色施工化提升，至少在好、快、省、安全的基础上增加节水、节地、环保、再生的内容，增加相应技术、相应措施、相应设备的选用。施工组织设计的总目录要增加章节，各分项要有绿色的措施。

(4) 综合集成优化，不断提升绿色施工技术

需要指出的是，传统技术都有进一步提高绿色水平的课题。例如：0－负公差的运用（计算机加入）；落地材减少与应用；施工测量找平层的减量与取消；井点水的利用等。实践总结提升传统实用绿色施工技术水平，大力推广住房城乡建设部发布的建筑业十项新技术（2017）。10项新技术都有好、快、省、安全等某些方面效果，因而都有绿色施工意义，应当在此基础上提高绿色施工水平。

三、项目管理分析、策划和实施

本工程场地紧，体量大，对整个现场绿色施工，施工协调管理、质量控制管理、安全文明施工管理及进度管理带来一定的难度。

1. 管理问题分析

(1) 与传统施工管理方式的关系分析

绿色施工其实是可持续发展思路，以节约资源、减少污染排放和保护环境为典型特征，是对传统施工模式的创新。无论哪种施工方式，都包含以下基本要素：对象、资源、方法和目标。绿色施工与传统施工在许多要素方面是相同的：一是有相同的对象——工程项目，即无论哪种施工方式都是为工程项目建设任务；二是采用同样的人、设备、材料等要素；同时，用同样的方法来实现，比如项目管理与技术管理方法。绿色施工的本质特征还是施工，因此必然带有传统施工的固有特点。二者的不同点主要表现在如下两个方面。

一是绿色施工与传统施工的最大不同在于施工目标。不同的经济体制决定了工程施工不同的目标要求。如在计划经济时代，施工主要为了满足质量与安全的要求，尽可能保证工期，经济要求服从计划安排。改革开放后，市场经济体制逐步建立，工程施工由建筑产品生产转化为建筑商品生产；施工企业开始追求经济利益最大化的目标，工程项目施工目标控制增加了工程成本控制的要求。因此，施工企业为了赢得市场竞争，必须要对工程质量、安全文明、工期等目标高度重视。为了在市场环境下求得发展，也必须在工程项目实施中实现尽可能多的盈利，这是在市场经济条件下施工企业必须面对的现实问题，相对计划经济体制工程施工增加了成本控制的目标。绿色施工要求对工程项目施工以保护环境和国家资源为前提，最大限度实现资源节约，工程项目施工目标在保证安全文明、工程质量和施工工期以及成本受控的基础上，增加以资源环境保护为核心内容的绿色施工目标，这也是顺应了可持续发展的时代要求。工程施工控制目标数量的增加，不仅增加了施工过程技术方法选择和管理的难度，也直接导致了施工成本的增加，造成了工程项目控制困难的加大。而且环境和资源保护方面的工作做得越多越好，可能成本增加越多，项目面临的亏损压力就会越大。

二是绿色施工与传统意义上的施工节约成本是不同的。按照绿色施工导则的说明，绿色施工的关键点在于实现"四节一环保"，这种"节约"有着特别的含义，其与传统意义的"节约"的区别表现为：①出发点（动机）不同：绿色施工强调的是在环境保护前提下的节约资源，而不是单纯追求经济效益的最大化。②着眼点（角度）不同：绿色施工强调的是以"节能、节材、节水、节地"为目标的"四节"，

重点是对自然资源的保护和利用，重点不是从降低成本的角度出发。③效果不同：绿色施工往往会造成施工成本的增加，其落脚点是环境效益最大化，需要在施工过程中增加对国家稀缺资源保护的措施，需要投入一定的绿色施工措施费。④效益观不同：绿色施工虽然可能导致施工成本增大，但从长远来看，将使得国家或相关地区的整体效益增加。因此，我们平常所说的绿色施工并非效益最大化，更多的是在强调在环境和资源保护，强调可持续发展。绿色施工做法有时会造成施工成本的增加，有时会减少施工成本。但是，总体来说，绿色施工的综合效益一定是增加的。

(2) 绿色施工策划思路和方法

绿色施工总体框架由施工管理、环境保护、节材与材料资源利用、节水与水资源利用、节能与能源利用、节地与施工用地保护六个方面组成。这六个方面涵盖了绿色施工的基本指标，同时包含了施工策划、材料采购、现场施工、工程验收等各阶段指标的子集。绿色施工中强调新技术的运用，以此保证施工管理的顺利进行，这足以说明绿色施工管理在绿色施工中处于重要地位。绿色施工管理主要包括组织管理、规划管理、实施管理、评价管理和人员安全与健康管理五个方面。

2. 管理措施策划实施

(1) 管理目标策划

如表3所示。

项目目标管理策划　　　　　　　　　　　　　　　　　　　　　　　　　　　　表3

1	质量目标	山东省泰山杯
2	安全目标	东营市绿色安全工地 无重伤、无死亡、无重大机械事故、无重大社会影响事件 轻伤控制率控制在3‰以内
3	工期目标	总工期：2013年4月～2016年12月 确保各节点工期
4	技术目标	形成对类似工程具有指导意义的工法、相关技术总结

(2) 质量管理实施

1) 建立健全质量体系

明确各级各部门各岗位在工程质量活动中的责任，实现质量责任的可追溯性，进行全员意识教育和培训，以提高工程质量意识和责任感。

2) 建立各项管理制度

制定了切实可行的各项管理制度，诸如现场质量管理制度、样品核查制度、样板引路制度、三检制度、挂牌制度、奖惩制度等，严格质量程序化管理。

3) 强化质量过程控制

现场施工期间，项目坚持以技术质量交底、旁站监督、过程巡查、定期检查、定期举行质量分析会等手段严格控制每道工序的质量，对主要工序进行重点监控，对出现的质量偏差和缺陷及时下发《质量整改通知单》并督促整改（图2）。

(3) 安全管理实施

1) 建立安全保证体系

项目部建立安全保证体系，实施安全生产责任状，在分包合同签订的同时签订《安全生产责任状》，层层落实安全责任，划分安全责任区域，明确各级管理人员的安全职责，落实施工责任，各岗位各尽其责，以安全施工为重任，实现安全工程。

2) 制定安全预防措施

组织相关方进行危险源辨识，辨识出项目施工的重大危险源，在施工过程中进行重点控制。完善各种安全防护设施和规章制度。诸如安全生产教育和培训制度、安全生产检查制度、劳动防护用品配备和

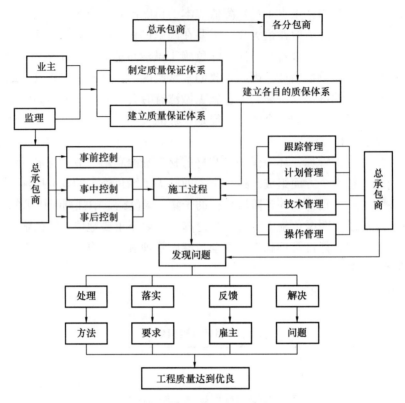

图 2 工程质量管理控制流程图

管理制度、危险作业管理制度等一系列管理制度。

3）提升人员安全素质

确保对进场员工进行 100% 的安全意识及素质教育，认真组织学习有关制度，牢固树立安全是企业生命的思想。各项教育活动均形成文字、图片材料并做到归档统一管理。积极开展安全月等专题活动，通过现场的安全文化宣传以及全面的安全教育，在施工现场营造积极向上的安全环境和良好氛围，提高了施工作业人员的安全意识。

4）定期安全检查整改

经理部每周组织各部门对现场进行一次安全隐患检查，发现问题立即整改；对于日常检查，发现危急情况应立即停工，及时采取措施排除险情。对查出的隐患及时整改，做到定人、定时间、定措施。

（4）进度管理实施

1）制度分级控制计划

根据总计划编制季度计划，根据季度计划编制月计划，根据月计划编制周计划，周计划根据前三天的实际情况，调整后三天计划，并且制定下周计划，实行 3 日保周、周保月、月保季、季保总计划的管理方式。

2）根据进度计划找出关键节点

根据进度计划，狠抓施工进度，对此项目部以关键节点为重点，保证关键线路的人、机、料的供应，并制定可行性施工方案。召开进度动员会，调动全员积极性，确保工期要求。

3）施工进度检查控制

施工进度计划检查采取周检查方式进行，检查内容包括：检查期内实际完成和累计完成工程量，实际参加施工的人力、机械数量及生产效率，以及进度偏差情况，通过进度检查结果制定相应的措施，保证施工进度按计划进行。

(5) 绿色施工管理实施

1) 绿色施工管理策划

成立绿色施工领导小组,由项目经理担任总指挥,项目总工、质量管理员等为组员;建立绿色施工相关制度,并编制了绿色施工专项方案;对项目的绿色施工进行定期考评;项目部的组织体系、制度和激励机制为绿色施工的顺利实施提供保障。

2) 建筑工程施工过程环境影响因素识别、细化措施

建筑工程施工是一项复杂的系统工程,施工过程中所投入的材料、制品、机械设备、施工工具等数量巨大,且施工过程受工程项目所在地区气候、环境、文化等外界因素影响,因此,施工过程对环境造成的负面影响呈现出多样化、复杂化的特点。为便于施工过程的"绿色管理",以普遍性施工过程为分析对象,从建筑工程施工的分部分项工程出发,以绿色施工所提出的"四节一环保"为基本标准,通过对各分部分项工程的施工方法、施工工艺、施工机械设备、建筑材料等方面的分析,对施工中的"非绿色"因素进行识别,并提出改进和控制环境负面影响的针对性措施,以为施工组织与管理提供参考,为绿色施工标准化管理方法制定提供依据(表4~表12)。

地基处理与土方工程施工过程环境影响因素识别、措施表　　表4

绿色施工类别	非绿色因素分析	绿色施工技术和管理措施
环境保护	(1) 未对施工现场地下情况进行勘察,施工造成地下设施、文物、生态环境破坏; (2) 未对施工车辆及机械进行检验,机械尾气及噪声超限; (3) 现场发生扬尘; (4) 施工车辆造成现场污染; (5) 洒水降尘时用水过多导致污水污染或泥泞; (6) 爆破施工、硬(冻)土开挖、压实等噪声污染; (7) 作业时间安排不合理,噪声和强光对附近居民生活造成声光污染	(1) 对施工影响范围内的文物古木等制定施工预案; (2) 对施工车辆及机械进行尾气排放和噪声的专项审查,确保施工车辆和机械达到环保要求; (3) 施工现场进行洒水、配备遮盖设施,减少扬尘; (4) 施工现场出入口处设置使用冲洗设备,保证车辆不沾泥,不污损道路; (5) 降尘时少洒、勤洒,避免洒水过多导致污染;对施工车辆及其他机械进行定期检查、保养,以减少磨损、降低噪声,避免机器漏油等污染事故的发生; (6) 设置隔声布围挡,施工过程采取技术措施减少噪声污染; (7) 施工时避开夜间、中高考等敏感时间
节水与水资源利用	(1) 未对现场进行降水施工组织方案设计; (2) 未对现场能进行再次利用的水进行回用而直接排放; (3) 未对现场产生的水进行处理而直接排放,达不到相关环保标准	(1) 施工前应做降水专项施工组织方案设计,并对作业人员进行专项交底,交代施工的非绿色因素并采取相应的绿色施工措施; (2) 降水产生的水优先考虑进行利用,如现场设置集水池、沉淀池设施,并设置在混凝土搅拌区、生活区、出入口区等用水较多的位置,产生的再生水可用于拌制混凝土、养护、绿化、车辆清洗、卫生间冲洗等; (3) 可再生利用的水体要经过净化处理(如沉淀、过滤等)并达到排放标准要求后方可排放。现场不能处理水应进行汇集并交具有相应资质的单位处理
节材与材料资源利用	(1) 未对施工现场产生的渣土、建筑拆除废弃物进行利用; (2) 未对渣土、建筑垃圾等再生材料作为回填材料使用	(1) 土方回填宜优先考虑施工时产生的渣土、建筑拆除废弃物进行利用。如基础施工开挖产生的土体应作为基础完成后回填使用; (2) 对现场产生建筑拆除废弃物进行测试后能达到要求的土体应优先考虑进行利用,或者是进行处理后加以利用,如与原生材料按照一定比例混合后使用; (3) 对现场产生建筑拆除废弃物不能完全消化的情况下,应妥善将材料转运至专门场地存储备用,避免直接抛弃处理

续表

绿色施工类别	非绿色因素分析	绿色施工技术和管理措施
节能与能源利用	（1）未能依据施工现场作业强度和作业条件，未能考虑施工机具的功率和工况负荷情况而选用不恰当的施工机械； （2）施工机械搭配不合理，施工现场规划不严密，进而造成机械长时间空载等现象； （3）土方的开挖和回填施工计划不合理，造成大量土方二次搬运	（1）施工前应对工程实际情况进行施工机械的选择和论证，依据施工现场作业强度和作业条件，考虑施工机具的功率和工况负荷情况，确定施工机械的种类、型号及数量，力求所选用施工机具都在经济能效内； （2）制定合理紧凑的施工进度计划，提高施工效率。根据施工进度计划确定施工机械设备的进场时间、顺序，确保施工机械较高的使用效率； （3）建立施工机械的高效节能作业制度； （4）施工机械搭配选择合理，避免长时间的空载。施工现场应根据运距等因素，确定运输时间，结合机械设备功率，确定挖土机搭配运土机数量，保证各种机械协调工作，运作流畅； （5）规划土方开挖和土方回填的工程量和弃地点，需回填使用部分的土体应尽量就近堆放，以减少运土工程量
节地与施工用地保护	（1）施工过程造成了对原有场地地形地貌的破坏，甚至对设施、文物的损毁； （2）土方施工过程机械运行路线未能与后期施工路线、永久道路进行结合，造成道路重复建设； （3）因土方堆场未做好土方转运后的场地利用计划； （4）因土方开挖造成堆放和运输占用了大量土地	（1）施工前应对施工影响范围内的地下设施、管道进行充分的调查，制定保护方案。并在施工过程中进行即时动态监测； （2）对施工现场地下的文物会同当地文物保护部门制定文物保护方案，采取保护性发掘或者采取临时保留以备将来开发； （3）对土方施工过程机械运行路线、后期施工路线、永久道路宜优先进行结合共线，以避免重复建设和占用土地； （4）做好场地开挖回填土体的周转利用计划，提高施工现场场地的利用率。在条件允许情况下，宜分段开挖、分段回填，以便回填后的场地作为后序开挖土体的堆场； （5）回填土在施工现场采取就近堆放原则，以减少对土地占用量

基坑支护工程施工过程环境影响因素识别、措施表　　表5

绿色施工类别	非绿色因素分析	绿色施工技术和管理措施
环境保护	（1）打桩过程产生噪声及振动； （2）支撑体系拆除过程产生噪声及振动； （3）支撑体系拆除过程产生扬尘； （4）支撑体系安装、拆除时间未能避开居民休息时间； （5）钢支撑体系安装、拆除产生噪声及光污染； （6）基础施工（如打桩等）产生噪声及振动和现场污染； （7）基础及维护结构施工过程产生泥浆污染施工现场； （8）使用空压机作业进行泥浆置换产生空压机噪声； （9）边坡防护措施不当造成现场污染； （10）施工用乙炔、氧气、油料等材料保管和使用不当造成污染； （11）施工过程废弃的土工布、木块等随意丢弃； （12）施工现场焚烧土工布及水泥、钢构件包装等	（1）优先采用静压桩，避免采用震动、锤击桩； （2）支撑体系优先采用膨胀材料拆除，避免采用爆破法和风镐作业； （3）支撑体系拆除时采取浇水、遮挡措施避免扬尘； （4）施工时避开夜间、中高考等敏感时间； （5）钢支撑体系安装、拆除过程采取围挡等措施，防止噪声和电弧光影响附近居民生活； （6）打桩等大噪声施工阶段应及时向附近居民做出解释说明，及时处理投诉和抱怨； （7）泥浆优先采用场外制备，现场应建立泥浆池、沉淀池，对泥浆集中收集和处理； （8）应用空压机泵送泥浆进行作业，空压机应封闭，防止噪声过大； （9）边坡防护应采用低噪声、低能耗的混凝土喷射机以及环保性能好的薄膜作为覆盖物； （10）施工时配备的乙炔、氧气、油料等材料在指定地点存放和保管，并采取防火、防爆、防热措施； （11）施工过程废弃的土工布废弃土工布、木块等及时清理收集，交给相应部门处理，严禁现场焚烧

续表

绿色施工类别	非绿色因素分析	绿色施工技术和管理措施
节水与水资源利用	(1) 制备泥浆时未采用降水产生的体进行再利用而直接排放； (2) 未对现场产生的水进行处理而直接排放，达不到相关环保标准	(1) 制备泥浆时，优先采用降水过程中的水体，降水产生的水优先考虑进行利用，如现场设置集水池、沉淀池设施，并设置在混凝土搅拌区、生活区、出入口区等用水较多的位置，产生的再生水可用于拌混凝土、养护、绿化、车辆清洗、卫生间冲洗等。 (2) 再生利用的水体要经过净化处理（如沉淀、过滤等）并达到排放标准要求后方可排放。现场不能处理水应进行汇集并交具有相应资质的单位处理
节材与材料资源利用	(1) 未对可以利用的泥浆通过沉淀过滤等简单处理进行再利用； (2) 钢支撑结构现场加工； (3) 大体量钢支撑体系未应用预应力结构； (4) 施工时专门为格构柱设置基础； (5) 混凝土支撑体系选用低强度大体积混凝土； (6) 混凝土支撑体系拆除后作为建筑垃圾抛弃； (7) 钢板桩或钢管桩在使用前后未进行修整、涂油保养等； (8) 未对SMW工法进行支护施工的型钢进行回收	(1) 对泥浆要求不高的施工项目，将使用过的泥浆进行沉淀过滤等简单处理进行再利用； (2) 钢支撑结构宜在工厂预制后现场拼装； (3) 为减少材料用量，大体量钢支撑体系宜采用预应力结构； (4) 为避免再次设置基础，格构柱基础宜利用工程桩作为基础； (5) 混凝土支撑体系，宜采用早强、高强混凝土； (6) 混凝土支撑体系在拆除后可粉碎后作为回填材料再利用； (7) 钢板桩或钢管桩在使用前后分别进行修整、涂油保养，提高材料的使用次数； (8) SMW工法进行支护施工时，在型钢插入前对其表面涂隔离剂，以利于施工后拔出形钢进行再利用
节能与能源利用	(1) 施工机械作业不连续； (2) 由于人、机数量不匹配、施工作业面受限等问题导致施工机械长时间空载运行； (3) 施工机械的负荷、工况与现场情况不符	(1) 施工机械搭配选择合理，避免长时间的空载。如打桩机械到位前要求钢板桩、吊车要提前或同时到场； (2) 施工机械合理匹配，人员到位，分部施工，防止不必要的误工和窝工； (3) 钻机、静压桩机等施工机械合理选用，确保现场工作强度、工况、构件尺寸等在相应的施工机械负荷和工况内
节地与施工用地保护	(1) 泥浆浸入土壤造成土体的性能下降或破坏； (2) 未能合理布置机械进场顺序和运行路线，造成施工现场道路重复建设； (3) 施工材料及机具远离塔吊作业范围，造成二次搬运； (4) 未对施工材料按照进出场先后顺序和使用时间进行场地堆放，场地不能进行周转利用	(1) 对一定深度范围内的土壤进行勘探和鉴别，做好施工现场土壤保护、利用和改良； (2) 合理布置施工机械进场顺序和运行路线，避免施工现场道路重复建设； (3) 施工材料及机具靠近塔吊作业范围，且靠近施工道路，以减少二次搬运； (4) 钢支撑、混凝土支撑制作加工材料按照施工进度计划分批安排进场，便于施工场地周转利用

模板工程工程施工过程环境影响因素识别、措施表　　　　表6

绿色施工类别	非绿色因素分析	绿色施工技术和管理措施
环境保护	(1) 现场模板加工产生噪声； (2) 模板支设、拆除产生噪声； (3) 异型结构模板未采用专用模板，环境影响大； (4) 木模板浸润造成水体及土壤污染； (5) 涂刷隔离剂时候洒漏，污染附近水体以及土壤； (6) 模板施工造成光污染； (7) 模板内部清理不当造成扬尘及污水； (8) 脱模剂、油漆等保管不当造成污染及火灾	(1) 优先采用工厂化模板，避免现场加工模板。采用木模板施工时，对电锯、刨床等进行围挡，在封闭空间内施工； (2) 模板支设、拆除规范操作，施工时避开夜间、中高考等敏感时间； (3) 异型结构施工时优先采用成品模板； (4) 木模板浸润在硬化场地进行，污水进行集中收集和处理； (5) 脱模剂涂刷在堆放点地面硬化区域集中进行； (6) 夜间施工采用定向集中照明在施工区域，并注意减少噪声； (7) 清理模板内部时，尽量采用吸尘器，不应采用吹风或水冲方式； (8) 模板工程所使用的脱模剂、油漆等放置在隔离、通风、应远离人群处，且有明显禁火标志，并设置消防器材

续表

绿色施工类别	非绿色因素分析	绿色施工技术和管理措施
节材与材料资源利用	(1) 模板类型多，周转次数少； (2) 模板随用随配，缺乏总使用量和周转使用计划； (3) 模板保存不当，造成损耗； (4) 模板加工下料产生边角料多，材料利用率低； (5) 因施工不当造成火灾事故； (6) 拆模后随意丢弃模板到地面，造成模板损坏，未做可重复利用处理； (7) 模板使用前后未进行检验维护，导致使用状况差，可周转次数低	(1) 优先选择组合钢模板，大模板等周转次数多的模板类型。模板选型应优先考虑模数、通用性、可周转性； (2) 依据施工方案，结合施工区段、施工工期、流水段等明确需要配置模板的层数和数量； (3) 模板堆放场地应硬化、平整、无积水，配备防雨、防雪材料，模板堆放下部设置垫木； (4) 进行下料方案专项设计和优化后进行模板加工下料，充分再利用边角料； (5) 模板堆放场地及周边不得进行明火切割、焊接作业，并配备可靠的消防用具，以防火灾发生； (6) 拆模后严禁抛掷模板，防止碰撞损坏，并及时进行清理和维护使用后的模板，延长模板的周转次数，减少损耗； (7) 设立模板扣件等日常保管定期维护制度，提高模板周转次数
节水与水资源利用	(1) 在水资源缺乏地区选用木模板进行施工； (2) 木模板润湿用水过多，用水过多造成浪费； (3) 木模板浇水后未及时使用，造成重复浇水	(1) 在缺水地区施工，优先采用木模板以外的模板类型，减少对水的消耗； (2) 木模板浸润用水强度合理，防止用水过多造成浪费； (3) 对模板使用进行周密规划，防止重复浸润
节能与能源利用	(1) 模板加工人、机、料搭配不合理，造成设备长时间空载； (2) 模板堆放位置不合理，造成现场二次搬运； (3) 模板运输过程中机械利用效率低	(1) 合理组织人、机、料搭配，避免机器空载； (2) 合理选择模板堆放位置，避免二次搬运； (3) 模板运输应相对集中，避免塔吊长时间空载
节地与施工用地保护	(1) 现场加工模板，机械和原料占用场地； (2) 施工组织不合理，材料在现场闲置时间长，占用场地； (3) 现场模板堆放凌乱无序，场地利用率低	(1) 优先采用成品模板，避免现场加工占用场地； (2) 合理安排模板分批进场，堆放地周转使用； (3) 模板进场后分批、按型号、规格、挂牌标识归类堆放有序，提高场地利用率

钢筋工程施工过程环境影响因素识别、措施表　　　　表7

绿色施工类别	非绿色因素分析	绿色施工技术和管理措施
环境保护	(1) 钢筋采用现场加工； (2) 钢材装卸过程产生噪声污染； (3) 钢筋除锈造成粉尘及噪声污染； (4) 钢筋焊接、机械连接过程中造成光污染和空气污染； (5) 夜间施工造成光污染及噪声污染； (6) 钢筋套丝加工用润滑液污染现场； (7) 植筋作业因钻孔、清孔、剔凿造成粉尘污染； (8) 对已浇筑混凝土剔凿，造成粉尘或水污染； (9) 钢筋焊接切割产生熔渣、焊条头造成环境污染	(1) 钢筋采用工厂加工，集中配送，现场安装； (2) 钢筋装卸避免野蛮作业，尽量采用吊车装卸，减少噪声； (3) 现场除锈优先采用调直机，避免采用抛丸机等引起粉尘、噪声的机械； (4) 钢筋焊接、机械连接应集中进行，采取遮光、降噪措施，在封闭空间内施工； (5) 施工时避开夜间、中高考等敏感时间； (6) 套丝机加工过程在其下部设接油盘，润滑液经过滤可再次利用； (7) 钢筋植筋时，在封闭空间内施工，采用围挡等覆盖，润湿需钻孔的混凝土表面，减小噪声。采用工业吸尘器对植筋孔进行清渣； (8) 柱、墙混凝土施工缝浮浆剔除时，洒水湿润，以防止扬尘。避免洒水过多，以防污水及泥泞； (9) 焊接、切割产生的钢渣、焊条头收集处理，避免污染

续表

绿色施工类别	非绿色因素分析	绿色施工技术和管理措施
节能与能源利用	(1) 钢筋加工人、机、料搭配不合理，造成设备长时间空载； (2) 未采用机械连接经济施工方法	(1) 合理组织规划人、机、料搭配，提高机械的使用效率，避免机器空载； (2) 在经济合理范围内，优先采用机械连接
节材与材料资源利用	(1) 钢筋堆放保管不利造成损耗； (2) 设计未采用高强度钢筋； (3) 未结合钢筋长度、下料长度进行钢筋下料优化； (4) 加工地点分散，边角料的收集和再利用不到位； (5) 施工放样不准确造成返工浪费； (6) 钢筋因堆放杂乱造成误用； (7) 绑扎用铁丝以及垫块损耗量大； (8) 钢筋焊接不合理，造成流坠； (9) 植筋时钻孔部位钻孔过深	(1) 钢筋堆放场地应硬化、平整、设置排水设施，配备防雨雪设施。钢筋堆放采取支垫措施，以减少锈蚀等损耗； (2) 优先采用高强度钢筋，在允许条件下，以高强钢筋代替低强度钢筋； (3) 施工放样准确，并进行校核，避免返工浪费； (4) 编制钢筋配料单，根据配料单进行下料优化，最大限度减少短头及余料产生； (5) 钢筋加工集中在一定区域内且场地应平整硬化，设立不同规格钢筋的再利用标准，设置剩料收容器，分类收集； (6) 成品钢筋严格按分先后、分流水段、分构件名称的原则分类挂牌堆放，标明钢筋规格尺寸和使用部位，避免产生误用现象； (7) 绑扎用钢筋和垫块设置前对工人进行技术交底，施工时应防止垫块破坏或已完成部分变形； (8) 钢筋焊接作业，防止接头部位过烧造成坠流产生； (9) 施工前在钻杆上按设计钻孔深度做出标记，防止钻孔过度
节地与施工用地保护	(1) 现场加工钢筋，占用场地； (2) 材料进场计划不严密，部分材料长时间闲置，占用场地； (3) 现场堆放散乱，场地利用效率低	(1) 钢筋加工采用工厂化方式，现场作为临时周转拼装场地，减少用地； (2) 做好钢筋进场和使用规划，保证存放场地周转使用，提高场地利用率； (3) 半成品、成品钢筋为提高场地利用效率应合理有序堆放

混凝土工程施工过程环境影响因素识别、措施表 表8

绿色施工类别	非绿色因素分析	绿色施工技术和管理措施
环境保护	(1) 混凝土现场制备，造成粉尘、泥泞等污染； (2) 运输车辆、施工机械尾气排放和噪声污染； (3) 夜间施工造成污染； (4) 运输混凝土及制备材料撒漏； (5) 材料存放造成扬尘； (6) 现场制备和养护过程产生污水； (7) 必须进行连续浇筑施工时，未办理相关手续，造成与附近居民纠纷； (8) 采用喷涂薄膜进行养护，涂料对施工现场及附近环境造成污染； (9) 现场破损、废弃的草栅等随意丢弃，污染环境； (10) 冬期施工时，采用燃烧加热方式，造成空气污染和安全隐患	(1) 优先采用预制商品混凝土； (2) 对施工车辆及机械进行尾气排放和噪声的专项审查，确保施工车辆和机械达到环保要求； (3) 施工时避开夜间、中高考等敏感时间； (4) 运输散体材料时，车辆应覆盖，车辆出场前进行检查、清洗，确保不造成撒漏； (5) 现场砂石等采用封闭存放，配备相应的覆盖设施，如防雨布、草栅等； (6) 混凝土的制备、养护等施工过程产生的污水，需通过集水沟汇集到沉淀池和储水池，经检测达到排放标准后进行排放或再利用； (7) 在混凝土连续施工作业时，需提前办理相关手续，并向现场附近居民进行解释，以此减少与附近居民不必要的纠纷。并通过压缩夜间作业时间和降低夜间作业强度等方式减弱噪声，现场应采用定向照明在施工区域，避免产生光污染； (8) 混凝土养护采用喷涂薄膜时，需对喷涂材料的化学成分和环境影响进行评估，达到环境影响在可控范围内方可采用； (9) 废弃的试块、破损的草栅等，需进行集中收集后，由相应职能部门处理，严禁随意丢弃或现场焚烧； (10) 冬期施工时，优先采用蓄热法施工。当采用加热法施工时，优先采用电加热，避免采用燃烧方式，防止造成空气污染

续表

绿色施工类别	非绿色因素分析	绿色施工技术和管理措施
节水与水资源利用	(1) 使用远距离的采水点; (2) 混凝土采用现场加工; (3) 现场输水管道渗漏; (4) 现场混凝土制备用水无计量设备; (5) 现场存在施工降水等可利用水体,采用自来水作为制备用水; (6) 混凝土有抗渗要求时,未使用减水剂; (7) 现场养护采用直接浇水方式	(1) 施工就近取用采水点,避免长距离输水; (2) 优先采用预制商品混凝土; (3) 输水线路定期维护,避免渗漏; (4) 设置阀门和水表,计量用水量,避免浪费; (5) 优先使用施工降水等可利用水体; (6) 在水资源缺乏地区使用减水剂等节水措施,混凝土有抗渗要求时,首选减水添加剂; (7) 养护时采用覆盖草栅养护、涂料覆膜养护。对于立面墙体养护,宜采用覆膜养护、喷雾器洒水养护、养护液养护等,养护用水优先采用沉淀池的可利用水
节材与材料资源利用	(1) 混凝土进场后未能及时浇筑或浇筑后有剩余,造成凝固浪费; (2) 未采用较经济的再生骨料; (3) 砂石材料存放过程中造成污染; (4) 水泥存放不当,造成凝固变质; (5) 混凝土材料撒漏且未及时进行收集; (6) 水泥袋未进行收集和再利用; (7) 当浇筑大体积混凝土时,采用手推车等损耗率高的施工方式; (8) 恶劣天气下施工材料保护不当造成浪费; (9) 混凝土用量估算不准确,大量余料未被使用; (10) 泵送施工后的管道清洗用海绵球未进行回收利用	(1) 做好混凝土材料订购计划、进场时间计划、使用量计划,保证混凝土得到充分使用; (2) 混凝土制备优先采用废弃的合格的混凝土等再生骨料进行; (3) 防止与其他材料混杂造成浪费,设立专门场所进行砂石材料堆放保存; (4) 水泥材料采取防潮、封闭库存措施,受潮的水泥材料可降级使用或作为临时设施材料使用; (5) 对撒漏的混凝土采取收集和再利用措施,保证混凝土的回收利用; (6) 注意保护袋装水泥袋子的完整性,及时对水泥袋进行收集,为装扣件、锯末等使用; (7) 优先采用泵送运输,提高输送效率,减少撒漏损耗。当必须采用手推车运输时,装料量应低于最大容量1/4,以防撒漏; (8) 遇大风、降雨等天气施工时,及时采取措施,准备塑料布以备覆盖使用,防止材料被冲走及变质; (9) 现场应预留多余混凝土的临时浇筑点,用于混凝土余料临时浇筑施工; (10) 泵送结束后,对管道进行清洗,清洗用的海绵球重复利用
节能与能源利用	(1) 远距离采购施工材料; (2) 混凝土在现场进行二次搬运; (3) 施工工况、施工机械搭配不合理导致施工不连续,机械空载运行; (4) 人工振捣不经济的情况下,未采用自密实性混凝土; (5) 在大规模混凝土运输过程中,采用手推车等高损耗低效设备; (6) 浇筑大体积混凝土时,采用手推车等损耗率高的施工机械; (7) 冬期施工,采用设置加热设备、搭设暖棚等高能耗施工工艺	(1) 在满足施工要求的前提下,优先近距离采购建筑材料; (2) 混凝土现场制备点应靠近施工道路,采用泵送施工时,可从加工点一次泵送至浇筑点; (3) 根据浇筑强度、浇筑距离、运输车数量、搅拌站到施工现场距离、路况、载重量等选择施工机具,以保证施工连续,避免机械空载运行现象; (4) 对混凝土振捣能源消耗量大、经济性差的施工项目,如对平整度要求高的飞机场建设,优先采用自密实混凝土; (5) 当长距离运输混凝土时,可将混凝土干料装入桶内,在运输途中加水搅拌,以减少由于长途运输引起的混凝土坍落度损失,且减少能源消耗; (6) 大体积大规模混凝土施工中,优先采用泵送混凝土施工,提高输送效率,减少撒漏损耗; (7) 冬期施工,优先采用添加抗冻剂、减水剂、早强剂,保证混凝土的浇筑质量。如采用加热蓄热施工,将加热的部位进行封闭保温,减少热量损失

续表

绿色施工类别	非绿色因素分析	绿色施工技术和管理措施
节地与施工用地保护	(1) 混凝土采用现场制备； (2) 未设置专门的材料堆放设施，造成土地利用率低； (3) 因施工失误造成非规划区域土地硬化； (4) 材料因周转次数多，场地设置不合理，占用大量用地； (5) 使用固定式泵送设备造成大量场地被占用； (6) 混凝土制备地点、浇筑地点未在塔吊的覆盖范围内	(1) 优先选用预制商品混凝土； (2) 现场散装材料设立专门的堆放维护设施，以提高场地的利用率； (3) 做好凝结材料运输防撒漏控制，防止非规划硬化区域受到污染硬化； (4) 做好材料进场规划、施工机具使用规划、土地使用时间、土地使用地点规划，材料存放位置规划，力求提高场地利用率； (5) 优先选用移动式泵送设备，避免使用固定式泵送设备，减少场地占用量； (6) 尽量使塔吊工作范围覆盖整个浇筑地点和混凝土制备地点，避免因材料搬运造成施工场地拥挤

砌筑工程施工过程环境影响因素识别、措施表　　表9

绿色施工类别	非绿色因素分析	绿色施工技术和管理措施
环境保护	(1) 砂浆采用现场制备，造成扬尘污染； (2) 材料运输过程造成材料撒漏及路面污染； (3) 现场砂浆及石灰膏保管不当造成污染； (4) 施工用毛石、料石等材料放射性超标； (5) 灰浆槽使用后未及时清理干净，后期清理产生扬尘； (6) 冬期施工时采用原材料蓄热等施工方法	(1) 优先选用预制商品砂浆，采用现场制备时，水泥采用封闭存放，砂子、石子进入现场后堆放在三面围成的材料池内，现场储备防雨雪、大风的覆盖设施； (2) 运输车辆采取防遗洒措施，车辆进行车身及轮胎冲洗，避免造成材料撒漏及路面污染； (3) 石灰膏优先采用成品，运输及存储尽量采用封闭，覆盖措施以防止撒漏扬尘； (4) 对毛石、料石进行放射性检测，确保进场石材符合环保和放射性要求； (5) 灰浆槽使用完后及时清理干净，以防后期清理产生扬尘； (6) 冬期施工，应优先采用外加剂方法，避免采用外部加热等施工方法
节水与水资源利用	(1) 施工用砂浆随用随制，零散进行，缺乏规划； (2) 现场砌块的洒水浸润作业与施工作业不协调，造成重复洒水； (3) 输水管道渗漏； (4) 在现场有再生水源情况下，未进行利用	(1) 砂浆优先选用预制商品砂浆； (2) 依据使用时间，按时洒水浸润，严禁大水漫灌，并避免重复作业； (3) 输水管线采用节水型阀门，定期检验维修输水管线，保证其状态良好； (4) 制备砂浆用水、砌体浸润用水、基层清理用水，优先采用再生水、雨水、河水和施工降水等

脚手架工程施工过程环境影响因素识别、措施表　　表10

绿色施工类别	非绿色因素分析	绿色施工技术和管理措施
环境保护	(1) 脚手架装卸、搭设、拆除过程产生噪声污染； (2) 脚手架因清扫造成扬尘； (3) 维护用油漆、稀料等材料保管不当造成污染； (4) 对损坏的脚手网管理无序，影响现场环境	(1) 脚手架采用吊装机械进行装卸，避免单个构件人工搬运。脚手架装卸、搭设、拆除过程严禁随意摔打和敲击； (2) 不得从架子上直接抛掷或清扫物品，应将垃圾清扫装袋运下； (3) 脚手架维护用的油漆、稀料应在仓库内存放，空气流通，防火设施完备，派专人看管； (4) 及时修补损坏的脚手网，并对损耗的材料及时收集和处理
节水与水资源利用	采用自来水清洗脚手网	优先采用再生水源清洗脚手网，如施工降水、经沉淀处理的洗车水等

续表

绿色施工类别	非绿色因素分析	绿色施工技术和管理措施
节材与材料资源利用	（1）落地式脚手架应用在高层施工，造成材料用量大，周转利用率低； （2）施工用脚手架用料缺乏设计，存在长管截短使用现象； （3）施工用脚手架未涂防锈漆； （4）施工用脚手架未做好保养工作，破损和生锈现象严重； （5）损坏的脚手架未进行分类处理，直接报废处理	（1）高层结构施工，采用悬挑脚手架，提高材料周转利用率； （2）搭设前脚手架合理配置，长短搭配，避免将长管截短使用； （3）钢管脚手架应除锈，刷防锈漆； （4）及时维修、清理拆下后的脚手架，及时补喷、涂刷，保持脚手架较好的状态； （5）设立脚手架再利用制度，如规定长度大于50cm的进行再利用
节能与能源利用	脚手架随用随运，运输设备利用效率低	分批集中进行脚手架运输，提高塔吊的利用率
节地与施工用地保护	（1）脚手架次运至施工现场，占用场地多； （2）脚手架堆放无序，场地利用率低； （3）堆放场地闲置，未进行利用	（1）结合施工组织计划脚手架分批进场，提高场地利用率； （2）脚手架堆放有序，提高场地的利用效率； （3）做好场地周转利用规划，如脚手架施工结束后可用于装饰工程材料堆场或则基础工程材料堆场

建筑装饰装修工程施工过程环境影响因素识别、措施表　　　　表11

绿色施工类别	非绿色因素分析	绿色施工技术和管理措施
环境保护	（1）装饰材料放射性、甲醛含量指标，达不到环保要求； （2）淋灰作业、砂浆制备、水磨石面层、水刷石面层施工造成污染； （3）自行熬制底板蜡时由于加热造成空气污染； （4）幕墙等饰面材料大量采用现场加工； （5）剔凿、打磨、射钉时产生噪声及扬尘污染； （6）饰面工程在墙面干燥后进行斩毛、拉毛等作业； （7）由于化学材料泄露及火灾造成污染	（1）装饰用材料进场检查其合格证、放射性指标、甲醛含量等，确保其满足环保要求； （2）淋灰作业、砂浆制备、水磨石面层、水刷石面层施工，注意污水的处理，避免污染。 （3）煤油、底板蜡等均为易燃品，应做好防火、防污染措施。优先采用内燃式加热炉施工设备，避免采用敞开式加热炉； （4）幕墙等饰面材料采用工厂加工、现场拼装施工方式，现场只做深加工和修整工作； （5）优先选择低噪声、高能效的施工机械，确保施工机械状态良好。打磨地面面层可关闭门窗施工； （6）斩假石、拉毛等饰面工程，应在面层尚湿润情况下施工，避免发生扬尘； （7）做好化学材料污染事故的应急预防预案，配备防火器材，具有通风措施，防止煤气中毒
节水与水资源利用	（1）现场淋灰作业，存在输水管线渗漏； （2）淋灰、水磨石、水刷石等施工未采用再生水源； （3）面层养护采用直接浇水方式； （4）其余同混凝土工程施工及砌筑工程砂浆施工部分	（1）淋灰作业用输水管线应严格定期检查、定期维护； （2）淋灰、水磨石、水刷石等施工优先采用现场再生水、雨水、河水等非市政水源； （3）面层养护采用草栅覆盖洒水养护，避免直接浇水养护； （4）其余同混凝土工程施工及砌筑工程砂浆施工
节材与材料资源利用	（1）装饰材料由于保管不当造成损耗； （2）抹灰过程因质量问题导致返工； （3）砂浆、腻子膏等制备过多，未在初凝前使用完毕； （4）饰面抹灰中的分隔条未进行回收和再利用； （5）抹灰时未对落地灰采取收集和再利用措施； （6）刮腻子时厚薄不均，打磨量大，造成扬尘； （7）裱糊工程施工时，下料尺寸不准确造成搭接困难、材料浪费	（1）装饰材料采取覆盖、室内保存等措施，防止材料损耗； （2）施工前进行试抹灰，防止由于砂浆粘结性不满足要求造成砂浆撒落； （3）砂浆、腻子膏等材料做好使用规划，避免制备过多，在初凝前不能使用完，造成浪费； （4）饰面抹灰分隔条优先采用塑料材质，避免使用木质材料。分隔条使用完毕后及时清理、收集，以备利用； （5）收集到的洒落砂浆在初凝之前，达到使用要求的情况下再次搅拌利用； （6）刮腻子时优先采用胶皮刮板，做到薄厚均匀，以减少打磨量； （7）裱糊工程施工确保下料尺寸准确。按基层实际尺寸计算，每边增加2～3cm作为裁纸量，避免造成浪费材料

续表

绿色施工类别	非绿色因素分析	绿色施工技术和管理措施
节能与能源利用	（1）机械作业内容与其适用范围不符； （2）施工机械的经济功率与现场工况、作业强度不符，设备利用率低； （3）人、机、料搭配不合理，施工不流畅，造成施工机械空载	（1）切割机、喷涂机合理选用，确保各种机械均在其适用范围内； （2）在机械经济负荷范围内机械功率满足施工要求； （3）施工计划合理，人、机、料搭配合理，配合流畅，避免造成机械空载
节地与施工用地保护	（1）饰面材料一次进场，场地不能周转利用； （2）材料及机具堆放无序，场地利用率低； （3）材料堆放点与加工机械点衔接不紧密，运输道路占用场地多	（1）材料分批进场，堆场周转利用，减少一次占地量； （2）现场材料及相应机具堆放有序，提高场地利用率； （3）堆放点与加工机械点衔接紧密，减少运输占地量

机电安装工程施工过程环境影响因素识别、措施表　　　　表12

绿色施工类别	非绿色因素分析	绿色施工技术和管理措施
环境保护	（1）管道、连接件、固定架构件现场加工作业多； （2）设备安装设备技术落后，噪声大，能耗高； （3）材料切割作业产生噪声污染； （4）焊接及夜间施工造成光污染； （5）剔凿、钻孔、清孔作业造成粉尘、噪声污染； （6）管道的下料、焊前预热、焊接、铅熔化、防腐、保温、浇灌施工时造成人员伤害； （7）用石棉水泥随地搅拌固定管道连接口，造成污染； （8）管道回填后试水试验，因不合格造成现场重新挖掘； （9）风机、水泵设备未安装减震设施造成噪声及振动； （10）电气设备注油时由于管道密封性不好造成渗油、漏油污染； （11）电梯导轨擦洗、涂油时造成油污染	（1）管道、连接件、固定架构件在工厂进行下料、套丝，运至施工现场进行拼装，避免在现场大规模加工作业； （2）选择噪声低、高能效的吊车、卷扬机、链式起重机、磨光机、滑车以及钻孔等设备，定期保养，施工机械工作状态良好； （3）现场下料切割采用砂轮锯等大噪声设备宜采取降噪措施，如设置隔音棚，对作业区围挡； （4）焊接及夜间照明施工，采用定向照明灯具，并采取遮光措施，以避免光污染； （5）剔凿、钻孔、清孔作业时采取遮挡、洒水湿润等措施减少粉尘、噪声污染； （6）管道的下料、焊前预热、焊接、铅熔化、防腐、保温、浇灌施工时，施工人员戴防护工具防止伤害事故发生； （7）管道连接口用石棉水泥等在铁槽内拌和，防止污染； （8）管道在隐蔽前进行试水试验，防止导致重新挖掘； （9）安装风机及水泵采用橡胶或其他减震器，减弱运转时的噪声及振动； （10）需注油设备在注油前进行密封性试验，密封性良好后方可注油； （11）擦洗、涂油时，勤蘸少蘸，在下方设接油盘，避免洒漏造成油污染
节水与水资源利用	（1）施工现场未采用再生水源； （2）试压、冲洗管道、调试用水使用后直接排放； （3）管道消毒水直接排入天然水源，造成污染	（1）试水试压用水优先采用经处理符合使用要求的再生水源； （2）试压、冲洗管道、调试用水使用后进行回收，作为冲洗、绿化用水； （3）消毒水宜处理后排放，或排入污水管道中，避免直接排出造成污染
节材与材料资源利用	（1）管道和构件进行大规模的现场加工作业； （2）起吊、运输、铺设有外防腐层的管道时，施工不当造成保护层损坏； （3）预留孔洞、预埋件位置和尺寸不准确导致返工； （4）返工时拆下的预埋件及其他构件未进行再利用； （5）系统调试、试运行因单个构件问题造成其他部分的破坏	（1）管道合构件优先采用工厂化预制加工，现场只做简单深加工，避免大规模现场加工作业； （2）避免起吊、运输、铺设涂有保护层的管道，施工时必须采取对管道的包裹防护措施； （3）预留孔洞、预埋件设置进行仔细校核，及时修正，避免返工； （4）对于矫正或返工时拆下的预埋件及其他构件，尽量进行再利用； （5）系统安装完毕，先分子系统进行调试，而后进行体系的联动调试

续表

绿色施工类别	非绿色因素分析	绿色施工技术和管理措施
节能与能源利用	（1）人、机、料搭配不合理，配合不默契，造成设备利用效率低、施工机械长时间空载； （2）熬制的熔化铅在凝固前未使用完毕； （3）系统测试后未及时关闭，造成能源浪费； （4）系统调试规划不准确，导致调试时间长，能源消耗大	（1）做好施工组织计划，充分考虑人、机、料的合理比例，提高机械利用率，避免机械设备长时间空载； （2）施工前做好封口用铅使用量和使用时间计划，避免在凝固前使用完毕； （3）系统调试完毕后应及时关闭，避免浪费； （4）合理规划调试过程，短时间高效率完成调试
节地与施工用地保护	（1）管道分散堆放，占用场地多； （2）管道单层放置，材料和机具堆放无序，场地利用效率低； （3）原材料进场缺乏规划，一次进场，场地不能周转使用； （4）施工现场未及时清理，建筑废弃物占用场地	（1）在可用场地内管道优先采用集中堆放方式； （2）管道宜多层堆放，材料和机具堆放整齐，提高场地利用效率； （3）原材料依据施工组织设计分批进场，提高场地周转使用率； （4）及时清理施工现场，避免废弃物占用场地

3. 现场绿色施工"四节一环保"标准化措施

（1）环境保护绿色施工中环境保护包括现场的噪声控制、光污染控制、水污染控制、扬尘控制、土壤保护、建筑垃圾控制等内容。

1）扬尘控制

① 现场形成环形道路，面路宽≥4m；

② 场区车辆限速25km/h；

③ 安排专人负责现场临时道路的清扫和维护，自制洒水车降尘或喷淋降尘，如图3、图4所示；

图3 自制洒水车降尘

图4 自制喷淋降尘

④ 场区大门处设置洗车台，如图5所示；

⑤ 每周对场区大气总悬浮颗粒物浓度进行测量（图6）；

⑥ 土石方运输车辆采用带液压升降板可自行封闭的重型卡车，配备帆布作为车厢体的第二道封闭措施；现场木工房、搅拌房采取密封措施，如图7所示；

⑦ 随主体结构施工进度，在建筑物四周采用密目安全网全封闭；

图 5　车辆冲洗槽

图 6　噪声测试点

图 7　木工房、搅拌房等密封措施

⑧ 建筑垃圾采用袋装密封，防止运输过程中扬尘。模板等清理时采用吸尘器等抑尘措施，如图 8 所示；

⑨ 袋装水泥、腻子粉、石膏粉等袋装粉质原材料，设密闭库房，下车、入库时轻拿轻放，避免扬尘。现场尽量采用罐装如图 9 所示。

图 8　吸尘器清理模板

图 9　采用罐装松散材料

2）噪声控制

① 合理选用推土机、挖土机、自卸汽车等内燃机机械，保证机械既不超负荷运转又不空转加油，平稳高效运行。采用低噪声设备；

② 场区禁止车辆鸣笛；

③ 每天三个时间点对场区噪声量进行测量；

④ 现场木工房采用双层木板封闭，砂浆搅拌棚设置隔音板；

⑤ 混凝土浇筑时，禁止震动棒空振、卡钢筋振动或贴模板外侧振动；

⑥ 混凝土后浇带、施工缝、结构胀模等剔凿尽量使用人工，减少风镐的使用。

3）光污染控制

① 夜间照明灯具设置遮光罩，如图10所示；

② 现场焊接施工四周设置专用遮光布，下部设置接火斗；

③ 办公区、生活区夜间室外照明全部采用节能灯具；

④ 现场闪光对焊机除人工操作一侧外，其余四个侧面采用废旧模板封闭，如图11所示。

图10 夜间遮光灯罩

图11 焊接遮光设施

4）水污染控制

① 场区设置化粪池、隔油池，化粪池每月由区环保部门清掏一次，隔油池每半月由区环保部门清掏一次；

② 每月请区环保部门对现场排放水水质一次检测；

③ 现场亚硝酸盐防冻剂、设备润滑油均放置在库房专用货架上，避免撒漏污染；

④ 基坑采用粉喷桩和挂网混凝土浆隔水性能好的方式进行边坡支护。

5）土壤保护

Ⅰ类民用建筑工程地点土壤中的氡浓度高于周围非地质构造断裂区域5倍及以上时，应对工程地点土壤中的镭—226、钍—232、钾—40的比活度测定。内照射指数（IRa）大于1.0或外照射指数（Iγ）大于1.3时，所在工程地点的土壤不得作为工程回填土使用。

6）建筑垃圾控制

① 现场设置建筑垃圾分类处理场，除将有毒有害的垃圾密闭存放外，还将对混凝土碎渣、砌块边角料等固体垃圾回收分类处理后再次利用，垃圾分类处理场如图12所示。

② 加强模板工程的质量控制，避免拼缝过大漏浆、加固不牢胀模产生混凝土固体建筑垃圾。

③ 提前做好精装修深化设计工作，避免墙体偏位拆除，尽量减少墙、地砖以及吊顶板材非整块的使用。

④ 在现场建筑垃圾回收站旁，建简易的固体垃圾加工处理车间，对固体垃圾进行除有机质、破碎处理，然后归堆放置，以备使用，如图12所示。

图12 现场建筑垃圾粉碎机及粉碎后材料堆积池

（2）节材与材料资源利用措施

1）结构材料：优化钢筋配料方案，采用闪光对焊、直螺纹连接形式，利用钢筋尾料制作马凳、土支撑、篦子等，如图13所示；密肋梁箍筋在场外由专业厂商统一加工配送；加强模板工程的质量控制，避免拼缝过大产生漏浆、加固不牢产生胀模，浪费混凝土，加强废旧模板再利用；加强混凝土供应计划和过程动态控制，余料制作成垫块和过梁，如图14所示。

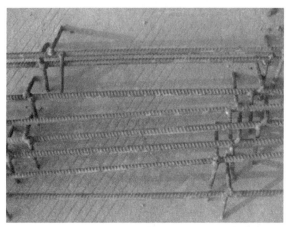
利用废钢筋制作马镫

利用废钢筋制作水篦子

图13 钢筋尾料回收利用

混凝土余料制作过梁

预制砂浆余料制作垫块

图14 混凝土余料再利用

2）围护材料：加强砌块的运输、转运管理，轻拿轻放，减少损坏；墙体砌筑前，先摆干砖确定砌块的排版和砖缝，避免出现小于 1/3 整砖和在砌筑过程中随意裁砖，产生浪费；加气混凝土砌块必须采用手锯开砖，减少剩余部分砖的破坏。

3）装饰材料：施工前应做好总体策划工作，通过排版来尽可能减少非整块材的数量；严格按照先天面、再墙面、最后地面的施工顺序组织施工，避免由于工序颠倒造成的饰面污染或破坏；根据每班施工用量和施工面实际用量，采用分装桶取用油漆、乳胶漆等液态装饰材料，避免开盖后变质或交叉污染；工程使用的石材、玻璃以及木装饰用料，项目提供具体尺寸，由供货厂家加工供货。

4）周转材料：充分利用现场废旧模板、木枋，用于楼层洞口硬质封闭、钢管爬梯踏步铺设，多余废料由专业回收单位回收，如图 15 所示；结构满堂架支撑体系采用管件合一的碗扣式脚手架；对于密肋梁板结构体系，采用不可拆除的一次性 GRC 模壳代替木模板进行施工，减少施工中对木材的使用；地下室外剪力墙施工中，采用可拆卸的三节式止水螺杆代替普通的对拉止水螺杆；室外电梯门及临时性挡板等设施实现工具化标准化，以便周转使用，如图 16 所示。

5）项目部采用可移动式样板区、安全体验区，便于周转，如图 17 和图 18 所示。

图 15　废旧模板再利用为楼梯踏板

图 16　工具化标准室外电梯门

图 17　移动式样板展示区

图 18　移动式安全体验区

（3）节水与水资源利用措施

1）用水管理：现场按生活区、生产区分别布置给水系统，生活区用水管网为 PPR 管热熔连接，主管直径 50mm、支管直径 25mm，各支管末端设置半球阀龙头；生产用水管网为无缝钢管焊接连接，主管直径 50mm、支管直径 25mm，各支管末端设置旋转球阀；

2）循环用水：利用消防水池或沉淀池，收集雨水及地表水，用于施工生产用水，图19为回收雨水和地下降水的设施，回收水可用于混凝土养护、洒水降尘等；

3）节水系统与节水器具：采用节水器具，进行节水宣传，如图20所示；现场按照"分区计量、分类汇总"的原则布置水表；现场水平结构混凝土采取覆盖薄膜的养护措施，竖向结构采取刷养护液养护，杜绝了无措施浇水养护；对已安装完毕的管道进行打压调试，采取从高到低、分段打压，利用管道内已有水循环调试。

图19 雨水及地下降水回收再利用设施

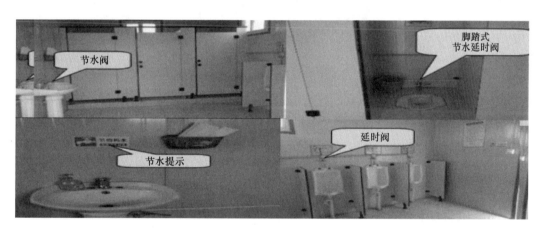

图20 节水器具使用

（4）节能与能源利用措施

1）机械设备与机具：应及时做好施工机械设备维修保养工作，使机械设备保持低耗高效的状态；选择功率与负载相匹配施工机械设备；机电安装采用逆变式电焊机和低能耗高效率的手持电动工具等节电型机械设备；现场对已有塔吊、施工电梯、物料提升机、探照灯及零星作业电焊机的用电计量分别挂表计量用电量，进行统计、分析。

2）生产、生活及办公临时设施：现场生活及办公临时设施布置以为南北朝向为主，一字形体形，以获得良好的日照、采光和通风；临时设施应采用节能材料，墙体和屋面使用隔热性能好的材料，对办公室进行合理化布置，两间办公室设成通间，减少夏天空调、冬天取暖设备的使用数量、时间及能量消耗；在现场办公区、生活区开展广泛的节电评比，强化职工节约用电意识；在民工生活区进行每栋楼单独挂表计量，以分别进行单位时间内的用电统计，并对比分析。对大食堂和两个小食堂分别挂表计量，对食堂用电量专项统计。

3）施工用电及照明：办公区、生活区临建照明采用日光灯节，室内醒目位置设置"节约用电"提示牌；室内灯具按每个开关控制不超过2盏灯设置；合理安排施工流程，避免大功率用电设备同时使用,降低用电负荷峰值。

(5) 节地与土地资源利用

1) 根据工程特点和现场场地条件等因素合理布置临建,各类临建的占地面积应按用地指标所需的最低面积设计;

2) 对深基坑施工方案进行优化,减少土方开挖和回填量,保护周边自然生态环境;

3) 施工现场材料仓库、材料堆场、钢筋加工厂和作业棚等布置应靠近现场临时交通线路,缩短运输距离;

4) 临时办公和生活用房采用双层轻钢活动板房标准化装配式结构,如图21所示,并采用移动式花围,如图22所示;

5) 项目部用绿化代替场地硬化,减少场地硬化面积。

图21 施工现场办公区

图22 移动式花围

绿色施工组织与管理标准化方法是推进绿色施工的重要举措,标准化绿色施工管理体系和相应绿色施工管理措施的形成,能够为不同工程项目、不同施工企业、不同地区施工项目提供绿色施工组织与管理的参考,能够形成企业的标准化管理模式,从而在实现"四节一环保"的同时,最大限度地减小企业或项目管理负担、控制管理成本、实现多种材料或物资重复循环使用的局面,真正实现绿色施工。

四、管理效果及评价

1. 目标完成情况

(1) 质量目标

通过各个环节的质量控制,本工程质量自始至终处于受控状态,未发生一起质量事故,施工质量得到业主、监理、质监部门的一致认可,所有施工内容全部一次验收合格通过,并获得"山东省泰山杯"。

(2) 安全目标

未曾发生伤亡事故,获得"东营市安全文明工地"。

(3) 工期目标

项目工程进度始终处于受控状态,经过合理的赶工,各节点工期目标按时实现,并顺利通过了各方验收,达到了合同工期的要求,实现了工期目标。

2. 成果效应

(1) 绿色施工方面

本工程通过实施绿色施工,坚持可持续发展的理念,在施工过程中紧紧围绕"四节一环保"的基本原则来开展各项工作,项目部利用科学管理手段从整体部署,针对关键环节、关键工艺、关键管理制度进行科学优化与创新,采取各项措施,大幅节约了资源及人工、减少了拆改量、节约材料,实现了真正意义上的节能创效、绿色施工。而且，通过本项目对绿色施工的推行与实施，提高了管理部对绿色施工的认识，培养了一批懂得绿色施工、实施绿色施工的精英团队，在今后的工程中具有良好的借鉴意义。

（2）顾客满意度方面

本工程质量、安全、工期、绿色施工等均达到了业主的要求，建设、设计、监理单位及政府相关职能部门等均给予了高度评价，同时自业主收房至今，小区已经全部完成收房，且入住率已经达到95%以上，项目部积极配合进行维保工作，顾客满意度达到100%，且工程质量得到业主的一致好评，至今未发生任何投诉。

3. 获奖情况

本工程5号楼获得2017年度"山东省建筑质量泰山杯"，东营市安全文明工地。

本工程QC成果《圆弧线条模板混凝土外观质量控制》被评为2016年上海市工程建设优秀QC小组活动成果一等奖和全国优秀交流成果；《现浇混凝土楼面裂缝控制与预防》被评为2016年上海市工程建设优秀QC小组活动成果三等奖。

五、结束语

通过本次项目管理活动的实施，全面提高了企业的工程管理水平，为企业培养了一批人才，锻炼了施工队伍，创造良好的企业形象及信誉，使企业在经济、社会、环境及管理等方面获得综合效率。在以后工程施工中，我们将借鉴本工程积累的施工经验和管理方法，积极响应国家有关绿色施工的号召，再接再厉完善项目管理方法，为社会再铸精品工程。

突破传统管理模式　锁定成本盈利目标
——中建一局集团第三建筑有限公司大连春柳公园工程项目

石　峰　刘凤宝　李　刚　沈世文　王佳瑞

【摘　要】 大连春柳公园工程位于大连市沙河口区，是一所高档住宅工程。大连润德良城房地产开发有限公司为在东北建筑市场占有稳固的根基，自然对本工程十分重视，各项标准及质量要求非常高，施工过程控制十分严格。项目部为确保施工质量，按期完成施工进度，在以成本为中心，质量创优的同时，成立了10个项目管理小组，制定出各小组工作内容，各项内容及职责落实到人，制定"签证奖励""劳务奖罚"等制度，在保证了"成本控制、技术质量、进度管理、劳务管理、安全保卫、协同服务、环境保护"相互协作的前提下，管理水平得到了大幅度的提高，优质高效地实现了项目完美履约。

【关键词】 项目策划；管理小组；签证奖励制度；劳务评比及奖罚制度

一、项目成果背景

1. 工程简介

大连春柳公园工程位于大连市沙河口区，华北路东侧，西南路北侧，本工程由大连润德良城房地产开发有限公司承建，中国建筑东北设计研究院有限公司设计，大连市昕晔建设工程监理有限公司监理，中国建筑一局（集团）有限公司总承包施工。

本工程建筑功能包括民用住宅、公建、地下车库等，总建筑面积为215397m^2，地上建筑面积为161000m^2，地下建筑面积为54397m^2。分为地下车库一层，主体结构地下一层，地上2~18层。结构类型为框架，框架-剪力墙，剪力墙结构。

2. 行业背景

随着建筑行业的日益繁荣，大型国有企业的经营任务快速增长，建筑市场带来的空前压力和资源紧缺的矛盾越发明显。在配合开发商进驻东北市场站稳根基的同时，打造精品工程，创造品牌效应，也为企业在今后的建筑市场领域占有重要位置奠定基础。至此项目部以发展的眼光看问题，以过程精品和优质服务树品牌，以创新求生存，以优秀的管理模式促发展。通过全面落实项目管理责任制，以施工过程为主导，强化管理手段为根本，充分地体现出具有项目特色的创新管理方法。

3. 选题理由

在建筑行业竞争激烈的今天，优质的工程质量是赢得客户信任的根源，良好的效益是企业生存的根本。如何在打造精品工程的同时又能为企业创造良好的经济效益，就要通过先进的管理方法，倡导工程新技术、新方法的推广应用，来管控项目的成本和质量，从而获得良好的经济效益与社会效益。

众所周知，建筑行业近十几年的快速发展中，工程总造价也趋于透明化，更多的企业为了生存，不惜将总造价一降再降，最终低于成本价中标，但企业需要发展，人才需要引进，项目就必须要盈利，这就需要突破传统打法，找到一条可行道路，将低成本变为高收益。本工程进场亏损额达7%，基于上述理由，且在保证安全、质量、工期的同时，确定项目目标收益不得低于8%。

4. 实施时间

按照业主要求，项目部编制管理小组实施计划，制定《实施计划表》（表1）。

《实施计划表》	表 1
实施时间	2015 年 4 月～2016 年 8 月
分阶段实施时间表	
设计组织	2015 年 4 月～2015 年 6 月
管理实践	2015 年 6 月～2016 年 6 月
反馈检查	2015 年 9 月～2016 年 8 月
取得成效	2016 年 5 月～2017 年 8 月

二、项目管理及创新特点

1. 管理重点

项目始终遵循以成本控制为中心，依托专业技术支持，进行严格的质量控制，按照计划工期保证施工进度，做好现场安全环保施工的实施与处理，通过综合协调管理保障生产工作顺利进行。

2. 施工管理特点与难点

为打造出优质的工程质量，培养出优秀的管理团队，项目部对本工程各项因素进行了全面、细致的研究，主要施工特点、难点如下：

（1）本工程占地面积广，但施工空间较为狭小，加工区及办公区域布置困难，施工过程中需进行二次倒运。

（2）本工程分包单位多，多家队伍同时进场，各专业参建单位交叉作业面多，综合管理协调难度大。

（3）由于图纸设计现场需布置十余台塔式起重机，又因场地限制，各塔吊之间需相互交叉，可进行材料倒运，塔吊运行及顶升施工难度较大。

（4）随着工程施工，接收到设计变更数量繁多，办理签证工作烦琐，成本控制难度大。

（5）由于地方法规要求，环境保护工作较为严谨，现场环境要求较高。

（6）因工程工期紧，同时施工楼号多，各楼号层数多，面积大，所需非实体周转材料模板、木方、钢管、扣件、密目网等材料及机具、机械设备及劳务用工投入大。另外车库顶板防水需在二次结构施工前进行施工，二次结构施工场地布置等投入增加。

（7）主体结构、二次结构、装饰装修等分部工程施工阶段，各工序之间交叉作业多，成品保护难度大。

（8）主体结构、二次结构、装饰装修等分部工程施工阶段，各工序之间交叉作业多，成品保护难度大。

（9）本工程投标亏损进场，如何通过过程管理及控制，使工程扭亏为盈亦为重中之重。

3. 管理优势及亮点

（1）组建优良的管理模式

依托大品牌建设的管理模式，在完善项目管理体制的前提下，重新组建优良的管理团队，将传统的管理模式进行优化，打破企业的传统束缚，建立一支符合当前社会、当地形势的年轻型管理团队，前期全面策划、过程严格实施、成绩认真总结、效益确保最佳，这样方可符合优秀项目管理的标准。

（2）确立工程目标

为能优质高效的实现项目完美履约，在建筑领域内占据重要地位，打造精品工程，创出品牌效应，项目在期初就确定了工程各项目标，以实现各项目标值为项目生产的基本要求。

1）工程质量目标：辽宁省优质结构工程、辽宁省优质工程，大连市"星海杯"。

2）工程进度目标：确保合同工期顺利完成。

3）安全环保目标：无重大安全环保事故，零死亡率。

（3）创新特点

围绕项目成本控制，结合自身管理模式与特点，成立了 10 个具有项目特色的管理小组，并针对签证管理小组制定《签证奖励制度》，以此激励项目员工对签证办理的积极主动性，制定《劳务评比及奖罚制度》另一方面通过不断加强技术创新和新工艺、新技术的应用，严把质量关，合理安排施工进度，同时为业主单位降本增效，为实现项目完美履约而不断地进行探索与革新。

三、管理措施及过程检查监督

1. 项目管理措施

在大连春柳公园工程中，在保证工程质量创优的前提下，实施精细策划及管理，组建项目管理小组，通过组建的各管理小组在项目生产过程中发挥了显著的作用。对所取得的各项成效，我项目部主要采取了如下管理措施：

（1）前期策划、确定管理重点及管理方向

由于本工程建筑规模大，工期紧，且进场亏损较大等诸多因素，项目在开工前期针对项目重点、难点进行详细策划，确定管理重点及管理方向。项目部组织全体人员进行分组责任安排，共成立了 10 个项目管理小组，同时设立了组长与组员，建立起岗位责任制度，让员工各尽其责，全面高效地做好项目管理工作，按时有效地完成各项工作任务，针对签证小组制定《签证奖励制度》，以激励小组成员积极有效的进行签证办理工作，达到项目完美履约以及扭亏为盈的目的。

根据制定的各项工程目标及确定的管理重点，结合自身团队的特点及优势，形成了既有实战意义又能突显项目特色的管理方法，管理小组涵盖了"成本控制，技术质量，现场管理，安全保卫，协同服务"五大方面，通过成立的 10 个项目管理小组中，使得项目全体员工在执行各项生产管理工作中，不单单是去执行，更需要小组成员一起进行阶段性总结，商讨对所遇到问题的解决办法和对下一阶段工作部署的建议等，充分地体现出各小组对本职责内工作的态度与热情，让具有该项目特色的管理方法全面、高效地开展下去。

（2）成本控制

本工程在投标期亏损点较多，为能更好的进行二次经营及成本控制，本工程在施工前期针对亏损项进行策划及研究，通过施工做法优化、施工材料的变换、施工工艺的完善、扩大承包范围等技术创效及商务创效的方式降低亏损以及达到盈利的目的。本工程在以上方面进行优化及完善约 11 项，共创造利润五百余万元。

在工程施工期间因接收到的设计变更数量繁多，为能更好地进行成本控制，成立了变更签证小组，同时制定《签证奖励制度》，小组成员涵盖了工程、技术、经营、物资等部门管理人员，签证办理成功后，对小组成员视签证额度进行奖励，促使小组成员办理签证效率大大提升，为项目创造出更多的经济效益。

截至我项目自施范围内工程完成时，共接收到的设计变更 155 份，办理工程洽商 5 份，办理现场签证 95 份。面对众多的变更及签证资料，签证小组认真审核其工程内容，每项签证工作核定完毕后及时上报甲方，保证签证工作无拖延，通过对签证工作流程的严格执行，项目的成本控制和二次经营获得了很好的收效。

因本工程工期紧、施工面积大等因素，导致所需非实体周转材料模板、木方、钢管、扣件、密目网等材料及机具、机械设备投入大。

为解决大批非实体周转材料同时进场而导致难以管理的问题，成立了材料管理小组，该小组负责保证材料进场时数量与型号的正确性及对材料的盘点、整理、复试和材料的使用与废弃的明确记录。保证进场入库的材料数量准确，质量合格，出厂证件齐全；投入生产使用后的剩余废料进行统一回收处理，减少了废料丢失、自行处理的情况发生，有效地控制了材料损耗率，进一步地解决了项目成本投入大、利润低的难题。

（3）技术质量

"技术先行，样板引路"始终是我项目指导生产工作的先决要素，优秀的技术方案指引，才能使生产工作得以顺利开展。

本工程车库顶板防水原设计为3＋3SBS卷材防水，通过技术策划，采用热融非固化沥青＋耐根刺聚乙烯丙纶的施工工艺代替原设计做法，采用此新工艺及新材料大大提高了防水效果，降低了渗透率，且降低了甲方的施工成本，得到了业主单位的高度好评，与此同时亦提高了我方的收益。

因本工程甲方单位对工程质量要求十分严格，为保证工程顺利交接，在工程施工前成立质量检查小组，施工前期做好样板引路，制定高标准的主体结构、砌筑、抹灰施工要求，同时建立健全的质量管理制度，在施工过程中进行严格的质量控制与验收。通过各阶段的质量控制，顺利完成与精装修单位的交接工作，交接一次通过率达95％，对于本小组在施工过程中所取得的成效，得到了甲方及监理单位的一致好评，也如期地完成了甲方的施工进度要求。

（4）进度管理

对于项目的生产工作而言，现场管理尤为重要，怎么样能按期完成施工进度，又能处理好各劳务队伍人员的管理与协调工作，就需要成立一支具有综合管理能力的小组。

计划管理小组编制总、年、月、周、日进度计划，以总、年进度计划为总控制、以月进度计划为中心，以周进度计划为指导，以日进度计划为实施，将计划落实于实践中，对施工过程密切的关注，发现与计划不协调部分应及时采取有效措施进行调整，均衡、连续地开展好项目生产工作，为项目实现工期的完美履约起到了至关重要的作用。

（5）劳务及分包管理

为促进各劳务分包之间的竞争力，提高积极性，本工程制定劳务评比及奖罚制度，对各劳务之间，在施工进度、施工质量、安全文明施工等方面进行评比打分，综合排名进行奖罚，亦大幅度的提高工程施工进度、改善工程施工质量。

因参见单位多，劳务人员投入大，高峰期可达到1300人左右，为了能够妥善、安全、明晰地管理好现场劳务人员，劳务管理小组建立劳务队人员花名册存档，收集证件资料签订用工合同，做好入场前培训工作，通过培训后的工人能以正确的方式、方法来进行操作施工，保证工期正常、顺利地进行。

（6）安全保卫

安全文明施工小组对现场的安全文明施工进行严格管理，编制好有针对性、可行性的安全施工方案，做好安全技术交底。对现场安全检查工作要做到查细节、排遗漏，定期组织全体劳务人员及项目管理人员开展安全教育培训活动，始终牢记"安全第一"的安全生产管理理念。

安全保卫管理小组对现场消防器材及其配套设备实行标准化管理，按照使用周期对各项消防器材及设备做好安全性检查，杜绝"废、残、损、污"等不合格消防器材出现在施工现场及工人生活区。在夜间对劳务人员宿舍进行不定期、不定时的检查，保证劳务人员按时归寝、就寝，无酗酒、挑衅事件发生，为第二天的生产工作打下良好基础。

（7）协同服务

项目生产工作能够顺利进行同样离不开后勤服务小组，有他们做好后勤保障工作，项目员工才能以更充沛的精力投入到工作中来为项目创造更多的效益。

在各级相关领导莅临指导前，迎检小组做好资料的准备以及相关备品的采集工作，同时迎检小组也担当起项目CI策划和管理工作，把企业宗旨，品牌形象很好地展现出来。将项目独有特色向外界宣传出去，通过项目的自身特点来了解企业的文化底蕴和丰富内涵。

后勤小组与迎检小组因工作内容和岗位职责的特殊性，使其充分地发挥了项目团队的后备军力量。

（8）环境保护

随着国家相关环境保护方面的法律法规的日益完善，工程环境保护工作亦需着重安排，本工程在施工前期成立安全文明施工小组，在工程施工过程中严格控制施工现场环境，施工过程中采用封闭式垃圾站，垃圾集中处理、裸露土壤硬化及覆盖、废水集中处理等措施避免出现扬尘、污水等环境污染。通过安全文明施工小组的严格把控，多次获得当地环保机构的好评，且通过国家环保巡查组的明察暗访。

2. 过程检查和监督

（1）管理过程检查控制流程

设计组织（管理组织）──→管理实践（过程检查和监督）──→反馈检查（阶段性总结、措施调控）──→取得成效（实现管理目标值）。

在项目管理上采用了"PDCA 质量管理体系"后，各管理小组对本组内的工作内容和职责都认真做好了前期策划，并在工作实施过程中进行完善和总结，能够有条不紊地按程序做好项目管理工作，逐步地实现项目管理目标值。

（2）过程检查和监督重点

1）成本控制措施是否可行，签证工作是否到位；

2）开工前，物资、机械是否按照施工方案提前准备完毕；

3）工程技术质量控制措施是否有针对性；

4）安全保卫措施是否符合要求，责任制落实到位；

5）现场施工管理的制度化和日常化；

6）环境保护工作是否符合要求。

四、管理效果和评价

通过采用创新的项目管理模式，本工程先后荣获"中建一局集团 CI 金奖""2016 年度辽宁省建筑工程优质结构""2017 年度大连市绿色建筑行业先进企业""2015 年度安康杯优胜单位""2015 年度大连市建筑工程安全质量标准化管理示范工地"等荣誉称号。

项目在建设过程中，大连市质监站、安监站领导对施工现场的管理水平、工程质量、工程进度、绿色环保施工给予了充分的肯定和高度赞扬。项目部全体员工在学习、树立成本控制意识后都获益颇多，在实现"成本控制、技术质量、进度管理、安全保卫、协同服务、环境保护"等八项工作协同开展后，工程质量得到了好评，成本控制得到了保证，经核算大连春柳公园项目最终收益率达 13％，项目管理水平得到了大幅度的提高。

让绿色施工由内而外绽放

——中国建筑第八工程局延庆县大榆树镇 YQ10-0400-0001 等地块安置房建设项目

王 政 谭 冰 李大鹏

【摘　要】　延庆县大榆树镇 YQ10-0400-0001 等地块安置房建设项目是中建八局精心打造的保障房基地，本着在京央企和建筑铁军与生俱来的责任意识，以"打造延庆安置房和棚户区改造的标杆项目"为建设目标，立志要建设比商品房更好的安置房。项目部通过对工程重难点的分析，依据我局"建筑与绿色共生，发展和生态和谐"的环境管理方针，响应2019世园会"绿色生活美丽家园的主题"，结合《绿色施工手册》等相关文件制度，制定了详细的管理策划和绿色施工实施项目五十余项。最终项目竣工验收合格，得到当地政府和搬迁居民的一致好评，圆满完成任务，喜获北京市"结构长城杯金杯""北京市绿色安全样板工地"和北京市青年安全生产示范岗等称号，并带动本区域各行业的发展。

【关键词】　绿色；安置房；安全文明

一、项目成果背景

1. 成果背景

近几年，随着经济发展水平的提高，人们对住宅的质量品质和舒适度有了更严格的要求。本项目深化落实"人文北京，科技北京，绿色北京"的发展战略，在工期有限的情况下，通过先进的技术措施和有效的管理策划，注重在设计上的生态涵养，力求打造环境友好和谐的社区、绿色生态宜居的社区（图1）。

2. 工程概况

延庆县大榆树镇 YQ10-0400-0001 等地块安置房建设项目位于北京市延庆区大榆树镇下屯村东侧，西侧为延康路，东侧为规划居住用地，现状为林地，北侧为百泉路，北部邻近世园会南边界，南侧为京张铁路及其防护绿地。2019年世园会配套安置房工程为群体住宅建筑，共分5个地块，地上住宅楼共41栋，总建筑面积43.2万 m^2，共计2757户。地上建筑面积281084m^2，其中住宅260433m^2，配套公共服务设施约17300m^2，幼儿园3350m^2。住宅地上4~8层，檐高最高22.9m，层高2.8m；地下建筑面积150719m^2，车库地下一层、层高3.9m，住宅地下二层、层高3.4m。地下部分包含地下戊类库房70675m^2，地下车库79723m^2，合同工期442日历天。

图1　工程效果图

3. 管理目标

如表1所示。

管理目标汇总表　　　　　　　　　　　　　　　　　　　　　　　　　　　　　表1

序号	管理内容	管理目标	序号	管理内容	管理目标
1	质量	北京市"结构长城杯金杯"	4	成本	降低成本率2%以上
2	安全	无死亡及重大安全事故，无火灾，轻伤事故率1‰以内	5	文明施工	北京市绿色安全样板工地
3	进度	按期竣工	6	环境保护	四节一环保、零投诉

4. 选题理由

（1）本工程是2019年北京世界园艺博览会园配套项目，北京首个"生态"安置房项目，社会影响力大、关注度高。

（2）本工程是公司重点项目，根据公司和业主要求，争创"北京市结构长城杯"和"北京市绿色安全样板工地"。

（3）本工程体量大、工期紧、任务重、成本控制不易，需要精细化管理，充分完善各项措施，统筹安排。像绿色施工要效益。

二、项目管理及创新特点

1. 管理难点及重点

（1）社会关注度高。延庆区作为第三批国家新型城镇化综合试点地区，将要承办2019年世界园艺博览会，届时，全世界的目光都会投向这里，聚焦于此。而本工程正是2019年世园会的配套工程，其在延庆区的窗口作用与社会意义自然不言而喻。

（2）工期紧。总工期442日历天，因前期准备工作不足，真正完成土护降已经到了2016年9月份，距离2017年10月10日竣工，给我们只剩下13个月的时间。

（3）质量标准高。改善城市低收入居民的居住条件，是重要的民生问题，加快建设安置房工程，对于改善民生、促进社会和谐稳定具有重要意义。所以本工程质量目标为"结构长城杯"，对施工质量尤为重视。

（4）工程体量大点多面广。本工程由41栋单体组成的群体工程，43.2万 m^2 的总建筑面积，共计2757户。工程体量大，周转材料用量大；同时因工期紧，各单体同时施工，单体间无法形成流水，占用时间、人力、机械、材料等生产要素较多，资源配置及施工组织难度大。

2. 创新特点

（1）从设计开始，重视绿色生态，让绿色由内而外绽放。结合"绿色施工、持续发展"的发展方向，项目采取一系列有效措施，力求打造环境友好和谐的社区、绿色生态宜居的社区。其中包括采用地源热泵供暖，并根据地源热泵提供的热能情况把传统的散热器采暖变为地暖以提升住宅室内温度；外墙采用110mm厚保温，屋面采用120厚保温，更好的保留适宜人们的温度，确保节能效果；屋面统一安装太阳能热水系统，即为老百姓的生活提供方便，也达到节约能源的目的。小区大面积绿化，室外地面除必要的消防车道外，其余铺装全部采用透水砖，并设置10个雨水调蓄池，可收集雨水2100m^3，为延庆区"实施绿色建筑推进行动，打造特色魅力小镇"贡献力量，也为北京建设"海绵城市"添砖加瓦。

（2）将绿色环绕办公区、生活区，让所有项目参建者均以美好的心情进入施工现场。不仅是工程设计上，在工程建设过程中，项目也在践行着"绿色生活，美丽家园"的世园会主题。施工工地花园式办公区；工人生活区WiFi全覆盖，并设置中央空调系统，太阳能热水系统，开设校园式食堂，为工人提供舒适的生活环境，展现人文关怀；施工现场采取包括绿化、环境监测——降尘除霾联动系统、可周转钢板路面、太阳能路灯、可周转定型化防护、雨水收集再利用系统等40余项措施确保绿色、环保、文明标准化管理。优化环境的同时,也是为了让所有参建者都能以愉悦的心情迎接每一天的挑战,以达到提高施工效率及缓解工作压力的作用,并最终促进工程施工质量提高,为百姓谋福。

三、绿色施工管理的分析、策划和实施

1. 绿色施工管理的分析和策划

项目部除了按照公司要求的组织架构外,还针对绿色施工的管理和维护专门组建了环保小组,紧紧围绕"四节一环保"的绿色施工目标,制定各项管理措施。下面将其中两项进行分析:

(1) 工人生活区中央空调技术

1) 风机盘管的采购要求

① 风机盘管采购时核对好设计型号,风量要求,噪声要求。

② 核对好风机盘管安装位置,明装还是暗装。区分不同位置风盘采购型号。

③ 注意风盘末端回风箱设置尺寸及接驳方式。

④ 设备风机及盘管段必须方便拆卸。

2) 风机盘管安装工艺要求

① 风机盘管在安装前应检查每台电机壳体及表面交换器有无损伤、锈蚀等缺陷。

② 风机盘管安装前应先手动后通电试验检查,机械部分不得摩擦,电气部分不得漏电。

③ 风机盘管应逐台进行水压试验,试验强度应为工作压力的 1.5 倍,定压后观察 2~3min 不渗不漏。

④ 卧式吊装风机盘管吊架安装平整牢固,位置正确。吊杆不应自由摆动,吊杆与托盘相连应用双螺母紧固找平正。

⑤ 风管、回风箱及风口与风机盘管连接处采用镀锌钢板硬性连接,增强耐用性及防火性。

⑥ 风机盘管连接管上的送回风口暂时不开口,待吊顶图及装修图完善后,再定位开口,以免造成一些不必要的施工困难。

⑦ 冷热媒水管与风机盘管连接直采用钢管或紫铜管,接管应平直。凝结水管宜软性连接,软管长度不大于 300mm 材质宜用透明胶管,并用喉箍紧固严禁渗漏,坡度应正确、凝结水应畅通地流到指定位置,水盘应无积水现象。

⑧ 风机盘管同冷热媒管连接,应在管道系统冲洗排污后再连接,以防堵塞热交换器。

3) 空调机组的采购要求

① 设备应具有出厂检验合格证明,进场应按设计要求或国家现行有关标准进行验收,进行开箱检查。

② 减振设备应根据设备技术参数进行确定。

③ 减振设备应具有详细的技术参数及检测报告。

4) 空调机组安装技术要点

冷凝水管应设置水封,水封高度应按设备要求设置,或由计算确定,冷凝水排水距离过长时,水封段应与排水横管断开,防止水流不畅。冷凝水排水干管应设置坡度,坡向排水点,且不可直接插入地漏。

5) 经济、环境效果分析

① 经济效果分析

以 406 间宿舍的工人生活区计算:

传统的分体式空调:

采购成本:2200 元/台×406 台=89.3 万元;

安装成本:房间内电气线路投入和中央空调系统投入大致相当,不单独计算;

使用成本:考虑每年按照 4 个月制冷,3 个月制热,1 年的工期计算(两个制冷两个制热周期,按

照15小时/天考虑）。制冷：1.2度/小时·台×406台×15小时/天×1元/度×30天/月×4月/年×1年=87.7万元；制热：2.5度/小时·台×406台×15小时/天×1元/度×30天/月×3月/年×1年=137万元。使用成本合计：224.7万元；

总成本：采购成本+安装成本+使用成本=89.3+224.7=314万元。

中央空调：

采购成本：406间宿舍的风机盘管及室外机组采购成本为98.72万元；

使用成本：风机盘管运行：制冷：0.062度/小时·台×406台×15小时/天×1元/度×30天/月×4月/年×1年=45309元；制热：0.062度/小时·台×406台×15小时/天×1元/度×30天/月×3月/年×1年=33982元。室外低温风冷热泵主机运行：制冷：82.6度/小时·台×4台×15小时/天×1元/度×30天/月×4月/年×1年=594720元；制热：88.7度/小时·台×4台×15小时/天×1元/度×30天/月×3月/年×1年=478980元。使用成本合计：45309+33982+594720+478980=115.3万元。

总成本：采购成本+安装成本+使用成本=98.72+115.3=214.02万元。

采用中央空调比传统分体式空调节约成本：314万-214.02万=99.98万元。

② 环境效果分析

有效较少配电线路，减少宿舍内乱拉乱扯现象，能很好的预防火灾的发生，保证工人的生命财产安全。热泵能有效节省能源、减少大气污染和CO_2排放。对于节水、节能和环保等都具有重要的意义。

(2) 新型电梯井内筒整体模板技术

新型电梯井内筒整体模板系统由支撑平台、立柱、铝框架模板、卡具及定位小盒组成。支护平台依靠四个支撑抓借助混凝土墙壁取得支撑点，使用本技术第一次施工时需要再电梯井道内预留四个尺寸合适的预留洞，后期施工不再需要预留洞，其自身定位小盒可以代替。支撑平台可兼做电梯井道的水平防护，节省了安全的再次投入。提高了工作效率，满足了节能减排的发展需要。

第一次施工时首先进行整体拼装，待混凝土浇筑完成后，依靠四角的可快速收缩角模板，将大模板收缩至最小位置，即可完成整体脱模，使用塔吊轻轻将筒模整体吊起，将整个筒模提升至下一个施工层继续施工。

1) 经济效果分析

本系统操作简单，工效高，与传统的模板支设相比提高工效2倍以上，大大缩短了工期，从而也降低了成本。不计算电梯洞口的临边防护费用，本工程电梯共计196部，如采用传统软木模，按照每人每天施工15m²计算，每个电梯井需要用工2.86个工。如采用新型电梯井内筒整体模板技术则仅需要1个工。节约费用：（2.86-1)工日×196部×8层×300(人工费/天)=87.5万元（图2）。

图2 新型电梯井内筒整体模板技术

2）环境效果分析

本系统整体拼装、整体提升，不需要占用施工现场空间，重复周转使用次数可达 50 余次，满足了节能减排的发展需求。

2. 绿色施工管理的实施

本项目绿色施工实施项目五十余项，包括场地绿化、定型化防护设施等，其中，防尘雾炮、道路两侧及加工场地固定喷洒装置以及现场移动洒水车，共同形成了降尘除霾联动系统是本项目在绿色施工方面的创新，取得了良好的降尘除霾效果。项目为工人生活区配置中央空调系统、太阳能热水系统以及在现场布置降尘联动系统。申请了一种简易接料斗装置、一种无动力式危险品仓库等多项专利和新型电梯井内筒整体模板技术工法（图3、图4）。

图 3　现场绿色施工措施

图 4　花园式工地打造舒适的办公环境

四、项目管理成果

1. 社会效益

绿色施工贯彻施工全过程，从设计阶段到竣工交付，无时无刻不显示出绿色施工带来的无限正能量。通过施工过程的强势履约，项目部克服了各种困难，不仅在建设单位要求的工期内办理了移交手续，保质保量的完成了工程，还在绿色施工和施工质量上获得了优异的成绩，得到了总公司和建设单位的一致好评。并且在项目建设过程中，成功组织了延庆区建筑施工企业消防安全管理交流会，延庆区域施工企业现场观摩，并在区建委组织的绿色施工交流会上宣传绿色施工新工艺。

2. 获得奖项和成果

（1）顺利通过北京市绿色安全样板工地验收。
（2）顺利通过北京市结构长城杯（金杯）验收。
（3）结构实体观感质量良好，实测实量数据合格率保持在92％以上。
（4）顺利通过北京市青年安全生产示范岗现场评审工作。
（5）良好的现场形象、实体质量和安全文明、绿色施工效果获得社会各界好评。
（6）获评北京市青年安全生产示范岗。
（7）多次迎接市领导和地方领导检查，获得了社会各界的肯定（图5、图6、图7）。

图 5　北京电视台报道

图 6　建筑时报宣传报道

世园会执委会副主任在项目初期视察世园会工程进展时就提出作为最早开工的世园会配套项目，一定要为世园会建设开好头，并称赞项目体现了央企的担当。

图 7　世园会领导项目视察

做好前期预控　注重过程管理
建设好潮白河畔一站式国际生活场工程
——北京城建远东集团公司京贸金融商务中心（北区）项目

尹青青　孙大永　王晓磊　章　健　刘　鑫

【摘　要】 在京贸金融商务中心（北区）项目建设中，项目部管理团队针对项目过程中可能出现的各项难点、重点提前进行剖析，并做好前期预控，同时注重过程各环节的精细管理，圆满实现了项目"质量达标、安全放心、项目盈利"的管理目标。工程获得了"北京市结构长城杯银奖"及"河北省绿色安全文明工地"。

【关键词】 重、难点剖析；前期预控；过程管理；项目盈利

一、背景及选题

1. 工程概况

京贸金融商务中心（北区）项目是业主在 2014 年正式成立的"汇福·悦榕湾"投资项目的核心部分，位于京东燕郊潮白河畔，行宫西大街与燕顺路交汇口，与"首都副中心"隔河相望。共分为一、二、三标段，结构类型为框架结构及剪力墙结构，其中高层住宅和公寓为地下 1 层、地上 27~33 层；商业楼为地下 1 层、地上 3~5 层；地下车库为整体车库，建筑总建筑面积近 40 万 m^2；项目同步高端城市综合体的超大型建筑群，集高端住宅、公寓、商业、商务办公于一体，呈现高标准一站式国际生活场，依托一线潮白河湾区美景，致力于打造燕郊人居标杆，构建繁华的大都会湾区生活。（表 1，图 1~图 4）

主要参建单位　　　　　　　　　　　　　　　　　　　　　　　　　　表 1

建设单位	三河市汇福房地产开发有限公司
设计单位	国内贸易工程设计研究院
监理单位	三河市金城工程建设监理有限公司
施工单位	北京城建远东建设投资集团有限公司
监督单位	燕郊高新区质量监督站

2. 社会及行业背景

伴随着国家对房地产行业的经济宏观调控力度加大，国内房屋建筑市场逐步紧缩，竞争压力日益增大，作为施工企业来说，项目盈利的空间非常有限，这就要求我们在工程建设进度、施工质量、创新性施工、绿色安全文明施工、营销经营理念、模式以及对风险把控能力等多方面提出了较高的要求，创新型项目管理尤为重要，因此全面做好项目前期风险的预控，注重施工过程的精细化管理是提升项目利润率最有效的手段。

3. 选题理由

（1）本项目地处潮白河畔东侧，距离"首都副中心"不到 20 公里，隶属于"北三县"之一的三河市燕郊镇，作为承接北京外迁功能的经济发展重点的京东南，业主致力将"汇福·悦榕湾"打造成大型城市综合体项目，全面迎合国家对于"北三县"的规划，工期紧、任务重、社会影响力大。

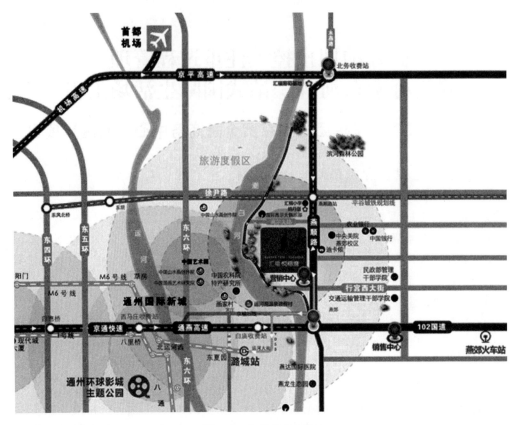

图 1　工程地理位置图

（2）本项目为业主在燕郊致力于打造"高端型公寓、住宅区"，要求将该工程建设成燕郊区域的行业标志工程，其在投资、建设、运行等方面具有典型的示范作用。

4. 项目团队介绍

2015 年 4 月组建项目部，项目管理人员共 40 人，其中 45 岁以上的占 20%，35 以下的占 80%，项目整体年龄趋于年轻化，有干劲且充满活力，在老同志的带领和指导下，年轻管理人员发挥主观能动性并充分利用自身的信息文化水平，结合现场实行标准精细化管理，对于整个项目管理团队来说既是个机会也是个挑战。

5. 实施时间

如表 2 所示。

实施时间表　表 2

实施时间	2014 年 8 月～2017 年 6 月
分段实施时间表	
管理策划	2014 年 8 月～2014 年 9 月
管理措施实施	2014 年 10 月～2017 年 5 月
过程检查	2014 年 10 月～2017 年 6 月
取得成效	2014 年 10 月～2017 年 6 月

二、项目管理及创新特点

1. 项目管理重点与难点

（1）进度管理。本工程合同工期为 2014 年 8 月～2017 年 6 月，工程体量巨大（共计近 40 万 m²，包含13栋高层、5栋多层商业楼、1个大型地下车库），期间经历两个冬季施工和两个雨季施工，其中基础及结构施工阶段经历两个冬季和一个雨季，故结构施工工期极其紧张，如何在保证施工质量及安全的基础上合理安排施工完成全部施工任务是本项目进度管理的重点及难点。

（2）技术质量管理。

1）本工程1号、2号楼单体工程地下室层高及14层以下的层高为4.5m、5.0m、5.5m、6.8m不等，且均高于14以上的标准层高3.11m，其中地下室层高达到了6.8m，且整个工程模板均采用木模板，故如何控制墙体及框架柱的平整度、垂直度、支撑体系的稳固度等是技术质量管理重点之一。

2）本工程1号、2号楼结构混凝土强度等级为C60，属于高强混凝土，如何解决高强混凝土散热大、坍落度低、养护周期长等问题，并满足各项质量目标是技术质量管理难点之一。

（3）现场管理。本工程占地面积和工程量大，地下结构阶段场地狭小，场内水平运输周转难度大，群塔作业大，现场交通紧张，且工程位于燕郊镇燕顺路主路上，周边均为居住住宅小区，位置显著，工程体量大、投入施工人员多、多工种交叉作业多、立体作业安全隐患多，工程进度与安全管理如何并重，同时实现绿色安全文明施工管理目标是项目管理的重点和难点。

（4）协调管理。专业分包多，工程接口多，施工场地小、工期紧、绿色安全文明施工、质量和文明施工要求高，综合协调和如何组织各专业交叉施工、立体作业是项目管理的重点。

2. 创新特点

（1）优化设计与方案、创新施工方法。因本工程总工期短，且结构阶段经历冬季施工和雨季施工，造成后期装饰装修阶段施工任务极度紧张，为了配合施工进度，同时满足规范及原设计要求，我项目部在集团公司技术部门的领导指导下，并经过建设单位和设计单位的认可，分别在外墙装饰、室内地面等分项的设计上优先采用市面上成熟且施工周期短的新产品，具体包含①商业楼外墙原设计"干挂石材施工"更改成"保温石材一体板施工"，在满足保温性能和装饰效果的情况下节省一道施工工序；②高层外墙原设计"GRC装饰构件"更改成"EPS模塑聚苯构件"，减少了材料自重同时加快了施工进度；③室内地面垫层原设计"细石混凝土地面垫层"更改成"发泡混凝土地面垫层"，将原来的"一天三层"加快至"一天十层"，极大的推进了工程的施工进度（图2）。

图2 发泡混凝土地面垫层施工效果

（2）落实岗位责任制，采用"树状"管理思路。根据工程特点，自项目开工初期，项目部按照"以项目经理为核心、各部门专人专责"的管理体制,采用"树状"思路,将现场楼栋划分为几大片并安排相应的"片长",同时在各片长以下分别配置相应数量的工长、安全员及技术员,在管理过程中要求逐级汇报,逐级落实,充分调动发挥项目管理人员的潜能。

三、项目管理分析、策划和实施

1. 管理问题分析

(1) 注重项目团队运转效率。因本项目大部分管理人员均由集团公司从现招学生中安排,管理团队管理人员年轻化、经验不足,所以在项目组织结构安排中,特别注意老、中、青的搭配,尤其重点关注各管理人员水平层次间的搭配及互补,同时在管理过程中通过组织项目各项集体活动以增强项目团队成员之间的磨合,增进团队成员之间的感情,增强团队凝聚力,更好地提高整个团队运转的高效性。

(2) 强抓施工劳务队的选择。施工劳务队是工程建设实体形成过程中的直接施工主体,对整个工程的实体质量、进度以及现场管理的状态都有着重要的影响,所以在施工劳务队的选择过程中注重其在技术、管理等方面综合实力的强弱,根据"优胜劣汰"的原则进行选取,从根本上打好项目管理的基础。

(3) 进度控制管理。业主为迎合房产市场的刚性需求,对项目工期要求较高,项目部根据工期要求,制定可行性的进度计划,在保证施工质量的情况下,积极组织人、机、料的供应,通过组织"冲出正负零""结构封顶""四方验收"等工期节点动员战役,极大地调动了全员的积极性和效益性。

(4) 绿色安全文明管理方面。本工程地处北京通州与三河市连接核心区,对于绿色安全文明施工的要求较高;且与周边小区距离较近,工程体量大、投入施工人员多、各专业周转材料多、交叉作业多,所以合理的安排施工物资的安全放置和确保施工物资的充足是项目管理活动能否成功的关键点之一。

(5) 技术质量管理方面。在工期相对紧张的情况下要求确保施工质量等各项技术指标的实现,对于项目管理提出了更高的要求,对此项目部必须提前制定相应的质量计划和控制措施,同时做好过程检查控制和经验总结,建立QC小组,针对质量通病进行攻关,减少各项质量毛病的出现,确保工程质量达标。

2. 管理措施策划

(1) 目标策划。根据工程总体对质量、工期、安全文明施工的要求,将工程各项目标进行分解,在质量方面,结构施工阶段要求确保北京市结构长城杯,成立QC小组,开展质量管理活动,在装修阶段,确保工程质量合格;进度方面,明确基础、结构、屋面、内外装修等节点目标实现,以确保总体工期目标实现;绿色安全文明方面,要求确保河北省绿色安全文明工地,通过安全责任制将目标分解并落实到部门和个人;在科技创新方面,不少于2~3项新型专利,明确主要完成人,确定选题、材料编制、申报及后续工作时间,确保目标顺利实现。

(2) 成本管理策划。项目部成立之初,组织全体成员学习合同和项目规章制度,明确经营管理目标,结合实际情况确定各项材料消耗指标,并以责任书形式下达。

(3) 技术质量管理策划。成立创优领导小组,建立健全的质量管理制度、建立以项目经理为组长、技术负责人和生产经理为副组长、技术质量管理人员为成员组成的"创优领导小组"。小组进行创优工作策划、宣传、组织指导施工等一系列工作,对创优工作的开展起了领导和促进作用。

(4) 安全管理策划。以项目经理为第一责任人,生产经理为副组长,全员参与形成的安全管理体系,与公司安全部行程对接,联合施工现场所有分包单位安全管理人员,对施工现场情况共同监管,同时制定合理有效的安全管理制度、安全奖罚制度,保障项目施工在安全可控的状态下进行。

(5) 进度管理策划。针对施工合同文件及建设单位要求确定节点目标工期,通过编制施工进度计划，根据工序特点合理安排施工。

3. 项目管理实施

（1）精细项目成本控制。成本管理的好坏是整个工程是否能够盈利的命脉所在，在合同签订之后，以项目经理为首的管理团队就开始对工程进行严格的成本计划，全程跟踪项目的成本发生，同时重视经营部门的合同交底工作，明确项目对业主及劳务队变更、洽商的签认和结算，以确保成本控制在合理范围，为公司争取更大的利润。

（2）精细化进度管理措施。首先根据施工合同所要求的工程节点，制定各个节点目标，分阶段编制进度计划并采取奖罚措施坚决执行；根据工程特点及结构形式，根据流水段划分组织流水施工；同时结合经营部门提前做好物资、材料、设备的采购、进场计划表；每周一、四组织进度协调会议，并邀请监理参加，做好工序验收工作和分包间问题以及各自需要调节问题协调解决的工作。

（3）精细化技术质量管理措施。

1）落实质量管理责任制。项目管理人员根据划分各自的区域，各自明确各项质量管理责任，提高主要管理人员的积极性，确保工程质量。

2）优化施工方案。根据工程特点、结构形式，在"吃透"图纸的前提下，会同施工作业队结合实际编制合适的施工方案，在质量、进度、成本均满足的情况下形成最优化方案。

3）深化图纸。由项目总工组织项目技术管理人员，熟悉图纸，针对施工过程中设计施工图的问题进行深化设计，对较复杂的节点进行详细交底，并及时与现场施工人员进行沟通，优化节点做法，保证深化设计的经济性和可操作性；针对危险性较大的分部分项工程及时组织专家论证，论证通过后方可进行现场交底（图3）。

图3 现场专家论证

4）实行挂牌样板先行制度。每道工序施工前，实行样板先行制度，样板必须经过专业工长、质检员、监理及甲方的共同验收认可方可大面积进行施工，在大面积施工前，项目部技术管理人员必须严格落实"三级"交底制度，做到交底落实到班组具体作业人员。

（4）精细安全管理措施。

1）完善安全管理体系，落实全员安全管理职责。项目成立以项目经理为组长，由项目专职安全员及项目其他成员组成的现场安全生产管理体系。落实项目经理部安全生产岗位责任制，提前明确项目部所有管理人员的安全管理职责，并将安全责任分解到每个人头上。

2）寻找危险源，明确安全防控要点。项目部根据工程特点规模及自身管理水平，在集团公司安全部的指导下，明确项目各施工阶段、部位等所可能产生的危险源并加以控制，同时实行重大危险源公示制度，将重大危险源公示在现场醒目位置，并落实好对应的隐患负责人。

3）定期举行安全演练。为了提高全体施工人员的安全意识以及应急处置能力，项目部根据重大安全隐患风险源，结合施工进度，定期组织全体人员参与、邀请各分包单位举行安全事故应急演练活动。

4）项目部严格三级教育，提高作业人员安全意识。定期组织全体员工学习安全相关规范及文件，并做好安全生产考核，严抓三级安全教育，通过办理现场黑板报宣传栏、安全教育专题会等多种形式开展安全教育。

4. 过程检查和控制

（1）每周一监理例会前，由监理组织，建设单位和施工单位共同对质量、进度、安全现场进行巡查，发现问题及时整改，并对下周计划进行安排。

（2）针对工程施工质量，每周三召开技术质量专题会议，对工程实施质量预控。分析已经出现的质量问题和可能造成的质量问题的潜在因素，制定出相应的预防措施。施工现场构件进场后进行质量检验；构件到现场后，监理组织对材料质量进行全面检查验收（图4）。

图4　综合管理信息系统

（3）项目实施过程中，项目分解成本控制，在前期策划、深化设计、方案优化、现场管理等多方面进行落实，并进行专项考核，严格控制施工成本，定期召开成本分析会。

5. 方法工具应用

（1）工程项目管理信息软件。我公司项目均采用工程综合信息管理系统进行项目管理，加强和公司机关各职能部门的沟通与配合，提高项目管理水平与效率。

（2）进度计划软件。项目进度计划编制主要采用 Project 进度计划软件进行编制施工进度计划，该软件容易理解、简单明了且能查看关键线路，也能查看各个工序之间的逻辑关系，是施工进度管理的重要工具（图5）。

（3）安全计算软件。利用安全计算软件对施工过程中的技术措施进行安全计算，保证技术措施属于安全措施，提高管理人员验算速度与准确性，本工程应用的主要有深基坑支护计算、高支模计算（图6）。

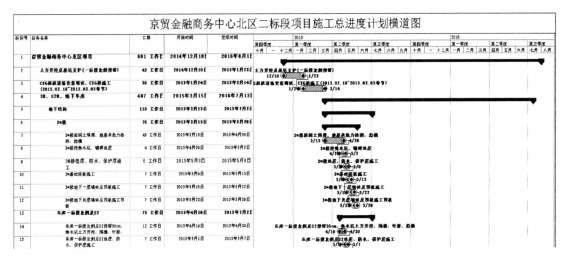

图 5　Project 进度计划编制软件

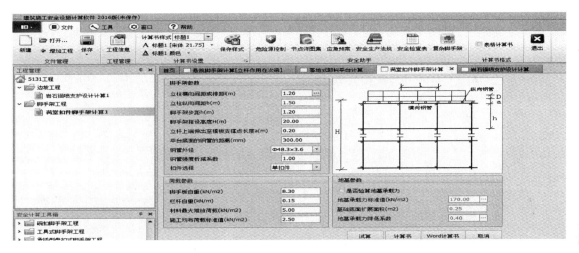

图 6　PKPM 安全计算软件

（4）微信平台。作为北京城建远东的一分子，项目部全体成员一直秉承着"同一个企业，同一个未来"的远东精神，本着"干一行，爱一行"的工作理念，时刻为公司、为自己负责，不管身处何方，都能通过自有的微信平台与集团公司相互关注联系，积极主动汇报项目的各项情况，同时也贯彻落实集团公司的每一项方针政策，为项目的前进方向点亮一盏灯。

四、管理效果评价

目标管理完成情况

（1）本工程的整体质量处于受控状态，并赢得了业主和社会各方的一致好评，获得 2016 年度北京市结构"长城杯"银质奖。

（2）获得 2016 年度"河北省绿色安全文明工地"。

（3）获得 2018 年度北京市工程建设质量管理小组活动成果 I 类奖（图 7～图 10）。

（4）经济效益显著。本项目合同履约率 100%，施工工期较业主给定的时间节点提前竣工 122 天，由于新工艺、新材料的合理使用，减少了施工损耗和施工垃圾，节省了部分材料费和施工垃圾清运费，经过后期测算，施工总成本降低 2.1%，为公司创造了良好利润，取得了良好的社会效益，为顺利中标京贸南区Ⅳ段项目奠定了坚实基础。

图7 北京市工程建设质量管理小组活动成果Ⅰ类奖

图8 项目竣工外立面效果（一）

图9 项目竣工外立面效果（二）

图10 项目竣工外立面效果（三）

五、结束语

项目团队通过成功实施项目前期预控，并注重过程管理，同时对传统施工工艺进行优化和创新，采取一系列管理措施，大幅节约了资源及人工，减少了质量事故的发生、节约材料，实现了节能创效、质量优良、确保履约的目标。为集团公司树立了良好品牌信誉，提升了企业盈利能力和市场竞争力，锻炼了大批青年骨干，为今后承建类似工程具有借鉴意义。

过程控制保质量 深化设计促施工

——中国机械工业建设集团有限公司奇瑞捷豹路虎汽车有限公司年产13万辆乘用车项目—发动机车间项目

姚绍辉 关安超 崔红召 胡超 郝良友

【摘 要】 奇瑞捷豹路虎汽车有限公司年产13万辆乘用车项目位于常熟市经济技术发区,项目一期规划30万m^2,二期规划8万m^2,一期项目我公司承建约17万m^2。发动机车间为二期项目,建筑面积为5万m^2,为建筑施工总承包项目,工期紧,任务重,涵盖专业多,交叉施工多,项目管理团队通过前期策划、加强过程控制、任务分解、精细化管理,获得较好的经济效益,同时得到业主及管理公司一致好评。

【关键词】 过程管理;二次设计;质量;安全

一、项目成果背景

1. 工程概况

发动机车间占地面积51094.7m^2,建筑面积55173.8m^2,建筑高度分别为装配区12.35m、机加工区14.35m,空调平台区高度为18.35m,车间跨度为30m。本工程抗震设防烈度为6度,主体结构使用年限为50年,建筑物生产的火灾危险性类别为戊类,耐火等级为二级(图1)。

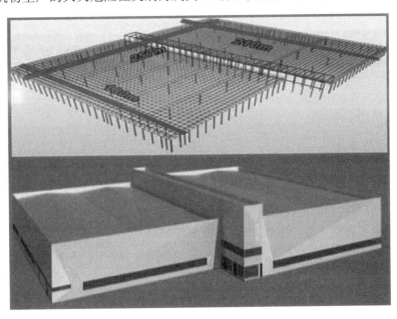

图1 车间效果图

本工程范围包括:土方工程、基础及地坪、钢结构工程、给水排水系统,照明系统,防雷和接地系统,消防及喷淋系统,火灾自动报警系统等。
参建单位如下:
建设单位:奇瑞捷豹路虎汽车有限公司

设计单位：机械工业第四设计研究院有限公司
勘察单位：常熟市建筑设计研究院有限公司
监理单位：生特瑞（大连）工程项目管理有限公司
施工单位：中国机械工业建设集团有限公司

2. 选题理由

本项目施工工艺的技术革新措施，创造了一定的经济效益，提高了本工程的利润率，对以后同类项目的施工具有较好的借鉴意义，开拓了我公司在该领域的广阔市场。同时也培养和锻炼了一个优秀的施工团队，使公司的技术力量不断提升，提高了公司的综合施工的工程技术能力。

3. 实施时间及管理目标

项目具体实施如表 1 所示。

项目实施时间表　　　　　　表 1

总体实施时间	2014 年 10 月 5 日～2016 年 2 月 20 日
分阶段实施时间表	
管理策划	2014 年 10 月 5 日～2015 年 1 月 16 日
管理措施实施	2015 年 1 月 16 日～2015 年 12 月 1 日
过程检查	2015 年 1 月 16 日～2015 年 12 月 1 日
取得成效	2015 年 12 月 1 日～2016 年 2 月 20 日

管理目标如表 2 所示。

项目管理目标　　　　　　表 2

质量目标	安全目标
单位工程合格率达到 100%	杜绝人身死亡事故和重大机械设备损坏事故
单位工程优良率达到 90%	不发生火灾事故
调试合格率达到 100%	火灾、爆炸事故为零
受监焊口无损探伤一次合格率达到 98%	严格控制各种习惯性违章
检验批工程合格率保证在 90% 以上	

二、项目管理及创新特点

1. 项目管理难点及重点

车间地坪为混凝土密封固化剂地坪，下有地坪桩，双层双向钢筋，平整度要求 10m 内±5mm，共有 4400 支地坪桩，混凝土达 19000m³，钢筋 2100t，工序复杂，平整度要求高；厂房结构形式为门式架（空调机房）和网架，网架结构总量约 4000t，由 28224 支杆件、7160 个螺栓球、102 个焊接球组成，跨度达 30m，为常熟市最大跨度网架。同时有 2668 根出屋面的光伏支架，支架与网架上弦球连接，尺寸为 600mm 高、直径 88.5mm 的圆管；车间管道及桥架总量达 50000m，其中包括给水管道、消防管道、喷淋管道、虹吸雨水管道、照明及消防桥架等。地坪施工、网架施工、机电安装为项目的管理难点和重点。

2. 管理创新点

（1）对工程施工进行严格质量控制，从施工前、施工过程中和施工后三方面进行。施工前，进行设计交底和图纸会审，按项目施工质量控制点要求，编制施工方案，确保施工质量；施工过程中，严格执行施工方案，对进场设备、材料严格把关。根据到场设备、材料与产品合格证、质量证明书和检验报告对厂家资质审核；对规范要求必须进行检验、复试材料，结果符合设计及规范要求后使用。施工后，严格施工过程资料收集、整理，确保过程质量控制的可追溯性。保证工程质量一次验收合格。

（2）根据施工现场情况实行动态控制：在网架施工过程中，根据现场情况，召开专题会议，施工方案 3 次讨论修改，保证质量情况下提前完成施工。

（3）根据工程内容进行二次深化设计：利用 Tekla 软件对钢架结构进行深化设计，保证加工和安装；通过专题会、"慧鱼"支吊架设计及计算软件、CAD 软件等方式对管道综合布置及综合支吊架系统进行深化设计。

三、项目管理分析、策划和实施

1. 项目管理管理问题分析

根据该项目的特点，结合现场实际情况着重从安全、质量、进度三个方面进行重点管理与控制。

2. 项目管理策划和实施

（1）钢结构网架施工

钢结构网架施工进度及完成时间，将直接影响后续地坪及管道施工，对整体工程进度有着决定作用，故项目部把网架施工作为控制重点。

依据设计蓝图对网架进行二次深化设计，在满足设计图纸的前提下调整杆件规格，减少规格数量，方便工厂加工和现场安装。根据钢结构施工平面图，将网架进度目标分解至 52 个区域，依据安装顺序编制进度计划，同时将进度计划反馈至工厂，保证材料加工顺序与安装顺序吻合，有效的保证施工顺利进行。对网架生产厂家进行实地考察，了解原材料供应能力和工程实际加工能力，同时派人驻厂监造，第一时间掌握加工情况。施工过程中，结合现场条件和进度要求及时调整施工方案，召开专题会议对方案审核讨论，由"地面拼装，整体吊装"改为"分块整体吊装和悬挑散装配合"。分块整体吊装和悬挑散装配合，对施工现场条件的约束性较小，减少脚手架搭设的工程量，提供网架工作效率，对加快进度有着重要作用。项目管理对现场进度实行动态控制，受天气及场地影响，及时调整进度计划，现场施工曾 3 次调整进度计划，根据作业面，施工班组由 3 组调整至 4 组，最终历时 48 天完成车间网架施工，比计划提前 3 天完成目标节点（图 2）。

图 2 网架完成效果图

（2）混凝土密封固化剂地坪施工

为满足地坪平整度要求及进度要求，依据前期策划，采用激光找平仪和人工二次抹平的方式来保证地坪平整度，采用跳仓法浇筑保证施工进度。

地坪施工首先进行场地平整和测量放线，找到地坪桩的位置。地坪桩帽处理占用周期较长，大型挖机无法使用，采用小挖机和人工配合方式进行，当时投入人力约 70 人。垫层浇筑完成后进行钢筋绑扎，为达到钢筋间距一致和顺直，我项目采用人工地面弹线的方式进行控制，取得很好效果。地坪浇筑时采用2台泵车同时浇筑,满足连续浇筑需求,同时采用跳仓法进行施工,提高效率。施工过程中严格控制钢筋绑扎质量,完善过程验收程序。从模板标高、混凝土坍落度、合金骨料打磨等方面进行控制。地坪完工后,平整度一次验收合格,受监理和业主一致好评(图3～图5)。

图3　地坪钢筋弹线　　　　　　　　　　图4　激光整平机

图5　地坪完成效果图

(3) 机电安装工程施工

发动机车间为网架结构,杆件不能承重,支吊架只能生根于网架球节点处,机电安装的桥架和管道种类很多,支吊架固定点有限,桥架及管道安装的空间管理及综合布置显得尤其重要。在施工前期,多次召开专题会议,协调各专业共同讨论管道布置,分析主管路及支管的载荷,确定支吊架形式,通过对管道集中布置,使得各类管线分层、分区规划,从而减少综合支架布置数量,达到经济和观感的统一(图6)。

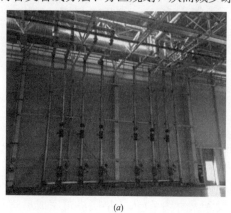

(a)　　　　　　　　　　(b)

图6　管道安装效果

借助CAD绘图软件，对管道布置进行深化设计，绘制车间断面管道布置图。深化管道综合布置，很大限度的减少管道碰撞现象，避免施工过程中返工安装。在施工过程中，根据管道综合规划，还可以错开各专业管线施工时间，保证工程进度，提高施工效率。

（4）施工安全管理

认真落实公司各项安全制度，所有人员进场后，接受厂内安全培训和三级安全教育，考试合格后发放服务证，人员出入评证刷卡进入。高危险作业，实行作业票制度，检查合格后方可施工。特殊工种人员，持证上岗。执行安全周检，对危险源进行排查，重点监控，对存在的问题及整改建议已书面形式下发，及时复查整改情况。定期召开安全大会和安全喊话，确保了本工程安全工作受控（图7、图8）。

图7　人员安全培训

图8　全员安全大会

3. 过程检查与控制

（1）安全控制

实行以各级行政正职为安全第一责任人的各级安全生产责任制，建立健全有系统、分层次的安全生产保证体系和安全监督体系，组织领导施工现场的安全生产管理工作。工程项目部与各施工单位主要负责人签订安全生产责任状，施工单位主要负责人再与本单位施工负责人签订安全生产责任状，使安全生产工作责任到人，层层负责。建立劳动保护劳动卫生监督小组，加强对施工现场劳动保护用品的采购、发放、使用和管理的监督监察工作。

（2）质量控制

严格按技术规程、质量标准、设计文件施工，项目部定期召开施工质量专题会，加强对施工难点和质量通病的控制措施。落实管理责任制，重点施工专人负责。坚持质量周检制度，会同监理工程师及质检员深入现场检查施工质量，对发现的问题及时改正。树立"为顾客服务、质量第一、信誉至上"的质量意识，落实质量责任制，在施工中坚持做到"凡事有人负责、凡事有章要循、凡事有据可查、凡事有人监督"，以满足工程施工技术标准和顾客的要求，并确保工程质量达标创精品。

（3）进度控制

对施工项目进度里程碑进行控制，采取组织措施、技术措施、经济措施和信息管理措施等。按照P（计划）D（执行）C（检查）A（纠偏）循环模式进行进度控制。根据施工进度计划横道图，确定工程施工进度里程碑和关键路径。按照里程碑节点倒推，结合实际情况编制月、周、日作业计划和设备材料的采购进场计划。计划中考虑施工现场作业条件；劳动力、机械等资源条件；相关设备材料采购订货周期，材料报批报审时间，提前进场时间；采取的施工技术方案对进度的影响等因素，及时进行调整，确保工程处于受控状态。

4. 方法工具应用

采用Tekla软件对钢结构进行深化设计，利用Auto CAD技术和支吊架设计软件对管道综合布置进行深化和支吊架强度计算（图9、图10）。

图9　钢结构深化设计

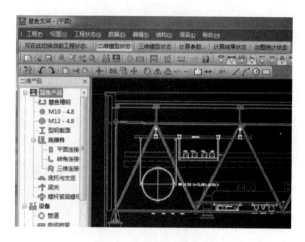

图10　支吊架深化软件

四、管理效果评价

1. 管理成果

（1）工法

《无穿孔机械固定TPO屋面防水系统施工工法》。

（2）奖项

2015年度上海市金属结构行业协会"金钢奖"；

2017年度国机质量奖（项目奖）；

2017～2018年度中国安装工程优质奖（中国安装之星）。

2. 综合评价

在项目部全体成员共同努力下，在各级领导的关心、指导下，通过精心策划、提高了管理水平，在质量、安全、文明施工上取得优异成绩。自开工至竣工验收无安全事故和质量事故发生，满足了业主工期要求和使用要求，得到了质监站、建设单位、监理单位和设计单位的高度赞扬，为中标三期工程打下良好基础，取得很好的经济和社会效益。

坚持技术引领 精细管控过程 铸造精品工程
——北京城建远东建设投资集团有限公司教学综合楼等4项工程项目

齐 标 罗 军 佟 辉 牛 征 魏鹏宇 谢汉俊

【摘　要】 北京怀柔区杨宋中学教学综合楼等4项工程为改扩建工程，建成后为学校新增学位1190个，加上原有学生349人，共计约1540个学生。项目管理团队以"坚持技术引领，精细管控过程"为理念，在工程进度、质量、安全均以较高的标准完成了预期目标，赢得了建设单位以及领导的一致好评的同时，也为企业创造了利润。

【关键词】 技术创新；精细管理；质量创优

一、背景及选题

1. 工程概况

教学综合楼等4项工程位于北京市怀柔区杨宋镇杨宋庄村，本工程新建总建筑面积20831.24m^2，其中地上建筑面积15118.4m^2，地下建筑面积5802.88m^2，效果图如图1所示。该工程分为4个单体工程，分别为教学综合楼、风雨操场、餐厅及门卫。其中，教学综合楼地下一层，地上四层，风雨操场地上两层，餐厅地上三层，门卫地上一层。主要参建单位如表1所示。

图1　项目效果图

主要参建单位　　　　　　　　　　　　　　表1

建设单位	北京市怀柔区杨宋中学
设计单位	中国建筑设计研究院
监理单位	北京双鹏工程监理有限责任公司
施工单位	北京城建远东建设投资集团有限公司
监督单位	怀柔区建设工程质量监督站

2. 成果背景

教学综合楼等 4 项工程为北京市怀柔区杨宋中学改扩建工程，工程位于杨宋中学内，新增教学综合楼、风雨操场、餐厅及门卫 4 个单体工程，建成后为学校新增学位 1190 个，加上原有学生 349 人，共计约 1540 个学生。

3. 选题理由

（1）通过项目部全体管理人员共同努力，项目团队通过坚持技术引领与精细管控过程相结合的方式，使工程进度、质量、安全均已较高的标准完成了预期目标，赢得了建设单位以及领导的一致好评的同时，也为企业创造了利润。

（2）本工程推广运用多项建筑业推广新技术，同时提高自主创新能力，攻坚克难，提升了建筑品质，实现了共赢创效。

（3）工程周围社会环境复杂，相邻敬老院、学校、居民区等地，且政府及教育局领导较关注民生工程，安全及文明施工更是重中之重。

4. 项目团队介绍

教学综合楼等 4 项工程项目部管理团队由集团公司专业骨干人才组成，本项目部共有管理人员 18 人，图 2 为全体管理团队人员，其中本科学历 14 人，中共党员 8 人，高级工程师 2 人，高级经济师 1 人，高级技师 2 名，工程师和经济师各 1 名，所有人均持证上岗。

图 2　全体管理团队人员

5. 实施时间

实施时间如表 2 所示

项目管理实施时间表　　　　　　　　　　　　　　　　表 2

	实施时间	2016 年 4 月 10 日～2017 年 11 月 3 日
分阶段实施表	管理策划	2016 年 4 月～2015 年 5 月
	管理实施	2016 年 6 月～2017 年 11 月
	过程检查	2016 年 6 月～2017 年 11 月
	取得成效	2016 年 6 月～2017 年 11 月

二、项目管理及创新特点

1. 项目管理重点与难点

（1）项目管理重点

由于工程属于重点民生工程，政府及教育局领导较重视，树立良好项目管理形象、优质高效完成建设任务是项目管理重点，保证安全及质量的前提下加快施工进度是项目全体成员的共同目标。

（2）管理难点

1）质量目标高。本工程质量要求高，确保北京市结构长城杯金质奖，北京市竣工长城杯金杯。同时，根据监督站及管理公司反映，在本区同类施工项目中，空心楼板在结构钢筋保护层检测时多为不合格，如何保证空心楼板钢筋保护层厚度是本工程难点之一。

2）成本控制。由于项目管理是一次性行为，它的管理对象只有一个工程项目，且将随着项目建设的完成而结束其历史使命。在施工期间，项目成本能否降低，有无经济效益，得失在此一举，别无回旋余地，有很大的风险性。成本控制不仅必要，而且必须做好。成本管理是实现企业目标和利润最大化的主要手段之一，在竞争日趋激烈的市场经济环境中，成本管理尤其重要。

3）安全管理。施工现场附近为居民区、养老院、学校等地方，安全文明施工尤为重要。

2. 创新特点

（1）坚持技术创新，充分利用 BIM 技术优势。本项目施工阶段，全过程应用 BIM 技术协助现场技术、质量、成本等管理工作。将 BIM 技术与施工现场高度结合，实现通过该技术对现场进行深入管理。项目采用 Revit 软件搭建了三维信息模型，展现了二维图纸所不能给予的视觉效果和认知角度。图 3 为效果图，图 4 为施工样板间。其三维模型包涵了构件参数、材料、设备信息、进度及成本信息等，是一个完整的建筑信息模型，对施工现场的管理做出了突出的贡献。

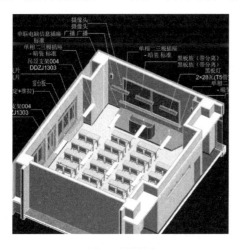

图 3　效果图　　　　　　　　　图 4　施工样板间

（2）新技术应用推广，提高自主创新能力。集团公司及项目部十分重视科技创新管理，由公司总工程师牵头，项目经理、总工程师为核心的新技术推广应用领导小组和实施小组，抽调技术骨干，提供专项资金，制定技术创新目标策划与管理，加强过程监督与策划，大力开展各项新技术推广、培训活动。积极推广住建部发布的建筑业 10 项新技术。除此之外，结合项目特点，推广运用 2 项自助创新技术。

1）EPS 聚苯复合轻质填充块现浇钢筋混凝土空心楼板施工。EPS 聚苯复合轻质填充块现浇钢筋混凝土空心楼板施工工法所采用的 EPS 聚苯复合轻质填充块是以 EPS 聚苯泡沫复合材料为主要材料，在工厂内通过机械和模具的作用下复合而成的轻质块体材料，经过外包阻燃保护胶膜后，使其在整体性、抗震动冲击强度、轻质、规格统一、安装简便、对钢筋及混凝土无害等方面满足了要求。由于轻质填充块在空心楼板内占据了相当一部分体积，使得楼板混凝土用量减小，在保证了结构承载力的前提下，达到减轻结构自重的目的，使得主次梁截面及配筋量有所降低，而主次梁截面尺寸的减小，使房间净高较容易满足要求，从而合理的减小结构层高；另一方面，现浇钢筋混凝土空心楼板内部形成了大量密闭空腔，提高了楼板保温及隔声效果。在充分利用现浇钢筋混凝土空心楼板结构特性的基础上，合理排布好楼板内钢筋、填充块及设备管线的空间关系后，利用成品马凳筋、附加抗浮钢筋网片并辅以层间抗浮锁紧系统控制好填充块的位置及上浮（图5），对填充块采用合理的构造措施并采用合理坍落度的混凝土、科学的优化浇筑工艺与养护制度，有效地保障了施工质量，节约了人工和工期。

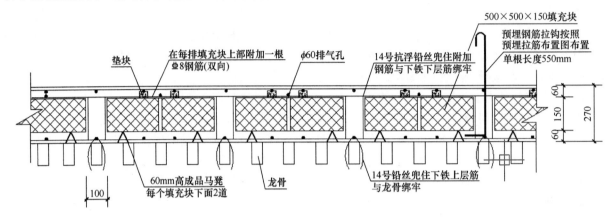

图5 270厚现浇空心板抗浮示意图

2）抗震支吊架的施工与应用。在全面市场调研和研究工艺标准的基础上，分别采用厂家考察、专项方案编制、样板引入、过程控制、试验检测、强化验收等方法，确定抗震支吊架做法，并由此提出实施方案和技术措施，总结分析施工过程，确定具体的施工顺序和施工方案，在现场应用中完善形成标准化施工工艺。

（3）精细化管理。建设施工项目作为企业施工的主战场，不仅是展示企业形象的窗口，也是造就和培养企业人才的摇篮，更是企业经济效益的源泉所在，而在日益强烈的竞争之下原有粗放式管理模式已不适应市场需求，精细化管理，控制项目建设全过程，打造精品工程才是企业发展得最终目标。项目团队根据目标策划，层层分解，细化施工管理，通过合理安排、精心策划保障工程质量，加快施工进度，减少成本浪费，为企业赢得利润，保持后续市场。

三、项目管理分析、策划和实施

1. 管理问题分析

（1）成本管理问题。随着社会主义市场经济体制的建立和改革的不断深入，施工项目管理已在施工建设中全面推行，其中成本管理占有举足轻重的地位。成本管理的优劣直接反映施工企业的管理水平和效益的高低。工程项目成本管理是根据企业的总体目标和工程项目的具体要求，在工程项目实施过程中，对工程项目成本进行有效的组织、实施、控制、跟踪、分析和考核等管理活动，以达到强化经营管理，完善成本管理制度，提高成本核算水平，降低工程成本，实现目标利润，创造良好经济效益的目的的过程。由此可见，加强工程项目成本管理是施工企业积蓄财力，增强企业竞争力的必由之路。

（2）质量管理问题。本工程质量目标要求高，因此对项目管理提出了更高的要求。要实现质量目标项目部必须精心制定质量策划与计划，精心编制创优方案，在施工现场每一道工序严格按照创优方案进行控制施工质量。在施工前做好质量策划，过程中做好控制与检查，完成后做好总结，减少或杜绝质量通病没保证过程精品最终实现成果精品。

（3）安全管理问题。施工现场附近为居民区、养老院、学校等地方，安全文明施工更是重中之重。

2. 管理措施策划

通过全面分析项目管理难点、特点，项目部全体人员集思广益，进行了管理要素分析，编制详细的有针对性的项目整体策划，制定了分阶段实施细则，有助于推动项目稳步前进。

(1) 目标策划。明确管理目标，具体如表3所示。

目标策划　　　　表3

	目 标		目 标
成本	成本降低2%	安全	北京市绿色安全工地
质量	北京市结构长城杯 北京市竣工长城杯	工期	总工期：2016年4月10日～ 2017年11月3日

(2) 成本管理策划。项目部成立之初，组织全体成员学习合同和项目规章制度，明确经营管理目标，强化成本意识，结合实际情况确定各项材料消耗指标，并以责任书形式下达。

(3) 技术质量管理策划。成立创优领导小组，建立健全的质量管理制度、建立以集团公司总工程师、项目经理为主，技术负责人和生产经理为副组长、技术质量管理人员为成员组成的"创优小组"。小组进行创优工作策划、宣传、组织指导施工等一系列工作，对创优工作的开展起了领导和促进作用。

(4) 安全管理策划。以项目经理为第一责任人，生产经理、总工程师为副组长，全员参与形成的安全管理体系，与公司安全部行程对接，联合施工现场所有分包单位安全管理人员，对施工现场情况共同监管，同时制定合理有效的安全管理制度、安全奖罚制度，保障项目施工在安全可控的状态下进行。

(5) 进度策划。针对施工合同文件及建设单位要求确定节点目标工期，通过编制施工进度计划，根据工序特点合理安排施工。

3. 项目管理实施

(1) 成本控制

建立健全项目全面成本管理责任体系，明确业务分工和职责关系，把管理目标分解到各项技术质量工作和管理工作中。

1) 针对工程特点制定施工成本计划，及时收集数据，进行偏差对比，采取纠偏措施。

2) 每月进行经济成本分析，全程跟踪项目成本发生。贯彻成本观念、效益观念，让项目每一个管理人员明确自己的责任。

3) 注重合同管理，重视合同交底工作，同时对于二次经营即工程变更洽商及时签认，责任明确。

4) 项目实行以技术控制成本的管理思维，编制并优化有针对性的施工方案。

5) 项目部成立施工管理承包小组制度，根据各岗位职责，制定钢筋、临电、安全文明、周转材料等承包小组，减少钢筋、周转材料等的浪费，节约成本。

(2) 技术管理

依托公司技术支持，项目部针对工程特点，对于工程建设过程中的重点工作、技术难度及新技术应用，集中技术骨干力量提前攻关，制定确实可行的解决方案，并在施工过程中不断给予完善，通过技术手段保证工程质量、工期要求，成本降低及绿色施工目标的实现。

1) 项目部努力推进开展建筑业10项新技术的应用，利用新技术、新方法、新材料减少施工成本投入。本项目新技术应用其中7大项，12小项。

2) 项目部组建BIM小组，广泛利用BIM技术。

暖通、给水排水、消防、强弱电等各专业由于受施工现场、专业协调、技术差异等因素的影响，不可避免地存在很多局部的、隐性的专业交叉问题，各专业在建筑某些平面、立面位置上产生交叉、重叠，无法按施工图作业或施工顺序倒置，造成返工，这些问题有些是无法通过经验判断来及时发现并解决的。通过BIM技术的可视化、参数化、智能化特性，进行多专业碰撞检查、净高控制检查和精确预留预埋，或者利用基于BIM技术的4D施工管理，对施工工序过程进行模拟（图6），对各专业进行事先协调，可以很容易的发现和解决碰撞点，减少因不同专业沟通不畅而产生技术错误，大大减少返工，节约施工成本。利用BIM技术进行协同，可更加高效信息交互，加快反馈和决策后传达地周转效率。

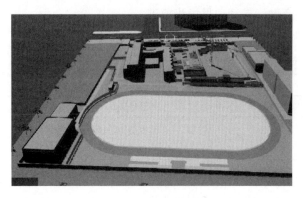

图 6 BIM 模拟

利用模块化的方式，在一个项目的 BIM 信息建立后，下一个项目可类同的引用，达到知识积累，同样工作只做一次的"标准化"。

3）精选方案：组织公司专家对施工组织设计进行会审，针对工程特点，邀请参建单位全体人员进行研讨，确定最佳施工方案，从技术方面保证施工质量、进度与成本目标的实现。

4）深化设计：项目部技术负责人组织项目技术管理人员，熟悉图纸，在各分项工程施工前（主要是风雨操场的网架屋面），针对施工过程中设计施工图、项目规范及施工方案的问题进行深化设计，对较复杂的节点进行详细交底，并及时与现场施工人员进行沟通，优化节点做法，保证深化设计的经济性和可操作性。

5）严格落实交底制度，做到技术先行。为了使施组、方案、技术交底能够更好的落实，严格执行三级交底制度，即技术负责人向全体管理人员进行交底，技术管理人员向分包管理人员交底，分包管理人员对班组操作工人进行交底。

（3）质量管理

1）强化创优意识，项目经理部全体员工进行质量意识培训，使创优工程的意识树立在每个员工的心中。项目部通过各种宣传教育手段把创优工程的意识贯穿到每个操作人员。

2）强化质量管理体系，确保质量目标实现。项目部在公司质量方针的指导下，按照 ISO 9001：2000 质量管理体系标准建立完善了质量体系。为确保质量目标的实现，项目部成立了以项目经理为首、技术负责人为副组长、相关管理人员为组员的创优小组，编制质量创优策划，并针对每个分项工程的质量目标，严把预控关，使每个分项工程都处于受控状态。

3）落实质量管理责任制。为使各分部分项工程始终处于受控状态，项目部与相关管理人员和分包工长和质量员签订了质量管理责任制，明确各项管理制度，提高主要管理人员的积极性，确保工程质量。

4）实行样板引路及挂牌制度。每道工序施工前，实行样板先行制度，样板经过专业工长及质检员、监理、建设单位验收认可后，方可进行大面积施工。施工过程中悬挂标识牌，标明该工序的规范规定、工艺要求、验收标准等，有利于每一名操作工人掌握和理解施工项目的标准，便于管理人员的检查，确保过程工序的可追溯性。

5）坚持"三检"制度。在施工过程中，严格要求执行"自检、互检、交接检"制度，并行使质量否决权，做到检查有结果、有落实、有复查。

6）积极开展 QC 活动，结合本工程特点，通过调查分析，选择多项课题进行攻关，有效的促进了科技创新的进展。

（4）安全管理

1）为了确保安全生产责任制的落实，项目部始终贯彻"安全第一、预防为主、综合治理"的管理理念方针不动摇，切实加强对安全工作的高度重视，项目部从领导到管理人员都始终将安全工作放在各项工作的首位，为此项目部各级管理人员签订安全生产责任状。围绕"安全发展、预防为主、以人为本"的原则，深化隐患治理，强化基础管理，明确和落实安全生产责任制，强化安全教育培训工作，提高全员安全意识，克服麻痹思想，防止侥幸心理和厌战情绪，确保安全生产的投入，建立健全的安全生产长效机制，确保了安全文明施工的顺利进行。

2）定期举行安全演练。为了提高全体施工人员的安全意识以及应急处置能力，项目部根据重大安全隐患风险源，结合施工进度，定期组织全体人员参与、邀请各分包单位举行安全事故应急演练活动。

同时,区建委邀请怀柔在施项目管理人员在我项目部组织防汛应急综合演练。如图7所示。

3)项目部严格三级教育,提高作业人员安全意识。定期组织全体员工学习安全相关规范及文件,并做好安全生产考核,严抓三级安全教育,通过办理现场黑板报宣传栏、安全教育专题会等多种形式开展安全教育。

4)强化施工安全管理,落实岗位责任。严格落实所有人员作业的作业时间和作业面,项目部全体成员实时巡视,任何人发现不安全行为立即制止,把许多安不安全行为消灭在萌芽状态。

5)积极响应集团公司和北京市全面推行体验式安全教育的要求。体验式安全教育内容涵盖安全防护用品展示、平衡木体验、安全帽撞击体验、安全带使用体验、洞口坠落体验、移动式操作平台体验、脚手架综合体验、综合用电体验、灭火器演示体验等十余种施工场景,不同施工场景体验凝聚了对于安全意识需求的最深解读,对安全教育方式的最深理解,对每一种不同类型危险源导致伤害的深刻模拟,把安全科技的元素融入安全教育培训体系中。如图8所示。

图7 综合演练

图8 安全培训

(5)进度管理

开工前,项目部在充分研究施工工艺流程、资源配置、进度风险等因素的基础上,编制项目总进度计划,具体的项目进度实施计划和各专业进度实施计划,各层次施工计划形成一个完整的计划保证体系。施工计划形成后层层交底后达到施工班组。施工过程中各级施工进度计划的执行者(各分包单位)做好施工记录,掌握计划实施情况,排除各种矛盾,保证完成作业计划和实现进度目标。项目部每周定期召开生产例会,会议上各分包单位就上周计划做相关汇报,生产经理根据施工现场完成情况总结并对本周下达施工任务,对未完成的项目进行原因为分析,采取相关措施保证实际进度与进度计划一致。

4. 过程检查和控制

(1)每周二监理例会前,由监理组织,建设单位和施工单位共同对质量、安全现场巡查,发现问题及时整改。

(2)针对工程施工质量,不定期召开质量专题会议,对工程实施质量预控。分析已经出现的质量问题和可能造成的质量问题的潜在因素,制定出相应的预防措施。施工现场构件进场后进行质量检验:构件到现场后,监理组织对材料质量进行全面检查验收。

(3)项目实施过程中,项目分解成本控制,在前期策划、深化设计、方案优化、现场管理等多方面进行落实,并进行专项考核,严格控制施工成本,定期召开成本分析会。

(4)方法工具应用。

1)质量管理过程始终坚持"计划、实施、检查、改进"PDCA循环方法不断改进、控制分部分项工程质量。

2)应用工程项目管理信息平台、Project、PKPM安全计算、现场劳务管理系统、BIM等软件协助工程管理。

四、管理效果评价

1. 目标管理完成情况

（1）工期目标的完成：按照合同要求如期完成各项施工及验收工作；

（2）质量目标的实现：验收合格率达到100%，荣获北京市结构长城杯金质奖，目前正在进行"竣工长城杯"评审工作；

（3）安全零事故，被评为北京市绿色安全工地；

（4）科技成果：完成两项实用型专利发明，一部北京市施工工法。

2. 经济效益

结合项目特点，经过"坚持技术引领，精细管控过程"，为项目创造利润共计140万元。

3. 社会效益

教学综合楼等4项工程凭借"坚持技术引领，精细管控过程"，在施工成本、技术质量、安全文明施工等多方面赢得了业主及政府一致好评。积极邀请业内管理人员莅临指导施工现场，推广创新科技及精细化施工理念，树立企业品牌形象。项目经理齐标被评为2016年度全国工程建设优秀项目经理。

结束语：项目管理创新是一个永恒的主题！我们在教学综合楼等4项工程施工过程中，通过"坚持技术引领，精细管控过程"，使项目技术、质量管理取得了较为突出的管理成果，也积攒了宝贵的管理经验。树立城建企业品牌形象，赢得了良好的社会信誉。项目管理团队不断努力，共同推动了集团公司管理水平持续提高。

创建以"技术管理"为核心的大商务体系

——中建一局集团第五建筑有限公司即墨商都项目

王承涛　高付振　戴远达　张　震　吕　山

【摘　要】　本项目为回迁安置工程，工期紧、任务重，且为常规住宅。技术管理工作在本项目管理工作中起到至关重要的作用，如何通过技术管理，推进项目部大商务体系建设，是项目一直在研究的课题。即墨商都项目针对技术管理，促进项目大商务体系的建立进行总结。

【关键词】　技术管理；大商务体系

一、项目成果背景

1. 工程概况

即墨商都片区一期（站前枢纽区）北安置区项目C地块位于即墨市黄河二路以北，华山三路以西，青荣城际铁路以东，孔雀河一路以南区域。本工程包括C1号～C13号栋住宅楼、商业用房及社区服务中心。住宅楼地下2层，地上26层，框架剪力墙结构。独立商业中心及社区服务中心地上4层，框架结构。地下车库与C1号～C13号住宅楼相连，车库地下一层，层高4.1m，上部覆土为1.2～2.0m，车库顶板局部找坡，东西长312.40m，南北宽137.70m。总建筑面积为261464.68m²。本工程为回迁安置项目，安置村民约1500户，交付标准要求非常高。

（1）总体简介

如表1所示。

总体简介表　　　　　　　　　　　　　　　表1

项目	详细内容	备注
工程名称	即墨商都片区一期（站前枢纽区）北安置区项目C地块	
工程地址	即墨市黄河二路以北，华山三路以西，青荣城际铁路以东，孔雀河一路以南区域	
开发商	即墨国际商贸城开发投资有限公司	
建设单位	青岛中建基业房地产开发有限公司	
监理单位	青岛雍达建设监理有限公司	
勘察单位	青岛市勘察测绘研究院	
设计单位	山东同圆设计集团有限公司	
总承包单位	中国建筑一局（集团）有限公司	
劳务分包	青岛志成建筑劳务有限公司	
合同工期	1036天	
质量目标	青岛市优质结构工程奖	

（2）结构设计简介

如表2所示。

结构设计简介表 表2

序号	项目	内容		
1	结构形式	基础形式	条形基础	
		主体结构形式	住宅	剪力墙
			地库	框架结构
		屋盖结构形式	钢筋混凝土	
2	混凝土强度等级	垫层	C15	
		底板	C30 P6	
		墙体、柱	C40、C35、C30	
		梁、板	C35、C30、C30P6	
3	钢筋连接形式	机械连接(直螺纹套筒)	直径≥22	
		搭接绑扎	直径<22	
4	钢筋保护层	墙(mm)	15	
		柱(mm)	20	
		梁(mm)	20	
		板(mm)	15	
5	结构断面尺寸	柱主要断面尺寸(mm)	500×500、400×400、600×600	
		地下室梁主要断面尺寸(mm)	550×900、300×750、550×950、550×1400、200×400、400×850、300×800、550×2100、350×700	
		主楼梁主要断面尺寸(mm)	200×400、200×450、200×500、300×500、400×600、300×450、200×1300、200×550、250×400、250×450、250×500、300×400、200×530、300×530、200×850、200×900、200×480、200×560	
		楼板厚度(mm)	150、120、110、100、160、180、400	
6	二次结构	外墙为断热复合砌块,内墙为200和100加气混凝土砌块		
7	环境类别	基础、地下室底板、地下室外墙(与土体接触侧)、有覆土的地下室顶板、水池侧壁、露天构件为2b类,厨房、卫生间、屋面为2a类,其余为一类		
8	后浇带	地下室底板、外墙、顶板设沉降型后浇带及温度后浇带		

(3) 建筑设计简介

如表3、图1所示。

建筑设计简介表 表3

序号	项目	内容			
1	建筑功能	高层住宅、低层商业、地下车库			
2	建筑特点	地下车库、储藏室、低层商业、高层住宅、住宅造型线条复杂			
3	建筑面积	用地面积	/	占地面积	45000m²
		地下建筑面积	5.1万m²	地上建筑面积	21万m²
		标准层建筑面积	20万m²	总建筑面积	26.1万m²
4	建筑层数	住宅	地上	26层	
			地下	车库一层,主楼两层	
		社区服务中心	4F		
		商业中心	4F		

续表

序号	项目			内容	
5	建筑层高	住宅	地上层高	3.5m、2.9m	
			地下层高	3.9m、2.9m	
		社区服务中心	地上层高	4.5m、3.9m	
		商业中心	地上层高	5.0m、3.6m	
6	耐火等级			高层住宅地上一级，商业用房二级	
7	防水等级			一级防水	
8	外墙保温			复合保温模板	
9	抗震烈度			6度	
10	使用年限			50年	
11	屋面	屋面		面砖屋面、水泥砂浆屋面、细石混凝土屋面	
12	室内装修	隔墙		断热复合砌块、加气混凝土砌块	
		顶棚		水泥砂浆涂料顶棚	
		地面		水泥砂浆地面、水泥砂浆保温防潮地面、水泥砂浆保温防水地面	
		内墙		瓷砖防水内墙、涂料内墙、面砖内墙	

序号	楼栋	基底标高		最大基坑深度	檐口高度	建筑高度	±0.00绝对标高	室内外高差
13	1号楼	−7.7m		−9.8m	76.3m	80.6m	47.90m	0.35m
	2号楼	错台线内	错台线外	−9.8m	76.4m	80.7m	46.50m	0.5m
		−8.0m	−7.6m					
	3号楼	−7.6m		−9.8m	76.4m	80.7m	44.20m	0.5m
	4号楼	−7.6m		−9.8m	76.4m	80.7m	43.30m	0.5m
	5号楼	−6.9m		−7.7m	75.6m	79.9m	42.40m	0.2m
	6号楼	−7.0m		−9.1m	75.7m	80.0m	46.20m	0.3m
	7号楼	错台线内	错台线外	−9.1m	75.7m	80.0m	44.80m	0.3m
		−9.3m	−7.4m					
	8号楼	错台线内	错台线外	−7.6m	75.7m	80.5m	43.10m	0.4m
		−7.6m	−7.2m					
	9号楼	−7.98m		−10.3m	76.1m	80.4m	42.55m	0.45m
	10号楼	−8.0m		−8.8m	76.4m	80.7m	43.30m	0.5m
	11号楼	−8.43m		−9.3m	75.6m	79.9m	42.20m	0.2m
	12号楼	−7.98m		8.75m	76.0m	80.3m	42.75m	0.35m
	13号楼	−7.98m		−8.85m	76m	80.3m	42.25m	0.35m

2. 选题理由

（1）建筑业利润越来越低，通过技术管理与商务结合保证项目经营创效目标可持续性发展。

（2）创效的同时，本工程推广运用了多项节能、环保技术，实现了"四节一环保"的目标。

图 1 工程效果图

（3）本工程在工期紧、质量要求高的环境下，通过技术管理、策划实现了较高的收益率。

（4）大商务体系的快速建立离不开技术支撑。

3. 实施时间

如表 4 所示。

实施时间表　　　　　　　　　　　　　　　　　　　　　　　　表 4

总实施时间	2016 年 6 月～2019 年 4 月
分段实施时间	
项目总体管理策划	2016 年 6 月～2016 年 10 月
管理措施实施	2016 年 11 月～2017 年 4 月
过程检查	2016 年 6 月～2018 年 12 月
取得成效	2019 年 1 月～2019 年 4 月

二、项目管理及创新特点

1. 管理重点及难点

即墨商都项目位于青岛即墨市黄河二路以北，华山三路以西，青荣城际铁路以东，孔雀河一路以南区域（即墨北站旁边）。本工程建筑面积 26.1 万 m^2，其中地上 20.1 万 m^2，地下 6 万 m^2。包括住宅小区、社区服务中心、商业中心以及商业网点。

本工程建筑体量大，施工周期短，多种主材甲供，需提前计算用量（比如钢筋，进场 45 天内用不完将被索赔），现场材料堆场有限，存在材料周转困难。

工程外墙采用保温模板施工，保温模板属于新工艺要求，许多班组从未接触过，现场施工进度缓慢，影响施工进度。

针对本工程的特点从施工组织及施工技术方面提出的一些重点、难点分析及相对应的解决措施和方案。

工程体量大，给商务工作带来很大的阻力，即墨商都项目根据工程实际情况，构建以技术管理为核心的大商务体系，以技术促商务，推进项目商务体系的完善。

2. 创新特点

（1）加强技术管理提升，推进项目大商务体系建设

项目部通过加强技术管理提升，加强技商联动，推进项目商务策划，推动新项目大商务体系建立。

（2）组织全员技术创效，以技术创效推动商务创效

项目部组织全员进行技术创效活动，各抒己见，提炼技术创效点，根据技术创效点，推动项目商务创效。

三、项目管理分析、策划和实施

1. 管理问题分析

（1）工作思路及体系建立

1）理清技术工作思路

技术部门的工作主要包括图纸、设计变更管理、施组、方案管理、绿色施工管理、科技创效管理、资料试验管理、测量计量管理、分包、分供方管理、BIM管理、签证工作等，另外还有与各部门的配合。根据技术部工作内容，技术部进行工作责任分工。

2）进行技术部体系建设

技术部根据公司要求，提前将技术部体系建立，根据公司管理手册要求，针对各岗位，不同工作的具体要求实施。

（2）确定技术先行的重要性

通过技术管理，才能保证施工过程的正常进行，才能使施工技术不断进步，从而保证施工质量，降低施工成本，提高劳动生产率，通过技术管理，可以逐步改善项目施工管理及生产面貌，改变施工形象，提高竞争能力。

（3）技术部与各部门联系

技术部是一个综合的部门，对外，甲方、监理、设计进行沟通现场施工及图纸问题，对内各个部门沟通图纸及图纸施工问题。

1）针对变更洽商及方案优化，技术部及时与业主、设计进行沟通，得到业主及设计的认可。

2）技术部通过方案的编制及图纸管理，对工程部、合约部、成本部进行交底、沟通，便于现场施工及工程量计算。

（4）构建大商务管理工作小组，对小组成员进行明确分工（图2）。

2. 管理措施策划实施

（1）从图纸会审到方案优化

1）图纸会审主要通过"挑错"进行

针对图纸中出现的问题，技术部提前组织项目各部门及劳务分包对图纸进行会审，对图纸中出现的不符合规范、专业图纸之间、同专业不同图纸之间对应不上的问题进行汇总，汇总后联系设计一并进行解答。

通过图纸会审，一是使施工单位和各参建单位熟悉设计图纸，了解工程特点和设计意图，找出需要解决的技术难题，并制定解决方案；二是为了解决图纸中存在的问题，减少图纸的差错，将图纸中的质量隐患消灭在萌芽之中。

2）通过方案优化，节约成本

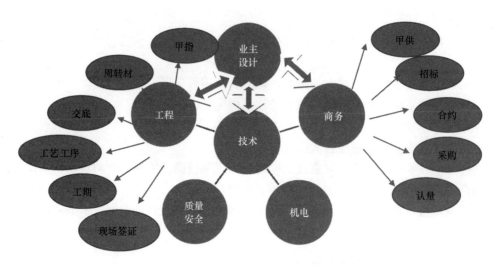

图 2 小组成员的分工情况

技术部在进行方案编制前,提前对方案中施工工序进行评比,优选出价最低的方案,且能够满足规范及地方标准。通过方案的优化,与其他部门进行沟通、交流,促进项目大商务体系的建立。

3)通过过程设计洽商进行创效

在施工过程中,针对设计中可以优化的做法,提前与业主、设计进行沟通,针对部分做法进行优化处理,既能有利于现场施工,又能满足设计及规范要求。

(2)实际案例

1)图纸会审,如何进行"挑错"

① 首先对图纸进行熟悉,可以采用先粗后细的方法:先看平立剖,对图纸整体有大致了解,对总的长宽尺寸、轴线尺寸、标高、层高等有大体的印象,然后再看细部做法,核对总尺寸与细部尺寸。

② 审核图纸中易出现问题的地方,比如:总说明与图纸中有无冲突的地方、平面尺寸与大样尺寸是否有对不上的地方等。

③ 针对设计中不合理的位置及时提出,设计进行优化

本工程内墙设计为抹灰完成后进行涂料施工,根据施工经验,在抹灰面层上面直接进行涂料无法施工,经过与设计进行沟通,涂料变更为两遍腻子。

2)方案优化,节约成本

针对方案进行优化,提高周转材料的利用率,节约成本。

本工程对模板进行详细配置,争取模板使用的最大化。地下室及非标准层、商业网点、社区服务采用 12mm 厚红模板,红模板周转 1~2 次,根据建筑面积进行配置。地上标准层采用 13mm 厚黑模板,黑模板周转 6~8 次,项目部按照 8 次进行核算,梁板模板配置三套,墙柱模板配置一套,过程中出现破损严重的进行局部更换。

现场开工时,采用的是甲方提供的市政用水,但是市政提供的水量太少,无法满足现场施工要求。为保证现场施工的正常进行,项目部在施工场区内自行开挖两口井,通过核算,采用挖井用水比使用市政用水有所节约,而且满足了现场施工的需求。

3)方案优化,技术创效

原设计钢筋接头 22 以上采用套筒连接,根据规范规定,16 以上即可进行套筒连接,经过测算,采用套筒连接比绑扎搭接能够创造更大效益,经过与业主及设计单位沟通,现场 16、18、20 同样采用套筒连接施工,为项目创造了效益。

在网点开挖时,在方案中明确,每个独立柱基按照一定的施工比例进行放坡开挖,算量时也是与甲

方进行明确,根据规范开挖深度进行比例放坡。但是在现场施工中,部分柱间距过小,开挖柱基时,将两个柱之间的土方全部挖走,但是在算量时,分开进行计算,这样算出来的工程量比实际施工的工程量大。在方案中埋下伏笔,为后期算量奠定了基础。

4)深化设计,指导施工

设计部分线条采用保温砌块进行砌筑,此做法存在安全隐患,且后期施工非常麻烦。为保证施工顺利进行,经过与业主、设计、保温模板生产厂家进行沟通,此位置线条改为95mm厚保温模板进行施工。此做法既消除了安全隐患,又省去了后期的二次砌筑,一举两得(表5)。

优化方案表　　　　表5

序号	类别	优化内容	完成时间	经济效益	状态
1	设计(图纸)优化	原外墙线条使用外墙保温砌块改为保温模板(二次结构施工改为一次结构施工)	2016年12月	19.5万	已完成
2		原设计中SBS防水卷材修改为非固化橡胶沥青防水涂料+1.5厚双面自粘改性沥青防水卷材	2016年11月	225.16万	已完成
3		基础超深开挖回填C20毛石混凝土回填,优化为C20细石混凝土回填	2016年11月	34.58万	已完成
4	方案优化	车库部分满堂架由普通钢管架改为轮扣架	2016年9月	9.37万	已完成
5		现场用水由市政用水更改为现场打井取水	2016年10月	20.26万	已完成
6		裙房开挖施工方案	2017年8月	14.8万	已完成
7		顶棚抹灰找平修改为石膏粉找平	2017年5月	7.02万	已完成
8		保温模板加固措施	2017年5月	7.15万	已完成

(3)采用"台账管理"方法

对任何工作,全部采用台账管理的办法,将工作全部列表记录,这样才能更加清晰,便于查缺补漏。

3. 过程检查控制

(1)项目随时召开技术、商务创效策划会,针对前期策划,梳理策划实施进展情况;

(2)召开策划会的同时,进行新的创效点策划。

4. 方法工具应用

(1)现场管理:根据策划点,落实责任人,签订责任状确保现场工作能够定人定责,合理展开策划工作。坚持每周三晚上进行策划例会,总结经验,部署下一步工作计划;

(2)检查与监督是项目管理的重要一环,在策划的实施过程中,针对各管理要素,制定相关制度坚持与监督要求及周期,定期检查,发现问题及时反馈整改,从而促进各策划点不断提升不断改进,从而实现策划落地。

四、管理效果评价

1. 技术管理需复合型技术人才,对现场施工了解,懂得成本管控

项目技术管理工作是一项复合型综合管理工作,技术管理人员必须对现场清楚、了解,同时也必须有成本意识,既可以满足现场施工需求,又能为项目节省一部分支出。

2. 多替业主着想

施工过程是一个团结协作的过程,施工单位与业主虽属于两个单位,表面看似是两个冲突的关系,其实也是相互依托的关系,业主和施工单位的一个共同目标就是把项目做好。在施工过程中,项目部多从业主角度进行思考，为业主着想，提出好的想法既为业主解决问题，也为自己施工创造了好的条件。

3. 团结协作，坚定目标

在项目施工过程中，项目技术部与其他部门必须团结在一起，有问题一起商量，有好的想法提出来，为项目大商务体系及建设共同努力。

4. 创效点满足公司目标要求

通过技术策划，项目共计完成创效点8个，同时完善商务策划，促进项目大商务体系的建立。

攻坚克难 打造一流项目 开拓创新 铸就精品工程

——中国建筑第八工程局有限公司华都中心项目

胡 洋 张建华 王克岩

【摘 要】 华都中心项目地处北京市朝阳区东三环亮马河之滨，与使馆区隔河相望，周边为燕莎友谊商城、凯宾斯基酒店、昆仑饭店等高档场所组成的高消费商业圈，地理位置优越。项目包含高档写字楼、精品酒店、当代艺术博物馆三个业态，是典型的大型城市综合体项目。险要的地理位置和高标准的项目定位，造成工程实施过程中诸多管理和技术难点，项目部通过精心策划、精细管理、钻研攻关、科技创新，圆满完成了施工任务，实现了项目目标，取得了良好的经济效益和社会效益。

【关键词】 城市综合体；清水混凝土；BIM技术

一、项目成果背景

1. 项目简介

华都中心项目总建筑面积22.86万 m^2，地下4层，地上4个单体，分别为办公塔西塔（23层、124.86m）、办公楼东塔（11层、65.15m）、酒店及办公塔楼（22层、120.3m）、一栋当代艺术博物馆（3层、20.9m）。三座塔楼均为框架-剪力墙结构，外幕墙为玻璃幕墙和石材幕墙，美术馆含东西两个核心筒，外墙为双层双面清水混凝土。

2. 工程背景

华都中心项目，系由泰宏集团携手首旅集团，在北京中心区域，打造地标式商业综合体项目。包括面向跨国公司及高端零售业的国际甲级写字楼、国际顶级精品宝格丽酒店以及一座由现代建筑大师安藤忠雄设计的当代艺术博物馆。项目定位高，内容复杂，施工难度大，同时，在业内也具有较高的影响力。

3. 行业背景

2011年，住房城乡住建部印发《2011—2015年建筑业信息化发展纲要》，要求"十二五"期间，加快建筑信息模型（BIM）技术在工程中的推广应用。我公司也在新承接的项目中逐步开始了BIM技术应用的探索与实践，华都中心项目因其本身的高难度与复杂性，成为BIM技术应用的优良载体，项目初期即被确立为我公司首批BIM技术推广应用项目。

4. 设计背景

"华都美术馆"是继上海保利大剧院之后，建筑大师安藤忠雄在中国的第二个作品，基于前一次的成功经验，设计师在设计方案上做了新的尝试，施工难度也随之大大增加。

二、项目管理及创新特点

1. 工程项目的管理难度

（1）本工程地处北京市核心区域，周边可利用场地狭窄，基坑北侧和东侧靠近用地红线，基本没有可利用的场地，南侧及西侧可利用场地7~17m。现场无环形道路，无工人生活区，材料堆场及加工厂设置受限，市内运输道路拥堵，材料进出场时间、路线受限。如何合理安排施工组织，是本项目管理重点。

(2) 美术馆单体由建筑大师安藤忠雄设计，艺术造型独特。B2层～F3层的部分构件采用清水混凝土，主要包括清水墙、清水楼梯、清水独立柱、清水挑板等。其中空间锥体曲面清水混凝土复合保温双墙为首次尝试使用，无成熟施工工艺。如何高质高效的完成清水混凝土施工，是本项目技术难点。

(3) 作为较早的一批BIM技术推广应用项目，如何有效的利用BIM技术，在工程实践中发挥作用，提升项目管理水平，为项目创造效益，是本项目管理、技术难点。

(4) 项目包含三种不同业态，涉及专业繁多，参建分包单位40余家，如何做好总承包管理，确保项目有序运行，是本项目管理的重点和难点。

(5) 项目地理位置敏感，与使馆区隔河相望，施工过程中安全文明施工及绿色施工要求高。项目拟创"北京市绿色施工安全文明样板工地""LEED金奖认证"等奖项。如何保证项目安全平稳运行，完成创奖目标，是本项目管理重点。

2. 项目管理创新

(1) 项目前期编制项目管理策划，确立管理目标，明确职责分工，建立项目组织架构，各参建方沟通机制，项目各部门工作流程。确保各方、各部门沟通顺畅、工作高效。切实做好总承包组织、管理、协调、配合、服务等各项工作

(2) 围绕项目总进度计划，编制现场平面布置、深化设计计划、样板策划、安全文明样板工地实施策划、绿色施工策划等分项策划。面对繁杂的施工内容、高标准的管理目标、首次接触的工作任务等，做到有章可循、紧而不乱，确保整个项目平稳有序运行。

(3) 编制BIM技术应用策划，摸索BIM技术在深化设计、碰撞检测、图纸会审、方案模拟、现场平面布置、异型结构施工、各专业协同作业中的实践应用。

(4) 成立清水混凝土科技攻关小组、马鞍形空间曲面钢屋盖科技攻关小组、QC质量管理小组等，深入进行课题研究、重难点攻关、成果总结等工作，以确保项目施工任务顺利完成。

三、项目管理分析、策划和实施

1. 总承包管理

(1) 总承包组织结构及职能分工说明

➢ 由项目经理、总工和主管生产、安全、商务的副经理组成项目领导小组，作为整个项目运转的核心，领导各部门、各分包队伍日常工作。

➢ 各分包队伍，通过工程部与项目其他职能部门形成矩阵式结构：所有技术指令、质量安全检查整改、各项资料传递等，均通过工程部与分包队伍对接，并由专业工程师监督现场实施。

➢ 针对专业性较强的分包，设置有相应专业经验的专业工程师，专门管理，以加强总包管理的深度和专业程度。

(2) 技术管理方面

总包技术部对各专业分包的施工组织设计和施工方案均进行了审核，根据我方的施工经验，给出优化意见。如东西塔北侧幕墙斜屋面灯槽防水节点复杂，幕墙与设计单位不能找到有效的防水做法，我单位作为总承包单位根据施工经验和发挥公司技术资源，协助设计和幕墙单位解决此防水做法。

(3) 质量管理方面

项目质量部在做好常规质量管理之上，重点关注各专业之间作业面的交接和互相的成品保护：下一道工序的施工队伍参与上一道工序的质量验收，做好交接资料，既是对施工质量更好的监督，又避免了互相扯皮现象的发生。

组织成立成品保护小组，各专业分包安排专人每日巡视并形成记录，检查成品保护方案落实情况，监督各家施工过程中的成品损坏行为。

(4) 安全文明施工管理

1) 安全教育和应急演练：

进场人员必须经过安全教育，各项资料齐全后，由项目部统一办理门禁卡，否则一律禁止进入施工现场作业。

根据季节变化、施工部位变化、安全事故高发期等，组织具有针对性的应急演练。如防汛演练、消防演练等。

2) 安全检查和奖罚措施：

在月检、周检和日常巡检之外，项目定期对各分包的机械设备、消防设施、临时用电等进行专项检查，对发现的问题立即整改，不留隐患。

对工人现场吸烟、不佩戴安全帽等，采取小额现金处罚，（不超过50元），既减小工人的抵触情绪，又确保达到警示作用。

3) 文明施工管理：

对施工现场内所有专业分包单位进行文明施工责任区划分，明确责任楼层，在做到工完场清的同时保证责任楼层的清爽。

(5) 物资管理

项目部通过对场地内场地的精细划分，并就物资设备进出场及场地使用制定了"事前有申请——事中有管控——事后明奖罚"的总包管理规定，以制度的形式报请业主、监理及各分包共同审批后实施，避免了"总包管理靠人管，管理奖罚无依据"的弊端。项目各分包进出场均执行进场审批、出门会签制度，场地管控也较为有效，做到场地内总分包物资24h周转到位，基本无积压。制度保障起到了明显的作用。

项目部设身处地的为分包着想，就塔吊的延续使用、钢管支撑体系的转交利用、罐装砂浆使用等方面起到了总包的服务作用，得到了分包单位及业主对我企业总包管理的一致认可。同时，从这3个方面做到了费用分摊，节约了项目成本，在做到总包服务的同时，达到了共赢的效果。

2. 科技攻关

项目通过交流学习、专家讲座、实验样板、开展质量QC小组活动、推广应用新技术等方式，对各项施工难题，逐一攻关，寻求最优解决方案。

(1) 空间异型饰面清水混凝土复合保温双墙

锥体曲面部分长53.88m，高10.20m，锥体底面半径17.8m，弧长8.074m，整个曲面部分呈10.8°斜放，与空间坐标轴成一定夹角，200余块弧形模板尺寸无一重复，采用传统方法无法下料制作模板。

利用三维模型，提取每一条弧形背楞的数据，结合数控加工技术，提高模板制作精度。利用信息模型空间定位测量技术，提高内外错位螺栓的安装精度。

(2) 斜面清水混凝土QC质量小组活动

清水斜墙施工时通过改进混凝土配合比，在钢筋网架内架设振捣棒运行轨道改善振捣条件等辅助振捣措施，解决斜墙表面气泡过多的问题。

(3) 马鞍形曲面钢屋盖

马鞍形曲面钢屋盖采用单层焊接钢网壳结构，节点为米字型，主要杆件为75mm×200mm×6mm钢方通，跨度约14.3～27.5m，长度82m，采取节点现场拼接工艺，通过高空拼接、分段安装、分级卸载、对称焊接、严控环境温度等措施确保了网壳结构一次安装成功。

并通过MIDAS软件模拟网壳结构体系卸载加载过程，对已安装构件进行分级静力预加载试验，验证了结构的安全性。

3. BIM技术应用

华都中心项目BIM技术应用主要分为两个方面：作为施工方的施工应用和作为总承包方的项目管理。

复杂节点、施工方案模拟：将复杂节点、施工方案在电脑中预演，提前发现可能在施工中遇到的问题并解决，使得技术工作更加严谨，方案可操作性更强。方案编制完成后，得到的方案模型，还继续发挥作用：面向施工人员的三维技术交底；面向领导的三维汇报；面向专家的论证决策依据。三维模型的使用，保证了针对知识水平不同、对项目了解程度不同的参与人员，均能达到信息传递快速、准确，沟通顺畅。

异型结构施工：对于三维的异型结构，在模型中可以直接读取任意点的空间坐标，便于现场测量定位；模架体系由施工方自行设计，BIM技术在异型结构模架体系的设计中，给予较大便利。

优化现场布置：利用BIM技术，建立施工现场模型，管理人员直接通过模型讨论现场平面布置。平面布置模型与传统平面布置图相比，优势如下：在场地模型中链接结构模型，现场布置与结构主体关系更加清晰；信息表现更直观，管理人员沟通过程更加顺畅，大大提高工作效率。

各专业协同工作：由总包方组织，业主、各顾问公司、设计院、专业分包共同组成BIM工作小组，进行工作营实践，各参建方、各专业达到了很好协同作业。

四、管理效果评价

1. 取得成果

截至目前，本工程已取得结构长城杯金奖、北京市绿色安全文明样板工地、美国LEED金奖认证等7个奖项。

项目2014年参加了由中国建筑业协会主办的"2014年度中国建筑业建筑信息模型（BIM）邀请赛"，荣获"卓越BIM工程项目奖（二等奖）"。

项目科研课题"空间异型饰面清水混凝土施工关键技术研究及应用"通过"北京市科学技术成果鉴定"；项目整体通过"北京市新技术应用示范工程"验收，均鉴定为国内领先水平。

本工程累计发表11篇论文、获得3项省级工法、授权14项实用新型专利，受理2项发明专利，参编1项北京市地标建筑。

2. 经济社会效益

工程实施过程中，项目部通过一系列的项目管理创新与技术研究，取得良好的经济效益，同时，提升了企业在清水混凝土、异型结构等相关领域的技术水平，扩大了企业社会影响力和市场竞争力。

提高管理　强化质量意识　建百姓满意用房

——北京建工集团北京建工四建工程建设有限公司石榴庄自住房项目

许秀冬　王兰鸽　王伟　徐锦程　李金龙　薛进才

【摘　要】 本工程为石榴庄自住房项目，是鲁能集团在北京开发的保障性住房项目，计划总工期518天。自住房质量关系到799户业主的切身利益，是百姓关心的热点。建好百姓住房，使业主满意是我们建房人的责任。项目部经过确立质量目标，加强过程管理、成立专职实测实量小组实行工序间实测实量的措施，实现了既定质量目标。得到丰台区建委和建设方的好评。赢得了甲方的信任，年轻人从中得到了培养锻炼，同时该工程也取得了很好的社会效益。

【关键词】 精心策划；实测实量；落实制度；保障品质

一、工程概况和成果背景

1. 工程概况

石榴庄自住房工程项目位于北京市丰台区石榴庄路与榴乡路交叉区域。建筑面积78644.84m²（其中2号楼28494.83m²，3号楼50150.01m²），地下4层，地上29层，建筑檐高80m。现浇剪力墙结构，地基基础为CFG桩筏板基础。本工程地下基坑深度最深达−16.81m；地下防水工程是本工程的难点之一。外装修为外墙外保温，四层以上是涂料，四层以下是干挂陶板。

本工程是丰台区重点自住房项目，可容纳799户居民，是丰台区住建委重点关注工程，质量要求高。鉴于以往保障房项目品质低、质量差、业主投诉率高，百姓对保障房项目不满意的情况。项目部制定了提高管理水平、强化质量意识、强化过程质量控制、建百姓满意用房的方针策略。确保工程质量达到北京市结构长城杯以及北京市绿色文明标杆工地的目标。

2. 选题理由

本工程地处北京市南三环，社会对施工环保、消防保卫、工程安全质量、施工管理要求极为严格。本工程体量大、甲方质量要求严格。在承接石榴庄项目时鲁能集团在合同中提出：工程质量第三方实测值不低于95分。工程竣工业主投诉率平均每户不超过0.5条，保证地下室、卫生间、屋面、外窗零渗漏。否则按合同额的百分之一罚款。百分之一的罚款相当于600万。项目部感到压力很大，鉴于建筑市场竞争日趋激烈，质量要求越来越高的趋势，企业生存发展需要提高在市场的竞争能力。国企公司应该在建筑市场中建立自己的品牌，树立良好的质量口碑环境。经过项目部的努力顺利地完成了各项指标，赢得了各方好评。

二、项目实施时间及管理目标

1. 实施时间

本工程于2014年11月1日开工；2017年5月31日工程顺利通过五方竣工验收（表1）。

项目实施时间表		表1
实施时间	2014年11月1日～2017年5月31日	
分阶段实施时间表		
管理策划	2014年11月～根据各时段节点不断调整	
管理实施	2015年1月～2017年4月	
过程检查	2015年1月～截至工程竣工的全过程	
取得效果	各阶段性节点～2017年5月	

2. 质量目标

达到合同标准，工程一次验收合格率100%；确保北京市结构长城杯，争创北京市绿色安全样板工地；工程保证零渗漏。

安全文明施工目标：因工死亡、重伤和重大机械设备事故率为零，轻伤事故率控制在3‰以内。

3. 环保目标

噪声、扬尘、遗撒、三废（废气、废水、废渣）排放达到环保要求。达到"四节一环保"的目标，争创北京市绿色文明施工要求。

4. 经营目标

合同履约率100%，成本降低率1%。

三、管理重点和难点

（1）工程质量目标高。建设方对工程质量要求高，工程质量第三方实测值不低于95分。建设方每月检查一次、第三方每季度检查一次。工程竣工业主投诉平均每户不超过0.5条，保证地下室、卫生间、屋面、外窗零渗漏。

（2）工程规模大和专业复杂：工程规模大、工程类型多。本工程既有住宅、办公商业楼、又有别墅，管理难度大。工程包括暖通专业、给水排水、楼宇消防、强弱电专业、电梯。

（3）施工场地狭小、深基坑。

（4）环保、安全管理、绿色施工要求高。

四、项目管理策划、实施及风险控制

1. 制定质量控制目标，确保工程质量百姓满意

（1）明确质量目标，落实质量制度

工程开工伊始项目部就制定了建放心房，让业主满意的主导思想，争创北京结构长城杯。针对质量目标编制相应的项目质量计划、创优措施，成立专职实测实量小组，进一步落实"三检"制、质量分析会制、挂牌施工制、成品保护制、样板引路制等质量保证制度，按照过程精品，动态管理，节点考核，严格奖罚的原则，确保每个分项工程验收达到优良，确保质量目标的实现。

（2）坚持"方案先行，样板引路"制度

编制专项施工方案，对施工重点、难点部位、重点工序编制专项施工方案。施工方案编制进行的程序：方案提出→研讨→编制→审核→修改→定稿→交底→实施→检查落实。

组织相关人员进行方案的研讨和交底，力求方案的严谨可行。通过对图纸和方案的交底施工人员对施工部位的认识更清晰明了，真正做到了心中有数，提高了施工水平。编制"样板制作"计划表，明确样板施工部位，包括结构施工样板，安装样板，设备、电气预留、预埋及装修样板间等，结构工序样板以充分表现典型的钢筋绑扎、模板支撑和拉结、混凝土成型后的观感质量状态。

对影响工程质量的工序在施工前先制作样板，根据工程进展先后制作了钢筋加工样板、钢筋绑扎样板、模板支设样板、混凝土（包括施工缝）样板、砌筑样板、房间套方抹灰等样板。要求劳务队在施工

前必须先做样板，通过样板制作在施工工艺、质量标准、材料使用、施工管理方面对劳务队起到了实体指导作用。样板制作完成由技术负责人组织相关人员对样板进行考评，提出改进意见完善后作为验收工程的标准。

各分部分项工程施工前，组织相关人员对样板施工的技术、质量、安全、文明施工进行交底，使施工人员增强质量意识，注重细节的施工质量，熟悉施工工艺要求。

在该项目施工中我们做了十几个工序样板和实物样板，对施工起到了很好的指导作用（图1）。

图1　样板引路

（3）强化质量预控、过程控制

施工前对工程重点、难点及关键部位进行深化、细化、提前放样，编制好详细的施工方案，做到事先有预控。我们重点对屋面工程、分户墙砌筑、地面排砖等进行重点深化设计。施工中加强过程控制，并以优秀工程标准作为项目验收标准，管理人员在跟班作业中按此标准进行过程检验。

项目部成立了由四人组成的专职实测实量小组，实测实量由质量主管负责，技术部门负责技术指导。

实测实量小组由最初对成品进行实测实量增加到对过程中影响施工质量的工序进行实测实量。如在模板支设过程中对墙体模板的垂直、平整、截面尺寸，对顶板模的标高、平整、板厚控制等进行实测实量。在抹灰前对房间的方正、垂直、平整进行实测实量。实测实量数据及时反馈到施工班组和生产管理人员，对不合格的点位及时修理直至合格。

质量管理人员对实测实量数据进行分析，召开劳务班组质量分析会，找出原因提出解决办法。技术人员根据实测数据分析提出改进措施。

实测实量数据经过分析整理后在项目质量周报上发布、对质量状况进行通报。实测实量数据也作为项目部对施工管理人绩效考核依据，同时也作为对劳务队的结算依据。对实体建筑实测实量分值未达到预期目标的，在当期的劳务费中进行扣除。经过一段实践后施工质量有明显提高。

通过实测实量、过程管理促进了工程质量的提高，实测实量分值由最初的84～86分逐渐增加到96、97分。在鲁能北京大区40多个项目检查中由最初的排名20多名逐步提升到稳居前5名内，得到建设方的好评（图2）。

（4）强化关键节点控制，分析确定质量控制点，确保重点部位质量

结构工程的截面尺寸、垂直度影响到结构受力，是必须要严控的质量关键点。墙面平整度关乎装修质量。结构施工质量控制的主要对象是混凝土墙的垂直、平整和截面尺寸，顶板的标高、板的厚度及平整度。施工过程中重点展开对墙体模板的垂直、平整和截面尺寸实测实量和顶板的标高、平整、板厚的

图 2 实测实量工作

实测实量。在实测实量过程中劳务班组质量人员参与实测实量,发现问题及时改正,直到满足质量标准为止。

在拆完模板后及时对混凝土墙体、顶板进行实体检测。将检测数据标识在墙体实测位置。对发现的问题进行总结分析归类,属于操作问题由劳务人员整改,由于措施不到位出现的问题由技术部门提出整改措施。

二次结构主要是对砌筑及构造柱的墙面平整、垂直度进行实测实量,对构造柱的模板进行量测控制。通过加强过程质量管理、重点质量控制和实测实量,使结构施工质量有了大幅度提高。结构的截面尺寸控制合格率在 95%~100%。墙面的垂直度控制在 96% 以上,平整度控制在 95% 左右。

在室内装修阶段我们重点控制了房间的开间尺寸、房间的方正度,阴阳角、门洞口方正、顶板标高、顶板极差。实测实量在冲筋阶段即开始进行。墙面抹灰时对墙面的清理、润湿、粘贴网格布、抹灰厚度等环节加强检查控制,减少了墙面空鼓开裂等质量通病。

装修腻子施工过程中全面对房间开间、进深尺寸、墙面垂直、平整、阴阳角方正、门窗洞口方正尺寸、顶板标高、顶板标高极差跟踪进行实测实量,将不合格点进行标注,施工人员及时修理从而提高了房间的装修质量(图3)。

图 3 实测实量现场交底

(5)加强沟通协作,贯彻质量第一的原则

由于工期紧,质量要求高,施工过程中总有不合格的部位,劳务队为赶工期总想蒙混过关。但质量问题一经查出,项目部要求施工班组无条件修理或返工。生产和质量管理人员及时互相沟通,对出现的质量问题齐抓共管。

(6) 通过例会制度对工程质量进行监督、督促

项目部每周召开生产例会、技术质量例会，安全文明施工例会，每周进行安全文明联合专项检查、工程质量联合检查。甲方每周通过监理例会对检查出的问题进行通报，项目部对提出的问题及时整改。各项例会的开展对落实项目质量、安全文明及绿色施工管理各项规章制度起到推动和督促作用。保证了各项质量措施的实施（图4）。

图 4 质量例会

(7) 积极推广应用新技术、新工艺、新材料，发挥科技示范工程的作用

在结构施工中部分单元使用铝模板，对于质量提高也起到了推动作用。在模板的支撑体中采用了盘口架子，加快了施工进度（图5）。

图 5 铝模板支撑

(8) 建立由承建各方、业主和监理组成的计算机网络系统，统一配备项目管理软件，建立施工现场远程监控网络等，发挥科技的作用，实现对工程质量和进度的动态管理。

通过网络、微信建立信息交流平台。项目部建立了各种信息平台，计算机网络信息平台，管理人员配备计算机建立工作信息交流平台。微信通信平台，项目部建立有技术质量信息平台、安全生产管理平台、行政管理平台、项目管理班子微信平台、二维码安全管理平台。甲方、监理项目部相关人员交流平台。管理人员和劳务队的微信平台。通过网络、信息、微信、照片等对现场质量、安全等情况及时反馈到相关管理人员，采取相应措施进行整改。促进了质量的提高。

2. 施工进度控制

(1) 建立完善的生产保证体系，明确职责与分工、建立奖惩制度

制定总进度控制计划，找出各分部分项工程关键点和关键线路，做为控制重点，按月检查实施情况、实施奖惩，以确保工期目标的实现。项目部建立一系列现场制度，诸如工期奖罚制度、工序交接检制度、施工样板制、大型施工机械设备使用申请和调度制度、材料堆放申请制度、总平面管理制度等。

(2) 科学合理安排施工先后顺序

工程项目采取四级计划进行工程进度的控制，除每周与相关各方的工作例会外，每日召开各分包的日计划完成情况和计划协调会，以解决当日计划落实过程中存在的矛盾和问题，确保证周计划的完成。通过周计划的完成保证月计划的完成，通过对月计划的控制保证总体计划的实现。

1) 一级总体控制计划

根据总计划明确各专业工程的阶段目标，对各相关承包商提出工期要求，采用计算机进行计划管理，及时调整对各专业工程计划实施监控及动态管理。

2) 二级进度控制计划

对各专业的阶段目标分解成具体实施步骤，以满足一级总体控制计划的要求，对该专业工程进度进行组织、安排和落实，有效控制工程进度。

3) 三级进度计划

以二级进度计划为依据，进一步分解二级进度控制计划进行流水施工和交叉施工的计划安排，具体控制每一个分项工程在各个流水段的工序工期。

4) 周、日计划

采用横道图的形式做周、日计划，计划随工程例会下发管理人员，并进行检查、分析和计划安排。通过日计划确保周计划、周计划确保月计划、月计划确保阶段计划、阶段计划确保总体控制计划的控制手段，使阶段目标计划考核分解到每一日、每一周。

(3) 实现进度计划的措施

1) 发挥综合协调管理的优势，对各专业承包商进行有效的组织、管理、协调和控制，以合约为控制手段，以总控计划为依据，发挥综合协调管理的优势，调动各分包商的积极性，使各独立承包商密切合作和相互配合、相互支持，尤其是交叉施工的合理有效衔接。

2) 建立例会制度，保证各项计划的落实

计划管理是项目管理最为重要的手段，定期召开经理部部门经理以上人员会议，协调内部管理事务；每日下午召开生产例会，总结日计划完成情况，提出次日计划；每周召开经理部、甲方、监理三方例会，分析工程进展形势，互通信息，协调各方关系，制定工作对策。通过例会制度，使施工各方信息交流渠道通畅，问题解决及时。

3) 加强对施工详图设计的协调工作

这是保证工程质量和进度的关键，在工程中由技术人员全面负责图纸深化设计、施工详图设计和综合图的设计。

4) 加强与政府和社会各方面的协调

努力与各方形成良好的社会关系，在施工过程中，外界影响生产的因素很多，设置专门的负责人和行政部门，加强对公安交通、市政、供电供水、环保市容等政府机构和单位的协调，取得政府及相关部门机构的支持，同时加强和周边居民的交流，把扰民工作做在开工之前，为保证施工生产的正常进行创造良好的外部环境。

5) 加强甲方、监理、设计方的合作与协调，积极主动地为甲方服务

与甲方、设计、监理以及各独立承包商之间建立起稳定、和谐、高效和健康的合作关系，加强工程各方的配合与协调，使现场发生的任何问题能够及时快捷地解决，为工程创造出良好的环境和条件。

3. 安全风险控制

在施工中，始终贯彻"安全第一、预防为主"的安全生产工作方针，认真执行国务院、住房城乡建设部、北京市关于建筑施工安全生产管理的各项规定，重点落实北京市建委、北京市劳动局发布的《建筑施工现场安全防护基本标准》，把安全生产工作纳入施工管理计划中，使安全生产工作与生产任务紧密结合，保证职工在生产过程中的安全与健康，严防各类事故发生，以安全促生产。

（1）深基坑是本工程的风险控制之一

本工程地下基坑深度最深达－16.81m，保证深基坑在基础施工期间的安全稳定是项目部制定安全措施之一。项目部制定专项施工方案对基坑进行专人监测，施工期间每天做位移、沉降观测，当基坑变形值超过控制值且不收敛时（不收敛的标准：连续三天位移超过大于3mm/d），应及时分析原因采取补救措施。

做好应急预案，特别是应急技术措施、建立健全应急防范工作制度，使安全工作落实到人，严格执行有关安全防护工作规定。

（2）高空作业安全防护是风险控制之二

在施工前项目部对施工作业可能出现的安全隐患进行分析、找出危险源、甄别筛选重大危险源然后制定专项作业安全防护方案，对管理人员进行交底，并对施工班组进行安全交底。

在施工过程中按照总体计划的要求，制定各分项工程穿插施工计划，在不同高度组织不同工序的施工，保证各工序间有足够可靠的安全距离。

加强安全巡视，做好安全施工的紧急预案。强化安全生产管理，通过组织落实、责任到人、定期检查、认真整改，实现杜绝重大伤亡事故、重伤事故、火灾事故和人员中毒事件的发生，轻伤频率控制在3‰以内的工作目标。

4. 项目部安全管理措施

（1）安全技术交底制、班前检查制、验收制、安全活动制、定期检查与隐患整改制、特殊工种证书、年审制、安全生产奖罚制与事故报告制。

（2）建立安全生产责任制。项目经理部安全管理负责人与各施工单位负责人签订安全生产责任书，使安全生产工作层层负责，责任落实到人。

成立以项目经理为组长的安全领导小组，负责施工现场安全生产工作的领导与协调。强化管理措施，做到"三个到位"和"三个一样"。"三个到位"即：项目经理安全值班到位、安全管理人员旁站监督到位、外施队负责人现场管理到位。"三个一样"即一样的标准、一样的检查、一样的管理。

5. 工地绿色环保

项目工程地处南三环属市中心地带，环境保护要求极为严格。对噪声、扬尘、污水、垃圾都有严格控制，对施工造成很大困扰。项目部根据北京市绿色文明施工要求逐条采取应对措施，对土方施工的裸露部位、扬尘、施工噪声、建筑垃圾、生活垃圾都一一采取防范措施。面对工期紧北京对雾霾天气多，恶劣天气禁止施工，项目部在生产安排上做到早计划、早安排、勤调整。

（1）文明施工目标

对整个施工现场进行形象设计，达到市级"文明安全工地"标准。

（2）环保管理组织

由项目经理全面负责环保管理工作，环保部门行政领导负责具体落实，各级生产部门负责本部门所管辖生产区域的环保工作。加强环保、宣传工作，使环保意识深入人心，提高环保自检和内业资料的整理水平。

（3）环保与文明施工措施

1）建立健全环保工作制度，使环保工作落实到人，严格执行有关环保工作规定。

2）加强环保、宣传工作，使环保意识深入人心，提高环保自检和内业资料的整理水平。

3）使用低噪声机械，杜绝大噪声作业。如购置低噪声振捣器、低频通风口等，保证噪声白天不超过 70dB，夜间不超过 55dB。

4）采取有效的防尘措施：

易飞扬的材料严密保管，现场定人定点洒水、喷雾、降尘。

5）生产污水处理：搅拌机及混凝土泵刷车水，在搅拌机旁设二阶沉淀池，现场共设 3 个。刷车水必须经过沉淀池方可排出场外；乙炔瓶等废水按规定设置隔油池、不随意排放；各种所需油料集中存放并采取防渗、防流失措施；生活污水：主要指厕所排放的污水。在厕所附近挖足够容量的化粪池，污水经化粪池后定期排放。

6）项目部购置了电子检测设备，对大气、噪声、污染实行即时监测并显示在电子屏幕上。

7）为使工程顺利进行，设立扰民工作小组，做周围群众的思想和安居工作，最大限度减少扰民对施工的影响。

8）施工现场垃圾处理

在施工现场设立统一的垃圾站，所有施工垃圾首先进行筛选，将有用的回收利用，混凝土渣土做施工现场道路、暂设、材料场的垫层用，其他垃圾一律装袋，堆放在垃圾站，统一及时运往市政垃圾站。

五、经济效益

本工程为低价中标项目。甲方为控制该项目成本要求零变更。项目部在生产经营中技术、商务、生产紧密协商配合。注意在施工中发现二次经营的目标，随时提出索赔的依据。

本工程屋面为上人屋面防护栏杆原设计为不锈钢栏杆，但清单标价每延一米仅为一百余元，实际市场价为其价位的数倍，2 号、3 号楼屋面栏杆约为几百米仅此一项就亏损几十万元，但该栏杆设计有一个严重缺陷栏杆高度不符合强制性规范的有关规定。技术人员抓住该点要求更改设计，经过设计变更，挽回了该项亏损。

本工程地面垫层设计采用了一种轻质隔音、保温、减震新型材料。项目部经过制作地面垫层样板后发现该种材料有开裂现象。项目部技术人员及时对该种材料做了市场调研，发现凡是使用该种材料未做面层的工程均发生了开裂。于是技术人员及时向甲方提供了调研结果并建议补救，经过补救后地面垫层未发生开裂，甲方业主均很满意。同时也为项目部挽回约两百余万元的损失。

本工程为剪力墙结构，内墙有很大一部分连锁砌块，两种墙体厚度不一致，但内装修墙面做法仅为 2mm 厚的腻子，在砌块上刮抹 2mm 腻子肯定满足不了验收条件。我们据理力争但甲方设计部人员出于不同考虑还是不同意更改，经过技术、商务与甲方多次协商终于同意给出抹灰费用，据此该工程我项目部基本做到不亏损。

六、管理效果评价

通过建立质量目标、严格质量管理、加强过程管控，建立实测实量专职小组等项措施，提升了石榴庄 2 号、3 号自住房项目的质量品质，真正做到了百姓满意，业主放心。得到了丰台区住建委的好评。该项目经过自竣工两年以来经过了两个雨季未发生渗漏，交房以来未接到业主的投诉。取得良好的社会效益。

本工程结构质量获得了 2015 年度北京市结构"长城杯"金杯。该工程项目连续获得 2015 年度北京市绿色安全样板工地；获得 2016 度北京市绿色安全标杆工地；获得北京建工集团 2017 度优质住宅工程；在 2015 年经市住建委推荐参加了住建部全国行业检查获得了第二名的成绩。获得鲁能集团 2017 年度优秀供应商。

精细管理 绿色施工 降本增效

——北京六建集团有限责任公司北京市通州区宋庄镇二类居住及商业金融用地项目

包 博 史鹏威 王瑞云

【摘　要】北京市通州区宋庄镇二类居住及商业金融用地项目，由6栋花园洋房及地下车库组成，在建设过程中项目制定各项管理制度、细化分工、技术优化等一系列措施，通过各种措施的实施保证工程效益，严格过程控制，优化细节处理，从而圆满完成各项施工任务，取得良好效果。

【关键词】花园洋房；精细管理；高效创优

一、成果背景

1. 工程概况

北京市通州区宋庄镇二类居住及商业金融项目11号住宅楼等7项（北京市通州区宋庄镇二类居住及商业金融用地项目）工程位于北京市通州区宋庄镇。

本工程为花园洋房式住宅，建筑高度17.7m，地上6层，地下2层，总建筑面积54177m^2（其中地上建筑面积为40465m^2，地下建筑面积为13712m^2，首层建筑面积为6877m^2）。基础形式为筏板基础，结构形式为框架剪力墙结构。标准层柱网尺寸为12m×5.8m，抗震设防烈度为8度，设计使用年限为50年；本工程地下二层为储藏间，地下一层带下沉小院，地下二层与车库相连；住宅共计31个单元，186（套）房间，户均建筑面积为260m^2（图1）。

图1　效果图

二次结构墙体采用BM连锁砌块、100厚轻质隔墙。外墙采用文化砖、真石漆及氟碳金属漆，墙体保温采用80mm模塑聚苯板及岩棉板，平屋面保温采用50mm挤塑聚苯板，坡屋面保温采用60mm挤塑聚苯板。地下一层顶棚主要60mm无机纤维喷涂。本工程为地采暖系统。

主要参建单位如表1所示。

参建单位表　　　　　　　　　　　　　表1

序号	项目	参建单位	序号	项目	参建单位
1	建设单位	北京旭辉阳光置业有限公司	3	监理单位	建研凯勃建设工程咨询有限公司
2	设计单位	上海斐建建筑设计有限公司	4	施工单位	北京六建集团有限责任公司

2. 选题理由

本工程为花园洋房式住宅，针对本工程结构复杂、场地狭小、合同清单价格风险较大等特点、难点，项目部进行分析，建立各项管理制度，以规范项目的管理，明确人员分工。最终满足业主对工期、质量的要求，实现项目的经济效益目标。

3. 实施时间

本工程自2013年3月10日开工，到2014年11月15日顺利通过四方竣工验收。根据工程建设工期要求，工程实施时间如下：

实施时间：2013年3月～2014年11月

管理策划：2013年2月～2013年3月

管理措施实施：2013年3月～2014年10月

过程检查：2013年3月～2014年9月

取得效果：2013年3月～2014年11月

4. 建立年轻化项目管理团队

本工程开工伊始按集团及公司要求成立了以项目经理为首，其他专业管理人员组成的项目管理团队，项目部人员最高峰达到30余人（平均年龄30岁）。

二、项目管理及创新特点

1. 管理难点及重点

（1）管理重点

针对结构较复杂花园洋房项目，优质高效、保成本完成建设任务是项目管理重点。

（2）管理难点

1）合同清单价格风险较大

由于工程中标时间为2011年底，实际开工时间为2013年3月，间隔时间为15个月，尤其以人工工日单价涨幅明显，本工程根据公司商务合约部、总包部、项目部核算工程量后，结构工程（灰色为结构部分）总计工日为128673工日，装饰工程总计工日为47471工日，安装工程总计工日为58811工日。中标清单中人工工日价格：建筑工程按75元/工日，装饰工程按79元/工日，安装工程按58元/工日。截止到2013年3月北京市工程造价信息，人工费已上涨到：建筑工程93～97元/工日，增长幅度为24%～29.33%，装饰工程95～99元/工日，增长幅度为20.3%～22.79%，安装工程80～87元/工日，增长幅度为37.93%～50%，人工费存在巨大的亏损风险（表2）。

人工工日单价汇总表 表2

序号	日期	建筑	装饰（普通）	安装
		72元/工日	75元/工日	58元/工日
1	2011年8月	71～73	73～77	55～62
2	2011年9月	73～75	75～79	60～65
3	2011年11月	78～80	80～84	65～70
4	2011年12月	83～85	85～89	65～70
5	2012年3月	85～87	87～91	70～75
6	2012年4月	87～89	89～93	75～80
7	2012年12月	89～91	89～93	75～80
8	2013年1月	91～95	93～97	77～85
9	2013年2月	93～97	95～99	80～87
10	2013年3月	93～97	95～99	80～87
11	2013年4月	93～97	95～99	80～88
12	2013年5月	93～97	95～99	80～88

2）施工场地狭小

项目施工场地极为狭小，材料需分多批次进场，稍有不慎会导致材料供应不上，致使窝工。

3）结构复杂

本工程为花园洋房式住宅项目，外檐造型较多，挑檐、线条等较为复杂，施工难度大。

4）实测实量

本工程建设单位每年进行工程质量联检，建设单位要求实测实量综合评估分数要求较高。

2. 创新特点

本工程为花园洋房式住宅，场地狭小，外檐造型复杂。主要施工管理创新项目如表3、图2所示。

表3

序号	创新项目	技术攻关路线	绿色施工目标
1	路面施工技术	本工程施工场地狭小，不同施工阶段，现场将进行多次调整，材料堆放场地及道路硬化将造成极大浪费。考虑使用钢筋废料加工成钢筋网片，混凝土泵管余料回收后浇筑成混凝土预制块，用来铺设施工道路及材料堆放场路面，可循环使用	节材、节地
2	实测实量	在结构及二次结构施工期间，对混凝土、砌筑墙体、墙面腻子等表面平整度、阴阳角、垂直度、层高等进行实测实量，以保证施工质量	保质保量
3	悬挑脚手架技术	本工程施工场地狭小，采用悬挑式外脚手架。钢管强度为205.0 N/mm^2，钢管强度折减系数取1.00。双排脚手架，脚手板采用木板，荷载为0.35kN/m^2，栏杆采用木板，荷载为0.17kN/m，安全网荷载取0.0100kN/m^2。悬挑水平钢梁用16号工字钢，建筑物外悬挑段长度2.10m，建筑物内锚固段长度1.40m。悬挑水平钢梁采用悬臂式结构，没有钢丝绳或支杆与建筑物拉结。连墙件双扣件连接示意图如图2所示	节地
4	深化设计	本工程外檐造型复杂，挑檐、线条较多，施工图纸无法满足外檐施工需要，为保证住宅外檐整体效果，共深化线条共计60余项。专业分包按深化版图纸加工定做	节材、节工
5	加气混凝土砌块更换为BM轻集料连锁砌块	因本工程施工难度大、工期较紧，各部门协商并由材料部门询价后，经技术与商务部门与建设方多次谈判，建设方在图纸会审中同意我项目部使用BM轻集料砌块进行施工	节工、降低费用
6	安全防护标准化	临边防护、电梯防护等安全防护措施均采用标准化防护体系，由公司回收后可应用到其他工地，即节约材料又美观统一	节材

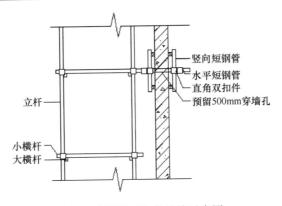

图2 连墙件双扣件连接示意图

三、项目管理分析、策划和实施

1. 管理问题分析与策划

统筹策划，运筹帷幄。本项目准备期间，按公司要求编制"项目策划""成本分析及策划"等一系列策划方案,后续施工中按各项策划,做到早部署早准备,确保完成公司指定的效益指标。施工进度计划如表 4 所示。

施工进度计划　　　　　　　　　　表 4

楼　　号	部位	开始时间	完成时间
12、13 号楼	地下室结构工程	2013-3-30	2013-6-29
	地上结构工程	2013-6-30	2013-9-29
	其中:斜屋面结构	2013-9-14	2013-6-29
	二次结构及装修	2013-8-30	2013-12-30
15、16 号楼	地下室结构工程	2013-4-22	2013-7-8
	地上结构工程	2013-7-9	2013-10-5
	其中:斜屋面结构	2013-9-21	2013-10-5
	二次结构及装修	2013-9-6	2014-1-6
	地下室结构工程	2013-5-2	2013-7-17

2. 管理实施

(1) 制定相关管理制度

1) 制定经济分析会制度:总结前一阶段及上一周所发生有关经济工作的落实情况,及明确下一阶段及下周的工作部署,并形成会议纪要,落实到部门,落实到责任人。

2) 合同及结算单转签制度:工程所有劳务、分包、材料、机械的合同在签订前均需由各部室主管及分管副经理转签检查,提出意见,避免因合同的订立与现场实际不符造成的问题与矛盾,在结算过程也是全员参与,使分包单位无缝可钻,有利于降低结算造价。

工程付款及结算单由各部室主管及分管副经理及项目经理审阅签字后,方可办理付款手续及结算业务。

3) 混凝土每周分析制度:过程实时监控,严格控制损耗量。每个部位浇筑混凝土时,均按预算部门按施工图纸计算混凝土数量向搅拌站申请混凝土,此项措施很好地控制了混凝土用量及因我方申请混凝土超量造成的损耗。

4) 物资采购制度:积极响应公司集中化管理,更好的控制现场材料浪费,做到开源节流。

(2) 施工过程管理

1) 坚决落实样板先行制度,工序样板必须经过施工单位、监理单位、建设单位三方共同验收合格后,签署样板验收记录,相应工序方可施工。未签署样板验收记录,分包方私自施工的工序,最终结算中不予认可。

2) 在结构及二次结构施工期间,对混凝土、砌筑墙体、墙面腻子等表面平整度、阴阳角、垂直度、层高等进行实测实量,以保证施工质量。对施工完毕的工序进行标识及签字交接管理,确保工序质量可追溯性,促进了各工序施工班组之间对彼此施工质量的监督,大幅度降低了维修和返工的概率。

3) 过程中严格实行检查制度;加强对原材料进厂检验和抽样实验的质量控制;通过检验批的质量控制保证单位工程的质量目标实现。

4) 施工现场门口设置公示牌,包括工程概况,施工现场管理人员机构牌,文明施工、消防保卫制度牌,环境保护、安全生产牌,施工现场平面图、消防平面图,并在关键部位设置安防监控。如图3,图4所示。

5) 在运送土方、垃圾、设备及建筑材料等物质时,不污损场外道路。运输容易散落、飞扬、流漏的物料的车辆,必须采取措施封闭严密,保证车辆清洁。施工现场出入口设置洗车池,及时清洗车辆上的泥土,防止泥土外带;土方作业阶段,采取洒水、覆盖等措施,达到作业区无肉眼可观测扬尘,不扩

图3 消防展柜示意图

图4 施工现场公示牌

散到场区外。雾霾天气时停止土方作业，现场竖立橙色预警牌，并增加洒水频率；施工现场非作业区达到目测无扬尘的要求。对现场易飞扬物质采取有效措施，如洒水、地面硬化、围挡、密网覆盖、封闭等，防止扬尘产生。

6) 场地狭小，不同施工阶段，现场将进行多次调整，材料堆放场地及道路硬化使用钢筋废料加工成钢筋网片，混凝土泵管余料回收后浇筑成混凝土预制块，用来铺设施工道路及材料堆放场路面，循环使用。

(3) 技术优化管理

1) 本工程为花园洋房，外檐造型复杂，保温线条种类繁多，施工蓝图无法满足施工要求，技术部门与建设方多次协商后，建设方同意由我方按施工蓝图绘制《外墙保温节点深化图》交由建设方审核并签字确认；

商务部门按建设方签字确认版《外墙保温节点深化图》及图纸会审统计保温线条总计57种保温线条，经与建设方商务部门多次协商核对后建设方商务部门按双方协商后价格给予确认保温线条综合单价；最终获得较好的经济效益。如图5、图6所示。

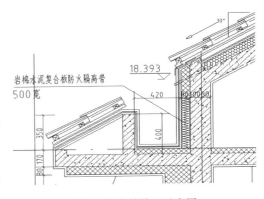

图5 深化前檐口示意图

2) 加气混凝土砌块更换为BM轻集料连锁砌块；因本工程施工难度大、工期较紧，各部门协商并由材料部门询价后（材料部门询价结果：加气混凝土砌块市场价约为220元，BM轻集料连锁砌块市场价约为165元），经技术与商务部门与建设方多次谈判，

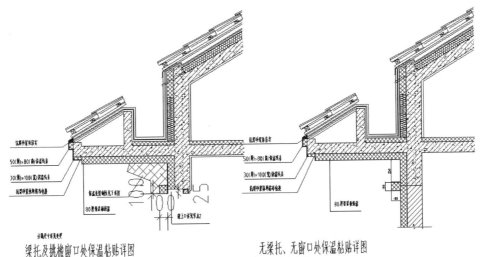

图6 深化后檐口示意图

建设方在图纸会审中同意我项目部使用 BM 轻集料砌块进行施工。BM 轻集料连锁砌块优点如下：

① 无需设置墙体拉结筋，节省钢筋；

② 转角、丁字墙、十字墙等部位均采用芯柱做法，无需支设模板，工序简单、节省工期；

③ 门窗洞口上部采用 U 形块兼做模板浇筑水平系梁，无需模板、节省工期；

④ 面层无需抹灰，可大大降低工程造价。

3）本工程施工场地狭小，采用悬挑式外脚手架。使主体结构出±0.00后及时回填土，使现场可堆放材料。

四、管理效果评价

1. 实现成本管理目标

本工程自开工至竣工交付，通过项目部全体同事辛勤付出、全方位管理，最终顺利通过竣工验收，圆满完成项目履约。并获得较好的经济效益。

2. 创造良好口碑

在 2013 年度建设方质量联检中结构实测实量第一名，获得建设方的一致好评。

五、结语

我们通过前期策划、过程管控、优化施工等方法的使用圆满完成北京市通州区宋庄镇二类居住及商业金融用地项目，达到了节约成本、高质创优的目标，积累了更为全面、先进的管理经验，培养了大量优秀管理人才，提高了企业的盈利率。

精细管理保质量　策划引航创效益

——北京建工集团有限责任公司酒仙桥语言文化中心项目部

吴　伟　张进杰　左林涛　李立波　卢久立　王　丽

【摘　要】酒仙桥语言文化中心工程被列为北京外交人员服务局重点工程、北京建工集团总包部重点工程，工程全面实行总承包管理模式进行管理。以项目管理为核心任务，将企业文化融入项目管理，做好积极的团队建设；本工程以创优策划、精细化管理、科技创效为途径，克服了周围环境、施工工艺、结构形式复杂等重重难题，通过质量、安全、进度及成本过程检查及监督，圆满地完成了工程建设任务，取得了良好经济效益及社会效益，得到了业主的肯定，为业主打造了品牌，塑造了北京建工集团品牌形象，充分体现了北京建工集团行业领先的项目管理水平。

【关键词】创优策划；精细化管理；科技创新

一、项目成果背景

1. 工程概况

酒仙桥语言文化中心工程建筑场地位于北京市朝阳区将台西路，西邻首都机场高速公路，北邻北京国际学校，南侧为四得公园，东侧为北京日本人学校。

本工程建筑用地 13992m^2，总建筑面积 58733.5m^2，其中，地上建筑面积 34980m^2（A座：21374.9m^2，B座：6929.7m^2，C座：6675.4m^2），地下建筑面积 23753.5m^2，建筑高度 29.9/44.5m。地上 7/11 层，地下 3 层。结构形式为框架剪力墙结构、钢结构。

2. 选题理由

本工程的施工现场周围环境特殊，白天施工期间需保证学校正常的教学活动，夜间亦不能影响师生的正常休息。

本工程的楼板为空心楼板，施工工艺复杂，此前本工艺基本应用于南方建筑工程，北方使用较少；在 11 层（高度为 39.8m）位置存在悬空的钢结构连廊，跨度 16.8m，施工难度大；C座首层报告厅高度为 9.8m，其中有两道梁高度为 2.2m、宽度为 1.2m，跨度 16.8m，对模板支撑体系设计、计算要求高，施工难度大。

如何确保北京市绿色安全工地、如何确保结构长城杯金杯、如何保证施工进度、如何保证科技创效、管理创效成了项目管理的重点。我们项目部在这种周围环境、施工工艺、结构形式复杂的情况下，通过团队建设、创优策划、抓安全、保质量、精细化管理、科技创效等管理手段，使项目达到预期的安全、质量、进度、成本目标，进而实现项目创效益的目的。

3. 实施时间

实施计划表如表 1 所示。

项目时间表　　　　表1

实施时间	2015年5月～2017年9月
分阶段实施时间表	
管理策划	2015年5月～2015年5月

分阶段实施时间表	
管理措施实施	2015年6月～2017年3月
过程检查	2015年6月～2017年3月
取得成效	2015年12月～2017年9月

二、项目管理及创新特点

1. 管理难点及重点

（1）周围环境特殊

本工程紧邻北京国际学校、北京日本人学校、四得公园、高档餐厅等建筑物，距离最近的学校及餐厅只有10m左右，且本工程紧邻四环、机场高速，施工期间经历"反法西斯战争胜利70周年""'一带一路'国际合作高峰论坛""两会"等各类事件，造成累计停工80余天。

（2）结构工程施工难度大

本工程的楼板为空心楼板，施工工艺复杂，空心块质量轻，需要采取抗浮、保证混凝土密实度、钢筋保护层的措施，且对于地下室部分超厚（最厚处550mm）的顶板，在模板支撑体系搭设时，需要把立管支设在肋梁下方，增加了架体搭设难度。

在11层（高度为39.8m）位置后期增加了悬空的钢结构连廊，将A座的南北两个独立体连接在一起，跨度16.8m，对于预埋板准确定位、钢结构吊装、型钢混凝土、桁架拼装等施工工艺提出了较高的工艺要求。

C座首层报告厅高度为9.8m，其中有两道梁高度为2.2m、宽度为1.2m，跨度为16.8m，单根梁的重量110多吨，对模板支撑体系设计、计算要求高，技术含量高，施工难度大。

（3）场地狭小

由于本工程地理位置特殊及场地狭小，且建筑占地面积大的特点，本工程施工现场布置难度较大。对该工程地下及地上进行施工流水段划分，并充分利用场地差别，做好施工组织，最大效率的利用现有场地。

2. 管理创新特点

（1）策划引航

为提高酒仙桥语言文化中心工程施工现场质量管理标准化、制度化，保证各分部分项工程重要工序、关键环节、主要材料做到事前控制。坚持"策划在先、样板引路"的原则，通过样板示范（暨实物交底），确定各分部分项工程的施工工艺和质量标准，使施工质量处于受控状态，以保证酒仙桥语言文化中心工程质量目标的顺利实现。

（2）精细化管理

落实管理责任，将管理责任具体化、明确化，并将管理责任落实到个人，明确管理责任区，精确划分。在管理过程中，找准关键问题、直击薄弱环节，首次工作即要求到位，要求工作要日清日结，每天回顾反思，发现问题及时纠正、及时处理，充分发挥精细化管理在项目管理中的功能、效果和作用。

从施工方案的编制、审核、审批，材料的采购、进场检查、材料复试，到现场施工、过程检查、隐蔽工程验收、资料编写、过程中成本的控制、安全的管理、组织协调，再到分部工程的验收、专项验收、单位工程竣工验收、工程结算等全部落实管理责任，责任落实到每个人，实现精细化管理。

（3）技术创新

根据现场场地情况对一个工程项目的最终收益利润是该工程的最终目标，这个目标是需要通过充分调查工作环境，充分把握业主特点，充分了解市场行情，充分分析工程量清单及精细的成本策划，结合主客观的实际情况，经分析研究后，制定洽商变更、实现方案优化、技术创新等措施，解决现场技术难题和施工难题的同时达到技术创效，最终实现盈利最大化。

（4）团队建设

本项目管理人员参加过"谷泉客房楼及附属设施工程（简称：谷泉会议中心）""宝泉钱币生产基地迁建工程"等多项相关工程具有"不怕苦、不怕难、团结协作、攻克难题"的信念。在酒仙桥语言文化中心项目部成立时并组建了青年突击队，由各部门青年技术骨干组成，让各队员心中树立起，通过自身表现，带动项目全员的积极性。项目还通过"传帮带"的方式，提高年轻员工的技能水平，从而提高整个团队的技能水平、管理水平。

三、项目管理问题分析、措施策划和实施

1. 项目管理问题分析

（1）本工程质量目标为确保北京市长城结构金杯，创奖目标高，尤其是空心楼板北方施工借鉴经验少，钢结构连廊、超危大模板支撑体系，增加了工程的施工难度。

（2）本工程安全目标为确保北京市绿色安全工地，且由于本工程周围环境特殊，深基坑施工，且北侧部分紧邻大成饭店护坡桩，东侧紧邻北京日本人学校教学楼，所以安全生产、文明施工显得尤为重要，保证扬尘治理、降低噪声、实现安全"零事故"是项目的管理重点。

（3）施工现场紧邻北京国际学校、北京日本人学校，国际幼儿园与本工程之间仅相隔一条道路，按照各校方要求，白天施工期间不能干扰学校正常的教学活动，夜间不能影响师生的正常休息，在学生上学和放学（分三个时间段放学）的时间段不得有工程施工车辆出入，以确保学生的安全，且本工程紧邻四环及机场高速，施工期间经历"反法西斯战争胜利70周年""'一带一路'国际合作高峰论坛""两会"等，使本工程的施工组织管理难度较大，大大影响了工程施工进度。

（4）本工程签订施工总承包合同，但建设单位运营管理过程中应用PPP项目管理模式，致使项目成本核对、单价确认环节难度增加。由于施工场地狭小，现场无法设置加工棚，场外加工增加了项目成本。

2. 管理措施策划实施

（1）质量方面策划及实施

1）严格按照样板引路原则。现场实施实体样板制，在工序施工前，制定各阶段的样板计划，严格按照样板引路原则，设置做法样板间、样板区。依据《集团精品工程指南》和《集团技术质量管理手册》的标准进行制作，狠抓质量关，进行技术攻关，形成可行性并具有指导性的方案。

2）优化技术方案，加强技术交底。坚持方案先行制度，在各项施工进行前确保该项方案的可行性，尤其是超危工程方案必须事先组织专家进行方案论证，保证方案的安全可靠。并按照可行性方案进行技术交底，指导监督施工人员严格按照方案进行施工。

3）每周质量会议，分析施工过程中质量问题。每周的质量例会，由项目生产经理、技术负责人、质量负责人、技术员、质量员、分包现场负责人及个分包技术质量负责人等参加每周例会，例会之前采取实名签到制，确保人员到位。通过例会通报批评各分包施工现场发生的质量问题，进行质量问题提出并在例会上进行问题分析，并提出质量问题的整改建议及整改时间，确保质量达到目标要求。

4）实行质量管理制度进行质量预控和把控。实行"三检制""样板制""责任挂牌制""材料、构配件检验制""技术责任制""技术交底制"等活动及制度进行质量预控和把控，过程中严格按照公司土建、机电、精装修精品指南把控现场施工质量，确保工程质量达到优质工程。

（2）进度方面策划及实施

1）编制每周、每月、每季度、每年、全工期的进度计划，找出关键线路，关键节点，严格按照施工进度计划安排协调施工。

2）根据工期及现场情况，及时制定并调整进度计划。

3）在保证安全质量的情况下，确保按期完成任务，保证人、机、料的供应，并制定可行性施工方案。

4）举办劳动竞赛，采取物质与精神奖励相结合的方法，调动所有参与人员的工作积极性和创造性。

（3）安全及环境方面策划及实施

1）制定奖惩措施，狠抓安全隐患。

2）对易发生安全隐患区域进行每月安全大检查及每天的安全巡视。

3）每周工地出现的安全隐患，在例会上通报批评或处罚，针对发现的安全隐患安排专人进行复查，保证现场发现的安全问题及时整改到位。

4）对各分包制定严格安全操作规程，签订安全协议。

5）定期给管理人员及施工人员进行安全培训，加大现场安全管理控制力度。

6）现场各种洞口、通道、加工棚及防护区域进行安装集团标准化工具式防护栏杆。

7）现场裸露土方及施工垃圾进行绿化覆盖。

8）现场噪声较大的工具进行时间段错开使用或在有隔音措施的加工棚内进行使用。

（4）成本控制方面策划及实施

1）工程进行前进行项目整体策划以确保整体成本的控制。

2）制定各分包及分供方招采计划，按照施工进度及时确定分供方，并在施工过程中按照节点更新策划，控制成本，并在过程中对争议项目制定解决方案，规避风险。

3）项目的办公用品（电脑、桌椅、柜子等）、生活设施（空调、洗衣机、热水器等）、临电设施（配电箱、电缆等）、安全设施（灭火器等）为项目周转重复利用物资，节约了不少成本。

4）项目在现场管理中还采用了LED灯代替传统灯、节水龙头、节能蹲便、节能小便器、植被绿化代替混凝土硬化防尘网覆盖，短木方连接重复使用等措施也节约了不少成本。

5）加强现场管理人员与商务人员沟通，确保商务人员及时了解现场相关施工作业施工进度。当发生重大经济变更时及时召开各部门例会、仔细沟通、研讨利弊。并利用该变更做法或施工工艺进行成本对比，提高利润率。让现场管理人员在工作中明白如何控制成本，做到有的放矢，实现成本管理立体化。

6）纪检方面实现层层签订责任状，将廉洁守法宣贯到个人，设立纪律委员，上层管理、互相监督，坚决杜绝铺张浪费等不良风气，在根本上拒绝贪腐。

7）通过狠抓施工过程中工程量的核算、执行月结制度、实现工程部办理的零工日结、物资部材料采用月结等方式方法，做到成本及时掌控，降低成本风险。

8）对各分包施工部分施工完毕后及时进行工程量的核对及结算的办理，进行成本封死。防止农民工讨薪及各分包"秋后算账"。

四、管理效果及评价

1. 经济效益

通过以项目经理为首的项目部全体成员的共同努力，工程质量、进度、安全、成本均达到预期目标，其中技术创效累计近 800 万元（表 2）。

经济效益表　　　　　　　　　　　　　　　　　　　　表 2

序号	创效名称	实际创效金额
1	土护降重计量	70 万元
2	空心楼板方案调整	30 万元
3	3 厚 SBS 聚酯胎改性沥青防水卷材二道改为 3+4	40 万元
4	木质楼梯扶手改为不锈钢楼梯扶手	50 万元

续表

序号	创效名称	实际创效金额
5	屋面保温做法的变更	40万元
6	木质门变更钢制门及重计量等	60万元
7	钢筋外加工	80万元
8	其他零星及变更项目	430万元

2. 社会效益

质量管理：工程已获得北京市结构长城杯金奖。

安全文明施工管理：工程已获得北京绿色安全工地。

科技成果：通过本工程的实践运用最终获得五项专利：《一种双层止水钢板封井排水构造》《一种留置楼梯梁梁窝定型装置及其定型结构》《用于固定外墙橡胶止水带的U形螺栓固定及固定夹结构》《一种门窗洞口整体可调节式支撑结构》《一种装配式卡口型铝板幕墙体系》和一项QC课题（提高空心楼板表面平整度合格率）获得了北京市工程建设优秀质量管理小组一等奖。

团队建设：青年突击队获得北京建工集团优秀青年突击队称号。

合理策划 精心部署 打造新机场精品工程

——北京市机械施工有限公司新机场工程项目

胡鸿志 邓轶昕 王虎林 王佳乐 邹建磊 王丽珍

【摘　要】 本项目为北京新机场旅客航站楼及综合换乘中心指廊工程基础及钢结构工程，是京津冀战略协同发展的重要的基础设施建设项目。优质的项目管理，建造优质的工程。专业公司发挥自身专业优势，助力集团整体协同发展。

【关键词】 合理策划；精心部署；整体协调

一、项目成果背景

1. 工程概况

（1）参建单位

如表 1 所示。

参建单位表　　　　　　　　　　　　　　　　　　　　　　　　　　表 1

序号	项目	内　　容
1	工程名称	北京新机场旅客航站楼及综合换乘中心（指廊）工程
2	建设单位	北京新机场建设指挥部
3	设计单位	北京市建筑设计研究院有限公司 中国民航机场建设集团公司
4	监理单位	北京华城建设监理有限责任公司
5	承包单位	北京建工集团有限责任公司
6	专业分包单位	北京市机械施工有限公司（基础工程、钢结构工程）

（2）工程简介

如表 2、图 1 所示。

工程简介　　　　　　　　　　　　　　　　　　　　　　　　　　　表 2

序号	项目		内　　容
1		工程地点	位于永定河北岸，北京市大兴区榆垡镇、礼贤镇和河北省廊坊市广阳区之间
2		设计标高	±0.000＝24.550（北京独立高程系统）
3	基坑支护工程	设计使用年限	1年，临时性支护结构
4		基坑规格	中南指廊及轨道交通：长约406m，宽约152m，面积约6.2万 m² 西北指廊及东北指廊：长度约300m，宽度约43～118m 西南指廊及东南指廊：长度约412m，宽约43～118m
5		基底标高	中央指廊：−5.7～−14.65m；轨道交通：−20.30～−21.401m 西北指廊、西南指廊、东北指廊及东南指廊：−3.35m，−4.15m，−7.25m
6		支护深度	中央指廊：1～12.65m；轨道交通：18.95m，西北指廊、西南指廊、东北指廊及东南指廊：1～5.25m
7		桩基础	φ800：1900根；φ1000：5300根
8		钢结构	中南指廊、西南及东南指廊：钢屋盖长度约412.1m，宽45～116m 西北、东北指廊：钢屋盖长度约292.8m，宽41～116m，总用钢量约36197.729吨

图1 新机场航站楼效果图——凤凰展翅

(3) 主要施工内容及工程量

1) 基础工程

基础工程主要工作内容为土方开挖、边坡支护、基坑降水以及基础桩成桩施工。工程量详见（表3）。

基础工程工程量　　　　　　　　　　　　表3

序号	项目	单位	工程量	备注
1	护坡桩	根	1400	桩径800mm 桩长15m/18m/21m
2	土方	m³	150万	其中桩身土7.2万m³
3	喷射混凝支护	m²	11万	80mm厚
4	预应力锚杆	m	8.8万	长16m/22m/24m
5	桩基础	m³	18万	
6	降水	m²	6万	

2) 钢结构工程

钢结构工程主要工作内容为指廊劲性结构安装、钢屋盖（网架）制作安装、登机桥以及钢结构防火涂料。工程量详见（表4）。

钢结构工程工程量　　　　　　　　　　　　表4

序号	项目	单位	工程量	备注
1	劲性钢结构部分	t	4899.17	
2	钢屋盖以下钢结构部分	t	7928.24	
3	钢屋盖部分	t	9376.609	
4	登机桥钢结构部分	m²	4174.95	
5	防火涂料涂装	m²	184632	

2. 选题理由

北京新机场项目位于北京大兴区和河北廊坊市之间，我公司参建的是北京新机场旅客航站楼及综合换乘中心（指廊）工程，承接的工作任务包含有土方护坡降水桩基础以及钢结构工程。北京新机场是北京市及国家"十三五"期间的重点工程，是京津冀战略协同发展重要的基础设施建设项目，是建工集团承接的最重要的施工项目，我公司以集团产业链专业公司的身份参与此项重点工程的建设，承担基础和钢结构专业的施工任务。

（1）工程体量大，同一个项目汇集基础和钢结构两大专业，狭长断面超深基坑、复杂造型大面积钢屋盖，工程施工管理具有很大挑战性。

（2）工程为重点工程，工期紧、社会关注度高，合理策划、科学部署，确保施工质量、安全生产。

3. 工程实施时间

基础工程随项目整体开工日期同时进场组织，自 2016 年 3 月 15 日至 2016 年 11 月 15 日，历时 8 个月，完成了指廊 1400 根护坡桩、8.8 万 m 锚杆、150 万 m^3 土方挖运、7200 根基础桩成桩的施工任务，保证了土建后续施工的节点工期要求。钢结构工程随土建基础结构进度，自 2016 年 7 月 23 日安装第一根劲性柱，至 2017 年 10 月 20 日网架主体合龙，历时 16 个月，完成了 22000t 钢结构的拼装、20 万 m^2 网架的提升。保证了对建设单位的工期承诺。

（1）基础工程实施时间

如表 5 所示。

基础实施时间　　　　　　表 5

序号	项目	开始时间	结束时间	备注
1	施工准备	2016 年 3 月 15 日	2016 年 3 月 20 日	
2	土方	2016 年 3 月 20 日	2016 年 11 月 15 日	
3	护坡桩	2016 年 3 月 25 日	2016 年 4 月 25 日	
4	喷射混凝支护	2016 年 3 月 20 日	2016 年 11 月 15 日	
5	预应力锚杆	2016 年 5 月 20 日	2016 年 7 月 30 日	
6	桩基础	2016 年 4 月 20 日	2016 年 10 月 25 日	
7	降水	2016 年 4 月 30 日	2017 年 4 月 30 日	

（2）钢结构工程实施时间

如表 6 所示。

钢结构工程实施时间　　　　　　表 6

序号	项目	开始时间	结束时间	备注
1	劲性钢结构部分	2016 年 7 月 23 日	2017 年 1 月 20 日	
2	钢屋盖以下钢结构部分	2016 年 10 月 30 日	2017 年 10 月 20 日	
3	钢屋盖部分	2017 年 2 月 6 日	2017 年 9 月 6 日	

二、项目管理及创新特点

1. 管理重点

满足总承包单位获得"北京市结构长城杯金质奖"要求。

2. 管理难点

（1）本工程地理位置特殊，社会影响大

本工程场地位于该工程位于永定河北岸，北京市大兴区榆垡镇、礼贤镇和河北省廊坊市广阳区之间。由于工程地理位置特殊，社会影响大。鉴于工程的重要性，如何通过严格的程序控制和过程控制，把工程建成一流的建筑精品，是本工程的核心任务。

（2）指廊布局分散，整体协调难度加大

基础140万m^3土方、20万m^3混凝土浇筑、指廊钢结构3.6万吨构件组装提升，呈海星放射状的结构布局，中南指廊与三条地下轨道交通设施同时施工，给基础工程、钢结构工程均造成困难。基坑开挖最深达18.95m，施工风险大，如何保证深基坑安全是本工程的一个施工重点。

（3）季节性施工

基础工程需经历雨季施工，支护结构形式多、整体工程量大、工期短，各工种密集交叉、群机作业增加安全、质量风险，施工段内协调难度大。钢结构工程需经历冬、雨季施工，构件数量、形状独特各异，安装、焊接节点精度要求高。钢屋盖造型复杂，面积大，施工难度大。

3. 创新特点

（1）企业重视，选派素质高、参与过同类工程施工的人员组成项目班子。企业副总经理带队，整编既有优秀项目经理部，抽调机关各部业务骨干，成立专家顾问组保驾。

（2）技术方案先行，由公司专业总工亲自组织强有力的技术团队，对施工方案进行充分研究、组织专家论证，最终确定合理可行的施工方案。每个分项工程施工之前，都将编制有针对性的专项方案。建立三级交底制度，技术交底必须以书面形式进行，填写交底记录，审核人、交底人及接受交底人应履行交接签字交接手续。

（3）强化项目预控、过程控制：施工前，对安全、质量风险点、难点和关键部位提前预判，编制详细的施工方案作到事先有预控，施工中加强过程控制，管理人员在跟班作业中严格按合格的质量标准进行过程检验。

三、项目管理分析、策划和实施

1. 配好项目班子、优选组织机构

由于本工程工期紧，独立施工场地操作空间小，整体施工区域布局分散。为确保本项目优质、安全、高效完成，我公司在本项目的施工中，投入了精兵强将。以公司总经理为主导，安排公司副经理坐镇现场指挥，以优秀项目部为骨干，抽调机关各部门精英，组建"新机场专项工程项目经理部"。各部门团结一致，克服困难，坚持"以质量求生存，以信誉求发展，以速度求效益"的服务宗旨，树立"态度决定高度、细节决定成败"的意识，在总包、业主、监理、设计院等单位的通力支持下，全力以赴投入到本项目的施工作业中。

项目部在组建管理机构时，设立技术质量部、工程部、安全部、商务物资部等各职能部门。同时根据本工程的施工内容和工作特点，按专业在各职能部门内分设基础专业组和钢结构专业组，每名职工都可以充分发挥自己的专业特长。按施工区域的不同，组织了三套富有经验的施工作业队伍投入到本项目中来，并制定了一套行之有效的施工方法和措施，以确保本项目能保质按时完成。

2. 立足"专业"优势，发挥"专业"效果

好的施工成果，必须先有好的施工组织设计。针对性强、操作性强的施工方案，才会在项目实施过程中发挥指导作用。施工方案的确定，也是项目管理工作成败的关键。

项目部成立后，本着"技术先行"的方针，利用专业公司的"专业"优势，通过现场实地考察、收集前期施工经验、积极沟通设计人员，对招标图纸做了充分的优化，参与并主导了基坑支护施工图的设计，通过了专家的论证，即降低了施工难度、又减少了工程量，重要的是仅支护工程一项就为业主减少了上千万元的投资。

项目投标时，我们通过头脑风暴的方式集思广益，就已经确定的基础工程的总体施工部署。常规深基础工程的施工顺序是"降水——支护桩——土方开挖——基础桩"，但是如果以此顺序组织施工，结

合合同工期计算，那么在基坑开挖至槽底、准备施工基础桩时，正是北京的雨季。在三条长约400m、宽仅16m、深达18m的明挖隧道里，将会布满上百台大型机械，除去拥挤混乱的施工场面带来的降效，一旦遇到较大的降雨天气，会给工程带来难以预计的后果。因此我们科学推算、大胆部署，调整常规施工顺序，变为"降水——支护桩——基础桩——土方开挖"，先行去除现场表层杂填土至原状土层后，即开始基础桩施工。该施工部署的调整，增加了桩顶空钻的施工长度，因此还受到建设单位的质疑。但是大胆科学的部署，成功地避免了"7·20暴雨"对基础工程施工带来的影响，事后也得到了建设单位的表扬。

钢结构工程施工，现场构件吊运、拼装、焊接、涂装都属于高空作业，土建的脚手架无法满足钢结构的全方位施工。我项目部与公司起重事业部共同研究，引进了行走式电动升降车，利用其操作简单、灵活机动、结构合理、维修方便，可以迅速达到作业点，适用于多种作业环境的特点，解决了钢结构高空作业的问题。

有了详尽的施工组织设计，那么下一步工作就是将白纸黑字的交底落实在现场的施工生产上。施工组织设计根据工程特点，将五个指廊分为东指廊区、西指廊区和中南指廊区三个施工区。各施工区指派专人成立"区域班子"，安全、生产、技术、质量均设专人负责，人员固定专区专用。

在项目施工（生产）过程中，认真贯彻落实安全质量方针、法律、法规和各项规章制度，严格履行安全考核指标和安全生产奖惩办法。

3. 将企业的利益放在首位，做好商务工作，确保实现各项生产经营指标

当前国内外建筑市场蓬勃发展，既是机遇又是挑战，企业要适应市场，追求合理利润的最大化就是企业的首要目标。商务部积极联系劳务队、设备租赁商、材料供应商，采用邀请询价、定价响应、商务谈判、联营合作等模式，评估供应商的优劣，分梯队确定了拟选用的劳务队、材料商。根据摸清的市场底价，按企业管理制度编制工程成本计划，从而确立了项目的经济指标。

四、管理效果评价

1. 验收记录

1）基础工程：分部工程质量验收记录如图2所示。

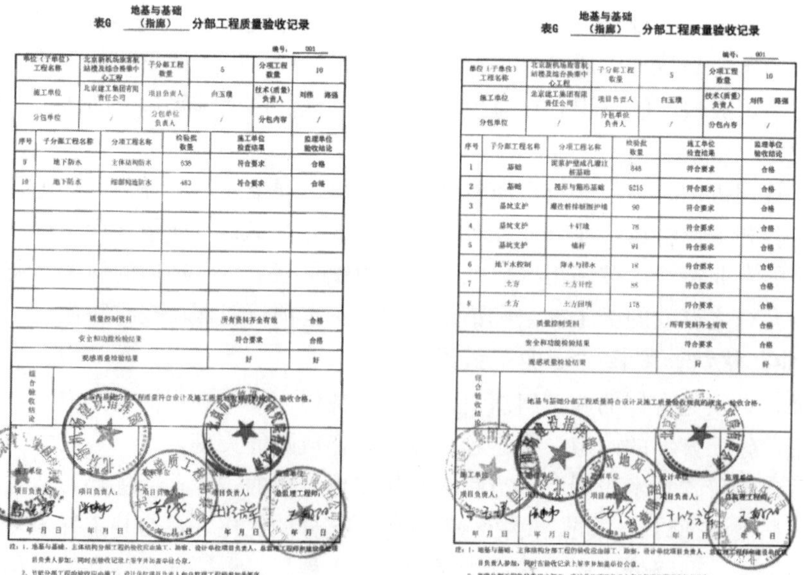

图2 基础分部工程质量验收单

2）钢结构工程：分部工程质量验收记录，如图3、图4、图5所示。

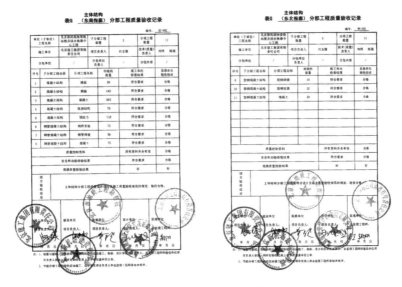

图3 钢结构分部工程质量验收单（1）

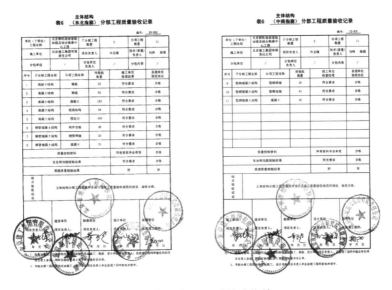

图4 钢结构分部工程质量验收单（2）

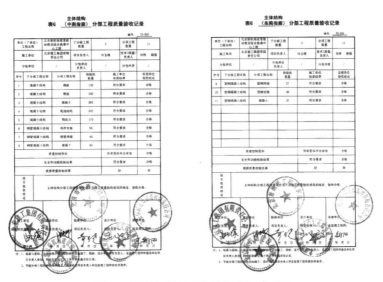

图5 钢结构分部工程质量验收单（3）

2. 获得的奖项

1）BIM 技术应用如图 6 所示。

图 6　全国 BIM 大赛三等奖

2）QC 活动成果如图 7 所示。

图 7　北京市优秀质量管理小组、全国工程建设优秀质量管理小组

3）实用新型专利 6 项，如图 8 所示。

图 8　获奖证书

4）长城杯金奖：通过"北京市结构长城杯金杯"验收如图 9 所示。
5）获得"中国钢结构金奖"。

图 9 获奖奖杯

五、结束语

项目经理部通过建立各种管理规章和制度，规范了项目管理行为；项目管理人员的安全意识、质量意识、履约意识及专业知识的水平均得到提高。创精品工程是我们永恒的追求，专家的指导、检查是对我们工作最大的支持，项目部一定会再接再厉创出更多精品工程。

周密策划保工期　铸造优质商品房

——北京建工四建工程建设有限公司海航豪庭项目 A12 地块项目

刘树国　崔金龙　徐存薪　刘开江　邓云丰　李守京

【摘　要】海口市位于海南岛北部，是海南省省会。作为国家环境保护模范城市、全国卫生城市、中国优秀旅游城市。海航豪庭项目 A12 地块项目位于海口市国兴大道北侧，海口市 CBD 核心区的西端。是海口市高档居住社区，标志着海岛人居环境发展的未来。由于地段特殊，为了达到建设方和施工方共同利益的最大化，建设单位与我方领导协商将原定 3 年工期减到 2 年工期，为了达到工期要求，在质量标准不能降低的情况下，使工程在各个方面对项目管理提出高要求。项目团队采取多元化手段，针对本工程特点、难点优化管理模式，加强沟通管理，最终实现了工程管理目标，赢得了公司、客户的一致好评。

【关键词】工期紧；周密策划；创新管理；利益最大化

一、成果背景

1. 项目实施背景

海口市正在处于高速发展时期，商品房上涨趋势不可逆转，海航与北京四建合作，决定在房地产最兴旺时向海口市人民推出高档商品房，做好本工程不但能够提高集团品牌形象、取得最大社会效益、又能做到强有力的宣传。

项目位于国兴大道北侧，地理位置和交通俱佳，是购房家庭关注的焦点，被外界誉为"海口市位置最好最为火爆的高档商品房"。该项目居住面积约为 82808m²，主要有 130m²、160m²、180m²、200m² 四种户型总套数 540 套。

项目配套设施齐全，集住宅、幼儿园、商业、车库、库房、居委会、物业及文体活动心中为一体的一站式服务，充分满足了居民生活需求，提高生活质量，为小区营造一片宜居生活环境，大大提升居民幸福指数。

2. 工程概况

本工程为海南省海口市大英山新城市中心区 A12 地块，国兴大道北侧（图 1）。

图 1　A12 地理位置图

A12地块的具体建设内容为包括1号幼儿园、2号、3号、4号、5号、6号、7号住宅楼。A12地块总用地面积：29848m²，总建筑面积：127619m²（地上92253.95m²，地下35365.46m²），其中住宅建筑面积约82808m²，公建建筑面积约6733.58m²。1号楼幼儿园建筑层数：地上3层。本工程住宅主楼采用剪力墙结构，地下车库等采用钢筋混凝土框架结构，顶板采用GDF方箱空心混凝土楼盖。混凝土强度等级：C25～C45。2号、3号住宅楼建筑层数：地上23层，4号、5号、7号住宅楼为24层、6号楼为25层，总体风格简洁大方，布局合理，易于居住。本工程西侧为A14地块，主要为居住和商业用地。

该工程建筑高度大、占地面积大、地下室防水、抗渗漏困难、结构形式多样、地下室大面积空心楼盖抗浮困难、施工工期紧、施工任务繁重、施工工序多，除了1号楼幼儿园，2～7号楼均为高层建筑，具有高空作业危险度高、消防安全危险性高等突出特点。保证施工安全不仅是本工程的重点也是本工程的难点（图2）。

本工程由海航地产开发有限公司开发，中国人民解放军总后勤部建筑工程规划设计研究院武汉分院设计，深圳市恒浩建工程项目管理有限公司全程监理，北京建工四建工程建设有限公司总承包施工。由海口市质量安全监督站进行监督。

(a)

(b)

(c)

图2 海航豪庭项目A12项目效果图

二、选题理由

1. "海航豪庭项目A12地块项目"位于海口市大英山新城市中心区国兴大道北侧，海口市CBD核心区的西端。是海口市高档居住社区，标志着海岛人居环境发展的未来，社会影响力较大。

2. 作为海航豪庭项目北苑收官项目，建设单位高度重视，对工期、质量要求高。

3. 本工程与住宅楼海航豪庭南苑一起出售，工期相当紧张。

4. 本工程被誉为"海口市位置最好"的商品房，按期完成则与博鳌机场项目遥相呼应再一次见证"北京建工速度"。项目团队采取精细化管理和多元化手段，优化施工方案，发挥全产业链服务能力的优势，充分整合优势资源，针对本工程特点、难点优化管理模式，加强沟通管理，最终实现工程管理目标，赢得了客户的满意。

5. 本工程作为四建公司的重点工程，对工程的质量、工期、安全及协调管理等多方面要求高。通行道路的不便，施工场地的狭小，造成施工难度大。开工前是地表为原大英山机场跑道，跑道上建有工人生活区，清表破碎跑道以及海南阴雨天气对工期是又一大挑战。对工程总承包商的自身综合能力及全面协调管理能力的要求高。

6. 为保证工程质量，项目部确定本工程确保"海南省优质结构工程"的质量目标。高品质、高要求的完成本工程，将有助于提升北京建工的品牌价值。

三、实施时间及管理目标

本工程于 2015 年 7 月 15 日开工；2017 年 6 月 22 日工程顺利通过五方竣工验收（表1）。

管理目标时间表　　　　　　　　　　　　　　　　　　　　　　　　　表1

实施时间	2015 年 7 月 15 日～2017 年 6 月 22 日
分阶段实施时间表	
管理策划	2015 年 7 月～根据各时段节点不断调整
管理实施	2015 年 7 月～2017 年 6 月
过程检查	2015 年 7 月～工程竣工全过程
取得效果	各阶段性节点～2017 年 6 月

四、管理重点和难点

1. 管理重点

（1）工程质量要求标准高

海航豪庭项目 A12 地块，是建设单位海航集团打造面向全国出售的高档住宅小区，建设单位非常重视项目的建设过程中的安全、质量和进度。

（2）工期紧张，场地狭小按时交房任务艰巨

由于工程性质为高档商品房，能够保证工程质量前提下按时交房，成为项目部的第一目标。工程施工期间道路的狭窄单一，场地的狭小，工程质量的高要求，政府性停工以及天气的影响因素等，都对原本紧凑的工期造成了冲击，使得工期更加紧迫。这对项目部管理水平的能力，施工前期策划的务实性，流水施工的合理性都提出了更高要求。

合同工期共计 1080 天，后由于建设单位急于售楼改为 720 天，因客观因素造成停工 81 天，可利用实际工期 639 天。具体停工原因统计如表 2 所示。

现场因天气、政府原因停工表　　　　　　　　　　　　　　　　　　表2

序号	停工原因		发生时间	停工天数	备注
1	天气因素影响	雨天气	2015	52 天	共 278 小时
		台风天气	2015	1 天	彩虹
		雨天气	2016	32 天	共 199 小时
		雨天气	2017	61 天	共 122 小时
2	政府行为停工	全国两年行动治理	2016.5	5 天	
	合计			151 天	

2. 管理难点

（1）通行道路单一狭窄。本项目用地南侧紧靠金融中心，西侧为 A14 地块仅东侧是 B08 项目北侧是军队用地，如何解决材料运输通道和加工场问题是重要难题。

（2）施工现场狭小。本项目周边是写字楼和公寓住宅等，工程位置处于已有建筑中部区域，总建设用地面积 29848m²，除西侧外几乎没有可利用的场地，这无疑给临设的搭建，车辆出入、材料的运输倒运存放及加工等带来种种困难。在这样的条件下如期的完成工程建设存在一定的困难，给项目带来极大挑战。项目通过科学合理布局，分时间段开始建设，发挥出有限场地最大的利用效率，同时优化基坑支护方案（排桩支护），并进行专家论证，利用此区域作为加工场，此外还利用北侧未通车的省府北路做加工场地，避免外租场地带来的不便。

（3）地下室面积大，地下室抗渗、防水难度大，采用 GBF 空心混凝土楼盖，抗浮难度大。

现场采用膨胀纤维抗渗等级 P6 混凝土施工,解决了抗渗、防水问题,工程完工后没有渗漏部位,地下室顶板采用 GBF 空心混凝土楼盖为了工程顺利进行请来厂家技术人员进行专业指导,先做一段样板,样板中出现问题现场技术人员及时向厂家技术人员提出意见和建议,(比如对于增大铅丝固定底层钢筋以及底层钢筋与顶层钢筋固定拉钩形式进行建设性探讨)将问题消灭在萌芽中,为大面积施工铺平了道路(图3)。

(4) 不可预见交叉作业多,专业间配合协调难度大。工程自施工开始,由于建设单位缩短1/3工期情况下,现场交叉作业交杂频繁,客观原因产生不可预见工作甚多,打乱了常态化管理和施工作业,对总包管理水平提出高要求。常态交叉作业如:土方施工与护坡桩部分基础底板的交叉;基础防水与结构间的交叉;水电专业预留预埋与钢筋绑扎交叉;装饰装修与二次结构交叉;以及室外市政管线施工与道路铺设交叉等。不可预见的有电梯坑、集水坑位置地下水,双创要求现场整顿等,工程参建单位共计多达近30家,施工分包队伍众多,专业之间交叉作业多,场地分配难度大,且各施工队的业务素质参差不齐,总体施工协调难度比较大。本工程配套设施完善,系统齐全、专业众多,深化设计和总包管理量大,协作单位繁多,各专业工种之间的穿插协作极为频繁。各配套工程施工时均需相应施工作业面,各施工作业面交叉较多易产生矛盾。配套工程施工单位数量多、施工人员多、管理难度大。对总承包方在工程施工计划、工序安排、设计协调、现场的组织协调以及对分包方的管理和控制、为各分包方提供施工条件等方面提出了很高的要求。

图3 方箱铺设完毕实景图

五、项目管理分析与策划

1. 管理问题分析

针对本工程施工特点和难点,对于本项目管理从安全、质量、进度、成本均是前所未有的压力,项目部每天均在下午4:30召开全项目现场会议,将现场问题在第一时间反映到每一个管理人心中,规定无论是安全、质量进度以及成本均作出最优解决方案并在第一时间进行处理,规定不得拖延,每一个管理人员对整个工程项目现场情况均有清楚的认识,达到项目精细化管理(图4)。

2. 管理策划

(1) 创新管理模式,提升总承包管理水平

根据工程场地狭小、通行道路狭窄、不可预见交叉作业频繁以及专业分包多等特点,项目部以总承包管理着手为主,编排梳理,完善建制平台。组织保障是圆满完成工程建设实现既定目标的基础。

1) 优化项目组织机构,实现各尽其长

开工伊始,项目部对现有项目组织机构进行优化升级,根据老员工业务水平及施工经验,采取综合评分定岗制度进行定岗,通过导师带徒仪式签订师徒协议,培养青年学生,储备后续人才。每月实施月度综合测评,月月评比师徒工作效益,根据奖励机制对表现突出人员予以奖励。鼓励制度促使员工更有干劲,人人都想争夺荣誉感,这种管理模式为工程顺利进行提供了有力保证。

图4 项目部管理突出问题分析专题会议

2）创新管理机制，与集团标准化接轨

工程开工伊始，首先着手进行制度建设，参照集团标准化以往类似群体工程，组织全体人员讨论，并由专人整理编排，要求以现场为侧重，以工期为指导，以流程明职责，以评测促质量，以团队促建设，形成项目部特有的管理制度。

3）引入先进的科学管理模块，创新项目管理

项目部贯穿施工全过程均引入"WBS"概念，对整体工程进度、质量、经营工作等进行分解，分解成较小的、更易于管理的工作计划下发到各责任人，明确各部门、各岗位的责任、工作要求、阶段目标。针对紧张的工期、狭小的场地，我们把科技创效、质量创优和履约工期的目标分解到各个施工工序、各个施工工艺中去，细化到每个施工阶段。

（2）采用专项管理措施，发扬"徐存薪青年突击队"精神

本工程作为海航重点工程项目，为保障海航地产项目有限公司顺利预售，在保证工程质量前提下按时交房，成为项目部的首要目标。安全文明管理必须到位的情况下，针对工程施工期间场地的狭小；保证工程质量的高要求等重难点问题，项目部特地从工程管理部门、技术质量部门、经营预算部门、安全生产部门以及财务部门挑选专业人员组成"徐存薪突击队"（表3）。

专项管理策划实施小组 表3

组类	专项管理内容	职务	姓名
一组	技术质量管理过程控制	组长	崔金龙
		组员	林勇攀　永胜　李守京
二组	抓工期、把进度及协调控制	组长	徐存薪
		组员	蔡建强　林欢文
三组	成本及支出控制	组长	刘开江
		组员	梁树明　王颖
四组	安全及文明施工控制	组长	潘旭旺
		组员	江宇杰　杜若飞

六、管理措施实施及风险控制

1. 进度管理

（1）科学合理、动态管理

开工之初，由于周边难于形成环形道路，材料的运输存放、临设合理布置、正常施工工序都受到很大的影响，现场只有一条南侧干路，并且场地内是原机场路面，需大量破碎，并且有生活区在此，现场实际情况给施工带来诸多需对外协调的难题。项目部在技术人员及时作出道路破碎方案，生产部门积极协调建设单位清表，在2015年8月前将现场所有障碍物清除，为工程顺利进展铺平道路，项目部充分研究施工流程、资源配置、进度风险等因素的基础上，以班子成员为主要责任人的进度管理团队，编制合理、科学的施工进度计划。及时采取科学合理布局，发挥出有限场地最大的利用效率，在保证不影响周边人群工作生活的前提下，使材料运输及码放、车辆合理进出入、临设等问题迎刃而解；项目部每天下午4：30准时开生产进度落实会议，与汇报后的现场实际进度进行对比，形成"下达目标、对比计划、落实整改"的动态管理流程。

（2）分区施工、平行施工、协调管理

实际施工中，我们将现场施工范围划分为2个区域，每个区域根据实际情况由南向北流水，进行分区平行、分段次序施工，各个区域均有各自的施工主管和班组，各自根据施工进度计划、现场情况开展施工工作，这样有利于施工现场管理及施工组织协调，使整个施工周期大幅度缩减，保证施工目标顺利

完成（图5）。

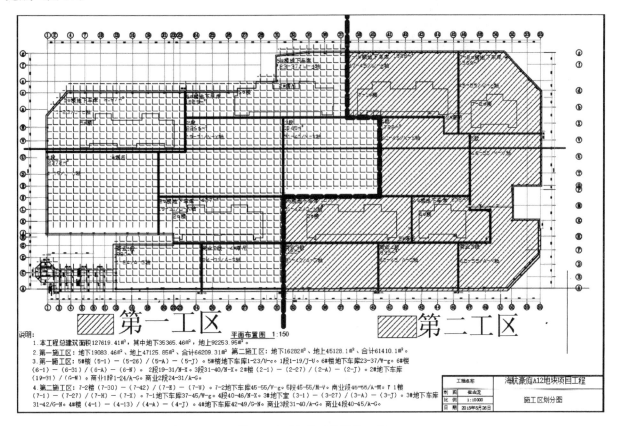

图5 地下室分区分段施工图

2. 质量技术管理

（1）建立完善的质量管理体系，把质量责任落实到最基层，实现质量责任的可追溯性，以提高全员的工程质量意识及责任感。进行全员质量目标意识的教育培训，把公司的质量方针和工程创奖质量目标灌输进项目部各级管理人员的头脑意识中去；对参与施工的外施队各级管理人员进行灌输教育，施工操作工人再由现场工长组织教育。实施过程中严格按照海南省优质结构工程标准要求，施工过程中"自检、专检、交接检"工作，严把工序质量关；加强对原材料、预制构件进厂检验和试验的质量控制，不合格材料严禁使用；依据技术交底，认真执行工艺标准和操作规范高质量要求，存在问题需及时整改，并对各分包提出整改要求，下发工作联系单，保证在规定时间内将质量问题整改完毕，以避免后期施工延误（图6～图10）。

(a)　　　　　　　　　　　　(b)

图6 项目进行三级技术、质量、安全意识的教育培训及交底

图 7 项目班子人员现场解决问题

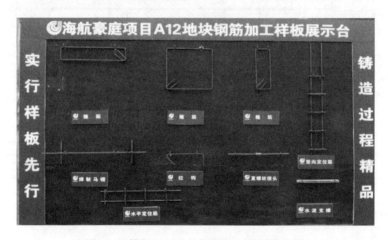

图 8 钢筋加工厂悬挂钢筋加工样板交底牌

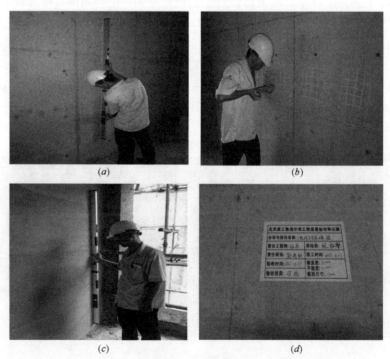

图 9 管理人员对现浇结构进行实测并将数据上墙

图 10　建设方、监理、项目部对劳务进行劳动竞赛评比

（2）海南省建筑施工优质结构工程要求的是"内坚外美"，选购优质的钢筋，商品混凝土和模板成型工具是确保结构优质结构工程的物质先决条件，我们在工程开始，就按照公司物资采购程序确定了模板、商品混凝土供应商等合格的材料分供方，并在物资进场时严格按照物资进场检测和计量，不合格品坚决退场。

（3）建工集团近年来一个重要宗旨就是学规范，严格按规范施工的工程才是精品工程．项目部定期组织技术人员、现场施工管理人员以及分包的主要相关人员进行图纸、规范的学习，尤其是对《海南省建筑施工优质结构工程》的学习和对北京建工集团企业标准《混凝土结构精品工程实施指南》的学习（图11、图12）。

(a)　　　　　　　　　　(b)

图 11　建工集团结构装饰精品施工指南

（4）在施工过程中，始终做到"方案先行"，坚持"技术指导施工"的原则，各项工作开展前做好一切技术准备工作。从进场至今，项目部先后编写施工组织设计、质量计划及各项施工方案66本。施工方案均做到项目部会签，项目经理审批。重大方案由公司技术质量部及安全监管部等会签，公司技术负责人审批。

建设部备案号：J11081-2007

海南省工程建设地方标准 DB

DBJ 09—2007

建筑施工优质结构工程评定标准

Evaluating standard for high grade structural engineering of building construction

2007-10-10 发布　　2008-01-01 实施

海南省建设厅 发布

前　言

海南省建筑施工优质样板工程的评选活动已经开展了十几年，但一直没有对工程结构质量进行评价。2006年11月1日起正式实施的国家标准《建筑工程施工质量评价标准》(GB/T 50375)，规定了建筑工程施工质量的优良评价标准。为了进一步规范我省创建优质工程的行为，促进工程结构施工质量水平的提高，根据国家相关标准规定，由海南省建设标准定额站组织相关人员，以海南省建设工程质量安全检测协会为主编单位，会同其他单位，结合我省的实际情况，编写了本标准。

本标准共分九章，具体分为：1、总则；2、基本规定；3、施工项目质量管理工作评定标准；4、地基及桩基工程质量评定标准；5、混凝土结构工程质量评定标准；6、钢结构工程质量评定标准；7、砌体结构工程质量评定标准；8、附属结构工程质量评定标准；9、结构工程质量综合评价。

在本标准的编写过程中，中国建筑业协会工程建设质量监督分会会长、海南省建设工程质量安全检测协会顾问吴松勤同志对本书进行了全面审阅，并提出了宝贵修改意见，在此深表感谢。

由于本标准综合性强，涉及面广，内容难免有不足或错误，读者和各单位在执行本标准过程中注意总结经验，积累资料，随时将有关意见和建议反馈给海南省建设工程质量安全检测协会（电话及传真：0898-65365376），以便今后修订时参考。

本标准主编单位、参编单位、主编和参编人员

主编单位：海南省建设工程质量安全检测协会

参编单位：海南省建设标准定额站

海南省建设工程质量安全监督总站

海口市建设工程质量安全监督站

海南省建筑工程总公司

主 编 人：徐建华　李伟黎

参 编 人：王和安　李铁坚　周维杰　冯鸿浩

陈其东　邓伦诚　王福兴

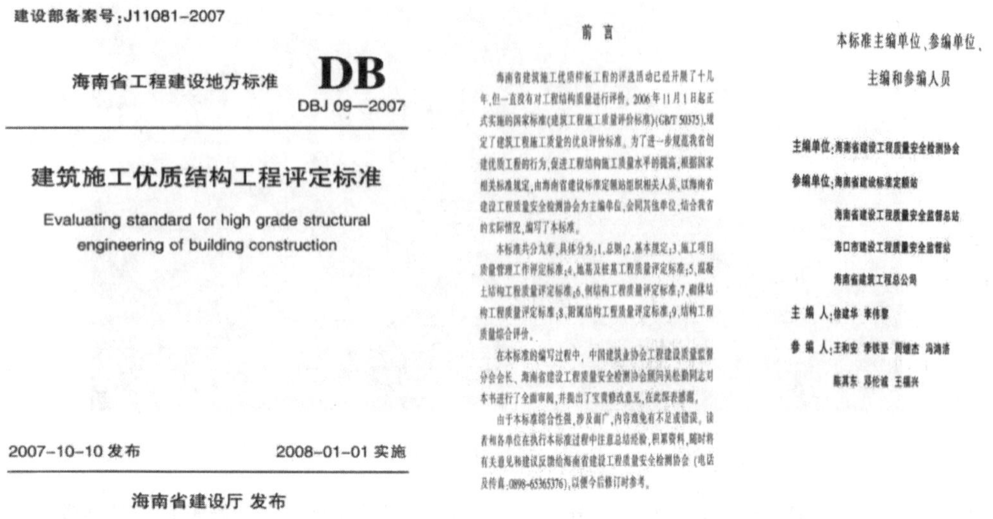

图 12　2007 版海南省建筑施工优质结构工程评定标准

（5）创奖工程强调的是施工组织设计的科学性和指导性，施工方案的实用性，技术交底的可行性和可操作性，施组侧重决策，方案侧重实施，技术交底侧重操作，在公司技术质量部的指导下，我们编制了符合工程实际要求的施组、方案及交底，并层层落实下去，及时对危险性较大的施工方案进行专家论证，建构了创奖工程的技术基础。

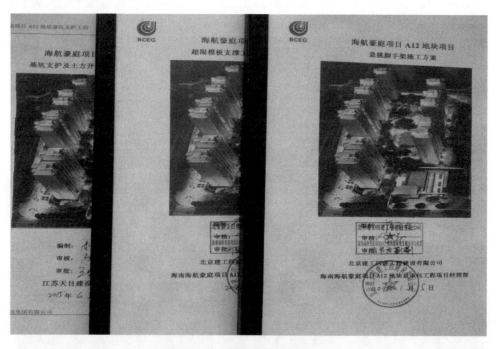

图 13　精心编制施工方案

3. 安全文明施工管理

本工程在施工中始终贯彻“安全第一，预防为主”的安全生产工作方针，并以严格的奖惩制度来促进安全管理；无论时间有多紧，工作有多忙，项目部始终定期组织召开安全施工会议、巡视施工现场，发现隐患，及时解决；建立完善的安全组织管理机构，落实安全生产责任制，做到安全生产，人人有责；注重企业 VI 形象宣传，树立关心公益之良好形象，与周围居民和睦相处，搞好周边的协调关系，从而减少施工干扰，更好地保证工程的进度和质量（图 14～图 19）。

(a) (b)

图 14 外挑脚手架施工

(a) (b)

图 15 标准化临边防护

(a) (b)

图 16 标准化配电箱、消防箱

(a)

(b)

图 17　花园式标准宿舍和标准式围墙

(a)

(b)

图 18　施工现场洁净、美观

(a)

(b)

图 19　现场安全文明教育

4. 过程检查与监督

项目部每周二上午 9：00 召开监理例会，每天下午 4：30 召开进度生产会议，定期组织全员召开"学规范、立规矩、抓管理、提质量"专题会议，同时集团及公司领导不定期检查，项目管理人员还要及时召开协调会及分析会议，来解决施工中出现的问题，尽量将问题解决在萌芽之中，以保证施工高效、顺利的进行。监理例会中，监理单位提出本周巡视过程中发现的问题，并提出整改意见。通过监理单位的监督指导，对分包单位提出本周施工中存在的缺陷，并要求定期整改。这些会议在项目实施中起到显著作用，将管理常态化，并形成系统的组织沟通方式，对管理运行中出现的问题实施整改，确保管理流畅高效。通过交流与沟通，将管理经验进行传播与推广，在这种良好的氛围下，为后续工程的开展提供了宝贵经验。

七、管理效果及评价

1. 管理效果

本工程于 2017 年 6 月 22 日正式通过海口市安全质量监督站的竣工验收，在项目部全体员工的努力下，项目圆满地实现了安全、质量、工期、成本目标，并赢得了业主和社会各方的一致好评，目前本工程已获得：

（1）海南省建筑施工优质结构工程（图 20）

图 20　取得优质结构工程奖

（2）顺利通过住建部专家组检查（图 21）

图 21　住建部专家莅临指导

(3) 结构如期全部封顶（图 22）

图 22　封顶照片

2. 经济效益

在项目实施的整个过程中，各部门之间相互配合，在高质量、高速度完工的同时，也提高了公司在行业内的竞争水平，更为项目部及公司取得了较为可观的经济利益。

比如：在整个管理周期内缩短了 1/3 工期的同时，又为项目节约租赁费 1/3 约 10 万元，节约项目管理费用约 50 万元，节约机械租赁费约 80 万元；项目对小区市政工程进行策划，利用铺装垫层作为加工场地，节约破碎、重新浇筑费用约 20 万元等。

3. 社会效益

本工程项目的顺利完成进一步提高了北京建工四建在海口品牌价值，又一次创造了建工速度，发扬了北京建工四建铁军精神，为公司带来无法估量的隐形财富，为公司带来社会效益。

4. 项目管理评价

通过本工程的精心管理，取得了很好的社会效益和经济效益，同时项目部管理人员通过对本工程过程管理的磨砺，进一步积累了经验，提升了水平。通过项目全体员工的不懈努力，圆满完成了各项目标，达到了"工期履约、增加效益、拓展市场"的目的，提升了企业的竞争力，得到了业主的高度认可与赞誉。

坚持科技创新　建设好优质工程

——北京城建轨道交通建设工程有限公司 北京海淀区玉渊潭乡 F1F2 混合用地项目

王慧斌　邢兆泳　董明祥　于英杰　刘　鑫

【摘　要】 北京市海淀区五路混合用地是地铁临近区域的开发利用项目，是海淀区探索土地转型和提高地铁周边土地空间附加值的新尝试。项目团队在施工全过程以科技攻关处理分仓开挖施工、基础桩基全回转施工避免扰动地铁结构、预应力混凝土结构施工、悬挑式劲性钢结构、地下超大体积混凝土结构系列难题，以优化管理，技术创新解决现场布局、施工组织、多工种协作等诸多管理链条节点问题，通过持续改进施工工艺工序圆满完成各项管理目标，优质高效建成五路居地铁咽喉区内的大型公建项目，为以后同类工程的施工管理积累了丰富经验。

【关键词】 大型公建；优化管理；科技创新；优质工程

一、背景及选题

1. 成果背景

北京市规委 2010 年 4 月批复五路停车场综合利用规划方案引入了综合交通场站理念，使得有限空间容纳的更多。根据市总体规划，五路综合交通站场除包括地铁慈寿寺站、五路停车场等地铁功能外，还包含了公交站场、城市变电站等部分，集轨道交通停车场、轨道交通换乘、公交换乘、自行车、步行等多种交通衔接功能为一体，优化了轨道交通车站及车辆段及周边区域的各类交通方式的换乘条件，并结合周边环境实施了综合开发利用。

为充分利用土地资源，项目将空间紧凑和密集延伸，将落地区用于商业及办公住宅开发。城市轨道交通或房地产分别发展，土地只能利用一次，而轨道交通加房地产使上盖区落地区及车辆段空间土地得以二次开发利用，不仅为地铁长期输送稳定客流打下坚实基础，更提高了土地利用率和资源配置效率。同时"轨道＋物业＋商业＋n"的模式使其成为市政交通功能和商业开发功能的叠加体，具备一定的功能复合性（图 1）。

本工程是地铁 10 号线二期和 6 号线共用换乘站，北至五路居南街，南至车公庄大街（玲珑路），东至蓝靛厂南路，西至五路居中路，规划占地 22.359 公顷。原场地内为玉渊潭乡集体企业用地，利用模式相对粗放，经济产出效益较低。项目于 2008 年由北京市规划委启动组织一体化国际方案征集，2010 年 4 月取得了市政府控规批复。原用地性质为市政基础设施划拨用地，后以混合用地上市。

2. 工程概况

本工程位于海淀区玉渊潭乡 F1F2 混合用地项目位于海淀区玉渊潭乡，北至五路居南街，南至京门铁路附近，东至万寿路，西至五路居东路。本工程包括 F1 住宅混合公建用地、F2 公建混合住宅（配建公共租赁住房）项目，总建筑面积 24 万 m^2，包含商品住宅、公租房、办公楼、地下车库等（表 1、表 2、图 2）。

图 1　海淀区玉渊潭乡 F1F2 混合用地效果图

工程概况表　　　　　　　　　　　　　　　　　　　　　　　　　　表 1

项　目	内　容	项　目	内　容
工程名称	海淀区玉渊潭乡 F1F2 混合用地工程	合同开竣工日期	2014 年 12 月 24 日～2017 年 12 月 31 日
建设地点	地铁慈寿寺站附近	质量目标	结构长城杯
建筑面积	19.6 万 m²	绿色文明施工目标	北京市绿色安全工地

主要参建单位　　　　　　　　　　　　　　　　　　　　　　　　　　表 2

建设单位	北京京投兴业置业有限公司	监理单位	北京华银工程管理有限公司
设计单位	北京市建筑设计研究院	施工单位	北京城建集团轨道交通公司

图 2　落地区总平面图

3. 项目部情况

项目团队有管理人员 52 人，平均年龄 34 岁，其中一级注册建造师 4 人，注册安全工程师 2 人，具有高级职称 6 人，中级职称 15 人，主要管理岗位均为大中专以上学历。骨干成员参加过八号线地铁车辆段工程、路网中心一期二期工程等多项地铁工程及地铁相关区域开发，具备丰富的施工管理经验。

4. 选题理由

（1）北京市地铁综合用地开发工程试点，北京市地铁改造重点工程，也是绿色环保工程，社会影响力更大、关注度更高。

（2）紧邻地铁大型集中式综合式地下结构、分仓开挖，悬挑式钢结构施工，复杂的设备管线、厂区市政、对管理提出了更高的要求。

（3）以重点工程为载体，进行技术攻关及科技创新，锻炼、培养技术研究型及应用型人才，打造"安全、绿色、智慧型施工项目"。

（4）本工程要求严、标准高，工程建设之初就确定了质量管理目标：确保结构质量长城杯、竣工长城杯、绿色文明工地，争创"国家优质工程"。

5. 实施时间

2014 年 12 月 24 日～2017 年 12 月 31 日。

二、项目管理及创新特点

1. 项目管理重点与难点

（1）管理重点

由于工程涉及地铁改造及紧邻地铁侧施工，本工程政治重要性和工程性质特殊性，树立良好项目管理形象、优质高效完成建设任务是项目管理重点，优化施工组织、降低对地铁侧结构的扰动和影响，加快施工速度保证施工质量是首要目标。

（2）管理难点

1）工程质量、安全绿色施工要求高。管理目标为：北京市绿色安全样板工地、确保北京市结构长城杯和竣工长城杯金奖、争创国优。

2）基坑开挖面积大、深度变化复杂、施工工序多。本工程基坑开挖平面积较大。基坑外边线与红线很近，施工工序多，需要综合统筹，协调各施工工序交叉作业，以保证施工质量和保持较快的施工进度。

① 根据业主提供的岩土工程勘察报告、支护设计及对现场踏勘的实际情况，借鉴同类工程施工的丰富经验通过科学的建立与现场实际情况相吻合的计算模型，对边坡支护、土方挖运进行复核计算和优化设计，选择合理的支护施工工艺。

② 正式施工前编制详细的施工方案，并组织专家进行评审，评审通过方可实施，以保证基坑开挖过程中及地下结构施工时的基坑边坡安全。

③ 选派对深基坑工程施工有丰富经验的技术管理人员组织施工。

④ 施工过程中采用信息化管理，加大基坑监测力度，根据监测结果，及时反馈或采取相应对策。

⑤ 建立本工程应急抢险组织机构，编制详细的、有针对性的应急预案，建立相关管理制度，落实人员责任。

3）基坑紧邻地铁车站，车站的变形控制要求高。基坑南侧和东侧为地铁慈寿寺站体结构及部分地铁区间段结构，地铁站主体施工开挖采用明挖法，采用桩锚支护或支护桩＋内支撑的支护方式。本基坑部分支护剖面是在已有的地铁支护桩的基础上，采用桩锚以及双排桩、放坡＋钢板网的方式支护，利用了原地铁支护桩。基坑开挖时，需要控制车站和区间隧道结构的水平位移。

① 此段土方开挖严格按照分步开挖进行，靠近地铁护坡桩一侧，每次开挖深度控制在 2m（图 3），给原有地铁护坡桩留出应力变形的时间，防止变形集中，造成车站和区间隧道结构发生水平位移。

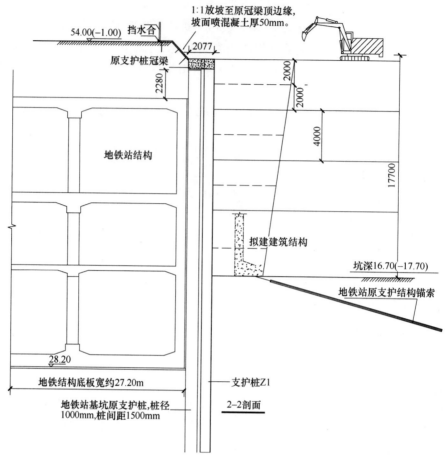

图 3 分步开挖图

② 做好变形观测工作,尤其是原有地铁护坡桩的桩顶水平位移、桩顶竖向位移和桩体水平位移监测。

4）塔吊数量部署多，协调难度大。施工高峰期，基坑内 8 台塔吊同时施工，是现场极大的风险源，协调指挥塔吊安全运行是一项管理难点（图 4）。

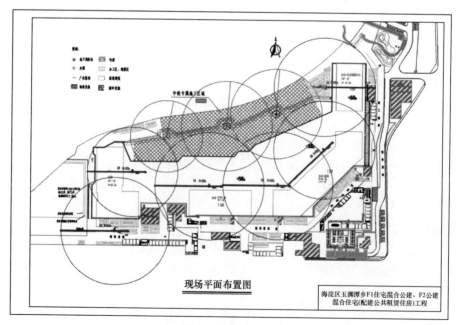

图 4 塔吊分布图

5) 地下大体积混凝土结构，合理布局、优化工序（图5）。
① 基坑内范围大，材料的运输和存放等。
② 受场地及结构的限制，模板进行专门的优化设计（单侧支模、吊模等）。
③ 地下浇筑大体积混凝土，混凝土施工工艺要求高（局部筏板厚度2.5m）。

图5 地下大体积混凝土施工

6) 结构形式多样，防渗漏等级要求严格，确保质量要求（图6）。
① 地下空间结构墙体厚度以400～700mm为主，最高6.2m，裂缝控制难度非常大。

图6 结构施工图

② 地下空间结构顶板厚度仅200～300mm，顶板上为场区绿化用地、下沉广场，对结构防水要求高。

7) 无粘结预应力楼板施工，预应力筋的位置及标高的控制。
① 地下部分局部楼板为预应力楼板，重点控制布置预应力的位置和间距及预应力筋的曲线波峰和波谷的标高。
② 严格控制预应力楼板的保护层厚度，控制预应力混凝土的氯离子的含量（图7）。

8）施工作业外防护采用集成式爬架，爬架施工与结构作业的协调配合跟进管理难度大。本工程结构施工期间作业外防护采用爬架防护，作业期间各个流水段的施工作业与爬架的提升协调配合，流水段之间的周转施工管理要求更高（图8）。

图7 施工现场

图8 施工现场

9）13号楼外悬挑劲性钢结构与结构施工交错进行，对施工安排及施工管理要求更高。本工程13号楼外悬挑钢结构施工期间与相接混凝土结构流水作业，对钢结构的进场安装与混凝土结构交错作业施工安排提出更精确的要求（图9，图10）。

图9 施工现场

图10 施工现场

10）安装工程体量大，安装条件限制多。

① 各种管径管线总长度800km管线标高及路由设置紧凑、各种设备数量大（强弱电设备、人防设备、制冷设备、消防设备、住宅中水软水设备、进排风设备等），施工配合难度大。

② 地下空间共三层，管道和设备转运受空间制约，转运困难，影响安装进度。

11）分包单位多，管理难度大。本工程分包单位达41家，涵盖结构、装修、安装、弱电、消防、人防、幕墙等。各专业、各工种之间工序交替、穿插频繁，总包管理和协调任务重、难度大。

2. 管理创新特点

（1）创新组织管理模式，实现资源的优化配置。本项目采用全员管理全员责任制的原则，技术、生产全员负责现场安全及管理问题，发现问题及时解决，每天开会总结问题杜绝问题的再次发生。

（2）探索技术创新应用，引领工程建设。

1）施工技术研究与应用

① 分仓开挖施工方法研究与应用。基坑工程、地下室结构工程分别采用跳仓开挖、分段施工的方式分步进行。基坑工程分为九个区域，依次开挖。后区土方开挖，需待前区结构施工至±0.00后，方可进行开挖，最大限度的保证了在地下基坑开挖施工中对地铁结构的扰动最小（图11、图12）。

图11　分仓开挖分区图

图12　项目施工现场

② 全套筒全回转钻机的研究与应用。基坑工程桩基施工中，考虑结构距地铁主体结构非常近本项目在临近地铁侧桩基施工中采用全套图全回转钻机施工，全回转钻机应用中低噪声、低扰动、无泥浆、安全性高、环保性高，钻机成孔不会产生塌孔现象，清孔彻底，钻进速度快钻进速度可达14m/h，钻进深度根据土层的情况一般可达100m（图13、图14）。

图 13 全套筒全回转钻机

图 14 项目施工现场

③ 大体积混凝土配合比优化设计。凝土的收缩会导致大体积结构开裂，项目部邀请集团质量专家石从军进行裂缝控制专题培训，通过联合混凝土搅拌站优化混凝土配合比，以减小混凝土的收缩量，控制混凝土产生收缩裂缝。混凝土裂缝控制及混凝土调配研究和应用内容包括：由于温差的作用，裂缝的产生是不可避免的。根据计算可以采用掺加粉煤灰等有效方法，以降低混凝土硬化过程中混凝土内表的温差。因而，在施工中采取适宜的措施，能够避免有害裂缝的出现（图 15）。

④ 集成式全封闭自提升爬架。工程采用附着式升降脚手架（TSJPT9.0 型）做外围护架体，可最大限度地减少普通架体大量的高处搭设作业危险，同时又节约了大量的钢管、扣件等周转材料，符合以人为本、科学发展和低碳节能环保、绿色施工的发展方向。

2）BIM 技术应用、科技攻关。成立 QC 活动小组，积极开展 QC 活动，有针对性的解决劲性钢结构的梁柱节点、劲性钢结构与混凝土结构及资料管理等多项现场及管理问题进行攻关，促进科技创新的开展。针对钢结构的梁柱节点、劲性钢结构与混凝土结构交接部位等施工内容，进行技术攻关，并将成果进行总结（图 16）。

图 15 混凝土结构裂缝控制专题培训

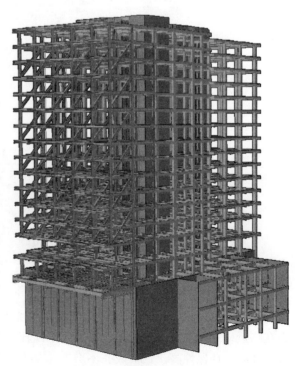

图 16 钢结构三维立体图

3）绿色施工管理及消防管理。在工程建设全周期内全面实施绿色施工并且全面落实北京市防尘防霾的整体形势，最大限度地节约资源与减少对环境负面影响。发展绿色施工的新技术、新设备、新材料与新工艺，实现工程的绿色建造，与自然和谐共生、适应经济社会环境；争创"全国建筑业绿色施工示范工程"；规范施工现场管理，提升项目管理水平，树立企业形象。在工程建设生产期间全面落实北京市消防管理要求，严格执行消防安全相关管理规定。争创"消防安全施工示范工程"；规范施工现场管理，提升项目管理水平（图17～图21）。

图17　洒水降尘

图18　防尘降噪棚

图19　消防泵房

图20　现场消防器材

图21 现场消防演练

4）场区监控及管理平台。布设现场视频监控，通过系统可访问现场视频、控制现场摄像机（图22）。

图22 视频监控系统

现场物料管理严格控制进场材料的报验制度，严把质量关，并利用电脑记录各种主料使用量，根据现场情况动态监控；通过系统申请材料采购计划，并在网上进行审批（图23）。

图23 物料存放区

三、项目管理分析、策划和实施

1. 管理问题分析

根据本工程重点和难点，综合考虑安全、进度、质量、成本等多项管理因素，确定本工程主要管理问题为分仓开挖施工部署、临近地铁侧的桩基施工质量控制，地下结构大体积混凝土施工部署、地下结构防水防渗漏、结构施工质量、13号楼高层悬挑劲性钢结构施工等。

2. 管理措施策划实施

（1）目标策划

如表3所示。

海淀区玉渊潭乡F1F2混合用地管理目标　　　　表3

序号	项目	合同目标	自定目标
1	总目标		建成安全、绿色、创新型临地铁工程
2	安全目标	无	（1）杜绝一般及以上生产安全事故、机械事故、火灾事故； （2）无职业病、食物中毒事故； （3）无地下管线破坏事故； （4）安全培训教育考核率100%； （5）特种作业持证上岗率100%
3	工期目标	1100天	确保按时完成业主制定目标
4	质量目标	合格	北京市结构长城杯、竣工长城杯，争创国优
5	文明施工环保目标	无	（1）环境保护4个节约，5个100%； （2）无环境污染和扰民事件； （3）采用环保、重复使用的材料； （4）现场日常综合管理达标； （5）争创"北京市绿色安全样板工地"
6	绿色建筑目标	无	（1）北京市绿色安全工地； （2）第四批全国建筑业绿色施工示范工程； （3）全国AAA级安全文明标准工地； （4）全国建筑施工安全标准示范单位
7	科技进步目标	无	（1）北京市建筑业新技术应用示范工程； （2）全国QC活动先进小组
8	信息化目标	无	利用现代化辅助管理手段，全面实施信息化管理

（2）实施

1）强化工期管理，落实进度计划。严格按照各级管理计划组织施工，确保各施工节点如期完成。制定总进度计划、年进度计划、月进度计划、周进度计划和日进度计划，以施工任务书的形式下达给各分包单位，检查未按计划完成施工的施工班组，加强施工作业的执行力。

2）样板引路，强化质量管理。

① 科学开展QC活动，有针对性的解决施工问题。

② 坚持样板引路，精心打造示范样板区。

③ 积极开展"质量周"活动，提升人员质量意识。

④ 施行质量管理五项制度，严格落实现场"实测实量"。

3）技术引领，精心策划

① 优化施工步序。根据现场实际情况，并结合BIM模拟施工，划分施工作业流水区域，制定及优化施工工序，确定关键施工线路。

② 施工方案先行。编制施工组织设计 1 份，施工方案 145 份，举行专家论证 5 次，图纸会审 15 次，方案及各工序 100% 进行技术交底（图 24）。

图 24　专家论证会

③ 推广四新技术。积极推广建筑业十项新技术，根据工程实际需要推广应用其中的 10 大项、28 子项；同时，项目推广并应用了分仓开挖法、集成式爬架、无粘结预应力、全套管全回转钻机等新工艺、新方法。

④ 绿色施工。工程施工组织严格按照公司标准化要求实施，积极落实"四节一环保"绿色施工原则。现场实行月度检查、评比制度，每月进行安全文明施工联合大检查，对责任单位及责任人进行评比、奖罚，并张榜公布。积极应用垃圾生物处理装置、太阳能设施、LED 照明灯、喷淋装置等绿色环保措施。

4）强化成本管理能力。为实现优质、高效、低耗的建设目标，我项目部根据合同约定和业主管理要求及本企业《合同管理办法》《预、结算管理办法》，结合本工程具体情况制定相应的实施细则，规范项目工程造价和成本管理工作。

5）安全文明施工。

① 严格落实各级人员的安全环境责任制，预防为主，坚持领导带班制度。领导和值班人员在施工现场 24 小时轮流值班，对重大危险源部位进行重点防护。

② 积极开展"安全生产月""安全生产教育月""百日安全无事故"活动，提升管理人员和工人安全意识。

③ 强化管理深度，实行分包队伍班组安全技术交底制度，在交底过程中宣讲项目文化，讲解施工重难点，阐述在施工安全、施工质量、文明施工等方面的具体要求。

④ 落实"农民工夜校"建设，重点实施农民工培训，用知识和技能武装了的农民工正奋战在劳动生产第一线。

⑤ 标准化施工。

3. 过程检查控制及方法应用

（1）施工进度检查。在决策及实施周期内，根据现场进度进行工作处理，对总进度计划检查纠偏。

召开施工进度会,对于完成不到位、施工缓慢的流水段作业班组,详细核查并依据合同规定进行处理。

(2)施工质量检查。项目质量检查实行"三检"制(自检、互检、交接检),并从材料、工序、工艺、质量通病入手并严格把关。每周召开质量例会,对工程施工过程中出现的质量问题进行分析、研讨。

(3)技术管控。定期召开技术系统例会,总结阶段工作,部署下步安排,保证责任到人。组织技术交流学习活动,提升管理人员技术水平。

(4)成本管控监督。项目实施过程中,项目部分解成本控制责任,在前期策划、深化设计、材料比较、施工方案优化等方面进行落实,并进行专项考核,严格控制资金使用,降低施工成本,分阶段定期召开成本分析会。

(5)安全施工管理。项目安全施工管理为动态管理,项目部每周二和重大节日前进行联合安全检查,发现问题及时整改。每天进行安全教育,每月进行安全总结评比。工程深基坑施工阶段重点进行基坑监测管理;主体结构施工阶段注重高大模板危险源、洞口防护、外架搭设安全、防止高空坠物、大小型机械检查、悬挑脚手架搭设锚固等;二次结构、机电安装和精装阶段主要检查用水用电、预留洞口防护、交叉作业及高空作业安全和临边防护。

四、管理效果

1. 社会经济效益

本工程积极推广应用"新技术"、开展 QC 活动、创新施工工艺和施工方法、BIM 技术及物联网技术应用管理手段,为项目创造了 55 万元的经济效益。通过科技攻关,实行产、学、研、用相结合的模式,培养了 3 名大型公建专家、中青年学术骨干及新兴人才,带动一大批现代建筑设计与施工技术人才的成长。北京市多位领导莅临现场检查指导工作,对工程给予较高的评价。

2. 管理效果评价

(1) 2016 年荣获安全文明标准化工地。

(2) 2016 年荣获全国建筑施工安全标准示范单位、新技术应用示范工程。

(3) 2016 年荣获北京市结构长城杯。

(4) 科技成果。《大型悬挑式劲性钢结构》和《集成式整体爬架施工技术》两项科技成果通过专家鉴定评审达到国内领先水平,获集团优秀施工工艺荣誉。

结束语:项目团队通过有针对性地对工程难点、重点进行专题攻关,取得了丰硕的管理成果,积攒了宝贵的经验,取得了良好的经济效益和社会效益,社会影响力巨大,维护了北京城建集团品牌良好形象,赢得了良好的社会信誉,也为北京市环境保护做出了贡献,体现了大型建筑国企的社会责任,为今后项目团队承揽类似工程的总承包管理工作打下坚实基础。

管理标准化　过程铸精品

——北京韩建集团有限公司石景山区老古城综合改造 C 地块项目

郑晏文　徐俊香　贾大虎　季铁峰　李　萌　马　鹤

【摘　要】 石景山区老古城综合改造项目 C 地块项目为我集团高度重视项目，经理部"高标准、严要求"，严格按照集团"建筑施工标准化"的各项要求，以"标准化项目管理、标准化施工工艺"为主要管理方针，弘扬"工匠精神"。通过"工作流程标准化""岗位管理标准化""现场安全文明标准化""施工工艺节点标准化"四个标准化为指导，科学管理、精心筹划，使总建筑面接近 11 万 m^2 的项目在 470 天完美交付。项目提前竣工。在节约了施工成本、提高项目管理水平的同时，打造了又一过程精品。

【关键词】 标准化；过程精品

一、项目成果背景

1. 工程概况及项目建设背景

石景山区老古城综合改造项目 C 块（中海金石公馆）项目位于北京市石景山区老古城，总占地面积 29048.279m^2，建筑面积 106006m^2 的住宅小区。为现浇钢筋混凝土剪力墙结构，C1 号、C2 号、C5 号、C6 号地上 20 层，地下 2 层；C3 号地上 22 层，地下 2 层；C4 地上 18 层，地下 2 层；C7 号、C9 号、C10 号商业楼为地上 1 层，地下 1 层；C8 号清理站、C12 号燃气站为地上 1 层；C11 号开闭站地上 2 层；D1 号地下车库及设备配套共两层，设备配套为地上 1 层，地下 1 层整体停车库，局部半地下停车库。建筑外装修采用法式建筑风格仿石立面做法，通过精心雕琢，匠心独运，文化底蕴深厚，由北京韩建集团有限公司总承包施工。石景山区老古城综合改造项目 C 地块（中海金石公馆）项目是韩建集团重点工程，开工之初，项目部就确定了创北京市结构杯、创北京市绿色安全样板工地绿色安全施工目标，除满足规范要求外，一次验收合格率达到 100%，交给业主满意的工程，在树立"韩建品牌"同时赢得后续市场。施工过程中如何较好的利用集团公司的"标准化体系"并且让"标准化体系"充分的为项目的工期、成本、质量服务，为本工程管理把控的重点（图 1、图 2）。

2. 选题理由

石景山区老古城综合改造项目 C 地块是石景山区的重点工程，备受重视，也是韩建集团与中海地产合作的巩固项目，双方领导多次莅临项目视察工作，项目部在工程伊始就制定了本工程确保"北京市结构长城杯""北京市绿色安全样板工地"的目标。为确保项目顺利实施，项目管理人员严格执行法律、法规、规范、标准，分阶段、分重点将工程难点逐个击破，对于施工过程中的薄弱环节制定了"质量标准化施工工艺"和样板，并将项目管理和工程管理的各个环节进行规范和标准化，因此项目经理部确立了"管理标准化、过程铸精品"为主导思想，在提高了企业的社会影响和工程质量的同时，对项目的成本控制和进度控制起到了十分重要的作用。

3. 项目实施时间

如表 1 所示。

图1 项目外景　　　　　　　　　　图2 石景山区老古城综合改造项目C块竣工图

实施时间表　　　　　　　　　　　　　　　　　　　　　　表1

实施时间	2015年5月~2016年9月
分阶段实施时间表	
管理策划	2015年5月~2015年9月
管理措施实施	2015年7月~2016年7月
过程检查	2016年8月~2016年1月
取得成效	2016年8月~2016年9月

4. 项目管理目标

（1）质量管理目标：北京市结构长城杯金质奖，完成北京市工程建设优秀质量管理小组成果2项。
（2）绿色安全施工管理目标：北京市绿色安全样板工地。
（3）进度管理目标：按照合同要求准时竣工。
（4）创新管理目标：自主创新完成实用新型专利4项。

二、项目管理及创新特点

1. 管理重点及难点

（1）进度管理

按建设单位要求，本工程于2015年5月30日开工，2016年9月30日竣工，总工期489天。在短短的489天内完成13个单体，建筑面积10.6万 m^2 的项目工程，并且中间要经历1个冬季和2个雨季施工，工期极其紧张。本工程包含的6栋住宅，最高层高22层，地下2层，最低层高十八层地下二层，商业楼和开关站等附属工程结构形式复杂，工期紧、任务重。如何在保证施工质量及安全基础上合理安排施工，在15个月内完成全部施工任务达到初装修标准，最终完成各项质量和进度目标是本工程进度管理的重点及难点。

（2）质量管理

由于本工程工期极其紧张，并且结构期间近一半的楼层在冬施阶段进行施工，装修阶段有多个专业参建单位完成的项目，如何在诸多不利条件下进行质量管理保证工程质量并顺利实现质量管理目标是项目管理工作的重点及难点。

（3）绿色安全施工管理

本工程建筑物占地面积大，工程量大，尤其是地下结构阶段场地狭小，场内水平运输周转难度大，群塔作业，管理作业大，现场交通紧张。工程地处北京市石景山区老古城闹市区，位置显著，工程体量大、投入施工人员多、多工种交叉作业多、立体作业安全隐患多，工程进度与安全管理如何并重，如何从制度上排除为了赶进度而轻视安全管理的隐患和如何保证安全生产，对施工现场合理规划布置与利用同时实现绿色安全施工管理目标是项目管理的重点及难点。

（4）协调管理

专业分包多、甲指分包、甲方分包项目多，工程接口多，施工场地小、工期紧、绿色施工、质量和文明施工要求高，综合协调和组织各专业交叉、立体作业是项目管理的重点。

2. 项目管理创新特点

（1）管理理念创新

韩建集团作为老牌的施工企业，为适应市场发展趋势，现已成为一家综合的、集团性质的大型企业，目前拥有建筑施工总承包特级资质，并且在其他建设领域拥有多项一级资质。企业一直在不断地升级和提高，将企业形象和行业竞争力作为企业和项目的主要工作方向。在日益激烈的竞争条件下原有粗放式管理模式已经不适应市场需要，"工作管理流程标准化"、"岗位管理标准化"是目前企业抓管理、出效益、提质量的主要途径和手段。严抓管理、注重质量、打造精品、以质取胜、向管理要效益，通过施工全过程的"标准化"加快施工进度，减少施工成本浪费，为企业赢来利润的同时树立品牌形象，保持后续市场。

（2）技术管理创新

从项目管理层面上重视技术创新，首先积极推广应用建筑业10项新技术以及北京市建设领域百项重点推广项目，利用新技术、新方法、新材料减少施工成本投入；"现场安全文明标准化""施工工艺节点标准化"制定几乎涵盖所有施工工艺的标准化样板示范，提高施工质量和管理效率。利用Revit软件制作建筑模型，帮助项目技术人员熟悉图纸解决技术问题，其次鼓励项目人员自主创新，建立奖励机制，对于完成工法、专利、QC成果的主要完成人员进行奖励（图3）。

图3　集团标准化文件

三、项目管理分析、策划和实施

1. 管理问题分析

在项目开工前，组织集团内部专家通过对本工程特点和施工关键点进行全面综合分析和论证，制定专项的"标准化"施工方案，明确项目管理问题主要有以下几个：

（1）进度管理问题

按建设单位要求，本工程于2015年5月30日开工，2016年9月30日竣工。跨越一个冬季施工两个雨季施工，本工程总建筑面积大约为10.6万 m^2，其中地下建筑面积为2.5万 m^2，故结构工期极其紧张。要想顺利实现工期目标在项目管理必须要制定切实可行的进度计划，同时制定配套的人工、物资、设备进场计划以及保证计划顺利实施的有力保证措施，如何保证进度计划的有效实施将是项目管理上必须解决的重要问题。

（2）质量管理问题

在工期相对紧张的条件下要保证施工质量，顺利实现质量目标，对于项目管理提出了更高的要求。

面对现有条件实现质量目标项目部必须制定详尽项目质量策划与质量计划，编制创优方案，对于每一道施工工序严格按照质量计划与创优方案控制施工质量，在施工前做好策划、过程中做好控制与检查，完成后做好经验总结，积极推广应用新工艺、新技术，建立 QC 小组，针对质量通病进行攻关，减少或者杜绝质量通病，保证过程精品最终实现成果精品。

（3）绿色安全施工管理问题

本工程地处闹市区，与周边小区距离较近，工程体量大、投入施工人员多、多工种交叉作业多、立体作业安全隐患多，施工场地狭窄，工程所需物资多，如何保证工程进度且物资又能合理安排施工现场安全有序，实现绿色施工目标是项目管理必须解决问题之一。

（4）成本管理问题

本工程建筑面积 10.6 万 m^2，工期只有不足五百天，因此在施工过程中机械使用量大、劳动力投入量大、模板架料使用量大、资金投入大，对于施工成本管理带来较大难度，如何做好成本控制，实现项目管理目标将是项目管理需要解决的重大问题。

（5）风险管理问题

由于工程量大，工期紧，工期风险、资金风险、劳务用工风险、施工安全等都成倍增长，如何做好风险识别、回避、降低、分散、转移管理是项目管理必须解决的问题。

（6）协调管理问题

本工程分 6 个高层住宅、一个地下车库、3 栋商业楼，清理站、开闭站、燃气站各一栋，12 个单位工程同时施工，工期紧任务重，多工种同时施工，交叉作业多且不可避免，专业分包多、甲指分包、甲方分包项目多，工程接口多，施工场地小、工期紧、绿色施工、质量和文明施工要求高，综合协调和组织各专业交叉、立体作业是项目管理必须解决的问题。

2. 项目管理策划实施

（1）明确管理目标

根据工程总体对质量、工期、安全文明施工要求，将工程各项目标指标分解。在质量方面，首先在结构施工阶段，要确保北京市结构长城杯，成立 QC 小组，开展质量管理活动，确保获得北京市工程建设优秀质量小组 2 项，在装修阶段，保证工程装修质量，在工期方面，明确基础、主体、外装修、精装修等节点目标，以确保总体工期目标实现；在绿色安全施工，从绿色安全施工策划到按照集团安全标准化实施，全面贯彻目标要求，分解指标，落实到部门和责任人；科技创新方面，四项实用新型专利，分解目标，明确主要完成人，确定选题、材料编制、申报、后续跟进工作具体时间，确保目标顺利实现。做到全项目全方位贯彻落实。

（2）建立、健全项目管理制度

本工程为大型住宅小区项目，为了有效进行项目管理，必须明确项目管理人员责任，必须建立、健全各项规章制度，各项规章制度包含但不限于如下制度：

1）项目管理人员岗位责任制度；

2）项目技术管理制度；

3）项目质量管理制度；

4）项目安全管理制度；

5）项目计划，统计与进度管理制度；

6）项目成本核算制度；

7）项目材料，机械设备管理制度；

8）项目现场管理制度；

9）项目分配与奖励制度；

10）项目例会及施工日志制度；

11）项目分包及劳务管理制度；

12）项目组织协调制度；

13）项目信息管理制度。

利用制度约束项目管理人员行为，利用制度打造优秀团队，各种制度将作为项目管理工具，为打造优秀住宅小区提供有力保障。

(3) 组织"标准化"管理策划实施

工程项目标准化管理是一项涉及面极广的系统工程。项目部在第一时间就召项目部主要管理人员召开多次专题会议，研究"标准化"实施方案。迅速策划制订《石景山区老古城综合改造项目C地块项目标准化管理推进工作实施计划》，下发项目部各部门，使项目标准化管理推进工作迅速启动，并有章可循；项目成立了以项目经理任组长、主管生产副经理任副组长、相关部门负责人为成员的"工程项目标准化管理推进工作领导小组"，并在安质部设置了日常工作管理办公室。根据集团公司要求和公司"标准化实施细则"并结合项目的施工特点，在"安全质量管理达标"考核办法的基础上，进行补充、修订，编制了《石景山区老古城综合改造项目C地块项目标准化管理达标考核办法》，从制度层面上进一步提高了各单位推行项目标准化管理工作的积极性和主动性。实行小组成员分片区、片区分施工点、施工点分工序、工序分责任的推进实施步骤，将推进标准化管理工作的责任落实到各个层面，形成了层层发动、层层布置、层层落实、现场管理和过程控制扎实推进的有效机制，保证了建设标准化管理工作为项目进度、成本、质量高水平服务。

本着科学管理、精干高效、结构合理的原则，配备具有丰富的施工经验、服务态度良好、勤奋实干的工程技术和管理人员组成项目管理体系。以《建设工程项目管理规范》为载体，项目各个部门集成化、系统化联动起来，建立完善的项目施工管理架构，各个管理相互依托，明确和履行"标准化"的各项岗位职责，真正做到人性和谐化管理。制定切实可行的解决方案并制定施工"标准化"样板，从技术层面确保工程建设顺利实施，并形成综合技术，为今后类似的施工实现技术积累。

质量、安全综合协调管理与多点管控，鉴于本工程的复杂性，以及专业承包商多的特点，项目部在传统的质量、安全管理模式上，扩大质量、安全管理的理念与范围，在协调各专业承包商的同时，建立严格的质量与安全综合管理模式（图4），实现多点化实施性管理，为本工程的质量安全提供有效保障。

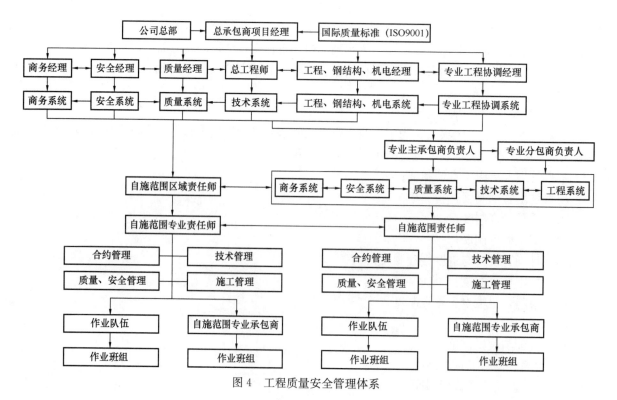

图4 工程质量安全管理体系

(4)"标准化"化进度管理措施

1)根据施工合同文本及建设单位要求各个施工里程碑节点工期,结合住宅小区建筑结构特点,根据相应的"施工工艺标准化"中的各工序工种产能效率制定各个节点工期目标,分阶段控制施工进度,建立奖惩制度并坚决执行。

2)安排施工工序,并对所有相关人员开展"标准化工艺"培训,从而保证本工程关键路线施工线路不受其他部分工程影响,保证工期如期完成,住宅小区关键工序主要为:护坡桩→土方开挖→基础→地下室结构→地上结构→二次结构→装修→外线、景观、道路施工。

3)根据"标准化工艺"的工期特点及工程特点及结构形式,为方便组织施工,地下结构按后浇带位置分成七大流水段(包括楼房结构),地上结构施工时,1号楼按六流水段流水施工,2号、3号、5号和6号楼按四流水段流水施工,4号楼按两流水段流水施工。由于工程较大且工程工期比较紧张等特点,劳务分包选用有良好合作经历的三家施工经验丰富且接受和了解集团"标准化"的优质劳务分包单位。对于三家劳务分包明确分包范围、工程节点及相关"标准化"要求,明确约定各工程节点完成时间与完成质量标准,合同约定奖惩办法,一切按照合同约定执行劳务分包奖惩制度。根据总体工期安排和三个劳务分包内容,编制三个劳务用工计划,约定各个时期内各劳务分包人工数量,以保证工期能顺利实施。

4)由于工程体量大,工期紧,为了确保工程总体工期节点时间,对总体进度计划进行分解,编制总体进度计划、结构阶段进度计划、装修阶段进度计划、月进度计划,周进度计划,分层推进逐步落实,尤其是周进度计划,明确工序节点时间以小时为单位,不能以天为单位,明确工作任务几点开始,几点结束,只能提前不能推后,每周进行进度分析,对于进度落后原因进行分析,对由于人为因素造成工期延误的进行处罚,制定切实有效赶工计划并坚决进行。

5)由于施工现场场地狭窄,材料、物资、设备等根据工程进度需要适时进场,保证工程需要同时又不浪费占用施工场地,根据施工进度计划制定详细材料封样、采购、进场计划表,与厂家约定进场时间,在合同中注明材料延误承担损失条款,保证物资准时到位,方便施工,最终实现工期节点按时完成。

6)本工程多个住宅高层同时施工,多种机械设备必须协同作战,分包队伍多,施工管理人员合理调配塔吊等运输设备配合施工,保证施工材料及时供应,合理布置施工现场,以保证各种施工材料能更加快捷的运输到施工部位。

7)本工程涉及分包较多,应根据总体施工进度,及时插入专业分包入场,编制确实可行的专业分包入场计划,并安排各专业分包及时上报与总包进度计划相一致的详细专业进度计划用于指导施工。专业分包涉及材料、设备也应编制详细考察、采购、封样、进场计划表并坚决落实执行。

8)每周定期组织进度协调会议,对于分包问题及各自需要调节问题进行协调解决,对于进度问题进行纠偏处理。

9)与监理单位加深沟通,密切配合,24小时验收不延误,为保证工期进度,夜晚会有加班施工,加强与监理单位配合,随时验收,不影响下一步工序。

(5)技术"标准化"管理措施

依托集团总部技术支持,项目部针对工程特点,对于工程建设过程中的重点工作,技术难度及线技术应用,集中技术骨干力量提前攻关,制定确实可行的解决方案,并形成"标准化范本",通过技术手段保证工程质量、工程工期要求、成本创效及绿色安全施工目标顺利实现。

1)精选施工方案:采用集团"施工组织设计标准化模板"编写施工组织设计,组织集团专家对施工组织设计进行会审,结合工程特点确定模板地下室采用多层板,地上结构采用大钢模,外脚手架采用悬挑式脚手架,选定塔吊位置、数量及规格型号等,从技术方面保证施工质量、进度与成本目标实现。

2)深化设计:项目部技术总工组织技术人员,熟读图纸,在主体结构开工前,针对在施工过程中涉及施工图、项目规范及施工方案的问题进行深化设计,对较复杂的节点进行详细交底,并及时与现场部门沟通，优化节点做法，保证深化设计工作的经济性和可操作性。

3) 严格落实交底制度，做到技术先行。为了使"标准化"施组、方案、技术交底能更好地落实，严格执行三级交底制度，即项目总工向项目全体管理人员进行施工组织设计的交底，技术部向现场施工责任工程师及分包管理人员交底；现场施工责任工程师向分包管理人员和施工操作班组交底。

4) BIM 技术应用指导施工，利用 Revit 软件绘制关键节点部位建筑模型，帮助技术人员熟悉图纸，解决关键部位碰撞问题，利用 BIM 技术对专业管线进行综合排布优化设计，提高项目管理水平。

（6）标准化质量管理措施

1) 强化质量管理体系，确保质量目标的实现

我们向业主承诺的质量目标是："确保北京市结构长城杯"，工程中积极应用住建部推广的十项新技术。为确保质量目标的实现，我们结合 GB/T 19001：2008 标准理解、应用与实践，编制项目质量计划，并成立了技术攻关小组，针对每个分项工程所要达到的质量目标，严把预控关，使每个分项分部工程都在受控状态。

2) 落实质量管理标准化责任制

为使分部分项工程始终处于受控状态，我们与主要专业队伍签订了创优责任书，明确各项管理责任，实行责、权、利相结合的方式，提高主要管理人员的积极性，确保工程质量。

3) 实行标准化挂牌样板先行制度

每道工序施工前，实行样板先行制度，样板经过专业工长及质量检查员，监理和甲方验收认可后，方能进行大面积施工。施工过程中悬挂施工标识，标明该工序的规范规定、评定标准、工艺要求等，有利于每一名操作工人掌握和理解施工项目的标准，便于管理人员的检查，并确保过程工序的可追溯性。

4) 坚持"质量会诊"和"三检制"制度

每完成一道工序，由项目经理、技术负责人，组织有关专业工长、班组长检查，并对查出的问题进行质量分析，找出质量问题的原因，追清责任，开展质量攻关，制定整改措施，限期整改，并组织人员进行验证。在施工中，严格要求执行"自检、互检、交接检"制度，并行使质量否决权，做到检查有结果、有落实、有复查（图5）。

图5 施工现场检查

（7）标准化安全管理措施

1) 完善安全管理体系，落实全员安全管理职责

项目经理出任组长，由各专业工长，班组长及安全生产检查员组成施工现场安全生产管理小组，形成安全管理体系。落实项目经理部安全生产岗位责任制，提前明确项目部所有管理人员的安全管理职责，通过把安全责任分解到每个人的头上，使每个管理人员都有自己明确的安全责任，为安全生产提供了有效保障。

2）注重安全策划，明确安全防控要点

项目部结合集团"安全质量标准化图册"根据工程的规模、类型、特点及自身管理水平等情况，充分识别各个施工阶段、部位和场所所需控制的危险源和环境因素。制定项目安全管理计划，对每个施工作业时段、每个区域的重大危险源进行重点预防控制及整改控制。同时，实行重大危险源公示制度，把项目部近期的重大危险源公示在项目部醒目位置，并落实好对应的隐患责任人。

3）狠抓制度落实，提升安全管理标准

项目部编制了《现场安全管理制度》《安全教育制度》《特种作业人员管理制度》《安全例会制度》等各项管理制度，要求项目部管理人员以管理制度为依据，严格按照制度实施，切实把安全工作做到实处。

4）强化作业面安全管理，落实终端岗位责任

严格落实作业时间和作业面，就有管理人员的要求，项目部施行管理人员旁站制度，有针对性地进行分工，安排专人不间断地进行旁站，任何人发现不安全行为都要制止，把许多不安全行为消灭在萌芽状态。

（8）创新管理措施

1）建筑业十项新技术应用

结合工程实际将在本工程中推广应用建筑业十项新技术中的混凝土裂缝防治技术，HRB400级钢筋的应用，粗直径钢筋直螺纹机械连接，碗扣式脚手架应用，悬挑脚手架应用，建筑防水涂料，重型塔式起重机应用等几项新技术，为实现项目各项指标提供技术支撑，对于新技术应用，项目部技术人员精心编制作业指导书，单独进行专项交底，对施工作业人员进行岗前培训，确保施工质量与施工进度。

2）自主创新专利研发

本工程从伊始就确立了争创"北京市结构工长城杯银质奖"目标，针对以"一种定位划线工具""一种固定吊杆装置""一种栏杆接地连接装置"和"一种土方平整器"为课题进行实用新型专利的研发工作，为了确保新技术研发的顺利开展和圆满完成，公司及项目部成立技术攻关小组，负责工程中的新技术研发与应用工作。

3）开展质量管理QC小组活动

在工程进行过程中将积极开展以"提高混凝土后浇带施工质量"和"提高现场塔吊月保养一次合格率"为课题的QC小组活动，在取得一定效益的同时，让项目部技术人员和管理人员的质量意识、个人能力、团队精神、责任心无形中得到较大程度的提高，为以后施工总结经验。在树立"韩建"品牌形象的同时，也为稳定后续市场打下了坚实的基础。

3. 管理过程检查、监督

强化项目管理是体现在项目管理的多个方面，过程检查可通过正常的项目管理来显现，根据集团各个"标准化"的集体要求，针对本工程的各项管理制度，项目定期组织专项会议，并形成系统的组织沟通方式，对管理运行中出现的问题实施整改，确保管理流畅高效。

1）针对进度管理，每周进行进度分析会议，对一周中的进度偏差、劳务用工情况、物资供应情况、设备运转情况进行分析，对下周计划进行安排，对于落后进度进行惩处。

2）针对质量方面管理，实施实时监控，对于施工现场问题质量管理人员及技术管理人员每天在现场进行巡查，每周定期进行整体检查，并加强对成品的保护的管理在施工过程中对易受污染、破坏的成品和半成品要进行标识和防护，由专门负责人经常巡视检查，发现现有保护措施损坏的，及时恢复。工序交接检的单据必须由下道工序作业人员和成品保护负责人同时签字方为有效，并保存工序交接书面材料；签字确认后，下道工序作业人员对防止成品的污染、损坏或丢失负直接责任，成品保护专人对成品保护负监督、检查责任。强化奖罚制度，在工程施工中将实行奖惩公开制，制定详细、切合实际的奖罚制度和细则，贯穿工程施工的全过程。由项目质量总监负责组织有关管理人员对在施工作业面进行检查和实测实量。对严格按质量标准施工的班组和人员进行奖励，对未达到质量要求和整改不认真的班组进行处罚以利于提高质量。公司通过内查外审来检查和监督项目管理的成绩和问题，同时注重管理经验的

积累与推广，使得后续工程得以检验与完善，起到了强化项目管理的作用。

3）BIM技术应用，利用建筑模型与专业管道实体对比进行质量检查，保证各专业管道位置准确。

4）针对绿色安全管理里，过程控制主要分为以下几种形式：

① 施工前安全教育与安全技术交底，根据安全措施要求和现场实际情况，各级管理人员需亲自逐级进行书面交底。周一安全教育，项目经理部每周一要组织全体工人进行安全教育，对上一周安全方面存在的问题进行总结，对本周的安全重点和注意事项做必要的交底，使广大工人能心中有数，从意识上时刻绷紧安全这根弦。

② 班前检查，专业责任工程师和区域责任人必须督促与检查施工方，专业分包方对安全防护措施是否进行了检查。

③ 施工过程巡查，每天在施工现场巡查，发现安全隐患，立即采取妥善处理措施，保证施工现场安全。

④ 定期检查与整改：项目经理部每周要组织一次安全生产检查，对查出的安全隐患必须制定措施，定时间、定人员整改，并做好安全隐患整改记录。

⑤ 专项检查：根据施工所处阶段，施工现场所处状态，进行专项检查，例如基础阶段开展深基坑防护、安全专项检查，结构施工阶段展开针对安全防护、塔吊吊装专项检查，冬季施工阶段开展冬施防火专项检查等专项检查，保证施工现场处于受控安全状态。

4. 项目管理工具应用

科学运用项目管理软件，提升项目管理效率与管理水平。

1）工程项目管理信息化软件

我公司全部项目均采用工程项目管理系统软件进行管理项目，NC系统与OA系统，提高项目管理水平与效率（图6）。

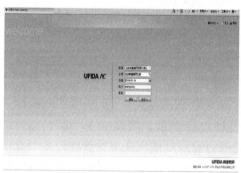

图6 工程项目管理信息化软件

2）进度计划软件

项目进度计划编制主要采用Project进度计划编制软件编制，利用这款软件编制的进度计划，容易理解、简单明了且能查看关键线路，也能查看各工序间逻辑关系，是项目进度管理的重要工具（图7）。

3）安全计算软件

利用安全计算软件对施工过程成中一些技术措施进行安全验算，保证技术措施处于安全措施，能够达到预期目标，比如进行悬挑架搭设设计安全验算、卸料平台搭设等都需要安全验算。安全计算软件能提高管理人员验算速度与准确性（图8）。

4）Revit模型软件

利用Revit软件绘制施工局部节点模型，根据图纸绘制出局部模型，显示专业管线间位置关系，帮助项目技术人员理解图纸，调整综合布线优化设计（图9）。

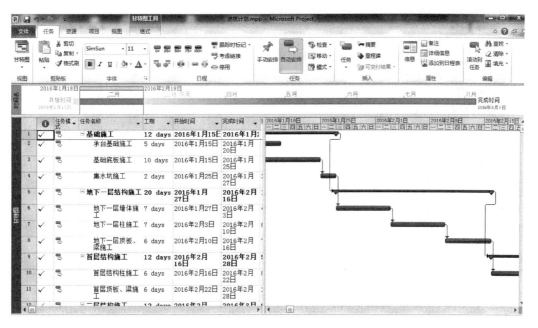

图 7　施工进度 Project 软件

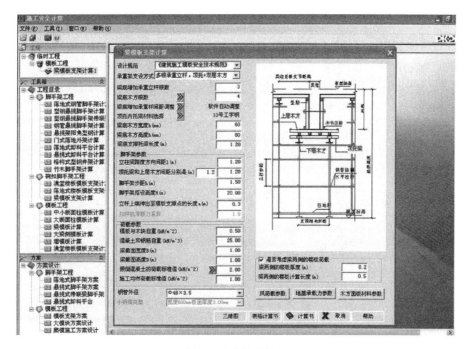

图 8　安全计算软件

四、管理效果和评价

1. 质量安全管理效果

通过项目严格有效的质量保证体系和集团各项"标准化"的严格要求与执行，本工程的整体质量处于受控状态，并赢得了业主和社会各方的一致好评，获得 2017~2018 年度北京市结构"长城杯"金质奖、2015 年度"北京市绿色安全样板工地"、2016 北京市工程建设质量管理小组优秀奖一项、2017 北京市工程建设质量管理小组优秀奖一项（图 10）。

915

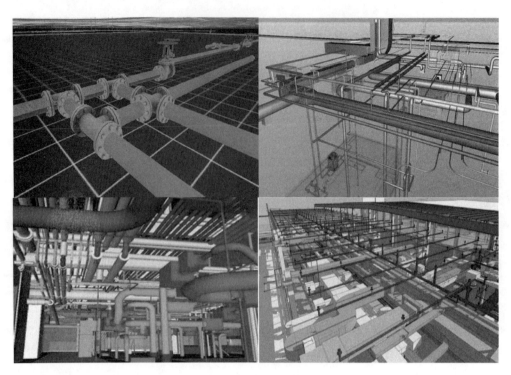

图 9 通风管道三维图

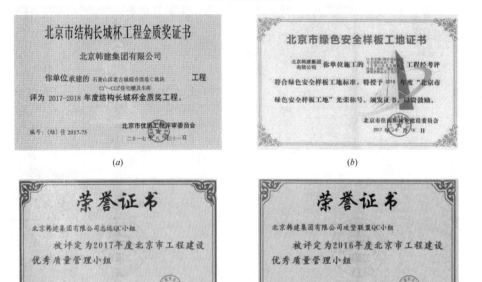

图 10 质量管理荣誉

2. 技术成果

本工程在施工过程中主动寻求突破，针对工程中遇到的各种难题用于攻关，自主研发了 4 项实用新型专利，分别为："一种定位划线工具""一种固定吊杆装置""一种栏杆接地连接装置""一种土方平整器"（图 11）。

3. 经济效益

本工程历经 474 天的艰苦奋斗，通过"工作流程标准化""岗位管理标准化""现场安全文明标准化""施工工艺节点标准化"四个标准化为指导，保证了施工质量并且加快了施工进度，使得北京韩建

图 11 技术成果荣誉

集团有限公司石景山区老古城综合改造项目 C 地块项目于 2016 年 9 月 15 日施工任务圆满完成。使得项目总工期提前 15 天，总共节省资金 400 余万元。

4. 项目管理评价

项目自竣工交付使用以来，各项设计指标均达到使用功能要求，赢得了建设单位的高度赞誉。该项目通过实施集团各项标准化施工和项目前期各项重要施工工序、节点标准化的策划与制定，减小了质量通病的发生概率，使整个项目的施工返工率降低至零。为集团公司实施标准化奠定了坚实的基础，并且形成了非常宝贵的实施经验。展示了韩建集团良好的企业信誉和企业形象。在以国内总承包管理模式以及相关工程管理经验为借鉴的基础上，勇于创新，并在实践中不断总结与进步，在顺利兑现对业主各项承诺的同时，完成施工管理技术的成熟积累，实现自身的成长与飞跃，并得到业主、监理以及社会各界的一致好评。

精心管理 建设好涿州-房山供热工程

——北京城建远东建设投资集团有限公司
涿州-房山供热工程输热主干线规划一路-良常路段 DN1200 供热管网工程

李 鹏 徐 龙 王贵均 黄 葳 张 顺 张益畅

【摘 要】 涿州—房山供热工程输热主干线规划一路-良常路段 DN1200 供热管网项目工期紧，任务重，属民生工程。由此项目团队针对各个节点、难点，研究出可行性的施工方案，做到方案、交底先行。项目部在确保质量、进度、安全、成本等各项经济技术指标的前提下，加强自身的思想意识，优化劳务组织管理，确保圆满按时完成任务，实现对业主的承诺。

【关键词】 可行性；加强；优化；按时完成

一、项目成果背景

1. 成果背景

涿房大线输热主干线是全长供回各 28 公里的直径 1400mm 至 1200mm 的管线建设工程，是实施北京市平原地区无煤化的重要支撑项目，该项目是按照北京市"清煤降氮"及京津冀一体化工作要求建设的热力管网工程，是北京 2017 年"南四区"无煤化重点环保民生工程，也是首批京津冀重大能源合作项目，要求"当年开工、当年完工、当年供热"。项目建成后，将为房山区良乡组团、良乡镇、窦店镇、琉璃河镇、北京高端制造业基地、中国北京农业生态谷等地供热，面积大约 2200 万 m^2，远期还将向城关地区、韩村河镇、长沟镇供热，总供热面积将达到 3500 万 m^2 左右。房山区每年因此可减少燃煤消耗 42.5 万吨，减少 CO_2 排放 0.9 万吨，减少烟尘排放 0.7 万吨，减少 SO_2 排放 1.3 万吨，减少氮氧化物 1.4 万吨，将极大改善周边环境质量，具有良好社会和环境效益。

项目总热负荷为 590MW。该项目建设供热管网 33.1km，回水加压泵站及热网监控中心 1 座，主线管径 DN1200，最大管径 DN1400。本标段热力工程位于规划一路至石夏路东口段，全长约 6km，图 1 为本标段的工程位置图。

图 1 工程位置图

2. 工程概况

本标段工程共分为4段。其中15H（规划一街）：2517.266m；16H（石夏路：规划一街-交道南北大街）：1028.478m；17H（窦店热源厂区一次线）：144.441m；18H（石夏路：窦店热源厂-良常路）：2078.596m。主线总长：5768.781m，其中DN1200合计5624.34m，热源厂内DN800合计144.441m。定额工期：225日历天，要求工期：225日历天，计划开工日期：2017年5月16日，计划竣工日期：2018年1月27日（10月15日具备冷运行）。主要参建单位如表1所示。

主要参建单位	表1
建设单位	北京华源热力管网有限公司
设计单位	北京市煤气热力工程设计院有限公司
监理单位	北京市赛瑞斯国际工程咨询有限公司
施工单位	北京城建远东建设投资集团有限公司
监督单位	北京市公用工程质量监督站

3. 项目团队介绍

项目主要人员共计32人，自有职工25人，社聘人员7人。其中高级以上职称2人，中级职称13人，其余人员均为助理级，本科以上学历25人。部分成员参加过鸟巢、首都机场、京台高速等国家重点工程建设，具有丰富的施工管理经验（图2）。

图2 项目团队成员

4. 选题理由

（1）本工程工期紧、难度大，项目团队对施工现场进行严格化管理，在实现工期目标的前提下，又保证了工程质量。

（2）本工程施工项目多，交叉作业多，现场环境情况复杂，因此在施工全过程中，保证安全措施落实到位，确保在零事故的前提下圆满完成本工程施工。

（3）科学组织，合理安排，优化施工方案是工程施工管理的行动指南，在施工组织设计编制中，对关键工序进行多种施工方案的综合比选，在技术可行的前提下，择优选用最佳方案。

（4）在项目全员共同努力下，本着"提前策划，技术先行，精细管理，确保履约"的原则，各部门密切配合，克服了众多困难，圆满地完成了施工任务，达到了业主的工期要求，并增加了经营效益，提升了项目管理水平。

5. 实施时间

如表 2 所示。

项目管理实施时间表　　　　表 2

实施时间	2017 年 5 月～2018 年 1 月
分段实施时间表	
管理策划	2017 年 5 月～2017 年 6 月
管理措施实施	2017 年 6 月～2018 年 1 月
过程检查	2017 年 7 月～2018 年 1 月
取得成效	2017 年 6 月～2018 年 1 月

二、项目管理及创新特点

1. 项目管理重点及难点

（1）雨季、拆迁、弯头滞后影响节点，安全、质量、进度呈现三大难题叠加。由于施工期间经历一个雨季，2017 年雨季为降水丰年，降水量较大。本工程共有 8 个顶管竖井，设计深度较深，平均深度达 14.5m，均处于地下水位以下且部分井位接近承压水层，故此对深基坑、沟槽开挖及降排水的难度增大，导致进度缓慢。拆迁的进度缓慢也导致工期非常紧迫。而且弯头进场严重滞后，在多处直线段已先行施工完成的情况下，后续弯头还未进场，给后续管道连接造成极大困难，导致管道切割、焊口及保温等工作量的增加，加大施工难度和时间。

（2）部分竖井及沟槽存在高压线下作业问题，吊装作业为一大难题。其中穿越规划九路的东侧 6 号竖井和穿越紫码路的西侧 13 号竖井，均属于高压线下作业。部分沟槽上方也存在高压线或距离高压线塔较近。因本工程吊装工程属于超过一定规模的危险性较大分项工程，同时受限于吊装场地有限，吊装难度大，如何在保障安全施工的前提下保证完成吊装工程是一大难点。

（3）有限空间作业。全线顶管内及管道焊接空间狭小，均属于有限空间作业。竖井及顶管内管道焊接、保温产生的粉尘严重，通风困难。

（4）拉管变更为明挖。规划十一路东侧由拉管方式改为明挖直埋，由于拉管施工占用场地空间较小，明挖施工占用场地空间较大，沟槽开挖以及土方倒运成为限制工程进度以及安全施工的一大难题。

2. 创新特点

项目团队前期依据目标策划，将目标层层分解，以做到细化施工管理，并且通过合理的安排及精心的策划，来保障施工质量，加快施工进度，减少成本浪费，以确保圆满、如期竣工交付，实现对业主的承诺。项目在施工过程中制定了两项施工措施，来保证工期的圆满完成。具体为：

（1）在单向顶进不能满足工期要求时，采用双向顶进方式进行抢工，同时要保证两趟顶管的位置精准度以及顶进施工时间（图 3）。

（2）竖井内补偿器安装采用在井周边将补偿器以及量好尺寸的两侧短节和弯头焊接好，固定一端焊接另一端的方式进行施工。这样做的话既保证了施工焊接质量，避免吊车单独吊装产生错缝；也保证了焊接人员的施工安全，不用在竖井井壁上进行焊接；同时加快了施工进度（图 4）。

三、项目管理分析、策划和实施

1. 管理问题分析

（1）建立管理体系，健全管理制度

图 3 双向顶进方式施工

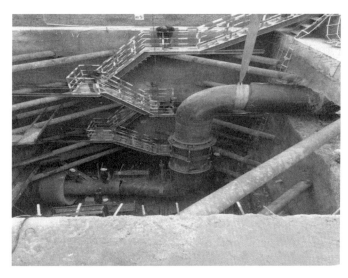

图 4 竖井内补偿器安装

公司集中人力、物力及财力等优势，选派有丰富施工经验、较高管理水平、责任心强的管理人员组建成项目管理团队，各专业人员配备齐全，全部持相应的有效证件上岗。针对本项目的管理特点，在企业已有管理制度的基础上，项目部管理人员对项目管理制度进行补充和细化，建立运行高效的项目绿色施工管理体系。

在满足工期的前提下编制科学的、合理的施工方案，采用信息化技术，合理安排工程进度，搞好各工序的衔接，每周实施进度的编排与监控，确保实现工期目标，满足建设单位要求。

(2) 精心策划、技术先行、流程控制、严格管理

从工程招投标、图纸会审、改进技术的应用、施工组织方案确定、技术交底、过程控制、质量检查验收每一个环节入手，扎实做好技术准备，全面提升施工组织、方案、交底的针对性、指导性及可操作性。

2. 管理措施策划

(1) 目标策划（表3）

目 标 策 划　　　　　　　　　　　　　　　　　表3

	目标
成本	成本减低3%
安全	安全零事故，争创北京市绿色安全文明样板工地
工期	总工期：2017年5月16日～2018年1月27日

（2）管理目标策划

项目团队以安全文明管理为大方向，以技术与现场施工相结合为手段，围绕着质量与工期目标进行合理的策划，做到进度与质量持平，坚决不做返工工作。

1）成本管理策划：项目成立之初，本着技术与经营先行的原则，组织项目部部分成员学习合同条约，明确经营的管理目标，做到人人心中都有成本管理，并结合现场实际初步明确各个工序的材料消耗指标。

2）安全管理策划：建立以项目经理为组长，生产经理为副组长，全员参与安全管理体系，同现场施工单位配置的安全人员，对施工现场情况进行共同监管，保证现场施工项目在安全可控的状态下进行。

3）进度策划：依据施工合同文件及建设单位要求确定关键节点的目标工期，编制与现场施工条件相对应施工进度计划，根据各个工序的施工特点进行合理安排施工，并做到每周进行总结，发现问题，及时解决。

3. 管理措施实施

（1）成本控制。成本控制是整个工程是否能够盈利的关键所在。在合同签订之后，本项目在以项目经理为首的管理团队开始对工程进行成本分析，以确保成本控制在合理化范围内。

1）针对本工程特点制定规范化的施工成本计划，每月定期开展会议进行经济成本分析，现场确认项目成本的发生。

2）重视合同交底工作，让项目每一个管理人员明确自己的责任。针对工程变更洽商应及时签认，明确责任。

3）实行以技术控制成本的管理思维，编制并优化有针对性的施工方案，做到技术与经营勤交流、勤沟通。在明确自身责任的同时，实现成本的控制。

（2）技术管理

1）优化施工方案：依据图纸，同分包单位技术管理人员，结合现场施工环境，确定出最佳的施工方案。

2）深化设计：项目部总工组织技术管理人员，熟悉图纸，在各分部分项工程施工前，对设计施工图、项目规范以及施工方案进行研讨。对较复杂的节点进行详细交底，并及时与现场施工人员进行沟通交流，在保证质量问题的前提下，优化节点的做法。

3）执行交底制度，做到技术先行。严格执行三级交底制度，将施组、方案、技术交底得到严格的落实。

（3）质量管理

1）建立以项目经理为核心的质保体系，将各个质量任务进行分解，做到责任明确，目标清楚，任务到人，并配备足够的质量检查人员加强现场施工过程中的质量控制。

2）定期组织施工技术人员、施工人员、施工队进行施工规范、质量标准及监理文件的学习，从思想上树立起质量意识，以确保施工质量。

3）针对关键工序，在施工中技术人员、质检人员、施工负责人需进行旁站，以监督指导施工顺利进行，确保施工质量。

4）质检、实验人员必须按照规范要求的频率及方法进行自检，按照业主及监理工程师规定的频率进行见证取样并送试验室检验。每道工序须由质控人员检查合格，并经监理工程师验收合格后，方可进行下道工序的施工。

5）坚持"三检"制度

施工过程中，严格按照要求执行"自检、互检、交接检"制度，做到检查有结果、有落实、有复查。（图5）

图 5 质检人员同监理方进行现场质量检查

(4) 方法工具应用

1) 工程项目管理信息软件（图 6）。我公司项目均采用工程综合信息管理系统进行项目管理。提高项目管理水平与效率。

图 6 工程项目管理信息平台

2) 进度计划软件（图 7）。项目进度计划编制主要采用 Project 进度计划软件进行编制施工进度计划，该软件容易理解、简单明了且能查看关键线路，也能查看各个工序之间的逻辑关系，是施工进度管理的重要工具。

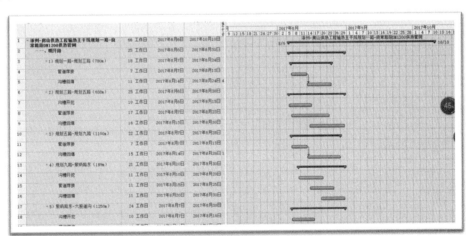

图 7 进度计划软件

3) 运用理正深基坑计算软件，使用理正深基坑计算软件，结合现场环境，分析施工工序，优化技术方案，确保深基坑的施工质量（图8）。

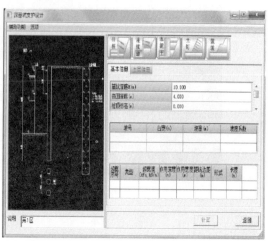

图8　深基坑计算软件

（5）安全管理

1）安全管理体系构成。建立以项目经理为首的安全生产领导小组，领导小组由技术负责人、安全总监、生产副经理、各职能部门及专职安全员构成。各分包单位设专职安全员，负责现场施工安全工作，做到遇见问题及时纠正，及时反映。自上而下形成紧密的安全生产机制，逐级签订安全生产责任制，安全交底到个人，做到人人心中有安全，安全时刻记心中。

2）明确安全防控要点。严格贯彻"安全第一、预防为主、综合治理"的安全生产方针，管理人员应明确自身的责任，保障职工在施工作业过程中的安全和健康。

3）不定期举行安全教育和安全演练（图9）。

图9　安全讲座

（6）过程的检查及控制

1）严格执行"周一检查，周三复查"制度，针对施工现场的安全、质量问题，同监理单位、各分包单位进行现场排查，遇到安全隐患及质量隐患及时整改，周三对所发现的问题进行复查。

2）现场施工质量，于不定期召开质量专题会议，对施工现场进行质量预控。分析出现的质量问题和可能造成的质量问题的原因所在，制定出相应的防范措施。现场构件进场后质量检查，及时报验。

3）工程实施过程中，针对成本控制方面，在前期策划、深化设计、方案优化、现场管理等多方面进行落实，并进行考核，在保证质量的前提下，将施工成本降到最低。

四、管理效果评价

1. 完成目标及经济效果

（1）工期目标的完成：按照合同要求的时间内完成各项施工及验收工作；

（2）质量目标的实现：验收合格率达到100%；

（3）安全目标的实现：在施工期间内无安全事故的发生，达成文明施工目标；

（4）通过加强精细化管理，降低了施工成本，促使项目利润2%。

2. 社会效益

涿州—房山供热工程本项目于12月15日完成并网供热，项目部凭借着精细化管理，在工程施工进度、技术质量、安全文明管理等方面赢得了业主高度好评，自项目部进场施工至今，重大办领导集团董事长、集团各级领导、业主对二标项目给予极大的重视，现场视察工地，对现场施工管理进行指导。项目部根据指导精神，及时整改现场施工管理中存在的缺陷与不足，加大投入促进工期进度如期完成。甲方领导于11月6日向本公司发来感谢信（图10），这是对本项目的极大肯定，也是对施工方的极大鼓舞。

在历经225天的施工时间里，在项目部全体人员的共同努力下，使工程在有限的时间内按照履约、保质保量地完成施工任务，使集团公司取得压力管道资质证书（图11）。这是对本项目成果的极大肯定。

(a)

(b)

图10 感谢信

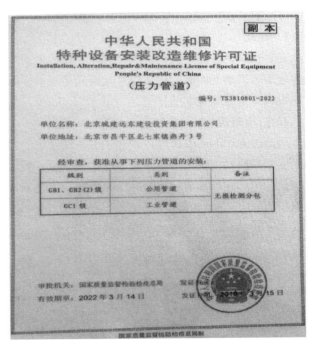

图11

结束语：涿州-房山供热工程输热主干线规划一路-良常路段DN1200供热管网项目施工中，严格做到提前安排、抓结点、补短板的方式，主要通过使用技术管理的手段完善自身，对以后热力管道工程的施工积攒了宝贵的管理经验，取得了良好的经济效益和社会效益，实现了对业主的承诺，赢得了良好的社会信誉，也为集团公司赢取广阔的市场空间奠定了坚实的基础。

以样板引路为起点 把控重难点加强工期风险化解
——中建三局集团有限公司嘉德艺术中心综合楼项目

张 宁 敖 卫

【摘 要】 嘉德艺术中心—综合楼项目为亚洲最大的国际拍卖中心，不仅仅是艺术藏品爱好者的聚集地，更是向世界展示中国建筑艺术的殿堂，对项目的各项管理把控都有着极大的要求。项目切实推行"样板引路"，贯彻到施工过程的每一个环节，直观地表现施工工序，对施工中的重难点提前掌控及化解，进而提升项目施工进度、施工质量。

【关键词】 样板引路；过程控制；工序；管理重点；施工进度；施工质量

一、成果背景

1. 背景

随着社会的发展，人们对于精神及物质的追求越来越高，同样，对建筑施工的要求也更高，人们在关注成本、工期的同时，更加注重建筑的质量。样板引路是条切实可行的提高施工质量的途径，也对项目建设发挥着至关重大的作用。

2. 工程概况

嘉德艺术中心—综合楼位于北京市东城区王府井大街27号，五四大街和王府井大街交口的西南角，与之遥相呼应的国家美术馆，建成后集拍卖厅、展厅、藏品库、办公、酒店、车库以及附属设施为一体的综合性单体建筑。项目质量目标为确保获得北京市结构"长城杯"金奖及建筑"长城杯"金奖。总建筑面积55987.77m^2，其中地上9层，面积29255m^2，地下5层，地下最深－28.1m，面积26732.77m^2，建筑高度33.6m（外墙檐口高度，最高39.1m），如图1所示为实景图。主要参建单位如表1所示。

图1 项目实景图

主要参建单位　　　　　　　　　　　　　　　　　　　　　　　　　　　　　　　　　　　表1

建设单位	北京皇都房地产开发有限公司	监理单位	北京双圆工程咨询监理有限公司
设计单位	北京建筑设计研究院	总包单位	中建三局集团有限公司

3. 选题理由

（1）本项目地理位置特殊，在二环里，且场地狭小，周边环境复杂，社会关注度高，影响大。

（2）设计标准高且设计复杂，质量要求高，确保获得"北京市结构长城杯金奖""北京市建筑长城杯金奖"等荣誉，争创"国家优质工程奖"。

（3）功能性较多，集酒店、办公、拍卖等，施工总承包专业众多，协调各专业工序交叉、配合，具有很大的挑战。

（4）本项目采用样板引路，就是在工程每道工序大面积施工前，将每道工序按照施工图纸、施工规范及相关施工工艺标准的要求，进行小范围施工，经建设、监理、施工联合验收合格后，作为后续大面积施工的范本，以此范本作为模型和验收的控制标准，后续施工按此样板完成，从源头控制，从而达到降低工程成本、提高施工效率、确保工程质量的目的。

二、实施时间

本项目于2014年5月30日开工，2017年9月25日顺利通过四方竣工验收。各专业样板实施时间如表2所示。

各专业样板实施时间　　　　　　　　　　　　　　　　　　　　　　　　　　　　　　　　表2

序号	应用	开始时间	结束时间
1	主体结构	2014.05.30	2016.05.20
2	二次结构及粗装修	2014.10.15	2017.09.25
3	外立面装饰装修	2015.03.15	2017.09.25
4	机电专业	2014.08.15	2017.09.25
5	小市政	2015.05.15	2016.05.15
6	精装修	2015.03.15	2017.09.25
7	园林景观	2015.07.15	2017.09.25

三、项目管理特点及难点

1. 现场特点

本工程实施样板引路重点在于弥补现场的不足，比如地理位置特殊、场地狭小、结构复杂等，充分利用样板引路，优化本工程的施工方案，做到提前预控，提升工程质量，为工程的顺利开展保驾护航。

2. 现场难点

（1）地理位置特殊，构件、材料只能在夜间12点后进场且堆放场地极为狭小，夜间材料、构件装卸与混凝土浇筑相互制约；且项目周边交通管制多，混凝土浇筑能力受限，浇筑组织难度大，浇筑时间长。如图2、图3所示。

（2）深基坑安全管理：本工程基坑深度28m，局部超30m，属于超深基坑施工，给工程安全生产管理带来很大挑战，项目从上下人通道、临边防护、雨季防汛、基坑日常监测等方面重点监控，保障工程施工顺利实施。如图4、图5所示。

（3）基坑渗水严重，加大了施工难度，尤其是冬季施工期间，基坑护壁上大量悬挂冰凝现象，需搭设防砸棚并进行除冰工作以保证施工安全，防水施工难度大，施工时间长，如图6所示。

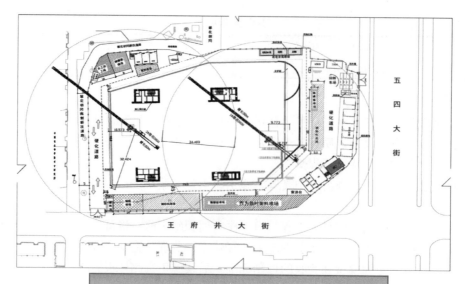

随工程进度动态调整场地布置，合理做好场地划分及材料进出场

图 2　平面规划

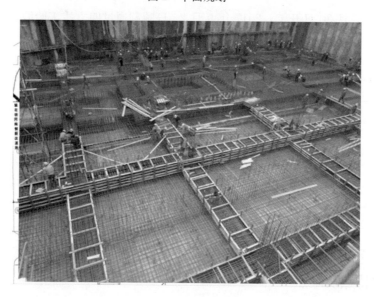

图 3　大体积施工部署

混凝土浇筑前提前与政府相关部门、周边居民做好沟通；根据场地布置及白天交通管制情况，合理做好大体积混凝土浇筑部署

图 4　基坑临边防护及堆载要求

图 5　基坑数据检测

图 6　冬季基坑护壁上冰凝现象

（4）地下水位丰富，底板存在 700 余根抗浮锚杆及 100 多根工程桩，垂直抗拔锚杆及桩头节点位置处的防水做法复杂和繁琐，底板防水施工难度大，施工周期长。如图 7 所示。

图 7　桩头、锚杆头防水施工，数量众多、节点复杂

(5) 地下室为劲性结构，墙、柱、梁节点处钢筋均需与钢板墙、钢柱焊接，钢筋焊接量大，操作困难，施工时间长，如图8所示。

图 8 焊接量较大

(6) 钢结构结构体系复杂、结构形式超常规、结构平面变化大：

钢板墙最大板厚达120mm，单位重量的焊接量是常规30mm厚钢板的4倍。5～8层为悬挑结构，悬挑长度达12m。悬挑面积达2300m²，悬挑部分下方19.9m无楼板，桁架安装采用超常规安装方法。如图9所示，核心筒钢板墙材质均为罕见的Q420GJC；组合钢柱平面复杂；钢板墙最大板厚120mm，多数为50～80mm，坡口大，焊接难度大、焊接要求高，如此大体量Q420GJC钢材焊接尚属全国首例，如图10所示。

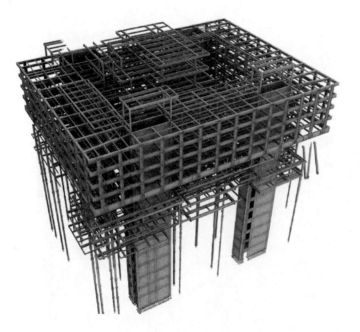 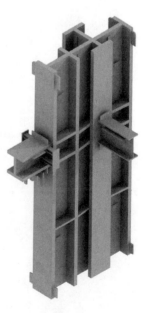

图 9 钢结构整体效果图　　　　　图 10 钢板墙暗柱

四、项目管理分析、策划和实施

1. 交通组织

本工程地理位置特殊,周边交通管制多,工地两个出入口分别位于五四大街和王府井大街两个主干道上,材料、构件运输、混凝土浇筑等交通组织难度大。面对项目复杂地理情况,我公司从外部环境、内部施工部署两个方面制定了相应对策。

(1)首先对现场周边交通情况进行了全面了解。成立以书记牵头的对外协调小组,与东城区城管、交通、市政等部门进行良好、充分沟通,及时了解交通限行情况,协商解决方案。

(2)合理部署施工,提前编制交通管制应急预案,做好材料进退场安排以及混凝土浇筑安排工作,将交通管制对工程施工的负面影响降至最小,这在以前项目是没有的,如图11、图12所示。

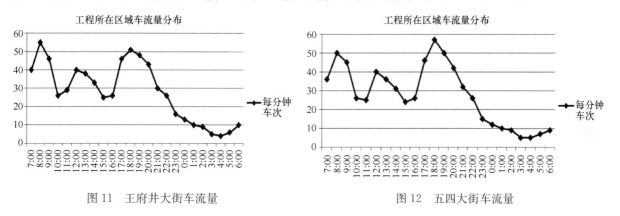

图11 王府井大街车流量　　　　　图12 五四大街车流量

2. 进度计划管理

项目在编制总进度计划的基础上,根据项目现场施工情况,编制月、周进度计划;定期召开计划碰头会,采用新形式的计划上墙,对比计划完成情况,清晰明了,分析工期提前(滞后)原因,制定下月进度完成目标,用以保证项目施工生产的有序推进,如图13所示。

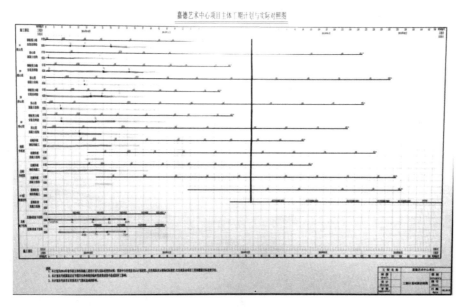

图13 工期计划与实际对比分析

3. 平面施工协调管理

施工现场按照不同施工阶段,进行动态施工作业面交接及责任区划分,做到责任区划分的及时性、合理性、明确性。责任单位负责每日安全文明施工。塔吊协调：本工程钢构件较多且吨位重，土建施工材料进退场以及大钢模板吊装、拆除均需占用塔吊时间，项目每日召开塔吊协调会，采用自制塔吊使用协调单，合理分配塔吊使用时间，保证整体施工工序合理快速施工。

场地协调：夜间材料进退场（特别是后期二次结构、幕墙、装饰、机电等材料大量进退场）、混凝土浇筑均需提前一天以上提交申请，做到有计划、有协调、有安排，做好狭小场地的动态调整、分配，保障现场工期进度。

4. 各阶段施工管理

（1）主体结构施工时，其中四个钢板墙核心筒单独施工，土建施工将筒体及筒内楼梯一次性合模浇筑提升施工进度；根据项目特点，四个核心筒均独立搭设泵管浇筑，泵管较长，且核心筒钢板墙对浇筑混凝土造成一定的制约，浇筑难度极大，且需时间较长，项目严格加强前期准备和过程控制，保证工程质量及进度。如图14所示。

图14 主体结构钢筋、模板样板

（2）二次结构施工前，进行二次结构砌筑墙体样板间砌筑，确定砌筑做法；组织安装、消防与二次结构对砌筑墙体预留墙洞进行多次会议讨论，并形成书面交底，过程中组织各方对每层预留墙洞验收，做好交接；如图15所示。

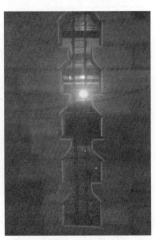

图15 二次结构砌筑样板

（3）不同施工阶段，现场动态划分施工责任区，合理布置现场施工区域及材料堆场，保障安全文明施工；严格实行材料进退场申请及审核管理制度，进退场均提前报批，有效把控现场材料，确保封闭管理；执行工作面移交计划，合理穿插各工序交接施工，确保工期节点目标；如图16所示。

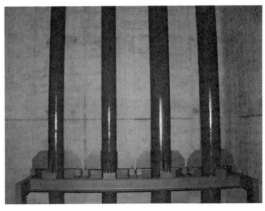

图16 机电专业样板

5. BIM技术应用，提前预控

本项目机电工程充分运用BIM技术，在前期深化设计、过程施工管理、后期运行调试等各个阶段，利用BIM技术实现精细化、标准化管理。如图17所示。

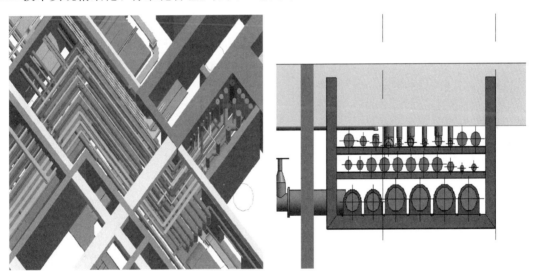

图17 BIM管线综合排布

6. 实测实量

为了更好地加强质量管理，施工过程中，我公司通过项目自检以及引入第三方实测实量公司，对项目展开工程实体质量检测；工程检测分为结构施工阶段（含主体结构工程、砌体工程、机电、防水等共约8个大项、40个细项）和装修施工阶段（含装修面、门窗、机电、防水共约11个大项、100个细项）。通过实测实量测评，了解现场质量情况以及质量控制薄弱点，召开分析改进专题会，就检测过程中发现的问题和不足总结经验并制定改进措施，促进施工质量不断提高。2015年、2016年项目多次获业主单位全国实测实量第一名。

五、管理效果评价

（1）工期方面，克服种种困难，以样板引路，提前解决大量问题，以较高的工作效率，完成建设单位各大节点要求，获得业主表扬信。

（2）质量方面，质量始终处于受控状态，未发生质量事故，得到业主、监理及设计等一致好评。2016年获得北京市结构长城杯金奖。

（3）人才方面，项目管理人员平均年龄25岁，经过项目近4年建设，大家肯学肯干，积累丰富经验，提升了水平，均能在新项目独当一面。

（4）社会方面，项目2017年竣工之后，业主组织多次拍卖、展览等活动，得到社会的一致认可。嘉德艺术中心—综合楼切实吸引了人们的眼球，赞美有加，极大地提升了我公司的品牌形象。

精心策划 动态管理 推动绿色安全施工标准化
——江苏省建筑工程集团有限公司北京矿冶研究总院科研楼工程

鲁昌伍 蒋科峰 朱 鹏 刘树杰

【摘 要】 精心策划、动态管理，绿色安全施工标准化的推广使用是不断创新管理思路、精细化管理的必然结果；同时抓住了建筑业创新的关键点，这对转变施工现场管理，提高企业管理水平和服务效能，具有深远的社会意义和现实意义。

【关键词】 精心策划；绿色安全；节能环保；动态管理

一、成果背景

为贯彻可持续发展，注重环境保护，实施绿色施工。精心策划，动态管理，是不断创新思路、动态化管理的必然结果。项目建设必须本着节能、低碳、环保的理念，以人为本，不断坚持推进绿色安全施工管理，落实国家推行政策，同时也将提升施工项目综合管理实力。

二、工程概况

（1）北京矿冶研究总院科研楼工程位于北京市西城区文兴街一号，建筑北侧路为西直门外南路，为由东往西的单行线，南侧为文兴街，道路狭窄，东侧紧临天和国际市场，地下接通，西侧为北京市第五十六中学，围墙距建筑物约八米的狭窄通道（图1）。

（2）北京矿冶研究总院总建筑面积为36175m²，建筑高度45m，主体结构形式为钢筋混凝土框架剪力墙结构，地上十一层，地下三层。

（3）此项目主要是办公用房，地处寸土寸金的闹市区，是市区建委领导莅临指导、监督管理的重要工程；且项目西侧为第五十六中学，环境保护及绿色安全施工要求高。做好形象工程、实施绿色施工标准化是项目必要的工作。同时也是提升管理水平、树立企业形象、体现企业文化的重要手段。

图1 工程效果图

（4）本项目共有管理人员18人，共设置技术质量部、预算部、安全部、物资部等，其中领导班子为项目经理，技术负责人，生产副经理3人，管理人员年龄搭配合理。整个项目班子在以往项目中有过两个项目合作基础，项目班子人员紧紧团结在以项目经理为首的周围，心往一处想，劲往一处使，为项目顺利的实施打下坚实的基础。

（5）北京矿冶研究总院科研楼项目参建单位如下：建设单位为北京矿冶研究总院；设计单位为北京矿冶研究总院；监理单位为北京华厦工程项目管理有限责任公司；施工单位为江苏省建筑工程集团有限公司。

（6）实施时间：为2013年2月～2017年9月。

三、选题理由

精心策划，如何利用有限的施工场地进行施工现场布置，达到绿色安全标准化现场的要求，必须进行系统的策划，现场平面布置必须充分合理的利用现场每一块土地，意在项目施工中有效管理及提高管理水平和经济效益。

动态管理，实现在现场工作面的最大化，以实施施工现场管理标准化为突破口，建立有效的预防与持续改进机制，全面改革现场管理方式和施工组织方式，为绿色安全施工创造条件，通过绿色安全施工，不仅可以提高施工质量，而且还可以加快施工进度，降低成本，从而提高企业管理水平。

建筑施工管理作为建筑业运行的平台和载体，既是矛盾的集中点，又是工作的着力点。推动绿色安全施工标准化管理既抓住了建筑业创新的关键点，又是新时期施工现场管理的最低要求，这对转变施工现场管理，提升行业形象，增强产业发展后劲，提高企业管理水平和服务效能，具有深远的社会意义和现实意义。

四、精心策划、动态管理具体实施

1. 施工现场平面布置管理

施工现场平面布置是施工现场管理的重要部分。科研楼项目部结合现场实际情况，在精心策划时就做好了合理的现场临时道路、加工场地、材料堆放场地、办公区和生活区的布置等。为后续安全施工生产提供了可靠的保障，极大的方便员工的生产和生活，提高了工程的效率，使项目的整体工期缩短及成本的节约。

（1）现场临时道路的布置

科研楼项目西侧为第五十六中，二者仅一墙之隔；并且业主甲方仅提供南北二个施工道口。项目部在前期策划时做了多个临时道路施工方案，同时邀请业主甲方及学校领导商议避免及减少施工对学校的影响，最终选定如图2所示的临时道路布置。临时道路与学校围墙间设置噪声隔离带，并相应加高围墙，路边种上绿色植物，临时道路的采用混凝土板路面，避免影响上课学习的同时大量减少了噪声及扬尘对学校的影响。

科研楼项目部前期策划时就考虑了利用临时道路作为场区路基的方案，并在实际施工时采用此方案。在铺设临时道路时在保证施工场地环通、材料运输及混凝土浇筑的情况下，复核临时道路与小区道路的相对坐标及标高，意使临时道路的再利用率达最优，并节约土地资源。实际施工中道路再利用率达到50%。

临时道路置于永久道路部位共计长200m，道路宽4m。就材料上节约了以下部分：二灰碎石材料款：200×7×0.2×200＝28000元，灰土（12%）材料款：200×7×0.2×200＝28000元，共节约：56000＋56000＝112000元。

图2 现场临时道路

（2）动态管理，材料精确进场

根据各阶段施工现场的特点，对施工现场的布置进行动态管理，做好各阶段施工现场的合理布置，避免材料二次倒运等费工现象的发生。利用BIM技术建立三维模型、管理材料信息及时间信息，从而展现整个施工过程中建筑材料有序安排进场，建筑模型创建，利用数据库中各类构件信息：墙、梁、板、柱等。包括材料信息、标高、尺寸，按进度设置工程施工进度（建筑楼层或标高或构件），开发CAD显示软件工具，显示三维建筑，在软件界面对各建筑构件信息进行交互修改。建立好模型后,根据进度信息,利用材料库管理,对材料库中的材料进行分类,对各类材料进行管理,如材料名称、材料工程量、进货时间等。对当前建筑各个阶段的材料信息输出,如材料消耗表,进货表等,而从实现对进场材料的轻松控制,从而对施工场地利用的最大化,做到工完料清场地清(图3~图6)。

图3 成品钢筋码放整齐

图4 木方堆放整齐

图5 库房材料分类摆放整齐

图6 地磅精准计量

(3)生活、办公设施布置

根据现场总平面图及基坑周边情况,项目按照不同的使用功能进行分区布置,办公设施、生活设施、生产设施分离,将相互影响降至最低。办公区设置在现场西侧,利用铁艺栏杆进行封闭,办公区所有设置严格按照公司要求进行布置,做到美观、大方,从而树立企业形象。工人生活区设置在现场西南侧,避开塔吊覆盖范围,从而省去临建的防护费用,利用铁艺杆施工区分离,在围挡内侧张贴安全标语、安全漫画,从而起到安全警示的目的(图7~图9)。

图7 生活区

图8 生活区大门

图 9 办公区

(4) 施工标准化中的工具化、定型化的设施管理

以人为本的管理模式及施工模式现已深入企业内部,如何创造和保障施工项目上良好的施工环境、生活环境是科研楼项目策划时就考虑到的问题;而文明施工标准化设施是其中最主要的手段。

项目在临时道路铺设时一侧设置排水沟,并在大门口设置三级沉淀池及车辆冲洗池。雨水由排水沟进度沉淀池并用于车辆冲洗及路面扬尘控制洒水。同时项目设置了电箱保护装置、电梯井防护门及茶水亭等安全防护措施。临边、洞口采用基地原有定型化栏杆,保证了施工现场的绿色安全,提升了企业品牌效应(图10~图14)。

图 10 定型防护栏杆

图 11 定型化茶水亭

图 12 自动化洗车机

图 13 定型化手机充电柜

图 14　雨水收集池

2. 信息管理应用

（1）安装智能化监控系统，全面掌握现场动态

科研楼项目部在塔吊顶部及现场、生活区等多处安装监控，做到施工现场全覆盖无死角，可以全过程、全方位的对施工进度进行实时监控。该监控系统的运行，使施工现场管理跃上了新的管理平台，及时有效地掌握现场施工动态情况。对于业主人员而言也无形之中增加了制约力度，规范了行为，提高了安全意识。总体来说，成效显著（图15）。

图 15　现场监控

（2）建立管理信息平台，及时反应现场信息

科研楼项目部利用集团新中大信息平台，微信软件平台，建立施工现场安全质量微信平台。微信平台通过现场照片加文字描述，更清楚、直观地反应现场的实际情况，它不仅使安全质量管理达到了透明，同时让现场指挥更加迅捷通畅（图16）。

图 16　项目管理信息平台

五、绿色安全施工管理方法及创新

在施工现场做好绿色施工工作，主要是为了"三产一力"的效应，即促进项目部成员团结，加强企业发展的凝聚力；企业"内强素质，外树形象"，提高市场竞争力；树立企业品牌，提升企业知名度；现场绿色施工能够赢得社会各界的广泛赞誉，成为企业巨大的无形资产。通过加强对施工人员的教育培训、施工现场实行四节一环保等措施实现绿色安全施工。

1. 职工培训教育

（1）建筑工程从业人员多媒体安全培训工具箱

"建筑工程从业人员多媒体安全培训工具箱"集考勤、建档、教学、考试、答题、自动阅卷等功能于一体，不仅实现了农民工安全培训多媒体化、高效化和标准化，而且其生动的动画形式和答题模式将更能激发农民工的学习兴趣，提高培训的效果（图17）。

多媒体培训系统首次在项目使用，它将培训内容以动漫形式展现，生动易懂，可通过刷身份证、录指纹、刷门禁卡等方式进行学习考勤，同时也能提供海量题库、无线答题考试、自动生成培训档案，有效解决了安全培训工作量大、培训不到位等问题，是目前较为先进的安全培训工具箱。

该套工具箱的启用，将有效提高安全培训效率，提升安全培训效果，进一步推动项目的安全发展。

（2）体验式安全教育培训

通过体验式安全教育培训，施工现场有可能发生的各种灾害，让施工人员亲身体验其危险后，熟知安全管理制度、操作规程及安全应急处置对策的教育，体验式安全教育以直接操作者为中心，通过实践与反思相结合来获得知识、技能和态度的学习方式，使从业人员熟练掌握操作技能，确保安全生产，防止安全事故的发生（图18）。

图17　多媒体安全培训工具箱

图18　体验式安全教育

2. 扬尘控制

科研楼项目所有场地无扬尘。对易产生的扬尘的材料和垃圾采用封闭工存放，土方开挖时裸土采用密目网覆盖；场内所有场地采用C20混凝土浇筑。施工场地用洒水车专人洒水降尘。利用雾炮机进行洒水降尘，操作灵活，安全可靠，对于工地降尘抑尘效果显著。

3. 噪声与振动控制

在施工过程中严格控制噪声，对噪声进行实时监测与控制，通过隔断传播途径，设置隔音棚、隔音带实现噪声控制（图19）。

4. 节水与水污染控制

办公、生活区：①制定用水制度，节约用水。②节水水龙头配备率100%。③卫生间冲水采用节水水箱，节水设备配制率100%。

生产作业区：混凝土板，柱采用薄膜养护，减少水分蒸发，降低养护次数，地面及车辆冲洗台采用沉淀池内的水，尽量少用自来水。设置三级沉淀池，循环利用水源冲洗车辆。道路洒水降尘及绿化浇水采取自动喷洒（图20）。

5. 节约材料

钢筋在场外加工，利用BIM技术，优化钢筋配料方案，每天进场钢筋做到精确每根柱，每根梁，每块板，每天做到工完料清。场外钢筋废料制作马凳筋，预埋件等，钢筋下料采用锯床加工，钢筋连接采用直螺纹连接技术（图21）。

现场使用剩下的短木方，用运钢筋的车拉至后公司材料基地，采用木料接方机进行连接后，再二次利用到项目。

图19 噪声监测

图20 自动喷洒绿化及降尘

6. 节能与能源利用

办公、施工、施工照明采用节能灯具。办公室杜绝长明灯，空调开放夏天不得超过26℃，冬天不高于20℃。离开办公室前关闭各种用电设备及电源开关。尽量采用自然通风，减少耗能。打印纸张尽量两面使用。洗浴地方采用太阳能热水器（图22）。

图21 木方连接技术

图22 生活区热水采用太阳能

六、管理效果与评价

1. 精心策划、动态管理，绿色安全施工的优点

项目实施过程中在保证质量、安全等基本要求的前提下，通过精心策划，动态管理，最大限度地节约资源与减少对环境负面影响，积极开展绿色施工，建设创建节约型工地，不断推进企业可持续发展。

（1）通过精心策划、动态管理，推进绿色安全施工，改善施工现场环境，提倡低碳环保理念。创建"绿色、节约"型绿色安全工地。大力推进标准化、定型化、工具式、可周转的安全防护设施和生活办公设施，淘汰一系列禁用落后技术，推广应用新型节能环保技术，大力提倡太阳能、绿色建材、废旧材料和雨水废水回收利用，广泛使用节能型、节水型设备和器具。实施过程中，保护环境治霾防扬尘体现在"四节一环保"的措施上，如节能方面利用人体感应灯、风能、太阳能路灯及太阳能供热系统等；节水方面在卫生间、盥洗间应用节水器具，洗车台废水沉淀循环利用系统和雨水回收再利用系统。设置多台雾炮机，防止扬尘。办公、生活区垃圾分类回收。现场电焊采用防弧光罩对于电焊弧光进行隔离，切割机加设防护罩，有效将切割时产生的火星进行隔离。

（2）通过精心策划、动态管理，推进绿色安全施工，降低安全事故率是安全生产的保障。在安全生产与文明工地建设过程中，不断推进绿色文明工地与安全生产标准化达标的有机融合，形成了相互影响、相互依赖、相互促进、相互监督的关系。安全管理体现在所有防护体系均实现定型化、工具化，现场设置危险品库房和专用电焊机推车、氧气乙炔推车；加强四口五临边的防护及施工管理；电梯井道实现层层硬防护建立高层消防防护体系；定型化防火岩棉彩钢活动板房作为配电房、钢制脚手板、卸料平台和专用吊料笼；塔吊设置防碰撞系统和防倾斜装置；在现场设置工具化危险源公示牌、班前讲评台及消防台。有效地安全措施和管理制度会使安全事故率减少，为项目生产保驾护航。

（3）通过精心策划、动态管理，推进绿色安全施工，提高工程质量优良率是质量管理的动力。质量管理体现在从桩头处理、基础施工、主体施工到装饰施工的具体规范做法并附标准图，要求项目上积极推广对新技术、新工艺和新材料的应用，有效地降低了成本，减少能耗，提高了施工质量和感官效果，运用数字化定型柱钢模板取代传统钢木混装支模方式，操作简单方便，结构自身强度高，自重轻，板面标高易控制，提高施工效率，减少成本支出有较好的经济效益。

（4）通过精心策划、动态管理，推进绿色安全施工，加快建立人才培养平台，贯穿以人为本的思想。坚持"以人为本"，积极创建资源节约型、环境友好型、科技创新型文明工地，在文明工地创建中，重视提高员工素质，把文明工地建设作为培养人才的大学校，通过岗位培训、技术比武和业务练兵、师傅带徒弟等形式，全面推进素质工程建设，为青年建功立业搭建平台。

2. 项目效益

（1）社会效益

推进绿色安全施工受到了海淀建委的给予了充分的肯定；同时项目得到监理以及业主单位的一致认可，使"树万丈楼台，创百年省建"的核心价值观进一步得到了社会各方的认可和赞许，为公司赢得了荣誉，为公司进一步开拓市场巩固及提升了品牌优势。

（2）经济效益

通过精心策划、动态管理，推进绿色安全施工管理中时刻以成本为核心，发现方案中不合理之处及时与业主和设计沟通，加快了施工进度并减少了现场返工，节约了巨大的人工和材料的成本，保证项目成本始终处于受控状态，取得了良好的经济效益。

（3）获奖情况

项目获得了 2016 年度"北京市绿色安全工地"称号；2014 年度"北京市结构长城杯"称号；2018 年度通过了北京市竣工长城杯的检查。

以人为本优质服务　打造英雄城新地标

——中铁十六局集团第四工程有限公司建军雕塑广场
（雕塑制作安装和广场土建及附属工程）

宫　杰　何杭斌　龚友浩　胡　春　曹　凯

【摘　要】建军雕塑广场工程地处江西省南昌市，是建军九十周年献礼工程，是南昌市重点工程。本工程为建军九十周年纪念活动提供一个新的场所，对提升城市形象，加强爱国主义教育和国防教育，具有重大的历史意义和现实意义。在施工期间众多媒体在施工现场进行报道，社会团体和市民多次来参观，项目部以人为本在施工现场开通市民通道、媒体接待平台、宣传海报栏等便民服务措施。同时为打造英雄城新地标，项目部超前谋划，人性化管理，优质服务，最终圆满完成八一开园的既定目标，并取得了显著的经济效益和社会效益，大大提升了企业形象。

【关键词】以人为本；优质服务；人性化管理；媒体

一、成果背景

1. 社会背景

南昌是八一军旗升起的地方，是人民军队的诞生地，更是享誉中外的"英雄城"。在人民军队建军九十周年来临之际，由"英雄城"南昌建设建军雕塑广场，记录、反映八一南昌起义的光荣历史和人民军队的光辉发展历程，对于激活红色基因，传承红色文化，弘扬八一精神，提升城市形象，加强爱国主义教育和国防教育，具有重大的历史意义和现实意义。

2. 行业背景

随着人民生活水平的提高，信息化的蓬勃发展，越来越多的媒体对工程施工情况进行报道，越来越多的市民对工程需要了解关注，越来越多的员工需要人文关怀。项目部以人为本，在有条件的情况下提供便民设施，后期根据市民的反映又增设了很多便民服务的附属工程。施工建设不仅仅是安全、质量、工期满足要求，更多需要的是以人为本的人文关怀、人性化管理的优质服务。

3. 工程简介

项目总占地面积约16000m²，总投资约9500万元，分为雕塑创作及制作安装和广场土建及附属工程两个部分。其中雕塑广场约6000m²，整体为椭圆形，长轴长度为92m，短轴长度为83m，设有9组雕塑（军旗升起、牛行集结、挥师渡江、星火燎原、抗战先锋、解放全国、钢铁长城、精兵之路、强军兴军），中心主雕塑矗立在圆心上，通过同心圆台阶抬高地势，广场临江向江面延伸，建设一个扇形镜面水池，使雕塑广场与赣江在视觉上融为一体，增强广场的宏伟气势。基础形式为钻孔灌注桩；结构为框架结构；镜面水池部分采用钢箱梁、钢主次梁结构体系。附属工程包括：雨水回收处理系统、雕塑景观照明、强弱电工程、广场铺装、绿化种植、辅助用房等（图1）。

二、选题理由

以人为本是科学发展观的核心，怎样在建筑行业体现"以人为本"是行业内未来所发展的趋势，施工企业应该正确树立以人为本的观念，注重人文关怀和服务意识。本项目社会各界和媒体关注度

图 1　效果图

高，把以人为本、优质服务的理念贯彻到项目管理全过程中，为施工企业树立"以人为本，优秀服务"的观念提供示范，成为本课题的当务之急，其意义深远。

三、实施时间

从 2016 年 11 月开始实施，到 2017 年 7 月结束（表 1）。

实施时间表　　　　　　　　　　　　　　　　　　　　　　　　　　表 1

实施时间：2016 年 11 月～2017 年 7 月	
分段实施时间	
管理策划	2016 年 11 月～2016 年 12 月
管理措施实施	2016 年 12 月～2017 年 6 月
过程检查	2017 年 1 月～2017 年 6 月
取得成效	2017 年 1 月～2017 年 7 月

四、管理重点与难点

1. 管理重点

由于工程的特殊性，社会关注度高，媒体采访次数多。本工程管理重点主要围绕以人为本、优质服务的管理理念，细化管理制度，接受媒体采访报道、团体参观、民众监督，让施工过程透明化，做到业主放心、民众满意，顺利开园、打造英雄城新地标。

2. 管理难点

（1）由于本工程为建军 90 周年献礼工程这一特殊性，政府及社会关注度高，团体观摩迎检次数多，媒体报道频繁。总承包方在施工过程中接待媒体采访、市民问询等服务管理工作量大，安全文明施工压力大。

（2）涉及专业较多，雕塑制作、钢箱梁平台、房建、市政、雨水回收、强弱电、园建铺装、绿化及辅助配套工程等交叉施工，需要合理组织，保证关键部位的工序衔接，注重成品保护。

（3）钢箱梁单榀重量较重且部分镜面水池悬挑于赣江江面之上，吊装方案需要专家论证，是结构工程的技术难点。

（4）雕塑制作和现场安装、雕塑景观照明设计、辅助功能用房、绿化景观等边设计边施工，各种设计方案需要各方专家论证，且经历一个汛期和雨季，工期压力大，必须采取赶工措施。

五、管理策划及创新特点

1. 以人为本，全面策划

以人为本、优质服务的理念统筹全局，提高服务意识和人性化管理水平，以服务为核心，以细节决定成败。开工伊始，项目部本着高度负责、优质服务的态度，从"安全、质量、进度、成本"管理四个方面进行全面策划、过程管理、过程检查、过程控制，使项目各项工作由传统粗放式管理改变为精细化管理，并加入人性化管理规定。

用以人为本的理念来完善管理体系，规范管理制度，明确管理责任，其精髓在于每一个细节制度化、规范化、人性化，形成一个最佳标准，然后将其不断改进，让运作最小化、力量最大化。

2. 优质服务，精细管理

服务性的团队宗旨就是人人为我，我为人人。其原则是为业主提供优秀的管理及精细组织服务，方便业主及时掌控现场实时动态；为各劳务队提供合理的技术措施及保障服务，让现场工人感受到家的温暖；为媒体提供安全可靠的采访拍摄平台，让建军九十周年活动提前预热，达到预期效果；为市民开通市民通道，不影响市民在赣江公园散步，并听取市民的意见和建议，增设便民设施。

项目部执行公司《管理和行为规范》及《精细化管理办法》，为更好地发挥项目各成员的管理能力，使管理更加细致和人性化，采用岗位责任制，用管理职能分工表，从项目策划、项目前期手续办理、项目实施、项目竣工收尾及项目回访维修等几大方面明确各成员的职责，使管理职能更清晰和严谨。认真贯彻质量、职业健康安全、环境管理标准三大管理体系，抓好现场管理，强化质量检查，确保创优目标。

围绕安全质量为核心，明确安全质量管控重点环节，实施安全风险分级分类管控，统一现场平面布置、安全文明标志、工地三线建设。规范作业队管理、现场文明施工、职工作业行为、工地专业操作。注重细节，完善标准化现场管理程序。

控制成本，抓源头，做好事前控制；坚持劳务工序单价承包、限额发料、按月物资盘点和工程量节超分析等一系列行之有效的成本管理办法。按月组织责任成本分析会，健全责任成本分析，落实各项责任成本管理制度，认真收集资料和进行数据分析，及时反馈成本信息，及时找出和影响工程成本的主要因素和改进成本管理的有效途径。细化以责任成本为中心的各项管理，组织对项目部门负责人进行合同交底。过程中做好索赔、签证等资料，为后期结算打好基础。

3. 创新目标，突出特点

确定建设地标工程的目标，与牛行车站博物馆和南昌舰公园一并成为南昌市"三点一线"爱国主义教育场所。军事文化地标的建设不仅扮靓了南昌这座英雄城市，而且还让公共空间更具文化底蕴，加强市民对人民武装的理解，令"八一"精神真正融入市民生活、社会生活。建军雕塑广场必须于八一开园，对外开放，将承办南昌市八一南昌起义暨建军90周年纪念系列活动，包括央视纪录片、宣传片拍摄、国际军乐节等活动。

施工期间，为新华社、中央电视台、新华网、人民网、光明日报、信息日报等设立媒体接待平台，由办公室和技术部人员组成媒体接待部，负责保证人员安全，负责引导拍摄和采访等。开通了市民通道，保障安全的情况下让市民能够看到施工现场，了解施工情况。工地采取半开放式的施工，用以人为本的精神来服务业主、市民、媒体是项目的一大特色。

雕塑是凝固的艺术，是城市历史艺术性的表达。用雕塑语言来表达八一南昌起义的深刻内涵，借助城市公共文化空间来典藏历史，为城市永续红色血脉，无疑是建军雕塑广场建设的初衷。本工程雕塑创作由中央美院孙伟教授主创，由江西桐青金属工艺品股份有限公司制作。广场雕塑采用"3+6"的设计形式，其中，"3"是指东西布局的"英雄集结""挥师渡江"以及中心主雕塑"军旗升起"3组雕塑。"6"是指围绕中心主雕塑顺时针布列"星火燎原""抗战先锋""解放全国""钢铁长城""精兵之路""强军兴军"6 组雕塑。这些组雕分别以土地革命战争时期、抗日战争时期、解放战争时期、社会主义建设时期、改革开放时期以及党的十八大以来强国强军新时期为脉络，突出展现了人民军队 90 年来从无到有、从小到大、由弱到强、从胜利走向新胜利的伟大发展历程。这是项目的又一大特点。

另外通过市民建议，工程后期增加了树池和座椅可供游人休息，增加了公共卫生间、游客服务中心、道路指示牌、自动售卖机、分类垃圾桶等便民设施。由政府引导，增设了公交车站，并开通了免费、免认证的共享 WiFi，并首次运用 VR（虚拟现实）、AR（增强现实）技术，360°展示建军雕塑广场，为游客带来强烈的现场感和参与感。这是项目的第三大特点（图2、图3）。

(a)　　　　　　　　　　　　　　　(b)

图 2　各大媒体报道图片

(a)　　　　　　　　　　　　　　　(b)

图 3　公众号及 VR 展示

六、管理措施及方法

1. 人性化管理制度，明确管理职责

成立项目经理为组长的制度制定小组，听取员工意见，编制优良方案，制定符合项目特点的各项制度，根据员工的个性及能力情况细化各级人员职责，形成管理责任机制。对工作质量、劳动纪律、质量管理、安全生产、成本核算、业务学习等方面进行细化，制定考核标准，依照标准进行交底、检查、评比、考核、惩罚，以此来调动员工自我管理和班组自主管理的积极性，确保安全质量体系有效运行和施

工生产的顺利进行。给员工尊重感，自主感，根据情感的可塑性、倾向性和稳定性等特征去进行管理，核心是激发职工的积极性，消除消极情感，鼓励他们去取得成功，这样既有利于员工自身素质的提高又利于企业的长远发展。

过程实行民主化管理，让员工参与决策、检查、监督、评比，抓好现场管理，强化定人、定期、定岗、定责、定点的检查制度。对检查评比采取扣分制，质量评分根据当月过程控制检查情况，按照已制定好的问题分类扣除相应分数；进度评分根据每月建设单位下达的进度计划，每一个子项目有相应分值，评分时未完成项的分值进行扣除；安全及文明施工评分根据日常巡检和专项检查中发现的问题，分类扣除相应分值。

2. 质量过程管控，达到优良工程

首先确定施工管理目标：达到南昌市优质工程，成为英雄城新地标。

项目部建立"链条式服务管理模式"。具体指，一个分项工程从工程部发起到财务部结束，整个过程有工序交底的制定、过程控制记录、验工计价的确认等，每个环节都有业务人员进行跟踪、指导、验收，使系统化的链条转动起来。其原则为技术超前即施工人员无方案交底不得组织施工；无施工准备验收不得进行施工；无过程验收不给予计量；在满足以上条件的情况下，采用各负责人连签的方式进行工序衔接。

技术上根据工程重难点，在施工前，结合专业知识，编写钢箱梁吊装专项方案报批专家论证，采用Tekla软件进行建模，优化设计图纸，将镜面水池以外抬高部分采取折梁并铺设楼层板，减少支模工作量，简化浇筑混凝土顶板施工工序；箱型梁分段由图纸设计3榀改为10榀，综合考虑运输和焊接，尽量减少现场焊接工作量；箱型梁开坡口焊，减小变形，部分筋板位置进行调整，纵向加强肋和横向加强肋的焊接采用间断焊接。并针对钢箱梁焊接一次合格率较低的情况，组织QC小组活动，采用合理的焊接方法、焊材、焊接参数在焊接前编制工艺指导书，由第三方检测单位出具焊接工艺评定检测报告。选用线能量较低的焊接方法以及合理地控制焊接规范参数可以有效地减小焊接塑性压缩区，从而防止焊接变形。采用随焊两侧加热、横向应变、纵向应变和最大剪切应变的分布更加均匀，变化更加平缓，起到减小焊接残余应力和变形的作用。经过摸索和试验，调整焊接顺序，减少焊接变形，最终使焊接一次合格率由85%提高至95.2%（图4）。

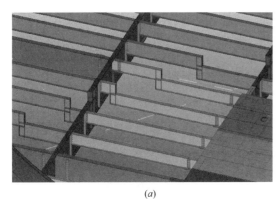
(a)

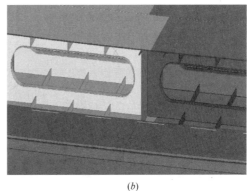
(b)

图4 Tekla建模优化钢结构施工

3. 以优质服务，创安全文明工地

充分发掘员工和工人的积极因素，做到安全文明事关你我他，每个人都能注重安全文明，从领导带头，从小事做起。尽可能自己动手，维护施工现场安全文明，减少人力物力，实现低能耗、高标准的目标，消除生产过程中的一切安全隐患。

道路出入口有混凝土或杂物遗撒，看到的人马上去自觉清理，罐车司机看到后也会不好意思，自己主动清洗出场车辆轮胎。围挡被风吹歪了，小伙子们看到后，立即拿来钢丝和钳子去加固。为方便市民

通行而专门开通的市民通道，早上会有人主动洒水打扫，过往遛弯的市民都连连称赞。所有加工场均搭设防护、隔音棚，对施工现场周边裸露土方及时进行覆盖或进行绿化。采取雨水回收系统，节能环保，为后期镜面水池蓄水。能做到这些正是建立在人性化管理基础之上的，以优质服务去面对媒体和市民，面对劳务队和工人，投之以李，报之以桃，他们也会给予回报（图5、图6）。

图5 市民通道

图6 接受媒体采访

4. 让业主、监理放心，成本管控精细

建立成本管理小组，加强全员成本管理意识，做好责任成本分析，制定定量化的收益，分解到各个岗位，明确各自职责。建立完善的考核机制，实行奖罚兑现制度。对各分项工程进行详细、严格地核算，综合考虑分包队各项费用。开源节流，精细管控，创造效益。

遇到变更或签证，及时请监理和跟踪审计到场核实，现场签认。必要时，请设计院人员或专家进行施工方案论证，发生费用及时签认。例如，主雕基座平台施工完毕后，中央美院从艺术的角度认为基座较大，需要改小，我施工方主动积极配合，把各相关单位人员拉入微信群进行讨论。并及时邀请城雕办专家一起，共同确认，业主、监理、跟踪审计到场同意专家意见，整个流程只半天。只有积极主动出击，不等不靠才能在不流失效益的同时保证工期。因本工程涉及多个领域，我方多次邀请艺术、水利、钢结构、灯光等专家来现场指导，业主对我们这种服务态度很满意，对工程很放心（图7、图8）。

图7 孙伟教授在指导雕塑制作

图8 钢结构专家指导钢箱梁吊装

5. 超前攻关，保证准时开园

项目部针对本工程超前攻关，优化设计提出变更，协同专家解决问题，加快施工节奏，保证准时开

园。主要体现在如下三种类别：

（1）对施工工序较复杂的提出变更优化。例如钢箱梁镜面水池部分原设计是在钢梁上通过钢筋混凝土结构顶板来抬高水池外部分，这需要支模架，后把水池边优化为钢折梁，顶面铺设楼层板的方式，简化了施工工序，减少了施工周期。

（2）对施工中的问题提出解决方案。例如涉河道要求加固堤坝，原方案是抛石堆砌，后请水利专家一同踏勘现场，改为混凝土浇筑和人工堆码的方式加固，减少机械再次进出场，节省工期。对反季节移植红榉树，原方案是传统的修剪枝叶、遮阴喷洒养护，但业主要求开园期间一定要保证全幅枝叶，后请林业研究所专家一同把脉问诊，打掉少量树叶，用水分蒸发抑制剂，遮阴全天喷洒等措施，最终保证了树木存活，树形优美。雨季正好在铺装阶段，我们采取了移动遮雨棚的方式，为雨天能够保质保量的完成既定目标而努力。

（3）对边设计边施工的分项工程尽早确认。例如雕塑设计中的铭牌，及早请书法家确认字体和纹理，经样品确认，及时加工。后增加的服务接待中心和公共卫生间，立即展开施工，审批等程序同步进行。雕塑灯光设计更是经过中科设计院、路灯管理局、城雕办、央美等各单位专家多次论证，最终到开园前一个月才确认，我施工方立刻找相应厂家下单，全款购买，安装调试加班加点，终于在开园前几天点亮广场（图9）。

图9　建军雕塑广场竣工后实拍

6. 项目信息管理，稳中有新

项目部采用先进的信息管理手段辅助项目的各种管理工作，总分包各方信息的传递、交流工作变得快速有效，简化了项目信息管理工作。并通过公司项目信息管理系统、综合管理系统、财务共享平台实行全面的后台管理，防止项目效益流失，利用信息化手段加强对项目的关键要素管控。根据项目部的实施情况，建议公司建立人才信息管理系统，使人才培养、使用、贮存、流动等工作科学化，做到人尽其才，人尽其用。通过企业文化，使员工形成共同价值观和共同的行为规范，强大企业，幸福员工（图10）。

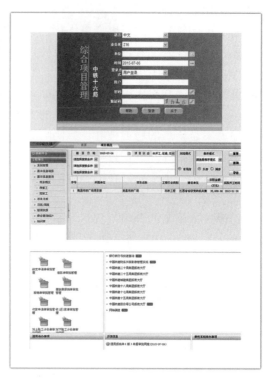

图 10　信息化系统管理

七、项目管理效果评价

1. "钢结构工程中焊接变形的控制措施及方法"论文获得公司三等奖。
2. 提高钢结构焊缝一次合格率 QC 成果获公司二等奖。
3. 被评为南昌市"三比三看"项目，同时得到南昌市红谷滩城市投资发展有限公司的表扬。
4. 各大媒体宣传报道 160 余次。
5. 接待各级单位、团体参观 400 余次。
6. 正在参评南昌市优质建设工程奖。

八、体会

南昌建军雕塑广场工程，在南昌市从社会影响程度，从雕塑规模上，作为南昌市重点工程，其施工管理实践活动都是影响巨大的。"以人为本，优质服务"的理念，圆满的打造了英雄城新地标。以人性化管理制度和优质服务精神，不仅可以满足业主和市民对品质需求，且加强了施工企业的可持续发展，提升了企业的竞争力，树立了良好的社会形象和信誉。

构建和谐大环境　倡导绿色新气象

——江苏省苏中建设集团股份有限公司北京恒大翡翠华庭项目工程 0501 地块项目

张泽沛　孙　伟　景生俊　冒义鹏　姜金伟　涂森栋

【摘　要】 北京市恒大翡翠华庭工程是集北京市保障性住房与现代商业办公一体化的工程，"绿色施工"是指在遵守国家、地方相关法律、法规前提下，以保护生态环境和节约资源为目的，从生产全过程出发，对施工采用的技术和管理方案进行优化，改革传统施工工艺，改进传统管理思路，确保施工过程安全、高效、产品质量严格受控，做到节能、节地、节水、节材和环境保护，将工程施工对环境的负面影响减小到最低程度。项目部针对工序交叉多、施工工期紧张、业主要求高等特点难点，在施工管理过程中，对工程绿色施工进行了精心组织、合理策划、加强管理、严格过程控制、优化细节处理。保证了工程的绿色施工，顺利完成了本工程各项目标的实现。

【关键词】 绿色施工；合理策划；优化细节；实现创优

一、项目成果背景

1. 工程概况

本工程为北京市大兴区恒大翡翠华庭项目。工程位于北京市大兴区黄村镇核心区新源大街西侧，地理位置优越，交通方便，南侧距离南六环约 1km，东侧离地铁 4 号线义和庄站约 300m（图 1）。

图 1　工程平面景观图

工程总占地面积 46010.69m²，总建筑面积约 26 万 m²，包括自住型商品房、商业及办公楼等各类用房。其中 0501 地块项目占地面积为 9601.91m²，总建筑面积为 54987m²。0501 地块中包含了 R4 号自住型商品房、B4号办公楼、B5号办公楼、S4-1号、S4-2号商业楼以及0501地下车库一共6个单体工程。

本工程自住型商品房地下3层，地上27层，办公楼地下3层，地上19至22层，商业地下1层，地上2层。主楼为框架剪力墙结构，平板式筏板基础；车库为柱下独立柱基础，主楼地基为CFG桩复合地基。

2. 工程目标

如表1所示。

项目管理目标一览表   表1

序号	目标	内容
1	工期管理目标	计划2015年6月3日开工，2017年7月14日竣工
2	质量管理目标	工程一次交验合格；顾客满意率100%；合同履约率100%，创北京市结构长城杯、竣工长城杯
3	职业健康安全管理目标	严格按照《建筑施工安全检查标准》JGJ 59—2011制定施工重点部位实施细则，确保无重大安全事故、机械事故和消防事故，杜绝死亡及重伤事故，轻伤频率不大于3‰，进场安全教育率达100%
4	文明施工目标	创北京市绿色安全工地，创北京市绿色施工示范工程
5	环境保护目标	"可持续发展和环境保护"是21世纪的主题，本工程从施工产生的污染源头开始，减少和消除施工污染，实现绿色施工
6	团队管理目标	提高服务意识，急业主之所急，想业主之所想。积极主动协调与业主、设计、监理、各专业分包单位以及政府部门的关系，营造精诚协作、积极高效、和谐健康的工作氛围，形成合力，共同创造精品工程

3. 选题理由

江苏省苏中建设集团股份有限公司作为北京恒大翡翠华庭项目工程施工总承包单位，是实现北京恒大翡翠华庭项目工程"绿色施工"的主体。在实施"绿色施工"中，江苏省苏中建设集团股份有限公司不但肩负着社会可持续发展和环境保护的责任，还肩负着带动企业自身发展的责任。实施"绿色施工"，有助于提高企业的管理水平；有助于企业技术创新，提高企业竞争力；有助于企业节能降耗，降低成本；有助于提升企业的社会形象，为企业长期良性发展提供保障。工程刚开始集团公司就将本项目作为集团公司在京南地区对外形象展示的窗口。

4. 实施时间

如表2所示。

实施时间   表2

实施时间	2015年6月~2017年7月
分段实施时间	
管理策划	2015年6月~2015年7月
管理实施	2015年7月~2017年6月
过程检查	2015年7月~2017年7月
取得效果	各关键性节点~2017年7月

二、项目管理重点、难点以及创新特点

1. 项目管理重、难点

（1）作业面分散

本项目跨度大，现场五个地块同时展开作业面，在整个工程的施工推进过程中，施工人员和各种机

械、电气设备随着施工部位的不同而沿着施工对象上下左右流动，不断转移操作场所。

(2) 工程体量大

本工程体量大、工序交叉多，组织流水段断面多，需要根据建筑结构情况进行多工种配合作业，多单位（土石方、土建、吊装、安装、运输等）交叉配合施工，所用的物资和设备种类繁多，施工难度也随之增加。各工种、工序之间的干扰和矛盾。绿色施工必须贯穿整个施工的过程以及各施工工种、工序的流程。

(3) 季节性变幻

施工过程中要经过三次雨季施工和两次冬季施工，因而不可避免受到季节性因素影响，尤其是四季分明的北方，必须在实际施工过程中根据不同施工阶段，合理安排施工。由于大幅降效制约工期压力较大的现场，使得绿色施工的管控难度加大。

(4) 场地跨度大

本工程总占地面积4.6万 m^2，分五个地块施工，每个地块三栋主楼同时施工，现场施工点分散，工期时间短，组织流水段施工难度大，且需投入大量的施工机械。施工人员、机械、材料分布区域广，人员施工、机械运转状态监控难度大，以及材料管控、统计难度大。另外建筑施工战线长，点多面广，许多工种交叉作业，绿色施工的管理呈现动态变化。

(5) 资金投放大

工期紧，工地跨度大，现场五个地块，每个地块三栋主楼同时展开作业面，本工程周转材料投入量大，钢筋、混凝土等实体材料用量大，提前做好深化设计、计算施工人员部署及材料合理用量是本工程实施重点。

2. 创新特点

本项目以绿色施工理念为指导，开展多元化"四节一保"；分阶段开展风险源辨识，实施安全措施预控制，严把辨识关、措施关；在行业内率先实行"安全垂直管理"；开办工地"农民工夜校"和工地书屋，积极传播新技术和知识；积极开展"四节一环保"建设。

三、项目管理分析、策划、实施

1. 管理分析

本工程跨度大，作业面分散，同时工期紧，具有一定的难度。为了积极发扬绿色施工，倡导"四节一环保"的理念，构建和谐的大环境，项目部需要从基础做起，大力宣传绿色施工，使得绿色环保的观念深入基层工作人员。

2. 管理策划

(1) 绿色施工组织机构

1) 由分公司组成绿色施工领导小组：

组长：马德生

副组长：郭金宏　韩志刚

2) 由项目部各管理部门负责人组成工作小组：

组长：谢小松

副组长：王为志、景生俊

组员：计划经营部、技术质量部、安全设备部、物资后勤部、综合办公室、水电安装部门

3) 绿色施工组织机构图（图2）。

(2) 绿色施工目标

工程开工伊始，便制定了绿色施工的管理目标：

1) 总体目标：创建"北京市绿色安全工地"；争创北京市建筑业"绿色施工示范工程"。

2) 绿色、文明施工管理目标：按照平面布置图对施工现场进行布置，封闭管理。做到绿色施工4

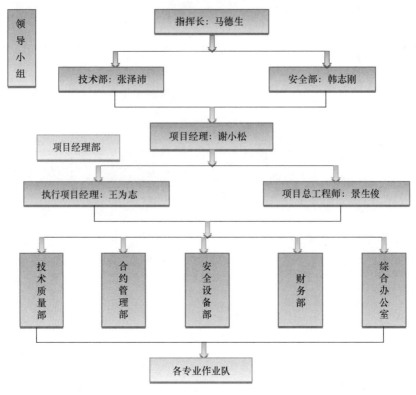

图 2　绿色施工组织机构图

个节约、5个100%（工地土方100%覆盖，路面100%硬化，出工地车辆100%冲洗车轮，拆除房屋的工地100%洒水降尘，暂不开发的空地100%绿化），确保环保零超标。全过程实现"绿色施工"，营造绿色建筑，做好施工过程控制，以人为本，营造舒适的生产、生活环境，最大限度减少对周围居民、交通、环境的影响。

3）职业健康安全目标：无事故、无伤害。

4）项目能源指标及目标：项目部根据以往施工经验，公司节能降耗目标指标，以及上级领导单位下发的各种文件、规范要求，制定了本工程项目能源指标及目标。

（3）绿色施工管理制度

1）绿色施工的宣传与教育

项目部积极开展"创建绿色施工工地"的宣传教育工作，对所有施工人员进行定期的宣传教育，树立绿色施工的观念，确定"从我做起，从点滴做起"的观念，本工程对创建绿色施工工地做了大量的宣传，在施工区域采用画报、黑板报、宣传标语、友情提示等方式，在生活区各个位置设置相关宣传标语牌，时刻提醒各个管理人员、参建人员加强绿色施工意识，做好绿色施工工作（图3）。

项目部积极参加地方、国家协会组织的绿色施工学习交流会议，公司组织项目部人员参观绿色施工

图 3　施工现场主干道和宣传栏

做得好的工地，提高认识、学习经验。

公司组织绿色施工教育小组到工地宣讲绿色施工教育重点，对工人进行教育培训。通过现场、视频、会议等形式进行绿色施工宣传教育（图4）。

图4　分公司对施工人员进行现场培训

2）建立奖罚制度

为提高员工对"创建绿色施工工地"的积极性和主动性，项目部还建立了水、电、材料节约奖励制度。

3）例会制度

每月一次创建绿色施工工地工作例会。主要内容为分析创建活动的实施情况及创建阶段性目标完成情况，实行动态管理，发现和分析问题，及时调整工作思路和方法，改进措施，将创建工作落到实处。

4）例查制度

每月组织一次创建绿色施工工作检查，由项目经理组织，项目建设单位和监理单位参加，检查内容为：创建绿色施工工地计划的执行和落实情况，职责分解落实情况，目标指标的完成情况，措施的落实情况，并根据《建筑施工绿色施工评价标准》（GB/T 50640—2010）中评价方法进行打分。

5）资料整理制度

建立绿色施工工地工作的相关台账，台账包括各类资源能源消耗统计情况，绿色施工工地工作检查记录表等。

6）月报制度

每月编制项目创建绿色施工工地统计报表，编制工作由项目部综合办主任负责，组织相关人员提供消耗资料并进行汇总，每月月底前按时交公司办公室。

3. 管理实施

（1）环境保护

根据建筑施工的环境特殊性，对环境的污染主要分为：对资源的保护，对人员的健康的保护，对工程现场扬尘的控制，对大气污染的控制，建筑垃圾的处理，对水源的污染，强光的污染等其他环境保护的控制。

我项目部为了更好地对环境进行保护，减轻施工过程中对环境的污染，根据各类环境的污染情况，我项目部有针对性地对各类环境保护制定了相应的控制措施，以达到绿色施工的要求。

绿色施工公示牌，做到门前三包。

1）资源保护

工程施工用水及生活用水全部采用市政给水及循环水，严禁使用深井抽取地下水，不对地下水形态

图 5 裸露土地种植草坪，绿化现场

造成破坏。

职工食堂设置隔油池，洗车槽设置沉淀池，厕所设置化粪池等，并确保不发生堵塞、渗漏、溢出等现象，及时清掏各类池内沉淀物，并委托有资质的单位清运。

对所有施工现场未使用的裸露土地，全部种植草木，保证土地资源的不流失，并且有效地控制了扬尘（图5）。

土方开挖施工边坡采用护坡桩+土钉锚固支护体系的方式，避免大范围开挖土方。

2）人员健康

① 合理利用业主方给定的生活、办公临建场地，对临建布置进行优化，生活区和办公区分开设置，在不对施工造成影响的情况下，应尽量远离施工作业区。根据现场场地布置要求，施工区，如：钢筋加工区、木工加工区、砂浆搅拌区、材料堆放区等全部紧挨施工楼座设置，减少二次倒运；办公区布置在施工现场主干道北侧。生活区布置在施工现场西侧，距施工现场最近100米。生活区与施工区分开布置，生活设置附近无有毒有害物质。

项目设专人负责办公区，生活区管理；生活区设立职工活动室，丰富职工业余生活（图6～图8）。

图 6 办公区会议室

图 7 项目部组织工人学习安全知识

图 8 防护用品及合格证

② 生活区和办公区有专人负责打扫，生活区由劳务队伍负责，办公区由专职保洁员负责；项目每周对生活和办公区的文明施工状态进行检查，对不符合要求的部分，坚决要求现场整改；生活区设置太阳能热水器，保证及时供应施工作业人员的生活用热水，冬季施工生活区设置集中供暖，采用电锅炉分时段供暖，保障施工作业人员的休息；在施工现场设置净化饮水机，提供直接饮用水，方便工人施工现场直接饮水（图9）。

③施工现场钢筋加工场、木工加工场、休息室、塔吊深基坑等均设置安全标志，保证施工现场正常施工，同时也保证施工人员人身健康。项目部根据现行国家标准《体力劳动强度等级》（GB 3869—1997）的相关规定，合理安排施工人员的劳动时间，现场工人每日平均工作时间7.8小时，净劳动时间310分钟，属于中等强度劳动（图10）。

图9 生活区一角

图10 钢筋加工场安全警示标志

3）扬尘控制

① 施工现场主要道路进行硬化处理，现场内场地采用C20的混凝土浇筑，施工道路250mm厚，其余150mm厚。土方集中堆放于场外，采取覆盖措施。裸露的场地采用覆盖措施，办公室门口种植绿化带，进行美化；

在主干道两侧绿化带内设置定时喷淋设施，每两小时定时开始喷洒，在喷淋覆盖不到的地方，安排专人进行人工洒水湿润，大面积地段采用洒水车每天进行定时洒水，严格控制扬尘（图11）。

图11 路面洒水处理

② 从事土方、渣土和施工垃圾的运输使用密闭式运输车辆，现场出入口处设置冲洗车辆设施，出场时将车辆清理干净，不得将泥沙带出现场；

③ 施工现场易飞扬、细颗粒散体材料，如砂浆全部使用砂浆罐。

④ 施工现场扬尘控制符合绿色施工的要求（作业区目测扬尘高度小于1.5m，结构施工、安装装饰装修阶段，作业区目测扬尘高度小于0.5m），项目部对施工现场扬尘控制检查每月不少于3～4次。项目部每天定时安排专人使用喷雾炮进行降尘处理（图12）。

图12 自动喷淋洒水，洗车台减少扬尘污染

4）废气排放控制

进出场车辆及机械设备废气排放符合国家年检要求。

项目部对进出施工现场的车辆、机械设备严加检查，安排门卫查看车辆的尾气排放合格证及绿色环保标签，对于不符合要求的车辆禁止入内，对于土方运输车辆、车泵等大型机械严格控制。

生活区食堂采用电能炒锅，电蒸箱，不使用燃气灶。冬季供暖采用电锅炉，严禁使用煤炭及燃气设备。

电焊烟气的排放符合现行国家标准。

施工现场电焊作业产生的烟气严格控制，避免超标，符合现行国家标准《大气污染物综合排放标准》GB 16297—2017的规定。

严禁在施工现场燃烧废弃物。

5）建筑垃圾

建筑垃圾分类收集、集中堆放。

施工现场根据建筑垃圾的性质不同，分类收集，集中堆放。建筑垃圾主要有：砌体废料、木方木板废料、钢筋废料、其他包装废料等。

将各种废料安排工人分类收集堆放在指定地点,进行下一步回收利用。

砌体废料:挑选尺寸较大的,将该部分用于地下防水保护墙施工或者临建花池等装饰构件砌筑。

钢筋废料:将挑选不能使用的钢筋头由公司集中处理,增加经济效益。

木方:挑选较长的进行木方对接后再次使用。

木板:废旧木板可用于制作防护棚木板防护、脚手架操作层木板走道、脚手架挡脚板、地下室防水保护层挤塑板外侧防护。

混凝土:混凝土浇筑完成后,若混凝土未用完,将多余方量由专用管道输送至底层,用于基坑回填,若具有塑性,应用于临时道路的硬化或其他零星工程;

建筑垃圾回收利用率达到30%。建筑垃圾回收后,根据材质不同,后续工序的利用,进行建筑垃圾现场处置后再利用。

6)污水排放控制

施工现场混凝土输送泵及运输车辆清洗处设置洗车池及沉淀池;

施工现场设置供、排水设施,施工场地不得积水,输水管道不得跑、冒、滴、漏。施工中产生的泥浆进行沉淀处理,未经沉淀处理的,不得直接排入市政排水设施,不得有泥浆、废水、污水外流,不得妨碍周围环境。

工程污水采用去泥沙、除油污、分解有机物、沉淀过滤、酸碱中和等处理,实现达标后排放。

施工和生活废水和雨水经过三级沉淀后,测试水质在弱酸性和弱碱性水质之间,可以用来降尘、浇花草、混凝土养护、排入市政管网(图13)。

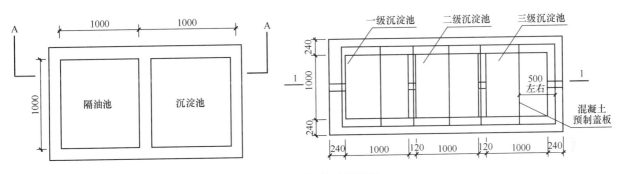

图13 三级沉淀池平面图

7)光污染控制

必要时的夜间施工,合理调整灯光照射方向,照明灯必须有定型灯罩,能有效控制灯光方向和范围,并尽量选用节能型灯具,在保证现场施工作业面有足够光照的条件下,减少对周围居民生活的干扰;

工地设置大型照明灯具时,防止强光线外泄的措施。

电焊作业设置帷幔措施,避免电焊弧光外泄;在高处进行电焊作业时应采取遮挡措施,避免电弧光外泄(图14)。

8)噪声控制

施工现场应根据国家标准《建筑施工场界环境噪声排放标准》(GB 12523—2011)的要求制定降噪措施,并对施工现场场界噪声进行检测和记录,噪声排放不得超过国家标准。现场布置5个噪声测试点,具体噪声监测点见噪声监测平面图,噪声的监测于每周二进行,为上午九点、晚上九点各一次,并且每年至少一次由环境监测站检测(图15)。

图14 电焊焊接在指定加工棚内操作

图15　噪声测试仪器实时记录噪声分贝

9）职业健康

食堂设置在远离厕所、垃圾站、有毒有害场所等污染源的地方，按规定取得卫生许可证后方可使用；

食堂各类器具规范清洁。炊事员持有效健康证。

现场建有医务室，人员健康应急预案比较完善（图16、图17）。

 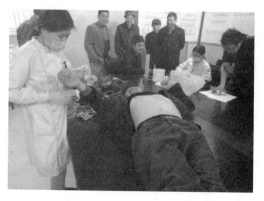

图16　人员健康应急预案　　　　　　　图17　医务室内职工体检

（2）节材及材料资源利用

项目部与劳务分包班组签订了材料损耗控制率，与定额损耗率相比降低损耗30％。

严格控制各项材料的下料尺寸，综合下料，施工员对各班组的下料单实行复检制度。

办公区制定了例行节约管理制度；如纸张的双面打印能够降低25％的办公用纸，下班后人走电源的关闭减小电器的空耗。

本工程目前主要建筑材料最大运输距离为238km，节省了因运距而增加的材料损耗及材料运输费用。

建立机械保养、限额领料、建筑垃圾再生利用等制度，规范现场材料使用。

1）材料的重复利用

① 利用钢筋翻样软件、BIM技术，优化线材下料方案，确保翻样准确。充分利用废料钢筋，做马镫、排水沟箅子、拉钩和预埋件锚固筋等构件，提高钢筋利用率；通过优化钢筋下料长度，确保翻样的钢筋定额损耗率小于1.75％，保证钢筋进场计划的准确性；采用直螺纹套筒连接方式，减少搭接。

提高钢筋废料的使用率。如：对于钢筋头，改做马凳筋，梁、柱、剪力墙定位钢筋，筏板中电梯井模板支撑固定筋，埋件及短洞口附加筋；钢筋头按照长度分类分别堆放，有防水措施，防止钢筋生锈。

② 在施工过程中，常会因各种主、客观原因，造成混凝土隐性或显性浪费，导致施工成本预算的偏差和增加工程施工成本。针对本工程结构特点，项目部混凝土控制采取如下措施：

合理利用多余的混凝土，用于路面的修补及小型临时设施基础的浇筑，定型水泥砖块，以及浇筑重复利用的组合式施工道路（图18）。

图18 组合式施工道路

③ 模板选用抛光覆膜多层板，严格控制模板的进场质量，对不合格的模板进行退场处理。

采用BIM对墙体模板进行排版，根据排版图对模板进行编号，跟踪模板使用情况。模板使用过程中，涂刷脱模剂达到100%，以保证模板的使用寿命，减少废弃板材。

精确控制木方、板材等木工用料的进场计划，材料计划提出后，先由工长进行核对，工长审核后报予预算审核，从源头控制材料、节约材料，降低生产成本。

墙模板、异型模板加工前，先进行现场放样，减少模板加工制造失误；墙模板螺杆孔，全部统一尺寸，统一规格，增加模板周转，减少损耗。

对于木料截余料合理再利用。对于短方木可用于墙板预留洞模板支撑和洞口防护。50mm左右的废木条可用作墙柱护角、马道防滑条、挡脚板等。废弃无法使用的多层板再用于预留洞的封盖、封挡（图19、图20）。

图19 废板材制作护角及水电盒

图20 废板材制作楼梯成品保护

施工现场采用短方木接长技术以及小模板拼接技术再利用等措施，使短方木及废旧多层板再利用（图21）。

④ 样板引路制度

根据公司统一标准，制作定型化样板，强化样板引路制度，减少工人反复操作带来的材料浪费（图22）。

⑤ 实行网络办公

通过公司OA平台实现审批文件及内部流转文件无纸化，存档文件纸张采用双面打印或复印，并设

图 21　短木方及废板材重复利用

 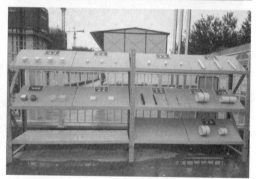

图 22　施工现场样板展示区

置废弃纸张回收箱；办公使用可多次灌注的墨盒，不能用的废弃墨盒由制造商回收再利用（图 23）。

（3）节水及水资源利用

北京是一个水资源缺乏的城市，为减少市政自来水在施工现场的使用量，采取各项节水措施节约水资源。

现场供水网布置合理，办公区、生活区、施工区分别设置水表，定期检查考核，节水器具配置率达到 100%，节水提示标语配置齐全。

收集生活洗漱用水，用以冲厕使用，每天可减少自来水用量为 35m³。

根据现场平面布置图、施工图，项目部拟在施工过程中建立两个水循环系统：

在基础阶段施工时，在地下五层设置一个 20m³ 临时水池，建立第一个水循环系统，利用储存的地下水进行混凝土养护。

图 23 公司 OA 平台

利用现场消防泵房 30m³,建立第二个水循环系统并将第一套拆除,第二水循环系统用于路面的清洁、扬尘的控制、冲洗卫生间。

冲水现场机具、设备、车辆用水,设立循环用水装置(图 24)。

图 24 循环用水装置及三级过滤水池

(4)节能及能源利用

项目部成立了"节能管理小组",制定了《节能管理制度》,在绿色施工培训方面对项目部人员进行节能宣传教育。加强科学管理,现场监督与检查,杜绝长明灯,以及机具空转等浪费现象。

粘贴节约用电标志牌,提醒员工们做到人走灯灭,人离机停,节约用电。

太阳能绿色能源的使用,项目部在生活洗漱区域安装了太阳能热水器;在施工主干道旁设置太阳能节能路灯,减少夜间用电量(图 25)。

图 25 太阳能热水器及太阳能路灯

本工程办公区及生活区的临建房屋全部坐北面南朝向布置，前后通透，全天候都可以获得充足的日照，南北门窗可通风透光，墙体为岩棉夹心彩钢板，室内吊顶采用石膏板吊顶防火，办公室全部设置遮阳窗帘，调节光照，夏天夜间比较凉快，冬日关紧门窗室内温度可保持在5℃以上。

根据临时设施的使用功能，配置合理的采暖、制冷设备，在规定时间内使用，专人管理，实行分段、分时使用，夏天最高温度控制在28℃，冬天最低温度控制在15℃。

（5）节地与施工用地保护

建设工程临时用地包括施工区、加工区、办公区等。本工程临时用地根据"集中居住、封闭管理"的原则进行布置。

集中用地指标，根据施工规模及现场条件等因素合理确定临时设施，如临时加工厂、现场作业棚及材料堆场、办公生活设施等的占地指标。临时设施的占地面积按用地指标所需的最低面积设计。

现场平面布置合理、紧凑，在满足环境、职业健康与安全及文明施工要求的前提下尽可能减少废弃地和死角，临时设施占地面积有效利用率大于90%。

办公区、工人生活区分别采用二层、三层装配式活动房，增加土地的使用率。生活区每间宿舍面积为22.32m^2，平均入住人数10人，人均使用面积2.23m^2/人。

现场从开工至竣工分4个阶段，土方开挖前，对深基坑施工方案进行优化，减少土方开挖和回填量，最大限度地减少对土地的扰动，决定采用护坡桩加锚杆支护体系，这种垂直支护体系减少对原有土地的干扰，保护了周边生态环境，在距工地西侧200m的闲置土地上，堆放肥槽回填需用土，减少土方运距；主体地下和地上结构施工阶段现场使用11台塔吊，进行垂直材料运输；装修阶段采用13台外用电梯进行垂直材料运输。

施工总平面布置做到科学、合理，充分利用原有建筑物、构筑物、道路、管线为施工服务。

施工现场仓库、加工厂、作业棚、材料堆场等布置尽量靠近已有交通线路或即将修建的正式或临时交通线路，缩短运输距离。

临时办公和生活用房采用经济、美观、占地面积小、对周边地貌环境影响较小，且适合于施工平面布置动态调整的多层轻钢活动板房标准化装配式结构。

临时设施布置注意远近结合，努力减少和避免大量临时建筑拆迁和场地搬迁。

（6）过程检查控制

以绿色施工目标值作为依据，对绿色施工的应用效果进行评估。按照土方开挖、基础、主体结构工程、装饰装修与机电安装工程四个阶段进行自评，及时掌控目标完成情况，实现持续改进，确保各项指标完成。各分工部门建立绿色施工台账资料，由专人负责记录，并做好绿色施工指标分析和总结。

根据《建筑施工绿色施工评价标准》GB/T 50640—2010，本工程评价要素包含5大项，其中适用142个考核点，不适用5个考核点。

绿色施工实施过程检查批次经过专家组验收取得了90.13的高分。

（7）质量、进度、成本控制

1）质量控制：扎实熟悉、吃透施工图纸，做好图纸会审工作，有疑问、不妥的地方及时提出并解决。做好各阶人员的技术交底工作，让参与施工者明白要做什么、怎么做以及质量要求。

切实做好"三检制度"，在施工过程中通过班组自检、工序交接检、抽检、专检及隐蔽工程的检查、评定等手段、措施确保施工质量控制在标准允许范围内，严把质量关，采取防范措施，消除通病，做到工程一次成型、一次合格，对关键部位或薄弱环节、常见的质量通病以及新技术、新材料、新工艺的应用等进行重点检查控制，严禁将不合格的成品、半成品流转到下道工序，及时发现问题，解决问题。

2）进度控制：工程进度款是施工企业购置材料、发放工资和安排调动机械设备的物质基础，意味着进度的保障，必须充分计划、合理投入，以确保工程进度款申报。

分解进度计划，严把各个关键节点，现场管理人员深入现场，及时检查、考核现场进度。发现矛盾纠纷，应予以积极协调，认真分析进度滞后的原因，与施工班组一起解决问题，及时指出并监督纠正影响进度的施工方法，确保生产活动稳步推进。

3）成本控制：优化施工方案。制订经济合理的施工方案，以达到缩短工期、提高质量、降低成本的目的。

项目部建立了项目成本管理责任体系，以项目经理是项目成本管理的第一责任人，各级成本管理部门组织实施，各职能部门分工负责，齐抓共管，全员参与。确保每个环节均能达到先算后做，事先拟定费用的支出计划和成本开支范围。

建立合理的奖罚分明机制。利用激励机制对各部门和责任人实施成本考核，奖优罚劣；加强质量管理，控制返工率。在施工过程中，要严把工程质量关，采取相关防范措施，消除通病，杜绝返工现象的发生，避免因返工而导致工程成本增加。

四、管理效果及评价

1. 管理效应

项目重视并引入绿色施工理念，贯彻《绿色施工导则》，把环保与节能降耗结合一体，使工地与周边环境和谐共生。

工程建设中，在保证质量、安全等基本要求的前提下，通过科学管理和技术进步，最大限度的节约资源与减少对环境的负面影响，在今后的工作中，我们将继续按照"绿色施工工地"的理念，进一步落实好各项安全文明绿色施工措施，确保"四节一环保"目标的圆满实现，为实现经济效益、社会效益和环境效益的统一，为社会节约资源和能源做出应有的贡献。

2. 经济效益

通过绿色施工的贯彻执行，取得了良好的经济效益，为项目部节约成本达到五六百万。其中0501地块节约成本达97万元（表3）。

经济效益分析表　　　　　　　　　　　　　　　表3

序号	项目	目标值	实际值（元）	合计（元）
1	绿施增加成本	1000000	一次性消耗成本 356000	890000
			可多次使用成本（考虑折旧）534000	
2	绿施节约成本	1260000	环境保护节约成本 248637.3	1861959.4
			节材控制节约成本 415632	
			节水控制节约成本 242490.2	
			节电控制节约成本 804567.3	
			节地措施节约成本 150632.6	
3	二者之差	260000		971959.4

3. 社会效益

通过贯彻执行绿色施工，项目部取得了相当的社会效益，项目成功举办江苏省进京企业观摩会，获得了"北京市绿色安全工地证书"，获得了"北京市结构长城杯"与"北京市竣工长城杯"奖项，获得了"北京市大兴区条块化管理优秀项目部"称号，获得了"北京市绿色施工示范工程"称号。

4. 总结

近年来，随着建筑市场秩序逐步规范，传统的建筑产业模式，已不能满足环境保护的要求，绿色施工的全面推进必将是中国建筑业改革和发展的重要方向，将会对改善城乡生态环境和高效利用资源产生重大影响。

通过在工程施工过程策划并实施绿色施工，对管理水平有了很大的提高，绿色施工作为一个全新的施工理念，不同于传统的施工，需要重新审视和理顺已有的施工流程和管理制度，需要全员参与，将绿色施工理念融入施工过程的各个细节管理之中。

今后，我公司将继续树立绿色施工理念，在施工中更加广泛、更加深入的推行绿色施工，为社会节约资源和环境保护做出应有的贡献。

做行业转型升级先锋,全过程总承包完美履约

——中建一局集团第三建筑有限公司华为武汉研发生产项目(一期)北区标段项目

麻权力　胡志海　邱建丰　吴康林　胡雪朋　陈后晶

【摘　要】近年来,建筑行业飞速发展,管理模式趋于多元化,项目管理也是越来越成熟,针对华为业主的管理模式,项目的总承包管理是否满足华为业主的要求,是项目管理重点关注。为此我项目通过标准化管理、精心策划。优良实施,突出细节管理,实现总承包管理,达到业主的要求,为公司在华为公司树立良好的品牌。

【关键词】标准化;总承包管理;完美履约

一、项目成果背景

1. 工程概况

华为武汉研发生产项目(一期)北区标段位于武汉市江夏区东湖高新区武汉未来科技城,光谷七路以东,九峰二路以南,珊瑚北路以西,九峰三路以北。建设单位为武汉华为投资有限公司,监理单位为中工武大诚信顾问(湖北)有限公司,设计单位为中南建筑设计院股份有限公司,施工单位为中国建筑一局(集团)有限公司。本项目总建筑面积为416551.04m^2,地下二层,地上五层,结构形式为框架结构。主要有6栋5层研发楼,1栋2层食堂,5栋1层门房。

2. 选题理由

华为项目是总承包管理交钥匙工程,专业全面,能否获得华为业主的肯定是本项目重点关注的问题。因此本项目将加强总承包全过程管理,深入了解总承包管理及交钥匙工程是项目实现履约的关键因素。

目前市场上管理模式趋于多元化,EPC、PPP管理模式、总承包管理是目前建筑行业的趋势,华为项目的总承包管理更深入,对总承包管理人才的培养及团队的建设有着很大的作用,更能适应社会的发展。

3. 实施时间

如表1所示。

项目实施时间表　　　　表1

实施时间	2015年02月~2017年10月
分阶段实施时间表	
管理策划	2015年02月~2015年04月
管理措施实施	2015年04月~2017年07月
过程检查	2015年04月~2017年07月
取得成效	2017年8月~2017年10月

二、项目管理及创新特点

1. 工程管理重点及难点

(1) 专业分包多,施工管理难度大,总包协调管理困难,是项目的重点;

(2)专业分包多,专业交叉复杂,如何做好专业分包管理工作是项目的重点;
(3)本项目工期紧,质量标准高,如何协调各专业的进度及质量是项目的重点。

2. 创新特点

(1)明确管理目标。

如表2所示。

项目目标管理策划 表2

1	质量目标	工程质量等级合格、创湖北省楚天杯、争创"国优"
2	工期目标	开工日期:2015年2月1日,竣工日期:2017年10月30日
3	安全文明目标	湖北省安全文明施工现场,中建CI示范

(2)项目责任分解并落实。
(3)项目部组织人员对华为业主需求进行对标学习,结合本工程的特点、结合与其他华为项目对标学习,并制定相应的方案措施,有针对性的解决此类问题。质量策划及各项质量、安全措施,加强对工程细节问题的处理,全面细化施工过程管理,合理安排施工进度,减少对周边居民的影响,营造安全、健康的施工环境。

三、项目管理策划和实施

施工总承包管理主要内容是做好"四控""两管"和"一协调"工作。"四控"即造价控制、工期控制、质量控制、安全控制;"两管"即技术管理,环境、文明施工及成品保护管理,"一协调"即现场协调管理,"四控"是工程管理的核心内容,其中的"安全控制"又是工程管理的"心脏"。

1. 安全文明、CI标准化管理

根据集团CI管理办法及武汉的标准化手册,策划现场安全文明及CI标准化施工,确定安全文明施工目标及如何去控制管理。

安全防护方面:采用制式围挡,制式防护栏杆、型钢安全通道、型钢钢筋加工棚。既美观大方,又保证现场安全。

文明和绿色施工方面:施工场地布置文明规范,分区域划分材料堆场,合理有序。以绿色建造为指导,施工现场设置道路喷淋系统和楼栋喷淋系统,除尘效果优良。施工现场设立封闭式垃圾站,生活区设置太阳能热水器,现场设置LED太阳能路灯。

CI品牌宣传方面:通过大门、围墙、品牌布、品牌墙、中建标识标语、办公区生活区等,向武汉地区展示中建风采。并以施工品质为基础,达到良好宣传效果。

2. 项目进度管理

(1)前期策划

根据业主的要求,项目团队编制完成施工总控计划,以此总控计划为目标进行管控。

(2)过程实施

1)计划建立

建立由总承包单位汇总、综合平衡的自上而下,从总体到细部的工程计划管理体系,一般分四级制定施工计划(总,专业分部、分项,月,周计划)。

根据各专业的特点,进行专项的分解计划,包含深化设计计划、材料加工、进场计划、安装、阶段调试专项计划、综合调试专项计划。

严格按照各项分解计划,分解到责任人并落实时间。

2)计划实施

各分包单位须以确认的控制施工进度为标准,精心组织施工,及时按计划完成各自的分包工程,并积极配合总包单位组织的各分包单位的工作面、工序接口的交接工作。

3）计划跟踪落实

总包严格按照总控计划编制本项目的内控施工计划，根据内控计划，实施本项目的进度目标。

每周召开生产例会，针对各专业分包的进度情况进行分析，并商量进度滞后的赶工措施。

根据周计划要求，每日定期召开进度分析会，分析影响专业分包施工进度的因素，协调相关专业的分包进行落实。

3. 质量管理

总、分包单位均需建立相应质量保证体系，建立健全质量保障制度，确保其质量体系的有效运行。并在现场设有专职质量检查组织架构，按照质量检查制度对各阶段的工程质量进行有效控制和管理。

（1）样板引路制度

项目前期，根据施工进度及工序流程制定了详细的样板点评计划，并建立了样板展示区。各分项工程正式施工前，必须首先做好工艺样板，并组织进行样板点评。点评通过后方可进行大面施工。

（2）工序报验管理，采用挂牌验收制度

全项目坚持"过程精品"的质量管理思想，严格实施"过程精品，动态管理，目标考核，严格奖罚"的质量保证机制。

当一施工工序与质量关系密切时，为了保证产品的质量而特别对此工序进行质量专检。各分包在完成本工序施工自检合格后，填写《工序报验单》，经总包、监理验收，验收合格后，再进行下一道工序。

各分包应通过质量全过程控制和质量停工待检点控制的信息反馈，建立质量改进系统，对不符合要求涉及质量隐患应采取预防及纠正措施，加强技术管理，严格按照工序施工，保证工程质量不断提高。

（3）三级检查制度

工序验收三检制度：在施工过程中，坚持检查上道工序、保障本道工序、服务下道工序，做好自检、互检、交接检；遵循作业队伍自检、总包复检、监理验收的三级检查制度；严格工序管理，认真做好隐蔽工程的检测和记录。

（4）实测实量制度

在混凝土工程、砌体工程、装饰装修工程中，进行100％实测实量并建立分层实测档案。并及时对不符要求部位进行修改处理，使其达到质量验收标准。

（5）华为验收APP的应用

华为验收APP质量责任落实到人，及时有效的了解现场质量整改情况。

（6）材料质量的控制

华为项目对重要材料品牌有着严格的管理模式。从材料的源头进行管控。作为重要防水材料，首先对其品牌有着严格的要求，只能从华为品牌库中选择防水厂家。防水材料进场需监理见证取样复检，复检合格后方可使用；华为稽查随时到现场进行抽查防水材料，送到华为制定的检测中心进行检查。

针对华为项目的品牌效应，我项目严格按照华为合同品牌要求，选择合同品牌，现场取样按照规范要求进行操作。

四、管理效果评价

（1）通过项目的精心策划，总承包管理实现完美履约。

（2）在项目全体员工的努力下，项目得到业主及公司的认可，总承包管理模式得到业主的认可，以及得到当地质监站的赞赏，为市场的开发创造条件。

（3）三年来，项目攻坚克难，完美实现项目履约，极大的培养一批管理经验多的人才及团队，为公司输出优秀人才。

（4）本工程在2017年获得"湖北省建筑工程安全文明施工现场""湖北省建筑结构优质工程""中建CI创优金奖"。得到业主考核B+的好成绩，实测实量检查中，获得第二名的好成绩。

方案精选多策划 提高服务促发展

——北京建工四建工程建设有限公司1号绿隔产业用房（社区服务楼）等3项（王四营乡社区服务楼项目）工程

郑 宇 史东滨 翟 浩 周 超 赵跃龙 唐国强

【摘 要】1号绿隔产业用房（社区服务楼）等3项（王四营乡社区服务楼项目）是以王四营社区服务为主体目标的配套办公楼，地处东四环繁华区，尤其在工期紧、任务重的前提下，在质量、安全、环保等各个方面都对工程项目管理提出较高的要求，项目管理团队在工程实施过程中，坚持"抓重点、早沟通、多策划"的思想，针对本工程工期紧的这一特点，在保证施工安全质量的前提下，紧抓施工重点，提前协调解决住宿及料场问题，监管安全文明施工，并与设计沟通，优化施工方案，通过精密组织施工，在保证工程质量的前提下完成工期目标，赢得了建设单位及监理单位的一致认可。

【关键词】抓重点；早沟通；多策划

一、工程概况及成果背景

1. 成果背景

本工程地处东四环繁华区，地理位置显著，本工程地处东四环繁华区，地理位置显著的同时，其社区服务的宗旨又寄托着王四营乡诸多百姓的殷切希望，对改善民生、构建和谐社会，提高社区服务具有重大意义（图1）。

图1 工程效果图

在2016年1月7日项目开始基础底板钢筋绑扎之际，建设单位提出"4.15出正负零""7.15结构封顶"的节点工期目标，并于2016年12月30完成精装交工，给工程建设带来很大压力。

因此，解决生活和办公用房问题，科学合理地筹划场地布置，优选施工方案，对本工程的顺利实施起着至关重要的作用。

2. 工程概况

1号绿隔产业用房（社区服务楼）等3项（王四营乡社区服务楼项目）建设地点位于北京市东四环大郊亭桥东，南至广渠路，北靠金海国际现状共建，西邻中国电信大厦，东至现状石门小路。总建筑面积29981.82m²，其中地上部分建筑面积19362m²，地下部分建筑面积10619.82m²，地上14层，地下3层，建筑高度为60m，层高为4.15m，结构形式为框架剪力墙结构，基础形式为梁板式筏型基础。已于2016年12月30日顺利竣工（图2）。

图2 施工过程中照片

工程建设单位为北京铭锐通博社区服务有限公司，北京建院建设有限公司设计，北京双圆工程咨询监理有限公司全程监理，北京建工四建工程建设有限公司总承包施工。由北京市朝阳区质量监督站进行监督。

二、选题理由

（1）2016年1月7日，建设单位提出提前使用办公楼的要求，调整阶段性工期目标，此要求工程组织难度大幅提升，需精密策划施工的各个环节，对整体施工策划要求高。

（2）施工场地极其狭小，无可利用的堆料场地，且水源不足，劳务人员无住宿用地，需协调场外解决住宿和料场问题，整体施工部署难度加大。

（3）工程建设场地紧邻居民区，存在扰民和民扰问题，需加大对居民的协调力度，对绿色、安全文明施工要求高。

三、实施时间

本工程于 2015 年 4 月 22 日开工，2016 年 12 月 30 日工程顺利通过五方竣工验收，项目管理实施时间如表 1 所示。

项目管理实施时间表　　表 1

实施时间	2015 年 4 月 22 日～2016 年 12 月 30 日
分阶段实施时间表	
管理策划	2015 年 4 月～根据各时段节点不断调整
管理实施	2015 年 4 月～2016 年 12 月
过程检查	2015 年 4 月～截止工程竣工的全过程
取得效果	各阶段性节点～2016 年 12 月

四、项目管理目标

（1）质量目标：达到合同标准，工程一次验收合格率 100%，北京市结构长城杯。

（2）安全文明施工目标：确保不发生重大伤亡事故，杜绝死亡事故，严格控制轻伤率控制，施工现场达到北京市安全文明工地标准。

（3）环保目标：达到"四节一环保"的目标，符合北京市绿色施工要求。

（4）经营目标：合同履约率 100%，成本降低率 1%。

五、管理重点、难点及创新特点

1. 管理重点

（1）本工程总建筑面积为 29981.82m²，2016 年 1 月 7 日项目开始地下底板钢筋绑扎，而建设单位于当日提出"4.15"出正负零，"7.15"结构封顶的节点工期目标，期间横跨春节假期及 2015 年冬施、2017 年雨施作业，同时又值 2016 年"两会"、中考、高考，结构工期仅为 208 天，工期紧，任务重，使得工程实施进入紧张阶段，需要在人机料方面加大投入，昼夜组织施工，优化施工方案，调整施工部署，以保证工程能够顺利按期交竣。

（2）本工程位于北京市东四环大郊亭桥东，南至广渠路，北靠金海国际现状公建，西邻中国电信大厦，东至现状石门小路，地理位置显著，南侧围挡外为主要市政道路，办公楼与原有建筑距离比较近，施工过程中难免存在"扰民"和"民扰"问题，因此，高标准的安全文明施工既是主管部门和社会群众的要求，也是我公司的追求。其中控制扬尘污染、噪声污染和消防安全，更是安全文明管理工作中的重点。

2. 管理难点

（1）施工现场南侧为市政道路，西侧及北侧为其他建筑物，东侧为临时材料堆放区，工程施工场地狭小，尤其是地下结构施工阶段，钢筋绑扎、模板支设、防水作业及回填土难度较大。

（2）本工程基坑深度达到 19.2m，属于深基坑（一级基坑），基坑面积近 5000m²，锚杆支护与土方开挖交叉作业管理难度大，精装修期间共计 12 个专业分包队伍，综合协调管理难度大。

（3）本工程首层局部层高 9.45m，梁板模板支撑体系属于超高模架范围，部分梁截面大，且斜梁数量较多，施工中加强对超高、超重模架的施工管理要求高。

（4）地下三层至地上二层外侧结构采用落地式脚手架施工，由于地下室肥槽较窄，平均宽度不足 500mm，大部分区域仅能搭设单排脚手架，架体稳定性控制及加固措施难度较大；三层及以上外侧结构采用悬挑脚手架施工,架体分三步进行悬挑,脚手架施工过程中对安全操作要求较高。

六、管理策划与实施

1. 项目管理策划

(1) 技术管理策划

首先,通过公司技术质量部的大力支持,在本工程施工过程中注重前期策划,始终坚持"技术先行、生产跟进、安全保障、成本控制"的原则,其次,由项目技术负责人牵头,组织专家及项目骨干力量,将施工中的技术难点和容易出现的问题进行分析,做好技术策划工作,深化施工设计,优化施工工艺,制定可行的技术措施,提前解决施工过程中遇到的技术难题。

(2) 质量管理策划

贯彻公司"全员精品意识、全过程科学管理、创造优质工程、提供优质服务、持续改进体系、追求客户满意"的质量方针,明确工程的质量目标,建立健全的岗位责任制,形成一个以项目经理为龙头,项目主任工程师主抓监督,施工、技术、材料三大块质量控制,分包队伍严格实施的质量保证体系,把质量目标层层分解落实,通过严谨的技术管理与质量保证措施来确保质量目标的顺利实现。

(3) 安全管理策划

以项目经理为第一责任人,安全负责人牵头的安全管理机制,实行领导带班,总体把控全局;纵向对接公司安全监管部,横向联合场内所有分包单位的安全管理人员,形成对现场施工情况共同监管的安全体系;制定合理有效的安全管理制度,开展安全生产责任制考核,责任到人;组织安全教育,提高安全意识;推进安全文明标准化,规范行为。

(4) 绿色施工管理策划

结合本工程特点,利用多种手段对绿色施工进行全项目宣传培训,完善现场的场地硬化和苫盖,资源再利用,垃圾回收管理,精装修期间,加强分包管理,指定完备的施工垃圾堆放区域和装运措施,推进安全文明管理。

2. 项目管理实施

(1) 技术优化管理实施

1) 项目部十分重视施工方案的实用性,技术交底的可行性和可操作性,施工过程中始终坚持"技术先行"总体思路,由技术负责人牵头编制具备科学性、指导性的施工组织设计,在公司技术质量部的指导下,我们编制了符合工程实际和创优要求的施组、方案及交底,并层层落实下去,为质量控制提供了有力保障(图3)。

2) 本工程实施以"4.15出正负零""7.15结构封顶"为总体目标,项目技术团队组织生产、材料等部门共同讨论,编制可行性的抢工方案,调整人力、物资、机械、施工方法,合理布局,达到快速施工的目的。

① 由于地下场地狭小,没有堆放大量钢管及模板料具的场地,制约料具进场,因此需在春节前将G轴以北土方开挖完成,以利于场地周转,根据工期进度要求,经过项目部人员多次讨论,将地下结构部分模板量增加到整层配置,地上部分主体结构顶板整层施工,加大顶板模板和支撑量至4层来保证材料料具的周转,这样一来大约5天一层的施工速度。同时加大人力资源,增加木工及钢筋工种的工人,工人两班倒,24小时不间断流水施工。

② 本工程地下室结构顶板高差区域多,梁截面尺寸种类繁多,多数为高低跨超重梁,超重梁最大跨度为9880mm;汽车坡道处框架梁截面最大为600mm×2600mm,且多数为弧形梁;高低跨处梁截面最大为500mm×2000mm、600mm×2150mm,首层局部层高9.45m,梁板模板支撑体系属于超高超重模架,模板支设难度大。项目经理部十分重视此项重点施工内容,提前组织技术人员对模架进行设计,将设计结果同劳务人员沟通,确保方案的可行性,最终决定支撑体系主要采取碗扣架支撑,梁支撑体系主要采取扣件架支撑,为了提高架体的整体性,顶板支撑架与梁支撑架应连结,模架整体与四周剪力墙

图 3 可行性施工方案

顶紧顶牢,并经专家论证一次通过,为实现节点工期目标提供了有力保障。

③ 在原施工组织设计中,地上三层至十三层竖向结构采用全钢大钢模板,包括剪力墙、构造柱、暗柱及框架梁侧模,水平结构采用木模板,包括顶板、梁底模板,由于大钢模安装占用塔吊吊次,安装不灵活,塔吊利用率无法高效使用,不利于整体的施工进展,后针对本工程的实际进度需求,经项目部成员讨论研究,将其统一调整为复膜多层板,并在人力、物资、机械、方法上加大投入,合理布局,并上报建设单位,确保在成本的控制上提前沟通,为后期结算工作打下基础。

④ 由于本工程场地原为化工厂,基坑底部曾渗出红色液体,存在一定的腐蚀性,原设计中 3+3SBS 改性沥青防水卷材无法满足实际工程需求,经我方多次咨询考证,对比各种卷材的性能,与设计沟通确定将其调整为 1.2mm 厚 MBP-P 高分子自粘胶膜防水卷材。其不透水性是普通卷材的 2 倍,其能承受的拉力、低温柔度等性能更强。

⑤ 由于本工程大部分主体结构将在春季施工,白天和晚上的温度差比较大,混凝土初凝时间不稳定,因此,我们将和搅拌站协商调整混凝土配比,通过增加水泥含量和适当添加早强外加剂的方法,将混凝土的终凝时间控制在 8~10 小时。

⑥ 本工程原设计方案在 G 轴以南区域房心回填级配砂石,考虑目前施工进度紧张,场地狭小,级配砂石回填无法满足进度要求,经与设计单位沟通,并经建设单位同意,最终决定采用素混凝土回填,加快回填施工进度,以利于地下顶板模板支设尽快进行。

⑦ 由于本工程施工场地狭小,无可利用施工场地,工人住宿、职工办公、材料堆放急需解决,在施工过程中项目部竭尽所能协调周边社区部门,在主楼东侧临时租赁了 300m 长的小区道路,供运输车辆进出,随后,项目经理通过居委会沟通社区居民,征用东侧原拆迁小区地块,共 2000m² 土地作为临时料场及生活、办公区使用,为总体施工部署提供了必要条件(图 4)。

(2)质量管理实施

1)健全质量保证体系

项目部根据质量目标制定行之有效的质量控制制度:质量例会制度,质量奖惩制度,样板制度三检

图 4 现场料场堆放

制,专检验收制,质量一票否决制,挂牌制混凝土质量检验盖章上墙制。施工过程中严格贯彻执行自检、互检、交接检的"三检"制度,施工前对劳务人员进行书面交底,由本人签字接收,对工程质量通病及防治措施进行宣贯,明确重要节点做法,提高全员质量意识。

2) 坚持样板引路,确保工程质量

坚持落实样板引路制度,并预先编制样板点评计划,先由项目部技术质量人员统一对样板进行点评,通过点评的工序样板再经过施工单位、监理单位、建设单位的共同验收合格后,相应工序方可施工(图5)。

图 5 钢筋连接样板

3) 进行全员质量目标意识的教育培训

由项目部主任工程师组织质量策划的交底,把公司的质量方针和工程质量目标灌输进项目部各级管理人员的头脑意识中去；对参与施工的外施队各级管理人员进行灌输教育，施工操作工人再由外施队质量主管组织教育。

4) 对施工完毕的工序进行标识和签字交接管理，确保工序质量的可追溯性，促进了各工序施工班组之间对彼此施工质量的监督，大大降低了维修和返工的概率。

5) 各施工班组进行质量劳动竞赛，每周一检查，周二进行评比，每月综合得分最高者给予相应的现金奖励，过程中大大提高了劳务人员的质量意识，加深了对自身劳动成果的保护。

(3) 安全管理实施

1) 在项目开工准备阶段，组织项目技术质量、生产安全及商务等部门开展安全文明实施策划分析会，确定项目安全文明施工目标：

①重伤以上事故为零，轻伤频率控制在1.5‰以内；②杜绝火灾事故；③杜绝食物中毒事故；④杜绝环境污染事故。

2) 项目建立了安全管理组织机构、各项的安全管理及检查制度。根据北京市建委、朝阳区建委及集团公司有关施工现场管理的有关法规、规章制度，编制了本工程的各项施工管理措施并贯彻落实，做到了施工现场管理有程序，施工组织有秩序，工艺操作有规程，现场料具按施工平面图的位置堆放整齐，标识清晰，场容整洁，文明施工（图6）。

图6 安全操作规程

3) 定期利用农民工夜校进行学习的制度，每周五组织甲方、监理、总包和专业分包单位安全联合检查制度、曝光台制度等，使所有参建人员树立较强的安全意识，确保工程施工安全。

4) 建立定期与不定期检查制度，每周由项目经理、生产经理、主任工程师、安全监督员对现场安全做一次大检查，发现安全隐患或未按操作规程施工的及时下达限期整改通知书和处罚，整改后及时检查整改情况，安全监督员每日在工地巡回检查并有记录。项目部建立安全检查台账，将每次检查的情况、整改情况、整改的情况详细记录在案，便于一旦发生事故时追溯原因和责任。

5) 为保证一线工人及管理人员自身安全，项目部常备急救箱放置于门卫亭，遇擦伤、流血等可进行简单处理。安全措施经费实行专款专用，及时发放劳动保护用品。

6) 项目开工时，项目部建立消防保卫管理机构，成立治安和消防领导小组，保证消防设施的可靠性。现场增设防冻电热线，以确保施工消防用水的正常使用。

7) 对所有进场的安全防护设施，联合技术、材料、安全、使用方联合验收，塔吊及施工现场四周安装视频监控，时时关注现场，并留存相应的影像资料。项目部实行24小时轮流值班制度，值班人员24小时开机，负责看管建筑材料、机具设备、防止破坏和盗窃。

(4) 绿色施工管理实施

1) 在工程实施前与周边单位和居民取得联系提前沟通，始终保持"谦虚接待、互帮互助"的良好态度，在施工时间上达成一致，相互建立良好的谅解关系，采取有针对性的措施，保证周边建筑的安全和居民的生活稳定。在施工过程中，加强工人教育，利用低噪声振动棒和柴油泵，噪声大的机械合理布局使用，重点控制对周边的噪声干扰和污染。

2）工程项目部成立由建设单位、监理单位、施工总承包单位负责人组成的工程项目"绿色施工管理领导小组"，明确各单位职责范围内的绿色施工管理工作，制定绿色施工管理责任制，责任到人。

3）环境保护：现场留4.5m施工道路，用25cm厚混凝土硬化，现场钢筋、木工加工棚全部用混凝土硬化，其他部位用碎石铺垫，防止产生扬尘。办公区设置水冲式厕所，在厕所附近设置化粪池，污水经过化粪池沉淀后集中清理。在工地食堂洗碗池下方设置二级隔油池。每天清扫、清洗，油物随生活垃圾一同收入生活垃圾桶，由专门养殖场收走。现场设置封闭木工棚，同时，安排专职人员定时进行噪声监测，形成记录，对噪声污染进行控制。设置焊接光棚，用废旧模板钉维护挡板，防止强光外射对工地周围区域造成影响。夜间室外照明灯加设灯罩，透光方向集中在施工范围（图7）。

图7 噪声监测

4）节材措施：根据施工进度、库存情况等合理安排材料的采购、进场时间和批次，减少库存。就地取材，施工现场500公里以内生产的建筑材料用量占建筑材料总重量的70%以上。使用预拌混凝土、商品砂浆、高强钢筋和高性能混凝土，减少资源消耗，优化钢筋配料方案。钢筋制作前由钢筋工长、项目负责人对下料单及样品进行复核，无误后方可批量下料。

5）节水措施：现场机具、设备、车辆冲洗用水设立循环用水装置。施工现场办公区、生活区的生活用水采用节水系统和节水器具，提高节水器具配置比率。采用地下水作为混凝土养护用水、冲洗用水和部分生活用水。现场标养室采用自动温湿控制系统。施工现场分别对生活用水和工程用水确定用水定额指标，并分别计量管理，计量管理有记录。

6）节能措施：施工前对于所有的工人进行节能教育，树立节约能源的意识，养成良好的习惯。并在电源控制外贴上"节约用电"、"人走灯灭"等标志，在厕所部位设置声控感应灯等达到节约用电的目的。施工现场分别设定生产、生活、办公和施工设备的用电控制指标，定期进行计量、核算、对比分析，并有预防与纠正措施。临时设施采用节能材料，墙体、屋面使用隔热性能好的材料，减少夏天空调、冬天取暖设备的使用时间及耗能量。规定空调使用时间，实行分段分时使用，节约用电。

7）节地措施

根据施工规模及现场条件等因素合理确定临时设施：临时加工厂、现场作业棚及材料堆场、办公生活设施等的占地指标。临时设施的占地面积按用地指标所需的最低面积设计。临时办公和生活用房采用经济、美观、占地面积小、对周边地貌环境影响较小，且适合于施工平面布置动态调整的多层轻钢活动板房。生活区与生产区分开布置。

七、管理成效及评价

1. 管理效果

经过项目部全体成员的共同努力，如期完成了建设单位的工程目标，得到了建设单位的高度认可，且本工程获得了"北京市结构长城杯"及北京市"绿色安全工地"奖项（图8、图9）。

图 8　北京市结构长城杯

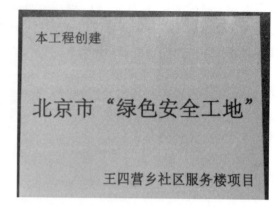

图 9　北京市绿色安全工地

2. 管理评价

针对本工程的特点，以工期为主线，在施工过程中"紧抓重点、提前沟通、多方策划"，有措施的进行安全文明管理，逐步攻克施工障碍，确保工程的顺利进行，顺利达到业主提出的工期目标要求，避免了工期延误发生的同时，提高了项目全体成员在施工管理方面的能力，为接下来的工程管理提供了强有力的后备军。

精心策划 科技引领
建造好河北怀来新媒体大数据园钢结构工程

——北京城建精工钢结构工程有限公司怀来新媒体大数据产业园一期钢结构工程项目

张义昆 侯秋彦 纪冬冰 吴小刚 陈 祥 许 斌

【摘 要】 项目团队认为项目延期意味着不能按时履约，企业诚信受损，产生更多的成本（管理费用、租赁费用、水电费以及违约赔偿等），所以进度控制在项目管理中意义重大。特别是地产、厂房和仓储类的项目，每延迟一天竣工，对业主都是巨大的经济损失。在保证安全的前提下，如何能够保质保量的按期完工，是评价一个项目是否成功的关键因素。

【关键词】 精心策划；精细管理；进度控制；高速双赢

一、项目成果背景

1. 工程概况

本工程位于河北省怀来县东花园镇，建设单位为河北秦淮数据有限公司。该项目工程总建筑面积为 16393.75m²，是集新媒体、大数据、云计算和人工智能等新兴产业与一体的智能化建筑群，工程建成后，将对带动京津冀一体化及大数据行业发展起到重要的建设示范作用。

工程钢结构类型为轻型门式钢架、钢框架，整体一层，局部两层，檐高：11.2m。整体结构由 5 部分构成，类型相同四个门式刚架位于四个角部，中间部位的钢框架。主结构由 H 形钢柱、箱型柱、H 形钢梁构成，次结构包括柱间支撑、水平支撑、系杆；屋面系统包括檩条、拉条、屋面板。钢材材质为 Q345B、Q235B，总用钢量约 1700t（图1、图2）。

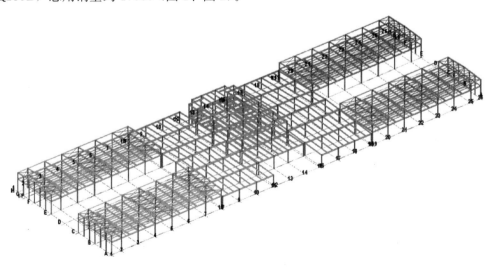

图 1 怀来新媒体大数据产业园一期项目钢结构工程模型

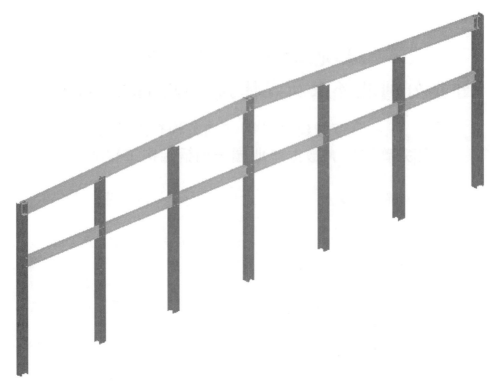

图 2　怀来新媒体大数据产业园一期项目抗风柱

2. 选题理由

工期管理一直是项目管理的重点，同时也是难点。因为制约工期进度的因素有很多，国家政策、社会监督、业主监理、分包供货商、技术方法、机械材料、自然条件、项目资金、项目团队等，尤其是北京作为首都，政治活动对工期进度的影响很大。当这种干扰积少成多时就会对项目工期造成重大影响，这就是为什么项目施工工期滞后是普遍现象的原因。本项目通过各种管理措施及赶工措施顺利完成了工期目标。关于进度管理的施工经验值得推广（图3）。

图 3　怀来新媒体大数据产业园一期项目工程外观

3. 实施时间

项目实施时间（表1）。

项目实施时间	表1
实施时间	2017年04月～2017年07月
分阶段实施时间表	
周密策划	2017年04月～2017年05月
精心制造	2017年05月～2017年06月
取得成效	2017年06月～2017年07月

二、项目管理及创新特点

1. 项目管理难点分析

（1）工序交叉作业多，需要合理统筹安排。施工班组人员多，人员施工期集中交叉，所以没到工序施工前必须做好技术质量交底，制定详细而实施性强的方案，保证各工序顺畅衔接，减少窝工，提高功效。为保证施工的顺利进行，每天晚6点至8点召开专门工序协调会，将第二日工作内容作交接，各工序有无冲突，如有及时调整。

（2）进度计划的有效动态管理控制。实行进度计划的有效动态管理控制并根据现场实际情况实时调整，使日、周、月计划更具有现实性。为项目工期进度管理提供真实有效的数据支撑。以工程总体进度为纲，编制钢结构工程子分部各施工阶段详细施工计划，包含日、周、月计划，明确时间要求，据此向加工单位及安装单位各班组下达任务。在编制施工进度任务时给予10%弹性余量，以确保编制的工期进度计划更具有可实现性（图4）。

图4 进度落实

（3）关键工序的有效控制。由于本工程现场作业面比较理想，具备大面积安装施工条件，因此制约工期的关键工序就是钢构件的加工。据此在项目策划阶段我项目部就决定增加加工厂以保障构配件的及时供应。将加工厂由原定的2家增加至7家。由于加工厂的增加而提高了管理难度，我项目部增配驻厂人员，以保证对加工工序的实时监控。做到重点突出，兼顾全局，紧张有序，忙而不乱（图5）。

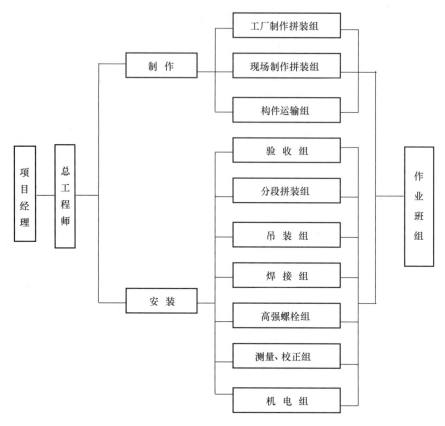

图5 控制管理机构及运行程序图

2. 项目管理创新

加快工期传统的办法是增加投入（人机料及延长工作时间等措施）。这些做法会带来成本投入增加，施工质量降低以及施工安全事故概率增加等弊端。新型进度管理是与质量、成本、进度、安全有机结合的整体，相互制约但又相互促进。本项目进度管理既采用了传统的工期管理措施，如增加加工厂，延长工作时间等。也采用了新型的进度管理办法，从人、机、料、法、环五个因素整体考虑组织、管理、合同、经营、技术等措施对工程进度进行优化。

三、项目进度管理分析、策划和实施

1. 进度管理分析

由于施工生产中影响进度的因素纷繁复杂，如设计变更、技术、资金、机械、材料、人力、水电供应、气候、组织协调、政策等，尤其是本工程为怀来地区大数据产业园的首期工程，影响力大，地方政府关注多，市县领导进场组织视察。不可避免的会对项目进度产生影响，而施工又是一个有机的整体，环环相扣，经常会出现一步落后，步步落后的现象。为避免此类情况的出现，就必须采取各种措施预防和克服上述影响进度的诸多不利因素，为此需要具有针对性的工期保障措施。

2. 进度管理策划

在确保安全及质量的前提下，严格按照施工进度计划进行施工，使本工程圆满完工。

（1）在工程全过程施工中，充分依靠和运用公司多年来在类似的建设施工过程中积累的成功经验，编制合理、高效、实际的施工措施。

（2）挑选与公司长期合作，具有合格资质等级的劳务队伍，在保证进度的同时保质安全及保量。

(3) 在施工管理过程中充分发挥项目部成员的才智与积极性，以技术为龙头，建立完善的项目管理体系与质量体系，齐心协力完成本工程的钢结构安装任务。

(4) 在进行施工场地内机械布置、施工部署、材料堆放、施工方法、安全防护措施等方案的确定时，要做到合理、经济、安全且有利于施工进度的同时要确保安全防护措施的布置到位。

3. 进度管理实施

(1) 施工作业方式优化

1) 施工作业方式优化。本工程施工的目的就是确保安全、保质量、保进度。根据本工程的实际情况，具备大面积同时平行施工的条件。根据施工区域的划分，分为7个施工区域。7个区域同时配备两个施工班组，采取两班制，每班8个小时。只允许人等工作，不能工作等人（图6）。

图6 工人施工中

2) 劳动力优化组合。对进场后的劳动力进行优化组合，使每个班组"新老"结合。以"老带新"，以保证安全质量及进度。

(2) 技术措施。施工区域应根据场地大小、周围环境等因素，合理设计施工流程，确保安全、优质完成本工程。

1) 首先组织工程技术人员和作业班长熟悉施工图纸，优化施工方案，为快速施工创造条件；指定各分项工程的施工工艺及技术保障措施、技术及安全交底。技术前行，为保障如期完工提供技术支撑。

2) 积极使用新工艺、新技术，在保证安全质量的前提下实现进度目标。

3) 落实施工方案，在发生问题时，及时与甲方、设计、监理沟通，根据现场实际情况及时调整方案，制定最切实可行的处理方案，遇事不拖，当日事当日办，问题不过夜，加快施工进度。

4) 实行进度计划的动态管理控制并实时调整，保证制订的各种方案进度计划都是依据实际情况，坚决杜绝"拍脑门"情况。指定详细的日、周、月计划，并按计划执行。坚持晚班会制度，每天将各班组召集在一起开生产协调会（图7）。

(3) 经济措施

1) 落实进度目标的保证资金，根据施工实际情况编制月进度报表，工程款做到专款专用，合理的分配人工费、材料费等各个方面，公司财务定期检查，从资金上保证施工顺利进行。

2) 签订并实施关于工期进度的经济承包责任制，包括公司与项目部，项目部与管理人员及作业班组。

3) 建立并实施关于工期和进度的奖惩制度，责任到具体的人。并严格执行制度，做到有过必罚，有功必奖，激励全项目人员的积极性，树立质量创优，进度争先的思想。

4) 由于施工高峰恰逢麦收，需考虑由人工紧张造成的劳务费增加、防暑降温费用，慰问金等额外资金的支出。

(4) 组织协调措施

1) 监理施工项目进度实施和控制的组织系统及目标控制体系，质量管理体系。实行以项目经理部为首的施工指挥中心，强化管理，将各加工厂及安装队整合在一起，形成合力。及时掌握各分包动态信息，协调生产、安装、工序交接及施工过程中出现的各种问题。做到安全、及时、有效、合理、经济、可行（图8）。

图7　项目团队

图8　现场一角

2) 制订进度控制工作制度，在施工中定期检查，随时监控施工过程的信息流，实现连续、动态的全过程进度目标控制，分析进度执行情况，及时调整人力、物力、资金及机械的投入量。及时总结经验教训，不断改进优化施工工艺与顺序，齐心协力，团结一致。

3) 落实各层次进度控制人员的具体任务和工作职责，节日期间不停工，实行调假补休等措施，错开高峰期人员休假，保证满员在岗。

4) 重视现场协调会制度，分外联工程例会和内部工程例会两种形式。外联工程例会主要汇报工程进展情况，需要总包及业主解决的问题，听取总包、监理等各方面的指导意见，针对施工中的问题研讨处理方案；内部协调会主要总结工程施工的安全、质量、进度情况，传达外联工程会议精神，明确各分包的施工顺序和工序穿插的交接关系及责任，全面分析施工进度状况，找出问题并制订解决方案，保证施工顺利进行。外联会议每周一次，内部协调会议每天召开。

(5) 合同措置

1) 以合同形式保证工期进度的实现，首先保持总进度控制目标与合同工期相一致，其次为分包合同的工期与总包合同的工期相一致。

2) 运输、构件加工、安装等合同规定的提供服务时间与有关的进度控制目标。

3) 以上各种合同一经签订，便具有法律效力，明确各自在本工程中所应承担的义务，若有违反，追究其违约的法律责任。

(6) 后勤保障措施

1) 项目在施工过程中将进行科学而人性化的管理，在抓进度保工期的同时，认真仔细做好各项后勤保障工作，使项目参与人员能够安心的投入工作，提高工作效率。

2) 特殊工种的手套、口罩、防护眼镜、安全带等劳保防护用品应及时供应到位，并保证质量。

3) 高温季节现场准备充足的防暑降温用品，保证茶水或绿豆汤的充足供应

4) 雨季雨衣雨鞋等劳保用品应准备充分。

5) 在生活区设娱乐室、篮球场等文体娱乐设施，做到劳逸结合。

6) 后勤服务人员要做好生活服务供应工作，保证饮食健康卫生。生活区要每天派专人打扫，做好防蚊蝇工作。

(7) 激励措施

1）公司员工激励措施：
① 周末加班从领导做起。
② 每个月评选优秀员工，给予 1000 元现金奖励。
③ 施工高峰期提高伙食标准，让大家吃好，以保证充足的精力和愉快的心情。
④ 工程按期完工后，给予项目人员一定的奖励并组织外出旅游放松心情。
2）劳务工人激励措施：
① 改善工人食堂伙食，定期赠送肉类食品。
② 为夜班工人提供夜宵和热水。
③ 春节火车票为工人免费提供订票服务。
3）分包激励措施。区段质检展开劳动竞赛，对每个月最好的分包给予一定经济奖励。

四、管理效果评价

通过实施有效的管理措施加快了施工进度，提高了施工效率，提升了项目部的整体管理水平，按期完成了进度目标，提前一个月完成钢结构安装工作。得到了业主、监理及社会的各界好评（图9）。

图 9　完工后内部结构图

五、结束语

充分研究该工程特点及难点，并通过实施有效的管理措施，加快了施工进度，保证工期实现，圆满完成施工任务，赢得业主满意，现已经承揽二期工程。

加强绿色施工　构筑和谐社会

——江苏省苏中建设集团股份有限公司青岛鲁商蓝岸新城 2 号地块商住工程项目

郭金宏　倪义锋　王小东　张　俊　徐银川

【摘　要】 加强安全文明建设，注重安全、高效、环保、稳定是现阶段工程建设中的要点，是促进工程安全管理水平的提高和建设行业的科学发展的前提。

【关键词】 施工现场；安全；高效；环保；绿色

一、项目成果背景

1. 工程概况

青岛鲁商蓝岸新城 2 号地块商住工程项目是 2015 年青岛市标准化样板工程、山东省安全文明优良小区，位于青岛市高新区岙东路与新业路交叉口。总建筑面积为 10.3 万 m^2，由 1～4 号楼、附属裙房及地下室组成，地下室面积 23000m^2，为框架剪力墙结构，2、4 号主楼 17 层，裙房 2 层；1、3 号主楼 26、28 层，裙房 2 层。

2. 选题理由

（1）本工程为青岛市重点项目，社会影响极大，关注度高。

（2）本工程地理位置特殊，社会影响力大，关注度高。

（3）本工程为商品房住宅小区，工程体量大、施工任务重，工期紧，成本控制不易，因此，该项目施工管理要求精细化，充分完善各项措施，统筹安排，科学管理。

（4）绿色施工是对施工策划、材料采购、现场施工、工程验收等进行控制，强调施工全过程"四节一环保"的施工方法。区别于只关注工程目标、少考虑资源节约和环境保护的老式施工方法，绿色施工是以资源高效利用为核心，环保优先为原则，追求高效、低耗、环保，统筹兼顾，实现工程质量、安全、文明、效益、环保综合效益最大化的施工方法。是当前建筑施工企业必须面对的问题，推行绿色施工是施工企业不可推卸的社会责任。

3. 实施时间

本工程于 2014 年 10 月 15 日开工，2016 年 9 月 2 日工程顺利通过五方竣工验收，如表 1 所示。

实施时间　　　　　　　　　　　　　　　　　　　　　　　　　　表 1

总实施时间	2014 年 10 月～2016 年 9 月
分段实施时间	
项目总体管理策划	2014 年 9 月～2014 年 10 月
管理措施实施	2014 年 10 月～2016 年 9 月
过程检查	2014 年 7 月～2016 年 8 月
取得成效	2015 年 10 月～2016 年 9 月

二、项目采用的绿色施工技术

本项目已采用的绿色施工技术有"LED 节能灯具应用、PVC 塑料模板的使用、楼层垃圾运输通道的应用、预制式集装箱临时建筑",且已产生较好效益。

1. LED 节能灯具

LED 节能灯具应用部位：办公区、生活区及塔式起重机投射灯（图1）。

图 1　工地转角处使用 LED 灯

（1）办公区与生活区使用情况

理论效益：①办公区每盏灯每天平均工作 6h，每天理论节约用电：$(40-18)×76×6=10.032$kW/h；②生活区每盏灯每天平均工作 3h，每天理论节约用电：$(36-5)×40×3=1000=3.72$kW/h；每天共计节约资金：$(10.032+3.72)×0.86=11.83$ 元；③本工程工期 616d，预计可节约资金 $11.83×616=7287.28$ 元。

（2）塔式起重机 LED 灯使用情况

塔式起重机部位已经投入使用 9 盏 LED 节能灯替换原先使用的镝灯。LED 灯成本约为 4000 元/台，原使用的摘灯约 2000 元/盏，功率为 2000W，共 6 盏。

理论效益：购买总差价为：$4000×9-2000×6=24000$ 元，塔式起重机每盏灯每天平均工作 12h，每天理论节约用电：$(2000×6-400×9)×12=1000=100.8$kW/h；每度电单价为 0.86 元，每天节约：$100.8×0.86=86.688$ 元。本工程工期约为 22 个月，仅需约 9 个月就可以弥补 LED 灯与摘灯之间的差价。通过计算，本工程可节约成本约 $86.688×13×30=33808.32$ 元。

截至目前，本项目 LED 灯投入使用 194d，节能灯具节约 2295.02 元，塔式起重机 LED 灯已收回成本 16817.4 元。

2. PVC 塑料模板

（1）PVC 塑料模板实际情况

本工程塑料模板进场共 2200 张。实际应用中，采用塑料模板整铺，考虑到节约成本，在需要接长的地方尽量利用剩余木模板材料进行拼接，这样既能充分循环使用塑料模板，又充分利用剩余木模板，达到经济合理和资源充分利用的目的。

效益计算：本工程共有20层使用，木模板需购买2次，塑料模板仅1次即可，本工程可节约7.22万元（图2）。

(a)　　　　　　　　　　　　　　　　(b)

图2　PVC塑料模板现场使用及混凝土成型情况

（2）塑料模板施工注意事项

1）根据标高，模板平铺在同一水平线上，有高低差的模板要测量好高低差铺设，保证平直度，以免影响外观及设计要求。

2）尽量使用整块的塑料模板沿板边缘铺设，遇到需要接长的地方，优先利用旧木模板接长，不锯断整块的塑料模板。

3）接缝要做到无缝、紧密、牢固，施工时拼接位置要做好止浆措施，缝隙不得大于1.5mm，可用透明胶带封补。

4）板的跨度大于4m时要按板长的1/1000～3/1000起拱。

5）采用钉子将模板固定于小木方上，模板接长位于小木方上方，确保有效固定。

6）钉子间距宜为500mm，防止模板翘曲现象；钉子距离接缝宜15mm，防止钉子钉裂塑料模板。

7）模板运输中，堆放不可超过车厢高度，且每捆模板用木方垫起相互隔开，方便吊装。

8）吊装模板需2股钢丝绳起吊，钢丝绳吊模板时，受力处用垫块保护模板不被吊变形。

9）搬运过程中，禁止扔、摔模板，一定要人递到人，轻拿轻放，并将用不到的模板分类堆放。

3. 预制式集装箱

预制集装箱应用于办公区临时办公室，其可循环使用，降低办公室造价，降低成本、增加效益（图3）。

效益分析：本工程有192m²两层的板房6栋，每栋6间，总面积有192×6=1152m²。则购买彩钢板房花费1152×（310-30）=32.256万元；租用集装箱板房花费36间×6元/间×616d=13.3056万元。

可见，租用集装箱房可节约32.256-13.3056=18.95万元。

4. 楼层垃圾运输通道的应用

该方法不仅不占用施工电梯，而且能达到安全、高效、环保、连续作业的目标，同时为其他工种的

图3 预制式集装箱办公室使用情况

施工作业创造了有利条件,缩短了工期。该法适用范围广,适用于多层、高层、超高层建筑。设置垂直运输通道是可选用上下贯通的井道或孔洞,也可选择一处合适位置在结构上预留后补孔洞(图4)。

$\phi300$ 圆铁管,投入成本32元/m,计110m,管成本3520元,焊接组装人工成本2100元,合计成本5620元;节约用人力接运用工2工日/层×42层×160元/工元=13440元、施工升降机电费3小时/层×42层×22kW/时×0.86元/度=2383元,合计节约13440+2383-5620=10203元。

图4 楼层垃圾道

三、门禁系统

1. 门禁系统概述

随着高科技的蓬勃发展,智能化管理已经走进了人们的社会生活,为了适应信息的时代需要,我单位准备在建筑施工现场出入口安装门禁系统,该系统是集感应式IC卡出入管理和施工现场考勤功能为一体的综合性系统。感应式IC卡出入管理控制系统（简称门禁系统），具有对门户出入控制、实时监控、保安防盗报警等多种功能，它主要方便内部员工出入（刷卡方能进入），杜绝外来人员随意进出，既方便了内部管理，又增强了内部的保安，从而为用户提供一个高效和具经济效益的工作环境。它在功能上实现了通信自动化（CA）、办公自动化（OA）和管理自动化（BA），以综合布线系统为基础，以计算机网络为桥梁，全面实现对通信系统、办公自动化系统的综合管理。

2. 门禁系统的设置

本工程四周设置广告围挡，对施工现场进行封闭管理，东侧的出入口作为人员出入口，设置感应式IC卡出入管理控制系统（门禁系统），进出人员需持有感应式IC卡方可进入。项目围墙的封堵、设立、现场工人上下班通道进入门禁位置的设定、门禁系统保安看守值班、设备保护及维护、工人的安全教育、门禁刷卡教育及实行等均由项目部生产经理主抓，项目部安全部门具体负责实施。门禁系统的安装调试、设备的保护、门禁系统保安的管理工作由项目部安全科负责（图5）。

图5 大门左侧设置门禁系统

3. 门禁系统管理的实施管理

（1）建立劳务用工管理台账。管理台账包括花名册、考勤册和工资册等。门禁系统人员的信息录入运行（发卡、个人信息采集、建卡、发卡、刷卡后信息每日上传等）均由项目部劳务管理员负责。确保现场有关人员的基本信息（姓名、性别、身份证号码、劳动合同编号、岗位技能证号码、工种或岗位、所属劳务分包公司或单位的名称、上下班刷卡时间、应得工资等）及时录入门禁系统，并及时将进入现场人员刷卡情况上传到项目管理系统和劳务管理系统，要及时分析现场劳动力情况指导施工，并做好原始记录的保存和备份。工资必须经本人签字后直接发给劳动者本人。总承包企业应对各分包企业的工资发放情况进行监督。有条件的企业可通过银行卡发放作业人员工资。

（2）配置劳务用工考勤设备。项目部在施工区域入口处（大门）安装门禁系统，用于作业人员的日常考勤及出入控制，考勤设备采用感应式IC卡刷卡机。作业人员出入施工区域必须通过门禁系统予以考勤及身份确认，考勤记录作为其工资发放和解决劳资纠纷的重要依据，并及时登记到相应台账中。

（3）IC卡的发放。凡是在本工地工作时间累计连续超过7天的（包含休息日）的管理人员和参建人员必须办理普通门禁IC卡（实名制）。总承包企业负责IC卡发放、信息收集与日常管理。

（4）规范施工现场管理。施工现场实行封闭管理，明确分隔施工区域与非施工区域，未持有工地

IC 卡的人员将无法进入施工现场。并在醒目位置设置企业劳务用工管理网络图牌，一有变动及时更新。

四、管理效果评价

（1）通过绿色施工新技术的运用及其实时统计，鲁商蓝岸新城项目工程降本增效取得了一定成效，彰显了苏中建设施工领域的技术优势。

（2）通过绿色施工新技术的运用，既加快了工程施工进度、保证了工期、提高了施工质量、实现了优质工程目标、改善了施工环境，同时降低了成本。

（3）通过对务工人员全面管理和真实数据的存档，可以有效的缓解目前传统管理模式中的各方矛盾冲突，对构筑和谐社会、确保项目稳定安全十分有利。

（4）青岛鲁商蓝岸新城商住工程项目获得了 2015 年青岛市标准化样板工程、山东省安全文明优良小区。

精细管理　降本增效

——北京六建集团有限责任公司房山区拱辰街道办事处及长阳镇 09-03-12 地块 C2 商业金融项目

张　锴　肖宝珣　刘正飞　于　红

【摘　要】 房山区拱辰街道办事处及长阳镇 09—03—12 地块 C2 商业金融项目，由 6 栋办公楼、配套商业及地下车库组成，在建设过程中项目制定各项管理制度、细化分工、技术优化等一系列措施，通过各种措施的实施保证工程效益，严格过程控制，优化细节处理，从而圆满完成各项施工任务，取得良好效果。

【关键词】 精细管理；高效创优

一、成果背景

1. 工程概况

工程项目位于房山区良乡高教园区内，东至东环路（长于路），西至规划良乡高教园区二十二号路，南至兴良大街（良乡东路），北至规划良乡高教园区五号路。

本工程为商业、办公等群体工程，建筑高度最高 59.45m，地上 17 层，地下 3 层，总建筑面积 166692.72m^2（其中地上建筑面积为 116409.4m^2，地下建筑面积为 50283.32m^2，标准层最大的建筑面积为 19464.94m^2）。基础形式为梁板式筏基，结构形式为框架结构。标准层柱网尺寸为 8.1m×8.1m，抗震设防烈度为 8 度，设计使用年限为 50 年；本工程地下二至三层为地下车库，地下一层为设备层，人防等级为核六级，人防部位为地下二至三层，核常兼备。

二次结构墙体采用 BM 连锁砌块、加气混凝土砌块。外墙采用玻璃幕墙、中空玻璃塑钢平开窗，保温为 70 厚岩棉板。屋面保温层最薄处 135 厚 HT 泡沫混凝土找坡层。机房外墙为 70 厚 ZX 岩棉复合板，地下一层顶棚主要 60mm 无机纤维喷涂。

主要参建单位如表 1 所示。

参建单位表　　　　　　　　　　　　　　　表1

序号	项目	参建单位
1	建设单位	绿地集团北京京永置业有限公司
2	设计单位	北京市建筑设计研究院有限公司
3	监理单位	北京建工京精大房工程建设监理公司
4	施工单位	北京六建集团有限责任公司

2. 选题理由

本工程为高档公寓及写字楼，针对本工程结构复杂、场地狭小、合同清单价格风险较大等特点、难点，项目部进行分析，建立各项管理制度，以规范项目的管理，明确人员分工。最终满足业主对工期、质量的要求，实现项目的经济效益目标。

3. 实施时间

本工程自 2014 年 12 月 15 日开工，到 2016 年 6 月 23 日顺利通过四方竣工验收。根据工程建设工期要求，工程实施时间如下：

实施时间：2014年12月~2016年6月。

管理策划：2014年10月~2014年12月。

管理措施实施：2014年12月~2016年6月。

过程检查：2014年12月~2016年6月。

取得效果：2014年12月~2016年6月。

4. 建立年轻化项目管理团队

本工程开工伊始按集团及公司要求成立了以项目经理为首，其他专业管理人员组成的项目管理团队，项目部人员最高峰达到40余人（平均年龄35岁）。

二、项目管理及创新特点

1. 管理难点及重点

（1）管理重点

针对结构较复杂高档写字楼项目，优质高效、保成本完成建设任务是项目管理重点。

（2）管理难点

合同清单价格风险较大

由于工程中标时无图纸，中标工程量为模拟清单工程量，其中钢筋、混凝土、模板平方米含量较以往项目偏高。导致中标平方米单价偏低。这就要求我们后期预算人员必须熟读图纸，不能有任何落项。参与项目成本管理。由于中标不理想，上交公司管理费较高，我项目采用了班组承包制模式，把主体结构劳务成本基本锁定在265元/m²以内。

（3）工期紧迫

1）重点难点

本工程计划2014年12月15日开工，项目部进场后，由于土方延误，实际施工时间2015年3月20日，2016年06月02日竣工，包括本工程全部项目在内总工期为536天，其中地下结构三层，地上最高十七层。要求在22个月完成全部土建工作及业主指定分包和独立分包项目。前期支护及土方施工近8个月，严重滞后，导致后续工作工期紧张，因而使履约合同工期成为本工程的管理难点。

2）针对性措施

通过加大人、财、物、力和机械的投入和科学组织流水施工，做到资源合理投入，既相互独立又互相配合，保证工程的顺利进行。

根据工程量合理安排施工进度，加大每个工程施工流水段施工人员，保证现场劳动力充足。

提高现场管理人员素质，制定各类保障计划，做到工期控制有条不紊、有章可循。

结合现场实际情况及质量要求，制定详细的、有针对性和可操作性的施工方案，并采用国家推广的新技术、新材料、新工艺，在加快施工进度的同时保证长城杯质量要求。从而实现在管理层和操作层对施工工艺、质量标准的熟悉和掌握，使工程施工有条不紊的按期保质完成。

提前做好物资需用量计划，保证物资及时供应，合理安排物资及周转材料进退场时间，做到材料不积压、不短缺。

保证施工机械的正常运转，做好日常保养工作，定期检查维护，尽可能使机械在运转过程中不出现故障。

合理安排业主指定和独立分包单位的进出场时间，做好土建与机电专业以及各个分包方间的协调配合，提前明确各方责任，合理安排施工时间，做好各方衔接。

（4）现场地势低且无市政排水系统

1）重点、难点分析

现场比周边地势低，尤其是东侧场地坡向基槽，汇水面积大，现场暂无市政排水系统，一旦遇到极端暴雨天气，对基槽边坡安全产生严重影响，从而形成安全管理的一个难点和重点。

2）针对性措施

积极与建设方协商，解决现场系统排水问题。

在现场系统排水问题解决前，采取分段分格排水措施，必要时向坑内进行有组织排水。

提前制定应急排水措施，确保基槽边坡安全。

（5）群塔作业管理数量多且集中，安全风险大

1）重点、难点分析

本工程建筑呈周圈布置，中心区无建筑，可作为施工场地使用，建筑群外圈场地狭小，因而塔吊布置自然较集中于中心区，共布置 6 台塔吊同时作业，塔吊作业安全风险大。塔吊安、拆与施工作业是本工程安全施工管理的一个难点和难点。

2）针对性措施

提前与塔吊租赁单位共同编制好群塔作业施工方案，方案中应针对性明确群塔作业的行塔规则和安全操作要点。

提前与塔吊租赁单位签订好群塔作业的各自安全管理责任，落实过程监控管理人员和职责。

优选有经验的塔吊司机，施工前应对所有塔吊司机进行统一培训、统一交底。

加强施工组织管理，合理分配好施工场区的使用，合理安排好施工作业次序，尽量减少塔吊空间交汇作业风险。

（6）总承包管理

1）重点分析

本工程作为大型公建项目，工期紧、工程量大，各专业工种之间的穿插协作极为频繁。如何建立强有力的项目组织机构，确定最优的项目施工组织路线，合理调配各分包队伍施工人员，协调各协作单位的工作步伐，保证整个项目施工安全、顺利进行，将是总包最重要的工作职责，也是确保工程竣工后能完满实现其使用功能的关键，是本工程总承包管理的一个重点。

2）针对性措施

努力实现科学组织、精细管理。在主体结构施工阶段，机电专业积极配合结构施工，合理安排预留预埋施工力量，确保不影响土建施工进度。对于由土建负责的预留洞、检修口等根据设计及规范图集，结合现场实际情况画好大样节点图及平面图，及时交给土建专业并对其进行技术交底，在土建施工过程中机电专业将派专人负责复检其位置、尺寸，以保证准确无误，为下道工序施工创造良好条件。对于隐蔽工程，土建封闭施工前，实行机电专业会签制度，严格按合同要求提请业主管理人员或代表进行验收检查，避免返工或破坏性隐蔽检查。

组织好装饰装修阶段与机电安装施工。装饰装修阶段与机电安装的配合主要表现在墙体配管及箱体与套管的预留预埋；同室内吊顶装饰主要表现在吊顶内的风管、风机盘管、水管、电管等的施工配合，以及后一阶段风口、排气扇与空调控制系统的功能元器件在装饰面层的合理布局。洁具安装将根据装修的工作进度安排洁具的合适进场时间，保管方式，在装饰面标高点定出后及时完成相关的水管、接头件定位与安装，在瓷砖粘贴工作完成后 3 天进行洁具安装，以及相关角阀、软管、存水弯的安装工作，及时为装修工作进度、质量提供保障，同时可以为装修完成后的成品保护提供统一时间，避免现场杂乱现象。

首先，在施工前应明确各自的配合范围及施工范围，并各自对其施工人员交底，在装饰施工之前必须提交包含各类功能性的器具部件样品，如装饰性的风口。深化设计组将根据机电安装各专业施工平面图确定各功能器具部件在天花上定位尺寸及空间尺寸，与装饰单位配合绘制综合施工图。

协调好专业分包间的配合。施工前，机电深化设计人员根据设计院施工图绘制机电综合协调图，协调各专业设备、管线的布置、走向，以保证各专业占用空间、位置是最合理的，减少由于设计失误而造成的各种损失；在施工中，为机电专业尽可能地创造有利条件；通过项目部定期召开的协调会，解决机

电安装各专业之间在施工过程中所出现的技术、进度、质量等问题，以使整个工程能顺利施工，达到相应的各种指标。

在工程设计中，严格按照各专业的设备器具位置定位为第一要求，水电风管道走向、坡度、标高合理化；当现场存在机电工程某一设备位置定位对管线施工造成难度时，坚持排水管线保证空间坡度为第一，给水管道空间为第二，送风回风管道第三，电气管线加中间接线箱盒或绕行原则。

强化安全、文明施工。施工生产严格遵守安全第一的方针，认真落实安全、文明施工的各项法规、规范、制度及要求。努力做好绿色施工。依据公司的环境管理体系、职业健康安全管理体系文件，建立健全相应的管理体系和制度。加强过程管理，做到所有施工作业方案先行，均受到相关制度的约束，做到所有施工作业均有明确的安全责任单位和责任人。

提前制定绿色施工方案，明确"四节一环保"的管理目标及目标分解，努力实现节约社会资源和保护周边环境。

（7）质量标准要求高

1）重点分析。本工程要求质量目标为"合格"，建设单位要求必须得到"北京市结构长城杯"奖项。

2）针对性措施

公司重视。项目根据ISO9000系列标准和程序文件，结合建筑工程特点，编制项目质量计划、创优计划。按照"过程精品，动态管理，节点考核，严格奖惩"的原则，确保每个分项工程达到合格，以"过程精品"确保"精品工程"。

实施质量目标管理。分解、量化总体质量目标，使总体质量目标融于切实可行的日常管理之中，将总体质量目标分解为基础阶段质量目标、主体结构阶段质量目标、安装工程的质量目标、装饰装修工程的质量目标，通过对各个分解目标的控制来确保整体质量目标的实现。

强化质量节点预控和过程控制、消除质量通病。针对同类工程易出现的质量问题，设立若干质量控制点，编制好详细的施工方案，开展过程质量管理，防止质量通病的出现。

强化项目质量管理制度建设。根据项目在以往工程创优过程中的经验，进一步总结和完善"三检制"、质量会诊制、挂牌施工制、定岗负责制、标签制、成品保护制、奖惩制、培训制和样板引路制。

确定合理的施工方法。在确定结构施工方案时采用有利于提高工程质量的施工方法、材料等。钢筋施工采用现场加工，套筒直螺纹连接技术，保证钢筋连接质量。混凝土全部采用商品混凝土，现场泵送、机械振捣。模板体系直接关系到混凝土的浇筑成型观感质量，在进行模板设计时除考虑刚度、强度外，还要考虑表面光滑度，以提高混凝土的观感效果。

（8）超限模架施工

超限模架施工部位如表2所示。

超限模架施工部位　　　　　　　　　　　　　　　表2

序号	楼层	部位/轴线	结构类别	截面/净高	超限类别	备注
1	地下三层	4-7轴/V-U轴	顶板结构	净高8.765	结构净高超限	汽车坡道
2	地下二层	6-23轴/B-Y轴	结构梁	800mm×1000mm	集中线荷载超限	数量多且分散
3		9-10轴/W、X、Y轴	结构梁	900mm×1000mm	集中线荷载超限	共3道
4		11轴/V-U轴	结构梁	700mm×1100mm	集中线荷载超限	仅1道
5		14-18轴/C-E轴 17-18轴/W-Y轴	结构梁	700mm×1000mm	集中线荷载超限	共7道
6	地下一层	6-8轴/L轴	结构梁	700mm×1000mm	集中线荷载超限	仅1道
7	1号A楼首层	9-10轴/H-K轴	顶板结构	净高10.380m 板厚120mm	结构净高超限	首层大堂

续表

序号	楼层	部位/轴线	结构类别	截面/净高	超限类别	备注
8	6号楼首层	4-6轴/B-D轴	顶板结构	净高10.380m 板厚120mm	结构净高超限	首层大堂
9	4号楼二层	1-3轴/G轴	结构梁	800mm×2500mm	集中线荷载超限	仅1道
10			结构斜梁	800mm×1000mm	集中线荷载超限	2件

2. 创新特点

本工程为高档公寓及写字楼，场地狭小，结构形式复杂复杂。主要施工管理创新项目如表3所示。

创新特点   表3

序号	项目名称		应用部位	负责人
1	地基基础和地下空间工程技术	水泥粉煤灰碎石桩（CFG桩）复合地基技术	地基处理	分包
2		长螺旋钻孔压灌桩技术	基坑支护	分包
3	混凝土技术	混凝土裂缝控制技术	地下室及主体结构	肖宝珣
4	钢筋及预应力技术	高强钢筋应用技术	地下室及主体结构	康瑜
5		大直径钢筋直螺纹机械连接技术	地下室及主体结构	康瑜
6	模板及脚手架技术	组拼式大模板技术	主体结构	张汉平
7	机电安装工程技术	管线综合布置技术	地下室及主体结构	分包
8		金属矩形风管薄钢板法兰连接技术	地下室及主体结构	分包
9		电缆穿刺线夹施工技术	地下室及主体结构	分包
10	绿色施工技术	施工过程水回收利用技术	全过程	肖宝珣
11		可重复使用施工道路技术	全过程	肖宝珣
12		预拌砂浆技术	二次结构	刘正飞
13		粘贴式外墙外保温隔热系统施工技术	装饰装修	刘正飞
14		工业废渣及（空心）砌块应用技术	二次结构	张汉平
15		铝合金窗断桥技术	装饰装修	肖宝珣
16	信息化应用技术	工程量自动计算技术	全过程	刘巍
17		项目多方协同管理信息化技术	全过程	刘巍

三、项目管理分析、策划和实施

1. 管理问题分析与策划

统筹策划，运筹帷幄。本项目准备期间，按公司要求编制"项目策划"、"成本分析及策划"等一系列策划方案，后续施工中按各项策划，做到早部署早准备。确保完成公司指定的效益指标。

2. 管理实施

（1）制定相关管理制度

1）制定经济分析会制度

总结前一阶段及上一周所发生有关经济工作的落实情况，及明确下一阶段及下周的工作部署，并形成会议纪要，落实到部门，落实到责任人。

2）合同及结算单转签制度：工程所有劳务、分包、材料、机械的合同在签订前均需由各部室主管及分管副经理转签检查，提出意见，避免因合同的订立与现场实际不符造成的问题与矛盾，在结算过程也是全员参与，使分包单位无缝可钻，有利于降低结算造价。

工程付款及结算单由各部室主管及分管副经理及项目经理审阅签字后，方可办理付款手续及结算业务。

3）混凝土每周分析制度：过程实时监控，严格控制损耗量。

每个部位浇筑混凝土时，均按预算部门按施工图纸计算混凝土数量向搅拌站申请混凝土，此项措施很好的控制了混凝土用量及因我方申请混凝土超量造成的损耗。

4）物资采购制度：积极响应公司集中化管理，更好的控制现场材料浪费，做到开源节流。

（2）施工过程管理

1）坚决落实样板先行制度，工序样板必须经过施工单位、监理单位、建设单位三方共同验收合格后，签署样板验收记录，相应工序方可施工。未签署样板验收记录，分包方私自施工的工序，最终结算中不予认可。

2）在结构及二次结构施工期间，对混凝土、砌筑墙体、墙面腻子等表面平整度、阴阳角、垂直度、层高等进行实测实量，以保证施工质量。对施工完毕的工序进行标识及签字交接管理，确保工序质量可追溯性，促进了各工序施工班组之间对彼此施工质量的监督，大幅度降低了维修和返工的概率。

3）过程中严格实行检查制度；加强对原材料进厂检验和抽样实验的质量控制；通过检验批的质量控制保证单位工程的质量目标实现。

4）施工现场门口设置公示牌，包括工程概况、施工现场管理人员机构牌、文明施工、消防保卫制度牌、环境保护、安全生产牌、施工现场平面图、消防平面图，并在关键部位设置安防监控。

5）在运送土方、垃圾、设备及建筑材料等物质时，不污损场外道路。运输容易散落、飞扬、流漏的物料的车辆必须采取措施封闭严密，保证车辆清洁。施工现场出入口设置洗车池，及时清洗车辆上的泥土，防止泥土外带；土方作业阶段，采取洒水、覆盖等措施，达到作业区无肉眼可观测扬尘，不扩散到场区外。雾霾天气时停止土方作业，现场竖立橙色预警牌，并增加洒水频率；施工现场非作业区达到目测无扬尘的要求。对现场易飞扬物质采取有效措施，如洒水、地面硬化、围挡、密网覆盖、封闭等，防止扬尘产生。

6）场地狭小，不同施工阶段，现场将进行多次调整，材料堆放场地及道路硬化使用钢筋废料加工成钢筋网片，混凝土泵管余料回收后浇筑成混凝土预制块，用来铺设施工道路及材料堆放路面，循环使用。

（3）技术优化管理

1）模板龙骨以钢代木

本工程建筑面积166692.72m^2，共配模板及支撑体系3.5层。常规做法主龙骨为100mm×100mm木方。共需42000×3.5＝147000m。共1470方。购买价格为：1470方×1680元/方＝2469600元

根据现场实际情况，我项目部采用双48钢管代替。共需147000×2＝294000m。租赁时间约为180天，租金为：294000m×180天×0.012元/米/天＝635040元

科技创效资金为：1834560元。

2）后浇带预留冲洗槽

本工程在基础垫层施工时，在后浇带交叉部位预留600mm×600mm×600mm的冲洗槽，基础底板后浇带在施工时，容易存留较多混凝土残渣及各种垃圾，后期清理很难讲残渣清理干净，对后期后浇带混凝土浇筑及基础底板混凝土自防水带来很大的隐患。预留冲洗槽后，浇筑混凝土前将后浇带内建筑垃圾用水冲至冲洗槽内，集中清理。很好的解决了残渣清理问题，保证了后期后浇带混凝土浇筑质量。

3）柱头模板快拆技术

本工程柱模板采用木模板，柱头部位因为与梁板模板同时支设，其拆除极为不便。本工程梁、柱节点中每片模板由两块"L"形胶合板对拼而成，其作用有两个，其一、便于拆模，使模板尽快拆下来周转使用，减少配置量；其二、可利用裁切下来的小板块，使模板充分利用。

4）大尺寸上反基础导墙砖木模组合使用

本工程为梁筏式基础，基础底板厚度为700400mm，基础反梁高1200～1800mm，传统做法为砌筑

基础导墙至 1250~1850mm。本工程采用砖胎模与木模板组合使用，在底板外侧模采用 240 厚砖模，砌筑导墙的上皮标高同底板上皮标高底板上皮标高（750mm、450mm）以上采用双侧木胶合板模板施工。

其中减少砌筑量：

1.1×413.6×0.24＝109.2m³

1.2×229.8×0.24＝66.2m³

0.8×283.6×0.24＝54.5m³

共计：229.9m³。

增加模板支设量：

1.1×413.6×2＝910m²

1.2×229.8×2＝275.8m²

0.8×283.6×2＝453.8m²

共计：1639.6m²。

模板材料通用周转材料。

科技创效资金为：229.9m³×620 元/m³－1639.6m²×47 元/m²＝65476.8 元（多层板的材料费按照周转五次摊销）。

四、整体模板翻样技术

本工程所有模板配模统一由技术及生产部配出，按照翻样模板图，后台统一加工，前台按部位编号统一使用，满足现场施工的同时减少模板损耗，加快施工进度。

五、管理效果评价

本工程自开工至竣工交付，通过项目部全体同事辛勤付出、全方位管理，最终顺利通过竣工验收，圆满完成项目履约。并获得较好的经济效益。

六、结语

我们通过前期策划、过程管控、优化施工等方法的使用圆满完成房山区拱辰街道办事处及长阳镇 09－03－12 地块 C2 商业金融项目，达到了节约成本、高质创优的目标，积累了更为全面、先进的管理经验，培养了大量优秀管理人才，提高了企业的盈利率。

加强过程管控 建设加固改造精品工程
——北京住总第四开发建设有限公司杰宝购物中心改造工程

赵彦兵 高兆民 赵俊青 孙亚茹 孙 超 李 崴

【摘 要】 杰宝购物中心改造工程原结构属于带转换层的复杂结构，其结构体系为底层大空间剪力墙结构，建筑面积8.9万 m^2。本工程建造于1999年，按89系列抗震设计规范进行设计，建成后未进行正式使用，更换业主后，业主拟按原使用功能进行改造使用。本工程属于既有建筑加固改造工程，工程体量大、加固方法种类较多、施工难度高，是住总集团首个大规模加固工程，也是北京市迄今为止较大规模的加固改造工程。通过加固技术在工程实例中的应用，对加固技术进行简单的总结，推动了新技术、新工艺的推广与应用，为今后加固改造工程的项目管理提供了借鉴的经验。

【关键词】 加固改造；安全性；耐久性；延长使用寿命；可持续发展

一、项目成果背景

1. 工程概况

杰宝购物中心改造工程位于北京市东城区安外大街东侧、和平里北街南侧。原结构属于带转换层的复杂结构，其结构体系为底层大空间剪力墙结构，建筑面积8.9万 m^2，地上20层，地下2层，结构转换层位于地上3~4层之间，基础形式筏形基础。本工程建造于1999年，按89系列抗震设计规范进行设计，建成后未进行正式使用。更换业主后，业主拟按原使用功能进行改造使用。

2. 成果背景

针对原有的使用荷载和使用状态，根据国家工业建构筑物质量安全监督检验中心提供的本工程结构可靠性鉴定报告，本工程基础梁、筏板、框架柱、剪力墙等构件承载力不足，大部分混凝土构件的强度推定等级均低于目前功能改造设计的要求，显著影响整体承载能力和使用要求，需要进行结构加固后，方可继续使用。

3. 选题理由

近年来，随着城市建设的不断发展，为了保证建筑工程的质量，延长建筑的寿命，促使建筑业健康发展，加固施工技术越来越多被应用于既有建筑的改造当中。伴随科技的发展，各种新材料、新工艺不断涌现，加固施工也具有广阔的前景。项目部在开工伊始，就确立了"加强过程管控，建设加固改造精品工程"的项目管理指导思想，严格做好施工全过程管理，全面提升项目的管理能力，最终提升企业在市场中的竞争力，做出让客户满意的精品工程。

4. 实施时间

实施计划表如表1所示。

实施计划表 表1

实施时间	2014年7月~2016年9月
分阶段实施时间表	
管理策划	2014年7月~2014年9月

续表

实施时间	2014年7月～2016年9月
管理措施实施	2014年9月～2016年7月
过程检查	2014年9月～2016年7月
取得成效	2016年7月～2016年9月

二、项目管理及创新特点

1. 项目管理难点及重点

(1) 工程改造部分较多，主要涉及以下几个方面：

1) 将原有小户型住宅，改为精装修大户型。

2) 楼内原有隔墙位置及房间使用功能均发生变化，部分承重墙体及楼板需要开洞处理。

3) 原有阳台平面位置调整，以满足现有使用功能要求。

4) 楼内新增两部电梯，并将原有电梯由1层下延至−2层。

5) 原有建筑立面改变，剪力墙上门、窗洞口平面位置进行调整，并新增石材幕墙。

(2) 本工程加固施工体量大，仅住宅部分拆除楼板458块，新增楼板427块；新开墙体洞口1081个，新增墙体917处。仅加固施工过程中就产生建筑垃圾6万余m^3，渣土运输2600多车次。

(3) 本工程地处市中心位置，与周边建筑相邻较近（最近距离不足14m），施工中须处理好扰民及民扰问题，同时做好扬尘治理，确保绿色施工。

(4) 甲方工期要求紧，要求尽快完成工程的结构改造施工，以便后续进行精装修施工，满足其销售及回笼资金的需要。

(5) 本工程自1998年开工至今的建设周期较长，我公司也希望尽快完成工程的改造升级施工，解决工程遗留问题（图1～图4）。

杰宝工程原立面图

改建后效果图

图1 项目工程实景图

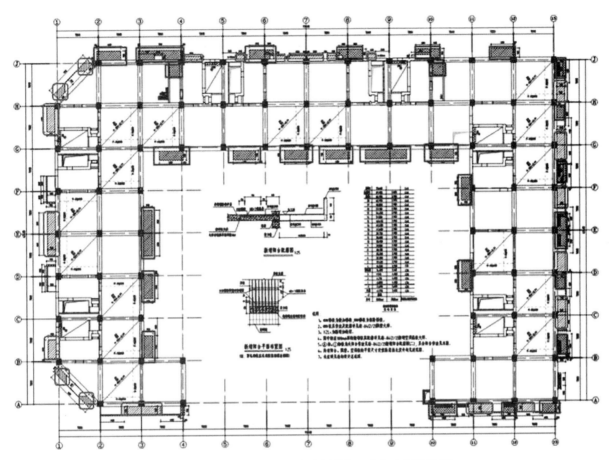

图 2 楼板拆除平面图（红色为拆楼板，蓝色为新增楼板）

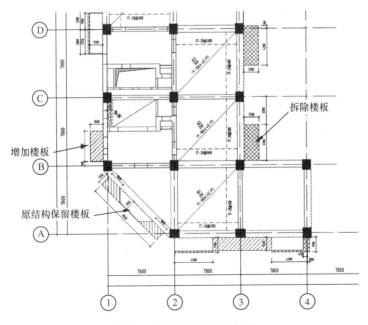

图 3 楼板加固局部放大图

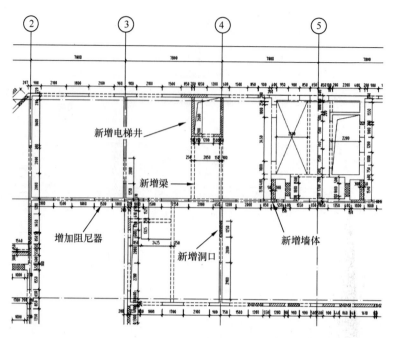

图 4 墙体加固局部放大图

2. 创新特点

（1）目标值的确定

根据本工程的施工特点，项目部制定了工程项目管理的目标（表 2）。

项目目标情况　　　　　　　　　　　　　　　　　　　　　　　　　　　表 2

目标名称	管理目标
工程质量	合格
工程进度	工期 2014 年 8 月～2016 年 7 月
经营管理	合同履约率 100%，完成公司下达的经营考核指标
安全生产	重大伤亡事故为零，轻伤事故频率控制在 10‰ 以下，职业病发病率为零
文明施工	符合北京市有关绿色施工要求

由于本工程自 1998 年开工，施工完成后原业主未进行竣工验收，后更换业主，沿用原有开工证进行加固改造施工，故无法进行质量、安全及文明工地的评选。

（2）创新特点

本工程针对加固施工的特殊性，项目部制定了具体的管理措施，具体如下：

1）加固施工图纸深化设计

结构施工图纸中，对本工程加固施工仅给出了常规加固做法，对于特殊节点部位的加固施工，需要专业加固队伍进行节点深化设计，并依据设计同意的深化图纸进行施工及加固验收。

2）对原有结构基层的清理及修补

本工程是在原有结构基础上进行加固改造，加固施工前需对原有结构基层进行清理，并按照设计要求对露筋、裂缝、孔洞等结构缺陷进行修补，否则将影响加固施工质量。

3）加强材料的进场验收与使用管理

本工程加固形式多样，加固材料的品种、规格也各不相同，对每个批次进场的加固材料都要做好进场验收及材料复试工作。在施工过程中，严格按照图纸要求选用施工材料，施工员与质检员及时检查材料的使用情况，从材料质量来保证加固施工质量。

4）重点控制植筋及灌胶施工质量

本工程加固的施工中涉及柱子包钢、梁包钢、支座粘钢等，新建构件需要用到植筋工艺。因此确保包钢灌胶、植筋施工质量是工程控制的重点。根据本工程特点，项目部编制了有针对性的质量保证措施，施工过程中有专人对灌胶及植筋施工进行旁站，通过控制过程质量，确保施工质量。

5）做好粉尘污染的防治

加固施工易产生大量粉尘，影响施工人员的健康，造成扬尘污染。项目部为加固施工的人员配备了防护用品，并制定了专门的降尘措施，有效控制了粉尘的污染，保证符合绿色施工要求。

三、项目管理分析、策划和实施

1. 管理问题分析

杰宝购物中心改造工程主要涉及加固项目有：粘碳纤维片材、外包型钢、粘钢、后锚固、混凝土构件加大截面、增加支承（阻尼器）加固法。常用的加固方法在本工程中均有体现。在了解业主质量要求和工期要求后，主要从施工中对各项加固工作的过程管控入手，加强项目管理，建设精品工程。

2. 管理措施策划实施

（1）碳纤维加固控制

控制的重点：碳纤维片材的粘贴和施工中的粉尘污染。

控制措施：

1）粘贴碳纤维片材需要采用一定压力将片材粘贴于凹槽之中，由于本工程粘贴碳纤维片材均在顶板下表面，将碳纤维片材粘贴牢固是施工中遇到的问题。

项目部通过多种方法比较，反复研究使用效果及经济效果，最终决定采用竹竿立于碳纤维片材下方，利用竹竿的弹性及韧性支顶碳纤维片材，使其粘贴牢固（图5）。

图5　碳纤维片材支顶

2）粉尘污染的处理

本工程地处三环内，对文明施工要求高，而在加固施工中各种加固措施的基层打磨、开槽及打孔会产生大量粉尘，对工人的健康及施工环境产生不良影响。

对于此项问题，项目部编制了降尘专项方案，要求在产生粉尘的施工区域内使用防火布将外墙洞口及对应的楼层外架进行封堵（图6）。在操作区域安设吸尘器，并安排专人对防火布洒水，保持防火布长期润湿，室内专人用喷雾器洒水降尘。同时加强个人防护，粉尘作业的操作者在作业时，一定要带好防尘帽和防尘口罩（图7）。

（2）外包型钢加固控制

控制的重点：精确地加工加固钢材和封缝及灌胶。

控制措施：

1) 精确地加工加固钢材

图6 楼体封闭

图7 个人防护

钢材的加工精度对加固施工质量影响较大，会产生构件受力性能改变、焊接质量不满足要求、灌胶粘贴效果差等不利影响。

项目部熟读工程设计图纸，对包钢加固的构件逐个进行测量放线，制定钢材加工的尺寸。个别原有结构偏差较大的构件需要根据实际尺寸特殊加工型钢及钢板，保证钢材加工的尺寸与精度达到设计要求，满足施工需要（图8）。

图8 钢材加工安装效果

图9 压力注胶

2) 封缝及灌胶

封缝及灌胶是包钢加固的关键工序，封缝不严密就会造成胶体的浪费，影响施工成本；灌胶不到位就会使承载力达不到设计要求，影响包钢加固施工的质量。

施工过程中，项目部对封缝及灌胶工序严格把关，每道胶缝都有专人进行检查，确保封缝牢固、密闭性好，以保证下道灌胶工序能顺利完成，不出现跑胶、漏胶现象。灌胶施工严格按照方案要求，自下而上逐步进行，每次灌胶施工均有质检人员进行旁站，确保灌胶施工质量（图9）。

(3) 粘贴钢板加固控制

控制的重点：胶粘剂的配制和钢板的除锈。

控制措施：

1) 胶粘剂的配制

胶粘剂的质量直接影响到粘钢加固的施工质量，而在配制胶粘剂时，经常存在不按要求拌制或拌制时无防尘措施等现象。

为解决拌制胶粘剂出现的问题，项目部在楼内专门设立了拌制胶粘剂的区域，墙上粘贴胶粘剂产品使用说明书及拌制要求。要求施工人员严格按照规定进行拌制，并保持室内清洁，防止水、油、灰尘等杂质混入，严禁在室外或尘土飞扬的室内拌合胶液（图10）。

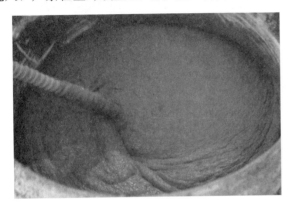 

图10 胶粘剂的配置

2) 钢板的除锈

钢板在使用过程中，容易受潮，产生锈蚀，从而影响粘贴效果。

项目部要求操作人员在钢板粘贴前，对钢板粘贴面进行打磨除锈处理，然后用脱脂棉沾丙酮擦拭干净，保证粘贴质量满足要求（图11）。

图11 钢板除锈效果

(4) 后锚固施工控制

控制的重点：原有钢筋的探测和清孔工作。

控制措施：

1) 原有钢筋的探测

在植筋钻孔过程中，最容易损坏原有结构钢筋，从而破坏原有结构的承载力，这是应该避免出现的情况。

项目部在钻孔施工前，先用钢筋探测仪探测普查原有结构的钢筋分布情况，并用红油漆标出。植筋时应避让原钢筋位置，防止伤及原钢筋（图12）。

图 12　探测钢筋位置

2）做好清孔工作

植筋锚固的关键是清孔。孔内清理不干净或孔内潮湿均会对胶与混凝土的黏结产生不利影响，使其无法达到设计的黏结强度，影响锚固质量。因此清孔时不仅要采用吹气筒、气泵等工具吹净孔内碎渣和粉尘，同时必须采用毛刷清除附着在孔壁上的灰尘。用棉丝擦去孔内粉尘，用丙酮清洗孔壁，并保持孔道干燥（图13）。

图 13　植筋前的清孔

（5）增大截面加固控制

控制的重点：结构面基层处理、灌浆料的施工和后期养护工作。

控制措施：

1）混凝土结构面基层处理

新旧混凝土结合面处理不好，就会造成增大截面部分与原有结构分离，不能形成共同受力的整体，影响加固效果。

项目部对原有构件混凝土表面进行处理，清除被加固构件表面的剥落、松散、蜂窝、腐蚀等劣化混凝土，并将表面凿毛，用压力水冲洗干净，同时用麻布吸去构件表面积水（图14）。

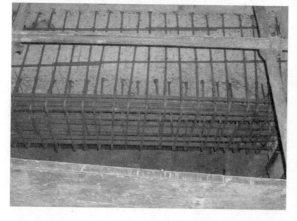

图 14　混凝土表面剔凿处理

2）灌浆料的施工

本工程加大截面施工采用灌浆料进行浇筑，施工过程中灌浆料的搅拌非常重要。灌浆料加水搅拌后即可进行浇筑施工，而加水量的控制是决定灌浆料强度的重要因素，必须严格按照产品使用说明的重量比进行控制，否则将影响灌浆料的实际强度。

项目部在拌制灌浆料时，严格控制加水量，并采用强制式搅拌机进行搅拌，使其充分搅拌均匀，满足质量要求（图15）。

图15 灌浆料的拌制

3）后期养护工作

由于原结构混凝土收缩已完成，后浇灌浆料凝固收缩时易造成界面开裂或板面后浇层龟裂。

项目部安排专人在浇筑12小时内就开始覆盖塑料薄膜浇水养护，养护期为1周，减少结构表面裂缝的产生（图16）。

图16 灌浆料的养护

（6）增加支撑（阻尼器）施工控制

控制的重点：阻尼器的深化设计与验收、钢构件的加工和焊接施工。

控制措施：

1）阻尼器的深化设计与验收

施工前按照厂家提供的阻尼器图纸进行阻尼器节点连接深化设计，严格按照设计图纸进行施工。

本工程1～3层框架柱间布置人字形支撑复合金属阻尼器66个，4～20层结构墙体洞内布置附加钢板墙式复合金属阻尼器260个。

施工完成后，由设计及阻尼器厂家技术人员共同进行验收，检查阻尼器安装的垂直度、平整度、安装位置及外观质量（图17）。

2）钢构件的加工

阻尼器的安装施工对钢构件的要求比较高，插销与销孔尺寸偏差在2mm之内，否则将影响阻尼器的实际作用效果。

图17　设计及阻尼器厂家技术人员共同进行验收

项目部要求阻尼器的安装作业人员根据现场原结构构件尺寸，确定阻尼器钢构件的安装尺寸，并在加工厂编号加工，保证构件尺寸偏差在允许范围内确保施工质量满足设计要求（图18）。

图18　钢构件加工精度高

3）焊接施工

阻尼器安装施工，要求现场焊接焊缝质量为二级，控制好焊缝质量是阻尼器安装的关键。

项目部要求安装人员增加有经验的焊工，保证焊缝表面均匀、平滑，无裂纹、夹渣、烧穿等焊接质量问题，并对所有焊缝进行外观检查，抽取20%进行超声波探伤检测。经检查现场阻尼器焊缝全部达到设计要求（图19）。

3. 过程检查控制

根据长期积累的管理经验，项目部建立一整套管理制度和措施，加强作业指导书的研究和编制，直至最终的落实。全面推行样板制度，通过严格保证样板验收与实施，控制各工序、各工种的标准化、规范化作业，确保工程有条不紊，科学组织施工。

4. 管理方法工具应用

（1）工期目标

按业主工期要求，制定科学合理的总进度计划，优选5支加固施工队伍，分段进行施工，以节点工

图 19　焊缝质量要求高

期为主线，保证工程进度满足计划要求。本工程加固施工于 2016 年 6 月全部完成，7 月进行了加固结构验收，实现了工期目标值，为业主后续装修施工创造了有利的条件。

（2）成本目标

在项目实施的整个过程中，项目部分解成本控制责任，在深化设计、材料比价、施工方案优化等方面，落实项目分管人员进行成本控制，并进行专项考核，严格进行资金控制，降低施工成本，实现了成本目标值。

（3）质量目标

针对工程所制定的质量目标，逐层分解、落实到人，并严格执行，工程质量得到了很好的控制，质量效果明显。

（4）安全目标

项目部坚持"安全第一，预防为主"的安全生产方针，认真贯彻国家的法律法规和企业内部规章制度，实现施工现场安全防护标准化、安全管理程序化、安全培训教育经常化、实现了安全目标。

图 20　设计现场验收加固施工质量

（5）文明施工目标

项目部深入开展文明工地创建活动，制定了创建计划，在建设优质工程的同时塑造公司的形象，为企业留下了宝贵的精神财富，实现了文明施工目标。

四、管理效果评价

1. 工程验收情况

本工程于 2016 年 7 月 8 日完成甲方、设计、监理、施工单位及东城区监督站的质量验收，并进行后续精装修施工。于 2017 年 9 月 26 日完成最终的竣工验收，质量符合建设单位要求（图 20）。

2. 经济效益

本工程通过对设计图纸及施工方案进行各项优化，通过新技术及创新的管理模式的应用，取到了良好的盈利。加固施工原合同产值 1.95 亿元，施工完成后实际施工产值 2.55 亿元，经核算，成本降低 384 万元，成本降低率 1.5%。

3. 社会效益

本工程属于既有建筑加固改造工程，工程体量大、加固方法种类较多、施工难度高，是住总集团首个大规模加固工程，也是北京市迄今为止较大规模的加固改造工程。对建筑的加固改造施工，可以提高原有建筑物的安全性、耐久性，延长建筑使用寿命，缓解日益紧张的城市用地矛盾，对节能减排、可持续发展意义重大。

随着经济快速的发展，像北京这类特大型城市的新建工程不断减少，原有建筑的节能改造工程不断增多，使得加固技术在当今建筑工程中的应用越来越广泛。希望通过本次管理成果的介绍，为今后加固改造工程的项目管理提供了借鉴的经验。

突出重点 协调创新 总包管理助力生态特色小镇建设
——中国建筑第八工程局有限公司河北怀来官厅公共艺术小镇改造工程

王泽新 曲建广 魏来

【摘 要】随着我国经济建设的迅速发展和人民生活水平的不断提高，我国大规模的城市化进程逐步深入，必将导致城市可利用资源压缩，城市新建工程发展趋于平缓。由于使用年限、自然灾害、原设计估计不足、周边环境的影响及使用功能的转变等因素，需要对现有建筑进行改造，保持文化的延续性和建筑的正常使用功能或改善功能。中建八局二公司承建的官厅公共艺术小镇改造工程，作为2022年北京冬奥会覆盖区域，是北京近郊唯一一个具有国际化的休闲娱乐配套的小镇。整个项目占地面积大，涉及工程种类多、专业多、参与分包多，在整个工程建设中，通过突出重点、协调创新，充分发挥总包协调管理能力，加强过程把控、总体协调，顺利实现大面积改造工程的竣工以及交房工作。

【关键词】突出重点；协调创新；特色小镇；湿陷性治理

一、项目成果背景

1. 工程简介

官厅公共艺术小镇改造工程，位于河北省怀来县官厅镇，项目三面环山，一面紧靠新中国成立后建设的第一座大型水库—官厅水库，作为2022年冬奥会覆盖区域，是北京近郊唯一一个具有国际化的休闲娱乐配套的小镇。项目主要包括200多栋临湖别墅和一座70m高的酒店的改造工作，以及体育娱乐设施和道路桥梁的新建，环湖护坡、园林等工程。项目位于湿陷性黄土区，也是京津地区的主要沙源地和风沙通道，复杂的地质条件和恶劣的气候环境给工程建设带来了很多的困难（图1～图4）。

图1 202栋别墅改造

图2 高层酒店改造

图 3 桥梁工程

图 4 体育娱乐设施

(1) 社会背景

随着北京—张家口 2022 年冬奥会的举办以及雄安新区的建立，京津冀一体化协同发展越来越好。发挥北京的辐射带动作用，打造以首都为核心的世界级城市群，交通更加便利，带动首都周边城市的发展。本工程地理位置优越、环境优美、工程规模大、建筑功能综合时尚先进等，均符合这一发展契机。

(2) 行业背景

2016 年，国家三部委联合发布《关于开展特色小镇培育工作的通知》提出到 2020 年，培育 1000 个左右特色小镇。特色小镇的建设能够带动当地旅游和经济的发展，地方相关部门及社会各界对建设过程关注较高。

2. 选题理由

(1) 社会关注度高

雅俗共赏的风情特色建筑群，环境优美、地理优越、旅游休闲相结合的独特小镇，一直是游客观光、各界关注的重点；

(2) 改造效果影响大

由于种种原因，导致销售不佳，为扭转这种不利局面，建设单位下决心全部进行改造，成败在此一举；

(3) 规模大、管理难度高

本工程占地面积较大，涉及改造和新建工程量巨大，点多面广，涉及几十种专业工程，几十家专业分包。而且地质和气候条件复杂。加强总包协调和创新管理工作，突出和确保重点，通过点面结合的方式，实现对整个工程的过程把控。

3. 实施时间

如表 1 所示。

实施时间　　　　　　　　　　　　　　　　　　　　　　　　　　　　　　　　表 1

实施时间	2016 年 4 月～2017 年 12 月
分阶段实施时间表	
管理策划	2016 年 4 月～2016 年 7 月
管理措施实施	2016 年 8 月～2017 年 8 月
过程检查	2016 年 8 月～2017 年 8 月
取得成效	2017 年 9 月～2017 年 12 月

二、项目管理及创新特点

1. 管理难点及重点

（1）规模大、占地广

场地较大，整个工程占地面积约 600 亩，施工组织管理难度大。

（2）专业多、分包多、协调管理难

包括土建、安装、市政、装饰、岩土、园林、体育设施等 30 多种专业工程，交叉作业较多，协调管理难度大。

（3）地质风险高

本工程属典型湿陷性黄土山岭区，地势南高北低，多台地、山岭峡谷，地势高差大，因地基沉陷造成的构筑物下沉、倾斜、开裂、漏水等现象较多（图5～图8）。

图 5　边坡塌陷

图 6　地面下沉

图 7　管道断裂

图 8　墙体开裂

（4）环保要求高

紧靠官厅水库，位于风沙多发地带，风沙较大且持续时间长，需要加强环境保护力度和生态建设。

（5）季节性风险

雨季期间，降水较多，短时强降雨，结合大高差地势，极易形成迅时急流，急速冲刷会带走大量土石，且湿陷性黄土遇水土结构会迅速破坏，产生较大附加下沉，强度迅速降低。极易造成边坡塌陷，滑坡现象，容易产生安全事故，因此加强雨季施工安全防护工作尤为重要。

（6）环境复杂的桥梁建设

两座山岭之间的官厅公共艺术小镇大桥建设，由于场地狭窄，大型机械无法展开，只能采用传统的搭设满堂架技术，且大多是在陡直边坡上搭设，高架支模和边坡支护难度较大。

（7）质量要求高的管道改造

机电管道改造较多，很多已经完成的建筑及道路需要破除，加上湿陷性黄土区易下沉的特点，质量要求高，总承包沟通协调、安全管理工作量大。

2. 创新特点

（1）总承包全面策划

开工之前，编制各项总承包管理策划，包括进度、技术、质量、安全等方面的前期策划工作。注重前期策划的全面性，对项目经营模式、项目机构及人员组织管理、施工平面布置、施工技术方案、施工进度、质量、安全、机械设备配置、施工材料组织、资金流、风险规避方案等进行策划，明确重点工作和易发生隐患的工作（图9）。

图9 总承包管理策划

（2）突出重点，点面结合，创新管理

本工程需要进行改造的200多户别墅以及23层的高层酒店，每户之间问题都不相同，点多面广。需要将所有问题进行整合，比如有些户型需要拆除阳台部分墙体，变更为玻璃栏板，将相同的问题进行集中处理，制定一般的解决方案，对于一些特殊的户型需要单独制定解决方案。将所有问题进行相同性和差异性的统计，将繁多的工作点连接起来，使得繁杂的工作变得有条理性。

（3）科技创新，技术先行

因改造项目的特殊性，许多做法及方案需要结合现场实际情况进行分析确认，需要和设计等多方沟通确认，有些特殊的情况，还需要进行专家论证。在保证工期不受影响的情况下，需要贯彻科技创新、技术先行的工作理念。

（4）利用BIM技术实现过程把控

因为涉及工程繁多，利用BIM技术实现工程模型化和信息化的管控，将所有工作项目和内容建立系统化的模型，根据实际情况，动态记录，避免工作的遗漏。

本工程改造过程中，图纸存在多次变更，因工期要求，设计图纸之后立刻开始拆除改造施工。在施工过程中，建设单位及设计单位会结合最终效果进行图纸变更，待变更图纸下发之后，施工方现场已经按照之前图纸完成一定的工作量，因为是拆除改造工程，工程量通过二维图纸往往不太容易表示。施工方之后会按照变更图纸进行施工，待第二次又发生图纸变更，如此循环，对工程产生极大的影响。运用BIM技术可以极大提高此类工程的过程把控，以及过程中工程量的记录，方便最后的核算。

利用BIM技术建立改造完成模型，及时发现问题和业主进行沟通，避免返工影响工期。对于拆除和新建部分，在模型中利用不同的颜色进行区分，通过三维模型指导工人现场施工，更加有效解决拆改工程繁乱的问题（图10）。

本工程桥梁地处两道山岭之间，利用BIM模型，进行施工过程模拟，边坡防治预警等工作。通过

图 10 高层改造完成图

BIM 模型向业主进行了效果展示，得到业主的一致好评。通过施工过程模拟对工人进行交底，让施工人员更形象的了解每一道工序，提高了工作效率（图11）。

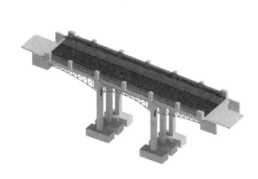

图 11 桥梁 BIM 模型和实际完成图

三、项目管理分析、策划和实施

1. 安全管理措施

（1）拆改过程中的安全管理

改造工程涉及许多拆除和加固作用，有很大的安全隐患，拆改过程中的制定针对性强的安全技术措施。在施工过程中，如果必须改变施工方法，调整施工顺序，必须先修改、补充施工组织设计，并以书面形式将修改、补充意见通知施工部门。

拆除过程中要注意环境保护，拆除施工应控制扬尘，对扬尘较大的施工环节应采用湿式作业法。拆除的建筑垃圾不可随意丢弃，集中进行处理，避免对环境污染。

（2）总包协调-多家专业分包的安全管理

安全生产管理组织机构及人员组织配置齐全后及时召开安全生产会议，对现场各专业分包进行统一管理，逐级签订安全承包合同并明确各自的安全目标，制定好各项安全规则，达到全员参加，全面管理的目的，充分体现"安全生产人人有责"，并按"安全生产预防为主"的原则组织施工生产，发现问题及时处理（图12、图13）。

图12 进场安全教育　　　　　　　　　　　图13 每日安全教育

2. 临时应急措施

本工程为改造项目，整个工程阶段极易发生各种应急工作，一般来自两个方面：

一是本工程所处湿陷性黄土地区，且处在风沙通道口，复杂的地质条件和恶劣的自然环境造成本工程经常出现一些应急维修工作。例如雨季造成的湿陷性黄土边坡滑坡现象和路面塌陷。

二是因为距离之前工程建设时间跨度较大，改造过程中很多原始资料缺失，在施工过程中，容易发生许多突发情况，尤其是地下管线的改造过程中。对于突发情况，本项目部制定完整的应急体系和应急流程。

(1) 应急救援组织体系

本项目部成立应急响应指挥小组，负责应急工作的指挥及协调。由项目经理任组长，副经理任副组长，各区域工程师任小组成员。小组成员职责如下：

1) 应急小组组长负责应急预案的启动，预案执行目的，预案执行结果的控制，应急小组人员的工作安排，物资调遣。

2) 应急小组副组长负责联络，保持与相关部门等的沟通，了解突发事件的影响程度。

3) 应急小组组员负责突发事故情况的汇报，物资使用、具体措施的落实。

(2) 应急救援程序

1) 事故报告

事故发生后，第一发现人应立即将事故发生地点、时间基本情况报告应急指挥小组组长。

2) 处理流程

事故发生→应急处理措施→查明事故原因→解决问题→事故报告、反馈→问题分析、加强预防措施。

3. 成品保护措施

改造工程中，很多改造是在已完成的建筑上进行的，成品保护工作显得尤为重要，做好成品保护工作是在施工过程中要对已完工分项进行保护，否则一旦造成损坏，将会增加修复工作，带来工、料浪费、工期拖延及经济损失。因此成品保护是施工管理重要组织部分，是保证施工生产顺利进行的主要环节。

(1) 加强施工人员的培训和交底工作，必要时下达作业指导书，同时要求分包单位要认真解决有关成品保护工作所需的人员、材料等问题，使成品保护工作落到实处。

(2) 各区域工程师要每日不定时地对本专业的成品保护工作进行检查，并及时督促分包负责人落实整改，并做好记录。

(3) 本工程交叉作业较多，每一步工序完成需要进行书面移交，避免出现问题找不到责任人的现象。

4. 湿陷性黄土危害防治措施

结合湿陷性黄土山岭区地势环境、气象气候特点，按上述原则，根据湿陷性黄土特性，制定合理可行的防止沉陷的措施。防止措施可分两大类，一是防水型，即防止水浸入地基土，避免湿陷或沉陷发生；二是消除型，即改变地基土的成分，进而弱化或消除其湿陷性。

(1) 防水型措施

1) 种植草皮

在黄土地表，种植绿色植物，可有效治理水土流失，防止基土沉陷。该措施适合室外庭院，周边环境治理，特别是大面积环境治理，具有良好的效果。

2) 表面硬化处理

可采用混凝土面层、水泥砂浆面层、喷锚混凝土等形成一层不透水层，防止水渗入土层。如果采用透水砖、石材类块料面层时，需要加铺混凝土垫层形成不透水层。该措施适用于室外散水、台阶、庭院、广场、道路等效果比较好。

3) 灰土类地基

可在湿陷性黄土表层采用石灰土拌和压实，形成一层不透水层，即防止水浸入，也防止水土流失。灰土类地基与面层硬化相结合，效果更好。

4) 铺设防水材料

可在湿陷性黄土上铺设防水类材料，该做法要结合混凝土垫层等一起施工，一般作为辅助措施，不单独使用。

(2) 消除型措施

1) 地基换填

采用非湿陷性的土、材料换填湿陷性地基土，如一般非湿陷性素土、灰土、砂石、混凝土代替湿陷性黄土。换填土后，能明显改善地基土性质，防止地基沉陷具有显著效果。该措施缺点是需要挖掉湿陷性土，工作量大，可应用于室外换填量不大的构筑物地基处理，如散水、院墙等。

2) 掺入拌合物

可在湿陷性黄土地基土中，掺入石灰，水泥等，重新压实夯填。该类措施效果与换填地基类同，该措施优点是可以就地取材，节约开挖土方外运的费用。

3) 压力注浆

可在黄土中，通过压力设备注入水泥浆，通过水泥浆的挤压作用，使土密实，从而消除其湿陷性。该做法适合构筑物沉陷后的修复，需要注意不要破坏地下管道、结构等。

(3) 其他措施

可以借鉴湿陷性黄土地基处理中强夯、挤密桩、灌水等处理措施，该类措施往往工程量大，处理复杂，涉及重要结构安全的需要专业的设计计算，治理室外构筑物湿陷性黄土沉陷中，可参考借鉴。

四、管理效果评价

本工程通过突出重点，科技创新，总包协调，精准把控整个项目的建设过程，克服了改造工程的层层困难，将本工程打造成一个极具国际化的特色小镇。

(1) 顺利通过竣工阶段的各项验收工作。

(2) 获得建设单位及当地政府部门的多次表扬。

(3) 建成之后作为北京近郊唯一一个具有国际化的休闲娱乐配套的小镇，多次举办红酒马拉松，幽州古道越野赛等比赛项目，带动周边经济的发展（图14、图15）。

图14　河北省怀来县红酒马拉松比赛举办场地　　　　图15　幽州古道越野赛举办场地

（4）过程中加强对湿陷性黄土的研究，组织编写了《探讨湿陷性黄土山岭区室外工程防止下沉措施》《山间盆地湿陷性黄土区环湖护坡措施探讨》两篇论文，已在《商品与质量》和《建筑工程技术与设计》发表。

亚投行三机抬吊 50m 超长钢筋笼整体起吊施工技术创效

——北京市机械施工有限公司亚洲基础设施投资银行总部 A 标段桩基础工程

张希望　谢　静　张　梅　米厚天　张治华

【摘　要】 在国家重点基础桩工程中，面对工程体量大、工期紧、场地有限、桩体钢筋笼超长的严峻工况，为了保证进度、质量和成本控制，我公司经过深入分析、研究和实验，实施了本施工技术，通过3台不同起重机及一套特定的滑轮组吊索具，对50m超长大柔性钢筋笼采取整体起吊并直接入桩孔，因省去了常规分段吊装钢筋笼所需要的空中对接工序，施工效率得到大幅提高，避免了空中对接存在的质量风险，减小了起重机数量和对场地的需求，大幅降低了总体施工成本，最终本基础桩提前完工，取得了良好的经济效益和业主各方的肯定，具有较好的推广应用前景。

【关键词】 三机抬吊；超长钢筋笼；柔性钢筋笼；整体起吊；亚投行

一、工程概况

1. 项目概况

亚洲基础设施投资银行总部永久办公场所项目 A 标段基础桩工程位于北京市奥林匹克公园景观塔西侧，北起科荟路，南至科荟南路，西起天辰西路，东至天辰东路。本工程地下3层，基坑开挖深度17.60m，基坑占地面积 53670m²。

2. 基础桩设计概况

（1）基本设计参数

本工程基础桩分为1号工程桩和2号工程桩两种桩型。桩基形式为泥浆护壁钻孔灌注桩，并采用桩端、桩侧后注浆施工工艺。桩身采用水下混凝土，强度等级为C45。单桩竖向抗压承载力特征值为11400kN。A 段桩基共计428根，其中1号工程桩308根，2号工程桩120根，如表1所示。

基础桩设计参数统计表　　　　表1

灌注桩类别	桩径（mm）	桩顶相对标高（m）	有效桩长（m）	单桩抗压承载力特征值（kN）	桩数
1号工程桩	1000	−20.80/−21.30	45	11400	308
2号工程桩	1000	−17.80	48	11400	120

（2）基础桩配筋

详见基础桩配筋图。本工程基础桩采用桩端桩侧复式注浆的后压浆施工工艺，注浆管采用DN20钢管，桩端后注浆导管沿钢筋笼圆周对称设置2根；桩侧后注浆管阀设置数量：共设置3道桩侧注浆阀，分别位于桩顶下12m、24m、36m处。

本工程钢筋笼长达47m、50m，经计算，单桩钢筋笼最大重量约9.6t，钢筋笼配筋如图1所示。

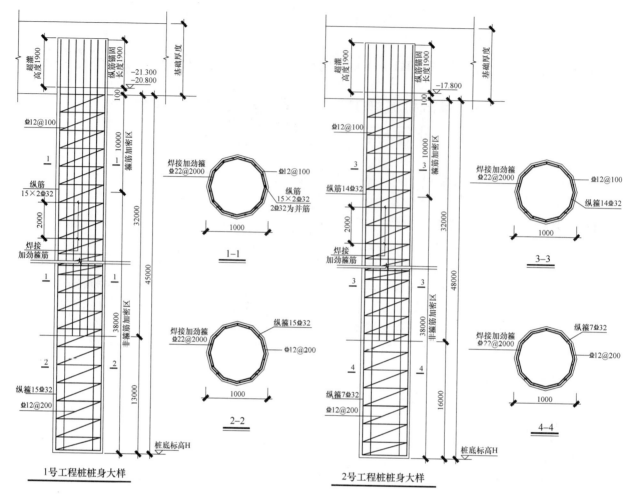

图1 基础桩配筋图

二、创效点总体说明

创效点说明如表2所示。

创效点说明表　　　　　　　　　　　　　　　　　　　　　　　　　　　　　　　　　　　表2

创效点	内容
超长钢筋笼吊装应用技术	本工程基础桩施工作业用钢筋笼超长达47m、50m，桩径仅为1m，采用三机抬吊的方法，提高钢筋笼吊放入孔效率，绿色环保，节约成本加快基础施工的施工进度，大幅降低施工成本

三、创效点详细介绍

1. 优化前原方案

本工程亚洲基础设施投资银行总部永久办公场所项目为政府重点工程，工序多，工程量大，工期紧，延误工期将给集团带来无法挽回的影响。计划在基础桩施工超长钢筋笼吊装中采用分段吊装、分段焊接、分段下放的钢筋笼入孔作业方式。

这种作业方式需制作特殊的工装保证分段吊装和焊接过程中的钢筋笼的垂直度和对中精度。制作工装增加了成本支出，同时焊接过程中需要起重机、现场焊工一直配合，占用起重机台班，增加现场起重机配备数量及现场电焊人员数量，不仅影响施工进度，而且会导致现场混乱，一旦吊放过程中出现偏差过大，影响基础桩成桩施工质量。

2. 优化技术路线

(1) 采用三机抬吊的方式进行钢筋笼吊装作业

本工程工期要求非常紧,因此我们综合考虑现场成桩速度、现场场地狭小、施工成本等相关因素,采用三机抬吊的方式,配备一台大吨位履带起重机、两台汽车起重机联合抬吊作业方式进行钢筋笼的吊装作业。该方案虽然需要两台大吨位起重机,但相较于原方案每次分段吊装中需用两台起重机长时间配合分段焊接钢筋笼,以及需要定制大量的钢筋笼连接焊接工装,需要配备三十名焊工进行快速焊接,所节约的时间以及费用远远高于单台起重机所多增加的成本。还节约了大量人力、物力,大幅度降低了施工成本。

(2) 吊车的选择

起重机基础结构设计

1) 徐工QY20汽车式起重机

汽车吊自重P=26.02t。本方案中本汽车吊可能出现的最大吊载G1=4.64t。钩重G2=0.3t。

汽车吊总竖直力G=P+G1+G2=26.02t+4.64t+0.3t=30.96t。

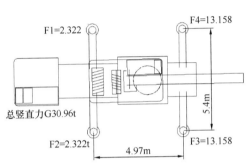

图2 徐工QY20汽车式起重机纵向力矩时支腿压力

根据《起重机设计规范》GB 3811—2008规定,下工况时轻载侧支腿总压力不得小于总竖直力15%,故4支腿压力如图2所示:

最大倾翻力矩 M=G×2.485m−(F1+F2)×4.97m
　　　　　　 M=30.96t×2.485m−(2.322t+2.322t)×4.97m
　　　　　　 M=76.9356tm−23.08068tm
　　　　　　 M=53.855tm

当倾翻力矩沿支腿对角作用时:
maxF4=M÷5m÷1.414+(G÷4)=53.855tm÷5m÷1.414+30.96t÷4
maxF4=7.617t+7.74t=15.357t。
minF4=7.74t−7.617t=0.123t。

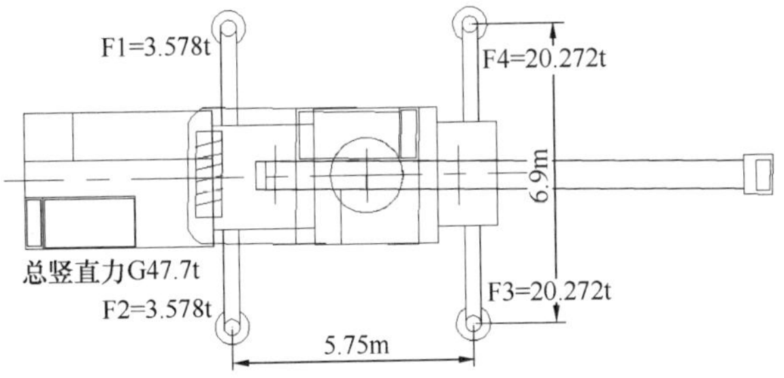

图3 徐工QY70汽车式起重机纵向力矩时支腿压力

支腿钢箱垫尺寸为1.5m×1.5m×0.15m,

单腿对地最大压强PK=MAXF4÷S=15.357t÷1.5m×1.5m=6.825t/m²

PK=6.825t/m² < PAK=10t/m²(现场回填硬化地面承载力特征值) 合格

2) 徐工QY70汽车式起重机

汽车吊自重P=43t。本方案中本汽车吊可能出现的最大吊载G1=4.2t。钩重G2=0.5t。

汽车吊总竖直力G=P+G1+G2=43t+4.2t+0.5t=47.7t。

根据《起重机设计规范》(GB 3811—2008)规定,下工况时轻载侧支腿总压力不得小于总竖直力15%,故4支腿压力如图3所示。

最大倾翻力矩 M=G×2.875m−(F1+F2)×5.75m
　　　　　　 M=96tm

当倾翻力矩沿支腿对角作用时:
maxF4=M÷6.3m÷1.414+G÷4=96tm÷6.9m÷1.414+47.7t÷4

maxF4＝15.238t＋9.839t＝25.077t。

minF4＝9.839t－15.238t＝－5.399t。故应按3腿承载模型重新计算，如图4所示。

偏心距 e＝M÷G＝96tm÷47.7m＝2.013m

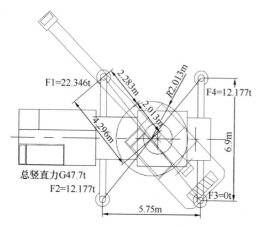

图4 徐工QY70汽车式起重机对角向力矩时极限支腿压力

maxF4＝22.346t。

支腿钢箱垫尺寸为1.8m×1.8m×0.15m，

单腿对地最大压强 PK＝maxF4÷S＝22.346t÷1.8m×1.8m＝6.9t/m²

PK＝6.9t/m²＜PAK＝10t/m²（现场回填硬化地面承载力特征值）合格

3）中联QUY80履带式起重机

履带吊自重 P＝72.045t。本方案中本履带吊最大吊载 G1＝9t。钩重 G2＝0.5t。

履带吊总竖直力 G＝P＋G1＋G2＝72.045t＋9t＋0.5t＝81.545t。

根据《起重机设计规范》GB 3811—2008规定，下工况时轻载侧履带板总压力不得小于总竖直力15%，故履带板压力如图5所示：

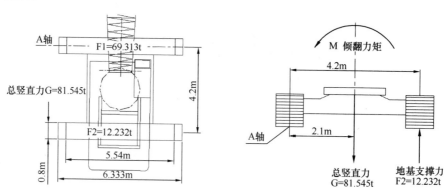

图5 中联QUY80履带式起重机横向力矩时履带板压力分布

此时F1所在侧履带板对地压强为 P_{Kmax}＝G÷S＝15.636t/m²

对A轴的力矩平衡关系：M＋F2×4.2m＝G×2.1m

M＋12.232t×4.2m＝81.545t×2.1m

M＝81.545t×2.1m－12.232t×4.2m

＝171.2445tm－51.3744tm＝119.87tm

当倾翻力矩沿履带板纵向作用时：

偏心距 $e=\dfrac{M}{G}=\dfrac{119.87\text{tm}}{81.535\text{t}}=1.47\text{m}$

$\dfrac{b}{6}=\dfrac{5.54\text{m}}{6}=0.923\text{m}$ $\dfrac{b}{3}=\dfrac{5.54\text{m}}{3}=1.847\text{m}$ $\dfrac{b}{6}<e<\dfrac{b}{3}$，

故 $P_{Kmax}=\dfrac{2G}{3La}$ ——《建筑地基基础设计规范》（GB 50007—2011）（5.2.2-4）

其中：a＝b/2－e＝5.54m÷2－1.47m＝1.3m

L＝垂直于力矩作用方向的基础地面边长＝1.6m（两个履带板总宽）。

$P_{Kmax}=\dfrac{2G}{3La}=\dfrac{2\times 81.545t}{3\times 1.6\text{m}\times 1.3\text{m}}=26.136\text{t/m}^2$ 该最大应力仅出现在履带板纵向端头

使用 SolidWorks 机械设计软件建模进行有限元分析，通过对倾覆力矩在单象限内各角度时的测试得到：当倾覆力矩与履带板纵向成5°角作用时，出现履带板对地最大压强：25.193t/m²。如图6～图12所示。

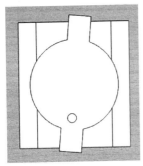 

图 6　倾覆力矩与履带板纵向成 5°角时有限元模型分析图

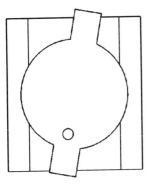 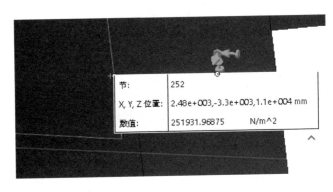

图 7　倾覆力矩与履带板纵向成 10°角时有限元模型分析图

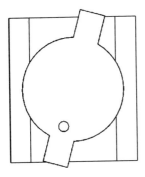 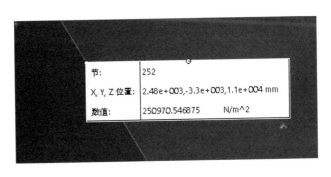

图 8　倾覆力矩与履带板纵向成 15°角时有限元模型分析图

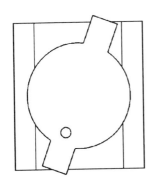 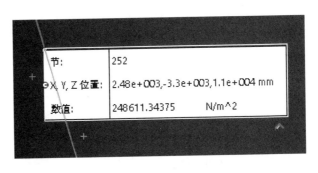

图 9　倾覆力矩与履带板纵向成 20°角时有限元模型分析图

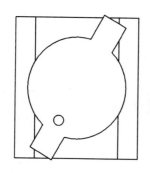
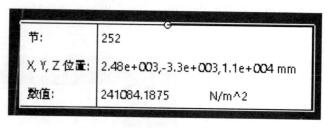

图10 倾覆力矩与履带板纵向成30°角时有限元模型分析图

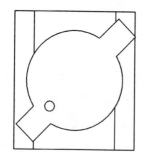
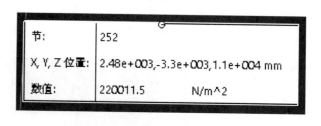

图11 倾覆力矩与履带板纵向成45°角时有限元模型分析图

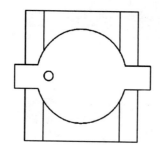

图12 倾覆力矩与履带板纵向成90°角时有限元模型分析图

有限元数值略小于理论计算数值，是因为有限元中极限压强作用点实际因钢材塑性变形而出现压强局部均分趋势，即有限元分析结果与前文计算结果相符。

0.8m宽单条履带板通过2m宽路基箱散压，路基箱对地压强 P_{Kmax} 路 $= 26.136t/m^2 \times 0.8 \div 2 = 10.4544t/m^2$

P_{Kmax} 路 $\leqslant 1.2 f_a$ 合格 《建筑地基基础设计规范》（GB 50007—2011）（5.2.1-2）

f_a 为现场地基回填夯实回填土地基承载力，$f_a = 10t/m^2$。

4）徐工XGC130履带式起重机

履带吊自重 P＝126.35t。本方案中本履带吊最大吊载 G1＝9t。钩重 G2＝0.8t。

履带吊总竖直力 G＝P+G1+G2＝126.35t+9t+0.8t＝136.15t。

根据《起重机设计规范》（GB 3811—2008）规定，下工况时轻载侧履带板总压力不得小于总竖直力15%，故履带板压力如图13所示：

对A轴的力矩平衡关系：M+F2×5.84m＝G×2.92m

M+20.423t×5.84m＝136.15t×2.92m

M＝136.15t×2.92m−20.423t×5.84m

＝397.558tm−119.27032tm＝278.287tm

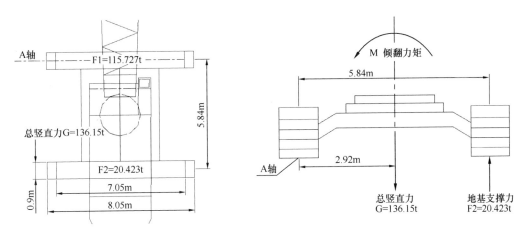

图 13 徐工 XGC130 履带式起重机横向力矩时履带板压力分布

当倾翻力矩沿履带板纵向作用时：

偏心距 $e = \dfrac{M}{G} = \dfrac{278.287\text{tm}}{136.15\text{t}} = 2.044\text{m}$

$\dfrac{b}{6} = \dfrac{7.05\text{m}}{6} = 1.175\text{m}$ $\dfrac{b}{3} = \dfrac{7.05\text{m}}{3} = 2.35\text{m}$ $\dfrac{b}{6} < e < \dfrac{b}{3}$，

故 $P_{K\max} = \dfrac{2G}{3L_a}$ ——《建筑地基基础设计规范》(GB 50007—2011) (5.2.2-4)

其中：$a = b/2 - e = 7.05\text{m} \div 2 - 2.044\text{m} = 1.481\text{m}$

L = 垂直于力矩作用方向的基础地面边长 = 1.8m（两个履带板总宽）。

$P_{K\max} = \dfrac{2G}{3L_a} = \dfrac{2 \times 136.15\text{t}}{3 \times 1.8.\text{m} \times 1.481\text{m}} = 34.048\text{t/m}^2$ 该最大应力仅出现在履带板纵向端头

0.9m 宽单条履带板通过 3m 宽路基箱散压，路基箱对地压强 $P_{K\max}$ 路 $= 34.048\text{t/m}^2 \times 0.9 \div 3 = 10.2144\text{t/m}^2$

$P_{K\max}$ 路 $\leq 1.2 f_a$ 合格 《建筑地基基础设计规范》(GB 50007—2011) (5.2.1-2)

f_a 为现场地基回填夯实回填土地基承载力，$f_a = 10\text{t/m}^2$。

（3）起重机载荷系数（表3）

如图14、图15所示。

起重机载荷系数表 表3

	徐工 QY20 汽车吊	徐工 QY70 汽车吊	中联 QUY80 履带吊	徐工 XGC130 履带吊
预定最远半径处额定起重量	7t-0.3t 钩	7.4t-0.5t 钩	12t-0.5t 钩	14.4t-0.8t 钩
降效系数	80%抬吊	80%抬吊	100%	70%行走
降效后额定起重量	5.36t	5.52t	11.5t	9.52t
吊载及钩重和最不利工况	4.64t	4.2t	9t	9t
载荷系数	86.58%	76.09%	78.26%	94.54%

（4）钢丝绳组吊装过程仿真

基于 SolidWorks 机械结构建模，通过机械运动原理和约束条件实现真实运动仿真，如图16所示。

（5）吊索具计算

1）钢丝绳（图17）

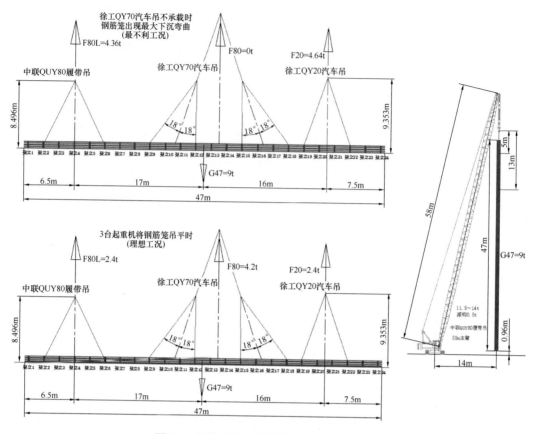

图 14 中联 QUY80 履带吊配合起吊工况图

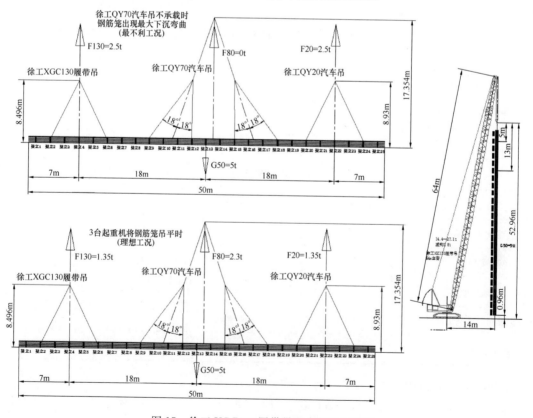

图 15 徐工 XGC130 履带吊配合起吊工况图

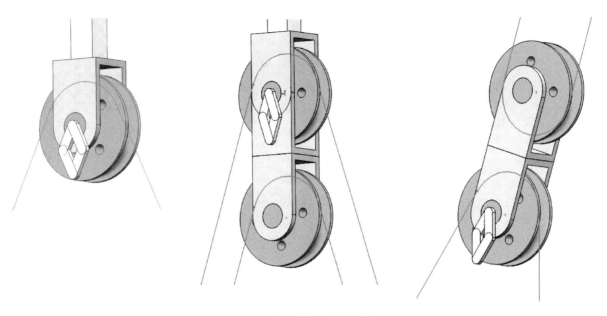

图 16 钢丝绳组吊装过程仿真图（1）

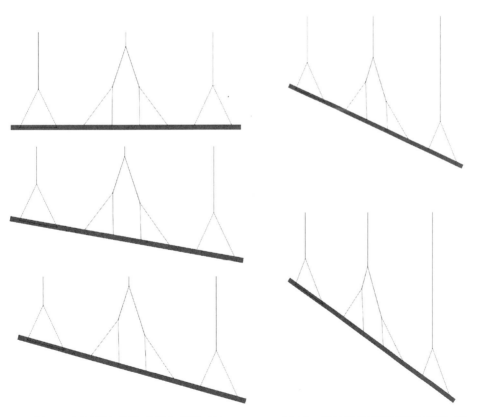

图 16 钢丝绳组吊装过程仿真图（2） 　　图 16 钢丝绳组吊装过程仿真图（3）

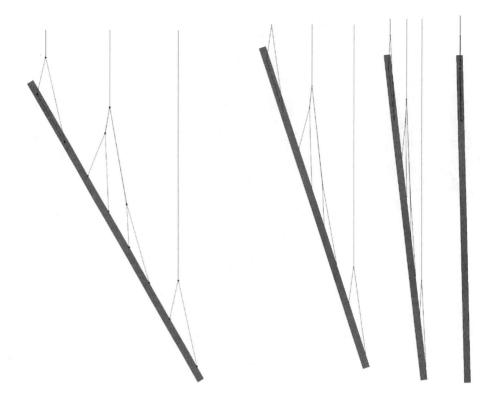

图16 钢丝绳组吊装过程仿真图(4)　　图16 钢丝绳组吊装过程仿真图(5)

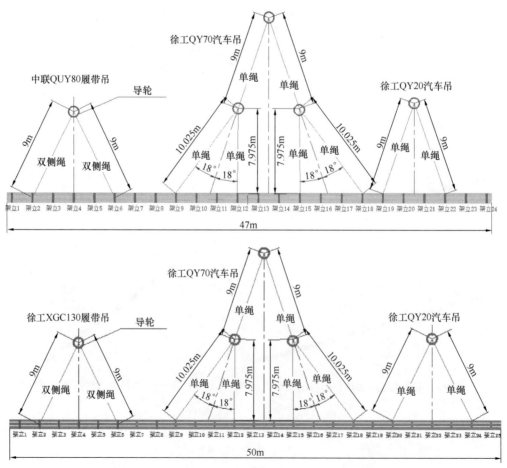

图17 钢丝绳受力计算图

均使用18m长φ21.5-6×37钢丝绳，强度1700MPa，查图18可知其破断拉力$F_p=29.5t$。

直径/mm		钢丝总断面积/mm²	参考重量/(kg/100m)	钢丝绳公称抗拉强度/MPa				
钢丝绳	钢丝			1400	1550	1700	1850	2000
				钢丝破断拉力总和$\Sigma S \geqslant$/kN				
13.0	0.6	62.74	58.98	87.8	97.2	106.5	116.0	125.0
15.0	0.7	85.39	80.27	119.5	132	145	157.5	170.5
17.5	0.8	111.53	104.8	156	172.5	189.5	206	223
19.5	0.9	141.16	132.7	197.5	218.5	239.5	261	282
21.5	1.0	174.27	163.8	243.5	270	296	322	348.5
24.0	1.1	210.87	198.2	295	326.5	358	390	421.5
26.0	1.2	250.95	235.9	351	388.5	426.5	464	501.5
28.0	1.3	294.52	276.8	412	456.5	500.5	544.5	589.0
30.0	1.4	341.57	321.1	478	529	580.5	631.5	683
32.5	1.5	392.11	368.6	548.5	607.5	666.5	725	784
34.5	1.6	446.13	419.4	624.5	691.5	758	825	892
36.5	1.7	503.64	473.4	705	780.5	856	931.5	1005
39.0	1.8	564.63	530.8	790	875	959.5	1040	1125
43.0	2.0	597.08	655.3	975.5	1080	1185	1285	1390
47.5	2.2	843.47	792.9	1180	1305	1430	1560	

图18 钢丝绳破断拉力值

最不利钢丝绳工况为履带吊单独吊起钢筋笼时：此时2根18m钢丝绳的两端分别挂于钢筋笼两侧，钢筋笼竖起瞬间，4条竖向钢丝绳通过滑轮自动均分吊重，即每根钢丝绳承载吊重为G=9t÷4=2.25t。$F_p \div G = 29.5t \div 2.25 = 13.11$（安全系数）合格，如表4所示。

钢丝绳不同用途时安全系数表 表4

用途	安全系数	用途	安全系数
作缆风	3.5	作吊索、无弯曲时	6～7
用于手动起重设备	4.5	作捆绑吊索	8～10
用于机动起重设备	5～6	用于载人的升降机	14

2) 吊环选择

φ21.5-6×37钢丝绳，最大单绳吊载拉力为2.25t。选用型号为S-DW4《一般起重用锻造卸口》（JB/T 8112—1995）吊环，其强度等级S（6），吊环形式为D形，带环眼和台肩的螺纹销轴，允许起重量为4t。吊环额定起重量4t＞最大单绳拉力2.25t合格，如图19所示。

3. 优化后方案及实施情况

本工程机施公司作业钢筋笼总数428根，经过优化措施，单日下放钢筋笼数最高达12根，是原方案作业速度的2倍，现场只配备了四台起重机，就满足了全部现场需要，极大地缩短了钢筋笼下放入孔时间，方案优化后，加快了施工进度，提前按时间节点完成了作业任务，成孔质量全部优良，取得了较好的经济效益。施工现场如图20所示。

4. 经济效益情况

（1）优化前涉及费用组成

1) 工装制作费：1万元×6个=6万元
2) 吊装机械费（8台起重机）：42.5万×1.6月=68万元
3) 人工费：30人×260元/人·天×48天=37.44万元
4) 合计：6万元+68万元+37.44万元=111.44万元

额定起重量			$d_{max}^{1)}$	$D_{max}^{2)}$	e_{max}	$S_{min}^{3)}$	$W_{min}^{2)}$	推荐销轴
M(4)	S(6)	T(8)						螺纹
t			mm					
—	—	0.63	8	9		18	9	M9
—	0.63	0.8	9	10		20	10	M10
—	0.8	1	10	11.2		22.4	11.2	M11
0.63	1	1.25	11.2	12.5		25	12.5	M12
0.8	1.25	1.6	12.5	14		28	14	M14
1	1.6	2	14	16		31.5	16	M16
1.25	2	2.5	16	18		35.5	18	M18
1.6	2.5	3.2	18	20		40	20	M20
2	3.2	4	20	22.4		45	22.4	M22
2.5	4	5	22.4	25		50	25	M25
3.2	5	6.3	25	28		56	28	M28
4	6.3	8	28	31.5		63	31.5	M30
5	8	10	31.5	35.5	$2.2D_{max}$	71	35.5	M35
6.3	10	12.5	35.5	40		80	40	M40
8	12.5	16	40	45		90	45	M45
10	16	20	45	50		100	50	M50
12.5	20	25	50	56		112	56	M56
16	25	32	56	63		125	63	M62
20	32	40	63	71		140	71	M70
25	40	50	71	80		160	80	M80
32	50	63	80	90		180	90	M90

图 19　吊环、销轴力学性能图

图 20　亚投行工程钢筋笼吊装作业施工现场

（2）优化后相应费用组成情况

1）吊装费（4台起重机）：23万元×1.1月＝25.3万元

2）合计：25.3万元

总节约成本：86.14万元，如表5所示。

经济效益分析表 表5

序号	优化前涉及费用组成情况	优化后相应的费用情况
1	工装制作费：6万元	吊装机械费：25.3万元
2	吊装机械费：68万元	
3	人工费：37.44万元	
	∑＝111.44万元	∑＝25.3万元

因此，方案优化后节约：111.44万元－25.3万元＝86.14万元

5. 社会效益

本工程中超长钢筋笼吊装作业在集团内是首次应用，在集团以往工程施工中未有过相关经验可以借鉴，通过优化措施减少了现场起重机配合数量、电焊工配备数量，节省了钢筋笼对接焊时间，克服了钻孔口场地狭小及起重机占位有限的问题，大幅降低了施工成本，缩短了施工工期，减少了作业难度，为整个基础桩完成创造了较好的施工条件，解决了基础桩施工超长钢筋笼入孔的难题，实现基础桩提前完成的目标。因此，该技术创效措施不仅经济效益显著，也是实现整体基础桩作业顺利进行的关键环节，按时完成的重要技术应用。在整个基础桩施工作业过程中，受到了甲方、监理等多方的一致认可，取得了较好的社会效益。

6. 技术创效措施推广应用情况

本工程基础桩施工作业历时33天，我们通过创新的方式优化了超长钢筋笼吊装作业实施方案，提高施工效率，减少了工装制作费用，大幅节约了机械费及人工费，实现了绿色施工的目标。

整个工程通过整体的科学部署，提前实现了工期目标。充分证明本工程超长钢筋笼吊装作业方案经济合理，方便施工，为集团今后类似施工提供了宝贵的经验，具有一定的借鉴意义。

绿色施工铸精品　提质增效促发展
——北京建工四建工程建设有限公司北京国瑞中心项目

毛长在　王　杨　王　磊　李桂臣　沈　阳

【摘　要】 北京国瑞中心项目，又名哈德门广场项目，位于北京市东城区崇文门，地处城市核心区，工程体量较大，周边环境较为复杂，施工场地狭小，施工难度较大，具有一定的社会关注度，业主单位和集团公司对本工程的施工都提出了极高的标准和要求。工程项目管理团队在施工策划、施工过程管理当中投入了极大的精力和热情，全方位的提高管理标准，依靠精心策划、科学管理，狠抓细节，最终在工程的质量管理、安全管理、绿色施工管理和进度管理等方面全部实现预定目标并取得了一定的成绩，取得了业主的满意。

【关键词】 提质增效；绿色施工；全面提升；过程精品

一、工程概况及成果背景

1. 成果背景

随着北京城市建设的逐步发展，城市建设现代化水平已经大幅度提高，步入国际大城市行列，各种服务于城市生活的基础设施、地上地下建筑物、构筑物逐步增多，建筑密度逐渐增大，与此同时，社会生活对于各行各业、方方面面的标准与要求也在提升，对于建筑工程行业而言，在城市中心区施工，施工条件受限，施工现场周边环境条件非常复杂，行业主管部门、业主和社会对我们施工现场提出了更高的标准和更严的要求，以往的粗放式的施工方法是绝对行不通的，稍有不慎就会造成工程自身以及周边的重大影响和损失，而这是绝不能接受的。

2. 工程概况

本项目位于北京市原崇文区核心商业区的中心地段，工程所在地为原哈德门饭店旧址。本工程为框架剪力墙结构，总建筑面积140021.18m²，建筑高度60m。东塔地上十层，地下五层，西塔地上十三层，地下五层，东西两区地下室连成一体，其中地下五层为人防。基础为梁板式筏形基础，基础板底标高－24.1m，东西塔顶部均有钢桁架结构，个别梁柱为型钢混凝土组合结构（图1）。

本工程由北京国瑞兴业房地产开发有限公司投资建设，北京市建筑设计研究院有限责任公司进行设计，北京蔷薇工程监理有限责任公司全程监理，北京建工四建工程建设有限公司总承包施工。由北京市东城区建筑工程质量监督站进行质量安全监督。

二、选题理由

本工程地处北京市核心区范围内，项目体量较大，属于大型公建工程，工程周边环境条件极为复杂。北侧与公交集团电车场站以及中石化崇文门加油站一墙之隔，地下有储油罐；西侧为地铁5号线轨道交通线，围墙外即为地铁出口地下通道，其地下室与本项目地下室最近处仅隔300mm，东侧及东南侧均为居民区，工程位于轨道交通控制保护区内。如此复杂的施工条件对于我们的工程施工提出了极高的要求。如此复杂的施工条件，在当前北京地区也是不多见的，有突出的代表性，具有明显的研究和总结的意义。本项目课题的研究，将有利于在京内核心城区施工综合技术上，积累一定经验，同时随着京

图1 外景图

外新兴城市的涌现和发展,京外工程建设标准与要求的提高,提供一定的借鉴价值。

三、实施时间及管理目标

本工程于2014年3月6日开工;2017年12月10日工程顺利通过五方竣工验收(表1)。

表1

实施时间	2014年3月6日~2017年12月10日
分阶段实施时间表	
管理策划	2014年2月~根据各时段节点不断调整
管理实施	2014年3月~2017年12月
过程检查	2014年8月~截至工程竣工的全过程
取得效果	各阶段性节点~2017年12月

(1)质量目标:达到合同标准,工程一次验收合格率100%;确保获得北京市建筑(结构)长城杯金奖;

(2)安全文明施工目标:因工死亡、重伤和重大机械设备事故率为零,轻伤事故率控制在3‰以内。达到北京市绿色安全工地标准;

(3)绿色施工目标:创建全国建筑业绿色施工示范工程;通过美国LEED认证(能源与环境设计先锋奖);绿色建筑三星级;

(4)经营目标:合同履约率100%。

四、管理重点和难点

1. 质量标准高,部分工序质量管理难度大

(1)本工程一次验收合格率100%;确保获得北京市建筑(结构)长城杯金奖。

(2)地下室超长结构混凝土。本工程体量较大,地下室截面尺寸为205m×60m,虽然设置了后浇带,但仍将面临较大的超长结构混凝土抗裂的风险,混凝土抗裂将是在施工过程的工作难点。

(3)深基坑施工。本工程基坑深度达到24m,基坑面积达到13000m²,挖运土方约34万方,基坑工程规模大,深度大,工期长,确保深基坑安全施工将是本工程的重点和难点。

(4)超限模架体系。本工程楼层内挑空楼板较多,且楼层较高,支撑高度超过8m的模板支撑架和集中线荷载超过20kN/m的框架梁模板支撑架大量的存在,确保模架施工安全将是本工程管理重点和

图 2 深基坑施工

难点。

(5) 钢结构施工难度大。本工程钢结构施工内容主要有空腹桁架、楼层钢梁、压型钢板组合楼板、钢骨柱、钢骨梁以及西塔采光屋面钢结构梁。钢结构工程但自基础底板施工开始预埋钢骨柱预埋板开始,一直持续至混凝土结构施工完毕开始安装钢桁架以及采光屋面钢结构梁,持续时间很长,其中钢骨柱、钢骨梁与混凝土主体结构一同施工,钢桁架在钢筋混凝土主体结构完工之后开始安装,钢桁架内还包含压型钢板组合楼板的施工,部分楼层钢梁在钢筋混凝土主体结构施工完毕之后开始安装,钢结构的施工是本工程的重点和难点之一。

2. 绿色施工标准高,管理难度大

(1) 本工程绿色施工目标为全国建筑业绿色施工示范工程,同时业主要求创建三星级绿色建筑,通过 LEED 标准认证。在文明施工、绿色施工等方面全方位的高标准追求是本工程的特点。

(2) 本工程专业分包数量多,施工过程中协调管理工作量大,创建绿色施工示范工程,如何协调管理众多专业分包单位参与到绿色施工的活动之中是管理重点之一。

(3) 根据工程体量大和结构类型复杂,结构施工期间需大量的使用模板、脚手架等周转材料,如何合理采取施工措施、制定施工方案、展开施工组织、控制周转材料的用量是本工程绿色施工的重点之一。

(4) 本工程机械化程度较高,选用高能效、低能耗的新型节能型机械设备,是组织绿色施工的重点工作之一。

3. 周边建筑物安全

现场周边环境复杂,北侧与公交集团电车场站以及中石化崇文门加油站一墙之隔,地下有储油罐;西侧为地铁 5 号线轨道交通线,围墙外即为地铁出口地下通道,西北角部位有地铁通风口,南侧为既有大型公共建筑国瑞购物中心,其地下室与本项目地下室最近处仅隔 300mm,东侧及东南侧均为居民区,工程位于轨道交通控制保护区内(地下车站与隧道周边外侧 50m 以内,地面和高架车站以及线路轨道外边线外侧 30m 以内,出入口、通风亭、变电站等建筑物、构筑物外边线外侧 10m 以内)。如何在施工过程中解决复杂的周边关系是本工程施工组织的重点工作之一。

五、管理分析与策划

1. 管理分析

本工程在管理上的主要问题是复杂的周边环境与大体量、多专业、高标准的施工要求之间的矛盾,复杂的施工条件对工程提出了更高的要求,更高的标准,通过对复杂施工条件下的综合施工管理方法进行研究,能够摸索出经济适用、安全可靠的成套施工管理方法,确保工程履约,顺利实现各项管理目标。

2. 管理策划

结合本工程自身的特点,为确保全面履约,实现各项计划目标,项目坚持提前策划,充分准备;经理挂帅,协调部署;样板先行,交底到位;过程管理,注重细节;时时总结,持续改进的原则为项目积累经验,培养人才。

六、管理措施实施及风险控制

1. 质量管理

(1) 实行样板先行制度,提高各工序施工水平,保证验收合格率,减少返工拆改(图3、图4)。

图3 二次结构样板

图4 幕墙样板

(2) 不良气候条件下,及时采取保护措施,冬季施工覆盖保温岩棉被,防止混凝土冻害,冬季焊接设置保温棚,保证施工质量,避免材料损失(图5)。

图5 特殊环境下的施工

(3) 本工程地下室截面尺寸为205m×60m,针对超长结构混凝土裂缝控制,采取以下措施:

1) 技术措施:地下室结构使用补偿收缩混凝土,在梁板和墙体结构中掺加微膨胀剂;选择技术能力过硬的混凝土搅拌站,选用低水化热水泥,适量掺加粉煤灰,提供优秀的混凝土配合比;加强混凝土的养护工作。选择多家混凝土搅拌站供应混凝土,通过比对淘汰技术实力相对较差、裂缝相对较多的搅拌站,提升裂缝控制水平。

2) 管理措施:依托公司及集团公司的技术支持,学习其他同类工程的成功经验;施工过程中加强裂缝的监测,如发现不正常的裂缝或裂缝的异常发展情况,及时与设计单位进行沟通,制定控制措施。针对混凝土裂缝控制,开展QC活动。

（4）钢结构施工是工程质量管理的重点，在实际工作当中，项目部重点关注做好钢结构深化设计和型钢－混凝土组合结构的质量。

1）首先确保钢结构深化设计工作的进度，自基础底板施工开始，需要及时确定钢结构的分包单位，陆续完成钢骨柱、钢骨梁、楼层钢梁、刚桁架以及屋面钢梁的深化设计工作；其次要确保钢结构深化设计工作的质量，尤其是劲性柱、劲性梁等钢混组合结构中深刻地考虑钢筋的穿孔、钢筋的连接与锚固、钢筋安装等细节问题。

2）劲性柱和劲性梁数量多，截面大，层高大，钢筋密集，确保混凝土的振捣质量是施工时关注的重点，经过与设计单位沟通协商采用了自密实混凝土增加混凝土质量的可靠性。

2. 绿色施工管理

（1）确定管理目标

如表2所示。

管理目标表 表2

项目	绿色施工目标	控制措施
节材	主要材料损耗率比定额损耗率降低30%，主要施工材料运距不大于500公里	优化线材下料方案、建筑余料合理使用
节水	万元产值用水量指标控制在10t以内，现场节水器具配置率达到100%	采用节水器具，生活用水与工程用水分别计量
节能	万元产值耗电量指标控制在100kWh以内，节能灯具使用率大于80%	采用节能型设施，重点耗能设备单独计量
节地	临时设施占地有效利用率不低于90%	合理进行平面布置
环境保护	建筑垃圾产生量控制在400t/万m²以下，钢筋、混凝土预料及混凝土砌块回收利用率均达到30%。扬尘高度控制为基础阶段≤1.5m，结构阶段≤0.5m。噪声控制为昼间≤70dB，夜间≤55dB	混凝土余料用于后浇带盖板、路面硬化等。加气混凝土砌块厂家回收再利用。易产生扬尘的施工作业进行洒水降尘。施工采用低噪声设备，并定期保养维护

（2）绿色施工培训

根据《绿色施工导则》《建筑工程绿色施工评价标准》GB/T 50640—2010、《全国建筑业绿色施工示范工程管理办法》《全国建筑业绿色施工示范工程验收评价主要指标》等规范要求，制定绿色施工目标，建立绿色施工组织管理体系，以"四节一环保"为主导，对管理人员和工人（图6）。

图6 项目部对管理人员及对外施工人员进行绿色施工培训

（3）管理措施

1）在施工组织设计中专门编制绿色施工独立章节，按程序进行审批、实施，内容涵盖环境保护措施、节能措施、节水措施、节地措施、节材措施，提出绿色施工的目标。编制绿色施工规划方案，制定绿色施工的目标、指标，明确各项绿色施工的组织与措施，为绿色施工的实施具体指导。

2）各分部分项工程针对绿色施工目标，展开全面讨论和论证，优选施工方法，提高施工效率、缩短施工工期、降低施工成本，降低能源和材料消耗。结合工程实际，优选符合绿色施工要求的施工工艺和施工方法。如核心筒墙体及框架柱采用钢模板；外脚手架分段悬挑降低脚手架材料用量；施工过程采用BIM技术进行深化；二次结构砌筑提前排砖节省材料用量等方法。

3）在分部分项工程技术交底之中，专门针对本工序的绿色施工要求，向施工班组进行交底，提高工人环保意识，降低能耗，减少垃圾产出，实现绿色施工目的（图7、图8）。

图7 集中交底

图8 分项交底

4）以绿色施工量化控制指标作为依据，每月针对绿色施工情况进行自评价，并及时进行总结、分析、纠偏，实现持续改进，确保各项指标顺利完成（图9）。

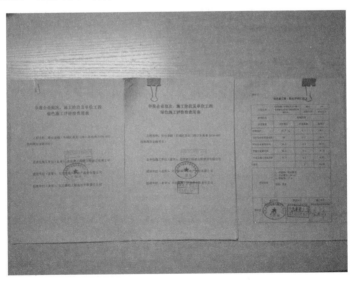
图9 绿色施工评价检查用表

5）推广新材料、新工艺、新技术、新设备的使用，并不断探索可推动绿色施工的新技术新工艺。工程当中实施的典型绿色施工新技术有：

① 轨道交通隧道变形远程自动检测系统，如图10、图11所示。

1037

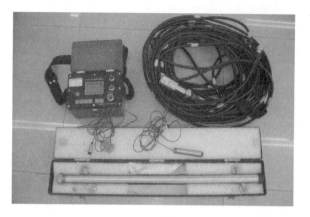

图 10　测斜仪　　　　　　　　　图 11　区间内自动化监测实景图（预埋设）

② 钢桁架整体提升技术，如图 12 所示。

图 12　钢桁架整体提升

③ BIM 深化设计技术，如图 13~图 16 所示。

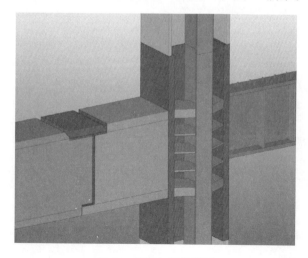

图 13　钢桁架深化设计　　　　　　　图 14　钢桁架深化设计

图15 型钢混凝土构件节点深化

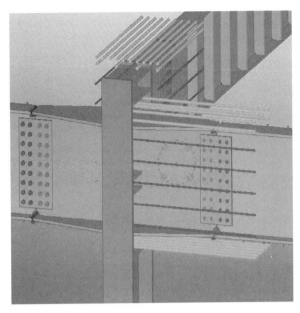

图16 型钢混凝土构件节点深化

④ 深基坑监测技术，如图17、图18所示。

图17 锚杆应力传感器

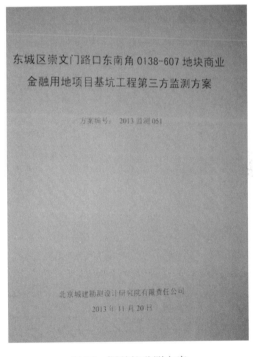

图18 深基坑监测方案

6）现场设置雨水收集池、蓄水池以及沉淀池，形成雨水、降水等非传统水源利用系统。其系统图如图19所示。

现场设置雨水收集池，雨水用于日冲洗车辆、洗泵以及道路洒水降尘等用途（图20）。

7）道路洒水采用自动喷水装置，喷水装置无法覆盖的区域采用水车人工洒水，各施工队设专人负责各自区域（图21）。

8）制定垃圾减量化目标，建筑垃圾不大于400t/万 m^2，部分建筑垃圾进行再回收利用，再回收利用率大于30%（图22、图23）。

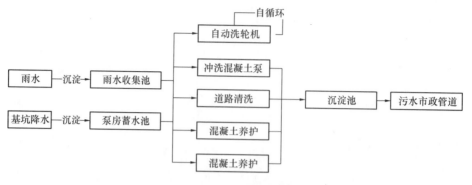

图 19 雨水收集池

图 20 现场雨水收集池

图 21 自动喷水装置

图 22 混凝土余料利用　　　　　　图 23 加气块材料底座回收

9）做好土方平衡计划，基坑开挖部分土方临时保存，用于肥槽回填以及场外南侧道路路基回填材料（图24、图25）。

图24 路基回填

图25 场外设置存土场

10）根据《污水综合排放标准》GB 8978—1996的具体要求，现场控制污水的处理及排放。现场污水经两级沉淀，处理达标后排入市政污水管线（图26）。

3. 安全管理

（1）健全体制

完善安全文明管理体制，建立健全安全文明管理制度、安全文明管理机构和安全文明生产责任制是安全文明管理的重要内容，是实现安全文明生产目标管理的组织保证。本工程的安全文明管理工作中，实行的三级安全文明管理：公司—项目部—专业/劳务分包，并制定各级安全文明生产责任制，项目部成立标准化

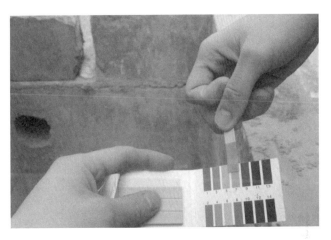

图26 进行酸碱度检测

施工领导小组，保证对安全文明从上至下层层把关，面面俱到。

（2）强化制度

建立安全文明例会制度：工地每月定期召开会议，分析安全文明生产情况，掌握安全文明生产发展动态，研究解决安全文明生产中的突出问题，确保安全文明生产。

（3）明确目标

实行目标管理是强化干部、职工的安全文明思想意识，提高安全文明管理水平和施工水平，确保建设项目安全、高效、文明施工的有力措施，按上级有关条文规定，结合公司、项目的实际情况，逐级制定安全管理目标。本项目为争创市安全文明工地的重点工程，项目部全体员工应紧紧围绕这一目标，严谨的展开各自的工作。

七、过程检查与监督

项目部充分利用每周的监理例会，生产例会，技术质量会，安全、消防、保卫、环保、行政卫生和文明施工联合检查，严格落实总承包管理各项规章制度和管理规定。项目实施与管理过程中，将管理常态化，并形成系统的组织沟通方式，对管理运行中出现的问题进行实施整改，确保管理流畅高效。同时注重管理经验的积累与推广，为后续工程积累宝贵经验。

八、管理效果及评价

1. 管理效果

通过项目严格有效的质量保证体系，本工程的整体质量处于受控状态，并赢得了业主和社会各方的一致好评，目前本工程已获得：

（1）北京市结构长城杯金奖；

（2）北京市工程建设优秀质量管理小组；

（3）全国建筑业绿色施工示范工程。

2. 社会效益及经济效益

（1）社会效益

本工程涉及施工企业可持续发展的各个方面，包括减少物质化生产、可循环再生资源利用、清洁生产、能源消耗最小化、周边生态环境的保护等。在工程建设过程中，注重环境保护，树立了良好的社会形象，有利于取得社会的支持，保证工程建设各项工作的顺利进行，乃至获得市场青睐。

（2）经济效益

本工程通过开展绿色施工活动，在项目开工前事先编制绿色施工方案，方案包括环境保护、节能、节地、节水、节材的措施，这些措施都直接为工程建设节约成本，经统计分析，仅通过绿色施工活动就为工程直接节约成本八十余万元。实施绿色施工，不仅是企业实施可持续发展的重要手段和关键环节，为企业带来长远的经济效益，还兼顾了社会和生态环境利益，实现了多赢效果。

3. 项目管理评价

本工程在开工伊始便确定了确保北京市结构长城杯、全国建筑业绿色施工示范工程的目标。在施工中推行"四节一环保"的绿色施工理念，践行关爱生命、以人为本、生命价值大于一切的价值理念，切实做好建筑工程的绿色施工、安全文明施工，取得了良好的经济效益和社会效益。施工现场管理、文明建设、技术创新等方面都取得了较好的效果，积累了一定经验，提高了企业竞争力和社会形象，从而保障良好的城市环境秩序，有力推动城市良性发展。

攻坚克难 精心施工 科学管理 打造精品工程
——北京怀建集团有限公司5号住宅楼（商品房）等10项（朝阳区高井2号地保障性住房用地）项目

阮鸿越

【摘　要】 朝阳区高井2号地保障性住房用地（配建商品房及公建）项目施工组织具有物资材料垂直运输强度大、交叉施工多、协调管理任务重、环境保护施工控制要求高等特点。在施工过程中，项目经理部综合了成熟的经验与工程实际情况，通过精心部署，编写了切实可行、科学合理的施工组织设计及各专项施工方案，推广新技术和实行个性化管理。项目经理部严格遵照"安全文明管理要求、人性化管理、明确奖罚措施、狠抓细节、抓管理"的项目管理，为打造业主满意、奉献社会的精品工程累积了丰富且成熟的管理经验。

【关键词】 精心部署；技术创新；科学管理；精品工程

一、项目成果背景

1. 工程概况

高井2号地保障性住房用地（配建商品房及公建）项目，位于北京市朝阳区朝阳北路与东五环交叉口西南侧，总建筑面积7.8万 m^2，地下两层，主要使用功能为人防、汽车库；地上部分：主楼为框架剪力墙结构。5号、6号、7号楼地上24～26层，建筑高度73.95～79.95m，主要使用功能为商品住宅，11号楼为公建配套设施，4层框架结构，建筑高度18.3m。12号楼为一层配电室。15号为地下配电室，21号、23号为人防出入口，24号为地上配电室。其中5号、6号、7号楼外墙石材幕墙及铝单板幕墙总面积为41200m^2（图1）。

图1　工程效果图

2. 选题理由

该项目高层外墙石材幕墙及铝单板幕墙工程范围面积大、施工高度高、质量要求严、工期紧、任务重、施工难度大，幕墙设计新颖、造型独特等特点，外墙设有保温及防火隔离带，石材幕墙形式为干挂石材。

根据施工总承包合同、施工图纸及工程特点,我公司对施工过程中将会遇到的施工技术难点、质量控制难点以及可能影响本工程进度、安全和文明施工的不利因素进行了分析,并针对性的制定了预防措施和相应对策,以确保幕墙工程施工的顺利进行,打造业主满意工程,奉献社会精品工程,质量目标为结构长城杯及竣工长城杯。

二、项目管理及创新重点

1. 管理难点及重点

本工程于2014年6月1日开工,2017年4月30日竣工,其中石材幕墙工程具有装饰装修工程规模大、施工工期紧、施工难度大、质量标准高、技术难点多、特殊材料保温工程、干挂石材幕墙工程施工难度大等特点。投入劳动力持续均衡,有效缩短工期,将根据业主单位的整体项目分期,进行分阶段施工,分立面同时进行施工,确保按指定工期完成施工项目。施工中质量控制要求高,有效工期较短,质量控制要求也高,针对上述情况,需要制定相应的施工对策。

(1) 与相关专业交界面处理措施及进度安排

幕墙工程主要与外墙主体结构、外墙保温、门窗安装、窗洞口抹灰、外墙水电线管敷设、外墙真石漆等有产生交接面的地方,因此,与上述各个专业的交接处理情况,直接影响到本工程的进度、质量问题。加强协调好各个层面的关系尤为重要,与各个主要交界面进行处理是重点。

(2) 石材幕墙板块的色差及成品保护控制是难点

石材板块属脆性材料,在加工制作、运输过程中易受到损坏,出现色差不一致等现象,为保证幕墙施工质量,确保整体工程外观效果,我公司将重点做好石材幕墙板块的色差控制及成品保护工作。

(3) 铝板幕墙施工防变形控制是难点

铝板幕墙面积约6100m^2,分布范围比较广,主要部位在外墙上下窗之间,左右与石材幕墙相连接,如出现变形、色差,将直接影响到工程的外观质量,如有漏水将直接影响到房屋使用,为此,我公司将重点进行策划预防。

2. 创新特点

(1) 明确项目管理目标,创建项目组织构架,明确各级职责,将质量、安全、工期、技术等目标责任到人,制定奖罚制度(图2)。

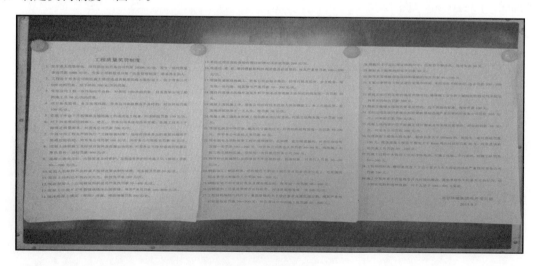

图2 奖罚制度

(2) 采用新的劳务分包模式,项目管理人员直接对口各劳务作业班组,增强对人的管控能力,提高执行能力,减少了劳务公司的管理费用,降低了成本。

（3）针对工程单体建筑多，设备、材料、人力等资源投入量大，分包队伍多，工序交错复杂，施工组织协调难度大的特点，根据项目合同内容，与各分包单位签订目标责任书，明确总包、劳务分包及各专业分包单位的权利和义务。

三、项目管理分析、策划和实施

1. 管理问题分析

本工程将作为我公司的重点工程及确保创优项目，推行项目管理，本着结构合理、精干高效的原则，将选择综合素质高的项目班子组成以项目经理为首的项目施工管理机构。实行项目经理负责制，项目班子在公司的直接监督与指导下，履行施工总包的权力和义务，负责本工程的策划、组织、指挥和控制。

我单位在施工管理过程中将充分体现文明管理理念，以我单位的环境管理体系和职业健康安全管理体系的方针为宗旨，对工地实行全面质量安全管理，杜绝重大伤亡及火灾、机械事故，将轻伤频率控制在2‰以下，确保安全、文明施工，听从总包的统一指挥和统一协调管理，所有材料均采用符合国家环保要求的材料。施工管理主要问题分析如下：

（1）进度管理问题分析

发包方对工期目标的要求很高，其中包含地基与基础、主体结构、室内装修、设备安装、电气安装、大面积石材幕墙、铝板幕墙及玻璃幕墙等多个关键点，工程施工难度大，施工管理整体要求高。

（2）质量问题管理分析

本工程质量管理存在的风险主要有：多栋楼外立面全为幕墙，高度高、面积大、施工质量不易控制，按照规定工期实现优质工程现有难度。

（3）技术管理问题分析

建筑物占地面积大可利用空间狭小，地下室高差小施工难度大，石材幕墙板块的成品保护及色差控制有难度，在材料采购、加工、运输及安装各环节，制定危大施工方案及保证技术质量措施并经过专家论证是我公司考虑的重点。

（4）安全管理问题分析

本工程危险性较大工程项目较多，技术部门编制有针对性的施工方案；安全管理部门组织进行危险源辨识及风险评价，对由安全生产部门产生重大危险源加强管理。本工程高空作业时间长、危险系数高、防护措施要求高，管理要求高，现场设有办公区域消防安全管理难，工人管理难度大。

2. 管理措施策划

项目部从开工就制定了工程质量目标一次验收"合格"，其中6号楼争创北京市"结构长城杯""建筑长城杯"。2号车库地下室与5号楼地下室相邻处，基底高差0.6m，施工难度较大。由于工程范围大、质量要求高、工期紧任务重，其中幕墙范围较大，为保证施工安全、施工质量、施工进度，高效地完成工程任务，确保结构工程长城杯、建筑长城杯，必须建立一个科学的完善的施工组织机构，项目部按照公司的《程序文件》《质量管理手册》和各项管理制度执行，充分发挥了各职能部门，各岗位人员的职能作用，确保了施工管理机构能够在科学、高效的状态下运行。

项目部划分为三级进行管理，首级管理层是项目领导人员，包括项目经理、技术负责人、项目执行经理、生产经理等，二级管理层是技术管理部、质量管理部、生产管理部、安全管理部、物资部、预算合约部、办公室等部室构成。三级管理是由各劳务分包、专业分包的管理人员组成。

提前编制了工程难度较大的石材幕墙专项施工方案，并经公司审批及专家论证，对幕墙的材料供应、施工技术难点、幕墙节点做法、质量控制、安全防护措施等施工目标进行了逐条规划。

3. 管理措施实施

通过全面分析和细化分解，项目部紧密围绕工程的重点难点，科学策划，加强落实，确保了在有限工期内优质高效的完成施工任务，得到了业界的高度认可。

(1) 进度管理措施实施

充分发挥管理协调能力，科学制定工程进度计划，加强各工序节点目标的控制，加强各工种工程的衔接配合、平面管理的配合以及系统联合调试时的配合，确保满足业主要求。

精心规划和部署，优化施工方案，抓关键线路，建立完善的工期保证措施，科学组织施工，设立进度节点，使项目各项生产活动井然有序、有条不紊，后续工序能提前穿插。

运用现代化管理手段加强项目计划管理、信息化管理，制定各单项工程、各种材料的进场时间计划，建立科学、严谨的计划管理体系。根据工程进展及时组织单项工程进场，并为各单项工程队伍的工作和生活创造良好条件。随时收集各种气象资料，做好应急预案，合理安排各种天气条件下的生产。

加大资源配备与资金支持，确保劳动力、施工机械、材料的充足配备和及时进场，确保特殊时段人、材、物供给充足。积极推广应用新技术、新工艺和成熟适用的科技成果，依靠科技进步来提高工效、加快工程进度。

做好前期准备工作，做好与当地相关主管部门的协调工作，确保工程中标后能在短时间内组织劳动力、材料设备进厂，尽快形成施工生产能力。深化辅助设计环节控制，对各个专业进行深化辅助设计，提高劳动效率，保证工程工期。

(2) 质量管理措施实施及管控

对于石材幕墙板块的色差控制措施实施，选择了同一矿口层的荒料，荒料进加工厂前在矿口应进行编号，选择中心矿区质量最好，储量最大的矿源，把握好荒料进厂、堆放、送料上机器加工的各道工序，由专业质检人员负责验料、发料和编号管理，以免和普通荒料及其他类似品种混杂。质检人员以1块作为颜色基准，另两块作为最深颜色和最浅颜色的限制样品，石材应在工厂完成钻孔、开槽、倒角磨边、六面防护等工作。实行了材料质检人员三次筛选，第一次筛选毛坯石材、第二次筛选水洗后石材、第三次装箱前筛选以确保材料色差最小化。工程施工是一个物质生产过程，施工阶段的质量控制范围包括影响工程质量五个方面的要素，即4M1E，指人、材料、机械、方法和环境，它们形成一个系统，要进行全面的质量控制。

(3) 技术管理措施实施

石材幕墙安装施工工艺流程：外墙测量放线 → 后植埋件及主龙骨安装 → 外窗局部防水 → 外墙保温 → 次龙骨安装 → 石材及铝板幕墙安装 → 打胶及拆除铝板保护膜等 → 验收。

竖向龙骨采用80×60钢立柱通过焊接与转接件固定，横向龙骨采用5号角钢横梁，立柱与横梁采用焊接连接。待外墙保温施工完成且验收通过后，即可进行幕墙次龙骨安装工序，立柱与横梁采用焊接连接与螺栓连接组合方式。挂件采用铝合金组合挂件，通过M8不锈钢螺栓与角钢横梁连接（图3、图4）。

图3　龙骨组合方式

图4　铝合金组合挂件

石材安装前，将运至工地现场的石材饰面板按编号分类，检查尺寸是否准确和有无破损、缺楞、掉角，按施工要求分层次将石材饰面板运至施工面附近，并注意摆放可靠。先按幕墙面基准线仔细安装好底层第一层石材，注意安放每层金属挂件的标高，金属挂件应紧托上层饰面板，而与下层饰面板之间留有间隙。石材面板安装前，先将背栓挂件与石材板块连接，再搬运至施工部位与事先安装好的龙骨架连接，并采用调节螺栓调整（图5、图6）。

图5　挂件与石板连接　　　　　　　　　　　图6　调节螺栓

安装时，要在饰面板背面使用专业机械开孔，然后使用不锈钢挂件连接固定在龙骨架上，宜先完成窗洞口四周的石材镶边，以免安装发生困难。安装到每一楼层标高时，要注意调整垂直误差，做到误差不积累。在搬运石材时，要有安全防护措施，摆放时下面要垫木方。石材板间的胶缝是石材幕墙的一道防水措施，同时也使石材幕墙形成一个整体。在大风和下雨时不能注胶。最好在5℃～35℃温度下打胶施工。

石材的成品保护技术措施实施：

1）加工时的成品保护，石材加工过程中为保证石材的加工质量，我公司将委派专人进驻石材厂商工厂进行质量监督、检查等一系列控制。加工完成后的石材，同一色号、同一批次、同一生产日期的石材将集体装箱包装。加工后的石材表面如受污染，应及时清理干净。对于易破坏的角部，应采取进行临时保护措施。打磨及抛光：所有外露面应精密抛光至无变形镜面标准。光洁表面：所有外露面应同图纸中所示。边处理：边应按图纸所示磨成圆角、倒斜角或裁口，然后抛光并有专人进行石材验收（图7、图8）。

图7　边处理加工　　　　　　　　　　　图8　石材加工验收单

防止出现石材的色差和纹理相差过大，应对石材进行排版并编号。石材的防护：所有石材必须进行清洗，六面防护，刷三遍，每遍必须干透后再进行下一遍涂刷；石材防护剂必须是溶剂型有机硅产品，具有良好的防护作用。

2）运输时的成品保护，石材加工完成后，由专人负责检查装箱打包，石材包装采用木箱进行包装。石材采用大型平板车进行运输，石材装车过程中，应注意两箱间应紧靠牢固，对于缝隙过大的中间填塞木板或硬质物质，以防车辆运输过程中发生相互碰撞。所有的非专业人员不得挪用、搬运石材（图9）。

图9　石材包装照片

3）石材安装时的成品保护，石材安装过程中，由项目经理按照施工区域、段综合管理。石材安装前，首先在地面完成拼接工作，确认无误后，再进行上墙建立现场成品保护管理制度，禁止在本责任区域或其他专业区域内违章吸烟、用火、用电、乱涂、乱画、盗窃等行为，避免造成成品受损或污染。

4）石材安装后的成品保护，整个立面的板材安装完毕后，及时清理石材表面污染，避免腐蚀性咬伤，易于污染或磨损石材的木材或其他胶结材料严禁与石材表面直接接触。墙面石材安装完毕后，及时清理石材表面污染，对于门窗洞口、施工通道易破损的阳角部位，用胶合板加以临时保护。

（4）安全管理措施实施

1）进场工人必须经入场教育和技术考核合格后方可上岗，工程施工前，工长必须对操作工人进行书面的安全交底。加强对分包单位的安全管理，进行安全交底，签订安全责任书。所有进入施工现场的人员必须按要求戴好安全帽。基槽施工要搭设马道供人员上下使用。基槽上口搭设1.5m高护身栏，护身栏不得随意拆改。护身栏内不准入内，槽上口一米以内不得堆料。不得由高处向下投物，防止高空坠物伤人（图10）。

图10　工人进行技术考核

2）按照《土方、护坡设计及施工组织方案》对基坑边坡及周围建筑物进行监测。施工中经常检查槽边坡土壤情况，发现裂缝等异常情况应及时向有关部门反映进行处理。模板存放要有专用场地，设插放架，模板75°角放置。冬施操作、修理机电设备不戴手套。各工种、工序交叉作业做好安全防护。

3）防水施工用的各类材料等均属易燃物品，应单独存放，存放和操作必须远离火源。各种加工机械等专人负责安全管理，避免发生意外事故。泵送混凝土出料管口正前方不得站人，设置专人疏导车辆出入。

4）地下室、通道口及主要出入口的黑暗处应设置低压照明装置。脚手架、倒料平台由专业架子工搭设，大风、雨后、雪后必须加强检查。氧气、乙炔瓶的存放处悬挂明显标志和警告牌有防晒措施，使用时两瓶的工作间距不小于5m，两瓶与施焊点间距不小于10m。

4. 过程检查控制

（1）按照国家幕墙验收标准进行检查控制主要内容：

1) 原材料检验主要的重点在钢型材、石材、连接件、五金件、耐候密封胶等。
2) 结构装配组件的组装质量，主要检验重点为挂件与挂码扣挂牢固。
3) 龙骨连接件与结构的连接可靠性，主要重点为螺栓和焊缝的焊接质量。
4) 安装于龙骨和结构装配组件之上的构件的牢固性。
5) 结构装配组件安装位置的准确性。
6) 外层密封胶的施工质量，检验密封粘接性及美观。
7) 防雷接地，检测接地电阻及接地点的焊接可靠性。

（2）每一道施工工序的质量都要经过自检、专检、交接检并按规定进行监理报验，不合格的必须重做或返工或修补，完成后再检查，直至合格后方可进行下一道工序（图11～图13）。

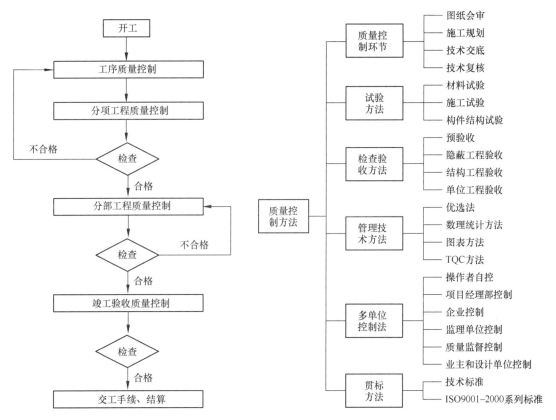

图11 施工质量控制程序　　　　图12 施工质量控制方法

图13 按照标准进行检查

四、管理效果及评价

1. 质量效果

工程获得北京市结构长城杯工程金奖，北京市绿色安全工地，并通过了北京市竣工长城杯工程的检查，得到了业主等多方面认可如图14所示。

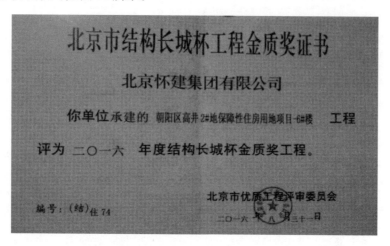

图14 北京市结构长城杯工程金质奖证书

该项目在施工过程中开展了两次QC小组活动，分别是高井QC小组和雄鹰QC小组并获得了北京市优秀质量管理小组荣誉证书。我们针对本次QC攻关的全过程，对本工程项目干挂石材幕墙工程的质量控制进行了归纳总结和修订，在施工方案的基础上制定了"干挂石材幕墙工程施工工艺标准"，经公司总工审批后公司执行。如图15～图17所示。

(a)   (b)

图15 高井QC小组荣誉证书

2. 经济成果

通过合理制定工程施工进度计划、合理安排工序、加强工序的管理、及时清理租赁材料、计划用料、节约材料减少损耗、提高模板周转次数、合理施工加快施工速度等方面成功的控制了成本。按照集团要求和标准对分包、物资材料进行比较，优选加强对项目成本的管控以强化经营管理，完善成本管理制度，提高成本核算水平，降低工程成本，充分发挥了每个管理人员的长处，形成团队的管理优势，我们的项目就能管好，并且取得理想的效益。

图 16 雄鹰 QC 小组荣誉证书

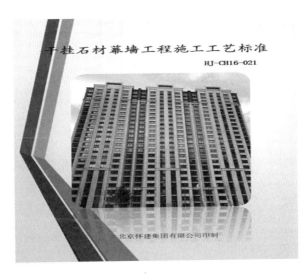

图 17 干挂石材工艺标准

3. 体会与评价

工程项目经理部根据规范要求以及工程的实际需要，通过质量目标分解，制定了相应的措施并进行部署，严抓管理，严格控制，严格检查保证过程和结果。用精细化的管理满足业主需求，精心组织施工达到了创造精品工程的目标。通过本项目的实践，丰富了管理人员的施工经验，提高了科技创新意识，同时也增强了管理人员的大局意识，培养了一批高能力高素质的专业技术人才。

五、结束语

北京朝阳区高井 2 号地保障性住房用地（配建商品房及公建）项目在建设过程中，建设单位和监理单位给予了高度评价，工程处于受控状态，质量符合规范、设计要求。我项目部将管理过程中的经验进行总结，形成了该成果，在集团公司内部进行推广，以此提升公司的管理水平和竞争实力，建造更多的优质工程。

以精细的履约管理打造精品住宅

——中建一局集团第三建筑有限公司北京经济技术开发区河西区 X87R1 地块二类居住（配建公共租赁住房）项目二标段工程

汤克涛　沈　毅　郭鹏飞　于　洋　高正龙　徐　斌

【摘　要】近年来，我国经济水平飞速发展，社会对住宅品质和质量的要求越来越高，这些都为住宅产业化提供了良好的外部环境，但也对住宅的质量和功能提出了更高的要求。能否顺应时代发展潮流，将决定一个企业的生存。为此我项目提出了集工期、质量、安全一体化为中心的管理思路，注重施工策划、施工风险识别，突出细节管理，来保证项目完美履约，为业主打造精品住宅，同时为公司树立良好的品牌。

【关键词】风险识别；精细化；责任管理；完美履约

一、项目成果背景

1. 工程概况

北京经济技术开发区河西区 X87R1 地块二类居住（配建公共租赁住房）项目二标段项目位于北京市亦庄经济开发区，以北是兴海路，以南是兴亦路，以西是临时施工道路，以东是四海路。我单位施工范围是 12 万 m^2；9 号、10 号、11 号、12 号、13 号、14 号六栋高层住宅，C4、C5 配套商业，3 号、5 号、6 号地下车库。

2. 选题理由

随着科技的发展及人民生活水平的提高，对于建筑施工企业冲击可见一斑，尤其住宅以人为本，强调舒适度、居住环境和配套设施，能否获得顾客青睐是业主亟待解决的问题。同时业主尤其关心工期，能否及时交房，保证企业信誉也成为关键。加强住宅工程的质量安全管理，提高用户对产品的满意度，对树立公司的品牌形象有着非常重要的战略意义。

面对当前竞争越来越激烈的建筑市场，逆流中站稳脚跟，获得社会认可和占领市场成为关键。尤其面对工程体量小，质量要求高的住宅项目来说，固定投入成本比例变大（例如安全文明施工、临建、管理成本等），在这种严峻的条件下，需要精心合理的策划，来保证项目高标准要求、高品质履约，为客户提供满意的产品。

3. 实施时间

如表 1 所示。

实施时间表　　　　表 1

实施周期：2015 年 6 月～2016 年 11 月	
阶段实施时间	
管理策划	2015 年 6 月～2015 年 7 月
管理措施实施	2015 年 7 月～2016 年 11 月
过程检查	2015 年 7 月～2016 年 11 月
取得成效	2015 年 7 月～2016 年 11 月

二、项目管理及创新特点

1. 管理难点及重点

现场场地狭小、工期紧张、群塔作业安全隐患较大。保证工程进度、质量、安全、环保等各项达到合同要求及北京市相关管理文件,同时保证项目预期盈利,项目需要精心合理的策划(表2)。

管理责任划分及落实表　　　　　　　　　　　　　　表2

风险预警	目标	责任人	周期
质　量	创北京市结构优质工程"长城杯"金奖	杨　健 王国元	主体施工阶段
工　期	提前30天完工	杨　健 郭鹏飞	主体施工阶段
资　金	现金流正常	于　洋	主体施工阶段
安　全	北京市绿色安全样板工地,中建总公司CI示范工程	陈晓东	主体施工阶段
环　境	零投诉,不扰民		主体施工阶段

我们项目的管理目标是:让住户满意、甲方满意、政府满意、自己也满意的"四满意"。

2. 创新特点

项目部组织人员就业主需求和市场需求进行深入了解,结合本工程的特点、住宅项目通病,以及影响住宅整体效果和功能的点进行汇总,并制定相应的方案措施,尤其防渗漏措施,有针对性的解决此类问题。

根据不同施工阶段,推演潜在风险,制定应对方案,编制各项质量策划、安全策划,加强对工程细节问题的处理,全面细化施工过程管理,合理安排施工进度,减少对周边居民的影响,营造安全、健康的施工环境。对于重点分部分项工程进行专项研讨,样板先行,组织样板点评,降低施工风险,专项争取做到早知早觉,进行提前规避风险或提出后期处理意见。

项目施工的六栋高层商品楼荣获"北京市结构长城杯金奖",项目获得"詹天佑优秀住宅小区金奖"。

三、项目管理分析、策划和实施

1. 管理问题分析

针对项目自身的特点,应主要以工期、质量、安全为中心,资金,配套设施等为依托,以成型的细节管理为手段,多位一体,促进项目履约稳步前行。

2. 管理措施策划及实施

(1)完美履约

项目成立考察对接小组,了解顾客的消费需求和业主的要求,对公司几个住宅项目进行学习考察,结合本项目实际情况及时有针对性的做出响应,相互协作,打造高品质的产品。

(2)提高全员风险识别能力

每两周组织全员会议,就每一个部门潜在的风险进行讨论,制定相应的管理方案,提高全部管理人员的风险识别能力,早发现早处理,避免普遍性错误的发生。积极参与业主的相关会议和活动,培养员工的嗅觉,组织鼓励员工去兄弟单位学习,取长补短,完善项目风险预警机制。

(3)读图讲图,方案推演

联合监理甲方进行方案推演,提高方案的合理性和可行性,降低风险。多部门联合商讨制定有效且易实施的质量策划和施工进度计划,并加强图纸会审工作,对原图纸中材料做法进行合理变更,结合工程中易出现质量通病的重点控制部位,在不影响工程工期的前提下,使用一些操作性强且不易出现质量问题的做法。对于重点分部分项工程采取样板点评、样板引路的方法，争取做到质量问题早知早觉，进行提前预防或提出后期处理意见。

（4）样板点评，实测实量

我项目配备实测实量专员，对拆模后混凝土外观进行实测实量，得出原始数据进行分析，做到有问题早反馈，避免质量误差的积累。加大现场检查力度，发现问题立即整改，绝对不能留到下一个分项工程施工开始前，形成问题处理及整改的长效相应机制。

（5）质量、安全联合检查

每周一进行质量联合检查，周二进行安全联合检查，参加人员是监理工程师、施工单位技术质量负责人、安全负责人、施工班组长，检查是否按照图纸、方案及前期策划进行施工。利用反馈会总结本周存在的生产问题，记录问题类型及部位，逐条列出，然后逐条销项整改，整改完毕报监理二次查验。

（6）质量会诊，追根制度

每段拆模后召开质量问题会诊会议，召集各层的主要人员参加，针对现场分析存在的缺陷，以便下一步改进。

追根溯源，深入分析，追查责任人，对存在的问题提出解决措施，下发质量问题整改通知单，并对责任人进行质量教育，保证过程精品的实现。

（7）铁锤行动

对于三令五申要求的重点部位和关键环节仍然存在问题的，项目会坚决执行"铁锤行动"，敲醒相关人员和责任单位。

（8）奖惩制度

项目采用两个结构队伍，每月底项目技术质量负责人组织各队伍考核本月的生产情况，从安全、质量、进度、环保是否配合管理等各方面进行评分，算出累积的分，并制定了详细的奖惩规则，这样增加了各队伍的生产积极性，能够透明的发现自身问题并且自主地去避免及完善。

（9）落实"一岗双责"，切实把好安全关

项目在安全管理方面中采取高标准、严要求策略，实行"一岗双责"，即项目全员在履行相应岗位职责的同时承担相应的安全职责；现场管理方面实行"属地化管理"，即现场划分若干区域，制定相应区域责任人和楼栋责任人，对所在区域和楼栋进行安全管理。

（10）应急预案

针对各阶段施工内容，对危险源进行系统性分析，分析其产生的后果，及发生的原因有哪些，并制定针对性的管控措施；在此基础上，通过月度施工进度，了解本月各楼栋施工进度、作业内容、涉及的工种和机械，以制定月度风险管控措施，并确定相应责任落实人。针对不同季节易发事故组织编制综合性应急预案、各专项应急预案或现场紧急处置方案，建立健全的应急预案体系，成立应急领导小组和应急救援小组并培训，同时储备应急物资，来提高处置突发事件的物资保障能力。最后，定期开展应急演练，充分借鉴以往的事故教训及应急工作经验，开展应急演练。

3. 应用的工具方法

管理思路以工期、质量、安全为中心，资金、配套设施等为依托，以成型的细节管理为手段，将各方面因素融合，形成整套的管理方式，定期检查、评比、考核，敦促方案的落实情况。

四、管理效果评价

周边小区业主已经入住，项目通过精心策划，以工期、质量、安全、环保为中心的管理制度实施收到了良好的效果。至项目开工以来未发生过扰民事件，同时在业主的参观、检查工作中反响良好，项目精细的管理思路也得到了好评。项目获得了"詹天佑优秀住宅小区金奖"，9号、10号、11号、12号、13号、14号六栋高层住宅楼创"北京市结构长城杯金奖"，被中建一局集团评为"精品杯"工程，被业主评为"主体工艺标杆"工地，荣获"北京市绿色安全样板工地"等荣誉。

抓细节　注实施　保大局　创精品工程

——江苏省苏中建设集团股份有限公司北京市恒大翡翠华庭0201、0301、0401地块工程

于海峰　田光林　严　进　曹文祥　戎淑华　李仁华

【摘　要】 北京市恒大翡翠华庭0201地块、0301地块、0401地块包括R1号、R2号、R3号自住型商品房、S1-1号、S1-2号、S2-1号、S2-2号、S3-1号、S3-2号商业、0201地块、0301地块、0401地块地下车库，是北京市保障性住房工程，由自住型商品房、配套商业及车库组成。在政府部门特别关注弱势群体住房问题的大背景下，北京市对自住型商品房关注度极高，工程在施工过程中通过抓各工序细部施工；注重实施中的方案落实、技术交底、人员培训、交接验收；通过加大材料及人员的投入，确保了合同工期；创北京精品工程，让消费者放心。

【关键词】 落实；质量；精品

一、项目成果背景

1. 项目背景

北京市恒大翡翠华庭0201地块、0301地块、0401地块为北京市保障性住房，位于大兴新城区，北侧为高尔夫球场，南靠念坛公园，大兴区对此工地特别重视。

2. 工程概况

北京市恒大翡翠华庭0201地块、0301地块、0401地块总建筑面积6.538万 m^2，由3栋23~27层的自住型商品房6栋2层商业组成，位于北京市大兴区黄村镇新源大街义和庄地铁站往北200m（图1）。

图1　工程效果图

北京市恒大翡翠华庭0201地块、0301地块、0401地块地下3层，地上19~21层；商业地下三层，地上2层；车库地下三层，地上1层；框架剪力墙结构，平板式筏板基础，局部柱下独立柱基础，CFG桩复合地基。

3. 选题理由

（1）保障性住房项目北京市政府、市建委十分重视，项目实施中公司各级领导对施工质量、进度特别关注；

（2）本工程住宅、商业、车库同时开工；短时间工程任务重，参建队伍多，提高了施工现场质量、安全、进度管理的难度；

（3）材料及设备使用量大，资金投入管理是要点之一；

（4）周转材料的合理使用防止浪费，是本工程的管理要点之一；

（5）建设单位高度关注；恒大地产是全国数一数二的房地产龙头企业，对北京市场特别重视，对质量、安全、文明施工、进度要求特别高。

4. 实施时间

如表1所示。

表1 实施时间

实施时间	2015年4月~2017年10月
分段实施时间	
管理策划	2015年4月~2015年6月
管理实施	2015年6月~2017年9月
过程检查	2016年3月~2017年10月
取得效果	2015年6月~2017年10月

二、项目管理及创新特点

1. 管理难点及重点

本项目管理难点：

（1）施工面积大、单体多、管理难度大；

（2）工期紧、施工班组多、合同管理难度大；

（3）施工人员多、人员流动大、大型设备多、危险源控制难度大；

（4）材料、周转材料、施工设备使用量大，增加了资金使用难度。

2. 创新特点

（1）前期策划

针对合同工期、危险源分析、质量要求、成本管理进行详细的策划，根据合同工期进行各工序节点时间分解，排出切实可行的总时间节点计划，根据计划进行材料、设备、人员的合理调配，制定合理的内控计划，各级分管，及时考核，奖罚公示。

（2）管理模式创新

项目部领导层：项目经理、生产经理、项目总工、商务经理。

项目部执行层：资料试验、材料保管、劳资管理、成本预核算、安全管理、质量管理、测量管理和专业工长。

项目部职能部门设置：工程部、技术质量部、安保部、商务部。

各栋号设置专职负责人，对现场安全质量有一票否决权，提升了安全、质检的管理职能细化，提高工作效率。

（3）样板引路

1) 样板验收对象

应作施工样板的施工项目包括：钢筋绑扎、模板支设、混凝土浇筑、砌体工程、抹灰工程、饰面砖粘贴工程、铝合金窗安装、木门安装、栏杆工程、防水工程、保温工程、电梯大堂装修工程、油漆工程、转换层施工，以及其他有必要作施工样板的工程。

对于新材料、新设备、新工艺也要先做样板，报监理公司及项目部，通过试验和鉴定后，才可应用在工程上。

2) 样板验收时间要求

样板验收应在该项工程大面积施工前15天组织进行（特殊项目根据工程实际情况提前），最迟提前一周完成。

3) 样板验收工作程序

项目工程经理负责项目各项样板验收组织工作，甲方工程管理人员、监理机构、承建单位协同实施。

各分部分项工程开始施工前15天，由项目工程经理组织甲方工程管理人员、监理机构、施工单位，讨论确定该项工程施工作业方法和施工工艺，明确质量要求，由施工单位组织作施工样板。

施工样板完成后，由监理组织进行样板验收，甲方项目工程经理、工程师、监理机构项目总监及专业工程师、施工单位项目经理、技术负责人、专业施工员、施工班组长参加。验收首先由施工单位施工班组长和施工员介绍该样板工程作业方法和施工工艺，施工单位技术负责人或项目经理总结表述，然后参与验收各方分析该样板工程质量情况，并由甲方工程管理人员和监理工程师进一步讲述该项工程施工工艺和质量控制要点，明确施工质量要求，同时阐述该项工程管理流程，最后由工程经理进行验收总结。

样板验收应形成验收纪要，详细记录验收过程，清晰表述该项工程施工工艺、控制要点、质量要求，验收纪要由项目主管工程副总签发，项目分管工程师应跟踪保证纪要分发至施工班组，并跟踪参与施工班组交底会议。

（4）制度管理人员

制定领导值班制、项目管理联合验收制、进出施工现场刷卡制、统一考勤制、生产例会制、定期检查制等，明确项目领导班子的目标和管理措施，制定各部门月责任工作考核计划，项目管理班子由被动工作变主动工作。

（5）集思广益，追求创新

项目管理人员建立微信群，及时沟通各工序改进措施，如电梯井施工平台施工、提高混凝土强度等级等。

三、项目管理分析、策划和实施

1. 管理分析

本工程占地面积大，所有单体同时开工，整个现场的施工管理协调、质量控制、安全文明施工管理及进度管理难度大，同时，大量的流动人员以及紧凑的工期给项目部不小的挑战。为此，项目部决定加强细部的管理，筑造精品工程，给业主一份满意的答卷。

2. 管理策划

项目部以项目经理为总指挥，各部门负责人为控制人，班组为具体实施人的三级管理制度（图2、表2）。

恒大翡翠华庭项目部管理人员名单 表2

序号	岗 位	姓 名	备 注
1	项目经理	王为志	
2	生产经理	解奇山	负责生产

续表

序号	岗位	姓名	备注
3	技术负责人	田光林	进行技术指导
4	商务经理	葛存龙	
5	预算员	吉顺康	
6	质量总监	陈春荣	
7	安全总监	田卫东	
8	保管员	田正军	
9	核算员	许杰	兼：劳资员
10	资料员	李仁华	兼：实验员
11	栋号长	刘立平	R1号自住型商品房及02地块车库
12	栋号长	王芝东	R2号自住型商品房及03地块车库
13	栋号长	储祥山	R3号自住型商品房及04地块车库

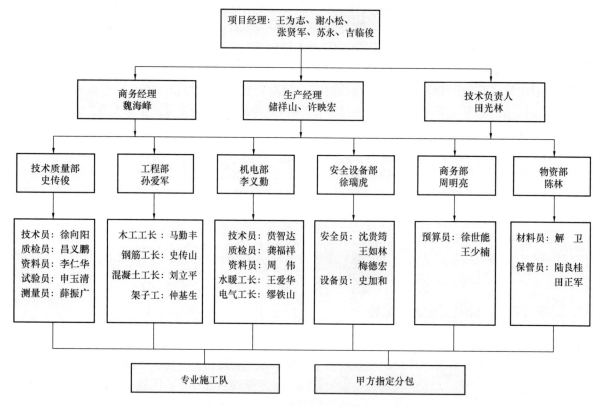

图2 工程组织结构图

（1）样板引路

各分项工程施工前，由工长根据专项施工方案和技术交底及现行的国家规范、标准，组织操作班组进行样板分项施工，在施工部位挂牌注明样板名称、代表部位、施工负责人、技术交底人、操作班长、施工日期等，经项目部组织验收合格后，方可进行大面积施工。

现场设置材料和实体样板展示区对各个工序以及材料向操作工人进行展示，表明所用材料的质量要求以及各工序所要达到的质量要求（图3~图5）。

图3 样板展示区

图4 文明施工展示区

图5 材料样板展示区

(2) 交底制度

建立从施工组织设计到技术交底的全过程施工交底体系。并通过现场交底、会议交底、多媒体视频及广播交底形式，向施工人员全面贯彻施工理念及做法（图6）。

图6 施工交底

(3) 过程控制"三检制"

施工中的各分部、分项进行全员全方位的监督检查,确保工程受控状态。从方案编制、技术交底、现场实施、检查验收、成品保护等管理措施,制定制度。施工过程中严格执行三检制,每道工序都进行自检、交接检、专职检。

(4) 挂牌制度

实行交底挂牌制和责任挂牌制,分项工程施工前由技术负责人向施工员及质量员、施工员向专业工长、专业工长向操作工人的三级交底,现场悬挂分项工程交底标牌,让工人对照交底进行操作。同时将每个操作班组的责任人和质检员名字写在板上,对提高工人质量意识、责任心和提高工程质量起到促进作用(图7)。

(5) 施工过程控制

对工程的全过程进行质量控制,即对施工中的各工序、各环节、各过程、各岗位进行全员全方位的监督检查,使之处于受控状态。即从方案编制、技术交底、现场实施、检查验收、成品保护等各个方面制定标准。施工过程中严格执行三检制,即自检、交接检、专职检。在本工程中杜绝出现不合格产品。加大施工过程质量控制力度,确保工程质量目标的实现(图8)。

图7 挂牌施工

图8 过程控制

(6) 工程会签单制

在模板合模、混凝土浇筑前,各专业工长针对上道工序的特点,进行全面检查、验收,确认各专业施工无误,达到规范和施工图纸的要求,无遗漏,签署会签单。以保证交叉工种及配合工种全部按要求完成,验收合格后再进行下道工序的施工。

(7) 专人负责制

施工中对关键工序实行专人负责制,如模板的清理、后浇带支模、钢筋绑扎与焊接、钢筋保护层、混凝土的浇筑、施工缝处理、地下防水、回填土等均派专人负责,将质量直接落实到责任人身上。

(8) 标识制度

对已完成的分项工程进行标识,如混凝土工程每施工完一段,项目质检员立即检测,并将标识签印章盖在受检部位,及时填写上检测结果,方便项目部及时地了解施工质量动态,同时,增强了工人质量意识。

(9) 质量会诊、质量教育制度

质量定期地进行会诊,从人、机、料、法、环五个方面对质量问题追根溯源,提出整改措施,限定整改时间,举一反三,然后对工人进行再交底,持续改进,逐步达到消除质量通病的目的。

采用全面质量管理的PDCA循环方法,每一次循环都把质量管理活动推向一个新的高度,绝不让同一问题出现第二次。

坚持"全员"、"全过程"、"全部质量管理"的三全管理方法，坚持以人为本的精神，从项目经理到每个员工都参加质量管理，把施工过程中影响质量的环节和因素控制起来。

采取纠正措施，防止已出现的质量问题再发生。采取预防措施，防止可能出现的质量问题的发生。

（10）奖罚制度

质量员及时对工程质量进行验收，并将验收的结果进行公布，确定质量分数线，对得分高的工人进行奖励，对得分差的人员进行教育并处以适当的罚款。将质量问题、质量事故追究到责任人的身上，并严格按照《项目管理办法》执行。通过奖优罚劣，促使施工人员在施工过程中进一步增强责任心。

（11）成品保护制度

楼板钢筋绑扎完后搭设人行马道。墙、柱、梁板混凝土拆模，严格执行拆模申请制度，严禁强行拆模。混凝土墙、柱阳角，楼梯踏步等拆模后用多层板进行保护（图9）。

图9 成品保护

3. 安全文明管理策划及实施

安全文明施工是施工现场的对外窗口，大力提倡文明施工，增强全员施工意识（图10～图18）。

图10 现场绿色施工宣传

图11 现场教育讲解

图12 会议室多媒体宣传教育

图13　生活区实行门禁刷卡

图14　施工道路与施工作业区分隔处设警示标志

图15　裸露地面草坪覆盖

图16　人工拉车浇水

图17　洒水车洒水

图18　进出车辆必须清洗

4. 进度管理策划及实施

项目部在工程开工前编制了总进度计划，在影响总工期的关键工作上进行优化，进一步缩短总工期。根据总进度计划进行调整，利用事前、事中、事后控制对进度进行跟踪。

职责分工

（1）生产经理负责对各施工班组的工程进度计划进行归口管理，按照工程总工期目标及实际情况，统筹调整安排，审核下达工程周、月、年度计划。

（2）经常深入施工现场，及时了解、掌握工程进度，检查、落实计划执行情况，并对进度偏差情况做出及时调整，制定相应措施，并督促相关责任方执行。

（3）负责对进度计划的执行情况进行分析总结，为下一阶段的安排提供科学合理的依据。

（4）负责周、月、年度统计报表的编制、审核及上报工作，做到数据准确。

（5）熟悉设计图纸、合同文件，具体掌握各分项工程特点。

（6）了解机械设备的生产能力、生产状况及人员配置。

（7）随时掌握施工区域内的天气情况。

（8）审核施工单位进度总结报告。

5. 成本管理策划及实施

在建筑市场竞争激烈的情况下，保本低价中标是施工企业不得已的做法，项目部合理成本控制，是企业赢得效益的源头。如何使低价中标的项目保本盈利乃至实现利润最大化，是施工企业的目标。因此，加强项目的成本控制已被提到十分重要的位置。

（1）经济评估制：建立工程项目经济评估制度，科学、合理地确定各项经济指标，项目部安排核算人员进行各项工序的经济预估。工程中标后，项目部及时组织有关人员对项目进行经济评估、深入地进行市场调查研究，将预算成本与实际成本对比，测算评估该项目的经济成本，对项目的经济成本做到心中有数。根据项目的合同条款、施工条件、图纸变更、各种材料的市场价格等因素，结合项目部自身的施工能力、管理水平，按照成本最小原则下生产要素最优组合的理论，测算每道工序应消耗的时间、投入的劳力、投入的材料、机械等生产要素，并进行成本核算，优化施工组织设计方案，并依据优化的施工组织设计方案，客观、公正、合理地确定工序单价和目标成本，以便指导施工和进行成本的有效控制。

（2）目标成本责任制：目标成本既是企业对项目部实施成本控制和考核的尺度，又是项目部努力要达到的成本目标要求。为实现目标成本，项目部积极推行责任成本管理，按照不同的成本要素，将目标成本进行细分，纵向分解到栋号、施工队、施工班组；横向分解到项目部各职能部门和个人。同时，按照细化的施组安排，将目标成本分解落实到每个施工阶段、每个责任者身上，形成全员、全方位、全过程的项目成本管理，做到人人责任明确，个个肩上有指标，并把个人利益与成本指标密切挂钩，严格考核，奖罚兑现，以责任成本的受控来保证目标成本的实现。

（3）材料招标采购制：在项目的成本构成中，工程所需的材料是成本的大头，占项目成本的60%左右。对材料成本的控制，除了进一步采取加强管理，采取严格限额发料等措施，消化材料涨价因素外，重点注重材料的采购价格关。项目实施后，立即组织有关人员进行市场调研，确定各种材料（主材、辅材等）的购进价格，然后邀请好的材料供应商进行公开招标。根据材料供应商的报价、材料质量、售后服务等情况，择优选定，签订合同。对工程所需的设备，也采取这种方式。通过实行招标采购，对降低成本起到有效控制作用，而且可以较好地避免"暗箱操作"、"吃回扣"而加大成本的现象。

（4）工序单价承包制：项目的工、料、机、运费等直接成本，大多发生在作业施工阶段，因此，对项目的成本控制很大程度取决于作业层次的控制力度。有项目管理专家把项目层次称为成本中心，把作业层次称为核算中心，突出了核算在最基层单位进行成本控制的重要地位。应依据细化的施组和分解的目标责任成本，以工班（班组）为基本核算单元，推行工序单价承包，签订合同，明确责、权、利。还可引入竞争机制，通过科学、合理地测算每道工序的承包单价，在工班（班组）之间开展竞标，实行优胜劣汰，调动挖潜降耗的积极性，达到控制和降低成本的目的。但是，推行工序单价承包和成本核算必须以定额为基础，这就要求企业逐步建立和完善自己的各类工程定额，体现成本管理的先进水平。

（5）计价拨款集体决策制：对项目部而言，计价拨款是控制成本的最后一道关口。以往有的项目亏损、成本失控，很重要的一个原因就是多计多拨造成的。在这个环节上，必须重点把握"集体"二字，无论是计价还是拨款，都不能一人说了算。验工计价必须由项目部主管牵头，组织施技、质检、计财、物资等部门人员，核实完成的实物工作量依据确定的目标责任成本和工序承包单价计算工程价款。在拨付工程款时，应按照规定留足质量保证金，集体研究，按时足额拨付。做到验工看现场，计价看验工，多方共签认，拨款集体定，留足质保金，出了问题追责任。同时，项目部应按月、按季向企业主管部门报送计价和拨款报表，以便企业能够随时掌握施工进度和工程价款的使用情况，防止成本失控。

（6）成本控制动态考核制：对项目的成本控制，有的往往习惯于"秋后算账"，对项目在实施过程中是否突破目标责任成本，节超如何，哪些环节需要进一步改进和完善等。一方面，必须坚持在实施过程中开展经常性的经济活动分析，如单位（单项）工程成本分析，工费、料费、机械费等单项费用分析等，找出存在问题和成本节超的原因，制定并采取切实可行的改进措施。另一方面，各个层次应坚持逐级对下实施阶段性的成本考核制度，按照分解的责任成本目标，与工程进度挂钩，进行节点考核和奖惩，使项目成本始终处于受控状态。

（7）项目完工清算决算制：在加强项目成本过程控制的同时，抓好对每个单项工程的完工清算和整个项目的竣工决算，也是把握项目成本的重要一环。不论是内部还是外部施工队伍，即便是完成一座涵洞、一块挡墙，都要做到完工一项抓紧清算一项，不留尾巴和后患。这样，既能使经济纠纷和风险在施工过程中得到化解，又可减少竣工决算的难度。当整个项目完工后，应按合同要求，及时组织有关人员搞好竣工决算，核实项目发生的实际成本，分析目标责任成本的执行情况。撤销银行户头，堵塞成本流失的漏洞，提高项目综合经济效益。

（8）预算财会人员委派制：项目上的预算和财会人员，是收入和支出的两个具体执行者。为了防止有的项目特别是一些大的或远离企业本部的项目在收支上违反国家政策和企业规定，擅自加大成本支出，必须采取由企业层次派遣预算和财会人员的方式，将那些政治素质好、责任心强、业务水平高的人员选派到项目上，使其报酬与项目部脱钩，让他们切实承担起成本"卫士"的职责，强化对项目的经济监控力度。

（9）成本节超"一票否决制"：项目所有生产要素的运行都与项目的成本息息相关，抓住了成本管理这个中心，就是抓住了项目管理的"牛鼻子"。因此，要把工期、质量、安全、文明施工等纳入成本管理的范畴，与其密切结合起来，建立科学有效的成本管理机制。对突破目标成本控制指标的项目部及其主要领导、直接施工单位和个人等，在评先评优、职务提升、收入分配等方面，坚持成本一票否决制度，牢固树立"成本第一"的管理理念。

（10）变更索赔奖励分成制：搞好变更索赔和成本控制都是为了一个目的——企业效益。因此，我们加强项目的成本控制，更不能忽视变更索赔。必须强化索赔意识，从施工一开始，就要认真研究设计文件、图纸、合同条款和现场条件等，找准索赔的切入点，抓住机会，及时编制索赔资料，据理力争，把索赔工作贯穿于施工的全过程，提高索赔效果。对在索赔中为企业获取较好效益的有功人员，应给予重奖或按索赔额的一定比例分成，让其他人员看了眼红、心服，形成有利于发挥索赔人员聪明才智和积极性的良好环境和氛围。加快建立和完善企业索赔师制度，培养和造就一大批索赔师队伍，以适应市场竞争的要求，增强企业搏击风险的能力。

四、管理效果及评价

1. 管理效果

（1）工程验收

经过项目部全体管理人员和施工人员的努力，从 2015 年 6 月 5 日开工到 2017 年 6 月 23 日竣工，所有合同内的施工任务全部完成，通过了建设单位和政府各级部门的检查验收，业主满意度达到99%以上。

（2）经济效果

在公司领导大力支持和项目部全体员工的共同努力之下，工程质量、施工进度、安全文明施工、施工成本控制均达到了目标要求，得到了各级部门的高度评价，在施工过程中，得到建设单位的各种奖励达到400万元。

（3）社会效益

本工程按期保质保量地完成了交户合同要求，业主给予了高度评价，得到政府各级部门的肯定。

通过细化管理、样板引路、检查验收等措施，本工程自始至终未发生一起安全质量事故，得到业主、监理、质监部门的一致认可。

2015年度荣获"北京市绿色安全工地"、北京结构长城杯、绿色样板示范工地。

2. 获奖情况

（1）本工程被评为2015年度"北京市绿色安全工地"；

（2）2015年被评为"第二批北京市建筑业绿色施工示范工地"；

（3）2016年被评为"北京市结构长城杯"。

3. 总结

北京市恒大翡翠华庭0201地块、0301地块、0401地块地下车库在建设过程中，建设单位和监理单位给予了高度评价，工程处于受控状态，质量符合规范、设计要求。项目部通过管理过程中的经验总结，提升我公司的管理水平和市场竞争实力。

科技是第一生产力推进全国最大场地修复精品工程
——北京建工环境修复股份有限公司广钢白鹤地块污染土壤修复项目

田德金　谢方文　刘　鹏　徐宏伟　李书鹏　牛　强

【摘　要】 广钢白鹤洞地块污染土壤修复项目具有污染复杂、分布范围广、土方量巨大等特点，施工组织具有可用面积小、多技术联合应用、施工工期短等特点。在项目全寿命周期内，建工修复发挥行业领军作用，结合自身优势和场地特点，通过合理规划、科学部署、采用流水化施工、数字化管理的方式，在确保安全、践行工期、质量达标的情况下，顺利完成整改项目的实施，为超大型修复项目的实施积累了丰富的宝贵经验。

【关键词】 科技；联合应用；流水化施工；数字化管理

一、项目成果背景

1. 工程概况

广钢集团是一家涉及黑色冶金及压延加工、物流、电子商务、气体产业等多个领域的地方钢铁联合企业，具备年产 200 万吨钢及钢材的能力。广钢白鹤洞生产基地于 1958 年建厂，位于广州市荔湾区鹤洞路，占地面积 168 万 m^2。随着广州经济发展和城市建设的加速，广州市政府将广钢白鹤洞地块纳入"广钢新城"的规划范围内，要把"广钢新城"打造成高标准配套建设高尚住宅区。因此该生产基地于 2013 年 9 月全部停产，并开始搬迁工作。"广钢新城"作为宜居城区，将成为广州市旧厂改造、城市升级的典范。

根据环境保护部《关于切实做好企业搬迁过程中环境污染防治工作的通知》（环办〔2004〕47 号）、《加强土壤污染防治工作意见》（环发〔2008〕8 号）、《国务院关于加强环境保护重点工作的意见》（国发〔2011〕35 号）和《关于保障工业企业场地再开发利用环境安全的通知》（环办〔2012〕140 号）等文件，规定"关停并转、破产或搬迁工业企业原场地采取出让方式重新供地的，应当在土地出让前完成场地调查和风险评估工作""经场地环境调查和风险评估属于被污染场地的，应当明确治理修复责任主体并编制治理修复方案""被污染场地治理修复完成，经监测达到环保要求后，该场地方可投入使用"。

广钢于 2013 年 3 月委托广东省生态环境与土壤研究所（以下简称土壤所）对广钢白鹤洞地块土壤污染情况进行调查。场地调查结果显示，广钢白鹤洞地块土壤受重金属和多环芳烃的污染，需要开展污染土壤修复工程，污染土壤方量约 51.7 万 m^3。北京建工环境修复股份有限公司（以下简称建工修复）中标该修复工程项目，经过 400 多日历天的多技术、高科技、工厂化施工，顺利完成 52 万 m^3（含 2822m^3 增量）污染土壤修复工作（图 1）。

2. 选题理由

（1）场地修复工程处于起步阶段，以往所发现的污染场地多为单一污染，采用单一技术即可完成修复施工；本项目为复合污染类型，需要打破以往单个项目单一技术应用的局面，联合应用了破碎筛分、土壤洗脱、热脱附、固化稳定化和安全填埋等多项技术。多技术联合应用，可以更为精细化的开展修复工程，以满足不同土质、不同污染类型和不同污染程度的需求，大大提升修复的效果。

图 1 项目现场实景（航拍）

（2）以往多数项目采用单一技术，所使用的设备较为简单；本项目多技术联合应用，投入多套设备，形成两条生产流水线，实现修复项目的工厂化施工，既提高了管理效率，又改善了安全文明施工形象。

（3）结合本项目工期紧、土方量大、单方价格低等特点，建工修复首次在国内大规模应用土壤洗脱技术，开创了减量化施工的先进理念，极大地提高了生产效率，有效地降低了生产成本，真正实现降本增效。

通过上述措施，可以使得修复工程更绿色可持续。

3. 实施时间

2015 年 7 月 15 日人员进场，2016 年 11 月 2 日完成施工，2016 年 11 月 30 日通过专家评审。

二、项目管理及创新特点

1. 项目管理重难点

（1）污染面积大、污染情况复杂

本项目土壤污染面积约 15.8 万 m^2，分布在总面积约 168 万 m^2 的场地内。

土壤污染物以重金属（Pb、Zn、Cu、As、Ni、Hg、Cr 和 Cd）、PAHs（萘、苊、芴、蒽、荧蒽、芘、苯并[a]蒽、苯并[b]荧蒽、苯并[k]荧蒽、苯并[a]芘、茚并[1,2,3-cd]芘、二苯并[a,h]蒽、菲、苯并[g,h,i]芘、苊烯（二氢苊）和总石油烃为主，各地块多呈复合污染，且污染程度各有不同，污染情况复杂。在污染土壤修复过程中，需要根据其污染类型、污染程度和修复目标，合理配置修复技术，优化工艺参数，既保证修复合格，又不过度修复（表1）。

污染情况汇总表　　　　　　　　　　　　　　　　表 1

污染物	修复目标值（mg/kg）	最大值（mg/kg）	最大超标倍数	超标率（%）
芘	50.00	2027.0	40.54	1.94
苯并（a）蒽	0.63	683.0	1084.13	34.33

续表

污染物	修复目标值（mg/kg）	最大值（mg/kg）	最大超标倍数	超标率（%）
䓛	50.00	845.0	16.90	1.52
苯并（b）荧蒽	0.63	475.0	753.97	33.17
苯并（K）荧蒽	6.33	518.0	81.83	5.64
苯并（a）芘	0.63	607.0	963.49	28.21
茚并（1，2，3-cd）芘	0.63	293.0	465.08	26.80
二苯并（a，h）蒽	0.63	57.5	91.27	12.72
苯并（g，h，i）苝	5.00	236.0	47.20	6.01

（2）场地地层情况复杂、土质差异大

本项目土壤污染最深达地下 5m，深度范围内分别涉及混凝土层、填埋层、填土层和原土层等 3～4 个地层，地层情况复杂，土质差异大，且由于场地拆迁，存在很多杂质，如钢筋、混凝土块、橡胶轮胎、塑料袋等。根据待修复土壤的土质情况，各工艺段需针对性调整工艺参数，土质的复杂性对土壤洗脱、热脱附和固化/稳定化等设备的稳定运行提出了较大的挑战。

（3）二次污染防治与环境监测

本项目土壤污染物中存在半挥发性物质，如开挖、转运和修复过程中控制不当，将可能通过异味、扬尘和污水等途径扩散，给周边环境带来二次污染隐患。因此完善的二次污染防治措施以及严格的环境监测计划，对于修复工程的安全、顺利实施至关重要。

（4）工程量大，修复工期紧张

本项目修复工程量约 52 万 m^3，工期为 443 日历天，涉及土壤洗脱、热脱附和固化/稳定化等技术。如此巨大的土方量，涉及多种修复技术的实施，在如此短的工期内完成修复，难度巨大。土壤洗脱设备和热脱附设备均为大型化设备，安装、调试需要较长时间，且在长期的运行过程中需要对设备进行维护保养，可能会影响项目整体进度，工期非常紧张。

（5）多技术联用，技术难度大

本项目引入破碎筛分系统，推广使用洗脱技术（在土壤含量较多的土壤中第一次使用），热脱附技术，固化/稳定化技术。各个技术之间的关系为串联，所以每个技术都是影响项目进度的因素，需要综合考虑。

2. 创新特点

（1）应用多级土壤洗脱技术，减少修复工程量

污染物在介质（土壤、底泥或污泥等）中的赋存机制可分为两大类：一是吸附在介质组分的表面；二是形成金属化合物的沉淀。

多级土壤洗脱技术对于大粒径组分含量高的污染土壤的修复更为有效，砾石、砂砾、粗沙、细沙等土质中的污染物更容易被洗脱出来，剩余少量黏土富集了绝大多数污染物，从而达到减量处理的目的。本项目通过土壤洗脱技术，实现约 80% 的减量化效果（图 2）。

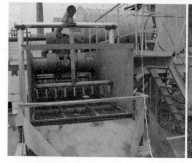

图 2 三级洗脱设备（左：一级，中：二级，右：三级）

（2）应用移动热脱附技术，实现污染土现场处理处置，确保最佳修复效果

热脱附技术是指以加热方式将受有机物污染的土壤加热至一定温度，通过控制系统温度和物料停留时间，有选择地促使污染物气化挥发，达到将污染物与土壤颗粒分离，并进行后续处理的过程。

本项目采用移动式热脱附设备，在污染场地现场安装该设备，污染土壤不离场即可完成修复工作，可以确保最佳的修复效果，同时也可以最大程度地避免了外运过程中对道路周边环境的污染扩散风险（图3）。

图3 移动式热脱附设备

（3）应用集中式撬装污水处理站

本项目的污水来源为土壤洗脱工艺过程产生的废水、污染土壤开挖过程中产生的基坑涌水、大气降水导致的基坑汇水、施工机械清洗废水。本项目采用建工修复自行研发设计的撬装式污水处理站，不仅可以大大简化设备安拆工艺，又可节约设备占地（图4）。

图4 撬装式污水处理站

（4）创新应用双层苫盖系统

在修复后污染土的验收阶段，需要将土壤堆成高5m的梯台。常规做法为用三防苫布苫盖，常规苫盖存在施工费时、周转烦琐的弊端；为了保障场地周转，同时保障苫盖效果，项目部创造性地采用双层苫盖方式，既可防止大风扬尘，又能防止修复后土壤被雨水冲刷（图5）。

图 5 双层苫盖系统

三、项目管理目标、策划和实施

1. 项目管理目标

如表 2 所示。

目标要求表　　　　　　　　　　　　　　　　表 2

序号	目标	要　求
1	安全	杜绝重大伤亡事故，因工死亡责任指标为零，杜绝重大机械事故及急性中毒事故，杜绝重大火灾事故及火灾伤亡事故，确保工程安全
2	工期	在合同要求工期内完成修复工程，达到环保验收要求
3	质量	达到修复目标值，通过第三方的检测和验收，并取得广州市环境保护主管部门的认可
4	环保	不产生二次污染
5	专利	申请 3~5 项专利

2. 项目管理策划

（1）团队建设策划

项目部在传统组织管理的基础上充分发挥基层党组织的政治核心作用、党员先锋模范作用，依托党员组建青年突击队，紧紧围绕项目生产开展项目管理工作。

（2）项目整体策划工作平面布置图

总体部署从生产修复区、待检区、办公区、生活区、开挖区进行整体安排。修复区平面布置、施工流程、工艺和设备、工期安排 4 个方面展开，其中平面布置和施工流程是基础和重点，与工艺和设备一起决定工期安排，四者的合理部署直接影响工程的质量、安全和进度。

（3）工序设备保障策划

1）破碎筛分保障策划

洗脱设备保障策划针对洗脱设备技术的专项管理，洗脱目的为得到粒径为 25～50mm、5～25mm、2～5mm、1～2mm、0.125～1mm、0.075～0.125mm、小于 0.075mm 七种物料，其中小于 0.075mm 组分与洗脱废水混合为泥浆。泥浆经脱水处理后得到的泥饼进入后续热脱附处理工序。设备运行主要是泥水作业，需要在运行过程中时刻注意设备运行参数是否稳定，检测出料质量，设备自身稳定性能。

2）热脱附设备保障策划

热脱附工艺将污染土壤中的有机污染物气化挥发，并高温焚烧污染物，从而达到净化土壤的工艺。工艺中需要保障设备运行，燃料供给，质量控制。

3）物资保障策划

制定物资采购流程，重点设备物资由专业团队负责，由项目部与专业团队共同确认价格，加快反应时间。固定物资签订物资供应合同，由专人负责物资供应。

（4）资金保障策划

采取已收定支的项目运转模式，确保项目的现金流量。收款采用提前沟通，确保资金到位，对分包支付提前制定资金流转计划，并报公司备案，支付分包款采用多种手段，谋取项目最大利益。

3. 项目管理实施

（1）抽调管理精英，组建项目核心团队

建工修复中标该项目后，在公司层面高度重视，第一时间从全国范围内抽调具有丰富施工经验的工程管理人员组成"广钢白鹤洞地块污染土壤修复项目经理部"，成立青年突击队作为我司在本项目的组织管理机构。项目经理部在公司的领导下，发挥企业在污染土壤修复行业的优势。

针对该项目，我公司成立专家顾问组。项目经理和项目经理部接受政府主管部门、建设单位、监理单位的监管，接受公司总部及各职能部门的服务、管理、监控、协调和配合，接受专家顾问组的专业指导和技术支持。

项目经理部对整个工程进行全过程管理，全面履行合同条件规定的承包商职责，保质量、保工期、保安全，对建设单位负责、对企业本身经营效益负责。骨干成员均参加过大型修复工程项目，具有丰富的项目管理经验，项目经理部组成结构如图 6 所示。项目管理核心成员 16 人，平均年龄 32 岁，其中教授级高工 1 人，高级以上职称 7 人，各类注册人员 5 人，全部人员均持证上岗。

（2）完善施工图设计，布置现场平面

进场后，技术人员及时进行各项小试、中试试验，工程管理人员及时进行现场踏勘、场地测量和工作计划，将各项成果进行汇总、分析，从而对投标时的方案进行优化。

1）施工图设计

在投标图纸的基础上，结合现场实际情况，进行施工图设计，并根据小试、中试成果不断完善施工图。

在总工艺流程图和总平面布置图的基础上，对每套设备绘制工艺流程图、土建基础图、设备结构图、电气图等，对每个施工工艺编制专项方案。

2）现场平面布置

在各施工图纸的基础上，开展现场平面布置，合理安排土建、设备、水电、道路等各项工序；每套设备安装完成后，进行单机调试、联动调试、带土调试等各项测试工作，最后进行全流程调试，确保设备产能之间的匹配，各工艺之间的衔接。

（3）流水化施工，数字化管理

各项准备工作完成后，进行流水化施工，项目部将现场作为一个小型化的工厂进行管理，从原料（土壤）和辅料（药剂）输入、各车间（各工艺）、传送带（工艺间衔接）和产品（修复后土壤）输出等方面进行精细化管理。

每套设备均配备有计量装置，如所有修复设备安装电子秤、水电安装流量计、药剂进出场过电子磅，所有数字均反馈至项目管理的管理团队处，实现项目管理部对现场的数字化管理（图6）。

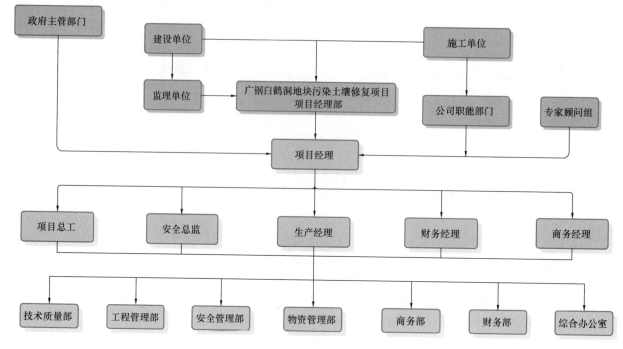

图6 项目经理部组织架构

（4）科技加层，提质增效

1）破碎筛分分粒径

以往修复项目常用的预处理设备仅包括筛分工艺，本项目引入破碎工艺，在破碎大粒径颗粒的过程中，对钢筋、树枝、塑料袋、橡胶等杂质进行去除；筛分工艺在保证过筛率的基础上，将土壤分为两类粒径，与后续土壤洗脱设备无缝衔接。破碎筛分工艺既满足提高预处理效率的要求，又达到衔接后续设备、保护后续设备、提高后续设备使用效率的目的。

2）土壤洗脱按大小

预处理后的细颗粒土壤进入4号洗脱设备（大淋洗）进行处理，粗颗粒土壤进入5号洗脱设备（小淋洗）进行处理。

大淋洗设备具有粒径分级、污水处理、泥浆处理、泥饼脱水和自动化控制等功能，是一套土壤洗脱全流程设备，能够用于处理各类型污染土壤，并实现高度的自动化和机械化操作。

小淋洗设备具有粒径分级、泥浆处理、泥饼脱水和半自动化控制功能，是一套适用于处理粗颗粒土壤洗脱的设备；在使用过程中，为了保证污水得到妥善处理，其与现场污水处理站进行联用，进而实现中水回用。

3）泥饼干化多手段

脱水后的泥饼需要进行热脱附处理，由于含水率较高，因此需要进行干化处理。项目部结合广州夏季高温高湿的特点，综合采用了"采光板加热＋干化剂投加＋自然通风"的多项措施，可以实现短时间内泥饼含水率达到热脱附工艺的要求。

采光板加热是指搭建干化车间时，车间顶棚采用大量的采光板，使得阳光可以直射到泥饼上，通过太阳能的途径对其进行加热；干化剂投加是指投加一定比例的干化剂，并进行机械强制拌和，促进水分挥发；自然通风是指阶段性开启车间大门，加速空气流通，带走车间内的湿气。

4）热脱附各显神通

现场投入三套热脱附设备，两套产能较大的设备均采用LPG作为燃料，均为直接式（火焰与土壤直接接触），均配备完善的尾气处理系统，第三套设备采用柴油作为燃料，为间接式（火焰与土壤不直接接触），也配备完善的尾气处理系统。

两套直接式热脱附设备最大的不同在于高温烟气的冷却方式上，一套采用水冷，一套采用风冷，两种方式均可以将高温烟气急速冷却至200℃以下，避开二噁英（高致癌物）的产生。水冷式采用逆流喷淋方式，从急冷塔顶部喷淋下的水与从底部上升的高温烟气逆流接触；风冷式采用大型热交换机，将高温烟气所携带的热量传递给室温空气。

间接式热脱附设备为小型验证机型，通过该项目的验证，我公司获得了热脱附设备的设计、制造、安装和应用的宝贵经验，多数指标达到国内先进水平，顺利通过国家"863"课题的专家论证。

三套设备均高度集成化，便于安拆、运输；均高度智能化，可以实现自动化运行；三套设备的投入、高沸点污染物的验证、大型项目的运行，使得我公司获得了各种污染物、各种规模热脱附工艺的宝贵应用经验。

（5）合理配置资金，运用资金支付手段创效益

提前安排资金收支，确保项目运转，通过运用资金支付手段增效。

四、管理效果评价

1. 目标完成情况

如表3所示。

完成情况表　　　　　　　　　　　　　　　　表3

序号	目标	成果
1	安全	工程施工期间无生产安全事故；无重伤事故；无重大机械设备事故；无职业病事件；无食物中毒事故；安全教育考核100%；特殊工种持证上岗率100%
2	工期	在约定合同工期内顺利完成全部工作
3	质量	所有污染区的污染土壤均已清挖干净，清挖边界外土壤中污染物浓度满足修复目标值要求；所有修复后土壤均已达到修复目标值要求，修复合格
4	环保	二次污染控制措施得当，尾气、污水处理达标，场地周边大气环境和噪声水平均满足实施方案要求，施工使用场地未受二次污染
5	专利	获得4项专利授权

2. 经济效益

建工修复在本项目投入大量先进的技术、设备，特别是土壤洗脱技术，为项目的运行节约1500万元；该地块修复后，用于商业开发，土地价值得到巨大提升，相比周边地块，土地升值3～4倍。

3. 社会效益

本项目的实施，在行业内树立了新的标杆，施工过程中，多次以样板工程的身份接收国家、省、市、区四级主管部门、科研院所、企事业单位的检查、交流，对推动场地修复行业的发展指明了新的发展方向，使得土壤洗脱、热脱附技术在全国范围内得到大力推广，多技术联合应用成为复杂污染场地修复的标配。

广钢白鹤洞基地的停产，使得周边环境得到巨大的改善；该地块作为商业用地进行开发，建设有中央公园、绿色居住片区和水景居住片区等，成为广州一个新的宜居新城。

五、总结

在广钢白鹤洞地块污染土壤修复项目的施工过程中，通过强化技术的引导作用，突出流水化施工、数字化管理的强大保障，真正做到了降本增效，凸显出科技是第一生产力。

通过本项目，建工修复更加坚定了科技创新的意志，丰富了超大型修复项目的施工管理经验，树立了企业的社会责任感，培养了大批项目骨干人员，推动了行业的良好有序发展。

严格管理·精益求精——铸造北京建工精品工程
——北京建工四建工程建设有限公司国兴城二期A14地块项目

苑会杰　王　岩　冯培进　张晓林　许　鹏　杨大国

【摘　要】 随着我国建筑行业的发展进步，建筑企业之间的竞争日益激烈，建筑质量的要求也越来越高。海阔天空国兴城二期A14地块是建设单位海航集团打造面向全国出售的高档住宅小区，建设单位非常重视项目建设过程中的安全、质量和进度。建筑行业竞争的加剧要求工程项目的管理者必须具备很强的综合能力。据此项目组建了经验丰富的项目组，在项目实施过程中坚持精益求精打造精品工程的思想理念，严格把关施工过程中的每个环节，加强工程项目的管理，要求各个管理部门不断进行学习交流和创新探索，同时还要总结过去工程项目的管理经验，吸取成功管理经验，不断提高工程管理者的能力，只有这样才能够做好工程管理工作，确保工程质量达到了预期管理目标，得到了社会好评和政府有关部门的嘉奖。

【关键词】 用心策划；严格管理；精细施工；打造精品工程

一、工程概况及成果背景

1. 成果背景

"海阔天空国兴城二期A14地块"住宅小区是由美国波士顿建筑大师操刀，中国人民解放军总后勤部设计院武汉分院设计院设计，深圳市恒浩建工程项目管理有限公司监理的高档住宅小区，项目配套设施齐全，集住宅、商业、车库、库房、卫生服务站、物业及文体活动中心为一体的一站式服务，充分满足了居民生活需求，提高生活质量，为小区营造一片宜居生活环境，大大提升居民幸福指数。

2. 工程概况

本工程为海南省海口市大英山新城市中心区A14地块，位于海口市国兴大道北侧；地下建筑总面积为53541.44m²，其中车库面积41860.70m²，人防面积11680.74m²，地下二层；建筑类别为商住楼：地下车库停车数量983辆，属一类地下车库（汽车库，修车库，停车场设计防火分类），防火分类为一类，耐火等级为一级，抗震设防烈度：八度；地下二层H～U轴线之间为人防，平时为停车场（人防），地上分别为5号~14号楼是十栋26层商住楼。1号、2号、3号、4号楼用途为商业、会所及物业用房（图1、图2）。

二、选题理由

1. 海阔天空国兴城二期A14地块，是建设单位海航集团打造面向全国出售的高档住宅小区，社会影响力较大。

2. 工程建设场地南侧紧邻海口市中心主干线国兴大道，北侧和东侧紧邻居民区，西侧和中建一局在施工程"国际金融中心"仅一墙之隔，建设单位对绿色施工、安全文明施工要求高，政府有关部门检查频繁。

3. 本工程项目地处海南省海口市属于台风高发地区，每年的8月至11月台风活动频繁，2013年9号台风"威马逊"风力达到了18.5级，风速达65千米/秒属50年来的最大台风，在这样条件下进行工程建设如何保证在施工程质量，尤其是在台风超强风压下确保建筑物墙体、屋面防水不渗漏，保证门窗

图 1 外景图

不渗水，如何降低台风损失等都是对建设者的极大挑战（图3）。

4. 对于施工单位来说，良好的管理水平是保证建筑工程质量的前提，只有加强管理才能出效益，才能保证建筑工程的质量。因此，在建筑施工过程中施工单位的管理水平直接影响建筑施工质量，所以提高施工质量不仅是工程项目的需要，也是建筑企业自身发展的前提。在如今建筑市场如火如荼的形式下，建筑企业要想得到长足的发展，在竞争中立于不败之地，那只有通过提高建筑质量来赢得客户。传统的管理模式及施工质量的控制措施已远远

图 2 现场实景图

图 3 项目所在地理位置图

不能适应时代的需求了,建筑企业只有采用新技术、新手段,与时俱进提高工程管理水平,才能在市场中挣得一线生机,才能为企业的生存和发展奠定良好的基础。

三、实施时间及管理目标

本工程于 2013 年 12 月 28 日开工;2016 年 7 月 17 日工程顺利通过五方竣工验收(表1)。

时间表　　　　表1

实施时间	2013 年 12 月 28 日～2016 年 7 月 17 日 根据进度计划分阶段实施
管理策划	2013 年 12 月～根据各时段节点不断调整
管理实施	2013 年 12 月～2016 年 7 月
过程检查	2013 年 12 月～截止到工程完工施工的全过程
取得效果	各阶段性节点～2016 年 7 月

1. 质量目标"海南省优质结构工程"

(1) 一次交验合格率100%;

(2) 分部工程 95%优良;

(3) 分项工程 95%以上优良。

2. 安全目标

杜绝人身死亡事故,群伤事故;

(1) 重伤频率 0.5‰;

(2) 轻伤频率 3‰,尽量减少轻伤事故;

(3) 杜绝严重未遂人身事故;

(4) 不发生一般机械设备事故。

3. 文明施工目标

施工现场达到海南省级文明工地标准。

4. 消防安全

无火灾事故。

5. 环境保护目标

不污染环境,不影响周围居民正常工作和休息,达到该地区环保要求。

四、管理重点、难点及创新特点

1. 施工管理重点

(1) 水平运输和垂直运输:因场地狭小,出入口少,建筑物占地面积大,工程量大。水平运输场内周转难度大,管理作业大,交通紧张等必须要求项目部对施工现场进行合理安排、规划和布置。如何进行合理划分和管理是本工程施工组织的重点。

(2) 总承包管理与协调:专业分包多、甲指分包、甲方分包项目多,工程接口多,施工场地小、工期紧、绿色施工、质量和文明施工要求高,综合协调和组织各专业交叉、立体作业和多支施工队伍同步作业是总承包管理与协调的重点。

(3) 工期管理:施工历经工期三个雨季,三个冬季,施工场地小受交通运输的管制,参建单位多、工期要求紧,对工期管理提出较高的要求。

(4) 安全文明施工管理:本工程地处位置显著,工程体量大、投入施工人员多、多工种交叉作业多、立体作业安全隐患多,为确保安全生产,加强施工管理是项目管理的重点。

（5）绿色环保管理：工地现场安全文明环保方面的要求。（临时厕所、洗车池、保安监控设备、消防设施、安全防护设施、污水处理与回收设施）达到绿色施工要求。

（6）质量管理：本工程设计新颖，对工程提出了较高的要求，虽然招标文件质量要求为合格，但我方提出了高标准，严要求。对于有多个专业参建单位完成的项目，要获此奖项，有一定的难度。

（7）风险管理：工期风险、资金风险、人力资源风险、环保要求高难于控制的风险。

（8）防台风影响：海南地区是台风、大雨高发地区，如何降低台风损失，确保工程质量是工程管理的重点，一般应对措施为临设板房屋顶上部加设钢管，立管与地面设钢丝绳地锚。大风来临时，塔吊提前降至安全高度，停止作业，并拉锚固定。

2. 施工技术重点及控制措施

（1）施工面积大：建筑面积约 172586.52m^2，其中地下建筑面积 53541.44m^2，地上面积 119045.08m^2。应对措施为配备足够的机械设备和劳动力。

（2）高、大模板施工：地下二层层高为 3.9m，地下一层 3.60m，地上一层 4.5m，标准层 3.2m、3.0m。应对措施为搭设满堂红扣件式钢管脚手架并加设剪刀撑，上部加可调支托，施工前提供专项施工方案并经总工、总监审批，并经专家论证后实施。

（3）塔吊的基础施工以及附着臂的安装：塔吊采用外爬塔，应对措施为需在土方挖完前安装完，因塔吊特殊，外爬塔提升拉结在主体结构上需进行特殊处理。

（4）防水施工技术：地下室外墙、底板、车库顶板抗渗等级为 S8 的防水混凝土，外铺 APF 改性沥青卷材双层 1.5mm+1.5mm 厚。位于绿化区域内的地下室顶板 4mm 厚 CKS 防穿刺型卷材。卫生间、淋浴间、更衣室防水采用单组分环保型聚氨酯涂料 1.5mm 厚，防水高度 1.8m。屋面防水等级为Ⅱ级，采用柔防水形式，3mm+3mm 厚 APP 卷材防水层，采用内排水的方式。

1）为保证地下室结构混凝土自防水质量，从原材料选择、试验、配合比设计和混凝土施工控制着手，优选出满足设计强度等级、抗渗等级和耐久性，且具有水化热相对较低、收缩小、泌水少、施工性能良好的防水混凝土，严格控制混凝土的搅拌、运输、浇筑及养护，从而保证混凝土内实外光，控制结构不出现温度收缩裂缝及钢筋和预埋件无渗水通道，保证结构具有良好的自防水功能。

2）优选防水卷材及防水涂料的材料品质，加强进场质量检验，合理安排施工工序及施工时间，做好防水基层处理，控制防水卷材铺贴质量和防水涂料涂刷质量，并及时做好保护层，加强成品保护工作。

3）选择与我公司有过长期合作，且施工质量好、管理到位、符合进度要求、信誉高的专业防水施工队伍进行防水施工。

4）严控防水施工过程中的质量检查，保证基层含水率、卷材搭接宽度、附加层做法、管道穿防水节点处理符合防水施工技术规范的要求。

5）科学统筹防水施工插入时间，避开雨施等不利季节施工，保证温度、湿度等施工环境要求。

6）严格按照图纸和规范要求，对后浇带、施工缝、变形缝处的防水节点进行施工。底板外墙 30cm 处加止水钢板，后浇带处按设计要求除钢筋加强外，增加止水条，地下防水卷材在管根加强处理。

7）桩头及桩侧剔毛清理干净，并涂刷渗透结晶型防水涂料，桩头钢筋包裹橡胶止水条，底板卷材防水上卷至桩头，最后桩顶、侧面抹 20mm 厚防水砂浆。

（5）深基坑支护及监测技术：车库底板标高为－9.6m，深基坑支护及监测是确保工程顺利进行的关键。应对措施为施工期间每天做位移、沉降观测，做好应急预案，特别是应急技术措施、应急救援物资准备等。当基坑变形值超过控制值且不收敛时（不收敛的标准：连续三天位移超过大于 3mm/d），应及时反压回填。

（6）施工作业面小：结构本身的特点决定了本工程所有作业面十分狭小，工程施工前制定各种专项施工技术措施，根据施工进度计划，合理安排各工种的工作流程搭接。加强现场巡视，及时协调各工种的施工流程和施工部位。

(7) 高空作业安全防护措施：本工程为超高建筑物结构施工、幕墙施工等均具有高空作业量大，工序交叉施工、施工作业面狭小的特点。应对措施：本工程为超高建筑物，在施工前我公司将制定专项的高空作业安全防护方案，并对施工班组进行安全交底。在施工过程中按照总体计划的要求，制定各分项工程穿插施工计划，在不同高度组织不同工序的施工，保证各工序间有足够、可靠的安全距离。根据本工程超高的特点，加强安全巡视，做好安全施工的紧急预案。

五、管理分析、策划与实施

1. 项目管理分析

海阔天空国兴城二期 A14 地块，是建设单位海航集团打造面向全国出售的高档住宅小区，建设单位非常重视项目的建设过程中的安全、质量和进度。

本工程的特点为高：①设计要求高；②质量要求高。大：①社会影响大；②建筑面积大；③建设投入大。新：新技术、新材料、新工艺。多：①标高多；②交叉作业多；③专业系统多、总包管理、配合多。

2. 项目管理策划

（1）管理组织策划

1）项目部施工组织系统图，如图4所示。

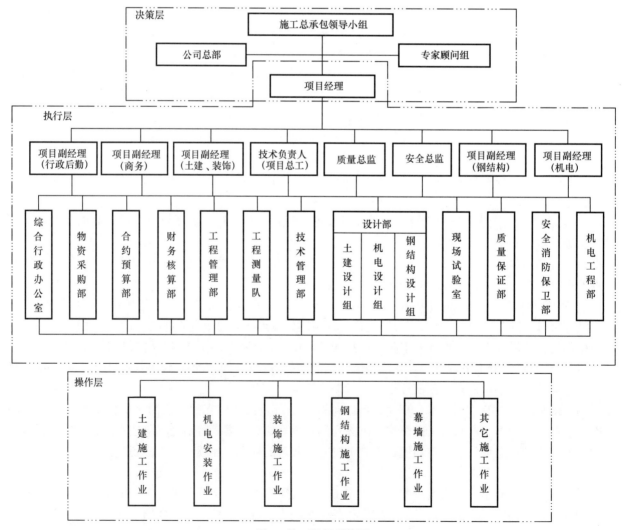

图4　施工组织系统图

2）项目管理团队

公司选派有丰富施工管理经验人员，建立高效运行的项目管理体系，拥有很好的团队协作精神，项目管理团队主要骨干勇于创新，敢于承担，善打硬仗，近年来在国内外项目施工方面取得了一定成绩且积累了丰富的经验，项目主要管理人员大专以上学历占85%；高级职称人员两人，中级职称8人，有一级建造师二名，二级建造师七名，全部持证上岗。

（2）技术策划

技术准备

1）施工测量和控制网布设：进场后，及时报批定位和测量放线施工方案，根据市政规划红线桩、测量定位水准点，对轴线、标高和定位坐标进行平面控制网和高程控制网的布设，并对原施工的测量控制网和桩点进行复测和核验；同时做好测量桩位的保护。

2）工程施工图纸会审和深化设计：项目经理部技术负责人抓紧组织各专业施工技术人员系统、仔细的阅读图纸并掌握设计意图，提出图纸中的错、漏、碰、缺，并检查施工组织设计和施工方案是否完全符合图纸和设计意图，会同业主、设计、监理单位共同做好图纸会审。

3）施工组织设计和方案编制和报审：进场后，根据现场交接、施工图纸会审、设计交底以及对现场情况的进一步掌握，在投标施工组织设计的基础上，进一步深化、完善、修订施工组织设计，同时按照施工进度，分期分批提前编制各专项施工技术方案，及时报送业主、监理单位审批，以指导整个工程的施工。计划编制各类技术方案26项。

4）技术安全交底：以施工组织设计和各专项施工技术方案为依据，在各分部分项工程施工之前，分级进行认真详尽、有针对性和可操作性的技术安全交底，使所有工程技术管理人员、作业班组、施工操作人员在施工开始前做到心中有数。

5）物资设备材料计划（含加工计划）：按照工程总控制进度计划、分阶段施工进度计划及配套计划，根据图纸编制各种物资、设备、材料计划，及时组织加工、采购和按计划进场。

6）图纸深化和详图设计：根据设计单位提供的施工图纸，分专业抓紧进行图纸深化和详图设计（包括土建、结构、机电和后期施工的装修工程）并报送设计单位审批（图5～图12）。

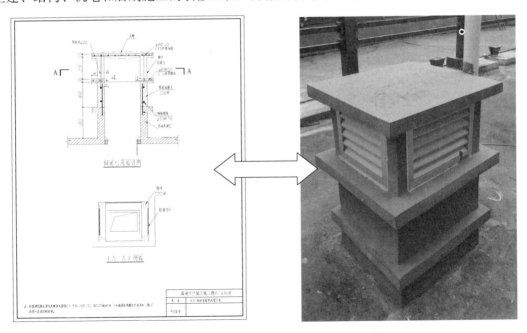

图5　风帽详图深化　　　图6　施工效果照片

7）工程施工技术资料，图集、规范、规程准备等各项准备工作。对诸如机电和设备专项工程、精装修工程等，总承包方要提前做好技术策划和技术衔接准备工作，提出预案、建议和技术准备工作计

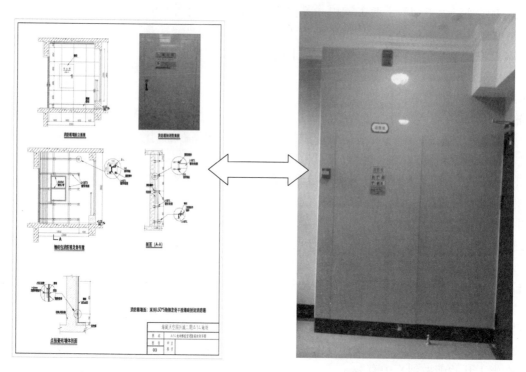

图 7 消防箱精装详图深化　　　　图 8 施工效果照片

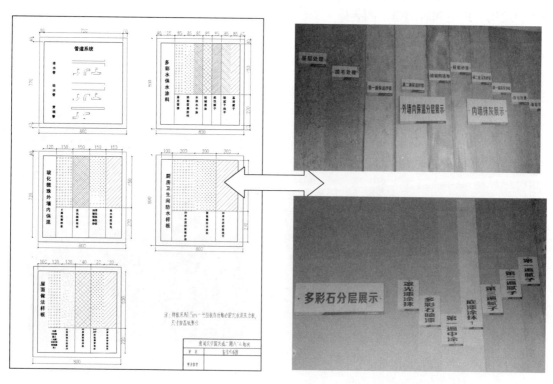

图 9 涂料装修详图深化　　　　图 10 施工效果照片

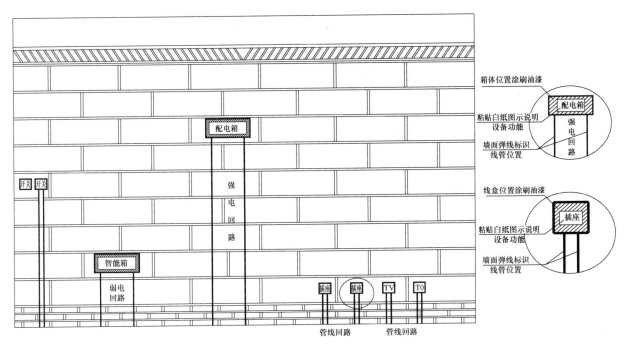

图 11 水电设备位置、功能标识图示

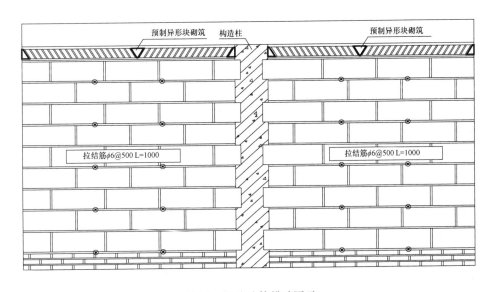

图 12 砌块墙体排砖图示

划,做到未雨绸缪。

8) 建筑业新技术推广计划

① 该工程所涉及的工程技术是具有前沿性的、多学科的。我们只有不断进行科技开发和工艺创新,才能优质高效完成工程建设(图 13)。

② 本着上述原则,我们在开工前将成立重点科研开发及科技推广领导小组,并成立常设机构,专门负责工程科研开发和"四新"推广应用。在工程开工前,编制科研开发和"四新"推广应用计划,在施工过程中加以落实,并在工程完工后及时总结,进而提高工程的科技含量,提升企业的科技实力(表2)。

图 13　工程技术图书

新技术推广计划表　　　　　　　　　　　　　　　　　　　　　表 2

序号	项目名称	总结部门	实施部位
1	绿色、环保建材	项目技术质量科	结构、建筑
2	高性混凝土施工技术	项目技术质量科	结构
3	钢筋滚轧直螺纹	项目技术质量科	底板、墙体、柱
4	三级钢筋应用	项目技术质量科	板、柱、梁
5	APP改性沥青防水卷材	项目技术质量科	基础、屋面
6	碗扣型脚手架应用技术	项目技术质量科	顶板支模
7	建筑防水涂料	项目技术质量科	地下室、屋面等
8	重型塔式起重机	项目技术质量科	结构施工

（3）质量管理策划

质量管理为重中之重，项目开工伊始便成立以项目经理为领导的质量管理体系，并明确此工序质量目标，加强施工过程中的质量管理的预控及监控。制定质量管理要点，质量通病防治措施。施工过程中监督实施情况总结，不断提高。严格遵循"样板引路"及过程"三检制"等制度。

六、过程检查控制与方法应用

1. 为进一步抓好质量控制，项目部从开工伊始，始终坚持"科学管理、精心施工"，以强化工程质量管理作为项目工作第一要务，制定了一系列措施，确保工程质量。每天在早会上项目部强调当天施工的质量控制要点，并在晚上的碰头会上对质量情况进行如实评价，时刻提醒、提示全体人员关注产品质量，加强成品保护。项目部实施了《工程实体细部7S管理》方法，对于施工生产，以规程规范为依据，以提高管理质量和工作效率为目的，广泛运用现代管理手段和"四新"技术。实践证明，工序质量直接决定产品质量。在施工过程中，项目部全程跟踪监督各道工序质量，坚持"三检制"，建立质量问题台账，定期督促整改、闭环。对待出现的质量问题，坚决返工，如上道工序验收不合格，绝不进行下道工序施工。坚持样板引路，一次成优，为保证工程主体结构达到清水混凝土效果，在进场门口样板区域以及组合场制作梁板柱清水混凝土施工样板。在工程施工过程中，严格按照样板工程工艺对钢筋工程、模板安装支设、楼梯间、脚手架等进行工序控制，规范施工工艺及流程。虽然，项目部制定了一系列控制质量的措施，也取得了一定的效果，但也不否认，在过程中也出现了一些困难，如项目工期压力大，前期受台风、阴雨天气和现场图纸调整影响较多等原因，但现场安全文明、创优亮点要求高，交叉作业又多。又如项目要争创椰岛杯，安全文明施工、质量标准、人才投入较大，成本控制存在一定问题等，均给项目部带来了众多困难，在一定程度上也影响员工士气。但项目部领导班子不等不靠，经常召开班子会，分析当前存在的重点和难点问题，有针对性的加以解决。克服了一道又一道难关，最终化解了施工过程中的各种困难，其工程质量达标，满足业主要求。项目部从承建至今，还致力通过高标准的质量管理，加强人才培养。该项目部80%以上均为不满35岁的青年员工，如何通过工作实践，迅速提升青年员工业务能力，是项目部领导班子的又一目标。他们定期组织各种培训，让每名员工针对现场工程实际撰写培训教案，走上讲台授课。他们大力开展工程质量竞赛活动，实行混凝土浇筑实名制登记、责任层层落实，通过比学赶超，加强员工的实际操作能力。成立了质量创优（QC）小组，围绕现场工作实际，激发青年员工独立解决问题的能力，提升业务水平（图14～图17）。

图14 项目进行技术方案交底会

图15 项目进行三级安全教育会

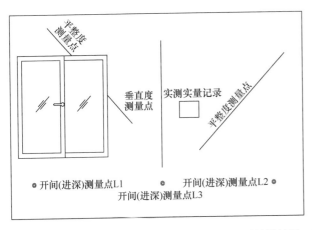

图16 项目部每周一次开展质量大检查

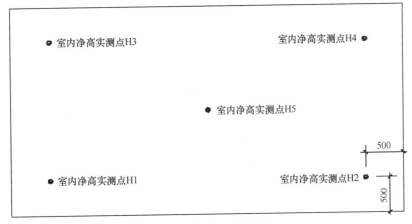

图17 室内地面及顶棚净高实测点位置图

2. 施工过程中创精品施工照片及样板图片，如图18所示。

3. 在台风超强风压下为确保建筑物墙体不渗漏，保证门窗不渗水，对墙体拉杆孔进行特殊防水处理，先进行人工清除拉杆PVC套管，采取干硬性膨胀水泥砂浆对拉杆孔进行封堵，封堵时2人分别在拉杆孔两侧进行塞填砸实，并确保封堵砂浆密实饱满，然后对所填塞完毕拉杆孔部位的墙体进行养护待封堵砂浆干燥后涂刷防水涂料三遍，实施照片，如图19所示。

待墙体防水验收合格后方可进项下一步外墙装修施工。

4. 门窗洞口渗漏也是房屋建筑质量控制重点，尤其是在海南地区为台风、暴雨高发地区，门、窗洞口按一般的施工方法很难抵御超强风压的侵袭，门、窗洞口渗漏更是质量控制的难点，为解决这一施工难题，项目部、技术部在项目经理的带领下，对门窗安装方案进行了优化，在窗框与结构墙体之间增

钢筋保护层控制

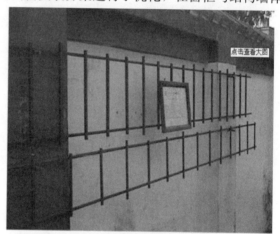
剪力墙用梯子筋

剪力墙设置梯子筋来控制钢筋间距

剪力墙模板固定

钢筋防污染保护

梯板抽芯模板

图18 施工照片及样板图片

墙、柱平施工缝在墙、柱边线内弹一道切割线，用无齿锯切割，切割深度3cm，然后再凿毛处理

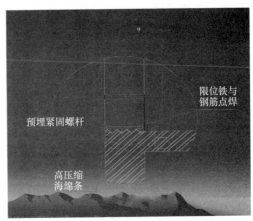
外墙根部紧固楞图

用吸尘器清理模板内杂物

塌落度现场随机抽测，保证现场塌落度符合规范要求

图18 施工照片及样板图片（续）

剪力墙对拉螺栓封堵

图19 特殊防水处理

设附框，附框与结构墙体之间先采用防水砂浆封堵，在防水砂浆外侧做三遍聚氨酯防水层，防水层通过验收后才能允许门、窗安装，本工程优化后的门、窗安装方案经过夏季台风暴雨的洗礼无一渗漏，得到了甲方和业主的好评，无形中也提高了企业知名度，增强了社会效益（图20）。

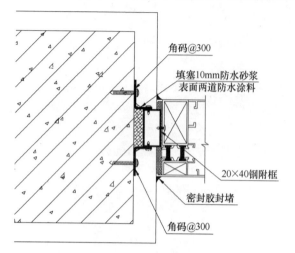

外窗防水节点做法详图

外窗安装完毕效果图

图20 外窗安装图

七、管理成效及评价

1. 管理效果

通过项目严格有效的质量保证体系，本工程的整体质量处于受控状态，并赢得了业主和社会各方的一致好评，目前本工程已获得：

（1）海南省建筑施工优质结构工程奖；

（2）中国房地产广厦奖。

2. 社会效益及经济效益

本工程通过工程前期的有效策划，过程中高效的项目管理提高了施工效率，降低了施工成本，增强了工程施工的安全可靠度。

（1）电梯井模板支设，针对本工程高层的情况，经过技术方案的优化从原来的脚手管架子—搭到顶的做法改为焊制槽钢操作平台，随着楼层的施工，逐步提升槽钢操作平台，节约了钢管的租赁及操作平台的搭设，节约了人工及材料租赁费、确保施工的安全，节约脚手架租赁及搭设拆除费用10万元，并加快了施工进度。

（2）施工图会审提出合理化建议：本工程设计垫层混凝土为C15沥青混凝土，与土壤接触的混凝土需添加SY-KS防腐剂。经联系设计，本工程采用C15沥青混凝土，地下室与土壤接触的混凝土需添加SY-KS防腐剂的原因是因为地勘报告水质有阐述："本场地地下水对混凝土结构具有强腐蚀性；"经与相邻工地进行调研发现离我项目部直线距离50m的项目"海口国际金融中心"水质检测为弱腐蚀性水。争取复检将垫层的C15沥青混凝土变更为C15普通混凝土、将SY-KS外加剂取消节约成本25万元。

（3）外墙立面EPS造型深化：原图纸设计EPS整体造型，不易加工生产和安装，而且施工烦琐不易保证质量，对EPS造型分节点，分部位进行组合深化，深化后便于加工和安装，（EPS线条）详图深化设计，解决了设计图纸不详细、建筑与结构矛盾的问题，技术先行发挥龙头作用，降低了加工和安装成本30万元。综合成本降低率1.5%。

（4）通过严格有效的管理，在取得良好经济收益的同时，也取得很好的社会效益。工程凭借自身优异的质量、过硬的总承包管理,在各级领导检查和指导中均获得好评,为"北京建工"树立了优异的企业品牌效应。

3. 项目管理评价

在"海阔天空国兴城二期 A14 地块"建设工程施工过程中,通过前期策划、方案优化、质量控制"等科学管理手段,进行各种技术专题研讨,技术攻关,积累了丰富的管理经验,积攒了宝贵的施工经验,取得了良好的社会效益和经济效益,为北京建工四建公司在外埠施工领域营造了良好的形象和社会信誉(图 21~图 26)。

图 21　2015 年 2 月 4 日海航集团领导慰问施工现场劳动者

图 22　海南省建设工程安全质量检测协会进行优质结构工程评审

图 23　集团公司领导进行施工项目全面检查

图 24　建设单位组织设计、监理、施工进行分阶段联合质量大检查

图 25　建设单位组织设计、监理、施工进行分阶段联合质量大检查

图 26　海口市建设工程质量监督站领导到现场进行质量巡查

细致管理创精品　规范施工树丰碑
——北京建工集团有限责任公司总承包部长丰星辰园一标段工程

孙会斌　孙文福　顾永刚　王红岩

【摘　要】 长丰星辰园一标段工程是云南长丰房地产开发有限公司重点打造的高品质住宅小区，结构形式为钢筋混凝土剪力墙结构，施工工期短、施工专业多、交叉作业多、雨施时间长。项目部结合工程实际情况，通过精心部署、节点控制、细致管理、样板引路、人文关怀等方法，项目部本着"实施总承包管理、全面履行业主合同"的原则，优质高效地完成了施工任务。

【关键词】 精心部署；精细化；创精品工程；样板

一、项目成果背景

1. 工程概况

长丰星辰园一标段工程项目位于昆明市官渡区新亚洲体育城，占地面积 8500m²，总建筑面积 22.1 万 m²，基础结构形式主体为桩筏基础，其他为桩基承台基础，通过两层地下车库将 2 个商业楼，9 个住宅楼连为一体，其中 1 栋、2 栋为商业楼，层数为 6 层，建筑高度为 22.9m，结构形式为框架结构，7 栋、8 栋、9 栋、10 栋、13 栋、15 栋、16 栋、17 栋、18 栋均为住宅楼、层数为 34 层，建筑高度 7 栋、8 栋、9 栋、10 栋为 96.3m，13 栋、15 栋、16 栋、17 栋、18 栋为 99.2m，结构形式为钢筋混凝土剪力墙结构如图 1 所示。建成后的星辰园定位为高档住宅小区，备受当地人们的关注，主要参建单位如表 1 所示。

主要参建单位　　　　　表 1

建设单位	云南长丰房地产开发有限公司
设计单位	昆明理工大学设计研究院
监理单位	北京帕克国际咨询工程有限公司
施工单位	北京建工集团总承包部
监督单位	昆明市建设工程安全质量监督站

图 1　工程实景图

2. 选题理由

（1）本工程是云南长丰房地产开发有限公司连续开发的第四个工程，前三个工程都取得了较好的成绩，在当地备受人们的关注，建成后星辰园小区定位为高品质住宅小区，社会影响力大，关注度高。

（2）本工程是我公司在云南省的第一个工程，当下建筑行业竞争激烈，能否在云南站稳脚跟，为日后开发云南市场打下基础，因此本工程将起着至关重要的作用。

（3）星辰园一标段由我公司负责施工，二标段由中建八局负责施工，生产中两家公司相互比较，相互监督，竞争激烈。

（4）本工程劳务公司、专业分包、甲指单位较多，交叉作业多，现场管理难度大。

(5) 本工程要求严、标准高，工程争创优良项目。

3. 实施时间

本工程从 2014 年 8 月开工，到 2015 年 12 月 20 日顺利通过五方竣工验收，实施时间具体如表 2 所示。

实施时间表　　　　　　　　　　　　　　　　　　　　　　　　　　表 2

实施时间	2014 年 8 月～2015 年 12 月
管理策划	2014 年 8 月～根据各时段节点不断调整
管理实施	2014 年 9 月～工程竣工全过程
过程检查	2014 年 10 月～工程竣工全过程

二、项目管理及创新特点

1. 项目管理难点及重点

(1) 管理重点

针对工期质量要求较高的住宅楼，优质高效的完成建设任务是项目管理重点。树立良好的企业形象，拓展后续市场，实现经济效益与社会效益双丰收。

(2) 管理难点

1) 安全管理难度大

本工程参与施工的分包单位众多，由于工期紧，高峰期的用工人数也多，这给总包单位的安全管理带来了难度，另外用于工程上的材料品种丰富，有些属于易燃、易爆材料，这些因素给施工现场的防火安全管理带来了隐患；如何确保施工现场不出现重大安全伤亡事故，不出现重大火灾、爆炸事故，并减少一般事故频率的发生，是该工程安全管理中的一个难点。

2) 环保要求标准高

该工程位于云南省昆明市官渡区，昆明是中国西南地区对外开放的桥头堡，昆明市也是新型的旅游开发城市，城市市区有众多的旅游景点，故对环境保护的要求比较高，施工中产生的废水、废气、垃圾、粉尘会对周边环境产生污染，因此在施工中如何使施工场地减少扬尘，生产、生活用水不污染环境，减少建筑垃圾排放量是该工程环保中的一个难点。

3) 总包协调配合管理难度大

由于本工程有许多分项单位工程，涉及的施工队伍多，协调配合难度大，如何发挥总承包的组织协调，确保各项目标实现是总包管理中的一个难点。

4) 工程单层建筑面积较大，施工组织难度大

本工程总建筑面积为 22.1 万 m^2，占地面积近 8500m^2。结构形式为钢筋混凝土框架、剪力墙结构，平面面积大，专业性强，多工种交叉作业。

本工程按单位工程星辰园一标段 7～18 号楼的平面位置设置 3 个施工段，7、8、9、10 号楼及综合楼为一个施工段，每个施工段内组织流水施工，13、15、16 号为一段，17、18 号地下部分为一段。同时，对每个施工班组配备足够的劳动力，配套的加工机械、周转材料及材料加工场地，并根据每个施工段实际需求配备相应的劳动工具。

5) 大体积混凝土施工难度大

主体基础为 1.8m 深筏板基础，近 3000m^3 的混凝土浇筑量，施工正逢雨季阶段，加大了施工难度。

6) 防水要求高

一年近五个月的雨季，对防水施工质量要求非常高。

7) 工期紧迫

本工程总工期仅为 483 天，工期比较紧，任务重。

8）塔吊作业管理难度大

本工程处于昆明官渡区，长丰地产4号地，施工布置场地有限，又因工期紧、施工作业面大，基础、结构施工阶段一标段将布设6台塔吊进行材料及构件的水平、垂直运输，塔吊的运行安全及协调管理将成为施工管理的又一难点。

9）季节性对施工影响显著

昆明市主城官渡区，属北亚热带季风温凉气候区，具有冬暖夏凉、干湿分明的特点。据相关气象信息中心资料，场区历年平均气温14.0℃，历年平均湿度74%，最热月份7月，最高气温34.0℃；最冷月份为1月；春、冬干旱，夏、秋多雨，年平均降水量1006.6mm，降雨集中在6～10月（约占全年降水量80%），其中1月降水最少，年平均117mm，8月最多，最大达2059mm，11月至次年5月为旱季（降水量占全年降水量20%）。

本工程计划2014年8月25日开工，2015年12月20日竣工，工程将跨越两个雨季，雨季的基础和主体结构施工受季节性及白天与夜晚的温差影响较大。

10）本工程机电系统众多、繁杂，多为专业分包单位，交叉作业多，这就增加了总承包单位协调和管理的难度。

11）材料供应难度大

本工程为钢筋混凝土剪力墙结构，需要大量的混凝土进行浇筑，目前在施工周围的道路情况只有东侧为主要运输道路，昆洛正处于修建期间，路两旁堆满建筑木料，路面只有2.5m的空间存在运输通道，不能满足混凝土大量浇筑连续性。给工程施工带来一定的难度。

2. 创新特点

（1）合理分配管理人员，提高工作积极性

针对项目特点，合理组建项目管理体系，根据管理人员的能力，合理的分配任务，提高工作效率。每一个专业至少配置一个精通此专业的管理人员进行现场主控。

（2）加强人文关怀

1）工程施工高峰期时，项目管理人员多达42人，背井离乡加上项目生活的枯燥乏味，内心难免产生波动，时间一久工作积极性不高，工作效益降低，项目经理针对此情况作出决定，提高员工的业余时间娱乐生活，定期组织员工分批次的旅游，此后员工工作充满激情，工作效率大大提高。

2）项目施工，加班是不可避免的，针对加班，项目部规定只要晚上有加班的人员，食堂必须提供夜宵。

3）WiFi全覆盖，管理人员以及工人在宿舍都能使用WiFi，以方便和家人联系，视频通话。

（3）充分利用网络

1）项目涉及的施工队伍多，协调配合难度大，如何发挥高效的协调能力，针对此问题项目部研究决定使用QQ、微信，建立一个项目施工群，将参建的相关人员都拉进群里，信息共享，大大的减少了中间环节，提高了工作效率。

2）在工程所在地设置一个施工材料联系网络，利用北京建工集团强大的信息平台，多方收集信息资料，做到货比三家，物美价廉。

三、项目管理分析、策划和实施

1. 管理问题分析

星辰园一标段为高档住宅楼，所以对工期和质量要求极高，工程量大、流水段多，参与施工的分包单位多，工人多且素质偏低，流动性强，一味追求进度，对施工过程中质量、安全重视度不够，从而加大了项目过程管理难度。

2. 管理措施策划实施

（1）管理目标策划

1）本工程质量目标是依据建设单位招标文件的要求，并结合工程的特点、设计要求、招标图纸结构技术要求、招标图纸建筑设计要求以及投标企业的综合能力等方面因素而制定的，并且通过工程项目的管理和实施来实现。我们承诺本工程的质量标准为：工程质量达到现行"合格"的要求。争创省级优质工程。

2）在组织施工中，我们将认真贯彻执行住房城乡建设部、云南省建委、环保局、安全生产监督管理局等关于施工现场文明施工管理的各项规定，贯彻《云南省建筑施工文明工地评审办法》及招标文件中的相关规定，争创云南省文明安全工地。

3）按照合同要求，保质保量完成每一节点任务，按期完工。

（2）管理措施实施

1）合理部署，科学组织

星辰园一标段工程基础结构施工划分为三个施工区7个流水段，主体结构划分为三个施工区5个施工流水段，每个流水段精心准备，配备足够的人力、物力、材力，关键项目优先安排施工，重点解决主体结构、屋面工程、外装修、室内精装修、室内防水等制约工期的关键项目，确保施工的顺利进行。

2）加强对工人管理

① 进场前进行建筑施工安全生产教育，经考试合格后方可上岗作业。

② 对出入施工现场人员进行实名制管理。

③ 特种作业人员，必须持证上岗。

④ 每日上班前，施工队负责人召集所辖全体人员，针对当天任务，结合安全技术交底内容和作业环境、设施、设备状况、本队人员技术素质、安全意识、自我保护意识以及思想状态，有针对性地进行班前安全讲解活动，提出具体注意事项，跟踪落实，并做好活动记录。

3）样板引路

为保证质量，分包单位在每一道工序施工前按要求做样板，样板经检查合格后方可大面积施工。

4）精细化过程掌控

本工程实现一次成优、追求经济效益最大化、减少返工，过程掌控至关重要。

① 精心组织和管理：确保施工的每一个环节都科学部署和科学管理。

② 精心施工：坚持样板制，实行工序管理，以工序保分项，以分项保分部，以分部保单位工程。

③ 严格检查验收：坚持执行三检制、挂牌制，认真进行工程的隐检、预检，做好检验批、分项、分部及单位工程的验收。

④ 保护成品：制定严格的成品保护措施并监督执行。

3. 方法工具应用

（1）OA平台的应用

为提升项目管理效率和管理水平，节省项目管理成本，我公司采用OA办公平台对在建项目实时进行网上统一管理，方便公司与项目，项目与项目的资源共享。

（2）筑业软件的应用

为规范项目工程资料的管理和方便相关人员的查阅，特地购买了当地资料管理软件。

（3）QQ、微信的应用

为加强项目内部管理员工、管理人员与劳务班组的沟通，及时传达变更信息，项目部建立QQ群、微信群等平台。

4. 过程检查控制

（1）建立例会制度：本工程分包单位较多，为使总包与分包、分包与分包之间尽快熟悉及了解情况，及时反馈相关信息，每周召开由总包单位组织的生产协调例会，会议主要解决检查计划执行情况，提出存在问题，分析原因，研讨对策，同时我公司将对分包单位进行充分协调、管理、化解矛盾，为下一步生产工作提前做好准备，以确保工期控制目标的实现。

（2）坚持执行三检制、挂牌制，认真进行工程的隐检、预检，做好检验批、分项、分部及单位工程的验收。

（3）项目部成立独立安全检查组，每周组织一次对各施工单位的安全生产联合检查，根据检查情况按"施工现场检查记录表"评比打分，对检查中所发现的事故隐患和违章现象，开出"隐患问题通知单"。各施工单位在收到"隐患问题通知单"后，定时间、定人、定措施予以解决，检查组监督落实问题的解决情况。若发现重大安全隐患问题检查组有权下达停工指令，待隐患问题排除，并经检查组批准后方可施工。

四、管理效果评价

1. 目标完成情况

（1）合同竣工日期为 2015 年 12 月 20 日，实际如期竣工，12 月 20 日一次性通过五方验收并签字。

（2）质量目标全面实现，验收合格率 100%，一次性通过验收。

（3）安全实现零事故，连续两年被评为"昆明市安全生产文明施工先进单位"。

2. 人才培养

目前项目团队中的部分管理人员已经陆续调离，积极的投身到公司其他工程建设中担当起更大的管理职责，真正践行了"建楼育人"的发展方略。

3. 项目获得荣誉

荣获 2014 年度"安全生产文明施工先进单位"称号；

荣获 2015 年度"安全生产文明施工先进单位"称号；

荣获 2015 年度"昆明市建设施工安全生产标准化工地"。

4. 社会经济效益

由于本项目连续两年获得昆明市安全生产文明施工先进单位称号，受到昆明市住建局的表扬和业主单位认可，有数批外来施工单位来我项目观摩学习。

通过项目部的细致管理和规范施工，使施工现场的工程质量、工程进度、安全施工得到有力保障，有效地避免了返工、工期延长、安全事故等造成的成本增加，本工程最终盈利 6.4%。

精细化过程管理 建邮政综合服务中心精品工程
——北京怀建集团有限公司孙村组团邮政综合服务中心项目

杨 阳

【摘 要】 为了邮政综合服务中心项目建设精细化管理，建造孙村邮政综合服务中心这一精品工程，达到降低成本创造更高的效率，降低项目投资风险，项目部自开工之初就在各方面进行了精心策划和管理并充分运用以往的管理经验，大力开展科技创新及管理创新，施工过程中多教育、严要求，做好技术质量管理及绿色安全生产文明施工，最终项目圆满建成，满足了业主的要求，达到了预期的目标。

【关键词】 过程检查；精细化管理；监督

一、项目成果背景

1. 工程概况

（1）本工程是政府投资建设的大型邮政综合服务中心项目，位于北京市大兴区黄村镇孙村，北邻海鑫路，西邻孙村消防站，南邻住宅小区。

工程包含主体建筑及人防出入口，地下两层，地上六层，建筑面积 13420m²，其中，地上建筑面积 8850.00m²，地下建筑面积 4570.00m²。结构形式为框架结构，地下二层层高 3.9m，地下一层 4.5m，首层 4.2m，地上二层至六层 3.8m。基础开挖深度 10.5m，为深基坑。建设工期 465 天，其中包含一个冬期一个雨期。

该工程单体规模大、工期短，质量、安全等要求高，建设单位对现场安全文明施工及工期、质量特别重视。工程效果图如图 1 所示。

图 1 工程效果图

（2）主要参建单位如表 1 所示。

参建单位 表1

序号	单位	单位名称
1	建设单位	北京市大兴区黄村镇人民政府
2	设计单位	北京燕华建筑设计有限公司
3	勘察单位	北京金水源岩土工程有限公司
4	监理单位	北京铁研建设监理有限责任公司
5	施工单位	北京怀建集团有限公司

2. 成果背景及选题理由

（1）邮政综合服务中心项目是镇政府投资建造的大型综合性邮政服务中心，定位于为百姓建造的民生工程，意义重大。

（2）随着竞争日益激烈的建筑行业施工技术水平不断提升，各企业都把建设产品的品质放在了第一位，将品质作为企业展示自身实力的根本，同时也是提升企业在行业中的被认可程度。

（3）为符合建筑市场的发展规律，作为总承包企业，对于劳务分包的管理须摒弃传统的层级管理模式，切实深入工程建造的过程并进行精细化管理，掌握第一手资料以及现场情况，才能有效避免各劳务分包以及专业分包在施工过程中的偷工减料、材料浪费、各种资源浪费以及降低质量要求的情况。

（4）集团公司对本工程高度重视，并在开工前就对项目部提出了很高的要求。

3. 实施时间

2016年9月1日开工，2017年11月24日竣工，如表2所示。

项目实施时间 表2

项目总体管理策划	2016年9月~2016年10月
管理措施实施	2016年10月~2017年11月
过程检查	2016年10月~2017年11月
取得成效	2016年11月~2017年11月

二、项目管理难点及创新点

1. 项目管理难点

（1）社会意义大

本项目是黄村镇较大的综合性邮政服务中心，同时是镇政府为百姓建造的民生工程，政府高度重视，建成后可促进黄村镇邮政事业健康发展，极大缓解当地邮政服务压力。

（2）项目施工工种多，协调管理难度大

本项目总建筑面积13420m^2，从体量上看是不大的，但涉及十个分部，40个子分部，144个分项工程，包括了深基坑支护、地下人防工程、消防工程、通风空调工程、玻璃幕墙工程以及室外工程等。施工期间劳务分包及专业分包队伍较多，穿插作业频繁，对合理安排各个施工队伍的施工时间及协调他们之间的关系是本项目的难点。

（3）施工质量要求高

为实现计划的质量目标，达到业主及集团公司的要求是本项目的管理难点。

（4）安全文明施工要求高

为确保项目顺利获得北京市绿色安全工地的称号，需要全体项目管理人员高度重视现场安全文明施工管理，对管理人员提出了更高的要求。

2. 创新点

施工队伍进场前，在劳务用工合同中明确规定，样板活开路，在施工质量上，项目部通过采用现场随机抽查测量，通过各工序的合格率决定施工队伍的工程款数额。在施工前，施工人员就已经有了强烈的质量意识，严格按照技术交底和验收标准进行施工，保证了施工质量。

三、项目管理分析、策划及实施

1. 项目管理策划、分析

(1) 管理目标

如表3所示。

管理目标　　　　　　　　　　　　　　　　　　　　　　　　　　　表3

1	质量目标	确保获得北京市结构长城杯，怀柔区结构红螺杯，怀柔区建筑红螺杯
2	绿色安全施工目标	确保获得北京市绿色安全工地称号
3	效益目标	确保实现集团公司规定的效益目标
4	工期目标	严格按承包合同的工期竣工

(2) 建立项目管理机构

根据工程特点，配备足够的项目管理人员，满足项目管理要求。基于构建科学管理、精干高效、结构合理、勇于创新的原则，建立三个阶层管理模式。落实责任制度，完善管理机制，使项目策划、实施以及全过程的各项目标、指标得以实现，三级管理模式如图2所示。

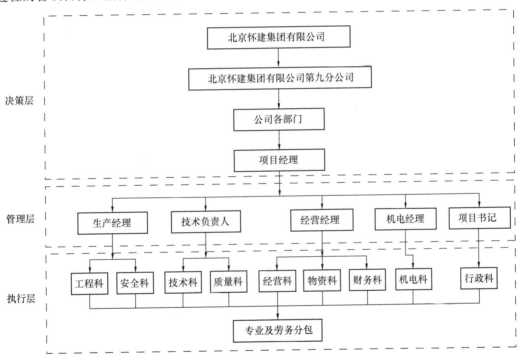

图2　三级管理模式图

(3) 技术管理及方案策划

为了更好地适应本项目建设需要，确保施工过程中有效的控制，做到技术管理有制度有标准，项目部经过多次讨论，在常规施工技术基础上，大胆创新，针对关键工序的施工开展QC小组活动，提前对工程上可能遇到的难题进行分析。方案编制针对不同的措施进行经济衡量，制定切实可行的解决方案，并在具体施工过程中不断修改完善，从技术上确保项目施工顺利进行。如项目开工前对深基坑支护、大体积混凝土浇筑等进行分析，基坑支护决定基坑北侧及西侧采用锚杆+护坡桩，南侧及东侧根据现场条件及平衡现场空间选择土钉墙支护方案，可以有效降低全部采用护坡桩的成本。

通过技术管理及方案策划，提前制定了关于技术管理的各项制度，如图纸会审制度、施工组织设计管理制度、施工方案管理制度、技术交底制度、内业资料管理制度、材料计划管理制度、进度计划管理制度、测量管理制度等。

（4）质量管理策划

本项目在开工前就制定了质量管理目标，确保北京市结构长城杯、怀柔区结构及建筑红螺。项目部严格遵守质量管理体系要求，有效运用过程精品、目标管理、精品策划、过程监控、阶段考核、持续改进的生产线管理理论。

在工程开工建设之初，公司领导及时召开项目部动员大会，并结合项目部实际情况，提出了"精心策划，夯实管理的要求"。项目部及时组织工程的质量策划会议，明确质量目标，针对工程的结构及内部装饰等关键工序，通过编制施工方案，提前解决施工过程中的难点、疑点。每个分项工程开始施工前，首先对操作人员进行业务培训并下发详细的技术交底和作业指导书，让工人熟悉施工工艺，明确质量标准。坚持样板工程，以点代面。施工过程中，通过班组自检，工序交接检，项目部质量验收，生产处巡查，加强过程控制，高标准，严要求，达不到验收标准，拒不放行。各工序完成后报项目部，做实测实量交接验收，并作详细的记录，计算合格率，作为工程款计算的依据，合格率超过90%为全额工程款，如合格率低于90%，根据合同规定施工队伍只能拿到相应合格率的工程款。低于80%，必须返工并由此承担相应的费用，项目部连带20%费用自掏腰包。施工方案编制审批及报验如图3所示、关键部位技术研讨会如图4所示。

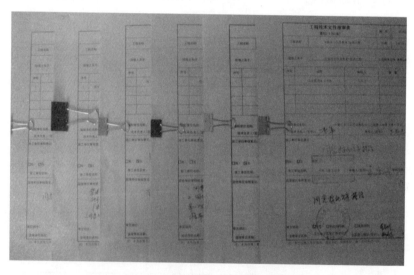

图3 施工方案编制审批及报验

图4 关键部位技术研讨会

（5）安全管理策划

本项目在开工前就制定了绿色安全管理目标，必保北京市绿色安全工地。为了顺利实现目标，项目部通过讨论分析，制定了各项切实可行的方案措施。

另外，积极响应国家政策，工程的全部砂浆使用预拌砂浆，既保证施工质量，又减少了施工设备，节约了大量的场地空间，减少城市污染，改善大气环境，节能减排，实现了资源的综合利用。合理布置可利用空间，生活区、办公区、施工区整齐美观，定期对施工现场整理清扫，维持现场的环境。施工现场大门照片如图5所示、生活区及标牌照片如图6所示。

图5 施工现场大门照片　　　　　　　图6 生活区及标牌

为保证施工人员的安全，防止意外事故的发生，项目部下大力做好安全防护工作，建立安全管理制度，编写安全事故处理预案，项目部组织人员每天排查安全隐患，将事故消灭在萌芽中。

工程建设中的噪声污染是不可避免的，直接影响到人们正常的工作、学习和生活，如果按照常规的施工部署，将打破北侧校园区原有的平静，综合工程进度等因素，针对项目特点，项目部向区住建委申报，并通报学校等相关方，争取得到学校及相关方的认可和谅解，合理安排工人的作息时间，将施工噪声较大的混凝土浇筑等分部分项工程安排在夜间10：00以后，噪声较小的钢筋绑扎、室内外抹灰等分部分项工程安排在白天施工，这样既不耽误工程进度又能够保证学校的正常科研教学活动。

（6）进度管理策划

在建设单位及集团公司高度关注下，项目部提出了"高起点规划、高水平建设、高效率管理"的三高管理目标，在施工过程中逐层逐级落实到人，与施工队伍和有关的管理人员签订工期责任状，增强计划和工期的严肃性，狠抓落实，严格奖惩。根据施工总的工期进度，编制详细的总进度计划，然后具体到月、周，并确定出重点分项工程完成时间，施工过程中动态监控、动态管理、及时调整，确保整个工程按时完工。

科学安排施工，合理组织人员，结合施工队伍劳动力的地域特点，合理划分施工任务，积极组织外省务工人员，降低农忙、探亲等因素对工程进度的影响，合理安排作息时间，天气状况允许的情况下，昼夜按序不间断施工。

2. 项目管理实施

（1）钢筋工程质量管理

1）钢筋工程质量控制程序

钢筋工程质量控制程序如图7所示。

2）钢筋原材料进场控制

为保证进场钢筋原材料的质量符合设计图纸和规范要求，我项目部严把进场验收关，每批钢材必须具备生产厂家提供的材质证明书，并检查钢材表面质量，不应有结疤、裂纹、折叠和分层及锈蚀等现象。实行钢筋进场一次抽样复试检验制度，复试结果合格方可使用。凡不合格材料坚决退场，取消二次复试。钢筋质量保证书及试验报告如图8所示，钢筋见证取样如图9所示。

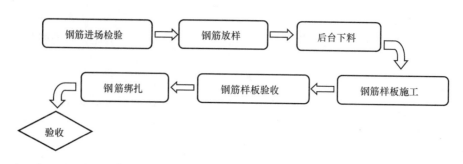

图 7 钢筋工程质量控制程序

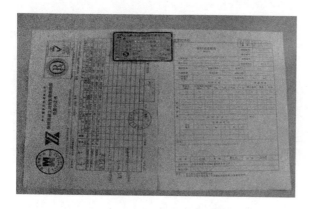

图 8 钢筋质量保证书及试验报告

图 9 钢筋见证取样

3) 钢筋加工制作

钢筋的加工制作实行提前制作样品制，样品确认无误后再批量加工，钢筋制作过程中，项目部钢筋工长和质量检查员对钢筋加工成品进行抽检，严把质量关，力求钢筋制作的准确无误。施工期间项目部质量管理人员，深入现场，对现场中的每个半成品进行实测实量，做到心中有数，随时掌握现场质量情况。套丝质量检查照片如图10所示，梯子筋质量检查照片如图11所示，箍筋检查照片如图12所示，平直段长度检查照片如图13所示。

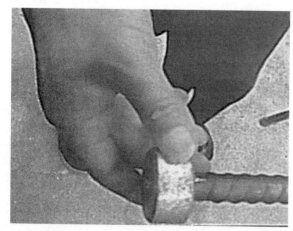

图 10 套丝质量检查照片

图 11 梯子筋质量检查照片

4) 钢筋绑扎

钢筋绑扎严格按照工艺标准进行施工，墙体水平竖向梯子筋、主筋及箍筋间距、垫块、钢筋保护层等施工质量项目部及时跟踪检查，发现不合格的部位立即通知劳务队进行整改，整改过程全程现场旁站监督。

 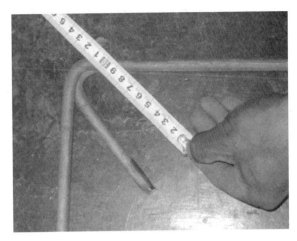

图 12 箍筋检查照片　　　　　　　图 13 平直段长度检查照片

5) 钢筋验收

坚决执行"五不验"原则，现场施工严格落实三检制。

钢筋绑扎或安装未完成不验收；钢筋定位措施不到位不验收；钢筋保护层垫块不符合要求不验收；钢筋偏位校正不符合要求不验收；钢筋绑扎或安装未按图纸及技术交底施工不验收。

(2) 模板工程质量管理

1) 模板方案的设计原则：在确保工程结构施工质量的前提下，结合现场施工条件，合理配制，高效周转，减少工程中非实体部分的消耗，降低周转材料的租赁费用。模板工程质量控制程序如图 14 所示。

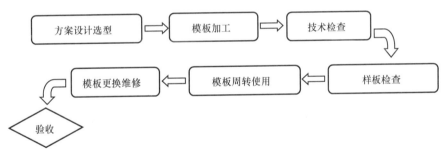

图 14 模板工程质量控制程序

2) 模板选型：墙体及框架柱、框架梁、现浇顶板及梯板模板采用 15mm 覆膜多层板，次龙骨 40mm×80mm 木方，墙体及框架柱、框架梁主龙骨采用双钢管。现浇顶板模板、梯板主龙骨采用 100mm×100mm 方木。

为了消除在模板拼接缝处跑浆的质量通病问题，我们在模板工程施工中，将控制模板拼接缝的施工质量列为模板施工过程的质量控制点。在模板阴阳角拼接缝及梁柱节点模板等部位，均采用粘贴宽 15mm 厚 5mm 硬质海绵条的方法，以保证模板拼接缝的严密。顶板模板则采用硬拼的方法，不加海绵条，拼缝不严密的部位，过刨子保证严密。

3) 模板工程质量控制：

① 覆膜多层板在进场时，逐一进行检查验收，要求厚度符合要求，边角平齐，表面平整，支撑用木龙骨尺寸满足要求，棱角、表面不能有过大损伤，不能有过多巴结，将不满足要求的木龙骨挑出单放。控制木模板使用的周转次数，以保证混凝土观感质量。

② 在支模时，坚持"七不准"原则，严把质量关，保证模板工程的施工质量。

墙线未验收、模板控制线未弹或弹线不准确不准支模板；预留洞未留不准支模板；模板清理不干净不准支模板；墙柱根混凝土剔凿达不到要求不准支模板；预留洞口模未粘贴海绵条不准支模板；墙柱钢筋未经验收合格不准支模板；水电预留验收不合格不准支模板。顶板模板支撑及后浇带模板施工照片如图15所示、模板工程质量检查照片如图16所示。

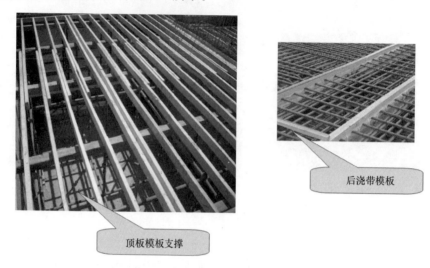

图15　顶板模板支撑及后浇带模板施工照片

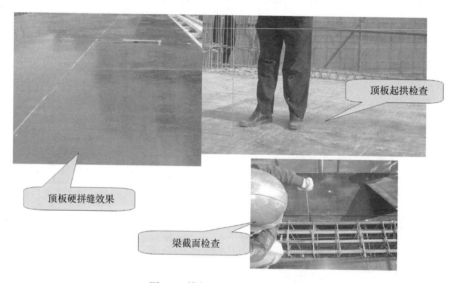

图16　模板工程质量检查照片

（3）混凝土工程质量管理

混凝土工程是结构施工的最重要环节，施工质量的好坏将直接影响到工程的结构安全。混凝土的质量控制从以下几个方面进行：

1）原材：本工程采用大型国企金隅搅拌站供应的商品混凝土，厂家经过三方的共同考察，资料齐全、信誉良好。

2）浇筑准备：浇筑前做好与搅拌站的联系和现场的浇筑准备工作。

3）坍落度的检测和试块制作：每车混凝土进场进行坍落度检测，并按方案做好强度试块。

4）混凝土浇筑：浇筑过程中，监理和项目部质检员全程旁站监督，发现问题立即解决。

5）混凝土养护：混凝土设专人浇水养护，墙体混凝土洒水养护，柱及顶板混凝土覆膜浇水保湿养护。

6）混凝土施工缝处理：施工缝处理得好坏直接影响混凝土工程的施工质量，因此对施工缝留置、弹线、切割、剔凿、浇筑、养护等工序严格控制。

7) 混凝土强度检测：根据施工进度，项目部设专人对混凝土强度进行实体回弹检测，及时了解混凝土强度变化。

梁与柱节点混凝土施工照片如图 17 所示、梁与梁节点混凝土施工照片如图 18 所示。

图 17　梁与柱节点混凝土施工照片

图 18　梁与梁节点混凝土施工照片

(4) 安全管理

1) 安全教育和持证上岗制度

坚持"三级安全教育"，规范"三级安全交底"制度，施工中检查劳务队班前安全讲话，并要求持证上岗。

2) 安全定期活动制度

3) 安全技术交底制度

项目所有施工过程中的活动都要进行安全技术交底，并且全员参加，要求交底人、被交底人签字齐全，安全总监审核、监督，内容全面准确，具有可操作性，针对性强，并留有影像资料。

4) 制定突发事件应急预案制度

5) 安全过程检查和隐患整改制度

项目部根据《建筑施工安全检查标准》(JGJ 59—2011) 和北京市行业主管部门发布的施工现场安全、标准化管理和文明施工检查规定与标准，进行定期的安全大检查。内容包括：安全管理、文明施工、脚手架、基坑支护和模板工程、"三宝"及"四口"防护、施工用电、外用电梯、塔吊、起重吊装和施工机具十个分项。

检查中做好检查记录，及时将检查中发现的事故隐患书面下发至有关部门或个人。并按"三定"(定人、定时间、定措施) 原则，对检查过程中发现的事故隐患进行整改，安全生产检查小组应及时对其整改情况进行复查。

6) 制定安全验收制度

7) 安全生产奖罚制度

经项目部决定，每周四进行现场安全大检查并针对各个劳务队形成检查记录，每半月进行安全评比考核，对安全生产突出班组及个人进行表扬和适当奖励，对安全工作差的进行批评教育并处罚。

8) 劳动保护管理制度

项目部坚持以人为本的原则，实行人性化管理，加强对管理人员及操作工人的关怀，定期为施工人员采购合格的劳保用品，定期进行体检。

9）制定安全物资审核制度

10）责任领导值班制度

项目部决定，只要现场有工人施工，必须安排项目主要负责人进行值班。

11）重点施工工序旁站制度

对危险性较大的特殊工序，在施工过程中，项目部设专门管理人员进行现场指挥施工，确保施工安全。

四、管理效果及评价

1. 质量管理效果

通过项目严格有效的质量管理体系及管理措施，本项目的整体质量始终处于可控状态，赢得了监理单位、建设单位的一致好评，并顺利通过了"北京市结构长城杯"优质工程的评审工作。

2. 绿色安全施工管理效果

本工程顺利通过北京市绿色安全工地专家组的各项检查验收，考核成绩优良，获得了北京市绿色安全工地称号。

3. 经济效益

本工程通过精细化的项目管理和新技术的推广应用，克服了不可抗力的影响，提前竣工，经济效益比计划提高1%。

4. 项目管理评价

在项目建设过程中，通过精心精细管理，未发生任何安全、质量事故，并提前竣工，圆满完成了合同任务，得到了建设单位的认可。自交工以来通过正常使用，项目各项设计指标满足正常使用要求。项目部通过施工过程中的精细化管理，在既有管理模式的基础上勇于创新，并在实践中不断总结与进步，积累了更多的管理经验，同时实现员工的成长与质的飞跃，更为集团公司树立了良好的品牌形象。

精心策划 严格管控 铸造精品工程

——江苏省苏中建设集团股份有限公司1号仓库等17项（华北总部物流仓储项目）工程

张 健 马德生 吕广宏 朱建华 李 华 沈清尹

【摘 要】1号仓库等17项（华北总部物流仓储项目）工程项目是以仓库以及配套商业组成，施工过程中，我们始终不渝地坚持"环保安康、建时代精品；诚信守法、筑苏中丰碑"的管理方针，把"学规范、练队伍、选人才、立规矩、创兴誉"作为指导现场施工的准则。

【关键词】精品；守法；规范；准则

一、项目成果背景

1. 工程概况

1号仓库等17项（华北总部物流仓储项目）工程由宝联男久（北京）工贸有限公司投资建设，地处北京市通州区物流园内，西侧紧邻地铁亦庄线经海路地铁站，居住环境及配套成熟。

本工程分为16个单体和一个地下连体车库；总建筑面积达4.13万 m^2；1~10号仓库为独栋办公楼；9号、S1~S8号仓库为配套商业；地下室为平时地下汽车库（图1）。

图1 外立面效果图

2. 选题理由

（1）本工程16单体同时施工，层高变化多且较高。占地面积大，工程体量大，周转材料用量大；施工场地小；1号仓库等17项（华北总部物流仓储项目）工程项目团队是刚刚成立的项目团队，项目团队成员也普遍比较年轻，工作经验相对较浅，干好这个项目工程对我们这个年轻的团队来说不仅仅是个挑战，以及对自己能力的证明，更为我们以后的管理工作带来了宝贵的参考经验。

（2）学习、引进、吸收和利用北京市一些优质结构工程中好的施工方法；组织听取专家有关"结构长城杯"方面的知识讲座。

3. 实施时间

本工程从2015年4月1日开始施工，于2017年7月25日已完成全部设计图纸及洽商内容（表1）。

实施时间表　　　　　　　　　　　　　　　　　　　　　　　　　　　表1

实施时间	2015年3月～2017年7月
分阶段实施时间表	
管理策划	2015年3月～2015年4月
管理措施实施	2015年4月～2017年5月
过程检查	2015年3月～2017年7月
取得成效	2017年6月～2017年7月

二、项目管理及创新特点

1. 项目管理难点重点分析

（1）本工程工期紧，单体多、整体施工、管理难度大，施工期间一个冬施、两个雨季施工。

（2）本工程地下部分工作量大，结构体系多样，高低跨部位较多，基础反梁支模面积较大，结构施工中模板、钢筋、混凝土施工量相对较大、节点类型多。9号仓库（层高近9m）及其他各仓库正负零以上中间均有较高隔层（最高达8m）。

（3）基础最大开挖深度在自然地面下近10m，工程体量大，周转材料用量大，现场场地相对狭小，可利用空间极其有限，现场无法设置循环道路，如何科学合理地利用有限的场地，组织好本工程的施工，是本工程的重点之一。

（4）结构施工中各工种劳动力数量在同一作业空间内密度较大，各专业施工队伍多，协调难度大，需要科学合理的安排工序搭接和调度。

（5）主楼立面均为铝单板+玻璃幕墙，工艺要求高，幕墙施工有难点。

2. 管理创新特点

（1）本工程全面实行项目法施工，项目部由公司总部授权管理，按照企业项目管理模式建立的质量保证体系来运作，形成以全面质量管理为中心环节，以专业管理和计算机管理相结合的科学化管理体制。

（2）项目部按照公司颁布的《项目管理手册》《质量保证手册》《CI工作手册》《项目技术管理手册》《项目质量管理手册》《项目安全管理手册》《项目成本管理手册》等制度执行。

（3）项目部作为本工程最高管理指挥中心，从项目结构、粗装修施工的全方位进行管理，讨论制定施工组织设计及各项专项方案，统筹安排项目总体进度计划，全面运筹整个项目的质量、工期、效益、人事、物资等要素，协调解决施工过程中出现的各种矛盾，协调所有的交叉作业，使之成为一个有机的整体，保证施工的顺利进行；以满足业主的目标为基本准则，严格执行公司的各项管理制度，实现公司下达的各项指标；争创"北京市结构长城杯工程"、争创"北京市绿色安全工地"。杜绝重大伤亡及火灾、机械事故，职业病发生频率控制在1‰以内。

（4）水、气、声、渣排放符合要求；施工现场无尘、无污染、无积水、低噪声、绿色环保管理，重大环境因素得到100%的控制，杜绝火灾事故的发生，预防为主，防消结合。

三、项目管理分析、策划和实施

1. 项目管理分析

本工程单体项目多，施工占地场地面积大，作为施工总承包单位的任务非常重，要求项目部对工程项目进行全过程、全方位的策划、组织、控制与协调，项目部主要从项目质量、施工现场安全文明、进度管理、成本管理等方面进行细致的策划、实施、监管、调控，将管理目标分解到各职能部门，实行精细化管理。

2. 质量管理策划及实施

组织全体管理人员和操作人员进行项目质量计划、创长城杯质量标准、规范规程、操作工艺等质量培训教育，宣讲创长城杯的意识和目的，提高全员精品质量意识。

（1）项目组织机构

如图2所示。

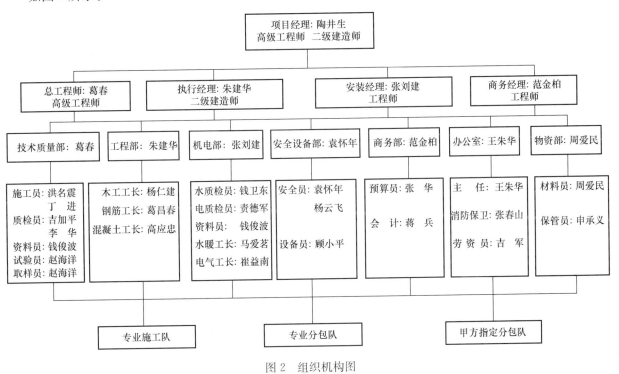

图2　组织机构图

（2）建立质量保证体系

项目部建立以项目经理为首的质量保证体系，加强过程控制，形成前期策划与现场管理相结合的科学管理体制，确保施工的质量。

（3）建立完善各项管理制度

1）培训交底制度及样板引路制度

建立培训交底制度，强调预控、过程控制、明确规范要求，严肃质量保证体系，使之不流于形式。同时在施工中检验方案和交底是否具有指导性、针对性、可操作性等；关键分项工程实行样板引路制度，提前检验施工方法、技术交底以及施工部署的合理性、准确性等，明确质量控制要求，经项目部组织验收合格后，方可进行大面积施工。

2）现场挂牌标识制度

在各工序开始施工前针对施工重点和难点，及施工操作的具体要求写在专用技术交底的牌上，便于作业人员随时阅读技术交底，达到理论与实践的统一。

规范执行原材料及过程工序的验收制度，在材料进场时，由相应工长、材料管理员及质检员一起进行检查验收；对验收完后的各种原材料均及时进行质量挂牌标识，以便作业人员对材料质量状态及时识别；及时做到对现场加工成型半成品及已成型的成品进行检查标识。

（4）强化过程控制

项目部成立了以项目经理为首的质量管理领导小组，实行每月定期的质量联合检查，通过幻灯投影对存在的质量问题进行剖析、讲评；建立"三检制"、"质量研讨及会诊制"等现场控制方法，同时推行全面质量管理。严格执行自检、专检、交接检的"三检"制度，每一项工序的细部均做到责任到人，对在巡检中所发现的问题及时以书面提出，并落实整改。

（5）强化技术资料管理

项目部设专职资料员，随施工进度及时收集整理施工资料，做到及时、准确、真实、同步。每月对技术、质量保证资料归档情况进行检查，发现问题及时解决。

（6）施工管理及主要控制措施

1）钢筋工程

① 严格控制原材进场质量

提前做好钢筋原材垫梁，防止雨水浸泡。钢筋原材料进场必须有出厂质量证明书，钢筋炉号标志牌与出厂质量证明书相同条件下进场、下车，并及时进行抽样复检；钢筋原材料进场后分批，分规格堆放，且及时做好标识，不得混乱堆放，以便监控使用。每批进入现场的钢筋由材料员和钢筋工长进行验收，认真做好清点与复核工作，对进场的各种规格的钢筋，由试验员根据实际数量在监理见证下取原材料试件送检，试验合格后方可投入使用。针对不合格的钢筋一律退货（图3～图7）。

图3 原材料进场验收

图4 原材料进场证明书

图5 监理对钢筋原材料进场见证取样

图6 原材料复试报告

图 7 原材料进场分类标识

② 严格检查钢筋制作质量、做好预检

严格按长城杯要求控制钢筋下料的尺寸,重点控制箍筋的尺寸、马凳、梯子筋,合格后方可吊运作业层进行施工,同时对已加工好的成品、半成品、原料进行挂牌整齐码放,以保证现场的整洁(图8、图9)。

图 8 箍筋加工质量检查

图 9 加工成品梯子筋

③ 严格控制钢筋直螺纹加工、连接质量

本工程直径大于等于16mm钢筋连接均采用直螺纹连接方式。所有直螺纹加工人员均须经过培训后持证上岗。所有直螺纹丝头采用无齿锯切割、下料,所有直螺纹钢筋端部均无飞边、毛刺、马蹄形。每天加工完成的丝头及时采用通规、止规进行检查,不合格丝头及时进行切割重新加工,确保100%合格,经检查合格的丝头两端拧上塑料保护帽(图10～图13)。

④ 钢筋接头现场连接均由两人共同作业,单边外露丝扣不大于一个完整丝扣;所有接头均经班组自检、质检员专检及监理专项验收后方可进行钢筋绑扎,且分别采用蓝、黄、红色油漆进行标识,确保现场所有钢筋连接接头100%合格(图14、图15)。

图 10 直螺纹丝头加工

图 11 加工成品丝头保护

图 12 丝头止规检查

图 13 丝头通规检查

图 14 现场直螺纹丝头连接

图 15 连接接头检验标识

⑤ 钢筋保护层控制

现场均采用成品混凝土（砂浆）预制垫块，严格控制钢筋定位和保护层厚度。墙板钢筋除采用竖向及水平梯子筋定位，外加双F卡。框架柱采用定位箍进行定位。钢筋在混凝土浇筑完毕后及时进行清理，以免造成钢筋污染（图16、图17）。

图16 成品水泥垫块

图17 墙体塑料垫块安装

⑥ 钢筋安装措施

施工缝钢筋定位：采用下部按线钉上15（30）mm×50mm的通长多层板条，上下两层钢筋采用锯齿为15mm的多层板条隔开的方法控制钢筋位置和保护层。

柱钢筋绑扎必须采用划线、拉通线和吊线的方法，从而保证钢筋的间距、排距及位置的准确性，绑扣采用"八"字扣。

执行50mm的要求：梁、柱结合部位柱箍从距底50mm起设置；梁端第一个箍筋距柱边缘50mm；墙水平筋距板面50mm设第一道起步筋，遇到墙和柱时，柱第一道箍筋设为30mm（图18、图19）。

图18 墙体水平梯子筋安装

图19 顶板钢筋绑扎成型

2）模板工程

为保证梁板模板的准确，模板的检查采用水准仪检查标高及起拱高度，角柱采用经纬仪控制，所有梁侧模必须拉线检查。

严格按照模板的控制规程检查，并采取挂牌施工，明确责任人、质量标准，以便执行和监督（图20、图21）。

图20　碗扣支撑体系安装

图21　墙体模板安装

3）混凝土工程

与混凝土供应商签订技术合同，确保到场混凝土的质量。加强混凝土到达现场的验收管理，严格按照技术合同中的要求，抽测混凝土坍落度，认真记录混凝土出站、到场、开浇、浇完四个时间，对坍落度不符合要求的做退货处理。专人准确记录混凝土到场时间、开始浇筑时间、浇筑完成时间，严格控制混凝土初凝时间。

图22　混凝土浇筑坍落度检测和混凝土小票登记

3. 安全文明管理策划与实施

落实安全生产责任制，总部对项目，项目对作业单位，层层签订安全生产文明施工责任状，使安全生产责任层层落实到人，安全管理方针是"安全第一，预防为主"；安全目标是确保无重大工伤事故，杜绝死亡事故，轻伤频率控制在3.0‰以内，争创"北京市绿色安全工地"。

（1）建立安全组织保证体系

以项目经理为首，由现场经理、安全总监、栋号负责人、安全员、各专业负责人等各方面的管理人员组成安全保证体系。在市政府有关部门及公司安全部门的领导监督下，项目形成安全管理的纵横网络。项目经理部专职安全员3名，超过50人的分包队伍必须配备专职安全员，50人以下的分包队伍必须有兼职安全员，专门负责各分包队伍的安全管理。

（2）安全教育和持证上岗制度

所有在施人员，各级年审、教育、培训均必须考试合格，签发合格证后持证上岗，不合者不允许上岗，从事高空作业、有毒有害作业的特殊工种工人定期体检，全体人员每年体检一次，如遇重大社会疾病流行，要严格对工地封闭管理，设医疗室和临时隔离室，进行医疗保健宣传，保证不发生重大疾病的流行。同时制定详细的实名制花名册，人员与身份证必须相符，编制人员花名册并报公司备案，进入施工现场必须个人佩戴胸卡进施工现场，外部人员、车辆必须登记后方可入场（图23）。

（3）文明施工与节能规范管理

在节能与环保的施工管理措施上，项目部结合北京市《绿色施工管理规程》中的有关规定，在环境保护、节材与材料资源利用、节水与水资源利用、节能与能源利用、节地与施工用地保护等几方面进行重点控制。

1）环境保护

① 扬尘控制

现场土方、渣土和施工垃圾的运输全部使用密闭式运输车辆。施工现场出入口处设置冲洗车辆的洗车池，扬尘治理及垃圾处理公示牌。出场时必须将车辆清理干净，不得将泥沙带出现场。现场设专人进行打扫，生活区24小时保持干净清洁。施工现场非作业区达到目测无扬尘的要求，肥槽回填后及时采用密目网进行覆盖，保持现场无裸露土部位。

图23　员工实名制档案袋

② 声、光、水污染及垃圾控制

合理安排施工工序，尽量将噪声大的工序安排在早7点至晚10点的时间段内；切割机、木工机具、混凝土地泵均设防护措施。所有进场车辆不得乱鸣笛。夜间室外照明灯均加设灯罩，夜间无加班作业时及时进行关灯。

在施工现场应针对不同的污水，设置相应的处理设施，本工程所有污水均经三级沉淀后排入市政污水管道。

施工现场及生活区设置封闭式垃圾站，生活垃圾实行袋装化清运。对建筑垃圾进行分类，并收集到现场封闭垃圾站，采用全封闭式运输车集中运出（图24、图25）。

图24　出入口洗车池

图25　肥槽回填土及时覆盖

2）节材与材料资源利用

根据施工进度、库存情况等合理安排材料的采购、进场时间和批次，并减少库存。根据现场平面布置情况就近卸载，避免和减少二次搬运。优化钢筋配料方案，钢筋制作前对下料单及时进行复核，无误后方可批量下料。

3）节水与水资源利用

基坑降水阶段优先采用地下水作为混凝土养护用水、冲洗用水。现场机具、设备、车辆冲洗、喷洒路面用水均从三级沉淀池内取用，尽量不使用市政自来水。现场用水与生活用水分别采用计量用水。

4）节能与能源利用

利用场地自然条件，合理设计生产、生活及办公临时设施体形、朝向、间距及窗墙面积比，使其获得良好的日照、通风和采光。合理配置风扇数量，规定使用时间，实行分段分时供电。生活区与施工区、食堂均采用计量用电。

5）节地与施工用地保护

施工总平面布置做到科学、合理；临时办公和生活用房均采用经济、美观、占地面积小、对周边环境影响较小且适合施工平面动态调整的轻钢活动板房。

4. 进度管理及实施

为了保证工程工期和质量，编制工程施工进度总控计划时，采用计算机 Project 软件及网络计划图明确各分部、分项工程之间的关系；采用控制总工期，季、月、周计划层层分解的方法实行工期管理。以工序工期保证周计划，以周计划保证月计划，以月计划保证季度计划，最终保证阶段目标的实现，提高计划的完成率，加强计划的可行性和严肃性。同时从技术、物资、劳动力、现场机械设备等生产要素上给予合理的调配。未完成项目要及时分析存在的问题，调整施工流水步距及分项施工插入时间，严格控制、跟踪（图26）。

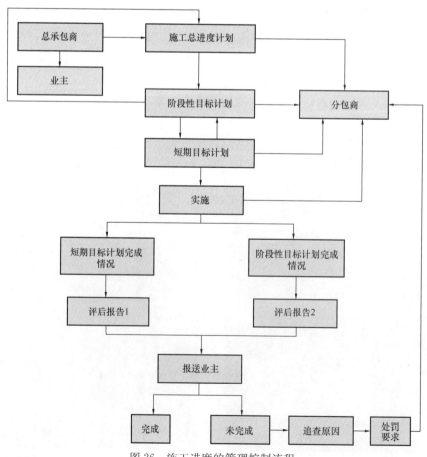

图 26 施工进度的管理控制流程

5. 成本管理策划及实施

开工之前成立管理小组负责对本工程成本进行各方面的分析，针对各项目制定对策和措施，策划项目成本降低计划，依据成本降低计划制定各管理岗位责任，对公司下达的成本进行分解，具体落实到岗位、到人员，确保项目成本管理体系在该项目上的有效运行，对岗位成本进行考核，并实行奖罚。

在施工过程中合理安排工序，加快周转料具的周转率，合理组织劳力，采用新工艺、新技术提高生产效率，缩短工期，杜绝一切质量、安全事故，减少返工和材料浪费，降低工程成本，优化施工方案，提高机械化利用率，以机代人，减轻工人劳动强度，提高工效。

四、管理效果及评价

1. 管理效果

（1）"绩效考核制度"提高管理者的管理水平

绩效考核制度的实施，明显提升了项目成员的工作效率和团队协作能力，促使部分员工改进了工作方法，杜绝了消极怠工的现象发生。

"绩效考核制度"建立了以团结协作、工作严谨高效的团队。经济上的奖罚强化了项目管理人员对细节处的管理，"一个扣件、一根木方"这种一般情况下视而不见的地方也成了管理者关注的对象。降低生产经营成本和减少事故发生率。

本工程未发生重大质量事故，安全事故为零。

（2）编制进度计划确保了施工的进度

2015年9月3日，进行了"纪念世界反法西斯战争胜利70周年"的"九三大阅兵"。虽然工地停工十天，我们还是在2017年7月25日进行了竣工验收，按时、保质、保量地完成了合同规定的全部内容，得到了集团公司和建设单位的一致好评。

2. 管理评价

通过项目全体管理人员及一线职工的共同拼搏、努力，1号仓库等17项（华北总部物流仓储项目）工程在质量、进度、安全等管理方面均取得了一定的效果，不仅让本工程顺利通过了竣工验收，还提升了工程的质量、加快了工程的进度、确保了安全文明施工，为企业创造了良好的经济效益和社会效益，也为以后项目管理提供了丰富的管理经验。

3. 获奖情况

本工程2016年获得"北京市结构长城杯"。

挺进世界屋脊 为高原发展助力

——中国机械工业建设集团有限公司第一工程事业部 西藏自治区自然科学博物馆一标段项目

周 军 周国梁 柴洪伟 李 磊 季 湧

【摘 要】 本工程在高海拔寒冷地区施工，内地工人与当地少数民族工人民族习惯、生活习惯的差别，施工班组承担较多的现场交叉作业，存在较多的管理风险，本项目施工前项目部通过统筹安排，精心部署，制定科学合理的施工组织计划，过程中运用新技术、探索新工艺，严格把控、精细化管理，积极发掘和实施技术创新和技术创效，打造精品工程的同时，实现项目部、分包、公司和业主多赢。

【关键词】 高海拔地区；少数民族地区；精细化管理；技术创新；管理创新

一、项目成果背景

1. 工程项目概况

项目名称：西藏自治区自然科学博物馆第一标段。
设计单位：四川山鼎建筑工程设计咨询有限公司。
建设单位：西藏自治区自然科学博物馆筹备领导小组。

西藏自然科学博物馆是大型的公益性设施，主要通过展览、培训、实验、讲座等形式，向公众普及科学知识、传播科学思想、丰富群众的物质文化生活，是公众了解西藏高原独特与丰富的自然资源、神奇与多样的生态环境的窗口，是实施科教兴藏、普及科学文化知识的重要场所。

西藏自然科学博物馆一期工程常设展览包括自然馆和科技馆两部分，根据各部分的展览内容的需要，设有互动展品80余项、动植物真菌矿石等标本3000件、生态景观30余处、展柜200余个、图片2500余张、多媒体50余台，并建设有相应的附属设施以保证展项的展示功能有效发挥。

项目规划用地200亩，建筑总面积约33000m²，其中展区面积约12000m²（科技馆展陈面积2935.22m²、一层自然馆展陈面积900m²、二层自然馆展陈面积2359.22m²、三层自然馆展陈面积3470.64m²、四层展览馆展陈面积1823.53m²、临时展厅占地1200m²、4D影院占地308.37m²）、办公区域占地2500m²、公共区域大厅占地5546m²、广场占地11573.7m²。项目建设地点为西藏自治区拉萨市东城区，北临江苏大道、西临规划东二路、东临规划东三路、南接藏大路。

自然馆（地球之巅）、科技馆（探索体验）、展览馆（西藏人文）在结构上，以主题单元展为主线进行学科延伸和演绎，灵活运用学科分类和高科技互动参与展项，通过标本实物、珍贵文物的展示，结合景观造型及声、光、电、多媒体、虚拟场景环境，充分调动视觉、听觉、嗅觉和触觉，营造具有震撼力的"现场感"，再现西藏的自然环境和生动的人文环境，展现未来科技发展的美好前景，揭示人、自然、科技之间的相互依存和协同发展关系。两个板块通过具体有体验感的场景展示与互动的展陈方式，使人们能够对具有西藏特色的历史、文化、自然景观、科学技术水平有进一步的深入了解，并启迪和激励人们用科技和知识创造未来的美好生活。临时展厅可根据形势需要和要求，承接各类展览等业务，举办相关主题活动和专题活动。另外，主馆还配有会议室、科普活动室、多功能报告厅、4D电影厅、球幕影院等附属设施，可以为广大市民提供优良的服务（图1~图4）。

图 1　效果图 1

图 2　效果图 2

图 3　效果图 3

图 4　效果图 4

1号馆建筑、结构概况一览表，如表1所示。

建筑、结构一览表　　　　　　　表1

建筑类别	一类	设计使用年限	100年
建筑面积	31727.41m²	建筑高度	37.500m
基底面积	12947.59m²	容积率	0.24
基础形式	独基、筏基、柱下条基	基础埋深	2.7m、3m、6m
抗震设防烈度	8度	结构抗震等级	一级、特一级
结构类型	框架、框剪	场地类别	2类
耐火等级	一级	地下室防水等级	一级
人防等级	异地建设	防雷级别	二级

整栋建筑由两道抗震缝分成5个结构单元从左至右依次为A1区、A区、B区、C区、C1区。本工程±0.000标高相当于绝对标高3656.600m。分区图如下：

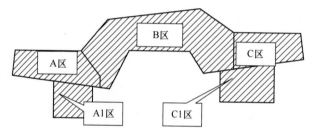

A区X向最大轴线尺寸约67.8m，Y向最大轴线尺寸32.4m，屋面为斜屋面，最高点结构标高为30.138m，地面以上4层，标准层高7.2m，本部分为钢筋混凝土框架结构

A1区X向轴线尺寸约48.6m，Y向最大轴线尺寸24.1m，屋面为正交正放四角锥网架结构，最高点结构标高为30.138m，网架高度1.8m，屋盖结构标高10.5m

B区平面投影形状为折带形，X向最大轴线尺寸约135m，折带最大宽度40m，屋顶为平屋面＋斜屋面，平屋面有高差，平屋面最高结构标高为28.8m，斜屋面最高结构高点为23.4m，地面以上最高为4层，标准层高7.2m，本部分由混凝土框架－剪力墙结构和多折面单层钢网格结构混合组成

C区X向最大轴线尺寸约65.8m，Y向最大轴线尺寸32.5m，屋面为斜屋面，最高点结构标高为23.459m，地面以上3层，标准层高7.2m，本部分为钢筋混凝土框架结构

C1区X向轴线尺寸约48.9m，Y向最大轴线尺寸23.6m，屋面为正交正放四角锥网架结构，网架高度2.2m，屋盖结构标高10.5m

装饰装修工程概况一览表，如表2所示。

装饰装修一览表　　　　　　　表2

建筑装饰装修	地面	中档石材、高级防滑地砖、成品塑胶地坪、防静电架空地板、地毯（少量）
	门窗	防火门、玻璃门、实木门、铝合金窗、百叶窗、电动窗
	吊顶	轻钢龙骨石膏板顶棚、轻钢龙骨铝合金扣板顶棚、穿孔顶棚、混合砂浆无机矿物涂料顶棚、水泥砂浆乳胶漆顶棚。成品高强度活动遮阳（复合铝塑板加工成型）

续表

建筑装饰装修	外墙	整栋建筑南立面及局部屋顶采用附加"钢龙骨＋铝单板",除南立面入口及中庭局部屋顶及外墙采用玻璃幕墙外,其余部位均采用实墙外做白色耐候性外墙涂料
	中庭屋顶采用天棚	采用8＋12A＋8.76低辐射中空夹胶玻璃
	幕墙	隐框式玻璃幕墙,采用8＋12A＋8低辐射中空玻璃
	内墙	瓷砖、穿孔吸音板、无机矿物涂料墙面、白色乳胶漆墙面、喷大白墙面

机电、给水排水工程概况一览表,如表3所示。

机电、给水排水一览表　　　　表3

系统名称	系统内容
电气工程	本工程电气专业主要包括:综合变电系统、电力系统、照明系统、防雷接地及等电位连接系统。照明系统包括正常照明系统、应急照明系统
给水排水	本工程给水排水工程主要包括:薄壁不锈钢管、钢骨架塑料复合管聚乙烯塑料复合给水管、钢管、机制铸铁排水管、双面镀锌钢管、热水循环泵、综合电子除垢仪、自动排气阀、管道检查口、隔膜式膨胀罐、立式热水罐、集水坑潜污泵、集水坑潜污泵控制柜、数字式液位控制仪、截止阀、闸阀安装等

2. 成果背景

(1) 西藏自然科学博物馆是西藏首个自然科学博物馆。该项目为"十一五"国家在西藏建设的180个重点项目之一,也是西藏自治区庆祝自治区成立51周年的献礼工程。因此该项目在西藏当地具有很强的象征意义。

(2) 根据西藏自然科学博物馆建设规模及规划设计方案要求,综合自然博物馆、科技馆和展览馆自身的教育特点,创造性地采取三馆(自然博物馆、科技馆和展览馆)合一的形式;结合西藏特色与资源,并参考国内外相关场馆的主要特色,西藏自治区自然科学博物馆主要功能包括展览教育、培训教育和实验教育、特效电影技术的展示,对西藏自治区科学普及、人文教育、休闲娱乐、旅游发展起到重要作用。

(3) 西藏自然科学博物馆项目施工难度大,分包及施工班组庞杂,对我公司在高海拔地区的施工及现场管理工作提出了很高的要求,为顺应建筑市场的竞争规律和发展,项目需尝试新型管理模式取代传统总承包层级式管理,深入施工过程进行精细化管控,避免劳务分包的偷工减料及材料、资源的浪费。

(4) 施工中采用多项新技术,其中大体积屋面钢网架安装、大体积幕墙格栅安装、外立面钢网格安装等施工难度较大的施工工艺均是首次在高原地区成功完成。施工全过程中保证了施工工艺技术与时俱进,同时又确保了新工艺的探究和实践,使绝大多数项目管理人员对新技术推广应用有了新的认识,为新技术的推广奠定了基础(图5)。

3. 选题理由

西藏自治区自然科学博物馆工程设计上采用了一系列新工艺、新技术,既体现了现代新结构的现代化特征,又充分体现了厚重的历史文化底蕴,达到了历史文脉与现代科技的完美统一。因此,对应其工程特点引入新的施工理念、施工技术、施工方法、施工装备和材料,对工程建设具有重大指导意义。

4. 实施时间

本工程于2010年10月8日开工奠基,2012年12月6日主体结构封顶,2014年6月4日,陈列布展工程开工建设。

2015年10月1日,西藏自然科学博物馆开始试运行。

2016年1月19日完成现场所有施工工作,2016年10月1日西藏自然科学博物馆正式对外开放。2016年12月31日顺利通过四方竣工验收。

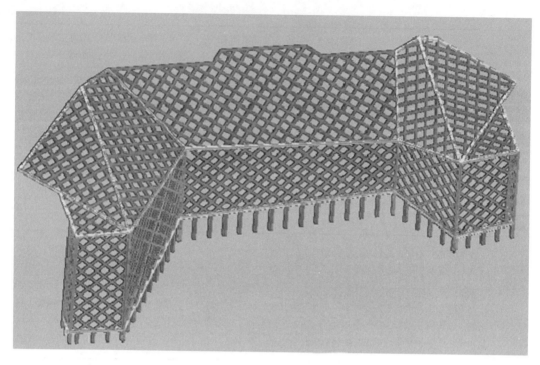

图 5　B 区单层钢网格布置图

二、项目管理重难点和创新特点

1. 管理重难点

（1）工程体量大、规模大

工程总建筑面积 31727m^2，钢结构总量约 2650t，混凝土总量约 25105m^3，单层面积大，工程总工期时间短，任务急。

解决措施：大型设备及大型材料提前采购，按规定的时间内进场，加大劳动力投入，根据工期节点，适当安排劳动力。

（2）内部参建专业队伍多、施工组织协调量大

博物馆内土建、钢结构、安装、装饰等专业较多，施工相互制约。

解决措施：合理安排施工顺序，有效进行全面统筹，分区施工，通过高效的扁平化管理，高效的协调各专业之间的接口问题，使得各专业穿插、衔接顺利进行，提高工程施工进展速度。

（3）百年工程、大型公共建筑对质量要求高

工程结构使用年限为 100 年，除了设计措施以外，工程施工质量将直接关系到结构的使用年限，质量要求高。

解决措施，我公司严格按照国家相关质量验收规范要求进行质量管理，严格的工序验收、严谨的科学管理进行全方位的质量控制。

（4）结构沉降、变形控制要求高

本工程主体结构主要为混凝土结构，屋顶及外墙主要采用钢网格结构，设计文件中对施工后沉降观测要求高，每施工完一层要测一次，施工完成后要求继续观测直至沉降稳定为止。

解决措施：在结构四周及伸缩缝位置设置沉降观测点，间距不超过 20m，按设计要求进行沉降监测，实施信息化施工。

2. 创新特点

（1）技术创新

1）高性能混凝土技术：混凝土裂缝防治技术。
2）高效钢筋技术：高效钢筋应用技术、粗直径钢筋直螺纹机械连接技术。
3）建筑节能和环保应用技术：节能型围护结构应用技术。
4）建筑防水新技术：新型防水卷材应用技术、建筑防水涂料、建筑密封材料、防渗堵漏技术。
5）施工过程监测和控制技术：大体积混凝土温度监测和控制。
6）建筑企业管理信息化技术。
7）BIM技术的大量使用。
（2）管理创新
1）本工程列为我公司重点工程，确保人、才、物及资金投入，加大工程的监控力度。
2）配备高素质的项目领导班子。
3）建立生产例会制度：围绕工程的施工进度、工程质量、生产安全等内容检查计划的执行情况，并及时制定各项纠偏措施。
4）建立进度计划检查制度：根据总进度计划制定详细的季、月、旬、周作业计划，合理安排工序搭接。项目部每日检查当日的施工进度情况，做到当日进度当日完成，上道工序不影响下道工序。
5）加强土建与安装的配合协调：在施工中，相互创造条件、合理穿插作业，同时注意保护对方的成品和半成品；每周召开一次各专业协调会，积极主动解决好各专业之间的配合。
6）设立工程专项工期奖励资金，专款专用。
7）展开劳动竞赛，激励施工队伍的积极性，并将施工任务的安排与竞赛考核联系起来。
8）充分做好前期的施工准备和策划工程，拟定施工准备计划，专人逐项落实，确保后勤保障工作的高质、高效。
（3）工期管理创新措施
1）加强计划的管理，以周计划作为实施性计划，在确保周计划完成的前提下，保证月计划完成、阶段性计划完成，直至总进度计划的完成。
2）合理进行生产调度，从人力、资金、物资上充分保证计划的实施。
3）做好机械设备的维修和保养工作，使之处于完好状态，防止施工过程中出现故障，从而延误工期。
4）加强材料的采购和保管工作，杜绝出现停工待料的情况。
5）通过计划下达、定期召开调度会等方式，加强各个队伍间的配合协调工作，开展多工序的交体交叉作业，加快施工进度。

三、项目管理分析、策划及实施

1. 项目管理分析、策划

（1）项目施工总体目标

工期目标：满足业主工期要求。

质量目标：合格。

安全目标：坚持"安全第一，预防为主，综合治理"的方针，杜绝死亡事故、重伤的发生；杜绝火灾、爆炸和重大机械事故的发生；轻伤事故发生率控制在3‰以内。

文明施工目标：现场布局合理，环境整洁，物流有序，标识醒目，达到"一通、二无、三整齐、四清洁、五不漏"的标准。

履约、廉政、农民工工资目标：我公司按招标文件要求及与业主签订合同内容履行合同义务，项目部管理做到清正廉洁，及时发放工资，绝不拖欠农民工工资。

（2）施工区域划分

根据工程特点及钢结构吊装方法，将工程平面分成3个施工区域进行施工，从左至右依次为A1区、A区为1施工区，B区为2施工区，C区、C1区为3施工区。平面简图如图6所示。

（3）总体施工顺序安排

按照招标文件及补疑的工期要求，结合设计图纸及现场踏勘情况，本工程的总体施工顺序安排为：以土建工程为主线，机电安装、装饰装修工程等其余各专业以不影响项目施工为前提，适时穿插进行施工，本工程从一端向另一端进行施工，即：A区、A1区同时施工——C区、C1区同时施工——B区施工。共三个流水段。

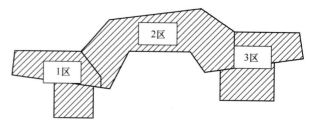

图6　施工区域划分

各专业交叉施工总体施工顺序安排

各专业交叉之间的先后施工顺序如下：

主体钢结构与土建：主体内主要为土建，钢结构量不大，内容根据钢结构吊装顺序适时插入即可。

机电安装：机电安装紧随土建施工，机电安装紧随预留预埋。土建施工二层以上结构时，一、二层的机电安装工程开始施工，钢结构屋盖安装完后，机电系统全面安装。

（4）施工任务划分及队伍安排

组织在大型展览馆等方面具有丰富施工经验的作业人员组成专业化施工队伍担负本工程施工，确保优质、高效完成任务。

根据本工程任务量和构成特点，按工程专业特点对任务进行划分。本工程共设置7个专业施工队，各队资源配置相对独立，各岗位人员配置齐全。设2个土建施工队，1个钢结构安装队，1个给水排水施工队，1个电气施工队，2个专业装饰公司。

施工队伍划分及任务安排如表4所示。

施工队伍安排表　　表4

序号	施工队伍	施工范围	施工内容
1	土建施工一队	A区和A1区	土建工程施工
2	土建施工二队	C区和C1区	土建工程施工
3	一队、二队	同时施工B区	2b-9轴分界
4	钢结构施工一队	整体	钢结构连接、组装、涂装、吊装、网格结构安装等
5	电气施工队	整体	电气管线、设备安装调试
6	装饰公司	整体	幕墙施工
7	专业装饰公司	整体	室内装修施工

（5）总体立面施工流程

地下部分如图7所示。

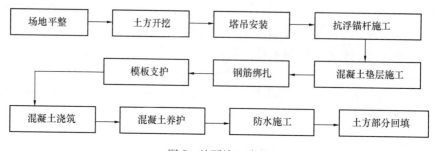

图7　地下施工流程

地上部分如图8所示。

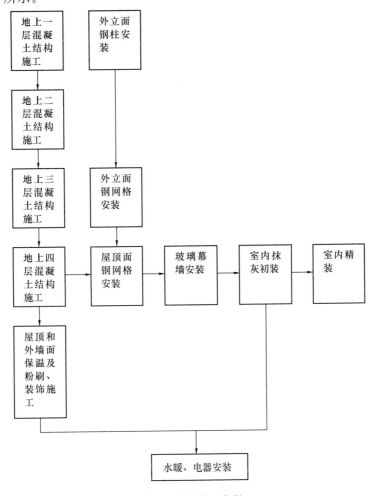

图8 地上施工流程

(6) 主要工程项目施工组织安排

1) 基础工程

基础工程主要为独基、筏基及土方结构工程。

进场后土方尽早施工,投入多台施工设备,使土方工程尽快完成并清理作业面,基础开挖及独立基础承台结构施工大力组织流水施工,且保证大量展开作业面,承台、筏板、柱施工紧随进行回填,整个基础工程施工在保证后续工期的前提下投入足够的设备及劳动力,保证后续钢结构的吊装施工顺利如期展开。

2) 主体土建和钢结构主体工程

根据工程进度需要,将主体结构吊装分成3个区,采用3台塔吊进行垂直运输,以确保关键线路尽快完成施工。B区地下室深基坑首先进行降水作业,然后进行土方开挖、地基验槽、垫层施工、钢筋、模板支护、混凝土浇筑等工作,基础结构施工完毕后,立刻进行土方回填,搭设脚手架,支一层顶模板,钢筋绑扎、混凝土浇筑等逐层向上施工。水电预埋配合土建施工。A1区、C1区屋面钢网架采用满堂支架法进行安装,B区立面落地杆件采用汽车吊吊装,钢网格全部采用塔吊吊装,全面展开流水作业。土建、钢结构吊装通过投入大量设备和人力,将主体结构尽快吊装完成,将作业面移交给后续专业施工。

3) 机电安装工程

整个机电工程施工按层跟进施工,各分区各层并不是独立的,施工区域内部各专业、各工序形成流水作业,施工区域之间相互协调配合。

4)装饰装修工程

待进场后即展开深化设计及材料等各项准备工作,待钢结构施工完成后加大人力、物力投入,各层各区域全面展开作业。

5)材料供应组织

项目部设立资源保障部,负责材料供应管理工作。对本工程主要材料统一编制采购计划,组织招标采购供应。对每个专业队组织主要材料的计划、采购、仓储和供应。

(7)项目管理机构

本工程规模大、社会影响大,公司将该工程列为公司的重点工程。公司实行多级分层管理,具体分两个管理层和一个作业层。第一管理层次为项目指挥部,由公司直属领导协调和指挥;第二管理层次为项目施工组,上受指挥部的领导,下对施工作业班组进行管理;最后一层为作业层,包括所有操作班组和其他专业施工队的施工班组。

1)项目组织管理机构如图9所示。

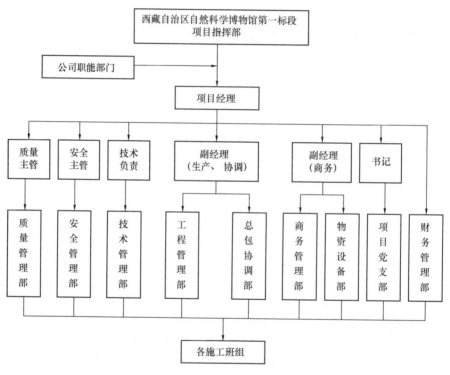

图9 项目组织管理机构

2)部门职责,如表5所示。

部门职责　　　　表5

序号	职务	主要管理职责
1	质量管理部	1. 贯彻国家及西藏自治区有关工程施工规范、工艺标准、质量标准,确保工程总体质量目标和阶段质量目标的实现。 2. 负责组织编制项目质量计划并监督实施,对质量目标进行分解落实,加强过程控制和日常管理,保证项目质量保证体系有效运行。 3. 负责实施项目过程中工程质量的质检工作,加强各分部分项工程的质量控制,对质量有权行使"一票否决权"。 4. 加强对各专业施工队的质量检查和监督,确保各专业施工队的质量符合规范要求。 5. 负责工程创优和评奖的策划、组织、资料准备和日常管理工作。 6. 负责工程竣工验收备案工作,在自检合格的基础上向业主提交工程质量合格证明书,并提请业主组织工程竣工验收

续表

序号	职务	主要管理职责
2	安全管理部	1. 负责项目安全生产、文明施工和环境保护工作。 2. 负责编制项目职业健康安全和环境管理计划和管理制度并监督实施，制定员工安全培训计划，并负责组织实施。 3. 负责每周的全员安全生产例会，定期和不定期组织安全生产和文明施工的检查，加强安全监督管理、消除施工现场安全隐患。 4. 负责安全目标的分解落实和安全生产责任制的考核评比，确保项目安全文明施工目标的组织和管理活动有效进行。 5. 负责项目安全应急预案的编制，进行安全应急演练，保证项目施工生产的正常进行。 6. 负责对各专业施工队的安全监督和管理工作，作好安全防护工作，消除施工过程中的安全隐患，确保安全生产
3	财务管理部	1. 具体负责项目财务和税务事务，以及负责工程款的收支工作。 2. 积极配合业主财务安排，确保项目资金运作安全，满足工程需要。 3. 定期组织经济活动分析，协助业主进行项目建设成本控制。 4. 具体负责本项目保函、保险、信用证的办理和日常管理。 5. 配合合约商务部进行成本控制和竣工决算工作
4	技术管理部	1. 负责项目施工的技术管理工作。 2. 负责组织各类主要技术方案的编制和审定工作、统筹设计变更。 3. 负责施工过程中的测量监测和试验检测等工作。 4. 负责技术文件收发、归档，技术资料及声像资料的收集整理工作，项目阶段交验和竣工交验，竣工档案的审核、移交工作。 5. 负责协助项目总工进行新材料、新工艺在本项目的推广和科技成果的总结工作。 6. 负责各专业深化设计的总体协调，协调各指定专业施工队的深化设计工作，确保各指定专业施工队的深化设计相互吻合。 7. 负责对各指定专业施工队的深化设计图纸进行审核，并呈报业主或设计审批，同时将审批的深化设计图纸按规定发放和管理
5	工程管理部	1. 负责项目土建结构和粗装修工程的生产组织、进度计划落实、施工方案的实施、工序协调、质量控制等工作。 2. 负责结合进度计划及其保证措施，对资源投入、劳动力安排、材料设备进出场等问题提出计划报项目部审定。 3. 负责参与编制项目质量计划、各类施工技术方案、项目职业健康安全管理计划、环境管理计划。 4. 负责现场施工的管理控制工作，与业主、监理工程师进行混凝土工程检验批、分部分项工程、隐蔽工程等中间过程的检查和验收
6	总包协调部	1. 负责编制施工进度总控计划及职责范围内的分级进度计划，同时根据工程施工进度计划及时编制符合实际情况的调整进度计划。 2. 负责审核各专业施工队的施工进度计划，对各专业施工队的进度计划的实施过程进行监控，并根据反馈信息及时发现问题。 3. 负责提请和安排项目的内部生产协调例会，协调各专业分单位之间的施工问题，建立合理完善的施工秩序。 4. 负责编制垂直运输计划，统一协调垂直运输机械的调配及使用。 5. 负责绘制及调整各阶段施工现场总平面布置图。 6. 负责施工现场总平面的管理及协调工作

续表

序号	职务	主要管理职责
7	物资管理部	1. 负责项目物资设备的采购和供应工作，配合财务编制资金计划。 2. 负责项目物资采购招标文件的编制工作和供应商的选择工作。 3. 负责提供呈报业主和监理工程师审批的各类材料样品。 4. 负责物资进出库管理和仓储管理，负责对材料的标识统一策划。 5. 监督检查所有进场物资的质量，做好质保资料的收集整理工作
8	商务管理部	1. 负责项目预算成本、施工成本及项目专业施工队招标文件的编制工作。 2. 负责与业主和专业施工队的结算工作，编制项目月度清款、专业施工队付款。 3. 负责项目合同管理、造价确定、准备竣工决算报告及其他与商务方面的工作
9	综合办公室	1. 负责项目人员的调动及劳资管理，负责对外协调工作。 2. 负责项目所有来往书信、文件、图纸、电子邮件、影像资料的收发、签转、打印、登记、归档工作。 3. 负责项目计算机及信息化管理工作，建立文件分级传阅保密制度。 4. 负责项目的后勤服务工作。 5. 负责项目保卫工作，防扰民、民扰接待及周边交通协调

3）主要管理人员岗位职责，如表6所示。

主要管理人员岗位职责　　　　　表6

序号	岗位名称	主要管理职责
1	项目经理	1. 策划项目总承包管理组织机构的构成及人员配备，部署项目人员、物资、设备、资金等主要生产要素的供给方案。 2. 制定承包规章制度，明确总承包管理部各部门和岗位职责，领导总承包部开展工作。 3. 主持编制项目总承包管理方案，组织实施项目管理的目标与方针。 4. 施工过程中与业主、监理直接对接，解决、处理业主和监理安排的重大事项和问题
2	项目总工程师	1. 直接领导技术部，负责设计和技术工作。 2. 审核各专业施工队的施工组织设计与施工方案，并协调各专业施工队之间的技术问题。 3. 与设计、监理保持经常沟通，保证设计、监理的要求与指令在各专业施工队中贯彻实施。 4. 组织对本项目的关键技术难题进行科技攻关，确保本项目顺利进行。 5. 及时组织技术人员解决工程施工中出现的技术问题
3	项目副经理（土建）	1. 直接领导分管的土建施工管理部。 2. 对土建工程的施工生产、进度计划全面负责，确保总承包自行施工工程顺利进行。 3. 对总承包自行施工工程与其他各专业施工队之间的施工生产进行协调、配合
4	项目副经理（商务）	1. 主管合约商务部各项管理工作。 2. 监督各专业施工队的履约情况，控制工程造价和工程进度款的支付情况，确保投资控制目标的实现。 3. 审核各专业施工队制定的物资和设备计划，督促专业施工队及时采购所需的材料和设备，保证专业施工队工程设备、材料的及时供应

续表

序号	岗位名称	主要管理职责
5	项目副经理（总包管理）	1. 主管计划及总平面管理部、质量管理部、安全管理部。 2. 协调各专业施工队及作业队伍之间的进度矛盾及现场作业面协调，使各专业施工队之间的现场施工合理有序地进行。 3. 及时协调总包与专业施工队之间的关系，组织召开总包与专业施工队的各类协调会议，参加业主组织召开的协调会议。 4. 确保实现质量、安全文明施工管理和服务目标的实现
6	质量主管	1. 直接由公司总部委派，对本工程施工质量具有一票否决权。 2. 贯彻国家及地方的有关工程施工规范、质量标准，严格执行国家施工质量验收统一标准，确保项目总体质量目标和阶段质量目标的实现
7	安全主管	1. 直接由公司总部委派，对本工程施工安全具有一票否决权。 2. 贯彻国家对地方的有关工程安全与文明施工规范，确保本工程总体安全与文明施工目标和阶段安全与文明施工目标的顺利实现

2. 项目总体施工资源调配

（1）技术准备

1）施工方案编制计划

细致的审核图纸，对照相应规范，根据招标图纸及文件，针对该工程计划开工时间，施工组织设计和施工方案。

开工前，我公司将对施工场地情况进行调查，掌握需要占用的场地范围和需要拆迁的建筑物、构筑物。以及掌握地下管线、电缆或构筑物的情况，为开工创造良好的条件。另外须根据施工要求，配合有关专业施工单位进行围护等施工。

2）熟悉和审查施工图纸

施工图纸是否完整和齐全，是否符合国家有关工程设计和施工的方针及政策。施工图纸与其说明书上是否一致。施工图纸与各组成部分之间有无矛盾和错误。建筑图与其相关的结构图，在尺寸、坐标、标高和说明方面是否一致，技术要求是否明确。基础设计或地基处理方案同建造地点的工程地质和水文地质条件是否一致，弄清建筑物和地下构筑物、管线间的相互关系。掌握拟建工程建筑和结构的形式和特点，需要采取哪些新技术，复核主要承重构件的强度、刚度和稳定性是否满足施工要求。现场建立平面控制网。

（2）劳动力组织准备

1）劳动力组织计划

劳务队伍的选择

针对本工程，我公司将选择具有相应资质、履约能力强并曾施工过同类工程的劳务队伍。在队伍进场前和施工过程中对工人进行岗位技能培训，以保证队伍素质。

2）作好劳动力的技术培训工作

本工程在施工中要采用一些新技术、新工艺和新方法，我们对操作人员进行专业技能培训，考试合格后方可录用。对于特殊工种人员、机械设备操作人员要求必须经专业培训并考核合格持证上岗。

3）做好劳动力管理

严格施工队伍管理，工程开工前与所有参加施工的队伍签订劳务合同。

① 所有参加人员证件齐全，按队伍统一着装，佩带身份胸卡上岗作业，以便管理。

② 加强对施工队伍的生活、卫生防疫工作管理，提高文明施工管理水平。

③ 根据总工期安排，施工高峰期间配备397人左右的各类施工人员。施工阶段人员配置如表7所示。

劳动力使用计划　　　　表7

工种类别	2012年2月15至2013年10月1日																			
	2	3	4	5	6	7	8	9	10	11	12	1	2	3	4	5	6	7	8	9
模板工		60	120	120	120	120	80													
钢筋工		30	80	80	80	80	20													
混凝土工		30	50	50	50	50	30													
焊工		4	6	6	6	6	6	20	30	30	30	30	30	30	15					
脚手架		10	10	10	50	50	50	50	50											
普工	40	40	40	40	40	40	40	40	40	40	40	40	40	40	40	40	40	40	40	30
瓦工								60	70	70	70									
粉刷									70					60	80	80	80	80		
水电		10	10	15	15	15	30	30	30	30		30	30	30	30	50	50	50	20	
防水		10	30	20	20										30	40	40	20		
降水	20	20	10	10	10	10	10													
油漆工																20	20	20	20	10
批白															40	40	60	60	60	30
幕墙			6	6	6	6	6	30	40	40	40	40	40	40	60	60	60	60	30	
合计	60	214	362	357	397	377	272	230	330	210	180	110	140	200	265	300	350	350	220	90

(3) 人员保障措施

1) 根据施工进度安排，在施工高峰期来临前，项目管理层制定预计增加人员的工种和数量。

2) 施工现场准备好临时增加人员的住宿，各种劳保用品。

3) 确定备用人员库，一般来自公司闲置人员，其他工程间歇期施工人员及社会上聘用人员，并确保人员能够及时到位。

4) 上岗前针对各工种进行培训，让工人知道怎样才能做好，做的安全。

5) 把增加的各工种人员分配给工种工长，听从工长的调配。

6) 各工长需配合项目管理人员的人员调配。

7) 项目管理人员针对施工高峰期，合理调配各工序施工人员。

8) 施工机械设备准备

投入本工程现场施工的主要设备表，如表8所示。

主要设备表　　　　表8

序号	设备名称	型号规格	数量	国别产地	制造年份	额定功率	生产能力	备注
1	塔吊	QTZ50（4810）	2					租赁
2	塔吊	QTZ80	1					租赁
3	汽车吊	50T	1					租赁
4	钢筋对接焊机	BX6-630	2					自有
5	焊机	ZX7-400	10					自有
6	焊机	CL-500	4					自有
7	挖掘机	340DL	4					自有
8	运输车	40吨	8					
9	基坑降水	50QW15-25	14					自有
10	台钻	Z32K，φ25	2					自有

续表

序号	设备名称	型号规格	数量	国别产地	制造年份	额定功率	生产能力	备注
11	磁力钻	Z32K，φ26	2					自有
12	高效喷沙装置	AC-36P	2					自有
13	无气喷漆机	GPQ12CB	1					自有
14	喷漆装置	ZYH-60	2					自有
15	轴流风机	2.2kW	2					自有
16	焊条烘箱	ZYH-60	2					自有
17	空压机	W-1/8	2					自有
18	碳弧气刨	ZX5-800	2					自有

配备本工程的实验和检测仪器设备表，如表9所示。

设备表 表9

序号	仪器设备名称	型号规格	数量	国别产地	制造年份	已使用台时数	用途	备注
1	全站仪	宾得 R-422N 全站仪	1	中国	2012	100	钢结构变形检测	
2	经纬仪	J2-JD	2	中国	2010	1500	高程测量	
3	水准仪	C32	2	中国	2008	1200	角度测量	
4	钢尺	50m/30m	各4把	中国	2011	500	轴线及标高测量	
5	对讲机	5km用距	6台	中国	2010	500	/	
6	钢卷尺	5m	9把	中国	2011	500	轴线及标高测量	

（4）材料准备

1）材料、设备准备工作程序，如图10所示。

2）材料计划

① 按施工图纸、设计说明及设计变更洽商文件，及时准确地编制阶段性施工预算明细表，为组织材料运输提供依据。

② 项目指挥部要建立一套完整的材料管理体系，统一协调好各部门工作，从材料计划、货源选择、运输、验收检验等把关，确保材料、设备的各项技术指标能满足工程的需要。

③ 根据材料、设备计划，请业主、设计单位、工程监理共同考察供货厂家，实行采购招标，做到货比多家，确保所选择的生产厂家信誉好、资源充足、供货及时、质量好、价格合理。

④ 对加工复杂、周期长的材料、设备，提前将样品及有关资料报监理工程师审批。

⑤ 在施工中材料选用要充分考虑到结构的耐久性和满足使用功能。

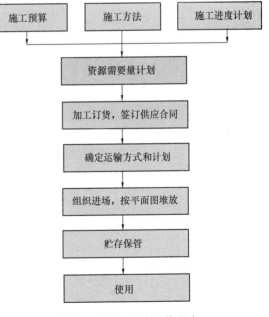

图10 材料、设备工作程序

（5）现场准备

1）清除现场障碍物

进行场地平整，保证"四通一平"，并对现场周边毗邻的道路、市政设施和建筑物状况进行调查，做好有关情况记录，制定保护措施，对于业主提供的各种地下管线作好布置图并予以标识。

2）建立平面控制网

根据业主提供的城市坐标点和高程点，按照总平面图的要求，进行平面控制测量，设立场区轴线控制桩位，建立平面控制网，并做好桩位保护措施。

3）生产生活临时设施布设

① 现场道路布设

现场道路主要设置在结构南侧，主要进场道路位于藏大对面的主入口，具体位置见"现场平面布置图"。

② 现场生产设施

基坑东南侧设置项目部办公室、养护室、仓库、门卫等，主要劳务队生活用房设在原沈矿厂西侧靠近东顺城街部位。

③ 现场材料堆放场地和加工场

木工棚、周转材料堆放场布置在基坑西南角，钢筋加工场、成品堆放布置在基坑南侧，详见施工平面布置图。

（6）其他准备

1）加强与该地区的城管、交通、环卫、公安、街道、供电、供热等单位的联系，确保施工现场各项工作正常运转。

2）加强现场安全保卫系统，建立并完善进出门制度，设置安全生产标牌。

3. 质量管理措施

（1）质量管理目标

一次性验收合格，达到合同要求。

（2）质量管理体系

如图 11 所示。

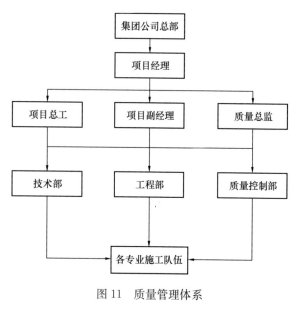

图 11　质量管理体系

（3）施工质量控制点

如表 10 所示。

施工质量控制点表　　　　表 10

序号	施工质量主控制点	分项控制点	控制重点
1	测量工程	平面控制测量	水平控制点的布测、复测及保护
			控制轴线的测设
			细部测量
			上部结构控制点的传递
		高程控制测量	沉降控制点的布测、复测及保护
			标高的竖向传递
		沉降控制测量	沉降观测点的保护
		测量仪器定期检测	
2	基坑围护	土方开挖	土体回弹变形
			边坡失稳
		基坑周边环境监测	周边环境监测

续表

序号	施工质量主控制点	分项控制点	控制重点
3	装饰工程	吊顶	平整性
			线条走向
			吊顶面与设备处理
		墙面	石材、面砖墙面控制骨架质量及垂直度、平整度
			弹性涂料墙面控制基层、材料及涂刷
		地面	材料要求
			面层平整度
4	机电工程	材料检验	材料检验
		预留洞套管检验	预留洞尺寸及位置
		给排水吊架安装	支吊架的安装及固定
		设备支吊架安装	支吊架及泵房管道支架安装
		管道连接	管道连接
		水泵及附件	过滤器安装
			水泵安装
			成排设备安装
		刷漆	管道刷漆
			设备刷漆
		保温及标识	管道及设备的保温标识
		电气系统金属导管	金属导管的安装
		电气系统配电柜安装	成排配电柜的安装
			配电柜、箱的接地
			配电盘柜安装
		电气系统防雷接地	
		电气系统金属线槽吊架安装	金属线槽吊架安装
5	土建结构	钢筋工程	钢筋加工
			钢筋绑扎
		模板工程	平整度
			垂直度
			拼缝
			预留孔洞
		混凝土工程	商品混凝土质量控制
			混凝土浇筑及裂缝控制
			养护
			混凝土成品保护

（4）主要分项工程质量控制

1）测量工程

控制实施细则，如表 11 所示。

控制实施细则表 表11

序号	实施细则
1	分析各种影响测量结果的因素,选择合适仪器,制定科学、周密、可行的测量方案
2	做好测量平面控制点、建筑物的定位线和高程水准点的保护,测量人员定期复核
3	测量工程师根据施工蓝图、施工进度和测量方案等的要求,安排现场测量放线工作,并作好施工测量日志和相关资料的报监理工作
4	根据《测量仪器使用管理办法》的规定,对测量仪器进行检校维护和保养,发现问题后立即将仪器设备送检
5	测量放线作业过程中,要严格执行"三检制"。 自检:作业人员在测量放线完成后立即进行自检,发现不合格项立即改正。 互检:施工负责人或质量检查员组织进行放线质量检查,发现不合格项立即改正至合格。 交接检:由施工负责人或质安总监组织进行该道工序的质量检查,该道工序合格后移交给下道工序,交接双方在交接记录上签字,并注明日期

2)基坑工程

① 基坑支护工程,如表12所示。

基坑支护工程表 表12

控制重点	措 施
边坡失稳	开挖过程中保证井点降水正常进行,并在挖至标高后,尽快浇筑底板
	采用分层、分段、均衡、对称的方式挖土
	均匀、分层开挖,且避免机械直接碰撞桩身

② 基坑监测工程,如表13所示。

基坑监测工程表 表13

类 别	控制重点
围护体侧向位移发展	增设坑内降水设备,降低地下水
	高压喷射注浆或压密注浆进行坑底加固
	若因围护墙刚度不足,其后设数根桩或钢板桩,或加固坑内土体
	若因底板刚度不足,加厚底板(配筋)或设坑底支撑
周边环境监测	在围护墙背及建筑物前设注浆孔,根据开挖进程,连续跟踪注浆
管线位移	若管线离基坑较远,但开挖后位移或沉降又较大,在管线靠基坑一侧打设封闭桩或开挖隔离沟
	若管线离基坑较近,打设封闭桩或开挖隔离沟不易行也无明显效果,可将管线架空

3)混凝土工程质量控制

① 大体积混凝土施工质量控制,如表14所示。

大体积混凝土施工质量控制表 表14

控制重点	实施细则
温度裂缝	混凝土选择要求: a. 选择有生产能力的混凝土厂商。 b. 厂商必须通过质量体系的认证且具有良好的社会信誉。 c. 混凝土出厂必须有出厂鉴定证明,现场对混凝土质量严格检查
	混凝土养护措施: a. 底板混凝土浇筑完毕,终凝洒水后,在表面覆盖塑料薄膜和麻袋进行养护。 b. 当混凝土中心温度与表面温度之差超过25℃时及时加盖保温棉,以增大混凝土表面温度,减小内外温度差
	温度监控: a. 测温点在布设时应严格按照大体积混凝土施工方案中所设计的位置进行布设,并在浇筑混凝土前将预埋铜管绑扎牢固,铜管上口用塑料薄膜封牢。 b. 对整个底板施工进行大体积混凝土适时测温工作,做好测温记录,并及时进行总结分析

② 模板工程质量控制，如表15所示。

模板工程质量控制表　　　　　　　　　　　　　　　　　　　　　　　　　　　　　表15

控制项目	控制内容
模板安装	（1）竖向模板和支架的支承部分，当安装在基土上时应加设垫板，且基土必须坚实并有排水措施。 （2）现浇钢筋混凝土梁、板，当跨度等于或大于4m时，模板应起拱。当设计无具体要求时，起拱高度宜为全跨度的1/1000~3/1000。 （3）现浇多层房屋和构筑物，应采取分层分段支模的方法，安装上层模板及其支架符合下列规定： 1）下层楼板应具有承受上层荷载的承载能力或加设支架支撑； 2）上层支架的立柱应对准下层支架的立柱，并铺设垫板； 3）应采用悬吊模板、行架支模方法时，其支撑结构的承载力和刚度必须符合要求。 （4）当层间高度大于5m时，宜采用行架支模或多层支架支模。 （5）固定在模板上的预埋件和预留洞均不得遗漏，安装必须牢固，位置准确。 （6）注意控制模板安装的偏差
模板拆除	（1）模板及其支架拆除时的混凝土强度应符合设计和有关规范的要求。 （2）预应力混凝土结构构件模板的拆除，除应满足强度方面的要求外，侧模应在预应力张拉前拆除，底模应在结构构件建立预应力后拆除。 （3）拆除时应注意保护混凝土表面及棱角

③ 钢筋工程质量控制措施，如表16所示。

钢筋工程质量控制措施表　　　　　　　　　　　　　　　　　　　　　　　　　　　表16

钢筋检验	钢筋进场提供材质单，并必须与实际相符材质单符合后取样复试
钢筋绑扎	钢筋绑扎必须"八"字扣板筋及墙筋全扣绑扎，不允许有漏绑。 墙体钢筋采取对面绑扎法，以保证扎丝头一致朝里，两排网片之间采用的拉筋不遗漏，设置美观，各方向成线，弯折的平直段长度、角度统一。柱绑扎丝头不外漏，绑扎牢固，不允许有松动现象
接头位置	接头位置必须错开，并且位置准确，符合要求。 接头按50%错开，要求下铁接头在支座，上铁在靠跨中，接头中心错开1.3倍搭接长度
钢筋连接	除了搭接绑扎外，钢筋连接采取机械连接，对于直径20mm（含）以上的受力钢筋必须采用直螺纹连接。 机械连接接头在现场切取试件进行复试

4）装修工程质量控制

① 吊顶工程，如表17所示。

吊顶工程表　　　　　　　　　　　　　　　　　　　　　　　　　　　　　　　　　表17

控制重点	实施细则
平整性	基准点和标高尺寸要准确，吊顶面水平控制线尽量拉出通直线，中间要按平线起拱，跨度大的吊顶，中间位置加设标高控制点
	吊点分布应均匀，在龙骨的接口、重载部位增加吊点。龙骨接头、吊挂处应加固，避免在龙骨上悬吊大于3kg的重型灯具及其他重型设备
	严格按工艺方法的要求安装饰面板，安装时不可生硬用力，一边安装一边检查平整度
线条走向	坚决剔除不合格材料，若要校正，应在夹具上进行
	按龙骨分格位置拉出龙骨平直的控制线，从墙边开始设置饰面条板与板缝的平直控制基准线，且板条安装应从基准线位置进行
	安装板条应对缝均匀，如有阻挡物，及时调整

续表

控制重点	实施细则
吊顶面与设备处理	总的要求是"不破坏吊顶结构,不破坏顶面完整性,与吊顶面衔接平整,交接处严密"
	面板安装必须在吊顶内管道、试水、保温等一切工序全部验收后进行
	安装灯盘和灯槽从吊顶平面整体性着手,空调风口罩子安装平整,与吊顶面衔接吻合
	拉吊顶标高线时要检查自动喷淋头、烟感器等消防设备的安装尺寸

② 墙面工程,如表18所示。

墙面工程表   表18

类型	控制重点	实施细则
石材	骨架的质量	骨架安装前将竖杆与横杆位置线弹到主体结构表面。 施工竖杆前在首尾位置吊通长垂直线,并用经纬仪校核,确保骨架垂直度。 拉通长水平线,检验竖杆是否在同一平面上
	垂直、平整度	根据楼层内轴线位置,安装第一块和最后一块石材,上、下两端拉两根通长线,然后安装中间石板,保证每层石材均在同一平面上,石板上、下两端在同一直线上。 在每排石板测曲用扎丝吊通长垂直线控制每排石材的垂直线,从而控制每排石材的垂直度
弹性涂料	材料	涂刷前应先检查乳胶漆的质量,结块、变质的不要使用。 严格按照说明书的要求决定是否掺水和水的掺量。 腻子应与涂料性能配套,坚实牢固,不得粉化、起皮、裂纹。 涂液要充分搅匀,粘度太大可适当不加,粘度小可加增稠剂
	基层处理	墙体完全干透是最基本条件,一般应放置10天以上。 平整度不好或起壳墙面可满批白水泥净浆修补。墙面必须平整,刮腻子最少应两遍,每刮一遍都认真检查表面的平整度和阴、阳角的顺直。腻子刮完,检查合格再用砂纸砂平磨光。 石膏板墙面要刷一道建筑胶水以改善墙面吸水性能。 铁件露头一定要先做防锈处理,以防以后锈蚀污染墙面
	涂刷	施工温度要高于10℃,室内不能有大量灰尘,避开雨天。 涂刷时应连续迅速操作,一次刷完。涂刷时应均匀,不能有漏刷、流附等现象。涂刷一遍,打磨一遍,一般应两遍以上,后遍涂刷要等前遍干燥后进行

③ 地面工程,如表19所示。

地面工程表   表19

类型	控制重点	实施细则
地砖	材料	地砖在铺砌前应浸水湿润,阴干或擦干后备用。 地砖在铺砌前,应先对色、拼花并编号
	面层平整度	应将相连房间分格线连接起来,并弹出楼、地面标高线。放线后,应先铺若干条干线作为基准,起标筋作用
		有柱子的地方,先铺砌柱子与柱子中间部分,然后向两边展开
		石材要四脚同时下落,随时找平找直。如发现空隙应将板材掀起补实后再安装
		铺砌完后,其表面应及时进行养护,待结合层(含灌缝)的水泥浆达到强度后,才能打蜡

5) 机电工程质量控制

① 材料检验,如表20所示。

材料检验表 表20

名称	实施细则
材料检验	材料和设备在进厂时必须有产品合格证
	材料进场检验报告，应有上级检验部门的签字和盖章。
	进口设备要有商检证明，及中文质量证明等

② 预留洞、套管检验，如表21所示。

预留洞、套管检验表 表21

序号	名称	实施细则
1	预留洞	预留洞位置应正确。 预留洞规格尺寸应正确。 预留洞口应光滑完整无破损
2	穿楼板套管	套管位置正确固定牢固。 套管规格符合设计要求
3	防水套管安装	柔性防水套管制作应符合规范要求。 柔性防水套管安装牢固平整
4	穿墙套管安装	套管规格、型号正确。 套管两端与墙面平齐。 套管内侧防腐良好。 套管周围做好标识

③ 给水排水系统支吊架安装，如表22所示。

给水排水系统支吊架安装表 表22

序号	名称	实施细则
1	支吊架安装	管道吊架槽钢朝向一致。吊架间距符合规范要求。 成排立管安装，管道垂直，支架高度一致，抱卡严密美观。 如有管道保温应留出保温间距
2	固定支架安装	给水管道固定支架安装采用角钢门形架固定，牢固美观

④ 电气系统金属导管，如表23所示。

电气系统金属导管表 表23

序号	名称	实施细则
1	金属导管	金属导管的管箍连接：管壁厚度在2mm以下和镀锌管必须管箍连接。外露丝扣要一致，管箍用管钳拧紧
2	金属导管	管道切断后清除毛刺，内径倒角；钢管套完丝后要注意保护，要采取防止丝扣缺损及生锈的措施
3	金属导管	钢管套丝应清晰，相邻两扣丝的同一部位不能缺损

⑤ 电气系统接线，如表24所示。

电气系统接线表 表 24

序号	名称	实施细则
1	接线盒	暗配管当配管长度超过以下长度时要加接线盒，无弯时 30m，有一个弯时 20m，有两个弯时 15m，有三个弯时 8m，不允许有四个弯
		钢管应垂直进盒，一孔一管钢管与线盒用琐母连接，锁母应夹紧线盒，进盒的钢管长度不应大于 5mm，出锁母 2~3 丝。不能出现绝丝及丝扣超长
		钢管与线盒的接地焊接：接地线的规格应符合规范的要求。接地线与线盒点焊两点，与钢管焊接倍数为 6d，双面焊接，焊接符合焊接要求，焊后要求清除净焊药
		结构配合中同一房间、同一高度接线盒安装：高度一致，盒口要与墙面平齐，封堵严密
		强电盒与弱电盒要距离 0.5m 以上，高度差不大于 3mm

⑥ 电气系统灯具开关插座，如表 25 所示。

电气系统灯具开关插座表 表 25

序号	名称	实施细则
1	开关安装	开关安装高度符合要求，紧贴墙面，不应有缝隙
2	开关面板安装	开关面板和装饰面合理结合，按装饰面图纸位置安装，开关方向正确，与结合面无缝隙
3	灯具、烟感安装	灯具和消防探头的距离一定要符合规范要求。注意成品保护，烟感等精密仪器更需要严密保护
4	成排灯具安装	成排灯具安装：筒灯开孔大小适中，无漏边现象。灯安装要放于吊顶的几何中心位置。灯具和消防探头、喷洒头的距离符合规范要求。成排灯具顺直美观

⑦ 电气系统配电柜安装，如表 26 所示。

电气系统配电柜安装表 表 26

序号	名称	实施细则
1	成排配电柜的安装	垂直度不大于 1.2/1000，盘面平整度 4mm，盘间接缝小于 2mm。柜子标识齐全清楚
2	配电柜、箱接地做法	配电箱、配电柜接地做法：配电箱、配电柜如有电气元气件装于箱柜门上，就一定要接地。软编织带，闭口鼻子
3	配电盘柜安装	配电盘柜上的指示灯、按钮应标明回路名称等标识，标识应字迹清晰与盘面固定牢固，宜用铆钉与盘面铆接
		配电盘柜盘面应有铭牌标识，铭牌上应有生产厂家、规格、型号生产日期等，铭牌字迹应清晰，与盘面应连接牢固，宜采用铆接

⑧ 电气系统防雷接地，如表 27 所示。

电气系统防雷接地表 表 27

名称	实施细则
防雷接地	防雷接地焊接要求：双面焊，焊接长度大于 6D。焊接点光滑平整无咬肉、加渣、漏焊现象，清除药皮
	防雷接地测试点安装：预留盒及盖板要定型专用产品，标识要清晰、持久。安装位置要美观、方便易于操作
	屋顶避雷带支架每米一个，转角处 0.5m，专用镀锌卡子。避雷线弯曲要有弧度，尽可能的大弯曲半径
	屋顶避雷带及突出金属物连接：水泥捻口的金属管要焊跨接线

⑨ 电气系统金属线槽吊架安装，如表28所示。

电气系统金属线安装表 表28

名称	实施细则
金属线槽吊架安装	线槽和金属管道在同样标高安装，线槽要敷设于管道上方绕行，其做法要注意线槽转角要平滑。转角处吊架要符合要求。管道间距正确
	金属线槽吊架安装：间距均匀合理。吊杆顺直无内（外）八字。镀锌或经过防腐处理。吊杆长度一致
	金属线槽垂直下弯通及三通做法：三通应选用定型产品，没有直角弯。垂直下弯通采用厂家定型产品
	金属线槽连接：对口平齐，线槽不要有错茬现象。厂家配套连接板、螺栓及其他附件，保证接地良好
	桥架过墙壁、楼板处，不应将空洞抹死，而应作如下处理：土建收口方正，在桥架四周留一定空间，往空间内填充防火枕或防火堵料，在墙壁两侧，各用加工方正、尺寸合适一致、油漆均匀的盖板封盖

（5）成品保护及清洁措施

1）成品保护管理制度，如表29所示。

成品保护管理制度表 表29

项目	内容
完成作业移交	专业施工队在某区域完成施工任务后，须向总包书面提出作业面移交申请，批准后办理作业面移交手续，移交工作列入施工计划
成品损坏登记	成品造成损坏，成品保护责任单位必须立即到总包进行登记。专业施工队需向总包方提供造成成品损坏的责任人，总包确认后，专业施工队自行协商解决或由总包取证裁决，责任方须无条件接受。未提供损坏责任人的，责任自负
成品保护教育	由专业施工队负责对员工进行教育，增强员工的成品保护意识，自觉保护成品

2）措施的制定和实施，如表30所示。

措施的制定和实施表 表30

管理主体	责任主体	措施	目的
总包项目经理部	专业施工队	根据施工组织设计和工程进展的不同阶段、不同部位编制成品保护方案。签订合同、协议等	确定专业施工队为成品保护责任单位。明确各专业施工队对成品的交接和保护责任。明确总包对各专业施工队保护成品工作协调监督的责任
总包项目经理部	专业施工队	定期进行成品保护意识的教育。合同、规章制度、各项保护措施	专业施工队认识到做好成品保护是保证自己的切身利益

3）清洁措施，如表31所示。

清洁措施表 表31

责任主体	措施
总承包单位	做好自己施工范围内清洁工作并监督及协调各专业施工队的清洁工作。制定施工现场的清洁制度并下发各专业施工队。定期或不定期的进行清洁检查，对清洁做得好的单位进行奖励，对清洁做得不好的单位进行处罚

续表

责任主体	措 施
专业施工队	必须专人负责做好自己施工范围的清洁工作，且应保护好其他单位的清洁成果。严格执行总承包单位的各项清洁制度并积极配合总承包单位的清洁检查工作，若查出问题及时进行解决并报总承包单位复查

（6）质量通病防治措施

提高工艺质量是保证工程质量的重要途径，为了提高工艺质量，本投标人通过以往同类工程的总结，对各分项工程进行了通病分析，制定相应的预防措施。

1）模板工程

① 模板安装前，先检查模板的质量，不符质量标准的不得投入使用。

② 梁模板。

③ 通病现象：梁身不平直、梁底不平及下挠、梁侧模炸模、局部模板嵌入柱梁间、拆除困难。

④ 防治措施：支模时应遵守边模包底模的原则，梁模与柱模连接处，下料尺寸一般应略为缩短；梁侧模必须有压脚板、斜撑、拉线通直后将梁模钉固。梁底模板按规定起拱；混凝土浇筑前，模板应充分用水浇透。

2）柱模板

① 通病现象：炸模、断面尺寸鼓出、漏浆、混凝土不密实或蜂窝麻面、偏斜、柱身扭曲。

② 防治措施：根据规定的柱箍间距要求钉牢固；成排柱模支模时，应先立两端柱模，校直与复核位置无误后，顶部拉通长线，再立中间柱模；四周斜撑要牢固。

3）板模板

① 通病现象：板中部下挠，板底混凝土面不平。

② 防治措施：楼板模板厚度要一致，搁栅要料要有足够的强度和刚度，搁栅面要平整；支顶要符合规定的保证项目要求；板模按规定起拱。

4）混凝土工程质量通病预防措施表，如表32所示。

混凝土工程质量通病预防措施表　　表32

通病现象	原因分析	预防措施
1. 混凝土表面缺浆、粗糙、凸凹不平	1. 模板表面在混凝土浇筑前未清理干净，拆模时混凝土表面被粘损； 2. 模板表面脱模剂涂刷不均匀，造成混凝土拆模时发生粘模； 3. 模板拼缝处不够严密，混凝土浇筑时模板缝处砂浆流走； 4. 混凝土振捣不够，混凝土中空气未排除干净	1. 模板表面认真清理，不得沾有干硬水泥砂浆等杂物； 2. 混凝土脱模剂涂刷均匀，不得漏刷； 3. 振捣必须按操作规程分层均匀振捣实，严防漏捣，振捣手在振捣时掌握好止振的标准；混凝土表面不再有气泡冒出
2. 混凝土局部酥松，石子间几乎没有砂浆，出现空隙，形成蜂窝状的孔洞	1. 混凝土配比不准，原材料计量错误； 2. 混凝土未能充分搅拌，和易性差，无法振捣密实； 3. 未按操作规程浇筑混凝土，下料不当，发生石子与砂浆分离造成离析； 4. 漏振造成蜂窝； 5. 模板上有大孔洞，混凝土浇筑时发生严重漏浆造成蜂窝	1. 混凝土下料高度超过2m以上应使用串筒或滑槽； 2. 混凝土分层厚度严格控制在300mm内；振捣时振捣器移动半径不大于规定范围；振捣手进行搭接式分段，避免漏振。 3. 仔细检查模板，并在混凝土浇筑时加强现场检查
3. 混凝土结构直边处、棱角处局部掉落，有缺陷	1. 混凝土浇筑后养护不好，边角处水分散失严重，造成局部强度低，在拆模时造成前述现象； 2. 模板在折角处设计不合理，拆模时对混凝土角产生巨大应力； 3. 拆模时野蛮施工，边角处受外力撞击； 4. 成品保护不当，被车或其他机械刮伤	1. 加强养护工作，保证混凝土强度均匀增长； 2. 设计模板时，将直角处设计成圆角或略大于90度； 3. 拆模时精心操作，保护好结构物； 4. 按成品防护措施防护，防止意外伤害

5) 钢筋工程质量通病预防措施表，如表33所示。

钢筋工程质量通病预防措施表　　　　　　　　　　　　　　　　　表33

通病现象	原因分析	预防措施
1. 钢筋锈蚀	保管不善	1. 对颗粒状或片状老锈必须清除； 2. 钢筋除锈后留有麻点，严禁按原规格使用； 3. 进场后加强保管，堆放处下垫上盖
2. 钢筋接头的连接方法和接头数量及布置不符合要求	技术交底不细、工艺控制有误、标准不清、把关不严	1. 严格技术交底及工艺控制； 2. 合理配料，防止接头集中； 3. 正确理解规范中规定的同一截面的含义
3. 钢筋网中主副筋放反		1. 认真看清图纸，并向操作人员进行书面的技术交底，复杂部位要附施工草图； 2. 加强质量检查，做好隐蔽工程检验记录
4. 钢筋位置不对及产生变形		1. 认真按要求施工，加强检验； 2. 控制混凝土的浇筑、振捣成型方法
5. 接头尺寸偏差过大		1. 绑条长度符合施工规范，绑条接头中心线纵向位移不大于0.5d，接头处弯折不大于4°；钢筋轴线位移不大于0.1d且不大于3mm； 2. 焊缝长度沿绑条或搭接长度满焊，最大误差0.5d
6. 焊缝尺寸不足		1. 按照设计图的规定进行检查； 2. 图上无标注和要求时，检查焊件尺寸，焊缝宽度不小于0.7d，焊缝厚度不小于0.3d
7. 电弧烧伤钢筋表面	操作人员责任心不强，质检人员检验不及时	1. 防止带电金属与钢筋接触产生电弧； 2. 不准在非焊区引弧； 3. 地线与钢筋接触要良好牢固
8. 闪光对焊接头未焊透，接头处有横向裂纹		1. 直径较小钢筋不宜采用闪光对焊； 2. 重视预热作用，掌握预热操作技术要点，扩大加热区域，减小温度梯度； 3. 选择合适的对焊参数和烧化留量，采用"慢→快→更快"的加速烧化速度

6) 给水排水工程质量通病预防措施，如表34所示。

给水排水工程质量通病预防措施表　　　　　　　　　　　　　　　　　表34

常见通病	防治办法
排水横管塌腰、倒坡或坡度小于规范	安装前根据设计坡度要求计算出垂直位移，在墙面上定出几个控制点，支吊架按此高度安装，对控制点进行测量
地漏高于地面或低于地坪10mm	安装前必须充分了解土建地坪地面的施工，安装时根据使用的产品规格控制好高度
排水管使用正三通、正四通、立横管不按规范设置检查口或清扫口	在立管上应每隔一层设置一个检查口，但在最底层和有卫生器具的最高层必须设置。在连接2个及2个以上大便器或3个及3个以上卫生器具的污水横管上应设置清扫口。当污水管为楼板下悬吊敷设时，可将清扫口设在上一层楼地面上，污水管起点的清扫口与管道相垂直的墙面距离不得小于200mm；若污水管起点设置堵头代替清扫口时，与墙面距离不得小于400mm。在转角小于135°的污水横管上，应设置检查口或清扫口。污水横管的直线管段，应按设计要求的距离设置检查口或清扫口。通向室外的排水管，穿过墙壁或基础必须下返时，应采用45°三通和45°弯头连接，并应在垂直管段顶部设置清扫口

续表

常见通病	防治办法
给水排水管不按规范设置管卡	采暖、给水及热水供应系统的金属管道立管管卡安装应符合下列规定：楼层高度小于或等于5m，每层必须安装1个。楼层高度大于5m，每层不得少于2个。
套管不按要求设置（低于楼板面，超出墙面过多，不平正等）	穿墙壁和楼板设置金属或塑料套管，楼板内的套管，高出装饰地面20mm；卫生间及厨房内的套管，高出装饰地面50mm，底部应与楼板底面相平；砌壁内的套管其两端与饰面相平。穿过楼板的套管与管道之间缝隙应用阻燃密实材料和防水油膏填实，端面光滑。穿墙套管与管道之间缝隙宜用阻燃密实材料填实，且端面应光滑。管道的接口不得设在套管内
焊接管不按要求铲坡口、留间隙、钝边	管道焊接前应先修口、清根，管端端面的坡口角度、钝边、间隙应符合给水水平管道应有2‰~5‰的坡度坡向泄水装置有关规定；不得在对口间隙夹焊帮条或用加热法缩小间隙施焊
焊缝平整度差、高度、宽度达不到要求，缺陷严重（焊瘤、咬肉、错缝等）	不得有熔化金属流到焊缝外未熔化的母材上，焊缝和热影响区表面不得有裂纹、气孔、弧坑和灰渣等缺陷；表面光顺、均匀，焊道与母材应平稳过渡；高度应焊出坡口边缘2~3mm；表面余高应小于或等于1+0.2倍坡口边缘宽度，且不应大于4mm；咬边的深度应小于或等于0.5mm，焊缝两侧咬边总长不得超过焊缝长度的10%，且连续长不大于100mm；错边小于或等于0.2t，且不大于2mm
焊缝与焊缝间的距离小于20cm	同一管节允许有两条纵缝，管径大于或等于600mm时，纵向焊缝的间距应大于300mm；管径小于600mm时，其间距大于100mm
不同管径对焊不按规定要求抽大小头	按规定要求抽大小头，或采用成品大小头
管道、支架不除锈或不按工序先刷防锈漆	管道内壁的浮锈、氧化铁皮、焊渣、油污等，应彻底清除干净；焊缝突起高度不得大于防腐层设计厚度的1/3
给水排水管道、卫生器具安装平直度差	卫生器具的支、托架必须防腐良好，安装平整、牢固，与器具接触紧密、平稳
油漆漏刷、起泡、起皮、颜色不一致，污染严重	涂底漆前管子表面应清除油垢、灰渣、铁锈，氧化铁皮采用人工除锈时，其质量标准应达St3级；喷砂或化学除锈时，其质量标准应达Sa2.5级；涂底漆时基面应干燥，基面除锈后与涂底漆的间隔时间不得超过8h，涂刷均匀、饱满，不得有凝块、起泡现象，底漆厚度宜为0.1~0.2mm，管两端150~250mm范围内不得涂刷；沥青涂料应涂刷在洁净、干燥的底漆上，常温下刷沥青时，在涂底漆后24h之内实施，沥青涂料涂刷温度不得低于180℃

7) 电气工程质量通病预防措施，如表35所示。

电气工程质量通病预防措施表　　　　　表35

常见通病	防治办法
钢配管采用对焊连接	除镀锌和壁厚≤2mm的钢导管外，金属导管应采用套管熔焊连接
照明接线扭结绕线匝数不够，接头不包绝缘带（只用黑胶带）	绝缘胶带颜色与导线颜色一致
螺丝压接线、线头反绕	沿紧螺丝的方向绕线，以避免松动
钢管煨弯半径不符合要求或煨扁凹裂	电缆穿管时，管道弯曲半径按规范中电缆最小弯曲半径要求
暗配管（混凝土内、墙内、吊顶内）不做防腐、防锈处理	金属导管内外壁应防腐处理，埋于混凝土内的导管内壁应防腐处理，外壁可不做防腐处理
导线不按规范标识分火线、零线、地线	一般保护地线（PE线）为黄绿相间色，零线为淡蓝色，A相：黄色；B相：绿色；C相：红色
左零、右火、上地相线接错，或开关未控制火线	插座接线相序按规范中要求执行，开关必须断开相线

续表

常见通病	防治办法
配管不进箱盒或进箱盒过长	露出长度一般在5mm以内
管口毛刺不清理光滑，管口不安装护套	管口用锉刀，管内用圆形钢丝刷，两头绑一根铁丝拉动除毛刺除锈，管口设锁紧螺母或护口
箱盒安装歪斜、不贴墙面，用电、气焊开孔洞	使用预留的敲落孔或用开孔器开孔
配管排列不整齐、平整度差，吊顶内不设固定卡	先确定吊顶内灯具和电气器具位置，并安装支架经检查合格，才能配管
开关、灯具安装不牢固，不贴墙面或歪斜	预埋接线盒时，确保其标高一致、水平，进出墙体的深度符合紧固螺丝长度
电缆不按规范设置卡子，或卡子不牢固	桥架内电缆大于45°倾斜敷设的电缆每隔2m设固定点
避雷带不按规范选用材质、焊接，转角半径（R）搭接长度不够	扁钢与扁钢搭接为扁钢宽度的2倍，不少于三面施焊；圆钢与圆钢、圆钢与扁钢搭接为圆钢直径的6倍，双面施焊

8）轻钢龙骨铝合金活动面板吊顶质量通病及预防措施，如表36所示。

轻钢龙骨铝合金活动面板吊顶质量通病及预防措施表 表36

质量通病	原因分析	预防措施
主龙骨、次龙骨纵横方向线条不平直	主龙骨、次龙骨受扭折，虽经修整，仍不平直。 吊杆位置不正确，拉牵力不均匀。 未拉通线全面调整主龙骨、次龙骨的高低位置。 测吊顶的水平线有误差，中间平面起拱度不符合规定	凡是受扭折的主龙骨、次龙骨一律不宜采用。 合理分配吊杆间距，并保持吊杆垂直安装 拉通线，逐条调整龙骨的高低位置和线条平直。 四周墙面的水平线应测量正确，中间按平面起拱度1/200～1/300
吊顶造型不对称，罩面板布局不合理	未在房间四周拉十字中心线。 未按设计要求布置主龙骨、次龙骨。 铺安罩面板流向不正确	按吊顶设计标高，在房间四周的水平线位置拉十字中心线。 按设计要求布设主龙骨、次龙骨。 中间部分先铺整块罩面板，余量应平均分配在四周最外边一块

9）楼地面工程

防止面层起砂、起皮：

① 由于水泥标号不够或使用过期水泥、水灰比过大抹压遍数不够、养护期间过早进行其他工序操作，都易造成起砂现象。在抹压过程中撒干水泥面（应撒水泥砂拌和料）不均匀，有厚有薄，表面形成一层厚薄不匀的水泥层，未与混凝土很好地结合，会造成面层起皮。如果面层有泌水现象，要立即撒水泥砂（1:1=水泥:砂）干拌和料，撒均匀、薄厚一致，木抹子搓压时要用力，使面层与混凝土紧密结合成整体。

② 养护时间不够，过早上人：水泥硬化初期，在水中或潮湿环境中养护，能使水泥颗粒充分水化，提高水泥砂浆面层强度。如果在养护时间短强度很低的情况下，过早上人使用，就会对刚刚硬化的表面造成损伤和破坏，致使面层起砂、出现麻坑。因此，水泥地面无工后，养护工作的好坏对地面质量的影响很大，必须要重视，当面层抗压强度达5MPa时才能上人操作。

防止面层空鼓、有裂缝：

① 由于铺细石混凝土之前基层不干净，如有水泥浆皮及油污或刷水泥浆结合层时面积过大用扫帚扫、甩浆等都易导致面层空鼓。由于混凝土的坍落度过大滚压后面层水分过多，撒干拌和料后终凝前尚未完成抹压工序，造成面层结构或交活太早，最后一遍抹压时应抹压均匀，将抹纹压平压光。

② 由于管子通过混凝土楼板而导致楼板产生裂缝；因此要求凡管子埋设在楼板中的地方，在管子上部覆盖 $\phi 4@200$ 双向钢筋网片。

③ 在抹水泥砂浆之前必须将基层上的黏结物、灰尘、油污彻底处理干净，并认真进行清洗湿润，这是保证面层与基层结合牢固、防止空鼓裂缝的一道关键性工序，如果不仔细认真清除，使面层与基层之间形成一层隔离层，致使上下结合不牢，就会造成面层空鼓裂缝。

④ 涂刷水泥结合层不符合要求：在已处理洁净的基层上刷一遍水泥浆，目的是要增强面层与基层的黏结力，因此这是一项重要的工序，涂刷水泥浆稠度要适宜（一般 0.4~0.5 的水灰比），涂刷时要均匀不得漏刷，面积不要过大，砂浆铺多少刷多少。一般往往是先涂刷一大片，而铺砂浆速度较慢，已刷上去的水泥浆很快干燥，这样不但不起黏结作用，相反起到隔离作用。

⑤ 另外一定要用涂刷已拌好的水泥浆，不能采用干撒水泥，再浇水用扫帚来回扫的办法，由于浇水不匀，水泥浆干稀不匀，也影响面层与基层的黏结质量。

10）防止有地漏的房间倒泛水

在铺设面层砂浆时先检查垫层的坡度是否符合要求。设有垫层的地面，在铺设砂浆前抹灰饼和标筋时，按设计要求抹好坡度。

11）面层不光、有抹纹

必须认真按前面所述的操作工艺要求，用铁抹子压的遍数去操作，最后在水泥终凝前用力抹压不得漏压，直到将前遍的抹纹压平、压光为止。

12）地面地砖、石材工程质量通病及预防措施，如表 37 所示。

地面地砖、石材工程质量通病及预防措施表　　表 37

质量通病	原因分析	预防措施
接缝高低差较大	板材的厚度不均匀，板块角度偏差大。操作时检查不严，未严格按拉线对准。养护期内上人、存放或移动重物	选材时要认真仔细，剔出不合格者，对厚薄不均匀的板材，加以注明，使施工人员施工时注意控制。采用试铺方法，结合层要稍厚一些，板块正式落位后用水平尺骑缝搁置在相邻的板块上直到板面齐平为止
板块有色差	材料进场时验收不严。施工前没进行预铺或预铺不仔细	加强材料进场验收。施工前必须先仔细进行预铺，有色差的板块坚决不用
板缝观感较差	板缝没有灌缝或有遗漏。灌缝的水泥浆与大理石面板的颜色相同	石材铺贴后的第二天，必须进行灌缝，用素泥浆灌缝 2/3 高度。灌缝用的色浆必须用大理石面板颜色相同的水泥浆进行擦缝，擦缝不遗漏
踢脚线接缝高低差、上口平直度严重	基层不平。板材厚度不均匀。操作时检查不严，未严格按规范施工	踢脚线施工前先检查基层面，不平整的及时调整到位。踢脚线施工前，必须先检查板材的厚度，确保使板材厚薄均匀一致。踢脚线铺贴前，先进行预铺，确保踢脚线的上口及各种造型倒角为同一水平标高，同时剔出不合格者
板块接缝宽度大小不一、相邻的两块错缝严重	材料进场，检查不仔细。板块的尺寸不对，超过规范要求。施工时没进行弹线控制	加强材料进场时的验收把关，对板块的尺寸、方正均仔细核验，不合格的全部剔除。施工前，应按设计要求的板块尺寸进行弹线控制

13）墙面砖质量通病及预防措施，如表 38 所示。

墙面砖质量通病及预防措施表　　　　　表 38

质量通病	原因分析	预防措施
接缝不平直，缝宽不均匀	材料进场，检查不仔细。板块的尺寸不对，超过规范要求。施工时没进行弹线控制。	对面砖的挑选作为一道工序，将色泽不同的瓷砖分别堆放，挑出弯曲、变形、裂纹、面层有杂质缺陷的面砖。同一类尺寸面砖用在同层房间或一面墙上，以做到接缝均匀一致。 粘贴时做好规矩，用水平尺找平，校核墙面的方正，算好纵横皮数，划出皮数杆，定出水平标准。以废面砖贴灰饼，划出标准，灰饼间距以靠尺板够得为准，阳角处要两面抹直。 根据弹好的水平线，稳稳放好平尺板，作为粘贴第一行面砖的依据，由下向上逐行粘贴。每贴好一行面砖，及时用靠尺板横、竖向靠直，偏差处用匙木柄轻轻敲平，及时校正横、竖缝平直，严禁在粘贴砂浆收水后再进行纠偏移动
面砖表面裂缝	挑选材料不仔细，没有将有隐伤的砖挑出来，浸泡面砖时时间过短，铺贴时敲击过重	在施工过程中，浸泡面砖用洁净水，粘贴面砖的砂浆，使用干净的原材料进行拌制，粘贴密实，砖缝嵌塞严密，面砖擦洗干净。 面砖粘贴前一定要浸泡透，将有隐伤的挑出。尽量使用和易性、保水性较好的砂浆粘贴。操作时不要用力敲击砖面，防止产生隐伤
变色，污染，出现白度降低，泛黄发花，变赭和发黑	材料进场时验收不严。施工前没进行预铺或预铺不仔细。使用了不同颜色的水泥	基层清理干净，表面修补平整，墙面洒水湿透。 面砖使用前，必须清洗干净，用水浸泡到面砖不冒气为止，且不少于 2 小时，然后取出，待表面晾干方可粘贴。 面砖粘贴砂浆厚度一般控制在 7~10mm，过厚或过薄均产生空鼓。必要时使用掺水泥量 3%的 801 胶水泥砂浆，以使粘贴砂浆和易性和保水性较好，并有一定的缓凝作用，不但增加粘贴力，而且可以减少粘层的厚度，校正表面平整和拨缝时间可长些，便于操作，易于保证镶贴质量

4. 文明施工措施

文明施工的程度体现了企业的综合管理水平。整洁文明的施工现场、井然有序的平面布置给人的印象将是焕然一新的感觉。因此，我们将以文明施工为突破口，全面抓好施工现场管理。

（1）文明施工目标

现场布局合理，环境整洁，物流有序，标识醒目，达到"一通、二无、三整齐、四清洁、五不漏"，创成标准化管理现场。具体内容如下：

1）一通：交通平整畅通，交通标志明显。

2）二无：无头（无砖头、无木材头、无钢筋头、无焊接头、无电线电缆头、无管子头、无钢材头），无底（无砂底、无碎石底、无灰底、无砂浆底、无垃圾废土底）。

3）三整齐：钢材、水泥、砂石料等材料按规格、型号、品种堆放整齐；构件、模板、方木、脚手架、堆码整齐；机械设备、车辆摆置整齐。

4）四清洁：施工现场清洁，环境道路清洁，机具设备清洁，现场办公室、休息室、库房内外清洁。

5）五不漏：不漏油、不漏水、不漏风、不漏气、不漏电。

（2）现场管理原则

1）进行动态管理：现场管理必须以施工组织设计中的施工总平面布置图和政府主管部门对场容的有关规定及依据进行动态管理。要分结构施工阶段、装饰施工阶段分别绘制施工平面布置图，并严格遵照执行。

2）建立岗位责任制：按专业分工种实行现场管理岗位责任制，把现场管理的目标进行分解，落实到有关专业和工种，这是实施文明施工岗位责任制的基本任务。例如：砌筑、抹灰用的砂浆机，水泥、砂堆场和落地灰、余料的清理，由瓦工、抹灰工负责；钢筋及其半成品、余料的堆放，由钢筋工负责，为了明确责任，可以通过施工任务或承包合同落实到责任者。勤于检查，及时整改：对文明施工的检查工作要从工程开工做起，直到竣工交验为止。由于施工现场情况复杂，也可能出现三不管的死角，在检查中要特别注意，一旦发现要及时协调，重新落实，消灭死角。

3）文明施工管理机构及运行程序

建立工地文明施工领导小组

组　长：项目经理

副组长：项目副经理

组　员：各专业工长、各专业施工队队伍负责人

① 本工程施工中始终坚持文明施工的原则，在文明施工的前提下，合理安排施工进度、制定施工方案。

② 所有分部分项工程项目的实施，都按照现场文明施工的要求执行。

③ 建立文明施工管理机构，健全文明施工保证体系。成立以项目经理为组长，项目副经理为副组长，工程管理部、安全质量部、党支部、资源保障部和施工队组成的文明施工领导小组。下属各施工队成立相应组织，班组长兼职现场文明施工负责。

④ 对参建职工按国家、地方政府有关规定进行教育，组织全体人员认真学习并严格遵守当地文明公约的有关规定。使文明施工成为各级管理人员和全体职工的自觉行动。

文明施工保证体系如图12所示。

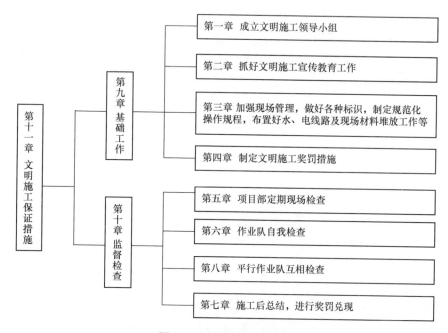

图12　文明施工保证体系

⑤ 实行责任负责制，将文明施工、环境保护与作业班组管理人员工资奖金挂钩考核。

⑥ 尊重当地风俗习惯，正确处理好与当地群众的关系，建立良好的社会关系，搞好工地文明建设。

⑦ 工人在上岗前必须经过文明施工及环境保护教育培训，未经培训的工人，不得使用。定期组织所有参建人员经常进行施工安全、法纪和文明教育，增强施工人员的文明施工意识。

⑧ 在施工中有计划地组织职工学习有关文明公约的规定，争做文明公民。

（3）现场场容管理方面的措施

1）施工工地的大门和门柱为正方形1000mm×1000mm，净高度为5m，大门净宽8m。施工现场围墙，采用彩钢板围挡，墙面涂刷宣传标语。

2）在大门口设置"七牌两图"施工标牌。

3）总平面管理、安全生产制度、文明施工制度、环境保护制度、质量控制制度、材料管理制度及主要参建单位名称和工程概况等。

4）场容场貌整齐、有序，材料区域堆放整齐，并有门卫值班。设置醒目安全标志，在施工区域和危险区域设置醒目安全警示标志。

5）建立文明施工责任制，划分区域，明确管理负责人，实行挂牌制，做到现场清洁整齐。

6）施工现场硬化地面，将道路材料堆放场地用黄色油漆划10cm。宽黄线予以分割，在适当位置设置花草等绿化植物，美化环境。

7）修建场内排水管道沉淀池和进出场车辆冲刷池，防止污水外溢、车辆进出污染周边和公共道路。

8）针对施工现场情况设宣传标语和黑板报，并适当更换内容，确实起到鼓舞士气，表扬先进的作用。

（4）施工人员着装形象

1）全体员工树立遵章守纪思想，采用挂牌上岗制度，安全帽、工作服统一规范。安全值班人员佩戴不同颜色标记，工地负责人戴黄底红字臂章，班组安全员戴红底黄字袖章。

2）安全帽。

① 施工管理人员和各类操作人员佩戴不同颜色安全帽以示区别：

部门经理以上管理人员及外来检查人员戴红色安全帽，一般施工管理人员戴白色安全帽；操作工人戴黄色安全帽；机械操作人员戴蓝色安全帽；机械吊车指挥戴红色安全帽。

② 在安全帽上方粘贴或喷绘企业标志，标志尺寸为2cm×2cm，并粘贴代表其身份的工号。

③ 胸卡：尺寸为9cm×5.5cm蓝色黑字，统一编号，贴个人一寸彩色照片。

（5）现场机械管理方面的措施

1）现场使用的机械设备要按平面布置规定存放，遵守机械安全规程，经常保持机身等周围环境的清洁。机械的标记、编号明了，安全装置可靠。

2）机械排出的污水要有排放措施，不得随地流淌。

3）钢筋切断机、对焊机等需要搭设护棚的机械，搭设护棚时要牢固、美观，符合施工平面布置的要求。

4）临时设施、电箱标准统一，摆放位置合理，便于施工和保持。

（6）现场办公区管理的措施

1）工地办公室应配备各种图表、图牌、标志。室内文明卫生、窗明几净，秩序井然有序。

2）施工现场办公室、仓库有专职卫生管理人员和保洁人员，制订卫生管理制度，设置必需的卫生设施。

3）现场厕所及建筑物周围须保持清洁，无蛆少臭、通风良好，并有专人负责清洁打扫，无随地大小便，厕所及时用水冲洗。

4）施工现场应当设茶水亭和茶水桶，每个水桶有明显标志，并加盖、加锁。夏季施工应当有防暑降温措施，派专人添供茶水及管理好饮水设施。

5）现场排水沟末端设沉积处理，并定期清理沉积井内的沉积物，食堂下水道和厕所化粪池要周期清理并消毒，防止有害细菌的传播。

（7）施工现场文明施工措施

1）设置临时厕所：由于施工现场人员多，在每层楼内设置一处小便桶，每天下班后派专人清理。

2）楼层清理：生产班组每天完成工作任务后，要求必须将余料清理干净，堆放在规定的部位，不得随意堆放在楼层内，保持楼层整洁。

3）控制施工用水：施工期间用水量大，用水部位多，容易造成施工楼层及施工现场污水横流或积水现象，污染建筑产品，影响人员行走，造成不文明的现象。采取以下措施：

① 每个供水笼头用自制木盒保护，上锁，设专人看管。严防他人随意开启、破坏。

② 主体结构施工期间，要在浇筑混凝土前冲洗模板及钢筋面的灰尘、润湿模板等，浇筑后养护等。在楼层边四周、电梯井或预留洞口边砌抹 60mm 高封闭的挡水线。

③ 装修期间，干砖必须在底层浇水湿润后再上至楼层工程面，不得在楼层内浇水。砌筑砂浆在底层集中搅拌，不得在工作面重新加水搅拌。

④ 现场四周设置排水沟，保持排水顺畅。

(8) 防止扰民和民扰的措施

拟建工程位于繁华市区，地理位置重要，周围比较繁华，施工干扰相对较多，有很多限制施工条件。

1) 防止扰民的措施

① 制定环境管理方案和实施措施，防止噪声污染、水污染及大气污染。

② 对环境污染尤其是噪声污染进行严格的监控。

③ 严格遵守环保和园区管理部门的文明施工方面的规定。

④ 在混凝土浇筑施工时，将提前以告示的形式通知居民，使他们有所了解，并求得他们的谅解，融洽与居民关系。

⑤ 施工中需要停水、停电、封路而影响环境时，必须经有关部门批准，事先告示。在行人、车辆通行的地方施工，应当设置沟、井、坎、穴覆盖物和标志。

2) 防止民扰的措施

只要严格执行和落实防止扰民的措施，最大限度地减少噪声污染，就可以有效地减少民扰，民扰大部分是由于扰民引起的，应该相信，绝大多数居民是遵纪守法的，是能够充分理解施工单位的困难的。为了防止民扰事件的发生，在落实防止扰民措施的前提下，制定如下措施：

① 在施工前公布连续施工的时间，发布安民告示，向工程周围的居民做好解释工作。

② 教育施工人员严格遵守各项规章制度，对施工现场的工人进行封闭式管理，减少与外接的接触。维护群众利益，尽可能减少工程施工给当地群众带来不便。

③ 环保部门按国家规定的噪声值标准进行测定，并确定噪声扰民的范围。

④ 现场设立群众来访接待处，并配备热线电话，24 小时接待来访来电，对所有问题均在 24 小时以内予以明确答复。

⑤ 依法处理各种扰乱正常施工秩序的行为和责任人。对不管采取何种措施仍然阻挠正常施工的人或行为，依法向有关部门申请遵照有关法律进行处理。

(11) 现场医疗站和急救措施

1) 施工前，将为现场（包括施工作业面、生产居住区、生产加工车间、仓储用地等）工人提供符合政府卫生规定的生活条件并获得必要的许可，保证工人的健康和防止任何传染病，包括工人的食堂、厕所、工具房、宿舍等。

2) 施工时，定期请专业的卫生防疫部门对现场、工人生活基地和工程进行防疫和卫生的专业检查、消毒和处理，包括消灭白蚁、鼠害、蚊蝇和其他害虫，以防对施工人员、现场和永久工程造成任何危害。

3) 现场设立专门的卫生应急小组，制订并落实相应的应急措施，有效防止传染性疾病的发生和蔓延。

4) 现场设专门的临时医疗站，配备足够的设施、药物和称职的医务人员，准备 2~5 套担架，公开张贴 120 急救电话，用于一旦发生安全事故时对受伤人员的急救。

5) 整个施工期间严格遵守国家和市有关工人劳动保护、身心健康、预防传染病和施工期现场安全生产的法律、法规、规章和规定等，在疫情暴发期和有疫情暴发时，做好工人的健康监控、隔断疫情传播和传播途径、必要的预防药品、卫生消毒等工作。

(12) 现场治安保卫措施

1）配合地方部门，维持社会治安管理，与有关部门签订《治安承包责任协议书》，积极主动办理各种证件手续。服从社会治安、综合治理、计划生育、交通管理、环境保护及业主方相应的规章制度与管理规定，并与劳务层签订治安责任协议书。

2）协同业主方与当地公安分局建立警民共建联络小组，共同做好工程的治安防范措施，建立专门的保卫机构，统一领导治安保卫工作。

3）实行全封闭式管理，严格将施工区域与周围生活区分开。大门口设立门卫，严格执行出入制度，所有工作人员进入现场须佩戴胸卡，非本工程人员进入大门要登记，通过门卫联系，待明确接待人员后才能进入。

4）加强入场教育及治安规章制度学习。广泛展开法制宣传和"四防"教育，提高广大职工群众保卫工程建设和遵纪守法的自觉性。

5）现场经警实行24小时巡逻制；值班人员在当班期间要认真负责，不得擅离岗位，注意防盗。建筑材料及机具出场，由材料员和工长开具出门证方可放行。

6）工作人员仅在工程指定区域内活动，未经许可，不得进入与工程无关区域逗留。

7）工作人员不得在工地内酗酒或酒后进工地工作，不得携带违禁物品进入，以维护财产和人员安全。

8）材料车辆进现场装卸完毕后，要立即驶离现场，车辆必须停放在指定地点。

9）对施工现场的贵重物资、重要器材和大型设备，要加强管理，严格有关制度，设置防护设施和报警设备，防止物资被哄抢、盗窃或破坏。

10）经常开展以防火、防爆、防盗为中心的安全检查，堵塞漏洞，发现隐患及时采取措施，防止发生问题。

11）加强劳务队伍的管理。

12）定期对治安保卫工作进行检查，发现问题及时严肃处理。

（13）车辆、机械管理制度

1）编制车辆与机械设备文明驾驶守则，制定各种车辆、机械的操作规程，加强车辆与机械的维修与保养，提高完好率，保证出勤率。车辆与机械不得带故障上路，不得违规违章行驶，杜绝机械和车辆事故。

2）车辆、机械设专人管理和操作。操作人员持证上岗，杜绝无照驾驶，无证操作。保证操作人员做到"三定"（定人、定机、定岗位），"三好"（管好、用好、维修好），"四会"（会使用、会保养、会维护、会排除故障），"四懂"（懂管理、懂结构、懂性能、懂用途）。

3）车辆、机械设备做到停放有序，保持清洁，在显著位置标注"单位名称"。在道路上行驶要遵章守纪，文明驾驶，礼让优先，保证交通安全和施工安全。

4）运载散体、流体的车辆采取遮盖、防护措施，封闭缝隙，保证行驶中不污染道路和周围环境。

（14）施工现场管理措施

1）按批准的施工组织设计平面布置图，修建生产和生活设施，合理布局。施工现场四周设置排水沟，及时完成"三通一平"，创造良好的施工环境，建设文明工地。施工现场内加工场地、材料堆放场地采用混凝土硬化。水电管线按照规范架设，生产、生活区分开布置。

2）施工现场悬挂"四牌三标"，悬挂时要齐全、美观、整齐，按照规定的材料、式样、颜色、内容等标准格式统一加工制作。严格按照施工组织设计平面布置图划定的位置堆放成品、半成品及原材料。所有材料分类存放，堆码整齐，并悬挂标识牌。

3）现场标牌：在施工现场明显地点设置醒目的"四牌三标"，即工程告示牌、责任划分牌、质量标准牌、安全标准牌，确保工期标语、确保安全质量标语、保护环境等宣传鼓励标语。工程告示牌标写：工程名称、工程概况、开竣工日期、建设单位、设计单位、施工单位、监理单位名称；责任划分牌应标写：工程名称、施工单位、施工负责人、技术负责人、质检工程师、安全检查员；质量告示牌标写：质量方针、质量目标、质保措施；安全告示牌标写：安全方针、安全目标、安全天数、安保措施。在场地及营区周围插设彩旗。在材料堆放地和钢筋加工场挂标识牌标写：材料名称、产地、规格或型号、检验日期、检验人员姓名。

4）室内布置：现场办公室或值班室墙面悬挂（张贴）现场总平面布置图、施工形象进度图，组织机构、工作职责、工作制度。

5）队伍形象：施工作业人员统一着装，佩戴安全帽。各种岗位人员佩戴胸卡，施工负责人、质量、安全检查人员佩戴红色袖标。坚守岗位，职责清楚。

（15）人员管理

如表39所示。

人员管理 表39

人员管理理念	
首先是进行交底和培训，以达到充分沟通和理解，形成自我约束和提高的意识；其次才是采取必要的规章制度来约束所有人	
制定合乎本工程实际的员工培训计划，提高员工能力意识；设置各种沟通渠道，加强各级管理人员之间的联系沟通协调	根据工程建设员工基本守则，作为参加工程建设施工人员的基本行为准则
加强员工培训及沟通	制订行为准则
施工现场仅设置三个大门进出，本工程人员凭借胸卡进入，非本工程人员执行进出场登记手续，否则不许进入工地	项目关键性区域建立计算机管理的电子门监控系统，该区域工作人员出入凭有效的非接触式IC卡（卡上信息有姓名、性别、年龄、所属公司）刷卡进入，其他人员未经特别许可登记不许进入
门禁制度	关键区域出入管理
来客登记制度	
各专业施工队的来访客人（指不在本工地工作的人员）必须办理以下手续才能进入现场：来客接待单位派人在门卫进行登记，来客身份证交给门卫，由门卫发给临时出入证；来客离场时凭临时出入证领取身份证	
车辆出入管理制度	
大型车辆：大型车辆是指5T以上的载重汽车、轮胎或履带式吊车等大型施工机械。要求各专业施工队必须提前一天向总承包提出申请，注明车辆型号、牌照号码、进场日期及时间，经总承包签字批准后在车辆到达现场大门入口处由专业施工队凭车辆进出批准单放行，车辆离开现场时，专业施工队向门卫出具签字的放行单后，门卫才能允许车辆离开，放行单由总承包保存；小型车辆：各专业施工队的小型车辆进入现场实行登记制度。车辆进场时在门卫处登记所属专业施工队公司名称、车牌号、进场时间、大约停留时间后，方可进入现场	

（16）场内扬尘管理

如表40所示。

场内扬尘管理 表40

项目	措施
防尘措施 	设置现场垃圾集中堆放处，分类处理并进行覆盖，定期清理

项目	措　　施
防尘措施	 制定施工现场洒水降尘制度，配备专用洒水设备及指定专人负责。在易产生扬尘的季节，施工场地采取洒水降尘
	 做好现场绿化、硬化工作，堆土采用绿色密目网覆盖。除现场已种植的花草绿化外，在临建房屋的墙面和毗邻水厂彩钢围墙爬蔓类耐旱植物绿化，把施工现场建设成为花园式工地
	使用商品混凝土和商品砂浆，以减少施工现场粉尘污染源
	切割、钻孔的防尘措施：无齿锯切割时在锯的正前方设置遮挡锯末火花的三面式挡板，使锯末在内部沉积后回收。钻孔用水钻进行，在下方设置疏水槽将浆水引至容器内沉淀后处理
	施工现场尽量组织石材、木制半成品进入现场，实施装配或施工，减少因切割石材、木制品加工所造成的粉尘及噪声污染
	施工现场不得使用有明显无组织排放尘埃的中小型粉碎、切割、刨刨等机械设备
	在施工工地内，设置车辆清洗设施以及配套的排水、泥浆沉淀设施；运输车辆应当在除泥、冲洗干净后，方可驶出施工工地
	建筑垃圾、工程渣土尽量在48小时内完成清运，若不能，则在施工工地内设置临时堆放场，临时堆放场采取围挡、遮盖等防尘措施
	在施工工地内，设置车辆清洗设施以及配套的排水、泥浆沉淀设施；所有车辆应当在除泥、冲洗干净后，方可驶出施工工地
	建筑物、构筑物上运送散装物料、建筑垃圾和渣土的，应当采用密闭方式清运，禁止高空抛掷、扬撒
	自觉接受城管监察部门的监督、管理。一旦发现遗洒，及时组织人力清扫，并迅速冲洗干净
防尘措施	土方运输前，在出入口垫湿麻布或淋湿的块毯，减少车辆轮胎带土出场。同时，安排专人负责出口外道路的清洁维护
	施工工地内堆放水泥、灰土、砂石等易产生扬尘污染物料的，在其周围设置不低于堆放物高度的封闭性围拦
	不得使用空气压缩机来清理车辆、设备和物料的尘埃
	使用商品混凝土和商品砂浆，以减少施工现场粉尘污染源
	在进行产生大量泥浆的施工作业时，配备相应的泥浆池、泥浆沟，做到泥浆不外流，废浆采用密封式罐车外运

四、管理效果及评价

1. 质量管理效果

通过项目严格有效的质量保证体系，本工程的整体质量处于受控状态，并赢得了业主、西藏自然科学博物馆筹备领导小组办公室和拉萨社会各界的一致好评，项目部克服高原施工难度，在业主方规定的时间内完成了现场土建安装的所有工作，并持续的协助业主方完成项目竣工结算后的维保工作，截至目前，未出现结构、装修等各节点的质量问题。西藏自然科学博物馆已正常接待各方游客，运转良好。

2. 安全文明管理效果

在项目建设过程中，未发生任何安全、质量事故、食品卫生问题及群体性事件。项目现场施工井然有序，材料使用和回收得当，现场标识清晰，现场扬尘及建筑垃圾清运及时，绿色施工管理也作为项目部考核现场各施工分包单位和班组的重要考核指标。赢得了业主方及当地主管部门的一致好评。

3. 经济效益

本工程通过精细化的项目管理和新技术的推广应用，在客服分包单位众多，当地劳务环境较为苛刻的前提下，按时完成合同任务并办理竣工移交。工程毛利率（不含税费）达到5%。

4. 社会效益

西藏自然科学博物馆建设项目作为国家投资建设的重大科技文化基础设施，对引导公众走进科学殿堂、提高公众科学文化素质、倡导科学方法、激发公众学习科学技术的兴趣、进行爱国主义教育具有十分重要的现实意义。它的建设不仅体现我区社会经济发展的文明程度，而且更是展示西藏自治区科学、文化、社会发展水平和科普教育水平及展示西藏独特的自然、历史、人文等资源的重要窗口，对于提高西藏自主创新能力、实现可持续发展、实施科教兴藏战略、促进西藏文化与世界的交流具有不可替代的作用。作为献礼西藏自治区成立51周年的献礼工程，自治区各界领导对西藏自然科学博物馆项目的建成均给予高度评价（图13、图14）。

图13　当地小学生参观西藏自然科学博物馆　　　　图14　当地群众参观西藏自然科学博物馆

5. 项目管理评价

自竣工交付使用以来，项目各项设计指标达到使用功能要求，针对项目专业化劳务班组直管模式的挑战，项目部通过技术创新、管理创新、绿色施工材料的应用以及细致详尽的策划分析，在以公司既有总承包管理模式为借鉴的基础上，勇于创新，并在实践中不断总结与进步，积累了专业分包管理的经验，并培养一大批项目管理人员及技术工程，实现了员工的成长与质的飞跃，并得到业主、工程参建方以及社会各界的一致好评，树立了我公司在西藏自治区当地专业可信赖的品牌形象。

工期保履约　经济创效益　开拓市场展望未来

——北京建工集团有限责任公司承建第四届广西（北海）园林园艺博览会主园区建设项目—主场馆、天天演艺岛服务建筑、主标识塔等钢结构工程项目

王　犇　陈　林　李加军　周　昊

【摘　要】 本项目总面积约 2.98 平方公里，共由 30 多家单位共同承建，其中我公司承建主场馆、天天演艺岛服务建筑、主标识塔等钢结构工程总建筑面积 23720m²，其中主场馆建筑面积 13700m²，天天演艺建筑面积 10020m²。本工程于 2013 年 10 月 25 日开工建设，2014 年 4 月 25 日竣工交付使用，项目的工期管理是整个项目全面管理的核心，而经济管理也是整个项目管理的核心任务。本文分析了工期管理在工程项目中的作用，阐述工期管理的原则；从施工企业提高生存空间和经济效益角度提出实施工期管理的措施和程序，在履约工期、质量、安全管理的同时实现经济效益最大化。

【关键词】 工期管理；经济管理；质量安全；经济效益

一、前言

1. 项目背景

位于北部湾东北岸的北海市，是一个南、北、西三面环海，被大海环抱的半岛城市，气候温暖，年平均气温 23℃，这里既无"火炉"之热，又无严寒之苦，气候和旅游资源在中国亚热带滨海旅游城市中首屈一指。北海长年阳光明媚，花红树绿，更令人羡慕的是它清新的空气，享有"中国最大城市氧吧"的美誉，是我国最适宜人类居住的城市之一。

本届园博会是首次在广西沿海城市举办，以"花海丝路，绿映珠城"为主题，采用滨海元素和北海本地人文要素，打造"一轴三环"、"水陆双游"、"三海呼应"、"双塔遥望"和"扬帆起航"等极具北海特色的园林景观，充分展现海洋特色文化。并以节约办会、永续利用、生态环保、可持续发展为原则，结合北海城市建设特点，将本届展会打造成充分展示广西各城市园林园艺和城市生态建设发展成就的舞台和园林园艺行业交流切磋的平台。

发展实体经济，壮大产业，推进新型工业化是北海实现跨越发展的必然选择，而环保是北海不可逾越的底线，北海的发展既要金山银山，又要绿水青山，更要碧海银滩（图 1～图 3）。

2. 工程概况

第四届广西（北海）园林园艺博览会主园区建设项目——主场馆、天天演艺岛服务建筑、主标识塔等钢结构工程位于南珠大道以东、银滩大道以北。本项目建设模式为 EPC 模式，牵头单位为北京建工集团有限责任公司，设计单位为北京市建筑设计研究院有限公司。本项目建成后将是一个集园艺博览、生态游乐、民俗体验及特色产业基地于一体的园博生态旅游综合区，同时也是一个综合性、永久性城市公园。

本项目规划用地面积为 756743.99m²，其中主场馆总建筑面积为 13712m²，建筑主要功能为多层展览建筑，地下 1 层，地上 4 层，建筑高度为 23.96m（最高），建筑结构形式为空间网格钢结构—筒体—

图 1　天天演艺岛服务建筑

图 2　主场馆建筑

图 3　蓝天白云—钢结构小品

框架剪力墙结构；天天演艺岛服务建筑总建筑面积为 $10480.4m^2$，建筑主要功能为丙等三类剧场多层民用公共建筑，地下1层，地上3层，建筑高度25m（最高），建筑结构形式为空间大跨钢结构—框架剪力墙结构；另外还有钢结构小品等工程，结构形式均为钢结构工程。

3. 选题理由

广西第四届（北海）园林园艺博览会主园区建设项目是北海市重点工程，该项目建成之后将是北海市的一个综合性、永久性城市公园，社会影响大，从征地搬迁、原有建筑物拆除、土方开挖、基础结构施工到竣工交付使用要求工期为191天，工期紧张，质量要求高，施工作业专业多，施工工序多，局部施工作业面还需与其他总包单位穿插配合施工，总承包单位总协调任务重。施工实施阶段，经项目科学合理策划，以及项目管理团队发扬夜以继日、艰苦奋斗的精神，精心有序的安排施工，实事求是的要求质量，最终在业主要求的时间内高质量、高标准地完成施工目标。在工程2014年投入使用后经历了7月超强第9号台风"威马逊"，风力达到17级，这也是北海市有史以来最大台风，台风过后屋面工程及幕墙工程没有一处脱落情况发生，在工期履约前提下，确保质量经得起实践的考验，也获得当地政府、百姓一致好评。

4. 实施时间

如表1所示。

项目管理成果实施时间表　　　　　　　　　　　　　　　　　　　　　　　　　　　表1

实施时间	2013年10月～2014年4月
分阶段实施时间表	
管理策划	2013年10月～2013年11月
管理实施	2013年11月～2014年4月
过程检查	2013年11月～2014年4月
取得效果	2013年12月～2014年4月

二、项目管理重难点

1. 施工工期紧，项目开工时间2013年10月，业主方合同要求2014年4月完工交付使用，并且制约条件较多，主要体现在材料、机械、人员因素方面；

2. 施工作业面大，结构异形且复杂、现场材料水平和垂直方向运输任务重，因结构异形，垂直方向材料运输无施工电梯，如何安全、有效的组织施工运输满足施工进度是施工控制重点；

3. 施工范围广，合同主要包括结构、精装修、机电安装、幕墙、金属屋面、钢结构、劲性结构等专业，在项目管理及组织协调方面要求较高；

4. 受天气影响较大，因基础底板施工阶段正是北海市降雨量较大的时节，基础底板施工受雨水天气影响较大，工期控制管理是本工程管理的重点；

5. 工程质量要求较高，本项目为北海市重点工程，社会关注度高。针对园区主场馆屋面工程均使用铝单板分片进行安装，北海地区属于沿海城市，存在潜在台风季节的威胁，所以本工程进行屋面工程施工中对于隐蔽工程检查细致，确保工程施工的质量安全是本工程管理的重难点。

三、项目管理策划、实施和风险控制

1. 管理问题分析

本项目施工工期紧，施工作业面广，如何利用有限资源与工期，通过精心的组织策划、过程管控来实现工程按照要求工期履约，同时在保证质量安全的前提下创造经济效益。

2. 管理策划

（1）全力抢工期，确保园区如期开园

1) 面对2014年5月10日必须开园的任务要求，项目管理团队为顺利完成这个目标，充分发挥特别能吃苦，特别能战斗的精神，夜以继日，全力以赴的投入工作中去。为了保证如期开园的目标，整个项目团队达成一致意见，2014年春节就在北海度过，春节放假3天后开始组织劳务班组及钢结构专业施工队进入抢工阶段，全力以赴冲刺最后60天（图4）。

图4 主场馆奋战60天

2) 在施工安排上，进行合理组织施工，对整个工作面进行分解，尽最大限度展开工作面进行全面施工，有序合理的缩短主体结构施工工期，为后期钢结构安装、机电系统和装修施工、场馆布置预留充足时间，以场馆内外作为施工分界线，进行同时抢工，在具备同时施工区域，协调各专业有序高效进行穿插施工，确保施工进度安排有序进行。

3) 在施工过程监督上，每天针对施工计划进行倒排的工作任务，每天落实现场施工情况，针对局部施工作业面存在因材料、人员等情况而滞后进行约谈各专业负责人，落实人、机、料情况，保证施工进度安排。每天白天现场组织进行抢工，晚上由项目经理牵头组织相关专业负责人开会落实每天进度计划，以及针对后序工作人、机、料的配置情况进行跟踪落实，做到每天施工安排心中有数。

4) 在工程进度款方面，要求每个分包单位将每个月工程量报送，项目部进行审批，然后将每月完成工程量进行汇总并报业主方及财评进行审批，做到每月工程量清晰有数。针对政府工程付款周期较长，流程长等情况，项目团队立足成本，不纠缠，注重过程中基础资料收集确认，有侧重的进行经济成本分析，全程跟踪项目成本发生，尽快结算，争取利益最大化。

5) 在设计沟通方面，因本项目采用EPC建设模式进行施工，项目进行基础底板施工阶段及时安排设计进行驻场，按照施工图纸进行现场实时跟踪，避免因设计沟通不及时造成返工而耽误工期的同时也造成施工成本增加；设计也能根据现场实际情况将后序设计方案进行调整，这样更能高效有序与牵头单位进行配合，保证施工作业面高效有序的进行施工。

6) 成品保护方面，本工程施工作业面较广，且专业施工班组较多，难免会产生刚施工完成还未达到强度的作业面后序工序需进行施工，尤其是地面铺装工程和大型设备，很容易造成二次污染及破坏而造成较大经济损失。在施工过程中就要求各班组加大自身成品保护的同时对于别人的劳动成果进行保护，针对潜在存在油漆或涂料性污染区域进行覆盖、包裹保护，避免造成不必要的经济损失。

(2) 保质保量，提交一份满意答卷

1) 建立健全质量体系。针对本工程建立健全质量管理体系，明确各部门岗位在工程质量管理中的责任，实现项目质量管理具有可追溯性，提高全员质量意识，确保工程保质保量完工，给业主、百姓一份满意的答卷。

2) 制定可行质量管理措施。主体结构施工阶段至装修施工阶段严格执行"三检制度"，每道工序严格要求进行报验流程，每道工序验收合格后再进行下一道工序施工。质量管理要求在过程中管控，及时要求，及时整改，及时复查。

四、管理效果评价

1. 经济效益

本项目于2014年4月已经完工并投入使用，工程项目总价将达到30800亿元。截至目前已支付236323034.67元。工程成本支出基本锁定，项目总成本预计29000万元，其中劳务费50450053.92元，材料费53610363.15元（钢筋材料费9736532元，混凝土材料费9957574元，其他材料费33909551.15元），机械费784530元，其他直接费636147元，专业分包总计164630177.5元，间接费用10750383.81元，税金及附加费用9344220.31元。项目完全能够按照公司签订的责任状保证足额上缴公司管理费，目前已经上交管理费7014547.32元。项目可实现利润约1800万元，达到了经济目标。质量、安全等方面均符合甲方要求、总承包合同约定相关条款及工程所在地相关部门的要求，达到合格目标。本工程得到了北海市政府的充分肯定，为后续承接工程打下了良好的基础。

2. 社会效益

（1）本项目按照业主要求如期满足开园条件，在这个项目团队的努力下实现工期、质量、安全履约，得到建设单位、监理单位以及当地质监部门、北海市政府及百姓一致好评，为我公司在后期拓展市场奠定基础，我公司于2016年8月重回北海市，相继中标北海市图书馆新馆工程、北海市体育馆工程、国家海洋局第四研究所、北海市少年宫和妇幼保健中心等项目。

（2）本项目在建成投入使用后，经历2014年7月18日第九号17级超强台风"威马逊"，北海市市区及周边区县受到严重影响，整个城市停水停电，公路两边树木或拦腰折断或连根拔起，防护栏杆被吹倒，但我公司承建的场馆铝单板屋面无一处脱落，玻璃幕墙无一处损坏。经历此次超强台风后北海市政府及当地百姓对我公司建筑质量得到一致好评。